最高人民法院
指导性案例裁判规则理解与适用

合同卷一

江必新 何东宁 谢勇 周春梅 刘登辉 著

中国法制出版社

作者介绍

江必新 男，1956年9月出生，湖北枝江人。西南政法学院法学学士、中国法制史硕士，北京大学宪法与行政法学博士。现兼任中国法学会副会长，湖南大学教授。1999年被评为"全国十大杰出中青年法学家"、2009年被评为"当代中国法学名家"，2015年获中国行政法学"杰出贡献奖"、2016年获第二届"金平法学成就奖"。在《中国社会科学》《求是》《中国法学》《法学研究》等出版物发表论文400余篇。

何东宁 男，湖南慈利人，法律硕士。合著《民法总则与民法通则条文对照及适用提要》《民商审判疑难问题解析与典型案例指导》《新民事诉讼法配套规则适用指引》《新民事诉讼法再审程序疑难问题解答与裁判指导》等30部著作。在《判解研究》等出版物上发表论文20多篇。

谢勇 男，四川隆昌人，北京大学民商法学专业法学博士、中国社会科学院研究生院金融学专业经济学博士。主要论著有：专著：《电子交易中的合同法规则》《建设工程施工合同案件裁判规则解析》；合著：《中华人民共和国民法典实施精要》《新民事诉讼法条文理解与适用》《中国法治实施报告（2022）》《最高人民法院指导性案例裁判规则理解与适用·合同卷一》等10多部。在《法律适用》《人民司法》《农村金融研究》等出版物上发表法学、经济学专业论文10多篇。

周春梅 女，法学硕士，曾在吉首大学政法学院执教。合著《最高人民法院指导性案例裁判规则理解与适用·合同卷一》，2003年6月因科研成果突出，荣获湘潭大学校长奖，参与省部级科研项目2项。先后在《法律适用》《西南政法大学学报》《当代法学》《行政与法》等国家核心法学期刊公开发表学术论文10余篇。

刘登辉 男，2001年毕业于湖南师范大学，获文学学士学位。2001年至2004年于学校任教。2007毕业于湖南大学法学院，获经济法学硕士学位。合著《最高人民法院指导性案例裁判规则理解与适用》（合同卷一），曾在《时代法学》《岳麓法学评论》《湖南社会科学》《金融经济》《湖南审判研究》等出版物上发表多篇学术论文。硕士毕业论文《论行业协会制裁权》被评为优秀硕士学位论文，录入知网优秀硕士学位论文数据库。

出版修订说明

2020年5月28日,第十三届全国人民代表大会第三次会议审议通过了《中华人民共和国民法典》(以下简称民法典),自2021年1月1日起施行。民法典是新中国成立以来第一部以法典命名的法律,开创了我国法典编纂立法的先河,具有里程碑意义。民法典系统整合了新中国成立70多年来长期实践形成的民事法律规范,汲取了中华民族5000多年优秀法律文化,借鉴了人类法治文明建设有益成果,是一部体现我国社会主义性质、符合人民利益和愿望、顺应时代发展要求的民法典,是一部体现对生命健康、财产安全、交易便利、生活幸福、人格尊严等各方面权利平等保护的民法典,是一部具有鲜明中国特色、实践特色、时代特色的民法典,被称为"社会生活的百科全书""市场经济的基本法""权利保障的宣言书"。民法典在中国特色社会主义法律体系中具有重要地位,是一部固根本、稳预期、利长远的基础性法律,是新时代我国社会主义法治建设的重大成果,为人类法治文明进步贡献了中国智慧、提供了中国方案,推动"中国之治"进入更高境界。

法律是治国之重器,良法是善治之前提。编纂民法典,就是通过对我国现行的民事法律制度规范进行系统整合、编订纂修,形成一部适应新时代中国特色社会主义发展要求,符合我国国情和实际,体例科学、结构严谨、规范合理、内容完整并协调一致的法典。编纂民法典突出科学"编纂"形式,不是制定全新的民事法律,而是按照系统、协调、统一的原则,对现有民事法律进行全面、系统、有序地科学建构;也不是简单的法律汇编,而是对已经不适应现实情况的规定进行必要的修改完善,对社会经济生活中出现的新情况、新问题作出有针对性的新规定。民法典以我国现行的、制定于不同时期的民法通则、物权法、合同法、担保法、婚姻法、收养法、继承法、侵权责任法和人格权方面的民事法律规范为基础,结合我国经济社会发展对民事法律提出的新需求,进行全面系统的编订纂修,系统全面地规定了自然人、法人、非法人组织在民事活动中享有的各种人身和财产权益,具有系统性、层次性、科学性的特点，集中体现着民法的价值、理念和原则。通过确立民事主体、民事权利、民事法律行为、民事责任等民事总则制度，确立物权、合同、人格权、婚姻家庭、继承、侵权责任等民事分则制度，来调整各类民事关系。形成了包括民法通则为总则编和物权、合同、人格权、婚姻家庭、继承、侵权责任6个分编以及附则在内的民法典，合计7编，共计1260条，超过10万字，是我国法律体系中条文最多、体量最大、编章结构最复杂的一部法律。

（一）**总则编**。规定民事活动必须遵循的基本原则和一般性规则，统领民法典各分编。共10章、204条，主要内容有：1. 规定了民法典的立法目的和依据。其中，将"弘扬社会主义核心价值观"作为一项重要的立法目的，体现坚持依法治国与以德治国相结合的鲜明中国特色。同时，规定了民事权利及其他合法权益受法律保护，确立了平等、自愿、公平、诚信、守法和公序良俗等民法基本原则。还规定了民事主体从事民事活动，应当有利于节约资源、保护生态环境。2. 规定了三类民事主体。一是自然人。规定了自然人的民事权利能力和民事行为能力制度、监护制度、宣告失踪和宣告死亡制度等。二是法人。规定了法人的定义、成立原则和条件、住所等一般规定，并对营利法人、非营利法人、特别法人三类法人分别作了具体规定。三是非法人组织。对非法人组织的设立、责任承担、解散、清算等作了规定。3. 规定了民事权利制度，包括各种人身权利和财产权利。对知识产权作了概括性规定，以统领各个单行的知识产权法律。同时，对数据、网络虚拟财产的保护作了原则性规定。还规定了民事权利的取得和行使规则等内容。4. 规定了民事法律行为制度、代理制度。一是规定民事法律行为的定义、成立、形式和生效时间等。二是对意思表示的生效、方式、撤回和解释等作了规定。三是规定民事法律行为的效力制度。四是规定了代理的适用范围、效力、类型等代理制度的内容。5. 规定了民事责任、诉讼时效和期间计算制度。一是规定了民事责任的承担方式，并对不可抗力、正当防卫、紧急避险、自愿实施紧急救助等特殊的民事责任承担问题作了规定。二是规定了诉讼时效的期间及其起算、法律效果，诉讼时效的中止、中断等内容。三是规定了期间的计算单位、起算、结束和顺延等。

（二）**物权编**。规定调整因物的归属和利用而产生的民事关系。共5个分编、20章、258条，主要内容有：1. 第一分编为通则，规定了物权制度基础性规范,包括平等保护等物权基本原则,物权变动的具体规则,以及物权保护制度。2. 第二分编规定了所有权制度,包括所有权人的权利,征收和征用规则,国家、集体和私人的所有权,相邻关系、共有等所有权基本制度。进一步完善了业主的建筑物区分所有权制度:一是明确地方政府有关部门、居民委员会应当对设立业主大会和选举业主委员会给予指导和协助。二是适当降低业主共同决定事项,特别是使用建筑物及其附属设施维修资金的表决门槛,并增加规定紧急情况下使用维修资金的特别程序。三是明确物业服务企业和业主的相关责任和义务,增加规定物业服务企业或者其他管理人应当执行政府依法实施的应急处置措施和其他管理措施,积极配合开展相关工作,业主应当依法予以配合。3. 第三分编规定了用益物权制度,明确了用益物权人的基本权利和义务,以及建设用地使用权、宅基地使用权、地役权等用益物权。进一步完善了以下制度:一是明确住宅建设用地使用权期限届满的,自动续期;续期费用的缴纳或者减免,依照法律、行政法规的规定办理;二是完善农村集体产权相关制度,对土地承包经营权的相关规定作了完善,增加土地经营权的规定,并删除耕地使用权不得抵押的规定,与土地管理法等作了衔接性规定;三是增加规定"居住权"这一新型用益物权,明确居住权原则上无偿设立,居住权人有权按照合同约定或者遗嘱,经登记占有、使用他人的住宅,以满足其稳定的生活居住需要。4. 第四分编对担保物权作了规定,明确了担保物权的含义、适用范围、担保范围等共同规则,以及抵押权、质权和留置权的具体规则。进一步完善了担保物权制度,为优化营商环境提供法治保障:一是扩大担保合同的范围,明确融资租赁、保理、所有权保留等非典型担保合同的担保功能,增加规定担保合同包括抵押合同、质押合同和其他具有担保功能的合同。二是删除有关担保物权具体登记机构的规定。三是简化抵押合同和质押合同的一般条款。四是明确实现担保物权的统一受偿规则。5. 第五分编对占有的调整范围、无权占有情形下的损害赔偿责任、原物及孳息的返还以及占有保护等作了规定。

(三) **合同编**。规定了维护契约、平等交换、公平竞争,促进商品和要素自由流动,完善合同制度。合同编共3个分编、29章、526条。主要内容有:1. 第一分编为通则,规定了合同的订立、效力、履行、保全、转让、终止、违约责任等一般性规则,完善了合同总则制度。一是通过规定非合同之债的法律适用规则、多数人之债的履行规则等完善债法的一般性规则。二是完善了电子合同订立规则，增加了预约合同的具体规定，完善了格式条款制度等合同订立制度。三是完善国家订货合同制度，规定国家根据抢险救灾、疫情防控或者其他需要下达国家订货任务、指令性计划的，有关民事主体之间应当依照有关法律、行政法规规定的权利和义务订立合同。四是针对实践中一方当事人违反义务不办理报批手续影响合同生效的问题，明确了当事人违反报批义务的法律后果，健全合同效力制度。五是完善合同履行制度，落实绿色原则，规定当事人在履行合同过程中应当避免浪费资源、污染环境和破坏生态。同时，在总结司法实践经验的基础上增加规定了情势变更制度。六是完善代位权、撤销权等合同保全制度，进一步强化对债权人的保护，细化了债权转让、债务移转制度，增加了债务清偿抵充规则、完善了合同解除等合同终止制度。七是通过吸收原担保法有关定金规则的规定，完善违约责任制度。2. 第二分编为典型合同。在现行买卖合同、赠与合同、借款合同、租赁合同等15种典型合同的基础上增加了4种新的典型合同：一是保证合同。二是保理合同。三是物业服务合同。四是合伙合同。第二分编还在总结实践经验的基础上，完善了其他典型合同。一是通过完善检验期限的规定和所有权保留规则等完善买卖合同。二是为维护正常的金融秩序，明确规定禁止高利放贷，借款的利率不得违反国家有关规定。三是落实党中央提出的建立租购同权住房制度的要求，保护承租人利益，增加规定房屋承租人的优先承租权。四是针对前些年客运合同领域出现的旅客"霸座"、不配合承运人采取安全运输措施等严重干扰运输秩序和危害运输安全的问题，维护正常的运输秩序，细化了客运合同当事人的权利义务。五是根据经济社会发展需要，修改完善了赠与合同、融资租赁合同、建设工程合同、技术合同等典型合同。3. 第三分编"准合同"分别对无因管理和不当得利的一般性规则作了规定。

（四）人格权编。 从民事法律规范的角度规定自然人和其他民事主体人格权的内容、边界和保护方式，不涉及公民政治、社会等方面权利。共6章、51条，主要内容有：1. 第一章规定了人格权的一般性规则。一是明确人格权的定义。二是规定民事主体的人格权受法律保护，人格权不得放弃、转让或者继承。三是规定了对死者人格利益的保护。四是明确规定人格权受到侵害后的救济方式。2. 第二章规定了生命权、身体权和健康权的具体内容，并对实践中社会比较关注的有关问题作了有针对性的规定。一是鼓励遗体捐献的善行义举，确立器官捐献的基本规则。二是明确规范从事与人体基因、人体胚胎等有关的医学和科研活动应遵守的规则。三是规定了性骚扰的认定标准，以及机关、企业、学校等单位防止和制止性骚扰的义务。3. 第三章规定了姓名权、名称权的具体内容，并对民事主体尊重保护他人姓名权、名称权的基本义务作了规定。一是对自然人选取姓氏的规则作了规定。二是明确对具有一定社会知名度，被他人使用足以造成公众混淆的笔名、艺名、网名等，参照适用姓名权和名称权保护的有关规定。4. 第四章规定了肖像权的权利内容及许可使用肖像的规则，明确禁止侵害他人的肖像权。一是规定禁止任何组织或者个人利用信息技术手段伪造等方式侵害他人的肖像权，并明确对自然人声音的保护，参照适用肖像权保护的有关规定。二是规定肖像权的合理使用规则。三是对肖像许可使用合同的解释、解除等作了规定。5. 第五章规定了名誉权和荣誉权的内容。一是对行为人实施新闻报道、舆论监督等行为涉及的民事责任承担，以及行为人是否尽到合理核实义务的认定等作了规定。二是规定民事主体有证据证明报刊、网络等媒体报道的内容失实，侵害其名誉权的，有权请求更正或者删除。6. 第六章进一步强化对隐私权和个人信息的保护，并为制定个人信息保护法留下空间。一是规定了隐私的定义，列明禁止侵害他人隐私权的具体行为。二是界定了个人信息的定义，明确了处理个人信息应遵循的原则和条件。三是构建自然人与信息处理者之间的基本权利义务框架，明确处理个人信息不承担责任的特定情形，合理平衡保护个人信息与维护公共利益之间的关系。四是规定国家机关及其工作人员负有保护自然人的隐私和个人信息的义务。

（五）**婚姻家庭编**。规范夫妻关系和家庭关系的基本准则，并增加了新的规定。共5章、79条，主要内容有：1. 第一章重申了婚姻自由、一夫一妻、男女平等等婚姻家庭领域的基本原则和规则，并对相关内容作了进一步完善。一是规定家庭应当树立优良家风，弘扬家庭美德，重视家庭文明建设。二是规定了最有利于被收养人的原则。三是界定了亲属、近亲属、家庭成员的范围。2. 第二章规定了结婚制度，并对有关规定作了完善。一是将受胁迫一方请求撤销婚姻的期间起算点由"自结婚登记之日起"修改为"自胁迫行为终止之日起"。二是不再将"患有医学上认为不应当结婚的疾病"作为禁止结婚的情形，并增加规定一方隐瞒重大疾病的，另一方可以向人民法院请求撤销婚姻。三是增加规定婚姻无效或者被撤销的，无过错方有权请求损害赔偿。3. 第三章规定了夫妻关系、父母子女关系和其他近亲属关系，并完善了有关内容。一是明确了夫妻共同债务的范围。二是规范亲子关系确认和否认之诉。4. 第四章对离婚制度作出了规定，并对相关内容作了进一步完善。一是增加离婚冷静期制度。规定了提交离婚登记申请后三十日的离婚冷静期，在此期间，任何一方可以向登记机关撤回离婚申请。二是规定经人民法院判决不准离婚后，双方又分居满一年，一方再次提起离婚诉讼的，应当准予离婚。三是关于离婚后子女的抚养，将"哺乳期内的子女，以随哺乳的母亲抚养为原则"修改为"不满两周岁的子女，以由母亲直接抚养为原则"。四是将夫妻采用法定共同财产制的，纳入适用离婚经济补偿的范围，以加强对家庭负担较多义务一方权益的保护。五是将"有其他重大过错"规定为离婚损害赔偿的适用情形。5. 第五章对收养关系的成立、收养的效力、收养关系的解除作了规定，并进一步完善了有关制度。一是删除被收养的未成年人仅限于不满十四周岁的限制，修改为符合条件的未成年人均可被收养。二是将收养人须无子女的要求修改为收养人无子女或者只有一名子女。三是在收养人的条件中增加规定"无不利于被收养人健康成长的违法犯罪记录"，并增加规定民政部门应当依法进行收养评估。

（六）**继承编**。规定关于自然人死亡后财富传承的基本制度，以满足人民群众处理遗产的现实需要。共4章、45条，主要内容有：1. 第一章重申了国家保护自然人的继承权，规定了继承的基本制度，并对有关内容作了进一步完善：一是增加规定相互有继承关系的数人在同一事件中死亡，且难以确定死亡时间的继承规则。二是增加规定对继承人的宽恕制度，对继承权法定丧失制度予以完善。2. 第二章规定了法定继承人的顺序和范围，以及遗产分配的基本制度，并完善了代位继承制度，增加规定被继承人的兄弟姐妹先于被继承人死亡的，由被继承人的兄弟姐妹的子女代位继承。3. 第三章规定了遗嘱继承和遗赠制度，并进一步完善了遗嘱继承制度。一是增加了打印、录像等新的遗嘱形式。二是修改了遗嘱效力规则，删除了公证遗嘱效力优先的规定，切实尊重遗嘱人的真实意愿。4. 第四章规定了遗产处理的程序和规则，并进一步完善了有关遗产处理的制度。一是增加遗产管理人制度，明确了遗产管理人的产生方式、职责和权利等内容。二是完善遗赠扶养协议制度，适当扩大扶养人的范围，明确继承人以外的组织或者个人均可以成为扶养人，以满足养老形式多样化需求。三是完善无人继承遗产的归属制度，明确归国家所有的无人继承遗产应当用于公益事业。

（七）侵权责任编。规定民事主体侵害他人权益应当承担的法律后果。共10章、95条，主要内容有：1. 第一章规定了侵权责任的归责原则、多数人侵权的责任承担、侵权责任的减轻或者免除等一般规则，并对相关规定作了进一步完善：一是确立"自甘风险"规则，规定自愿参加具有一定风险的文体活动，因其他参加者的行为受到损害的，受害人不得请求没有故意或者重大过失的其他参加者承担侵权责任。二是规定"自助行为"制度，明确合法权益受到侵害，情况紧迫且不能及时获得国家机关保护，不立即采取措施将使其合法权益受到难以弥补的损害的，受害人可以在保护自己合法权益的必要范围内采取扣留侵权人的财物等合理措施，但是应当立即请求有关国家机关处理；受害人采取的措施不当造成他人损害的，应当承担侵权责任。2. 第二章规定了侵害人身权益和财产权益的赔偿规则、精神损害赔偿规则等；并对有关规定作了进一步完善：一是完善精神损害赔偿制度，规定因故意或者重大过失侵害自然人具有人身意义的特定物造成严重精神损害的，被侵权人有权请求精神损害赔偿。二是增加规定故意侵害他人知识产权，情节严重的，被侵权人有权请求相应的惩罚性赔偿。3. 第三章规定了无民事行为能力人、限制民事行为能力人及其监护人的侵权责任，用人单位的侵权责任，网络侵权责任，以及公共场所的安全保障义务等，并对相关规定作了进一步完善：一是增加规定委托监护的侵权责任。二是完善网络侵权责任制度，细化了网络侵权责任的具体规定，完善了权利人通知规则和网络服务提供者的转通知规则。4. 其他各章分别对产品生产销售、机动车交通事故、医疗、环境污染和生态破坏、高度危险、饲养动物、建筑物和物件等领域的侵权责任规则作出了具体规定，并对有关内容作了进一步完善：一是完善生产者、销售者召回缺陷产品的责任，增加规定，依照相关规定采取召回措施的，生产者、销售者应当负担被侵权人因此支出的必要费用。二是明确交通事故损害赔偿的顺序，即先由机动车强制保险理赔，不足部分由机动车商业保险理赔，仍不足的由侵权人赔偿。三是进一步保障患者的知情同意权，明确医务人员的相关说明义务，加强医疗机构及其医务人员对患者隐私和个人信息的保护。四是增加规定生态环境损害的惩罚性赔偿制度，并明确规定了生态环境损害的修复和赔偿规则。五是加强生物安全管理，完善高度危险责任，明确占有或者使用高致病性危险物造成他人损害的，应当承担侵权责任。六是完善高空抛物坠物治理规则。规定禁止从建筑物中抛掷物品，强调有关机关应当依法及时调查，查清责任人，并规定物业服务企业等建筑物管理人应当采取必要的安全保障措施防止此类行为的发生。

（八）附则。明确了民法典与婚姻法、继承法、民法通则、收养法、担保法、合同法、物权法、侵权责任法、民法总则的关系。规定在民法典施行之时，同步废止上述民事单行法律；作为与民法通则、婚姻法相关的法律解释，也同步废止。

"徒法不足以自行"。2021年1月1日，新中国成立以来第一部以"法典"命名的法律——民法典已正式实施，这是新时代全面依法治国具有里程碑意义的一件大事。民法典的生命在于实施，民法典的权威也在于实施。为确保统一正确适用民法典，对标民法典立法精神和法律规定，全面清理司法解释及相关规范性文件，最高人民法院对中华人民共和国成立以来至2020年5月28日当时有效的591件司法解释及相关规范性文件、139件指导性案例进行了全面清理。其中，与民法典规定一致，未作修改、继续适用的共计364件；对标民法典，对名称和部分条款进行修改的共计111件；决定废止的共计116件；决定对2件指导性案例不再参照适用。

为便于广大读者和法院工作人员准确理解和适用民法典及其司法解释，我们对"最高人民法院指导性案例裁判规则理解与适用系列"丛书进行了修订。本系列丛书修订主要有以下几个特点：一是注重准确对标法律和司法解释的最新规定。围绕民法典的立法精神和实践成果，对民法典及其司法解释相关内容进行阐释，准确把握民法典和相关司法解释条文的具体内涵和适用要点、难点，确保法律和司法解释得以正确贯彻实施。二是有机融入立法、司法的最新成果。自2020年以来，最高人民法院还制定了与民法典配套的新司法解释，涉及适用民法典的时间效力、担保制度、物权、婚姻家庭、继承、建设工程合同、劳动争议等方面。本系列丛书在修订过程中对所引用的法律和司法解释进行了全面更新，同时也将近年来司法实践中所取得的成果融入其中，以增强本书的精准性、指导性和时效性。三是在更新的同时，注重对原有成果的承继。由于民法典施行之后，婚姻法、继承法、民法通则、收养法、担保法、合同法、物权法、侵权责任法、民法总则等法律以及与民法通则、婚姻法相关的法律解释同步废止。因此，我们在进行修订时，不是简单地将民法典规定的条文和序号进行替换，而是保留民法总则、合同法、物权法、担保法、婚姻法、继承法、民法通则、收养法、侵权责任法等法律和相关司法解释规定的内容，并根据民法典制定的原则、依据以及背景，重点突出民法典对上述法律相关内容修改、补充的比较，重点突出民法典所修改、补充条文涉及内容的理解，重点突出民法典及其相关司法解释修改、补充内容在司法实践中的把握，以便于读者全面地对本丛书所涉及民法典及其司法解释等相关内容的整体理解和把握，增强理论性和实用性。第四，注重引入新的案例。对近年来最高人民法院公布的指导性案例和最高人民法院公报上刊登的案例进行梳理，根据所提炼归纳的裁判规则，组织相关人员撰写，并根据不同分册需求，分别编入系列丛书中，以加强对民法典精神的理解和适用，更加有利于对民法典及其相关司法解释的贯彻执行和落实。

作者
2024 年 1 月

序

　　随着中国特色社会主义法律体系的形成，人民群众对司法的要求和期待也越来越高，对人民法院司法审判的关注空前强烈，这必然要求人民法院正确履行宪法和法律赋予的审判职责，更加注重依法办案，积极完善司法工作机制，全面发挥司法功能，切实让人民群众在每一个司法案件中感受到公平正义，确保中国特色社会主义法律体系得到全面实施。

　　"徒善不足以为政，徒法不足以自行。"法律的生命在于实施，而法律实施的核心在于法律的统一适用。同等情况同等对待不仅是我国法制统一的题中之意，也是法治的重要原则。案例指导制度在统一法律适用标准、指导下级法院审判工作等方面具有重要的作用。我国案例指导制度与西方国家判例法存在着重要区别。英美法系国家赋予"判例"以法源的地位，被称之为判例法，具有创制、借鉴以及遵循判例等一整套法律制度或者法律体系，其根本原则是"遵循先例"。绝大多数大陆法系国家，"判例"不是正式的法律渊源，只是被推定具有约束力或具有事实上的约束力。遵循先例或受先例拘束与指导，不是西方国家所特有的法律现象，而是实现法制统一的一般要求和基本路径。我国的"案例指导制度"在两大法系中均不存在，是我国司法实践特定历史阶段的产物。我国案例指导制度的构建，不仅符合我国的基本政治制度，而且适合我国的司法现状。案例指导制度无论在称谓（案例而非判例）、制度定位、法律依据，还是效力设定、机制构建等方面都与我国的政治语境相适应。指导性案例作为"动态法典"，既将抽象的、一般的静态法典的条文规范通过具体案件的法律适用演变成"活法"；又通过总结提炼法官审判经验、思维方法和价值追求，形成蕴涵着丰富的法律精神和法学理念的"裁判规则"，从而发挥规范类似案件裁判的作用，进而实现法律调整机制的静态与动态的相洽、刚性与柔性的协调、法律体系与社会变迁的相互融合。这是我国司法机关在既有的制度框架下和现行的司法体制基础上所进行的一项体现中国特色并顺应世界两大法系相互融合发展大趋势的法律适用上的机制创新。

当下，随着社会主义法治实践不断深入，社会主义法治理念基本树立，人们对司法公正越来越关心和渴望。心理学关于公平的理论早已证实，公正是社会比较的结果，人们关注的不是其所得到结果的绝对值，而是与他人对比的相对值。"同案同判"的要求缘于"同样的事情同样对待，相似的事情相似对待"的自然法思想，它是人们最直观、最朴素的正义观在司法领域的直接反映。如果"同案不同判"，当事人就会觉得自己受到了不公正的待遇，就会怀疑、动摇对司法和法律的信任和信仰。指导性案例既可以为相同或类似案件提供统一的司法标准，约束和规范法官自由裁量权的行使，又可基于案例的公开性、可预测性和可比性，阻断"暗箱操作""违法断案"。因此，案例指导制度具有实现公平正义等多种功能：

第一，具有对法律规范内涵明确化的宣示功能。成文法典抽象性法言法语容易产生多种理解和解释，指导性案例是人民法院将抽象的法律条文适用于具体案件的产物，是将具体案件融于法律条款的智慧结晶。实行指导性案例制度，有利于人们通过案件理解法律，通过法律评价案件，从而架起法律与案件之间的桥梁，使法律规范更加明确化、具体化，为实现法律条文的可操作性提供范例。

第二，具有对制定法漏洞的补充功能。社会发展已经证明，包罗万象、有求必应、尽善尽美的法律只能是人们纯真而完美的梦想。成文法不可能详尽无遗地囊括社会生活的全部现象，其条文式的表述不可避免地在实现法律的普遍性、稳定性和确定性的同时，又在很大程度上牺牲必要的特殊性、适应性和灵活性，存在模糊性、僵化性、时滞性等缺陷，甚至不少领域存在空白或法律漏洞，难以适应实践中出现的新情况、新问题。指导性案例结合具体案例演绎法律条文，在法律许可的范围内，充分发挥司法的能动性、灵活性而有针对性地及时弥补成文法的漏洞，从而确保法网疏而不漏。

第三，具有对法官自由裁量权运用的约束功能。实行指导性案例制度，引导法官认同并借鉴指导性案例中归纳出的法律原则或裁判规则，为法官办案提供明确、具体的指引，有效克服法官的主观臆断和任意擅断，规范法官的自由裁量权，能使相同或相似案件得到基本相同的裁判，更好地维护司法的公平公正，增强司法裁判的权威性。

第四，具有提升案件裁判质量和效率的促进功能。实行指导性案例制度，有利于充分挖掘法官群体的司法智慧和裁判经验，为法官办案提供裁判理念、思维方式、办案思路、解决问题的法律方法和价值衡量等方面的指引。既可以减少法官不必要的重复劳动，节省时间和精力，缩短审判周期，又可以建立起解决同类或相似问题的思维模式，保证裁判的精准度，统一司法适用，提高司法效率。

第五，具有排除不当干扰的防御功能。由于影响司法公正信赖和司法裁判权威的因素很多，实行指导性案例制度，遵循先例进行裁判，以机会公正、待遇公正、尊严公正、结果公正等体现出法律可预期性的要求，以及"同样情况同样对待"的公平原则，在一定程度上可以弥补法律公正在逼近自然公正中遭遇的困窘和无奈；在一定程度上可以杜绝、避免和减少除法官能力、学识和认识等原因之外的徇私枉法现象，从而限制一些企图通过枉法裁判牟取私利的法官的"玩法空间"；在一定程度上可以发挥上级人民法院对下级人民法院的审判监督作用，抵制和排除法院外部的干扰和法院内部的不规范行为，遏制司法腐败，实现司法公正。

第六，具有对社会主体的教育功能。指导性案例的公布，使得司法裁判效力的影响得以延伸，一个个生动的指导性案例无疑是一个个鲜明的标准，既可以让当事人直观、生动、具体地了解指导性案例的裁判思路，更好地预测诉讼风险，采取更加理性的诉讼行为，从而减少司法资源的浪费，也可以增强社会公众近距离接触法律的机会，通过每个鲜活的案例，感受司法的公正与客观，有效地引导社会主体的行为。

第七，具有促进法学研究和推动立法完善的辅助功能。理论必须源于实践，法学作为一门应用学科更应如此。社会变化的必然性是以特殊性、偶然性为基础的，只注重对抽象的法律规范的研究，就难以把握法律运行的多样性和复杂性。研究法律离不开指导性案例，它既是定性研究的重要对象，又为量化分析提供了丰富的素材。作为联结实践与理论、问题与规则的桥梁，指导性案例本身所蕴含的法治信息，所提出的前沿命题，往往成为法学研究创新和理论发展的重要源泉。同时，司法审判活动作为法律发展的重要原动力之一，法律出台的实证基础往往来源于具体的案件，指导性案例涵盖了社会现实中存在的主要热点和难点问题，案例的积累为立法建议和司法解释的制定提供了有针对性和代表性的素材，增强了说服力和可信度，促使法律发展更能契合社会现实需要。

虽然指导性案例具有宣示、补充、约束、促进、防御、教育、辅助等多种功能，但要充分发挥好这些功能，在适用指导性案例时要采取"类比""类推"的方法，"有条件地适用""经过审查后适用"，充分运用归纳推理，使法官依据法律的精神和固有价值进行合理的取舍，使归纳结论符合法律的正义要求并具有可接受性。具体适用指导性案例应当注意以下一些问题：

第一，不能把指导性案例效力绝对化。在我国立法体制下，建立案例指导制度的目的是要建立一个有利于准确适用法律的司法工作机制，为案件的审理提供具体、规范的参照。按照《关于案例指导工作的规定》的要求，最高人民法院发布的指导性案例，各级人民法院在审判类似案件时应当参照，赋予了指导性案例一定的效力，这种参照的效力是一种"事实上的拘束力"，这种拘束力不属于正式的法律渊源，而主要体现为指导性、说服性、参考性。

第二，有必要建立和完善适用指导性案例的识别和引用规则以及保障机制。识别规则就是做好指导性案例裁判规则的总结工作，进一步明确类似案件的判断标准，方便法官尽快寻找到最适合的指导性案例。引用规则与指导性案例的效力有着密切的联系。指导性案例不具有普遍性的约束力，不能被裁判文书直接援引，但并不能排除裁判文书的合理引证。保障机制就是要建立起指导性案例遵循的审级监督和社会监督制度、责任追究制度、培训考核机制以及适用的服务体系。

第三，必须准确把握指导性案例的适用条件。适用条件主要是：现行法律没有明文规定、规定不明确、存在漏洞或冲突，司法实践中主要包括拟裁判的民商事、行政案件没有明确的法律依据，法律存在漏洞或冲突，以及法律虽然有规定，但比较原则，易产生歧义等情形；存在可以比照的指导性案例规则；存在相似的案件事实；等等。

第四，要为正确适用指导性案例确定正当程序。一是案情对比，重点是法定事实要件的比对，选择法定事实案件最相类似的指导性案例；二是情势权衡，主要包括政策权衡、价值权衡、利益权衡和功能权衡，保障案件裁判的形式公正与实质公正、程序公正与实体公正、个案公正与社会公正的统一；三是案例遴选，以主要问题为中心展开，分析案件事实，明确诉争焦点，列出问题要点，搜索最适合的指导性案例；四是规则适用，重点是在法庭审判和法院判决中的适用，既可以作为律师或检察官在法庭辩论时的理由，也可以作为法官阐释裁判的理由，还可以吸收到司法裁判的推理中，以增强裁判的说理性和权威性;五是案例排除适用原则,当指导性案例与拟裁判案件之间存在案件事实差别,以及指导性案例所确定的裁判规则存在与法律原则相冲突,或存在含混、模糊、内在冲突等缺陷时,可以排除指导性案例规则的适用。

指导性案例是法律与实践结合的产物,是司法经验和法律智慧的结晶。它既包含着对立法精神的理解和阐发,又包含着司法经验的探索与积累;既包含了实体性规则,又包含了程序性规范;既包括对法律的文意理解,又包括对法律精神实质的把握;既包括对形式正义的宣示,又包括对实质正义的把握。理论界和实务界对指导性案例应当具有"指导效力"已形成共识。为了更好地提高案例的指导性,增强指导性案例的适用价值,充分发挥其功能,让"纸上的法律"真正变成社会生活中"活的法律",虽然有赖于诸多因素,但其中行之有效的方法之一就是从法学方法论的立场去阐释蕴涵于个案的裁判规则。这正是我们组织编写出版这套"最高人民法院指导性案例裁判规则理解与适用系列"丛书的目的和出发点。丛书中所选案例是以最高人民法院指导性案例、公报案例为主,同时,还精选了部分最高人民法院直接裁判的具有指导性的案例。《最高人民法院公报》是国家最高审判机关公开介绍我国审判工作和司法制度的重要官方文献,是最高人民法院对外公布司法解释、司法文件、裁判文书、典型案件及其他有关司法信息资料的法定刊物。公报案例的最大的特点就是以《最高人民法院公报》为载体,公开、客观地记录和反映具体案件正确适用具体法律的裁判过程,是唯一以最高人民法院官方名义发布的案例,无论案例是哪一级法院审结的案件,但所涉及的法律适用和理解、司法价值取向等都得到了最高人民法院的正式确认,直接体现最高人民法院的司法观点,具有典型性、权威性和指导性。本丛书分民商事、行政、刑事和综合(年卷)四大类,每大类中按不同案件类型编排成卷,如民商事类可分为担保卷、公司卷、合同卷、婚姻家庭卷、房地产卷等。通过对指导性案例、公报案例等进行梳理,然后编定成卷每年定期出版,奉献给大家。

本丛书突破了传统法律案例类图书的"要点提示、案情、法院审判、裁判要旨、评析"等写作模式,在编写体例上,采取了【裁判规则】【规则理解】【拓展适用】【典型案例】的体例。以裁判规则为主线,在内容和体例上具有一定的独创性,突出强调不仅要关注公报案例等指导性案例本身,而且要关注指导性案例所形成规则的理解与适用，侧重于弥补法律漏洞以及阐释实务中如何正确理解与适用法律，致力于为读者迅速查找指导性案例和把握裁判规则提供最为便捷有效的途径。

所有的【裁判规则】都是通过对案件争议焦点所涉及的法律问题进行评析后形成的并为裁判结论所确立的法律性质规则，属于法律规则或者原则范畴，是案例的核心内容、灵魂所在。指导性案例裁判规则一般是非特定的、非个案的，对法官在同类案件中认定事实、适用法律具有启发、引导、规范和参考作用。从一定意义上讲，指导性案例的指导作用更多地体现在从案件事实认定和法律适用中提炼出来的裁判规则或者裁判要旨。针对部分公报案例裁判摘要中存在法条构成要件重述、内容不明确等问题，我们对该部分案例的裁判规则进行了重新归纳和提炼。其目的正如美国大法官卡多佐在《司法过程的性质》中所言，在接手案件时，"所做的第一件事就是将他眼前的案件同一些先例加以比较，无论这些先例是贮藏在他心中还是贮藏在书本中……先例的背后是一些基本的司法审判概念，他们是司法推理的一些先决条件；而其后面的是生活习惯、社会制度，那些概念正是在它们之中才得以生成。通过一个互动过程，这些概念反过来修改着这些习惯与制度……如果先例清楚明了并且契合案件，那么法官就无需做更多的事了。"

德国法学家拉伦茨在《法学方法论》中说："制作司法先例的法官首先考虑的是他所裁判的事件，这些要旨不过是裁判理由中蒸馏出来的结晶，与案件事实密切相关，在很大程度上本身也需要解释。"如何将写在纸上的裁判规则，适用于此后千变万化但法定事实要件相同或相似的类案，诠释规则所蕴含的公平与正义精神，是法官的重要任务。然而，由于各级法院、各地法院的法官们，在年龄、知识结构、社会阅历、审判经验等方面存在差异，对于裁判规则的理解、运用等都会有不同的结果。因此，我们认为有必要将指导性案例中所提炼裁判规则的【规则理解】作为本丛书核心内容，突出对所提炼裁判规则解读的指导意义，以超越个案审判的视野，对法律适用进行理性思考，研究案例所体现的法律规则、法律原理、法律精神以及裁判方法、裁判理念等体现的核心价值。虽然指导性案例裁判规则源于个案，但不仅仅局限于个案，而是通过对规则的理解以及法定事实要件的精准把握，达到将裁判规则适用于类案的效果，从而使所提炼的裁判规则中蕴涵的内在价值能够在更广的范围内、更深的层次上得以被发现、被接受、被适用。虽然目前还没有明确规定指导性案例的裁判规则可以在类案的裁判文书中直接援引，但不容置疑的是它的基本精神完全可以渗透于裁判文书的说理部分，可以作为法官裁判的理由、检察官或律师法庭辩论的理由。对于全国各级法院法官及其他法律工作者来说，准确理解和掌握指导性案例裁判规则，有助于统一司法理念、统一法律适用和统一裁判尺度，促进人们对法律的尊重与信仰。

为了防止因裁判规则的抽象性以及成文规范难以避免的缺陷而导致的弊端，我们对指导性案例的裁判规则进行了【拓展适用】，目的是对与裁判规则相关联的理论问题进行系统梳理和深入探讨，以期能够较为全面地阐释裁判规则的精髓，从而推动相关法学研究向纵深发展，拓宽人民法院、法官发现问题、解决问题的渠道，又能够为立法和司法解释提供新的思路和视角，从而形成实践丰富理论、理论指导实践、司法实践与理论研究良性互动的局面，提升司法应对现实的能力。

对《最高人民法院公报》【典型案例】等指导性案例进行分类梳理，一方面是对指导性案例进行连续性和系统性的汇编，方便各地各级法院的法官以及检察官、律师和其他法律界人士检索和援引；另一方面是更全面、更客观、更系统、更立体地展现了指导性案例所依附的案件事实、证据以及裁判说理等的真实风貌，更直观、更清晰、更准确地理解裁判规则的涵义，指导同类案件的法律适用，特别是裁判论证和说理过程，使抽象的审判指导概念更具明确性、更具形象化、更具可操作性。

对指导性案例裁判规则进行全面、系统的解读和阐释，以帮助法律实务界更精准地运用典型案例实现法律的目的、实现公平公正，使从事法学教育和理论研究的同志得以全面把握指导性案例的精神实质，是作者的一次尝试。我们深知，本套丛书所涉及的法学理论博大精深，各种研究文献浩如烟海，有许多未知的领域仍需作深入细致的研究。我们深知法学理论对审判实践有着巨大的指导作用，特别是在法律规定不明确的情况下，具有扎实深厚的理论功底、及时掌握理论界研究的最新成果就显得更为重要。正基于此，我们不敢懈怠，时刻关注理论发展的最新动态，时刻关注理论研究的最新成果，时刻关注审判实践中的典型案例和实践经验，从研究的角度提出一些个人的学术见解，这些见解并不代表任何组织和机构，甚至与我们个人的身份都无关联。当然，这些观点和意见的正确与否，不仅要接受理论界的评判，而且要接受实践的检验。希望借此丛书的修订版，使我们能够与理论界的学者、实务界的同仁进行深入交流探讨，以期共同推动我国案例指导制度的完善和案例研究的深化与细化。

是为序。

二〇二三年十一月二十日

凡 例

为使行文方便,本书对相关法律、法规和司法解释等规范性法律文件的名称做了缩略。

《民法典》:《中华人民共和国民法典》

《民法典时间效力司法解释》:《最高人民法院关于适用〈中华人民共和国民法典〉时间效力的若干规定》

《民法典总则司法解释》:《最高人民法院关于适用〈中华人民共和国民法典〉总则编若干问题的解释》

《民法典有关担保司法解释》:《最高人民法院关于适用〈中华人民共和国民法典〉有关担保制度的解释》

《民法典合同编通则司法解释》:《最高人民法院关于适用〈中华人民共和国民法典〉合同编通则若干问题的解释》

《建设工程施工合同司法解释(一)》:《最高人民法院关于审理建设工程施工合同纠纷案件适用法律问题的解释(一)》

《买卖合同案件司法解释》:《最高人民法院关于审理买卖合同纠纷案件适用法律问题的解释》

《商品房买卖合同案件司法解释》:《最高人民法院关于审理商品房买卖合同纠纷案件适用法律若干问题的解释》

《民法总则》:《中华人民共和国民法总则》

《民法通则》:《中华人民共和国民法通则》

《民法通则意见》:《最高人民法院关于贯彻执行〈中华人民共和国民法通则〉若干问题的意见(试行)》

《合同法》:《中华人民共和国合同法》

《合同法司法解释一》:《最高人民法院关于适用〈中华人民共和国合同法〉若干问题的解释一》

《合同法司法解释二》：《最高人民法院关于适用〈中华人民共和国合同法〉若干问题的解释二》

《担保法》：《中华人民共和国担保法》

《担保法司法解释》：《最高人民法院关于适用〈中华人民共和国担保法〉若干问题的解释》

《民事诉讼法》：《中华人民共和国民事诉讼法》

《民事诉讼法意见》：《最高人民法院关于适用〈中华人民共和国民事诉讼法〉若干问题的意见》

《民事诉讼法解释》：《最高人民法院关于适用〈中华人民共和国民事诉讼法〉的解释》

《证券法》：《中华人民共和国证券法》

《土地管理法》：《中华人民共和国土地管理法》

《票据法》：《中华人民共和国票据法》

《证据规定》：《最高人民法院关于民事诉讼证据的若干规定》

《审判监督程序解释》：《最高人民法院关于适用〈中华人民共和国民事诉讼法〉审判监督程序若干问题的解释》

《涉外民事关系法律适用法》：《中华人民共和国涉外民事关系法律适用法》

《商标法》：《中华人民共和国商标法》

《企业所得税法》：《中华人民共和国企业所得税法》

《经济合同法》：《中华人民共和国经济合同法》

《涉外经济合同法》：《中华人民共和国涉外经济合同法》

《技术合同法》：《中华人民共和国技术合同法》

《消费者权益保护法》：《中华人民共和国消费者权益保护法》

《刑法》：《中华人民共和国刑法》

《立法法》：《中华人民共和国立法法》

《具体适用〈经济合同法〉的解答》：《最高人民法院关于审理经济纠纷案件中具体适用〈经济合同法〉若干问题的解答》

《民商事合同纠纷案件指导意见》：《最高人民法院关于当前形势下审理民商事合同纠纷案件若干问题的指导意见》

《经济犯罪嫌疑规定》：《最高人民法院关于在审理经济纠纷案件中涉及经济犯罪嫌疑若干问题的规定》

总　目　录

第一章　合同原则

规则 1：(《合同法》的适用范围) 法人响应政府号召介入市政建设，政府单方取消优惠政策的行为，不属于合同法调整 / 001

规则 2：(合同相对性原则) 因第三人的行为致使债权不能实现，债权人不能向第三人请求排除妨害，或要求第三人对债务承担连带责任 / 017

规则 3：(公平等价原则) 当事人双方约定提成费是否过高，应考量投入与收入的数额，以公平原则进行衡量 / 048

规则 4：(显失公平与商业交易风险) 合同约定标的物价格比当时当地的同类标的物交易价格有所上涨，属于合同当事人应当预见的商业交易风险 / 072

第二章　合同效力

规则 5：(新法对合同效力确定的影响) 合同效力的认定原则上适用行为时的法，在终审判决作出之前，新法与旧法确定合同效力的规定不同的，应适用认定合同有效的法 / 098

规则 6：(对内管理行为与合同效力) 针对特定主体的对内管理行为、不涉及公共利益的强制性规定，不属于合同无效的强制性规定 / 115

规则 7：(合同标的对合同效力的影响) 当事人以同一标的先后与他人签订两个协议，协议内容均不违反法律、行政法规的强制性规定，不能因前协议有效而认定后协议无效，或作出前、后协议效力上差异的认定 / 131

规则 8：(欺诈行为与合同效力) 经过双方认可的合同时间倒签，且不损害第三方利益的，不能认定一方具有欺诈行为 / 148

规则 9：(合同欺诈) 为家庭生活消费需要购买汽车，发生欺诈纠纷的，可以按照《消费者权益保护法》处理 / 167

规则 10：（显失公平合同之效力）认定合同显失公平应结合当事人双方权利义务是否对等、一方获得的利益或另一方所受损失是否违背法律或者交易习惯等因素考量 / 179

规则 11：（恶意串通所订合同之效力）当事人之间恶意串通签订合同，损害第三人利益的，第三人有权提起确认合同无效之诉 / 194

规则 12：（代理权的认定）公司的法定代表人在对外签订合同时已经被上级单位决定停止职务，但未办理变更登记，公司以此主张合同无效的，人民法院不予支持 / 207

规则 13：（表见代理与无效合同）无效合同不应适用《民法典》关于表见代理的规定 / 220

规则 14：（附条件合同的条件）当事人将法律和行政法规规定的政府机关对有关事项或者合同的审批权或者批准权约定为附条件合同中的条件，不符合法律的规定，所附的"条件"不产生限制合同效力的法律效果 / 235

规则 15：（合同履行与合同效力）合同双方约定以一方的内部审批为合同生效条件的，即使该当事人怠于履行约定的内部审批义务，但合同业经双方当事人签字盖章成立，且已部分履行的，应当认定合同已经生效 / 262

规则 16：（单位过错责任的形态）单位规章制度不健全、用人失察、对其高级管理人员监管不力，属于单位具有明显过错的具体表现 / 276

第三章　合同履行

规则 17：（情势变更原则）合同履行中发生了当事人无法预见和防止的情势变更，如要求当事人仍按原合同履行则显失公平，应适用情势变更原则 / 293

规则 18：（不可抗力）当事人置政府发出台风即将登陆的通告于不顾，造成损害后以不可抗力进行免责抗辩，不予支持 / 309

规则 19：（不可抗力）虽然国家海洋预报台发出预报，但在目前的科学技术条件下，海洋风暴仍然属于不能避免的不可抗力 / 324

规则 20：（预约合同）预约合同一方未履行合同义务构成违约的，应承担相应的违约责任 / 337

规则21：(侵害债权制度在审判实践中的适用) 侵权人应对合同当事人因支付第三人违约金所受损失负赔偿责任 / 354

规则22：(债务承担) 债权债务关系以外的第三人出具承诺书表示完全承担债务，判断该行为是属于保证，还是属于债务承担，应根据行为人承担债务的意思表示确定 / 370

规则23：(因客观原因致使合同不能履行) 因国家法律、法规及政策出台导致当事人签订的合同不能履行，以致一方当事人缔约目的不能实现，当事人请求法院判决解除合同的，人民法院应予支持 / 387

规则24：(合同解除权) 处于违约状态的当事人不享有基于催告对方履行，而对方仍不履行所产生的合同解除权 / 402

规则25：(合同解除) 合同一方当事人未与对方协商一致而单方终止合同，由此造成的损失，应自行负担 / 423

规则26：(违约方解除合同的认定) 当违约方继续履约所需成本超过合同目的时，可以允许违约方解除合同，用赔偿损失代替继续履行 / 439

规则27：(合同解除的法律后果) 合同解除的法律后果不表现为违约责任，而是返还不当得利、赔偿损失等形式的民事责任 / 455

规则28：(合同解除与合同解除权) 客观原因影响范围很小，不构成对普通公众日常生活的危害，不能以此作为免责解除合同的依据 / 472

规则29：(格式条款提供方的提示说明义务) 订立合同时未向消费者告知某项服务设定了有效期限限制，履行中又以该项服务超过有效期限为由限制或停止对消费者服务的，构成违约 / 483

规则30：(责任限制型格式条款) 因恶意隐瞒重大风险最终导致违约情形发生，经营者不得主张因免责格式条款而排除其违约责任 / 498

规则31：(预期违约) 合同一方当事人已履行了主要义务，不构成预期违约 / 517

规则32：(可预见性原则) 确认合同纠纷违约方的赔偿责任应当遵循可预见性原则 / 533

规则33：(违约金) 合同中对违约金的重复约定，只能认定其中一种约定有效 / 552

规则 34：（违约金的国家干预）当事人约定的违约金数额，人民法院不宜主动调整，只有当合同约定的违约金数额确实低于或者过分高于违约行为给当事人造成的损失且当事人请求调整时，人民法院才能予以调整 / 566

规则 35：（恶意违约所致违约金的调整规制）恶意违约方不能证明违约金过分高于违约所造成损失的，其减少违约金的请求人民法院不予支持 / 590

规则 36：（刑民交叉问题）在处理涉及民事纠纷与刑事犯罪交叉的问题上，刑事判决中所认定的基本事实在处理民事纠纷案件事实认定中应当予以充分考虑 / 608

规则 37：（诉讼欺诈行为的认定）双方当事人恶意串通，隐瞒事实、编造理由进行诉讼，企图通过人民法院的确权来对抗另案其他人民法院的查封，属于诉讼欺诈行为，应承担相应的法律责任 / 629

目 录
Contents

第一章　合同原则

规则 1：(《合同法》的适用范围) 法人响应政府号召介入市政建设，政府单方取消优惠政策的行为，不属于合同法调整 / 001

【裁判规则】

【规则理解】

一、合同法上的主体 / 001

（一）实体法上确定的民事主体 / 001

（二）程序法上确定的民事主体 / 003

二、平等主体的判断 / 004

（一）一般民事主体的平等性 / 004

（二）特别法人从事民事活动主体平等性的把握 / 005

【拓展适用】

《民法典》合同编的调整对象 / 006

【典型案例】房地产开发公司与 D 市人民政府债务纠纷案 / 008

规则 2：(合同相对性原则) 因第三人的行为致使债权不能实现，债权人不能向第三人请求排除妨害，或要求第三人对债务承担连带责任 / 017

【裁判规则】

【规则理解】

一、合同相对性原则的内涵 / 018

（一）大陆法系债的相对性含义 / 018

（二）英美法系合同相互关系规则的含义 / 018

（三）我国合同相对性的内涵 / 019

二、合同相对性在我国合同法中的具体体现 / 020
　　（一）由第三人履行的合同 / 020
　　（二）向第三人履行的合同 / 021
【拓展适用】
一、合同相对性的效力扩张 / 023
　　（一）租赁权的物权化 / 023
　　（二）披露制度的确认 / 023
　　（三）债的保全制度 / 023
二、合同相对性原则在建设工程施工合同中的突破 / 025
　　（一）工程质量责任追究 / 025
　　（二）实际施工人利益保护 / 026
【典型案例】建筑工程公司与J房屋开发公司、B房地产开发公司、B集团建设工程施工合同纠纷案 / 028

规则3：（公平等价原则）当事人双方约定提成费是否过高，应考量投入与收入的数额，以公平原则进行衡量 / 048

【裁判规则】
【规则理解】
一、等价有偿原则的界定 / 049
二、等价有偿原则的价值 / 050
三、等价有偿原则的运用 / 051
　　（一）成本的计算 / 051
　　（二）收入的计算 / 052
四、等价有偿原则的缺陷 / 053
【拓展适用】
一、公平原则的基本内容 / 054
　　（一）当事人具有平等的法律地位 / 055
　　（二）社会给予每个民事主体以平等机会、平等责任 / 056
　　（三）民事法律要求在进行民事活动的过程中，当事人双方的权利义务基本对等 / 056
　　（四）民事法律要求在双方当事人之间的权利义务关系失衡时的处理 / 056
二、公平原则的适用 / 056

（一）规制民事主体 / 056
　　（二）规制解释规则 / 057
　　（三）规制不当得利 / 057
　　（四）规制情势变更 / 057
　　（五）规制公平责任 / 058
三、公平原则的发展 / 058
【典型案例】彩票发行中心与科技发展公司营销协议纠纷案 / 059

规则 4：（显失公平与商业交易风险）合同约定标的物价格比当时当地的同类标的物交易价格有所上涨，属于合同当事人应当预见的商业交易风险 / 072

【裁判规则】
【规则理解】
一、显失公平的概念及起源 / 072
　　（一）大陆法系的显失公平制度 / 072
　　（二）英美法系的"不正当影响"制度 / 073
　　（三）我国显失公平的含义 / 074
二、显失公平的构成要件 / 074
　　（一）关于显失公平构成要件的理论之争 / 074
　　（二）构成要件之分析 / 076
三、显失公平与情势变更之区分 / 078
　　（一）两者的表现形态不同 / 078
　　（二）两者发生的基础原因不同 / 079
　　（三）两者的处理方式不同 / 079
【拓展适用】
一、可撤销合同的价值 / 079
　　（一）可撤销合同的内涵 / 079
　　（二）撤销合同与无效合同的区别 / 080
二、可撤销合同的类型 / 081
　　（一）重大误解 / 081
　　（二）欺诈、胁迫、乘人之危 / 082
三、可撤销合同的法律后果 / 084
【典型案例】S 集团公司诉房地产发展公司商品房预售合同纠纷案 / 085

第二章　合同效力

规则 5：（新法对合同效力确定的影响）合同效力的认定原则上适用行为时的法，在终审判决作出之前，新法与旧法确定合同效力的规定不同的，应适用认定合同有效的法 / 098

【裁判规则】

【规则理解】

一、法不溯及既往原则的理解与适用 / 098

　　（一）法不溯及既往原则概述 / 098

　　（二）法不溯及既往原则的适用规则 / 099

二、合同违反强制性规定时的效力认定 / 101

　　（一）强制性规定不依当事人的意思而排除其适用，体现了法律的强制力，是与任意性规定相对应的法律概念 / 101

　　（二）法律的效力位阶不同，对合同效力的影响亦不同 / 103

　　（三）此项规定与违背公序良俗导致合同无效的关系 / 104

【拓展适用】

一、法不溯及既往原则的适用 / 105

　　（一）法不溯及既往原则的基本内涵 / 105

　　（二）法不溯及既往制度的法理基础 / 105

　　（三）法律不溯及既往原则的例外 / 106

二、合同无效的认定规则 / 107

　　（一）合同无效概述 / 107

　　（二）合同无效的情形 / 109

　　（三）合同无效的法律后果 / 112

　　（四）正确处理合同无效与恶意抗辩的关系 / 114

【典型案例】彩票发行中心与科技发展公司营销协议纠纷案 / 114

规则 6：（对内管理行为与合同效力）针对特定主体的对内管理行为、不涉及公共利益的强制性规定，不属于合同无效的强制性规定 / 115

【裁判规则】

【规则理解】

一、行业内部管理规定对合同效力的影响 / 115

二、合理提示对格式条款效力的影响 / 119

三、格式合同条款的解释规则 / 121

【拓展适用】

一、效力性强制性规定的认定 / 121

　　（一）国外和相关地区关于强制性规定的立法例 / 121

　　（二）效力性强制性规定的把握 / 122

二、格式合同中免除提供合同条款一方责任的条款效力问题 / 125

【典型案例】农村信用合作联社J信用社诉罗某玲储蓄合同纠纷案 / 125

规则7：（合同标的对合同效力的影响）当事人以同一标的先后与他人签订两个协议，协议内容均不违反法律、行政法规的强制性规定，不能因前协议有效而认定后协议无效，或作出前、后协议效力上差异的认定 / 131

【裁判规则】

【规则理解】

一、就同一标的签订的不同合同的效力具有独立性 / 132

二、就同一标的签订的不同合同的效力具有平等性 / 134

三、就同一标的签订的不同合同的履行规则 / 134

四、就同一标的签订的不同合同的责任承担 / 135

【拓展适用】

一、合同标的对合同效力影响的传统观点及其面临的挑战 / 137

二、我国合同标的对合同效力影响相关规定的演变 / 138

三、合同标的不能对合同效力的影响 / 139

【典型案例】自来水公司诉S管委会联营建设索道纠纷案 / 141

规则8：（欺诈行为与合同效力）经过双方认可的合同时间倒签，且不损害第三方利益的，不能认定一方具有欺诈行为 / 148

【裁判规则】

【规则理解】

一、民事欺诈概述 / 148

二、欺诈的构成要件 / 150

　　（一）主观要件：欺诈一方当事人具有欺诈故意 / 150

　　（二）客观要件 / 151

三、实践中应注意的几个问题 / 153

　　（一）正确区分欺诈与通谋虚伪 / 153

　　（二）判断欺诈行为应当考虑的因素 / 154

　　（三）受欺诈一方当事人的过失不影响欺诈的认定 / 154

【拓展适用】

一、欺诈的法律后果 / 155

二、《民法典》的具体规定 / 155

【典型案例】投资公司诉影业公司影片发行权许可合同纠纷案 / 156

规则 9：（合同欺诈）为家庭生活消费需要购买汽车，发生欺诈纠纷的，可以按照《消费者权益保护法》处理 / 167

【裁判规则】

【规则理解】

一、欺诈的定义及构成要件 / 168

　　（一）欺诈行为 / 169

　　（二）欺诈故意 / 169

　　（三）表意人因相对人的欺诈行为陷入错误 / 170

　　（四）表意人因陷入错误而作出意思表示（因果关系）/ 171

二、经营者的告知义务 / 171

三、违反轻微瑕疵告知义务不构成欺诈 / 172

【拓展适用】

一、惩罚性赔偿数额之检视 / 173

二、请求权基础与制度竞合 / 175

三、商品房适用《消费者权益保护法》惩罚性赔偿问题 / 176

【典型案例】张某诉汽车服务公司买卖合同纠纷案 / 178

规则 10：（显失公平合同之效力）认定合同显失公平应结合当事人双方权利义务是否对等、一方获得的利益或另一方所受损失是否违背法律或者交易习惯等因素考量 / 179

【裁判规则】

【规则理解】

一、显失公平规则概述 / 180

　　（一）显失公平规则的兴起 / 180

（二）显失公平的内涵 / 181
　　（三）显失公平规则是合同法公平原则的体现 / 181
二、显失公平的构成要件 / 182
　　（一）概述 / 182
　　（二）显失公平的主观要件 / 184
　　（三）显失公平的客观要件 / 185

【拓展适用】
一、显失公平规则在适用上的限制 / 186
二、合同主体对显失公平规则适用的影响 / 187
三、显失公平规则之补充适用原则 / 188
四、显失公平与乘人之危的关系 / 188
【典型案例】营销公司与经营公司特许经营合同纠纷案 / 189

规则 11：（恶意串通所订合同之效力）当事人之间恶意串通签订合同，损害第三人利益的，第三人有权提起确认合同无效之诉 / 194

【裁判规则】
【规则理解】
一、恶意串通订立合同概述 / 194
二、恶意串通行为的构成要件 / 195
　　（一）主观要件 / 195
　　（二）客观要件 / 196
三、恶意串通行为的法律后果 / 197

【拓展适用】
一、恶意串通与通谋虚伪表示 / 199
　　（一）对我国恶意串通规定的梳理 / 199
　　（二）通谋虚伪表示的含义 / 199
　　（三）恶意串通与通谋虚伪表示之比较 / 200
二、关于恶意串通立法的评析 / 201
【典型案例】陈某、皮某勇诉房地产开发公司、夏某均、置业公司合作开发房地产合同纠纷案 / 201

规则 12：（代理权的认定）公司的法定代表人在对外签订合同时已经被上级单位决定停止职务，但未办理变更登记，公司以此主张合同无效的，人民法院不予支持 / 207

【裁判规则】

【规则理解】

一、无权代理与无权代理的合同 / 207

（一）无权代理 / 207

（二）无权代理的合同 / 208

二、无权代理的效力归属 / 210

三、公司登记与表见代理 / 211

【拓展适用】

一、外观主义的含义 / 211

二、外观主义的基本理念 / 212

三、外观主义的构成 / 212

（一）存在外观事实 / 213

（二）相对人对外观事实产生合理信赖 / 213

（三）本人可归责 / 214

四、外观主义的法律效果 / 215

【典型案例】房地产公司诉开发公司房地产开发合同纠纷案 / 215

规则 13：（表见代理与无效合同）无效合同不应适用《民法典》关于表见代理的规定 / 220

【裁判规则】

【规则理解】

一、表见代理的内涵 / 220

（一）表见代理的含义 / 220

（二）表见代理的价值 / 221

二、表见代理之构成要件 / 222

（一）学界争论 / 222

（二）构成表见代理的四要件 / 223

三、表见代理的效力 / 226

（一）表见代理对被代理人产生有权代理的效力 / 226

（二）相对人有选择权 / 226

（三）表见代理人可能承担赔偿责任 / 226

【拓展适用】

一、相对人过错对表见代理的影响 / 226

二、被代理人过错对表见代理的影响 / 227

【典型案例】某银行广州分行与 S 公司借款合同纠纷案 / 228

规则 14：（附条件合同的条件）当事人将法律和行政法规规定的政府机关对有关事项或者合同的审批权或者批准权约定为附条件合同中的条件，不符合法律的规定，所附的"条件"不产生限制合同效力的法律效果 / 235

【裁判规则】

【规则理解】

一、附条件民事行为的内涵 / 235

（一）所附条件的含义及特点 / 236

（二）所附条件的类型 / 238

二、附条件民事行为之效力 / 239

（一）条件成就与不成就 / 239

（二）条件成就与不成就的拟制 / 239

（三）条件成就与否尚未确定之前的效力 / 240

（四）条件成就或不成就时的效力 / 240

三、不同条件对附条件合同效力的影响 / 240

（一）随意条件对附条件民事行为效力的影响 / 241

（二）偶成条件对附条件合同效力的影响 / 242

（三）混合条件对附条件合同效力的影响 / 242

【拓展适用】

一、期待权的含义 / 243

二、期待权的救济 / 244

（一）当事人侵害期待权的救济 / 244

（二）第三人侵害期待权的救济 / 244

（三）请求对期待权进行救济的时间限制 / 245

【典型案例】置业公司诉 L 区国土资源局国有土地使用权出让合同纠纷案 / 245

规则 15：（合同履行与合同效力）合同双方约定以一方的内部审批为合同生效条件的，即使该当事人怠于履行约定的内部审批义务，但合同业经双方当事人签字盖章成立，且已部分履行的，应当认定合同已经生效 / 262

【裁判规则】
【规则理解】
一、审批对合同效力的影响 / 262
　　（一）法定审批程序对合同效力的影响 / 262
　　（二）约定审批程序对合同效力的影响 / 263
　　（三）报批义务的性质与效力 / 264
二、合同履行对合同效力的影响 / 265
　　（一）合同履行对法定无效合同效力的影响 / 265
　　（二）合同履行对附条件合同效力的影响 / 266
三、附条件合同效力的判定 / 266
　　（一）附条件合同效力的特点 / 266
　　（二）影响附条件合同效力的重要因素 / 266
【拓展适用】
一、诚实信用原则的内涵 / 268
二、诚实信用原则对附条件合同的规制 / 268
【典型案例】资产管理公司兰州办事处与工业公司借款合同纠纷案 / 269

规则 16：（单位过错责任的形态）单位规章制度不健全、用人失察、对其高级管理人员监管不力，属于单位具有明显过错的具体表现 / 276
【裁判规则】
【规则理解】
一、过错责任原则的理论基础 / 276
二、民法中的过错与民事责任承担 / 277
　　（一）故意与民事责任承担 / 277
　　（二）过失的认定标准与民事责任承担 / 278
三、因果关系与民事责任 / 279
　　（一）因果关系的内涵 / 279
　　（二）因果关系的功能 / 280
　　（三）因果关系的认定 / 280
【拓展适用】
一、表见代理的内涵及法律特征 / 281
　　（一）无权代理人从事了无权代理的行为 / 282
　　（二）代理行为符合有权代理的全部要件 / 282

（三）相对人相信行为人具有代理权 / 282

　　（四）相对人善意且无过失 / 283

二、行为人持有、盗用、借用单位的公章、业务介绍信等签订合同行为性质的认定 / 283

　　（一）行为人持有单位的公章、业务介绍信等签订合同行为的性质 / 285

　　（二）行为人盗用单位的公章、业务介绍信等签订合同行为的性质 / 286

　　（三）行为人借用单位的公章、业务介绍信等签订合同行为的性质 / 286

三、表面授权的认定 / 287

　　（一）代理人的自身授权表示 / 288

　　（二）对其他人作出的授权表示 / 288

　　（三）另一代理人的授权表示 / 288

　　（四）本人的授权象征或者符号 / 289

　　（五）本人事后不作否认表示的行为 / 289

四、相对人善意和无过失的认定 / 290

　　（一）相对人善意的认定 / 290

　　（二）相对人无过失的认定 / 290

五、表见代理与有权代理、狭义无权代理 / 290

　　（一）表见代理与有权代理的区别 / 290

　　（二）表见代理与狭义无权代理的区别 / 291

【典型案例】某银行广州分行与S公司借款合同纠纷案 / 292

第三章　合同履行

规则17：（情势变更原则）合同履行中发生了当事人无法预见和防止的情势变更，如要求当事人仍按原合同履行则显失公平，应适用情势变更原则 / 293

【裁判规则】

【规则理解】

一、情势变更原则的域外考察 / 293

二、情势变更原则的适用条件 / 294

（一）须有情势变更之事实 / 295
　　（二）须发生在合同成立之后 / 296
　　（三）须具有不可预见之性质 / 296
　　（四）须使原合同履行基础丧失 / 296
三、适用情势变更原则的法律效力 / 297
【拓展适用】
一、情势变更与商业风险 / 298
　　（一）商业风险的定义与特征 / 298
　　（二）商业风险的种类 / 299
　　（三）商业风险与情势变更之区分 / 300
　　（四）商业风险与情势变更之竞合 / 300
二、情势变更与不可抗力 / 301
　　（一）不可抗力的主要特点 / 301
　　（二）不可抗力的典型情形 / 302
　　（三）不可抗力的法律效力 / 303
　　（四）不可抗力与情势变更之区分 / 304
【典型案例】煤气公司诉检测仪表厂煤气表装配线技术转让合同、煤气表散件购销合同纠纷案 / 305

规则 18：（不可抗力）当事人置政府发出台风即将登陆的通告于不顾，造成损害后以不可抗力进行免责抗辩，不予支持 / 309

【裁判规则】
【规则理解】
一、不可抗力的内涵 / 309
　　（一）必须是社会公认的客观现象 / 310
　　（二）必须来自行为人的外部 / 310
　　（三）必须是行为人不可预见的现象 / 310
　　（四）必须是后果不能抗拒的现象 / 311
二、不可抗力的外延 / 311
三、不可抗力的判断标准 / 312
　　（一）不可抗力的一般判断标准 / 312
　　（二）不能预见的判断标准 / 312
　　（三）不能避免与不能克服的判断标准 / 313

【拓展适用】
一、不可抗力制度的历史沿革 / 314
　　（一）大陆法系国家的相关规定 / 314
　　（二）英美法系国家的相关规定 / 314
　　（三）我国法律规定的历史演变 / 315
二、不可抗力与关联概念 / 316
　　（一）不可抗力与意外事件 / 316
　　（二）不可抗力与情势变更 / 317
　　（三）不可抗力与合同目的落空 / 318
【典型案例】罗某诉工贸公司人身损害赔偿纠纷案 / 319

规则 19：（不可抗力）虽然国家海洋预报台发出预报，但在目前的科学技术条件下，海洋风暴仍然属于不能避免的不可抗力 / 324

【裁判规则】
【规则理解】
一、不可抗力学说综述 / 324
　　（一）主观说 / 324
　　（二）客观说 / 324
　　（三）折中说 / 324
二、不可抗力的构成要件 / 325
　　（一）客观要件 / 325
　　（二）主观要件 / 325
　　（三）主客观要件的关系 / 325
三、不可抗力的分类 / 326
　　（一）自然灾害 / 326
　　（二）社会异常事件 / 326
　　（三）政府行为 / 327
【拓展适用】
一、合同法上不可抗力免责的理论基础 / 327
　　（一）罗马法谚：偶然事件由被击中者承担 / 327
　　（二）过错责任原则 / 328
　　（三）因果关系说 / 328
　　（四）利益共同体说 / 328

（五）公平原则说 / 329

二、国际公约中的不可抗力规定 / 329

（一）《联合国国际货物销售合同公约》中的不可抗力规定 / 330

（二）《国际商事合同通则》中的不可抗力规定 / 331

（三）《联合国国际货物销售合同公约》和《国际商事合同通则》中不可抗力免责的排除事由 / 332

【典型案例】进出口公司诉港务公司港口作业合同纠纷案 / 333

规则 20：（预约合同）预约合同一方未履行合同义务构成违约的，应承担相应的违约责任 / 337

【裁判规则】

【规则理解】

一、预约合同的内涵及法律特征 / 337

（一）预约合同的内涵 / 337

（二）预约合同的法律特征 / 338

二、预约合同的成立与效力 / 339

（一）预约合同的成立 / 339

（二）预约合同的效力 / 340

三、预约合同的违约责任 / 341

（一）继续履行 / 341

（二）损害赔偿 / 342

【拓展适用】

一、违反预约合同的违约责任与定金责任 / 344

二、商品房买卖合同中的预售合同与预约合同 / 345

（一）商品房预售合同的内涵 / 345

（二）商品房预售合同与预约合同的区分 / 346

三、预约合同责任与缔约过失责任 / 347

（一）缔约过失责任的内涵 / 347

（二）预约合同责任与缔约过失责任的区分 / 347

【典型案例】仲某清诉房地产公司合同纠纷案 / 348

规则 21：（侵害债权制度在审判实践中的适用）侵权人应对合同当事人因支付第三人违约金所受损失负赔偿责任 / 354

【裁判规则】

【规则理解】

一、侵害债权制度的概念及具体形态 / 354

　　（一）侵害债权制度的概念 / 354

　　（二）侵害债权制度的具体形态 / 355

二、侵害债权的构成要件 / 356

　　（一）侵害债权的行为必须由第三人实施 / 356

　　（二）必须造成损害的后果 / 357

　　（三）违法行为与债权损害事实之间具有因果关系 / 357

　　（四）第三人的主观状态须为故意 / 358

三、阻却责任承担的抗辩事由 / 358

　　（一）正当竞争 / 358

　　（二）忠告 / 358

　　（三）职责所在 / 359

四、侵害债权的赔偿（责任）范围 / 359

　　（一）预期利润损失及违约损失应列入侵害债权损失范围 / 359

　　（二）精神损害不应列入侵害债权损失范围 / 360

【拓展适用】

一、第三人侵害债权理论基础及学说 / 360

　　（一）债权的不可侵性 / 360

　　（二）债权的物权化 / 361

　　（三）债权的利益性 / 362

二、侵害债权与债的相对性 / 363

　　（一）债的相对性的内涵 / 363

　　（二）侵害债权与债的相对性的关系 / 364

【典型案例】技术协作公司诉日本国运输公司预借提单侵权损害赔偿纠纷案 / 365

规则22：（债务承担）债权债务关系以外的第三人出具承诺书表示完全承担债务，判断该行为是属于保证，还是属于债务承担，应根据行为人承担债务的意思表示确定 / 370

【裁判规则】

【规则理解】

一、关于债务承担的内涵 / 371

（一）免责的债务承担 / 371

（二）并存的债务承担 / 371

（三）免责的债务承担与并存的债务承担的区别 / 372

二、关于保证合同与债务承担的区别 / 373

（一）保证合同的内涵 / 373

（二）并存的债务承担与连带责任保证的区分 / 373

三、关于债务加入的认定标准问题 / 375

【拓展适用】

一、共同保证的基本含义及法律特征 / 376

（一）共同保证的基本含义 / 376

（二）共同保证的法律特征 / 377

二、关于共同保证的基本类型 / 377

（一）以共同保证人有无分别利益为标准，可将共同保证分为按份共同保证与连带共同保证 / 377

（二）以共同保证人是否共同缔结保证合同为标准，可以将共同保证划分为共同缔约的共同保证与分别缔约的共同保证 / 378

（三）以共同保证人有无成立共同保证意思为标准，可以将共同保证划分为意定共同保证与法定共同保证 / 379

（四）以共同保证人的保证份额为标准，可以将共同保证划分为限额共同保证与全额共同保证 / 379

（五）以各个保证人承担保证的方式或与债权人之间清偿债务的顺序为标准，可以将共同保证划分为一般保证方式的共同保证、连带责任保证方式的共同保证和混合保证方式的共同保证 / 379

【典型案例】资产管理公司石家庄办事处与化肥公司及玻璃钢厂借款担保合同纠纷案 / 380

规则23：（因客观原因致使合同不能履行）因国家法律、法规及政策出台导致当事人签订的合同不能履行，以致一方当事人缔约目的不能实现，当事人请求法院判决解除合同的，人民法院应予支持 / 387

【裁判规则】

【规则理解】

一、合同解除权的内涵及法律属性 / 388

（一）合同解除权的内涵 / 388

（二）合同解除权的法律属性 / 388

二、合同解除权的行使 / 389

三、关于法定解除权 / 389

（一）不可抗力解除 / 389

（二）期限届满前拒绝履行 / 390

（三）迟延给付，经催告后在合理期限内未履行 / 391

（四）其他违约行为导致合同目的无法实现 / 391

（五）不定期继续性合同的随时解除 / 392

【拓展适用】

一、情势变更之制度要件 / 392

（一）情势变更的客观事实 / 392

（二）情势变更的时间要件 / 393

（三）情势变更的适用结果 / 394

二、合同解除权行使制度的正当性基础 / 395

（一）公平原则是合同解除权制度的价值基础 / 395

（二）诚实信用原则是合同解除权制度的理论基础 / 396

【典型案例】房屋开发公司诉C市规划和自然资源局国有土地使用权出让合同纠纷案 / 396

规则24：（合同解除权）处于违约状态的当事人不享有基于催告对方履行，而对方仍不履行所产生的合同解除权 / 402

【裁判规则】

【规则理解】

一、合同解除权的法律属性 / 403

二、合同解除权的行使 / 403

（一）合同解除权行使的条件及主体 / 403

（二）合同解除权行使的方式 / 404

（三）合同解除权的行使期限 / 405

三、合同解除权消灭的情形 / 406

（一）合同被确认无效的 / 406

（二）合同约定解除权条款被确认无效的 / 406

（三）合同效力期间当事人怠于行使合同解除权的 / 406

（四）法律规定合同解除权行使期间届满的 / 407
　　（五）出现当事人约定合同解除权消灭情形的 / 407
【拓展适用】
一、合同解除的催告制度 / 407
　　（一）一般违约中解除权人的债务履行催告 / 407
　　（二）相对人的解除权行使催告 / 409
二、无催告情形下解除权的消灭 / 411
　　（一）无催告情形下解除权的存续期限 / 411
　　（二）无催告情形下解除权消灭之判断 / 412
【典型案例】W 房地产公司诉实业公司、Y 房地产公司合作开发协议纠纷案 / 414

规则 25：（合同解除）合同一方当事人未与对方协商一致而单方终止合同，由此造成的损失，应自行负担 / 423

【裁判规则】
【规则理解】
一、合同解除的法律特征 / 423
　　（一）合同解除的前提条件是合同有效成立 / 423
　　（二）合同解除应具备一定条件 / 424
　　（三）合同解除必须有解除行为 / 424
　　（四）合同解除的效力是使合同关系消灭 / 424
二、合同解除的类型 / 425
　　（一）约定解除与法定解除 / 425
　　（二）单方解除与双方解除 / 426
　　（三）约定解除与协议解除 / 427
三、单方法定解除合同的条件及后果 / 427
　　（一）因不可抗力致使不能实现合同目的 / 427
　　（二）预期违约 / 428
　　（三）迟延履行主要债务，经催告后在合理期限内仍未履行 / 428
　　（四）当事人一方迟延履行债务或者有其他违约行为致使不能实现合同目的 / 428
【拓展适用】
一、合同解除与合同终止之区分 / 429
　　（一）目的不同 / 430

（二）适用范围不同 / 430
　　　（三）溯及力不同 / 430
　二、合同解除与合同无效之区分 / 431
　　　（一）发生事由不同 / 431
　　　（二）行使权利的主体不同 / 431
　　　（三）产生的法律效力不同 / 431
　　　（四）两者依附基础和救济方式不同 / 432
　三、合同解除与合同撤销之区分 / 432
　　　（一）发生原因不同 / 432
　　　（二）适用范围不同 / 432
　　　（三）行使方式不同 / 432
　　　（四）溯及力不同 / 432
　四、合同解除与合同变更之区分 / 433
　　　（一）原合同是否消灭不同 / 433
　　　（二）权利行使不同 / 433
　　　（三）与违约关系不同 / 433
　　　（四）溯及力不同 / 433
　五、情势变更与合同解除之区分 / 433
　六、当事人能否在合同标的存在权利瑕疵时行使合同解除权 / 434
　【典型案例】孟某诉 G 旅行社旅游合同纠纷案 / 435
规则 26：（违约方解除合同的认定）当违约方继续履约所需成本超过合同目的时，可以允许违约方解除合同，用赔偿损失代替继续履行 / 439
　【裁判规则】
　【规则理解】
　一、违约方解除合同观点综述 / 439
　二、违约方解除合同的价值 / 440
　　　（一）社会公平的体现 / 440
　　　（二）效率的体现 / 441
　　　（三）意思自治的体现 / 442
　三、违约方解除合同的立法分析 / 442
　　　（一）对合同相关规定的理解 / 442
　　　（二）合同解除主体之确定 / 443

【拓展适用】

一、人民法院在解除合同之诉中的释明权行使 / 445

（一）对诉请解除合同之效力进行释明 / 445

（二）对解除合同条件是否成就进行释明 / 446

二、人民法院和仲裁机构对当事人解除合同的确认 / 447

（一）解除合同通知的效力确定 / 447

（二）起诉能否成为解除合同的方式 / 448

【典型案例】Y公司诉冯某梅商铺买卖合同纠纷案 / 450

规则27：（合同解除的法律后果）合同解除的法律后果不表现为违约责任，而是返还不当得利、赔偿损失等形式的民事责任 / 455

【裁判规则】

【规则理解】

一、合同解除的溯及力 / 456

（一）合同解除溯及力的不同学说 / 456

（二）合同解除后有无溯及力应考虑的因素 / 457

二、合同解除的法律后果形态 / 458

（一）恢复原状 / 458

（二）赔偿损失 / 458

【拓展适用】

一、合同解除后果与违约责任 / 460

二、合同解除损害赔偿之性质及赔偿范围 / 461

（一）合同解除损害赔偿的性质 / 462

（二）合同解除损害赔偿之范围 / 463

【典型案例】电力公司与房地产公司房屋买卖合同纠纷案 / 464

规则28：（合同解除与合同解除权）客观原因影响范围很小，不构成对普通公众日常生活的危害，不能以此作为免责解除合同的依据 / 472

【裁判规则】

【规则理解】

一、合同解除与合同解除权的内涵 / 473

（一）合同解除 / 473

（二）合同解除权 / 474

二、合同解除权的法律属性 / 474
  （一）合同解除权是一种权利 / 474
  （二）合同解除权是一种形成权 / 474
三、合同解除权行使的事由 / 474
  （一）约定事由 / 475
  （二）法定事由 / 475

【拓展适用】
一、法国民法中的合同解除及解除权行使程序 / 477
  （一）法国民法中的合同解除 / 477
  （二）法国民法中的合同解除权行使程序 / 478
二、德国民法中的合同解除及解除权行使程序 / 478
  （一）德国民法中的合同解除 / 478
  （二）德国民法中的合同解除权行使程序 / 480
三、英美法中的合同解除及解除权行使程序 / 480
  （一）英美法中的合同解除 / 480
  （二）英美法系中的合同解除权行使程序 / 481
四、国际立法中的合同解除及解除权行使程序 / 481
  （一）国际公约中的合同解除 / 481
  （二）国际公约中的合同解除权行使程序 / 483

【典型案例】孟某诉 G 旅行社旅游合同纠纷案 / 483

规则 29：（格式条款提供方的提示说明义务）订立合同时未向消费者告知某项服务设定了有效期限限制，履行中又以该项服务超过有效期限为由限制或停止对消费者服务的，构成违约 / 483

【裁判规则】
【规则理解】
一、提示说明义务的概念及理论基础 / 484
  （一）提示说明义务的概念 / 484
  （二）提示义务与说明义务的区别 / 485
  （三）提示说明义务的理论基础 / 485
二、提示义务的履行 / 487
  （一）提示方式 / 487
  （二）提示时间 / 488

（三）履行标准 / 488

三、说明义务的履行 / 489

（一）说明方式 / 489

（二）说明时间 / 489

（三）说明标准 / 489

【拓展适用】

一、格式条款的立法规制 / 489

（一）我国关于格式条款立法的沿革 / 489

（二）格式条款立法存在的问题 / 490

（三）格式条款立法的完善 / 492

二、格式条款的司法规制 / 492

（一）司法规制相关问题 / 493

（二）完善格式条款司法规制的建议 / 494

三、格式条款的行政规制 / 495

（一）行政规制的现状 / 495

（二）行政规制存在的问题 / 495

（三）行政规制的建议 / 496

【典型案例】刘某捷诉通信公司徐州分公司电信服务合同纠纷案 / 497

规则 30：（责任限制型格式条款）因恶意隐瞒重大风险最终导致违约情形发生，经营者不得主张因免责格式条款而排除其违约责任 / 498

【裁判规则】

【规则理解】

一、格式条款概述 / 498

（一）格式条款的概念 / 498

（二）格式条款的法律特征 / 499

（三）格式条款的积极和消极影响 / 500

二、格式条款的司法审查规则 / 501

（一）一般审查规则 / 501

（二）特别审查规则 / 502

【拓展适用】

一、格式条款的域外法考察 / 504

（一）立法模式 / 504

（二）解释规则 / 505
（三）免责规则 / 506
（四）提示和说明义务 / 507
二、格式条款相关法律问题 / 508
（一）格式条款与示范文本 / 508
（二）商业合同和消费合同中的格式条款 / 509
【典型案例】张甲、张乙诉投资公司商品房预售合同纠纷案 / 510

规则31：（预期违约）合同一方当事人已履行了主要义务，不构成预期违约 / 517

【裁判规则】
【规则理解】
一、预期违约的内涵及法律特征 / 517
（一）预期违约的内涵 / 517
（二）预期违约的法律特征 / 517
二、预期违约构成要件 / 518
（一）明示预期违约的构成要件 / 518
（二）默示预期违约的构成要件 / 519
三、不安抗辩权制度 / 519
（一）不安抗辩权的概念 / 519
（二）有关大陆法系国家的不安抗辩权制度 / 520
（三）不安抗辩权的适用条件 / 520
【拓展适用】
一、预期违约的救济方式 / 521
（一）英美合同法对预期违约的救济方式 / 521
（二）国际货物销售合同公约对预期违约的救济方式 / 522
（三）我国《民法典》规定的预期违约救济措施 / 523
二、预期违约与不安抗辩权之比较分析 / 523
（一）预期违约与不安抗辩权的相同之处 / 523
（二）预期违约与不安抗辩权的不同之处 / 523
三、《民法典》中预期违约制度与不安抗辩权制度的冲突与协调 / 524
四、预期违约制度的完善 / 525
（一）只有一方不履行合同的"主要债务"才能构成预期违约 / 525
（二）关于明示预期违约方撤回权 / 526

（三）关于滥用默示预期违约的法律责任 / 526

【典型案例】投资公司诉金属工具公司中外合资合同纠纷案 / 526

规则32：（可预见性原则）确认合同纠纷违约方的赔偿责任应当遵循可预见性原则 / 533

【裁判规则】

【规则理解】

一、可预见性规则的内涵 / 533

二、可预见性规则的基本构成 / 533

（一）预见的主体 / 533

（二）预见的时间 / 534

（三）预见的内容 / 535

（四）预见的标准 / 536

【拓展适用】

一、可预见性规则的历史沿革 / 537

二、我国可预见性规则立法沿革 / 540

三、司法实践中可预见性规则的适用 / 541

（一）违约行为和免责事由 / 541

（二）违约行为与损害后果之间存在因果关系 / 542

（三）确定损害的有无和范围 / 542

（四）对适用可预见性规则的限制 / 543

【典型案例】商贸公司与棉花加工公司买卖合同纠纷案 / 544

规则33：（违约金）合同中对违约金的重复约定，只能认定其中一种约定有效 / 552

【裁判规则】

【规则理解】

一、违约金的内涵及性质 / 552

（一）违约金系当事人在合同中预先约定 / 553

（二）违约金条款具有相对从属的性质 / 553

（三）违约金条款的适用取决于是否存在违约事实 / 554

（四）违约金是一种民事责任承担方式 / 554

二、违约金的分类 / 554

（一）约定违约金和法定违约金 / 554

　　　（二）惩罚性违约金和赔偿性违约金 / 554

　三、我国法律对违约金的干预 / 555

　　　（一）法律对违约金进行干预的正当性分析 / 555

　　　（二）我国法律对违约金的干预范围 / 555

　　　（三）我国法律对违约金的干预方式 / 557

【拓展适用】

　一、两大法系违约金的性质比较分析 / 557

　　　（一）英美法系国家的违约金性质 / 557

　　　（二）大陆法系国家立法中违约金性质 / 558

　二、我国民法中违约金的性质 / 559

　　　（一）关于违约金制度的法条考察 / 559

　　　（二）关于我国法律规定的违约金性质分析 / 560

　三、违约金与相关民事责任的关系 / 562

　　　（一）违约金与赔偿损失 / 562

　　　（二）违约金与实际履行 / 562

　　　（三）支付违约金与合同解除 / 562

　　　（四）支付违约金与定金罚则 / 563

【典型案例】H 总工会诉 A 市卫生防疫站房地产转让合同纠纷案 / 564

规则 34：（违约金的国家干预）当事人约定的违约金数额，人民法院不宜主动调整，只有当合同约定的违约金数额确实低于或者过分高于违约行为给当事人造成的损失且当事人请求调整时，人民法院才能予以调整 / 566

【裁判规则】

【规则理解】

　一、法律对违约金进行调整的正当性分析 / 567

　　　（一）合同自由不是绝对的 / 567

　　　（二）法律对违约金干预的可能性 / 567

　二、违约金调整的域外立法 / 568

　　　（一）大陆法系国家立法重干预 / 568

　　　（二）英美法系国家立法少干预 / 569

　三、我国立法对违约金进行调整的规定 / 569

　　　（一）干预的前提 / 569

（二）干预的范围 / 571

（三）干预的标准 / 572

【拓展适用】

一、违约金调整中法官释明的限度 / 572

（一）法官居中裁判之原则 / 574

（二）法官不能代替当事人作出选择 / 574

（三）行使释明的限制性原则 / 574

二、法官对违约金调整的自由裁量权限度 / 575

（一）实体方面的限制 / 576

（二）程序方面的限制 / 576

【典型案例】房地产公司与机械公司土地使用权转让合同纠纷案 / 577

规则 35：（恶意违约所致违约金的调整规制）恶意违约方不能证明违约金过分高于违约所造成损失的，其减少违约金的请求人民法院不予支持 / 590

【裁判规则】

【规则理解】

一、违约金的性质 / 590

二、过高违约金调整的参照标准 / 591

（一）非违约方的损失 / 591

（二）合同总的标的额 / 592

（三）违约方过错程度 / 592

【拓展适用】

一、法官对违约金调整的具体界限 / 593

（一）"过高"标准的具体认定 / 593

（二）"低于"标准的具体认定 / 595

二、过高违约金调整的程序 / 595

（一）程序的启动方式 / 596

（二）我国违约金调整的启动方式 / 596

（三）举证责任的分配 / 597

【典型案例】H 酿造公司与史某培、H 商贸公司互易合同纠纷案 / 599

规则 36：（刑民交叉问题）在处理涉及民事纠纷与刑事犯罪交叉的问题上，刑事判决中所认定的基本事实在处理民事纠纷案件事实认定中应当予以充分考虑 / 608

【裁判规则】

【规则理解】

一、刑民交叉案件的内涵 / 609

  （一）刑民法律事实客观存在 / 609

  （二）调整性与保护性法律关系并存 / 609

  （三）刑事与民事责任相互交织 / 610

二、刑民交叉案件的事实认定 / 610

  （一）刑事裁判中认定的事实对其后的民事诉讼的影响 / 610

  （二）民事裁判中认定的事实对其后的刑事诉讼的影响 / 611

  （三）刑事裁判中认定的事实对已经生效的民事裁判的影响 / 612

三、刑民交叉案件中的民事责任 / 612

  （一）民事责任与刑事责任之区别 / 612

  （二）民事责任代替刑事责任之趋势 / 613

四、刑民交叉案件的审理模式 / 614

  （一）先刑后民模式 / 614

  （二）刑民并行模式 / 616

  （三）先民后刑模式 / 616

五、责任财产优先承担民事责任 / 617

  （一）民事责任、行政责任和刑事责任的竞合 / 617

  （二）责任财产优先承担民事责任的原因 / 617

  （三）责任财产优先承担民事责任的适用条件 / 619

【拓展适用】

一、我国刑民交叉案件程序处理的相关规定 / 619

二、域外刑民交叉案件的处理模式 / 620

  （一）平行式诉讼模式 / 620

  （二）附带式诉讼模式 / 622

  （三）折中式诉讼模式 / 623

【典型案例】基金管理中心与某银行新疆分行、旅游公司存单纠纷案 / 624

规则37：（诉讼欺诈行为的认定）双方当事人恶意串通，隐瞒事实、编造理由进行诉讼，企图通过人民法院的确权来对抗另案其他人民法院的查封，属于诉讼欺诈行为，应承担相应的法律责任 / 629

【裁判规则】

【规则理解】

一、诉讼欺诈的概念 / 630

二、诉讼欺诈（虚假诉讼）的构成要件 / 631

　　（一）行为人实施了欺诈（虚假）性的诉讼行为 / 631

　　（二）行为人实施诉讼欺诈（虚假诉讼）行为时主观是恶意的 / 631

　　（三）行为人实施诉讼欺诈（虚假诉讼）行为造成了损害结果 / 631

　　（四）行为人实施的诉讼欺诈行为与相对人的损害之间须有因果关系 / 632

三、诉讼欺诈（虚假诉讼）的主要类型及表现形式 / 632

　　（一）诉讼欺诈（虚假诉讼）的主要类型 / 632

　　（二）表现形式 / 633

【拓展适用】

一、诉讼欺诈（虚假诉讼）形成的制度分析 / 634

　　（一）民事诉讼法律制度的不健全，为诉讼欺诈（虚假诉讼）提供了生存空间 / 634

　　（二）刑事制裁与民事制裁 / 636

二、诉讼欺诈的规制 / 637

　　（一）诉讼法上的规制 / 637

　　（二）实体法上的规制 / 639

【典型案例】发展公司诉贸易公司财产权属纠纷案 / 641

第一章　合同原则

> 规则1：(《合同法》的适用范围) 法人响应政府号召介入市政建设，政府单方取消优惠政策的行为，不属于合同法调整
> ——房地产开发公司与D市人民政府债务纠纷案[①]

【裁判规则】

法人响应政府号召，以向政府书面请示报告并经政府审批同意的形式介入市政建设，政府在不通知法人参加的情况下单方就法人介入市政建设而享有的优惠政策作出决定，法人与政府之间并非民法意义上的平等主体关系，双方亦没有就此形成民事合同关系。因此发生纠纷的，尽管双方之间的纠纷具有一定的民事因素，但不属于人民法院民事案件的受理范围。

【规则理解】

法人与政府之间所进行的法律行为是否属于人民法院民事案件的受理范围之判断，可由两部分组成：一是双方是否构成民法上的主体，二是双方之间在进行有关法律行为时是否具有主体上的平等性，而是否具有主体上的平等性是进而决定双方之间的纠纷是否属于人民法院民事案件受理范围的核心。

一、合同法上的主体

(一) 实体法上确定的民事主体

主体问题是民法的基本问题，也是民法的核心问题，它关系到民事法律所规定权益的享有者与责任义务承担者的确定，是民事权利义务实现的前提。合同法上的主体与民法上的主体一致，其特别法的地位并未在主体问题上为合同另辟蹊径。

民法将形形色色的社会活动主体抽象为一般人格，即平等普遍、独立自由

[①] 《中华人民共和国最高人民法院公报》2007年第4期。

且终身享有的不可变更、不可转让的民事权利能力。相对于具体人格，它具有以下特性：其一，抽象人格具有抽象性、平等性和独立性。其二，抽象人格具有终身性、不可变更性、不可转让性。这种抽象，是法哲学"人生而平等"的精神在面对社会学"人生而不平等"的现实时所采取的法律技术处理，从各种不平等的多样性的主体——具体人格中抽象出最一般的法律人格民事主体，这种一般的法律人格就是享有权利、承担义务的资格。这种权利能力纯粹是一种理念，是机会平等、资格平等的理念，将人与人的差别性和结果不平等性以这一抽象理念面纱遮掩，实现法律面前人人平等之理论预设。我国现行的民事主体制度亦建立在抽象人格的基础上。《民法通则》第 10 条规定："公民的民事权利能力一律平等。"而《民法总则》第 14 条规定："自然人的民事权利能力一律平等。"《民法典》[①] 第 14 条与《民法总则》的规定一致。可见，《民法典》仅将《民法通则》中的公民改为了自然人，表明了法律对民事主体给予的机会与资格平等。

就我国民法上的主体，《民法通则》第 2 条规定："中华人民共和国民法调整平等主体的公民之间、法人之间、公民和法人之间的财产关系和人身关系。"而《民法总则》第 2 条规定："民法调整平等主体的自然人、法人和非法人组织之间的人身关系和财产关系。"《民法典》第 2 条与《民法总则》的规定一致。可见，《民法典》延续了《民法总则》关于民事民法调整范围的做法，民法调整平等主体的自然人、法人和非法人组织之间的人身关系和财产关系。《民法典》对这种关系进行排列组合，包括自然人之间、法人之间、非法人组织之间、自然人和法人之间、自然人和非法人之间、法人和非法人之间的人身关系和财产关系。明确了民法上的主体包括自然人、法人和非法人组织，即将社会现实生活中的各种主体，包括个人、家庭、企业、机关等抽象归纳为自然人、法人和非法人组织。由于《民法通则》以公民抽象为普通意义上的个人并不准确，公民通常为政治上的概念，指具有一国国籍，并根据该国法律规定享有权利和承担义务的人，就民法而言，民法上的主体是民事权利义务的享有者与承担者，并不刻意关注其所对应的国籍，因此，《民法典》从民法上将一般意义上的个人抽象为自然人，即自然状态下出生的人，包括了本国人、外国人及无国籍人。与自然人相对的概念是社会人，在社会学中指脱离母体后，还没

---

① 注：《民法典》于 2021 年 1 月 1 日起实施，《婚姻法》《继承法》《民法通则》《收养法》《担保法》《合同法》《物权法》《侵权责任法》《民法总则》同时废止。本书不再对上述法律规范的时效性进行特别说明。

有经历社会化过程的人，只具有人的自然属性，而不具有人的社会属性。

对现实生活中所存在的各种组织，民法将其拟制为人以使其享有权利承受义务，抽象成为法人和非法人组织。法人是具有民事权利能力和民事行为能力，依法独立享有民事权利和承担民事义务的组织，是社会组织在法律上的人格化。为了赋予个人独资企业、合伙企业等不具有法人资格的组织民事主体地位，以利于其开展民事活动，促进经济社会发展，《民法总则》创设了第三类民事主体即非法人组织，《民法典》亦保留了《民法总则》的分类。现代民法之所以果断而明确地承认法人概念，正是因为立法者对经济共同体非常重视的缘故。这种观念认为，人类于一定情结结成组织体生活，可以克服个人力量的薄弱，尤其从事复杂的或大规模的经济事业，凭个人之人力、财力、信誉无法办到，只有联合多数人且稳固维系这种联合方能达到。所以，将某些组织体当作权利主体来对待，是有意义的，它们有独立承担社会作用的意义，有适合于具有权利能力、独立集散或承受法律关系的社会价值。之所以这样，归根结底是因为要扩大自然人从事民事活动的广度。

(二) 程序法上确定的民事主体

《民事诉讼法解释》第52条确定了其他组织的民法主体地位。其他组织是指合法成立、有一定的组织机构和财产，但又不具备法人资格的组织，一般包括：(1) 依法登记领取营业执照的个人独资企业；(2) 依法登记领取营业执照的合伙企业；(3) 依法登记领取我国营业执照的中外合作经营企业、外资企业；(4) 依法成立的社会团体的分支机构、代表机构；(5) 依法设立并领取营业执照的法人的分支机构；(6) 依法设立并领取营业执照的商业银行、政策性银行和非银行金融机构的分支机构；(7) 经依法登记领取营业执照的乡镇企业、街道企业；(8) 其他符合本条规定条件的组织。理论界对"其他组织"的民事主体资格主要有三种学说：肯定说、否定说与折中说。肯定说承认"其他组织"的民事主体地位，具有一定的民事权利能力和行为能力，认为在立法上应适应社会发展的需要，承认其为第三类民事主体；否定说认为"其他组织"不具备民事权利能力，在组织形态上仅承认有限责任法人组织的民事主体地位；折中说认为"其他组织"为不具有团体人格但具有形式上的民事主体资格的组织。争议的焦点，主要是组织体形式享有民事主体地位的标准问题，即是否只有"法人"才是民法上唯一享有法律人格的组织体形式，而"其他组织"由于不具备法人形式、要件，便不能成为民事主体，不具有权利能力、行为能力及责任能力。就我国的情况而言，其他组织在我国普遍存在且在社会生活中发挥着重要作用，将其作为民事主体予以承认，有利于简化法律关系且不影响其责任的承担。

民法以抽象人格为基础，各异的社会主体皆能借高度抽象的一般人格，塑造符合民法主体之特征，成为民法上的主体，且依抽象之人格，社会主体间所内在的不平等性为之所掩盖。但民法以抽象人格为基础，建立起民法主体制度体系的核心与基石是平等，故判断社会主体是否成为民法上的主体，应在具体社会活动之中就双方主体间的平等性加以考量。由于《民法通则》仅规定了自然人和法人两类民事主体，在《民法总则》的制定过程中，是否可以在自然人、法人之外设立第三类民事主体，在立法过程中存在不同的意见，有的意见认为，应当认可自然人、法人之外的第三类民事主体；有的意见认为，民事主体只有自然人和法律拟制的人即法人两类，不存在第三类主体。但基于社会实践活动，赋予个人独资企业，合伙企业等不具有法人资格的组织民事主体地位，有利于开展民事活动，促进经济社会发展，也与其他的法律规定相衔接，立法机关在总结各方意见和社会实践的基础上，在制定的《民法总则》中创设了第三类民事主体即非法人组织，《民法典》亦保留了《民法总则》的规定。

二、平等主体的判断

（一）一般民事主体的平等性

对于"平等主体"之所谓"平等"，不能简单地作字面理解，若以抽象人格之基础解剖各色社会主体，则无不成立为民事主体，故加以平等这一限定在于强调自然人、法人以民事主体身份而不是以其他身份在社会活动中的存在状态。具体地说，自然人或法人和非法人在以民事主体活动时，必具有平等性，主要表现在以下四个方面：（1）主体条件平等。自然人、法人或非法人在取得民事主体资格的条件上平等。（2）主体地位平等。自然人、法人或非法人具体享有的法律权利和能力平等，任何人不享有特权。（3）自治的平等。也称意志平等。自然人、法人或非法人在民事活动中，享有平等的自治资格，任何一方不得以自己的意思左右他人。在民法上，自治资格非常重要，这是其他法律所没有的主体资格。（4）法律保护平等，这些平等都不是事实或结果均等，而是法律上的条件和资格均等。平等主体关系说，与传统民法学理的性质说一样，也有很明显的不足，即在确定是否依平等身份活动问题上，由于标准过于抽象，不易操作。而且，平等主体关系说也没有解决私法身份与公法身份重合时如何确定其调整的问题。[①]

---

① 龙卫球：《民法总论》，中国法制出版社2002年版，第21页。

(二) 特别法人从事民事活动主体平等性的把握

根据《民法典》第 2 条的规定，我国民事主体包括自然人、法人、非法人组织三类，法人包括营利法人、非营利法人和特别法人三类，特别法人包括机关法人、农村集体经济组织法人、城镇农村的合作经济组织法人、基层群众性自治组织法人。关于机关法人，《民法典》第 97 条规定："有独立经费的机关和承担行政职能的法定机构从成立之日起，具有机关法人资格，可以从事为履行职能所需要的民事活动。"实践中有观点认为，行政机关所从事的行为都不属于民事法律行为，或者说都属于行政行为。这一命题不能成立。如果这一命题成立，那么《民法典》就没有必要规定机关法人。只有从事民事法律行为的主体才是民事主体，如果机关法人不参与民事法律关系，根本没有必要在《民法典》中规定机关法人，或者在规定机关法人时将行政机关排除在外。现代法律体系科学化的表现之一就是由不同部门法组成一个体系，分工协作，共同调整社会关系。中国特色社会主义法律体系包括民事法律、刑事法律和行政法律等部门法及单行法。不同部门法是根据法律关系性质的类型进行区分的，而不是根据行为主体的类型进行区分的。行政机关可以成为民事法律关系的主体，自然人、公司等企业法人及非法人组织也可以成为行政法律关系的主体。自然人、法人等主体还可以成为刑事法律关系的主体。

行政机关作为机关法人，与普通民事主体在民事权利能力上存在差异。关于民事主体的权利能力，传统民法学上有一个基本论断，即"法无禁止即自由"。这是民法自愿原则的体现，也是民法意思自治品格的体现，是在民法领域实现自由、保障人权的基础性原则。在现代民法上，民事主体权利能力摆脱了主体身份的限制，所有生物学意义上的人都视为民法上的人，自然人的权利能力一律平等，只要法律无禁止性规定，就有民事行为自由。公司等营利法人，以实现自然人利益最大化为目标，只要法律无禁止性规定，亦可自由行为。但这一点并不适用于机关法人。根据《民法典》第 97 条的规定，机关法人可以从事为履行职能所需要的民事活动。因此，机关法人不是"法无禁止即自由"，而是履行职能需要方可为。这与行政法上行政主体法有授权方可为的精神本质上一致。司法实践中，行政机关原则上不能作为担保人，教育行政主管部门不能签订土地使用权出让合同。机关法人所为的民事法律行为不是其履行职能所需要的，该民事法律行为应当认定为无效，因为机关法人不享有相应的民事权利能力。尤其是建设中国特色社会主义市场经济过程中，否认行政机关的民事主体地位和将行政机关的权利能力与其他民事主体的权利能力等量齐观都不可取。这是司法实践中认定民事法律行为效力的一个难点问题。

【拓展适用】

《民法典》合同编的调整对象

《民法典》第464条规定:"合同是民事主体之间设立、变更、终止民事法律关系的协议。婚姻、收养、监护等有关身份关系的协议,适用有关该身份关系的法律规定;没有规定的,可以根据其性质参照适用本编规定。"

合同,指民商法上的当事人之间为实现一定的目的,按照自愿、平等、诚实信用的原则,设立、变更、终止相互之间的权利义务关系的一种协议。它既包括债权合同,也包括物权合同,还包括私法领域的其他合同或者协议。罗马法上的"契约"有广义和狭义之分,不仅债法中有契约的概念,而且物权、亲属和继承法中也有这个概念。例如,物权的设定和转移,婚姻关系的成立,分家析产的协议等,凡是能够发生私法效力的一切当事人的协议,就是广义上的"契约"。狭义上仅限于私法上的债权契约(债权合同)。大陆法系源于罗马法,其合同概念也有广狭之分,广义上的合同是指以发生私法上的效果为目的的一切合意,包括民法上的合同,也包括商法上的合同,当然也包括私法领域的其他合同。狭义上的合同仅指债权合同。

我国《民法典》第118条规定,民事主体依法享有债权。债权是因合同、侵权行为、无因管理、不当得利以及法律的其他规定,权利人请求特定义务人为或者不为一定行为的权利。第119条规定,依法成立的合同,对当事人具有法律约束力。我国合同在学理上也有广义和狭义之分。广义的合同意在产生私法效果上的合同,而狭义的合同仅指发生债权债务为内容的合同。[①] 学理界对于我国既往合同立法所采取的合同概念是属广义还是狭义存在不同的认识,而不同认识产生的原因在于不同学者对合同概念中"民事关系"的理解有所不同。我国《民法通则》第84条第1款规定:"债是按照合同的约定或者依照法律的规定,在当事人之间产生的特定的权利和义务关系。享有权利的人是债权人,负有义务的人是债务人。"第85条规定:"合同是当事人之间设立、变更、终止民事关系的协议。依法成立的合同,受法律保护。"在该规定中,"合同—民事关系"构成了合同的基本含义,但考虑到第85条系规定于《民法通则》第二节债权之下,结合第84条的规定,应当理解为《民法通则》第85条中的

[①] 梁慧星:《论我国民法的合同概念》,载《中国法学》1992年第1期。

民事关系系指债权关系。《民法总则》没有对债作出明确的规定。而《民法总则》第118条规定，民事主体依法享有债权。债权是因合同、侵权行为、无因管理、不当得利以及法律的其他规定，权利人请求特定义务人为或者不为一定行为的权利。第119条规定，依法成立的合同，对当事人具有法律约束力。1999年颁布的《合同法》，在第2条第1款规定："本法所称合同是平等主体的自然人、法人、其他组织之间设立、变更、终止民事权利义务关系的协议。"由此可见，《合同法》显然已将合同的外延拓展至民事权利义务关系，而不再限于《民法通则》规定的债权框架之中。

从《民法典》第464条的规定来看，应从广义的角度来理解合同概念，原因有三：一是条文中使用了"民事法律关系"而非"债权债务关系"的表述；二是该条规定了在身份关系协议有法律规定的情况下，应当适用相关法律规定，只有在相关法律没有规定的情况下，才能依据性质参照适用合同编的规定，如果该条规定中的"民事法律关系"所指的是债权债务关系，那么该规定关于身份关系协议法律适用的规定则是没有必要的；三是采取广义的理解，也符合既往司法实践一贯采取的广义理解的做法，有利于法秩序和法律认知的延续和稳定。对于身份关系协议，由于其协议属性和种类相对复杂，除纯粹引起身份关系变动的协议外，还存在一些既能引起身份关系变动，又能导致财产关系变动的复合型身份协议，调整身份关系的法律缺乏对身份关系协议里附属的财产部分的规定，如完全排斥合同法的适用，则该财产部分将会面临无法可依的局面，故《民法典》第464条第2款通过设立参照适用条款的方式，将合同法的规则适用引入了身份关系协议中。

就《民法典》合同编所具体调整的对象而言，包括五类19种合同，即(1)财产转移合同，包括买卖合同、供用电、水、气、热合同、赠与合同、借款合同、租赁合同、融资租赁合同；(2)完成特定事项的合同，主要包括承揽合同、建设工程施工合同、运输合同、保管合同、仓储合同；(3)提供劳务的合同，包括委托合同、经纪合同、居间合同；(4)智力合同，包括技术开发合同；(5)其他，包括依据其他民事法律订立，但亦受合同法调整的合同，如抵押合同、保险合同。另外还有无名合同，这类合同未在法律中予以具体规定，但在实践中广泛存在、普遍作用，如拆迁补偿协议（限于开发商与被拆迁户所达成的）、保密协议，劳动关系中的解除劳动关系补偿协议，等等，其成立、效力亦可由合同法调整。对于身份关系协议中可以参照适用合同编的主要有：离婚协议的效力认定、离婚财产分割协议的效力认定、离婚协议中有关子女抚养法定内容调整约定的效力认定、忠诚协议的效力认定、财产约定协议的效力认定、子女之间关于赡养父母协议的效力认定、子女间赡养义务分割协议的效力认定、成年意定监护协议的效力认定。①

【典型案例】②

房地产开发公司与 D 市人民政府债务纠纷案

上诉人（原审原告、反诉被告）：房地产开发公司。

法定代表人：田某城，该公司总经理。

被上诉人（原审被告、反诉原告）：D 市人民政府。

法定代表人：韩某键，该市市长。

〔基本案情〕

黑龙江省高级人民法院一审查明：1998 年市政府实施大开放、大招商的经济发展战略，利用政府的优惠政策吸引社会资金参与城市基础设施建设。当时在 D 市东部城区出现采暖供热紧张的局面，市政府计划在 D 市万宝地区投资建设集中供暖锅炉房，由于预算投资数额过大，市政府难以承受，因此原计划由政府投资 6 亿元建设的锅炉房停建，改由社会投资者建设。1998 年 4 月 27 日，房地产开发公司向市政府递交《房地产开发公司关于投资建设某村集中供热系统工程的请示》，称自愿招商引资建设某村（九区）集中供热锅炉房和配套工程（泵站、管网、铁路专用线）等项目，并负责小区的开发、建设和管理。预计供热工程总投资 1 亿元。由于该工程是城市基础设施、公益事业建设项目，建设投资大，投资回收期长，回报率低，建成后长期处于低负荷亏损运行状态，请求市政府在各方面给予照顾和支持：（1）在此区域优惠出让一块规划用地开发建设商品住宅，以房养热，补偿回报；（2）免收建设和经营过程中的一切税费；（3）帮助解决部分无息贷款；（4）制定一套集中供热、物业经营管理的优惠政策。时任市长和分管副市长在请示上批示予以支持。

1999 年 1 月 22 日，市政府办公会议就如何落实讼争项目优惠政策问题进行讨论并形成办公会议纪要，包括《关于五项重点招商开发建设项目政策调整的会议纪要》《D 市人民政府关于开发建设某村锅炉房的优惠政策》（1999 年 1 月 22 日市政府办公会议纪要附件二）。会议纪要主要内容包括：一、制定优惠政策的原则。1. 改变以往政府投资城市集中供热的政策，变政府直接投资为给予征费方面政策减免，按锅炉房建设总投资的 80% 额度进行优惠。2. 锅炉房区域占地 9.2 公顷，不收土地出让金。

---

① 最高人民法院民法典贯彻实施工作领导小组主编：《中华人民共和国民法典合同编理解与适用（一）》，人民法院出版社 2020 年版，第 27 页。

② 本书【典型案例】适用的法律规范均为案件裁判时有效的法律规范，下文不再对此进行提示。

3. 为平衡优惠政策，现有建筑84万平方米可直接入网，不收入网费；对1999年以后投入使用的建筑收取供热入网费，标准为：按照建筑面积每平方米70元。4. 统一规划、配套建设，规划为花园式集中供热热源厂。5. 政策性匹配开发建设的小区要高起点规划、高起点建设、高速度推进、高效能管理。6. 锅炉房由开发商自行经营和物业管理，并执行全市统一的物业管理和征费标准。二、锅炉房建设规模为40吨热水供暖锅炉5台，35吨蒸气炉2台，供热能力150万平方米。三、锅炉房建设总投资13640万元，加上政府原计划建设的锅炉房发生的360万元，合计14000万元，由开发商承担，政府给予开发商征费减免优惠11272万元。如果优惠额度超过11272万元，多优惠的部分由开发商为市政府建设同等额度的市政工程；如果开发商减免额度达不到11272万元，其差额部分由市政府负责解决。四、优惠政策方案：1. 利用资源开发、资产置换，将锅炉房厂区周围的7.02公顷土地批给开发商用于房地产开发，并免收相关费用。总建筑面积9.204万平方米，其中锅炉房厂房7800平方米，开发商利用除锅炉房厂区以外的7.02公顷土地的综合开发效益来投资锅炉房建设，容积率按照1.2控制，可建设住宅楼7.5万平方米，商服0.8万平方米，公建0.124万平方米。根据D市建设工程的征费项目和减免征费的权限，免征锅炉房及其房地产开发建设过程中的20项费用，其中针对出让金问题，纪要载明，国有土地使用权出让金：房地产开发每平方米300元；锅炉房建设属于公益事业，用地划拨。20项合计6717.07万元，同给予开发商优惠额度11272万元相比，差额为4554.93万元，用收取供热入网费的办法解决。2. 收取入网费政策。第一，此锅炉房的设计供热能力为150万平方米，对府明小区、黎明小区及商贸区1998年年底以前投入使用的84万平方米建筑直接入网，不收取入网费。第二，对1999年以后投入使用的66万平方米建筑收取供热入网费，收取入网费的标准按建筑面积确定为每平方米70元，可分期征收入网费4650万元。优惠政策额度加上供热入网费合计为11367.07万元，减去应优惠的11272万元，余额为95.07万元，由开发商为政府建设等值的市政工程。3. 本优惠政策适用于开发建设某村集中供热锅炉房的房地产开发商。4. 本优惠政策于1998年8月1日起实施。

1998年8月30日，房地产开发公司开始施工，1999年10月15日讼争工程竣工并投入使用。在优惠政策实施过程中，由于政府相关政策出台，取消了部分收费项目等因素，市政府需要对原有的置换项目政策进行重新核算和调整，市政府有关部门对讼争工程竣工结算款数额进行核算。

2001年5月15日，D市审计局以《D市审计局关于审计D市某村锅炉房工程竣工决算情况的报告》为题，向市政府书面报告讼争工程审计情况。报告记载：审计认定竣工决算为157067737.15元，其中建筑安装工程投资92788351.30元，设备投资52250685.25元，待摊投资12028700.60元。按照1999年1月22日市政府办公会议纪要意见，当时预计锅炉房工程总投资为13640万元，市政府按照80%给予开发商免征行政收费,优惠额度为10912万元,加上1998年某村热源工程前期费用360.83万元,优惠额度合计为11272.83万元。由于审定后的锅炉房竣工决算为15706.77万元,超过原预订投资额2066.77万元,也就比原定优惠额度11272.83万元超出2066.77万元,加上1999年纬二路续建工程投资款200万元,房地产开发公司应当享有政策优惠额度总计超出2266.77万元,考虑到锅炉房工程竣工投入使用已一年多,建议市政府尽早出台相关政策,解决资金缺口所带来的不利影响。

2002年8月9日,D市计划委员会、D市建设局、D市人民政府开发办公室在《关于房地产开发公司开发建设锅炉房及小区有关问题的汇报》(稿)中记载,重新算账的原因:一、1998年锅炉房建设时,经审核的工程概算是13640万元。在建设过程中,根据实际需要又增加了换热站数量和一级网工程量,经审计,锅炉房竣工决算为15706万元,超出概算2066万元,按照80%计算应增加优惠政策额度1653万元。二、1999年1月22日市政府办公会议研究确定的优惠政策,其中减免的20项规费,在执行中国家取消了8项收费,共计1644.69万元。三、供热入网费没有及时收缴到位。只收缴到位1087万元,还差3565万元没有到位。

算账的政策依据:一、按照锅炉房建设总投资的80%额度优惠。二、锅炉房区域占地9.2公顷,不收取土地出让金。按照"以房养热,补偿回报"的原则,9.2公顷地上建筑不收取各项规费。三、利用资源开发、资产置换政策,将锅炉房厂区周围的7.02公顷(实际是7.97公顷)土地批给开发商用于房地产开发,并免收相关规费(用减免规费额度抵顶锅炉房投资作为优惠政策)。四、为平衡优惠政策,对府明小区、黎明小区及商贸区1998年以前投入使用的84万平方米建筑直接入网,不收取入网费;对1999年以后入网锅炉房的建筑收取供热入网费,标准为按照建筑面积每平方米70元(当时核定可分期征收入网费4650万元)。锅炉房实际投资及政策到位情况:锅炉房投入,经审计,锅炉房竣工决算为15706万元。加上房地产开发公司支付1998年某热源公司前期费用360万元,纬二路至开发区区段投入200万元,累计投入16266万元。政府优惠政策实际到位情况:根据锅炉房区域占地及其建筑不收取土地出让金和各项规费,小区占地及其建筑的土地出让金和各项规费作为政策的原则(国家已经取消的收费项目没有计入),政策到位额度为6491.47万元(含已收到位的供热入网费1087万元)。政府优惠实际到位项目包括:土地出让金、土地管理费、土地评估费、地籍调查费、城市基础设施配套费、墙改费、教师住宅提留金、劳动定额测定费、劳保统筹费、造价管理费、招投标管理费、质量监督费,以上12项规费合计为5404.47万元,规费额度不足部分,采用收取供热入网费的办法解决。目前已经收缴供热入网费1087万元,并已返还房地产开发公司。核定结果:市政府欠房地产开发公司7799.86万元,其中政策未到位款6633.33万元,利息1166.53万元。

2002年3月26日,D市政府副市长听取关于房地产开发公司开发锅炉房及其小区的汇报，就讼争项目审定结果为：市政府合计欠付房地产开发公司 7709.54 万元（6633.33 万元+利息 1076.21 万元）。2003 年市政府关于几项政策置换项目核算及补偿有关问题的汇报材料记载：市政府合计欠付房地产开发公司 7935.34 万元（6633.33 万元+利息 1302.01 万元）。2003 年 8 月，关于房地产开发公司开发锅炉房及小区有关问题的汇报材料中核定结果为：市政府欠房地产开发公司资金 7235.96 万元（6152.06 万元+利息 1083.90 万元）。

上述五次审计，D 市政府以市审计局确定的房地产开发公司建设锅炉房工程总投资 15706 万元为基数，由不同的部门进行审核，五次审核结果承认欠房地产开发公司最高数额为 7935.34 万元，最低数额为 7235.96 万元。经核算双方对锅炉房工程总投资 15706 万元，加上房地产开发公司支付 1998 年某热源公司前期费用 360 万元，纬二路开发区段投入 200 万元，市政府以入网费 1087 万元抵顶市政府应承担的政策优惠额度均无异议。

2004 年 2 月 27 日，D 市政府《专题办公会议纪要》记载：市政府各部门进一步核实涉及政府应收规费免收项目是否准确；每项的核算是否准确；有无漏项；每项的核算核准后，由各部门负责人签字、盖章备案，如有漏项的，由各部门向房地产开发公司征收。根据算账结果，同意由市政府偿付房地产开发公司资金 3935.83 万元。

一审法院还查明，2004 年 3 月 15 日，D 市国有资产管理公司代市政府偿还房地产开发公司投资款 3935.83 万元。

一审法院另查明，1998 年 4 月 27 日，房地产开发公司提出投资建设某村集中供热系统工程的请示报告。1998 年 12 月 2 日，D 市高新技术产业开发区管理委员会（以下简称开发区管委会）下发《D 市高新技术产业开发区管理委员会关于下达〈房屋开发建设第十居住区基本建设计划〉的通知》，记载：同意房地产开发公司在某村第九居住区东侧占地面积为 16.2 公顷（含 3 号锅炉房用地），规划用地范围内开发建设第十居住小区工程。

1998 年 2 月 3 日，房地产开发公司取得 16.07 公顷土地的《建设用地规划许可证》。1998 年 12 月 9 日，房地产开发公司分别取得某村九区东 9001 号地块 41125 平方米、9002 号地块 41125 平方米、9003 号地块 39685 平方米、9004 号地块 38765 平方米的《国有土地使用证》，使用权类型均为出让，用途为住宅、商服。1999 年 4 月 15 日，房地产开发公司取得讼争土地的《用地许可证》。1999 年 9 月 27 日，市政府与房地产开发公司签订锅炉房占地土地使用权出让合同。2002 年 1 月 1 日，房地产开发公司还取得讼争房屋的《房屋所有权证》。《D 市房屋产权市场管理中心产权信息查询报告》显示：某村锅炉房 10733 平方米及其储煤库 4535.06 平方米产权人为供热公司。

房地产开发公司于 1997 年 11 月 17 日成立，注册资本为 5000 万元，企业类型为自然人出资设立的有限责任公司，为一级资质的房地产开发企业。1999年6月房地产开发公司为经营锅炉房项目发起成立供热公司，法定代表人为张某臣，注册资本为19550万元，经营范围为热源经营。

因市政府主要领导变更，市政府停止向房地产开发公司支付优惠政策未到位的抵顶款项。2004年4月16日，房地产开发公司向一审法院起诉请求：市政府应当按照相关会议纪要支付欠付优惠政策未到位而形成的欠款3563万元，利息1618.13万元，共计5127.95万元。2004年房地产开发公司认为城市基础设施配套费已经取消，市政府不应当扣减该笔费用，据此请求市政府增加支付2420.65万元。2004年6月17日，市政府以锅炉房为供热公司自建，产权亦归其所有，锅炉房项目与房地产开发公司无关，房地产开发公司无权就此主张权利，据此提出反诉，请求房地产开发公司返还投资款13124.8万元。

〔一审裁判理由与结果〕

一审法院确定本案争议焦点为：第一，关于锅炉房区域占地9.2公顷土地是否收取土地出让金及各项规费。第二，市政府是否欠付房地产开发公司款项以及欠付款项的依据。第三，市政府是否应当在房地产开发公司总投资中扣除城市基础设施配套费2420.65万元。第四，市政府反诉主张房地产开发公司应当返还市政府政策优惠款13124.80万元是否具备事实和法律依据，应否得到支持。

第一，关于锅炉房区域占地9.2公顷土地是否收取土地出让金及各项规费。一审法院认为，1999年1月22日市政府下发《D市人民政府关于开发建设某村锅炉房的优惠政策》[《会议纪要附件（二）》]中记载：锅炉房区域占地9.2公顷，不收土地出让金。免征锅炉房及其房地产开发建设中的20项费用。2000年2月27日，市政府第8次市长办公会议纪要决定，对锅炉房区域9.2公顷土地，同意按照原会议纪要执行，即不收土地出让金。市政府于2002年1月25日、3月26日、8月9日，2003年4月7日、8月形成的五次算账汇报稿，无一份提出对9.2公顷区域内建筑物收取土地出让金。根据《中华人民共和国土地管理法》第五十四条第二项关于城市基础设施用地和公益事业用地可以通过划拨方式取得建设用地的规定，房地产开发公司开发建设的锅炉房项目既属于城市基础设施，又具有公益性质，通过划拨方式取得土地并不违反法律规定。因此，对于锅炉房区域占地9.2公顷，市政府不应当收取土地出让金。根据1999年1月7日市政府批准房地产开发公司的《锅炉房竖向图》《锅炉房位置图》均反映出9.2公顷区域内设计了遮挡锅炉房的建筑物。而1999年2月11日市政府下发优惠政策文件时，在附表中明确只对7.02公顷区域内8.3万平方米的建筑物收取土地出让金及其各项规费，并以此抵顶部分优惠政策额度。2002年1月25日，D市计划委员会《关于房地产开发公司开发建设锅炉房及小区有关问题的汇报》载明，经多次与房地产开发公司沟通对接，现基本达成一致意见，锅炉房区域占地9.2公顷范围，不收取土地出让金，建筑物不收取各项规费。原市长及现任市政府分管城市建设的副秘书长均证实 9.2 公顷区域内的建筑物均属于锅炉房的配套工程，市政府不应当收取土地出让金及其各项规费。

第二，市政府是否欠付房地产开发公司款项以及欠付款项的依据。虽然市政府在五次算账汇报稿中承认欠房地产开发公司款项，五次材料确定的欠款数额不等，最高额为 7935.34 万元，最低额为 7235.96 万元。但确定双方权利义务的依据是市政府 1999 年 1 月 22 日所作的《会议纪要》及《会议纪要附件（二）》，该会议纪要并无政策不到位由市政府兑付现金的约定，因此对于上述五份材料所述"欠款"应理解为市政府所欠优惠额度的数额。依据 D 市审计局作出的审计报告，确认锅炉房工程总投资为 15706.77 万元，市政府给予房地产开发公司的优惠额度为 12564.80 万元，市政府承诺的优惠政策虽然未全部兑现，但房地产开发公司要求转化为债权偿还，无事实及法律依据。故对房地产开发公司要求市政府给付应承担锅炉房工程投资款及迟延给付入网费利息的请求，一审法院不予支持。

第三，市政府是否应当在房地产开发公司总投资中扣除城市基础设施配套费 2420.65 万元。1997 年 12 月 19 日市政府下发《关于减轻企业负担取消不合理的收费、罚款、集资、基金项目和各种摊派（第二批）的通知》，取消 4 项不合理收费，其中包括城市基础设施配套费。1999 年 1 月 22 日，市政府下发《会议纪要附件（二）》《D 市人民政府关于开发建设某村锅炉房的优惠政策》，该会议纪要决定，免征锅炉房及其房地产开发建设过程中的 20 项费用，其中仍包括城市基础设施配套费。2002 年 1 月 25 日，D 市计划委员会《关于房地产开发公司开发建设锅炉房及小区有关问题的汇报》载明，经多次与房地产开发公司沟通对接，现基本达成一致意见，锅炉房区域占地 9.2 公顷范围，不收取土地出让金，建筑物不收取各项规费，其中包括城市基础设施配套费。因市政府给予房地产开发公司的优惠政策中包括城市基础设施配套费，房地产开发公司又以承建锅炉房的履行行为予以承诺，且在其举示的证据及庭审中均承认城市基础设施配套费属于优惠政策项目，因此，房地产开发公司主张市政府应当返还扣减城市基础设施配套费 2420.65 万元的请求，一审法院不予支持。

第四，市政府反诉主张房地产开发公司应当返还市政府优惠政策款 13124.80 万元是否具备事实和法律依据，应否支持。市政府以房地产开发公司不是锅炉房的所有人，其未实际开发建设锅炉房项目，未使用市政府给予的优惠政策，房地产开发公司应当负返还 13124.80 万元义务为由，主张房地产开发公司违反合同约定，未将市政府给予的优惠政策和给付的现金投入锅炉房工程，锅炉房为供热公司自建，产权为供热公司所有，因此，房地产开发公司应当返还政策优惠款 13124.80 万元。经一审庭审质证，市政府对房地产开发公司举示的《关于投资建设某村集中供热系统工程的请示》及开发区管委会下发的（1998）28 号文件《关于下达〈房屋开发建设第十居住区基本建设计划〉的通知》均无异议。供热公司产权档案中最主要的材料是《房屋开发建设第十居住区基本建设计划》的通知，此通知是产权管理机关为供热公司颁发产权证的依据，该通知的被通知人为房地产开发公司。虽然供热公司取得了锅炉房房屋产权，但不能证明供热公司为锅炉房项目的开发商。经国家批准取得土地使用权进行项目建设者为项目开发人，即房地产开发公司。房地产开发公司为锅炉房项目的开发商。市政府提供的优惠政策是给予项目开发人的待遇，开发建设者可享受免交部分规费的优惠政策，但不存在不享受优惠政策就必须按市政府优惠待遇额度予以返还的义务。因此，市政府请求房地产开发公司返还政策优惠款13124.80万元，无事实及法律依据，市政府的此项请求，不予支持。

一审法院据此判决：一、驳回房地产开发公司的诉讼请求；二、驳回市政府的反诉请求。

〔当事人上诉及答辩意见〕

房地产开发公司不服一审判决，向最高人民法院提起上诉，请求：撤销一审判决主文第一项，判令市政府给付其应当承担的工程投资款5983.65万元，利息自欠款之日按照约定利率给付至欠款付清之日止。主要上诉理由如下：一审判决认定市政府按照房地产开发公司投入资金的80%予以补偿，补偿方式为免收各项规费，不足部分用收取的入网费补足，市政府未按照约定全部履行合同义务。市政府与房地产开发公司确立了投资建设热源工程补偿合同关系，以优惠政策额度转化为债权的观点没有依据。市政府免征20项费用的要约中包括了城市基础设施配套费，市政府已用履行行为对此予以承诺，故对上诉人的上诉请求应予支持。上诉人还认为，优惠政策方案明确提出优惠政策额度超过80%的部分，由开发商为政府建设等值的市政工程。免征20项规费抵顶80%的投资额，不足部分用收取入网费的办法解决。前述内容是当事人从各项规费抵顶超额与不足两个方面分别作出约定。若各项规费抵顶超过优惠额度由开发商继续出资为政府建设等值的基础设施工程。此约定的实质是市政府将超过投资总额80%的部分免收的各项规费转换成房地产开发公司用现金履行的义务，若各项规费抵顶不足则由市政府用收取的入网费补足，入网费也是现金给付。房地产开发公司依据合同及实际履行行为，依法享有要求市政府给付应由其承担而尚未给付部分投资款的请求权。在结算过程中，五份算账稿对明令取消的8项收费已从原抵顶项目中扣除，足以证明双方在结算过程中对原约定已经作出变更，配套费应当从抵顶项目中扣除。原审判决在程序上也存在缺陷。主要体现在：一审判决认定合同关系成立，简单适用实体法驳回房地产开发公司诉讼请求即得出了裁判结论，未阐明驳回的理由，违反了民事诉讼制度的根本原则。法官在裁判文书中代替一方当事人解释合同内容，违反了当事人在合同中体现的意思自治，其实质是以公权干预私权，违反了法官不得代一方当事人抗辩的司法原则。原判超出了当事人的诉讼请求，背离了法官不得拒绝裁判和不告不理的原则。一审判决驳回原告诉讼请求属于未审先判，早在当事人起诉不久，一审法院就扬言要驳回原告的诉讼请求。一审审理时间长达近两年,严重超审限。据此,请求二审法院撤销一审判决,支持上诉人的上诉请求。

市政府答辩称:市政府按照锅炉房总投资80%的额度应当给予房地产开发公司的政策优惠额度已经全部到位。市政府既不欠房地产开发公司政策优惠额度,也不欠工程投资款。请求二审法院依法驳回房地产开发公司的上诉请求。理由为:市政府1999年1月22日《D市人民政府关于开发建设某村锅炉房的优惠政策》[《会议纪要附件(二)》]是双方共同认可确认双方权利义务的文件。确认锅炉房区域9.2公顷土地及其地上建筑物应否收费应当以此作为依据。根据《会议纪要附件(二)》规定,锅炉房建设属于公益事业,用地划拨,不收取土地出让金,表明锅炉房区域9.2公顷土地只准建设锅炉房,不准建其他建筑,是建花园式集中供热热源厂。但房地产开发公司违反规定,先是将国有划拨土地改为商用出让土地,然后加盖7万余平方米商品楼,对房地产开发公司在9.2公顷公益用地上加盖的7万余平方米商品楼应当依法收取土地出让金。公益用地本身不收取土地出让金,但地上建筑物应当交纳建设规费,商品房项目更应当交纳建设规费。房地产开发公司主张将市政基础设施配套费从优惠政策中扣除的诉讼请求没有法律依据。市政府虽然在1997年发文取消市政基础设施配套费,但不久又恢复收取。现凡建设项目均收取该笔费用,房地产开发公司也不应当例外。

市政府按照约定,已经按照锅炉房总投资的80%额度兑现优惠政策,不存在欠款。D市国土资源局确认房地产开发公司应当免交的四项规费数额为3831.55万元。除公益用地以外的商品房开发部分用地34549平方米应当收取土地出让金及全部用地均应当收取土地管理费、土地评估、地籍登记调查费等规费。D市建设局确认免收的七项规费数额是5066.83万元,包括7万余平方米商品房的建设规费。D市教育局确认的免收规费项目只有一个,即教师住宅提留金,数额为445.52万元,也是按全部商品房面积收取的。根据D市审计局审计结果,房地产开发公司总投资为15706万元,市政府应当给予房地产开发公司的优惠额度为13124.80万元。已到位的政策优惠额度是上述三部门确认应当免收的12项规费共计9343.9万元、房地产开发公司已经收取的入网费1087万元、市政府已经支付给房地产开发公司现金3935.83万元,上述各项合计14366.73万元,比应当给予房地产开发公司的优惠额度还多出1241.93万元,据此,市政府优惠政策额度已经全部到位,不存在欠付优惠政策兑现款及其利息问题。市政府按照锅炉房总投资的80%给予房地产开发公司优惠政策,实质是市政府在锅炉房建设中的出资,应当对应拥有80%产权,否则房地产开发公司应当将市政府应收免收的规费返还市政府。

本案所涉合同是民事合同还是行政合同由法院决定。不论是何种性质的合同,市政府均依约履行了合同,不存在违约的事实。相反,是房地产开发公司没有依约建设花园式热源厂,已构成违约。五份算账稿内容尚未确定,与市政府确定的优惠政策相悖，不具备证据形式，不能作为证据使用。据此，请求二审法院驳回上诉，维持原判。

〔最高人民法院查明的事实〕

最高人民法院查明的事实与一审法院查明的事实基本一致。

最高人民法院审理过程中，合议庭曾到当地主持双方当事人进行调解，试图化解矛盾，平息纠纷，但终因市政府拒绝，调解未果。

〔最高人民法院裁判理由与结果〕

最高人民法院认为，第一，本案双方当事人在优惠政策制定和履行中地位不平等，不属于民法意义上的平等主体。本案房地产开发公司是响应"D市把城市基础设施建设、环境建设和招商引资作为今后工作重点"的号召，以向市政府书面请示报告和市政府主要领导批示同意的形式介入讼争供热工程建设的。此后，市政府在不通知房地产开发公司参加的情况下，单方召开市政府办公会议决定由房地产开发公司承建讼争项目并在市政府《会议纪要附件（二）》中制定了优惠政策明细，房地产开发公司接受政府办公会议决定后，其职责是按照政府行政文书确定的权利义务履行，并无与市政府平等协商修订市政府优惠政策文件的余地。讼争供热项目建成后，市政府优惠政策使用不足部分能否以现金抵顶，也是由市政府单方决定的，是由政府审计、计划、建设、开发等行政管理单位按照市政府领导行政命令单方审核确定下来的。讼争供热建设项目优惠政策的确定、房地产开发公司介入的形式以及讼争工程结算款的确定等诸多方面都是市政府单方决定的。尽管双方当事人之间在本案讼争建设项目上不存在领导关系、隶属关系，但上述案件事实表明，市政府在制定和执行优惠政策方面居于支配和主导地位。房地产开发公司虽然具有是否承担讼争项目建设的决定权，以及对优惠政策如何理解、如何执行的建议权，但从整体上讲，在介入方式、优惠政策制定及如何履行优惠政策等方面，房地产开发公司居于次要和服从的地位，双方当事人尚未形成民法意义上的平等主体之间的民事关系。

第二，本案双方当事人之间没有形成民事合同关系。《中华人民共和国合同法》第二条规定：本法所称合同是平等主体的自然人、法人、其他组织之间设立、变更、终止民事权利义务关系的协议。合同是双方或者多方当事人在平等自愿基础上形成的意思表示一致的民事法律行为，是以设立、变更、终止民事法律关系为目的的协议。市政府制定的《会议纪要附件（二）》明确了优惠政策原则和优惠政策方案，是本案讼争供热建设项目得以执行的主要依据，但该优惠政策是市政府单方制定的，未邀请房地产开发公司参加市政府办公会议并与之平等协商，也未征得房地产开发公司同意，市政府作出的单方意思表示，没有房地产开发公司的意思配合。因此，市政府办公会议纪要等相关文件不是双方平等协商共同签订的民事合同。

综上，尽管本案双方当事人之间讼争的法律关系存在诸多民事因素，但终因双方当事人尚未形成民法所要求的平等主体关系，市政府办公会议关于优惠政策相关内容的纪要及其文件不是双方平等协商共同签订的民事合同，故本案不属于人民法院民事案件受理范围。此纠纷是市政府前届领导在兑现锅炉房优惠政策额度以及有关讼争项目遗留的未了事项，应当由 D 市本届政府领导继续解决。原审法院将此作为民事纠纷予以受理并作出实体判决不当，应予纠正。据此，依据《中华人民共和国民事诉讼法》第一百零八条第四项、第一百四十条第一款第三项、《最高人民法院关于适用〈中华人民共和国民事诉讼法〉若干问题的意见》第一百八十六条之规定，裁定如下：一、撤销黑龙江省高级人民法院（2004）黑民一初字第 5 号民事判决；二、驳回房地产开发公司起诉和 D 市人民政府的反诉。

> **规则 2：**（合同相对性原则）因第三人的行为致使债权不能实现，债权人不能向第三人请求排除妨害，或要求第三人对债务承担连带责任
> ——建筑工程公司与 J 房屋开发公司、B 房地产开发公司、B 集团建设工程施工合同纠纷案①

【裁判规则】

《民法典》第 465 条第 2 款规定："依法成立的合同，仅对当事人具有法律约束力，但是法律另有规定的除外。"本款确立了合同相对性原则，即合同项下的权利义务由合同的当事人承受，第三人不负担其中的义务，除非法律另有规定，当事人双方的约定不具有对外效力，即使第三人知晓此类约定，也是如此，除非法律设置了例外。包括合同在内的债权属于相对权，相对性是债权的基础，故债权在法律性质上属于对人权。债权人只能向特定的债务人请求给付，债务人也只对特定的债权人负有给付义务。即使因合同当事人以外的第三人的行为致使债权不能实现，债权人不能依据债权的效力向第三人请求排除妨害，也不能在没有法律依据的情况下突破合同相对性原则要求第三人对债务承担连带责任。

---

① 《中华人民共和国最高人民法院公报》2008 年第 11 期。

【规则理解】

一、合同相对性原则的内涵

在英美法中,由于法律上并不存在债的概念及体系,所以大陆法中的"债的相对性"规则在英美法中被称为"合同的相对性"(又称"合同相互关系规则")。

(一) 大陆法系债的相对性含义

王泽鉴先生关于债权相对性的论述无疑是大陆法系的经典表述:"债权人得向债务人请求给付,债务人之给付义务及债权人之权利,乃同一法律上给付关系之两面。此种特定债权人得向特定债务人请求给付之法律关系,学说上称之为债权之相对性(Relativität des Forderungsrechts)。"[①] 在大陆法系,债权是相对权,根本特征在于相对性。所谓相对权,即只针对某个特定的人的权利,这个特定的人负有义务或受到某种特定的约束。[②] 债权这种相对性,是其与作为绝对权的物权相区分的关键,因此可以说债权的相对性规则与大陆法系关于债权与物权严格区分有密切的关系。

在大陆法系国家,债是按照合同的约定或者依照法律的规定,在当事人之间产生的特定的权利和义务关系。我们在区分债与合同时,常常将合同作为债的发生原因之一来界定合同,但是合同也可以表示合同所引发的合同权利义务关系的总和,即合同权与合同债务。从这个意义上说,大陆法系合同相对性规则被包含在债的相对性理论之中,合同的相对效力就是债的相对效力的应有之义。

(二) 英美法系合同相互关系规则的含义

在英美法系中,没有债权债务的概念,合同相对性规则表现为"Doctrine of privity of contract",即合同相互关系规则。其含义是指"非合同当事人不能根据合同取得利益或者负上任何义务"。易言之,一个合同的界限是什么,可以分成两个部分来考虑:一是第三人权利的取得;二是第三人义务的施加。普通法的一个一般性规则是除了当事人外,没有人受合同的约束,或因为合同获得权利。合同相对关系规则内涵的展开,传统上可分为两个方面:第一,负担规则是指如果不是合同当事人,任何人都不被允许通过合同强加义务;第二,利益规则是指如果不是合同当事人,任何人都不能宣称对这个合同享有权利。

[①] 王泽鉴:《民法学说与判例研究》(第四册),中国政法大学出版社2005年版,第91页。
[②] [德]拉伦茨:《德国民法通论》(上卷),王晓晔等译,法律出版社2003年版,第300页。

(三) 我国合同相对性的内涵

我国秉承大陆法传统，继受了大陆法债的相对性理论，认为合同是债的一种，而债是特定人与特定人之间的请求特定行为的法律关系，债的相对性体现到合同领域即为合同相对性规则。

所谓合同的相对性，就是合同只对缔约当事人具有法律约束力，对合同关系以外的第三人不产生法律约束力。该规则包含两层含义：其一，除合同当事人以外的任何其他人不得请求享有合同上的权利；其二，除合同当事人外，任何人不必承担合同上的责任。详言之，只有合同当事人能够向合同的另一方当事人基于合同提出请求或提起诉讼，合同当事人不能向与其无合同关系的第三人提出合同上的请求，也不能擅自为第三人设定合同上的义务。同样，与合同当事人没有发生合同上权利义务关系的第三人，也不能依据合同向当事人提出请求或提起诉讼，也不应承担合同的义务或者责任；非依法律或合同的规定，第三人不得主张合同上的权利。可见，合同相对性规则所含内容主要体现为主体的相对性、内容的相对性和责任的相对性。

1. 主体的相对性

合同主体的相对性，是指合同关系只能发生在特定的主体之间，只有合同当事人一方能够向合同的另一方当事人基于合同提出请求或提起诉讼。具体来说，首先，合同关系是在特定当事人之间发生的法律关系，合同中约定的权利义务只对合同双方当事人产生拘束力。其次，只有合同关系当事人彼此之间才能基于合同提出履行请求或违约之诉，而不能向与其无合同关系的第三人提出履行请求或违约之诉。第三，合同关系以外的第三人不能依据合同向合同当事人主张合同权利，合同当事人未征得该第三人同意，也不得为其设定合同上的义务。因此，合同关系的主体通常只限于合同当事人双方，即合同债权人和合同债务人。

2. 内容的相对性

内容的相对性，也称为效力的相对性，包括对内效力和对外效力两个方面。合同效力的相对性应仅指对内效力，它是指合同中约定的权利和义务主要对双方当事人产生约束力。具体而言，合同规定由当事人享有的权利原则上不及于第三人，只有合同债权人才能要求对方履行合同；合同规定由当事人承担的义务也不能要求第三人承担，债权人只能要求合同债务人承担履行合同的给付义务；就履行合同义务本身而言，合同关系以外的第三人不负任何义务。但合同债权人基于合同所取得或将来取得的合法权利和利益是一种民事权利，第三人在一定条件下负有不得侵犯的义务。这就是合同对外效力的体现。有学者认为，法律为防止因债务人的财产的不当减少而给债权人的债权带来损害，允许债权人对债务人和第三人的某些行为行使撤销权及代位权，以保护其债权，这两种权利的行使，都涉及合同关系以外的第三人，并对第三人产生法律上的拘束力，因此可以看作合同相对性的例外现象。①

3. 责任的相对性

合同责任是合同当事人不履行合同债务所应承担的法律后果。债务是责任发生的前提，而责任是债务人不履行其义务时，国家强制债务人履行债务和承担责任的表现，所以责任与义务是相互依存、不可分离的。由于合同责任以合同债务的存在为前提，而合同债务则主要体现于合同义务之中，合同义务的相对性必然决定合同责任的相对性。所以，合同责任只能在特定的当事人之间，即合同关系的当事人之间发生；合同关系以外的人不负合同责任，合同当事人不对合同关系以外的人承担合同责任。这就是合同责任的相对性。

二、合同相对性在我国合同法中的具体体现

（一）由第三人履行的合同

1. 性质与效力

我国"由第三人履行"法律制度规定于《民法典》第523条，即"当事人约定由第三人向债权人履行债务，第三人不履行债务或者履行债务不符合约定的，债务人应当向债权人承担违约责任"。按照条款的字面解释，可知所谓的"由第三人履行"是指双方当事人约定由第三人代替债务人履行债务，当第三人不履行或者履行不当时，由债务人向债权人承担违约责任的合同。它包括两种情形：一种是债务人与债权人约定由第三人代为履行债务；另一种是第三人自愿履行债务。该合同实质上属于以债务人担保第三人履行债务为标的的合同，目的是确保第三人履行清偿的行为，债务人负担的义务是在第三人履行不当或者不履行时，承担赔偿责任。

第三人代为履行的合同在性质上构成合同的履行，为有效的履行行为，是当事人之间具有法律效力的财产变动关系。因此，由第三人履行的合同对债权人、债务人、第三人发生不同的效力：

（1）对债权人的效力

第三人代为履行的合同本质上不是突破合同相对性原则的例外，因此第三

---

① 王利明：《论合同的相对性》，载《中国法学》1996年第4期。

人不是合同的当事人。根据责任相对性法理，当第三人不履行约定的债务或者履行不适当时，债权人不能享有对第三人的债权请求权，只能请求债务人赔偿损失。在第三人履行为双方当事人约定的情形，第三人履行债务时，债权人不得拒绝。但在第三人自愿替债务人履行、当事人另有约定、依据法律规定或债务性质不适合第三人履行等场合，虽然理论上第三人履行有利于债权人实现债权，但债权人可以拒绝第三人的履行。

(2) 对债务人的效力

第三人依约向债权人全部或部分履行债务人的债务后，债务人与债权人之间就第三人已履行部分的权利义务关系消灭，债权人不能就该部分再请求债务人清偿。该合同中，债务人承担着两项义务：一是担保义务，即担保第三人的履行清偿债务行为；二是违约责任，由于第三人不是合同的当事人，第三人不履行债务时，债务人须承担赔偿责任。值得指出的是，在第三人不履行或履行不当造成违约的场合，债务人是否享有对第三人的追偿请求权，依两者之间具体的关系确定，通常情形下，债务人不能向第三人追偿损失。

(3) 对第三人的效力

第三人代为履行的合同中，第三人不是合同的当事人，不能享受合同的权利，根据权责一致的原则，自然也不用承担合同的义务。第三人可以选择代替债务人清偿债务，也可以拒绝履行，债务人不能强迫第三人履行，债权人也不享有履行请求权。

2. 与债务承担的区分

《民法典》第551条至第555条对债务承担作出了规定。所谓债务承担，是指在不改变债务同一性的前提下，当事人与第三人通过约定将合同债务全部或者部分转移给第三人承担的法律行为。债务承担与第三人代为履行的区别主要是：第三人代为履行的合同中当事人之间的权利义务关系没有变化，只有合同履行主体的变更；债务承担是合同债务转移的一种形式，债务承担合同一经生效，第三人承受债务或者加入债的关系成为债务人，成为合同的主体。另外，这两种制度在成立方式、生效要件、履行名义、权利义务及性质等方面均有不同。

(二) 向第三人履行的合同

1. 性质与效力

《民法典》第522条规定："当事人约定由债务人向第三人履行债务，债务人未向第三人履行债务或者履行债务不符合约定的，应当向债权人承担违约责任。法律规定或当事人约定第三人可以直接请求债务人向其履行债务，第三人未在合理期限内明确拒绝,债务人未向第三人履行债务或者履行债务不符合约定的,第三人可以请求债务人承担违约责任;债务人对债权人的抗辩,可以向第三人主张。"此即为向第三人履行合同的规定。所谓向第三人履行的合同,又称第三人利益合同,是指合同双方当事人为第三人设定了合同权利,由第三人取得利益的合同。《民法典合同编通则司法解释》第 29 条规定:"民法典第五百二十二条第二款规定的第三人请求债务人向自己履行债务的,人民法院应予支持;请求行使撤销权、解除权等民事权利的,人民法院不予支持,但是法律另有规定的除外。合同依法被撤销或者被解除,债务人请求债权人返还财产的,人民法院应予支持。债务人按照约定向第三人履行债务,第三人拒绝受领,债权人请求债务人向自己履行债务的,人民法院应予支持,但是债务人已经采取提存等方式消灭债务的除外。第三人拒绝受领或者受领迟延,债务人请求债权人赔偿因此造成的损失的,人民法院依法予以支持。"

向第三人履行的合同是涉他合同中的一种,而涉他合同是对合同相对性原则的突破。社会经济高速发展以及商业往来的频繁和复杂使得合同相对性逐渐受到挑战,现实生活切实需要存在效力涉及第三人的合同,这类合同广泛出现在保险、运输和金融等行业。

向第三人履行的合同根据第三人是否享有履行请求权分为不真正利他合同和真正的利他合同。《民法典》第 522 条第 1 款规定的是不真正利他合同,第 2 款规定的是真正的利他合同。在不真正利他合同中,第三人是纯粹的履行受领人,并不获得直接的针对债务人的履行请求权,债务人未向第三人履行债务或者履行债务不符合约定的,应当向债权人承担违约责任。在真正的利他合同中,虽然第三人并非合同的当事人,但是合同的效力可以拓展到非合同当事人的第三人,第三人可以取得履行请求权。

2. 不真正的利他合同和真正的利他合同的区别

作为广义上向第三人履行合同的不同类型,两者核心区别是法律规定或者合同约定是否给予第三人以直接向债务人请求履行的权利,主要看当事人对于第三人权利的约定,比如是否约定第三人可以直接要求债务人履行债务或者在债务人未履行或者履行不符合合同约定时,债权人可以直接要求债务人承担违约责任;如果不存在相关约定,仍要进一步考察是否存在相应的法律规定赋予第三人直接履行请求权。如亦不存在相应的法律规定,则为不真正的利他合同,如存在,则为真正的利他合同。

【拓展适用】

一、合同相对性的效力扩张

现代市场经济迅速发展以来，伴随经济的繁荣、社会格局的变换，出于提高社会经济运行效率、平衡社会利益的需要，合同的社会功能也发生了相应的调整，而不再完全拘束于传统的合同相对性之中，合同相对性的效力在现代各国司法中发生了扩张，主要体现在以下几个方面：

（一）租赁权的物权化

《民法典》第725条规定"租赁物在承租人按照租赁合同占有期限内发生所有权变动的，不影响租赁合同的效力"。即民法理论上的"买卖不破租赁"规则，基于这一规则，租赁合同具有对抗买卖合同的效力，将承租人对出租人的权利扩张至房屋买受人，实现了合同主体的扩张。《法国民法典》第1743条、《德国民法典》第571条、《日本民法典》第605条均对此进行了确认，目的在于保护处于社会弱者地位的承租人。

（二）披露制度的确认

《民法典》第926条规定受托人以自己的名义与第三人订立合同时，第三人不知道受托人与委托人之间的代理关系，受托人因第三人的原因不履行义务，受托人应当向委托人披露第三人，委托人因此可以行使受托人对第三人的权利。受托人因委托人的原因对第三人不履行义务，受托人应当向第三人披露委托人，第三人因此可以选择受托人或委托人作为相对人，主张其权利。这一披露制度的确立也是对合同相对性原则的一种突破。

（三）债的保全制度

在现实经济生活中，债务人为逃债而隐匿、低价转让乃至无偿赠与财产，或怠于行使自己的债权乃至放弃自己的债权，而根据传统的合同相对性原则，债权人不得干预债务人的行为自由，更不得对债务人与第三人之间的合同关系主张权利，此种情况不仅对债权人的债权造成了损害，还直接影响了交易过程的安全，为维护债的安定，维护诚实信用的交易基础，坚持合同相对性和债的利益间的平衡，现代法律创设了债的保全制度。所谓债的保全，是指法律为防止债务人的财产的不当减少，给债权人权利带来损害而设置的债的一般担保形式，包括债权人代位权和债权人的撤销权。该制度的意义在于突破了债权人的权利局限于合同内容及只能向债务人主张的传统，而赋予了债权人在特定情况下，为保障债权的实现，干涉债务人与第三人之间不利于债权实现的行为的权利。因此，学界普遍认为，"债权人作为债务人与他人合同的第三人，能以自己的名义直接对抗该合同当事人，突破了合同权利仅能由缔约人享有这一限制"。①

1. 代位权

它是指债务人对债权人的权利已负迟延责任而债务人又怠于行使其对第三债务人的权利时，债权人为保全其债权，可以以自己的名义，行使债务人权利的权利。我国《合同法》第73条的规定，标志着我国法律明确肯定了代位权制度。《民法典》第535、536、537条对代位权作了相关规定。《民法典合同编通则司法解释》第33条至第41条对代位权相关内容作出进一步作出明确。

关于代位权制度是否突破了合同相对性原则，有观点认为代位权制度究其实质而言仍然为债的履行方式的变更，与突破相对性仍有相当的距离。② 笔者认为，代位权属于合同相对性原则的例外情形。从债务人与次债务人的合同关系看，债权人作为债务人与次债务人合同关系之外的第三人，依据合同相对性原则，债权人本不能向次债务人行使请求权，不能限制债务人的处分权，更不能起诉与自己无债权债务关系的次债务人，但是法律在特殊情形下，赋予了债权人对债务人与次债务人之合同关系的干涉权利，在债务人的责任财产不正当的减少损害债权时，允许债权人代替债务人行使请求权，通过诉讼的方式向次债务人主张权利。因此从这个角度来看，代位权制度已突破了债权人与债务人之间的合同相对性原则。

2. 债权人的撤销权

它是指债权人对债务人滥用其财产处分权而损害债权人的债权的行为，请求法院予以撤销的权利。撤销权源于罗马法上的废黜罢权。根据废黜罢权，债务人实施一定的行为将会减少债务人现有财产，从而有害债权人的债权，且债务人具有故意，第三人也明知债务人实施该行为具有加害债权人的故意，债权人有权请求法院撤销债务人处分财产的行为。③《民法典》第538条、第539条对撤销权作了相关规定。《民法典合同编通则司法解释》第42条至第46条对撤销权相关内容作出进一步作出明确。

关于撤销权是否属于合同相对性原则的例外情形，学说上存在不同观点。笔者认为，撤销权为债权之一种权能，而不是请求权，且只能向债务人行使，因此不属于合同相对性原则的例外情形。首先，在债务人与其相对人的合同关

---

① 杨丽君：《论英美法合同相对性原则》，载梁慧星主编：《民商法论丛》（第12卷），法律出版社1999年版，第451页。
② 王惠俪：《论合同的相对性》，华东政法学院2004年硕士毕业论文。
③ 王利明：《合同法研究》（第二卷），中国人民大学出版社2003年版，第149页。

系中，债权人是第三人，此时其享有的是法律赋予的请求撤销权，而不是合同上的权利。其次，从《民法典》第540条的解释规定来看，在撤销权诉讼中应当以债务人为被告，受益人或者受让人为诉讼第三人，这说明了撤销权是针对债务人而言，而不是第三人，虽然诉讼可能对第三人的利益造成间接上的影响。撤销权与代位权不同，在代位权诉讼中，债权人是代替债务人以次债务人为被告直接主张请求权，其行使的是合同赋予的保障债权不受损害的权利。可见，债权人撤销权虽然从表面上对债的相对性进行了突破，但是在表象背后，可以看到它与债的相对性原则的一致性。

二、合同相对性原则在建设工程施工合同中的突破

建设工程合同在我国合同类型中属于有名合同，依据《民法典》第788条的规定，建设工程合同是指承包人进行工程建设，发包人支付价款的合同，通常包括建设工程勘察、设计、施工合同。在建设工程合同中，虽然涉及不同主体构成的多重法律关系，相互之间的权利义务关系出现交叉，合同相对性原则仍应是合同关系的理论基石。但是，随着我国建筑行业违法转包、分包工程等现象的急剧增多，维护合同当事人的合法利益，尤其是实际施工人的利益与坚守合同相对性原则之间的矛盾变得日益尖锐。为了解决这一问题，最高人民法院在2004年出台了《最高人民法院关于审理建设工程施工合同纠纷案件适用法律问题的解释》，在工程质量责任追究与实际施工人利益方面规定了例外的情形，旨在维护发包人的合法利益，加强对弱势群体农民工的保护。

（一）工程质量责任追究

《建设工程施工合同司法解释（一）》第15条规定："因建设工程质量发生争议的，发包人可以以总承包人、分包人和实际施工人为共同被告提起诉讼。"在建设工程合同中，一般存在两种不同层次的合同法律关系：一是发包人与承包人的承包合同关系，二是承包人与分包人或实际施工人的分包合同关系。从合同相对性原则来说，发包人在第二个合同关系中属于第三人，而分包人与实际施工人在第一个合同关系中也不是合同当事人。因此，根据合同法的规定，发包人没有权利干涉第二个合同关系，实际施工人与分包人也不用承担第一个合同的责任。在出现纠纷情形下，各方当事人只能在合同法律关系内以合同相对人为对象向人民法院起诉维护权益。在现实中，由于投资不足、利益驱使等原因的存在，往往会出现转包与违法分包的情况，发包人与承包人之间的合同内容实际上是由作为第三人的分包人与实际施工人完成的。由于建筑工程质量不仅关系发包人的合法利益，也关涉社会整体利益，而且在总承包人将工程层层转包、违法分包的情形下，发包人对建筑质量的监督作用也难以发挥，发包人的期待利益将与直接决定建筑工程质量的分包人及实际施工人休戚相关。因此，为了维护发包人的合法利益，保障建筑工程的质量，《建设工程施工合同司法解释（一）》第15条突破合同相对性原则，做出了例外规定，赋予发包人直接追究分包人与实际施工人责任的权利。

值得注意的是，我国《民法典》第791条第2款规定，总承包人或者勘察、设计、施工承包人经发包人同意，可以将自己承包的部分工作交由第三人完成。第三人就其完成的工作成果与总承包人或者勘察、设计、施工承包人向发包人承担连带责任。这条规定实际上也确立了合同相对性原则的例外，即与发包人无任何合同关系的第三人需要与承包人对发包人承担连带责任。但是《民法典》第791条的例外规定与《建设工程施工合同司法解释（一）》第15条的规定是有重大区别的。《民法典》第791条规定的连带责任的承担主体是总承包人与合法的第三人，而《建设工程施工合同司法解释（一）》第15条的规定虽然没有对实际施工人的含义与范围做出解释，但是从整体法律条文及相关司法解释可以推知实际施工人是指不合法的第三人，即转包与分包违反法律规定且未经发包人的同意。

（二）实际施工人利益保护

我国现行法上并没有"实际施工人"概念，这个概念是最高人民法院在《最高人民法院关于审理建设工程施工合同纠纷案件适用法律问题的解释》中首创的。根据《合同法》的相关条款的解释，施工人是指依法承包施工的主体，但不包括转包与违法分包合同中的当事人。《建设工程施工合同司法解释（一）》并没有对实际施工人的含义与范围做出规定，因此对于何谓实际施工人在理论上存在着争议。最高人民法院认为实际施工人是指无效合同的施工人，即转包、违法分包合同中的承包人。

《建设工程施工合同司法解释（一）》第43条规定，"人民法院应当追加转包人或者违法分包人为本案第三人，在查明发包人欠付转包人或者违法分包人建设工程价款的数额后，判决发包人在欠付建设工程价款范围内对实际施工人承担责任"。从43条第1款的内容来看，规定没有超出合同相对性原则的范围。但第2款中规定突破了合同相对性的原则，实际施工人可将合同第三人即发包人作为被告进行诉讼。在适用该规定时，需要注意以下几点：

1. 实际施工人向发包人主张权利的法理依据

由前文分析可知，建设工程施工合同中，实际施工人与发包人之间并不存在合同关系，实际施工人为何能向发包人主张权利则不无疑问。学界主要有以下几种观点，第一种观点认为权利的基础在于实际施工人与发包人之间形成了事实上的权利义务关系；第二种观点认为发包人对于转包及违法分包的事实实际上是明知的，但默许其存在，主观上有过错，因此应该承担赔偿责任；第三种观点认为，在实践中，由于转包人、违法分包人事先已从实际施工人处获得了相应的利润与工程管理费，因此当出现发包人拖欠工程款或者施工人工资情形时，可能会出现怠于行使维护债权的情形，而且还存在诉讼时效消灭的风险。为了保护实际施工人的利益，应允许其代位向发包人主张权利。笔者认为实际施工人向发包人主张权利的法律基础在于代位权制度。所谓代位权，是指债务人对债权人的权利已负迟延责任而债务人又怠于行使其对第三债务人的权利时，债权人为保全其债权，可以以自己的名义，行使债务人权利的权利。从建设施工合同的实践来看，由于实际施工人只与转包人、违法分包人签订合同，根据合同相对性原则，实际施工人无法向发包人主张权利。而且在实践中，由于转包人、违法分包人事先已从实际施工人处获得了相应的利润与工程管理费，当出现发包人拖欠工程款或者拖欠施工人工资情形时，可能会出现怠于行使维护债权的情形。更严重的是，当转包人、违法分包人主体资格消灭或者合同关系超过诉讼时效时，实际施工人的利益永远不能得到主张，这将极大地损害以农民工为主体实际施工人的利益，影响社会的稳定。因此，法律规定在转包人、违法分包人事先取得转包或违法分包的利益后，不积极向发包人主张支付工程款的权利，影响对实际施工人的债务清偿时，赋予实际施工人以自己的名义行使债务人的权利，向次债务人即发包人主张权利。当然，实际施工人行使代位权需要符合代位权的行使要件。

2. 实际施工人向发包人起诉，违法分包人、转包人参加诉讼的地位

考虑到审理涉及两个合同关系，如果不将转包人、违法分包人追加进来，可能许多案件将难以查明事实真相，因此《建设工程施工合同司法解释（一）》第43条规定法院可以追加违法分包人、转包人参与诉讼，但并没有对其诉讼地位作出明确规定。笔者认为，违法分包人、转包人的诉讼地位应依具体案情将其作为第三人或者列为共同被告。如果是违法分包人、转包人怠于行使权利，宜将其作为第三人参加诉讼；如果违法分包人、转包人与发包人共同拖欠工程款，宜将其作为共同被告参与诉讼。

3. 实际施工人起诉转包人、违法分包人的，可否将发包人追加参与诉讼

《建设工程施工合同司法解释（一）》第43条没有对是否可将发包人追加

参与诉讼作出明确的规定,从保护实际施工人的合法利益的角度,笔者认为宜将发包人追加参与诉讼。但是实际施工人追加起诉发包人有严格的程序限制：只有在作为合同相对方的转包人、违法分包人无能力履行债务情况下,如果不向发包人主张权利则无法保障权益的情形下,才能将发包人作为被告进行诉讼。而且,由于发包人并不是转包或违法分包合同的当事人,从权利与责任相一致原则出发,发包人对实际施工人的责任范围仅限于欠付工程价款。也就是说,如果发包人已经向承包人支付了工程款,则实际施工人不能将发包人作为被告主张权利。

【典型案例】

建筑工程公司与 J 房屋开发公司、B 房地产开发公司、B 集团建设工程施工合同纠纷案

上诉人（原审原告）：建筑工程公司。

法定代表人：刘某有，该公司经理。

上诉人（原审被告）：J 房屋开发公司。

法定代表人：张某，该公司董事长。

被上诉人（原审被告）：B 房地产开发公司。

法定代表人：滕某玉，该公司董事长。

被上诉人（原审被告）：B 集团。

法定代表人：潘某彦，该公司董事长。

〔基本案情〕

上诉人建筑工程公司与上诉人 J 房屋开发公司、被上诉人 B 集团、B 房地产开发公司建设工程施工合同纠纷一案，不服辽宁省高级人民法院（2006）辽民一初字第 3 号民事判决，向最高人民法院提起上诉。最高人民法院受理后，依法组成合议庭，于 2007 年 5 月 17 日公开开庭审理了本案。建筑工程公司的委托代理人徐某胜、卢某才，J 房屋开发公司的委托代理人孟某、柳某，B 房地产开发公司的委托代理人鲁某云，B 集团的委托代理人宋某生到庭参加诉讼。本案现已审理终结。

辽宁省高级人民法院经审理查明：2001 年 3 月 5 日，建筑工程公司与 B 集团签订《建设工程施工合同》，约定由建筑工程公司承建大连 S 住宅小区（后更名为 S 家园）2#、4#高层住宅楼，合同价款 4440 万元（按实结算）。工程质量等级为省优质工程。工程质量等级要求的经济支出：执行政府有关文件《大建质字 1989—32 号》。工程款支付方式：按施工进度，银行支票转账，工程进度款一周内支付，工程竣工后 30 日内支付总造价 98%。B 集团在收到建筑工程公司竣工报告后 30 日内不办理结算，从第 31 日起按施工企业计划贷款利率支付拖欠工程款利息，并承担违约责任。

2001年3月18日，建筑工程公司与B集团签订《补充协议书》，约定：建筑工程公司承建S家园2#、4#楼建筑安装工程（包括地下室工程）合同造价暂定为4440万元，建筑工程公司同意垫款施工至地上6层时，B集团付给建筑工程公司合同造价10%的工程款。建筑工程公司施工至主体15层时，B集团再付给建筑工程公司合同造价10%的工程款。主体封顶时B集团再付给建筑工程公司合同造价10%的工程款。外墙抹灰、贴瓷砖、刷涂料等施工完毕时，再付给合同造价10%的工程款。工程全部竣工，建筑工程公司将所有竣工档案资料整理交档，工程经有关部门按合同约定的质量等级验收后，建筑工程公司所有人员、材料、设备必须全部撤离场地，B集团再付给建筑工程公司合同造价8%的工程款，另2%留做工程质量保修金，法定保修期满后返还。剩余50%工程款，B集团按7800元/平方米以该项目的商品房抵给建筑工程公司，抵工程款的商品房确定为2#楼6—14层的B户型（202.20平方米）及C户型（151.57平方米）。工程质量必须达到省优，屋面、墙身、厨房、卫生间、花台，不准漏水、渗水。如有渗漏现象，每处由建筑工程公司负责赔偿B集团3万元，在工程决算和保修金中扣除。建筑工程公司开始施工的时间是2001年3月1日。

2001年7月14日，建筑工程公司与B集团签订停工报告，该报告载明：（1）因建设单位未按合同约定及时拨付工程进度款，建筑工程公司拖欠搅拌站、钢筋厂家巨额材料款，现搅拌站、钢筋厂家已停止向建筑工程公司供应混凝土、钢筋。（2）由于车库方案、砌筑方案至今未定，导致2001年6月28日进场的钢筋二班（36人）、2001年7月2日进场的砌筑砖工班（38人）一直处于待工状态，于2001年7月14日前全部走光。（3）现场所有施工人员自本项目开工以来一直没有开支，钢筋、钢模工段罢工3天。鉴于以上各项，无法使工程正常进行下去，建筑工程公司被迫从2001年7月15日全面停止施工，放假。

2002年9月6日，为保证S家园项目贷款专款专用，B房地产开发公司与某银行大连市沙河口支行（以下简称沙河口支行）签订了《资金监管协议》。

2002年11月26日，建筑工程公司与B房地产开发公司签订《协议书》，约定：（1）B房地产开发公司于2001年3月与建筑工程公司签订的《建设工程施工合同》，约定建筑工程公司承建S家园2#楼、4#楼，合同原定施工工期自2001年3月18日开工，2001年12月31日竣工。但因B房地产开发公司资金未到位，致使工程中途停工，给建筑工程公司造成一定经济损失。（2）鉴于B房地产开发公司资金已到位，经双方协商，B房地产开发公司同意以B大酒店80万元消费卡和S家园4#楼一单元10楼1号商品房一套补偿建筑工程公司所受损失。（3）本协议签订后，建筑工程公司应立即进入S家园施工现场恢复施工，并保证于2003年9月30日前竣工，交付B房地产开发公司使用。本协议签订后，建筑工程公司不再要求B房地产开发公司任何补偿，并放弃追究本协议签订前B房地产开发公司违约责任的权利。

2002年12月1日，建筑工程公司与B房地产开发公司签订《协议书》，约定：

(1)建筑工程公司在履行与 B 房地产开发公司签订的施工合同过程中，因 B 房地产开发公司资金不到位，致使工程长时间处于停工状态。建筑工程公司因停工而受到很大损失。建筑工程公司要求索赔的损失金额为：人工费、材料费、机械费 7707021.14 元；管理费 1541404.23 元。另外，建筑工程公司要求 B 房地产开发公司承担违约金 133.2 万元，以上三项累计索赔金额为 10580425.37 元。(2)虽然建筑工程公司损失是因 B 房地产开发公司工程款不到位造成的，但建筑工程公司体谅 B 房地产开发公司的困难，同意将索赔金额减少到 550 万元，并保证不再提出任何其他补偿或赔偿要求。(3)本协议签订后的一周内一次性将上述 550 万元赔偿金支付给建筑工程公司，如 B 房地产开发公司不按期支付全部赔偿金，建筑工程公司保留再次停工的权利。因 B 房地产开发公司不按时支付赔偿金，而造成再次停工的损失，由其全部承担。

2002 年 12 月 5 日，建筑工程公司与 B 房地产开发公司及该工程的监理公司大连建设监理公司签订《复工报告》，该报告载明，现工程款全部到位，从现在开始进行冬季施工。

2003 年 6 月 27 日，建筑工程公司与 B 房地产开发公司签订《补充协议》，约定：B 房地产开发公司将 S 家园 1#—4#楼全部地热和地下一层车库建筑工程发包给建筑工程公司施工。地热工程即从主管道分支以后的一切相关地热系统及水泥面层工程，面积约 4 万平方米，每平方米确定为 78 元（包括水泥砂浆找平层）。工程总造价暂定为 312 万元，待工程完工后，按实际量结算。B 房地产开发公司先支付 70 万元工程款，其余工程款以 S 家园 2#楼 6 层东侧商品房（面积 245.94 平方米）一套冲抵工程款，单价按 8500 元/平方米计算。地下一层车库建筑面积约 4200 平方米，单价暂定为 1500 元/平方米，等工程竣工后按实结算。2#、4#楼地下车库（约 2100 平方米）施工，B 房地产开发公司支付 50%工程款，其余 50%由 B 房地产开发公司以房抵款：房屋位置为 2#楼中间单元 6—14 层商品房，面积为 178.32 平方米，单价为 7800 元/平方米。1#、3#楼间的地下车库（约 2100 平方米）施工甲方（B 房地产开发公司）支付 55%工程款，其余 45%B 房地产开发公司以 2#楼 6 层 C 户型东侧第二套商品房抵款，面积为 178.32 平方米，单价为 7800 元/平方米。

2003 年 8 月 29 日，建筑工程公司与 B 房地产开发公司就 1#楼地热工程及 2#、4#楼收尾工程签订《协议书》，约定：(1)双方对剩余工程量进行核对。(2) B 房地产开发公司在签署协议后 3 日内向建筑工程公司拨付竣工前最后一次工程进度款 100 万元。(3)建筑工程公司按照 B 房地产开发公司对收尾工程的要求保质保量完成，承诺除公建和地下室部分外，2#楼于 2003 年 9 月 20 日交工，4#楼于 2003 年 9 月 5 日交工。B 房地产开发公司在交工前将所有工程量签证单确认后返还建筑工程公司。(4)本协议履行期间因不可抗力或 B 房地产开发公司原因及 B 房地产开发公司外委单位原因影响建筑工程公司施工，耽误工期，每耽误一天 B 房地产开发公司向建筑工程公司支付赔偿金2万元,以工程量签证形式体现。如果建筑工程公司延误交工,每逾期一天罚款2万元。……(7)按双方合同约定,竣工后30日内,建筑工程公司向B房地产开发公司提交竣工资料和验收报告,工程质量达到省优。

2004年4月9日,建筑工程公司与B房地产开发公司签订《协议书》,约定:(1)本次协议签订之日起到2004年4月9日前,B房地产开发公司保证向建筑工程公司支付工程款25万元,2004年4月16日前再支付25万元,上述两笔款项若每延误一天,B房地产开发公司向建筑工程公司交纳罚金2万元。(2)本次付款后,建筑工程公司保证将所有工程在2004年5月6日前完工,并且达到原合同质量标准及通过B房地产开发公司与监理验收,所有人员、机具撤离S家园施工现场。上述约定每延期一天,建筑工程公司向B房地产开发公司交纳罚金1.5万元,若B房地产开发公司或B房地产开发公司委托施工队伍原因造成的延误,每延误一天工期顺延。

2004年5月1日,建设监理公司出具S家园2#、4#楼《工程质量评估报告书》,该报告的"单位工程结论意见"一栏载明"完成了设计文件和合同中约定的工作内容。整个施工过程中严格执行了强制性标准。地基基础、主体结构安全可靠,无质量隐患,满足使用功能要求,观感质量符合验评标准要求,建筑工程(室内外)得分率90.42%,暖卫得分率99.13%,电气得分率96%,通风空调得分率90%,电梯得分率100%,合计折算得分率106.73%。单位工程综合评定为优良"。

2004年5月8日,建筑工程公司施工的2#、4#楼工程竣工。

2004年5月18日,B房地产开发公司出具S家园2#、4#楼工程竣工验收报告,该报告的工程竣工验收意见一栏载明:"经验收组讨论一致认为该项工程完成了设计图纸和合同约定的内容,工程质量符合强制标准规定,地基与基础、主体结构不存在安全隐患,使用功能符合技术要求,工程技术档案、监理档案完整,保证资料齐全,质量检验标准准确。同意S家园工程通过竣工验收。"同年5月30日,建筑工程公司与B房地产开发公司及建设监理公司签订S家园2#、4#楼的《单位工程交工验收证明》,该证明的验收意见部分内容载明"经对现场实物及技术资料进行检查、验收,认定该工程满足设计及施工规范要求,满足强制性标准及规定要求,满足使用功能要求,工程质量综合评定为优良,同意验收"。

2004年11月15日,B房地产开发公司出具《关于工程款结算的情况说明》,载明"B房地产开发公司发包的S家园2#、4#住宅楼工程由建筑工程公司承建,该工程已由建筑工程公司按照B房地产开发公司的工程范围、工程质量和工期要求施工完毕,双方正在针对具体工程量进行最后决算。工程量核算复杂,预计在年末前决算完毕"。

2004年11月17日B房地产开发公司出具收条一张,该收条载明"今天收到建筑工程公司送交的S家园1—4#楼采暖工程决算,其中包括地热工程主管分支(立水管—分水器部分)的工程决算书4份,决算书中合计价款为798664元,和2#、4#楼采暖主立管，决算书中合计价款 180759 元。我公司对决算还需审核确认。该款项经审核确认后与所欠 2#、4# 楼工程款、索赔款（协议额为 550 万元）及补偿房屋（一套）一并给付你公司"。

2004 年 12 月，建筑工程公司施工的 S 家园 2#、4# 楼工程荣获 2004 年度辽宁省优质主体结构工程称号。

2005 年 1 月 17 日，大连市建设工程质量监督站出具的《责令整改通知书》，该通知书载明：工程名称为 S 家园 1—4# 楼及地下车库，存在问题有：（1）消防手续、墙改专项基金手续不全；（2）小区市政工程未完善；（3）公建工程（室内外）未完工；（4）地下室部分水篦子未安装、局部装饰面层霉变；（5）室内外墙体裂纹；（6）部分北侧窗窗台高度不足 0.9 米，未加防护措施；（7）部分门洞口封闭不实；（8）个别房间有透寒现象；（9）屋面防水细部处理不到位，有翘曲现象；（10）无障碍设施不完善；（11）地下车库顶层柱筋外露，未进行处理；（12）工程技术档案资料未完善。

2005 年 5 月 18 日，建筑工程公司与 B 房地产开发公司签订《建筑工程公司建设工程的 S 家园工程审核表》，载明：经审核工程造价合计 48321289 元，其中无争议部分 2# 楼 29191563 元（主体结构部分 27691044 元），4# 楼 13399132 元（主体结构部分为 12278635 元），车库桩工程 493188 元，地热 3018256 元，甲供材料保管费 12330 元，有争议部分 2206890 元。

2005 年 5 月 20 日，B 房地产开发公司出具《承诺书》一份，该《承诺书》载明 "因 B 房地产开发公司与建筑工程公司签订的《补充协议》确定以部分房屋抵付工程款，但该开发项目房屋目前还不能办理产权，B 房地产开发公司承诺在半年内办理完该项目房屋产权所需要的土地证、销售许可证、工程竣工备案证等相关手续，以便为建筑工程公司抵款房屋办理产权，否则 B 房地产开发公司同意以现金方式给付建筑工程公司工程款。关于工程款事宜 B 房地产开发公司同意将 2002 年 11 月 28 日 B 房地产开发公司转账至建筑工程公司账户上的 2500 万元中的剩余部分 800 万元作为工程款给付建筑工程公司，其中 1700 万元 B 房地产开发公司另有使用，不能作为工程款给付建筑工程公司，B 房地产开发公司欠建筑工程公司的工程款另行安排给付"。

沙河口支行给建筑工程公司转款情况如下：转账支票记载收款人为建筑工程公司的有：2002 年 11 月 28 日转 2500 万元，2003 年 4 月 3 日转 100 万元，2003 年 4 月 11 日转 200 万元，2003 年 5 月 13 日转 100 万元，2003 年 7 月 14 日转 350 万元，2003 年 9 月 2 日转 100 万元，合计 3350 万元。另外，沙河口支行 2003 年 3 月 18 日转款 550 万元，转账支票记载收款人为尤某，2003 年 4 月 7 日转款 200 万元，转账支票记载收款人为 B 房地产开发公司，此两笔款项在沙河口支行的资金监管台账记载用款单位均为建筑工程公司。2003 年 4 月 10 日转款 30 万元，转账支票记载收款人为大连市电业局市内供电局,在沙河口支行资金监管台账记载用款单位为建筑工程公司及另一施工单位。建筑工程公司于2003年2月28日给沙河口支行出具确认书一份,确认于2002年11月29日收到B房地产开发公司工程款2500万元。一审法院审理期间,建筑工程公司与B房地产开发公司确认建筑工程公司收到2500万元后,又给B房地产开发公司返回1700万元。

一审审理期间,经建筑工程公司与B房地产开发公司共同确认,B房地产开发公司在施工过程中支付工程款总额为19986030元,其中通过沙河口支行转账支付1695万元,提供材料折款为3036030元。建筑工程公司在B房地产开发公司处领取消费卡104.2万元。

另查明,建筑工程公司的营业执照副本载明:主营为一级土木工程建筑、维修、室内外装修等。注册资金为1901万元。B房地产开发公司于2001年9月27日取得《建筑工程施工许可证》。2004年4月23日B房地产开发公司出具《关于办理建筑工程施工许可证的情况说明》,该说明称:"2001年4月我公司独自去大连市建委办理建筑工程施工许可证申请,并最终将建筑工程施工许可证办至我公司名下。现该建设项目已符合办理销售许可证的条件,因我公司将建筑工程施工许可证办至我名下,致使J房屋开发公司缺少该证而无法办理销售许可证,为尽快办理销售许可证,我公司将积极配合J房屋开发公司将建筑工程施工许可证变更至J房屋开发公司名下。"此后J房屋开发公司办理了《建筑工程施工许可证》。大连市城乡建设委员会1989年11月15日发布的大建质字〔1989〕32号文件第三条,关于强化质量否决权,实行按质论价,奖优罚劣规定"凡被评为省级以上优良工程,由建设单位支付工程总造价的2%奖励施工单位。"三方当事人对文件的真实性均无异议,但B房地产开发公司认为不能以此作为奖励建筑工程公司的依据。

再查明,2000年10月8日,B集团与J房屋开发公司签订《联合建房协议书》,约定:J房屋开发公司与B集团在大连市沙河口区联合开发建设S家园,由J房屋开发公司办理项目用地的相关手续,并承担全部费用。由B集团和J房屋开发公司共同办理《施工许可证》及相关手续,B集团承担项目开工至竣工所需的全部费用。B集团向J房屋开发公司支付3000万元,以解决J房屋开发公司在办理该项目前期手续中所负债务。J房屋开发公司已在该联建项目的分成比例中将B集团交给的3000万元的本息房产返还给B集团,增加在B集团的分成比例之内。J房屋开发公司分得项目可销售面积的35%,B集团分得项目可销售面积的65%。J房屋开发公司负责项目的地质勘查、工程设计和工程监理工作。B集团和J房屋开发公司共同负责工程指挥领导和房屋销售工作,费用由双方按比例承担。双方共同选定施工队伍,工程预算由双方共同认可。B集团在联建过程中,可以使用本项目的土地证或半成品房屋抵押贷款,所贷款额应放在双方认可的账户上,由双方共管,保证款额全部用在联建项目建设中,所贷款额由B集团负责偿还。联建项目动工后,因J房屋开发公司原因造成停工，由J房屋开发公司付给施工单位误工损失费，因B集团原因造成停工，由B集团付给施工单位误工损失费。

2002年10月15日，B集团与J房屋开发公司签订《联合建房协议书之补充协议》，约定：双方联建项目分成比例为J房屋开发公司分得联建项目总面积的33.5%，B集团分得联建项目总面积的66.5%，项目由双方共同负责，联合办公。B集团负责承担全部监理费用。双方通过招标共同选择项目承包单位、分包单位、材料供应商等（乙方在本补充协议生效前已签订的土石方合同、建筑施工合同、弱电合同、消防工程合同和监理合同等六份合同除外）。各种涉及联建项目的合同、协议和预算必须经双方共同审查并出具有双方授权人员签字之书面确认函，否则不得对外签约或付款。双方在沙河口支行设立贷款共管账户。同年11月1日，B集团与J房屋开发公司签订《关于共管账户的补充协议》，约定：为更好地管理使用贷款，切实做到专款专用，双方在沙河口支行设立贷款专用账户。本项目的《商品房销售许可证》办理在J房屋开发公司名下。

J房屋开发公司于2000年6月26日取得S家园的《建设用地规划许可证》，2000年12月12日取得《国有土地使用证》，2001年8月16日取得《建设工程规划许可证》，2004年5月13日办理了《商品房预售许可证》。S家园的房屋销售工作，均以J房屋开发公司名义对外签订房屋销售合同。

J房屋开发公司在《大连日报》发表郑重声明，该声明称：S家园开发权及所有权属于J房屋开发公司，凡涉及该项目的任何交易（包括以该项目房屋抵顶工程款或债务等）均属非法。

还查明，B集团2000年10月8日与J房屋开发公司签订协议时的名称为B房地产开发公司，于2002年2月5日变更为B集团，法定代表人为滕某玉，后更换为现在的法定代表人潘某彦。2002年7月8日，B集团向大连市工商局申请以原B房地产开发公司的资质证书重新设立B房地产开发公司，B集团在申请报告中称"如果涉及债权债务问题，因为原房地产开发公司变更为B集团前已增注册资金为1.2亿元，所以此阶段如有债权债务可由B集团承担，其他阶段的债权债务仍由B房地产开发公司承担，重新登记的B房地产公司注册资金为1500万元，保证不会在涉及债权债务的问题上损害他人的利益"。同年8月8日，B集团与其下属的B建设公司共同出资再次注册成立了B房地产开发公司，与更名前的B房地产开发公司名称完全一致。

建筑工程公司向一审法院起诉请求，建筑工程公司与B房地产开发公司于2001年3月5日签订《建设工程施工合同》，合同约定由建筑工程公司承建S家园住宅小区2#、4#楼工程。建筑工程公司履行了施工义务，双方进行工程竣工结算，但B房地产开发公司未能按合同约定支付工程款。请求：（1）判令B房地产开发公司给付尚欠工程款34633923.88元及自2005年5月18日起至付清之日止的利息；（2）判令

B房地产开发公司支付优良工程的奖励款966425元及自2005年5月18日起至给付之日止的利息；（3）判令B房地产开发公司向建筑工程公司交付S家园4#楼1单元10楼1号商品房一套（暂估价80万元）；（4）判令B集团与B房地产开发公司共同承担给付工程款的责任；（5）判令本项目的联建单位J房屋开发公司承担连带责任。

  B房地产开发公司答辩称：（1）本案工程的总造价为48321289元，B房地产开发公司已向建筑工程公司支付工程款现金1695万元、材料款3036030元、抵顶工程款的消费卡140万元（合计21386030元）、以房抵款共计22736666元，在未扣除工程总造价2%工程质量保修金的情况下，B房地产开发公司尚欠工程款仅为4198593元。建筑工程公司应按协议约定向B房地产开发公司提交所有的竣工资料和验收报告，B房地产开发公司才能给付建筑工程公司尚欠工程款3232167.22元（应扣除工程总造价2%的工程质量保修金966425.78元）。（2）按协议约定，B房地产开发公司只能向建筑工程公司交付价值为1923978.5元的房屋抵顶尚欠的工程款，而不应以现金方式支付工程款。（3）由于建筑工程公司至今未向B房地产开发公司提交竣工资料和验收报告，B房地产开发公司不应支付尚欠工程款利息。（4）J房屋开发公司应与B房地产开发公司一起就给付上述工程款（包括以房屋抵顶工程款）共同向建筑工程公司承担责任。（5）建筑工程公司主张的地热工程的工程款798664元，没有依据。（6）建筑工程公司提出的工期逾期赔偿金与事实不符，建筑工程公司的此项主张迄今为止已经超过法律规定的两年诉讼时效期间。（7）关于建筑工程公司提出的966425元奖励款项的问题。虽然大连市文件规定"凡被评为省级以上优良工程，由建设单位支付工程总造价的百分之二奖励施工单位"。但建筑工程公司提供的证书只能证明其所施工的主体结构工程为辽宁省优，不是整个工程为省优，不符合该文件的规定。建筑工程公司提出的966425元奖励款项是不能成立的。（8）建筑工程公司曾承诺放弃索要大连S家园4#楼1单元10楼1号商品房一套。双方就此签订协议后，B房地产开发公司盖章，但建筑工程公司拿去盖章后未返还给B房地产开发公司。因此，建筑工程公司应遵守其放弃向B房地产开发公司索要此房屋的承诺。（9）建筑工程公司违约，应承担违约金834万元，其中因工程质量问题违约金204万元；延误工期违约金486万元；未交付竣工资料违约金144万元。综上，B房地产开发公司欠建筑工程公司工程款3232167.22元，建筑工程公司应向B房地产开发公司支付违约金共计为834万元。请求法院驳回建筑工程公司的诉讼请求，并判决建筑工程公司立即向B房地产开发公司交付竣工资料和验收报告，支付剩余部分违约金415万元。（10）涉案项目系B房地产开发公司与J房屋开发公司联建，且该项目是B房地产开发公司与J房屋开发公司共有，双方亦未就该项目利益进行分配，因此，B房地产开发公司请求法院判令B房地产开发公司应与J房屋开发公司共同向建筑工程公司支付上述工程款，且J房屋开发公司应将建筑工程公司所得的抵顶工程款的房屋尽快落实到建筑工程公司名下。

J房屋开发公司答辩称：（1）建筑工程公司要求J房屋开发公司承担支付工程款的连带责任既无事实依据，又无法律依据，属于滥用诉权。（2）建筑工程公司请求支付的工程欠款数额没有事实依据。B房地产开发公司实际支付工程款数额为3900万元。建筑工程公司与B房地产开发公司双方认可的付款数额并不是实际工程款的支付数额，而是扣除了建筑工程公司与B房地产开发公司之间自愿发生的借款和其他往来款后的数额。建筑工程公司在收到工程款后又借给B房地产开发公司，建筑工程公司请求偿还借款，应另案处理，不属于本案的审理范围，不宜合并审理，建筑工程公司应另案起诉。（3）建筑工程公司与B房地产开发公司于2001年3月18日签订的以房抵付工程款的《补充协议书》违反了相关法律、法规的规定，损害了J房屋开发公司和贷款银行的利益，应当认定协议无效。（4）B房地产开发公司一方面认为不应再支付建筑工程公司工程款，并提出支付834万余元违约金的反诉请求，另一方面又要求J房屋开发公司承担支付工程款的连带责任，自相矛盾，目的是想转嫁责任给J房屋开发公司。请求法院依法驳回建筑工程公司诉讼请求，保护J房屋开发公司的合法权益。同时，J房屋开发公司保留追究建筑工程公司滥用诉权给J房屋开发公司造成损失的损害赔偿请求权。

B集团未提供书面答辩状，当庭表示同意被追加为共同被告，并同意B房地产开发公司的答辩意见。B集团认可建筑工程公司承建的工程已经竣工交付，同意与J房屋开发公司共同承担给付工程款的责任。

〔一审裁判理由与结果〕

一审法院认为，B房地产开发公司与J房屋开发公司签订的《联合建房协议书》、《联合建房补充协议》、建筑工程公司与B房地产开发公司签订的《建设工程施工合同》是当事人的真实意思表示，且无违法行为，合法有效。建筑工程公司已履行了合同约定的施工义务，双方亦进行了结算，B房地产开发公司亦应履行合同义务，向建筑工程公司支付尚欠工程款及利息。

一审法院认定本案争议的焦点问题如下：

一、关于地热工程有争议部分（分支管）的工程造价问题

一审法院认为，2003年6月27日，建筑工程公司与B房地产开发公司签订《补充协议》，约定S家园1—4#楼全部地热工程由建筑工程公司施工，合同约定的地热价款为312万元。双方在2005年5月18日的S家园工程审核表中共同确认了地热工程造价为3018256元。审核表既包括了无争议部分的工程造价，也包括了有争议部分的工程造价，应认定是双方对全部工程造价的最终结算。

建筑工程公司主张B房地产开发公司于2004年11月收到地热工程决算书，在长达一年的时间里未予答复，也未提出异议。但建筑工程公司将决算书交给B房地产开发公司的时间在前，双方决算时间在后，双方决算时未提出此部分工程款的问题，现建筑工程公司主张工程造价应增加地热工程款798664元，依据不足，不予支持。

二、关于建筑工程公司与 B 房地产开发公司 2002 年 12 月 1 日签订的《协议书》效力认定的问题

一审法院认为，虽然 B 房地产开发公司与建筑工程公司在 2002 年 11 月 26 日签订的《协议书》中约定"本协议签订后，建筑工程公司不再要求 B 房地产开发公司任何补偿，并放弃追究本协议签订前 B 房地产开发公司违约责任的权利"，但建筑工程公司主张 B 房地产开发公司赔偿 550 万元的协议是在此协议之后的 2002 年 12 月 1 日签订的，B 集团及 B 房地产开发公司主张此协议是为了向沙河口支行请款，但未能提供证据证明其主张。B 房地产开发公司在 2004 年 11 月 17 日的收条上再次承诺同意向建筑工程公司支付 550 万元的索赔款。B 集团及 B 房地产开发公司虽然对收条提出异议，但放弃了对收条上公章进行鉴定的申请，应认定其对公章真实性的认可，故应认定 2002 年 12 月 1 日协议书的效力。建筑工程公司要求 B 集团及 B 房地产开发公司支付 550 万元赔偿款应予支持。至于 B 集团及 B 房地产开发公司提出建筑工程公司请求赔偿超过诉讼时效问题，因 B 房地产开发公司于 2004 年 11 月 17 日承诺给付赔偿款，建筑工程公司于 2006 年 1 月 26 日向一审法院提起诉讼，主张此项权利，未超过法定诉讼时效期间。

三、关于建筑工程公司提出的 966425 元奖励款项问题

一审法院认为，依据建筑工程公司与 B 集团签订的施工合同，建筑工程公司施工的范围是土建、采暖、下水、屋面防水及室外配套工程。双方在施工合同中还约定了工程质量等级要求的经济支出为执行大建质字 1989—32 号文件。建筑工程公司施工的工程，经 B 房地产开发公司及监理公司验收工程质量综合评定为优良，并获得辽宁省优质主体结构工程称号。该工程已交付使用，并已有部分入住。虽然主体工程不包括建筑工程公司施工的采暖、下水、屋面防水及室外配套工程等全部工程，但由于该工程完工并实际使用后，B 集团及 B 房地产开发公司作为建设单位未能组织对整个工程进行申报评定工程质量等级，造成建筑工程公司施工的不属于主体结构部分的工程是否符合省优的标准不能确定的责任不在建筑工程公司。另外，该工程土建、采暖、下水、屋面防水及室外配套工程以外的工程不是由建筑工程公司施工的，B 集团及 B 房地产开发公司目前没有证据证明该工程的整体工程最终不能确认为省优质工程的责任应由建筑工程公司承担。建筑工程公司请求 B 集团及 B 房地产开发公司支付优质工程奖励款，符合双方合同的约定，应予支持。但因建筑工程公司施工部分仅有主体工程获得了省优质工程称号，建筑工程公司主张 B 房地产开发公司按全部工程造价支付奖励款，并要求 B 房地产开发公司支付该款利息，依据不足，不能支持。根据双方确认的工程总造价明细，可以认定建筑工程公司施工的工程主体结构工程款应为 39969679 元（2#楼 27691044 元+4#楼 12278635 元），B 集团及 B 房地产开发公司应支付的省优质工程奖励款为 7993935.8 元。B 集团与 B 房地产开发公司以建筑工程公司的《辽宁省优质主体结构工程证书》只能证明工程主体

结构为优良,不是整体工程优良,且其并未承诺奖励事宜,不应支付优质工程奖励款的主张与事实不符,一审法院不予支持。

四、J房屋开发公司应否承担向建筑工程公司支付工程款责任问题

一审法院认为,首先,施工合同虽然是B集团与建筑工程公司签订的,但J房屋开发公司是建筑工程公司施工工程项目的联合开发方,J房屋开发公司与B集团的联建利益尚未分割,且S家园项目土地使用证、销售许可证等均以J房屋开发公司名义办理,销售S家园项目房产的《商品房买卖合同》也是以J房屋开发公司名义签订。J房屋开发公司虽未与建筑工程公司签订施工合同,却享有了建筑工程公司已施工工程的权利,并从该合同中获取利益,因此J房屋开发公司理应承担该合同相应的义务。J房屋开发公司主张其承担给付工程款的连带责任突破了合同相对性的原则,没有事实和法律依据,不能支持。其次,B集团及B房地产开发公司和J房屋开发公司在《联合建房协议书》和《联合建房协议书之补充协议》中均约定,双方共同选定施工队伍,共同管理S家园项目,S家园项目贷款放在双方共同认可的账户,由双方共同管理。虽然建筑工程公司不是B集团与J房屋开发公司共同选定的施工队伍,但在J房屋开发公司与B集团的补充协议中及在B集团与建筑工程公司施工合同履行期间,J房屋开发公司对B集团与建筑工程公司签订的施工合同是予以认可的,建筑工程公司在施工期间向B集团请款时,J房屋开发公司也曾在《请款报告》上签字盖章,说明J房屋开发公司已实际参与了施工合同的履行,J房屋开发公司主张上述均不能作为承担连带责任的理由,依据不足,亦不予支持。最后,根据B集团和J房屋开发公司签订的联建协议,双方共同投资,共同获取利益,其联建行为在法律性质上应属合伙行为,合伙人应当对合伙债务承担责任。因此,J房屋开发公司虽然未直接与建筑工程公司签订施工合同,但不能免除J房屋开发公司依法向建筑工程公司支付工程款的义务。J房屋开发公司应对B集团及B房地产开发公司拖欠的工程款承担连带责任。至于J房屋开发公司提出在B集团与建筑工程公司的工程决算未经其认可的情况下承担连带责任,剥夺了其与承担责任相对应的权利问题。因施工合同是由建筑工程公司与B集团签订的,建筑工程公司与B集团作出的工程造价决算是有效的,J房屋开发公司在诉讼中并未对工程造价提出异议,也未举证证明该决算损害了J房屋开发公司的利益,因此,J房屋开发公司不认可建筑工程公司与B集团之间的工程决算没有依据。且本案判决J房屋开发公司承担的是连带责任,而不是直接给付工程款的责任,在本判决执行过程中,如果J房屋开发公司按此判决承担了B集团及B房地产开发公司向建筑工程公司给付工程款的连带责任,J房屋开发公司既可以随时向B集团及B房地产开发公司主张权利,又可以在双方分劈联建利益时主张自己的权利,不存在剥夺其权利,损害其利益的问题。J房屋开发公司以不是建设工程施工合同的当事人为由,主张不应承担给付工程款的责任,不予支持。

关于B集团及B房地产开发公司提出建筑工程公司施工的工程存在质量缺陷,

要求建筑工程公司支付违约金8349638.67元，扣除工程质量保修金966425.78元，建筑工程公司未提交竣工资料和验收报告，不应支付尚欠工程款利息等请求的问题。虽然S家园工程项目未经质检部门验收，但建筑工程公司承建的工程已经B房地产开发公司及监理单位验收合格，工程质量评定为优良，并荣获辽宁省优质主体工程结构称号。B房地产开发公司在2004年11月15日出具的《关于工程款结算的情况说明》中，再次确认工程质量符合合同约定标准。现房屋已开始出售，并有部分买房人实际入住。B集团及B房地产开发公司以工程质量存在问题为由，要求建筑工程公司承担违约责任，依据不足，不予支持。因建筑工程公司与B房地产开发公司在验收报告中明确了工程档案资料完整，B集团及B房地产开发公司以建筑工程公司未按协议约定的时间交工及未交付竣工资料不能支付工程款及利息的主张，没有事实及法律依据，不予采纳。

关于B集团及B房地产开发公司支付工程款的数额认定问题。从沙河口支行转账看，B集团及B房地产开发公司支付给建筑工程公司的工程款应为3350万元，但建筑工程公司实收工程款为1695万元，建筑工程公司与B集团及B房地产开发公司均无异议，应按此数额认定。至于J房屋开发公司提出建筑工程公司在收到工程款后，又返还给B房地产开发公司的工程款，应视为借款，不应与本案合并审理的主张，不能支持。因建筑工程公司于2002年11月29日收到B房地产开发公司2500万元工程款后又返还给B房地产开发公司1700万元，J房屋开发公司对此部分不承担连带责任。关于建筑工程公司在B房地产开发公司领取的酒店消费卡能否认定为已付工程款的问题，有建筑工程公司签字的消费数额为104.2万元酒店消费卡应计算为已付工程款。至于B房地产开发公司与B集团签订协议并支付120万元的消费卡问题。因B房地产开发公司未能提供证据证明此消费卡是建筑工程公司领取的，应由B房地产开发公司另行主张权利。关于以房抵顶工程款问题，虽然建筑工程公司与B房地产开发公司之间有以房抵顶工程款的协议，但该部分房屋是B集团与J房屋开发公司联建的，双方尚未进行利益分配，哪部分房屋属于B集团尚不明确，J房屋开发公司既不同意以房抵顶工程款，也不同意给建筑工程公司办理房屋产权手续，该部分房屋也未实际交付给建筑工程公司，故不能认定为已付工程款。综上，建筑工程公司施工的工程总造价为48321289元，B集团及B房地产开发公司已支付工程款21028030元（沙河口支行转账支付1695万元，材料折款为3036030元，建筑工程公司在B房地产开发公司处领取酒店消费卡104.2万元）。B集团及B房地产开发公司尚欠建筑工程公司工程款为27293259元。

关于建筑工程公司要求B集团及B房地产开发公司按2002年11月26日的协议支付80万元酒店消费卡及一套房屋问题。虽然建筑工程公司与B房地产开发公司在2002年11月26日的协议约定B房地产开发公司以80万元的酒店消费卡及一套房屋对建筑工程公司停工损失进行补偿，但建筑工程公司与B房地产开发公司在此后的12月1日又签订一份停工损失补偿协议，双方在12月1日的协议中明确约定B房地产开发公司向建筑工程公司一次性支付赔偿金550万元，应认定双方已经在后协议中变更了前协议对停工损失补偿的约定，对建筑工程公司提出的此项诉讼请求不能支持。

关于B集团与B房地产开发公司之间的关系问题。由于B集团在与J房屋开发公司及建筑工程公司签订联建协议及施工合同时的名称为B房地产开发公司与其后注册成立的B房地产开发公司名称完全一致，且在其更名为B集团及重新注册成立新的B房地产开发公司时均未通知J房屋开发公司和建筑工程公司，J房屋开发公司与建筑工程公司认为签订合同及履行合同均是一个B房地产开发公司。一审法院认为，建筑工程公司是与B集团签订的施工合同及补充协议，B集团应当承担给付工程款的责任，在履行合同过程中，B集团及B房地产开发公司在未通知合同相对方的情况下，由B房地产开发公司承接了合同的权利义务，在建筑工程公司以B房地产开发公司为被告提起诉讼后，B房地产开发公司对其被告的主体资格也未提出异议，因此，本案中B集团和B房地产开发公司应为施工合同发包方的共同主体，共同承担给付工程款的责任。

综上，一审法院依照《中华人民共和国民法通则》第五十二条、第八十四条及《中华人民共和国合同法》第六十条、第一百一十四条之规定，并经审判委员会讨论决定，判决如下：一、B集团与B房地产开发公司于本判决生效后15日内共同向建筑工程公司支付尚欠工程款27293259元，并按中国人民银行同期贷款利率支付该款自2005年5月18日起至本判决生效之日止的利息；二、B集团与B房地产开发公司于本判决生效后15日内共同向建筑工程公司支付停工损失550万元；三、B集团与B房地产开发公司于本判决生效后15日内共同向建筑工程公司支付优质工程奖励款7993935.80元；四、J房屋开发公司对本判决第一项中B集团与B房地产开发公司于本判决生效后15日内向建筑工程公司支付尚欠工程款27293259元中的10293259元，承担连带给付责任；五、驳回建筑工程公司其他诉讼请求。

2006年12月1日，一审法院以（2006）辽民一初字第3号民事裁定书补正一审判决中的"B集团及B房地产开发公司应支付的省优质工程奖励款应为7993935.8元"。"B集团与B房地产开发公司于本判决生效后15日内共同向建筑工程公司支付优质工程奖励款7993935.80元"，现将优质工程奖励款补正为799393.58元。

〔当事人上诉及答辩意见〕

建筑工程公司不服一审判决，向最高人民法院提起上诉，请求变更一审判决主文第二、三项，增加给付相应的利息；变更一审判决主文第四项，J房屋开发公司对B集团、B房地产开发公司支付建筑工程公司全部工程款承担连带责任。事实和理由如下。

一、关于J房屋开发公司对全部工程款承担连带责任问题

一审判决认定J房屋开发公司应当承担连带责任的理由概括为三点：第一，J房

屋开发公司是真正的开发商，联建利益尚未分割，联建各方应对施工方承担连带责任；第二，J房屋开发公司不仅享有施工合同所带来的利益，而且还参与了施工合同的履行；第三，联建各方共同投资、共同管理、共同受益，在法律上属于合伙，即合伙型联营。除此之外，还应具体强调以下理由。

第一，从联建协议及补充协议的性质看，合同内容表现出当事人的真实意思是合伙，如"甲乙双方共同负责工程指挥领导和房屋销售""甲乙双方在统一账户上记账决算""甲乙双方共同选定施工队伍，工程预算由甲乙双方共同认可""甲乙双方工程建筑管理、技术管理及工程预算人员联合办公"等等，显见，完全符合合伙的法律特征，故有关合伙的法律规定，应适用于本案联营各方。

第二，从施工合同的约束力上看，J房屋开发公司不仅受联建协议约束，还应受施工合同约束，即双重约束，两个合同相互依存，具有不可分性。J房屋开发公司虽然未在建筑工程公司与B集团签订的施工合同上签字，但基于相关证据，特别是J房屋开发公司在《请款报告》上的签认行为，以及《施工许可证》《开工许可证》均明示施工单位为建筑工程公司，据此，足以证实建筑工程公司作为案涉施工单位，不仅得到了J房屋开发公司的充分认可，且J房屋开发公司具体的履约行为也已形成了实践性的法律事实。联营各方的权利义务相互委托及合伙人的对外分工，任何一方所实施的民事行为，都具有合伙人的共同的整体对外性，合伙人一方的行为所产生的效力应及于各联营合伙人。显见，J房屋开发公司所称"两个独立的合同"及"合同相对性"等抗辩理由不能成立。

第三，从合法债权的实现上来看，法律赋予了施工单位拥有工程款优先受偿权，这种权利直接指向建筑物这一合同成果，即本案的工程项目。建筑工程公司在工程中的投入，已全部物化在整个工程之中，无法分别向联建一方单独行使份额主张权。案涉土地使用权证、销售许可证、销售合同等均以J房屋开发公司名义办理，由其实际控制工程成果，为保障债权人合法债权实现的最大化，J房屋开发公司应当对偿还工程欠款承担连带责任。

第四，从维护房地产开发市场安全秩序上看，如仅仅强调施工合同的相对性原则，即B集团与建筑工程公司签订的施工合同中没有J房屋开发公司给付工程款的相关约定，进而免除J房屋开发公司连带责任的话，将会出现联建各方因此而规避法律，恶意约定权利分配较低的或根本无法控制工程成果的一方独立履行施工合同，最终造成损害施工人利益的后果发生，势必造成纵容违背民法公平公正原则，扰乱房地产开发市场的恶劣行为的严重后果。

第五，从相关法律、法规规定上看，《中华人民共和国民法通则》将自然人间的合伙称个人合伙，而将法人间的合伙视为联营，案涉联营显属三种联营中的"合伙性联营"，即法人间的合伙，其联营各方有着共同的目标和共同的利益，这一特征与个人合伙的法律特征完全相同。《最高人民法院关于审理联建合同纠纷案件若干问题的解答》第 9 条第（2）项规定：合伙型联营各方应当依照有关法律、法规的规定，或者合同约定，对联建债务负连带清偿责任。依此规定，J 房屋开发公司应当对 B 集团、B 房地产开发公司偿还全部欠付工程价款承担连带责任。一审判决在已认定 J 房屋开发公司与 B 集团为连带法律关系，而又没有任何其他相反理由的前提下，却判令承担"部分"连带责任，显为欠妥。

二、关于停工损失、优质工程奖励款本金的利息问题

两笔款的性质均属于整个工程款不可分割的一部分。550 万元的停工损失款，若按合同约定于 2002 年 12 月 1 日诚信给付，799393.58 元优质工程奖励款，若按条件成就的 2005 年 1 月诚信给付，该两笔款项无论是用于经营或存款得息，都当然地产生相应利益。据此，建筑工程公司主张上述两笔款项的相应利息应予以保护，具有合理性和合法性，理由充分，应予以支持。

J 房屋开发公司不服一审判决，向最高人民法院提起上诉，请求撤销一审判决主文第四项，即"J 房屋开发公司对本判决第一项中 B 集团与 B 房地产开发公司于本判决生效后 15 日内向建筑工程公司支付尚欠工程款 27293259 元中的 10293259 元，承担连带给付责任"的判项，改判 J 房屋开发公司对 B 集团、B 房地产开发公司给付工程款不承担责任。主要事实和理由如下：

一、一审判决认定 J 房屋开发公司与 B 集团的联建利益尚未分割，从施工合同中获取利益，理应承担施工合同相应的义务，该认定与事实不符，且无法律依据

J 房屋开发公司与 B 集团在《联合建房协议书》及其补充协议中已就联建利益进行分配，J 房屋开发公司分得联建项目总建筑面积的 33.5%房产，B 集团分得 66.5%房产，并不是一审判决认定的联建利益尚未分割。且两份协议业已明确约定 J 房屋开发公司与 B 集团双方的权利义务，明确约定"B 集团承担项目开工到竣工所需的全部费用（当然包括了施工费用）"，一审判决却判令 J 房屋开发公司对部分工程款承担连带给付责任，既无合同依据，也无法律依据。

联建项目土地使用证、销售许可证等以 J 房屋开发公司名义办理，商品房买卖合同以 J 房屋开发公司名义签订，是履行 J 房屋开发公司与 B 集团签订的联建合同义务的行为，与 B 集团是否履行本案施工合同约定的付款义务无关。合作开发房地产合同与施工合同属于不同法律关系，J 房屋开发公司在一个法律关系中的履约行为，不能成为 J 房屋开发公司根本不是合同当事人的另一法律关系中应承担连带给付责任的事实依据。

J 房屋开发公司享有的开发项目权益是基于其与 B 集团合作开发法律关系产生的，履约的目的是从联建项目中获利，并不是从施工合同中获利。事实上，B 集团已获取了施工合同的全部利益，而这种利益的获得是履行联建合同约定义务的结果。所以，J 房屋开发公司不是施工合同的获益人，J 房屋开发公司从联建合同中获益不能成为承担施工合同付款责任的依据。

建筑工程公司与B集团之间存在施工合同关系，J房屋开发公司与B集团之间存在合作开发房地产合同关系，属于两个独立合同，两种合同间不存在连带关系。合同具有相对性，正如一审判决引用的《中华人民共和国民法通则》第八十四条规定，合同之债只"在当事人之间产生特定的权利和义务关系"。J房屋开发公司不是施工合同的当事人，与J房屋开发公司不存在特定的权利义务关系，不负有向其给付工程款义务。

一审判决判令J房屋开发公司承担施工合同付款义务，既违背了合同自愿原则，也与民事法律的公平原则相悖，因为J房屋开发公司已依合作开发合同约定承担了相应的合同义务，再要求J房屋开发公司承担合作开发合同另一方应承担的义务，有失公允。

二、一审判决认定J房屋开发公司认可本案所涉施工合同，在《请款报告》上的签章行为即说明实际参与了施工合同的履行，属认定事实错误

《联合建房协议书》虽有双方共同选定施工队伍的约定，但并不等于这一约定已实际履行。一审判决也认可"建筑工程公司不是B集团与J房屋开发公司共同选定的施工队伍"。J房屋开发公司在补充协议中并没有涉及施工合同内容。补充协议中没有J房屋开发公司认可六份施工合同的书面意思表示，其中提及"土石方合同、建筑施工合同、弱电合同、消防工程合同和监理合同除外"的本意是指六份合同外必须经双方招标共同选择，意在强调六份合同之外，但并不是说J房屋开发公司认可了这六份施工合同。因为B集团就涉案项目签署的施工合同不止一份，与B集团签署施工合同的也不止建筑工程公司一家，如J房屋开发公司要认可某一份施工合同，需要有明确的书面认可才能确定。探求"土石方合同、建筑施工合同、弱电合同、消防工程合同和监理合同除外"的本意，必须以作为合同当事人的J房屋开发公司签署该协议时的真实意思表示为准，而结合当时存在多份施工合同、多家施工单位的客观事实，J房屋开发公司当时无法、也没有作出认可B集团与建筑工程公司签订施工合同的意思表示。

J房屋开发公司在《请款报告》上签字盖章是基于与B集团存在联建关系依照联建协议约定，行使资金监管权利的行为，其目的是保障以B集团作为贷款人、J房屋开发公司作为担保人、以工程项目抵押，向沙河口支行的贷款能够专款专用所采取的保障措施。J房屋开发公司在《请款报告》上的签字盖章行为，是依约履行权利的行为，与履行施工合同根本就是两码事。如果可以如一审判决逻辑推定，支付工程款的沙河口支行也对付款进行了审核，难道因此认定银行也参与履行了施工合同，让银行承担付款连带责任吗？

三、一审判决认定J房屋开发公司与B集团合作开发是合伙行为，应对外承担连带责任，属于认定事实错误，适用法律不当

J房屋开发公司与B集团之间肯定不是个人合伙，当然不受《中华人民共和国民

法通则》第二章"公民（自然人）"之第五节"个人合伙"中关于"合伙人对合伙的债务承担连带责任"的法律规定的调整。J 房屋开发公司与 B 集团从无合伙的意思表示，也没有签订合伙协议，双方之间也不属于法人间的合伙型联营。即使认定 J 房屋开发公司与 B 集团之间属于法人间合伙型联营，J 房屋开发公司也不应承担连带责任。通说认为，《中华人民共和国民法通则》第五十二条规定的是法人间合伙型联营关系，一审判决也是以此作为 J 房屋开发公司承担连带责任的法律依据。但必须指出，该条恰恰并没有规定合伙型联营的合伙人必须承担连带责任，而明确规定"依照法律的规定或者协议的约定负连带责任的，承担连带责任"，也就是说，合伙人要承担连带责任，只有在法律有规定或当事人有约定的前提下才成立。这正是法人间的合伙型联营与个人合伙的区别，个人合伙是合伙人当然对合伙债务承担连带责任，而法人间的合伙型联营却是有前提的。在本案中，即使认定 J 房屋开发公司与 B 集团属法人间的合伙型联营，但没有 J 房屋开发公司应承担连带责任的前提。首先是 J 房屋开发公司与 B 集团之间没有承担连带责任的协议。其次，《中华人民共和国建筑法》、《中华人民共和国城市房地产管理法》及相关司法解释均没有联建方应对另一方债务承担连带责任的法律规定。一审判决也没有指出相关的法律依据，只是在"一审法院认为"部分笼统讲"合伙人应当对合伙债务承担责任"。此论点不能成立，其一，这并不是一条法律规定，也没有这条法律规定；其二，也没说明要承担什么责任，如果指的是连带责任，则恰恰是《中华人民共和国民法通则》在个人合伙部分的规定，不适用于本案。所以，一审判决混淆了个人合伙与法人间合伙联营的区别，属适用法律不当。

应该指出，连带责任是非常重大的民事责任，对此的认定必须非常严谨和慎重，在没有明确的法律规定或当事人清晰的意思表示的前提下，应尊重合同的相对性，不应随意扩大连带责任的适用范围，以保护当事人的合法权益。

综上，请求二审法院查明事实，正确适用法律，依法撤销一审判决第四项，改判 J 房屋开发公司不承担任何工程款给付责任。

J 房屋开发公司针对建筑工程公司的上诉答辩认为，建筑工程公司请求 J 房屋开发公司对 B 集团偿还工程欠款承担连带责任，无事实和法律依据。J 房屋开发公司与 B 集团、B 房地产开发公司之间没有合伙的意思表示，没有签订合伙协议，也不属于合伙型联营。退一步说，即使属于合伙型联营，也只有在法律有规定或者当事人有约定的情形下，合伙企业才承担连带责任，本案不具备上述条件，J 房屋开发公司不应当承担连带责任。建筑工程公司上诉请求增加给付利息及 J 房屋开发公司承担诉讼费的请求，没有事实和法律依据。停工损失费没有证据支持，省优质工程奖励费没有事实基础和法律依据，当事人无权对诉讼费提出上诉请求，据此上述请求均不成立，应予驳回。

建筑工程公司未提供书面答辩意见。

B集团、B房地产开发公司同意建筑工程公司的上诉请求及理由，主张J房屋开发公司应当对其偿还建筑工程公司工程欠款承担连带责任。

〔最高人民法院查明的事实〕

最高人民法院二审查明的事实与一审法院查明的事实相同。

〔最高人民法院裁判理由与结果〕

最高人民法院认为，B集团、B房地产开发公司与建筑工程公司签订的施工合同及其补充协议有效。讼争建设项目办妥了工程开工的法定手续，取得《建筑工程施工许可证》，具备法定开工条件。施工单位建筑工程公司是具有一级资质的专业施工企业，具备与工程相应的法定资质。签约时，合同当事人意思表示真实，内容不违反法律、行政法规的强制性规定，应当认定B集团、B房地产开发公司与建筑工程公司签订的施工合同及补充协议有效。就违约、索赔等相关问题，一审判决已作出认定，权利人未就此提出上诉，故违约及索赔款数额等内容不属于最高人民法院二审审理范围。

从发包人主体演变情况看，签订施工合同的发包人原B房地产开发公司名称已变更为B集团，以后B集团又向大连市工商局申请以原B房地产开发公司的资质证书重新设立B房地产开发公司，B集团在申请报告中向政府主管部门承诺"如果涉及债权债务问题，因为在原房地产开发公司变更为B集团前已增注册资金为1.2亿元，所以此阶段如有债权债务可由B集团承担，其他阶段的债权债务仍由B房地产开发公司承担，重新登记的B房地产开发公司注册资金为1500万元，保证不会在涉及债权债务的问题上损害他人的利益"。因新设立的B房地产开发公司使用原B房地产开发公司的资质证书，两个B房地产开发公司名称完全相同，从外观特征看，合同相对人难以区分新旧B房地产开发公司，故在本案中应当认定B集团与其下属单位合资设立的B房地产开发公司与B集团为施工合同的共同发包人。一审判决对此作出的认定正确，最高人民法院认可。

依据《中华人民共和国民事诉讼法》第一百五十一条规定并结合建筑工程公司和J房屋开发公司的上诉请求，确定本案的争议焦点有两个：一是J房屋开发公司是否对B集团、B房地产开发公司偿还建筑工程公司工程欠款承担连带责任；二是对停工损失费、优质工程奖励款应否支付利息。就上述两个争议焦点，最高人民法院作出如下认定：

一、J房屋开发公司不应当对B集团、B房地产开发公司偿还施工人建筑工程公司工程欠款承担连带责任

第一，J房屋开发公司对B集团、B房地产开发公司向建筑工程公司清偿工程欠款不承担连带责任。首先，本案讼争的法律关系是施工合同纠纷，而不是合作开发房地产合同纠纷。本案施工合同的当事人为B集团、B房地产开发公司与建筑工程公司，B集团、B房地产开发公司为发包人，建筑工程公司为承包人。施工合同只对

合同当事人产生约束力，即对 B 集团、B 房地产开发公司和建筑工程公司发生法律效力，对合同当事人以外的人不发生法律效力。J 房屋开发公司与 B 集团之间存在合作开发房地产关系，不是施工合同当事人，不应对施工合同承担合同义务。其次，债权属于相对权，相对性是债权的基础。债是特定当事人之间的法律关系，债权人和债务人都是特定的。债权人只能向特定的债务人请求给付，债务人只能对特定的债权人负有给付义务。即使因第三人的行为致使债权不能实现，债权人也不能依据债权的效力向第三人请求排除妨害，债权在性质上属于对人权。再次，《民法通则》第八十四条第一款规定：债是按照合同的约定或者依照法律的规定，在当事人之间产生的特定的权利和义务关系。第二款规定：债权人有权要求债务人按照合同的约定或者依照法律的规定履行义务。"特定的"含义就是讲只有合同当事人才受合同权利义务内容的约束。债权人要求债务人履行义务的基础是合同约定或法律规定。本案建筑工程公司主张 J 房屋开发公司就 B 集团、B 房地产开发公司偿还工程欠款承担连带责任，因当事人之间不存在"特定的"债的关系，突破合同相对性也没有法律依据，建筑工程公司主张 J 房屋开发公司对还款承担连带责任的上诉请求，于法无据。

第二，J 房屋开发公司不存在取代施工合同的发包人或因加入债的履行而与 B 集团、B 房地产开发公司成为共同发包人的事实。一审判决认定 J 房屋开发公司参与施工合同实际履行的行为包括：联建合同约定由 B 集团和 J 房屋开发公司共同选定施工队伍。施工人向建设方请款时，J 房屋开发公司在《请款报告》上签字盖章。最高人民法院认为，合作开发合同中有关共同审定施工队伍的约定及以后认可施工合同的意思表示与"J 房屋开发公司已实际参与了施工合同的履行"的证明目的之间没有关联性。J 房屋开发公司对施工人《请款报告》的审核行为是为了保障施工款项专款专用，是履行合作开发合同的行为，亦不能因此认定 J 房屋开发公司参与了施工合同的履行。

第三，建筑工程公司主张 J 房屋开发公司对 B 集团、B 房地产开发公司偿还工程欠款承担连带责任，缺乏法律依据。《最高人民法院关于审理涉及国有土地使用权合同纠纷案件适用法律问题的解释》第十四条规定：本解释所称的合作开发房地产合同，是指当事人订立的以提供出让土地使用权、资金等作为共同投资，共享利润、共担风险合作开发房地产为基本内容的协议。合作开发合同各方是按照合同约定各自承担权利义务的，"共同投资，共享利润、共担风险"是指合作各方内部关系，而不是指对外关系。《中华人民共和国民法通则》第五十二条规定：企业之间或者企业、事业单位之间联营，共同经营、不具备法人条件的，由联营各方按照出资比例或者协议的约定，以各自所有的或者经营管理的财产承担民事责任。依照法律的规定或者协议的约定负连带责任的，承担连带责任。第五十三条规定：企业之间或者企业、事业单位之间联营，按照合同的约定各自独立经营的，它的权利和义务由合同约定，各自承担民事责任。参照上述两条规定，本案当事人没有成立合作开发房地产的项目公司或成立不具备法人条件的其他组织，应属"独立经营"，应按照约定各自独立承担民事责任。退一步说，即使J房屋开发公司与B集团、B房地产开发公司之间合作开发合同属于《中华人民共和国民法通则》第五十二条规定的情形，联营各方也应当按照法律规定或者协议约定承担连带责任。J房屋开发公司与B集团、B房地产开发公司之间合作开发合同，既不属于个人合伙，也没有成立合伙企业，不应当适用《中华人民共和国民法通则》或《中华人民共和国合伙企业法》有关个人合伙和普通合伙人承担连带责任的规定。

一审判决认为，联建利益尚未分割，讼争建设项目在J房屋开发公司名下，其享有了建筑工程公司已施工工程的权利，并从该合同中获取利益，据此应承担连带责任。应当看到，J房屋开发公司虽以取得讼争建设项目的部分房屋作为受益方式，但这是其以土地使用权作为出资应当获得的回报，属对价有偿的商业行为，并非无端受益。

综上，最高人民法院认为一审判决J房屋开发公司对B集团、B房地产开发公司偿还施工人建筑工程公司部分工程欠款承担连带责任的判项，应予撤销。建筑工程公司主张J房屋开发公司应当对全部工程欠款承担连带责任的上诉请求，缺乏事实和法律依据，最高人民法院不予支持。J房屋开发公司主张对B集团、B房地产开发公司偿还施工人建筑工程公司工程欠款不承担连带责任的上诉请求成立，最高人民法院予以支持。

二、建筑工程公司请求增付停工损失费、优质工程奖励款利息的诉讼请求应予支持

《最高人民法院关于审理建设工程施工合同纠纷案件适用法律问题的解释》第十七条规定：当事人对欠付工程价款利息的计付标准有约定的，按照约定处理；没有约定的，按照中国人民银行发布的同期同类贷款利率计息。第十八条规定：利息从应付工程价款之日计付。依此规定，发包人应当对欠付工程价款按照法定基准利率支付利息。参照建设部《建筑工程施工发包与承包计价管理办法》① 第五条规定：招标标底和投标报价（工程价款）由成本（直接费、间接费）、利润、税金构成。直接费以人工、材料、机械的消耗量及其相应价格规定。间接费、利润、税金按照有关规定另行计算。《最高人民法院关于建设工程价款优先受偿问题的批复》第三条规定：建筑工程价款包括承包人为建设工程应当支付的工作人员报酬、材料款等实际支出的费用，不包括承包人因发包人违约所造成的损失。按照上述规定，停工损失费属于"因发包人违约所造成的损失"，优质工程奖励款不属于工程价款范围，本不应适用司法解释规定计息。但在2002年12月1日承、发包双方当事人签订的《协议书》中就明确有发包人赔偿因其资金不到位给承包人造成的停工损失费550万元，此款为承包人在合同约定的索赔数额基础上几经减让的结果，且该合同还约定"因B房地产开发公司不按时支付赔偿金，而造成再次停工的损失，由其全部承担"，B房地产开发公司至今未按照合同约定支付停工损失费，并拖欠巨额工程款至今未付，其恶意违约的主观过错明显。本案仅判决发包人支付停工损失费本金与合同约定由

---

① 已被住房和城乡建设部2013年《建筑工程施工发包与承包计价管理办法》替代。

发包人赔偿损失扩大部分的约定不符,且难以弥补因发包人恶意违约给承包人造成的巨大经济损失。据此,发包人向承包人支付的停工损失费,应当自工程结算时起计息。2005年5月18日,建筑工程公司与B房地产开发公司签订《建筑工程公司建设工程的S家园工程审核表》,双方对2#楼、4#楼主体结构部分的工程造价无争议。建筑工程公司依据有关政府文件规定和合同约定,应当取得优质工程奖励款,为平衡承发包双方当事人利益,也应当自工程结算时起计息。

辽宁省高级人民法院(2006)辽民一初字第3号民事判决第(三)项表述有误,已经该院以(2006)辽民一初字第3号民事裁定书补正,最高人民法院认可。

据此,建筑工程公司上诉主张B集团、B房地产开发公司对停工损失费、优质工程奖励款计息的上诉请求成立,最高人民法院予以支持。

综上,依据《中华人民共和国民事诉讼法》第一百五十三条第一款第二项之规定,判决如下:

一、维持辽宁省高级人民法院(2006)辽民一初字第3号民事判决第一、五项;

二、变更辽宁省高级人民法院(2006)辽民一初字第3号民事判决第二项为:B房地产开发公司与B集团于本判决生效后15日内向建筑工程公司支付停工损失费550万元,并按照中国人民银行同期同类贷款利率计息,自2005年5月18日起算至付清款项时止;

三、变更辽宁省高级人民法院(2006)辽民一初字第3号民事判决第三项为:B房地产开发公司与B集团于本判决生效后15日内向建筑工程公司支付优质工程奖励款799393.58元,并按照中国人民银行同期同类贷款利率计息,自2005年5月18日起算至付清款项时止;

四、撤销辽宁省高级人民法院(2006)辽民一初字第3号民事判决第四项。

规则3:(公平等价原则) 当事人双方约定提成费是否过高,应考量投入与收入的数额,以公平原则进行衡量

——彩票发行中心与科技发展公司营销协议纠纷案[①]

【裁判规则】

在合同依约履行的情形下,当事人双方约定提成费是否过高,能否完全按照合同当事人约定提取劳动报酬,需考量投入和收入的数额,即应根据当事人已投入的费用和其要求给付的报酬之间是否相差悬殊,以公平原则进行衡量。

---

① 《中华人民共和国最高人民法院公报》2009年第9期。

【规则理解】

考量收入和投入的数额，并以二者之间是否相差悬殊判断合同之公平性，这一规则是公平原则之运用，但公平原则与诚实信用原则的地位相似，属于民法基本原则中的上层原则，其抽象性决定了其在具体适用中的宽泛性，因此，当规则中涉及投入与收益等关系时，则将等价有偿原则寓含于公平原则之中。

一、等价有偿原则的界定

等价有偿原则是公平原则在财产性质的民事活动中的体现，《民法通则》第4条规定："民事活动应当遵循自愿、公平、等价有偿、诚实信用的原则。"将等价有偿与自愿、公平、诚实信用并列为我国民法的四大基本原则。《民法典》第6条规定："民事主体从事民事活动，应当遵循公平原则，合理确定各方的权利和义务。"但应当注意的是，等价有偿原则，在《民法典》制定过程中没有再被确定为基本原则，其实其内涵已经包含于公平原则之中，所谓公平原则就是要求民事主体从事民事活动，要持公平理念，公正、公允、合理地确定各方的权利义务，并依法承担相应的民事责任。

等价有偿原则就字面意思而言，是由等价和有偿两个方面所组成的，所谓等价通常理解为价值相等，一般运用在合同交易领域之中，指商品按照价值量相等的原则进行交换，表示交易之中投入与产出的一种平衡状态。等价在民法中的适用可以理解为马克思政治经济学价值规律的指导，但应当注意的是，民法中的等价不应以价值规律上社会必要劳动时间的计算来进行衡量，现实经济交易中商品的价值应以交易双方的主观认知为准，商品社会必要劳动时间的不对等并不代表交易双方主观认知上价值的不对等，故对等价的理解不能以双方所获利益的绝对相等来衡量。所谓有偿是指民法上的有偿，是指双方存在利益上的交换事实，民事法律行为的有偿可表现为支付金钱，也可表现为提供技术、劳务或服务等。

结合等价和有偿的含义，等价有偿原则从字面意思上可以理解为以价值规律为基础，当事人按照经济对等的标准进行民事活动，但广义可理解为当事人权利义务对等，即在法律范围内，任何一方不得无偿、不对等地占有、剥夺他人财产，或无偿、不对等地让他人承担义务。[①] 具体表现为：（1）在合同关系中，当事人的权利和义务常常具有相对性；（2）在从事转移财产的民事活动中，一方取得的财产与其履行的义务，在价值上大致是相等的；（3）在共同从事某种

---

① 龙卫球：《民法总论》，中国法制出版社2002年版，第61页。

民事活动时，禁止非法无偿地占有他人的财产；（4）一方给另一方造成损害，应以得到同等价值的补偿为原则，使加害人的补偿额与受害人的损失额相等。

二、等价有偿原则的价值

等价有偿原则在我国民法体系中的价值，有学者曾认为其具有两个方面的价值：一是促进以公有制为基础的有计划商品经济的发展，二是促进社会主义精神文明建设。认为"在以公有制为基础的有计划的商品经济的条件下，各个民事主体之间，必须按照社会必要劳动量，进行等价有偿的商品交换，从而实现扩大再生产，求得自身的发展，并为社会做出应有的贡献"，① 能够促进商品经济的发展；"这些体现平等自愿、等价有偿的法律规定，都是民事主体必须严格遵循的行为准则，是他们建立平等互利、团结互助的社会关系的法律准绳。它同我国社会主义精神文明建设的基本要求完全一致，而且也是保障和促进我国社会主义精神文明建设顺利进行的重要工具"。② 确实，等价有偿原则的确立有其特定的历史背景和一定的经济环境，"等价有偿原则在我国民法通则中的确立，曾有其积极意义。它首先否定了阶级斗争路线，使人们普遍形成讲公平等价；更重要的是它从法理上否定了单纯以行政手段确定商品价格形成机制。这些都大大提高了生产者的积极性，从而促进了生产力的发展"。③ 但现在一般认为，等价有偿原则是民法公平原则的具体体现，事实上，随着市场经济的不断发展与深入，社会对以机会平等为核心理念，程序公平的追求超越了直白的对结果公平的追求，相形之下，等价有偿原则对交易结果的过于偏重似乎与这个时代的法律追求并不协调。

等价有偿原则在日益市场化的经济环境下，在法律体系中更多可以成为适用公平原则的判断标准之一。公平原则是民法的核心原则，但公平观念实际是社会道德标准；本身具有不确定性，使得公平原则的规定成为一项弹性很强的条款，为保证其适用，公平原则之下配套了显失公平、不可抗力、情势变更等制度。在这些制度中，通常将合同的履行对一方当事人有重大不利或明显不公平作为构成要件之一，但这种重大不利或明显不公平仍然囿于公平观念之中，存在着不确定性，而等价有偿却恰好能够对这种明显不公平作出限定与解释，即在出现显失公平的争议时，以等价有偿原则作为公平的注释，在双方当事人

---

① 金天星：《论平等自愿、等价有偿的民事活动原则》，载《安徽大学学报》1988年第1期。
② 金天星：《论平等自愿、等价有偿的民事活动原则》，载《安徽大学学报》1988年第1期。
③ 贾磊：《等价有偿不宜作为民法基本原则》，载《中共郑州市委党校学报》2008年第6期。

间利益明显背离等价有偿时,可以认定为利益或权利的明显不公平,从而增强显失公平的操作性。例如,南京制定的《南京市国有土地上房屋征收与补偿办法》,实行拆迁市场化补偿,将以往由政府按土地级别定价改为经市场化评估定价,使拆迁补偿标准与现行的房地产市场接轨。这种以等价有偿解释公平内涵的做法,就具有较强的操作性,亦较为符合市场经济条件下的价值准则。

三、等价有偿原则的运用

以等价有偿增强公平的可操作性只是一种概念的替换,或者说只是理论上易于操作,但就司法实践,仍需解决等价有偿的具体计算问题。

等价有偿的具体计算,其实就是成本与收益的核算,似乎只是数字的简单比对,但在现代商业活动中,成本的计算仍然复杂,并进而影响等价有偿与否的判断。例如,在三联重组郑百文的过程中,就有学者谈道:"等价有偿是我国《民法通则》确立的一项基本原则,三联重组郑百文作为一项纯粹的商业活动,自然也应当遵守。于是,三联的重组成本从一个纯粹的财务问题俨然上升为法律问题。如果上面的指控能够成立,这个财务问题似乎也可以成为一个颇为严重的法律障碍。"[1]

就投入与收入的计算问题,首先可以确定的是计算的基本原则,包括全面性、相关性和必要性。所谓全面性,即在计算投入与收入具体数额时,应当对特定商品或服务形成过程中所产生的全部货币或非货币形式的支出予以计入并对该商品或服务形成后所取得的所有货币或非货币形式的收入予以计入,尽可能全面地反映双方的收入与投入情况;而相关性是指在计算过程中,只有与特定商品或服务形成过程存在因果关系的投入与收入才应计入。所谓必要性,是指投入应当具有合理性,超出合理范围的消耗和当事人自身原因所造成的损失不应计入等价有偿原则适用中的投入。

（一）成本的计算

成本是为过程增值和结果有效已付出或应付出的资源代价。其中的资源一般包括：人力资源、物力资源、财力资源和信息资源等,亦即从理论上而言,成本包括了为某一结果或过程而发生的所有消耗,但国家基于对企业税收的核定及财务的规范,对于成本有着一定的限定,《企业所得税法》对此分别使用了成本和费用两个概念用于限定成本的范围,另外使用了税金、损失、其他支

---

[1] 刘燕:《等价有偿原则的计算——三联重组郑百文的成本分析》,载《中外法学》2001年第3期。

出等项目。对成本与费用的定义，《企业所得税法实施条例》第 29 条规定："企业所得税法第八条所称成本，是指企业在生产经营活动中发生的销售成本、销货成本、业务支出以及其他耗费。"第 30 条规定："企业所得税法第八条所称费用，是指企业在生产经营活动中发生的销售费用、管理费用和财务费用，已经计入成本的有关费用除外。"二者并非等同的概念。其一，二者的内容不同，费用包括生产费用、管理费用、销售费用和财务费用等，工业企业产品成本只包括为生产一定种类或数量的完工产品的费用，而不包括未完工产品的生产费用和其他费用；其二，在一定时期内，费用总额不等于产品成本总额。产品成本是费用总额的一部分，不包括期间费用和期末未完工产品的费用等。

笔者认为，对于应在等价有偿原则适用过程中予以考虑并列为成本的支出包括以下三个方面的内容：

第一，《企业所得税法》中的成本应计入。《企业所得税法》中的成本是特定产品（服务）所花费的费用，即特定商品（服务）的直接成本，在适用等价有偿原则时理应计入。

第二，《企业所得税法》中的费用可部分计入。费用是直接成本以外所发生的与企业生产经营活动相关的支出，包括了生产经营费用、销售费用、管理费用及财务费用等，实际接近于通常所谓的间接成本，其作为特定商品、服务产生的必要开支应列入成本予以计算，但需要注意的是，费用以时间为周期进行计算，因此特定商品、服务形成期间的费用可能对应着其他若干商品、服务的形成过程，此时，将相应期间所发生的费用全部计入该特定商品（服务）的形成成本显然不具有因果关系。较为合理的是，结合特定商品（服务）形成的周期、复杂程度、直接成本等因素综合确定应计入的费用。

第三，税金、损失的计入。依据《企业所得税法》，税金、损失和其他支出是可以在计算应纳税所得额时予以扣除的支出。对此，笔者认为，纳税是一种法定的义务，在特定商品（服务）产生过程中，该支出为应支出项目即具有直接相关性，应列入投入的项目予以计算。而对于损失，因商品或服务在形成过程中存在一定的损耗，如同生产线上的废品率，合理的损失应予以计入。但明显超出合理损耗的损失，若予以计入则不能排除当事人借此转嫁管理不当所产生的经营风险，则不予计入为宜。

（二）收入的计算

收入是指企业在日常活动中所形成的、会导致所有者权益增加的、与所有者投入资本无关的经济利益的总流入，包括销售商品收入、劳务收入、让渡资产使用权收入、利息收入、租金收入、股利收入等,但不包括为第三方或客户代收的款项。《企业所得税法》第6条规定:"企业以货币形式和非货币形式从各种来源取得的收入,为收入总额。包括:(一)销售货物收入;(二)提供劳务收入;(三)转让财产收入;(四)股息、红利等权益性投资收益;(五)利息收入;(六)租金收入;(七)特许权使用费收入;(八)接受捐赠收入;(九)其他收入。"

对于等价有偿原则中应计入的收入,笔者认为,一是应具有相关性,即只有系因特定商品(服务)所取得的收入才应计入;二是以非货币形式取得的收入,应以取得日为时点计算所取得的收入的价值,例如股权应以取得时的价值为准,之后发生的价值变化与商品形成过程无关联;三是所取得的收入应限于微观层面,至于宏观层面不宜加以考虑,对此,曾有学者指出"等价有偿原则作为对具体民事行为的要求,只应当应用于微观层面上的具体经济交易的度量,不应将宏观层面的、对市场或对社会的影响也囊括起来。例如,类似'郑百文该破产却不破产,践踏了市场投资理念之类'的大账,或许也可以算在三联头上,但是它并不在我们所讨论的等价有偿原则之范围内"①。

以上只是对等价有偿原则适用的简单分析,就实际情况而言,厘清当事人之间的收入与投入并非一件易事,特别是现代工商业大规模、多利益主体、长运作周期的运作特点极大地加深了计算双方投入与收入的难度,有学者在对郑百文重组一案的考察中就指出"通常来看,判断两个人之间的买卖关系是否符合等价有偿原则,可能并不困难。但是,对于郑百文重组这种多方主体参与、多种利益交织其中的一揽子交易,恐怕就不那么简单了。谁在与谁交换?谁在与谁就什么进行交换?单是确定交易者之间的对应关系,就足以列一张清单"②。因此,从对物质利益均衡与否的判断转向以当事人在进行有关民事活动过程中程序公平与否的判断应是今后的主要趋势。

四、等价有偿原则的缺陷

等价有偿原则对于判断当事人之间民事法律行为是否公平具有一定的工具性价值,但作为民法基本原则存在却是争议颇多,这一争议正源于等价有偿原则自身的内在缺陷。

---

① 刘燕:《等价有偿原则的计算——三联重组郑百文的成本分析》,载《中外法学》2001年第3期。

② 刘燕:《等价有偿原则的计算——三联重组郑百文的成本分析》,载《中外法学》2001年第3期。

其一，现代民法对等价有偿原则提出了挑战，认为很多民事活动，比如赠与和赡养、继承等并不是等价有偿进行的，因而等价有偿原则只是一个相对的原则，并不适用于全部民事活动，不应成为民法的基本原则。

其二，等价有偿原则以精确的语言为民事活动双方当事人之间的物质利益进行了确定，富于操作性而缺乏涵盖性，考夫曼曾言"语言上的极端精确，其只能以内容及意义的极端空洞为代价"，而这种精确化的表述决定了等价有偿原则不具备法律原则的框架结构，并不利于发挥法律原则对民事活动的指导作用。

其三，等价有偿原则与公平原则存在着包容关系。等价有偿是公平原则的当然含义之一，"公平与等价有偿是包容关系，等价有偿是公平的当然内容，二者的精神完全一致，故作为一个原则处理"。在公平原则以外单独创设等价有偿原则并非必要。

【拓展适用】

公平是人类的原始追求也是终极追求，是民法的一项基本原则。

《民法典》第6条规定，"民事主体从事民事活动，应当遵循公平原则，合理确定各方的权利和义务。"此条明确了我国民法的公平原则。民法意义上的公平主要强调的应是权利和义务、利益和负担在相互关联的社会主体之间的合理分配或分担。这种分配或分担的结果与其付出相适应，并能够被当事人和社会所认可。

一、公平原则的基本内容

公平原则的基本含义乃是对社会主体均以同一标准加以对待。但因在未严格区分的使用中，公平与公正的概念往往存在着交叉甚至是混同，从而影响公平原则内涵与外延的确定，故对公平原则的法律含义仍应作出大致的划定。

《民法典》将自愿、公平、平等、诚实信用、公序良俗、绿色原则列为我国民法的基本原则，同时，第3条对民事权利保护作出了规定。可见，我国《民法典》形成了平等、自愿、公平、诚实信用、民事权利保护、公序良俗、绿色所组成的民法基本原则体系；从指导法律适用、弥补法律漏洞的角度出发，这些原则应当相互衔接、编织完整、严密，成为立法者所期待的社会价值与秩序体系，才能为民事立法、司法活动及民事主体的活动发挥统帅和指导作用，这就为我们探究公平原则的立法本意提供了一个切入点。

就上述民法原则，可以根据其作用力范围或作用对象进行大致的划分，从调整当事人之间关系的角度，平等、自愿、诚实信用原则可以归为一类，而民事权利保护、公序良俗、绿色原则则可归为另一类，该类可认为是主要调整民事主体与国家和社会之间的关系，包括国家保护民事主体合法权利，而民事主体应在进行民事活动中尊重社会的公序良俗，应当有利于节约资源、保护生态环境。但公平原则却可在两类关系中均发挥作用，一是公平对于民事主体之价值，在民事主体之间不应有一方地位超越另一方，而应保持相互间的对等，这种对等可以以平等、自愿、诚实信用作为具体要求，故公平原则可归入调整当事人之间关系的原则范畴；二是公平原则要求民事主体与国家、社会之间亦应保持公平，国家尊重、保护民事主体之利益，而民事主体在进行民事活动时亦应维护社会之公序良俗，应当节约资源、保护生态环境，故公平原则亦可归入调整民事主体与国家和社会之间的关系原则的范围。"民法坚持主体地位平等原则、坚持主体意志自由原则是实现主体间权利义务配置的实质公平的前提，而坚持诚实信用原则、禁止权利滥用原则、守法原则、公序良俗原则，则是维持民事主体之间，以及民事主体与国家和社会之间利益关系的平衡所必需的。"[1] 从上可以看出，公平原则之含义不只是不偏袒，而更多包含着均衡的理念，即维持民事主体之间、民事主体与国家、社会之间利益的均衡。有学者认为："公平（正义）"为法的最终目标，具有最高程度的抽象性及模糊性的特征。可以说，基本法和一切部门法，均以"公平"为指导思想。而民法之对于公平观念，必须通过民法"自己的"基本原则加以具体表达，进一步通过具体规范对于民法基本原则的贯彻，使之得以实现。换言之，民法上的公平，正是通过"平等""意思自治"等基本原则加以表现的。由此，没有必要在民法上通过"公平"原则的表达来重复宣示法的一般价值。[2] 虽对公平原则列为民法基本原则持有异议，但亦说明公平原则所具有的超越"不偏袒"的内涵。公平正义是人类共同追求的基本价值，也是法律追求的基本价值，因此，公平应当成为民法的基本原则，同时民法的基本原则都是相辅相成、相互补充的，如果不规定公平原则，民法的基本原则就不周延。据此，公平原则的基本含义，大致可以包括四个层次：

（一）当事人具有平等的法律地位

当事人身份的平等是民事法律的基础，民法以抽象人格的方式重塑了社会主体，意在以理想化的方式赋予社会主体以平等的法律地位，这种抽象人格化

---

[1] 张成先：《论民法的公平原则》，载《潍坊教育学院学报》2005年第3期。
[2] 尹田：《论民法基本原则之立法表述》，载《河南省政法管理干部学院学报》2008年第1期。

的法律地位平等确定了法律以同一标准看待每个社会主体的可能，这种公平可称为资格的公平。

（二）社会给予每个民事主体以平等机会、平等责任

在平等法律地位的基础上，法律平等地为所有社会成员分配权利、分担义务，任何社会成员都可以基于法律从社会获得平等的对待，而任何社会成员所取得的权利、承担的义务亦应以法律为依据，任何社会成员均不具有超越其他成员的特权，这种公平可称为分配的公平。

（三）民事法律要求在进行民事活动的过程中，当事人双方的权利义务基本对等

当事人双方的权利义务基本对等，是出于民事法律高度尊重当事人自由意志而可能为当事人所利用的顾虑，要求当事人在进行民事活动时，不得利用其所具有的特殊地位排除对方的权利或免除自己的义务，而应实现基本的权利义务对等，这种公平可称为交换的公平。

（四）民事法律要求在双方当事人之间的权利义务关系失衡时的处理

这时应严格依照法律之规定进行矫正，在没有法律规定时亦应以一般道德观念、交易规则或理性的精神予以调整，不得因当事人的种族、性别、职务、财富而予以分别对待，"矫正的公平所使用的手段是一种算术上的比例方法，这与分配的公平中所用的几何比例法是不相同的。在矫正的公平方面，根本不应考虑双方的功德；各方都被看作是平等的"。[①] 这种公平可称为矫正的公平。

二、公平原则的适用

公平原则作为民法的基本原则，不仅是民事主体从事民事活动应当遵循的基本行为准则，也是人民法院审理民事纠纷应当遵循的基本裁判准则，属于民法体系中的上位原则，虽不直接适用，但在民法有关制度的建立、适用中发挥着提纲挈领的作用，要求：一是立法者和裁判者在民事立法和司法的过程中应维持民事主体之间的利益均衡；二是民事主体应依据社会公认的公平观念从事民事活动，以维持民事主体之间的利益均衡。

（一）规制民事主体

民法主体制度是公平原则第一层次之含义，是实现公平的基本条件。民法将个人抽象为自然人，消弭了个人间身份、地位、种族、性别的差异；将符合法定条件的组织体抽象为法人和非法人，当然在此，亦应包括不具备法人资格

[①] 赵万一：《民法公平原则的伦理分析》，载《重庆社会科学》2004年第1期。

的其他经济组织。以"人"抽象式概括个人与组织，从而将一应社会主体置于同一起跑线上。

（二）规制解释规则

《民法典》合同编对当事人在合同有关内容约定不明确的情况下，如何进行解释制定了一系列的规则，如质量要求不明确的，按照国家标准、行业标准履行；没有国家标准、行业标准的，按照通常标准或者符合合同目的的特定标准履行；价款或者报酬不明确的，按照订立合同时履行地的市场价格履行；依法应当执行政府定价或者政府指导价的，按照规定履行。这些规则，其根本是公平原则的适用，即规定不明时，首先考虑习惯，没有习惯的则参考法理和判例，然后再斟酌社会情势及伦理变迁。这里所指的习惯，是指多年惯行的事实和以一般人确信为基础的准行为规则。法理，是指法律原理。案例，以最高人民法院公布的案例为限，援引其精神，但不能直接引用。

（三）规制不当得利

不当得利制度是指没有合法根据，或事后丧失了合法根据而被确认为是因致他人遭受损失而获得的利益。如售货时多收货款，拾得遗失物据为己有等。取得利益的人称受益人，遭受损害的人称受害人。不当得利的取得，不是由于受益人针对受害人而为的违法行为；而是由于受害人或第三人的疏忽、误解或过错所造成的。法律强制性地实行利益返还，恢复原先的利益状态，这正是公平原则之体现。

（四）规制情势变更

合同是当事双方之间设立、变更、终止民事关系的协议。合同在订立与履行的过程中，应遵循公平原则，其客观表现就是合同应贯彻等价有偿原则。特别是在发生当事人意志以外的事由导致合同不能履行或履行将导致对一方严重不公时，法律依据公平原则创设了情势变更制度予以调整，以避免教条式的坚守合同造成新的不公平。最高人民法院以法函〔1992〕27号批复，确立情势变更原则的精神，开创情势变更原则运用的先河。最高人民法院于2009年公布的《合同法司法解释二》第26条对情势变更原则进行了明确。《民法典》第533条对情势变更原则作出了规定。《民法典合同编通则司法解释》第32条对情势变更制度的适用进行了细化。即"合同成立后，因政策调整或者市场供求关系异常变动等原因导致价格发生当事人在订立合同时无法预见的、不属于商业风险的涨跌，继续履行合同对于当事人一方明显不公平的，人民法院应当认定合同的基础条件发生了民法典第五百三十三条第一款规定的'重大变化'。但是，合同涉及市场属性活跃、长期以来价格波动较大的大宗商品以及股票、期货等风险投资型金融产品的除外。合同的基础条件发生了民法典第五百三十三条第一款规定的重大变化,当事人请求变更合同的,人民法院不得解除合同;当事人一方请求变更合同,对方请求解除合同的,或者当事人一方请求解除合同,对方请求变更合同的,人民法院应当结合案件的实际情况,根据公平原则判决变更或者解除合同。人民法院依据民法典第五百三十三条的规定判决变更或者解除合同的,应当综合考虑合同基础条件发生重大变化的时间、当事人重新协商的情况以及因合同变更或者解除给当事人造成的损失等因素,在判项中明确合同变更或者解除的时间。当事人事先约定排除民法典第五百三十三条适用的,人民法院应当认定该约定无效"。可见,适用情势变更原则的法律效果是在维持原法律关系的基础上调整双方的权利义务,使之趋于平衡。这种调整可以是对价款的增加或减少,亦可以是付款方式的延长,还可以是标的物的替换。如上述措施仍不足以消除因情势变更造成的不公平结果,也可解除合同。

(五)规制公平责任

公平原则在确定侵权责任的归属、侵权责任的范围上均提供了统帅与指导作用,特别是公平责任的确立更体现了公平原则的要求。公平责任是指在当事人双方对造成损害均无过错的情况下,由人民法院根据公平的观念,在考虑当事人的财产状况及其他情况的基础上,责令加害人对受害人的财产损失给予适当补偿。公平责任是公平原则的当然含义与应然下位制度,其具有如下法律特征:第一,公平责任是一种法律责任;第二,公平责任不考虑当事人的过错,而是根据公平的价值取向进行判断;第三,公平责任的分配主要是根据当事人的财产情况。

三、公平原则的发展

公平原则的内涵不是僵化或终极的,公平作为人类的价值追求,本质上是历史的产物,一直处于流变和演进之中。但在实际生活中有些合同没有对价,如在无对价的赠与合同中,接受赠与的一方当事人已经根据赠与方的承诺进行了某些准备工作,并花费了某些费用。坚守严格的对价原则,否认该合同的效力,必然使受赠方已支出的费用不带来任何回报,但当时英美法律仍将之视为公平。而英美国家随后在衡平法中确立了"禁反言"或称"不得出尔反尔"的原则,为了弥补无对价合同及类似情况在法律适用上可能带来的不公平。因此,从严守程式化的对价到确立"禁反言"规则,英美国家对公平原则的理解与追求已悄然发生了转变。对此英国著名法学家梅因曾精辟地论述到:"'英国衡平法'是建立在道德规则上的一种制度;但是却忘记了这些规则是过去几世纪——而不是现在的——道德,忘记了这些规则已经几乎尽它们所能的得到了多方面的应用,并且忘记了它们虽然同我们今天的伦理信条当然并没有很大的区别,但它们并不一定同我们今天的理论信条处在同一个水平上。"①

永恒公平的观念不仅要因时因地而异,甚至要因人而异,民法从强调形式上的公平,到更强调实质的公平,不是单纯对法律规则的严格适用,而是不仅仅拘泥于对法律条文的机械理解,更注重立法的主旨和客观现实情况,这要求法官在法律适用过程中既要依据立法原则探究法律条文的确切含义,又必须认真探究当事人内心真实的意思表示,以实现实质的公平。因为在某些情况下,"公平愈是屈从于规则的逻辑,官方法律与老百姓的正义感之间的差距也就愈大,从而,在老百姓的眼中,法律就会渐渐失去自身的可理解性和合法性"。②

【典型案例】

彩票发行中心与科技发展公司营销协议纠纷案

申请再审人(一审被告、反诉原告,二审上诉人):科技发展公司。

法定代表人:徐某禄,该公司董事长。

被申请人(一审原告、反诉被告,二审被上诉人):彩票发行中心。

法定代表人:李某平,该中心主任。

〔基本案情〕

2001年8月,社会福利有奖募捐委员会办公室向安徽省合肥市中级人民法院提起诉讼,以彩票发行中心与科技发展公司签订《关于安徽省福利彩票宣传营销的协议书》(以下简称《宣传营销协议书》)及《关于安徽省福利彩票宣传营销的补充协议》(以下简称《补充协议》)违反了《中国福利彩票管理办法》以及中福彩〔2000〕13号文关于中国福利彩票实行专营,发行和销售不得对外合作的规定,损害社会公共利益应认定无效为由,诉请判决《宣传营销协议书》及《补充协议》无效。科技发展公司反诉称,上述协议系当事人真实意思表示。当事人在电脑福利彩票宣传营销方面的合作符合民发〔2001〕105号《关于加强管理扩大发行福利彩票的通知》第十九条规定的精神。上述协议不违反法律、行政法规的禁止性规定,应认定有效。故请求确认《宣传营销协议书》及《补充协议》有效;彩票发行中心继续履行协议;彩票发行中心支付科技发展公司宣传营销提成费727.3174万元。

安徽省合肥市中级人民法院一审查明:2000年7月15日,彩票发行中心与科技发展公司签订《宣传营销协议书》,约定,彩票发行中心是福利彩票的承销者、主办

---

① 梅因:《古代法》,沈景一译,商务印书馆1984年版,第40页。
② [美]昂格尔:《现代社会中的法律》,周汉华等译,中国政法大学出版社1994年版,第191页。

者，负责整体工作。科技发展公司负责协助其宣传营销方面的事务。彩票发行中心依据每年的销售总额对科技发展公司实行不同的奖惩：销售总额1亿元以下（含1亿元），彩票发行中心按1亿元底数的4%对科技发展公司进行惩罚；销售总额超过1亿元、2亿元、3亿元时，分别按总额的1%、2%、3%给科技发展公司提取营销费；最高提成比例为3%。彩票发行中心授权科技发展公司成立"彩票发行中心宣传营销部"，并以此名义在全省范围内开展工作。科技发展公司负责承担电脑福利彩票宣传营销工作的全部费用，在电脑福利彩票正式开通前，先汇入彩票发行中心指定的银行账户1000万元资金作为宣传营销专款，由科技发展公司掌握使用。合同期限为10年，即自2000年10月1日至2010年10月1日。同年11月13日，双方又签订《补充协议》，约定：科技发展公司每年投入宣传营销费300万元，如有剩余，双方各支配50%，如有超支，协商解决。彩票发行中心给科技发展公司提取的宣传营销费用，每月或每季末结算一次，年终总结算；彩票发行中心给科技发展公司提取的宣传营销费用的比例，不受上级有关部门发行费用增加或降低的影响。科技发展公司违约或擅自终止协议，负担前期已经投入的宣传营销及相关的全部费用，补偿彩票发行中心从违约之日起后三年的宣传营销费用，退还已收取的宣传营销费；彩票发行中心违约或擅自终止协议，赔偿科技发展公司已经投入的宣传营销及相关的全部费用，补偿科技发展公司从违约之日起按照每年销售总额原应提取的宣传营销费用，支付后三年的全部宣传营销费。

合同签订后，科技发展公司依据约定在彩票发行中心的授权下成立"彩票发行中心宣传营销部"，制定宣传方案，与相关媒体签订宣传合同，开展了福利彩票的营销工作。

在合同履行期间，因社会福利有奖募捐委员会办公室及其上级主管机关对合同合法性提出异议，社会福利有奖募捐委员会办公室提起诉讼。一审期间，经双方同意，安徽省合肥市中级人民法院委托会计师事务所对彩票发行中心宣传营销部2000年8月初至2001年9月末支出情况进行了审计，结论为：该经营部累计发生费用为7148246.21元。此后，该经营部又继续支出了费用131011.11元。该院还查明：社会福利有奖募捐委员会办公室系经依法批准设立的事业单位。根据民政部及安徽省民政厅的相关文件精神，2000年初在其基础上着手改制设立的彩票发行中心，与其系"一个机构两个牌子"。销售福利彩票是以彩票发行中心的名义进行，但截至一审庭审结束时，该中心并未办理相关的登记手续。

〔一审裁判理由与结果〕

安徽省合肥市中级人民法院一审认为：当事人签订的《宣传营销协议书》及《补充协议》主要包含三个方面的内容：科技发展公司为安徽福利彩票发行提供宣传营销服务；科技发展公司每年投入300万元营销费用；彩票发行中心每年在彩票销售总额中按比例给科技发展公司提取营销费用。科技发展公司投入的营销费用，具有投资性质。科技发展公司按彩票销售总额及约定的比例提取营销费用或支付罚金，存在承担盈利和亏损的风险，也已超出劳动报酬的范畴，具有营利性质。这些约定违反了国家对彩票资金使用的有关规定，变相地造成科技发展公司介入福利彩票发行销售，违反国家的有关政策法规的规定，损害了社会公共利益，因此，《宣传营销协议书》及《补充协议》应确认无效。科技发展公司投入的宣传营销费用，经审计，2000年8月至2001年9月累计支出费用共计7279257.30元，应由社会福利有奖募捐委员会办公室支付。但科技发展公司反诉要求社会福利有奖募捐委员会办公室继续履行协议，以及依协议给付宣传营销提成费用的诉讼请求于法无据，不予支持。该院于2003年4月25日作出（2001）合民二初字第153号判决：确认《宣传营销协议书》及《补充协议》无效；社会福利有奖募捐委员会办公室返还科技发展公司投入的宣传营销费用7279257.30元及2001年10月1日后利息（按同期银行贷款利率计算到给付之日止）；驳回科技发展公司的反诉请求。

〔当事人上诉及答辩意见〕

科技发展公司不服一审判决，向安徽省高级人民法院提起上诉称：一审法院认定科技发展公司违规介入福利彩票发行销售的经营领域，《宣传营销协议书》及《补充协议》无效错误。由于社会福利有奖募捐委员会办公室单方毁约，双方的协议已无法再继续履行，故变更诉讼请求为：撤销一审判决；驳回社会福利有奖募捐委员会办公室诉讼请求；判令社会福利有奖募捐委员会办公室赔偿其投入的宣传营销费用7279257.30元；支付其宣传营销提成费用7273174元（计算至2001年9月）；赔偿其经济损失1000万元；社会福利有奖募捐委员会办公室承担本案一审、二审全部诉讼费用和审计费用。社会福利有奖募捐委员会办公室答辩称，一审法院认定事实清楚，适用法律正确，请求驳回上诉，维持原判。

〔二审裁判理由与结果〕

安徽省高级人民法院二审查明的事实与一审查明的事实一致。

安徽省高级人民法院二审认为：《宣传营销协议书》及《补充协议》是双方当事人真实意思表示。协议约定科技发展公司为福利彩票发行提供营销策划、广告宣传等方面的服务，科技发展公司既不参与销售，也不参与资金结算。上述协议内容未违反法律、行政法规的禁止性规定。从其内容看，科技发展公司提取的宣传营销费是从发行费用中提取，不影响总额中彩民奖金和福利基金的比例，不存在损害社会公众利益的问题。因此，《宣传营销协议书》及《补充协议》有效。彩票发行中心擅自终止合同的履行，构成违约，应依约定承担违约责任。由于彩票发行中心违反约定终止履行义务已超过两年，履行协议的基础已发生重大变化，故合同应予终止。至于科技发展公司请求对方支付其宣传营销费用7279257.30元及赔偿经济损失1000万元的诉讼请求，由于科技发展公司未在一审反诉中提出，故不属于二审审理范围，科技发展公司可另行起诉解决。该院于2003年7月25日作出（2003）皖民二终字第

151 号判决；撤销（2001）合民二初字第 153 号判决；确认《宣传营销协议书》及《补充协议》合法有效，终止履行；社会福利有奖募捐委员会办公室于判决生效后十日内支付科技发展公司宣传营销提成费用 7273174 元（计算至 2001 年 9 月）；驳回社会福利有奖募捐委员会办公室的诉讼请求。

〔当事人申请再审及答辩意见〕

社会福利有奖募捐委员会办公室不服上述法院二审判决，以彩票发行中心名义向安徽省高级人民法院申请再审称：《宣传营销协议书》和《补充协议》应认定无效。(1) 该协议内容违反民政部相关规定。《中国福利彩票管理办法》① 第二十四条规定，"福利彩票的发行和经营管理不得对外合作"。双方签订的合同违反了上述规定。虽然民发〔2001〕105 号《关于加强管理扩大发行福利彩票的通知》规定允许有关公司参与协助销售，电脑彩票在营销策划等方面允许有关公司参与合作，但民政部办公厅〔2001〕158 号《对安徽省民政厅关于福利彩票有关规定请求的复函》指出，"允许有关公司在电脑彩票销售时营销策划等方面参与合作，主要是利用有关专业公司在营销策划方面的专业能力为电脑彩票扩大发行规模提供服务。而且，有关专业公司仅仅是参与合作，提供市场调研、市场咨询、营销策划、广告宣传等方面的策划专业服务，不得进入经营销售领域"。而科技发展公司根据协议约定组建销售机构、制定销售方案，对外签订宣传合同，就彩票经营销售进行了一系列活动，其行为已超出专业服务范畴，违反上述文件精神。(2) 该协议损害了社会公共利益。民政部办公厅〔2001〕158 号文件指出，专业性公司所获取的报酬只能从发行费中收取，不得从福利彩票销售总额中按比例收取，因为销售总额包括福利基金、资金和发行费三部分，直接从彩票销售总额中提成，减少上述三项资金的比例，与发行福利彩票的宗旨和福利彩票的性质相违背，变相地造成公司介入福利彩票的发行销售，违反国家政策规定。科技发展公司依约直接从彩票销售总额中提成，直接参与彩票结算，违反上述规定，侵害社会公共利益，故请求依法改判。

科技发展公司答辩称：(1)《宣传营销协议书》和《补充协议》符合法律规定，是有效合同。(2) 科技发展公司仅是协助彩票发行中心进行销售前的营销策划和广告宣传事务，既不参与彩票销售，也不参与资金结算，并未进入彩票经营销售领域。协议签订后，科技发展公司制定了宣传方案，支出了巨额资金，履行了合同义务，彩票发行中心应给予报酬。科技发展公司收取的报酬系从发行费中提取，不损害社会公共利益。综上，请求驳回彩票发行中心的申诉请求。

安徽省高级人民法院再审认为，发行福利彩票为非营利性的社会公益事业。根据民政部发布的相关文件规定，福利彩票属国家专营，任何单位和个人不得介入福利彩票的发行和销售。有关专业公司通过为电脑彩票销售提供营销策划等方面的专

---

① 已被 2010 年《民政部关于清理本部门规章、规范性文件的公告》废止。

业服务，可收取相应的服务报酬，但只能从发行费中收取，不得从福利彩票销售总额中按比例提取。因为福利彩票销售总额包括彩民奖金、福利基金和发行费，直接从彩票销售总额中提成，将减少上述三项资金的比例，违反福利彩票资金使用的有关政策规定。根据《宣传营销协议书》及《补充协议》的约定，科技发展公司每年投入300万元营销费用，又从彩票销售总额中按比例提取费用，超出了收取服务报酬的正常范畴，具有投资收益的性质。并且，科技发展公司从彩票销售总额中按比例提取营销费用，这些约定都违反国家政策规定，损害了社会公共利益。经该院审判委员会讨论，该院于2004年8月19日作出安徽省高级人民法院（2004）皖民二再终字第12号民事判决：撤销安徽省高级人民法院（2003）皖民二终字第151号民事判决；维持合肥市中级人民法院（2001）合民二初字第153号民事判决。

科技发展公司不服安徽省高级人民法院（2004）皖民二再终字第12号民事判决，向最高人民法院申请再审称：（1）再审判决认定科技发展公司直接从彩票销售总额中按比例提取营销费用，减少彩票销售总额中三项资金的构成比例，变相介入销售领域，违背客观事实。①科技发展公司按照协议提供的服务符合国家法律法规和民政部的规定，是合法有效的服务。民政部办公厅〔2001〕158号《对安徽省民政厅关于福利彩票有关规定请求的复函》指出，允许有关公司在电脑票销售时营销策划等方面参与合作，不得进入经营销售领域。从协议的约定来看，彩票发行中心是安徽省福利彩票唯一的发行主体。在协议的履行中，科技发展公司举行一系列彩票营销宣传活动，完全是在上述复函所说的范围之中，而并未进入经营销售领域。②科技发展公司按照协议约定的服务报酬的计算方式获取服务报酬，符合双方签订协议的真实意愿，符合法律规定。从协议的体系来看，《补充协议》约定的"彩票发行中心给科技发展公司提取的宣传营销费用，每月或每季末结算一次"，这同样能够印证"按销售总额的比例"仅是对宣传费计算方法的约定。从交易习惯来看，彩票发行中心与省内数千家销售点签订的《代销协议》也是同样约定"按福利彩票销售总额的7.5%支付代销费"。不能据此认定数千家代销点都是直接从销售总额中扣除代销费，都损害了社会公共利益、协议无效。③科技发展公司按照协议约定提取的服务报酬不可能减少彩票销售总额中三项资金的构成比例。首先，福利彩票销售总额包括福利金、奖金和发行费。根据《中国福利彩票管理办法》和《社会福利基金使用管理暂行办法》的规定，福利彩票销售资金的实际控制人和支付主体是彩票发行中心，科技发展公司不可能直接从彩票销售总额中提取宣传费发行费。其次，彩票发行中心按照彩票销售总额的15%留存在本中心的发行费可自主支配，宣传营销的费用包含在发行费中。依据协议约定，彩票发行中心按照销售总额为计算依据向科技发展公司支付宣传费的比例为1%~3%，低于发行费。同时《补充协议》约定"彩票发行中心给科技发展公司提取的宣传营销费用的比例，不受上级有关部门发行费用增加或降低的影响"，这也明确了宣传费实际上是由彩票发行中心按月从发行费向科技发展公司结算。科技发展公司获取的宣传费是彩票发行中心从发行费中支付的费用，不可能减少彩票销售总额中三项资金的比例。（2）双方在签订协议及履行过程中，没有损害社会公共利益。相反，正是由于科技发展公司成功的宣传、营销及巨大的资金投入，才使安徽省的福利彩票销售总额呈几倍增长，国家获取了更多的资金发展福利事业，维护了社会公共利益。彩票发行中心否认协议有效性的根本原因是在发行费用由20%降至15%后，为减少对其利益影响，其在与科技发展公司协商降低宣传费比例不成的情形下，遂以损害社会利益的理由主张合同无效。彩票发行中心与科技发展公司的合作完全符合民政部2001年第105号《关于加强管理扩大发行福利彩票的通知》精神，彩票发行中心没有任何证据证明科技发展公司介入了销售领域，不应判决协议无效。同时，按照《最高人民法院关于适用〈中华人民共和国合同法〉若干问题的解释（一）》第三条关于"人民法院确认合同效力时，对合同法实施前成立的合同，适用当时的法律无效而适用合同法有效的，则适用合同法"规定的精神，在对特定的彩票发行领域有专项规定时，适用新规定合同有效则当然应适用新规定。因此，再审判决适用法律错误。（3）因彩票发行中心违约，导致协议无法继续履行，彩票发行中心应当依法承担法律责任。故请求撤销安徽省高级人民法院（2004）皖民二再终字第12号民事判决；维持安徽省高级人民法院（2003）皖民二终字第151号民事判决。

在最高人民法院再审庭审期间，科技发展公司提交变更诉讼请求申请书，认为，由于彩票发行中心以损害社会公共利益为由，请求法院确认协议无效，安徽省合肥市中级人民法院一审和安徽省高级人民法院再审也以损害公共利益为由认定协议无效，故本案涉及社会公共利益，符合《最高人民法院关于适用〈中华人民共和国民事诉讼法〉审判监督程序若干问题的解释》第三十三条关于损害社会公共利益应允许当事人再审变更诉讼请求的规定，故申请变更一审反诉请求的第二、三项为请求判令彩票发行中心承担违约责任，赔偿科技发展公司垫付的宣传营销费用、补偿科技发展公司三年应提取的宣传营销费用并支付科技发展公司应提取的全部宣传营销费用共计35821938.79元。

被申请人彩票发行中心答辩称：（1）国家对彩票事业实行专营，科技发展公司参与国家禁止合作的领域，违反现行规定。①基于福利彩票的公益性，我国福利彩票发行、销售实行专营，发行与经营不得对外合作。对此，国务院文件有明确规定。②当事人之间订立的合同直接以合作方式介入经营证据确凿，违反国家规定。首先，无论是合同的名称还是合同的内容均明确反映出科技发展公司参与福利彩票经营的事实。涉案协议书的全称为《关于安徽省福利彩票宣传营销的协议书》，名称中仅有"营销"而无"策划"，涉及经营。《宣传营销协议书》的内容更能充分反映科技发展公司参与经营的客观事实，如第一条，第二条第一款，第三条第一、五、六、八款的内容表明，科技发展公司参与营销工作的表现为：实施营销方案，协助各销售网点搞好营销工作，条件成熟时逐步建立连锁式营销网络，并从事与福利彩票相关的即开彩票、电视彩票及网络彩票的业务。其次，合同约定涉及经营，违反了国务院文件的规定。在签订本案所涉合同及其补充协议之时，对于福利彩票管理的规定仅有四份：《国务院关于加强彩票市场管理的通知》《国务院关于进一步加强彩票市场管理的通知》《中国人民银行关于加强彩票市场管理的紧急通知》[1] 和《中国福利彩票管理办法》。这四份文件均禁止他人涉及彩票经营，并且严格限制福利彩票的对外合作。根据《中国福利彩票管理办法》第二十二条、第二十三条、第二十四条的规定，2000年福利彩票要对外合作，必须具备以下条件：①经过中福彩中心的批准。②合作仅限于彩票印制和硬件设备生产或软件技术开发。除此之外，不得有任何形式的对外合作。本案中，当事人订立的合同既没有经过中福彩中心的批准，也不是仅限于彩票印制和硬件设备生产或软件技术开发，明显违反上述规定，科技发展公司引用合同订立后一年多才颁布的民发〔2001〕105 号《关于加强管理扩大发行福利彩票的通知》肯定合同效力，缺乏相应依据。再次，即便是依据该 105 号文件，合同中的约定仍然违反国家政策和制度的规定。民政部规定的是营销策划可以合作，并没有规定营销可以合作，对营销进行合作实际就是参与经营，是被国家明令禁止的行为。③合同约定的科技发展公司的营利模式，系典型的投资收益，超过了收取服务报酬的范畴。科技发展公司的行为实质上是一种投资行为。（2）科技发展公司从彩票销售总额中提取收益，严重损害社会公共利益。合同中唯一一次提到发行费是在合同中乙方责权利条款中的第 9 项，科技发展公司筹建彩票沙龙的享有 3% 的发行费，由此可以看出当事人订立合同时，明确只有在彩票沙龙筹建时，才从发行费中提取，其他的都在销售总额中提取。《补充协议》第三条明确约定关于"提取宣传营销费用的比例，不受上级有关部门发行费用增加或降低的影响"的规定说明提取的比例与发行费没有关系。科技发展公司通过合同将其收益凌驾于福利彩票各项资金之上，必然损害社会公共利益，违反了民办函〔2001〕158 号文件关于不得从福利彩票销售总额中按比例提取的规定。综上，请求维持安徽省高级人民法院再审判决。

[**最高人民法院查明的事实**]

最高人民法院对安徽省高级人民法院查明的事实予以确认。

最高人民法院再审期间，科技发展公司提交了九份新证据。第一份新证据为财综〔2007〕74 号《财政部、民政部关于湖北省福利彩票发行中心有关问题核查情况的报告》。该报告载明："按彩票销量的一定比例支付服务费为国际通行做法，也是我国彩票机构普遍采取的结算方式。"因此，就合作项目而言，湖北福彩中心的做法符合《彩票发行与销售管理暂行规定》第八条关于"彩票机构可以对外委托电脑系

---

[1] 已被《中国人民银行关于公布第六批金融规章和规范性文件废止、失效目录的通知》废止。

统开发、彩票印制和运输、彩票零售、广告宣传策划等业务"的规定。第二份新证据为《安徽省电脑福利彩票销售合同书》（共三份）。该合同书第三条约定，甲方按照福利彩票销售总额的8%向乙方支付代销费。第三份新证据为《关于"重庆风采"电脑福利彩票的协作协议书》。《关于"重庆风采"电脑福利彩票的协作协议书》第一条载明，销售总额的7%作为代销费。第四份新证据为《电脑型中国福利彩票委托代销书》（共三份）。该代销书第二条载明，电脑型中国福利彩票的劳务费用和营销宣传等补贴费用，由甲方按当月销量的5%向乙方支付。第五份新证据为《电脑福利彩票投注站委托销售协议书》（共二份）。该协议书第六条载明，乙方代销费按实际销售额的3%计提。第六份新证据为《建立电脑福利彩票投注站协议书》。该协议书第二条规定，代销费用为销售总额的8%。第七份新证据为《辽宁省电脑体育彩票销售协议书》（共二份）。该协议书第一条规定，甲方每月按乙方上月实际销售额的8%提取投注站经费，转入乙方的银行储蓄账户。第八份新证据为《山东省设立中国体育彩票投注站协议书》（共二份）。该协议书第一条约定，乙方所有彩票销售款归甲方，甲方每月按彩票销售总额的7%向乙方支付佣金。第九份新证据为《关于代理销售中国体育彩票之合同书》（共二份）。该合同书第一条约定，发行费：指甲方根据乙方网点销售额，按照一定比例支付给乙方的销售成本费用。根据以上证据，科技发展公司证明以下几点：1. 自2000年以来，全国各地彩票（包括福利彩票和体育彩票）销售过程中，对于营销费用，无论采用何种名目，彩票机构均是按彩票销售额的一定比例结算支付。2. 针对本案而言，"按销售总额"一定比例提取费用，只是一种结算的计算方法。虽然采用的是提取的表述，但彩票资金是由彩票中心管理，其本意是由彩票中心按此计算方法结算支付。3. 彩票机构按彩票销量的一定比例结算支付合作企业的营销、宣传费用属于发行费的范围，可由彩票机构自主支配。本案中，福彩中心支付科技发展公司的服务费远远低于国务院规定的彩票发行费比例（彩票资金的15%），不可能减少彩票资金的三项分配比例。4. 安徽福彩中心按约定比例支付科技发展公司的营销宣传费用，属于彩票发行、销售的必然成本支出，其目的在于依靠市场机制扩大彩票销售量同时增进社会福利金的积累，根本不存在损害社会公共利益的情形。经最高人民法院再审质证，彩票发行中心对上述证据的真实性不持异议，但认为，投注站直接参与销售，以销售额提取收益属正常，上述证据达不到对方当事人的证明目的。

最高人民法院再审期间，彩票发行中心提交了两份新证据。第一份新证据为《安徽省福利彩票公益金收支情况公告》。该公告载明，根据民政部统一部署，我省于近两年已安排省内掌握使用公益金7468.5万元投入718个星光老年之家建设项目。第二份新证据为安徽省民政厅《关于福利彩票公益金使用情况的报告》。彩票发行中心据此证明其是公益资金的支配、使用主体。经最高人民法院再审质证，科技发展公司对上述证据的真实性不持异议，但认为，上述证据不能证明全部彩票资金均由安徽福彩中心支配使用。

最高人民法院再审另查明：

《宣传营销协议书》第二条甲方（安徽福彩中心）责权利条款中约定："1. 指导乙方（科技发展公司）的宣传营销工作"。第三条"乙方的责权利"条款中规定："1. 承担电脑福利彩票宣传营销工作的全部费用；……5. 实施已制定的电脑福利彩票的宣传营销方案；6. 协助各销售网点搞好营销工作，并在条件成熟时逐步建立连锁式营销网络；……8. 开展与福利彩票相关的业务，如即开彩票、电视彩票、网络彩票等。"

安徽华安会计师事务所对彩票发行中心宣传营销部2000年8月初至2001年9月末支出情况进行审计的审计报告书的附表中载明：凭证号，现付0955；支出日期：2000年9月21日；摘要：为考察市场布点情况出租车费。

1993年4月18日作出的皖募委字〔95〕第19号《关于转发民政部〈中国福利彩票〉等四个文件的通知》载明："根据民政部的规定，省、地两级要根据彩票经营管理的特殊性，有条件地，在募办的基础上进行改制。省改制为'彩票发行中心'；……改制后，募办继续保留，承担着当地募委的办事职能，实行一个机构，两块牌子。"2001年11月30日，安徽省机构编制委员会作出的《关于同意省社会福利有奖募捐委员会办公室更名的批复》载明："鉴于省社会福利有奖募捐委员会经省政府同意撤销，经研究，同意社会福利有奖募捐委员会办公室更名为彩票发行中心。其主要职责是：负责全省社会福利彩票的组织、发行、销售和管理工作。"安徽省事业单位登记管理局办法的事业单位法人证书载明，彩票发行中心为事业单位法人，证书有效期为2002年3月5日至2003年3月31日。2001年12月30日，社会福利有奖募捐委员会办公室提交给合肥市中级人民法院的《关于以'社会福利有奖募捐委员会办公室'作为原告的情况说明》载明："'安徽省彩票发行中心'在2000年下半年依上述文件挂牌使用，但有关注册手续没有办理，至诉讼时没有取得法人资格。鉴此，我办虽以'中心'名义与科技发展公司签订了营销协议，但在起诉时合法主体只有'社会福利有奖募捐委员会办公室'。"经最高人民法院再审质证，科技发展公司对上述证据的真实性不存在异议，并认为，上述主体的变更当事人均予认可，不影响本案的实体审理结果。最高人民法院认为，基于上述事实，本案诉讼主体发生变更，即在本案一审起诉之时，由于彩票发行中心尚未依相关文件规定进行工商注册，取得法人资格，且社会福利有奖募捐委员会办公室与彩票发行中心为一套人马、两套机构，故一审依社会福利有奖募捐委员会办公室的申请，以社会福利有奖募捐委员会办公室为原告进行了审理。但严格分析，在一审判决作出前，社会福利有奖募捐委员会办公室已更名为彩票发行中心，彩票发行中心也已取得了事业法人机构代码证，具有法人资格，一审法院本应将诉讼主体变更为彩票发行中心，但由于在一审过程中，彩票发行中心与社会福利有奖募捐委员会办公室并未提交变更名称的证据，故一审法院未变更诉讼主体并非自身过错。二审过程中由于仍未提交相应更名证据，故仍以社会福利有奖募捐委员会办公室为诉讼主体进行审理。在安徽省高级人民法院再审期间，由于社会福利有奖募捐委员会办公室已被彩票发行中心取代，故彩票发行中心作为申请主体申请再审，诉讼主体也依法变更为彩票发行中心。综上，尽管本案一、二审在主体的列明上具有瑕疵，但这系因当事人未及时提交证据所致，且由于社会福利有奖募捐委员会办公室与彩票发行中心本为一套人员、两套机构，社会福利有奖募捐委员会办公室后又被彩票发行中心取代，两者为主体承继关系，当事人对上述主体的列明和变更也不存在异议，故上述主体的变更并不影响本案的实体审理结果。

〔最高人民法院裁判理由与结果〕

最高人民法院认为，本案再审争议焦点有以下两个方面。

一、科技发展公司再审变更诉讼请求能否得到支持

《最高人民法院关于适用〈中华人民共和国民事诉讼法〉审判监督程序若干问题的解释》第三十三条规定："人民法院应当在具体的再审请求范围内或在抗诉支持当事人请求的范围内审理再审案件。当事人超出原审范围增加、变更诉讼请求的，不属于再审审理范围。但涉及国家利益、社会公共利益，或者当事人在原审诉讼中已经依法要求增加、变更诉讼请求，原审未予审理且客观上不能形成其他诉讼的除外。"本案系二审终审案件，因此，在再审审理过程中，应按照第二审程序审理。科技发展公司虽在原二审审理过程中提出变更诉讼请求，但由于其未在一审反诉中提出，故原二审法院以其不属于二审审理范围，可另行起诉为由未予审理。最高人民法院再审审理范围原则上不应超出原审审理范围。本案中，对科技发展公司变更诉讼请求是否予以支持的问题只涉及该公司的个体利益，并不涉及社会公共利益的保护，而且，科技发展公司可以就其拟变更的诉讼请求另行提起诉讼获得权利救济，故科技发展公司变更诉讼请求并不符合《最高人民法院关于适用〈中华人民共和国民事诉讼法〉审判监督程序若干问题的解释》第三十三条关于再审可以变更诉讼请求的情形，对其变更诉讼请求的请求，最高人民法院不予支持。

二、当事人双方签订的《宣传营销协议书》《补偿协议》是否有效

当事人争议主要集中在三个方面：

（一）科技发展公司是否介入彩票的发行、销售领域，合同是否因之无效问题

第一，关于法律适用问题。《最高人民法院关于适用〈中华人民共和国合同法〉若干问题的解释（一）》第四条规定，合同法实施以后，人民法院确认合同无效，应当以全国人大及其常委会制定的法律和国务院制定的行政法规为依据，不得以地方性法规、行政规章为依据。因此，在本案合同效力的认定上，不应以行政规章的规定为认定依据。但在法律、行政法规没有规定，而相关行政主管部门制定的行政规章涉及社会公共利益保护的情形下，可以参照适用其规定，若违反其效力性禁止

性规定,可以以违反《中华人民共和国合同法》第五十二条第四项的规定,以损害社会公共利益为由确认合同无效。福利彩票是为筹集社会福利事业发展资金而发行的取得中奖权利的凭证。发行福利彩票的宗旨是"扶老、助残、救孤、济贫",其目的是为社会福利事业和社会保障事业筹集更多资金,具有公益性。鉴于该性质和目的,民政部是国务院批准在全国发行中国福利彩票的唯一政府职能部门,其他任何部门和地方无权擅自发行福利彩票。因此,国发〔1993〕34号《国务院关于进一步加强彩票市场管理的通知》第三条规定:"企事业单位或者个体工商户一律不得发行、经营彩票或变相彩票。"民办发〔1994〕34号《中国福利彩票管理办法》第二十四条规定:"福利彩票的发行和经营管理不得对外合作。"之后,为贯彻落实国务院第84次总理办公会议提出的"加强监管、整顿机构、改进工作、降低发行费用,适度扩大发行,提高筹资比例,新增加法人资金收入主要用于补充社会保障基金"的要求,民政部报请国务院同意,经研究制定下发了民发〔2001〕105号《关于加强管理扩大发行福利彩票的通知》。该通知规定:"电脑票在营销策划、技术服务、设备提供或维护等方面,允许有关公司参与合作。"该通知同时规定,"原有民政部关于福利彩票工作的文件中与此相冲突的以本通知为准"。在本案纠纷一审诉讼期间,2001年9月4日,民政部办公厅作出的民办函〔2001〕158号《对安徽省民政厅关于福利彩票有关规定请求的复函》对《关于加强管理扩大发行福利彩票的通知》的前述出台背景进行了说明,该复函同时指明:"本规定允许有关公司在电脑票销售时营销策划等方面参与合作,主要是利用有关专业公司在营销策划方面的专业能力为电脑彩票扩大发行规模提供服务。而且,有关专业公司仅仅是参与合作,提供市场调研、市场咨询、营销策划、广告宣传等方面的策划专业服务,不得进入经营销售领域。"根据国发〔2001〕35号《国务院关于进一步规范彩票市场管理的通知》关于"财政部负责起草、制定国家有关彩票管理的法规、政策;管理彩票市场,监督彩票的发行和销售活动"的授权规定,财政部2002年3月1日颁发的财综〔2002〕13号《彩票发行与销售管理暂行规定》第八条规定:"彩票机构可以对外委托电脑系统开发、彩票印制和运输、彩票零售、广告宣传策划等业务。"本案诉争的《宣传营销协议书》和《补充协议》订立于2000年,履行期限跨越〔2001〕105号《关于加强管理扩大发行福利彩票的通知》生效之时,二审判决作出时间为2003年7月25日。根据法律适用的基本原则,原则上应适用行为之时的法律和行政法规的规定认定合同效力,但如果在终审判决作出之前,根据新颁布的法律、行政法规的规定认定合同有效而根据原有法律、行政法规认定无效的,根据从宽例外、持续性行为例外的基本法理,应适用新颁布的法律、行政法规的规定认定合同效力。如果根据查明的事实,《宣传营销协议书》和《补充协议》约定的内容仅是属于前述规定允许的专业公司在市场调研、市场咨询、营销策划、广告宣传等方面的策划专业服务中参与合作,而未进入经营销售领域的,则应适用前述协议颁布之后的法律、行政法规的规定，认定上述协议有效；如果合作超出了前述规定的合作范围，导致科技发展公司实质介入福利彩票的发行和销售，则也根据前述规定认定上述协议无效。第二，科技发展公司是否实质介入福利彩票的发行和销售。关于《宣传营销协议书》名称中"营销"两字的理解，有参与销售和协助进行营销宣传策划两种。关于合同中约定的科技发展公司的义务范围中的制定、实施营销方案，协助各销售网点搞好营销工作，条件成熟时逐步建立连锁式营销网络，并从事与福利彩票相关的即开彩票、电视彩票及网络彩票的业务的理解，也有参与销售和协助进行营销宣传策划两种。究竟应作何理解，应结合合同目的、合同中其他条款以及科技发展公司实质从事的法律行为的性质进行分析。根据该协议书引言和第一条的表述，安徽福彩中心聘请科技发展公司协助进行宣传营销工作，彩票发行中心是福利彩票的承销者、主办者，负责整体工作。科技发展公司负责协助其宣传营销方面的事务。由此可见，福利彩票的承销者是彩票发行中心，科技发展公司只负责协助其宣传营销方面的事务。在最高人民法院再审庭审过程中，除会计师事务所作出的审计报告书附表中载明的一笔科技发展公司为考察市场布点情况所付出租车费的证据外，彩票发行中心并无其他证据证明科技发展公司在实际的工作中参与了彩票的发行和销售。而该证据既可以理解为是协助营销策划、考察网点，也可以理解为科技发展公司亲自进行布点营销，从事销售行为，在无其他证据佐证的情形下，不能当然理解为其证明科技发展公司实质参与了销售活动。因此，彩票发行中心并无充分证据证明科技发展公司实际参与销售活动，《宣传营销协议书》及其《补充协议》不应因此认定无效。科技发展公司关于协议有效的再审理由成立，最高人民法院予以支持，安徽省高级人民法院的再审认定不当，应予纠正。

（二）当事人双方约定提成费为销售总额的3%，是否属于变更福利彩票销售资金各费用比例，损害社会公共利益的行为

《中国福利彩票管理办法》第十八条规定："福利彩票销售总额为彩票资金。彩票资金分解为奖金、管理资金、社会福利基金。其中奖金不得低于彩票资金的50%，管理资金不得高于彩票资金的20%，社会福利资金不得低于彩票资金的30%。"中国福利彩票发行中心中彩字〔2000〕13号文件规定，彩票资金扣除奖金和社会福利基金后为发行收入。发行收入用于支付电脑彩票的成本支出和经营费用。民发〔2001〕105号《关于加强管理扩大发行福利彩票的通知》第四（十二）部分规定："根据国务院决定，从2001年起，彩票资金分割比例调整为：奖金不低于50%，福利金不低于35%，发行费用不高于15%。"根据民政部民办函〔2001〕158号《对安徽省民政厅关于福利彩票有关规定请示的复函》的规定，专业性公司所获取的报酬只得从发行费中提取，不得从福利彩票销售总额中按比例提取，是因为销售总额包括福利金、奖金和发行费三部分，直接从彩票销售总额中提成，减少了上述三项资金的比例，与福利彩票发行的宗旨和性质相违背，变相地造成了公司介入福利彩票的发行销售，

违反规定。本案中,科技发展公司所获得的报酬显然是其协助彩票发行中心进行销售宣传、策划而得的报酬,因此,其应属于发行费用的范畴。从《补充协议》关于"宣传营销提成费用的比例不受上级有关部门发行费用增加或降低的影响"约定的文义也可以推出,彩票销售总额只是计算科技发展公司宣传营销提成费用的依据,营销提成费用应按约定比例从销售总额用途中的发行费用中提取。发行费在福利彩票资金分配比例中,在2000年前占彩票销售总额的20%,2001年做出调整后该比例变更为15%。当事人双方约定的提成比例的上限为销售总额的3%,该比例仅占全部发行费用的一部分,并未影响到其他两部分资金的提取比例,不会损害社会公共利益。再者,财综〔2007〕74号《财政部、民政部关于湖北省福利彩票发行中心有关问题核查情况的报告》也载明,按彩票销量的一定比例支付服务费为国际通行做法,也是我国彩票机构普遍采取的结算方式。综上,科技发展公司从销售总额的发行费用中提取相关营销提成费用的约定应解释为其从发行费中提取相应的提成费用,符合该费用的使用目的,并未影响到福利彩票销售资金中其他两类资金的比例,不存在损害社会公共利益的情形,故彩票发行中心关于该约定变更福利彩票销售资金各费用比例,损害了社会公共利益的答辩理由不能成立,最高人民法院不予支持。

(三)提成费用的约定是否过高,是否有违劳动报酬的本质,是否影响合同效力问题

依据《宣传营销协议书》和《补充协议》的约定,科技发展公司每年投入宣传营销费用和付出相关劳动进行宣传策划工作,故有权获得相应劳动报酬。当然,该报酬应与投入相应,在投入和收入明显悬殊的情形下,应予适当调整。前述财综〔2007〕74号《财政部、民政部关于湖北省福利彩票发行中心有关问题核查情况的报告》也载明,湖北福彩中心在签订协议时缺乏前瞻性和预见性,低估了彩票市场的快速发展,导致其他公司可能获利较多的不合理因素,应当进行整改。因此,如果本案存在继续履行的可能性,在合同依约履行的情形下,能否完全按照合同的约定提取比例计算之后的劳动报酬,需考量投入和收入的数额,以公平原则进行衡量。但就本案而言,由于彩票发行中心已不履行合同达两年多时间,合同已不存在继续履行的可能性,应予解除。因此,应根据科技发展公司已投入的费用和其要求给付的报酬之间是否相差悬殊,是否有违公平原则进行确定。根据审计报告所做结论,2000年8月初至2001年9月末,彩票发行中心宣传营销部累计发生费用为7148246.21元。此后,该经营部又继续支出了费用131011.11元。现科技发展公司要求给付其宣传营销提成费用7273174元(计算至2001年9月),应认定其支出与诉请要求给付的费用相差并不悬殊,公平合理。

综上,《宣传营销协议书》及《补充协议》是双方当事人真实意思表示,不违反法律、行政法规的效力性禁止性规定,应认定有效。彩票发行中心单方终止合同的履行,已构成根本违约,合同应予解除。科技发展公司在一审提起反诉,请求社会

福利有奖募捐委员会办公室继续履行协议,以及依协议给付宣传营销提成费用。其虽在最高人民法院再审期间变更诉讼请求,但由于该变更的诉讼请求超出了原审审理范围,且不属于应作为再审审理范围的特殊情形,故对其再审变更的请求,最高人民法院不予支持,其可另案解决。安徽省高级人民法院二审判决认定事实清楚,适用法律准确,应予维持。安徽省高级人民法院的再审判决适用法律错误,应予纠正。最高人民法院依据《中华人民共和国民事诉讼法》第一百五十三条第一款第二项、第一百八十六条之规定,判决如下:一、撤销安徽省高级人民法院(2004)皖民二再终字第12号民事判决;二、维持安徽省高级人民法院(2003)皖民二终字第151号民事判决。上述给付义务,限自本判决送达之日起十日内履行。逾期给付,则按照《中华人民共和国民事诉讼法》第二百二十九条的规定处理。

规则4:(显失公平与商业交易风险) 合同约定标的物价格比当时当地的同类标的物交易价格有所上涨,属于合同当事人应当预见的商业交易风险

——S集团公司诉房地产发展公司商品房预售合同纠纷案①

【裁判规则】

当事人主张合同价格显失公平,但我国现行法律没有明确显失公平的具体标准。合同明确约定了标的物价格、付款时间、支付方式、支付时间等主要内容,双方权利义务内容是完整和真实的,不存在一方当事人因胁迫或欺诈等而订立合同的情形。即便合同约定标的物价格比当时当地的同类标的物交易价格有所上涨,亦属于合同当事人应当预见的商业交易风险。

【规则理解】

显失公平签订的合同是可撤销合同的类型之一,其作为民法公平原则的具体体现,对平衡民事活动中当事人间的利益具有重要作用,但亦应注意其可能对社会交易安定的冲击。

一、显失公平的概念及起源

(一)大陆法系的显失公平制度

大陆法系国家的显失公平发端于罗马法的"非常损失规则"。罗马法的

---

① 《中华人民共和国最高人民法院公报》2006年第5期。

"非常损失规则",系戴克里先皇帝和马克西米安皇帝决定,在不动产的价金低于其价格的一半时,遭受"非常损失"的出售人有权请求撤销买卖。优帝一世基于人道主义将这项限制扩大适用于所有的买卖,推定在价金不足标的市价1/2时,出卖人表面上是自愿的,实际上是受了压迫,并非出于真心,故该买卖可以被撤销。从而产生了民法中著名的"非常损失规则"或"暴利行为"规则。[①]

1. 法国法上的"非常损失规则"

法国法上,非常损失是指由于有偿法律行为的当事人在相互所获利益上的严重不等价,而使一方当事人所遭受的损失。《法国民法典》第887条,对于不动产的分割,构成非常损失的标准是当事人所得数量较其应得数量少1/4以上;第1674条,对于不动产出售,其标准则为出卖人因低价所受损失超过不动产价金7/12。

2. 德国民法上的"暴利行为"制度

德国"暴利行为"制度,一方面以给付失衡作为构成要件,另一方面强调加害人在行为过程中利用受害人的危难、轻率或无经验,强调了该种行为的主观要件,这种对主观要件的自始强调,与其侵权法上对过错的重视一脉相承。《德国民法典》第138条第2款规定:"法律行为系乘他人之窘境、无经验、缺乏判断力或严重的意志薄弱,使其对自己或者第三人的给付作财产上的利益的约定或担保,而此种财产上的利益比之于给付,显失公平者,该法律行为无效。"

"暴利行为"制度在德国法上定义为违反善良风俗的行为,根据德意志帝国法院许多判例中所确定的原则,如果行为本身并不违反善良风俗,那么即使双方当事人的权利义务严重违反公平原则,如消费借贷率超过百分之百,合同也不因此而无效。由此可见,暴利行为制度所维护的是公序良俗原则,而非公平原则;所规制的是不正当行为本身,而非显失公平的后果。

(二)英美法系的"不正当影响"制度

英美法上与大陆法系国家非常损失规则、暴利行为制度相类似的制度是"不正当影响"制度。不正当影响,是指一方当事人利用其优越的地位、意志或思想在精神或其他方面向另一方当事人施加不正当的间接压力,从而迫使对方签订合同的一种非法行为。施加这种影响的人,往往滥用自己的被信任地位,或者利用对方薄弱的意志、懦弱的体质以及精神上的痛楚而影响对方当事人进行自主的抉择,以至迫使对方与自己签订在自由状态下决不会同意的合同。不正当影响是比胁迫更为广泛与灵活的概念,与胁迫不同,不正当影响通常是采

[①] 周枏:《罗马法原论》(下册),商务印书馆1994年版,第694页。

取精神上、智力上或道义上的间接形式实施，而不是使用暴力或以暴力相威胁。依衡平法理论，不论事实上的影响为何种形式，只要按公平原则来看它已经限制了一方自主判断和自愿订约，使当事人在订约中丧失了平等地位，即构成不正当影响，受不当影响的当事人有权诉请撤销合同。

（三）我国显失公平的含义

显失公平是撤销合同的原因之一。《民法通则》第59条规定："下列民事行为，一方有权请求人民法院或者仲裁机关予以变更或者撤销：……（二）显失公平的。"《民法通则意见》第72条规定："一方当事人利用优势或者利用对方没有经验，致使双方的权利与义务明显违反公平、等价有偿原则的，可以认定为显失公平。"《民法总则》第151条规定，"一方利用对方处于危困状态，缺乏判断能力等情形，致使民事法律行为成立时显失公平的，受损害方有权请求人民法院或者仲裁机构予以撤销"，《民法典》第151条对此亦作出了相同规定。就我国关于显失公平的规定而言，我国的显失公平制度包含着两方面的内容：一是客观上民事行为成立时明显不公平。合同应体现平等、等价和公平的原则，但在发生显失公平情形时，一方当事人因合同的履行而所享有的权利和承担的义务与对方当事人明显失衡，显著不对等，且对方当事人所取得的利益超出了社会所一般容忍的限度，这种不公平的状态背离了民法所尊崇的公平原则。至于明显失衡，显著不对等的具体标准，则需要结合民事法律行为的具体情形，如市场风险、交易行情、通常做法等加以判断。二是主观上民事法律行为的一方当事人利用了对方处于危困状态，缺乏判断能力以及利用对方在经验、技能等方面的欠缺等情形，形成对对方当事人订立合同意志的不正当影响，这种影响的存在与民法所坚持的平等、自由的原则相背离，因而受到法律的否定。所谓危困状态，一般是指陷入某种暂时性急迫困境而对于金钱、财物的需求极为迫切的情况。所谓缺乏判断能力，一般是指缺乏通过理性考虑而实施民事法律行为或者对民事法律行为的后果予以评估的能力。

二、显失公平的构成要件

（一）关于显失公平构成要件的理论之争

《民法典》第151条在可撤销民事法律行为的情形中规定了显失公平制度，但仅规定成立民事法律行为时显失公平的可以请求撤销，对于显失公平的构成要件并未作出明确规定，因而关于显失公平的构成要件在学界存在不同观点，主要有单一要件说、修正的单一要件说、二重要件说和修正的二重要件说。

单一要件说（亦称客观要件说）认为，《民法通则》把乘人之危和显失公平分开，作为两种独立的行为，因而显失公平行为只需一个客观要件便可成立，即行为的内容依行为成立或效力实现时的一般情势衡量，明显地有失公允；至于产生这种后果的主观原因如何，则不必过问。① "修正的单一要件说"认为，显失公平在总体上不要求主观要件，但个别类型得以"当事人急迫、轻率或无经验"为构成要件，其理由之一为：《民法通则意见》第72条的规定是对显失公平类型的列举，而非定义。换言之，从整体上对显失公平的构成不要求主观因素，但不妨碍具体的显失公平案件存在着主观因素。② 二重要件说（亦称双重要件说、主客观统一说）与单一要件说针锋相对，认为显失公平的构成要件包括两个方面：一是客观要件，即客观上当事人之间的利益严重失衡；二是主观要件，即一方具有利用优势或另一方的轻率、无经验之故意。只有符合上述主客观两方面的要件，才能构成显失公平。③ "修正的二重要件说"认为，应以主客观要件同时具备作为认定显失公平合同的一般规则，而以只具备客观要件作为认定显失公平的例外，即在特定情形下，因法律有明确规定或按照诚实信用原则和公序良俗等基本原则的要求，只需满足客观要件，也可构成显失公平。④ 以上四种显失公平构成要件学说的争议焦点在于主观认识是否应成为显失公平成立的要件，依照立法本意，当事人之主观方面应成为认定显失公平的要件。

1. 立法原意

《民法通则意见》第72条规定，"一方当事人利用优势或者利用对方没有经验，致使双方的权利义务明显违反公平、等价有偿原则的，可以认定为显失公平"，明确要求了显失公平的主观要件，虽然原《合同法》第54条未明示显失公平的主观要件，但全国人大在合同法的立法说明中曾明确指出："在考察是否构成显失公平制度时，就必须把主观要件和客观要件结合起来考虑。"⑤《民法典》第151条规定："一方利用对方处于危困状态、缺乏判断能力等情

---

① 佟柔主编：《中国民法学·民法总则》，中国人民公安大学出版社1990年版，第233~234页。
② 崔建远主编：《合同法》，法律出版社2007年版，第109~110页。
③ 孔祥俊：《合同法教程》，中国人民公安大学出版社1999年版，第273~275页；王利明：《合同法研究》（第1卷），中国人民大学出版社2002年版，第696~699页；李永军：《合同法》，法律出版社2005年版，第410~414页。
④ 崔建远主编：《新合同法原理与案例评释》，吉林大学出版社1999年版，第208页。
⑤ 全国人大常委会法制工作委员会编：《中华人民共和国合同法释义》，法律出版社2009年版，第98页。

形,致使民事法律行为成立时显失公平的,受损害方有权请求人民法院或者仲裁机构予以撤销。"可见,一方当事人主观上应已意识到对方处于不利情景,而且有利用这一不利情形之故意。①

2. 制度目的

有学者指出,单一要件说,在市场经济条件下可以更好地发挥保护消费者利益和规制交易中违反公序良俗行为的作用。显失公平的适用能够有效调整当事人之间利益关系的失衡,但同时亦应考虑一味考量利益失衡,势必忽视对交易安定的维护,造成当事人利益与国家、社会利益的失衡,这也与公平原则的要求相左。就国家、社会与民事主体之间的关系,公平原则亦应使之维持平衡。就此目的,显失公平的构成不应只关注利益失衡的客观要件,亦应关注在合同订立的过程中是否存在着影响当事人自由意志的机会不平等情况,借此宣示对社会自由意志的尊重,实现当事人利益与社会利益的平衡。

因此,在适用显失公平时应当对当事人的主观要件予以考察,如此才能实现可撤销合同对意思自治与公平交易的兼顾。

(二) 构成要件之分析

1. 权利义务的失衡

显失公平的构成,毫无争议的首先应当满足合同权利义务失衡的要件,这主要可以表现在一方要承担更多的义务而享受极少的权利,或者在经济利益上要遭受重大损失。而另一方则以较少的代价获得较大的利益,承担极少的义务而获得更多的权利。如果利益的极不均衡违背了民法的等价、公平原则,也违反了当事人的自主自愿,那么就可能构成显失公平的合同。

对于显失公平中这种经济利益重大损失的界定,我国民法并未进一步作出指引,使得实践中存在一些不同意见,笔者尝试进行一些探讨,以利于实践中把握。

(1) 关于看待利益失衡的基本态度。对于显失公平中利益失衡的判断,是司法权力对社会经济事务的介入,应当坚持克制的态度。首先,在对待民事权利义务时,公权力应当秉持对机会公平的追求而非偏私于结果公平。这一态度是合同法乃至民法的基本问题,只有坚持对机会公平的追求,才符合市场经济的要求。市场经济是竞争的经济,只要遵守竞争的游戏规则,则竞争的结果无论如何残酷,都被视为公平。相应地,法律应当为交易拟定公平的规则、维护

---

① 李适时主编:《中华人民共和国民法总则释义》,法律出版社2017年版,第474页。

诚信的秩序，如果法律越俎代庖，试图设定"公平的交易"，则可能扭曲基于市场的资源优化配置关系，造成对价值规律的否决。其次，英美法系国家关于对价有一句名言："一分钱或一颗胡椒籽可以构成一个有价值的对价。"形象地说明对于公平的理解，各人会有各人的理解，不同情境之下亦会有不同的感受，特别是对具体交易公平性的认识，不存在普遍通行的公平标准，尝试以统一之标准界定公平与否并非理智的行为；最后，即使确须对公平与否加以认定，亦应以一般社会感受作为判断的依据。如以当事人的感受作为判断公平与否的依据是与诚实信用原则相偏离的。综上，对于显失公平度的把握，应当坚持审慎运用的原则，尽量避免以司法权力直接介入市场经济活动中利益衡量的判断。

（2）关于适用显失公平的范围。在合同分类中，单务合同是与双务合同相对的一类合同，在此类合同中，一方当事人只享有权利而不尽义务，另一方当事人只负义务而不享有权利，若以权利义务失衡的角度看待，则无疑属于失衡。但单务合同的设定与履行于当事人自身亦有利益之满足，这种利益的满足外部难以衡量，故不应纳入司法权力判断的对象范围，因此，适用显失公平的合同应为双务合同，不用支付对价的单务合同不存在显失公平。此外，射幸合同等当事人可以预见存在巨大风险的合同亦不适用显失公平。

（3）关于允许的限度。显失公平应达到明显之限度方能构成，但对于该限度，不同行业、不同人群都会有不同的感受，此中的"度"更多的是一种主观的感受，因此采取"一刀切"的方式予以限定似乎并不理智，将此进行具体判断的权力留给法官是保持显失公平制度魅力的可选之法。对于如何判断，笔者提出以下可供参考的规则：一是对显失公平的判断可以首先适用等价有偿原则予以衡量，等价有偿原则对于公平的判断具有突出的工具价值；二是若因合同的履行，一方获得了巨大的利益但相对方并不因此蒙受重大利益损失，则不构成显失公平；三是因供求等因素导致价格适当偏离价值，或者是由于市场的固有风险而带来的利益和损失理应排除在外；四是可以以一定的限度为基本参照。《法国民法典》第887条规定，对于不动产的分割，构成非常损失的标准是当事人所得数量较其应得数量少1/4以上；第1674条规定，对于不动产出售，其标准则为出卖人因低价所受损失超过不动产价金7/12。借鉴这一规定，可以将所受损失超过50%作为一个基本的参照，这是以通常的社会感知为依据，可以在一定程度上强化显失公平标准的客观化。

2. 轻率、缺乏经验或紧迫

不加限定的显失公平在我国民商合一的体制下无疑是对交易安全的极大冲

击,因此,《民法典》第151条、《民法通则意见》第72条对此加以了限定,要求"一方利用对方处于危困状态,缺乏判断能力等情形,致使民事法律行为成立时显失公平"或者"一方当事人利用优势或者利用对方没有经验,致使双方的权利与义务明显违反公平、等价有偿原则的,可以认定为显失公平"。《民法典合同编通则司法解释》对"缺乏判断能力"进行了明确,即第11条规定:"当事人一方是自然人,根据该当事人的年龄、智力、知识、经验并结合交易的复杂程度,能够认定其对合同的性质、合同订立的法律后果或者交易中存在的特定风险缺乏应有的认知能力的,人民法院可以认定该情形构成民法典第一百五十一条规定的'缺乏判断能力'。"可见,《民法典》第151条、《民法通则意见》第72条可以进一步独立成为两个小的构成部分,一是加害人利用了优势地位;二是受害人发生了意思表示的不真实。

(1) 关于加害人利用优势地位的问题。在现代社会生活中,任何个人之间都不能认为存在着绝对的平等,个人的地位、知识、技能、经验、资金等因素都可以形成在某一方面对其相对人的优势地位,若对优势地位不加以限制,则该条之设立目的无疑将落空。因此,《民法典》《民法通则意见》中的优势应当被限定为足以对对方形成心理上的束缚、抑制相对人独立的民事人格,从而造成意思表示不真实的"优势",这种优势可以是当事人之间的特殊关系,例如教师对学生、领导对下属等相互间具有控制性、管理性作用的人身关系,亦可以是基于信赖或压力而产生的不当影响。

(2) 关于受害人发生意思表示的不真实的问题。作为可撤销合同法定原因之一的显失公平,意思表示不真实是其典型特征之一,也是连接交易安全和社会公平价值平衡的关键点,这种意思表示不真实主要是感知的错误,而区别于心理预期,即不能以当事人民事行为的追求结果未达到预期而认为发生意思表示不真实。

三、显失公平与情势变更之区分

显失公平与情势变更是一对相近的法律概念,在民法体系中,对于维护交易的诚实信用具有重要价值。但两者之间也存在区别:

(一) 两者的表现形态不同

情势变更是合同在履行过程中因客观情况发生异常变动,而致使合同的履行对一方当事人没有意义或造成重大损害,这种"显失公平"是后果的显失公平;而显失公平更多体现的是在签订合同过程中的失衡。

(二) 两者发生的基础原因不同

情势变更中，双方当事人对利益失衡的发生，均无过错，而是外界所发生的客观异动所致；而显失公平的民事行为一般表现为一方利用另一方急需或无经验而签订的合同，过错为其构成要件。

(三) 两者的处理方式不同

因情势变更，当事人请求变更或解除合同的，在自愿合法的基础上，应首先以当事人双方协商的方式予以解决，在协商不成的前提下变更或解除合同；而对于显失公平的民事行为，则应依法予以变更或者撤销。

【拓展适用】

根据我国《民法典》第147条、第148条、第149条、第150条、第151条的规定，当事人在实施包括订立合同在内的民事法律行为时显失公平的，因重大误解实施的，一方以欺诈、胁迫的手段或者乘人之危，使对方在违背真实意思的情况下实施的，属可撤销的民事法律行为，具体到订立合同，则属于可撤销的合同。

一、可撤销合同的价值

(一) 可撤销合同的内涵

可撤销合同是指合同虽已成立，但由于意思表示不真实，经一方当事人的请求，仲裁机构或人民法院确认后予以撤销或者变更的合同。我国《民法典》第151条规定："一方利用对方处于危困状态、缺乏判断能力等情形，致使民事法律行为成立时显失公平的，受损害方有权请求人民法院或者仲裁机构予以撤销。"《民法典》第147条、第148条、第149条、第150条还规定了下列民事法律行为，当事人一方有权请求人民法院或者仲裁机构变更或者撤销：(一) 基于重大误解实施的民事法律行为；(二) 一方以欺诈手段使对方在违背真实意思的情况下实施的民事法律行为；第三人实施欺诈行为，使一方在违背真实意思的情况下实施的民事法律行为，对方知道或者应当知道该欺诈行为的；(三) 一方或者第三人以胁迫手段，使对方在违背真实意思的情况下实施的民事法律行为。应当注意的是，《民法典》没有规定受损害方有请求人民法院或者仲裁机构可予以变更的权利。可撤销合同作为可撤销法律行为的一种，具有以下特点：(1) 可撤销的合同产生的基础原因是意思表示不真实；(2) 可撤销的合同在被依法撤销前，属于有效的合同；(3) 可撤销合同的撤销应由撤销权人通过人民法院或仲裁机关行使撤销权来实现。

(二) 撤销合同与无效合同的区别

可撤销合同形成的主要原因是当事人在作出民事行为时的意思表示不真实，它是一种相对无效的合同，但其效力取决于当事人的意志，从而不同于绝对无效的无效合同。具体而言，可撤销合同与无效合同存在着以下区别。

第一，国家对两者予以否定的程度不同。《民法典》第153条、第154条规定有下列情形之一的，包括合同在内的民事法律行为无效：（一）违反法律、行政法规的强制性规定的，但是该强制性规定不导致该民事法律行为无效的除外；（二）违背公序良俗的；（三）行为人与相对人恶意串通，损害他人合法权益的。故无效合同是损害他人合法权益，或违反国家法律、法规强制性规定，或违背公序良俗的合同，即使当事人双方对合同的履行无异议，但国家法律亦不允许。而对于可撤销合同有撤销权一方当事人有权自主决定在法定期限内是否向人民法院或仲裁机构申请对合同的撤销，体现了当事人意思自治原则，两者相比较下，国家对无效合同予以否定的程度要强于可撤销合同。

第二，两者的法律后果不同。无效合同自始无效，不能发生当事人所预期的法律后果，合同被确认无效后的法律后果为：一是应当恢复原状；二是合同双方当事人按照各自的过错程度承担造成的相应损失；三是收缴一方或双方当事人在无效合同中的非法收入。而可撤销合同，如果享有撤销权的当事人不愿意撤销合同和放弃对合同的撤销权，则合同为有效合同，应继续履行；如果合同被撤销，其产生的法律后果和无效合同的法律后果相同，即救济手段和补救措施相同。

国家之所以对可撤销合同和无效合同持有区别性的肯定态度，乃是基于现代社会对个人自由意志的崇尚以及正义观念的转变。一是认为当事人是自身利益的最佳判断者，对于欠缺有效条件的合同，赋予当事人以自由选择的权利；二是由于"发生了深刻变化的社会经济生活条件迫使二十世纪的法官、学者和立法者，正视当事人间经济地位不平等的现实，抛弃形式正义观念而追求实现实质正义"。[1] 对纯粹的契约自由加以适当干预，平衡当事人间的利益关系。因此，可撤销合同之设立，既体现了法律对公平交易的要求，又体现了意思自治原则，是对上述两项价值的调和。[2]

---

[1] 梁慧星：《民商法论丛》（第7卷），法律出版社1997年版，第242页。
[2] 彭万林主编：《民法学》，中国政法大学出版社1994年版，第105页。

二、可撤销合同的类型

(一) 重大误解

重大误解是可撤销合同的法定情形之一，属于典型的意思表示不真实，是指行为人因对行为的性质、对方当事人、标的物的品种、质量、规格和数量等产生错误的认识，致使行为的后果与自己的真实意思相违背。

对重大误解，《民法典》第147条规定："基于重大误解实施的民事法律行为，行为人有权请求人民法院或者仲裁机构予以撤销。"《民法典总则司法解释》第19条规定："行为人对行为的性质、对方当事人或者标的物的品种、质量、规格、价格、数量等产生错误认识，按照通常理解如果不发生该错误认识行为人就不会作出相应意思表示的，人民法院可以认定为民法典第一百四十七条规定的重大误解。行为人能够证明自己实施民事法律行为时存在重大误解，并请求撤销该民事法律行为的，人民法院依法予以支持；但是，根据交易习惯等认定行为人无权请求撤销的除外。"由于对"重大误解"本身的解释存在模糊，因而导致实践中对于如何把握重大误解存在着诸多困惑。我国学界一般认为重大误解主要存在以下四种情形：(1) 行为人对行为本身性质的误解；(2) 行为人对标的物的基本属性的误解，即行为人对民事行为的标的物所具有的性质、性能和特点等基本属性的误解；(3) 行为人对当事人身份和能力的误解；(4) 由于传达错误引起的误解。[1]

笔者认为，将研究的精力集中在重大误解的情形上，虽然有助于拨开重大误解的迷雾，但对于司法实践更为准确地运用该制度却并无明显裨益，特别是对于有效规制重大误解并无明显作用。实际上，重大误解的适用不仅应考虑当事人是否因意思表示不真实而造成的损失，同时亦应考虑克制因适用重大误解而对相对人信赖利益所造成的损害及社会交易安定性的冲击。故与其将精力集中在重大误解情形的归纳，不如为重大误解明确一些具体的规制原则。

其一，重大误解应是当事人无意为之，若是当事人有意为之或串通进行，则不构成误解，但"表示错误为客观构成，其错误不以表意人自己过失为限"。[2]

其二，应对重大误解的适用作出一些限制，比如重大的限制，所谓重大，是指这种误解足以影响合同目的及双方当事人权利义务的实现，民事行为内容

---

[1] 易晓钟：《试论民事法律关系中的欺诈、胁迫、重大误解》，载《当代法学》1988年第1期。

[2] 黄立：《民法总则》，中国政法大学出版社2002年版，第311~322页。

在客观上给误解人造成较大损失，及行为内容履行的结果对错误人显失公平，一般人如果处于表意人的地位，假使不是由于错误，就不会作出那样的意思表示。对此，我国学者曾抽象概括为三条标准：一是对民事交往中公众认为是重要事项的误解；二是虽非针对重要事项，但足以造成误解方重大损失的误解；三是足以导致行为结果重大不公平的误解。① 在这方面，德国法为我们提供了极好的参考，"德国学理与判例对撤销权行使作以下限制：（1）由于公共利益的理由，为确保交易安全，在某些领域，用解除的效力替代撤销的效力。如在劳动合同，以解雇通知替代撤销，只对将来发生效力；又如在股份有限公司，股东加入公司的表示是不可撤销的，公司一旦完成成立，无论无限公司、两合公司还是其他，只能以解散替代撤销，仅对将来发生效力；民事合伙也只能以退伙通知代替撤销，对将来发生解散效力；和解、婚姻等也不适用表示错误撤销。（2）判例根据'诚实信用'原则，在许多情况下，以滥用权利为理由，排除撤销权行使。德国帝国法院以及联邦法院的判例认为，如撤销权人因错误的表示，并未较正确表示处于不利地位时，行使撤销权便属于权利滥用，依诚实信用原则应禁止之，尤其在相对人愿意接收表示人无错误时的意思表示时"。②

其三，错误人应举证证明其所发生的误解，而不能仅以单纯的阐述说明存在意思表示错误，这亦是对社会相对人信赖利益保护的方式之一。

其四，错误相对人可以主张信赖利益。错误人可以依法行使撤销权对合同予以撤销，但对于善意相对人因此产生的信赖利益损失亦应予以赔偿，这也体现国家对交易安全之维护。例如《德国民法典》第 122 条明确表示，错误的表意人在撤销意思表示后，应赔偿相对人的信赖损失，赔偿不以错误一方有过失为要件。但这种信赖利益的损失在以下情形时应予排除：（1）遭受损失的一方知道或者应当知道相对无效原因的情形；（2）错误是遭受损失的相对人引起的。

（二）欺诈、胁迫、乘人之危

1. 欺诈

《民法典》第 148 条规定："一方以欺诈手段，使对方在违背真实意思的情况下实施的民事法律行为，受欺诈方有权请求人民法院或者仲裁机构予以撤销。"《民法典》第 149 条规定："第三人实施欺诈行为，使一方在违背真实意

---

① 杨立新：《民法判解研究与适用》，中国检察出版社 1996 年版，第 451 页。
② 黄立：《民法总则》，中国政法大学出版 2002 年版，第 329 页。

思的情况下实施的民事法律行为,对方知道或者应当知道该欺诈行为的,受欺诈方有权请求人民法院或者仲裁机构予以撤销。"可见,民法中的欺诈,一般是指行为人或者第三人故意欺骗他人,使对方陷入错误判断作出意思表示的行为。欺诈侧重于意思表示过程中特殊因素的出现,并注意是否导致权利义务的失衡,这是其与显失公平的重要区别。

关于欺诈的构成可以从以下几个方面予以考虑:

一是行为人或者第三人必须有欺诈的故意,这种故意既包括使对方陷入错误判断的故意,也包括诱使对方基于错误判断而作出意思表示的故意。如果是第三人实施了欺诈行为使一方实施了民事法律行为的,还要求对方知道或者应当知道存在该欺诈行为。

二是要求客观上发生欺诈行为。这种行为既可以是故意虚构虚假事实,也可以是故意隐瞒应当告知的真实情况等,根据我国《民法通则意见》第68条规定,一方当事人故意告知对方虚假情况,或者故意隐瞒真实情况(保持沉默者),诱使对方当事人作出错误意思表示的,可以认定为欺诈行为。我国《民法典总则编司法解释》第21条规定:"故意告知虚假情况,或者负有告知义务的人故意隐瞒真实情况,致使当事人基于错误认识作出意思表示的,人民法院可以认定为民法典第一百四十八条、第一百四十九条规定的欺诈。"该解释对欺诈的情形作出了列举,故意告知虚假情况较为容易认定,但故意隐瞒真实情况在实务之中认定存在困难,引出沉默是否可以构成欺诈的问题。德国学理和判例认为,原则上沉默不能构成诈欺,但是,如果依法律规定或约定,或者依诚实信用原则斟酌交易习惯,或根据双方之间的关系、合同的性质或者合同成立时的环境,相对人有披露义务时,这种沉默构成诈欺。[1] 这里的告知义务的来源,包括了法律规定、交易习惯和诚信原则等。

三是要求欺诈与意思表示间存在因果关系,即仅有欺诈的事实不足以构成完整的"因欺诈的意思表示瑕疵"。但由于意思的形成属于人的心理状态,难以通过外在的分析予以查明,因此,一般"根据诈欺内容与表意人所谓意思表示的内容之间的关联加以认定,即应以二者具有同一性为限,不得简单以推定证明的方式加以认定"。[2]

四是受欺诈人基于错误判断作出意思表示。

---

[1] 黄立:《民法总则》,中国政法大学出版2002年版,第329页。
[2] [德]梅迪库斯:《德国民法总论》,邵建东译,法律出版社2000年版,第606页。

2. 胁迫

关于胁迫，《民法典》第 150 条规定："一方或者第三人以胁迫手段，使对方在违背真实意思的情况下实施的民事法律行为，受胁迫方有权请求人民法院或者仲裁机构予以撤销。"《民法通则意见》第 69 条规定："以给公民及其亲友的生命健康、荣誉、名誉、财产等造成损害或者以给法人的荣誉、名誉、财产等造成损害为要挟，迫使对方作出违背真实的意思表示的，可以认定为胁迫行为。"根据我国《民法典总则司法解释》第 22 条规定："以给自然人及其近亲属等的人身权利、财产权利以及其他合法权益造成损害或者以给法人、非法人组织的名誉、荣誉、财产权益等造成损害为要挟，迫使其基于恐惧心理作出意思表示的，人民法院可以认定为民法典第一百五十条规定的胁迫。"所谓胁迫，是指行为人通过威胁，恐吓等不法手段对他人思想施加强制，由此使他人产生恐惧心理而作出意思表示的行为。类似于欺诈，其构成要件主要包括四个方面：一是胁迫人主观上有胁迫的故意，即故意实施胁迫行为使他人陷入恐惧，以及基于恐惧心理作出意思表示；二是客观上发生非法胁迫，这种胁迫非法性的成立，不限于手段的非法性，同时还包括目的非法性；三是胁迫人客观上实施了胁迫行为，以将要实施某种加害行为威胁受胁迫人，以此使受胁迫人产生恐惧心理，这种加害，既可以是对受胁迫人自身的人身、财产权益的加害，也可以是对受胁迫人的亲友，甚至与之有关的其他人的人身、财产权益的加害，客观上使受胁迫人产生了恐惧心理；四是非法胁迫与意思表示间存在因果关系，与欺诈的构成相似，这种关联性也以二者具有同一性为限，不得简单以推定证明的方式加以认定。此处的因果关系判断，应以受胁迫自身，而非他人为标准。

3. 乘人之危

关于乘人之危，我国《民法通则意见》第 70 条规定："一方当事人乘对方处于危难之机，为牟取不正当利益，迫使对方作出不真实的意思表示，严重损害对方利益的，可以认定为乘人之危。"其构成要件主要包括：受害人处于危难境遇和危难境遇与意思表示间存在因果关系。应当加以限制的是乘人之危的危难境遇应当是危险、灾难和严重困难，并且这种危险、灾难和严重困难要足以导致受害人独立人格的丧失，一般困难即使被加害方所利用，亦不构成乘人之危。民法典及其司法解释均未对乘人之危作出新的明确规定。

三、可撤销合同的法律后果

《民法典》第 157 条规定："民事法律行为无效、被撤销或者确定不发生效力后，行为人因该行为取得的财产，应当予以返还；不能返还或者没有必要返还的,应当折价补偿。有过错的一方应当赔偿对方由此所受到的损失;各方都有过错的,应当各自承担相应的责任。法律另有规定的,依照其规定。"根据《民法典》之规定,作为可撤销民事法律行为的一种,可撤销合同的法律责任是返还财产、折价补偿、赔偿损失,这也是合同被确认无效或被确定不发生效力的处理原则。

1. 返还财产

适用返还财产应为合同已履行的情形,因被撤销合同,交付财产的当事人对已接受了财产的当事人享有返还财产的请求权,而已经接受财产的当事人则负有返还财产的义务,返还的财产包括已交付的财产和孳息以及所支付的费用。

2. 折价补偿

在财产应当返还而不能返还或者没有必要返还时,应予以折价补偿。不能返还包括两种情形,一是事实上不能返还,如属于无形财产的专有技术、信息资料以及已毁损、灭失的财产,即使返还也已失去其原有的价值;二是法律上不能返还,如财产已经转让给善意第三人,善意第三人对该财产已取得所有权。没有必要返还,主要是指当事人相互协商,认为不采用返还财产的方式对双方都有利,因而不必要返还。

3. 赔偿损失

有过错的一方应当赔偿对方因合同被撤销所遭受的损失,双方都有过错的,应当各自承担相应的责任。合同被撤销后,因该合同取得财产,应当予以返还,不能返还或者没有必要返还的,应当折价补偿。有过错的一方应当赔偿对方因此所受到的损失,双方都有过错的,应当各自承担相应的责任。

【典型案例】
S集团公司诉房地产发展公司商品房预售合同纠纷案

上诉人(原审原告):S集团公司。
法定代表人:兰某,该公司董事长。
被上诉人(原审被告):房地产发展公司。
法定代表人:林某卿,该公司董事长。

〔基本案情〕

一审法院审理查明:2000年5月26日,房地产发展公司经批准,以其开发的H大厦主楼1至21层、商场3至4层、地下1层80个车位作为出资,设立福建省发展公司。

2000年6月1日,发展公司、S集团公司与开发公司签订《协议书》约定:本协议为三方资产重组总体框架协议，为履行本协议而签订各种协议与本协议相冲突的，一律以本协议为准；发展公司以3000万元现金及价值1.3487亿元的房产通过股权转让等资产重组方式参股S集团公司；S集团公司以合作投资等方式购买房地产发展公司开发的H大厦价值1.3487亿元房产，所购房产的楼层、面积另行签订售楼合同，按售楼合同条款执行；发展公司保证房地产发展公司所取得的该笔房产转让款必须全额用于购买Z公司、G公司及H公司持有的S集团公司股份；发展公司通过其关联企业或自然人收购Z公司、G公司及H公司后，享有《公司法》和公司章程赋予股东的所有权利和义务。

2000年6月15日，S集团公司与房地产发展公司签订《H大厦部分物业包销协议》（以下简称《包销协议》）约定，S集团公司包销房地产发展公司开发的H大厦主楼商场一层1132.67平方米房产及地下一层70个车位、地下二层70个车位，包销价5100万元。同年6月26日，房地产发展公司致函S集团公司，要求将包销款中5000万元付至商务公司、100万元付至人才交流中心。据此，S集团公司于同年6月30日付款5100万元。

2000年6月12日，S集团公司与商务企划传播公司签订《合作投资娱乐城及高级会所协议书》（以下简称《娱乐城与会所协议》）约定，S集团公司出资3587万元与商务企划传播公司合作投资泉州H大厦娱乐城及高级会所。同年8月23日，S集团公司与商务企划传播公司、房地产发展公司签订《补充协议》约定，S集团公司用已投入的3587万元向商务企划传播公司购买其拥有处置权的H大厦三层约4000平方米房产，所购房产的楼层、面积、价款及相关事项以S集团公司与房地产发展公司另行签订售楼合同为准。

2000年6月20日，S集团公司与大酒店公司签订《合作投资大酒店协议书》（以下简称《酒店协议》）约定，S集团公司出资4800万元投资泉州市世贸中心大酒店。同年8月23日，S集团公司与酒店公司、房地产发展公司签订《补充协议》约定，S集团公司用已投入的4800万元向酒店公司购买其拥有处置权的H大厦2层及5至21层房产，所购房产楼层、面积、价款及相关事项以S集团公司与房地产发展公司另行签订售楼合同为准。

2000年6月26日，商务企划传播公司致函S集团公司，要求将投资款3587万元付至人才交流中心。同年6月28日，酒店公司致函S集团公司，要求将投资款4800万元付至技术转化中心。据此，S集团公司于同年6月30日分别向人才交流中心和技术转化中心支付3587万元和4800万元。

此后，Z公司股东李某娜、陈某将其持有的S集团公司全部股权转让给邱某龙及发展公司股东，G公司股东方某华、郭某将其持有的S集团公司全部股权转让给发展公司股东王进星及杨某珍，H公司股东周某南、张大田将其持有的S集团公司全部股权转让给发展公司股东王某玉及杨某珍。商务公司、人才交流中心及技术转化中心分别将S集团公司支付的款项转给李某娜等人。

2002年6月10日,S集团公司与福州T房地产开发公司签订《合同权益转让协议书》约定:S集团公司将其享有的《包销协议》项下的房屋包销、处置权等所有合同权益以5100万元转让给T房地产开发公司;T房地产开发公司支付转让款后,享有《包销协议》项下S集团公司的所有权益。同年6月13日,T房地产开发公司向S集团公司付款5100万元。同年6月14日,S集团公司向房地产发展公司发出《〈H大厦部分物业包销协议〉合同权益转让通知函》称,其已将《包销协议》项下所有权益转让T房地产开发公司,要求房地产发展公司向T房地产开发公司履行交房义务。

2002年6月11日,S集团公司与房地产发展公司签订《合同权益转让协议书》约定,S集团公司将其分别与商务企划传播公司、酒店公司及房地产发展公司签订的两份合作投资协议及两份补充协议项下房产处置权等所有合同权益以8387万元转让房地产发展公司;房地产发展公司支付第一笔转让款6500万元后,享有两份合作投资协议和两份补充协议项下S集团公司所有权益。同年6月14日,L公司支付S集团公司6500万元。

同日,S集团公司向商务企划传播公司、酒店公司及房地产发展公司分别发出合同权益转让通知函称,其已将两份合作投资协议及两份补充协议项下的所有权益转让L公司,要求商务企划传播公司、酒店公司及房地产发展公司向L公司履行交房义务。

上述《包销协议》、《娱乐城与会所协议》及其《补充协议》、《酒店协议》及其《补充协议》签订后,S集团公司与房地产发展公司签订了三份《商品房购买合同书》(以下简称商品房合同),取代了《包销协议》、《娱乐城与会所协议》及其《补充协议》、《酒店协议》及其《补充协议》,成为确立S集团公司与房地产发展公司商品房买卖关系的最终协议。

以上事实已经生效的福建省高级人民法院〔2002〕闽民初字第4号、第5号民事判决(以下简称〔2002〕闽民初字第4号、第5号民事判决)查明认定。

2003年6月20日,S集团公司提起诉讼称:S集团公司依据《协议书》等相关协议支付1.3487亿元后,发现房地产发展公司已将三份《商品房合同》项下房产在2000年4月就作为出资投入发展公司。房地产发展公司单方在S集团公司为办理房屋预售登记已签章的空白《商品房合同》上填写内容,将H大厦主楼8、9、10层及地下车位31至44号以5100万元,主楼5、6、7层以4800万元,主楼11、12层及地下车位45至62号以3587万元转让给S集团公司。预售房产价格每平方米14126元,车位每个21.5万元,均高于当地房地产市场正常价格,显失公平。房地产发展公司隐瞒转让房产入股的事实,致使S集团公司不明真相签订协议,依据〔2002〕闽民初字第4号、第5号民事判决,T房地产开发公司及L公司受让的合同权益并不存在，三份《商品房合同》内容非 S 集团公司的真实意思表示。为此，请求撤销三份《商品房合同》，判令房地产发展公司返还 1.3487 亿元购房款及利息。

房地产发展公司答辩称：S 集团公司诉请与〔2002〕闽民初字第 4 号、第 5 号民事判决无区别；《协议书》约定"S 集团公司欲购买的 H 大厦房产为在建工程，并作为投资投入发展公司注册资本"，其没有隐瞒欺诈；三份《商品房合同》已由〔2002〕闽民初字第 4 号、第 5 号民事判决认定真实合法；其用房产置换 Z 公司、G 公司、H 公司持有的 S 集团公司法人股，S 集团公司未实际支付房款，其要求返还，并主张价格显失公平无据。为此，请求驳回 S 集团公司的起诉或诉讼请求。

一审法院另查明，S 集团公司与房地产发展公司签订的三份《商品房合同》（以下分别简称为《商品房合同一》、《商品房合同二》、《商品房合同三》），甲方由房地产发展公司加盖公章及杨某珍（董事长）私章，乙方由 S 集团公司加盖公章及陈某辉（总裁）签名，但均未注明签约日期。三份《商品房合同》约定：S 集团公司购买坐落于泉州丰泽区丰泽街的 H 大厦商品房。商品房合同一约定：主楼 5、6、7 层，1132.67 平方米/层，面积 3398 平方米，单价 14126 元/平方米，金额 4800 万元；商品房合同二约定：主楼 8、9、10 层，1132.67 平方米/层，面积 3398 平方米，单价 14126 元/平方米，金额 4800 万元，地下车位 31 至 44 号，单价 214286 元，金额 300 万元，合计总金额 5100 万元；商品房合同三约定：主楼 11、12 层，1132.67 平方米/层，面积 2265.34 平方米，单价 14126 元/平方米，金额 3200 万元，地下车位 45 至 62 号，单价 21.5 万元，金额 387 万元，合计总金额 3587 万元；三份《商品房合同》特别约定：以上总面积是指建筑面积（含分摊的共用面积），其测绘、产权登记面积如与本合同约定面积发生误差，本合同不解除，双方互不补偿；S 集团公司选定一次性付款，合同签订时付清全部购房款；商品房合同一约定的购房款金额为 4800 万元、商品房合同二约定的购房款金额为 5100 万元、商品房合同三约定的购房款金额为 3587 万元；房地产发展公司须于 2003 年 12 月 30 日前将房屋交 S 集团公司，本合同自双方签订之日生效，等等。

在福建省高级人民法院审理的〔2002〕闽民初字第 4 号、第 5 号案件中，中国刑事警察学院（以下简称刑警学院）受法院委托对三份《商品房合同》真实性进行了鉴定，认为：对于要求鉴定的三份《商品房合同》中及第 2 至 3 页关于售楼价款、面积、交房时间等内容的填写时间及该填写内容与第 6 页落款乙方 S 集团公司代理人签字笔迹的相对书写时间，目前尚无法作出鉴定。〔2002〕闽民初字第 4 号、第 5 号民事判决认定三份《商品房合同》的真实性，认定《商品房合同二》成立于 2000 年 6 月 15 日后；《商品房合同一》和《商品房合同三》成立于同年 8 月 23 日后。

本案一审诉讼期间，S 集团公司认可三份《商品房合同》上 S 集团公司印章及签名的真实性，但称其他内容是房地产发展公司单方擅自填写，申请对三份《商品房合同》盖章及笔迹时间进行鉴定，但不能提供具备该项鉴定技术的鉴定单位。

一审法院又查明，在〔2002〕闽民初字第 4 号、第 5 号案件审理中，T 房地产开发公司、L 公司及房地产发展公司认可 2000 年 6 月 1 日发展公司、S 集团公司及开发公司签订《协议书》的事实，但 T 房地产开发公司与 L 公司认为房地产发展公司提供的《协议书》原件与其提交的《协议书》复印件第 1 至 2 页内容存在差异。刑警学院受法院委托对房地产发展公司提供的《协议书》作出《鉴定书》，内容为：一、经检验，《协议书》三页正文均是在 A4 纸上用 4 号宋体字印制而成，字行间距无差异，但进一步检验发现，前二页纸底边长约 209.5 毫米，第三页纸底边长约 210 毫米；前二页与第三页相比正文版心偏左上，页码数字偏右上；前二页中除正文墨迹外，多处留有分布、形态相同的墨粉疵点，第三页上无此疵点；前二页与第三页相比字迹笔画略粗；前二页字迹墨粉无磁性，第三页字迹墨粉有磁性；上述差异反映的是不同次、不同印刷机具印制文件的特点。结论为：《协议书》前二页与第三页是由不同印刷机具分别印制的。据此，〔2002〕闽民初字第 4 号、第 5 号民事判决认定：房地产发展公司提供的《协议书》为原件，S 集团公司及开发公司不能提供原件，仅凭 T 房地产开发公司、L 公司陈述不能认定房地产发展公司对《协议书》进行变造，但依据鉴定结论，《协议书》形成过程来源不清，不能单独作为本案的定案依据。

本案一审诉讼期间，S 集团公司认可其与开发公司、发展公司签订《协议书》的事实，但称三方《协议书》中没有 "H 大厦已作为投资投入发展公司作为注册资本" 的内容，房地产发展公司提交的《协议书》1、2 页是变造的，为此提供了《协议书》复印件（即 T 房地产开发公司、L 公司在〔2002〕闽民初字第 4 号、第 5 号案件中提供的），其中第二页第五条内容是：由于 S 集团公司所购买的 H 大厦的房产为在建工程，在该房产竣工验收合格并满足办理产权所需各种条件时，发展公司必须通知 S 集团公司办理产权手续。发展公司通知 S 集团公司办理手续后十日内，S 集团公司应负责解除 G 公司、Z 公司及 H 公司分别持有 S 集团公司股份 810 万股、780 万股和 623.2587 万股；第六条内容：在通知 S 集团公司办理手续前，发展公司必须保证 S 集团公司与发展公司签订的合作投资项目收益率不低于 S 集团公司同期的净资产收益率。S 集团公司还提供了 2000 年 10 月 12 日 G 公司、H 公司分别致 S 集团公司的二份《担保函》、2002 年 9 月 25 日开发公司出具的《关于开发公司与发展公司、S 集团公司三方协议的情况说明》（以下简称说明）等证据。

一审法院还查明，H 大厦由房地产发展公司开发，1998 年 2 月取得《国有土地使用权证》，1999 年 10 月取得《建设工程规划许可证》，1999 年 12 月取得《商品房预售许可证》，获准预售 H 大厦商、住、写字楼面积 36039 平方米，共 200 套。

本案一审诉讼期间，S 集团公司主张房地产发展公司批准预售的房屋不包含三份《商品房合同》项下的地下室车位及主楼 5 至 12 层，且有 16000 多平方米属房地产发展公司自用，其提供的证据有：（1）房地产发展公司 1999 年 11 月 22 日的《商品房预售申请表》，其中预售房屋的概况栏填写项目名称是 "H 大厦裙楼"，总用地面积

6040 平方米，总建筑面积 20221 平方米，住宅面积 12000 平方米，套数 65；同年 12 月 2 日，泉州市建委在行业主管部门审批意见栏盖章并签署"同意办理 H 大厦预售证，预售面积为 36039 平方米，计 200 套商住楼，（原泉建 98 房预售证第 001 号审批 24039 平方米预售证收回作废）"；（2）其提供的 2003 年 9 月 10 日泉州市房地产管理局出具的《证明》载明"房地产发展公司办理的泉建（99）房预售证第 052 号，批准预售面积 36039 平方米（包括店铺 3360 平方米、住宅 32679 平方米），不包括地下一、二层面积"；（3）2003 年 7 月 4 日泉州市房地产管理局核发给房地产发展公司的泉房权证丰泽区丰字第 28242 号《房屋所有权证》载明"房屋所有权人房地产发展公司，房屋坐落在丰泽区丰泽街中段 H 大厦，产别为股份制企业房产、房屋共 23 层，建筑面积 46425.17+6104.51 平方米、土地证号泉国用（98）字第 200021 号，使用面积 5550.3 平方米；附记栏注明：商品房出售、预售面积为 36039 平方米，其他面积自用"；（4）房地产发展公司报送泉州市计委的《H 大厦立项报告》及批准房地产发展公司建设商品房 1.8 万平方米及自用房 1.6 万平方米的泉州市计委《立项批复》、H 大厦《施工许可证》及《建设工程竣工验收备案证明书》，建筑面积均填写为 47142.6 平方米；（5）泉州市房地产测绘队制作的《房屋、土地位置图现场勘察表》，内容是 H 大厦总建筑面积及各层的建筑面积、H 大厦 1 至 21 层平面图等。

一审法院再查明，〔2002〕闽民初字第 4 号、第 5 号民事判决认定：（1）2000 年 6 月 15 日，S 集团公司与房地产发展公司签订《包销协议》，2000 年 6 月 26 日，房地产发展公司致函 S 集团公司，要求将该协议约定的 5100 万元包销款中的 5000 万元付至商务公司、100 万元付至人才交流中心。据此，S 集团公司于 2000 年 6 月 30 日付款 5100 万元。（2）2000 年 6 月 12 日，S 集团公司与商务企划传播公司签订《娱乐城与会所协议》后，同年 6 月 26 日，商务企划传播公司致函 S 集团公司，要求将上述协议约定的 3587 万元款项付至人才交流中心。据此，S 集团公司于同年 6 月 30 日向人才交流中心支付 3587 万元。（3）2000 年 6 月 20 日，S 集团公司与酒店公司签订《酒店协议》后，同年 6 月 28 日，酒店公司致函 S 集团公司，要求将协议约定的 4800 万元付至技术转化中心。据此，S 集团公司于同年 6 月 30 日向技术转化中心支付 4800 万元。

一审诉讼期间，S 集团公司主张依据上述生效判决的认定，其已经支付了三份《商品房合同》购房款 1.3487 亿元，同时主张根据〔2002〕闽民初字第 4 号、第 5 号民事判决确认的《协议书》内容第四点关于"在本次资产重组中，S 集团公司以合作投资等方式购买房地产发展公司开发的 H 大厦价值 1.3487 亿元的房产，所购房产的楼层、面积另行签订售楼合同，按售楼合同的条款执行"的约定，1.3487 亿元就是由生效判决认定的三笔款项构成，其中 5100 万元已由房地产发展公司收取，另 4800 万元和 3587 万元，根据 2000 年 8 月 28 日该公司与房地产发展公司分别与酒店公司、商务企划传播公司签订的《补充协议》第四条关于"S 集团公司同意用已投入的4800万元、3587万元资金分别向酒店公司、商务企划传播公司购买其拥有处置权的H大厦主楼部分房产，所购房产的楼层、面积、价款及相关事项以S集团公司与房地产发展公司另行签订的售楼合同为准"的约定，证明签订《补充协议》的三方，达成将S集团公司投入的4800万元和3587万元二笔款项转为购房款的约定。

〔一审裁判理由与结果〕

一审法院根据双方当事人争议的焦点作出如下认定：

一、关于S集团公司是否为重复起诉的问题

一审法院认为，S集团公司起诉请求撤销的是其与房地产发展公司签订的三份《商品房合同》，原告主体及法律关系均与〔2002〕闽民初字第4号、第5号案件不同，不存在重复诉讼。

二、关于S集团公司请求撤销的三份《商品房合同》是否真实的问题

一审法院认为，房地产发展公司与S集团公司签订的三份《商品房合同》的真实性及合同签订时间，已由生效的〔2002〕闽民初字第4号、第5号民事判决确认。在该二个案件诉讼中，三份《商品房合同》售楼价款、面积、交房时间等内容的填写时间及该填写内容与第6页落款乙方S集团公司代理人签字笔迹的相对书写时间等已由刑警学院作出"目前尚无法作出鉴定"的结论。本案诉讼中，S集团公司申请对三份《商品房合同》盖章及笔迹时间进行鉴定，因双方对签字盖章的真实性无异议，就可认定双方对合同内容认可，即使S集团公司所称其盖章签字在前、房地产发展公司单方填写内容在后，其后果也应自负，因该情形是S集团公司应预见的，因此，重新鉴定没有必要。且S集团公司也未能提供具备该项鉴定技术的鉴定单位，S集团公司没有提供足以推翻〔2002〕闽民初字第4号、第5号民事判决对三份《商品房合同》真实性认定的证据，其主张三份《商品房合同》是由房地产发展公司单方擅自填写其已签章的空白合同的事实，因证据不足，不能认定。

三、关于双方签订《商品房合同》时，S集团公司是否知道房地产发展公司已将合同项下房产作为投资投入发展公司的问题

一审法院认为，（1）S集团公司、发展公司及开发公司签订《协议书》约定，由S集团公司提供1.3487亿元为发展公司收购H公司、Z公司及G公司持有的S集团公司法人股，再由该三个公司将所持有的S集团公司法人股转给发展公司的下属公司，发展公司向S集团公司转让房地产发展公司开发建设的H大厦房产作为对价等。为此，各方当事人先后签订《包销协议》、《娱乐城与会所协议》及其《补充协议》、《酒店协议》及其《补充协议》等，并最终由S集团公司与房地产发展公司签订三份《商品房合同》。（2）在三方签订《协议书》前，房地产发展公司已将含三份《商品房合同》项下房产在内的H大厦主楼1至21层、商场3至4层及地下1层80个车位作为出资，发起设立发展公司。（3）S集团公司提供的不含"由于S集团

公司所购买的 H 大厦的房产为在建工程，并已作为投资投入发展公司作为资本"内容的《协议书》是复印件，不能单独作为认定三方《协议书》内容的证据。而 S 集团公司提供的开发公司出具的《说明》，属证人证言，因开发公司没有出庭作证，不能单独作为认定案件事实的证据，且开发公司作为三方《协议书》的签约方，没有出具《协议书》原件用于证实其出具的《说明》。因此，开发公司的《说明》不能作为印证 S 集团公司所提供的三方《协议书》内容的依据，也无法证明房地产发展公司变造了《协议书》第 1、2 页。S 集团公司提供的 G 公司与 H 公司二份《担保函》，加盖二公司印章，其真实性可以认定，房地产发展公司认为是虚假的，没有证据，不予采纳。该二份《担保函》的内容虽然涉及 S 集团公司提供的三方《协议书》第六条的约定，但由于 S 集团公司提供的三方《协议书》第六条中并无发展公司应当提供担保的约定，且 S 集团公司未进一步举证证明发展公司知道并认可 G 公司、H 公司为其履行三方《协议书》作担保。因此，二份《担保函》不足以印证 S 集团公司提供三方《协议书》的真实性。刑警学院对房地产发展公司提供的三方《协议书》作出的鉴定结论，只能说明该《协议书》的印制过程不清楚，不能证明房地产发展公司提供的《协议书》前二页是经过变造的事实。生效〔2002〕闽民初字第 4 号、第 5 号民事判决未认定 T 房地产开发公司及 L 公司提交的复印件是真实的，也未认定房地产发展公司提供的《协议书》前二页是变造的。

综上，S 集团公司提供的上述四份证据不能印证其提交的三方《协议书》是真实的。房地产发展公司提供的《协议书》系原件，刑警学院作出的鉴定结论只证明《协议书》的印制过程不清楚，尚不足以否定该《协议书》的真实性和来源的合法性。

在双方均认可 S 集团公司、发展公司、开发公司签订三方《协议书》事实及 S 集团公司未提交《协议书》原件的情况下，房地产发展公司提供的《协议书》原件，可以采信，证明三方《协议书》第五条包含"由于 S 集团公司所购买的 H 大厦的房产为在建工程，并已作为投资投入发展公司作为资本"的内容，S 集团公司未能提供三方《协议书》原件，应承担举证不能的后果。

四、关于 H 大厦建设与销售的有关批文能否证明三份《商品房合同》项下房产已批准预售的问题

一审法院认为，（1）房地产发展公司取得的《国有土地使用权证》、《建设工程规划许可证》及《商品房预售许可证》，可以证明 H 大厦经批准建设，并在 1999 年 12 月获准预售 36039 平方米。（2）《商品房预售许可证》《商品房预售申请表》及泉州市房管局《证明》，均不能证明三份《商品房合同》项下的房产是否批准预售；《H 大厦立项报告》《立项批复》《施工许可证》《建设工程竣工验收备案证明书》及《房屋、土地位置图现场勘察表》，也无法进一步印证三份《商品房合同》项下的房产不在房地产发展公司获准预售的范围内。（3）房地产发展公司 1998 年 2 月 26 日取得 H 大厦建设用地的《国有土地使用权证》、2003 年 7 月 4 日取得 H 大厦（含三份

《商品房合同》项下的房产）的《房屋所有权证》。

五、关于三份《商品房合同》是否已实际履行的问题

一审法院认为，S集团公司与房地产发展公司签订本案讼争的三份《商品房合同》是履行《协议书》的约定，生效的〔2002〕闽民初字第4号、第5号民事判决已认定S集团公司履行《包销协议》《娱乐城与会所协议》《酒店协议》，先后按合同及对方当事人要求支付了1.3487亿元，方某华、周某南、张大田三人的电报内容，不能证明S集团公司实际上没有付款的事实。

讼争的三份《商品房合同》由S集团公司与房地产发展公司盖章签字，S集团公司主张是房地产发展公司单方擅自填写其已签章的空白合同的事实，因证据不足，不能认定。该三份《商品房合同》内容体现双方间的预售商品房合同关系，虽没有足够证据证明合同项下的H大厦房屋已获准预售，但S集团公司起诉时及合同约定交房日期前，H大厦已建成，房地产发展公司也已取得H大厦的《国有土地使用权证》及《房屋所有权证》，具备转让合同项下的房屋条件。因此，三份《商品房合同》合法有效。

由于S集团公司与房地产发展公司签订的三份《商品房合同》是为履行发展公司、S集团公司及开发公司于2000年6月1日签订的三方《协议书》中关于"由S集团公司为发展公司出资收购Z公司、G公司、H公司持有的S集团公司法人股，发展公司向S集团公司转让房地产发展公司开发的H大厦房产作为对价"的约定，双方意思表示明确，不存在一方利用优势或对方草率、无经验等情形，且合同价款高于市场价的约定没有超出法律允许范围。因此，S集团公司以合同价款明显高于市场价为由，主张显失公平，没有法律依据。房地产发展公司提供的三方《协议书》第五条内容，能证明S集团公司在签订三方《协议书》时已知道或应知道房地产发展公司已将H大厦房产出资投入发展公司，而S集团公司关于房地产发展公司隐瞒该事实的主张又因证据不足不能认定。因此，S集团公司以房地产发展公司隐瞒事实构成欺诈为由，请求撤销三份《商品房合同》，没有事实根据，不符合《中华人民共和国合同法》第五十四条的规定，不予支持。依照《中华人民共和国民事诉讼法》第六十四条第一款，《中华人民共和国合同法》第五十四条第一款、第二款，《最高人民法院关于民事诉讼证据的若干规定》第二条之规定，判决：驳回S集团公司的诉讼请求。

〔当事人上诉及答辩意见〕

S集团公司不服一审判决，向最高人民法院提起上诉，请求撤销三份《商品房合同》，改判房地产发展公司返还其购房款1.3487亿元及相应利息，并承担本案全部诉讼费用。事实与理由是：

1. 一审判决认定刑警学院鉴定《协议书》印制过程不清，不足以否定《协议书》真实性及合法来源，又认定其效力，与〔2002〕闽民初字第4号、第5号民事判决认定的不能单独作为定案的依据相矛盾；开发公司出具的《说明》及G公司、

H 公司出具的《担保函》相互印证其提供《协议书》的复印件与原件一致，一审判决认定 G 公司、H 公司《担保函》真实性，又认定《担保函》不足以印证其提交《协议书》的真实性是错误的；三份《商品房合同》项下房产包括主楼及地下车位，但《商品房预售许可证》、《商品房预售申请表》、H 大厦《房屋所有权证》及泉州市房管局的《证明》，均证明三份《商品房合同》项下的主楼及地下车位不在预售范围内。双方洽谈《商品房合同》项下房屋买卖时，房地产发展公司隐瞒了房屋真实情况及没有预售许可资格，导致其作出错误的意思表示，已对其构成欺诈。一审判决以其未能提供鉴定单位为由，对其主张的房地产发展公司单方填写空白合同的事实不予认定是错误的。

2. 三份《商品房合同》项下房屋每平方米 14126 元，车位每个 21.5 万元。根据福建华兴会计师事务所出具的《资产评估报告书》，房地产发展公司将 H 大厦投资发展公司时，将主楼 1 至 21 层、3 至 4 层商场、地下一层 80 个车位评估作价约 1.5 亿元，本案《商品房合同》项下房屋仅为主楼的 8 个楼层和 30 个车位，面积仅占整幢楼不到 1/3，价格却高达 1.3 亿多元，显失公平。一审判决三份《商品房合同》价款高于市场价的约定没有超出法律允许范围，适用法律错误。

3. 一审诉讼期间，该公司申请对房地产发展公司取得的《商品房预售许可证》项下房产范围进行调查，但一审法院没有向该公司送达是否准许的通知，亦未将调查取证结果向该公司说明，违反法定程序。

房地产发展公司答辩称，一审判决认定事实清楚、适用法律正确，请求驳回 S 集团公司上诉请求，维持原判。事实与理由是：三方《协议书》约定，S 集团公司购买的 H 大厦房产为在建工程，并已作为投资投入发展公司。S 集团公司明知。因此，不存在该公司对 S 集团公司隐瞒与欺诈以及一方利用其优势或对方草率签约的事实；三份《商品房合同》的合法性，已经〔2002〕闽民初字第 4 号、第 5 号民事判决认定，S 集团公司应依约履行；《协议书》之订立目的是发展公司用房产置换 S 集团公司法人股，其交易实质是发展公司用一定量房产置换 S 集团公司一定量法人股，是双方协商一致的等价交换，不存在显失公平。

〔最高人民法院查明的事实〕

最高人民法院二审庭审中，双方当事人分别提供了已经一审质证的证据。

为进一步查清案件事实，保障双方当事人的诉讼权利，二审庭审后，最高人民法院再次给双方当事人延长了举证期限。期限内，S 集团公司就该公司为何不能提供《协议书》原件，提交了关于《协议书》的说明称"当时我公司与开发公司在《协议书》上签章后，就将全部合同正本交由发展公司签章。但发展公司签章后仅向开发公司等公司提供了复印件，始终未返还合同正本，导致我公司手中至今没有该《协议书》原件，因此也无法提供"。S 集团公司提交的总额为 1.3487 亿元的中国建设银行三张进账单复印件，已经一审庭审质证。

房地产发展公司就该公司持有的《协议书》为何出现"前二页与第三页不是由同一印刷机印具印制完成，而是由不同印刷机印具印制的"事实，提交了关于三方《协议书》和《商品房合同》举证责任的说明。该说明的内容是"《协议书》是 S 集团公司起草，经过三方多天协商修改，最后签订的文本系 S 集团公司提供，签字盖章后三方各分一份。没有注意 S 集团公司有几台打印机"。房地产发展公司没有就三份《商品房合同》签约过程提供相关证据。双方当事人没有提供新证据。

最高人民法院二审查明的其他事实与一审法院查明的事实相同。

〔最高人民法院裁判理由与结果〕

根据 S 集团公司的上诉请求及房地产发展公司的答辩，最高人民法院对当事人争议的焦点分析认定如下：

一、关于房地产发展公司是否隐瞒了三份《商品房合同》项下房产已作为投资投入发展公司，已构成对 S 集团公司欺诈的问题

最高人民法院认为，S 集团公司认可其与房地产开发公司、房地产发展公司三方签订《协议书》的事实，双方对此问题争议的焦点是：《协议书》第五条关于"由于 S 集团公司所购的 H 大厦的房产为在建工程，已作为投资投入发展公司作为资本"的内容是否为房地产发展公司变造。即三方签订《协议书》时，房地产发展公司是否隐瞒了三份《商品房合同》项下房产已作为投资投入发展公司的事实，已构成对 S 集团公司欺诈。对这一争议的判定，应当依据 S 集团公司的举证以及房地产发展公司的抗辩来确定。根据《最高人民法院关于民事诉讼证据的若干规定》第二条、第十条及第三十四条之规定，当事人对自己提出的诉讼请求所依据的事实或反驳对方诉讼请求所依据的事实有责任提供证据加以证明。当事人向人民法院提供书证的，应当提供原件，并在人民法院指定的举证期限内积极、全面、正确地完成举证义务。据此，S 集团公司作为《协议书》签约一方主体，对其主张的合同撤销权负有法律上履行提供《协议书》原件的义务，但 S 集团公司自始未能提供《协议书》原件，也未能提供证据证明房地产发展公司的《协议书》原件非真实制作而成以及内容不是其真实意思表示。

关于 S 集团公司提供的开发公司出具的《说明》是否具有证明力的问题。依据《中华人民共和国民事诉讼法》第七十条的规定，开发公司作为知晓案件事实的证人，有义务出庭作证，作为《协议书》签约一方亦应当出具《协议书》原件，以证实 S 集团公司持有的《协议书》复印件与原件无异，但开发公司没有就 S 集团公司与房地产发展公司争议的待证事实出庭或提供《协议书》原件，因此，开发公司出具的《证明》不具有证明力，不予采纳。

关于 G 公司、H 公司为 S 集团公司出具的《担保函》的证明力问题。如同一审法院查明的案件事实，S 集团公司提供的《协议书》内容没有发展公司作为担保人提供担保的约定，S 集团公司亦未能就发展公司知道并认可 G 公司、H 公司为其履行

《协议书》作担保的事实进行举证证明。且其《担保函》内容不能证明房地产发展公司对 S 集团公司存在欺诈的事实是否存在或真实。因此，该《担保函》亦不能作为证据被采纳。

在双方当事人对《协议书》的形式与内容主张不一，S 集团公司作为签约一方又不能提供《协议书》原件或相反证据证明房地产发展公司《协议书》原件不真实的情况下，一审法院依据优势证据原则认定房地产发展公司提供的《协议书》原件，能够证明《协议书》第五条关于"由于 S 集团公司所购买的 H 大厦的房产为在建工程，并已作为投资投入发展公司作为资本"的内容，为三方当事人真实意思表示，并以此作为认定 S 集团公司知道房地产发展公司已将三份《商品房合同》项下房产作为投资投入发展公司的证据采纳，并无不当。故对 S 集团公司关于房地产发展公司持有的《协议书》原件内容为其变造，并对其隐瞒了该事实，已构成欺诈的主张，最高人民法院不予支持。

二、关于 S 集团公司请求撤销的三份《商品房合同》是否真实合法的问题

最高人民法院认为，S 集团公司认可三份《商品房合同》签约的事实及三份《商品房合同》上加盖的公章及总裁陈某辉签名。双方对此问题争议的焦点是：双方签订三份《商品房合同》时，房地产发展公司是否隐瞒房产作为发展公司投资转让及没有预售资格的事实，导致其作出错误的意思表示，已构成对 S 集团公司欺诈。对这一争议事实的判定，首先应当查明房地产发展公司是否实施了欺诈行为。根据《最高人民法院关于贯彻执行〈中华人民共和国民法通则〉若干问题的意见（试行）》第 68 条及《中华人民共和国合同法》第五十四条的规定，一方当事人故意告知对方虚假情况，或者故意隐瞒真实情况，诱惑对方当事人作出错误意思表示的，可认定为欺诈，受欺诈方才依法有权行使请求撤销权。本案"房地产发展公司经批准作为发起人之一，以其经批准开发建设的 H 大厦主楼 1 至 21 层、商场 3 至 4 层、地下室 1 层 80 个车位作为出资，于 2000 年 5 月 26 日发起设立发展公司"。"双方订立《商品房合同一》和《商品房合同三》的时间为 2000 年 8 月 23 日之后，双方订立《商品房合同二》的时间为 2000 年 6 月 15 日之后"。上述事实，已经生效的〔2002〕闽民初字第 4 号、第 5 号民事判决查明认定，构成了本案房地产发展公司对双方争议的待证事实免予证明的举证义务，也证明三份《商品房合同》项下房产的客观现状及双方签约情况。对此，房地产发展公司能否履行交付 1.3487 亿元房产的义务，发展公司能否保证房地产发展公司所取得的该笔售房款全额用于购买 Z 公司、G 公司及 H 公司持有的 S 集团公司股权，最终实现订立三份《商品房合同》的目的，S 集团公司明知且应当预见。S 集团公司自始未能举证证明双方订立三份《商品房合同》时，房地产发展公司有对 S 集团公司存在故意隐瞒 H 大厦现状真实情况的行为。

本案诉讼中，S 集团公司自始认可双方订立三份《商品房合同》及该公司签章与法定代表人签名的事实。公章是机关、团体、企业、事业等单位确认其对外从事

民事活动效力的法定凭证。法人的法定代表人是依据法律或者法人组织章程的规定代表法人行使职权的负责人，有权代表法人从事民事活动，其执行职务的行为所产生的一切法律后果应当由法人承担。因此，在双方对三份《商品房合同》上S集团公司签章及法定代表人陈某辉签名之事实真实性无异议、S集团公司不能举证证明三份《商品房合同》内容为房地产发展公司单方擅自填写及已依约履行1.3487亿元购房款收付、股权转让行为已完成的情况下，三份《商品房合同》中的陈述内容应当认定是双方协商一致的结果，无据认定为属于受欺诈而订立的合同。S集团公司提供的房地产发展公司填报的《商品房预售申请表》、泉州市房地产管理局出具的《证明》及第2824号《房屋所有权证》亦证明：H大厦预售总面积为36039平方米，而三份《商品房合同》项下房产总面积为9061.34平方米。因此，一审法院依据房地产发展公司取得的H大厦《国有土地使用权证》及含《商品房合同》项下房产的《房屋所有权证》，认定三份《商品房合同》项下房产已经获准预售，三份《商品房合同》真实、合法、有效，依据充分。S集团公司以上述证据否认双方房屋买卖的真实交易关系，主张房地产发展公司隐瞒了H大厦房产真实情况及没有预售资格构成欺诈，请求撤销三份《商品房合同》于法无据。

关于S集团公司主张三份《商品房合同》价格显失公平的问题。我国现行法律没有明确显失公平的具体标准。本案三份《商品房合同》明确约定了预售房屋的面积、价格、付款时间与支付方式、交房时间等主要内容，双方权利义务内容是完整和真实的，不存在S集团公司因胁迫或缺乏经验而订立合同的情形，且1.3487亿元购房款已在三份《商品房合同》订立前的2000年6月1日三方签订的《协议书》中明确。即便三份《商品房合同》项下房产价格比当时当地的同类房屋交易价格有所上涨，亦属于S集团公司应当预见的商业交易风险。S集团公司以会计师事务所出具的《资产评估报告书》为据，主张三份《商品房合同》约定的房产价格显失公平，请求予以撤销，亦不符合撤销的法定要件。

三、关于S集团公司申请调查证据的权利是否受到损害的问题

最高人民法院认为，S集团公司申请人民法院对房地产发展公司取得的《商品房预售许可证》项下的房产进行调查，该《商品房预售许可证》不属于《最高人民法院关于民事诉讼证据的若干规定》第三条规定的"当事人因客观原因不能自行收集的证据"范围。本案一、二审诉讼中，S集团公司亦认可房地产发展公司取得的《商品房预售许可证》的真实性及合法性。同时，二审庭审后，最高人民法院再次给S集团公司延长举证期限，故S集团公司的诉讼权利并未受损。

综上，一审判决认定S集团公司请求撤销三份《商品房合同》，不符合《中华人民共和国合同法》第五十四条的规定，事实清楚，适用法律正确。根据《中华人民共和国民事诉讼法》第一百五十三条第一款第一项之规定，判决如下：驳回上诉，维持原判。

第二章　合同效力

> **规则5：**（新法对合同效力确定的影响）合同效力的认定原则上适用行为时的法，在终审判决作出之前，新法与旧法确定合同效力的规定不同的，应适用认定合同有效的法
> ——彩票发行中心与科技发展公司营销协议纠纷案①

【裁判规则】

1. 当事人签订的合同，履行期限跨越了新的法律法规生效之时，根据法律适用的基本原则，原则上应适用行为之时的法律和行政法规的规定认定合同效力，但如果在终审判决作出之前，根据新颁布的法律、行政法规的规定认定合同有效而根据原有法律、行政法规认定无效的，根据从宽例外、持续性行为例外的基本法理，应适用新颁布的法律、行政法规的规定认定合同效力。

2. 人民法院确认合同无效，应当以全国人大及其常委会制定的法律和国务院制定的行政法规为依据，不得以地方性法规、行政规章为依据。但在法律、行政法规没有规定，而相关行政主管部门制定的行政规章涉及社会公共利益保护的情形下，可以以违反《民法典》第153条第2款的规定违背公序良俗为由确认合同无效。

【规则理解】

一、法不溯及既往原则的理解与适用

（一）法不溯及既往原则概述

任何规范性法律文件都有一定的效力范围。从时间上看，法律自施行之日起生效，到被废止时失效，对于其生效之前的事实不具有约束力，即法不溯及既往。法律是否溯及既往应以其所约束的事实发生时间及该事实法律效果延续

---

① 《中华人民共和国最高人民法院公报》2009年第9期。

时间与法律施行的时间先后为依据。

法不溯及既往体现了对法律主体信赖利益的保护，是一项基本法律原则，《立法法》第104条关于"法律、行政法规、地方性法规、自治条例和单行条例、规章不溯及既往"的规定即为法不溯及既往原则的体现。需要注意的是，《立法法》将本条规定置于"适用与备案"一章，说明其是关于法律适用的规定，并非立法的规定。规范性法律文件可以自行规定其是否具有溯及力。

（二）法不溯及既往原则的适用规则

根据《立法法》第104条的规定，适用法律时，除非规范性法律文件明确规定其具有溯及力，否则不适用于其施行前的法律事实。在司法实践中要注意以下三个问题。

1.《立法法》第104条规定："法律、行政法规、地方性法规、自治条例和单行条例、规章不溯及既往，但为了更好地保护公民、法人和其他组织的权利和利益而作的特别规定除外。"而规范性法律文件关于其溯及既往的"特别规定"是否系"为了更好地保护公民、法人和其他组织的权利和利益而作"，属于立法者立法时审查判断的范围，一般不属于人民法院的司法审查的范围，只要规范性文件中有此类规定，就应当适用新法。

2.《立法法》第104条与《民法典》第153条第1款的关系问题。依据《立法法》第104条的规定，在适用所有的规范性法律文件时，包括法律、行政法规、地方性法规、自治条例和单行条例、规章，都应遵守法不溯及既往原则，但有特别规定的除外。如果除法律、行政法规之外的规范性文件有关于其溯及既往的特别规定，而且依据该规定适用新法将导致认定合同为无效合同，应如何处理？笔者认为，《立法法》和《民法典》均为全国人民代表大会制定的法律，法律效力位阶相同，但依据特别法优先于一般法的法律适用原则，这种情形下应当优先适用作为特别法的《民法典》的规定，只有违反法律、行政法规的强制性规定时，合同才能认定为无效。

3.法不溯及既往是法律适用的一般原则，但如果在任何情况下都严格遵守该原则，则有可能违背有关法律的立法意旨，产生不良的社会效果。有学者根据《立法法》第104条的规定，认为在法不溯及既往原则下，适用法律时应当坚持有利例外原则，即为了更好地保护公民、法人和其他组织的权利和利益而作的特别规定除外。但是从文意上看，此项但书规定仅涉及在相关规范性法律文件已经从"更好地保护公民、法人和其他组织的权利和利益"的角度出发，作出了"特别规定"的情形下如何适用法律的问题。在没有相关法律规定的情形下，如何贯彻法不溯及既往原则，是否亦存在例外情形呢？笔者认为，应当充分考虑相关法律的立法意旨、国家政策、法律适用的社会效果及该原则与其他法律原则的平衡等角度进行分析判断。

就认定合同效力而言，人民法院在判断是否适用法不溯及既往原则时，通常需要考虑保护交易安全、鼓励交易、合同自由以及保护公共利益等因素，在司法实践中形成了从宽例外、持续性行为例外两个基本原则。

从宽原则是指，在确认合同效力时，合同成立于《合同法》实施之前，但如适用合同成立时的法律该合同无效，而适用《合同法》该合同有效的，适用《合同法》。即在认定合同效力的问题上，人民法院应从宽把握合同的生效要件，只要合同符合旧法或者《合同法》规定的生效要件，即可认定为有效。在依据旧法合同无效，依据新法合同有效的情况下，《合同法》即产生溯及既往的效力，适用于其实施之前已经订立的合同。《合同法司法解释一》第3条关于"人民法院确认合同效力时，对合同法实施以前成立的合同，适用当时的法律合同无效而适用合同法合同有效的，则适用合同法"的规定就是从宽原则的体现。《民法典时间效力司法解释》第8条也作出了适用从宽的原则，即《民法典》施行前成立的合同，适用当时的法律、司法解释的规定合同无效而适用民法典的规定合同有效的，适用民法典的相关规定。我们适用从宽原则时，应注意三个问题：第一，该原则仅适用于合同效力问题。第二，只适用于合同订立于《民法典》实施之前，且在《民法典》实施之时尚未履行完毕的情形，如果合同订立于《民法典》实施之后，则应当适用《民法典》的规定，不存在溯及既往的问题；如果合同在《民法典》实施之时已经履行完毕，由于合同关系已经消灭，亦无适用《民法典》之必要。第三，从宽原则仅适用于人民法院对合同效力尚未作出生效法律文书的情形，如果《民法典》实施时合同已经被生效法律文书确认为无效，从维护生效裁判既判力和法律关系的安定性的角度考虑，则无必要再适用从宽原则。

持续性行为例外原则是指，合同订立于《合同法》实施之前，但合同约定的履行期限跨越至《合同法》实施之日的，关于合同履行问题，适用《合同法》的规定。法律行为依据其延续时间的长短，可以分为瞬间性法律行为和持续性法律行为。瞬间性法律行为在时间上表现为一个时点，一般不会跨越新旧法实施的两个时间段。《合同法司法解释一》第2条关于"合同成立于合同法实施之前，但合同约定的履行期限跨越合同法实施之日或者履行期限在合同法实施之后，因履行合同发生的纠纷，适用合同法第四章的有关规定"的规定即是持续性行为例外原则的体现。《民法典时间效力司法解释》第二十条也作出了持续性行为例外的原则，即民法典施行前成立的合同，依照法律规定或者当事人约定该合同的履行持续至《民法典》施行后，因《民法典》施行前履行合同发生争议的，适用当时的法律、司法解释的规定；因《民法典》施行后履行合同发生争议的，适用民法典第三编第四章和第五章的相关规定。

从宽例外原则和持续性行为例外原则体现了在合同效力和履行问题上优先适用《民法典》的立法精神，这与我国经济体制改革，建立和完善市场经济体系的政策相适应。从计划经济走向市场经济的过程，就是不断放宽对经济的管制，为民事主体的交易行为松绑，越来越尊重民事主体意思自治的过程。在《合同法》实施之前，《经济合同法》（已失效）、《涉外经济合同法》（已失效）、《技术合同法》以及《民法通则》对合同无效的规定不利于保护当事人的权益，造成法律关系不稳定，而且与我国建立社会主义市场经济体制的政策相背。在《合同法》实施后，坚持从宽例外原则和持续性行为例外原则，体现了保护交易、尊重当事人意思自治、减少公权对私权的干预的价值取向。《民法典》更是继承和发扬了《合同法》的上述基本精神。

二、合同违反强制性规定时的效力认定

《民法典》第153条规定："违反法律、行政法规的强制性规定的民事法律行为无效。但是，该强制性规定不导致该民事法律行为无效的除外。违背公序良俗的民事法律行为无效。"上述规定是当事人主张合同无效较为常用的法律依据之一，也是人民法院在法律适用中面临的一个难点，司法实践中争议较大。适用该项规定时应注意以下几个问题。

（一）强制性规定不依当事人的意思而排除其适用，体现了法律的强制力，是与任意性规定相对应的法律概念

法律规范分为强制性规范和任意性规范。任意性规范的目的是引导、规范民事主体的行为，并不具备强制性的效力，民事法律行为与任意性规范不一致的，并不影响其效力。任意规范体现的是法律对民事法律行为的一种指引，当事人可以选择适用，也可以选择不适用；任意性规定是只有在当事人没有作出意思表示，或者意思表示不明确时才适用的规定，具有补充适用的特点。强制性规范体现的是法律基于对国家利益、社会公共利益的考量，是对私人意思自治领域所施加的一种限制；民事主体在实施民事法律行为时必须服从这种对行为自由的限制，否则会导致对国家利益、社会公共利益的侵害，从而被判定无效。强制性规定的效力优先于当事人意思表示的效力，违反强制性规定的法律

行为将依据该规定产生相应的法律效果,但并非违反强制性规定的法律行为均不按当事人的意思发生法律效力。"但是该强制性规定不导致该民事法律行为无效的除外"。依据对民事行为效力的影响不同,理论上将强制性规定分为效力性强制性规定和管理性强制性规定。《合同法司法解释二》第14条规定:"合同法第五十二条第(五)项规定的'强制性规定',是指效力性强制性规定。"按上述司法解释的规定,只有违反效力性强制性规定的合同才无效。违反管理性强制性规定,当事人可能受到行政或刑事处罚,但其行为效力一般不受影响。《民法典合同编通则司法解释》第16条、第17条、第18条对适用《民法典》第153条有关"强制性规定",没有从效力性强制性和管理性强制性的角度进行规定。第16条规定是关于《民法典》第153条第1款"但书"的适用,即"合同违反法律、行政法规的强制性规定,有下列情形之一,由行为人承担行政责任或者刑事责任能够实现强制性规定的立法目的的,人民法院可以依据民法典第一百五十三条第一款关于'该强制性规定不导致该民事法律行为无效的除外'的规定认定该合同不因违反强制性规定无效:(一)强制性规定虽然旨在维护社会公共秩序,但是合同的实际履行对社会公共秩序造成的影响显著轻微,认定合同无效将导致案件处理结果有失公平公正;(二)强制性规定旨在维护政府的税收、土地出让金等国家利益或者其他民事主体的合法利益而非合同当事人的民事权益,认定合同有效不会影响该规范目的的实现;(三)强制性规定旨在要求当事人一方加强风险控制、内部管理等,对方无能力或者无义务审查合同是否违反强制性规定,认定合同无效将使其承担不利后果;(四)当事人一方虽然在订立合同时违反强制性规定,但是在合同订立后其已经具备补正违反强制性规定的条件却违背诚信原则不予补正;(五)法律、司法解释规定的其他情形。法律、行政法规的强制性规定旨在规制合同订立后的履行行为,当事人以合同违反强制性规定为由请求认定合同无效的,人民法院不予支持。但是,合同履行必然导致违反强制性规定或者法律、司法解释另有规定的除外。依据前两款认定合同有效,但是当事人的违法行为未经处理的,人民法院应当向有关行政管理部门提出司法建议。当事人的行为涉嫌犯罪的,应当将案件线索移送刑事侦查机关;属于刑事自诉案件的,应当告知当事人可以向有管辖权的人民法院另行提起诉讼"。第17条规定是关于《民法典》第153条第2款的适用,即"合同虽然不违反法律、行政法规的强制性规定,但是有下列情形之一,人民法院应当依据民法典第一百五十三条第二款的规定认定合同无效:(一)合同影响政治安全、经济安全、军事安全等国家安全的;

(二）合同影响社会稳定、公平竞争秩序或者损害社会公共利益等违背社会公共秩序的；（三）合同背离社会公德、家庭伦理或者有损人格尊严等违背善良风俗的。人民法院在认定合同是否违背公序良俗时，应当以社会主义核心价值观为导向，综合考虑当事人的主观动机和交易目的、政府部门的监管强度、一定期限内当事人从事类似交易的频次、行为的社会后果等因素，并在裁判文书中充分说理。当事人确因生活需要进行交易，未给社会公共秩序造成重大影响，且不影响国家安全，也不违背善良风俗的，人民法院不应当认定合同无效"。第18条规定关于不适用《民法典》第153条第1款的情形，即"法律、行政法规的规定虽然有'应当''必须'或者'不得'等表述，但是该规定旨在限制或者赋予民事权利，行为人违反该规定将构成无权处分、无权代理、越权代表等，或者导致合同相对人、第三人因此获得撤销权、解除权等民事权利的，人民法院应当依据法律、行政法规规定的关于违反该规定的民事法律后果认定合同效力"。人民法院在处理此类情形时要注意司法解释的变化，在判断和适用法律、行政法规的强制性规定是否影响合同效力时，应当结合上述司法解释的规定，综合考量强制性规定的目的、当事人是否属于强制性规定保护的范围、强制性规定规制的是一方当事人还是双方当事人、违反强制性规定的社会后果等因素。

（二）法律的效力位阶不同，对合同效力的影响亦不同

《合同法司法解释一》第4条规定："合同法实施以后，人民法院确认合同无效，应当以全国人大及其常委会制定的法律和国务院制定的行政法规为依据，不得以地方性法规、行政规章为依据。"从上述规定来看，只有违反全国人大及其常委会制定的法律和国务院制定的行政法规中的强制性规定，合同才无效。强制性规定既可以规定在法律、行政法规中，也可以规定地方性法规和部门规章中，但地方性法规、部门规章的制定程序相对简单，制定部门在国家机关的级别较低，我国目前还存在地方保护主义和保护部门利益的情形，地方性法规和部门规章中不适当地否定合同效力的情形仍可能存在。最高人民法院发布司法解释规定只能依据全国人大及其常委会制定的法律和国务院制定的行政法规认定合同无效，有利于防止合同无效的泛滥、对私权的肆意干涉和随意毁约的行为，有利于塑造一个诚实守信的社会环境。对于违反地方性法规、行政规章的合同效力，《民法典合同编通则司法解释》因对强制性规定的角度进行了调整，没有规定合同违反地方性法规、行政规章的强制性规定，而是规定了不违反法律、行政法规的强制性规定，应当认定合同无效的情形，即第17条规定：

"合同虽然不违反法律、行政法规的强制性规定，但是有下列情形之一，人民法院应当依据民法典第一百五十三条第二款的规定认定合同无效：（一）合同影响政治安全、经济安全、军事安全等国家安全的；（二）合同影响社会稳定、公平竞争秩序或者损害社会公共利益等违背社会公共秩序的；（三）合同背离社会公德、家庭伦理或者有损人格尊严等违背善良风俗的。人民法院在认定合同是否违背公序良俗时，应当以社会主义核心价值观为导向，综合考虑当事人的主观动机和交易目的、政府部门的监管强度、一定期限内当事人从事类似交易的频次、行为的社会后果等因素，并在裁判文书中充分说理。当事人确因生活需要进行交易，未给社会公共秩序造成重大影响，且不影响国家安全，也不违背善良风俗的，人民法院不应当认定合同无效。"

（三）此项规定与违背公序良俗导致合同无效的关系

在某些情况下，法律、行政法规的强制性规定所保护的正是公序良俗。故某一合同在违反法律、行政法规的强制性规定的同时，可能也损害了公序良俗，出现法规竞合的情形。由于违反法律、行政法规的强制性规定较易判断，而公序良俗的内涵和外延较为模糊，其界定比较困难，故这种情形下，人民法院一般会适用《民法典》第153条第1款的规定。如果当事人订立的合同仅违反地方性法规和部门规章的强制规定，法律、行政法规没有相关规定，则需要判断该合同是否损害公序良俗，如果损害公序良俗，则可适用《民法典》第153条第2款的规定，认定合同无效。《民法典合同编通则司法解释》第17条第2款规定："人民法院在认定合同是否违背公序良俗时，应当以社会主义核心价值观为导向，综合考虑当事人的主观动机和交易目的、政府部门的监管强度、一定期限内当事人从事类似交易的频次、行为的社会后果等因素，并在裁判文书中充分说理。当事人确因生活需要进行交易，未给社会公共秩序造成重大影响，且不影响国家安全，也不违背善良风俗的，人民法院不应当认定合同无效。"应当注意的是，公序良俗同样体现国家对民事领域意思自治的一种限制。对于公序良俗行为可以类型化，如果发现待决案件的事实与其中某一类型相符，即可判定该行为无效。违反公序良俗类型包括但不限于：一是危害国家政治、经济、财政、税收、金融、治安等秩序类型；二是危害家庭关系行为类型；三是违反道德行为和人格尊重行为类型；四是限制经济自由行为类型；五是违反公正竞争行为、消费者保护、劳动者保护行为类型。

【拓展适用】

一、法不溯及既往原则的适用

（一）法不溯及既往原则的基本内涵

任何规范性法律文件都有一定的效力范围。从空间上看，法律仅在特定空间范围内生效，法律效力所及的特定空间，称为法域。从时间上看，法律自施行之日起生效，到被废止时失效，对于其生效之前的行为与事件不具有约束力，即法不溯及既往。法律是否溯及既往应以法律所约束的事实（包括法律行为和事件）及其法律效果与法律施行的时间先后为依据。依据持续时间长短不同，法律事实可以分为瞬间性法律事实和持续性法律事实。瞬间性法律事实在时间上表现为一个时点，一般不会跨越新旧法实施的两个时间段，故在判断法律溯及力时，主要讨论持续性法律事实是否受新法的约束。此外，与法律事实不同，法律效果一般具有持续性。法律效果终结后，新法才开始施行，若新法适用于该法律效果，则属于溯及既往；法律效果尚未终结，新法已经开始施行的，若新法不仅适用于其施行后将要发生的法律效果而且改变了施行前已经发生的法律效果，则属于溯及既往，若新法仅适用于其施行后将要发生的法律效果，则不属于溯及既往。

（二）法不溯及既往制度的法理基础

法不溯及既往原则建立在理性主义的基础之上，闪耀着人文主义的光辉。人有趋利避害的本性，人们只能以行为时有效的法律为基础预测行为结果，并作出最有利的决定。萨维尼认为，溯及既往"是指具有溯及力的法律把过去的法律事实的后果纳入它的管辖范围并因此影响这些后果"。[1] 如果法律溯及既往，人们就不能正确预测自己的行为结果，生活将陷于不可知状态，法律关系亦将处于不稳定、不可预测的状态。这与法律所追求的安定、秩序等价值目标背道而驰。因此，法不溯及既往原则的确立是法制进步的体现，使法律从神秘莫测走向公开透明。与法不溯及既往原则紧密联系的是"既得权"理论，凡是新法影响到"既得权"，即属于溯及既往。因"既得权"理论在有些情况下对权利人利益保护不足，有些情况下对权利人利益过度保护，有被滥用的风险，各国法律对该理论进行了批判和继承。在法国，出现了"新法的即行效力理论"；在德国出现了"真正溯及"与"非真正溯及"的二元概念；在美国，正

---

[1] ［德］弗里德希·卡尔·冯·萨维尼：《法律冲突与法律规则的地域和时间范围》，李双元、张茂等译，法律出版社1999年版，第206页。

当程序原则被运用于解决法的溯及问题。① 这些理论虽存在一定差别，但总体上都是对"既得权"理论的扬弃，对法的即行适用持肯定立场，对溯及既往概念加以限缩。广义溯及既往概念强调的是对个人自由权利的保护，与国家的"守夜人"角色和自由放任的经济政策相对应；狭义溯及既往概念则反映了对国家利益、公众利益的强调，与强化国家社会管理和经济调控职能的政策相适应。这表明，当社会需要一定程度地强调国家利益和公众利益，适度地强化国家管理社会、调控经济的职能时，在立法政策上就须适当地扩大新法的效力范围，相应地缩小溯及既往概念的外延。②

（三）法律不溯及既往原则的例外

《立法法》第104条规定："法律、行政法规、地方性法规、自治条例和单行条例、规章不溯及既往……"该条规定确立了我国法律适用中的法不溯及既往原则。因此，原则上，人民法院只能依据民事主体行为时的法律法规确认其行为的法律效果。而法不溯及既往原则的研究主要集中于该原则的例外，即何种情况下法律可以溯及既往。

对于法律是否溯及既往问题，一般对契约行为与非契约行为和事件区别对待。非契约事实的未来效力，系指那些不是来自协议，而只是来自法律规定的法律效力，它完全是由法律规定的。对于执政者，其效力源自法律规定本身，并且任何时候都可以被新法修改或废止，权利人就不能将其作为一种最终既得权利来主张。而契约行为的未来效力则不同：第一，在合同领域，合同高于法律，法律的介入是一种例外。在坚持合同自由这一基本原则的前提下，应该使合同尽量免受公权力的干预，当且仅当出于公共利益的必须时，才能允许这种干预。第二，合同是一种预见行为，轻易否定合同的效力及内容对法律关系的安定性会造成损害，与合同法意思自治的原则相悖。第三，在合同领域，由当事人意志所决定的合同状态的多样性，使得法律状态的一致不那么必需。合同权利义务的暂时性也大大减少了其因废止制度积淀、堆积而造成的不便。因此，在合同领域，法律溯及既往应当是极个别的例外。司法实践中，在处理法是否溯及既往时，可依照《民法典时间效力司法解释》处理。该规定第1条第1款及第2款贯彻了"法律不溯及既往"的法的时间效力原则："民法典施行后的

---

① 杨登峰：《何为法的溯及既往？——在事实或其效果持续过程中法的变更与适用》，载《中外法学》2007年第5期。

② 杨登峰：《何为法的溯及既往？——在事实或其效果持续过程中法的变更与适用》，载《中外法学》2007年第5期。

法律事实引起的民事纠纷案件，适用民法典的规定。民法典施行前的法律事实引起的民事纠纷案件，适用当时的法律、司法解释的规定，但是法律、司法解释另有规定的除外。"该规定第二条确立了"有利溯及"原则："民法典施行前的法律事实引起的民事纠纷案件，当时的法律、司法解释有规定，适用当时的法律、司法解释的规定，但是适用民法典的规定更有利于保护民事主体合法权益，更有利于维护社会和经济秩序，更有利于弘扬社会主义核心价值观的除外。"

二、合同无效的认定规则

（一）合同无效概述

合同无效是指当事人所缔结的合同因严重欠缺生效要件，在法律上不按当事人合意的内容赋予法律效力。[1] 合同有效以合同成立为前提，如果各方当事人的意思表示不具备合同成立的条件，合同尚未成立，不存在有效与无效的问题。罗马法上，并不区分法律行为的成立要件和生效要件，无效行为包括民事行为不成立和无效两类情形，因为"法律行为欠缺成立要件或欠缺有效要件，在学理上固然可加以区分，但在实际上并无差别。欠缺成立要件，法律行为不能成立，也就谈不上什么效力；反之，法律行为如果不能生效，则纵然成立也没有意义。所以法律行为不成立的结果为无效，而无效的结果实际上等于法律行为不成立。所以罗马法上法律行为的无效即包括不成立和无效两种情形"。[2] 但是，现代民法区分合同的成立要件和生效要件，无论在理论上还是实践中都有积极意义。

合同的成立集中体现了意思自治原则，合同的成立要件包括两个方面：一是有两个以上的缔约人，二是意思表示一致。合同体现人与人之间的关系，单独一个人不可能产生合同关系，故第一个要件是合同的当然之义。合同的成立，关键是当事人达成一致的意思表示。可以说，意思表示一致是合同成立的必要条件，而意思表示一致以意思自治为基础。意思自治包含两方面内容：自己意思和自己责任。民事主体因有自己意思之能力，才享有处分自己的权益的权利，与他人订立合同；亦因有自己责任之能力，才可为自己设定义务，并且遵守约定，践行承诺。因此，合同的订立以意思自治为基础，合同的成立是民事主体自主性的体现。而合同的生效责任体现了法律对民事主体行为的评价，对民事主体自主权之限制。

对于合同效力的根源，有意思主义、功利主义、信赖理论和法律评价四种

---

[1] 韩世远：《合同法总论》，法律出版社2008年版，第144页。
[2] 周枏：《罗马法原论》（下册），商务印书馆1994年版，第621页。

观点。意思主义认为，合同的效力来源于当事人的意思，由于合同是意志和意志间的相互关系，合同的本性就在于共同意志和特殊意志都得到表达。[①] 意思主义体现了对个人意志的尊重，强调探寻合同当事人的真实意思，但亦有其固有的缺点。例如，对于当事人意思表示错误，意思表示不明时如何处理，意思主义没有提供解决方案，对于当事人意思表示一致但被法律认定为无效的合同，亦无法作出解释。功利主义认为，一方面，当事人基于追求自身利益而订立合同，从整体上能够满足每个人对有限资源的最佳利用；而且当事人履行合同之后，双方的利益都比以前增加了。另一方面，如果某一当事人采取投机行为而不履行合同，其个人信誉就会受到损害，进而会影响以后的交易。因此，如果双方都承认并维持合同的约束力，则会改善双方共同的福利。[②] 功利主义的缺陷之一是将民事主体视为完全的经济人，"人"并非在所有情形下都追求利益最大化，合同亦并非在任何情况下都是当事人追求利益最大化的工具，在单务合同和无偿合同中更是如此。此外，遵守合同并非会给一方或各方当事人带来利益最大化，社会关系纷繁复杂、市场环境变化多端，订约时对当事人有利的合同，到履行时可能对一方当事人不利，甚至对双方当事人都不利。违约、解释合同、请求确认合同无效，亦常常是当事人追求利益最大化的结果。因此，功利主义既可以解释合同为什么有效，也可以解释合同为什么无效。信赖理论认为，"承诺必须兑现"的原则是合同制度的道德基础，是整个社会共存的基石，承诺或合同应由一个认为违背承诺不对的普遍信念来支撑，故"每一个为缔结合同而自由作出的意思表示，都表示对另一缔约方的约束和信任，合同应据此彻底履行"。[③] 不论是面对面的交易还是远期的异地交易，通过法律对交易模型的标准化规定以及对当事人在交易过程中的义务和责任的强化，可使当事人在合同中预先看到他们将来的权利和义务，以及违反合同所将受到的制裁，这有助于加强人们的预期信赖。现代社会生活中基于信赖而产生持续性交易关系的普遍化也要求代替以彼此互不相识的人之对立关系而设定的近代合同模型，转而构建以信赖关系为基础的持续性合同关系的合同模型，而所谓信赖关系就是指非经逐个的合意，信赖对方而听凭对方处理，这就有必要用协作的理念来

---

① [德]黑格尔：《法哲学原理》，范扬、张企泰译，商务印书馆1961年版，第85页。
② [德]黑格尔：《法哲学原理》，范扬、张企泰译，商务印书馆1961年版，第85页。转引自崔建远：《合同法总论》（上卷），中国人民大学出版社2008年版，第220页。
③ 转引自崔建远：《合同法总论》（上卷），中国人民大学出版社2008年版，第221页。

把握合同关系。① 个人虽享有订立或不订立合同的自由，但一旦人们通过订立合同建立了彼此的信赖和期待，法律就对此提供保护，合同对当事人产生约束力。法律评价说认为，合同的法律效力源自法律，是合同法等法律赋予的，由国家强制力保障。合同是当事人意思与上升为法律的国家意志的统一体。一方面，国家和法律尽可能地尊重当事人的意思，只要当事人的意思不与强行性规定、社会公共利益和社会公德相抵触，就承认合同的法律效力，按当事人的合意赋予法律效力；另一方面，当事人的意思应在法律允许的范围内表示，这样的合同才能获得法律赋予的约束力。如果合同违反了强制性规定或者公共利益，超出法律所能容忍的界限，就会被认定为无效。上述四种观点从不同角度阐释了合同效力的根源，意思主义强调了对个人意志的尊重，但忽视了法律对个人意思的评价；功利主义仅提供了一个分析合同效力来源的维度，单一从功利主义出发，不能合理解释社会生活中合同无效的情形；信赖说揭示了合同制度背后的价值基础，但保护信赖和预见性并非确认合同效力的唯一依据；法律评价说则能较为全面地解释合同有效与合同无效的根源，但缺乏对合同效力制度背后价值取舍的洞察。一般性地赋予合同以法律效力，有利于社会信用的建立，降低交易成本，提高生产效率，故这是商品经济发展的需求；这也是人性解放和尊重个人意志的体现，也有利于社会整体利益的最大化，因为个人最清楚自己需要什么，个人是决定自己的事务时的最佳裁判者。在此基础上，法律为当事人的合意设定底线，因为个人在决定自己的事务时是最佳裁判者，一旦当事人的合意涉及公共利益或者他人利益时，就难免出现损人利己或者损人不利己的行为。因此，从法律对合同效力的规定，体现了一个基本的价值判断，即何种事务完全交由当事人合意决定将会产生正义的结果。因此，从表面看，合同效力根源于法律的评价，实质上，根源于立法者内心的正义，受立法政策的影响。

（二）合同无效的情形

自新中国成立至今，随着我国政治、经济政策的变化，我国合同效力制度亦发生了巨大变化。意思自治原则和鼓励交易原则在合同法领域得到确认，并发挥了越来越重要的作用，公序良俗原则的内涵和外延逐渐明晰，其定位更加合理。合同效力形式多样化，从有效、无效两种方式转变为有效、无效、可撤

---

① ［日］内田贵：《契约法的现代化》，胡宝海译，载梁慧星主编：《民商法论丛》，法律出版社1997年版，第328页。转引自崔建远：《合同法总论》（上卷），中国人民大学出版社2008年版，第221页。

销、效力待定、未生效等多种方式。合同无效的情形亦相应减少。在计划经济体制下，国家强化了对经济各个方面的管制，计划是原则，合同自由是例外，贴牌经营、特许经营、转包等合同均无效。但是合同无效过于泛滥，会增加交易成本，浪费社会资源，更与市场经济的本质相悖。1999年10月1日起施行的《合同法》在《民法通则》《经济合同法》《涉外经济合同法》《技术合同法》的基础上进一步限缩了无效合同的范围。《民法总则》第153条、第154条也对民事法律行为无效作出了相应的规定。现行《民法典》第153条、第154条也对民事法律行为无效作出了相应的规定。根据《民法典》第153条、第154条的规定，在下列情形下订立的合同无效。

1. 恶意串通，损害他人合法权益

《民法典》第154条规定："行为人与相对人恶意串通，损害他人合法权益的民事法律行为无效。"恶意串通，以当事人均明知其行为会损害他人合法权益为必要条件。在司法实践中，判断当事人之间是否存在恶意串通以及是否损害了他人合法权益仍存在很多模糊地带。例如，一物二卖的情况下，第二买受人明知标的物已经出卖给第三人仍与出卖人签订买卖合同，是否属于恶意串通损害他人合法权益；再如，受损害的他人合法权益是否包括一切权益，债权受到损害的情况下，权利人可否主张合同无效。相关问题将在后文讨论。

2. 违背社会公序良俗

当事人订立合同，无论是否存在欺诈、胁迫、恶意串通的情形，无论其真实目的是否合法，只要违背社会公序良俗，即应认定为无效。

近代民法以私权神圣、意思自治、平等自由为基本原则。民事主体可以自主决定自己的事务，处分自己的财产，对私权和自由的保护贯穿于全部民事法律制度之中。一般情况下，民法天平的两端都是私权，而司法的艺术往往就是平衡私权的艺术，只有在涉及公序良俗时，民法的其他基本原则才均退居次席。这体现了民法对于人的终极关怀，民法以人之幸福为最大目的，保护物权、鼓励交易是为保障人的物质生活条件，婚姻自由、忠贞义务是为保护人的婚姻家庭生活，人格权则为保护人之人格尊严的健全。公序良俗通常是人生活的基础，损害公序良俗则损害了人生活的基础，间接侵害了其他多数人的利益，这与民法增进人的福祉的目的相悖。从社会整体看，保护公序良俗就是在保护个人利益，但对具体的个人而言，公序良俗的保护则意味着对私权的限制。

公序良俗对于合同效力有一票否决的效力，但公序良俗的界定却是司法实践中所面临的重要难题之一。公序良俗即某一地域范围内的共同秩序和善良风俗。因此，公序良俗的内涵具有地域性，与某一法域的风土人情、文化传统相关。公序良俗也具有历史性，在不同的时期，其内涵并不相同。司法实践中，危害家庭关系、违背伦理道德、限制自由竞争、侵害弱势群体利益的合同有可能因损害公序良俗而被认定为无效。

3. 违反法律、行政法规的强制性规定

《民法典》第153条第1款规定："违反法律、行政法规的强制性规定的民事法律行为无效。但是该强制性规定不导致该民事法律行为无效的除外。"强制性规定是指直接规范人们的意思表示或法律行为，不允许人们依其意思加以变更或排除其适用，否则，将受到法律制裁的法律规定。[①] 强制性规定是与任意性规定相对的法律概念，体现了法律的强制力。有的强制性规定是为了保护公共利益、国家利益，有的是为了达到实质公平的效果而对处于弱势一方当事人的利益予以特别保护，有的出于法律制度设计的需要而制定，有的则是出于政府管理需要而制定。任意性规定一般起到补充作用，即当事人没有约定或约定不明时，适用任意性规定，以确定当事人的权利和义务。而强制性规定的效力则优先于当事人的意思表示，民事主体的行为违反法律的强制性规定，则会产生相应的法律后果。例如，要求当事人补正某些行为要件，对当事人处以行政处罚，或者导致当事人的行为无效。《合同法司法解释二》第14条规定："合同法第五十二条第（五）项规定的'强制性规定'，是指效力性强制性规定。"因此，只有违反效力性强制性规定的合同才无效。

效力性强制性规定是指对违反强制性规范的私法上的行为，在效力后果上以私法上的方式予以一定制裁的强制性规定。也就是说，当事人所预期的私法上的法律效果会受到一定的消极影响，或者无效，或者效力待定等。[②] 与效力性强制性规定相对的是管理性强制性规定。违反管理性强制性规定，当事人可能受到行政或刑事处罚，但其所预期的私法上的效果不一定会受到私法上的制裁。效力性强制规范着重违反行为之法律行为价值，以否认其法律效力为目的；管理性强制规范着重违反行为之事实行为价值，以禁止其行为为目的。因此，违反效力性强制性规定的合同无效。《民法典合同编通则司法解释》没有对强制性规定按效力性强制性规定和管理性强制性规定进行区分，而对《民法典》第153条第1款规定的"但书"进行了解释，明确了相关规定及处理思路。因

---

① 耿林：《强制规范与合同效力》，清华大学2006年博士学位论文。
② 耿林：《强制规范与合同效力》，清华大学2006年博士学位论文。

此，在判断法律、行政法规的强制性规定是否影响合同效力时，人民法院应当综合考量强制性规定的目的、当事人是否属于强制性规定保护的范围、强制性规定规制的是一方当事人还是双方当事人、违反强制性规定的社会后果等因素。

(三) 合同无效的法律后果

从效力范围看，合同无效可分为绝对无效和相对无效。绝对无效是指合同自始、当然、绝对无效，任何人均可主张无效。自始无效是指合同无效的效力溯及于合同订立之时；当然无效是指合同当然不按照当事人意思表示的内容发生法律效力，无须他人主张，对任何人均不发生法律效力。相对无效是指合同仅对部分人发生无效的效果，对于其他人则有效。我国《民法典》没有规定相对无效的情形，从第157条关于"民事法律行为无效、被撤销或者确定不发生效力后，行为人因该行为取得的财产，应当予以返还；不能返还或者没有必要返还的，应当折价补偿。有过错的一方应当赔偿对方由此所受到的损失；各方都有过错的，应当各自承担相应的责任"的规定看，我国《民法典》只规定了合同绝对无效，不存在相对无效的情形。有学者认为，相对无效在我国《合同法》中并非全无踪影，只是学说尚未来得及总结，《合同法》第80条规定，转让债权的协议，在未将债权转让的事实通知债务人时，对债务人不发生效力，对此，也可说成债务转让协议相对于债务人无效，可作为相对无效看待。[①] 债权转让，涉及债权人、债务人和受让人三方当事人，如果债务人没有参与订立债权转让协议，虽然债权转让协议为其设定了义务，在接到债权转让通知之前，其仍不是债权转让协议的当事人。合同效力具有相对性，该协议对债务人不发生效力。即这种情形下合同仍有效，只是对当事人之外的第三人不发生合同效力，并非指该债权转让协议对债务人而言是无效合同，或者债务人可以主张该债权转让协议无效，故与合同相对无效并不相同。从我国《民法典》的规定看，我国立法上并不承认合同相对无效，在司法实践中亦鲜有认定合同相对无效的情形。

从时间上看，合同无效可分为自始无效和嗣后无效。自始无效即指合同在成立之时就已经存在无效的原因，自始不依当事人意思表示的内容发生法律效力。嗣后无效是指合同原本有效，合同无效的原因并非在合同订立时就已存在，而是在合同订立后产生，合同订立后到合同无效原因产生之时合同是有效的，只有出现合同无效的原因后才发生无效的法律后果。《民法典》第155条规定：

[①] 崔建远：《合同法总论》（上卷），中国人民大学出版社2008年版，第258页。

"无效的或者被撤销的民事法律行为自始没有法律约束力。"因此，我国《民法典》规定的合同无效是指自始无效。对于持续性合同而言，还可能出现依据旧法有效，依据新法无效的情形，这也可能导致合同嗣后无效。我国《民法典》实施后，对于合同效力问题，坚持从宽例外和持续性行为例外两个原则，解决了这一问题，而且相对于《经济合同法》《涉外经济合同法》《技术合同法》以及《民法通则》的规定，《合同法》及《民法典》大大限缩了无效合同的范围。因此，我国《民法典》上基本不存在依据旧法有效的合同，依据新法无效的情形。但是，如果持续性合同违反新的法律、行政法规中的强制性规定，亦可能出现合同嗣后无效的情形。合同自始无效对于一时性合同而言，问题不大，例如赠与等合同；对于持续性合同，则可能导致比较复杂的结果。例如合伙合同、建设工程施工合同等，因合同的履行期限较长，在当事人已经履行了合同主要义务的情况下，一方当事人主张合同无效，如果合同无效溯及于合同订立之时，返还原物、计算损失较为困难，很多情况下还涉及与第三人的法律关系，不可能恢复到合同订立时的状态。因此，司法实践中涉及无效持续性合同的法律后果时，除非涉及重大公共利益，往往会根据实际情况，尊重现状，作出处理。例如，《最高人民法院关于审理建设工程施工合同纠纷案件适用法律问题的解释》第2条关于"建设工程施工合同无效，但建设工程经竣工验收合格，承包人请求参照合同约定支付工程价款的，应予支持"的规定，即体现了这一精神。

　　从合同内容上看，合同无效可以分为全部无效和部分无效。合同全部无效是指全部合同内容因符合《民法典》规定的无效情形而无效；合同部分无效则指仅有部分合同内容因符合《民法典》规定的无效情形而无效，其他合同内容合法有效。《民法典》第156条规定："民事法律行为部分无效，不影响其他部分效力的，其他部分仍然有效。"故合同部分无效的情况下，不影响其他部分的效力。此外，《民法典》第507条规定："合同不生效、无效、被撤销或者终止的，不影响合同中有关解决争议方法的条款的效力。"故合同中独立存在的有关解决争议方法的条款一般合法有效，其效力不受合同无效的影响。但是，如果该解决争议方法的条款符合《民法典》第153条、第154条规定的合同无效的情形，仍应认定为无效。

　　《民法典》第157条规定："民事法律行为无效、被撤销或者确定不发生效力后，行为人因该行为取得的财产，应当予以返还；不能返还或者没有必要返还的，应当折价补偿。有过错的一方应当赔偿对方由此所受到的损失；各方都有过错的，应当各自承担相应的责任。法律另有规定的，依照其规定。"可见，合同无效后，当事人所承担的责任是缔约过失责任。当事人因订立、履行合同所取得的财产因失去了取得财产的法定原因，属于不当得利，应当返还。不能返还或者没有必要返还的，则应当折价补偿。但是折价应以何时之价为准，实践中存在争议。例如，土地使用权买卖合同被宣告无效后，土地使用权已经由第三人善意取得的，受让人无法返还土地使用权，只能折价补偿。但从受让人获得土地使用权到土地使用权转让合同被宣告无效，土地使用权的价值已经发生了巨大变化，以不同时间点的价格为标准确定补偿范围，对双方当事人的利益影响巨大。笔者认为，应该充分考虑双方当事人的过错程度、损失情况、受让人所获利益等因素作出判定。由于合同无效是自始无效，其无效的效果涉及合同订立之时，故按受让人取得土地使用权时的价格为标准，同时参照受让人的获利情况确定补偿范围，较为合理。

（四）正确处理合同无效与恶意抗辩的关系

司法实践中，双方当事人在订约时往往对合同的效力是明知的，等到需要履行合同或者合同履行到一定程度时，由于市场行情、自身财力等因素发生变化，发现继续履行合同会带来不利，或者继续履行合同所带来的利益小于毁约所带来的利益时，可能会请求人民法院确认合同无效。这类行为不仅违反诚实信用原则，而且不利于法律关系的稳定，导致很多法律关系处于随时可被宣告无效的状态。此时，人民法院面临两难的境地，如果确认合同无效，往往使一方当事人因恶意抗辩而获利，如果不确认合同无效，又不符合相关法律规定。这类情况在转让土地使用权、合作开发房地产和房地产买卖合同纠纷中出现频率较高，原因在于近年来房地产市场持续升温，而且这类合同从订立到最后履行完毕所经历的时间亦较长，到合同履行时，市场行情已经发生了巨大变化，当事人的履行利益远高于合同被宣告无效后所应承担的缔约过失责任。人民法院在处理这类案件时，一方面应当按照相关法律规定正确认定合同效力，另一方面应当充分考虑双方当事人的主观过错及恶意程度，正确划分双方当事人的责任。

【典型案例】

彩票发行中心与科技发展公司营销协议纠纷案①

---

① 同本书规则3案例内容。

> **规则 6**：（对内管理行为与合同效力）针对特定主体的对内管理行为、不涉及公共利益的强制性规定，不属于合同无效的强制性规定
> ——农村信用合作联社 J 信用社诉罗某玲储蓄合同纠纷案①

【裁判规则】

针对特定主体的对内管理行为、不涉及公共利益的强制性规定，不属于合同无效的强制性规定。银行作为专业金融机构，对于关乎储户切身利益的内部业务规定，负有告知储户的义务。如银行未向储户履行告知义务，当双方对于储蓄合同相关内容的理解产生分歧时，应当按照一般社会生活常识和普遍认知对合同相关内容作出解释，不能片面依照银行内部业务规定解释合同内容。

【规则理解】

一、行业内部管理规定对合同效力的影响

合同一经订立，除依法或依约定另有生效条件外，即发生法律效力，当事人必须遵守。合同实际上就是当事人之间的法律，任何一方当事人不得任意变更、解除。但遵守合同以合同有效为前提，无效合同自始无效，对当事人没有约束力。故合同的效力对当事人的利益影响巨大，通常是当事人争议的焦点，亦是人民法院审理案件的重点和难点。《民法典》第 153 条规定：违反法律、行政法规的强制性规定的民事法律行为无效，但是该强制性规定不导致该民事法律行为无效的除外。对该项规定的理解与适用，有两个问题需要解决：一是本项规定中的法律、行政法规是仅指全国人大及其常委会制定的法律和国务院制定的行政法规，还是指广义的法律、法规，包括地方性法规、部门规章等规范性法律文件；二是凡是违反强制性规定的合同均无效，还是应对强制性法规区别对待，依据具体情况而定。针对第一个问题，《合同法司法解释一》第 4 条规定："合同法实施以后，人民法院确认合同无效，应当以全国人大及其常委会制定的法律和国务院制定的行政法规为依据，不得以地方性法规、行政规章为依据。"针对第二个问题，《合同法司法解释二》第 14 条规定："合同法第五十二条第（五）项规定的'强制性规定'，是指效力性强制性规定。"但是，

---

① 《中华人民共和国最高人民法院公报》2011 年第 1 期。

合同履行必然导致违反强制性规定或者法律、司法解释另有规定的除外。因此，在判断法律、行政法规的强制性规定是否影响合同效力时，人民法院应当结合《民法典合同司法解释》第16条至第18条的规定，综合考量强制性规定的目的、当事人是否属于强制性规定保护的范围、强制性规定规制的是一方当事人还是双方当事人、违反强制性规定的社会后果等因素。司法实践中，对法律和行政法规的判断并无异议，但何为效力性强制性规定，实务中存在不同意见。最高人民法院也明确指出，司法解释这样规定，不妨碍民商法学界继续对效力性强制性规定和管理性强制性规定区分标准的研究。

依据法律效力的强弱不同，法律规定可以区分为强制性规定和任意性规定，前者是指其法律效力优先于当事人的意思表示的效力，不能被当事人排除适用的法律规定，只要当事人的行为符合该项法律规定，即会产生相应的法律后果；后者是指其法律效力弱于当事人意思表示的效力，往往在当事人没有作出意思表示或意思表示不清楚时才适用，具有补充适用的特点。民商法属于私法，以意思自治为原则，多数民商法律规定属于任意性规定，但出于制度构建、公序良俗以及行政管理等需要，也有强制性规定。违反强制性规定，必然会产生相应的法律后果，或要求当事人补充相关行为要件，或对行为人处以行政处罚或刑事处罚，或否定相关民事行为的法律效力。依据对民事法律行为效力的影响不同，强制性规定分为效力性强制性规定和管理性强制性规定，只有违反效力性强制性规定的合同才无效。对这一问题，最高人民法院多次在相关文件中予以说明。例如，《民商事合同纠纷案件指导意见》（法发〔2009〕40号）第15条规定："正确理解、识别和适用合同法第五十二条第（五）项中的'违反法律、行政法规的强制性规定'，关系到民商事合同的效力维护以及市场交易的安全和稳定。人民法院应当注意根据《合同法司法解释二》第十四条之规定，注意区分效力性强制规定和管理性强制规定。违反效力性强制规定的，人民法院应当认定合同无效；违反管理性强制规定的，人民法院应当根据具体情形认定其效力。"目前立法上没有关于效力性强制性规定与管理性强制性规定的区分标准的规定，司法实践中对该问题亦无统一认识。人民法院认定效力性强制性规定时，一般要综合考虑立法目的、利益平衡、交易安全等因素，对于直接涉及公共利益或者国家利益的强制性规定，一般认定为效力性强制性规定，对于涉及行业管理和市场准入等方面的强制性规定，则须慎重对待，不宜轻易据此否定合同效力。对于该问题，《民商事合同纠纷案件指导意见》第16条规定："人民法院应当综合法律法规的意旨，权衡相互冲突的权益，诸如权益的种类、交易安全以及其所规制的对象等，综合认定强制性规定的类型。如果强制性规范规制的是合同行为本身即只要该合同行为发生即绝对地损害国家利益或者社会公共利益的，人民法院应当认定合同无效。如果强制性规定规制的是当事人的'市场准入'资格而非某种类型的合同行为，或者规制的是某种合同的履行行为而非某类合同行为，人民法院对于此类合同效力的认定，应当慎重把握，必要时应当征求相关立法部门的意见或者请示上级人民法院。"关于合同无效的认定问题，最高人民法院主流观点认为：鼓励交易是合同法的重要精神，要谨慎地认定合同无效，人民法院审理合同纠纷案件不应产生阻碍合法交易的后果。首先，人民法院只能依据全国人大及其常委会制定的法律和国务院制定的行政法规认定合同无效，而不能直接援引地方性法规和行政规章作为判断合同无效的依据。如果违反地方性法规或者行政规章将导致损害社会公共利益，则可以根据《民法典》第153条第2款的规定，以违背公序良俗为由确认合同无效。其次，只有违反法律和行政法规的强制性规定才能确认合同无效。而强制性规定又包括管理性规范和效力性规范。管理性规范是指法律及行政法规未明确规定违反此类规范将导致合同无效的规范。此类规范旨在管理和处罚违反规定的行为，但并不否认该行为在民商法上的效力。如《商业银行法》第39条①即属于管理性的强制规定。效力性规定是指法律及行政法规明确规定违反该类规定将导致合同无效的规范，或者虽未明确规定违反之后将导致合同无效，但若使合同继续有效将损害国家利益和社会公共利益的规范。此类规范不仅旨在处罚违反之行为，而且意在否定其在民商法上的效力。因此，只有违反了效力性的强制规范的，才应当认定合同无效。如果合同仅仅违反了关于行业管理、市场准入的强制性规定，一般不宜认定为无效，但是依据《合同法司法解释一》第10条关于"当事人超越经营范围订立合同，人民法院不因此认定合同无效。但违反国家限制经营、特许经营以及法律、行政法规禁止经营规定的除外"的规定，违反国家限制经营、特许经营规定的合同，应认定为无效合同。对合同主体违反法律、行政法规关于国家限制经营、特许经营以及禁止经

---

① 《商业银行法》第39条规定，商业银行贷款，应当遵守下列资产负债比例管理的规定：（一）资本充足率不得低于百分之八；（二）流动性资产余额与流动性负债余额的比例不得低于百分之二十五；（三）对同一借款人的贷款余额与商业银行资本余额的比例不得超过百分之十；（四）国务院银行业监督管理机构对资产负债比例管理的其他规定。本法施行前设立的商业银行，在本法施行后，其资产负债比例不符合前款规定的，应当在一定的期限内符合前款规定。具体办法由国务院规定。

营等强制性规定，应当认定合同因违反强制性规定无效。

最高人民法院在相关批复中，亦体现了上述精神，即合同违反了关于市场准入或行业管理方面的强制性规定的，应慎重认定其效力。例如，最高人民法院在对旅游装备公司诉被告货运代理公司海上货物运输合同无正本提单放货纠纷一案[①]的批复中，即认为《国际海运条例》第7条、第26条的规定不属于效

[①] 该案基本案情：2006年6月5日，旅游装备公司与国外买方签订贸易合同，出售价值167522.84美元的货物，交货条件为FOB新港，目的港为新西兰惠灵顿港，付款条件为T/T，买方指定代理公司为货物的承运人。代理公司收取货物后，以自己的名义签发了编号为SZLF200609028和SZLF200610025的提单，开船日期分别为2006年9月17日和2006年10月22日。后旅游装备公司得知提单项下货物已经被提取，因未收回全部货款受到损失。根据交通部公布的无船承运业务经营者名录，代理公司并未取得无船承运业务经营资格。

原审法院对涉案合同或提单的效力问题存在两种意见：第一种意见认为合同有效。主要理由：第一，《国际海运条例》及《国际海运条例实施细则》规定从事无船承运业务需办理提单登记、交纳保证金并取得《无船承运业务经营资格登记证》，即须取得无船承运业务经营资格。采取的是登记制度而非许可制度，因此，无船承运业务尚不属于限制经营或特许经营行业。未取得无船承运业务经营资格的经营者订立海上货物运输合同或签发提单的行为，违反了《国际海运条例》第26条规定的管理性（也称取缔性）强制规范，但不属于违反《合同法》第52条第（5）项规定的效力性强制规范的行为，也不属于违反《合同法司法解释一》第10条规定的国家限制经营、特许经营以及法律、行政法规禁止经营行为，只构成一般违法。而且，该行为并不损害国家利益和社会公共利益，不应当被认定无效。第二，在国际贸易单证流转过程中，违规经营者签发的未经登记备案的提单，贸易合同的卖方也可以据以结汇并收取货款。因此，前述提单也属于《海商法》第71条所规定的物权凭证。如认定运输合同无效必将影响作为运输合同证明的提单的效力，这将严重影响善意提单受让人的利益，破坏国际贸易活动的正常进行，给提单受让人的索赔以及法院对各方当事人责任的认定造成困难。因此，从保护善意提单受让人利益、稳定市场交易的需要出发，也应当认定合同有效。第三，通过对审判实践中出现的违规经营者与托运人订立的运输合同的履行情况进行分析，多数情况下货物运输事项均已完成，索赔主要集中在货物灭失或损坏的赔偿纠纷、无正本提单放货纠纷、追索海运费纠纷等案件中，认定合同有效有利于纠纷的解决、有利于保障交易安全、有利于航运市场的稳定发展。第四，认定合同有效，并不影响行政机关根据《国际海运条例》第43条的规定对违规经营者进行行政处罚。同时，人民法院在案件审结后也应当向国务院交通主管部门或者其授权的地方人民政府交通主管部门提出司法建议，要求对违规经营者给予行政处罚，以保障无船承运业务管理制度的落实。第二种意见认为合同无效。主要理由：第一，根据《国际海运条例》及《国际海运实施细则》的规定，无论是中国还是外国的无船承运业务经营者均需具备市场准入条件。交通部根据无船承运业务经营者的申请，依照《国际海运条例》及《实施细则》的规定颁发《无船承运业务经营资格登记证》，依法赋予无船承运业务经营者从事无船承运业务的法律资格。上述行为实质上是一种行政许可行为，说明我国把无船承运业务纳入国家限制经营的行业，其目的是规范我国国际海上运输活动，保护公平竞争，防止海运欺诈。违规经营者未在交通部办理提单登记备案并交纳保证金，违反了《国际海运条例》第7条、第26条的强制性规定，根据我国《合同法》第52条第（5）项关于违反法律、行政法规强制性规定的合同无效之规定，该种情况下订立的运输合同当属无效。同时，根据《合同法司法解释一》第10条，违规经营者也违反了国家关于限制经营无船承运业务的规定。因此，其与托运人订立的海上货物运输合同应当认定无效。（转下页注）

力性强制性规定，违反该规定的合同有效。该批复体现了我国司法实践中鼓励交易、维护交易安全的意旨，在探寻管理性强制性规定和效力性强制性规定方面作了有益探索，值得肯定。应当注意的是，《民法典合同编通则司法解释》第 16 条至第 18 条对强制性规定进行了解释，但并没有采取将强制性规定区分为效力性强制性规定和管理性强制性规定的做法，第 16 条是关于《民法典》第 153 条第 1 款"但书"适用的规定，第 17 条是关于《民法典》第 153 条第 2 款适用的规定，第 18 条关于不适用《民法典》第 153 条第 1 款情形的规定。

二、合理提示对格式条款效力的影响

根据《民法典》第 496 条第 1 款的规定，格式条款是当事人为了重复使用而预先拟定，并在订立合同时未与对方协商的条款。当事人采用格式条款订立合同，有利于减少订约成本，提高交易效率，但是格式合同一般由经济上处于优势地位一方当事人提供，其不仅具有缔约地位上的优势，更在专业知识上胜于对方当事人。而且，提供格式合同的当事人有充分的时间和精力研究一份对自己有利的合同，而对方当事人在订约时往往没有对合同条款进行协商的机会和能力，很难在短时间内正确理解合同条款，通常亦不具备对合同内容进行协商的能力，只能选择签订或者不签订合同。因此，为了达到实质公平的效果，各国在立法上均对提供格式合同一方当事人课以合理提示的义务，以便对方当

（接上页注②）第二，审判实践中，外国违规经营者委托国内货运代理企业签发未经登记备案提单的现象极为常见，在海运欺诈及无正本提单放货纠纷案件中占有相当大的比例。此类案件中，托运人很难向外国违规经营者进行索赔，如果认定违规经营者与托运人订立的运输合同或签发的提单无效，则根据《民法通则》第 67 条的规定，货运代理人明知被委托代理的事项违法仍然进行代理活动的，应当与违规经营人承担连带责任，有利于保护托运人的合法权益。若认定合同有效，则货运代理企业代理外国违规经营者签发提单的行为并未影响运输合同及提单的效力，与托运人的损失之间没有因果关系，货运代理人不承担任何责任。这无疑不能有效打击对外贸易中的海运欺诈行为。第三，《国际海运条例》第 43 条虽然规定了对违规经营者的行政处罚措施，但对于 FOB 贸易条款下我国境内货运代理企业签发外国违规经营者提单的情况，行政主管部门是无法对该外国违规经营者进行实际处罚的。《国际海运条例》的制定就是为了规范航运市场，防止海运欺诈，如果违规经营者订立的合同或所签发提单的效力不受约束，而对于外国违规经营者又无法实施有效监管，则该条例制定的意义就不存在了。

本案争议的焦点是《国际海运条例》第 7 条、第 26 条的强制性规定属于效力性强制性规定还是管理性强制性规定。对于该问题，最高人民法院于 2007 年 11 月 28 日作出〔2007〕民四他字第 19 号《关于未取得无船承运业务经营资格的经营者与托运人订立的海上货物运输合同或签发的提单是否有效的请示的复函》规定，根据《中华人民共和国国际海运条例》（以下简称《国际海运条例》）的规定，经营无船承运业务，应当向国务院交通主管部门办理提单登记，并交纳保证金。本案中深圳龙峰国际货运代理公司在未取得无船承运业务经营资格的情况下签发了未在交通主管部门登记的提单，违反了《国际海运条例》的规定，受理案件的法院应当向有关交通主管部门发出司法建议，建议交通主管部门予以处罚。但深圳龙峰国际货运代理公司收到货物后应托运人的要求签发提单的行为，不属于《中华人民共和国合同法》第五十二条第五项规定的违反法律、行政法规的强制性规定的情形，该提单应认定为有效。

事人正确理解合同条款，了解订约风险，正确作出决策。我国《民法典》第496条第2款规定："采用格式条款订立合同的，提供格式条款的一方应当遵循公平原则确定当事人之间的权利和义务，并采取合理的方式提请对方注意免除或者减轻其责任等与对方有重大利害关系的条款，按照对方的要求，对该条款予以说明。"不仅要求提供格式合同一方当事人在确定合同条款时遵循公平原则，更要求其在订约时以合理的方式提请对方注意免除或者减轻其责任等与对方有重大利害关系的条款，按照对方的要求，对该条款予以说明。至于何种方式为"合理方式"，本书中相关规则已有详细论述，《合同法司法解释二》第6条第1款规定："提供格式条款的一方对格式条款中免除或者限制其责任的内容，在合同订立时采用足以引起对方注意的文字、符号、字体等特别标识，并按照对方的要求对该格式条款予以说明的，人民法院应当认定符合合同法第三十九条所称'采取合理的方式'。"《民法典》第496条第2款同时规定："提供格式条款的一方未履行提示或者说明义务，致使对方没有注意或者理解与其有重大利害关系的条款的，对方可以主张该条款不成为合同的内容。"《民法典合同编通则司法解释》第10条对格式条款订入合同作出明确规定，即"提供格式条款的一方在合同订立时采用通常足以引起对方注意的文字、符号、字体等明显标识，提示对方注意免除或者减轻其责任、排除或者限制对方权利等与对方有重大利害关系的异常条款的，人民法院可以认定其已经履行民法典第四百九十六条第二款规定的提示义务。提供格式条款的一方按照对方的要求，就与对方有重大利害关系的异常条款的概念、内容及其法律后果以书面或者口头形式向对方作出通常能够理解的解释说明的，人民法院可以认定其已经履行民法典第四百九十六条第二款规定的说明义务。提供格式条款的一方对其已经尽到提示义务或者说明义务承担举证责任。对于通过互联网等信息网络订立的电子合同，提供格式条款的一方仅以采取了设置勾选、弹窗等方式为由主张其已经履行提示义务或者说明义务的，人民法院不予支持，但是其举证符合前两款规定的除外"。因此，对于格式合同中免除和限制自己责任的内容，格式合同提供方有两方面义务：一是在合同文本中采用足以引起对方注意的文字、符号、字体等特别标识；二是按照对方的要求对此类条款予以解释。如果提供格式合同的当事人未正确履行合理提示义务的，可能导致相关合同条款无效。

很多格式合同均以相关行业规定为基础而制定，甚至会直接引用相关行业规定中的具体条文，其中部分规定专业性较强，普通民众通常不了解其确切含义。因此，银行等专业机构，对于关乎对方当事人切身利益的内部业务规定，负有告知义务。对方当事人只有在充分理解相关规定的基础上,才能作出正确决策,双方才具备了共同订立契约的基础。否则,对方当事人基于误解而订立合同,不仅其利益得不到保障,还可能导致相关合同条款无效。

三、格式合同条款的解释规则

由于格式合同由一方当事人制定,对方当事人没有机会协商合同内容,对提供格式合同条款的当事人而言,合同条款由其精心制定,对另一方当事人而言,往往没有时间对合同条款进行研究,双方当事人在签订合同时,实质上处于不平等的地位。因此,格式合同订立后,双方当事人对合同条款有异议的,天平应向对方当事人倾斜。《合同法》第41条规定:"对格式条款的理解发生争议的,应当按照通常理解予以解释。对格式条款有两种以上解释的,应当作出不利于提供格式条款一方的解释。格式条款和非格式条款不一致的,应当采用非格式条款。"《民法典》第498条沿袭了上述规定。

【拓展适用】

一、效力性强制性规定的认定

(一) 国外和相关地区关于强制性规定的立法例

司法实践中,民事行为的效力是当事人争议焦点和人民法院审查的重点之一,其中民事行为是否因违反法律、行政法规的强制性规定而无效,是司法审查的难点之一,因此,人民法院正确认定民事行为的法律效力,是作出正确裁判的前提和关键。最高人民法院也明确指出的是,司法解释没有对效力性强制性规定和管理性强制性规定区分规定,并不妨碍民商法学界继续对效力性强制性规定和管理性强制性规定区分标准的研究,也乐于见到优秀研究成果服务审判实践,共同解决这一世界难题,共同助力司法公正。

从国外的立法和司法实践看,将强制性规定加以区分,慎重认定合同无效是各国通例。《德国民法典》第134条的规定,法律行为违反法律上的禁止性法律规定时无效,但法律另有规定的除外。从文义上理解,除非法律另有规定,违反禁止性法律规定的法律行为均无效,但德国司法实践中和法学理论界并不这样认为。在理论上,将强行法分成四个部分:一是以违反行为为无效且处以刑罚者,为超完全法规;二是仅以违反行为为无效,为完全法规;三是不以该违反行为为无效仅处以刑罚者,为次完全法规;四是不以该违反行为无效也不处以刑罚者,为不完全法规。[1] 即只有违反超完全法规和完全法规的行为才是

---

[1] 武钦殿:《合同效力的研究与确认》,吉林人民出版社2001年版,第120页。

无效的民事作为，违反次完全法规和不完全法规不会产生法律行为无效的后果。

在日本，有关违反取缔法规的法律行为之效力的理论被称为"违反法律行为效力论"。在学说史上它经历了四个发展阶段：学说史前的阶段、强调公法与私法二分论的通说阶段、战后20世纪60年代至80年代修正通说的阶段以及90年代强调公法与私法相互支援、相互补充关系的新阶段。[①] 在《日本民法典》颁布之初，日本的判例均坚持违反取缔法规的行为原则上无效。可是战后60年代，学说和判例都发生了很大变化。在相当长的时期，学说和判例皆认为违反取缔法规的行为虽然要受到行政制裁，但在原则上并不影响其在私法上的效力。到了20世纪90年代，违反行为效力论迎来了一个崭新的时期。根据大村的经济公序论，其将取缔法规区分为警察法令和经济法令。违反警察法令的行为原则上有效。而经济法令又进一步区分为"交易利益保护法令"和"经济秩序维持法令"。违反前者的行为原则上无效；违反后者的行为在一定程度上也不得不牺牲当事人的私益。[②]

(二) 效力性强制性规定的把握

我国参照各国通例，将强制性规定区分为效力性强制性规定和禁止性强制性规定，民事行为违反这两类强制性规定的后果并不相同。违反强制性规定哪些情形下导致合同无效，哪些情形下合同仍然有效，是一直困扰司法实践的疑难问题，也是民商法学民界公认的世界性难题。司法解释起草小组对此问题进行了30多次专题讨论。继原《合同法》第52条将影响合同效力的强制性规定严格限定为法律、行政法规的强制性规定后，原《合同法司法解释二》第14条规定："合同法第五十二条第（五）项规定的'强制性规定'，是指效力性强制性规定。"可见，原《合同法解释二》第14条又进一步将导致合同无效的强制性规定限制在效力性强制性规定。这对于确立违反法律、行政法规的强制性规定并不必然导致合同无效的观念具有重要意义。《民法典》第153条第1款虽然没有采用效力性强制性规定的表述，但在规定法律行为因违反法律、行政法规的强制性规定而无效的同时，明确规定"但是，该强制性规定不导致该民事法律行为无效的除外"。在司法解释的起草过程中，考虑到效力性强制性规定的表述已被普遍接受，有人建议继续将效力性强制性规定作为判断合同是否

[①] 解亘：《论违反强制性规定契约之效力——来自日本法的启示》，载《中外法学》2003年第1期。

[②] 解亘：《论违反强制性规定契约之效力——来自日本法的启示》，载《中外法学》2003年第1期。

因违反强制性规定而无效的标准。但经过反复研究并征求各方面的意见，司法解释没有继续采用这一表述。原因有三①：一是虽然有的强制性规定究竟是效力性强制性规定还是管理性强制性规定十分清楚，但是有的强制性规定的性质却很难区分。问题出在区分的标准不清晰，没有形成共识，特别是没有形成简便易行、务实管用的可操作标准，导致审判实践中有时裁判尺度不统一。二是在有的场合，合同有效还是无效，是裁判者根据一定的因素综合进行分析的结果，而不是其作出判决的原因。三是自效力性强制性规定的概念提出以来，审判实践中出现了望文生义的现象，即大量公法上的强制性规定被认为属于管理性强制性规定，不是效力性强制性规定。《民法典合同编通则司法解释》没有采取原《合同法解释二》第14条将强制性规定区分为效力性强制性规定和管理性强制性规定的做法，而是采取了直接对《民法典》第153条第1款规定的"但书"进行解释的思路。第16条规定："合同违反法律、行政法规的强制性规定，有下列情形之一，由行为人承担行政责任或者刑事责任能够实现强制性规定的立法目的的，人民法院可以依据民法典第一百五十三条第一款关于'该强制性规定不导致该民事法律行为无效的除外'的规定认定该合同不因违反强制性规定无效：（一）强制性规定虽然旨在维护社会公共秩序，但是合同的实际履行对社会公共秩序造成的影响显著轻微，认定合同无效将导致案件处理结果有失公平公正；（二）强制性规定旨在维护政府的税收、土地出让金等国家利益或者其他民事主体的合法利益而非合同当事人的民事权益，认定合同有效不会影响该规范目的的实现；（三）强制性规定旨在要求当事人一方加强风险控制、内部管理等，对方无能力或者无义务审查合同是否违反强制性规定，认定合同无效将使其承担不利后果；（四）当事人一方虽然在订立合同时违反强制性规定，但是在合同订立后其已经具备补正违反强制性规定的条件却违背诚信原则不予补正；（五）法律、司法解释规定的其他情形。法律、行政法规的强制性规定旨在规制合同订立后的履行行为，当事人以合同违反强制性规定为由请求认定合同无效的，人民法院不予支持。但是，合同履行必然导致违反强制性规定或者法律、司法解释另有规定的除外。依据前两款认定合同有效，但是当事人的违法行为未经处理的，人民法院应当向有关行政管理部门提出司法

---

① 参见《最高人民法院民二庭、研究室负责人就民法典合同编通则司法解释答记者问》，载最高人民法院网站，https://www.court.gov.cn/zixun/xiangqing/419402.html，最后访问时间：2023年12月8日。

建议。当事人的行为涉嫌犯罪的,应当将案件线索移送刑事侦查机关;属于刑事自诉案件的,应当告知当事人可以向有管辖权的人民法院另行提起诉讼。"因此,合同违反法律、行政法规强制性规定的,人民法院应当依据《民法典》第153条第1款认定无效。即只有违反效力性强制性规定的合同才无效,违反管理性强制性规定的,当事人可能会承担相应的行政或刑事处罚,但不影响合同效力。但如何区分效力性强制性规定和管理性强制性规定,是司法实践中的一个难点。笔者就该问题在本书中相关规则中已有论述,但在区分效力性强制性规定和管理性强制性规定时,应当考虑以下因素。

1. 从强制性规定的内容进行分析判断

如果强制性规定直接规定了民事行为效力问题,则属于效力性强制性规定;如果强制性规定仅规定某一民事行为的后果是受到行政或刑事处罚,但不涉及民事行为效力问题,通常属于管理性强制性规定;如果强制性规定只规定了行为模式,没有规定行为后果,则应根据具体情况判定。如果对某一违反强制性规定的行为,已经有相应的救济途径,或者当事人可以通过一定的方式补救,通常为管理性强制性规定。因为,如果强制性规定已经规定了行为后果,但不涉及行为效力问题,说明立法者的目的是管理或取缔某一民事行为,通过行政处罚等途径即可达到该目的,不宜因此认定民事行为无效。如果对某一违反强制性规定的行为,已经有相应的救济途径,或者当事人可以通过一定的方式补救,说明该强制性规定规范的是行为主体资格、行为时间和条件等问题,不是一般性地否认该类行为的效力,也不宜认定民事行为无效。

2. 在区分效力性强制性规定和管理性强制性规定时应考虑多种因素

既要考虑民事行为所损害的公共利益、公序良俗,也要尊重当事人意思自治,考虑诚实信用、交易安全和效率,在不直接损害重大公共利益的前提下,应尽量维持民事行为效力,尊重当事人意思自治,实现当事人利益和社会利益最大化。当前当事人以违反管理性强制性规定为由,否认民事行为效力的情况比较突出,实际上是为其恶意违约寻找借口。《合同法司法解释二》在《合同法》的基础上,明确规定只有违反效力性强制性规定的合同才无效,进一步限缩无效合同的范围,具有积极意义。但是,实践中强制性规定较多,而且不同法律、行政法规用语不同,立法目的不同,从形式上难以确立区分管理性强制性规定和效力性强制性规定的统一标准,人民法院只能在充分考虑立法目的,利益平衡等因素上作出判断。

二、格式合同中免除提供合同条款一方责任的条款效力问题

《民法典》第 496 条第 2 款规定："采用格式条款订立合同的，提供格式条款的一方应当遵循公平原则确定当事人之间的权利和义务，并采取合理的方式提示对方注意免除或者减轻其责任等与对方有重大利害关系的条款，按照对方的要求，对该条款予以说明。提供格式条款的一方未履行提示或者说明义务，致使对方没有注意或者理解与其有重大利害关系的条款的，对方可以主张该条款不成为合同的内容。"从文义上看，该条规定似乎存在矛盾。既然格式条款中免除提供条款一方当事人责任的内容不成为合同内容，为何还需提请对方当事人注意，并按照对方当事人的要求予以说明。从法律整体解释的角度看，应当将这两条规定结合起来认定格式合同的效力问题，立法者的本意应当是对于免除提供格式条款一方当事人责任的条款，该当事人应当提请对方当事人注意，并按对方要求进行解释，在对方当事人充分了解合同内容，且愿意免除格式条款提供方责任的情况下，属于当事人意思自治范畴，应予准许。如果对于免除提供格式条款一方当事人责任的条款，该当事人未提请对方当事人注意，或并未按对方要求进行合理解释，对方当事人在不了解该条款内容的基础上签订的合同，不是当事人真实意思，不能作为确定当事人权利义务的依据，对方可以主张该条款不成为合同的内容。即只有在格式条款免除了格式条款提供者的责任，且提供者未提请对方注意且作出正确解释的情况下，对方可以主张该条款不成为合同的内容。笔者认为，该规定增加格式条款无效法定情形，符合《民法典》的立法本意，亦较为合理。

【典型案例】

农村信用合作联社 J 信用社诉罗某玲储蓄合同纠纷案

原告：农村信用合作联社 J 信用社。

负责人：黄某秀，该社主任。

被告：罗某玲。

〔基本案情〕

原告农村信用合作联社 J 信用社因与被告罗某玲发生储蓄合同纠纷，向广东省梅州市梅江区人民法院提起诉讼。

原告农村信用合作联社 J 信用社诉称：2008 年 10 月 14 日，被告罗某玲到原告处办理定期存单支取业务，其所持存单载明：编号为 5700140234，账号为 5960609000××××，户名为罗某玲，存入金额为人民币 77000 元整，存入日为 2000 年 7 月 6 日，存期 8 年，到期日为 2008 年 7 月 6 日，凭密码身份证支取。该存单上的"利率"及"到期

利息"栏均为空白。根据中国人民银行的有关规定,从1996年5月1日起,取消八年期定期整存整取储蓄种类。被告于2000年7月6日存入的涉案存款,只能按照中国人民银行规定的利率支付利息,但由于原告工作人员的疏忽,在办理该笔业务时仍按已取消的八年期定期整存整取利率计付利息,因此多付被告利息70093.59元。事后原告与被告多次协商返还多付利息未果。我国实行严格的法定利率政策,金融机构的存贷款利息均需严格按照中国人民银行规定的利率执行,具有强制性,非依法定程序,任何单位和个人都无权变动。被告多得利息70093.59元属于不当得利,依法应予返还。请求判令被告归还原告多付利息70093.59元。

原告农村信用合作联社J信用社提交了如下证据:被告罗某玲的定期储蓄存单、储蓄存款利息支付清单、利息计算表、历年储蓄存款利率表、《储蓄管理条例》等。

被告罗某玲辩称:被告于2000年7月6日与原告农村信用合作联社J信用社签订涉案存单,此存单实质是双方自愿签订的储蓄合同。存单上的"利率"及"到期利息"栏虽然显示空白,但当时原告工作人员口头明确告知原告利率为17.1%,且始终未告知原告八年期定期整存整取储蓄种类已取消。存款合同到期后,被告到原告处支取存款本息,原告出具涉案存款利息清单1份交由被告签名确认后,原告按约支付存款本息,该存款合同已履行完毕。涉案存款合同是双方自愿签订,对双方均具有约束力,现原告要求被告返还利息没有事实依据和法律根据。综上,请求驳回原告的诉讼请求。

被告罗某玲未提交相关证据。

梅州市梅江区人民法院一审查明:

2000年7月6日,被告罗某玲在原告农村信用合作联社J信用社处存入77000元,原告开具定期储蓄存单1份并交于被告收执,存单内容显示:种类栏为整存整取,存入日和起息日栏均为2000年7月6日,存期栏为8年,到期日栏为2008年7月6日,利率栏为空白,密码栏为密码身份证,到期利息栏为空白,户名栏为罗某玲,账号栏为5960609000××××。原、被告均在相应栏目签名盖章确认。2008年10月14日,被告到原告处办理上述定期储蓄存单支取手续,原告按八年期储蓄存款利率将上述存款本息(扣除利息税)支付给被告,并开具储蓄存款利息支付清单1份交给被告收执。该清单内容显示:账号101596007042120000××××,户名罗某玲,种类对私整存整取,期限8年,计息本金77000元,起息日期2000年7月6日,止息日期2008年10月14日,天数2978天,利率17.1%,利息金额105486.92元,利息合计105486.92元,应纳税利息105486.92元,税率5%,代扣利息税款19313.20元,实付利息86173.72元,实付本息163173.72元。清单由原、被告签名盖章确认后,被告将款支出并存入在原告处另行开立的账户。

庭审中,针对涉案存单上的"利率"栏和"到期利息"栏均为空白的情况,原告农村信用合作联社J信用社认为:被告罗某玲在2000年存款时选择八年存期,而当时中国人民银行已明确规定取消八年期存款利率，所以涉案存单上的"利率"和"到期利息"栏目均为空白，应视为双方未约定利率和利息，对此应当根据"有约定按约定，无约定按法定"的原则处理。被告取款时因原告工作人员工作疏忽导致多付利息给被告。由于电脑程序及操作问题，存款当时原告无法复核存单内容，因此在取款后予以复核。原告一经发现多付利息给被告，即与被告交涉。对此被告则认为：被告存款时已与原告约定利率为17.1%，当时并未注意存单上未显示利率。存单到期后，被告已支取本息，双方各自履行了合同义务并均无异议。

另查明：原告农村信用合作联社J信用社提交的《关于罗某玲存款利息计算方法》表明：本金77000元按5年期定期计算利息为8870.4元（扣除利息税后），本息合计85870.4元作本金按3年期定期计算利息至2008年7月6日，同年7月6日至同年10月14日按活期利率计付利息，被告罗某玲应实得利息为16080.12元（扣除利息税后）。

诉讼中，原告农村信用合作联社J信用社向梅州市梅江区人民法院提出财产保全申请，梅州市梅江区人民法院作出（2008）梅区民初字第543号民事裁定书，依法冻结被告罗某玲在农村信用合作联社J信用社101596007012120003××××账户内的存款，冻结金额以人民币73000元为限。

〔一审裁判理由与结果〕

本案一审的争议焦点是：涉案储蓄存单关于八年存期的约定是否有效，如果无效，被告罗某玲应否返还农村信用合作社J信用社多付的利息。

梅州市梅江区人民法院一审认为：根据本案事实，被告罗某玲于2000年7月6日到原告农村信用合作联社J信用社处存入人民币77000元，原告开具定期储蓄存单交于被告收执，原、被告之间的储蓄合同关系成立。

国务院发布的《储蓄管理条例》第二十二条规定，储蓄存款利率由中国人民银行拟订，经国务院批准后公布，或者由国务院授权中国人民银行制定、公布；第二十三条规定，储蓄机构必须挂牌公告储蓄存款利率，不得擅自变动。中国人民银行广东省分行于1996年5月发布的《转发中国人民银行总行关于降低金融机构存、贷款利率的通知》第六条规定："取消八年期存款利率种类，约定存期和实际存期都在五年以上的存款，按五年期的存款计息。即在五年存期内按5年期定期存款利率计息，超过5年的按活期存款计息。"因此，原告农村信用合作联社J信用社与被告罗某玲在涉案存单中约定的八年存期违反了上述规定，应认定为无效。原告根据被告存款时的利率政策和标准计算出被告应得利息为16080.12元（扣除利息税后），符合有关规定，应予认定。

原告农村信用合作联社J信用社与被告罗某玲虽然在涉案存单中约定存期为八年，但涉案存单上"利率"栏和"到期利息"栏均为空白，说明双方就该部分内容未达成一致意见，没有形成完整的储蓄合同。造成上述瑕疵，双方均有责任，原告作为金融部门疏于管理，未按有关规定执行存款存期和利率，并且在被告取款过程中，原告工作人员仍然按照八年存期的存款利率 17.1% 计付利息，导致多付被告利息 70093.6 元（即原告实付利息 86173.72 元减去被告应得利息 16080.12 元），原告对此应承担主要责任，酌定承担责任比例为 60%，即 42056.16 元；被告作为储蓄合同的一方，对合同的主要条款负有与原告达成一致意见的责任，但对原告出具的涉案存单内容未进行详细审阅，亦有过失，应承担次要责任，酌定承担责任比例为 40%，即 28037.44 元。据此，被告应返还原告人民币 28037.44 元。

综上，梅州市梅江区人民法院依据《中华人民共和国民法通则》第四条、第六条、第八十四条，《中华人民共和国合同法》第七条、第五十八条之规定，于 2009 年 5 月 15 日判决如下：被告罗某玲应在本判决生效之日起 5 日内返还原告农村信用合作联社 J 信用社利息人民币 28037.44 元。

〔当事人上诉及答辩意见〕

农村信用合作联社 J 信用社、罗某玲均不服一审判决，向广东省梅州市中级人民法院提起上诉。

上诉人农村信用合作联社 J 信用社上诉称：（1）一审判决定性错误。首先，一审法院认定农村信用合作联社 J 信用社与上诉人罗某玲在涉案存单中约定的八年存期无效，而因双方缔约过失造成合同无效，则应适用各自返还原则。其次，我国实行法定利率政策，金融机构对存、贷款利率不得擅自变动。按照中国人民银行公布的标准，罗某玲存款时的五年期挂牌利率为 2.88%，因此，虽然由于农村信用合作联社 J 信用社工作人员的失误多付罗某玲利息 70093.59 元，但罗某玲取得该笔款项没有事实根据和法律依据，属于不当得利，理应返还农村信用合作联社 J 信用社。然而，一审判决并未分析罗某玲多得的 70093.59 元利息的性质，而以"储蓄合同纠纷"为由审理本案，作出错误定性。（2）本案中，存单上的"利率"和"到期利息"两栏空白，农村信用合作联社 J 信用社与罗某玲对此均有过错。根据民法理论，损害事实是构成过错赔偿责任的首要条件，因此，农村信用合作联社 J 信用社是否需要承担过错责任，主要看罗某玲是否遭受损失。国务院发布的《储蓄管理条例》第二十二条规定："储蓄存款利率由中国人民银行拟订，经国务院批准后公布，或者由国务院授权中国人民银行制定、公布。"也就是说，中国实行的是统一标准的法定利率政策。因此，罗某玲此笔存款在任何金融机构储蓄，所得利息数额都完全相同。按照罗某玲存款当时的利率政策和标准，罗某玲应得利息为 16080.12 元，农村信用合作联社 J 信用社已支付罗某玲 86173.72 元，罗某玲并未遭受任何损失，同时还占有 70093.59 元不当得利。故一审法院以农村信用合作联社 J 信用社有过错为由，判令罗某玲取得 60% 的不当得利，没有法律依据。综上所述，一审判决定性错误、判决不当，请求撤销一审判决，依法改判。

上诉人罗某玲上诉称：一审法院认定有误，适用法律错误。第一，一审判决认定涉案存单中约定的八年存期无效是错误的。（1）国务院颁布的《储蓄管理条例》

第二十二条、二十三条虽然规定储蓄存款利率由中国人民银行拟订,储蓄机构必须挂牌公布储蓄存款利率,不得擅自变动,但该规定旨在规范储蓄机构在储蓄业务中的活动,不影响储蓄机构对外从事民事活动中的行为的效力,不能以储蓄机构违反该项规定为由确认涉案储蓄合同关于存期的约定无效。(2)本案涉及的不仅是储蓄存款利率的问题,还涉及储蓄种类问题。对于储蓄机构开办储蓄种类的问题,法律和行政法规并未作出禁止性规定,且在1996年5月1日前,储蓄机构也确实开办过八年期存款。因此,应当认定罗某玲与上诉人农村信用合作联社J信用社之间的储蓄存款合同关于存期八年的约定有效,双方应依照合同的约定履行各自义务。第二,一审法院认为存单"利率"栏和"到期利息"栏空白,说明双方对该部分内容未达成一致意见,未形成完整的储蓄合同,造成上述瑕疵,双方均有责任,这一认定是错误的。理由是:1. 涉案储蓄合同上述栏目虽为空白,但罗某玲到农村信用合作联社J信用社处存款时,农村信用合作联社J信用社工作人员口头告知罗某玲利率为17.1%,且农村信用合作联社J信用社出具的存款利息清单上也载明利率为17.1%。存款利息清单也是合同的组成部分,可以说明当时的约定利率。涉案储蓄合同相关栏目空白,责任不在储户,退一步来讲,储蓄合同是格式合同,如有歧义,应作出有利于另一方即罗某玲的解释。现一审法院却以"存单上'利率'栏和'到期利息'栏均为空白"为由认定双方对该部分未达成一致意见、未形成完整的储蓄合同,显然是错误的。2. 罗某玲与农村信用合作联社J信用社签订的储蓄存款合同是合法有效的,双方应按约履行,一审法院以"存单上'利率'栏和'到期利息'栏均为空白"认定合同有瑕疵,从而判令罗某玲承担次要责任是错误的。综上所述,请求撤销一审判决,依法改判驳回农村信用合作联社J信用社的诉讼请求。

〔二审查明的事实〕

广东省梅州市中级人民法院经二审,确认了一审查明的事实。

〔二审裁判理由与结果〕

本案二审的争议焦点是:上诉人罗某玲与上诉人农村信用合作联社J信用社签订的涉案储蓄存单关于八年存期的约定是否有效,存单利率应如何确定。

广东省梅州市中级人民法院二审认为:上诉人罗某玲到上诉人农村信用合作联社J信用社处存入人民币77000元,农村信用合作联社J信用社开具定期储蓄存单交于罗某玲收执,双方的储蓄存款合同关系成立。

关于涉案储蓄存单中八年存期的约定的效力问题,根据《中华人民共和国合同法》第五十二条第五项的规定,违反法律、行政法规的强制性规定的合同无效。根据《最高人民法院关于适用〈中华人民共和国合同法〉若干问题的解释(二)》第十四条的规定,所谓强制性规定是指效力性强制性规定。据此,国务院《储蓄管理条例》第二十二条"储蓄存款利率由中国人民银行拟订,经国务院批准后公布,或者由国务院授权中国人民银行制定、公布"和第二十三条"储蓄机构必须挂牌公告储蓄存款利率，不得擅自变动"的规定，是对金融机构关于储蓄存款利率拟订、公布、变动等的管理性规定，不是对储蓄机构对外签订、履行储蓄存款合同的效力性规定，不影响储蓄机构在从事民事活动中的行为的效力，不能以储蓄机构违反该项规定为由，确认涉案储蓄合同关于存期的约定无效。而中国人民银行广东省分行于1996年5月发布的《转发中国人民银行总行关于降低金融机构存、贷款利率的通知》第六条关于取消八年期存款利率种类的规定属于部门规章，不属法律法规，不能导致双方签订的合同条款无效。在没有法律法规明确规定涉案存单关于八年存期的约定为无效条款的情况下，不能仅根据上述规定确认该约定无效。上诉人罗某玲与上诉人农村信用合作联社J信用社作为平等的合同主体，均享有自愿约定合同内容的权利，故双方订立的储蓄存单中关于八年存期的约定合法有效。

关于涉案储蓄存单的利率如何确认的问题，本案中，上诉人罗某玲与上诉人农村信用合作联社J信用社约定储蓄存单为八年存期、种类为整存整取，但存单上"利率"栏和"到期利息"栏均为空白，按照何种利率支付利息是履行合同的关键。对此，农村信用合作联社J信用社认为按照中国人民银行广东省分行于1996年5月发布的《转发中国人民银行总行关于降低金融机构存、贷款利率的通知》中关于取消八年期定期整存整取利率种类的规定，罗某玲的储蓄存单不能按照八年期定期整存整取利率支付利息。罗某玲则认为，农村信用合作联社J信用社应遵守存单约定按照八年期定期整存整取利率支付利息。

法院认为，首先，上诉人农村信用合作联社J信用社作为专业金融机构，对于关乎储户切身利益的内部业务规定，负有告知储户的义务。中国人民银行广东省分行于1996年5月发布的《转发中国人民银行总行关于降低金融机构存、贷款利率的通知》仅是部门规章在相关金融机构的内部告知，罗某玲作为普通储户，不可能全面了解银行内部规定，银行也无权要求储户自行熟知所有储蓄规定。农村信用合作联社J信用社作为专业的金融机构，掌握取消八年期定期整存整取利率种类的相关规定，而且此规定与储户的储蓄利益密切相关，储户在办理储蓄业务时是否知道该项规定决定着其是否改变储蓄存期的种类，故农村信用合作联社J信用社有义务在罗某玲办理业务时告知相关信息。但农村信用合作联社J信用社未尽告知义务，没有向罗某玲说明八年期定期整存整取利率种类已取消，而是直接与罗某玲签订了八年期整存整取储蓄存单。罗某玲作为普通储户，签订存单时约定为八年存期、种类为整存整取，其自然认为涉案储蓄存单是以八年期定期整存整取利率即17.1%计息。

其次，如银行未就有关内部业务规定向储户履行告知义务，当双方对于储蓄合同相关内容的理解产生分歧时，应当按照一般社会生活常识和普遍认知对合同相关内容作出解释，不能片面依照银行内部业务规定解释合同内容。根据本案事实，上诉人罗某玲与上诉人农村信用合作联社J信用社签订储蓄存款合同时，双方共同约定储蓄存期为八年期、种类为整存整取。普通储户的存款储蓄年限是根据储蓄机构提供的储蓄种类及利率来设定的，就储户对储蓄业务的了解，定期存款的储蓄种类和利率是一一对应的，即相应的存期对应相应的利率。储蓄机构在 1996 年 5 月前开设过八年期存款，对应利率为 17.1%。罗某玲在农村信用合作联社 J 信用社办理涉案存款业务时，农村信用合作联社 J 信用社在没有告知八年期定期整存整取利率已取消的情况下，与罗某玲签订了涉案存单，并约定存期为八年期、种类为整存整取，按照一般社会生活常识，罗某玲有理由相信八年期定期整存整取储蓄种类仍然存在且对应利率保持 17.1% 不变，其不可能想到这一存款利率种类已被取消。因此，虽然本案存单上"利率"栏和"到期利息"栏为空白，但不能仅以银行内部关于取消八年期定期整存整取利率种类的业务规定予以解释，而应当按照一般社会常识和储户对于存单约定内容的普遍认知解释相关合同内容，即涉案存单应以利率 17.1% 计息。

综上，上诉人农村信用合作联社 J 信用社以八年期定期整存整取利率种类已被取消，上诉人罗某玲取得的部分利息属不当得利为由，要求罗某玲返还利息没有法律依据，不予支持。农村信用合作联社 J 信用社如认为涉案存单约定八年期定期整存整取利率计息违反了金融机构的利率政策，可在对外承担合同义务的同时，对内按相关管理规定自行处理。

一审判决认定事实基本清楚，但适用法律错误，处理不当，应予纠正。上诉人农村信用合作联社 J 信用社的上诉意见理据不足，予以驳回，上诉人罗某玲的上诉意见理由充分，予以采纳。据此，广东省梅州市中级人民法院依照《中华人民共和国民事诉讼法》第一百五十三条第一款第二项的规定，于 2009 年 12 月 15 日判决如下：

一、撤销梅州市梅江区人民法院（2008）梅区民初字第 543 号民事判决。

二、驳回上诉人农村信用合作联社 J 信用社的诉讼请求。

> **规则 7：**（合同标的对合同效力的影响）当事人以同一标的先后与他人签订两个协议，协议内容均不违反法律、行政法规的强制性规定，不能因前协议有效而认定后协议无效，或作出前、后协议效力上差异的认定
>
> ——自来水公司诉 S 管委会联营建设索道纠纷案[①]

【裁判规则】

当事人以同一标的先后与他人签订两个协议，协议内容均不违反法律、行

[①] 《中华人民共和国最高人民法院公报》2005 年第 4 期。

政法规的强制性规定，不能因前协议有效而认定后协议无效，或作出前、后协议效力上差异的认定。当事人因履行其中一个协议而对另一个协议中的对方当事人构成违约的，应承担违约责任。

【规则理解】

合同之债具有平等性，仅在当事人之间发生法律效力，不具有排他性，不能对抗第三人。因此，当事人以同一标的先后与他人签订多个合同，只要符合合同的法定生效条件，均应认定为有效，不能因前协议有效而认定后协议无效，或认定前、后协议存在效力上的差异。在对同一标的签订多个合同的情况下，债务人有权选择履行其中一个合同，对于其他合同当事人则应承担违约责任。

一、就同一标的签订的不同合同的效力具有独立性

当事人对同一标的先后与不同当事人签订多个合同，合同效力如何认定，实践中争议较大，争议的焦点在后签订合同的效力是否受先签订合同的影响。持肯定观点者认为，先签订合同在两种情况下可能影响后签订合同的效力。一是先签订合同导致后签订合同标的不能，影响其效力。例如，在采意思主义的情况下，标的物的物权变动是当事人合意的结果，先合同生效后即发生物权变动的效果，当事人再次就同一标的物签订合同则属于处分第一受让人之物，系无权处分，该行为应认定为无效。二是后签订合同的对方当事人在签订合同时明知前一合同存在的，可能构成恶意串通，损害第一买受人的利益，依据《民法典》第154条关于"恶意串通，损害他人合法权益"民事法律行为无效的规定，后签订的合同无效。《民法典合同编通则司法解释》第14条规定："当事人之间就同一交易订立多份合同，人民法院应当认定其中以虚假意思表示订立的合同无效。当事人为规避法律、行政法规的强制性规定，以虚假意思表示隐藏真实意思表示的，人民法院应当依据民法典第一百五十三条第一款的规定认定被隐藏合同的效力；当事人为规避法律、行政法规关于合同应当办理批准等手续的规定，以虚假意思表示隐藏真实意思表示的，人民法院应当依据民法典第五百零二条第二款的规定认定被隐藏合同的效力。依据前款规定认定被隐藏合同无效或者确定不发生效力的，人民法院应当以被隐藏合同为事实基础，依据民法典第一百五十七条的规定确定当事人的民事责任。但是，法律另有规定的除外。当事人就同一交易订立的多份合同均系真实意思表示，且不存在其他影响合同效力情形的，人民法院应当在查明各合同成立先后顺序和实际履行情况的基础上，认定合同内容是否发生变更。法律、行政法规禁止变更合同内容的，人民法院应当认定合同的相应变更无效。"笔者认为，对同一标的先后与不同当事人签订两个以上合同，在各合同不存在法定无效情形的情况下，不能仅因前合同有效而认定后合同无效。

先签订的合同对后签订的合同标的虽有影响，但不能据此认定后签订合同无效。合同标的物可分为种类物与特定物，如果合同标的是种类物，先签订合同对后签订合同标的没有影响，因为当事人可以选择替代履行。如果合同标的物是特定物，当事人只能履行一个合同，先签订合同的履行会导致后签订合同标的不能。但是，这种不能是嗣后不能，不是自始不能，对后签订合同效力没有影响，只对合同履行有影响，如果当事人不能履行合同义务，则应承担相应的违约责任。

当事人就同一标的签订多个合同，不属于恶意串通。以"一物二卖"为例来说明该问题。"一物二卖"不属于恶意串通损害第三人利益的行为，对买卖合同效力没有影响。如果第二买受人不知道第一个合同存在，其作为善意当事人，应保护其利益；即使第二买受人知道存在第一个合同，亦不能据此认定双方当事人恶意串通。第一，第二买受人明知标的物已经出售不构成侵害第一买受人的故意。通常情况下，第二买受人系出于获得标的物所有权的目的而签订第二个买卖合同，而非出于侵害第一买受人利益的目的。故除非第一买受人提供有效证据证明第二买受人与出卖人签订合同的目的仅仅是妨碍第一买受人债权的实现，不宜认定第二个买卖合同无效。第二，债权具有平等性。同一标的物先后被出卖给两位买受人时，无论合同签订先后，两个合同均合法有效，除非存在其他法定无效的情形。两位买受人依据买卖合同所享有的债权，具有平等的法律地位，债务人可以选择向其中一位买受人履行合同，而向另一位买受人承担除继续履行之外的违约责任。第三，债权具有相对性，不具有对抗第三人的效力。第一买受人依据买卖合同所享有的债权仅对债务人发生效力，不能对抗包括第二买受人在内的第三人，不能排斥出卖人与第二买受人签订合同处分同一标的物的行为。第四，债权不具有可侵害性。债权仅在当事人之间发生效力，不具有对抗第三人的效力，目前立法上没有关于侵害债权的规定。因此，在一物二卖情况下，第二买受人并没有侵害第一买受人的权利。无论第二买受人是否知道第一买受人的存在，"一物二卖"均不属于双方当事人恶意串通损害第一买受人利益的行为，不适用《民法典》第154条的规定。第五，一物二卖是合同自由的体现。合同自由是合同法的基本原则。法无明文禁止即自由，而《民法典》等法律、行政法规并不禁止"一物二卖"行为。对于出卖人而言,其可以自由选择继续履行第一个合同,也可以选择对第一买受人承担违约责任,同时将标的物转让给出价更高的人。对第一买受人而言,则可以约定更高的违约金以防止出卖人违约。第六,"一物二卖"是市场竞争的结果。合同既是双方当事人设定权利义务的依据也是市场配置资源的方式。第二买受人愿意以更高的对价购买标的物,往往意味着同一标的物在第二买受人处能发挥更大的效用。

二、就同一标的签订的不同合同的效力具有平等性

合同具有平等性。首先,合同是具有平等法律地位的当事人之间签订的契约,其主体是平等的。其次,合同与合同之间是平等的,合同均是当事人之间协商一致的结果,并不因签订时间不同而导致其效力不同。最后,合同之债具有平等性,除非法律、行政法规规定特别债权具有优先效力,债权均具有平等性,各个债权之间的效力不因成立时间先后而有所差别,而且债权不具有排他性,即在同一标的物上可以存在多个债权。因此,对同一标的签订的不同合同,其在效力上互不影响,在认定其效力时亦应坚持平等原则,应当以相同的标准对合同效力进行评价。

三、就同一标的签订的不同合同的履行规则

对同一标的签订多个生效合同时,债务人有权选择履行其中一个合同,而对其他合同的当事人承担违约责任。如果各债权人均向法院起诉,请求判决债务人履行合同,法院一般会依据各个合同的签订、履行情况认定应当履行的合同。最高人民法院在相关司法解释中也体现了这一精神。例如,《最高人民法院关于审理涉及国有土地使用权合同纠纷案件适用法律问题的解释》第 9 条规定:"土地使用权人作为转让方就同一出让土地使用权签订数个转让合同,在转让合同有效的情况下,受让方均要求履行合同的,按照以下情形分别处理:(一)已经办理土地使用权变更登记手续的受让方,请求转让方履行交付土地等合同义务的,应予支持;(二)均未办理土地使用权变更登记手续,已先行合法占有投资开发土地的受让方请求转让方履行土地使用权变更登记等合同义务的,应予支持;(三)均未办理土地使用权变更登记手续,又未合法占有投资开发土地,先行支付土地转让款的受让方请求转让方履行交付土地和办理土地使用权变更登记等合同义务的,应予支持;(四)合同均未履行,依法成立在先的合同受让方请求履行合同的,应予支持。未能取得土地使用权的受让方请求解除合同、赔偿损失的,按照《合同法》的有关规定处理。"《买卖合同案

件司法解释》第 6 条规定:"出卖人就同一普通动产订立多重买卖合同,在买卖合同均有效的情况下,买受人均要求实际履行合同的,应当按照以下情形分别处理:(一)先行受领交付的买受人请求确认所有权已经转移的,人民法院应予支持;(二)均未受领交付,先行支付价款的买受人请求出卖人履行交付标的物等合同义务的,人民法院应予支持;(三)均未受领交付,也未支付价款,依法成立在先合同的买受人请求出卖人履行交付标的物等合同义务的,人民法院应予支持。"第 7 条规定:"出卖人就同一船舶、航空器、机动车等特殊动产订立多重买卖合同,在买卖合同均有效的情况下,买受人均要求实际履行合同的,应当按照以下情形分别处理:(一)先行受领交付的买受人请求出卖人履行办理所有权转移登记手续等合同义务的,人民法院应予支持;(二)均未受领交付,先行办理所有权转移登记手续的买受人请求出卖人履行交付标的物等合同义务的,人民法院应予支持;(三)均未受领交付,也未办理所有权转移登记手续,依法成立在先合同的买受人请求出卖人履行交付标的物和办理所有权转移登记手续等合同义务的,人民法院应予支持;(四)出卖人将标的物交付给买受人之一,又为其他买受人办理所有权转移登记,已受领交付的买受人请求将标的物所有权登记在自己名下的,人民法院应予支持。"

四、就同一标的签订的不同合同的责任承担

对同一标的签订多个生效合同,而合同标的物为特定物时,债务人往往只能履行其中一个合同,对于其他合同怎么处理,存在争议。实践中,当事人常以其他合同因合同目的不达或者存在恶意串通行为,请求法院认定其他合同无效。笔者不赞同这种观点。首先,合同目的不达的情形下,对方当事人享有法定解除权,有权主张解除合同,不是合同无效的原因。其次,如上文所述,对同一标的签订多个合同不属于双方当事人恶意串通,损害第三人利益的行为,不能据此认定合同无效。最后,实践中,对同一标的签订多个合同时,一般是先签订合同的当事人或者债务人(即就同一标的与不同当事人签订多个合同的一方当事人,为便于表述,此处称为债务人)请求确认后签订的合同无效。对先签订合同的当事人而言,后签订合同是否有效不影响其合同项下的权利,而且债权具有相对性,其依据先签订合同所享有的债权只对债务人发生效力,不能对抗包括后签订合同当事人在内的第三人,无权请求确认该合同无效。对债务人而言,其就同一标的与不同当事人签订多个合同,每个合同都是其真实意思表示,除非存在法定的合同无效的情形,所有合同对其都发生法律效力,债务人不得单方毁约,亦无权请求确认合同无效。此外,债务人明知只能履行一个合同仍就同一标的与不同当事人签订多个合同,主观上存在恶意,在这种情况下应侧重于保护善意当事人的利益,而非债务人利益。如果允许债务人请求确认合同无效,其只应承担缔约过失责任,无须承担违约责任。《民法典》第500条规定:"当事人在订立合同过程中有下列情形之一,造成对方损失的,应当承担赔偿责任:(一)假借订立合同,恶意进行磋商;(二)故意隐瞒与订立合同有关的重要事实或者提供虚假情况;(三)有其他违背诚信原则的行为。"从该条规定看,只有在债务人因缔约过失给对方当事人造成损失的情况下,才承担损害赔偿责任,而且无论是理论界还是司法实践,均认为缔约过失责任只包括对直接损失的赔偿责任,不涉及间接损失。实践中,要确定当事人因缔约过失所造成的损失数额十分困难,受损害一方当事人得到充分赔偿的现实可能性很小。相反,在认定合同有效的情况下,债务人将承担债务不履行的违约责任。《民法典》第584条规定:"当事人一方不履行合同义务或者履行合同义务不符合约定,造成对方损失的,损失赔偿额应当相当于因违约所造成的损失,包括合同履行后可以获得的利益;但是,不得超过违约一方订立合同时预见到或者应当预见到的因违约可能造成的损失。"故债务人所承担的债务不履行的违约责任不仅应当赔偿直接损失,还包括可得利益等间接损失。因此,如果认定合同无效,债务人仅承担缔约过失责任,实际上保护了恶意当事人的利益,也不利于防止一物二卖等不诚信行为。

【拓展适用】

合同标的不能对合同效力的影响如何?我国《民法通则》第55条规定:"民事法律行为应当具备下列条件:(一)行为人具有相应的民事行为能力;(二)意思表示真实;(三)不违反法律或者社会公共利益。"《民法典》第143条规定:"具备下列条件的民事法律行为有效:(一)行为人具有相应的民事行为能力;(二)意思表示真实;(三)不违反法律、行政法规的强制性规定,不违背公序良俗。"依据上述规定,有的学者认为合同生效一般要具备三个要件:当事人缔约时具有相应的缔约能力;当事人意思表示真实;不违反法律、行政法规的强制性规定,不损害国家或社会公共利益。[1] 有学者认为合同一般生效要件除了《民法通则》第55条、《民法典》第143条所规定的三个要件外,还包括合同标的可能、确定及合法。[2] 合同标的合法可以被"不违反法律、行政

---

[1] 韩世远:《合同法总论》,法律出版社2011年版,第157~164页。
[2] 崔建远:《合同法》,法律出版社2007年版,第95~97页。

法规的强制性规定，不损害国家或社会公共利益或者不违背公序良俗"。这一要件所吸收。而合同标的可能、确定是否属于合同一般生效要件，在司法实践中尚未统一认识。

一、合同标的对合同效力影响的传统观点及其面临的挑战

传统民法理论将合同标的可能作为合同生效要件之一，合同标的不可能实现的，合同无效。其中，依据合同标的不能与合同成立时间的先后，可以分为自始不能和嗣后不能，自始不能是合同标的在合同成立之时就不可能实现；嗣后不能是指合同成立时合同标的是可能实现的，后因特定原因出现，导致合同标的不能实现。自始不能的合同在法律上视为尚未成立，自然不生效；嗣后不能不影响合同效力，嗣后不能导致合同不能实现的，由当事人依据各自的过错承担民事责任。依据合同标的不能的原因不同，可以分为事实不能与法律不能。事实不能是指合同标的违反客观规律，在客观事实上不可能实现，法律不能是指合同标的在客观上有实现的可能，但因违反法律规定，在法律上不能实现；标的事实不能将直接导致合同无效，标的法律不能构成合同违法，由当事人依据各自的过错承担责任。依标的不能的原因不同，还分为主观不能与客观不能。主观不能是指债务人欠缺必要的劳力、能力、处分权及支付能力，致不能提供他人所提出的给付。客观不能是指合同标的不仅对债务人而且对任何人而言均无法实现。依据合同标的不能时间的长短，可以分为永久不能和一时不能，合同标的永久不能的系无效合同，合同标的一时不能的，等到合同标的在履行期限届满之前变为可能的，合同有效。一般认为，标的自始不能、事实不能、客观不能、永久不能的，合同无效，当事人因此而遭受损失的，应当承担缔约过失责任。[1]

随着民法理论和实践的发展，将合同标的可能作为合同生效要件受到越来越大的挑战。以不能之给付为契约标的者，其契约无效，该规则原本仅适用于少数特定客观不能的案例，德国民法采此原则加以概括化。多数学者将此处之不能给付解释为自始客观不能。对此，拉伦茨认为，这项规定并非基于逻辑的必然性，盖于此情形，法律仍可承认契约有效，而令债务人负不能履行的赔偿责任。[2] 我国亦有学者认为，将合同标的不能区分为自始不能和嗣后不能，并

---

[1] 唐德华、孙秀君：《合同法及司法解释新编教程（上）》，人民法院出版社2004年版，第115页。

[2] 王泽鉴：《民法学说与判例研究》（第3册），中国政法大学出版社1998年版，第59页，转引自崔建远：《无权处分辩——合同法第51条规定的解释与适用》，载《法学研究》2003年第1期。

对二者区别对待，实际意义不大；合同标的不能一般无害公序良俗，无损国家利益，国家一般没有必要干预；《民法通则》第58条、第59条亦未区分自始不能与嗣后不能；司法实践对标的履行不能问题通常按照欺诈、重大误解等情况来处理，被证明是行之有效的；从立法发展的趋势来看，各国判例逐渐放弃了此种做法。①

二、我国合同标的对合同效力影响相关规定的演变

随着市场经济体制的建立和完善，我国立法和司法实践中逐渐淡化了合同标的可能对合同效力的影响。最高人民法院于1984年9月17日公布的《关于贯彻执行〈经济合同法〉若干问题的意见》② 第2条规定："审查合同内容是否合法。第一是审查合同的标的是否属于法律、政策禁止生产经营的范围。第二是审查合同中有关标的的数量、质量、价格和违约责任等规定是否违反国家计划、法规和政策。第三是审查合同的内容是否违反国家利益或社会公共利益，有无规避法律的行为。第四是审查合同的内容是否超越批准的经营范围。如合同签订时，已向工商行政部门申请变更或扩大经营范围，合同签订后，经工商行政部门核准经营的，可不视为超越经营范围。"全国人民代表大会于1986年4月12日发布，并于1987年1月1日起施行的《民法通则》第55条规定："民事法律行为应当具备下列条件：（一）行为人具有相应的民事行为能力；（二）意思表示真实；（三）不违反法律或者社会公共利益。"全国人民代表大会于2017年3月15日发布，并于2017年10月1日起施行的《民法总则》第143条规定："具备下列条件的民事法律行为有效：（一）行为人具有相应的民事行为能力；（二）意思表示真实；（三）不违反法律、行政法规的强制性规定，不违背公序良俗。"上述规定未将标的再作为民事行为效力要件之一。最高人民法院于1987年7月21日作出了《具体适用〈经济合同法〉解答》③ 第6条第2款规定："合同双方当事人恶意串通，为了规避法律，达到非法的目

---

① 王利明：《合同法研究（第一卷）》，中国人民大学出版社2002年版，第527页。
② 依据《最高人民法院予以废止的1999年底以前发布的有关司法解释目录（第三批）》的规定，该司法解释已被废止，因为全国人民代表大会于1999年3月15日通过并公布了《中华人民共和国合同法》，原依据《中华人民共和国经济合同法》有关规定作出的该司法解释不再适用。
③ 依据《最高人民法院予以废止的1999年底以前发布的有关司法解释目录（第三批）》的规定，该司法解释已被废止，因为全国人民代表大会于1999年3月15日通过并公布了《中华人民共和国合同法》，原依据《中华人民共和国经济合同法》有关规定作出的该司法解释不再适用。

的，采用欺骗手段，签订形式上合法而实际上不准备履行的经济合同，是假经济合同。对于假经济合同，应当认定为无效合同。"第 4 款规定："合同当事人自己无资金、无货源，违反工商行政管理法规，采取签订合同的方式，合同标的不过手，从中牟取非法利益，是利用经济合同买空卖空。对于买空卖空的经济合同，应当确认为无效合同。在实践中，要注意区别买空卖空与一时缺少履行能力的界限。供方当事人虽无现货，但它是生产该种货物的企业或有正当货源保证的经营该种货物的单位，只是由于某种客观原因暂时未能供货的；需方当事人一时部分资金短绌，经过努力即可解决的，不应视为买空卖空。"第 7 条规定："所谓连环购销合同，是指以同一标的签订一连串的购销合同，即需方与供方签订购销合同后，又以各方身份就同一标的与他人签订购销合同，依此类推，各个购销合同之间形成一种连环关系。各个购销合同的效力如何，要根据该合同本身的具体情况认定，即从合同标的物、法人资格、代理权限、经营范围、经营方式、订约意思表示等方面分析，依法确认合同是否有效。"该规定暗含着第二份合同因履行期届满而无标的物可供而无效的意思，这既是当时否定买空卖空思潮在合同法上的体现，又与当时尚无自始主观不能不影响合同效力的理论有关。[①] 全国人民代表大会于 1999 年 3 月 15 日发布，并于 1999 年 10 月 1 日起施行的《合同法》第 9 条规定："当事人签订合同，应当具有相应的民事权利能力和民事行为能力。"第 44 条规定："依法成立的合同，自成立时生效。"第 52 条规定："有下列情形之一的，合同无效：（一）一方以欺诈、胁迫的手段签订合同，损害国家利益；（二）恶意串通，损害国家、集体或者第三人利益；（三）以合法形式掩盖非法目的；（四）损害社会公共利益；（五）违反法律、行政法规的强制性规定。"从上述规定看，《合同法》继承的《民法通则》的规定，对于合同效力采三要件说：当事人具有相应的民事权利能力和民事行为能力，意思表示真实，不违反法律或者社会公共利益。《民法典》承继了上述规定。

三、合同标的不能对合同效力的影响

关于标的对合同效力的影响，有学者认为，标的不能，债务人之给付即自始不能，不论其原因系出自债务人之个人事由与否，均无实现之可能。契约系自始失其目的、失其意义、失其客体，以之为无效，对于债权人亦不发生积极损害。倘因善意无过失而信契约为效，致生损害，则得请求信赖利益之损害赔

[①] 崔建远：《合同法总论》，中国人民大学出版社 2008 年版，第 239 页。

偿，以资弥补。① 笔者认为，合同标的不能，无论是主观不能还是客观不能，实际上仅涉及履行问题，并不影响合同效力。将标的自始、客观不能的合同归于无效，法理基础在于：当事人签订合同必然为实现特定的合同目的，如果合同标的自始、客观不能，则合同目的自始不达，在合同自始不能履行的情况下，强令合同有效，只为等到债务人履行期限届满不能履行债务时，追究其违约责任，这非当事人签订合同的本意，有违鼓励交易原则和契约的正义性。以合同是否能够得到履行反推合同的效力，亦不符合一般逻辑规律。关于合同目的不达的问题，依据《民法典》第563条的规定，因不可抗力致使不能实现合同目的或者当事人一方迟延履行债务或者有其他违约行为致使不能实现合同目的，对方当事人享有法定解除权。对于合同目的自始不能实现，应当如何处理，合同法没有规定。一般情况下，当事人签订合同的目的是获得一定的财产（从广义角度理解，既包括物、金钱，也包括服务等），以满足生活需要。要求对方当事人承担违约责任，仅是为了促使对方当事人履行合同义务，以实现合同目的。现实生活中，当事人签订合同不为实现合同目的，仅为请求对方当事人承担合同不履行的违约责任的情形十分少见。大多数情况下，当事人签订自始、客观不能的合同，仍有其特定目的，并非仅为了要求对方当事人承担违约责任。例如，在无权处分的情况下，出卖人预见自己在合同履行期限届满前有获得标的物处分权的可能，其真实目的是获得转让价款，而买受人的真实目的是获得标的物所有权。在"一物二卖"的情况下，出卖人通常是为获得更高的转让价款，第二买受人为了获得标的物所有权。在标的自始、客观不能的情形下，承认合同的效力并不会导致当事人积极追求请求对方当事人承担违约责任的目的，导致市场和社会的畸形。实际上，"一物二卖"和无权处分是市场经济发展到一定阶段的必然现象，是自由竞争的体现。有些合同标的，因其自身特性而不具有现实可能性，例如要求对方当事人走到月亮上去。从合同的标的看，双方当事人均未打算履行合同，其效果意思与其表示意思不一致，这种情况下，应当认定合同无效。因此，只有少数特定情形下的标的不能才会导致合同无效。虽然此类合同标的亦系自始、客观不能，但为与"一物二卖"、无权处分等情形相区分，以标的是否适格，即以合同标的作为合同生效要件，则更为恰当。

---

① 转引自崔建远：《无权处分辨——合同法第51条规定的解释与适用》，载《法学研究》2003年第1期。

【典型案例】

自来水公司诉 S 管委会联营建设索道纠纷案

上诉人（原审第三人）：索道公司。

法定代表人：陈某，该公司董事长。

被上诉人（原审原告）：自来水公司。

法定代表人：吴某新，该公司董事长。

被上诉人（原审原告）：制药公司。

法定代表人：楼某，该公司董事长。

被上诉人（原审原告）：建筑工程公司。

法定代表人：黄某华，总经理。

原审被告：S 管委会。

法定代表人：王某峰，该委员会主任。

原审第三人：J 索道公司。

法定代表人：吴某新，该公司董事长。

〔基本案情〕

上诉人索道公司为与被上诉人自来水公司、制药公司、建筑工程公司（以下统称自来水公司等三公司）、原审被告 S 管委会、原审第三人 J 索道公司联营建设索道纠纷一案，不服江西省高级人民法院（2001）赣民初字第 2 号民事判决，向最高人民法院提起上诉。最高人民法院依法组成合议庭进行了审理。本案审理期间，江西省高级人民法院于 2002 年 3 月 22 日以（2002）赣民监字第 22 号民事裁定对（2001）饶中法民二终字第 12 号案进行提审，因江西省高级人民法院对该提审案件的审理结果将影响最高人民法院对本案的处理，最高人民法院于 2002 年 5 月 27 日裁定本案中止诉讼。江西省高级人民法院于 2004 年 5 月 9 日对上述提审案件作出（2002）赣民再终字第 12 号民事判决，最高人民法院遂于 2004 年 6 月 29 日恢复审理本案。本案现已审理终结。

江西省高级人民法院查明：1993 年至 1995 年，上饶地区及 S 风景名胜区管理局的领导曾多次前往浙江金华招商，本案争议的三清山金沙至女神峰索道开发项目即是玉山县及上饶地区向浙江的招商项目。1995 年 12 月 28 日，玉山县三清乡金沙旅游开发区管委会，与金华市开发区三清休养度假中心签订了共同开发三清山金沙风景区《关于筹建金沙女神索道协议书》。1996 年 3 月 28 日，玉山县政府以玉府字〔1996〕035 号文件予以批准开发金沙索道。此间，1996 年 3 月，上饶地委、行署决定理顺三清山管理体制，将三清山景区及玉山县三清乡和另外四个村划归 S 管委会，授权管委会行使行政管理权。同年 5 月 10 日，S 管委会与浙江 H 公司、建筑工程公司、金华市建筑工程公司第八工程区、制药公司以及彭某国个人签订了《关于筹建三清乡金沙索道协议书》，协议约定金沙索道全长 2105 米，总投资 1300 万元，并约定了协议各方的股份。S管委会为保持原有政策不被因体制调整而中断，又于1996年7月8日，与自来水公司等三公司签订了《关于组建三清山J索道公司协议书》，约定公司股本为1530万元，其中100万元为三清山风景资源股，1300万元的法人股各增10%为个人股。自来水公司等三公司分别于1996年7月15日按比例出资55万元、44万元、11万元，三清乡政府于1996年7月29日汇入11万元，并受S管委会的委托代其出资22万元。1996年7月26日J索道公司经江西省工商局批准注册、领取了工商营业执照。金沙至女神峰索道选址也由上饶地区按审批程序报省建设厅，1996年8月，省建设厅组织专家考察论证了金沙索道选址方案后，由省建设厅转报国家建设部。① 1997年1月27日，建设部以建景字（1997）第8号文正式批复了该项目选址方案。1997年6月4日、1998年6月10日、1998年7月7日、1999年5月18日、2000年5月24日、2000年9月18日，J索道公司多次向S管委会、上饶地区计划委员会报告，要求立项开工建设，但未得到批准。自1994年以来，自来水公司等三公司在景区征地116亩，J索道公司与三清乡政府签订协议受让土地25亩，预付10万元土地款。自来水公司等三公司以及J索道公司用于前期勘察和准备工作约130万元，其他费用约20余万元。直接经济损失约10万元。1998年6月6日，自来水公司、金华市建筑工程公司第八工区沈某富、江西三清山旅游公司、江西三清山旅游经济开发公司、制药公司、玉山县三清山旅游总公司签订了《关于重新调整三清山J索道公司股东及出资额的协议书》，但该协议未实际履行。此后，金沙索道项目处于停滞状态。为此，自来水公司等三公司多次向江西省政府、浙江省政府、金华市政府及有关方面反映，要求履行协议。自1999年起，江西省政府、浙江省政府、金华市政府及有关方面多次召开协调会，江西省原省长舒圣佑也多次作出批示。1999年6月1日，上饶地区行署以饶行字〔1999〕41号、42号、43号文分别复函江西省工商局、江西省合作办、江西省建设厅，称J索道公司注册成立是一种企业行为，主要问题是对索道选址以及建设时间有分歧，并认为该项目未经充分论证，不同意立项。2000年3月20日，江西省对外经济技术合作办公室以赣外经办字〔2000〕18号《关于三清山索道项目协调会的情况报告》向江西省政府报告，请江西省政府责成上饶行署在4月底前负责批准该项目立项和开工建设。江西省人民政府办公厅2000年4月7日以赣府厅字〔2000〕44号文批准了该报告，要求上饶行署抓紧办好该项目立项的建设的各项手续，省建设厅负责做好索道建设指导和施工中的景区保护工作。2000年11月9日，江西省对经济技术合作办公室、江西省监察厅、江西省建设厅、江西省政府办公厅商金处和督查处到上饶市了解有关赣府办

---

① 2008年3月15日，第十一届全国人民代表大会第一次会议通过《第十一届全国人民代表大会第一次会议关于国务院机构改革方案的决定》，批准《国务院机构改革方案》。方案规定：组建中华人民共和国住房和城乡建设部。不再保留中华人民共和国建设部。

〔2000〕44号文的执行情况,并于2000年11月21日向江西省政府行文汇报,江西省政府办公厅又发出《关于三清山金女线索道问题的处理意见》,要求上饶市政府责成有关部门认真执行金女线合同,对客商应一视同仁,鼓励公平竞争。2001年3月20日,自来水公司等三公司向江西省高级人民法院提起诉讼,要求S管委会履行有关修建金沙索道的一系列协议,迅速给予立项办妥开工手续,并赔偿因拖延履行合同所造成的经济损失1001万元。

江西省高级人民法院另查明,1995年3月18日,S管委会与国际集团签订了一份《关于三清山梯云岭景区架建旅游缆车的合同书》,成立合资经营的索道公司,并约定在中国江西上饶地区三清山的南部范围内不再建第二条缆车索道线路。同年4月8日,双方又签订一份《关于在三清山梯云岭景区架建旅游缆车合同书的补充合同》,其中第三条约定,在三清山范围内,确需建第二条旅游索道时,应由注册的索道公司投资承建。2001年2月,国际集团以S管委会为被告,诉至江西省上饶市信州区人民法院,认为S管委会与自来水公司等三公司签订的合同和上述国际集团的两份合同内容发生冲突,严重地侵犯了其合法权益,要求法院确认自来水公司等三公司与S管委会签订的合同无效,江西省上饶市信州区人民法院于2001年5月8日作出〔2001〕饶信经初字第31号民事判决,支持了国际集团的请求。以第三人身份参加诉讼的J索道公司不服该判决向上饶市中级人民法院提起上诉。2001年6月26日,上饶市中级人民法院作出的(2001)饶中法民二终字第12号民事判决认为,1998年6月6日,自来水公司、金华市建筑工程公司第八工程区、江西三清山旅游公司、玉山县三清山旅游总公司、江西三清山旅游经济开发公司、制药公司签订的"关于重新调整三清山J索道公司股东及出资额的协议书"是对"关于组建三清山J索道公司协议书"的替代,S管委会已不再是三清山J索道公司的股东,不再受该协议的约束,该协议已不复存在,因而不存在协议的有效或无效问题,因而判决维持国际集团与S管委会签订的"关于三清山梯云岭景区架建旅游缆车的合同书"及"补充合同"合法有效,并撤销江西省上饶市信州区人民法院关于S管委会与J索道公司股东所签协议无效的条款。2000年12月28日,国际集团(注册号496180)董事杨深泉向我国香港特区政府公司注册处递交《不营运私人公司撤销注册申请书》,香港公司注册处于2001年5月11日刊登公告,宣告国际集团(注册号496180)于当日撤销,该公司亦在撤销时解散。

〔一审裁判理由与结果〕

江西省高级人民法院经审理认为,S管委会与自来水公司等三公司签订的有关协议主体合格,内容清楚明确,景点选择已按照有关规定逐级上报,已取得国家有关部门的批准,协议各方都已按协议作了部分履行,应合法有效。S管委会以与国际集团(注册号496180)所签合同的有关条款及补充合同否定自来水公司等三公司与S管委会所签订的内容明确的协议的主张是不能成立的。况且,国际集团已于2001年

5月11日被注销，权利主体已不存在。S管委会称未履行1996年7月8日协议约定的投资义务与事实不符，以1998年6月6日的协议主张自己已主动放弃了投资主体资格没有法律依据。S管委会具有建设项目的立项、审批职权，其不履行协议，无故拖延达五年之久，给自来水公司等三公司造成的损失应予赔偿。自来水公司等三公司及J索道公司要求履行协议的请求应予支持，其要求赔偿损失中的预期利润因其并未投资不应计算，自来水公司等三公司已经投资的财产因在其支配下，不应被列入损失赔偿范围。自来水公司等三公司为维持现状造成不必要的差旅费等损失应由S管委会酌情赔偿。该院根据《中华人民共和国合同法》第四十四条、第六十条、第一百零七条的规定，判决：一、自来水公司等三公司与S管委会关于筹建、组建J索道及公司的协议合法有效，继续履行；二、S管委会因违约应赔偿自来水公司等三公司损失10万元；三、驳回自来水公司等三公司的其他诉讼请求。

〔当事人上诉及答辩意见〕

索道公司不服江西省高级人民法院上述民事判决，向最高人民法院提起上诉称：（1）本案原审判决与已生效的判决相矛盾，且其认定事实不清、证据不足，与有关法律法规的规定相违背。江西省高级人民法院已经生效的（2002）赣民再终字第12号民事判决已经判令S管委会就第二条索道的建设问题要向国际集团履行合同，按合同约定，具体由索道公司投资承建，而本案判决S管委会就该索道又要向自来水公司等三公司履行合同，与已生效的判决相矛盾。（2）原审判决认定自来水公司等三公司与S管委会签订的有关协议有效错误，浙江省金华市建筑工程公司第八工程区、S管委会及三清乡政府的主体资格不合格，不具有签订该项协议的民事行为能力的，其所签订的协议无效。（3）索道的选址得到有关部门的批准，并不意味着该项目就已立项，更不意味着该批准就是专门为履行协议而进行针对性的申报批准的，它不是确定某一协议是否有效的依据。（4）协议当事人是否履行了协议，并不是该协议是否合法有效的条件，原审判决混淆了合同效力和合同履行的法律关系。（5）原审判决以国际集团已于2001年5月11日被注销，权利主体已不存在为由否认S管委会的抗辩理由是不能成立的。（6）原审判决程序不合法。索道公司在原审中是以有独立请求权的第三人的身份参加到诉讼当事人行列中来的，提出了自己的诉讼请求，判决时应对上诉人的请求予以判决。本案原审对上诉人的诉讼请求无任何认定和判决，显然违反了诉讼程序。（7）本案纠纷已经由国际集团另案提起诉讼。在诉讼期间，J索道公司已经以有独立请求权的第三人参加了诉讼，原审法院属重复审理。（8）本案原审法院受理后，索道公司提出了书面的管辖权异议，原审法院未依法作出裁定而作出了径行判决，违背了《中华人民共和国民事诉讼法》第140条之规定。（9）本案在诉讼中遗漏当事人，既然认定协议有效或无效及是否继续履行的问题，就应将与协议相关的主体追加为当事人，否则就严重存在诉讼主体和实体上的瑕疵，不能全面保护当事人的合法权益。（10）原审判决适用法律错误。原审判决就S管委会与自来水公司等三公司所签协议的效力问题适用了《中华人民共和国合同法》第四十四条、第六十条等之规定，是缺乏事实、证据基础的，适用法律错误。

被上诉人自来水公司等三公司答辩称：（1）原审判决与（2002）赣民再终字第12号民事判决并不矛盾。首先，（2002）赣民再终字第12号民事判决是错误的。该案确认有效的《关于三清山梯云岭景区架建旅游缆车的合同书》及所谓的《补充合同》，实际上违反了《中华人民共和国反不正当竞争法》，而且也没有按照《中华人民共和国中外合资经营企业法》第三条的规定履行审批手续，是无效的。其次，（2002）赣民再终字第12号案与本案是两个诉讼，根本无冲突不矛盾。两案要求确认的是两份不同的合同。（2）金华市建筑工程公司第八工区、S管委会与三清乡人民政府之间所签的有关协议主体是合格的。首先，金华市建筑工程公司第八工区后来已被金华市建筑工程公司追认了，且当初签协议的时候，均附有第八工区沈某富（个人）的签名，故作为投资者，无论是沈某富个人还是金华市建筑工程公司都是合法合格的主体。其次，三清乡人民政府是"场乡合一"的组织，其既行使着基层政府的职能，同时又行使着农场这一经济组织的双重职权，它是具备主体资格的。（3）原审判决所述"景点选择已按照有关规定逐级上报，已取得国家有关部门批准，协议各方都已按照协议作了部分履行"，是对事实的正确认定，其并未说此即协议的有效的唯一依据。（4）原审判决并没有"混淆了合同效力和合同履行的法律关系"，也并没有"违背事实地将未履行协议认定为作了部分履行"。（5）原审判决在程序上并无违法之处。索道公司在本案原审中根本没有提出过自己的诉讼请求，事实上，其是以无独立请求权的第三人身份进入本案当中来的。本案是合同确认之诉，上诉人根本不是合同一方的当事人，其既无权利提出自己的诉讼请求，法院当然无必要进行判决。（6）原审法院受理本案中并没有"违背了有关重复审理的规定"。上饶案与本案确认的是两个不同的诉讼。（7）索道公司在原审中为无独立请求权的第三人，根据规定其完全无权提出管辖异议。因而，其提出异议后，原审法院就在法庭上当庭口头予以驳回了，当时，法官曾询问过索道公司是否上诉，上诉人回答说："不上诉算了。"（8）本案不是必要的共同诉讼，在确认合同有效的判决中，根本无须追加其他当事人。因为其已经"全面地保护了当事人的合法权益"。（9）本案原审判决适用法律完全正确。本案主要为民事合同的确认之诉，对合同效力问题的确认，适用《中华人民共和国合同法》的第四十四条和第六十条完全是正确的。（10）索道公司对本案没有上诉权。本案主要是合同确认之诉，上诉人既不是合同一方的当事人，又非本案义务承担者，原审中其是以无独立请求权的第三人身份参与进来的，因而依据《中华人民共和国民事诉讼法》的规定和最高人民法院的司法解释，其根本无权对本案提起上诉，更无权对他人之间签订的协议请求判定其无效。

〔最高人民法院查明的事实〕

最高人民法院除对原审查明的事实予以确认外，二审另查明：（1）原审判决所述玉山县三清山金沙旅游开发区管委会与金华市开发区三清休养度假中心于1995年12月28日签订的《关于筹建金沙女神索道协议书》的主要内容是协议双方提出初步合作意向，并约定由双方各自分头负责在江西和浙江联系投资单位。(2)原审判决所述S管委会与浙江H公司、建筑工程公司、金华市建筑工程公司第八工程区、制药公司以及彭某个人于1995年5月10日签订的《关于筹建三清乡金沙索道协议书》的主要内容是，各方约定共同投资兴建三清乡金沙至女神峰索道。索道全长2105米。委托金华市建筑公司总承包工程质量和费用，建设总费用为1300万元，自负盈亏；质量应符合国家有关规范和标准；索道建设要求在1年内完成。

最高人民法院二审期间，江西省高级人民法院于2002年3月22日以（2002）赣民监字第22号民事裁定认定上饶市中级人民法院（2001）饶中法字民二终字第12号民事判决认定事实不清，证据不足，处理不妥，裁定该案由江西省高级人民法院提审。2004年5月9日，江西省高级人民法院就该案作出（2002）赣民再终字第12号民事判决，该再审判决对上饶市中级人民法院（2001）饶中法字民二终字第12号民事判决所作变更主要包括两个方面：（1）因该案原审原告国际集团于诉讼期间被撤销，丧失主体资格，上述再审判决变更该公司股东陈某代替该公司参加诉讼。（2）将上饶市中级人民法院（2001）饶中法字民二终字第12号民事判决第一项，即认定国际集团与S管委会签订的《关于三清山梯云岭景区架建旅游缆车的合同书》以及《关于在三清山梯云岭景区架建旅游缆车合同书的补充合同》有效，双方应继续履行，变更为仅认定该两份合同有效，未直接判令双方继续履行。

〔最高人民法院裁判理由与结果〕

最高人民法院认为，自来水公司等三公司诉请原审法院确认效力的《关于筹建三清乡金沙索道协议书》以及《关于组建三清山J索道公司协议书》，其内容均不违反法律、行政法规的强制性规定，各方当事人均未抗辩上述合同不是其真实意思表示，根据《最高人民法院关于适用〈中华人民共和国合同法〉若干问题的解释（一）》第三条所确立的认定合同效力的原则以及《中华人民共和国合同法》第五十二条的规定，应认定上述合同合法有效。关于上诉人索道公司提出的浙江省金华市建筑工程公司第八工程区、S管委会及三清乡政府不具有签订民事协议行为能力的问题，经最高人民法院审查，在三清山风景名胜区的开发发展过程中，三清乡政府和S管委会均负有招商引资等企业管理职能和部分行政管理职能，其在职权范围内就三清山风景名胜区内有关开发建设项目所签订的民事合同应认定有效；浙江省金华市建筑工程公司第八工程区虽为浙江省金华市建筑工程公司的内设机构，但其所签订的合同既然已经得到金华市建筑工程公司追认，其效力也不受影响。因此，索道公司关于本案系争合同无效的上诉主张，最高人民法院不予支持。

S管委会与国际集团在有关合同中约定，在三清山范围内确需建第二条旅游索道时（第一条索道系指已经建成并投入使用的三清山梯云岭景区空中旅游缆车），应由索道公司投资承建，江西省高级人民法院已生效的（2002）赣民再终字第12号民事判决确认了该合同的效力。在上述协议签订之后，S管委会又与自来水公司等三公司签订《关于筹建三清乡金沙索道协议书》以及《关于组建三清山J索道公司协议书》，明确约定了由自来水公司等三公司修建三清山金沙索道，并具体约定了索道线路、长度、质量标准、建设资金以及建设周期等相关内容。虽然S管委会与自来水公司等三公司的合同签订在后，但因S管委会与国际集团在此之前签订的合同仅约定第二条索道应由索道公司独家投资承建，但双方尚未具体约定该索道线路、长度、质量标准、建设资金以及建设周期等内容，在S管委会又与自来水公司等三公司签订合同时，三清山第二条索道并未由索道公司实际投资承建。因此，就合同标的而言，签订在后的合同并不构成自始客观不能，且该合同内容以及当事人意思表示均不存在无效因素，因此，S管委会与自来水公司的合同不因签订在后而无效或与签订在前的合同产生效力上的差异。自来水公司等三公司和国际集团均可依各自合同关系请求S管委会履行合同。如果S管委会履行其与自来水公司等三公司所签订的合同，即由自来水公司等三公司投资修建第二条索道，那么在事实上将导致索道公司失去修建第二条索道的机会，在法律后果上可能构成S管委会对国际集团的违约。对此，索道公司可以依法请求S管委会承担违约责任，而不能在本案中请求确认S管委会与自来水公司等三公司签订的合同无效。因此，上诉人索道公司以本案原审法院已生效的（2002）赣民再终字第12号民事判决已确认国际集团与S管委会合同效力为由，抗辩自来水公司等三公司与S管委会所签订合同的效力，缺乏法律依据，最高人民法院不予支持。虽然，国际集团向江西省上饶市信州区人民法院起诉时请求确认的是国际集团与S管委会之间合同的效力以及自来水公司等三公司与S管委会之间合同的效力，但该案业经再审，终审判决（即〔2002〕赣民再终字第12号民事判决）对自来水公司等三公司与S管委会之间合同的效力问题未予审理，因此，原审法院一审受理本案并对自来水公司等三公司与S管委会之间合同的效力作出认定，程序合法，上诉人索道公司有关本案一审系重复诉讼以及本案原审判决与已经生效判决相矛盾的上诉理由，最高人民法院不予支持。

就本案而言，自来水公司等三公司与S管委会所签订的一系列合同仅设定了合同双方的权利义务关系，没有为索道公司设定权利和义务，索道公司作为该合同关系之外的主体，对不涉及自己利益的他人合同关系的效力以及诉讼管辖问题均没有独立的请求权。索道公司虽由原审法院通知参加诉讼，但因其不具有当事人的诉讼权利且原审判决也未判令其承担责任，其所提出的原审法院未对其诉讼请求作出判决、未对其管辖异议作出书面裁定等程序违法的上诉理由，最高人民法院均不予支持。原审判决判令S管委会赔偿自来水公司等三公司损失人民币10万元，S管委会未提起上诉，根据《最高人民法院关于民事经济审判方式改革问题的若干规定》第三十五条的规定，对此最高人民法院不予审理，原审相关判项最高人民法院径行予以维持。

综上所述，索道公司的上诉理由，其事实和法律依据不足，最高人民法院不予支持。本案原审判决认定事实清楚，认定自来水公司等三公司与 S 管委会签订的一系列合同有效并判令 S 管委会履行合同义务正确，但因索道建设合同的开工和实际履行需要有关行政机关的审批和许可，该行为不受民事法律关系调整，为了避免本判决在执行中与行政许可权产生冲突，对原审判决应予适当变更。据此，最高人民法院根据《中华人民共和国民事诉讼法》第一百五十三条第一款第一项、第三项的规定，判决如下：

一、维持江西省高级人民法院（2001）赣民初字第 2 号民事判决主文的第二、三项；

二、变更上述民事判决主文的第一项为：自来水公司、制药公司、建筑工程公司与 S 管委会签订的《关于筹建三清乡金沙索道协议书》和《关于组建三清山 J 索道公司协议书》合法有效。

> **规则 8**：（欺诈行为与合同效力）经过双方认可的合同时间倒签，且不损害第三方利益的，不能认定一方具有欺诈行为
>
> ——投资公司诉影业公司影片发行权许可合同纠纷案①

【裁判规则】

合同双方当事人将签订时间倒签，是经过双方认可的，而且与口头协议和履行的实际情况相一致，并没有损害合同履行方利益，亦未损害国家、集体或者第三人利益，因此，不能因合同时间倒签而认为当事人一方具有欺诈行为。

【规则理解】

一、民事欺诈概述

《民法通则》第 55 条规定，民事法律行为应当具备下列条件：行为人具有相应的民事行为能力；意思表示真实；不违反法律或者社会公共利益。《民法总则》第 143 条规定："具备下列条件的民事法律行为有效：（一）行为人具有相应的民事行为能力；（二）意思表示真实；（三）不违反法律、行政法规的强制性规定，不违背公序良俗。"《民法典》第 143 条做了相同的规定。意思表示真实是民事行为生效的前提条件，当事人作出意思表示时若存在重大误解、欺诈、胁迫、乘人之危等情形，导致真实意思与表示不一致的，该行为不必然按

---

① 《中华人民共和国最高人民法院公报》2004 年第 5 期。

当事人的意思表示发生法律效力，属于可撤销或无效的行为。合同是否有效或是否可撤销，对当事人权利影响甚巨，故合同效力问题通常是当事人争议的主要问题。在司法实践中，一方当事人以受欺诈为由主张解除合同的情形较为常见，是否存在欺诈行为则是争议的焦点。

《新华字典》对"欺"的定义是：欺骗、蒙混；对"诈"的定义是：使手段诓骗。二者含义相近，实际上"欺""诈""骗"三个词在汉语中亦常通用，所表达的意思相同，与"诚""信"相对。《说文·欠部》载有："欺，诈也。"《说文·言部》载有："诈，欺也。从言，乍声。"《礼记·大学》载有："所谓诚其意者，毋自欺也。"中国古人将"仁、义、礼、智、信"作为安身立命的准则，故诚信自古就是中国人的传统美德之一，而非仅仅为交易中的规则。正因如此，有关"欺诈"的立法，中国古代社会即有之。早在三国时期，魏律将其从秦汉贼律中分出，称之为"诈伪"。北齐时，曾将这种行为改称为"诈欺"，北周时又复称为"诈伪"，并为以后历代所沿袭。唐律中，开始将"诈伪"列为十二篇篇名之一。至明代，"诈伪"又被列入刑律篇，可见这种行为之严重，均被各朝代统治者所重视，并且将其作为需要专门通过法律规定给予严厉制裁的行为之一。[1]

"欺诈"一词在西方语言中的含义与汉语语境中基本一致，英语用"Cheat"一词表示，指骗取、欺骗、哄骗的意思；德语用"Tauschung"一词表示，指故意或恶意欺骗引起某种错误[2]；法语用"dolo"一词表示，指恶意欺骗；荷兰语用"bedrog"一词表示，指欺瞒[3]。在罗马法中，一切为使相关人受骗或犯错误以便使自己得利的伎俩或欺骗，均为诈欺。拉贝奥给诈欺下的定义是：一切为蒙蔽、欺骗、欺诈他人而采用的计谋、骗局和手段。[4]《国际商事合同通则》第3.8条注释将欺诈的概念解释为："欺诈行为是指意欲诱导对方犯错误，并因此从对方的损失中获益的行为。"我国《民法典》第148条规定："一方以欺诈手段，使对方在违背真实意思的情况下实施的民事法律行为，受欺诈方有

---

[1] 崔广平：《欺诈概念辨析》，载《河北法学》第21卷第2期。
[2] [德]迪特尔·梅迪库斯：《德国民法总论》，邵建东译，法律出版社2000年版，第594页，转引自崔广平：《欺诈概念辨析》，载《河北法学》2003年第2期。
[3] [德]海因·克茨：《欧洲合同法》，周忠海译，法律出版社2001年版，第284页，转引自崔广平：《欺诈概念辨析》，载《河北法学》2003年第2期。
[4] [德]彼德罗·彭梵得：《罗马法教科书》，黄风译，中国政法大学出版社1996年版，第72~73页，转引自崔广平：《欺诈概念辨析》，载《河北法学》2003年第2期。

权请求人民法院或者仲裁机构予以撤销。"第 149 条规定:"第三人实施欺诈行为,使一方在违背真实意思的情况下实施的民事法律行为,对方知道或者应当知道该欺诈行为的,受欺诈方有权请求人民法院或者仲裁机构予以撤销。"

合同法上欺诈包含两层意思:第一,欺骗对方当事人,故意隐瞒真相或陈述虚假事实,使其产生错误认识;第二,诱使对方当事人按欺诈者的意图作出错误意思表示,而当事人亦确因被欺诈而作出意思表示。《民法通则意见》第 68 条规定:"一方当事人故意告知对方虚假情况,或者故意隐瞒真实情况,诱使对方当事人作出错误意思表示的,可以认定为欺诈行为。"我国《民法典总则司法解释》第 21 条规定:"故意告知虚假情况,或者负有告知义务的人故意隐瞒真实情况,致使当事人基于错误认识作出意思表示的,人民法院可以认定为民法典第一百四十八条、第一百四十九条规定的欺诈。"故合同法上的欺诈可定义为:一方当事人故意隐瞒真实情况或者故意告知对方当事人虚假情况,欺骗对方当事人,诱使对方当事人作出错误意思表示而与之订立合同的行为。

二、欺诈的构成要件

当事人因受欺诈而订立的合同,或无效,或可撤销。无论合同被认定无效还是被当事人撤销,均不按合同约定发生法律效力,对当事人的权利义务有重要影响,通常是双方当事人的争议焦点。如何准确把握欺诈的内涵和外延,正确界定欺诈行为,对于当事人和司法机关都具有重要意义。而正确认定欺诈行为的前提是把握好欺诈的构成要件,某一行为符合欺诈的构成要件则属于欺诈行为。

(一) 主观要件:欺诈一方当事人具有欺诈故意

对欺诈一方当事人而言,其对欺诈行为是明知的,即故意隐瞒真相或作虚假陈述,希望对方当事人基于错误认识按自己的意思作出意思表示。如果双方当事人均未认识到遗漏了真实情况或作出错误陈述,则不属于欺诈行为,属于重大误解。

1. 欺诈一方当事人明确告知对方当事人的是虚假情况或向当事人隐瞒了真相

即在主观方面,欺诈一方当事人具有欺诈的故意,通常具有直接追求性。欺诈亦可能出于间接故意,即在订立合同过程中虽明知对方当事人基于错误认识而为意思表示,仍隐瞒真实情况,放任该情形发生。欺诈的目的是使对方当事人产生错误认识,并希望对方当事人基于错误认识而作出意思表示。如果当事人不是出于故意,而是出于过失或者误解未告知当事人真实情况,则不属于欺诈。

2. 当事人是否具有欺诈的故意应当通过其行为及订约时的情境来判断

欺诈故意是一种主观状态,但表现为一定的行为。例如,某一信息对于欺诈一方当事人是明知，且其知道该信息对于对方当事人决定是否订立合同以及决定合同主要内容有重大影响，但未在订立合同时告知对方当事人的，则可认定为欺诈。同时，判断有无欺诈故意时，还应当考虑双方当事人因合同而获益或者减少损失的情形，双方当事人的关系及订约时的经济地位，双方当事人获取信息的能力是否对称等因素。例如，一方当事人在订立合同时虽未告知对方作为订约基础的重要信息，但根据对方当事人在市场中所处的地位，有理由相信其对该信息是明知的，仅因对方当事人疏忽大意，在订约时没有考虑该因素，则不宜认定为欺诈。这种情况下，当事人通常是基于对方当事人已经知道该事实而未再专门告知，而非出于欺诈的故意。

3. 只要当事人有欺诈的故意即满足主观要件，当事人在欺诈时的动机如何对欺诈的认定没有影响

动机是行为人做出某一行为的内在动因。当事人在订立合同时有欺诈行为，可能出于各种动机，例如获取更有利的缔约机会，在缔约过程中占得有利地位，既可能是为自己多获利益、减少损失、转移风险，也可能是使对方遭受更大损失。但无论当事人的动机如何，均不影响欺诈的认定。但是，正确把握当事人的动机有利于正确判断当事人是否存在欺诈故意。

（二）客观要件

1. 欺诈一方当事人有欺诈行为

欺诈行为是欺诈故意的外化，即基于欺诈故意而做出的特定行为，既可以是积极的作为，也可以是消极的不作为。欺诈行为与欺诈故意互为表里关系，欺诈故意是欺诈行为的出发点，任何欺诈故意均表现为一定的欺诈行为；欺诈行为是欺诈故意的外化，是判断是否存在欺诈故意的重要依据。

（1）欺诈行为的方式。欺诈行为依据其表现形式不同，可以分为虚假表示行为和故意隐瞒行为。《民法典总则司法解释》第21条规定"故意告知虚假情况，或者负有告知义务的人故意隐瞒真实情况，致使当事人基于错误认识作出意思表示的，人民法院可以认定为民法典第一百四十八条、第一百四十九条规定的欺诈"。该规定将积极作为的欺诈行为限定于"故意告知对方虚假情况"，对于本条规定中的"告知"宜作广义理解，即任何表示行为，包括当事人的行为，而非仅限于口头和书面的告知行为。实践中，欺诈行为的表现形式多样，既可以体现为一定的语言，也可以体现为一定的文字，还可能是特定行为，甚至是引人误解的特定场景。例如，在出售的知名品牌服装之中夹杂有一般品牌服装，而二者在款式、材质手感、商标名称等方面相似，不经过细致观察极易

产生误解。再如，某白酒厂商在知名白酒工厂旁边设立销售部，而销售部的标志、名称以及其所售白酒的商标、名称、生产厂商都极易与该知名白酒混淆。在上述两种情况下，当事人或许并未告知对方当事人虚假情况，但其行为却容易让交易对方产生误解，而其真实目的亦是让购买者产生误解，以次充好，从而获取更好的交易机会以及更高的报酬。因此，对于上述司法解释中规定的"故意告知对方虚假情况"的理解不宜过于狭隘。

故意隐瞒行为表现消极的不作为，即对于应当明确告知的事实未告知。不作为责任的前提是当事人有积极作为的义务，而在订立合同过程中，当事人具有哪些义务，应当告知哪些事实，则应当依据双方当事人的具体情况以及诚实信用原则来确定。常见的故意隐瞒行为包括不告知对方当事人标的物的隐蔽瑕疵，隐瞒会影响对方当事人决定是否订立合同或者合同内容的其他重要信息等。当事人订立的合同条款不可能对交易的各个方面、所有细节均约定得十分全面，很多作为交易基础的信息和环境双方当事人并不会在合同中写明，实际上亦不可能订立面面俱到的合同。如果一方当事人隐瞒了作为双方订立合同基础的信息，双方当事人实际上是在不同的前提下订立合同，同一合同文本对于双方当事人产生的法律效果的预期并不相同，事实上双方当事人并未达成一致，该合同不能作为确定双方当事人权利义务的依据。现实生活中，双方当事人的信息不可能完全对称，在很多专业性较强的领域，处于信息优势的一方在订约时占据绝对的优势地位，这种情况下，处于信息优势地位的当事人有义务向对方当事人告知与订立合同相关的情况，违背该义务，则可能构成欺诈。

（2）欺诈一方当事人所虚构或者隐瞒的信息必须是构成缔约基础的信息。如上文所述，任何契约均建立在一定的基础之上，对于该基础事实双方当事人不必在合同中赘述，例如，品牌、某类商品的一般质量标准等。在某一家电下乡的临时市场中，某山寨厂家出售"小天鹅"牌洗衣机，而其书写字体与"小天鹅"十分接近，引人误解的可能性很大，有可能构成欺诈。如果一方当事人未告知不重要、对当事人订立合同没有实质影响的信息，一般不构成欺诈。

2. 受欺诈一方当事人因欺诈而产生错误认识

本要件包括三个方面的内容：欺诈一方当事人有欺诈行为；受欺诈一方当事人产生错误认识；二者之间有因果关系。首先，受欺诈一方当事人产生错误认识是指其对订立合同有关的重要信息的认识与客观情况不一致，既可能对相关信息不知情，也可能是认识上存在偏差。受欺诈一方当事人的错误认识既可能是对标的物的性质、品质的错误认识，也可能是对相关交易环境和条件的错误认识。例如，双方当事人订立租赁合同，租赁厂房用于生产时，出租方未告知该厂房即将被拆迁的事实，而承租人对此事实亦不知情，构成欺诈。其次，受欺诈一方当事人的错误认识由欺诈一方当事人的欺诈行为引起，如果欺诈一方当事人未虚构事实或者隐瞒事实，受欺诈一方就不可能产生错误认识。欺诈行为与受欺诈一方当事人的错误认识之间的因果关系是相当因果关系，即依据一般社会经验进行判断，该欺诈行为必然会造成受欺诈人的错误认识。如果一方当事人的错误认识不是因对方当事人的欺诈行为而产生，系由自身过错或者第三人的欺诈而产生则不构成欺诈。

3. 受欺诈一方当事人因错误认识而作出意思表示

合同法上的欺诈包含两个因果关系：第一，欺诈一方当事人的欺诈行为与受欺诈一方当事人认识错误之间的因果关系；第二，受欺诈一方当事人的错误认识与其作出意思表示之间的因果关系，二者缺一不可。如果受欺诈一方当事人虽然因欺诈行为而产生了错误认识，但该错误认识对于其是否订立合同以及所订立合同的内容不产生影响，则仍不构成欺诈。如果受欺诈一方当事人的错误认识产生于订立合同之前，或至订立合同时已经知道真实情况，亦不构成欺诈。

受欺诈一方当事人系基于错误认识而作出意思表示，故其意思表示与其内心追求的真实意思不相同，并非其真意，故该意思表示的法律效力会受到影响。

三、实践中应注意的几个问题

（一）正确区分欺诈与通谋虚伪

《民法典》第146条规定："行为人与相对人以虚假的意思表示实施的民事法律行为无效。以虚假的意思表示隐藏的民事法律行为的效力，依照有关法律规定处理。"通谋虚伪又称为虚假表示，是指表意人与相对人通谋而无真意的意思表示。其为大陆法系民法采用的法律概念，源于德国民法，后被日本、韩国等民法规范所采。通谋虚伪的特征在于，双方当事人都知道自己所表示出的意思不是真实意思，民事法律行为本身欠缺效果意思，双方都不希望此行为能够真正发生法律上的效力。其有四个构成要件：（1）双方当事人均作出了意思表示；（2）意思表示须与双方当事人的真实意思不一致；（3）双方当事人均对于其意思与表示不一致有认识；（4）当事人非真意的表示与相对人通谋。在欺诈行为中，仅有一方当事人隐瞒了真相或者虚构了事实，受欺诈一方当事人不明真实情况；欺诈一方当事人明知对方当事人的意思表示不真实，其所作的意思表示则是真实的，而受欺诈一方当事人所作的意思表示不真实。在通谋虚伪行为中，双方当事人均作出虚假意思表示且明知意思表示与真实意思不一致；

双方当事人对于意思表示与真实意思不一致有通谋。

当事人通过欺诈而订立的合同，依据《民法典》第148条的规定，属于可撤销的合同。当事人通过通谋虚伪而订立的合同，其效力亦因情况而定。一般情况下，双方当事人的表示行为是虚假意思表示，不发生法律效力，应当按双方当事人的真实意思确定相应的法律后果。如果双方恶意串通，损害他人合法权益的，依据《民法典》第154条的规定，属于无效合同。在特定情况下，法律基于某些价值取向，会规定双方当事人基于虚假意思表示订立的合同有效。例如，对于通过招投标方式订立的合同，为防止招标人和投标人串通投标，签订阴阳合同，损害其他投标人的利益，或者规避关于招投标的强制性规定，《中华人民共和国招标投标法》第46条第1款规定："招标人和中标人应当自中标通知书发出之日起三十日内，按照招标文件和中标人的投标文件订立书面合同。招标人和中标人不得再行订立背离合同实质性内容的其他协议。"《最高人民法院关于审理建设工程施工合同纠纷案件适用法律问题的解释》第21条规定："当事人就同一建设工程另行订立的建设工程施工合同与经过备案的中标合同实质性内容不一致的，应当以备案的中标合同作为结算工程价款的根据。"在此种情形下，虽然双方当事人的虚假表示的内容与其真实意思不符，但仍以表示的内容为准确定双方的权利义务。

(二) 判断欺诈行为应当考虑的因素

合同从协商到订立再到履行，是一个过程，并非几个孤立没有联系的节点，因此，在判断双方当事人的真实意思时，不仅要看合同文本，还要考虑双方在合同签订时的各类文件、行为，以及双方当事人在合同履行期间的行为等多方面因素。虽然合同签订时存在倒签时间的情形，但是双方当事人对于倒签时间是明知的，不存在欺诈的情形。如果双方当事人原签订有口头合同，并已经实际履行，双方另行签订的书面合同实际上是对口头合同的确认，即使在书面合同中倒签时间亦与双方当事人重新确认的已经履行的口头合同所表示的真实意思相符，不属于一方当事人因受欺诈而签订书面合同的情形。

(三) 受欺诈一方当事人的过失不影响欺诈的认定

欺诈一方当事人有欺诈行为，而受欺诈一方当事人因过失而相信了该欺诈行为，是否影响欺诈的认定，存在不同观点。例如，一份书面文件中含有虚假陈述，对方当事人没有阅读即相信该书面文件，并以此为基础签订合同，是否构成欺诈。一种观点认为，对方当事人未弄清内容就签订合同，自身具有过错，应自负其责。但是，欺诈之所以产生，通常是由于受欺诈一方当事人不谨慎导致的。① 当欺诈一方当事人使用某种手段使对方当事人陷于过失时，尤其如此。因为故意较之过失而言，更具可责难性，如果受欺诈一方当事人在专业技术、经济地位等方面明显弱于对方当事人，更应当追究欺诈者的责任。故受欺诈一方当事人的过失不影响欺诈的认定，仅对欺诈一方当事人的责任范围有影响。

【拓展适用】

一、欺诈的法律后果

依据意思自治原则，当事人自主决定自己的事务，同时对自己的行为负责，故在民事生活中，当事人应且只应对自己的行为负责。因此，在正常情况下，当事人通过一定的行为将其真实意思表示出来，只要不违反公序良俗或强制性法律规定，法律就允许该行为按当事人的意思发生相应的法律效果。但是，如果当事人因为误解、受欺诈等原因作出的表示行为与其真实意思不符，该行为则不是当事人的真意，不应当按该意思表示发生法律效果。因此，因受欺诈而为的法律行为应当可撤销。《民法通则》第58条第3项规定，一方以欺诈、胁迫的手段或者乘人之危，使对方在违背真实意思的情况下所为的民事行为无效。《合同法》对此项规定进行了修改，该法第52条第1项规定，一方以欺诈、胁迫的手段订立合同，损害国家利益的，合同无效。第54条第2款规定，一方以欺诈、胁迫的手段或者乘人之危，使对方在违背真实意思的情况下订立合同，受损害方有权请求人民法院或者仲裁机构变更或者撤销。即以欺诈手段订立的合同只在损害国家利益时才无效，其他情况下，受欺诈一方当事人有权请求人民法院或者仲裁机构变更或者撤销，并非当然无效。《民法典》第150条规定："一方或者第三人以胁迫手段，使对方在违背真实意思的情况下实施的民事法律行为，受胁迫方有权请求人民法院或者仲裁机构予以撤销。"应当注意的是，如果胁迫行为是第三人实施的，受胁迫方也可以申请撤销。《民法典》较《民法通则》而言，有两点变化：一是胁迫主体不限于一方，也可以是第三人；二是该民事法律行为不是无效而是可由受胁迫方申请撤销。

二、《民法典》的具体规定

《民法典》第150条相对于《民法通则》第58条第3项的规定而言，更具合理性。首先，一概否定以欺诈手段签订的合同的效力，并不利于保护受欺诈

---

① 转引自［美］艾伦·范斯沃思：《美国合同法》，葛云松、丁春艳译，中国政法大学出版社2004年版，第254~255页。

一方当事人的利益。在欺诈一方当事人存在认识错误，合同订立到合同履行时市场环境出现较大变化等情形下，以欺诈手段订立的合同可能不会对受欺诈一方当事人的利益造成损害，或者损害甚微，履行合同相对于合同无效更能保护受欺诈一方当事人的利益。如果"一刀切"，规定此类情况下合同无效，在某些情况下可能让欺诈一方当事人因此而获益。其次，以欺诈手段订立的合同虽然违背诚实信用原则，但一般只损害受欺诈一方当事人的利益。当事人是判断如何行事能使自己利益最大化的最佳人选，故由受欺诈一方当事人自行决定是否撤销，更为妥当。再次，以欺诈手段签订的合同之所以不能当然有效，不仅在于其违反了诚实信用原则，更在于受欺诈人所作出的意思表示并非其真实意思，违反了意思自治原则。在合同领域贯彻意思自治原则并不仅仅体现在合同订立之时，而应当贯穿于自合同协商订立至合同履行完毕的始终。以欺诈手段订立的合同，在合同订立时可能不是当事人的真实意思，但受欺诈人在知晓被掩盖的真相后，综合考虑各方面因素仍愿意继续履行合同的，该合同即为其真实意思，合同所欠缺的效力要件即已补足，此时认定合同有效更为妥当。因此，《民法典》的规定是意思自治原则的体现。最后，是否存在欺诈行为，必须由受欺诈人主张，并举证证明，如果受欺诈人愿意继续履行合同，不主张合同无效，该合同在法律效果上与有效合同并无二致。因此，《民法典》规定以欺诈手段签订的合同为可撤销合同，更符合实际。

【典型案例】

投资公司诉影业公司影片发行权许可合同纠纷案

上诉人（原审原告）：投资公司。

法定代表人：罗某生，该公司经理。

上诉人（原审被告）：影业公司。

法定代表人：李某行，该公司董事长。

〔基本案情〕

江苏省高级人民法院经审理查明：

一、关于合同签订情况及合同约定内容

投资公司1997年8月与南京电影制片厂签订协议书，约定双方合作拍摄影片《下辈子还做母子》（以下简称《下》片），著作权归投资公司所有，南京电影制片厂负责《下》片剧本审定并上报主管部门和国家电影局备案。南京电影制片厂持有《摄制电影许可证》。1998年5月投资公司与影业公司经协商达成口头协议，约定投资公司许可影业公司在江苏省13个市发行放映《下》片。与本案相关的协议内容有：1.《下》片在江苏省的放映时间为1998年5月至同年12月底。2. 影片票房收入双方按比例分成。3. 影业公司须在首映之日起的次日上午用传真向投资公司通报前日"映出成绩日报表",财务报表应于每周结束的三日内报送投资公司,并于上映两周后将投资公司应得的分成收入金额以电汇方式汇入指定账户,发行日期结束后的一周内,将投资公司应得所有分成汇入指定账户。4. 影业公司须检查各市、县电影公司和影院上报《下》片票房收入的真实性,如经投资公司查出发行放映《下》片的影院或公司有漏、瞒报票房收入,由影业公司按漏、瞒报票款的 10 倍对投资公司承担经济赔偿责任。1999 年 4 月投资公司与影业公司签订书面《影片票房分账发行放映合同》,对 1998 年 5 月口头协议予以确认,并进而对票房收入分成比例达成合意,约定投资公司分成 32%、影业公司分成 68%。

另查明:国家广播电影电视部 1995 年《影片交易暂行规定》第三条规定:"凡参与影片交易的卖方必须持有政府管理部门颁发的制片或发行许可证。"投资公司不具有政府部门颁发的制片许可证、发行许可证。

二、关于影业公司履约情况

1998 年 5 月至 12 月底,影业公司在江苏省发行放映《下》片。1999 年 1 月,影业公司根据江苏省各市、县电影公司上报的《下》片《映出成绩日报表》《放映收入结算表》,汇总制作《分账影片江苏省映出成绩指标分析表》和《江苏省映出成绩累计分析表》,统计全省《下》片票款总额为 1337081.40 元。影业公司当月将该两份汇总报表连同市县报送的部分《放映收入结算表》《映出成绩日报表》报送投资公司。之后部分市县电影公司补报票款,影业公司对补报票款统计为 40012 元,但未将该补报票款告知投资公司。原审法院审理中对上述各类报表核对查明:因一些市县电影公司自行提成比例有误,影业公司对部分票房收入予以倒推,因而影业公司统计的全省票款总额与各市、县实际上报的票款总额不符。全省先后共有 45 个市县上报票款,实际上报票款总额 1389190.40 元,该总额中包含学生和成人票款。影业公司报送投资公司的票款总额 1337081.40 元,与各市、县实际上报票款总额 1389190.40 元之间相差 52109 元。52109 元中有 9429 元,影业公司虽未统计在票款总额内,但已将相关市县报表报送投资公司。影业公司于 1998 年 11 月、1999 年 4 月两次共向投资公司支付分成款 15 万元。1999 年 6 月 28 日影业公司致函投资公司称:《下》片在江苏的票房收入合计为 1337081.40 元,投资公司应得 387937.20 元,影业公司已付 15 万元,剩余 237937.20 元于 1999 年 10 月底前付清。投资公司接此函后于 1999 年 7 月 6 日向原审法院提起诉讼。

三、关于投资公司举证及法院查证情况

诉讼中投资公司向原审法院提交江苏省 1095 份学校填写的调查表。经查,调查表源于有关部门向全省中小学校发函而进行的一项调查活动,调查目的是协助全国中小学生影视教育协调工作委员会对江苏省学生和家长观看《下》片情况进行调研,调查表中含有电影票款栏,并要求写明票款。该 1095 份调查表中的 300 余份是学校填写后直接寄往指定地点,其余由投资公司派员到各学校收取,有的还要求学校尽量多填写票款额。经审查，投资公司提供的 1095 份调查表中海安县 15 所学校从观影时间上排除了与本案的关联，原审法院对其中部分学校的调查也证实了此点，该 15 份证据对本案事实无证明力。其余 1080 份调查表所涉学校分布在全省 60 个市县，经原审法院委托相关法院调查、自行调查、发函调查以及影业公司对 18 份调查表的认同，852 所学校观影情况及票款数额已经查明，228 所学校由于学校撤销、当事人调离、原始凭证无法查找或其他原因，无法查明实际观影情况或实际支出票款数额。原审法院将查明的 852 所学校观影情况与投资公司提交的调查表进行对比的结果为：否定观看的有 282 所学校、票款小于调查表的有 430 所学校、票款等于调查表的有 79 所学校、票款大于调查表的有 61 所学校。法院查明 852 所学校票款总额为 1134699.85 元，而投资公司主张中相应学校的票款额为 2751178.10 元，法院查明额约占投资公司主张额 41%。原审法院将 852 所学校票款与市县电影公司上报票款进行对比的结果为：法院查明江宁、丹徒、洪泽、淮安、涟水、东海等 6 县有学生票款 29088.20 元，而该 6 县电影公司未上报任何票款；原审法院查明常熟、吴县、张家港、江阴、锡山、金坛、武进、丹阳、扬中、扬州、江都、建湖、金湖、连云港、宿迁（含宿豫）、泗洪、靖江、泰兴、兴化等 19 市县的学生票款比该 19 市县电影公司上报的学生和成人合计票款高出 231892.65 元。

〔一审裁判理由与结果〕

江苏省高级人民法院认为：

一、关于合同效力

投资公司与影业公司双方签订的合同系影片发行权许可合同，该合同合法有效。影业公司抗辩称，由于投资公司没有发行许可证，所以合同无效。原审法院认为，投资公司合法拥有的《下》片著作权，受《中华人民共和国著作权法》保护。《影片交易暂行规定》中关于影片发行交易卖方需持有制片或发行许可证之规定的目的是保证国家对影片制片、发行环节的干预、控制。本案中，投资公司虽无影片摄制与发行许可证，但其只是影片拍摄者与发行者之间的一个中间环节，其本身并未直接进行影片拍摄或发行。《下》片的拍摄行为由持有摄制许可证的南京电影制片厂所为，制片环节已受到国家控制；《下》片被许可的发行方影业公司持有发行许可证，发行环节也可受到国家控制，投资公司的签约行为因而不违反《影片交易暂行规定》精神。因此，影业公司关于合同无效的抗辩理由不成立。

二、关于是否存在漏瞒报事实及漏瞒报票款的认定

影业公司向投资公司报送的《下》片票款总额与各市、县实际上报的票款总额之间相差 52109 元。其中的 9429 元不属于漏报，理由是：影业公司虽未将该 9429 元统计在票款总额内，但已将相关市县报表报送投资公司，投资公司可以核对发现漏报。该 9429 元应认定为未计算提成，影业公司应当向投资公司支付提成款 2771 元。其余 42680 元，影业公司既未统计在票款总额内，也未报送市县报表，应认定为影业公司漏瞒报票款。根据法院对 852 所学校查明的事实，江宁等 6 县未报票房收入

29088.20元、常熟等19市县高于电影公司所报票房收入的231892.65元，共计260980.85元应认定为各市、县电影公司漏瞒报票款。由于1080所学校中尚有部分学校因各种原因无法查明观影情况或无法确定票款数额，以及法院所作的漏瞒报对比是在法院查明的学生票款与各市、县上报的学生和成人合计票款间进行，应当合理推定相关市县另外漏瞒报票款5万元。依据上述影业公司漏瞒报42680元、查明市县漏瞒报260980.85元、推定市县漏瞒报5万元，三项共计漏瞒报票款353660.85元，应当认定影业公司构成违约。因此，投资公司关于影业公司违约的诉讼主张成立。投资公司认为江苏省内漏瞒报票款达数百万元，但其提供的1095份调查表既无原始发票予以佐证、又与法院查明的实际情况明显不符，因而不能作为有效证据使用。其主张的漏瞒报数额因证据不足而不能成立。

三、关于漏瞒报票款的违约责任

影业公司对漏瞒报票款行为构成违约，应当承担违约责任。影业公司认为漏瞒报责任应由漏瞒报者承担，对此法院认为，虽然漏瞒报票款行为主要系各市、县电影公司所为，影业公司客观上对此难以监管，但根据投资公司与影业公司双方所签合同第4条第6项的约定，该责任仍应由影业公司承担。关于投资公司要求影业公司承担10倍经济赔偿的责任，法院认为，合同约定对投资公司查出的漏瞒报票款给予10倍赔偿，而投资公司提供的漏瞒报数额并不真实，有弄虚作假行为；本案中的实际漏瞒报数额是由法院而非投资公司查出，且本案中按10倍赔偿处理亦不符合我国合同法中的赔偿实际损失原则，故对按10倍赔偿的请求不予支持。基于影业公司确应承担违约责任，依据公平原则，以漏瞒报票款额的5倍确定经济损失赔偿数额，即以法院认定的353660.85元的5倍数额1768304.25元作为经济损失赔偿额。

四、关于迟延付款的认定及违约责任

投资公司与影业公司双方对《下》片的分成具体比例至1999年4月达成合意，按照《影片票房分账发行放映合同》付款期限的约定，影业公司支付全部分成款的最迟期限应当是1999年5月7日。影业公司在期限届满后仍有237937.20元未支付，其之后提出变更支付时间的主张也未获得投资公司许可，因此投资公司关于影业公司迟延付款构成违约的诉讼主张成立，影业公司应当向投资公司支付未付款237937.20元。

五、影业公司漏瞒报票款及迟延付款属违约行为并不构成侵权，投资公司要求影业公司公开赔礼道歉的诉讼请求缺乏法律依据，不予支持。

综上，投资公司部分诉讼请求成立，法院予以支持。法院依照《中华人民共和国著作权法》第十条、第四十七条，《中华人民共和国民法通则》第四条、第一百一十一条，《中华人民共和国民事诉讼法》第一百二十八条之规定，判决：一、影业公司向投资公司支付经济损失赔偿款1768304.25元。二、影业公司向投资公司支付提成款2771元。三、影业公司向投资公司支付未付款237937.20元。上述支付款项，均于本判决生效之日起三十日内付清。四、驳回投资公司其他诉讼请求。

〔当事人上诉及答辩意见〕

投资公司不服一审判决，向最高人民法院上诉称：（1）一审判决对影业公司瞒报票房数额的认定错误。①原审法院认定瞒报数额的方法错误。一审查证所得的1134699.85元票款，仅仅是江苏省852所学校学生团体观影的票房收入，与影业公司所报的全省成人观众观影的票房收入没有可比性。本案的准确处理在于查明《下》片在全省的票房收入，再与影业公司所报数字对比，以确定影业公司有无瞒报行为和具体的瞒报数额。②原审法院的调查结论不具准确性，不足以推翻投资公司提交的证据。原审法院仅仅在投资公司提供的1095所学校资料的范围内进行核查，所得结论不足以作为定案依据。而且原审法院的调查数据主要根据调查对象的口头或书面陈述认定，其证据的客观性令人质疑。③原审法院对调查材料归总整理，确定票款数字的方式对投资公司严重不公。海安县15所学校的观影时间不符，只能说明影业公司或其下属单位有超期限发行放映《下》片的违约嫌疑，不能以此降低影业公司的瞒报数额。一审推定无法查明的学校观影票款以及成人观影票款为5万元，没有事实和法律依据。影业公司负有保证向投资公司提供准确数字的合同责任，故原审法院认定不属瞒报的9429元应当计入影业公司的瞒报数额。原审法院在判决书中表述的调查结论与其归卷的核查结果自相矛盾。一审无理由不采用投资公司提交的证据11，对直接支持投资公司诉讼请求的证据和线索不予查证，刻意缩小了影业公司的瞒报范围。（2）原审法院对于影业公司瞒报责任及其行为性质的认定不全面。根据著作权法，影业公司的瞒报行为已侵犯了投资公司的获得报酬权，构成侵权。（3）关于滞纳金和诉讼费的承担问题。一审判决书称投资公司在庭审中撤回要求影业公司支付滞纳金、承担全部诉讼费的诉讼请求，与事实不符。综上，请求二审：①撤销原判；②判令影业公司给付投资公司违约赔偿人民币1500万元；③判令影业公司就违约和侵权行为向投资公司公开赔礼道歉；④判令影业公司向投资公司给付电影票房收入分成款237937.20元及滞纳金；⑤本案全部诉讼费用由影业公司承担。

影业公司针对投资公司的上诉口头答辩称：（1）影业公司关于票房收入的统计数字是真实的，不存在漏瞒报行为。（2）同意投资公司关于原审法院调查数据不真实、不客观的上诉意见。（3）投资公司索赔1500万元没有事实和法律依据。（4）投资公司提供的大部分调查表没有校长签名，也无公章，其内容不客观。（5）投资公司存在欺诈，且不具备主体资格，故本案争议合同无效，影业公司不构成违约和侵权。

影业公司亦不服一审判决，向最高人民法院上诉称：（1）一审程序违背了《中华人民共和国民事诉讼法》第64条的规定。投资公司对其主张提供了1095份证据，不存在不能收集证据的情况。原审法院自行收集制作证据，并依此作出判决，违背了法律规定。（2）投资公司不具备有偿转让《下》片发行放映权的主体资格，故其与影业公司所签订的《影片票房分账发行放映合同》为无效合同。（3）原审法院在审理中未查清事实,判决所依赖的证据明显不充分。①原审法院自行收集的证据不客观,且未得到双方当事人的认可;②原审法院在数据统计上采用以县为单位,就高不就低的比较方式是自相矛盾的,从根本上否认了自身证据的真实、准确性;③原审法院推定影业公司瞒报 5 万元无事实和法律依据;④原审法院认定上诉人瞒报 42680 元是错误的。(4)投资公司并未查实影业公司的瞒报情况,且投资公司也未认可原审法院查明的事实,一审判决违背双方当事人的合同约定,有越俎代庖之嫌。(5)原审法院对违约损失计算方法不公平。①一审判决 170 余万元赔偿额是影业公司无法预见的,即使双方当事人皆严格履行合同义务,投资公司也不可能得到如此巨大的收益;②原审法院未根据投资公司的实际损失确定违约损失,而是以瞒报数额的 5 倍计算违约损失不公平,违背了法律规定和双方当事人的约定。(6)投资公司诱骗影业公司签订合同,致使影业公司误解签订合同的目的,存在严重欺诈行为。(7)投资公司及法定代表人在多次信函中已变更漏瞒报责任的承担者,原审法院判令影业公司承担赔偿责任是错误的。综上,请求二审撤销原判,驳回投资公司的诉讼请求,判决投资公司承担一、二审诉讼费。

投资公司针对影业公司的上诉口头答辩称:(1)同意原审法院对合同效力的认定。投资公司作为《下》片的著作权人,具备签订合同的主体资格;倒签合同不影响合同的效力。(2)原审法院自行调查取证不违反民事诉讼法的规定。(3)同意影业公司关于原审法院调查数据不真实,不足以作为定案证据的上诉意见。(4)关于赔偿问题,双方已明确约定按照漏瞒报数额的 10 倍处罚,江苏省的有关文件亦有类似规定。

[最高人民法院查明的事实]

最高人民法院经审理查明:原审判决认定的关于合同签订情况及合同约定内容、关于影业公司履约情况、关于投资公司举证及法院查证情况等事实基本属实。

另查明:原审法院在对投资公司提交的 1080 份调查表的核查中,有 199 所学校提供了发票、收据、结算凭证等原始凭证。一审期间影业公司向原审法院提交了涉及其他 36 所学校观看《下》片票款的原始凭证。除上述两种情形外,在投资公司提供的调查表中,有 13 份调查表的内容在一审中经影业公司认可并与原审法院核查的结果一致。经审查,上述 199 所学校提供的原始凭证中,泰州市刁铺教委提供的收据收款日期为 1999 年 12 月 23 日,与争议合同的履行期间不符,与本案无关,该收据不能作为本案证据。投资公司于二审期间提供了丹徒县黄墟影剧院于 1998 年 10 月 19 日开具的丹徒县黄墟中心小学观看《下》片票款 2800 元的收据原件,以此否定黄墟中心小学原提供的收据。影业公司未对投资公司所提供收据的真实性提出异议。该收据原件经最高人民法院审查属实。苏州吴县郭巷中学提供收据的收款时间为 1998 年 10 月 16 日,收款单位为郭巷影剧院,并另页注明该影院放映的是《下》片十六毫米规格拷贝,不属本案争议合同所约定的影片规格。投资公司提供了北京电影洗印录像技术厂出具的证明材料,证明该厂独家负责的《下》片十六毫米规格拷贝的洗印开始于 2000 年 11 月。经最高人民法院审查，上述收据应当作为本案证据。二审期间，投资公司还补充提供了常州武进市洛阳中学观看《下》片收据，并提供教育部、文化部、国家电影电视总局中小学生影视教育协调工作委员会办公室出具的证明材料，证明该收据为洛阳中学寄给该委员会的。该收据亦经最高人民法院审查属实。

上述涉及 235 所学校的有效原始凭证中，一部分凭证上注明了《下》片片名，其票面金额即为观看《下》片票款；对于其余凭证，最高人民法院综合考虑学校在原审法院核查表中所填票款数额、凭证上注明观看影片的数量等因素，酌情认定其所能够证明的《下》片票款数额。根据 235 所学校的原始凭证以及经原审法院查证属实的 13 份学校调查表，《下》片放映单位涉及江苏省南京、苏州、无锡、常州、镇江、扬州、徐州、盐城、淮阴、南通、连云港、宿迁和泰州等 13 个城市市区以及部分县（市）的 148 个影剧院，足以认定的《下》片票款总额为 606443.60 元。

又查明：《影片票房分账发行放映合同》第 2 条第 2 项约定："影片票房收入分成结算表分为财务报表（电影放映收入结算表、每周报表）和统计表（影片'映出成绩日报表'）。"江苏省 13 个市电影公司向影业公司上报的《下》片《影片映出成绩日报表》《电影放映收入结算表》等报表中，除苏州、扬州、盐城市未报送《影片映出成绩日报表》外，其余 10 个市电影公司均报送了该地市区或者部分县、市的《影片映出成绩日报表》等反映具体影院票房收入情况的明细表，且明细表的合计数字与《电影放映收入结算表》的对应数字相吻合。影业公司汇总制作的《江苏省映出成绩累计分析表》，影业公司称其为公司内部统计分析而制作，不是正式报表，不能作为计算漏瞒报数额的对比依据。经与各市电影公司上报报表进行比较，该表与各市电影公司上报报表所反映的情况不完全一致，具体体现为：该表将各市电影公司上报的成人和学生观众人数及票房收入一并计入成人栏；对上报了具体影院票房收入明细情况的部分地区，该表将几个影院并入某一个影院进行统计；对于各市电影公司未上报明细情况的，该表将某一地区的观众人数和票房收入计入某一个或几个影院中进行统计；该表票房收入总额为 1323881.40 元，与各市电影公司向影业公司上报的票房收入总额 1389190.40 元以及影业公司统计并报送投资公司的票房收入总额 1337081.40 元均不相一致。

最高人民法院将前述 148 个影剧院的票款数额与江苏各市电影公司上报的《下》片《影片映出成绩日报表》《电影放映收入结算表》等报表进行对比的结果为：（一）49 个影剧院所在的南京市、无锡市、常州市、镇江市、徐州市、淮阴市、连云港市、沭阳县、泰州市、泰兴市、兴化市和靖江市，各市电影公司上报了具体影剧院票房收入明细情况。以影剧院为单位进行对比的结果为：南京市河海会堂、人民剧场、三十三号礼堂，无锡市奥斯卡影院、硕放影院、旺庄影剧院，常州市红星影院、圩塘会堂、新桥镇影院、亚细亚影城，镇江市焦化俱乐部，淮阴市农垦俱乐部、清江影都，连云港市人民影剧院、新电俱乐部，沭阳县悦来影剧院，泰州市口岸影院、梅兰芳影院，泰兴市马甸影院、新市文化宫，兴化市安丰影院、工人文化宫等

22 个影剧院未上报票房收入，而该 22 个影剧院的票款数额共计 70492.50 元；无锡市蓓蕾影院、江南电影院、群众电影院等 3 个影剧院上报了票房收入，但比该 3 个影剧院票款数额低 10933.00 元；其余 24 个影剧院的票款数额低于各市电影公司报送的相应影剧院的票房收入数额。（二）其余 99 个影剧院所在的 27 个市区或县，各市电影公司只上报了该地区票房收入的综合统计数字，无具体的影剧院票房收入明细情况。以地区为单位进行对比的结果为：江宁县、丹徒县、淮安县、东海县等 4 县未上报票房收入，而该 4 县的票款数额共计 8774.20 元；张家港市、常熟市、昆山市、吴县市、锡山市、江阴市、扬中市、扬州市、金湖县等 9 个县虽上报票房收入，但比该 9 个县票款数额低 94851.50 元；其余 14 个地区的票款数额低于各市电影公司报送的相应地区的票房收入数额。以上未报的票款数额以及所报票房收入比最高人民法院认定票款数额低的部分数额，四项总计 185051.20 元。

一审期间，投资公司的特别授权委托代理人甘霖在 2000 年 1 月 26 日的庭审中，明确表示放弃投资公司所提出的滞纳金要求和对诉讼费的陈述，未附带要求影业公司于 2000 年底前还款的条件。

二审期间，投资公司于 2001 年 3 月 26 日向最高人民法院递交了《关于请求最高院为瞒报票房案直接调查取证的申请》，请求二审法院直接查清影业公司和江苏各市、县电影公司及影院实际瞒报的《下》片票房收入数。

最高人民法院认定的上述事实，有投资公司与南京电影制片厂就合作拍摄《下》片签订的《协议书》、投资公司与影业公司签订的《影片票房分账发行放映合同》、投资公司原审中提供的调查表、原审法院复核调查表、调查笔录及其中 199 份调查表所附原始凭证、影业公司原审中提供的情况证明及所附 36 张原始凭证、投资公司二审中提供的丹徒县黄墟中心小学观看《下》片的收据、常州武进市洛阳中学观看《下》片收据、影业公司向投资公司报送的《下》片《江苏省映出成绩累计分析表》、《分账影片江苏省映出成绩指标分析表》、各市电影公司向影业公司报送的《下》片《影片映出成绩日报表》、《电影放映收入结算表》、北京电影洗印录像技术厂的证明，教育部、文化部、国家电影电视总局中小学生影视教育协调工作委员会办公室的证明，原审法院 2000 年 1 月 26 日庭审笔录等证据佐证。

[最高人民法院裁判理由与结果]

最高人民法院认为：投资公司与影业公司签订的《影片票房分账发行放映合同》系影片发行许可合同，双方当事人签订合同及在合同中的意思表示真实，合同内容不违反国家法律或者社会公共利益，应当依法认定为有效合同。二审中，影业公司以该合同无效进行抗辩，所依据的理由有两点，一是投资公司违反了《电影管理条例》和《影片交易暂行规定》的有关规定，不具备影片交易主体资格；二是投资公司在《下》片已经放映结束的情况下，非出于履行合同的目的与其签订合同，且倒签签约时间，是欺诈行为。对此争议问题，最高人民法院认为，首先，关于主体资格问题。本案当事人对于投资公司与南京电影制片厂就合作拍摄《下》片签订《协议书》，由投资公司进行全额投资，并享有该片著作权和全部发行收入等事实无争议。根据我国著作权法的规定，著作权人可以自己行使或者许可他人行使其著作权，并依照约定或者法律规定获得报酬。作为《下》片著作权人，投资公司与影业公司签订《影片票房分账发行放映合同》，就影业公司在江苏省范围内独家发行《下》片，以及双方按比例分成影片票房收入等问题达成协议，符合我国著作权法的上述规定，也不违反该法关于著作权许可使用合同的规定。从电影行业及电影作品发行的特点看，投资公司的分账发行许可亦是电影作品著作权人行使著作权，获得投资回报的主要方式，与法律保护民事主体依法行使民事权利的宗旨不相违背，不为我国法律、行政法规的强制性规定所禁止。《电影管理条例》和《影片交易暂行规定》有关电影制片、发行和放映、有偿转让等活动中对主体和客体所作的限制性规定，是在我国电影行业机制改革过程中，电影行业主管部门为了加强行业管理所制定的，其目的是进一步深化改革、发展和繁荣电影事业。投资公司虽无制片许可证和发行许可证，但其并不直接参与制片、发行活动，而《下》片的实际制片、发行者均持有相应的许可证，而且该片内容经主管部门审查通过具备准映证，投资公司将《下》片许可影业公司分账发行，无论主体还是客体均不影响电影市场的正常秩序，亦不妨碍国家对电影行业的行政管理，并且与电影行业机制改革的发展方向是一致的。此外，《影片交易暂行规定》是行政规章类的规范性文件，并不属于法律所明确规定的认定合同效力的依据，因此投资公司具有签订本案所涉合同的主体资格。其次，关于欺诈问题。投资公司与影业公司于1999年4月签订的《影片票房分账发行放映合同》，是对双方1998年5月口头协议的确认，且在签订书面合同时，该口头协议已经实际履行。无论是口头协议的达成，还是补签书面合同的意愿，都是双方的真实意思表示，即使签订书面合同的要求是投资公司提出的，也不能据此认定其具有欺诈行为。虽然双方将合同签订时间倒签，也是经过影业公司认可，而且与口头协议达成和履行的实际情况相一致，并没有损害影业公司利益，亦未损害国家、集体或者第三人利益，因此，也不能因合同时间倒签而认为投资公司具有欺诈行为。至于投资公司是否出于履行合同的目的签订书面协议，与合同是否有效亦无关联，即使双方未补签书面合同，已经实际履行的双方1998年5月的口头协议仍然受法律保护。因此，影业公司关于《影片票房分账发行放映合同》属无效合同的抗辩主张，无充分的事实和法律依据，最高人民法院不予支持。

《影片票房分账发行放映合同》第4条第6项明确约定了签约双方在漏瞒报责任问题上的法律责任，主要包括责任主体和赔偿数额两个方面的内容。首先，关于责任主体问题。该合同明确约定影业公司负有检查各电影放映单位上报《下》片票房收入真实性的义务，并对各电影放映单位漏瞒报票房收入行为向投资公司承担赔偿责任。影业公司以投资公司在多次文函中已将10倍赔偿责任的对象变更为各市电影公司、影剧院为由，主张免责。根据民法通则等法律的规定，合同的变更，应当在协商一致的基础上，由当事人对变更的内容作出明确约定。投资公司虽然曾数次致函影业公司及各市电影公司、影剧院,要求影业公司督促各电影放映单位如实填报票房收入,并提出对漏瞒报者处以10倍罚款,但仅凭这些函件并不能证明投资公司与影业公司已就《影片票房分账发行放映合同》关于漏瞒报责任主体的变更达成了一致,故不能因此而认定漏瞒报责任主体发生了变更。影业公司的上述抗辩主张,事实和法律依据不足,最高人民法院不予支持。对于各电影放映单位漏瞒报票房收入的行为,影业公司亦应当依照合同约定向投资公司承担赔偿责任。其因此所受损失,可以另与实际漏瞒报票房收入者解决。其次,关于赔偿数额问题。双方合同明确约定影业公司按照由投资公司查出的漏瞒报票款数额的10倍承担赔偿责任。影业公司认为本案应当适用赔偿实际损失原则确定其赔偿责任。对此最高人民法院认为,《影片票房分账发行放映合同》关于影业公司承担10倍经济赔偿责任的约定,并未违反法律的禁止性规定。同时,鉴于目前电影发行放映的实际情况,投资公司欲举证证明漏瞒报数额客观上存在困难,故该10倍赔偿责任仅是针对查证属实的漏瞒报数额,而实际漏瞒报数额可能超过当事人查实的数额。因此这种约定对双方当事人来讲并不失公平,实际上也不违反民法通则等法律关于违约赔偿原则的规定。因此,本案合同关于10倍赔偿责任的约定有效,应当作为确定影业公司承担漏瞒报违约责任的依据。影业公司关于按照实际损失赔偿的主张,最高人民法院不予支持。原审法院将影业公司的赔偿数额确定为漏瞒报票款额的5倍,未尊重当事人有效的合同约定,亦缺乏法律依据,应予纠正。

影业公司向投资公司报送的《下》片票房收入数额有无漏瞒报以及漏瞒报具体数额的认定是当事人争议的焦点和本案审理中的关键问题。本案中举证责任主体的确定是查明案件事实的前提。投资公司向最高人民法院提出对江苏全省放映《下》片的票房收入进行全面调查取证的请求,最高人民法院不予采纳。首先,涉及该事实的证据不属于当事人因客观原因无法自行收集的证据。投资公司已经向法院提交了1095份证明漏瞒报情况的调查表,说明该证据并非其无法收集,只是因调查范围广,欲全面、准确收集存在困难。而投资公司举证的困难,是其在与影业公司签订合同时应当预见到的。其次,该证据亦非属于人民法院因审理案件需要而必须自行收集的证据。合同明确约定,影业公司对投资公司查出漏瞒报数额承担10倍赔偿责任,投资公司依照合同约定可以获得10倍经济赔偿。根据权利义务对等原则,投资公司亦应当按照合同约定承担举证责任。人民法院应当对投资公司所提交的证明漏瞒报数额的证据予以审查核实,而不是代替投资公司履行举证义务。原审法院已经就投资公司所提供的1000余份调查表的真实性进行了审查核实,如果由二审法院调查收集投资公司举证范围之外的其他证据,实际上是代替投资公司履行举证义务,不仅违背了当事人之间的约定,也有悖于法院作为司法机关的中立地位,对另一方当事人亦不公平。最后,根据本案具体情况和当事人之间的约定,全面、准确查清漏瞒报数额不仅难以实现,而且由于10倍赔偿责任的约定已经使投资公司在不能全面查清漏瞒报数额的情况下,仍可以较大程度地弥补其经济损失，故也不是审理本案所必须的。因此，本案关于证明《下》片票房收入漏瞒报事实的证据，不属于《中华人民共和国民事诉讼法》第六十四条第二款所规定的应当由人民法院调查收集的证据，最高人民法院对投资公司请求最高人民法院调查取证的申请不予支持。根据法律规定和合同约定，投资公司应当对其所主张的《下》片票房收入漏瞒报事实承担举证责任。原审法院因审理案件需要，为审查核实投资公司所提供调查表的真实性，对相同范围的调查对象又进行复核调查，并未违反法律规定。但原审法院不仅采信了投资公司经审查核实的证据，而且将经审查后仍无原始凭证佐证且与投资公司、影业公司调查结果不能相互印证的复核调查表上所列数据也作为认定《下》片漏瞒报数额的依据，又将无法查明的漏瞒报数字推定为5万元，法律和事实依据不足。双方当事人均对原审法院调查表所载内容的客观性、推定5万元的合法性和合理性提出了上诉，最高人民法院对双方的这部分上诉理由予以采纳。

根据最高人民法院查明的事实，投资公司所提供的1095份调查表中，海安县15所学校的观影时间与本案合同约定的《下》片放映时间不符，原审法院认为其与本案合同纠纷无关并无不当。其余1080份调查表中，共有235份调查表有有效的原始凭证佐证，还有13份调查表，虽无原始凭证佐证，但影业公司认可并已经原审法院查证属实。因此，上述共计248份调查表及其相关的原始凭证，应当作为本案认定漏瞒报事实的证据。投资公司提供的其他调查表，属于证人证言类证据，因无其他证据印证，且与影业公司、原审法院就相同范围调查对象所进行调查的结果均不相吻合，对这些相互矛盾的证人证言，最高人民法院不予采信。影业公司汇总制作的《江苏省映出成绩累计分析表》，不属于合同约定由影业公司报送投资公司的分成结算表，且所列各影院票房收入情况及票房收入总额与各市电影公司实际上报报表不符，故不能作为认定漏瞒报事实的对比依据。本案应当将248份学校调查表及相关原始凭证所证明的《下》片票款数额与各市电影公司向影业公司上报的《下》片《影片映出成绩日报表》《电影放映收入结算表》等报表进行对比，从而认定各地电影放映单位漏瞒报《下》片票房收入的事实；将影业公司向投资公司报送的有关报表与各市电影公司向其上报的报表进行对比，进而认定影业公司的漏瞒报事实。

根据最高人民法院对比的结果，南京市河海会堂等22个影剧院未上报票房收入计70492.50元，无锡市蓓蕾影院等3个影剧院上报票房收入低于最高人民法院认定票款数额10933.00元，江宁县等4个县未上报票房收入计8774.20元，张家港市等9个县、市上报票房收入低于最高人民法院认定票款数额94851.50元，上述四项共计185051.20元，应当认定为各地电影放映单位漏瞒报《下》片票房收入数额。各市电影公司实际上报的《下》片票房收入总计为1389190.40元，影业公司将其统计为1337081.40元，并同投资公司以该票房收入数额进行分账结算。差额52109元中，影业公司已将9429元的相关报表报送投资公司，虽构成违约，但不能认定为漏瞒报行为。影业公司应当依照合同向投资公司支付该9429元票房收入的提成款2771

元。投资公司关于该 9429 元应当认定为影业公司漏瞒报票款的上诉主张,最高人民法院不予支持。其余 42680 元,影业公司未向投资公司报送报表,也未要求各市电影公司直接向投资公司报送报表,故应当认定为影业公司漏瞒报票款数额。影业公司关于 42680 元不属于漏瞒报的抗辩主张,缺乏事实依据,最高人民法院亦不予支持。

上述两项漏瞒报票款数额共计 227731.2 元。根据《影片票房分账发行放映合同》第四条第六项的约定,影业公司应当向投资公司承担赔偿 2277312 元经济损失的赔偿责任。此外,对于影业公司尚未支付的 237937.2 元提成款,影业公司应当向投资公司支付。投资公司在原审期间放弃了要求影业公司支付滞纳金的诉讼请求,且未附加任何条件,故应当依此免除影业公司支付滞纳金的责任。投资公司关于原审判决对滞纳金和诉讼费问题叙述不实的上诉理由,无事实依据,不能成立。投资公司在违约和侵权责任竞合的情况下,选择了违约之诉,故其关于追究影业公司侵权责任的上诉主张,最高人民法院亦不予支持。

综上所述,原审判决认定的部分事实错误,适用法律基本正确。最高人民法院依照《中华人民共和国著作权法》第十条、第二十四条、第五十三条,《中华人民共和国民法通则》第四条、第一百一十一条,《中华人民共和国民事诉讼法》第一百五十三条第一款第三项之规定,改判如下:

一、撤销江苏省高级人民法院(1999)苏知初字第 4 号民事判决第一项;

二、影业公司向投资公司赔偿经济损失人民币 2277312 元(于本判决生效后 10 日内支付);

三、维持江苏省高级人民法院(1999)苏知初字第 4 号民事判决第二、三、四项。

> **规则 9:(合同欺诈)为家庭生活消费需要购买汽车,发生欺诈纠纷的,可以按照《消费者权益保护法》处理**
> ——张某诉汽车服务公司买卖合同纠纷案①

【裁判规则】

1. 为家庭生活消费需要购买汽车,发生欺诈纠纷的,可以按照《消费者权益保护法》处理。

2. 汽车销售者承诺向消费者出售没有使用或维修过的新车,消费者购买后

---

① 最高人民法院指导案例 17 号。

发现系使用或维修过的汽车,销售者不能证明已履行告知义务且得到消费者认可的,构成销售欺诈,消费者要求销售者按照《消费者权益保护法》赔偿损失的,人民法院应予支持。

【规则理解】

2013年我国对《消费者权益保护法》进行了第二次修正,其中对第55条关于消费欺诈的惩罚性条款作了重要修改。① 最高人民法院紧随其后颁布第17号指导性案例——"张某诉汽车服务公司买卖合同纠纷案",明确了汽车消费适用于《消费者权益保护法》,也对消法上告知义务之违反构成消费欺诈作出了指导性意见。

一、欺诈的定义及构成要件

"诈欺者,使人陷于错误而为意思表示的行为"。② 《民法通则意见》第68条规定,一方当事人故意告知对方虚假情况,或者故意隐瞒真实情况,诱使对方当事人作出错误意思表示的,可以认定为欺诈行为。《民法典总则司法解释》第21条规定:"故意告知虚假情况,或者负有告知义务的人故意隐瞒真实情况,致使当事人基于错误认识作出意思表示的,人民法院可以认定为民法典第148条、第149条规定的欺诈。"此为传统民法学界对欺诈的定义。依据该定义,民事欺诈包含如下四项构成要件:第一,欺诈行为;第二,欺诈的故意;第三,表意人因相对人的欺诈行为陷入错误;第四,表意人因陷入错误作出意思表示(因果关系)。③

学界对于《消费者权益保护法》中的欺诈行为与民法上的欺诈行为是否应有所区别存在争议。如有学者基于《消费者权益保护法》侧重于对处于弱势地位的消费者倾斜性保护的立法宗旨,认为经营者只需要主观上存在欺诈的故意以及客观上实施了欺诈的行为,即可认定存在消费欺诈,消费者端的认识状态

---

① 2009年《消费者权益保护法》第49条:经营者提供商品或者服务有欺诈行为的,应当按照消费者的要求增加赔偿其受到的损失,增加赔偿的金额为消费者购买商品的价款或者接受服务的费用的一倍。2013修改为第55条:经营者提供商品或者服务有欺诈行为的,应当按照消费者的要求增加赔偿其受到的损失,增加赔偿的金额为消费者购买商品的价款或者接受服务的费用的三倍;增加赔偿的金额不足五百元的,为五百元。法律另有规定的,依照其规定。经营者明知商品或者服务存在缺陷,仍然向消费者提供,造成消费者或者其他受害人死亡或者健康严重损害的,受害人有权要求经营者依照本法第四十九条、第五十一条等法律规定赔偿损失,并有权要求所受损失二倍以下的惩罚性赔偿。
② 王泽鉴:《民法总则》,中国政法大学出版社2001年版,第391页。
③ 王利明:《中华人民共和国民法总则详解》,中国法制出版社2017年版,第642~644页。

在所不问。① 也有学者认为只要经营者实施欺诈行为（无论主观上是故意还是过失），即只要消费者证明经营者实施了侵害其利益的客观行为，这种行为给消费者带来损害，就构成《消费者权益保护法》意义上的欺诈。② 目前主流观点认为，《消费者权益保护法》第55条中的消费欺诈应当与传统民事欺诈（《合同法》第54条、《民法总则》第148条、《民法典》第148条）作一致性的认定。如梁慧星先生所言：从民法解释学理论出发，认为同一法律或者不同的法律使用同一概念时，原则上应做同一解释。既然《消费者权益保护法》没有对"欺诈行为"进行定义，那就应该按照《民法通则意见》第68条进行解释。③

（一）欺诈行为

欺诈行为可分为积极欺诈和消极欺诈（亦称沉默欺诈或默示欺诈）。积极欺诈是指故意告知虚假情况，如捏造事实谎称某车为原厂原车。消极欺诈行为即故意隐瞒真实情况，一般而言沉默不能构成欺诈，除非"于法律上、契约上或交易习惯上有告知事实之义务"。④ 故沉默构成欺诈须具备：1. 行为人具有法定或约定的告知义务；2. 依据交易习惯、诚实信用原则，行为人在专业知识与技能、信息、资源等方面具有优势时，负有说明或披露的义务。由此可见，在消费欺诈中，是否构成默示欺诈与经营者的瑕疵告知义务密切相关。本案中，法院认定被告未履行瑕疵告知义务，即认定有消费欺诈行为进而适用《消费者权益保护法》惩罚性赔偿制度。但未履行瑕疵告知义务尤其是其中的轻微瑕疵是否必然认定为欺诈行为，随着近年理论与实践的发展，成为需要进一步明确的问题。

（二）欺诈故意

欺诈故意，由两重意思构成："1. 须有使被诈欺人陷于错误之意思；2. 须有使被诈欺人因该错误而为意思表示之意思。"⑤ 在消费欺诈领域，过失是否能构成欺诈，学界存在分歧。有学者认为"消费欺诈具有经济法属性，用民法理论分析和解决消费欺诈问题，其结论难免有失偏颇。消费欺诈主观要件应当包

---

① 王卫国：《中国消费者保护法上的欺诈行为与惩罚性赔偿》，载《法学》1998年第3期。
② 胡建勇：《认定消费欺诈应用客观过错标准》，载《人民法院报》2010年6月3日。
③ 参见梁慧星：《〈消费者权益保护法〉第49条的解释与适用》，载《人民法院报》2001年3月29日。
④ 郑玉波：《民法总则》，中国政法大学出版社2003年版，第355页。
⑤ 郑玉波：《民法总则》，中国政法大学出版社2003年版，第355页。

括欺诈的故意或重大过失。"① 笔者认为，因消费欺诈与民事欺诈采一致认定，在传统民法观点中欺诈仅包含故意，不包括过失。此外，在其他惩罚性赔偿制度中，如侵害知识产权、产品责任、环境污染生态破坏等惩罚性赔偿均将行为人的主观要件确定为故意，② 以法律解释学角度出发，消费欺诈的主观要件宜仅包含故意。但鉴于《消费者权益保护法》对消费者的倾斜性保护，主观要件的举证又存在较大困难，故在该要件的举证中应降低消费者举证要求。由于经营者对产品情况掌握更全面的信息，故只需由消费者举证经营者虚假宣传或对产品瑕疵应知、明知而未告知，即可初步推定其存在欺诈的故意，即"只要经营者提供的商品和服务与其宣称的不相符或明显低于其声称的标准，就应当认定其存在欺诈行为"。③ 如本案例中，原告张某举证其所购买的新车有维修记录，被告对此明知却并未如实告知该瑕疵，即可认定被告存在主观故意。

（三）表意人因相对人的欺诈行为陷入错误

表意人陷入错误，包括表意人原无错误，因相对人的欺诈行为陷入错误。也包括表意人原有错误，因欺诈者的欺诈行为而使其难以发现错误或加深错误。④ 如果消费者明知经营者存在欺诈仍然继续购买，不应适用《消费者权益保护法》惩罚性赔偿制度。最高人民法院办公厅对十二届全国人大五次会议第5990号建议的答复意见（法办函〔2017〕181号）："按照《消费者权益保护法》第五十五条的规定，在普通消费产品领域，消费者获得惩罚性赔偿的前提是经营者的欺诈行为。民法上的欺诈，按照《民法通则意见》第68条的解释，应为经营者故意告知虚假情况或故意隐瞒真实情况，使消费者作出了错误意思表示。而对于知假买假人而言，不存在其主观上受到欺诈的情形。"即便是按照我国《民法典总则司法解释》第21条的规定，即"故意告知虚假情况，或者负有告知义务的人故意隐瞒真实情况，致使当事人基于错误认识作出意思表示的，人民法院可以认定为民法典第一百四十八条、第一百四十九条规定的欺诈"。由此，在普通消费领域排除了"知假买假"及职业打假人适用《消费者权益保护法》惩罚性赔偿制度的适用。

---

① 高志宏：《消费欺诈行为的司法认定及逻辑证成——基于38例典型案件的分析》，载《学海》2021年第1期。
② 《民法典》第1185条、第1207条、第1232条。
③ 杨立新：《我国消费者保护惩罚性赔偿的新发展》，载《法学家》2014年第2期。
④ 参见马俊驹、余延满：《民法原论》，法律出版社2010年版，第196页。

（四）表意人因陷入错误而作出意思表示（因果关系）

即因为欺诈者的欺诈行为，而作出错误的意思表示，两者存在因果关系。对因果关系的判断，有学者认为应采用"若有则无"进行认定，"即若没有欺诈，表示可能不会被作出，或者不会以这个内容或不会在这个时间作出"。[1]

二、经营者的告知义务

违反告知义务是认定沉默欺诈的前提。对于经营者告知义务，《消费者权益保护法》以多个条文进行了列示，如第 8 条规定了消费者知情权，"商品的价格、产地、生产者、用途、性能、规格、等级、主要成分、生产日期、有效期限、检验合格证明、使用方法说明书、售后服务，或者服务的内容、规格、费用等"信息都属于消费者有权知情的范围。第 20 条规定了经营者向消费者提供有关商品或者服务的质量、性能、用途、有效期限等信息，应当真实、全面，且经营者对消费者就其提供的商品或者服务的质量和使用方法等问题提出的询问，应当作出真实、明确的答复。第 21 条规定了经营者标明真实名称和标记的义务。基于消费者在交易中处于信息不对称的弱势地位，《消费者权益保护法》对于经营者的告知义务相对于《民法典》中一般合同告知义务作了更加详尽的规定[2]。然而，立法上的一般性表述往往无法应对复杂多变的市场情形，因为无论如何消费者没必要也不可能要求经营者告知商品的全部信息，无限扩大告知义务的范围不仅不符合经营者与消费者双方的利益，也会使交易成本提升。故对于何种信息需要告知，有学者认为告知义务的判断应当考虑四个因素："信息本身的重要性、义务人提供信息的可能性、权利人期待的合理性以及交易双方信赖的紧密度，并通过上述要素之间的相互协作形成动态体系予以权衡。"[3] 笔者对此持赞同观点。

在汽车销售领域，2017 年 3 月 10 日，中国汽车流通协会发布《乘用车新车售前检查服务指引（试行）》，规定经销商在交付车辆时，应主动告知消费

---

[1] 参见 [德] 本德·吕特斯、[德] 阿斯特丽德·施塔德勒：《德国民法总论》，于鑫森、张姝译，法律出版社 2017 年版，第 417 页。

[2] 参见陆青：《论消费者保护法上的告知义务——兼评最高人民法院第 17 号指导性案例》，载《清华法学》2014 年第 4 期。

[3] 尚连杰：《缔约过程中说明义务的动态体系论》，载《法学研究》2016 年第 3 期。持相同观点的还有冉克平教授认为考虑因素包括：1. 消费者的缔约目的；2. 对产品基本现状的影响；3. 经营者信息获取的成本或者可能性；4. 消费者的信赖合理性。参见冉克平：《论汽车经销商的缔约欺诈及惩罚性赔偿》，载《广东社会科学》2020 年第 2 期。

者涉及发动机、变速箱、转向系统、制动系统、悬架系统、前/后桥、车身、安全装置、钣金修复喷漆、全车主线束和修复超过新车指导价的5%的修复更换,并应向消费者提供售前检查表。实践中有法院将"乘用车新车售前检查"(即PDI检测)及售前检查表列明的项目作为判断经营者是否违反告知义务的考量,具有很强的操作性,不失为有益的尝试。

三、违反轻微瑕疵告知义务不构成欺诈

本案例对于明确违反告知义务构成消费欺诈具有指导意义。但随着理论与实践的发展,对于违反轻微瑕疵告知义务,是否一概适用《消费者权益保护法》惩罚性赔偿产生了疑问,造成司法实务中认定的混乱。

2018年,最高人民法院就"天价豪车赔偿案"[①]作出判决:原告杨某宝在被告贵州G公司处购买宾利汽车一辆。G公司在交付前发现车辆左前门下有漆面损伤,于是通过抛光打蜡清除了漆面损伤。2014年10月8日,因汽车右后窗帘存在异响,G公司更换了窗帘总成。2016年5月31日,杨某宝通过"车鉴定"网查询车辆的维修保养记录,查询到案涉车辆的前述处理、维修记录,遂以G公司和汽车销售公司在车辆交付之时未向其告知前述情形构成欺诈主张惩罚性赔偿。最高人民法院认为G公司的漆面处理属于新车交付前合理的整理行为,行为显著轻微,该问题不涉及消费者人身健康和安全,也几乎不涉及实质性财产利益,G公司未告知杨某宝,不构成知情权的侵犯;关于窗帘问题及其处理,G公司更换了窗帘总成。该局部轻微修复措施,会对杨某宝的消费心理和财产利益产生一定的影响,虽然将漆面瑕疵处理和窗帘总成更换的操作如实记录并上传至消费者可通过一定途径公开查询的网络,在一定程度上进行了信息披露,但是其确实没有以更直接、更明确、更便捷的方式告知杨某宝,在一定程度上侵犯了杨某宝的知情权。但从约定看,窗帘有关的问题不构成杨某宝缔约的根本目的;从处理看,窗帘问题不涉及车辆的动力系统和发动机、变速器等,不涉及专项、制动、悬架、安全系统,不危害安全性能、主要功能和基本用途;从披露看,G公司将窗帘的修复如实记录上传系统,没有故意隐瞒真实情况或者故意告知对方虚假的情况。故未按照《消费者权益保护法》的惩罚性赔偿支持原告诉请。

最高人民法院在上述案例中确立了如下规则:(1)新车交付前合理的整理

---

① 参见《"豪车天价赔偿案"最高人民法院作出终审判决》,载中国法院网,https://www.chinacourt.org/article/detail/2018/12/id/3597374.shtml,最后访问时间:2023年8月23日。

行为显著轻微，不涉及消费者人身健康和安全，也几乎不涉及实质性财产利益，经营者未告知不构成对消费者知情权的侵犯；（2）违反告知义务并不必然构成消费欺诈。对于产品轻微瑕疵未予告知，侵犯了消费者知情权，但以"是否影响消费者缔约根本目的"为标准，轻微瑕疵未告知不会使消费者陷于错误认识，进而作出错误的意思表示。上述案例的裁判规则是对17号指导性案例的深化与厘清。因"惩罚性赔偿的目的，在于规制经营者利用消费者信息不对称的地位，诱使消费者作出违背本意的意思表示的行为，而非一刀切地对所有经营者的不当行为进行惩罚"①"如经营者仅因标的物存有轻微瑕疵未全面告知消费者，就以此判定经营者承担退一赔三的惩罚性赔偿，似乎有过于苛责经营者之嫌"。②

【拓展适用】

一、惩罚性赔偿数额之检视

"惩罚性赔偿作为损害赔偿的一种，是补偿性赔偿的相对概念，它是指由于加害方在故意甚至是放任的心理状态下对受害方实施加害行为，受害方不仅可以获得实际损害赔偿，还可以要求获得超出实际损害外的其他赔偿。"③ 我国2009年《消费者权益保护法》第44条规定了"退一赔一"的惩罚性赔偿额度，2013年《消费者权益保护法》第55条修改为"退一赔三"并确定了最低500元的限额。明确了以商品或服务的价款为计算基数，而非所受损失，确定赔偿的倍数是固定的。

关于倍数，参考立法例，惩罚性赔偿额度的模式分为固定模式和弹性模式。"固定模式是指赔偿金额或计算标准由法律统一规定，法官只需依照法律规定计算出具体数额而不需要也不允许进行任意性数额裁判。弹性模式是指法律规定赔偿金额的数额范围，法官在此范围内可依自由裁量判罚金额。"④ 我国惩罚性赔偿制度兼具固定模式和弹性模式，固定模式即《消费者权益保护法》第55条，弹性模式如《民法典》第1185条："故意侵害他人知识产权，情节严重的被侵权人有权请求相应的惩罚性赔偿。"以比较法考察，美国作为适用惩罚性

---

① 参见陆青：《论消费者保护法上的告知义务——兼评最高人民法院第17号指导性案例》，载《清华法学》2014年第4期。

② 刘颖：《经营者沉默欺诈认定的矫正与回归——基于裁判分歧的分析与展开》，载《华东政法大学学报》2020年第5期。

③ 张新宝：《惩罚性赔偿的立法选择》，载《清华法学》2009年第14期。

④ 黄娅琴：《我国惩罚性赔偿制度的司法适用问题研究》，载《法学论坛》2016年第4期。

赔偿制度最频繁的国家，其采用的是弹性模式，裁决是否适用惩罚性赔偿以及惩罚性赔偿的数额，皆由陪审团自由裁量。

关于基数，亦存在两种模式，一是以补偿性赔偿为基数；二是以商品价款为基数。我国《消费者权益保护法》第 55 条以商品价款为基数，美国则是补偿性赔偿为基数的典型。美国宝马公司案中即充分展现了美国惩罚性赔偿基数的确定过程：1990 年，戈尔在北美宝马公司购买宝马汽车九个月后，发现汽车曾被重新喷过漆，遂以被欺诈为由诉至州法院。因重新喷漆而贬值约 4000 美元，北美宝马公司在全美销售约 1000 辆（其中阿拉巴马州 14 辆），初审法院判决补偿 4000 美元，惩罚性赔偿金 400 万美元。联邦法院确立了审查惩罚性赔偿的三要素：受谴责性程度、惩罚性赔偿与补偿性赔偿的比例、惩罚性赔偿与类似行为的相应处罚的比较。最终将惩罚性赔偿调整为 5 万美元（约为 4000 美元×14 辆）。

我国固定倍数加商品价款为基数的模式具有"可预见性、可操作性、现实性"[1] 等优点。但不够灵活的特点也被不少学者诟病。"惩罚性赔偿的本质特征决定了该类赔偿数额的不确定性，因而不宜用一个固定的标准或数额来限定，而可以考虑赋予法院一定的自由裁量权。笔者认为，惩罚性赔偿制度的主要功能在于惩罚，如同刑法中罪、刑、罚相一致原则，惩罚性赔偿的力度也应当与行为人主观可责难性相匹配。一个反复销售假冒伪劣商品的经营者与一个因"偶尔过失"（被推定为故意）而认定为销售欺诈的经营者，显然前者的可责难性更高，然而我国《消费者权益保护法》第 55 条的规定显然难以反映两者之间"恶"的程度。此外，过于僵化的模式在面对高额商品适用惩罚性赔偿制度时往往陷入窘境，易产生与普通民众朴素公平观相违背的判决。有鉴于此，学界与司法实务不得不创设出"局部欺诈"[2] 的概念及认定方式，即非以商品的整体价格，而是以有瑕疵的部分价格作为惩罚性赔偿的基数，以平衡个案中利益失衡的状态。然而，"购买商品的价款"能否解释为商品中局部的价款，是否突破了合理的自由裁量范围，似乎有很大的讨论空间。究其原因，仍是我国《消费者权益保护法》在确定惩罚性赔偿金额时缺乏灵活性所致。相比而言，我国《商标法》第 63 条确定"一倍以上五倍以下确定赔偿数额"赋予不同个

---

[1] 李友根：《论多倍赔偿的基数确定——最高人民法院第 17 号指导案例研究》，载《南京大学学报》2015 年第 1 期。

[2] 参见杨立新：《我国消费者保护惩罚性赔偿的新发展》，载《法学家》2014 年第 2 期；案例如（2011）皖民提字第 2 号民事判决书。

案中法官充分的自由裁量权，根据经营者可责难程度、获利的金额、受害的程度等作为考量因素，"在立法所允许的职权范围内（文义解释、体系解释或目的性限缩），通过选择特定的形式化解释方案彰显特定类型的社会行为选择，以更好地维护社会生活秩序并增进社会公共福祉"。①

二、请求权基础与制度竞合

请求权基础是民法思维根本方法。在《消费者权益保护法》惩罚性赔偿案例中，消费者往往并非以单一的请求权基础主张权利，存在民法各制度与消法的制度竞合。厘清权利人的请求权基础，是正确适用惩罚性赔偿制度的前置条件。

"请求权关系之基本模式为：谁得向谁，依据何种法律规范，有所主张。"②一般而言，《消费者权益保护法》第55条是一项独立请求权基础，即如经营者实施了销售欺诈行为，消费者有权向经营者主张惩罚性赔偿的权利。而欺诈行为在民法中则有多项制度予以规制。主张撤销合同，依据是《民法典》第148条："一方以欺诈手段，使对方在违背真实意思的情况下实施的民事法律行为，受欺诈方有权请求人民法院或者仲裁机构予以撤销。"关于合同撤销的法律后果，依据是《民法典》第157条："民事法律行为无效、被撤销或者确定不发生效力后，行为人因该行为取得的财产，应当予以返还；不能返还或者没有必要返还的，应当折价补偿。有过错的一方应当赔偿对方由此所受到的损失；各方都有过错的，应当各自承担相应的责任。法律另有规定的，依照其规定。"故而形成了"合同撤销"+"惩罚性赔偿"的组合。

此外，依据《民法典》第500条："当事人在订立合同过程中有下列情形之一，造成对方损失的，应当承担赔偿责任：（一）假借订立合同，恶意进行磋商；（二）故意隐瞒与订立合同有关的重要事实或者提供虚假情况；（三）有其他违背诚信原则的行为。"传统观点认为合同撤销后的法律后果属于缔约过失责任。但随着理论发展，缔约过失责任越来越强调其损害赔偿责任的功能，而弱化了其与合同效力的关联性。③"欺诈制度主要解决因此所为意思表示的效力问题，而《合同法》第42条第2项的目的则在于对因此而遭受损害之人提

---

① 熊丙万：《法律的形式与功能》，载《中外法学》2017年第2期。
② 王泽鉴：《民法思维：请求权基础理论体系》，北京大学出版社2009年版，第55页。
③ 参见谢鸿飞：《合同法学的新发展》，中国社会科学出版社2014年版，第158~163页。

供救济手段，两者目的有别，并行不悖。"① 故而形成了"缔约过失责任"+"惩罚性赔偿"的组合。

惩罚性赔偿能否与违约责任组合？原《合同法》第113条第2款规定：经营者对消费者提供商品或者服务有欺诈行为的，依照《消费者权益保护法》的规定承担损害赔偿责任。该规定归属于《合同法》第七章违约责任。《民法典》施行后删除了该条款。该修改是否排除了惩罚性赔偿与是否为违约责任的适用。答案是否定的。条文修改的原因是"惩罚性赔偿在《消费者权益保护法》第55条已有明确规定，且《民法典》第179条第2款也规定'法律规定惩罚性赔偿的，依照其规定'。为了逻辑体系的严谨，删除了重复部分。"② 该修改理由恰恰说明能够形成"违约责任"+"惩罚性赔偿"的组合。然而民法上欺诈的讨论均是在民事法律行为制度中，其要解决的是行为人意思表示是否自由，进而影响合同效力如何，故而欺诈行为的讨论时段大多是在缔约阶段，在履约阶段的不诚信行为归属于违约责任制度管辖，所以是否能得出结论：履约阶段的"欺诈"行为不能使用惩罚性赔偿。笔者认为这样的结论不符合《消费者权益保护法》立法宗旨，应当将欺诈的认定适当扩展至履约阶段。理由如下：第一，从惩治不诚信经营者角度，《消费者权益保护法》第55条应着眼于经营者的不诚信经营行为，而非探究合同的效力。将不诚信行为以缔约前和缔约后为界，前者进行惩罚性赔偿而后者无须承担该后果，显然缺乏令人信服的理由，也不利于打击不诚信经营行为。"将欺诈行为局限于缔约阶段的做法，限缩了消费者权益的保护范围，违背了该条款以及《消费者权益保护法》的立法目的和立法宗旨"。③ 第二，从保护消费者角度，随着时代发展和科技进步，商品品类、交易方式越发多样、复杂。基于消费者在交易中处于信息弱势地位，其难以知晓经营者获取商品信息是在缔约前还是缔约后，要求消费者承担不利后果与《消费者权益保护法》立法目的相悖。

三、商品房适用《消费者权益保护法》惩罚性赔偿问题

本案例所确定的裁判要点一：为家庭生活消费需要购买汽车，发生欺诈纠纷的，可以按照《消费者权益保护法》处理。彼时汽车消费是否适用《消费者

---

① 参见韩世远：《合同法总论》，法律出版社2004年版，第145页。
② 最高人民法院民法典贯彻实施工作领导小组主编：《中华人民共和国民法典合同编理解与适用》，人民法院出版社2020年版，第763页。
③ 董春华：《论〈消费者权益保护法〉第五十五条第一款惩罚性赔偿适用的界定》，载《河南财经政法大学学报》2021年第5期。

权益保护法》仍存在一定争议,争议的始作俑者很大程度来源于2006年成都中院的一个案例:同样是原告在购买新车后,维修时发现自己的新车在销售前有维修记录,故起诉经销商承担《消费者权益保护法》的惩罚性赔偿责任。成都市中级人民法院判决:生活消费需要是指作为一个社会普通个体的基本衣食住行的生活消费需要。汽车消费在我国现阶段对于全中国人而言,属于奢侈消费,不属于消法意义上的生活消费需要,故驳回了原告诉讼请求。① 时至今日,汽车消费适用于《消费者权益保护法》基本已形成共识,即便是高档汽车,亦未排除在外②。

然而,商品房销售是否适用《消费者权益保护法》的惩罚性赔偿,一直颇具争议。尤其是2003年最高人民法院颁布《关于审理商品房买卖合同纠纷案件适用法律若干问题的解释》,其中第8条、第9条规定了商品房买卖中独立的惩罚性赔偿制度,排除了《消费者权益保护法》的适用。但《民法典》施行后,最高人民法院对上述司法解释进行修改,将原司法解释第8条、第9条予以删除。对于删除的原因,主要是因为《民法典》第179条规定:法律规定惩罚性赔偿的,依照其规定。将惩罚性赔偿限定为法律,为与《民法典》相一致,司法解释删除了相应的规定。但同时也为商品房适用《消费者权益保护法》惩罚性赔偿制度提供了讨论空间。

长久以来,对于否定适用《消费者权益保护法》惩罚性赔偿制度的观点,理由主要是商品房价格较高,"动辄数十万元、上百万元,判决双倍赔偿将导致双方利害关系的显失平衡,例如一套三十万元的商品房因木地板材质不符约定或多计算了几个平方米面积,便判决双倍赔偿六十万元,在一般人的社会生活经验看来很难说是合情、合理、合法的判决"。③ 持肯定观点的学者则通常从"商品"的定义着手,认为商品房属于商品范畴,也更关乎消费者权益④,应当适用《消费者权益保护法》。

---

① 王鑫等:《成都中院终审一购车纠纷案》,载《人民法院报》2006年6月13日。
② 在上文"天价豪车赔偿案"中,最高人民法院认为"豪车"并非具有独特特征而无法代替的物(例如艺术品等),仍属于可以依型号、规格、质量等加以确定的种类物,不应与一般车辆予以区分而作特别保护。
③ 梁慧星:《消费者权益保护法第49条的解释与适用》,载《民商法论丛》(第20卷),中国法制出版社2001年版,第402页。
④ 如李友根教授从立法意图、文义解释、社会学解释等角度阐述了其肯定说观点。参见李友根:《论汽车销售的消费者法适用——最高人民法院第17号指导案例评析》,载《苏州大学学报》2014年第2期。

笔者认为，否定说以价格高低为标准确定是否能适用《消费者权益保护法》，在逻辑上难以自圆其说，一辆高档汽车的价格有时比一间普通商品房更高。而肯定说对商品房及当事人不加区分一概适用，又极易导致利益失衡或产生滥用权利谋取不当利益，损害社会经济秩序的情形。笔者认为，商品房是否适用《消费者权益保护法》惩罚性赔偿制度有待进一步探索，需要考虑多重因素。例如，当下商品房具有居住及金融等多重属性，随之产生了购房人不同的身份定位，即"刚需"和"投资客"。对二者是否应当区别对待，值得进一步研究。

【典型案例】
张某诉汽车服务公司买卖合同纠纷案
〔基本案情〕

2007年2月28日，原告张某从被告汽车服务公司购买轿车一辆，价格138000元，双方签有《汽车销售合同》。该合同第七条约定："……卖方保证买方所购车辆为新车，在交付之前已作了必要的检验和清洁，车辆路程表的公里数为18公里且符合卖方提供给买方的随车交付文件中所列的各项规格和指标……"合同签订当日，张某向汽车服务公司交付了购车款138000元，同时支付了车辆购置税12400元、一条龙服务费500元、保险费6060元。同日，汽车服务公司将轿车一辆交付张某，张某为该车办理了机动车登记手续。2007年5月13日，张某在将车辆送汽车服务公司保养时，发现该车曾于2007年1月17日进行过维修。

审理中，汽车服务公司表示张某所购车辆确曾在运输途中造成划伤，于2007年1月17日进行过维修，维修项目包括右前叶子板喷漆、右前门喷漆、右后叶子板喷漆、右前门钣金、右后叶子板钣金、右前叶子板钣金，维修中更换底大边卡扣、油箱门及前叶子板灯总成。送修人系该公司业务员。汽车服务公司称，对于车辆曾进行维修之事已在销售时明确告知张某，并据此予以较大幅度优惠，该车销售定价应为151900元，经协商后该车实际销售价格为138000元，还赠送了部分装饰。为证明上述事实，汽车服务公司提供了车辆维修记录及有张某签字的日期为2007年2月28日的车辆交接验收单一份，在车辆交接验收单备注一栏中注有"加1/4油，此车右侧有钣喷修复，按约定价格销售"。汽车服务公司表示该验收单系该公司保存，张某手中并无此单。对于汽车服务公司提供的上述两份证据，张某表示对于车辆维修记录没有异议，车辆交接验收单中的签字确系其所签，但汽车服务公司在销售时并未告知车辆曾有维修，其在签字时备注一栏中没有"此车右侧有钣喷修复，按约定价格销售"字样。

〔裁判结果〕

北京市朝阳区人民法院于2007年10月作出（2007）朝民初字第18230号民事判

决：一、撤销张某与汽车服务公司于 2007 年 2 月 28 日签订的《汽车销售合同》；二、张某于判决生效后七日内将其所购的轿车退还汽车服务公司；三、汽车服务公司于判决生效后七日内退还张某购车款十二万四千二百元；四、汽车服务公司于判决生效后七日内赔偿张某购置税一万二千四百元、服务费五百元、保险费六千零六十元；五、汽车服务公司于判决生效后七日内加倍赔偿张某购车款十三万八千元；六、驳回张某其他诉讼请求。宣判后，汽车服务公司提出上诉。北京市第二中级人民法院于 2008 年 3 月 13 日作出（2008）二中民终字第 00453 号民事判决：驳回上诉，维持原判。

〔裁判理由〕

法院生效裁判认为：原告张某购买汽车系因生活需要自用，被告汽车服务公司没有证据证明张某购买该车用于经营或其他非生活消费，故张某购买汽车的行为属于生活消费需要，应当适用《中华人民共和国消费者权益保护法》。

根据双方签订的《汽车销售合同》约定，汽车服务公司交付张某的车辆应为无维修记录的新车，现所售车辆在交付前实际上经过维修，这是双方共同认可的事实，故本案争议的焦点为汽车服务公司是否事先履行了告知义务。

车辆销售价格的降低或优惠以及赠送车饰是销售商常用的销售策略，也是双方当事人协商的结果，不能由此推断出汽车服务公司在告知张某汽车存在瑕疵的基础上对其进行了降价和优惠。汽车服务公司提交的有张某签名的车辆交接验收单，因系汽车服务公司单方保存，且备注一栏内容由该公司不同人员书写，加之张某对此不予认可，该验收单不足以证明张某对车辆以前维修过有所了解。故对汽车服务公司抗辩称其向张某履行了瑕疵告知义务，不予采信，应认定汽车服务公司在售车时隐瞒了车辆存在的瑕疵，有欺诈行为，应退车还款并增加赔偿张某的损失。

规则 10：（显失公平合同之效力）认定合同显失公平应结合当事人双方权利义务是否对等、一方获得的利益或另一方所受损失是否违背法律或者交易习惯等因素考量

——营销公司与经营公司特许经营合同纠纷案[1]

【裁判规则】

合同的显失公平，是指合同一方当事人利用自身优势，或者利用对方没有经验等情形，在与对方签订合同中设定明显对自己一方有利的条款，致使双方

---

[1] 《中华人民共和国最高人民法院公报》2007 年第 2 期。

基于合同的权利义务和客观利益严重失衡，明显违反公平原则。认定显失公平可以从以下两个方面进行考察：一是要考察合同对一方当事人是否明显不公平。对合同显失公平的认定应结合双方当事人权利义务是否对等、一方获得的利益或另一方所受损失是否违背法律或者交易习惯等方面综合衡量。二是要考察合同订立中一方是否故意利用其优势或者对方轻率、没有经验等情形。所谓利用优势，是指一方利用其在经济上或其他方面的优势地位，使对方难以拒绝对其明显不利的合同条件；所谓没有经验，是指欠缺一般生活经验或者交易经验。

【规则理解】

一、显失公平规则概述

（一）显失公平规则的兴起

古罗马法在合同上坚持严格的形式主义，法律只保障订约过程的公平，对于双方当事人实体权利义务关系是否对等、公平，持自由放任态度。只要订约过程中不存在欺诈、胁迫等非法情形，合同一经订立，双方即进入"法锁"，就应严格依约履行。到了古罗马法后期才出现了显失公平合同的观念，即所谓的"非常损失规则"。根据这一规则，如果合同标的物价金过分偏离其真实价值，当事人可以此为由拒绝履约。这一规则的适用范围极其有限。它只适用于土地买卖，如果土地买卖合同所约定的价格在其真实价值的一半以下，卖主可以要求撤销合同，除非买主同意支付全额价金。同时，这一规则只适用于卖方，不适用于买方，即使买卖土地的合同所规定的价金超出土地公平价格的一倍以上，买主仍不能以此为理由请求撤销合同。可见，"非常损失规则"作为显失公平的萌芽，其适用范围非常有限。① 制定法国民法典时，学者们对是否确定显失公平原则争议很大，最后在该民法典中有限制地规定了显失公平原则，这就产生了《法国民法典》第 1674 条。② 但这一原则仅在不动产买卖的范围内适用。自 20 世纪以来，商品经济飞速发展、市场环境变动剧烈，格式合同被广泛使用，在一些领域当事人的订约自由实质上受到限制。经济上的不平等、信息上的不对称因法律上的形式平等和自由造成新的社会不公正，影响到社会的稳定和交易的安全。因此，西方主要国家为调和各方面的社会矛盾，强调国家对

---

① 彭真明、葛同山：《论合同显失公平原则》，载《法学评论》1999 年第 1 期。
② 《法国民法典》第 1674 条规定："如出卖人因买卖显失公平，价格过低，因此受到的损失超过不动产价款的 7/12 时，有取消该不动产买卖的请求权，即使其在合同中明文表示抛弃此项请求权以及公开声明其赠与超过部分的价值，亦同。"

经济生活的社会干预，着重保护消费者等特殊群体的利益，开始从法律上对合同自由原则予以限制。而显失公平规则则是其限制合同自由的重要方面。正是在这种历史背景下，显失公平规则逐渐为各国立法者所承认，最终成为现代合同法的基本规则之一。

（二）显失公平的内涵

《民法典》第151条规定："一方利用对方处于危困状态、缺乏判断能力等情形，致使民事法律行为成立时显失公平的，受损害方有权请求人民法院或者仲裁机构变更或者撤销。"何为显失公平，理论和司法实践中存在争议，争议的焦点在于显失公平是否以一方当事人有利用其优势或者对方当事人轻率、无经验的故意为要件。有学者认为显失公平是指双方当事人的权利义务明显不对等，使一方遭受重大不利；[1] 有学者则以《民法通则意见》第72条关于"一方当事人利用优势或者利用对方没有经验，致使双方的权利义务明显违反公平、等价有偿原则的，可以认定为显失公平"的规定为依据，认为显失公平包括当事人给付与对待给付之间失衡和一方当事人有利用其优势或者对方当事人轻率、无经验的故意两个方面。[2] 笔者认为，虽然《民法通则意见》第72条的规定已失效，而《民法典》第151条仅规定显失公平的合同可以请求人民法院或者仲裁机构变更或者撤销，并未对显失公平的含义进行界定，因民法典及其司法解释对此作出规定时，但可以参照《民法通则意见》第72条所规定的内涵为准，来确定显失公平的含义更为恰当。就我国关于显失公平的规定而言，我们可以从《民法典》第151条规定的内容中关于"一方利用对方处于危困状态、缺乏判断能力等情形，致使民事法律行为成立时显失公平"，读出包含着两方面的内容：一是主观上民事法律行为的一方当事人利用了对方处于危困状态、缺乏判断能力以及利用对方在经验、技能等方面的欠缺等情形，形成对对方当事人订立合同意志的不正当影响，这种影响的存在，要受到法律的否定。二是客观上民事行为成立时明显不公平。一方当事人因合同的履行而所享有的权利和承担的义务与对方当事人明显失衡，显著不对等，且对方当事人所取得的利益超过了社会所一般容忍的限度，这种不公平的状态背离了民法所尊崇的公平原则。

（三）显失公平规则是合同法公平原则的体现

《民法典》第5条规定："民事主体从事民事活动，应当遵循自愿原则，按

---

[1] 崔建远：《合同法总论》，中国人民大学出版社2008年版，第303页。
[2] 扈纪华、王超英主编：《合同法》，红旗出版社1999年版，第86~87页。

照自己的意思设立、变更、终止民事法律关系。"第 6 条规定："民事主体从事民事活动，应当遵循公平原则，合理确定各方的权利和义务。"上述规定确立了我国合同法领域的合同自由原则和公平原则。合同自由原则要求保护当事人自愿订立合同的权利，不仅保护其自行决定是否订立合同、与谁订立合同的自由，还包括自主决定合同内容的自由。因此，原则上当事人自愿订立的合同不存在法定无效事由的，当然发生法律效力，当事人应当遵守合同约定。在中国司法实践中，强调保护合同自由具有重要的现实意义。当前，司法中对于合同自由原则的重视不够，比如当事人自愿缔结而又不违背法律法规强制性规定的合同，轻率宣告无效，随意改变当事人签订的合同内容，甚至在没有法定理由的情况下，擅自解除正在履行的合同等等，究其原因，一是由于过去强调国家对合同的干预和过多的行政管理，同时片面强调保护国家、集体的利益，缺乏合同自由和当事人意思自治的观念，动辄就是国家干预和采取行政手段；二是没有把民法作为私法来对待，公权力过多干预私法关系，没有准确把握我国《民法典》中的合同自由原则和意思自治原则。因此，合同自由原则要求公权力尽量减少对当事人意思自治的干预，只要合同是当事人的真实意思表示，原则上应认可其效力。

合同自由原则保护的是形式公平，即当事人可以平等、自主地决策自己的事务。当事人是自己事务的最佳决策者，最清楚如何使自己利益最大化，因此，双方当事人通过协商达成一致而订立的合同，对双方而言均是有利的，亦是公平的。但是，在某些情形下，形式上的平等未必导致实质公平，尤其是双方当事人在信息、知识、市场地位等方面存在较大差异的情况下，双方当事人自由订立的合同可能是不公平的，权利义务不对等，这类合同的履行通常会导致一方当事人处于非常不利的地位。例如，一方当事人在市场中具有垄断地位，对方当事人没有选择当事人的自由，通常亦不能决定合同内容，只能选择接受或者不接受处于垄断地位一方当事人开出的条件，这种情形下的合同自由通常不能带来公平的结果。在双方当事人获取信息能力差异较大的情况下，亦可能导致所订立合同显失公平。因此，在一方当事人利用优势或者利用对方没有经验，致使双方的权利义务明显违反公平、等价有偿原则的情况下，如果认定合同当然有效，要求双方当事人必须履行，会造成实质性的不公平，这种情况下，赋予对方当事人以变更撤销权，由其决定是否变更、撤销合同，更为妥当。

二、显失公平的构成要件

（一）概述

显失公平的构成要件有双重要件说和单一要件说两种观点。双重要件说以

《民法通则意见》第 72 条关于"一方当事人利用优势或者利用对方没有经验，致使双方的权利义务明显违反公平、等价有偿原则的，可以认定为显失公平"的规定为依据，认为显失公平包括两个构成要件：一是客观要件，即当事人在给付与对待给付之间失衡；一是主观要件，即一方当事人具有利用其优势或者利用对方轻率、无经验等而与之订立显失公平合同的故意。[1] 考察合同是否显失公平，不仅要看结果是否显失公平，而且要考察造成合同显失公平的原因，显失公平的合同是指因欺诈、胁迫、乘人之危等情形之外，由于一方利用优势或对方没有经验造成的结果显失公平的合同。[2] 单一要件说，即只要客观上当事人合同权利、义务不对等，而导致利益严重不均衡，就足以构成显失公平，不考虑当事人的主观状态。[3] 认为显失公平单一要件说的理由主要是：第一，原《合同法》的立法旨意在于避免德国民法上的暴利行为要求过于严格，在个案中难以构成的弊端，特意将暴利行为构成的主观要件"当事人急迫、轻率或无经验"剥离，另成立"乘人之危"，作为无效的原因，或可撤销。第二，从体系上观察，显失公平是从结果着眼的，没有考虑形成显失公平的原因，包括酿成显失公平的原因在内的影响合同效力的原因，例如欺诈、胁迫等，在《民法通则》和原《合同法》上都单独列出，作为无效或可撤销的原因。作为独立的可撤销原因，显失公平应是上述类型以外的类型。将"当事人急迫、轻率或无经验"等主观因素从显失公平的构成要件中剔除出去，才会厘清显失公平与乘人之危的界限，便于法律适用。第三，《民法通则意见》第 72 条的规定并不意味着"一方当事人利用优势或者利用对方没有经验"的主观要素是显失公平的构成要件。一方面，将主观因素作为显失公平构成要件弊多利少，容易导致各合同可撤销原因之间的混淆。另一方面，《民法通则意见》第 72 条的规定可视为对显失公平类型的列举，而非定义。《民法通则意见》第 72 条规定："一方当事人利用优势或者利用对方没有经验，致使双方的权利义务明显违反公平、等价有偿原则的，可以认定为显失公平。"从其表述看，"可以认定为显失公平"应当是列举性而非定义性的。[4] 第四，双重要件说将显失公平限制在"一方利用优势或者对方轻率，无经验"的情形之下，实际上限制了显失公平的适

---

[1] 扈纪华、王超英主编：《合同法》，红旗出版社 1999 年版，第 86~87 页。
[2] 唐德华、孙秀君：《合同法及司法解释新编教程》，人民法院出版社 2004 年版，第 132 页。
[3] 郭明瑞：《合同法学》，复旦大学出版社 2007 年版，第 96 页。
[4] 崔建远：《合同法总论》，中国人民大学出版社 2008 年版，第 304~305 页。

用范围，使立法的规范目的落空，不利于保护相对人的利益。而采用"单一要件说"，则可以涵盖列举的可撤销事由之外的一切可能导致显失公平的情形，在实践中还免除了受害人就显失公平的原因举证的负担，充分保护了受害人的利益，贯彻了民法的公平、等价有偿等原则。[①]

笔者认为，分析显失公平的构成要件不能脱离我国法律规定和司法实践而单从理论上进行分析。虽然从字面理解，显失公平仅指客观上合同权利义务不对等、不公平，但《民法通则意见》第 72 条已经对显失公平作出界定，无论该界定是列举性还是定义性的，该规定明确显失公平包括了主观和客观两个方面。从《民法典》第 151 条规定来看，该规定也明确显失公平包括了主观和客观两个方面。此外，肯定显失公平的主观要件具有重要意义。首先，合同法以意思自治、合同自由为基本原则，双方当事人自愿订立的合同，除非存在法定无效事由，则应当按当事人的意思表示产生相应的法律后果，公权一般不予干预。即合同内容是否公平原则上应交由当事人判断，而非法院，法院亦难以对生活中层出不穷、纷繁复杂的合同是否公平作出准确判断。仅在特殊情况下，订立合同时当事人之间形式上的公平导致了极不公平的结果时，才需要法院对合同内容的公平性进行审查。简言之，人民法院对显失公平合同的审查仅限于极少数情形。如果显失公平没有主观要件，仅以合同内容客观上是否公平作为唯一要件，则会出现法院对任何情况下订立的合同均可以对其内容是否公平进行审查，这将造成诸多弊端：极大增加法院和法官的工作量；使大量合同效力处于不确定状态，损害法律关系的安定性；几乎所有合同的内容均将受到法院审查，合同法意思自治的基本原则将受到损害；而公平是一个非常弹性的概念，具有较强的主观性，不同法院、不同法官对同一合同公平性的认识很可能不同，必将导致合同法规则的不统一。

（二）显失公平的主观要件

依据《民法典》第 151 条的规定，显失公平的主观要件是指一方当事人具有其利用优势或者利用对方处于危困状态、缺乏判断能力、没有经验而与其签订显失公平合同的故意。所谓危困状态，一般是指陷入某种暂时性急迫困境而对于金钱、财物的需求极为迫切的情况。所谓缺乏判断能力，一般是指缺乏加以理性考虑而实施民事法律行为或者对民事法律行为的后果予以评估的能力。对于显失公平的主观要件，应注意以下三个问题：第一，处于优势地位的当事

[①] 郭明瑞：《合同法学》，复旦大学出版社 2007 年版，第 96 页。

人对于其处于优势地位或者对方当事人危困状态、缺乏判断能力、没有经验是明知的。优势地位通常是指经济上的优势地位,例如一方当事人在市场中处于垄断地位,或者处于技术垄断地位,也可能是政府行政行为的结果,例如地方政府采取地方保护措施,从而使得某一地区某种商品或服务的提供者较少。对方没有经验则应从广义理解,即双方当事人在交易信息上不对称。由于当事人在交易信息上不对称,对合同订立的背景甚至合同条款的理解,合同订立后对双方当事人实体利益带来的影响等的认识存在差异,最终会导致双方在权利义务上不对等。第二,处于优势地位的当事人利用了其优势或者对方的危困状态、缺乏判断能力、无经验,并且希望据此与对方签订显失公平的合同。处于优势地位的当事人不仅对自己处于优势地位或者对方缺乏经验是明知的,而且对所签订的合同显失公平亦是明知的,有意利用自己的优势或者对方的无经验签订不公平合同之故意。第三,在订立合同之时,处于优势地位的当事人具有利用自己优势或者对方危困状态、缺乏判断能力、没有经验而与其签订显失公平合同的故意。如果当事人在订立合同时无此故意,仅在订立合同之前或者订立合同之后有此故意,所订立的合同不属于显失公平的合同。

(三)显失公平的客观要件

1. 存在合同一方当事人有明显优势或另一方处于危困状态、缺乏判断能力、没有经验的情形

市场经济中,不同当事人之间的经济地位和获取信息的能力不可能完全相同,必然有一方处于优势地位。故对此要件,应作严格把握,必须是一方当事人具有明显优势,这种优势对当事人自由订立合同和公平协商合同条款会造成实质性阻碍时才宜认定构成该要件。对于没有经验,应主要指与交易相关的重要信息,通常是一些较为专业的信息,也可以是对某类交易的特定知识,不应包括一般的生活经验或者常识。对于完全行为能力人而言,不存在欠缺一般生活经验和常识的问题,如果因为生活经验或者常识错误而导致合同内容显失公平,则属于因误解而订立的合同。任何一个主体在进入交易程序之前,应当了解有关标的物的一些重要信息,为参与交易做好准备。故没有经验是指从交易成本或者双方当事人的地位出发,处于弱势的一方当事人在正常情况下不可能有这些经验,并非指当事人可以对交易不作任何准备,轻率交易,后因交易对自己不利而以显失公平为由请求撤销或变更合同。

2. 合同双方当事人权利义务明显不对等,利益严重不平衡

显失公平的合同着重强调合同内容以及合同履行的结果不公平,故判定合

同双方当事人权利义务是否显失公平，应当从合同的内容和履行结果两方面予以考察。从合同内容看，如果双方权利义务明显不对等、严重失衡，则构成显失公平。例如，合伙合同中，履行主要出资义务、承担主要风险的一方当事人却享有极小的分配利润的权利，则可能构成显失公平。如果继续履行合同会使一方当事人所获利益与所承担的风险与成本明显不对称的，亦可构成显失公平。需要强调的是，公平是一个弹性较大的概念，在认定合同内容及履行合同的结果是否公平时，应充分考虑合同内容、市场环境、双方当事人订约目的等各方面因素，作出全面、客观的评价。需要指出的是，显失公平合同仅针对双务有偿合同而言，单务无偿合同的双方当事人不存在对待给付关系，不存在不公平的情形。例如，赠与合同中赠与人负有转移标的物所有权的义务，而受赠人则无相应的对待给付义务，故不存在显失公平的问题。

【拓展适用】

一、显失公平规则在适用上的限制

从各国司法实践看，法院并不会轻易认定合同显失公平，原因主要有以下几点：第一，合同是否公平最权威的评判者是当事人，当事人对于合同有决定权，对于不公平的合同可以选择不订立或者另行协商更为公平、合理的合同条款。因此，只要是当事人自主订立的合同，原则上都应推定为公平。第二，公平原则虽是合同的基本原则之一，但是提高交易效率、降低交易成本同样是合同法所追求的重要价值目标。如果法院广泛地对合同内容的公平性进行评价必然会损害交易效率，并增加交易成本。在商品经济不断发展，市场经济越发成熟的今天，提高交易效率、降低交易成本变得更加重要。第三，合同的效力的判断应当是确定的，如果广泛地以"公平""合理""适当"等弹性较大的概念作为合同效力评判标准，则会导致合同效力处于不确定状态，并导致合同关系不稳定，不利于社会、经济关系的稳定和发展。第四，出于对合同自由维护和法院对于公平的判断是否客观和准确的担忧。在美国合同法上，有一种观点认为，成年并且理智健全的人除了可以谨慎地订立合同外，同样也有草率地订立合同的自由。[①] 对于每一交易中双方当事人的权利义务是否公平，给付与对待给付是否合理，法院通常没有能力作出客观、全面的判断。"每个涉及此类合同案件中支付给中间商的价格……是否合理，那么实际上就是法院承担起价

---

① 转引自［美］艾伦·范斯沃斯：《美国合同法》，葛云松、丁春艳译，中国政法大学出版社2004年版，第222~223页。

格管制的职责……我并不认为法院有职责根据其关于什么是充分对价的信念,来对普通商人之间签订的合同的效力进行决定。"① 总之,合同法仍应坚持合同自由原则,法院不应轻易以显失公平为由撤销或者变更合同,只有合同条款或者合同的履行所导致的不公平超出了社会公平理念所不能忍受的范围时,才宜适用显失公平的规则。

二、合同主体对显失公平规则适用的影响

显失公平以一方当事人利用优势或者利用对方处于危困状态、缺乏判断能力、没有经验为要件,可见显失公平合同的双方当事人在经济地位和信息获取能力上是不对等的。例如,在美国,大多数成功地援引显失公平规则的当事人是消费者。② 例如,在某石油公司一案中,法院认为,限制石油公司的责任从而排除其嗣后的损害赔偿责任的约定,构成显失公平。③ 对于商事合同中,双方当事人均是该领域成熟商人的,一方主张合同显失公平的,一般不予以准许。例如,美国第九巡回上诉法院驳回了一家航空公司关于飞机买卖合同构成显失公平的主张时指出:"对两个大型的、在法律上成熟老练的公司适用……显失公平规则是没有道理的。"④ 在德国,对于给付与对待给付的均衡与否的问题,通说采主观等值原则,即当事人主观上愿意以此给付换取对待给付,即为公平合理,至于客观上是否等值,在所不问。⑤ 即某类合同是否公平并无客观标准,只要双方当事人签订合同时在主观上认为合同内容是公平的,即应认定合同的效力。我国学者亦主张,在认定合同是否显失公平时,宜区分消费者合同和公司之间的商事合同而分别处理。对于消费者合同,消费者若能够举证证明合同关系失衡,自己处于不利境地,则应当支持消费者基于显失公平而撤销合同的主张。对于商事合同,因双方当事人均是商人,均具有实力,有能力了解合同

---

① 转引自[美]艾伦·范斯沃斯:《美国合同法》,葛云松、丁春艳译,中国政法大学出版社2004年版,第223页。
② 转引自[美]艾伦·范斯沃斯:《美国合同法》,葛云松、丁春艳译,中国政法大学出版社2004年版,第312页。
③ 转引自[美]艾伦·范斯沃斯:《美国合同法》,葛云松、丁春艳译,中国政法大学出版社2004年版,第312页。
④ 转引自[美]艾伦·范斯沃斯:《美国合同法》,葛云松、丁春艳译,中国政法大学出版社2004年版,第313页。
⑤ [德]卡尔·拉伦茨:《德国民法通论》(上册),王晓晔、邵建东、程建英、徐建国、谢怀栻译,法律出版社2000年版,第63~64页,转引自崔建远:《合同法总论》,中国人民大学出版社2008年版,第308页。

款项下的利益关系是否均衡，只要一方当事人不能举证对方当事人有欺诈、胁迫、乘人之危等情形，仅仅以合同显失公平为由主张撤销合同的，则不宜支持。① 笔者支持这一观点，认定显失公平合同时，不宜仅以合同内容是否公平作为唯一判断标准，当事人在交易中所处的地位以及获取相关交易信息的能力均是重点考虑因素。显失公平合同之所以可撤销，原因在于一方当事人或因处于弱势地位，没有自由选择权，即意思自由受到限制，或者一方当事人获取信息能力不对等，不了解交易的真实情况，其所签订合同的内容实质并非其真实意思，即意思表示不真实，均因意思表示受到限制，故法律赋予其撤销权。对于"势均力敌"、熟悉相关交易规则的商人而言，不能轻易以合同显失公平为由请求撤销合同。

三、显失公平规则之补充适用原则

按照《合同法》的规定，不仅一方当事人利用优势或者利用对方处于危困状态、缺乏判断能力、没有经验所签订的合同可能显失公平，因欺诈、胁迫、重大误解以及乘人之危而签订的合同，通常亦显失公平。从这个意义上讲，原《合同法》第54条关于显失公平的合同可撤销的规定，是一个兜底条款，为合同法的公平原则确立一个原则性的规则，在一方当事人的行为构成欺诈、胁迫、重大误解或者乘人之危时，应当适用与之相应的法律规定来认定合同效力，只有上述规定均不适用的情况下，才适用显失公平的规定，因此，相对于欺诈、胁迫、重大误解以及乘人之危规则而言，显失公平规则具有补充适用的特点。但《民法典》第151条改变了上述规则，只有同时满足一方当事人利用对方处于危困状态、缺乏判断能力等情形，致使民事法律行为成立时显失公平的，受损害一方才能请求撤销该民事法律行为。《民法典合同编通则司法解释》对如何判断"缺乏判断能力"进行了明确，即第11条规定："当事人一方是自然人，根据该当事人的年龄、智力、知识、经验并结合交易的复杂程度，能够认定其对合同的性质、合同订立的法律后果或者交易中存在的特定风险缺乏应有的认知能力的，人民法院可以认定该情形构成民法典第一百五十一条规定的'缺乏判断能力'。"

四、显失公平与乘人之危的关系

由于民法典及其司法解释没有对乘人之危作出明确规定和界定，对于乘人之危的界定，虽然民法通则意见失效了，但我们仍然可以借鉴。《民法通则意见》第70条规定："一方当事人乘对方处于危难之机，为牟取不正当利益，迫

---

① 崔建远：《合同法总论》，中国人民大学出版社2008年版，第308页。

使对方当事人作出不真实的意思表示，严重损害对方利益的，可以认定为乘人之危。"从该规定看，乘人之危与显失公平有相似之处：一方当事人有牟取不正当利益之目的；对方当事人利益因此受到损害。二者的区别主要体现在以下几方面：第一，乘人之危签订的合同之所以可撤销，是因为对方当事人意思表示不自由，其意思表示存在瑕疵，违反了意思自治原则和合同自由原则；显失公平的合同之所以可以撤销，是因为双方当事人权利、义务不对等，内容严重不公平，违反了公平原则。第二，乘人之危以一方当事人处于危难之中为要件，而显失公平则以一方当事人具有优势或者对方缺乏经验为要件。第三，从主观要件看，乘人之危的当事人利用了对方处于危急境地的不利条件；而显失公平中则是处于优势地位一方当事人利用了对方处于弱势或者对方缺乏经验的不利条件，故乘人之危的当事人在主观上看更具可责难性。第四，乘人之危强调的是一方当事人有乘人之危的行为，注重的是当事人的行为；而显失公平强调的是合同的内容显失公平，注重的是结果。应当注意的是，虽然两者存在许多差别，但是，在《民法总则》的制定过程中，立法机关认为，《民法通则》和《合同法》规定显失公平与乘人之危虽然各有侧重，但从相关司法实践对两者的界定来看，他们均在主观和客观两方面有相似的要求，如显失公平中的"一方明显违反公平、等价有偿原则"即是严重损害了对方利益；"利用优势或者利用对方没有经验"与乘人之危的手段相似，均是利用对方不利情形。基于此，民法总则将两者合并规定，赋予显失公平新的内涵，这既与通行立法例的做法一致，同时也便于司法实践从严把握，防止这一制度被滥用。[1] 可见，从民法典的规定来看，已将显失公平与乘人之危合并规定，将乘人之危的内涵融入显失公平之中，并赋予显失公平新的内涵。

【典型案例】

营销公司与经营公司特许经营合同纠纷案

原告：营销公司。

法定代表人：张某怡，该公司总经理。

被告：经营公司。

法定代表人：李某福，该公司董事长。

〔基本案情〕

原告营销公司因与被告经营公司发生特许经营合同纠纷，向天津市津南区人民

---

[1] 李适时主编：《中华人民共和国民法总则释义》，法律出版社2017年版，第475页。

法院提起诉讼。

原告营销公司诉称：原告与被告经营公司于 2004 年 3 月 9 日签订《加盟特许经营合同》，约定了双方的权利义务，其中包括竞业禁止和保守商业秘密的条款。合同开始履行后，双方又于 2005 年 5 月 16 日签订了《解除合同协议书》，该协议书第五条规定：合同解除后，营销公司还必须遵守合同约定的竞业禁止和保守商业秘密的条款。但依据相关法律、司法解释，该条款显失公平，故请求法院依法判令撤销该条款。

被告经营公司辩称：被告与原告营销公司签订的《加盟特许经营合同》和《解除合同协议书》，均是双方在平等协商的前提下自愿达成的协议，其中约定的竞业禁止条款及保守商业秘密条款不违反法律、行政法规，也不违反公平原则，请求驳回原告的诉讼请求。

天津市津南区人民法院经审理查明：被告经营公司与案外人咨询服务公司于 2003 年 5 月 25 日签订《CENTURY 21 区域特许经营合同》，被告经营公司取得在中国天津地区及廊坊地区（以下简称特许区域）的 CENTURY 21 系统使用和独占分许可权，并有权再次分许可第三方使用 CENTURY 21 系统。2004 年 3 月 9 日，原告营销公司与被告经营公司签订了一份《加盟特许经营合同》，该合同第 7.3.4 条竞业禁止条款约定："未经甲方（经营公司）事先书面同意，乙方（营销公司）以及任何一个乙方关系人或关联企业（定义见本合同释义）在本合同有效期间内和期满或终止后两年内不得直接或间接地以高级主管、董事、股东及其他任何身份或名义投资、经营或管理任何位于'核准地点'周围 75 公里范围内（如超出本特许区域地理范围，以本特许区域的范围为准）的其他房地产中介机构或相关企业（但不包括另一个 CENTURY 21 加盟店）或拥有或持有该中介机构百分之十以上的股权。"第 7.4.8 条商业秘密条款约定："乙方承诺，由甲方根据本合同透露给乙方的有关 CENTURY 21 系统、CENTURY 21 特许权和 CENTURY 21 材料以及甲方服务和产品的经营和业务知识，其中包括但不限于在会议、研讨会、培训课程、会谈或地区营业规范手册或其他材料和/或单店营业规范手册中随时透露的信息和资料，是甲方独家的保密的商业秘密。乙方同意其将在本合同有效期内和之后对所有这些资料保守绝对秘密，并同意不在甲方没有特别授权和批准的任何其他业务中或以其他方式使用这些资料。"第 14.13 条约定："乙方同意在本合同期满或提前终止后的 2 年内，不在核准地点或任何 CENTURY 21 世纪加盟店所在地点周围 75 公里内设立房地产中介机构或办公室，经营本合同中所定义的特许业务。"2005 年 5 月 16 日，营销公司和经营公司就解除《加盟特许经营合同》的相关事宜达成协议，签订了《解除合同协议书》，其中第四条约定营销公司须交回《加盟特许经营合同》及其附件的原件，第五条约定《加盟特许经营合同》解除后，营销公司还必须遵守《加盟特许经营合同》中有关竞业禁止和保守商业秘密条款所确定的义务。

上述事实，有原告营销公司与被告经营公司签订的《加盟特许经营合同》及

《解除合同协议书》在案为证，足以认定。

〔一审裁判理由与结果〕

天津市津南区人民法院认为：

原告营销公司和被告经营公司 2004 年 3 月 9 日签订的《加盟特许经营合同》和 2005 年 5 月 16 日签订的《解除合同协议书》，均系双方真实意思表示，也没有违反国家法律、法规，应认定合法有效。依法成立的合同自成立之日起生效。当事人依法享有自愿订立合同和解除合同的权利。营销公司与经营公司是在平等协商的前提下自愿达成的协议，双方约定的竞业禁止条款和保守商业秘密条款，并不明显违反公平原则，因此营销公司以显失公平为由主张撤销 2005 年 5 月 16 日《解除合同协议书》中第五条的约定，没有事实依据和法律依据，不予支持。

据此，天津市津南区人民法院依照《中华人民共和国民法通则》第四条，《中华人民共和国合同法》第六条、第八条、第三十二条、第六十条，《中华人民共和国民事诉讼法》第六十四条第一款，《最高人民法院关于民事诉讼证据的若干规定》第二条第一款、第二款的规定，判决：

驳回原告营销公司的诉讼请求。

〔当事人上诉及答辩意见〕

营销公司不服一审判决，向天津市第二中级人民法院提起上诉称：（1）原审法院认定事实不清。原审法院认定双方之间于 2005 年 5 月 16 日签订的《解除合同协议书》系双方真实意思表示，没有违反国家法律、法规，应认定有效，是错误的。首先，双方当事人签订合同，并非基于双方真实意思表示。被上诉人经营公司利用其优势地位与营销公司签订合同，原审法院认定双方约定的竞业禁止条款不违反公平原则错误，因为营销公司仅经营房地产中介这一单一的经营项目，合同中约定的竞业禁止条款对营销公司是苛刻的，显然违背了公平原则。其次，原审法院认为双方签订的合同没有违反国家法律、法规也是错误的，因为该合同违反了《商业特许经营办法》第五条第三款关于"特许人以特许经营方式从事商业活动不得导致市场垄断、妨碍公平竞争"的规定。（2）原审法院适用法律错误。原审法院依据《民法通则》第四条作出的判决是错误的。双方签订的《加盟特许经营合同》以及《解除合同协议书》中的竞业禁止条款，恰恰违背了上述法律规定的公平和等价有偿原则。根据《最高人民法院关于贯彻执行〈中华人民共和国民法通则〉若干问题的意见（试行）》第七十二条的规定，双方签订的《加盟特许经营合同》以及《解除合同协议书》中的竞业禁止条款显失公平。根据《中华人民共和国民法通则》第五十九条第二款、《最高人民法院关于贯彻执行〈中华人民共和国民法通则〉若干问题的意见（试行）》第七十三条第一款及《中华人民共和国合同法》第五十四条第二款的规定，该条款应予以撤销。请求二审撤销原判，改判撤销营销公司与经营公司签订的《解除合同协议书》中的第五条。

被上诉人经营公司辩称：上诉人营销公司提出的上诉请求缺乏事实和法律依据，原审判决认定事实清楚，适用法律正确，请求二审法院予以维持。

〔二审查明的事实〕

天津市第二中级人民法院经审理确认了一审法院查明的事实。

〔二审裁判理由与结果〕

本案二审争议焦点是：上诉人营销公司与被上诉人经营公司之间签订的《加盟特许经营合同》和《解除合同协议书》中设定的竞业禁止和保守商业秘密条款对营销公司是否显失公平。

天津市第二中级人民法院认为：当事人依法享有自愿订立合同的权利。上诉人营销公司与被上诉人经营公司之间签订的《加盟特许经营合同》是双方自愿订立的，合同中设定的竞业禁止和保守商业秘密条款，旨在防止作为加盟企业的营销公司利用其掌握的经营公司的业务秘密与之进行不正当竞争，以保护经营公司的合法利益。该条款并不违反国家法律、行政法规，同时因其有一定的期限，也不必然导致市场垄断，妨碍公平竞争。虽然该合同属于经营公司提供的格式文本，但对于合同条款中的相关词语，如竞业禁止条款中的"关系人""关联企业"的含义，合同均作有明确的释义。在订立合同之时，营销公司对此内容是明知的，但并未提出任何异议且实际上接受并签署了合同文本。因此《加盟特许经营合同》是当事人意思自治的结果，合同一旦成立即对双方当事人产生法律约束力。此后，营销公司因故与经营公司解除了《加盟特许经营合同》，并在双方协商一致的基础上又共同订立了《解除合同协议书》，在该协议书中，营销公司再次作出"遵守合同约定的竞业禁止义务和保守商业秘密的条款"的承诺，应严格依约履行。

关于本案《加盟特许经营合同》《解除合同协议书》中的竞业禁止和保守商业秘密条款是否显失公平的问题，根据《最高人民法院关于贯彻执行〈中华人民共和国民法通则〉若干问题的意见（试行）》第七十二条关于"一方当事人利用优势或者利用对方没有经验，致使双方的权利义务明显违反公平、等价有偿原则的，可以认定为显失公平"的规定，认定显失公平可以从以下两个方面进行考察：

一是要考察合同对一方当事人是否明显不公平。根据《中华人民共和国民法通则》和《中华人民共和国合同法》的有关规定，签订合同作为一种双方的民事法律行为，应贯彻公平原则。公平原则的实质在于均衡合同双方当事人的利益。因此，对合同显失公平的认定应结合双方当事人权利义务是否对等、一方获得的利益或另一方所受损失是否违背法律或者交易习惯等方面综合衡量。本案中，上诉人营销公司通过与被上诉人经营公司签订合同，享有了加盟特许经营的权利，并因此而掌握经营公司的业务秘密，故应当遵守合同中约定的竞业禁止和保守商业秘密的义务。双方对权利义务的约定基本是对等的。双方签订的合同涉及房地产中介这一极为依赖信息和资讯的行业，因此基于自愿，在签订《加盟特许经营合同》时设定竞业禁止和保守商业秘密条款,目的在于防止营销公司作为加盟企业,利用其掌握的经营公司的业务秘密与之进行不正当竞争,以保护经营公司的合法利益。该条款表面上似乎对经营公司的利益有所倾斜,但事实上,《加盟特许经营合同》一旦成立并履行,营销公司即可合法取得经营公司的部分业务秘密,而这一结果是无法逆转的,即使合同发生解除、终止、期满等情形,营销公司仍会掌握这部分业务秘密。经营公司唯有通过在合同中设立看似不平等的竞业禁止、保守商业秘密的条款,才能够防止或控制营销公司的不正当竞争行为。因此,本案中竞业禁止、保守商业秘密条款的设定事实上对合同双方是公平的,符合房地产中介这种特定行业的交易习惯,也并不违反国家法律、行政法规,同时因其有一定的期限,也不必然导致市场垄断,妨碍公平竞争。

二是要考察合同订立中一方是否故意利用其优势或者对方轻率、没有经验。所谓利用优势,是指一方利用其在经济上或其他方面的优势地位,使对方难以拒绝对其明显不利的合同条件;所谓没有经验,是指欠缺一般生活经验或者交易经验。显失公平的合同中,利益受损的一方往往因为无经验,或对合同的相关内容缺乏正确认识的能力,或者因为某种急迫的情况,并非出于真正的自愿而接受了对方提出的合同条件。本案中,虽然被上诉人经营公司在签约时似乎占有一定的优势,但上诉人营销公司签订合同时并非处于急迫的情形,其作为专业从事房地产中介业务的公司也不存在没有行业经验的问题。虽然该合同属于经营公司提供的格式文本,但对于合同条款中的有关词语,包括竞业禁止条款中的"关系人""关联企业"的含义,合同均作出明确的释义。在订立合同之时,营销公司对此内容是明知的,且未提出任何异议。因此,《加盟特许经营合同》的订立体现了双方当事人意思自治的原则,该合同一旦成立,即应对双方当事人产生法律约束力。此后,双方在协商一致的基础上共同订立了《解除合同协议书》。在该协议书中,营销公司再次作出"遵守合同约定的竞业禁止义务和保守商业秘密的条款"的承诺,亦应严格依约履行。特别需要注意的是,经营公司在签约时似乎占有一定的优势,但随着合同的订立、履行,特别是营销公司对经营公司业务秘密的实际占有,经营公司的所谓优势地位即不复存在,合同双方实际上处于平等的地位。

另外,对于《解除合同协议书》第五条中约定的保守商业秘密的义务,因属于合同附随义务范畴,既不属于显失公平,也不违反合同法的规定。

据此,天津市第二中级人民法院依据《中华人民共和国民事诉讼法》第一百五十三条第一款第一项的规定,判决:驳回上诉,维持原判。

> **规则 11：（恶意串通所订合同之效力）当事人之间恶意串通签订合同，损害第三人利益的，第三人有权提起确认合同无效之诉**
> ——陈某、皮某勇诉房地产开发公司、夏某均、置业公司合作开发房地产合同纠纷案①

【裁判规则】

对"恶意串通"行为的认定，应当分析合同双方当事人是否具有主观恶意，并全面分析订立合同时的具体情况、合同约定内容以及合同的履行情况，在此基础上加以综合判定。当法人与他人恶意串通签订合同，表面上损害法人自身利益，实质上损害第三人利益的，诉讼所涉及的是侵权法律关系，不涉及合同相对性原则，第三人有权提起确认合同无效之诉。

【规则理解】

一、恶意串通订立合同概述

恶意串通订立的合同是指当事人为牟取不正当利益，互相勾结、串通而订立损害他人利益的合同。② 根据《民法典》第 154 条的规定，恶意串通，损害他人合法权益的民事法律行为无效。此项规定承继于《民法通则》第 58 条第 1 款第 4 项的规定。自《民法通则》施行以来，学界对恶意串通损害国家、集体或第三人利益的行为在称谓及行为性质上均存在争议。在称谓上，有人将其称为"串通的虚伪行为"，有人将其称为"通谋的虚伪行为"，有人将其称为"恶意串通的民事行为"。③ 在行为性质上，一种观点认为它是一种缺乏意思表示真实性的行为，一种观点认为它是欠缺合法性或违反法律、社会公共利益的民事行为。④《合同法》施行以来，恶意串通损害国家、集体或第三人利益的合同，是一种违法合同的观点，得到了一些学者赞同。⑤《合同法》明确规定恶意串通订立的合同无效，是因为当事人订立合同时意思表示的瑕疵，还是因为当事人

---

① 《中华人民共和国最高人民法院公报》2010 年第 10 期。
② 刘有东：《合同法精要与依据指引》（增订本），北京大学出版社 2011 年版，第 66 页。
③ 朱广新：《合同法总则》，中国人民大学出版社 2008 年版，第 204 页。
④ 刘心稳主编：《中国民法学研究述评》，中国政法大学出版社 1996 年版，第 234 页，转引自朱广新：《合同法总则》，中国人民大学出版社 2008 年版，第 204 页。
⑤ 王利明、崔建远：《合同法新论·总则》（修订版），中国政法大学出版社 2000 年版，第 276 页，转引自朱广新：《合同法总则》，中国人民大学出版社 2008 年版，第 204 页。

恶意串通订立合同损害他人利益这一行为的违法性，仍存在争议。对该问题，笔者将在下文详述。

二、恶意串通行为的构成要件

(一) 主观要件

当事人在主观上具有恶意，此种恶意体现在两个方面：一是恶意串通行为的当事人在主观上具有获取非法利益的目的，如果各方当事人遵守法律规定，诚信行为，不可能获得此种利益，各方当事人通过恶意串通行为所追求的即为非法利益，且对此是明知的。二是各方当事人在对于其行为会损害国家、集体或第三人利益是明知的，对于损害国家、集体或第三人利益的后果是积极追求或者任意放任的。故恶意串通的当事人在主观上均出于故意，且有意思联络，而非过失。有学者认为，恶意串通当事人在主观上的恶意是指当事人以损害其他主体为目的，而非指知情。[①] 笔者认为，这极大限缩了恶意串通行为的范围，欠妥当。实践中，多数恶意串通的当事人均以获取非法利益为目的，而非以损害他人利益为目的。从《民法典》第154条规定的文义看，《民法典》并未规定恶意串通行为的当事人要以损害他人利益为目的，仅要求行为人有损害他人合法权益的故意即可。而故意包括两种心理状态：一是积极追求，二是任意放任。以损害他人为目的仅包括了积极追求的故意，而遗漏了任意放任的故意。

当事人的主观恶意是其行为时的主观状态，司法实践中，很少有人会承认其主观恶意，而且行为人为了使其行为目的不至于落空，亦会有意采取措施，防止留下恶意串通的证据，因此，认定当事人的主观恶意比较困难，需要综合当事人在订立合同时的行为、合同内容以及合同履行等情况综合判断。当事人在合同订立时，为获得非法利益，且明知其订立的合同会损害国家、集体或第三人利益仍订立该合同的，则构成恶意串通。当事人在订立合同时明知会损害国家、集体、第三人利益并非恶意串通的唯一主观要件，如果当事人订立合同的目的是追求合法利益，则不构成恶意。从合同内容看，合同内容涉及第三人利益，且对第三人利益明显不公平时，则可能构成恶意串通。恶意串通通常发生在当事人之间存在代理关系、职务关系的场合。例如，公司高管或者股东与第三人恶意串通损害公司利益或公司其他股东利益，代理人与第三人恶意串通损害被代理人的利益。如果合同项下权利义务明显不对等，一方当事人低价或无偿转让财产，则可能构成恶意。从合同履行看，恶意串通

---

① 王卫国：《合同法》，北京师范大学出版社2010年版，第119页。

合同的履行会导致国家、集体或第三人利益受到损害，并使得一方或双方当事人获得非法利益。

(二) 客观要件

1. 当事人之间有互相串通的行为

串通是指相互串联、沟通，使当事人之间在行为的动机、目的、行为及其结果上达成一致，使共同的非法目的得到实现。[①] 互相串通的行为既可以体现为明示行为，例如双方通过口头或者书面协议对分配非法利益进行约定，亦可以体现为默示行为，例如一方当事人作出了实现非法利益的意思表示，另一方当事人明知其恶意仍默示接受，或者双方当事人对于实现非法利益及损害国家、集体或第三人利益均是明知的，但彼此心照不宣。互相串通行为对于合同订立是必要的，没有该串通行为，当事人则不可能订立恶意串通损害国家、集体或第三人利益的合同。

2. 损害他人合法权益

损害他人合法权益的行为既是当事人主观恶意的内容，亦是恶意串通行为的结果。《民法典》第154条规定，恶意串通，损害他人合法权益的民事法律行为无效，并不涉及公共利益。《合同法》规定将恶意串通行为所损害的他人利益分为国家、集体及第三人利益，仍带有计划经济时代的烙印，此种划分亦不科学。在现实生活中，国家、集体及第三人利益并非"楚河汉界"，界限分明，例如在股份制企业中，可能交叉着国家、集体及个人利益。从经济体制上看，我国经济可以分为全民所有制经济、集体所有制经济和私有经济；从企业的所有者权益的享有者来划分，则可分为国有企业、集体企业、私营企业、个体工商户，故国家利益、集体利益与个人利益而非第三人利益相对应。民法上，第三人利益通常与合同当事人利益相对应。故该项规定将他人利益分为国家、集体及第三人利益并不科学。此外，民事权益具有平等性，民法对各类民事权益均予以平等保护，不必再对国家利益、集体利益及第三人利益进行区分。因此，对于"损害国家、集体或第三人利益"这一要件，可以简单表述为损害公共利益及第三人利益，或损害他人利益。因此，《民法典》第154条规定："行为人与相对人恶意串通，损害他人合法权益的民事法律行为无效。"不再突出损害的主体性质，将国家、集体或第三人利益都融入他人合法权益之中。在实践中，只要当事人恶意串通的行为损害他人合法权益，即符合该要件。

[①] 杨立新：《合同法专论》，高等教育出版社2006年版，第137页。

此处他人合法权益中的他人可能是合同当事人。在公司代表代公司签订合同，或者代理人代被代理人签订合同的情况下，公司代表或者代理人与第三人恶意串通，损害公司或被代理人利益的，公司或被代理人本身就是合同当事人。在正常情况下，公司代表的身份为公司所吸收，公司代表为公司利益而作出法律行为，公司代表的行为即视为公司的行为，因此，只存在双方当事人，不涉及第三人利益。但在恶意串通的情况下，公司代表为了自己利益或者第三人利益而行为，其并非出于维护公司利益的目的而是出于损害公司利益的目的，其行为并不能视为公司的行为，公司为受损害的第三人，而公司代表和对方当事人为恶意串通行为的当事人。代理的情形下亦然。

受损害的他人合法权益不仅包括物权等支配权，还包括收益权等当事人依法享有的一切合法权益，不仅包括所获利益，还包括增加负担。例如，《反不正当竞争法》第15条规定："投标者不得串通投标，抬高标价或者压低标价。投标者和招标者不得相互勾结，以排挤竞争对手的公平竞争。"公平竞争权、平等的交易机会亦可以成为侵害的对象。《担保法》第30条规定："有下列情形之一的，保证人不承担民事责任：（一）主合同当事人双方串通，骗取保证人提供保证的；（二）主合同债权人采取欺诈、胁迫等手段，使保证人在违背真实意思的情况下提供保证的。"故当事人恶意串通，增加他人负担的，亦属于侵害他人利益。在某些情况下，同一恶意串通行为可能损害多个民事主体的地位，各受害人均有权以合同无效进行抗辩。例如，公司股东或高管与相对人恶意串通，签订合同损害公司利益的，公司或者公司其他股东均有权以恶意串通损害自己利益为由要求所签订合同无效。就公司而言，其财产权因此受到损害；就其他股东而言，其收益权受到损害，均有权以当事人恶意串通损害他人利益导致合同无效为由进行抗辩。此时，需要注意两个问题：一是，虽然合同名义上的当事人是公司，但恶意串通的当事人实际上是代表公司签订合同的自然人，公司在名义上是当事人并不阻碍其在实际上是受害人；二是，虽然直接损害的是公司利益，但公司股东作为公司权益的最终受益者，其收益权亦因此而受到损害，故公司其他股东亦是受害人。

三、恶意串通行为的法律后果

根据《民法典》第154条的规定，行为人与相对人恶意串通，损害他人合法权益的民事法律行为无效。除民事法律行为无效外，根据原《合同法》第59条的规定，当事人恶意串通，损害国家、集体或者第三人利益的，因此取得的财产收归国家所有或者返还集体、第三人。原《民法通则》第61条第2款亦有类似规定,但应当注意《民法典》规定的变化。关于返还财产的范围,根据《民法通则意见》第74条的规定,应当包括双方当事人已经取得和约定取得的财产。此外,《最高人民法院关于审理联营合同纠纷案件若干问题的解答》第8条第2款规定:"当事人恶意串通,损害国家利益、集体或第三人的合法利益,或者因合同内容违反国家利益或社会公共利益而导致联营合同无效的,根据民法通则第六十一条第二款和第一百三十四条第三款规定,对联营体在联营合同履行期间的收益,应当作为非法所得予以收缴,收归国家、集体所有或者返还第三人。对联营各方还可并处罚款;构成犯罪的,移送公安、检察机关查处。"依据上述规定,恶意串通行为不按当事人的意思表示发生法律效力,当事人因此所获利益应当收归国有,或返还集体或第三人。恶意串通的当事人在此情形下所承担民事责任属于侵权责任,即侵害国家、集体或第三人利益所应承担的损害赔偿责任。在当事人获得利益的情况下,需要返还所获利益,属于承担返还不当得利之责任。如果当事人所获利益不足以赔偿国家、集体或第三人所受之损失,则仍需要承担损害赔偿责任。

依据上述规定,恶意串通的当事人除承担民事责任外,还可能承担罚款责任甚至刑事责任。刑事责任应移送公安机关或检察院处理。恶意串通情形下,对当事人处以罚款,属于行政责任,由法院行使不妥当。此外,《最高人民法院关于审理联营合同纠纷案件若干问题的解答》第8条还规定对联营体在联营合同履行期间的收益,应当作为非法所得予以收缴。实践中,法院收缴非法所得的情形较为少见。笔者认为,对于恶意串通损害国家、集体或第三人利益的,判决当事人承担返还财产及赔偿责任即可,不宜另行进行罚款,或收缴非法所得。在损害国家利益的情况下,因国家财产均由特定国家机关或企事业单位占有、使用或经营,故只需将恶意串通当事人所获非法财产返还相关代表国家对国有资产进行经营管理的机关、企事业单位即可,不必收缴后上交国库。如该恶意串通损害国家、集体或第三人利益的行为,严重损害社会诚信体系的建立,作为处罚性处理,另行予以罚款或收缴非法所得亦可,但应根据案件的具体情况区分不同的情形处理。但《民法典》第157条对此作出了新的规定,即"民事法律行为无效、被撤销或者确定不发生效力后,行为人因该行为取得的财产,应当予以返还;不能返还或者没有必要返还的,应当折价补偿。有过错的一方应当赔偿对方由此所受到的损失;各方都有过错的,应当各自承担相应的责任。法律另有规定的,依照其规定。"应当注意的变化有:(1)明确规定民事法律行为除了无效、被撤销外,还有被确定不发生效力后,行为人取得的财产应该返还。（2）对于不能返还或没有必要返还的，明确处理方式为折价补偿，只是补偿性质而不是赔偿。（3）过错可能是"各方"，不限定于双方。（4）法律有特别规定的，依特别规定处理。（5）没有关于追缴的规定。[1]

【拓展适用】

一、恶意串通与通谋虚伪表示

（一）对我国恶意串通规定的梳理

1986年《民法通则》第58条第1款第4项对恶意串通行为进行了规定，1999年《合同法》第52条第2项亦承继了《民法通则》的规定。现行《民法典》第154条对该规则进行了一定的修改与完善。虽然立法上有明确规定，但司法实践和学界对恶意串通的含义和行为性质存在争议，笔者已在前文中进行阐述。

（二）通谋虚伪表示的含义

恶意串通并非传统大陆法系民法上的概念，大陆法系民法上与之相对应的概念是通谋虚伪表示。通谋虚伪表示是指表意人与相对人一致同意仅造成订立合同的表面假象，而实际上并不想使该合同的法律效果产生。[2] 通谋虚伪表示有三个构成要件：一是有意思表示；二是意思表示与真意不符，即表示的效果意思与内心的效果意思不符；三是非真意之表示与相对人通谋。当事人通谋之目的或者动机，在所不问。关于通谋虚伪表示及其效力，大陆法系不少国家和地区的法律规范都作出了规定。《德国民法典》第117条第1项规定："表意人与相对人通谋而为通谋虚伪的意思表示，其意思表示无效。"《韩国民法典》第108条规定："与相对人通谋而作出的虚伪意思表示无效，前项意思表示无效，不得对抗善意第三人。"《日本民法典》第94条第1款规定："与相对人通谋而为通谋虚伪意思表示者，其意思表示为无效。"第2款规定："前款意思表示的无效，不得以之对抗善意第三人。"我国《民法典》第146条规定："行为人与相对人以虚假的意思表示实施的民事法律行为无效。以虚假的意思表示隐藏的民事法律行为的效力，依照有关法律规定处理。"

---

[1] 江必新、何东宁：《民法总则与民法通则条文对照及适用提要》，法律出版社2017年版，第80页。

[2] ［德］卡尔·拉伦茨：《德国民法通论》（下册），王晓晔等译，法律出版社2003年版，第497页，转引自朱广新：《合同法总则》，中国人民大学出版社2008年版，第206页。

(三) 恶意串通与通谋虚伪表示之比较

1. 恶意串通与通谋虚伪表示的相同点

（1）从行为性质看，恶意串通行为与通谋虚伪表示，均为法律行为，而非事实行为。因二者均为法律行为，都需要对其效力进行判定。（2）从行为主体看，恶意串通行为与通谋虚伪表示均由两个以上民事主体参与，或互为意思表示，或一方为意思表示，对方明知而予受领。（3）从行为内容看，在恶意串通行为和通谋虚伪表示行为中，当事人相互间均须有通谋之意思联络。（4）从当事人主观动机看，恶意串通行为和通谋虚伪表示通常均指向第三人，即通常有损害第三人利益的动机。

2. 恶意串通与通谋虚伪表示的区别

（1）从行为主体看。德国民法上通谋虚伪表示之表意人为法律关系之当事人，德国民法理论一般不讨论代理人如何损害本人利益的问题。即使将通谋虚伪表示的规定适用于代理人与相对人之间的虚假行为，也被认为是对该规定的扩大适用。① 日本民法上，代理人或法人的代表机关为虚假表示时，被代理人或被代表的法人不能作为民法典第 94 条第 2 款规定的 "第三人"。我国民法上恶意串通之行为人及受害人的范围并不明确。有学者认为，恶意串通的行为人系指当事人；② 有学者认为应包括当事人和代理人；③ 有学者认为，恶意串通是指一方当事人的代理人或代表人与相对人串通一气损害国家、集体或他人利益的行为。④ 此外，关于受害人范围亦未形成一致意见。

（2）从意思表示的真实性看。通谋虚伪表示，其意思表示与当事人真实意思不符。而恶意串通行为是否属于意思表示不真实行为的问题，存有歧见。通说认为其意思表示并不必然为虚假，也包括真实意思表示的情况，只要行为人有损害国家、集体或第三人利益的恶意，并且双方有通谋，也可构成。但也有观点认为，恶意串通是指行为人串通合谋实施的与其内心意思不一致的意思表示。笔者认为，恶意串通行为不以当事人意思表示与内心真实意思不一致为要件，当事人恶意串通而订立的合同可以为双方当事人的真实意思表示，只要双方有获取非法利益之目的，且损害国家、集体或第三人利益即可。

（3）从是否以损害第三人利益为要件看。通谋虚伪表示不以通谋虚伪表示

---

① 朱建农：《论民法上恶意串通行为之效力》，载《当代法学》2011 年第 11 期。
② 转引自朱建农：《论民法上恶意串通行为之效力》，载《当代法学》2011 年第 11 期。
③ 转引自朱建农：《论民法上恶意串通行为之效力》，载《当代法学》2011 年第 11 期。
④ 转引自朱建农：《论民法上恶意串通行为之效力》，载《当代法学》2011 年第 11 期。

行为损害第三人利益为要件,而恶意串通行为以损害他人合法权益为要件。不仅如此,从《民法典》第154条的规定来看,恶意串通行为的违法性主要体现在损害他人合法权益,而非意思表示不真实。

(4)从法律效力看。根据意思自治原则,法律保护当事人按其意思表示所欲达到的法律效果,但如果当事人意思表示不真实,则不能按其表示行为确定双方权利义务。当事人作出通谋虚伪表示时,表意人及受领人均不欲使当事人表示的内容产生法律效力或成为法律行为的内容,故通谋虚伪表示不能发生法律效力。但是通谋虚伪表示并非对所有人无效,为保护善意第三人,通谋虚伪表示的无效不得对抗善意第三人,即为相对的无效。而恶意串通行为,其内容具有明显的不法性,故其无效是绝对的,对任何人均无效,无任何例外。

应当注意的是,在虚伪表示的民事法律行为中,行为人与相对人所表示出的意思均非真实,但恶意串通的双方当事人所表达的都是内心真意,尽管两者在法律后果上是相同的,但不能将其混淆。虽然在某些情况下,双方通谋的虚伪表示也表现为主观上是恶意,且同时损害他人的合法权益,但两者的侧重点不相同,也不能互相替代。《民法典》对上述行为分别在第146条和第154条予以规定。

二、关于恶意串通立法的评析

《民法典》第154条的规定以保护他人合法权益为立法宗旨,虽是关于合同效力的规定,却含有侵权责任法的内容。上述规定导致合同法此项规定突破了合同相对性原则,即合同当事人之外的第三人有权对合同效力提出异议。《合同法》第59条专门对恶意串通,损害国家、集体或第三人利益的法律后果进行了规定,该条与《合同法》第58条的规定如何适用,并不明确。而且,在《合同法》第58条已经专门对合同无效的法律后果进行规定的情况下,再单独对恶意串通行为的法律后果进行规定,似无必要。因此,《民法典》对该规则的相关法律条文在吸收《合同法》有益成分的基础上进行了改造。

【典型案例】

陈某、皮某勇诉房地产开发公司、夏某均、置业公司合作开发房地产合同纠纷案

申请再审人(一审被告、二审被上诉人):房地产开发公司。
法定代表人:夏某均,该公司董事长。
申请再审人(一审被告、二审被上诉人):夏某均,房地产开发公司董事长。
申请再审人(一审被告、二审被上诉人):置业公司。
法定代表人:王某滔,该公司董事长。

被申请人（一审原告、二审上诉人）：陈某。

被申请人（一审原告、二审上诉人）：皮某勇。

[基本案情]

房地产开发公司、夏某均、置业公司申请再审称，（一）二审判决认定房地产开发公司与置业公司之间的法律关系为土地使用权转让关系，缺乏事实根据和法律依据。1. 房地产开发公司与置业公司签订的《联合开发建设鞋都工业园配套住宅小区合同书》（简称联合开发合同）及《联合开发建设鞋都工业园商住小区包销协议》（简称包销协议），并未涉及土地使用权转让事宜。2. 置业公司在合作开发过程中，除投入土地使用权外，还承担提供批复文件，办理相关手续，协调落实优惠政策，参与项目监督，审查签署项目对外文件等多项责任。截至 2007 年底双方解除合同为止，置业公司为项目支付的费用达 4000 余万元。3. 置业公司委托房地产开发公司包销其所应分得的 18000 平方米住房，与是否承担合作开发房地产项目风险事项无关。由于置业公司与房地产开发公司合作开发房地产项目是以置业公司的名义进行，置业公司对外仍然要依法承担项目的全部责任。（二）二审法院委托鉴定机构作出的鉴定结论，程序违法，不应作为认定事实的根据。1. 二审法院不应重新进行鉴定。2. 二审鉴定程序违法，剥夺了当事人对鉴定机构的选择权。3. 鉴定内容不全面，不足以确认或者排除《领款单》的真实性。4. 二审判决依据二审鉴定结论推定陈某、皮某勇尚未收回投资款缺乏证据证明。（三）根据合同相对性原则，陈某、皮某勇不是置业公司与房地产开发公司之间的《关于解除"联合开发奥康住宅小区合同"及"包销协议"的协议》（简称解除协议）的签约人和权利义务人，二审判决依据解除协议认定陈某、皮某勇权益受到侵害，没有法律依据。（四）二审判决认定房地产开发公司与置业公司存在恶意串通行为，缺乏证据证明。1. 恶意串通以明知或应知侵害第三人利益为构成要件，置业公司在签订解除协议时，不知道陈某、皮某勇与夏某均之间存在《股东合作协议》。即使知道陈某、皮某勇与夏某均之间的合伙关系，基于时间在先的《领款单》，置业公司有理由相信该合伙关系已经解除，其与房地产开发公司签订解除协议，不构成恶意串通。2. 二审判决以解除协议签订时重庆市商品房销售总体上"呈现出量价齐涨"的态势为由，认定房地产开发公司和置业公司签订解除协议明显违背商业规律不能成立。3. 二审判决认为置业公司支付 300 万元违约金，房地产开发公司与置业公司解除合同时未对债务进行清理与常理不符，没有事实依据。4. 二审判决认为解除协议签订后，夏某均仍在主持项目工作，与合同解除应当导致的后果明显相悖没有事实依据。在解除协议履行之后，基于夏某均本人对该房地产开发项目的熟悉，置业公司聘请夏某均作为项目负责人之一，继续主持项目工作。（五）本案当事人不适格。在合伙纠纷中，置业公司不是适格被告。在房地产开发公司与置业公司合作开发房地产纠纷诉讼中，陈某、皮某勇不是合同关系当事人，不是适格原告。皮某勇不是房地产开发公司股东，也无权提出股东派生诉讼。综上，依据《中华人民共和国民事诉讼法》第一百七十九条第一款第二项、第六项的规定申请再审。

陈某、皮某勇提交书面意见认为，（一）二审判决认定房地产开发公司与置业公司之间的法律关系属土地使用权转让关系是正确的。1. 根据《最高人民法院关于审理涉及国有土地使用权合同纠纷案件适用法律问题的解释》第14条、第24条的规定，房地产开发公司与置业公司签订的联合开发合同和包销协议约定置业公司取得固定的"房屋包销款"1980万元，属于名为联建实为土地转让合同的情形。2. 房地产开发公司、夏某均、置业公司称置业公司为项目支付费用达4000余万元没有证据证明。（二）二审法院委托鉴定机构作出的鉴定结论合法，但鉴定对象《领款单》并非本案的关键证据。1. 二审法院决定重新鉴定是正确的。二审鉴定机构是双方协商一致的结果。2. 鉴定对象《领款单》是孤证，房地产开发公司没有举出退投资款的资金来源及退款渠道方面的证据。3.《领款单》与本案其他证据矛盾。4.《领款单》仅能证明夏某均、陈某、皮某勇于2006年12月26日退回了投资款，不能以退投资款为由推定三人解除了《股东合作协议》。（三）夏某钧、置业公司恶意串通事实清楚。房地产开发公司和置业公司并无资金投入，置业公司明知夏某均、陈某、皮某勇三人是项目的实际投资人和控制人而与房地产开发公司签订解除协议，损害了陈某、皮某勇的权益。在房地产开发公司与置业公司签订解除协议前，项目已进入投资回报期，此时签订解除协议不合常理。合同解除后，夏某均仍然是项目的实际控制人。（四）本案不存在当事人不适格的问题。房地产开发公司、夏某均、置业公司的再审申请缺乏事实与法律依据，请求予以驳回。

〔最高人民法院裁判理由与结果〕

最高人民法院认为：

一、关于房地产开发公司和置业公司之间法律关系的性质

2006年8月29日，置业公司与房地产开发公司签订了联合开发合同及包销协议，核心内容是：置业公司与房地产开发公司联合开发鞋都工业园配套住宅小区，置业公司以土地作为联合开发的投入，房地产开发公司负责投入该项目所需的建设资金；置业公司不参与此项目建设和营销的具体日常事务；此项目独立建账，独立核算，由房地产开发公司负责日常管理，与置业公司、房地产开发公司双方其他任何业务分离，置业公司与房地产开发公司双方的其他任何债权和债务与本项目无关；置业公司分得此项目房屋建筑面积18000平方米住房，其余联合开发项目的资产全部归房地产开发公司所有；

置业公司将在联合开发合同中所分得的18000平方米住房进行作价，总价为1980万元委托房地产开发公司进行包销。2007年3月21日，置业公司与房地产开发公司、夏某均签订《补充协议》，约定：成立以置业公司名义的项目部，该项目部单独建账，独立核算；置业公司雕刻"奥康·碧波水岸项目部"和"奥康·碧波水岸

项目部财务章"两枚印章,用于该项目的一切活动。该印章由房地产开发公司、夏某均掌管,盖有此章的所有文件的一切经济与法律责任由房地产开发公司、夏某均承担。该协议第四条还约定,房地产开发公司和夏某均连带承担以置业公司名义实施开发过程中产生的所有责任和费用,给置业公司造成的损失由房地产开发公司和夏某均承担连带赔偿责任。上述约定表明,置业公司在与房地产开发公司联合开发过程中的主要义务是提供土地并办理相关手续,所分配的利益是 18000 平方米住房的包销款 1980 万元,不承担经营风险,符合《最高人民法院关于审理涉及国有土地使用权合同纠纷案件适用法律问题的解释》第二十四条关于"合作开发房地产合同约定提供土地使用权的当事人不承担经营风险,只收取固定利益的,应当认定为土地使用权转让合同"的规定。置业公司主张其为项目支付了 4000 余万元的费用,并提供了其向建筑公司支付工程款等部分单据复印件。最高人民法院认为,由于整个项目是以置业公司名义开发,对外支付工程款也应是以置业公司名义,且置业公司举示的大部分票据复印件的日期为 2008 年、2009 年,而本案解除协议签订于 2007 年 12 月 28 日,在最高人民法院审查程序中不足以证明置业公司关于其在与房地产开发公司合作期间投入资金 4000 余万元的主张。置业公司主张由于项目是以其名义进行开发,因此其对外要依法承担此项目的全部责任。最高人民法院认为,根据《补充协议》的约定,项目部虽以置业公司名义成立,但单独建账、独立核算,项目部经营活动的一切经济与法律责任由房地产开发公司、夏某均承担。即使置业公司对外承担了项目经营活动的责任,其仍可以要求房地产开发公司和夏某均对于置业公司的损失承担连带赔偿责任,因此,二审判决认定置业公司不承担经营风险并无不当。综上,房地产开发公司、夏某均、置业公司关于二审判决将置业公司和房地产开发公司之间的法律关系认定为土地使用权转让合同缺乏事实根据和法律依据的主张不能成立。

二、二审法院委托鉴定机构所作的鉴定结论是否应予采信,《领款单》是否足以证明夏某均、陈某、皮某勇三人合伙关系已经解散

1. 二审法院决定重新鉴定是否正确。经审阅卷宗,一审法院《选定鉴定机构情况表》载明,当事人选择机构情况为"协商",选择结果为重庆法正司法鉴定所,当事人签名处为房地产开发公司代理人陈某和夏某均代理人廖某锋二人签名,确无陈某、皮某勇或其代理人签名。在约定协商选定鉴定机构的情况下只有一方当事人签名,而无另一方当事人签名,构成鉴定程序违法,所作鉴定结论不能作为认定案件事实的证据,二审法院决定重新鉴定并无不当。2. 二审法院委托鉴定的程序是否合法。经审阅卷宗,2009 年 6 月 30 日笔录载明,二审法院司法鉴定处工作人员告知当事人能够做笔迹形成时间鉴定的机构有公安部鉴定机构和西南政法大学司法鉴定中心两家鉴定机构。2009 年 7 月 2 日笔录载明,二审法院司法鉴定处工作人员告知双方当事人:"今天来摇个顺序,如果第一顺序的不行,就第二家",当事人均表示同意,当天摇号确定的是公安部鉴定机构。2009 年 7 月 20 日笔录载明,二审法院司法

鉴定处工作人员告知当事人选定的公安部鉴定机构没有鉴定资质，各方当事人同意去西南政法大学司法鉴定中心了解能否做笔迹形成时间鉴定。2009年7月21日"重庆市高级人民法院选鉴定机构笔录"载明，二审法院司法鉴定处工作人员询问当事人是否同意选定西南政法大学司法鉴定中心为鉴定机构，各方当事人均表示同意并签字确认。根据上述笔录记载的情况，尽管选择鉴定机构过程中各方当事人曾有争议，但最终一致同意选择西南政法大学司法鉴定中心进行鉴定，因此，房地产开发公司、夏某均、置业公司关于二审法院选定鉴定机构的程序违法，实际上剥夺了当事人对鉴定机构的选择权的主张难以成立，最高人民法院不予采纳。3. 二审法院委托鉴定的范围是否足以排除《领款单》真实性。二审法院委托鉴定的范围是（1）领款单1、2中的手写字迹是否直接书写形成；（2）领款单1上领款人署名"皮某勇"字迹是否为皮某勇书写；（3）领款单2上领款人署名"陈某"字迹是否为陈某书写；（4）领款人署名"皮某勇""陈某"的书写形成时间。上述鉴定范围虽然未包含领款单上"原因或用途""金额"两栏中所书写的"收回投资款"及对应的金额大小写以及两张《领款单》右上角"陈某"字样的确认签字及日期，但是对于《领款单》而言，最主要的是对"领款人"栏目签名真伪的鉴定，是否鉴定其他部分对于确认《领款单》的真伪不具有根本性影响。因此，房地产开发公司、夏某均、置业公司关于司法鉴定内容不全面，不足以确定或排除《领款单》真实性的主张难以成立，最高人民法院不予采纳。因房地产开发公司、夏某均、置业公司未能提供充分证据证明二审法院委托作出的鉴定结论存在需要重新鉴定的情形，二审法院未予准许其重新鉴定的申请，并无不当。4.《领款单》是否足以证明夏某均、陈某、皮某勇的合伙关系已经解散。两份《领款单》上载明"收回投资款"的金额分别为150万元和365万元，共达515万元。作为付款单位的房地产开发公司未提供付款证据证明其确已将515万元的投资款退还陈某、皮某勇二人，因此，仅凭《领款单》这一证据难以证明陈某、皮某勇二人的投资款已经实际退回。夏某均、陈某、皮某勇三人成立合伙时签订有《股东合作协议》，对于项目基本情况、合作方式、股份划分、出资时间、项目管理、盈利分配和风险承担等事项进行了详细约定，若三人协商解散合伙，亦应有相应的解散合伙以及清理合伙债权债务、分配合伙盈利的证据，现仅依据《领款单》主张三人合伙关系已经解散证据不足。因此，即使《领款单》上的领款人签字以及右上角的"陈某"签名确系陈某、皮某勇二人书写，且陈某、皮某勇已经实际收回投资款，也难以形成充分证据证明夏某均、陈某、皮某勇三人的合伙关系已经解散。

　　三、二审判决认定房地产开发公司和置业公司签订解除协议侵害了陈某、皮某勇的权益是否正确

　　本案的基本法律关系是，夏某均、陈某、皮某勇三人投资给房地产开发公司，由房地产开发公司与置业公司签订联合开发合同进行项目开发。在三人合伙关系存

续的前提下，陈某、皮某勇可以基于投资行为向房地产开发公司主张项目利润的收益权。房地产开发公司与置业公司签订解除协议后，项目收益归属置业公司。因陈某、皮某勇与置业公司没有投资关系，二人无法向置业公司主张项目收益。因此，二审法院认为房地产开发公司和置业公司签订解除协议的行为侵害了陈某、皮某勇二人的权益并无不当。判断解除协议是否侵害陈某、皮某勇的权益是侵权行为是否成立的问题，不涉及合同相对性原则，房地产开发公司、夏某均、置业公司根据合同相对性原则认为二审判决认定陈某、皮某勇权益受到侵害没有法律依据的主张不能成立。

四、二审判决认定置业公司和房地产开发公司之间存在恶意串通是否有充分证据证明

1. 关于置业公司是否明知或应知解除协议侵害陈某、皮某勇权益的问题。构成恶意串通确需行为人明知或应知该行为侵害国家、集体、第三人利益，即行为人主观上具有恶意。而判断行为人主观上是否具有恶意则需结合具体案情予以综合评判。本案二审判决根据置业公司与房地产开发公司签订解除协议当时和之后的具体情况，结合《股东合作协议》、联合开发合同及包销协议的约定和履行情况，综合评判置业公司和房地产开发公司是否构成恶意串通，证明方法并无不当。2. 根据查明的事实，在房地产开发公司与置业公司2007年12月28日签订解除协议时，该项目已有部分房屋竣工，绝大部分房屋已取得预售许可证，在即将取得项目预期利润时，房地产开发公司与置业公司签订解除协议，仅由置业公司支付300万元违约金，将项目归属于置业公司，缺乏解除合同的合理理由，确属明显违背商业规律，二审判决这一认定并无不当。3. 联合开发合同和包销协议的性质为土地使用权转让合同，置业公司已将土地实际交与房地产开发公司开发，履行了合同主要义务，没有明显违约行为，而解除协议约定由置业公司支付房地产开发公司300万元违约金，确与履约事实以及常理不符，二审判决这一认定并无不当。4. 根据查明的事实，解除协议签订后，夏某均仍在全面负责该项目。现置业公司主张夏某均是受置业公司聘请作为项目负责人，但基于夏某均系房地产开发公司法定代表人和合伙人之一的特殊身份，置业公司的这一主张不足以推翻二审判决关于置业公司与夏某均在解除协议签订后实施的行为，与合同解除应当导致的后果明显相悖的认定。综上，房地产开发公司、夏某均、置业公司认为房地产开发公司和置业公司不存在恶意串通所依据的理由和证据，不足以推翻二审判决关于房地产开发公司与置业公司存在恶意串通的认定，该项主张不能成立。

五、本案是否存在当事人不适格的问题

本案系陈某、皮某勇以房地产开发公司和置业公司签订的解除协议侵犯其权益为由诉请确认解除协议无效，诉讼标的为侵权法律关系，不涉及合同相对性原则，与二人是否系联合开发合同及解除协议的当事人无关。陈某、皮某勇为本案侵权法

律关系的一方主体，符合《中华人民共和国民事诉讼法》第一百零八条第一款第一项规定的"原告与本案有直接利害关系"的起诉条件，是本案适格的原告。置业公司亦是侵权法律关系的一方主体，是本案适格的被告。房地产开发公司、夏某均、置业公司认为本案当事人不适格的主张不能成立。

综上，房地产开发公司、夏某均、置业公司的再审申请不符合《中华人民共和国民事诉讼法》第一百七十九条第一款第二项、第六项规定的情形，依照《中华人民共和国民事诉讼法》第一百八十一条第一款的规定，裁定如下：

驳回房地产开发公司、夏某均、置业公司的再审申请。

> **规则 12：**（代理权的认定）公司的法定代表人在对外签订合同时已经被上级单位决定停止职务，但未办理变更登记，公司以此主张合同无效的，人民法院不予支持
> ——房地产公司诉开发公司房地产开发合同纠纷案[①]

【裁判规则】

公司的法定代表人依法代表公司对外进行民事活动。法定代表人发生变更的，应当在工商管理部门办理变更登记。公司的法定代表人在对外签订合同时已经被上级单位决定停止职务，但未办理变更登记，公司以此主张合同无效的，人民法院不予支持。

【规则理解】

一、无权代理与无权代理的合同

（一）无权代理

无权代理是指无权代理人以他人名义为代理行为。《民法通则》第 66 条第 1 款规定："没有代理权、超越代理权或者代理权终止后的行为，只有经过被代理人的追认，被代理人才承担民事责任。未经追认的行为，由行为人承担民事责任。本人知道他人以本人名义实施民事行为而不作否认表示的，视为同意。"《民法总则》第 171 条第 1 款规定："行为人没有代理权、超越代理权或者代理权终止后，仍然实施代理行为，未经被代理人追认的，对被代理人不发生效力。"《民法典》关于无权代理的规定与《民法总则》第 171 条第 1 款的规定相

[①] 《中华人民共和国最高人民法院公报》2010 年第 11 期。

同。从上述规定可见，无权代理有以下几个构成要件：一是所谓的代理人在行为时不享有相应的代理权，既包括自始无代理权，也包括原有代理权，但在行为时已经丧失代理权；既包括行为人与被代理人无代理关系，也包括行为人虽然与被代理人存在代理关系，但行为人以被代理人名义所为的民事行为不在代理权限范围内。二是代理人以被代理人的名义而非以自己名义行为。三是代理人所为之行为系民事行为。

根据《民法典》第171条第1款的规定，无权代理可分为三种类型：一是没有代理权的无权代理。例如，未经他人委托授权而以他人名义为民事法律行为，非法定代理人以无行为能力人或者限制行为能力人的名义为民事法律行为，非法定代表人在未经法人授权情况下以法人名义为职务行为之外的民事法律行为。二是超越代理权的无权代理。即被代理人虽授权代理人为一定的民事法律行为，但代理人未在授权范围行使代理权，对于未授权的事务亦以被代理人名义为之，超越代理权的代理行为则属于无权代理。三是代理权终止后的无权代理。即虽然代理人曾经享有代理权，但因代理期限届满、被代理人撤销代理或者代理人不再担任特定职务等原因，导致代理人丧失代理权，但代理人仍以被代理人名义为民事法律行为。

（二）无权代理的合同

无权代理人以他人名义签订的合同属于无权代理的合同。《合同法》第48条第1款规定："行为人没有代理权、超越代理权或者代理权终止后以被代理人名义订立的合同，未经被代理人追认，对被代理人不发生效力，由行为人承担责任。"《民法典》没有专门规定无权代理合同的效力问题，无权代理合同效力的判断应当依据《民法典》第171条的规定予以判断。具体而言，无权代理的合同效力体现在以下几个方面。

1. 对被代理人

被代理人享有追认权，在被代理人作出追认或者拒绝追认的意思表示之前，无权代理的合同的效力处于不确定状态。追认是指被代理人对无权代理行为事后承认的单方民事法律行为。[1] 承认系有相对人的单独行为，得依明示或默示为之。[2] 明示者，可向第三人或无权代理人为之。但承认之意思表示向第三人

---

[1] 魏振瀛主编：《民法》，北京大学出版社、高等教育出版社2000年版，第186页。
[2] 王泽鉴：《债法原理（一）》，中国政法大学出版社2001年版，第303页，转引自李仁玉等：《合同效力研究》，北京大学出版社2006年版，第151页。

（合同相对人）为之者，经其同意得废止。其向无权代理人为之者，纵经其同意亦不得废止。① 默示追认则需根据合同订立及履行等情况来认定。例如，被代理人自愿承担合同义务或享有合同权利，可认定为被代理人的默示追认行为。事后追认行为应发生在合同订立之后。有学者认为，《民法通则》第 66 条第 1 款规定的"本人知道他人以本人名义实施民事行为而不作否认表示的，视为同意"不属于事后追认，此种情形应视为默示授予代理权，代理人的行为属于有权代理，而非无权代理。② 笔者同意该观点，被代理人的追认行为应以代理人订立合同时无代理权为前提，代理人在订立合同时已经得到被代理人默示授权的，不属于无权代理，自然无须追认。被代理人对无权代理的合同可以选择追认或拒绝追认，无权代理的合同一经被代理人追认，则发生溯及的法律效力，被代理人为合同当事人。如果被代理人拒绝追认，则无权代理的合同对被代理人不发生法律效力。

2. 对无权代理人

如果被代理人追认无权代理的合同，无权代理人则不再是合同当事人，其无须承担合同责任。但是，如果无权代理人的不当行为对被代理人造成了损害，其仍应承担相应的民事责任。如果被代理人拒绝追认无权代理合同，则应由无权代理人承担责任。无权代理的合同因被代理人拒绝追认而无效，故无权代理人与被代理人、相对人之间并不存在合同关系，故无权代理人所承担的责任并非合同责任。无权代理人对被代理人造成损失的，需承担侵权责任；无权代理人对相对人造成损失的，应承担何种责任则应依据对方当事人的选择而定。对方当事人有权选择无权代理人履行合同项下的义务，也可选择无权代理人承担赔偿责任，该赔偿责任属于缔约过失责任。此外，无权代理人的过错对其所应承担责任亦有影响，如果无权代理人不知其无代理权的，其仅对因相信有代理权而受损害的合同相对人承担损害赔偿责任，赔偿额不能超过相对人依据合同所能获得的利益。

3. 对相对人

《民法典》第 171 条第 2 款规定："相对人可以催告被代理人自收到通知之日起三十日内予以追认。被代理人未作表示的，视为拒绝追认。行为人实施的

---

① 史尚宽：《债法总论》，中国政法大学出版社 2000 年版，第 53 页，转引自李仁玉等：《合同效力研究》，北京大学出版社 2006 年版，第 151 页。

② 李仁玉等：《合同效力研究》，北京大学出版社 2006 年版，第 151 页。

行为被追认之前,善意相对人有撤销的权利。撤销应当以通知的方式作出。"《合同法》第48条第2款规定:"相对人可以催告被代理人在一个月内予以追认。被代理人未作表示的,视为拒绝追认。合同被追认前,善意相对人有撤销的权利。撤销应当以通知的方式作出。"两者的规定是一致的。根据《民法典》的上述规定,相对人对在得知代理人无代理权时,享有催告权及撤销权。相对人得知代理人无权代理的,有权催告被代理人在1个月内追认,被代理人应当在1个月内作出追认或不追认的意思表示,如果在1个月内未作追认表示的,则视为拒绝追认。在合同被追认前,善意相对人有权撤销合同。《德国民法典》第178条、《日本民法典》第115条规定,相对人仅在明知代理人无代理权时才不享有撤销权。相对而言,我国《民法典》的规定对相对人的主观状态要求更为严格。有学者认为,相对人的撤销权属于在利益上平衡被代理人之追认权的措施,而相对人之催告权与被代理人之追认权之行使间没有先后顺序,被代理人于知晓无权代理人所订立合同之时即可追认合同,而相对人因过失致没有发现行为人为无权代理即丧失撤销权,有失公平而言,似乎不应要求相对人于善意之始行使撤销权,只要其不明知行为人无代理权即可。[1] 笔者赞同该观点。但目前《民法典》规定相对人须为善意方可行使撤销权,对此应在实践中引起重视。从公平角度出发,司法实践中在判断相对人是否善意时,不宜对其苛以过高的注意义务。撤销应以通知方式作出,既可以向被代理人作出,亦可以向代理人作出,于通知到达被代理人或代理人时生效。

二、无权代理的效力归属

无权代理有广义与狭义之分,广义的无权代理包括表见代理和狭义无权代理两种形式。表见代理是指代理人虽无代理权,但善意相对人客观上有充分理由相信其有代理权,并基于此信任而与代理人为民事法律行为,其行为后果直接归属于被代理人的制度。[2] 与狭义的无权代理不同,表见代理以善意相对人客观上有充分理由相信其有代理权,并基于此信任而与代理人发生民事法律行为为要件,即相对人不仅是善意的,而且无权代理人还具有享有代理权之表象,善意相对人正是基于对该表象的信任而与无权代理人为民事法律行为。社会生活中,人们不可能对代理人是否享有代理权作出绝对准确的判断,从交易效率考虑,人们亦无相应的精力和能力来作出精确判断。因此,为了保护善意相对

---

[1] 李仁玉等:《合同效力研究》,北京大学出版社2006年版,第156页。
[2] 刘有东主编:《合同法精要与依据指引》,北京大学出版社2011年版,第58页。

人利益，进而建立一个安全、高效的交易环境，如果相对人有足够理由相信代理人有代理权，即任何一个理性的人在同等情形下亦会作出同样的判断，即使代理人无代理权，其以被代理人名义所为之法律行为的后果亦应当直接归属于被代理人。因此，与狭义无权代理的合同效力未定不同，表见代理的合同对被代理人确定地发生法律效力。表见代理制度并非是对客观真实性的否定，亦非不遵从公平原则，其价值取向是保护善意第三人利益，进而保护交易效率和安全，促进交易，而将被代理人利益的保护放于次位。从立法政策看，这种价值取向对社会整体利益而言是有利的，因而可取。被代理人因此而受到损害的，可要求无权代理人赔偿损失。

三、公司登记与表见代理

法人或其他组织均是组织，与自然人不同，组织欲成为民事主体必须以一定的形式表现出来，才能参与交易。组织的表现形式既体现为组织的机关，更表现为各类登记。对于公司而言，其重要的表现方式即为到市场监督管理部门登记。依据《公司法》及相关法规的规定，公司设立、变更、注销，公司的注册资本、名称、住所地、章程、法定代表人等信息均需登记，不登记不能对抗善意第三人，一经登记则产生相应的法律效力。因此，依法对公司相关信息到市场监督管理部门进行登记是公司所应承担的基本义务。如果公司的登记事项与公司实际情况不一致，导致善意第三人基于对公司登记事项的信赖而作出相应的民事法律行为，公司就应当依照登记的内容为基础承担责任。

公司法定代表人变更后，应当及时变更登记。如果公司怠于履行变更工商登记的义务，导致善意第三人与公司原法定代表人签订合同的，则构成表见代理。该合同属于效力确定的合同，对公司有约束力，公司应当履行合同项下的义务。其若以无权代理进行抗辩，或主张合同无效，均不应得到支持。

【拓展适用】

一、外观主义的含义

外观主义一词来源于德国私法。日耳曼法的物权制度中有 Gewere 制度，即"所有的物权均藉此 Gewere 之外形来表现，具有 Gewere 表征者视为物权，而受到物权法上之保护"。[1] 1906 年，德国学者莫瑞茨·维斯派彻在分析善意取得

---

[1] 刘得宽：《民法诸问题与新展望》，中国政法大学出版社2002年版，第351页，转引自全先银：《商法上的外观主义》，人民法院出版社2007年版，第9页。

制度中"处分权说"之不足后提出,"行为人对于成文法规或交易观念上之一定权利、法律关系、其他法律上视为重要要素之外部要件事实为信赖,以致为法律行为时,如其要件事实是由于信赖保护受不利益人之协助(Zutun)而成立者,其信赖应受法律保护。"① 在此基础上,形成了现代商法理论上的外观主义。关于外观主义的含义,有学者认为,外观主义是指,当行为人基于法律和交易观念,对他人的主体资格、权利状态和表意行为等法律上视为重要因素之外部要件事实为信赖而与之为法律行为时,如该要件事实确有可信赖性,那么基于信赖所为之法律行为应受法律保护。② 该定义比较准确地界定了外观主义的内涵。对于外观主义的内涵,应注重把握三个方面:一是外观主义保护的是善意相对人的信赖利益,故相对人必须善意,且确实基于对与所为法律行为相关之外部要件事实的信赖而为法律行为。二是相对人所信赖的外部要件事实必须是与所为之民事行为相关,且具有相当重要性之事实。三是相对人所信赖的外部要件事实客观上确可信赖,通常与本人之行为有因果关系,例如,公司变更法定代表人后怠于变更登记,导致善意相对人基于对工商登记的信赖而与原法定代表人签订合同。

二、外观主义的基本理念

外观主义通过赋予外部要件事实以特定的法律效果,从而达到保护相对人信赖利益的目的,即在交易事实的外部表现与客观事实不一致时,仍以交易事实的外部表现为依据作出法律判断。外观主义是在与自由资本主义时期的真实主义相比较的过程中凸显出来的,二者区别在于对于构成要件的真实情况要求不同:1. 真实主义坚持的是行为人本人所认为的真实,而外观主义坚持的是行为相对人所认为的真实;2. 真实主义坚持的是不问什么时间,只要与发现的真实情况相符,就要坚持按所发现的真实情况确定行为等要素的法律效果,而外观主义则坚持只有按行为时所发现或所认为的真实情况确定行为等要素的法律效果,后来发现与真实情况不符的,不影响行为等要素的效果。外观主义的基本理念是要求行为人对其引起他人信赖的行为或信息等重要要素的外在表现形式负责,而不是对客观真实情况负责。③

三、外观主义的构成

外观主义的三个基本构成要素是:外观事实、相对人的合理信赖和本人行

---

① 转引自全先银:《商法上的外观主义》,人民法院出版社2007年版,第9页。
② 田士诚主编:《交易安全的法律保障》,河南人民出版社1998年版,第37页。
③ 全先银:《商法上的外观主义》,人民法院出版社2007年版,第14页。

为的可归责性。

(一) 存在外观事实

外观事实是指"成文法规或交易观念上之一定权利、法律关系、其他法律上视为重要要素之外部要件事实。"① 外观事实具有以下特点:

1. 客观性

外观事实是客观存在的事实,而非相对人的错误认识或者主观想象。例如,公司的工商登记,行为的先在行为,无权代理人享有代理权的表象等等,必须是客观存在的事实。

2. 虚假性

外观事实虽具有客观真实性,但并没有反映真实的法律事实。例如公司分立之后,仍沿用原来的公章或者公司原法定代表人虽然以公司的名义从事交易,却并无代表权。如果外观事实所表现出来的引人误解的信息使善意相对人产生信赖并依据该信赖为相应的民事行为时,就应当以外观事实为基础,而非以真实的法律事实为基础对民事行为作出判断。

3. 关联性

外观事实应当是与行为人之法律行为相关事实,而非与相关法律行为风马牛不相及的事实。外观事实的关联性还体现在其与特定的法律状态之间具有盖然性的联系,这是外观主义适用的逻辑基础。虽然外观事实具有虚假性,但一般情形下,根据经验或习惯,外观事实与特定法律状态之间存在常态联系,例如占有往往表明动产所有权,而商事登记往往证明公司的设立。但常态联系仅是一种盖然性的联系,即"常态联系"并不是"必然联系",并不排除在例外情况下没有联系。相对人也正是基于这种常态联系而对外观事实产生信赖,外观主义适用的场合恰恰是外观事实与特定的法律关系事实上不具有联系。②

(二) 相对人对外观事实产生合理信赖

信赖是指某人对他人的行为或行为引起的某种情况的信任,并且根据这种信任为或不为一定行为。③

1. 合理信赖应当以理性人为标准

相对人的信赖应当具有合理性,即一个理性人在同样情形下亦会产生信赖,

---

① 转引自全先银:《商法上的外观主义》,人民法院出版社2007年版,第48页。
② 石旭雯:《商事外观主义的法律构成》,载《河北法学》2009年第5期。
③ 全先银:《商法上的外观主义》,人民法院出版社2007年版,第77~78页。

或者说任何第三人在同样情形下均会产生同样的信赖。理性人应当是某一历史时期、某一个社会环境中智力正常、具有社会常识、符合通常道德准则的人。在商事行为中,理性人的超标准应当是商人,即如果商人在一般情形下对该外观能够产生信赖,则该信赖具有合理性。商人的专业知识、对商事规则的了解程度以及在商行为中的注意义务与普通的民事行为主体并不相同,故商人的注意义务比一般的民事主体要高。如果相对人在尽到谨慎注意义务的情况下就能够避免这种信赖的产生,其信赖就不具有合理性。

2. 信赖方善意且无过失

相对人必须是善意的,即信赖者并不知道外观事实的虚假性,当他知悉真实的法律状态时,就不具有善意。如《德国商法典》第15条第1款规定:在应登入商事登记簿的事实尚未登记和公告期间,在其事务上应对此种事实进行登记的人,不得以此种事实对抗第三人,但此种事实为第三人所知的,不在此限。第3款规定:对应登记的事实进行不正确公告的,第三人可以对在其事务上应对此种事实进行登记的人援引已经公告的事实,但第三人明知不正确的,不在此限。善意是一种相对人不知的客观状态的描述,[1] 但是善意还应当排除当事人应当知道因过失而不知道客观真实的情况。

(三) 本人可归责

本人的可归责性并非来源于可归责的意思表示,而是在于他的行为引发了外观,或者具有消除这一外观的能力而未去消除这一外观。[2] 对于本人之何种行为可导致外观主义,存在争议。第一种观点认为,本人之与因行为即可导致外观主义。[3] 第二种观点认为,应分情况而定:在本人从事积极行为的情况下,采纳与因原则,即本人对外观事实的形成给予一定的原因力;在本人并无从事积极行为导致外观形成的场合下,适用过失原则。即外观事实虽然并不是本人的行为造成的,但是如果本人已经发觉外观的存在,却对外观事实的存续放任不管,则应当适用外观主义。[4] 笔者赞成第一种观点,在社会生活中,人们不可能获取与交易或者行为相关的所有信息,行为人之行为,无论是作为还是不作为,均可能对他人之行为产生影响,而对于这种影响行为人具有相应的注意义务,防止他人产生错误认识。在本人并无从事积极行为导致外观形成的场合

---

[1] 石旭雯:《商事外观主义的法律构成》,载《河北法学》2009年第5期。
[2] 石旭雯:《商事外观主义的法律构成》,载《河北法学》2009年第5期。
[3] 仝先银:《商法上的外观主义》,人民法院出版社2007年版,第61页。
[4] 石旭雯:《商事外观主义的法律构成》,载《河北法学》2009年第5期。

下,本人通常负有作为之义务而不作为,其不作为可能出于过失,亦可能并非出于过失,但只要与行为人之行为有因果关系,即可能适用外观主义。

四、外观主义的法律效果

外观主义之基本内涵是,以外观事实而非客观真实为基础对行为效力作出判断,要求行为人对其引起他人信赖的行为或信息等重要要素的外在表现形式负责。因此,外观主义要求第三人依据外观事实所为之法律行为有效,保护善意相对人利益,保护交易效率和安全。

【典型案例】

房地产公司诉开发公司房地产开发合同纠纷案

申请再审人(一审原告、二审上诉人):房地产公司。

法定代表人:喻某冬,该公司董事长。

被申请人(一审被告、二审被上诉人):开发公司。

负责人:王某友,该公司负责人。

〔基本案情〕

1996年3月12日,一审原告房地产公司起诉至北京市第一中级人民法院称,房地产公司于1995年4月13日与开发公司(原称北京Y开发公司)签订北京市崇文区革新里二十六号房地产开发项目(以下简称革新里项目)的转让合同,由开发公司将革新里项目的开发权全部转让给房地产公司。但开发公司自改名后,不仅不履行合同,而且不承认双方所签订的合同,故要求开发公司履行合同并赔偿经济损失250万元。开发公司辩称,开发公司的前身北京Y开发公司的法定代表人刘某章与房地产公司签订革新里项目转让合同系在其被停止职务后所为,不能代表该公司,该合同属无效合同,故不同意房地产公司的诉讼请求。

北京市第一中级人民法院一审查明,北京Y开发公司系由中国三峡经济发展总公司批准成立,1993年3月19日由北京市大兴县工商行政管理局注册登记,其法定代表人为刘某章。1994年4月12日,厨房设备公司(甲方)与开发公司(乙方)签订《关于北京厨房设备厂旧址有偿转让合同》,约定甲方将其所拥有的坐落在北京市崇文区永外大街革新里二十六号总面积约共七千四百平方米、建筑面积五千平方米的房屋产权转让给乙方;乙方支付甲方2500万元转让费。后开发公司下属的经营部经理吕某会将1500万元交付厨房设备公司。1994年11月14日,开发公司又付给厨房设备公司200万元。1994年6月10日,北京市建委以(94)京建开字第294号文批复开发公司,同意开发公司在京成立北京Y开发公司,经营范围为海淀区学院南路明光村综合楼、崇文区永外大街革新里二十六号院改建住宅楼两个项目的开发建设、经营、销售商品房。同年7月10日,开发公司所属经营部(甲方)与北京市经营开发公司签订合作开发革新里项目协议书，由乙方提供 3800 万元的购地资金。此后经营开发公司交付开发公司部分款项。1994 年 7 月 31 日，开发公司与房地产公司签订合作开发革新里二十六号院协议，约定由双方共同筹集资金，按投资比例分成。同年 8 月 3 日，中国三峡经济发展总公司房地产经营开发部与开发公司联合发文，作出了停止刘某章开发公司经理工作的决定。同月 9 日刘某章收到该决定。1994 年 9 月 19 日，北京市计委、北京市建委以京计基字（1994）第 1165 号文批复，同意开发公司开发建设革新里小区。1994 年北京市建委以（94）京建开字第 541 号文批复同意成立房地产公司，经营范围是与经营开发公司联合开发革新里项目。1995 年 2 月，经营开发公司以开发公司拒绝履行双方于 1994 年 7 月 14 日签订的协议为由，诉至一审法院，要求开发公司继续履行合同。一审法院于 1995 年 7 月 26 日以（1995）中经初字第 192 号民事判决书判决双方继续合作开发革新里项目，双方均未上诉。1995 年 2 月 28 日，开发公司向北京市大兴县工商局申请变更企业法人代表刘某章为张某利。1995 年 4 月 13 日、15 日、17 日，刘某章持开发公司公章以法定代表人身份与房地产公司签订了革新里项目转让协议及补充协议，约定开发公司将此项目全部转让给房地产公司，由房地产公司全权负责完成此项目，一切债权债务由房地产公司负责。同月 18 日，开发公司与房地产公司共同向北京市建委、北京市计委提交革新里项目的报告。该报告称，双方商定，待市里"四委"正式批复文件下达后，再报市建委、计委批准备案。1995 年 4 月 22 日，北京市大兴县工商局将开发公司法人代表由刘某章变更为张某利。同年 6 月 8 日，北京市经济委员会、北京市计划委员会、北京市城乡规划委员会、北京市市政管理委员会以（95）京安字第 278 号文批复，同意厨房设备公司将位于革新里二十六号原厂址使用权有偿转让给开发公司。6 月 29 日，北京 Y 开发公司经西城区工商局更名为开发公司。诉讼中，房地产公司称其已向革新里项目投资 1700 万元，但未提供证据。

〔一审裁判理由与结果〕

一审法院认为，民事活动应当遵循自愿、公平、等价有偿、诚实信用的原则。开发公司在未正式取得革新里项目开发权的情况下，与房地产公司签订转让协议，虽开发公司的开发权经有关部门追认批准，但因开发公司原法定代表人刘某章在明知其已被停止职务后，仍以该公司法定代表人的身份与房地产公司签订转让革新里项目协议，系无权代理行为，且其时正值经营开发公司与开发公司为解决履行合作协议产生的纠纷在法院诉讼期间，刘某章既向一审法院隐瞒实情，又不征询合作方经营开发公司的意见，侵害了他人利益，故该协议无效。房地产公司依据该无效协议要求开发公司继续履行并赔偿损失于法无据，不予支持。房地产公司称其已对该项目投资 1700 万元，因其不能提供相应证据，不予采信。根据《中华人民共和国民法通则》第四条、第五十八条、第六十六条第一款之规定，北京市第一中级人民法院于 1997 年 4 月 4 日作出（1996）一中民初字第 733 号民事判决：驳回房地产公司的诉讼请求。

〔当事人上诉及答辩意见〕

房地产公司不服一审判决，向北京市高级人民法院提起上诉称，双方签订项目转让协议时，刘某章是开发公司的法定代表人，一审判决将刘某章的法定代表人身份曲解为代理人，混淆了基本事实和法律关系。房地产公司依协议合法、善意受让项目后，按国家规定积极实施项目开发，并获得了各有关主管部门的认可。开发公司的内部纷争，不能损害当事人即房地产公司的正当权益。开发公司严重违约，依法应赔偿损失。开发公司答辩称，刘某章与房地产公司签订项目转让合同时，已被停止职务，不具备该公司法定代表人身份，不能代表该公司签订合同，故不同意房地产公司的诉讼请求。

〔二审查明的事实〕

北京市高级人民法院二审查明的事实与一审法院查明的事实一致。

〔二审裁判理由与结果〕

北京市高级人民法院二审认为，刘某章隐瞒开发公司与经营开发公司已经签订了合作开发革新里项目协议书、自己已被停止履行开发公司法定代表人之职务和时值经营开发公司与开发公司履行双方所签订合作协议正在法院诉讼期间之事实，仍与房地产公司签订转让革新里项目协议，违背了诚实信用原则，属欺诈行为，且北京市第一中级人民法院已判决确认经营开发公司与开发公司合作开发革新里项目，故开发公司与房地产公司所签订的协议属无效协议，刘某章应承担其造成协议无效之责任，房地产公司的请求不予支持。北京市高级人民法院于1997年9月13日作出（1997）高民终字第114号民事判决：驳回上诉，维持原判。

〔当事人申请再审及答辩意见〕

房地产公司申请再审称，房地产公司与开发公司所签协议时间是1995年4月13日，而开发公司变更法人代表刘某章为张某利的日期是1995年4月22日。根据国家工商管理法规，开发公司应对与房地产公司所签协议承担责任，原审法院以开发公司企业内部决定判案缺乏法律依据。经营开发公司与开发公司所签协议均是两个公司下属部门所为，既未盖法人公章也没有法人代表签字，且两个公司在工商局都未登记有分支机构，应属无效协议。直至今日十余年来，经营开发公司未能根据法院判决履行合同，也未取得合法手续，未进行任何投资。房地产公司自1994年10月经北京市建委以（94）经建开字第541号文《关于成立房地产公司的批复》批准成立并负责革新里小区项目的开发建设。1995年4月18日开发公司与房地产公司联合报告北京市建委、计委请求将革新里项目转让给房地产公司。1996年1月10日北京市建委开发办召开协调会明确开发公司虽变更法人代表但革新里项目转让给房地产公司有效。1996年4月5日北京市计委、建委联合发文同意革新里项目由房地产公司负责开发建设。1997年1月17日，北京市房屋土地管理局与房地产公司签订《北京市国有土地使用权出让合同》。1997年6月9日,北京市规划局又给房地产公司颁发了建设工程规划许可证。1997年6月23日,北京市建委又给房地产公司颁发了建设工程开工证。毫无疑问房地产公司已取得了革新里项目的所有合法有效手续。随后建设集团进入工地开始施工建设。但1997年9月13日,北京市高级人民法院(1997)高民终字第114号民事判决认定开发公司与房地产公司转让协议无效,于是北京市建委、计委于1999年3月15日联合发文撤销革新里开发项目并明确此项目引起的债务债权以及经济纠纷依据法院判决执行。2000年10月16日,北京市第二中级人民法院就L公司诉房地产公司房屋购销合同纠纷案下达民事调解书,并于2001年3月2日查封了房地产公司名下的革新里项目用地。2001年4月16日,L公司与房地产公司签订了执行和解协议。4月17日,北京市第二中级人民法院向北京市国土资源和房屋土地管理局送达协助执行通知书。2002年4月12日,土地使用权过户给L公司。但又由于北京市高级人民法院(1997)高民终字第114号民事判决,北京市第二中级人民法院于2007年4月29日下达民事裁定书,认为将土地使用权由房地产公司过户给L公司不妥,应予撤销,恢复到执行前的状态。至此,从1995年至2007年历经十二年,房地产公司所有经济行为全被否定,北京市政府主管部门的行政行为,也全被推翻,为革新里项目所有投资近五千万元也将付诸东流。为此,请求最高人民法院撤销北京市高级人民法院(1997)高民终字第114号民事判决。

开发公司答辩认为,开发公司上级单位于1994年8月3日已经停止了刘某章的工作,取消了其法定代表人的资格。刘某章是在开发公司不知情的情况下与房地产公司签订的合同。这个合同未履行,土地使用权证未办到房地产公司的名下,此案不适用表见代理。本案项目是开发公司与厨房设备公司具体签订的,刘某章未经厨房设备公司同意将合同权利义务转让给房地产公司,应是无效合同。

〔最高人民法院再审查明的事实〕

最高人民法院再审查明:1. 1996年1月10日,北京市城市开发建设综合开发办公室召集开发公司和房地产公司开会研究革新里项目的开发建设问题,开发公司的时任法定代表人张某利、房地产公司法定代表人喻某冬参加会议,并印发了会议纪要。该会议纪要确认,关于北京市厨房设备厂改造项目,开发公司于1995年4月13日与房地产公司签订协议,将该项目转让给房地产公司是有效的。2. 1996年4月5日,北京市计划委员会、北京市城乡建设委员会批复房地产公司,同意革新里项目由房地产公司开发建设。3. 房地产公司陈述,房地产公司与开发公司签订合同后,进行开发,并与L公司签订了房屋买卖合同,后因房屋未建成,不能交房,双方形成诉讼。2000年10月16日,北京市第二中级人民法院就L公司诉房地产公司房屋购销合同纠纷案作出民事调解书,并于2001年3月2日查封了房地产公司名下的革新里项目用地。2001年4月16日,L公司与房地产公司签订了执行和解协议。4月

17 日，北京市第二中级人民法院向北京市国土资源和房屋土地管理局送达协助执行通知书。2002 年 4 月 12 日土地使用权过户给 L 公司。由于北京市高级人民法院（1997）高民终字第 114 号民事判决生效，北京市第二中级人民法院于 2007 年 4 月 29 日作出民事裁定书，认为将土地使用权由房地产公司过户给 L 公司不妥，应予撤销，恢复到执行前的状态。目前，土地使用权证尚在 L 公司名下。4. 经营开发公司与开发公司曾因革新里项目的合作开发问题在原北京市中级人民法院进行过诉讼，该院于 1995 年 7 月 26 日一审判决双方履行合作项目，该判决已生效。此后，北京市政府有关部门关于该项目的相关批复都是确定房地产公司为项目开发主体，经营开发公司不是开发主体。

最高人民法院再审查明的其他事实与原审法院查明的事实相同。

[最高人民法院再审裁判理由与结果]

最高人民法院再审认为，根据当事人的申请再审的理由及答辩情况，本案的争议焦点是，房地产公司与开发公司签订的项目转让合同是否有效。

1995 年 4 月 13 日刘某章作为开发公司的法定代表人与房地产公司签订了革新里项目转让协议，在该协议书上有开发公司的公章及刘某章的签字。此时，刘某章虽然已被开发公司上级单位停止了工作，但直至 1995 年 4 月 22 日，工商登记才将开发公司的法定代表人刘某章变更为张某利。即刘某章在与房地产公司签订项目转让协议时，在开发公司的工商登记上刘某章仍为该公司的法定代表人。刘某章以法定代表人的身份与房地产公司签订协议符合企业法人对外进行民事活动的形式要件，并且该协议也加盖了开发公司的公章，因此，双方签订的项目转让协议应当依法成立并生效。刘某章在签订协议时虽已被其上级单位决定停止职务，但该决定属开发公司内部工作调整，刘某章代表开发公司对外进行民事活动的身份仍应以工商登记的公示内容为依据。不能以其内部工作人员职务变更为由，否认其对外代表行为的效力。此外，1996 年 1 月 10 日，北京市城市开发建设综合开发办公室召集开发公司和房地产公司开会研究革新里项目的开发建设问题，开发公司时任法定代表人张某利参加了会议。此事实表明开发公司也认可了开发公司与房地产公司签订项目转让协议的效力。原审法院以开发公司内部人员调整为由认定刘某章与房地产公司签订协议为无权代理，属认定事实错误，应予纠正。

1994 年 4 月 12 日，厨房设备公司与开发公司签订《关于北京厨房设备厂旧址有偿转让合同》，北京市建委以（94）京建开字第 294 号文批复同意开发公司经营开发革新里项目。在此情况下开发公司将已获得开发权的革新里项目转让给房地产公司，由房地产公司进行建设开发。1994 年 10 月 11 日，北京市建委以（94）京建开字第 541 号文批复同意成立房地产公司，与经营开发公司联合开发革新里项目。此后北京市房屋土地管理局与房地产公司签订《北京市国有土地使用权出让合同》，北京市规划局又给房地产公司颁发了建设工程规划许可证。北京市建委又给房地产公司颁发了建设工程开工证。上述事实表明，房地产公司依据其与开发公司的项目转让协议取得了革新里项目的开发经营权并得到了政府主管部门的认可。开发公司与经营开发公司签订项目转让协议后又与房地产公司签订同样协议的行为属违约行为，并不能产生本案讼争协议无效的法律后果。原审法院依此认定房地产公司与开发公司签订的项目转让协议无效，缺乏法律依据，应予纠正。

房地产公司在原审诉讼中虽主张要求开发公司赔偿其 250 万元违约经济损失，但因其未提供相应证据，原审法院不予支持并无不当。房地产公司申诉主张因一审判决合同无效，导致其开发项目被有关部门撤销造成损失并要求最高人民法院对涉案项目的归属问题作出裁决等主张，不是本案审理范围，其应向有关部门另寻途径解决。

综上，依照《中华人民共和国民事诉讼法》第一百八十六条第一款，第一百五十三条第一款第二项、第三项之规定，判决如下：

一、撤销北京市第一中级人民法院（1996）一中民初字第 733 号民事判决和北京市高级人民法院（1997）高民终字第 114 号民事判决；

二、房地产公司与开发公司签订的《开发项目转让协议》有效；

三、驳回房地产公司的其他诉讼请求。

规则 13：（表见代理与无效合同）无效合同不应适用《民法典》关于表见代理的规定

——某银行广州分行与 S 公司借款合同纠纷案[①]

【裁判规则】

行为人没有代理权、超越代理权或者代理权终止后仍以代理人名义订立合同，而善意相对人客观上有充分的理由相信行为人具有代理权的，该代理行为有效，被代理人应按照合同约定承担其与相对人之间的民事责任。如果合同依法认定为无效合同，不应适用《民法典》关于表见代理的规定。

【规则理解】

一、表见代理的内涵

（一）表见代理的含义

表见代理是指代理人虽无代理权，但善意相对人客观上有充分理由相信其

---

① 《中华人民共和国最高人民法院公报》2009 年第 11 期。

有代理权，并基于此信任而与代理人为民事法律行为，其行为后果直接归属于被代理人的制度。[①] 表见代理制度始于1900年的德国民法，其目的主要是为保护善意相对人的合法权益、促进交易效率和安全。表见代理在各国民法上均有规定，如《日本民法典》第109条规定：对第三人表示授予他人以代理权意旨者，于代理权范围内，就该他人与第三人之间实施的行为，负其责任。第110条规定：代理人实施其权限外的行为，如第三人有正当理由相信其有此权限时，准用前条规定。第112条规定：代理权之消灭，不得以之对抗善意第三人。《德国民法典》第170条规定：代理权以意思表示通知第三人者，在授权人向第三人通知代理权消灭前，其代理权对第三人仍然有效。第171条第2款规定：代理权在未依代理权授予之同一方式撤回前，代理权继续有效。第172条第2款规定：授权书交还授权人或被宣告无效前，代理权继续存在。我国《民法通则》第66条第1款规定："……本人知道他人以本人名义实施民事行为而不作否认表示的，视为同意。"该规定可以视为被代理人默示授权的规定，但不属于表见代理，因为被代理人知道他人以其名义实施民事行为而不作否认表示的，证明被代理人同意代理人的代理行为，代理人实际上享有代理权，而表见代理的构成要件之一是代理人不享有代理权，因此，该规定不是关于表见代理的规定。《合同法》第49条规定："行为人没有代理权、超越代理权或者代理权终止后以被代理人名义订立合同，相对人有理由相信行为人有代理权的，该代理行为有效。"该规定是我国关于表见代理的规定，弥补了原《民法通则》之不足。《民法总则》第172条规定："行为人没有代理权、超越代理权或者代理权终止后，仍然实施代理行为，相对人有理由相信行为人有代理权的，代理行为有效。"《民法典》关于表见代理的规定与《民法总则》第172条相同。

（二）表见代理的价值

表面看，表见代理制度将善意第三人利益置于优先于被代理人利益的地位，体现了法律对善意相对人利益的倾斜，实际上，表见代理制度保护的是交易安全与效率，优先保护的是社会整体利益。表见代理制度对特定情况下的无权代理行为予以了肯定，使各方当事人所实施的代理行为所产生的结果处于一种稳定的状态，切实维护双方已取得的新利益，维护代理制度的信用，从而维护民事主体在市场经济活动中的合法权益，鼓励交易，维护交易的安全。合同法上

[①] 刘有东主编：《合同法精要与依据指引》，北京大学出版社2011年版，第58页。

的交易安全是交易环境应当有的一种确定状态，亦即交易者基于对交易行为合法性的信赖及对交易行为效果确定性的正当期待而进行的交易，应当获得法律的肯定性评价，否则，交易活动便会因其过分的危险和不确定而迫使交易者过分谨慎，从而抑制其从事交易的积极性。实质上，交易安全的保护对象为交易秩序即社会整体利益，而此种保护，则通常以牺牲某种个人利益为代价。而表见代理制度，则是以牺牲本人（无权代理之"被代理人"）利益为代价，通过侧重保护善意第三人的利益达到保护交易安全的目的。[1]

二、表见代理之构成要件

（一）学界争论

表见代理在形式上类似于无权代理，但法律效果上则与有权代理相同，兼有权代理和无权代理的特点。在学理上，根据表见代理构成要件是否唯一，产生了"多元论"和"一元论"的分歧；根据被代理人的主观过失是否为表见代理的构成要件，又有"双重要件说"和"单一要件说"之争。

多元论认为，表见代理不仅需要一般的表面要件，而且还需特别要件。[2] 表面要件包括四个方面：（1）无代理权人须以被代理人名义进行民事活动；（2）无代理权人应具有相应民事能力；（3）所代理的行为不违法；（4）无代理权人的行为有相对人存在。特别要件包括三个方面：（1）客观上有使相对人相信无代理权人具有代理权的理由；（2）相对人善意且无过失；（3）无代理权人与相对人之间的民事行为，应具备民事法律行为的一般有效要件。一元论认为，善意无过失地相信无权代理人有代理权，是表见代理的唯一构成要件。[3] 即表见代理制度所保护的不是对无代理权人"具有代理权"假象的信赖，而是相对人对这一假象的信赖系出于善意。

单一要件说认为，"表见代理的成立，不以被代理人主观上具有过失为必要条件。即使被代理人没有过失，只要客观上有使相对人对于代理权存在与否陷于错误认识的客观情形，即可成立表见代理。"[4] 即在客观方面，具有使相对人相信行为人具有代理权的客观情况；在主观方面，相对人须为善意且无过失。被代理人的行为是否属于造成相对人相信行为人具有代理权的原因，在所不问，

---

[1] 尹田：《我国新合同法中的表见代表制度评析》，载《现代法学》2000年第5期。
[2] 佟柔：《中国民法·民法总则》，中国人民公安大学出版社1995年版，第296页。
[3] 江帆、孙鹏：《交易安全与中国民商法》，中国政法大学出版社1997年版，第140页。
[4] 章戈：《表见代理及其适用》，载《法学研究》1987年第6期，转引自尹田：《我国新合同法中的表见代表制度评析》，载《现代法学》2000年第5期。

其所承担的是无过错责任,但在相对人故意或过失的情况下,被代理人可不承担责任。大陆法系各国民法中关于表见代理制度的规定,一般采用单一要件说。如《日本民法典》第109条、第110条、第102条关于表见代理制度的规定就没有把被代理人是否有过错作为构成要件。《德国民法典》第170条至第173条的规定,亦未将被代理人的过错作为表见代理的构成要件。双重要件说认为,表见代理有两个构成要件:一是须被代理人以自己的过失行为使第三人确信代理人有代理权;二是第三人不知也不应知代理人无代理权。[①] 即除了具备表象与理由的要件之外,还必须具备被代理人有过错而相对人无过错这一要件。如果相对人因疏忽大意未对代理权作必要审查,则不构成表见代理。依据双重要件说,即使相对人有充分理由相信无权代理人有代理权,但是假如被代理人没有过错,或者虽然被代理人有过错,但相对人也有过错,均不构成表见代理。与单一要件说不同,双重要件说认为被代理人应当承担过错责任。

(二) 构成表见代理的四要件

从《民法典》第172条的规定看,表见代理与无权代理在构成要件上的唯一区别是"相对人有理由相信行为人有代理权",被代理人的行为是否是造成相对人相信行为人具有代理权的原因,其是否存在过错,在所不问。可见,我国《民法典》采单一要件说。此外,《民法典》第172条规定"相对人有理由相信行为人有代理权的"构成表见代理,"相对人有理由相信"与一元论强调的相对人"善意而无过失"亦不相同,故《民法典》并未单采一元论或多元论的观点。根据《民法典》第172条和《民法典总则司法解释》第28条的规定,笔者认为,表见代理由以下四个要件构成。

1. 行为人无代理权

与狭义的无权代理相同,表见代理的第一个成立要件是行为人无代理权,行为人并没有获得被代理人的授权,就以被代理人的名义与相对人实施民事法律行为。即行为人没有代理权、超越代理权或代理权终止后仍以被代理人名义为民事行为,如果行为人有代理权,则构成有权代理。行为人无代理权包含两层含义:一是行为人在实施代理行为时无代理权,如果行为人在实施代理行为时有代理权,实施代理行为之后丧失代理权的,构成有权代理而非无权代理;二是行为人对其所实施的代理行为不享有代理权,即使被代理人对行为人有授权行为,但如果代理人超越代理权限范围以被代理人名义为民事行为,仍可构

[①] 尹田:《我国新合同法中的表见代表制度评析》,载《现代法学》2000年第5期。

成表见代理。

2. 相对人有理由相信行为人有代理权

相对人有理由相信行为人有代理权是表见代理的客观要件。关于相对人有理由相信行为人有代理权应采何种判断标准问题。有学者认为，相对人之"有理由"，为模糊用语，其可被理解为相对人主观上之"善意"，也可被理解为仅指相对人所处之某种客观情势，这样就使相对人在主张表见代理时拥有极其宽阔的选择余地，明显置被代理人于不利。① 对该问题，笔者认为虽然《民法典》第172条采用"相对人有理由相信行为人有代理权"的表述，但从立法宗旨看，此处"相对人有理由相信"应指在同等交易条件下一般理性人的判断，而非仅指相对人行为时的主观状态，故对于"有理由相信"应采客观标准，而非相对人的主观标准。《民法典总则司法解释》第28条对"相对人有理由相信行为人有代理权"作出了明确规定，即"同时符合下列条件的，人民法院可以认定为民法典第一百七十二条规定的相对人有理由相信行为人有代理权：（一）存在代理权的外观；（二）相对人不知道行为人行为时没有代理权，且无过失。""相对人有理由相信行为人有代理权"以行为人与被代理人之间存在某种事实或者法律上的联系为基础，例如，行为人原来作为被代理人的代理人与相对人作出过意思表示，行为人持有被代理人的介绍信或者盖有公章的空白合同书等。虽然《民法典》未将被代理人与因作为表见代理的构成要件之一，但是，司法实践中对于被代理人的行为是否造成"相对人有理由相信行为人有代理权"仍作为判断其是否应当承担责任的重要依据。以行为人持有被代理人的盖有公章的空白合同书为例，如果被代理人将盖有公章的空白合同书借给行为人使用，因被代理人自身的行为导致相对人有理由相信行为人有代理权，则构成表见代理，其应当承担合同责任。如果合同无效，则要求行为人与被代理人承担连带责任。如果行为人盗用被代理人盖有公章的空白合同书或者偷盖被代理人公章，则不构成表见代理，被代理人不承担责任。因此，表见代理人的与因行为及主观过错是其承担责任的重要依据之一。

3. 相对人善意

相对人在主观上必须是善意、无过失的。相对人善意是表见代理的主观要件，所谓善意，是相对人不知道行为人行为时没有代理权，且无过失。即相对人不知道或者不应当知道行为人实际上是无权代理，即相对人不知行为人没有

---

① 尹田：《我国新合同法中的表见代表制度评析》，载《现代法学》2000年第5期。

代理权,超越代理权或代理权已终止,而是根据被代理人与行为人之间存在的某种关系,认为行为人是被代理人的合法代理人,如果相对人明知行为人没有代理权,出于恶意,仍与行为人为民事行为,则无理由优先保护相对人利益,亦不存在保护交易安全的问题,不能构成表见代理。根据《民法典》第171条第4款的规定,相对人知道或者应当知道行为人无权代理的,相对人和行为人按照各自的过错承担责任。同时,《民法典总则司法解释》第28条关于"同时符合下列条件的,人民法院可以认定为民法典第一百七十二条规定的相对人有理由相信行为人有代理权:(一)存在代理权的外观;(二)相对人不知道行为人行为时没有代理权,且无过失。"

有学者认为,表见代理的主观要件不仅须相对人善意,而且须相对人无过失,所谓无过失,是指相对人的这种"不知道"不是因为其大意造成的,如果相对人应当知道行为人没有代理权,由于疏忽大意而未知真实情况,与行为人为民事行为,则不构成表见代理。如果相对人明知或者应当知道行为人没有代理权、超越代理权或者代理权已经终止,而与行为人实施民事行为,也不构成表见代理,而构成无权代理。因为对于相对人恶意、存在过失而与行为人实施的民事行为,法律便没有予以保护的必要,不能产生有权代理的效力。笔者赞同上述观点,相对人过失不宜作为表见代理的主观要件,如果相对人因自身过失不知道行为人无代理权,说明相对人无理由相信行为人有代理权,已不符合表见代理的客观要件,不必在客观要件之外再将相对人无过失作为主观要件之一。

4. 行为人与相对人之间的民事行为合法有效

表见代理发生有权代理的法律效力,行为人与相对人之间的民事行为直接对被代理人发生法律效力。因此,行为人与相对人之间的民事行为必须符合民事行为的生效要件:当事人具有相应的民事行为能力;当事人的意思表示真实;民事行为的内容合法、可能、确定。在法律规定或者当事人约定的情况下,还需符合特定形式要件或者其他生效要件。例如,虽然相对人有理由相信行为人有代理权,但如果行为人以被代理人名义与相对人签订的合同符合《民法典》规定的民事法律行为无效的情形,则不构成表见代理,该合同对被代理人不发生法律效力。最高人民法院《经济犯罪嫌疑规定》第5条第1款亦规定:"行为人盗窃、盗用单位的公章、业务介绍信、盖有公章的空白合同书,或者私刻单位的公章签订经济合同、骗取财物归个人占有、使用、处分或者进行其他犯罪活动构成犯罪的,单位对行为人该犯罪行为所造成的经济损失不承担民事责任。"该规定进一步明确了行为人的行为必须合法。

三、表见代理的效力

根据《民法典》第 172 条规定:"行为人没有代理权、超越代理权或者代理权终止后,仍然实施代理行为,相对人有理由相信行为人有代理权的,代理行为有效。"表见代理的效力主要体现在三个方面:

(一) 表见代理对被代理人产生有权代理的效力

被代理人应受表见代理人与相对人之间实施的民事法律行为的约束,享有该行为设定的权利并履行该行为设定的义务,被代理人不得以行为人无代理权、超越代理权和代理权已终止为抗辩,亦不得以行为人有故意或过失为理由或者自己无过失为抗辩,而须承受表见代理人所为民事行为的后果。

(二) 相对人有选择权

表见代理制度系为保护善意第三人及交易安全而设,且在表见代理中相对人善意无过错,故相对人对该代理行为的法律后果有选择权,既可主张狭义的无权代理,亦可主张表见代理。但此种选择应以一次为限,且被代理人有催告权,催告相对人在合理时间内作出选择,以免法律关系处于不稳定状态。此外,因表见代理制度以保护善意第三人及交易安全为目的,故在相对人不主张表见代理的情况下,被代理人或无权代理人不得主张表见代理。①

(三) 表见代理人可能承担赔偿责任

表见代理对被代理人产生有权代理的效力,因此,表见代理人所为法律行为在被代理人及相对人之间发生法律效力,表见代理人则退出该法律关系。如果被代理人因表见代理而受到损害的,有权要求表见代理人赔偿损失。

【拓展适用】

表见代理制度是牺牲被代理人利益,从而保护善意相对人利益及交易安全。在司法实践中,行为人与相对人的行为是否构成表见代理,对当事人各方的利益影响巨大,在个案中如何平衡各方利益,如何判断各方当事人对表见代理的影响,往往是影响案件审理的关键因素。在表见代理中,行为人明知无代理权而以被代理人名义为民事行为,主观上具有过错,但在认定表见代理时还应当考虑相对人及被代理人过错。

一、相对人过错对表见代理的影响

关于表见代理的主观要件,有学者认为仅须相对人善意,有学者认为不仅

---

① 魏振瀛主编:《民法》,北京大学出版社、高等教育出版社 2007 年版,第 189 页。

须相对善意还须相对人无过失。笔者认为，相对人恶意的情况下，即在相对人明知行为人无代理权的情况下不构成表见代理。但如果相对人虽不知行为人无代理权，但其不知系因自身过失导致，亦不构成表见代理。根据《民法典》第172条的规定，相对人有理由相信行为人有代理权的，方可构成表见代理。即相对人在行为时必须对行为人是否有代理权尽到应尽的注意义务，如果其未尽该注意义务，因疏忽大意而不知行为人无代理权，则不属于"有理由相信行为人有代理权"，不构成表见代理，相对人只能要求行为人承担责任，不能直接向被代理人主张权利。

二、被代理人过错对表见代理的影响

关于表见代理是否应当以被代理人有过错为要件，学界争论较大，并据此形成了"单一要件说"和"双重要件说"两种针锋相对的观点。一般来说，表见代理的产生与被代理人的过错有关，例如，被代理人管理制度的混乱，导致公章介绍信等被他人利用或者冒用，或者被代理人知道行为人以其名义与第三人实施民事法律行为而不作否认表示的，这都表明被代理人是有过错的，但是，设立表见代理制度的目的是保护交易的安全性，不至于使没有过失的相对人劳而无获，因此，相对人只要证明自己与行为人实施民事法律行为时没有过失，至于被代理人在行为人实施民事法律行为时是否有过失，很多情况下是难以证明的，只要证明相对人有理由相信行为人有代理权限，代理行为就有效。笔者认为，表见代理以"相对人有理由相信行为人有代理权"为要件，而相对人之所以"有理由"相信行为人有代理权是因为行为人与被代理人之间存在某种事实上或者法律上的关系，此种特殊关系足以导致相对人相信行为人有代理权。这类关系大体可分为两类：一是因为被代理人的特定行为，包括被代理人所作的让相对人相信行为人有代理权的行为，例如，被代理人向行为人借用签章的空白合同书、公章，向行为人出具介绍信，向行为人出具其授权但授权内容不明的委托书等，以及被代理人作出的准备履行行为人以被代理人名义所为法律行为所产生义务的行为，例如，被代理人准备履行行为人以被代理人名义与相对人签订的合同。二是因为被代理人与行为人之间的特定关系，例如行为人在被代理人的商店里售货。在上述行为中或者在上述特定关系的产生过程中，被代理人往往具有过错，才会造成外观事实与客观真实不同，但是亦不排除被代理人没有过错的情况。表见代理制度之所以对被代理人产生有权代理的效果，并不在于被代理人主观有过错，而在于相对于被代理人利益，应当优先保护善意第三人利益及交易安全。因此，表见代理制度价值基础与其说是被代理人行为的可责难性，毋宁说是不同权益冲突下的立法政策选择，与被代理人的过错无关，故不宜将被代理人的过错作为判断表见代理是否成立的标准之一。

【典型案例】

某银行广州分行与 S 公司借款合同纠纷案

上诉人（原审被告）：S 公司。

法定代表人：黄某奇，该公司董事长。

上诉人（原审原告）：某银行广州分行。

负责人：张某弓，该行行长。

〔基本案情〕

上诉人 S 公司、某银行广州分行因借款合同纠纷一案，不服广东省高级人民法院（2005）粤高法民二初字第 1 号民事判决，向最高人民法院提起上诉。

原审法院审理查明：2002 年 10 月，崔某先（时任 S 公司总经理、董事会董事，主持 S 公司的日常工作）使用 S 公司的公章以 S 公司名义与 A 银行广州分行签订了 1.3 亿元的银行承兑合同。贷出的 1.3 亿元被转入由张某明任董事长的信息技术公司，由信息技术公司开出汇票在湖南岳阳农行贴现。2003 年 3 月，崔某先使用 S 公司的公章以 S 公司名义与 B 银行广州分行签订了贷款 1.6 亿元的合同，以该 1.6 亿元贷款偿还了前笔向 A 银行广州分行的借款本息。在此笔贷款到期时，崔某先亲自与某银行广州分行人员商谈贷款，并向某银行广州分行人员介绍信息技术公司出纳员李某海为 S 公司助理会计师，指使李某海假冒 S 公司工作人员（崔亲笔涂改自己的名片给李某海印制名片），使用私刻的 S 公司公章于 2003 年 7 月 11 日与某银行广州分行签订《基本授信合同》，约定某银行广州分行向 S 公司提供最高限额为人民币 3 亿元的基本授信额度，用于解决 S 公司正常的流动资金周转，授信有效期自 2003 年 7 月 11 日至 2004 年 7 月 10 日止。同年 7 月 14 日和 12 月 9 日，李某海按崔某先的授意代表 S 公司在崔某先办公室与某银行广州分行分别签订了数额为 2 亿元和 2500 万元的两份贷款合同，共贷款 2.25 亿元，年利率 4.779%，贷款期限一年。开户和贷款所需的 S 公司营业执照、税务登记证、法定代表人身份证明、授权委托书、董事会决议等相关资料，全部由崔某先提交并加盖私刻的 S 公司公章。2.25 亿元贷款发放后，李某海按崔某先的授意将其中的 1.6 亿元通过航空货运公司账户偿还 B 银行广州分行的 1.6 亿元借款。余款转入信息技术公司等处。在 2.25 亿元贷款即将到期时，2004 年 7 月 5 日，崔某先又亲自用私刻的 S 公司假公章在其办公室与某银行广州分行签订了三份各 7500 万元的借新贷还旧贷合同，年利率 5.841%，贷款期限一年，对 2.25 亿元贷款延期。2004 年 8 月 11 日和 2005 年 1 月 4 日，某银行广州分行直接或通过安永会计师事务所向 S 公司发出贷款核数函和直接追收函，崔某先又亲自拟函和签名并使用私刻的 S 公司公章行文答复某银行广州分行。

某银行广州分行发放 2.25 亿元贷款后，已收至 2004 年 11 月 24 日共 667 万元的贷款利息。其中航空货运公司汇入 309 万元；工业公司汇入 90 万元；发展公司汇入 10 万元；李某海交现金 188 万元；张某明深圳账户转款 70 万元。

原审法院另查明：2005 年 2 月 24 日，张某明、崔某先、李某海等人因涉嫌贷款诈骗犯罪被深圳市公安局逮捕。2006 年 2 月 27 日，深圳市人民检察院对崔某先等人涉嫌犯罪一案向深圳市中级人民法院提起公诉。2007 年 8 月 7 日，深圳市中级人民法院对崔某先、张某明、李某海等所涉贷款诈骗罪一案作出（2006）深中法刑二初字第 134 号刑事判决。该刑事判决认定以下事实：2003 年 5 月，被告人崔某先为帮助被告人张某明融资，以 S 公司名义和 B 银行广州分行签订 2 亿元人民币的基本授信合同及 1.6 亿元的贷款合同，该贷款被张某明的公司占有。为了偿还到期的该笔贷款，被告人张某明、崔某先商定盗用 S 公司的名义以机场扩建候机楼需资金的理由向某银行广州分行贷款。被告人张某明、崔某先授意被告人李某海假冒机场公司的财务人员办理向某银行广州分行贷款的具体事宜。同年 7 月 11 日，被告人李某海假冒 S 公司的财务人员代表该公司与某银行广州分行签订了金额为 3 亿元人民币的基本授信合同，伪造 S 公司法定代表人授权书，代表该公司与某银行广州分行签订了金额分别为 2 亿元人民币和 0.25 亿元人民币的借款合同，并在合同及所有贷款资料上加盖其伪造的 S 公司公章。2.25 亿元人民币贷出后，全部由李某海转到张某明控制的公司非法占有。2004 年初，2.25 亿元人民币即将到期，被告人张某明、崔某先、李某海采取"借新还旧"的方式，利用上述授信合同内剩余的 0.75 亿元贷款额度，循环贷款三次，共计贷款 2.25 亿元人民币，将还贷的期限变相延长一年。被告人崔某先在延期的贷款合同上签名。被告人李某海在延期的贷款合同上加盖了伪造的 S 公司公章。该判决认为：张某明、田某伟、崔某先、李某海以非法占有为目的，使用虚假的证明文件和经济合同，诈骗银行贷款，数额特别巨大，其行为已构成诈骗贷款罪；张某明、田某伟构成合同诈骗罪。在共同犯罪中，张某明在诈骗贷款和合同诈骗中均是主犯。田某伟在诈骗贷款中是从犯，在合同诈骗中是主犯。崔某先在贷款诈骗中虽未占有赃款，但其协助张某明进行贷款诈骗，帮助张某明非法占有他人财产，属贷款诈骗共犯中的从犯。鉴于崔某先没有实际占有他人财产，犯罪后主动投案如实供述自己的罪行，应认定为自首，归案后协助公安机关抓获同案犯张某明、李某海，属于重大立功表现，依法应当减轻处罚。

该院判决：一、被告人张某明犯贷款诈骗罪，判处无期徒刑，剥夺政治权利终身，并处没收个人全部财产；犯合同诈骗罪，判处无期徒刑，剥夺政治权利终身，并处没收个人全部财产。决定执行无期徒刑，剥夺政治权利终身，并处没收个人全部财产。被告人田某伟犯贷款诈骗罪，判处有期徒刑八年，并处罚金人民币 1 万元；犯合同诈骗罪，判处有期徒刑十五年，并处罚金人民币 2 万元；决定执行有期徒刑十七年，并处罚金人民币 3 万元。被告人李某海犯贷款诈骗罪，判处有期徒刑十五年，并处罚金人民币 2 万元。被告人崔某先犯贷款诈骗罪，判处有期徒刑六年，并处罚金人民币 1 万元。二、缴扣的假印章由公安机关予以没收销毁，犯罪所得的财物继续予以追缴。深圳市中级人民法院作出该刑事一审判决后，张某明、田某伟、李某海三人向广东省高级人民法院提出上诉。崔某先在一审承认控罪，判决后未提出上诉。

某银行广州分行于 2005 年 1 月向原审法院提起诉讼，请求：1. 判令解除双方 2003 年 7 月 11 日签署的《基本授信合同》及基于该《基本授信合同》签订的金额分别为 2 亿元和 2500 万元的两份贷款合同及 2004 年 7 月与 S 公司以借新还旧的方式签订的每份金额为 7500 万元的借款合同。2. 判令 S 公司立即返还借款本金 22500 万元、利息及罚息 212592936 元（合计：人民币 22712592.36 元，暂计至 2005 年 1 月 24 日）；3. 由 S 公司承担本案某银行广州分行为实现债权而支付的所有费用。原审法院受理后，因深圳市公安局对 S 公司原总经理崔某先等人涉嫌贷款诈骗一案正在进行刑事侦查，根据 S 公司的申请，该院于 2005 年 12 月 19 日裁定中止案件的审理。在深圳市人民检察院对崔某先等人涉嫌利用合同诈骗贷款一案向深圳市中级人民法院提起公诉，深圳市中级人民法院对该刑事案件开庭审理后，原审法院恢复案件审理。

〔一审裁判理由与结果〕

原审法院审理认为：本案所涉贷款，系崔某先等人通过私刻公章以 S 公司的名义与某银行广州分行签订借款合同的形式诈骗而来。本案所涉的基本授信合同、贷款合同均属《中华人民共和国合同法》第五十二条第三项所规定的"以合法的形式掩盖非法目的"，违反法律禁止性规定的合同，因此均应认定无效。崔某先等人以 S 公司的名义诈骗贷款已造成某银行广州分行 2.25 亿元贷款及相关利息的损失。崔某先等人诈骗贷款的行为与因本案所涉的基本授信合同、贷款合同所产生的民事赔偿关系，是分别适用刑事法律和民事法律审理的两种不同法律关系的案件。本案 S 公司应否对崔某先等人诈骗贷款造成某银行广州分行 2.25 亿元贷款及相关利息的损失承担责任，应当根据 S 公司对崔某先的行为是否存在明显过错，且该过错行为与某银行广州分行的贷款损失之间是否具有因果关系而认定。

崔某先是 S 公司的总经理、董事会董事，当时主持 S 公司的日常工作。崔某先利用总经理的职务便利，亲自与某银行广州分行人员商谈贷款事宜，为基本授信合同、贷款合同签订人李某海提供虚假身份（名片、介绍信等），为诈骗案提供了一系列的虚假文件，指使李某海以私刻的公章代表 S 公司与某银行广州分行签订贷款合同骗取贷款，在两份贷款延期合同上亲笔签名，并在某银行广州分行有关查询函上签字确认。而且，本案所涉两份贷款合同均在崔某先的办公室所签订。崔某先上述一系列的作为，造成某银行广州分行有理由相信崔某先是在履行职务行为。崔某先在两年多时间多次以 S 公司名义骗取巨额贷款而不为 S 公司所知，S 公司董事会严重失职，负有对公司高管人员失察、放任管理的重大责任。又因为 S 公司董事会的这一重大过错与某银行广州分行的贷款损失具有直接的因果关系。因此，S 公司应当对某银行广州分行贷款损失承担与其过错相适应的民事责任。崔某先利用职务之便使用 S 公司的真公章先后与 A 银行和 B 银行签订贷款合同，骗取了巨额贷款。贷款虽然没有被 S 公司实际使用，但对 A 银行和 B 银行贷款的清偿责任，依法应由 S 公司承担。本案所涉的 2.25 亿元贷款中，有 1.6 亿元用于偿还了 S 公司欠 B 银行的贷款债务。因此，S 公司应将这 1.6 亿元赔偿给某银行广州分行。

某银行广州分行作为商业银行，应当知道 S 公司为上市的股份公司，贷款有比一般公司贷款更为严格的条件。但某银行广州分行人员在洽谈本案巨额贷款时仅与 S 公司总经理崔某先和李某海见面洽谈，未依贷款规章对两人的权限和贷款用途、使用等情况进行严格审查，未履行金融机构发放贷款应尽的谨慎注意义务，轻信崔某先的行为系职务行为，致使崔某先和李某海等人能够轻易诈骗贷款。因此，某银行广州分行对本案所涉贷款被骗所造成的损失也负有重大的过错责任，应当分担本案的贷款损失。对于 2.25 亿元贷款本金和未付利息的损失，除上述 S 公司应赔偿 1.6 亿元本息外，余额 6500 万元本息的损失，由某银行广州分行自行承担 50% 即 3250 万元本息的损失。其余 3250 万元本息的损失，仍应由 S 公司承担赔偿责任。对某银行广州分行诉讼请求中的实现债权而支付的费用，因没有证据证明，不予支持。

原审法院经审判委员会讨论，根据《中华人民共和国合同法》第五十二条第三项、第五十八条，《中华人民共和国商业银行法》第三十五条第一款，《最高人民法院关于在审理经济纠纷案件中涉及经济犯罪嫌疑若干问题的规定》第五条第二款、《中华人民共和国民事诉讼法》第一百三十八条之规定，判决：

一、确认本案所涉的基本授信合同、贷款合同全部无效；二、S 公司于判决生效之日起十五日内赔偿某银行广州分行贷款损失 19250 万元本息（利息从 2004 年 11 月 25 日起按中国人民银行规定的同期贷款利率计至还款之日，逾期付款按中国人民银行规定的同期贷款利率双倍计付利息）；三、驳回某银行广州分行的其他诉讼请求。

〔当事人上诉及答辩意见〕

S 公司和某银行广州分行均不服原审法院上述民事判决向最高人民法院提起上诉。

S 公司上诉称：1.《最高人民法院关于在审理经济纠纷案件中涉及经济犯罪嫌疑若干问题的规定》第五条第一款规定："行为人盗窃、盗用单位的公章、业务介绍信、盖有公章的空白合同书，或者私刻单位的公章签订经济合同、骗取财物归个人占有、使用、处分或者进行其他犯罪活动构成犯罪的，单位对行为人该犯罪行为所造成的经济损失不承担民事责任。"本案中所有贷款材料全部虚假、所有公章全系伪造，所有与贷款有关的银行账户均非 S 公司的真实账户，所有资金 S 公司未使用分文，公司董事会对崔某先等人签订贷款合同及资金流向完全不知情。崔某先虽具有总经理身份，但并无签订如此巨额贷款合同的权限，根据深圳市中级人民法院刑事判决，其在共同犯罪中为从犯，在2.25亿元贷款诈骗案中的作用是次要的。贷款被骗完全是某银行广州分行的工作人员违法违规所致。崔某先的总经理身份与某银行广州分行的经济损失之间并不存在因果关系，S公司在本案中并无过错，不应对本案的贷款本息承担赔偿责任。2.原审判决认定S公司和某银行广州分行对2.25亿元贷款被骗负有同等过错责任，就应判决某银行广州分行对2.25亿元的贷款被骗后的全部后果承担50%的责任，而不是仅对其中的6500万元承担50%的责任。原审法院在审理本案过程中，对不属于本案的A银行广州分行与S公司贷款纠纷案和B银行广州分行与S公司贷款纠纷案进行了审理，认定本案所涉的2.25亿元用于偿还了S公司欠B银行广州分行的贷款，因此S公司应将该1.6亿元赔偿给某银行广州分行，并进而判决本案所涉2.25亿元被骗贷款中的1.6亿元全部由S公司赔偿。违反了民事诉讼中的"一案一诉"的原则，剥夺了S公司对A银行广州分行借款案和B银行广州分行借款案的抗辩权。故请求二审撤销原审民事判决第二项，改判S公司不承担民事责任。

某银行广州分行上诉称：崔某先参与了2.25亿元贷款的全过程。崔某先虽然不是S公司的法定代表人，但其身份为S公司主持日常工作的董事总经理，本案所有合同全部都是在S公司办公场所内崔某先的总经理办公室签署，虽然事后证实崔某先以S公司名义签署涉案合同所使用的公章、董事会决议、授权委托书等是其伪造的，但签约时形式上手续完备，某银行广州分行有理由相信崔某先等行为属于有权代理和职务行为。本案2.25亿元贷款中有1.6亿元由崔某先归还了应当由S公司负责归还的B银行广州分行1.6亿元借款。由此可见，S公司是涉案贷款的实际使用人和受益人，本案贷款是某银行广州分行和S公司之间的关系，而不是与崔某先个人之间的关系。某银行广州分行在签署本案贷款合同时虽未能发现崔某先提供的公章和相关证明文件属于伪造，但该过失并不能成为S公司免除全部或部分责任的依据。故崔某先以S公司名义与某银行广州分行签署的本案借款合同的行为构成表见代理行为，签署的涉案合同均为有效合同，对被代理人S公司依法产生法律效力，S公司应当依合同约定归还全部借款本息（含罚息）。一审判决认定事实清楚，但判决结果未依法充分、全面保护某银行广州分行的合法权益，请二审判令解除本案基本授信合同及基于该合同所签署的共计金额为2.25亿元的三份人民币短期借款合同；判令S公司返还借款本金2.25亿元及利息和罚息。

〔**最高人民法院二审查明的事实**〕

在最高人民法院二审开庭质证过程中，S公司和某银行广州分行均未就此案提出新证据，双方对原审法院认定的本案主要事实均无异议，故最高人民法院对原审判决认定的事实予以确认。

二审开庭后，最高人民法院于 2008 年 12 月 8 日收到 S 公司函件，称张某明、田某伟、李某海刑事案件二审被广东省高级人民法院发回重审，请求最高人民法院据此对本案发回原审法院重新审理。对此，最高人民法院认为，S 公司对本案主要事实无异议，该案与相关刑事案件可以分开审理，且不具备发回重审的理由，故对 S 公司的该项请求不予支持。

〔最高人民法院裁判理由与结果〕

最高人民法院认为：本案二审的焦点问题为：S 公司和某银行广州分行签订的基本授信合同和相关借款合同的效力，崔某先的行为是否构成表见代理，及 S 公司和某银行广州分行的民事责任承担问题。

根据本案查明的事实，本案所涉贷款系崔某先等人伪造文件，虚构贷款用途，通过私刻公章以 S 公司的名义与某银行广州分行签订借款合同诈骗而来，所骗款项全部由张某明控制的公司非法占有，张某明、崔某先、李某海正在接受国家司法机关的刑事追究。崔某先等人的真实目的是骗取银行信贷资产，签订本案所涉基本授信合同及相关贷款合同只是诈骗银行信贷资产的形式和手段。上述行为符合《中华人民共和国合同法》第五十二条第三项规定的合同无效情形，原审判决根据上述规定认定本案所涉基本授信合同及相关贷款合同系以合法的形式掩盖非法目的，上述合同无效并无不妥，最高人民法院予以维持。

《最高人民法院关于在审理经济纠纷案件中涉及经济犯罪嫌疑若干问题的规定》规定："行为人私刻单位公章或者擅自使用单位公章、业务介绍信、盖有公章的空白合同书以签订经济合同的方法进行的犯罪行为，单位有明显过错，且该过错行为与被害人的经济损失之间具有因果关系的，单位对该过错行为所造成的损失，依法应当承担赔偿责任。"崔某先系 S 公司的董事、总经理，在本案发生期间主持 S 公司的日常工作。崔某先伙同张某明、李某海等人为偿还骗取的其他商业银行的到期贷款，亲自与某银行广州分行人员商谈贷款事宜，提供虚假文件和伪造的董事会决议，指使李某海以私刻的公章代表 S 公司签订基本授信合同和贷款合同，并在其后亲自使用私刻的公章与某银行广州分行签订了借新还旧的贷款合同，使某银行广州分行误以为崔某先是在履行职务行为，贷款系 S 公司所为，从而造成 2.25 亿元骗贷最终得逞。上述情形之所以能够发生，崔某先利用其特殊的身份参与骗贷活动固然系主要原因，但也与 S 公司规章制度不健全、用人失察、对公司高级管理人员监管不力密不可分，故 S 公司在本案中具有明显过错，应依法对某银行广州分行的损失承担主要的赔偿责任。

某银行广州分行在签订和履行本案 2.25 亿元贷款合同的过程当中，未尽审慎注意义务，对私刻的 S 公司公章、伪造的证明文件和董事会决议未进行必要的鉴别和核实，在贷款的审查、发放、贷后跟踪检查等环节具有明显疏漏。S 公司作为上市公司，在长达两年时间内未在上市公司半年报和年报中披露本案所涉贷款，某银行广州分行对此亦未能察觉并采取相应措施，反而与其签订了借新还旧的新合同。故某银行广州分行在本案中也存在一定过错，对本案的损失应承担相应的民事责任。

关于某银行广州分行上诉所称本案崔某先的行为构成表见代理，本案基本授信合同和与之相关的一系列贷款合同为有效合同，S公司应依贷款合同返还贷款本息（包括罚息）的上诉请求。最高人民法院认为，表见代理是行为人没有代理权、超越代理权或者代理权终止后继续以代理人名义订立合同，而善意相对人客观上有充分的理由相信行为人具有代理权，则该代理行为有效，被代理人应按合同约定承担其与相对人之间的民事责任。但是，在相对人有过错的场合，不论该种过错是故意还是过失，无表见代理适用之余地。因本案基本授信合同及相关贷款合同，均为以合法的形式掩盖非法目的的无效合同，且某银行广州分行在本案所涉贷款过程中具有过错，故本案不适用合同法关于表见代理的规定，S公司和某银行广州分行应根据各自的过错程度承担相应的民事责任。

关于双方对本案民事责任的承担，原审法院将2.25亿元中的1.6亿元认定为S公司应当偿还欠B银行广州分行的前一笔债务，该部分损失应当由S公司承担全部责任，而其余的6500万元由S公司和某银行广州分行双方各自承担50%责任。对此，最高人民法院认为，原审判决对本案损失数额及民事责任分担原则的确定有误，判令S公司承担前一笔1.6亿元的偿还责任不当，应予纠正。本案2.25亿元之中的1.6亿元确被崔某先等用于偿还欠B银行广州分行的前一笔债务，但S公司是否应当偿还B银行广州分行1.6亿元贷款与本案无关，该偿付行为并未使2.25亿元骗贷的性质有所改变，本案应以2.25亿元及未付利息作为损失，确定民事责任的承担范围。然而，原审判决对本案损失数额的确定和民事责任的分担比例确定虽然欠妥，但该判决确定S公司赔偿某银行广州分行损失本金1.925亿元及未付利息，某银行广州分行自行承担损失本金3250万元及利息，即S公司承担本案2.25亿元贷款本息损失的近85%，某银行广州分行自行承担本息损失的近15%。从结果看，双方当事人的责任承担与其过错程度是适应的，故原审判决确定的双方当事人对本案损失的承担数额并无不妥，对此最高人民法院予以维持。

综上，原审判决认定事实清楚，适用法律正确，虽然对损失数额与责任分担比例的认定欠妥，但处理结果并无不当。S公司和某银行广州分行的上诉请求无事实和法律依据，最高人民法院均不予支持。最高人民法院依照《中华人民共和国民事诉讼法》第一百五十三条第一款第一项之规定，判决如下：驳回上诉，维持原判。

> 规则 14：(附条件合同的条件) 当事人将法律和行政法规规定的政府机关对有关事项或者合同的审批权或者批准权约定为附条件合同中的条件，不符合法律的规定，所附的"条件"不产生限制合同效力的法律效果
>
> ——置业公司诉 L 区国土资源局国有土地使用权出让合同纠纷案[①]

【裁判规则】

当事人对合同的效力所附条件，必须是将来发生的、不确定的、约定的、合法的事实。政府机关对有关事项或者合同审批或者批准的权限和职责，源于法律和行政法规的规定，不属于当事人约定的范畴。当事人将上述权限和职责约定为合同所附条件，不符合法律规定，所附的"条件"不产生限制合同效力的法律效果。

【规则理解】

一、附条件民事行为的内涵

附条件的民事行为是指在民事行为中规定一定的条件，并且将该条件的成就或者不成就作为确定行为人的民事权利和民事义务发生法律效力，或者失去法律效力的根据的民事行为。[②]《民法通则》第62条规定："民事法律行为可以附条件，附条件的民事法律行为在符合所附条件时生效。"《民法典》第158条规定："民事法律行为可以附条件，但是根据其性质不得附条件的除外。附生效条件的民事法律行为，自条件成就时生效。附解除条件的民事法律行为，自条件成就时失效。"《民法典总则司法解释》第24条规定"民事法律行为所附条件不可能发生，当事人约定为生效条件的，人民法院应当认定民事法律行为不发生效力；当事人约定为解除条件的，应当认定未附条件，民事法律行为是否失效，依照民法典和相关法律、行政法规的规定认定。"依意思自治原则，除法律明文规定不得附条件的行为外，民事行为可附条件。一般而言，下列行为不得附条件：一是妨碍相对人利益的行为，主要指形成权的行使。[③] 如《民法典》第568条第2款规定："当事人主张抵销的，应当通知对方。通知自到

[①] 《中华人民共和国最高人民法院公报》2007年第3期。
[②] 魏振瀛主编：《民法》，北京大学出版社、高等教育出版社2007年版，第158页。
[③] 魏振瀛主编：《民法》，北京大学出版社、高等教育出版社2007年版，第158页。

达对方时生效。抵销不得附条件或者附期限。"二是违反公序良俗的行为。例如，以结婚、离婚、收养、终止收养等身份行为、放弃人格权的行为等为条件，此类行为若附条件则违反婚姻自由原则或者有违社会公共道德、社会伦理，故不得附条件。三是特定的制度安排。例如，为保护交易效率和安全，维护票据的流通性，票据行为不得附条件。《票据法》第33条第1款规定："背书不得附有条件。背书时附有条件的，所附条件不具有汇票上的效力。"第43条规定："付款人承兑汇票，不得附有条件；承兑附有条件的，视为拒绝承兑。"第48条规定："保证不得附有条件；附有条件的，不影响对汇票的保证责任。"

（一）所附条件的含义及特点

条件，是当事人以将来客观上不确定事实的成就或者不成就，决定民事行为的效力发生或者消灭的附款。条件既可以是自然现象、事件，也可以是行为，具有下列特点：

1. 条件系将来发生的事实

条件为将来发生的事实，而非已经发生的事实。如果某一事实在行为人实施民事行为时已经发生，则不能成为民事行为的条件，因为，从逻辑上讲，该事实已经发生，不可能再以该事实是否发生作为民事行为是否生效的控制条件。故已经发生的事实不可能作为民事行为的条件。

2. 条件应是将来是否发生不确定的事实

条件应当是将来可能发生亦可能不发生的事实，即当事人在行为时对于条件在将来是否确定会发生并不清楚。如果当事人以将来确定发生的事实作为民事行为的条件，则不属于民事行为所附的条件，而属于民事行为所附的期限。如果当事人以将来确定不发生的事实作为民事行为生效的条件，则说明当事人根本不希望该民事行为发生，故该民事行为不发生法律效力；如果当事人以将来确定不发生的事实作为民事行为失效的条件，则说明当事人希望该民事行为发生法律效力，故该民事行为视为不附有任何条件。

对于何为将来是否发生不确定的事实，学界有主观说、客观说和折中说三种观点。主观说认为，不确定是指当事人在行为时不知该事实是否确定在将来发生，即便该事实在客观上已经确定，亦视为不确定。例如，甲向乙承诺，如果乙收养丙则赠与乙10万元，但在甲作出承诺时，丙已经死亡，但甲不知道该事实，虽然甲所附之条件在客观已无成就之可能，但仍构成赠与合同之条件。客观说认为，不确定是指当事人在行为时该事实将来是否发生在客观上不确定，无论当事人是否知道该事实不确定。例如，甲以为丙已经死亡，故向乙承诺，如果乙收养丙则赠与乙 10 万元，但丙实际上并未死亡，乙在将来仍可能收养丙，故该事实仍为赠与行为的条件。折中说又包括两种观点：一是以主观不确定为主、客观不确定为辅；二是以客观不确定为主，主观不确定为辅。有学者认为，客观说具有科学依据，因为所附条件应为将来事实，客观上，过去之事实或者已经发生之事实不为将来之事实。不管当事人在行为时是否知道，都不影响事实的存在。[1] 笔者赞同该观点，一方面，主观说与条件的属性相悖，条件系用于控制民事法律行为效力之附款，如果条件是在客观上已经发生的事实，则民事行为之效力在行为时已经确定，无须再附条件；另一方面，主观说以当事人在行为时的主观认识为准，而当事人的主观认识难以确定，如果坚持主观说，势必使得法律关系处于不确定之中，不利于保护相对人的利益和交易安全。

3. 条件是当事人约定的事实

民事行为所附之条件，应当是当事人协商一致约定的事实，而非法律规定或依合同性质而确定的事实。在某些情况下，合同成立后尚不能立即生效，而需有关审批机关批准后方能生效，审批机关的审批行为是此类合同的法定生效要件，当事人不能约定此类审批行为为合同生效的条件。因为，无论当事人是否约定合同经审批机关的审批而生效，依据法律规定，未经审批合同不发生效力，即使当事人约定以此作为合同生效条件，亦达不到依当事人之合意控制合同效力的意旨。因此，条件只能是当事人约定的事实，不能是法定生效条件，如果当事人约定将法定生效条件作为合同生效条件的，视为没有约定，此类合同系无条件的合同，只要不存在法定无效情形，合同当然有效。

4. 条件是合法事实

为民事行为设定条件，目的在于控制民事行为的效力，条件本身必须具有合法性，以违法事实作为民事行为的条件，必然会损害民事行为自身的合法性。此外，如果允许以违法事实作为民事行为的条件，还可能鼓励违法行为的发生，例如，甲因经济纠纷，欲排斥乙的竞争，向丙承诺，以丙砸毁乙之商铺为条件，许诺赠与丙现金 1 万元，丙表示同意，无论是双方所约定的条件，还是该附条件的赠与行为，均为无效行为。因此，所附条件违法的行为不是合法的民事行为，系无效的行为。

---

[1] 魏振瀛主编：《民法》，北京大学出版社、高等教育出版社 2007 年版，第 158 页。

（二）所附条件的类型

1. 延缓条件和解除条件

按条件对民事行为所起的作用不同，条件可分为延缓条件和解除条件。延缓条件是指依民事行为所确定的民事权利和义务要在所附条件成就时才能发生法律效力。在延缓条件成就之前，附延缓条件的民事行为已经成立，但不发生法律效力，虽然双方当事人的权利义务明确，但权利人尚不能主张权利，义务人亦无须履行义务。例如，双方当事人约定，如果甲通过司法考试，乙就聘用甲，双方当事人签订合同时，乙聘用甲的义务已经明确，但在甲通过司法考试前，乙无须履行该义务，一旦甲通过司法考试，双方所约定的延缓条件成就，合同就发生法律效力，甲就有权要求乙履行义务。延缓条件的作用在于推迟民事行为所确定的民事权利和义务发生法律效力。延缓条件使民事行为的效力暂时停止，故又称停止条件，一旦延缓条件成就，民事行为即发生法律效力，故又称生效条件。解除条件是指依民事行为所确定的民事权利和义务在所附条件成就时失去法律效力。在解除条件成就之前，民事行为已经发生法律效力，当事人已经开始行使权利或者履行义务，一旦条件成就，民事行为即失去法律效力。例如，弟兄双方约定，在弟弟找到工作之前，由兄长每月支付其生活费1000元，弟兄二人共有的房产由兄长保管并使用，双方协商一致，合同即发生效力。弟弟须将其与兄长共有的房产交由兄长保管并使用，兄长须每月向弟弟支付1000元的生活费。一旦弟弟找到工作，解除条件成就，合同即丧失效力，弟弟可要求兄长分割共有房产，兄长无须再承担支付生活费的义务。解除条件使已经生效的民事行为失去效力，故又称消灭条件、失效条件。

2. 肯定条件和否定条件

以当事人所约定的条件发生或不发生为标准，条件可分为肯定条件和否定条件。肯定条件即积极条件，是指以将来某种事实发生为内容的条件。而肯定条件又可分为肯定的延缓条件和肯定的解除条件。如果作为条件内容的特定事实发生，肯定条件即成就，如果确定地不发生，则为条件不成就。否定条件即消极条件，是指以将来某种事实不发生为内容的条件。否定条件亦可分为否定的延缓条件和否定的解除条件。如果双方当事人约定的作为否定条件内容的特定事实不发生，则条件成就；反之，则条件不成就。

3. 随意条件、偶成条件及混合条件

按条件是否成就与当事人一方意思的关系，条件可分为随意条件、偶成条件及混合条件。随意条件是指依当事人一方的意思可决定条件成就或不成就的条件。依据一方当事人意思对条件的影响程度不同，可分为纯粹随意条件与非纯粹随意条件。纯粹随意条件是指纯由一方当事人意思决定的条件。例如，甲乙双方约定，甲方将房屋借给乙方使用，在甲方需要时收回，甲方的需要则属于纯粹的随意条件。非纯粹随意条件是指除当事人的意思外，还须有其他事实与之配合的条件。例如，甲乙双方约定，甲方将房屋借给乙方使用，在甲方考上大学时收回。偶成条件是指条件之成就与当事人的意思无关，取决于他人之行为或自然事实。例如，甲乙双方约定，如果明天下雨，甲将赠送乙一把雨伞。混合条件是指条件是否成就，取决于一方当事人与第三人的意思。例如，甲乙双方约定，甲如果与丙合伙经营房地产，乙将向甲提供1000万元借款。

二、附条件民事行为之效力

（一）条件成就与不成就

附条件的民事行为之效力取决所附条件是否成就，因此，有必要首先讨论条件的成就问题。条件成就是指构成条件内容的事实已经实现。对于积极条件而言，在条件事实发生时条件成就；对消极条件而言，在条件事实确定不发生时条件成就。例如，甲乙双方约定，甲若在今年考上大学，乙则免去甲所欠债务，如果甲在今年考上大学，则条件成就，乙应当免去甲所欠债务；如果甲乙双方约定，甲若在今年未降级，乙则赠送甲一辆自行车，如果甲在今年未降级，则条件成就，乙应当赠送甲一辆自行车。条件不成就是指构成条件内容的事实确定的不实现。对积极条件而言，在条件事实确定不发生时，条件不成就；对消极条件而言，在条件事实发生时，条件不成就。

（二）条件成就与不成就的拟制

条件是否成就，对当事人利益影响巨大，双方当事人在订立附条件的合同后可能会后悔，不愿意合同发生效力或者希望合同尽快发生效力，违反双方约定附条件合同的初衷，不当阻碍条件成就或不当促使条件成就，有违诚实信用原则，应予否定。为此，立法上专设有条件成就与不成就之拟制制度，防止当事人不当阻碍条件成就或不当促成条件成就。《合同法》第45条第2款规定："当事人为自己的利益不正当地阻止条件成就的，视为条件已经成就；不正当地促成条件成就的，视为条件不成就。"《民法典》第159条规定："附条件的民事法律行为，当事人为自己的利益不正当地阻止条件成就的，视为条件已经成就；不正当地促成条件成就的，视为条件不成就。"依据上述规定，条件成就或不成就之拟制包括两个构成要件：一是阻止或促使条件成就者为因条件不成就或成就而受利益的当事人。如果阻止或促使条件成就者为因此而利益受损的一方当事人或者为无利益关系的第三人，则不构成拟制。二是当事人以不当行为阻止或促使条件成就。当事人之行为是否得当，应以其行为是否违反诚实信用原则为标准，如果当事人之行为专为阻止条件成就或促使条件成就，则为不当；如果当事人为其他正当行为，客观上造成了条件成就或不成就的后果，或者行为人之目的系为其他正当目的，则不属于不当行为。例如，甲乙双方约定，如果甲所有的母牛生小牛，则小牛送给乙；甲因生活困难出售母牛，则不属于阻止条件成就。

（三）条件成就与否尚未确定之前的效力

《民法典》未规定条件成就与否尚未确定之前附条件民事行为的效力，依据学理通说，相对人享有期待权，即相对人在条件成就与否确定前，有因条件成就而享有权利或利益之期待，因该期待有实现之可能，故法律应予保护。

（四）条件成就或不成就时的效力

条件成就后，附条件的民事行为的效力与不附条件的民事行为效力相同。在一般情况下，附条件的民事行为在条件成就前已经成立，一旦条件成就，该行为即发生法律效力。对于要式行为，在条件成就前已经依法完成登记等相关手续的，自条件成就时发生法律效力；如果在条件成就前未经依法完成登记等相关手续的，则自完成相关手续时发生法律效力。

条件不成就时，附条件的民事行为效力如何，我国立法上亦无相关规定。依法理，附延缓条件的民事行为，条件确定不成就时，视为该行为自始不存在；附解除条件的民事行为，条件确定不成就时，该行为视为不附条件的民事行为，维持其原来的效力。

三、不同条件对附条件合同效力的影响

附条件的合同是指当事人在合同中约定一定的条件，并且将该条件的成就或者不成就作为确定合同发生法律效力，或者失去法律效力的根据。双方当事人签订附条件的合同后，合同已经成立，虽不发生法律效力，但对当事人仍然具有约束力，当事人不得随意毁约，亦不得故意作出有碍合同生效的行为。条件，是当事人以将来客观上不确定事实的成就或者不成就，决定民事行为的效力发生或者消灭的附款。按条件是否成就与当事人一方意思的关系，条件可分为随意条件、偶成条件及混合条件。对此上文已论述，不再赘述。条件之成就与否，决定合同是否生效，对当事人利益影响甚巨，因此，附条件的合同签订后，当事人应当诚信地行为，不得不当地影响条件的成就。为条件成就与否提供一个公平合理的环境，对于不同的条件，当事人所负担的义务亦不相同，如

果当事人违反此类义务则会对附条件合同的效力产生相应的影响。

(一) 随意条件对附条件民事行为效力的影响

纯粹随意条件是否成就完全取决于一方当事人的意思，因此，双方当事人订立的合同附有随意条件的，依其意思决定合同是否生效的当事人应当依据诚实信用原则作出意思表示，而不能为了自己利益，不当地作出或不作出意思表示。很多情况下，随意条件的成就与否并非取决于当事人的意思表示，而是当事人的特定行为①，此时当事人负有适当行为的义务。例如，甲乙双方签订土地使用权转让合同，甲方约定将其旧工厂所占用土地的使用权转让给乙方，同时约定甲方将其所有的机器设备和生产资料搬出工厂后，合同才生效。后来，由于市场行情变化，土地使用权价格高涨，甲方为达到不履行合同的目的，虽然新工厂已经修建好，但仍不搬旧工厂中机器设备和其他生产资料，导致土地使用权转让合同的生效条件不成就，影响合同生效。此种情形下，甲方基于诚实信用原则，负有按时搬迁工厂的义务，如果甲方怠于履行此项义务，乙方有权请求法院判决甲方立即履行或者确定土地使用权转让合同有效。此外，当事人约定的条件不是一方当事人的特定行为，而是一方当事人的内部管理行为时，仍为随意条件。在此情形下，负有完成相关内部管理行为的当事人应当及时妥当地完成相关行为的义务，当事人怠于履行此项义务的，可视为合同条件已经成就，合同发生法律效力。例如，甲乙双方签订合作经营合同，双方法定代表人在合同上签字并加盖了双方的公章，同时约定该合同经甲方董事会讨论通过后生效，但是甲方希望先与丙方谈判合作事宜，在与丙方谈判不成的情况下再与乙方合作，故一直不召开董事会讨论该合作经营合同，而乙方为合作经营已经做了大量准备工作，在此情况下，乙方有权请求法院解除合同，要求甲方承担缔约过失责任，或者请求确认合作经营合同生效，要求甲方履行合同。法院可根据实际情况作出相应判决。

非纯粹随意条件之成就与否亦主要取决于一方当事人之意思。其与纯粹随意条件相同之处是，当事人可以依其单方意思不当地阻止条件成就；与纯粹随意条件不同之处是，除当事人意思外，还需满足其他要件，该条件才成就。此种情形下，其意思对条件成就与否有影响的当事人亦负有依据诚实信用原则行为的义务，不能出于恶意不让条件成就。如果非纯粹随意条件的其他要件已经具备，仅因当事人之恶意作为导致合同不生效，可以认定合同已经生效。例如，

---

① 当事人的行为未必是民事行为，亦可是事实行为。

甲乙双方约定，乙将其与甲共有的房屋交给甲居住，以便甲有一个好的环境准备司法考试，甲若通过司法考试，就将其所有的摩托车赠送乙，但是甲为了达到长期居住且不赠送摩托车的目的，不参加司法考试。在此情形下，乙可要求解除合同，并要求甲承担缔约过失责任，或者请求确认甲赠送摩托车的条件已经成就，要求甲履行合同义务。法院应根据甲居住的时间等情况作出判决。

(二) 偶成条件对附条件合同效力的影响

偶成条件是否成就与当事人的意思无关，而取决于他人之行为或自然事实。附偶成条件的合同不要求当事人负有依诚实信用原则为特定行为之义务，但是，当事人不得不当地阻止条件成就或者不当地促使条件成就，否则，视为条件成就或不成就，上文已经对该问题予以论述，在此不再赘述。

(三) 混合条件对附条件合同效力的影响

混合条件成就与否，取决于一方当事人与第三人的意思。对于附混合条件的合同，其意思影响合同效力的当事人仍负有依诚实信用原则行为的义务。在此类合同中，当事人不仅负有不得恶意不作为的义务，还负有依据诚实信用原则积极协助第三人完成相关行为的义务。例如，甲乙双方约定将其所有的房屋以10万元的价格出让与乙，并约定该合同在甲结婚时生效，后房屋价格上涨，甲不愿意履行该房屋买卖合同。虽然甲已经搬到丙处与丙同居生活多年，丙亦要求与甲办理结婚证，但为了不出让房屋，甲一直拒绝领取结婚证。在此情形下，因作为合同生效条件的事实是甲结婚，该事实涉及婚姻自由，不能强迫当事人为之，但乙有权请求法院确认双方签订的房屋买卖合同生效，要求甲承担履行合同的义务。实践中，常见的混合条件是一方当事人的上级主管部门的审批行为，如果双方当事人约定合同经一方当事人的上级主管部门审批后生效，则该当事人负有积极准备报批、争取合同获得审批的义务；如果其怠于行使该义务，则应承担相应的法律责任。

如果依据法律规定，双方当事人所签订的合同须经有关主管部门审批方能生效，而双方当事人将该审批行为约定为合同生效条件的，视为没有约定条件。在此情况下，当事人怠于行使报批义务的，对方当事人可请求其承担缔约过失责任，或请求法院判决其履行该报批义务。如果依据法律规定，双方当事人所签订的合同无须经有关机关审批即可生效，而双方当事人约定合同经一方上级单位审批后生效的，负有报批义务的当事人应积极履行该义务，若其怠于履行此项义务，相对人有权请求法院判决其承担缔约过失责任，或请求法院确认合同生效条件已经成就，合同生效，要求其承担合同义务。例如，甲乙两公司约定合作开发房地产，甲方提供土地使用权，乙方提供资金并负责房地产的开发经营，并约定合同自甲方的母公司批准后生效。合同签订后，乙方为准备履行合同筹集了大量资金，并招募员工，准备办理相关行政审批手续，但是甲方认为合同签订后土地使用权价格上涨较快，合作开发房地产合同约定的利润分配方案对其不利，故一直不报请母公司审批该合同。在此情形下，乙方有权要求甲方积极报请母公司审批合同，如果甲方仍然怠于履行报批义务，则可请求法院确认合作开发房地产合同已经生效，要求甲方履行合同义务。

　　需要注意的是，双方当事人在合同中约定以一方的上级单位审批作为合同生效条件与双方当事人签订预约，约定一方当事人的上级单位审批后再签订正式合同不同，后者双方当事人尚未订立正式合同，还谈不上合同生效的问题。预约是指当事人之间约定将来订立合同的合同。将来订立的合同为本约。① 当事人之所以在本约之前订立预约，是因为当事人所订立的本约在法律上或事实上时机尚不成熟，但又不愿失去订立本约的机会，于是通过预约的方式将订立本约的权利义务予以确定。预约亦为合同，一般情况下，预约成立后即发生法律效力，当事人可以依据预约请求对方当事人订立本约，对方当事人亦负有订立本约的义务。当事人拒绝订立本约的，构成债务不履行，产生违约责任。但在预约合同生效时，本约尚未订立，守约方不得要求违约方承担本约不履行之违约责任。② 双方当事人签订预约，约定一方当事人的上级单位审批后再签订正式合同的，当事人所负的报批义务是合同基本义务，违反此项义务，则应承担违约责任。双方当事人在合同中约定以一方的上级单位审批作为合同生效条件的，当事人所负的报批义务是依据诚实信用原则而产生的合同附随义务，违反此项义务，则应承担缔约过失责任或者视为条件成就，合同发生法律效力。

【拓展适用】

一、期待权的含义

　　期待权是指相对人在条件成就与否确定前，有因条件成就而享有权利或利益之期待。期待权以附条件的民事行为已经成立为基础。附延缓条件的民事行为成立之后，在条件成就之前，虽不生效，但并非无任何法律效力。例如，附延缓条件的合同成立后，产生合同的形式拘束力，据此，当事人都不得任意撤

---

① 王卫国主编：《合同法》，北京师范大学出版社2010年版，第14页。
② 李仁玉等：《合同效力研究》，北京大学出版社2006年版，第127页。

回或变更合同。① 在条件成就前,当事人不得为自身利益,不当阻止或促使条件成就,否则将视为条件成就或不成就,以保护善意当事人的利益。

期待权是当事人在条件成就与否未定之前,可能获得权利之期望,为当事人权益之一种,应当得到法律保护。但是期待权不同于既得权,只是获得权利的可能性,法律对期待权的保护即为对此种可能性的保护,防止他人不当地损害当事人获得权利的可能性。在他人损害当事人获得权利的可能性的情况下,应当予以赔偿。

二、期待权的救济

(一) 当事人侵害期待权的救济

当事人一方为自身利益,不当地阻碍或促使条件成就,损害对方当事人期待权的,依据《民法典》第159条的规定,可以通过条件成就或不成就的拟制进行救济,前文已经对此进行论述,笔者不再重述。此外,当事人还可能存在通过另行处分标的物等方式损害对方当事人的期待权。例如,甲乙双方约定,甲在乙结婚时将其所有的房产出售给乙,但在乙结婚之前,甲将该房产转让给第三人丙,侵害乙的期待权。在此情形下,乙可以要求甲承担违约责任。

(二) 第三人侵害期待权的救济

第三人对期待权加以侵害,解释上得认为构成民法上之侵权行为,原因在于,期待权既然是一种权利,自然应和其他权利受同等之保护,而不得任人侵害。② 故第三人侵害当事人期待权的,应当承担赔偿责任。

在第三人侵害期待权的情况下,受害人均可主张赔偿损失的权利。但如果第三人的行为同时侵害了一方当事人对标的物的所有权和对方当事人的期待权,如何处理?有学者认为,买受人与出卖人签订附延缓条件的合同后,第三人侵害标的物的,应适用不可分债权之规定加以处理,出卖人和买受人仅得为其共同利益向加害人请求损害赔偿,而加害人亦仅得向受害人全体为给付。③ 笔者认为,对出卖人和买受人的损害赔偿请求权,适用不可分之债的相关规定,比较合理,可以防止加害人分别向出卖人和买受人承担赔偿责任,加重加害人的责任,亦有利于厘清出卖人和买受人之间的关系。诉讼中,出卖人和买受人必

---

① 陈自强:《民法讲义I:契约之成立与生效》,法律出版社2002年版,第310页,转引自李仁玉:《合同效力研究》,北京大学出版社2006年版,第120页。
② 郑玉波:《民法总则》,中国政法大学出版社2003年版,第389页。
③ 王泽鉴:《民法学说与判例研究》(第1册),中国政法大学出版社1998年版,第202页。

须作为共同原告参加诉讼，一方当事人未参加诉讼的，法院应当通知其参加，经法院通知拒绝参加诉讼的，则视为放弃权利。

（三）请求对期待权进行救济的时间限制

期待权不同于既得权，期待权为将来获得权利或利益之希望，他人侵害期待权的，受害人享有损害赔偿请求权，但该损害赔偿请求权并非在侵害发生之时产生，而是在条件成就时才产生。故受害人只有在条件成就时，才能主张损害赔偿请求权，条件不成就的，当事人本身还不能享有权利，自然不存在对其期待权进行救济的问题。

【典型案例】

置业公司诉 L 区国土资源局国有土地使用权出让合同纠纷案

上诉人（原审被告）：L 区国土资源局。

法定代表人：冯某光，该局局长。

被上诉人（原审原告）：置业公司。

法定代表人：宋某，该公司董事长。

〔基本案情〕

山东省高级人民法院经审理查明：2001 年 2 月 23 日，山东省青岛市人民政府在澳大利亚举办"青岛日"招商活动。在招商活动中，山东省青岛市沙子口街道办事处段家埠村与澳大利亚 N 置业公司、房地产公司签订了《开发"澳大利亚旅游观光度假村"联建合同书》，青岛高科园管委会副主任作为山东省青岛市沙子口街道办事处段家埠村授权代表，N 资源开发集团公司首席执行官作为澳大利亚 N 置业公司和房地产公司授权代表，山东省青岛市人民政府副市长作为山东省青岛市沙子口街道办事处段家埠村证人代表，澳洲本市政厅议员作为澳大利亚 N 置业公司和房地产公司证人代表，分别在合同上签了字。

2001 年 8 月 15 日，L 区国土资源局与置业公司、澳大利亚 N 置业公司签订《国有土地使用权预约协议》。该协议约定：土地位于山东省青岛市沙子口街道办事处段家埠村，土地面积为 20 万平方米，土地使用权出让费用为每亩 21 万元，总计金额为 6300 万元，土地规划用途为综合用地，使用期限为 50 年；置业公司和澳大利亚 N 置业公司凭本协议办理企业设立等手续，在预约有效期内，与 L 区国土局正式签订《国有土地使用权出让合同》，取得土地使用权。

2001 年 10 月 11 日，山东省青岛市人民政府以商外资青府字（2001）0820 号《外商投资企业批准证书》同意成立置业公司。该批准证书载明，企业类型为中外合资企业，经营年限为十年，注册资本为 2000 万元，其中澳大利亚 N 置业公司出资 600 万元，占注册资本的 30%；房地产公司出资 200 万元，占注册资本的 10%；汽车销售公司出资 600 万元，占注册资本的 30%；商贸公司出资 600 万元，占注册资本的

30%。经营范围：在山东省青岛市沙子口街道办事处段家埠村，依据文件确定的300亩土地范围内，从事房地产开发及房屋销售等业务。2001年11月13日，山东省青岛市工商行政管理局给置业公司颁发了《企业法人营业执照》。

2002年1月24日，山东省青岛市L区发展计划局依据置业公司的申请，下发崂计项字（2002）29号《关于澳洲花园项目立项的批复》，同意澳洲花园开发项目实施。该批复载明：（1）项目内容：建设澳洲花园住宅小区，包括住宅、公寓和别墅。（2）项目位于沙子口街道办事处段家埠村，总占地面积20万平方米，总建筑面积26万平方米。（3）项目计划总投资3.5亿元，所需资金由置业公司自筹解决。（4）项目计划2002年10月开工，建设工期3年。（5）项目须办理土地使用、规划定点、环保、消防等审批手续后方可开工建设。

2002年2月4日，山东省青岛市规划局下发青规函字（2002）84号《建设工程规划审查意见书》。该意见书载明，根据《中华人民共和国城市规划法》和有关法规、规范规定及城市规划要求，函复意见如下：（1）根据山东省青岛市人民政府批复的沙子口镇总体规划，该项目用地规划性质为居住用地，开发性质与规划用地性质相符，同意选址建设。（2）考虑到拟建用地周边的建设现状与规划情况，为统筹安排拟建用地周边的开发建设与各类设施的综合配套，请建设单位依据沙子口总体规划，按照《城市规划编制办法》的要求，先行编制汉河西侧图示红线围合区域的控制性详细规划方案。（3）请到山东省青岛市规划局L分局落实河道蓝线、周边及区内道路红、绿线。（4）请抓紧作出上述区域的控制性详细规划并报山东省青岛市规划局审批后，再办理相关规划手续。

2002年7月29日，山东省青岛市规划局下发《建设用地规划设计条件通知书》，同意置业公司按规划设计条件，对该用地进行规划设计。

2002年12月26日，山东省青岛市人民政府向山东省人民政府报送《关于L区2002年度第十八批城市建设用地的请示》。该请示称，经审查，该批用地符合L区沙子口街道办事处土地利用总体规划，在确定的建设用地范围内，所占耕地已开发补充同等数量的耕地，并验收合格，拟同意作为L区2002年度第十八批城市建设用地呈报，办理农用地转用和土地征用手续。该用地经批准后，由L区国土局作为储备土地进行管理。具体安排项目时，按照国家规定分别供地。土地有偿使用费由L区人民政府负责缴纳。

2002年12月27日，山东省青岛市规划局L分局下发《建设工程规划方案审查意见书》，原则上同意置业公司报送的沙子口8号线、10号线、12号线、15号线、17号线、19号线道路工程规划设计方案，并要求置业公司报审施工图。

2003年1月6日，L区国土局与置业公司签订《国有土地使用权出让合同》。该合同第三条约定：L区国土局出让给置业公司的宗地位于沙子口街道办事处段家埠村，宗地面积186235平方米，其中出让土地面积为152702平方米。第四条约定：出让土地用途为住宅。第六条约定：出让年期为 50 年。第七条约定：出让金为每平方米 369.15 元，总额为 56369943.3 元。第十五条约定：置业公司在按本合同约定支付全部土地使用权出让金之日起 30 日内，应持本合同和土地使用权出让金支付凭证，按规定向 L 区国土局申请办理土地登记，领取《国有土地使用权证》，取得出让土地使用权。L 区国土局应在受理土地登记申请之日起 30 日内，依法为置业公司办理出让土地使用权登记，颁发《国有土地使用权证》。第四十条第二款约定：本合同项下宗地出让方案尚需经山东省人民政府批准，本合同自山东省人民政府批准之日起生效。第四十五条约定：本合同未尽事宜，由双方约定后作为合同附件，与本合同具有同等法律效力。同日，双方就本合同未尽事宜达成《补充协议》，该《补充协议》第四条约定：根据合同第三条约定，宗地总面积为 186235 平方米，其中净地面积 152702 平方米，置业公司同意代征道路及绿化带面积 33533 平方米，价格为每亩 5 万元，总计 2514975 元，并承担相关税费及地面附着物补偿费。最终用地面积确定后，本款用地面积作相应调整。第五条约定：L 区国土局供地时间自本合同批准之日起。第六条约定：本协议经 L 区国土局和置业公司双方签字、盖章后生效。

2003 年 1 月 13 日，山东省青岛市规划局向置业公司发放了青规用地字（2003）3 号《建设用地规划许可证》，明确澳洲花园项目用地符合城市规划要求，准予办理规划用地手续。

2003 年 2 月 19 日，山东省人民政府下发鲁政土字（2003）52 号《关于青岛市 L 区 2002 年第十八批次城市建设用地的批复》，同意青岛市将 L 区沙子口街道办事处 20 万平方米农用地转为建设用地，其中耕地 66191 平方米，园地 133809 平方米。上述农用地转用后同意征用，用于山东省青岛市城市建设。

2004 年 4 月 12 日，L 区国土局以《国有土地使用权出让合同》无效、其无法履行合同约定的义务为由，通知置业公司解除双方签订的《国有土地使用权出让合同》，并要求置业公司于接到通知后 30 日内到 L 区经营性用地合同清理办公室办理退款等相关事宜。2004 年 6 月 18 日，L 区国土局向置业公司送达《关于抓紧办理土地出让金退款手续的函》，要求置业公司于接到本函后 15 日内到 L 区经营性用地合同清理办公室办理土地出让金退款等相关手续，逾期 L 区经营性用地合同清理办公室将依法律程序退还置业公司已经缴纳的土地出让金。

另查明，自 2001 年 9 月 28 日至 2003 年 5 月 29 日，置业公司付清了出让合同约定的土地出让金 56369943.3 元及《补充协议》约定的代征道路及绿化用地征地费 2514975 元，两项合计 58884918.3 元。

2004 年 6 月 28 日，置业公司向一审法院起诉称，置业公司系青岛澳洲花园项目的开发商，《国有土地使用权出让合同》是为该项目用地所签。该项目是山东省青岛市人民政府的招商引资项目，该项目及为此项目成立的项目公司已经山东省青岛市人民政府合法批准。2003 年 2 月 19 日，山东省人民政府以鲁政土字（2003）52 号文批复了澳洲花园项目所涉土地使用权的农用地转用手续及征地事宜。山东省青岛市规划局及L分局、L区发展计划局以及L区国土局为置业公司办理了"澳洲花园"项目所需的各种规划手续。依据2001年8月15日置业公司与L区国土局签订的《国有土地使用权预约协议》，2003年1月6日双方正式签订了《国有土地使用权出让合同》。该合同签订后，置业公司不仅如约履行了自己的义务，还向当地村民支付了500万元的土地补偿费，并协助当地村委会给全体村民办理了养老保险等相关事宜。但L区国土局却不仅没有依约为置业公司办理《国有土地使用权证》，反而以合同无效为由，于2003年7月口头通知置业公司解除合同，于2004年4月12日书面通知置业公司解除合同，于同年6月18日发函催促置业公司办理退款手续。L区国土局的行为不仅严重违约，而且给置业公司造成了不可估量的经济损失。为维护自己的合法权益，特请依法判令L区国土局继续履行《国有土地使用权出让合同》，立即为置业公司颁发土地使用权证。

L区国土局口头答辩称，L区国土局和置业公司签订的《国有土地使用权出让合同》没有生效，该合同对双方当事人没有约束力。请求一审法院判决驳回置业公司的诉讼请求。

〔一审裁判理由与结果〕

一审法院经审理认为，双方当事人的争议焦点为：《国有土地使用权出让合同》是否生效及是否有效；《国有土地使用权出让合同》应否继续履行。

关于《国有土地使用权出让合同》是否生效及是否有效问题。根据《国有土地使用权出让合同》第四十条第二款的约定，该合同的生效条件为"本合同项下宗地出让方案尚需经山东省人民政府批准，本合同自山东省人民政府批准之日起生效"。经查，本案所涉及的澳洲花园项目是山东省青岛市人民政府在招商引资活动中引入的项目，该项目引进后，与该项目相关的立项、规划、用地等手续已经山东省青岛市人民政府有关职能部门批准。2002年12月26日山东省青岛市人民政府向山东省人民政府报送了《关于L区2002年度第十八批城市建设用地的请示》，该请示的内容包括了本案所涉及的土地。2003年2月19日，山东省人民政府以《关于青岛市L区2002年第十八批次城市建设用地的批复》，批准了山东省青岛市人民政府的用地请示。至此，双方当事人所签订的《国有土地使用权出让合同》的生效条件已成就，该合同自山东省人民政府批复之日起生效。至于山东省青岛市人民政府报送的请示中是否包括合同约定的"出让方案"，不影响该合同的效力。L区国土局关于《国有土地使用权出让合同》没有生效的抗辩主张不成立，不予支持。双方当事人签订的《国有土地使用权出让合同》及《补充协议》内容合法，意思表示真实，为有效合同。

关于《国有土地使用权出让合同》应否继续履行问题。置业公司按照《国有土地使用权出让合同》和《补充协议》约定，付清了土地出让金和代征道路及绿化用地征地费，山东省青岛市人民政府有关职能部门为该项目办理了项目立项、规划、土地农转用、征用等手续，双方的合同义务已基本履行完毕。根据合同第十五条的约定，今后只要L区国土局继续履行合同义务，依约为置业公司办理国有土地使用权证，合同目的即可得到实现。因此，置业公司请求L区国土局继续履行合同的主张，予以支持。据此判决：一、L区国土局、置业公司继续履行双方于2003年1月6日签订的《国有土地使用权出让合同》；二、L区国土局于判决生效后三十日内为置业公司办理《国有土地使用权证》。

〔当事人上诉及答辩意见〕

L区国土局不服一审判决，向最高人民法院提起上诉，请求撤销一审判决，改判驳回置业公司的诉讼请求，由置业公司负担本案一审、二审诉讼费及财产保全费。主要事实和理由是：

一、一审判决认定L区国土局与置业公司所签《国有土地使用权出让合同》的生效条件已经成就不符合事实和法律规定

1. 本案所涉《国有土地使用权出让合同》是附生效条件的合同，所附条件并未成就。双方明确约定了合同的生效条件，即在《国有土地使用权出让合同》第四十条第二款约定："本合同项下宗地出让方案尚需经山东省人民政府批准，本合同自山东省人民政府批准之日起生效。"在双方签订的《补充协议》第五条中也约定，L区国土局供地时间自本合同批准之日起。《中华人民共和国合同法》第四十五条规定："当事人对合同的效力可以约定附条件。附生效条件的合同，自条件成就时生效。"本案中双方约定的合同生效条件，即本合同项下宗地出让方案，山东省人民政府从未批复过。按国家法律规定，只有供地方案（包括出让方案）经过有批准权的人民政府批准后，市、县人民政府土地行政管理部门才能与土地使用者签订《国有土地使用权出让合同》。《中华人民共和国土地管理法实施条例》第二十二条明确规定："建设单位持建设项目的有关批准文件，向市、县人民政府土地行政主管部门提出建设用地申请，由市、县人民政府土地行政主管部门审查，拟订供地方案，报市、县人民政府批准；需要上级人民政府批准的，应当报上级人民政府批准。供地方案经批准后，由市、县人民政府向建设单位颁发建设用地批准书。有偿使用国有土地的，由市、县人民政府土地行政主管部门与土地使用者签订国有土地有偿使用合同。"可见，供地方案的审批，是市、县人民政府土地行政主管部门签订土地出让合同的必经步骤，也是前置程序。在实践中，也存在先签合同后报批的情况。正因为有这种情况，由国土资源部和国家工商行政管理局监制的标准合同《国有土地使用权出让合同》才在开头部分"使用说明"第七条中指出："合同第四十条关于合同生效的规定中，宗地出让方案业经有权人民政府批准的，按照第一款规定生效；宗地出让方案未经有权人民政府批准的，按照第二款规定生效。"双方在签订《国有土地使用权出让合同》时，对第四十条关于合同生效的规定作出了第二项选择，即"本合同项下宗地出让方案尚需经山东省人民政府批准，本合同自山东省人民政府批准之日起

生效"。并且，根据《山东省实施〈中华人民共和国土地管理法〉办法》的规定，本案中的出让方案应当由山东省人民政府审批。实践中的做法是，土地使用者向建设项目当地市、县人民政府土地行政管理部门提出申请，由当地市、县人民政府土地行政管理部门拟订出让方案，报同级人民政府批准；需要报上级人民政府批准的，再报上级人民政府批准。根据 1999 年 8 月 22 日山东省人大常委会制定的《山东省实施〈中华人民共和国土地管理法〉办法》第二十四条第一款第三项规定："占用土地八公顷以上的，由省人民政府批准。"这是山东省地方性法规关于建设项目使用国有建设用地审批权限的规定。本案项下合同出让土地的面积为 15.27 公顷，依法应由山东省人民政府批准。因本案所涉的出让方案至今没有得到山东省人民政府批准，因而合同的生效条件始终没有成就。

2. 一审判决混淆了政府对出让方案审批和对农用地转用审批这两个不同性质的审批，错误地认定对农用地转用的审批就是对出让方案的审批。通过和取得农用地转用的审批是形成供地方案的前提条件。供地方案包括划拨方案和出让方案。之所以需要对供地方案（包括出让方案）进行审批，是因为《中华人民共和国城市房地产管理法》第十一条①规定："土地使用权出让，由市、县人民政府有计划、有步骤地进行。出让的每幅地块、用途、年限和其他条件，由市、县人民政府土地管理部门会同城市规划、建设、房产管理部门共同拟定方案，按照国务院规定，报经有审批权的人民政府批准后，由市、县人民政府土地管理部门实施。"依照《建设用地审查报批管理办法》第十条②第四款的规定，供地方案（包括出让方案）应当包括供地方式、面积、用途、土地有偿使用费标准、数额等。可见，对农用地转用的审批是对供地方案（包括出让方案）审批的前置程序，二者不能等同。而一审法院恰恰混淆了两者，在当事人已经在合同中明确约定以出让方案得到批准作为合同生效条件的情况下，错误地认为山东省人民政府批准山东省青岛市人民政府的农用地转用请示后，双方所签订《国有土地使用权出让合同》的生效条件就已经成就。山东省人民政府对青岛市人民政府的用地请示的批复，是对包括该《国有土地使用权出让合同》项下宗地在内的 20 万平方米的农用地转为建设用地的批复，并非是对出让方案的审批。一审判决认定双方当事人所签订的《国有土地使用权出让合同》的生效条件已成就，没有事实和法律依据。

二、一审判决认定双方签订的《国有土地使用权出让合同》为有效合同不能成立

1. 双方签订的《国有土地使用权出让合同》严重违反了《中华人民共和国城市

---

① 对应 2019 年《城市房地产管理法》第 12 条第 1 款。
② 对应 2016 年《建设用地审查报批管理办法》第 11 条。

房地产管理法》第八条①"城市规划区内的集体所有的土地，经依法征用转为国有土地后，该幅国有土地的使用权方可有偿出让"的规定。山东省人民政府是在2003年2月19日《关于青岛市L区2002年第十八批次城市建设用地的批复》中，同意青岛市将L区沙子口街道办事处20万平方米农用地转为建设用地。上述农用地转用后同意征用，用于青岛市城市建设。而本案所涉的《国有土地使用权出让合同》却早在2003年1月6日即已签订，其时农用地尚未被征用转为国有土地。建设用地须先征用后签订出让合同，这是房地产管理法的强制性规定。本案所涉的《国有土地使用权出让合同》违反了这一强制性规定。因此，该合同自始即没有法律效力。

2. 双方签订的《国有土地使用权出让合同》严重违反了国家关于招标拍卖挂牌出让国有土地使用权的相关强制性规定。国土资源部颁发的《招标拍卖挂牌出让国有土地使用权规定》早在2002年7月1日即已开始实施，而本案所涉的《国有土地使用权出让合同》在2003年1月6日才签订。《招标拍卖挂牌出让国有土地使用权规定》第四条第一款规定："商业、旅游、娱乐和商品住宅等各类经营性用地，必须以招标、拍卖或者挂牌方式出让。"按照这一规定，本案《国有土地使用权出让合同》项下的土地必须通过招标、拍卖、挂牌的方式公开进行出让，而双方在《招标拍卖挂牌出让国有土地使用权规定》已实施半年后仍以协议方式签订《国有土地使用权出让合同》，出让国有土地用于住宅建设，违反了国家关于招标拍卖挂牌出让国有土地使用权的规定，也违反了国土资源部和监察部国土资发（2002）265号《关于严格实行经营性土地使用权招标拍卖挂牌出让的通知》的相关规定。因此，该《国有土地使用权出让合同》属无效合同。

3. 除前述导致《国有土地使用权出让合同》无效的情形外，置业公司在签订《国有土地使用权出让合同》过程中还存在着与前L区国土局局长恶意串通、损害国家利益的嫌疑。这一点从土地评估的过程即可窥知一斑。同以2002年8月13日为基准日，置业公司委托的青岛房地产评估咨询公司对本案项下土地的评估价格是每平方米369.15元，据此确认的置业公司应交纳的出让金为56369943.3元。L区国土局在处理群众对本案的举报中，又委托青岛衡元评估有限责任公司进行评估，评估的价格是每平方米1001.9元，如果据此要求置业公司交纳土地出让金，则应为152992133.8元。也就是说，每平方米的评估价格相差了近三倍，土地出让金的差距更是达96622190.5元之巨。根据《城市房地产市场估价管理暂行办法》②第十条的规定，每个土地估价项目必须由不少于两名估价师承办，而置业公司委托的青房

---

① 对应2019年《城市房地产管理法》第9条，条文内容由"征用"改为"征收"。
② 已被《住房和城乡建设部公告第894号——关于公布住房和城乡建设部规范性文件清理结果目录的公告》废止。

地产评估咨询公司的《土地估价报告》却是由一名估价师作出的。评估时的土地用途为综合用地，到了出让合同中就变成了住宅。而且，《国有土地使用权出让合同》使用说明中规定：合同第四条土地用途按《城镇地籍调查规程》规定的土地二级分类填写，属于综合用地的，应注明各类具体用途及所占的面积比例。双方签订的出让合同与规划和评估报告中的土地用途都不相同。

三、一审法院以支持置业公司诉讼主张的判决结果，是错误地否定了L区国土局贯彻中央和各级政府指示精神，对非法出让土地进行的纠偏行为

国务院于2001年以来出台了一系列政策、法规，严格整顿和规范土地出让行为。本案就是在这种国家整顿和治理土地管理秩序的大背景下发生的。在山东省人民政府高度重视下，山东省青岛市人民政府经对本案项下出让行为进行充分调查研究后，认定该宗地的出让是非法出让，指示L区国土局依法进行查处，并将此出让行为认定为违法违规重点案件之一。

一审法院认定只要L区国土局依约为置业公司办理《国有土地使用权证》，合同目的即可实现，这是错误的。依照我国土地管理法规的规定，只有土地出让方案经过有权人民政府批准以后，土地管理部门才有权依照出让方案和相对方签订出让合同。就本案来讲，土地管理部门在签订合同以前没有经过有权人民政府批准，所以才约定出让方案经过有权人民政府批准以后合同才生效。而目前既然政府已经认定该宗地的出让是非法出让，政府就不会再批准该宗地的出让方案，L区国土局根本无法继续履行合同义务。如果按照一审法院的判决内容，为置业公司办理《国有土地使用权证》，则不仅否定了L区国土局在治理整顿土地市场秩序过程中针对向置业公司非法出让土地而进行的纠偏行为，与中央和各级政府的指示精神相冲突，而且也不符合相关法律法规的规定。因此，无论从《国有土地使用权出让合同》未生效及无效的法律层面上考虑，还是从贯彻中央和各级政府指示精神的层面上考虑，双方签订的《国有土地使用权出让合同》均已没有履行的可能。如果二审法院不支持L区国土局的上诉请求，其结果是合同无法履行，当事人主张的权利也无法实现。故请求二审法院查清事实，实事求是地作出判决，即使认定合同有效，也要考虑到由于法律和事实上的障碍，L区国土局已经无法继续履行本案中的合同的事实，作出合法、合理、合情的判决。

四、一审判决超越民事审判权限，扩大了判决范围，违反了"不告不理"的民事诉讼法准则

置业公司在民事诉状中提出的诉讼请求为两项：（1）判令L区国土局继续履行双方所签的《国有土地使用权出让合同》；（2）判令L区国土局承担案件受理费、保全费及其他诉讼费用（庭审过程中，置业公司撤销了原来提出的要求判令L区国土局赔偿损失的诉讼请求）。可见，置业公司的实质性诉讼请求只有一项，即"继续履行《国有土地使用权出让合同》"，而一审判决除支持置业公司的诉讼请求外，又增

加了一项L区国土局于判决生效后三十日内为置业公司办理《国有土地使用权证》。该判项内容，置业公司在起诉中并没有作为一项诉讼请求提出。一审法院超出当事人的诉讼请求作出判决，违反了"不告不理"的民事诉讼法准则。另外，颁发《国有土地使用权证》在性质上应属于L区国土局的行政行为，一审法院在民事案件审理和判决中无权判决当事人作出行政行为。因此，一审判决既超出了当事人的诉请范围，又超越了民事审判权限，应予撤销。

五、一审判决在认定事实和适用法律方面还存在问题

（1）混淆了山东省青岛市人民政府与L区国土局的关系，将山东省青岛市人民政府的行政行为视同L区国土局的履行合同行为。本案中的项目不是山东省青岛市人民政府引入的项目。签订《开发"澳大利亚旅游观光度假村"联建合同书》的双方中没有山东省青岛市人民政府，而且所签合同违反了土地管理法的强制性规定，属于无效合同。（2）不合理地采取诉讼保全措施并判决L区国土局负担财产保全费。（3）错误地认定山东省青岛市人民政府有关的职能部门为该项目办理了项目立项、规划等手续，双方的合同义务已基本履行完毕。（4）没有采纳L区国土局在一审中提交的大量证据，也没有说明理由。

置业公司答辩称，L区国土局提起上诉依据的事实和理由不成立，请求驳回上诉，维持原判。主要事实和理由是：

一、一审判决认定双方当事人所签订的《国有土地使用权出让合同》的生效条件已成就，符合事实和法律规定

1. 根据《中华人民共和国土地管理法》和《中华人民共和国土地管理法实施条例》等法律和行政法规的规定，国有土地使用权出让中，像本案所涉土地的情况，只有农用地转用方案、补充耕地方案、征用土地方案应当由省人民政府审批，而本案中山东省人民政府已以鲁政土字（2003）52号文就上述事项批复同意。

2. 正因为只有上述内容依法应由省人民政府审批，因此双方合同第四十条第二款关于合同的生效条件"本合同项下宗地出让方案尚需经山东省人民政府批准，本合同自山东省人民政府批准之日起生效"，只能是指对宗地出让方案中的农用地转用方案、补充耕地方案、征用土地方案的审批，其余事项山东省人民政府既无法律授予的审批权限，也无此义务。即使合同中用了"宗地出让方案"这个不确切的词，也只能依法确定其真实意思并据此审查合同是否生效。

3. L区国土局在上诉状中，将供地方案、宗地出让方案及农用地转用方案、补充耕地方案、征用土地方案的审批，混淆不清，其认为本案所涉《国有土地使用权出让合同》不生效的理由不能成立。（1）供地方案的审批，并非双方合同约定的生效条件；（2）供地方案的审批机关依法并非山东省人民政府，而是山东省青岛市L区人民政府。法律依据为《中华人民共和国土地管理法实施条例》第二十二条第二项规定；（3）L区国土局在上诉状中所有引用的法律条文，均没有供地方案（或其所

称的出让方案）应由山东省人民政府批准的规定。其引用《山东省实施〈中华人民共和国土地管理法〉办法》第二十四条第一款第三项来论证供地方案的审批机关是山东省人民政府，也是错误的，因为从该条所处的章节位置来看，该条规定的是农用地转用的审批权限，并非供地方案的审批权限。综上，一审判决认定出让合同设定的生效条件已成就是完全符合事实和法律规定的。

二、一审判决认定双方当事人签订的《国有土地使用权出让合同》为有效合同是完全正确的

本案双方所签出让合同的内容并未违反法律和行政法规的强制性规定，合同的主体、客体、意思表示等各要素均合法。至于L区国土局在上诉状中列举的所谓违法问题，均是L区国土局对法律规定的任意曲解和有意回避法律规定造成的，依法根本不能成立。（1）L区国土局对城市房地产管理法的错误理解。该法第八条规定："城市规划区内的集体所有的土地，经依法征用转为国有土地后，该幅国有土地的使用权方可有偿出让。"该规定L区国土局任意曲解为"城市规划区内的集体所有的土地，经依法征用转为国有土地后，该幅土地的使用权方可签订出让合同（有偿出让）"，所以才得出"建设用地须先征用，后签订出让合同"的错误结论。该规定的立法本意是，强调集体所有的土地未经依法征用转为国有后，不能进行事实上的出让行为或产生出让的结果。也即该条款限制的是《国有土地使用权出让合同》的具体履行时间，并非是对《国有土地使用权出让合同》签订时间的限制，法律也不可能对合同的签订时间进行限制。况且，本案所涉出让合同签订时，约定了以土地征用等被批准为生效条件，该生效条件业已成就。L区国土局已与原土地所有权人签订土地征用合同，已经履行完毕。（2）L区国土局有意回避国家关于招标拍卖挂牌出让国有土地使用权的相关规定。L区国土局在论证本案所涉土地可否协议出让这一问题时，有意回避了国地发（365）号文，即国土资源部《关于进一步治理整顿土地市场秩序中自查自纠若干问题的处理意见》。该意见第三条专门对《招标拍卖挂牌出让国有土地使用权规定》实施前遗留问题进行了明确规定。根据该规定，本案所涉土地是可以协议出让的。L区国土局无视国地发（365）号文已颁布实施的事实，论证出让合同无效是错误的。（3）关于L区国土局提及的置业公司在签订出让合同过程中存在与前L区国土局局长于某军恶意串通、损害国家利益的嫌疑，纯属对置业公司的中伤。对于评估问题，在置业公司起诉到一审法院前一年多调查时间里，L区国土局从未向置业公司提起该问题，本案所涉土地的评估符合当时的法律规定。关于评估报告上应当由几个评估师署名，法律无明确规定。

三、所谓"纠偏行为"与本案无关。举报的内容为置业公司是假外商，未投一分钱，土地付款超期，均与事实相悖

本案的土地本已通过了国务院五部委、省国土资源厅等部门的土地审查验收，因匿名举报人的恶意举报，引起所谓的"纠偏"。L区国土局竟不顾举报内容不实之

事实，就直奔收地主题。并且在举报到正式通知收地的过程中，L区国土局一次又一次找理由（不是举报中的理由）欲收回土地，当所找理由均不能成立时，才以最终书面通知的理由解除合同，而该解除理由与所谓的举报无关。

四、一审判决并未超越审判范围

关于请求法院判令由L区国土局为置业公司办理《国有土地使用权证》的申请，置业公司在当庭宣读诉状第一项请求判令L区国土局继续履行双方所签合同时，特意明确了为置业公司办理《国有土地使用权证》这一继续履行合同的实质内容，并记录在案。因此，一审并未超越审判范围，并未违反"不告不理"原则。另外，颁发《国有土地使用权证》是L区国土局在民事合同中应尽义务，该判决内容也未超出民事审判范围。

五、一审判决并未混淆山东省青岛市人民政府与L区国土局的关系

本案所涉《国有土地使用权出让合同》中L区国土局的主要义务，就是提供土地和为置业公司办理土地证。上述义务履行涉及依法应办理的审批手续，是L区国土局履行上述义务的必经程序，也是其应尽义务。

六、采取诉讼保全措施是必需的、正当的，其费用理应由L区国土局承担

本案在置业公司向L区国土局及其上级部门积极反映情况，要求公正合法处理过程中，L区国土局于2004年4月12日书面通知解除合同，并于同年6月18日办理退款手续，且限期为15天，否则依法处理。如果置业公司不采取保全措施，L区国土局完全可以提存土地款项并另行出让土地。故置业公司申请保全是必需的、正当的。

〔最高人民法院查明的事实〕

最高人民法院二审查明：房地产公司为置业公司股东，占置业公司的10%股份。2001年8月15日，L区国土局与置业公司、澳大利亚N置业公司签订《国有土地使用权预约协议》时，路某强担任置业公司的总经理，并作为置业公司代表在该预约协议上签字。

另查明，2003年2月19日，山东省人民政府下发鲁政土字（2003）52号《关于青岛市L区2002年第十八批次城市建设用地的批复》，除同意青岛市将L区沙子口街道办事处20万平方米农用地转为建设用地，以及上述农用地转用后征用，用于青岛市城市建设外，同时指出，要严格按照有关规定向具体建设项目提供用地，供地情况要经青岛市国土资源部门及时报山东省国土资源厅备案。

又查明，2002年10月31日，L区国土局以崂国土价字（2002）55号《关于确认土地估价结果的批复》，对置业公司委托青岛东部房地产评估咨询有限公司土地评估结果进行了确认。

还查明，2004年3月1日，青岛市人民政府法制办公室与青岛市国土资源和房屋管理局共同下发青法制〔2004〕22号《关于L区段家埠村澳洲花园项目用地的情

况报告》提出的处理意见为：鉴于目前情况，该宗用地实际已不能按 2003 年 1 月 6 日 L 区国土局与置业公司签订的《国有土地使用权出让合同》的约定进行协议出让，处理该问题的关键是依法解除该出让合同。但因该合同的性质属民事法律关系范畴，其主体是 L 区国土局与置业公司，而不是市政府，故应由合同双方当事人依法解除该合同。为此，建议市政府召集 L 区政府及相关单位会议，对下列事项进行研究和明确后，由有关责任单位依法组织实施：（1）L 区国土局依法解除与置业公司签订的《国有土地使用权出让合同》，退还土地出让金等相关费用。（2）L 区国土局依法完善该宗地征地手续，并将其依法纳入政府储备。2004 年 3 月 8 日，山东省青岛市人民政府办公厅向山东省人民政府督查处报送《关于 L 区段家埠村澳洲花园项目用地的情况报告》提出的处理意见为：鉴于目前情况，该宗用地实际已不能按 2003 年 1 月 6 日 L 区国土局与置业公司签订的《国有土地使用权出让合同》的约定进行协议出让，应依法解除该出让合同，退还其土地出让金等相关费用，将该宗地依法纳入政府储备。

2005 年 7 月 4 日，L 区国土局向最高人民法院提交《关于 L 区国土资源局上诉置业公司一案的几点补充说明》，在该材料中提到，如果不支持 L 区国土局的上诉请求，其结果是合同无法履行，当事人主张的权利也无法实现。请求最高人民法院查清事实，实事求是地作出判决，即使认定合同有效，也要考虑到由于法律和事实上的障碍，L 区国土局已经无法继续履行本案中的出让合同的事实，作出合法合理合情的判决。

2005 年 9 月 1 日，山东省青岛市 L 区人民政府向最高人民法院提交《关于我区国土资源局与置业公司国有土地使用权出让合同纠纷案有关情况说明的函》。该函中提及，因该案涉及执行国家部委规定及落实国务院领导批示事宜，特作如下说明：（1）根据有关规定和领导批示精神，L 区国土局于 2004 年 4 月 14 日作出《关于解除〈国有土地使用权出让合同〉的通知》；（2）根据现行国有土地出让管理的规定以及目前 L 区实际情况，该宗土地出让合同已无法继续履行，理由及相关具体意见请参见青岛市人民政府法制办公室与青岛市国土资源和房屋管理局青法制〔2004〕22 号《关于 L 区段家埠村澳洲花园项目用地的情况报告》。

最高人民法院二审期间，2005 年 3 月 10 日，L 区国土局提供山东省泰安市中级人民法院于 2005 年 1 月 13 日作出的（2004）泰刑二初字第 20 号刑事判决书。被告人于某军在法定期间内未提起上诉，该判决已经发生法律效力。置业公司对此不持异议。该判决书认定，2001 年 8 月，被告人于某军利用担任 L 区国土局局长职务的便利，接受房地产公司总经理路某强的请托，为该公司办理了国有土地使用权预约手续。为表示感谢及继续得到于某军的关照，2002 年春节前一天，路某强送给于某军 3 万元的青岛佳世客购物卡。2003 年 1 月，于某军以购车为由，向路某强索要 33 万元。于某军的上述行为已构成受贿罪，且具有索贿情节。

最高人民法院二审查明的其他事实与一审法院查明的事实相同。

[最高人民法院裁判理由与结果]

最高人民法院认为，本案双方当事人在二审中争议的焦点问题有三个：一是双方签订的《国有土地使用权出让合同》是否生效；二是双方签订的《国有土地使用权出让合同》是否有效；三是一审判决是否违反"不告不理"民事诉讼原则。

一、关于双方签订的《国有土地使用权出让合同》是否生效的问题

根据《中华人民共和国合同法》第四十五条的规定，当事人对合同的效力可以约定附条件。附条件的合同，自条件成就时生效。所谓附条件的合同，是指当事人在合同中特别约定一定的条件，以条件是否成就作为合同效力发生的根据。合同所附条件，必须是将来发生的、不确定的事实，是当事人约定的而不是法定的，同时还必须是合法的。在我国，政府机关对有关事项或者合同审批或者批准的权限和职责，源于法律和行政法规的规定，而不属于当事人约定的范围。当事人将法律和行政法规规定的政府机关对有关事项或者合同的审批权或者批准权约定为附条件的合同中的条件，不符合合同法有关附条件合同的规定。当事人将法律和行政法规没有规定的政府机关对有关事项或者合同的审批权或者批准权约定为附条件的合同中的条件，同样不符合合同法有关附条件合同的规定。根据合同法规定精神，当事人在订立合同时，将法定的审批权或者批准权作为合同生效条件的，视为没有附条件。将法律未规定为政府机关职责范围的审批权或者批准权作为包括合同在内的民事法律行为生效条件的，同样视为没有附条件，所附的"条件"不产生限制合同效力的法律效果。

根据一审法院和最高人民法院查明的事实，本案涉及的"澳洲花园"项目是山东省青岛市人民政府在招商引资活动中引入的项目，与该项目相关的立项、规划、用地等手续已经山东省青岛市人民政府有关职能部门及山东省青岛市L区人民政府有关职能部门陆续批准。2002年12月26日，山东省青岛市人民政府向山东省人民政府报送了《关于L区2002年度第十八批城市建设用地的请示》，内容中包括了本案所涉及的土地。2003年2月19日，山东省人民政府下发鲁政土字（2003）52号《关于青岛市L区2002年第十八批次城市建设用地的批复》，同意青岛市将L区沙子口街道办事处20万平方米农用地转为建设用地。上述农用地转用后同意征用，用于青岛市城市建设。该批复还指出，要严格按照有关规定向具体建设项目提供用地，供地情况要经青岛市国土资源部门及时报山东省国土资源厅备案。这表明山东省人民政府对建设项目供地管理采取的是备案制而不是审批制，有关供地事项不需要报经山东省人民政府审批。

L区国土局与置业公司在《国有土地使用权出让合同》中约定"本合同项下宗地出让方案尚需经山东省人民政府批准，本合同自山东省人民政府批准之日起生效"，虽然表明双方约定经山东省人民政府批准合同项下宗地出让方案作为《国有土

地使用权出让合同》的生效条件，但该条件不属于我国合同法规定的附生效条件合同的条件，并且山东省人民政府在有关批复中明确指出，具体建设项目提供用地情况经青岛市国土资源部门及时报山东省国土资源厅备案，表明不需要报经批准。因此，双方关于合同项下宗地出让方案需经山东省人民政府批准生效的约定，对本案所涉《国有土地使用权出让合同》不产生限制合同效力的法律效果。L区国土局认为双方签订的《国有土地使用权出让合同》约定的合同生效条件未成就，以此为由主张所涉土地出让合同未生效，没有法律依据。一审法院认为山东省青岛市人民政府报送的请示中是否包括合同约定的"出让方案"，不影响该合同的效力，适用法律是正确的。

二、关于双方签订的《国有土地使用权出让合同》是否有效的问题

本案双方所签《国有土地使用权出让合同》，是在平等自愿基础上达成的协议，意思表示真实。根据自1999年1月1日起施行的《中华人民共和国土地管理法》第四十四条规定，建设占用土地，涉及农用地转为建设用地的，应当办理农用地转用审批手续。在土地利用总体规划确定的城市和村庄、集镇建设用地规模范围内，为实施该规划而将农用地转为建设用地的，按土地利用年度计划分批次由原批准土地利用总体规划的机关批准。在已批准的农用地转用范围内，具体建设项目用地可以由市、县人民政府批准。本案讼争土地已经山东省人民政府鲁政土字（2003）52号批复批准，属于已批准的建设用地，土地出让方案应由市、县人民政府批准。根据自1999年1月1日起施行的《中华人民共和国土地管理法实施条例》第二十二条规定，具体建设项目需要占用土地利用总体规划确定的城市建设用地范围内的国有建设用地的，需要市、县土地行政主管部门出具建设项目用地预审报告，由市、县人民政府批准土地行政主管部门拟定的供地方案，市、县人民政府批准供地方案后向建设单位颁发建设用地批准书，然后由市、县土地行政主管部门与土地使用者签订国有土地有偿使用合同。本案中，作为市、县一级土地行政主管部门的L区国土局与作为土地使用者的置业公司签订《国有土地使用权出让合同》之前，虽然没有颁发建设用地批准书，但这属于L区国土局在办理有关供地手续过程中程序的简化或者遗漏，不属于违反《中华人民共和国合同法》第五十二条规定导致合同无效的情形。

在L区国土局与置业公司于2003年1月6日签订《国有土地使用权出让合同》后不久，即2003年2月19日，山东省人民政府批准了合同项下宗地农用地转为建设用地的审批手续和征地手续，同时要求按照有关规定向具体建设项目提供用地并将供地情况报山东省国土资源厅备案。这表明双方签订的《国有土地使用权出让合同》项下的土地已经履行了农用地转为建设用地以及征地手续，符合《中华人民共和国土地管理法》规定的由市、县人民政府批准具体建设项目用地条件，不再需要将合同项下宗地出让方案报经山东省人民政府批准，合同项下宗地符合建设用地条件，

可以进入土地出让市场。双方于2003年1月6日签订的《国有土地使用权出让合同》效力自此得到补正，符合《中华人民共和国合同法》第五十一条关于无处分权的人处分他人财产，订立合同后取得处分权的，该合同有效的规定精神。故L区国土局主张双方签订的《国有土地使用权出让合同》违反法律和行政法规的强制性规定，应认定为无效合同，于法无据，不予支持。

山东省人大常委会制定的《山东省实施〈中华人民共和国土地管理法〉办法》，是一部地方性法规；自2002年7月1日起施行的《招标拍卖挂牌出让国有土地使用权规定》，是国土资源部为加强土地管理而制定的部门规章。根据《中华人民共和国合同法》第五十二条第五项的规定和《最高人民法院关于适用〈中华人民共和国合同法〉若干问题的解释（一）》第四条"合同法实施以后，人民法院确认合同无效，应当以全国人大及其常委会制定的法律和国务院制定的行政法规为依据，不得以地方性法规、行政规章为依据"的规定，只有违反法律和行政法规强制性规定的合同才能被确认为无效，地方性法规和行政规章不能作为确认合同无效的依据。因此，L区国土局提出双方签订的《国有土地使用权出让合同》违反山东省人大常委会制定的地方性法规和国土资源部制定的部门规章，应认定为无效的请求，于法无据，不予支持。此外，按照国家有关规定，在2002年7月1日前未经市、县政府前置审批或者签订书面项目开发协议而在此后协议出让经营性用地的，应当按照有关规定改为以招标拍卖挂牌方式出让。L区国土局提出其出让讼争土地的行为违反有关行政管理规定需要完善招标拍卖挂牌手续，无法继续履行《国有土地使用权出让合同》，属于对相关合同的变更或者解除，影响到相关合同能否实际履行以及是否解除的问题，不影响和限制合同的效力，不是认定合同无效的理由和依据。

根据L区国土局提供的已经生效的山东省泰安市中级人民法院于2005年1月13日作出的（2004）泰刑二初字第20号刑事判决书认定，路某强在2001年8月签订《国有土地使用权预约协议》后，送给于某军价值3万元的购物卡。2003年1月，于某军以购车为由，向路某强索要33万元。于某军利用时任L区国土局局长职务的便利条件受贿和索贿，是其个人犯罪行为，已由有关法院对其追究了相应的刑事责任。L区国土局与置业公司签订《国有土地使用权预约协议》和《国有土地使用权出让合同》，是具体落实山东省青岛市人民政府有关招商引资项目，于某军在签订有关协议时虽然担任L区国土局局长，但不具有决定有关协议和合同是否签订的权力和责任。作为时任L区国土局局长的于某军，在签订有关协议后向对方索要33万元购车款的事实，不能证明L区国土局与置业公司签订有关国有土地使用权预约协议和出让合同时，恶意串通，损害国家利益。没有证据证明L区国土局与置业公司在签订《国有土地使用权出让合同》过程中存在恶意串通，损害国家利益的情形。故L区国土局以此为由主张认定《国有土地使用权出让合同》无效，证据不足，不予采信。

关于本案所涉土地的评估是否符合有关规定的问题。L区国土局主张其在处理群众对本案的举报中委托评估公司同以2002年8月13日为基准日，对本案项下土地的评估价格，与当时作为签订出让合同价款依据的青岛东部房地产评估咨询有限公司对本案项下土地的评估价格相差很大，以此为由主张《国有土地使用权出让合同》无效，并未对鉴定机构的鉴定资质提出异议。置业公司委托评估的鉴定机构由两名土地估价人员进行评估，符合有关规定。L区国土局委托评估时的土地用途为住宅用地，双方签订出让合同之前置业公司委托评估的土地用途为综合用地。因此，虽然同是以2002年8月13日为基准日，但由于鉴定结论出自不同的鉴定机构和鉴定人员，评估时间不同，土地用途不同，土地评估价格会出现较大差异。双方在国有土地使用权预约协议中约定的土地用途是综合用地，但山东省青岛市规划局于2002年2月4日下发的青规函字（2002）84号《建设工程规划审查意见书》载明意见，根据山东省青岛市人民政府批复的沙子口镇总体规划，该项目用地规划性质为居住用地，开发性质与规划用地性质相符，同意选址建设。因此，在双方签订《国有土地使用权出让合同》之前置业公司委托评估土地用途为综合用地，在签订《国有土地使用权出让合同》中将土地用途变成住宅，属于L区国土局与置业公司通过签订合同的形式对部分条款内容的变更，与《中华人民共和国土地管理法》第五十六条关于建设单位使用国有土地的，应当按照土地使用权出让等有偿使用合同的约定或者土地使用权规划批准文件的规定使用土地的内容不相冲突。双方签订的《国有土地使用权出让合同》与规划和评估报告中的土地用途不相同，如果可能导致土地使用权出让金低于订立合同时当地政府按照国家规定确定的最低价的，属于影响国有土地使用权出让合同价格条款效力的因素，但不导致《国有土地使用权出让合同》无效。

三、关于一审判决是否违反"不告不理"民事诉讼原则的问题

经查，置业公司在一审当庭宣读起诉状第一项请求判令L区国土局继续履行双方所签合同时，特意明确了办理《国有土地使用权证》这一继续履行合同的实质内容，并有一审庭审笔录佐证。按照双方在《国有土地使用权出让合同》第十五条第二款约定，L区国土局应依法为置业公司办理出让土地使用权登记，颁发《国有土地使用权证》。这是L区国土局基于双方签订的《国有土地使用权出让合同》而应尽的合同义务，属于继续履行合同义务范畴。一审法院对此进行审理并作出判决，没有超出民事审判范围，并未违反"不告不理"民事诉讼原则。

在对当事人的上述三个争议焦点问题作出评判之后，本案还面临着双方签订的《国有土地使用权出让合同》如何处理的问题。从双方当事人在本案一审和二审中的诉辩情况看，当事人争议的焦点问题始终围绕本案所涉《国有土地使用权出让合同》的效力问题。在经法院审理确认L区国土局主张合同未生效、无效的理由不成立的情况下，从本案的具体情况看，还存在一个合同权利义务是否应当终止问题，或者

说合同应否解除问题。民事主体从事民事活动，除必须遵守法律外，在法律没有规定的情况下还应当遵守国家政策。按照国家有关规定，在2002年7月1日前未经市、县政府前置审批或者签订书面项目开发协议，而在此后协议出让经营性用地的，应当按照有关规定改为以招标拍卖挂牌方式出让。本案所涉项目用地在2002年7月1日前只取得计划立项而未取得《建设用地规划许可证》，不属于已进行了前置审批情形；在2002年7月1日前，双方当事人虽然签订了联建合同书和国有土地使用权预约协议，但未签订书面项目开发协议，故本案讼争用地不符合国家有关规定确定的历史遗留问题可以协议方式出让的范围。置业公司在一审中提出的请求法院判令L区国土局继续履行《国有土地使用权出让合同》，立即为置业公司颁发《国有土地使用权证》，因本案讼争国有土地使用权需要按照国家有关规定改为以招标拍卖挂牌方式出让，属于国家政策性要求。L区国土局未严格执行国家有关政策通过招标拍卖挂牌方式出让本案讼争土地使用权，是造成双方签订的《国有土地使用权出让合同》无法继续履行的原因。这一政策方面的程序要求虽不导致本案所涉《国有土地使用权出让合同》无效，但却影响该合同在客观上无法继续履行，故置业公司要求判令L区国土局继续履行《国有土地使用权出让合同》的诉讼请求，难以支持，一审判决相关判项应予撤销，对置业公司的该项诉讼请求应予驳回。根据有关法律规定精神，解除权在实体方面属于形成权，在程序方面则表现为形成之诉，在没有当事人依法提出该诉讼请求的情况下，人民法院不能依职权径行裁判。该《国有土地使用权出让合同》的解除或者权利义务终止及其法律责任承担问题，需通过独立的诉讼请求予以保护。本案中，置业公司始终未就此问题提出诉讼请求。限于本案当事人的诉讼请求和二审案件的审理范围，最高人民法院对此问题不予审理。

综上所述，L区国土局上诉主张本案所涉《国有土地使用权出让合同》未生效、无效的理由不能成立，认为一审判决违反民事诉讼原则的理由亦不能成立。因双方签订的《国有土地使用权出让合同》事实上无法继续履行，置业公司要求判令继续履行该合同的诉讼请求难以支持，一审判决相关判项应予撤销，置业公司的该项诉讼请求应予驳回。本案所涉《国有土地使用权出让合同》是否应当依法予以解除及其法律后果承担问题，当事人可依法另行解决。由于双方纠纷成讼以及置业公司关于继续履行合同的诉讼请求不能得到支持的根本原因，是L区国土局的行为造成的，L区国土局应当为诉讼成本付出代价，即承担本案的全部诉讼费用。依照《中华人民共和国民事诉讼法》第一百五十三条第一款第三项之规定，判决如下：

一、撤销山东省高级人民法院（2004）鲁民一初字第9号民事判决；

二、驳回置业公司关于继续履行合同的诉讼请求。

> 规则 15：（合同履行与合同效力）合同双方约定以一方的内部审批为合同生效条件的，即使该当事人怠于履行约定的内部审批义务，但合同业经双方当事人签字盖章成立，且已部分履行的，应当认定合同已经生效
> ——资产管理公司兰州办事处与工业公司借款合同纠纷案①

【裁判规则】

双方当事人签订合同，约定以一方当事人的上级主管部门批准作为合同生效条件的，该方当事人即负有及时报请其上级主管部门审批、促使合同生效的义务。如果该方当事人怠于履行上述约定义务，在合同业经双方当事人签字盖章成立，合同内容不违反法律禁止性规定、不损害他人利益且已部分履行的情况下，应当认定合同已经生效。

【规则理解】

一、审批对合同效力的影响

合同法以意思自治为原则，当事人有处分自己权利之自由，不受任何国家机关、第三人的干涉，因此，通常情况下，合同当事人一经达成一致意见，合同即发生法律效力，无须有关国家机关或当事人的上级单位审批。但在特定情况下，合同效力亦会受有关单位审批的影响。但当事人关于审批义务的约定不因合同未经审批而无效，一方当事人未按约定履行申请审批义务的，应当承担违约责任。

（一）法定审批程序对合同效力的影响

一般而言，当事人通过合同处分的是个人私权，无关公共利益，不应受到公权机关的管理和制约。但是，有些合同的签订与履行涉及国家安全、公共利益，不允许当事人任意订约，此类合同需要有关国家机关审查批准后方能生效，《民法典》第 502 条第 2 款规定："依照法律、行政法规的规定，合同应当办理批准等手续的，依照其规定……"在有关国家机关审批之前，合同不生效，但并非不发生任何效力，双方当事人均负有审慎行事，积极、主动促使合同获得审批的义务，该义务属于合同义务，如果当事人违反该义务，则需承担的不是

---

① 《中华人民共和国最高人民法院公报》2007 年第 10 期。

缔约过失责任，而是制约责任或赔偿责任。对于该问题，《合同法司法解释二》第8条规定："依照法律、行政法规的规定经批准或者登记才能生效的合同成立后，有义务办理申请批准或者申请登记等手续的一方当事人未按照法律规定或者合同约定办理申请批准或者未申请登记的，属于合同法第四十二条第（三）项规定的'其他违背诚实信用原则的行为'，人民法院可以根据案件的具体情况和相对人的请求，判决相对人自己办理有关手续；对方当事人对由此产生的费用和给相对人造成的实际损失，应当承担损害赔偿责任。"《民法典合同编通则司法解释》第12条规定："合同依法成立后，负有报批义务的当事人不履行报批义务或者履行报批义务不符合合同的约定或者法律、行政法规的规定，对方请求其继续履行报批义务的，人民法院应予支持；对方主张解除合同并请求其承担违反报批义务的赔偿责任的，人民法院应予支持。人民法院判决当事人一方履行报批义务后，其仍不履行，对方主张解除合同并参照违反合同的违约责任请求其承担赔偿责任的，人民法院应予支持。合同获得批准前，当事人一方起诉请求对方履行合同约定的主要义务，经释明后拒绝变更诉讼请求的，人民法院应当判决驳回其诉讼请求，但是不影响其另行提起诉讼。负有报批义务的当事人已经办理申请批准等手续或者已经履行生效判决确定的报批义务，批准机关决定不予批准，对方请求其承担赔偿责任的，人民法院不予支持。但是，因迟延履行报批义务等可归责于当事人的原因导致合同未获批准，对方请求赔偿因此受到的损失的，人民法院应当依据民法典第一百五十七条的规定处理。"

（二）约定审批程序对合同效力的影响

某些合同依照法律、行政法规的规定，无须批准即可生效，但是，当事人将特定单位的审批约定为合同生效的条件，对于此类合同的效力，应区别对待。原则上，只要当事人的约定不违反法律、行政法规的禁止性规定，应当发生法律效力，合同应当在所附条件成就时即被审批后才生效。但是，此类审批行为与法定审批不同，由于不涉及国家利益或公共利益，不必严格以合同审批与否作为合同生效的前提条件，在特定情况下，即使合同未被审批，亦可认定合同已经生效。对于当事人约定合同经一方当事人的上级单位批准后生效，而该当事人或者其上级部门违反诚实信用原则，有意拖延办理审批程序，恶意阻碍合同生效的，可以视为合同已经生效。此外，虽然当事人约定合同经有关单位审批后才生效，而合同在未获审批前双方当事人已经开始履行合同的，亦可认定合同已经生效。总之，在当事人约定合同经有关单位审批才生效的情况下，在判定合同效力时，应以诚实信用和鼓励交易为原则，不宜轻易否定合同效力。

（三）报批义务的性质与效力

已成立但未生效的合同是否可以产生一方当事人报批的积极义务呢？有观点认为，合同成立后的拘束力既然仅仅是形式拘束力，自然不能产生实质的权利义务。也有观点认为，合同的法律约束力，应是法律赋予合同对当事人的强制力，当事人不得擅自变更或者解除合同，当事人应按照合同约定履行其合同义务；应按照诚实信用原则履行一定的给付义务，如完成合同的报批、登记手续，以使合同生效；不得恶意影响附条件法律行为的条件成就或不成就，不得损害附期限的法律行为的期待利益。还有观点认为，如当事人在合同中有关于报批义务的约定，该报批义务是合同本身约定的义务，这并不意味着关于报批义务的约定也要等到行政审批后才生效。因为当事人关于报批义务的约定独立于合同本身，因此，审批前合同未生效当然不影响报批义务条款的效力。也就是说，在当事人就报批义务作出明确约定的情况下，应认为此种约定具有独立性，不受未生效合同的影响。

以附生效条件的合同为例，在条件成就前，合同虽已成立，但未生效，然而合同不仅会产生任何一方不得撤销或者解除合同的形式拘束力，而且会产生当事人不得阻止条件成就这一实质性的消极义务。既然附生效条件的合同能够产生不得阻止条件成就的消极义务，何以在须经审批的合同中，不能产生报批的积极义务呢？在附生效条件的情形下，当事人恶意阻止条件形成属于对该期待权的侵害，而在合同须经行政审批才能生效的场合，能够报批而不履行报批义务同样也是对该期待权的侵害。也就是说，即便当事人并未对报批义务进行约定，也同样存在法定的报批义务。此时，报批义务属于合同义务中的从给付义务，该义务源于诚实信用原则，属于合同的默示条款。根据债的有机体观念，为实现债权的给付利益，债的关系在不同阶段有不同的权利义务形态。就其义务形态而言，除了主给付义务外，还包括基于诚实信用原则而产生的从给付义务、附随义务以及不真正义务，这些义务构成一个义务群。就报批义务而言，第一，其并非主给付义务。主给付义务是指合同关系固有、必备并决定合同类型的义务。而报批义务仅与审批相联系，而与合同类型之间并无必然联系，因此其并不属于主给付义务。第二，权利人可单独诉请义务人履行报批义务，因而其属于能够独立诉请的附随义务，即从给付义务，而非不能独立诉请的附随义务。因此，就报批义务的功能而言，其属于促进主给付义务实现的从给付义务。还要指出的是，报批义务并非先合同义务。因为先合同义务的违反仅导致缔约过失责任，无过错方并不能请求强制实际履行。而报批义务作为促成合同生效的一项义务，如不能请求强制实际履行，就失去了其固有的意义，而且也不符合债权保护的本旨。因此，不能将报批义务定性为先合同义务。还需要进一步说明的是，不仅前述作为合同条款的报批义务应理解为独立于合同而存在，根据诚信原则产生的法定报批义务，也应理解为独立于合同而存在，不能因为合同未生效而认为报批义务也不存在。总之，不论当事人对报批义务有没有约定，其均属于合同义务，即便须经行政审批的合同因未经审批而未生效，也不影响报批义务的效力。

总之，合同约定的报批义务以及因报批义务而设定的违约条款，系当事人意思自治范畴，不属于审批范围，报批义务条款自依法成立时即生效，不受是否审批的影响。虽然该股权转让合同未经审批而被认定为未生效的合同，但对于报批义务的约定及相关条款却应当认定为有效，同时可以确定该项义务具有可履行性。即便合同中未明确约定报批义务，但依据法律规定或合同的默示条款，亦可认定当事人具有该项义务。如果一方当事人请求履行报批义务的，人民法院审理时应予支持。在合同没有明确约定报批义务的情况下，应认定报批义务属于根据合同的性质和目的应当履行的合同附随义务。义务人不履行报批义务，所应承担的不是缔约过失责任，而是违约责任或违反合同附随义务的责任。如当事人在合同中约定一方不履行报批义务应双倍返还定金，或赔偿一定的损失，该项约定内容同样具有可履行性。因此，对于合同中关于相应责任条款的约定亦应认定为有效。

二、合同履行对合同效力的影响

合同是一个动态的过程，而非静止的状态。合同的成立、生效、履行相互影响，一般而言，合同只有成立、生效后才涉及履行问题，特殊情况下一些看似未成立或生效的合同，当事人已经开始履行，通过其履行行为可以反推当事人订立合同的真实意思。

（一）合同履行对法定无效合同效力的影响

合同成立后，必须符合生效要件才发生法律效力，如果欠缺生效要件则确定地不发生效力，对这类合同，笔者称为法定无效合同。依据《民法典》第153条、第154条的规定，恶意串通损害他人合法权益的合同，违反法律、行政法规的强制性规定的合同无效以及违背公序良俗的合同无效。有些合同条款亦会因违反法律规定无效，例如，《民法典》第506条规定，合同中关于造成对方人身伤害的或者因故意或者重大过失造成对方财产损失的免责条款无效。对于此类合同或合同条款，因违反法律的效力性禁止性规定而确定无效，上述法定无效合同不因当事人是否已经履行，使其效力发生改变。

(二) 合同履行对附条件合同效力的影响

合同成立后，不立即发生效力，除了欠缺法定生效条件外，亦可能因当事人设立了延缓条件，在条件成就之前，合同不生效。有些情形下，当事人虽然订立合同，但不希望合同立即生效，而是等到一定的条件成就后才生效。合同法以意思自治为原则，当事人有权利决定合同何时生效，为合同设定生效条件。但是，在条件成就之前，当事人可能改变其意思，如果当事人通过订立合同的方式变更其意思，例如双方当事人另行约定，不必等到条件成就合同即生效，则该合同变更为未附条件的合同。有时候，当事人并未作出明确的意思表示，取消为合同设立的延缓条件，而是通过一定行为表示，合同在延缓条件成就前已经生效，则合同不必等到延缓条件成就时才生效。履行行为就是一种典型的表示合同已经生效的行为。如果当事人已经开始履行合同，对方当事人接受了履行，则合同生效。需要注意的是，履行行为应当是双方当事人的行为，包括双方当事人均有履行行为，例如一方当事人交付部分标的物，对方当事人支付部分货款；以及履行行为和受领行为，例如一方当事人交付标的物，对方当事人自愿受领标的物。如果一方当事人在延缓条件成就之前履行合同，对方当事人拒绝的，不能认定合同已经生效。

三、附条件合同效力的判定

(一) 附条件合同效力的特点

与不附条件的合同不同，附条件合同在不同阶段其效力并不相同。附延缓条件的合同成立后，产生合同的形式拘束力，据此，当事人都不得任意撤回或变更合同。① 在条件成就前，当事人不得为自身利益，不当阻止或促使条件成就，否则将拟制条件成就或不成就，以保护善意当事人的利益。此时，当事人所享有的权益为期待权，即相对人在条件成就与否确定前，有因条件成就而享有权利或利益之期待。在条件成就与否确定后，合同则确定地发生效力或不发生效力。一般情况下，不附条件的合同一经成立即生效，不具有阶段性。

(二) 影响附条件合同效力的重要因素

一般合同有四项生效要件：当事人具有相应的民事行为能力；当事人的意

---

① 陈自强：《民法讲义 I：契约之成立与生效》，法律出版社2002年版，第310页，转引自李仁玉：《合同效力研究》，北京大学出版社2006年版，第120页。

思表示真实；合同不违反法律及社会公共利益；合同标的确定及可能。① 附延缓条件的合同除需具备上述要件外，还须条件成就，方发生法律效力。条件成就与否确定之前，当事人必须依据诚实信用原则行为，不得不当地阻碍或促使条件成就，否则，构成条件成就或不成就之拟制，会产生与行为人行为指向相反的效果。某些情况下，当事人的行为就是条件的内容或者是条件内容之一，此时，当事人则需依据诚实信用原则行为，如果其恶意地不作为，在不违反禁止性法律规定的情况下，视为条件成就，合同发生法律效力。在判断当事人之行为是否符合诚实信用原则时，主要看行为人之行为目的以及行为利益与条件确定的成就或不成就之间的关系。（1）从行为目的看，如果行为人不作为的唯一目的是阻止条件成就，则可认定其行为不当，依据诚实信用原则可认定合同生效；如果行为人不作为的目的不是阻止条件成就，而是有其他合法目的，或者行为人的主要目的是其他合法目的，则不能认定条件成就。例如，甲乙双方约定，甲若通过法律职业资格考试就将摩托车赠送给乙，但在法律职业资格考试期间，甲父亲病重需要甲陪护，甲未能参加法律职业资格考试，则不能认定条件成就。（2）从利益关联看，如果行为人不作为导致合同不能生效有损其利益，则不能认为恶意不作为。例如，甲乙两个公司签订转让房产协议，约定甲方将其经营的房屋以100万元的价格转让给乙，并约定甲方搬出房屋内所有办公设施后该合同生效，向乙方交房。现房屋价格下跌，该房屋仅值60万元，甲方尚未搬出房屋，一般不认为是恶意作为，不宜认定合同生效。如果当事人的行为与合同所生效条件相关，在判断合同效力时，要注意行为人的行为目的以及其行为与利益的关联性两个因素。

【拓展适用】

附条件合同包含当事人两层约定：一是合同内容，即双方当事人在合同项下的权利义务；二是双方对合同效力的控制，即条件。附条件合同的效力在条件成就与否确定之前和之后亦不相同，呈现阶段性的特点。但是《合同法》关于附条件合同的规定只有一条，即第45条："当事人对合同的效力可以约定附条件。附生效条件的合同，自条件成就时生效。附解除条件的合同，自条件成就时失效。当事人为自己的利益不正当地阻止条件成就的，视为条件已成就；不正当地促成条件成就的，视为条件不成就。"此外，原《民法通则》第62条

---

① 王卫国主编：《合同法》，北京师范大学出版社2010年版，第105~106页。

规定："民事法律行为可以附条件，附条件的民事法律行为在符合所附条件时生效。"《民法典》第 158 条规定："民事法律行为可以附条件，但是根据其性质不得附条件的除外。附生效条件的民事法律行为，自条件成就时生效。附解除条件的民事法律行为，自条件成就时失效。"《民法通则意见》第 75 条规定："附条件的民事行为，如果所附的条件是违背法律规定或者不可能发生的，应当认定该民事行为无效。"可见，对于条件成就与否未确定之前合同的效力，当事人行为与条件成就密切相关时条件成就与否的认定等问题，《民法典》等法律及相关司法解释并未规定。相关问题的处理在缺乏明文法规定的情况下，通常应当依据诚实信用原则来处理。

一、诚实信用原则的内涵

诚实信用原则起源于罗马法上的善意（bona fides），这种善意是被用来为未受法律调整的交易行为产生的诉讼说明理由。《德国民法典》将诚实信用原则规定为解释合同的基本原则，后来被德国判例和学说上升为民法的一般原则。[①] 诚实信用原则主要针对民事法律关系中弄虚作假、欺骗、损人利己的行为，既要尊重民事主体的主观要求，亦要客观衡量当事人之间的利益。诚实信用原则主要包括下几方面的内容：一是设立和变更民事法律关系时，不仅要求当事人诚实、不隐瞒真相、不作假、不欺诈，还应当给对方提供必需的信息。二是民事法律关系建立后，当事人应当恪守诺言，履行义务，谨慎维护对方的利益，满足对方的正当期待，应当根据合同的性质、目的和交易习惯履行通知、协助、保密等义务。三是民事法律关系终止后，当事人应当为维护对方的利益，实施一定行为或者不实施一定行为。[②]

二、诚实信用原则对附条件合同的规制

第一，在订立合同时，双方当事人不仅应当诚实不欺，而且应当合理设定合同所附条件，不能通过为合同设立生效条件的方式为对方当事人编织陷阱，或者使得双方当事人在决定合同效力的权利方面明显不对等，造成权利失衡，否则，对方当事人可以以欺诈或者合同条款显失公平为由，请求撤销合同。

第二，在合同订立后，当事人应当妥善行为，不得为自己利益不当地阻碍或者促使条件成就，尤其是一方当事人的行为亦系条件的内容之一时，应当依据诚实信用原则行为，不能不当地不作为，有意妨碍条件成就，否则，将承担

[①] 魏振瀛主编：《民法》，北京大学出版社、高等教育出版社 2007 年版，第 26 页。
[②] 魏振瀛主编：《民法》，北京大学出版社、高等教育出版社 2007 年版，第 27 页。

缔约过失责任，或者承担条件成就或不成就拟制的法律后果。

第三，在条件成就与否确定之后，如果合同生效，则应当遵守合同，严格履行合同义务，谨慎维护对方当事人利益；如果合同不生效，当事人亦应适当履行通知、协助对方当事人恢复原状等义务。

第四，合同履行完毕后，当事人还应依据诚实信用原则，适当履行后合同义务，维护对方当事人的正当权益。

【典型案例】

资产管理公司兰州办事处与工业公司借款合同纠纷案

上诉人（原审原告）：资产管理公司兰州办事处。

负责人：陈某树，该办事处主任。

被上诉人（原审被告）：工业公司。

法定代表人：王某福，该公司董事长。

〔基本案情〕

甘肃省高级人民法院审理查明：1990 年至 1997 年间，化工总厂与某银行 Y 办事处先后签订了六份借款合同。化工总厂与某银行 Y 办事处经核对，至 1999 年 9 月 20 日，化工总厂共欠某银行 Y 办事处借款本金 19450000 元、利息 6999112.94 元，合计 26449112.94 元。1999 年，某银行 Y 办事处将以上债权全部转让给资产管理公司兰州办事处，并于同年 11 月 11 日将债权转让事宜通知化工总厂，化工总厂在通知回执上盖章确认。

1999 年 7 月 16 日，工业公司与化工总厂签订兼并协议，工业公司采用承担债务方式兼并化工总厂；兼并范围为全部资产、负债和所有者权益；兼并的生效日期为签订协议之日。

2000 年 11 月 20 日，化工总厂、工业公司、资产管理公司兰州办事处三方签订《债务重组协议》约定：资产管理公司兰州办事处附条件地减免化工总厂债务，减免后的数额为 1600 万元，减免的条件是化工总厂如期归还，工业公司对原债权金额承担连带责任；如化工总厂没有或延迟履行任何一期还款义务，协议约定的债务减免作废，应全额偿还，并有权要求工业公司偿还尚未偿还的原债权金额及与原债权金额本金部分相应的罚息；原债权金额为 28520212.94 元，其中本金 19450000 元，计算至 2000 年 9 月 20 日的利息为 9070212.94 元；工业公司作为协议的保证人对原债权承担连带责任；保证期间为该协议生效之日起直至新还款计划最后一期款全部还清为止；工业公司的保证责任不得擅自变更或终止，履行连带责任不得附加任何条件；协议经三方签字盖章并经资产管理公司批准后生效。协议签订后，资产管理公司于同年 12 月 15 日批复同意。工业公司于同年 12 月 11 日和 2001 年 12 月 30 日分别付款 200 万元。

2002年12月26日，化工总厂、工业公司、资产管理公司兰州办事处三方签订《债务重组补充协议》，确认在原债务重组协议签订后，起初化工总厂、工业公司依约执行了协议，于2000年12月、2001年12月分别归还200万元，共计400万元的债务。后因化工总厂生产经营情况不好等原因造成化工总厂、工业公司未能如期执行协议，三方协商约定：按照三方债务重组协议，到2002年12月25日，化工总厂欠资产管理公司兰州办事处到期债务共1200万元；资产管理公司兰州办事处同意附条件地保持原债务重组协议的继续有效，仍然减免原债权金额，减免后的债务金额1200万元，化工总厂、工业公司同意以现金和上市公司法人股权偿还债务；2002年12月28日前归还现金200万元，剩余的1000万元用工业公司拥有的上市公司国有法人股抵顶，争取在12个月内将抵债的股票过户到资产管理公司兰州办事处名下；减免的前提是如期归还约定的现金和如期办理股票的过户；如延迟履行，协议约定的债务减免作废，化工总厂、工业公司应全额偿还原债权金额，执行原债务重组协议中的有关保证条款；如抵债股票不能如期过户，视作不能执行，协商不成，按照原债务重组协议执行现金还款计划；协议经三方签字盖章并经资产管理公司批准后生效。协议签订后，工业公司于同年12月30日向资产管理公司兰州办事处付款200万元，其他义务均未履行。

2003年12月，资产管理公司兰州办事处与工业公司签订《不良贷款债权转让协议》约定：工业公司同意收购资产管理公司兰州办事处拥有的对化工总厂的全部债权，共计2852.01万元；自双方签订正式合同生效之日起，与转让标的有关的从权利，包括担保权、抵押权也同时转移，法律法规规定需要办理有关手续的，应办理有关手续，费用由工业公司承担；转让价格整体作价1120万元；扣除2003年12月29日前已支付的800万元，余款320万元在协议签署之日起10日内一次性全数汇到资产管理公司兰州办事处账户；协议经双方签字和盖章并经资产管理公司批准后生效。协议签订后，工业公司向资产管理公司兰州办事处付款200万元，该200万元包含在已支付的800万元之内，但双方对协议约定的其他义务均未履行。

2004年4月8日，工业公司与资产管理公司兰州办事处经座谈，又签署了内容与《不良贷款债权转让协议》相同的《会谈纪要》。

另查明，化工总厂与资产管理公司兰州办事处于2003年12月25日签订了一份《债务重组财产抵押合同》，约定化工总厂将有关财产抵押给资产管理公司兰州办事处，并在60日内办理抵押登记手续。但2004年1月8日，化工总厂被甘肃省永靖县人民法院裁定宣告破产还债，双方未办理抵押物登记手续。为追索欠款，资产管理公司兰州办事处向甘肃省高级人民法院提起诉讼，请求判令工业公司立即偿还借款20520212.94元及延期还款利息，并承担诉讼费用。

一审庭审中，资产管理公司兰州办事处针对工业公司的答辩理由提出，《债务重组协议》经资产管理公司批准，是三份协议中唯一生效的。此后签订的《债务重组补充协议》和《不良贷款债权转让协议》是附生效条件的合同,因资产管理公司兰州办事处减免100万元以上的债务,必须经资产管理公司批准,《债务重组补充协议》和《不良贷款债权转让协议》未被批准,因此未生效,双方均未实际履行,工业公司不能主张同时履行抗辩权。资产管理公司兰州办事处与化工总厂约定的抵押财产属应当办理抵押登记的财产,双方约定在60日内办理登记手续,但10日后化工总厂向甘肃省永靖县人民法院申请破产。

〔一审裁判理由与结果〕

甘肃省高级人民法院经审理认为,资产管理公司兰州办事处从某银行Y办事处受让债权后,于2000年11月20日和工业公司、化工总厂签订的《债务重组协议》是当事人意思的真实表示,且经资产管理公司批准,满足了合同约定的生效条件,为有效合同。工业公司亦按合同的约定履行了部分义务。以后,资产管理公司兰州办事处考虑化工总厂"因生产经营情况不好等原因造成未能如期执行协议",经协商,三方于2002年12月26日签订了《债务重组补充协议》,同时约定由资产管理公司兰州办事处上级部门批准后作为协议的生效条件。工业公司按此协议向资产管理公司兰州办事处支付了200万元。2004年1月,因化工总厂被宣告破产,工业公司和化工总厂债务重组失败,资产管理公司兰州办事处又与工业公司于2003年12月签订了《不良贷款债权转让协议》。该协议约定,转让价格整体作价1120万元,扣除2003年12月29日前已支付的800万元,余款在协议签署之日起10日内一次性全数汇到资产管理公司兰州办事处账户。协议仍约定须经资产管理公司批准后生效。协议签订后,工业公司于同年12月30日向资产管理公司兰州办事处付款200万元。但约定的其他义务双方均未履行。2004年4月8日的《会谈纪要》对上述协议进一步予以明确。

综观本案的事实,除2000年三方签订的《债务重组协议》经约定的资产管理公司批准生效外,2002年签订的《债务重组补充协议》、2003年签订的《不良贷款债权转让协议》确无证据证明已经资产管理公司批准,客观上形成了效力待定的合同。资产管理公司兰州办事处关于《债务重组补充协议》和《不良贷款债权转让协议》未生效的理由成立。但现仅以生效的《债务重组协议》确定双方的权利义务,支持资产管理公司兰州办事处的主张,显然对工业公司有失公正。首先,在效力待定的合同中,负有促成合同生效的主体应积极履行义务,而不应在已取得合同利益后以合同效力待定再予以抗辩,否则将构成对诚实信用原则的违反;其次,资产管理公司对《债务重组协议》批复同意的证据证明,协议约定上报批准的义务应当由资产管理公司兰州办事处履行,资产管理公司兰州办事处无证据证明其上报未被批准的事实,也无证据证明其告知过工业公司合同不生效,导致协议不生效的责任不能归咎于工业公司;再次,从工业公司对合同的履行情况来看,其在三份协议签订后均履行了部分义务,该付款行为证明工业公司相信协议约定的生效条件可能成就;最后，工业公司按"未生效"的协议履行了部分义务，资产管理公司兰州办事处事实上也实现了部分债权，再依据《债务重组协议》由工业公司承担责任有失公允。因此，资产管理公司兰州办事处以《债务重组补充协议》和《不良贷款债权转让协议》未生效，应按照《债务重组协议》要求工业公司承担还款责任的依据不足，该院不予支持。该院依据《中华人民共和国合同法》第六条之规定，判决：驳回资产管理公司兰州办事处的诉讼请求。

〔当事人上诉及答辩意见〕

资产管理公司兰州办事处不服甘肃省高级人民法院的上述民事判决，向最高人民法院提起上诉称：第一，原审法院认定事实错误。（1）2000年11月20日签订的《债务重组协议》是附条件生效的协议，也是附条件减免债务的债务重组协议，同时也是工业公司书面承担保证责任的担保协议。协议中约定了债务减免条件，同时也约定了在违反债务减免条件后的处理方式。在工业公司未按约定偿还欠款，违反了协议约定的债务减免条件后并不会导致重组协议失效，而仅是导致债务重组协议中的减免条款作废，工业公司依旧应当按照协议确定的保证条款履行保证责任。（2）2002年12月26日签订的《债务重组补充协议》并不废止原债务重组协议。（3）2003年12月资产管理公司兰州办事处与工业公司签订的《不良贷款债权转让协议》仅为一份意向性草签协议，从2004年4月8日的《会谈纪要》中双方仍在就该协议进行协商洽谈就可以看出，工业公司也未依照该协议履行任何付款义务。（4）根据财政部2000年11月8日公布的《金融资产管理公司资产处置管理办法》第七条的规定："涉及100万元（含100万元）以上的资产处置损失（按单个债务人全部债务合并计算，下同）的资产处置方案，必须经公司资产处置专门审核机构审查通过后，由公司总裁批准"，资产管理公司兰州办事处与工业公司签订的协议须经资产管理公司批准后生效，因此资产管理公司兰州办事处与工业公司在草拟的《不良贷款债权转让协议》中第七、八条明确约定："工业公司应在协议签署10日内向资产管理公司兰州办事处支付320万元，如本合同因故未能执行，已付款作为化工总厂支付的还款由甲方（资产管理公司兰州办事处）收取。"

第二，原审判决适用法律不当。工业公司同资产管理公司兰州办事处之间签署的《债务重组协议》中约定了承担连带保证责任，应当适用《中华人民共和国担保法》予以确认。保证责任期限中约定的"保证期间为本协议生效之日起，直至本协议规定的新还款计划最后一期款全部还清为止"，依据《担保法》的规定应视为约定不明确，该保证期间为主合同履行期届满之日起两年，因此，工业公司作为连带责任保证人的保证期间应当为《债务重组协议》确定的履行期届满之日起两年，即2003年12月20日至2005年12月20日。工业公司应当依照该协议履行连带保证责任。综上，请求撤销原判，判令工业公司偿还资产管理公司兰州办事处借款20520212.94元及延期还款的利息并承担本案诉讼费用。

工业公司答辩称：《不良贷款债权转让协议》签订后，资产管理公司兰州办事处怠于履行该债权所涉及的从权利。资产管理公司兰州办事处与化工总厂债务重组财产抵押合同中的抵押权，由于资产管理公司兰州办事处拒绝履行，使该从权利没有转移至工业公司名下。工业公司根据相关法律规定拒绝履行自己剩余款项的支付义务。现化工总厂已经破产，该部分抵押资产已经按照相关规定进行了处理，致使工业公司所应当享有的抵押权已无实现的可能，资产管理公司兰州办事处的行为构成违约。《不良贷款债权转让协议》已经具备了合同生效的全部条件，且当事人已经开始履行，资产管理公司兰州办事处也接受了工业公司的履行。该合同具备表见代理的特征，应为有效合同。资产管理公司兰州办事处没有履行《不良贷款债权转让协议》的报批义务，亦未告知工业公司该合同未获批准，即使该份合同未生效，资产管理公司兰州办事处也应承担缔约过失责任。本案所涉三份协议是双方当事人在协议一致的基础上对相关协议进行变更而达成的新协议。新协议生效后前一份协议的效力被新协议所代替，双方应以《不良贷款债权转让协议》内容来履行各自权利、义务。综上，原审判决正确，请求予以维持。

[**最高人民法院查明的事实**]

最高人民法院二审查明，2000 年《债务重组协议》、2002 年《债务重组补充协议》、2003 年《不良贷款债权转让协议》签订后，资产管理公司批准了《债务重组协议》，后两份协议未获资产管理公司的批准。2000 年 11 月 8 日，财政部以财金〔2000〕122 号通知向金融资产管理公司发布的《金融资产管理公司资产处置管理办法》第七条规定"涉及 100 万元（含 100 万元）以上的资产处置损失（按单个债务人全部债务合并计算，下同）的资产处置方案，必须经公司资产处置专门审核机构审查通过后，由公司总裁批准"。

[**最高人民法院裁判理由与结果**]

最高人民法院认为：本案争议的焦点为《债务重组协议》、《债务重组补充协议》和《不良贷款债权转让协议》的效力认定以及工业公司所应承担的责任问题。

工业公司本案应承担的债务源自其与化工总厂签订的承担债务方式的兼并协议，由于化工总厂已经破产，资产管理公司兰州办事处只能向工业公司主张债权。2000 年 11 月 20 日，资产管理公司兰州办事处与化工总厂、工业公司三方签订的《债务重组协议》主要约定，将化工总厂全部债务减免为 1600 万元，分期在 2003 年 12 月 20 日以前还清，工业公司对债务承担连带清偿责任；协议经三方签字盖章并经资产管理公司批准后生效。同年 12 月 15 日，资产管理公司批复同意。2000 年 12 月和 2001 年 12 月，工业公司分别向资产管理公司兰州办事处各付 200 万元，部分履行了协议约定义务。根据以上事实，《债务重组协议》经当事人协商达成，是各方的真实意思表示，所约定的内容没有违反法律规定并已经资产管理公司批准，满足了合同约定的生效条件，双方已部分履行了协议，故该协议合法有效。因化工总厂生产经营情况等原因，资产管理公司兰州办事处只实现了 400 万元债权，尚欠 1200 万元到期债权，三方在 2002 年 12 月签订了《债务重组补充协议》，进一步确认《债务重组协议》的内容。约定由化工总厂、工业公司在当月 28 日前归还现金 200 万元，剩余 1000 万元以工业公司拥有的上市公司国有法人股抵顶，如抵债股票不能如期过户，则仍以现金还款。协议签订后，工业公司当月 30 日向资产管理公司兰州办事处付款 200 万元，其他义务均未履行。因《债务重组补充协议》所约定的内容是对《债务重组协议》的确认和补充，尽管资产管理公司对《债务重组补充协议》未履行批准手续，但约定内容没有超出已经资产管理公司批准并生效的《债务重组协议》范围，故《债务重组补充协议》合法有效。

由于化工总厂进入破产程序，2003 年 12 月资产管理公司兰州办事处又与工业公司在《债务重组协议》和《债务重组补充协议》的基础上，签订了《不良贷款债权转让协议》。双方约定，工业公司以 1120 万元收购资产管理公司兰州办事处对化工总厂的全部债权；扣除支付的 800 万元，剩余 320 万元由工业公司 10 日内一次付清；资产管理公司兰州办事处将其对化工总厂抵押担保权利转移给工业公司。协议签订后，工业公司向资产管理公司兰州办事处又付款 200 万元，使得其偿还资产管理公司兰州办事处债务总额达到 800 万元，但其余 320 万元债务尚未履行。由于，第一，《债务重组协议》是在《资产处置管理办法》发布之后签订的，资产管理公司对《债务重组协议》的批准行为，应当是根据《资产处置管理办法》作出的。资产管理公司的批准行为，赋予了资产管理公司兰州办事处处置化工总厂债务的权利。第二，资产管理公司兰州办事处不是独立的法人而是资产管理公司的分支机构，负责处置资产管理公司在甘肃省境内的不良资产。在资产管理公司批准《债务重组协议》以后，资产管理公司兰州办事处获得了处置化工总厂债务的概括性授权，凡是资产管理公司兰州办事处以自己名义签订与处置化工总厂债务相关的协议没有超出概括性授权范围。第三，《不良贷款债权转让协议》虽然将化工总厂的债务从已经批准的《债务重组协议》确定的 1600 万元减少到 1120 万元，所降幅度达到了《金融资产管理公司资产处置管理办法》规定的 100 万元报批额度，但因该《金融资产管理公司资产处置管理办法》是财政部对资产管理公司作出的部门规章，而非对市场经济中所有主体作出的规定，也非法律禁止性的规定，故不能仅以该规定而当然确认《不良贷款债权转让协议》未生效，还必须以资产管理公司是否履行了内部审批手续或者应当履行审批程序而认定。第四，《不良贷款债权转让协议》虽约定了资产管理公司批准后生效的条件，但因批准协议是资产管理公司与其分支机构资产管理公司兰州办事处内部的审批程序，且合同约定了资产管理公司兰州办事处单方促使合同生效的义务，故资产管理公司兰州办事处不得违反约定拖延报批甚至不报批来对抗合同的相对方，以使协议不发生法律效力。如果一方既未履行合同义务又以内部程序使得效力待定的合同未生效，而获得合同未生效后的更大利益，这将使得合同相对方处于不利境地。尤其是本案资产管理公司兰州办事处已经取得对化工总厂债务处置的概括性授权以后,在《债务重组协议》和《债务重组补充协议》的基础上,当化工总厂进入破产程序后才与工业公司签订的《不良贷款债权转让协议》,故资产管理公司兰州办事处应积极向资产管理公司提出申请,即使资产管理公司没有批准,也应当及时通知工业公司。但是,从2003年12月签订协议到2005年10月提起诉讼长达近两年的时间,资产管理公司兰州办事处是否向资产管理公司报批、是否获得批准均没有通知工业公司。第五,《不良贷款债权转让协议》是经过双方协商签订的,约定内容没有违反法律规定,也没有损害他人合法权益,并且工业公司为此又支付了200万元,部分履行了该协议。综上,合同约定以一方内部因素为生效条件的,负有促使协议生效义务的一方未履行约定义务,在合同约定内容不违反法律禁止性规定和损害他人利益并经双方签字盖章成立,且已部分履行的前提下,则应当认定合同已经生效。资产管理公司兰州办事处关于《不良贷款债权转让协议》仅为一份意向性草签协议且未经过资产管理公司批准,没有发生法律效力的上诉主张,因与事实和其应承担的义务要求不符,最高人民法院不予支持。

资产管理公司兰州办事处认为《债务重组补充协议》和《不良贷款债权转让协议》是附生效条件的合同,因没有经过资产管理公司批准,没有发生法律效力,其依据《债务重组协议》起诉工业公司,诉请判决工业公司偿还扣除已经支付800万元的原化工总厂全部债务20520212.94元及利息。虽然资产管理公司兰州办事处的诉讼请求不是依据《不良贷款债权转让协议》提出的,但其请求包括了工业公司所应承担的债务,故本案依据《不良贷款债权转让协议》审理资产管理公司兰州办事处与工业公司之间的债权债务关系,没有超出资产管理公司兰州办事处的诉讼请求范围。工业公司答辩称《不良贷款债权转让协议》已经具备了合同生效的全部条件,最高人民法院予以支持。化工总厂破产导致《不良贷款债权转让协议》约定的抵押资产未能转移至资产管理公司兰州办事处名下,从而未能实现向工业公司转移抵押担保权利的合同目的。因该事实不以资产管理公司兰州办事处意志所决定,也因《不良贷款债权转让协议》中提示了工业公司所购债权存在的风险,故工业公司不能以未实现抵押担保权利而对抗其根据《不良贷款债权转让协议》所应承担的义务。故最高人民法院对工业公司关于其不承担剩余债务和维持原审判决的答辩请求不予支持。

综上,原审认定《债务重组补充协议》和《不良贷款债权转让协议》未生效不当,判决驳回资产管理公司兰州办事处的诉讼请求错误,最高人民法院予以纠正。最高人民法院依照《中华人民共和国民事诉讼法》第一百五十三条第一款第二、三项之规定,判决如下:

一、撤销甘肃省高级人民法院(2005)甘民二初字第56号民事判决;
二、工业公司向资产管理公司兰州办事处偿还320万元本金及其利息(自2004

年1月10日起至给付之日止按照中国人民银行同期逾期贷款利息标准计付)。

上述给付款项于本判决送达之日起十五日之内给付。逾期给付加倍支付迟延履行期间的利息。资产管理公司兰州办事处申请强制执行的期限为收到本判决书后六个月。

规则 16：(单位过错责任的形态) 单位规章制度不健全、用人失察、对其高级管理人员监管不力，属于单位具有明显过错的具体表现
——某银行广州分行与 S 公司借款合同纠纷案①

【裁判规则】

行为人私刻单位公章或者擅自使用单位公章、业务介绍信、盖有公章的空白合同书以签订经济合同的方法进行的犯罪行为，单位有明显过错，且该过错行为与被害人的经济损失之间有因果关系的，单位对该过错行为所造成的损失，依法应当承担赔偿责任。单位规章制度不健全、用人失察、对其高级管理人员监管不力，属于单位具有明显过错的具体表现。

【规则理解】

过错是近现代民法与刑法所共同关注的问题，两者在过错内容上的认识也是基本一致的，过错包括故意和过失两种形式，故意又包括直接故意和间接故意，过失包括有认识的过失和无认识的过失。

一、过错责任原则的理论基础

一般认为，自由意志理论是过错责任原则的基础，因为责任是和自由意志紧密关联的，没有自由意志就没有选择，没有选择就没有可归责于行为人的民事责任。因此，有学者认为过错责任原则的基本含义是："过错是加害人承担民事责任的基础，之所以规定加害人承担相应的民事责任，是因为其主观上有可归责的事由（故意或过失）。正如耶林所言，不是损害而是过错使侵害者负有赔偿义务。"② 可见，自由意志理论是过错责任原则的基础，而过错责任原则又是民事责任归责的基础，过错是加害者承担民事责任的基础。对此，我国《民法通则》第 106 条第 2 款规定："公民、法人由于过错侵害国家的、集体的财产，

---

① 《中华人民共和国最高人民法院公报》2009 年第 11 期。
② 张新宝：《侵权责任法原理》，中国人民大学出版社 2005 年版，第 31 页。

侵害他人财产、人身的，应当承担民事责任。"《民法典》第 176 条规定："民事主体依照法律规定或者按照当事人约定，履行民事义务，承担民事责任。"这完全是立法机关运用该理论制定法律的具体体现。

二、民法中的过错与民事责任承担

在近代民法中的侵权法领域，故意和过失两种过错的形态合并在一起成为过错责任原则，日本学者我妻荣认为："在作为指导个人自由的原理的近代个人本位、权利本位的法律中，侵权行为制度被认为是划定个人自由活动界限的最小限度限制。各个人即使因其社会生活中的自由活动给他人造成损害，那也是自由竞争的必然结果，法律不应随便加以压抑。只有当该活动、竞争侵害了他人的自由，威胁到共同生活本身的存在的场合，才作为不能允许的不法行为追究其责任。在这种思想下，对侵权行为应该责备行为者主观的东西，即故意或过失的存在，侵害了其他的个人的权利时至少要求是明确地违反了法规的行为。"① 过错作为"可受责备的主观"方面，是侵权责任的构成要件之一，即行为人的行为造成了损害的后果，其主观方面也有"可受责备"之处，因此必须承担由此而造成的损失。

（一）故意与民事责任承担

刑法对故意有明确的规定②，而民法上则无相关规定。笔者认为，民法上故意的解释应同于刑法，即故意是指行为人预见到自己的行为的后果而仍然希望或放任该结果发生的心理状态。当然，民法中的故意不存在直接故意和间接故意之分。

既然故意是行为人预见到自己的行为可能发生的后果而追求或者放任这种后果的发生，行为人能否预见到或者说行为人对自己行为的违法性认识就是民法中故意的核心问题。故意的成立与否以认识到违法性为前提，违法性认识错误是否影响故意的成立？在大陆法系传统民法中，通说认为必须有行为人对违法性的认识，才能构成故意，而且违法性认识错误当然排除故意。例如某医生为病人做某种手术，因误信其无说明义务而未说明时，不构成故意，仅是过失。③ 笔者赞同在民事领域，应当以对行为的违法性认识作为故意成立的前提。

---

① 于敏：《日本侵权行为法》，法律出版社 1998 年版，第 95 页。
② 我国《刑法》第 14 条规定："明知自己的行为会发生危害社会的结果，并且希望或者放任这种结果发生，因而构成犯罪的，是故意犯罪。故意犯罪，应当负刑事责任。"
③ 王泽鉴：《侵权行为法》，中国政法大学出版社 2001 年版，第 256 页。

理由如下：第一，就民事行为而言，判断行为人在作出行为时是否存在故意并不是非常重要的，因为即使因行为人对违法性认识不足而导致故意不能认定，但其行为确实造成了损失，至少可以认定其存在过失，行为人也必须为其过失承担民事责任。就算行为人的行为没有过失，且行为人对行为的违法性认识不足，仍然可以斟酌行为人及被害人之状况，根据公平原则，使其负无过失责任。因此，故意的成立与否以违法性认识为必要，在一定程度上对侵权法目的的实现无甚大碍。第二，民法又不能和刑法一样，对行为的违法性做出详细的归类甚至描述。在侵权法领域，民事行为的构成多为开放性的，因而难以通过行为的构成类型，轻易地推导出行为的违法性，所以，对行为的违法性的认定就成为判断民事行为是否存在过错的关键。第三，刑法的主要目的是行使公权力，对犯罪者加以处罚，而民法的主要目的是如何分配因民事行为所造成的损失。违法性认识之所以成为故意成立的前提，从某种意义上也承认"不知者不为过"，毕竟民事违法行为与犯罪行为不一样。犯罪行为不但侵害了受害人的法益，而且对整个社会秩序也存在非难性。而民事违法行为一般而言只有具体的受害者。因此，在民法领域，行为人如果认识到行为的违法性而故意为之，毫无疑问应当由其承担民事责任，但行为人对违法性认识不足或者完全没有故意也不是免除行为人的责任的理由。

（二）过失的认定标准与民事责任承担

一般认为，过失是指行为人应当预见或能够预见自己行为的后果而没有预见，或者预见到了行为的后果但轻信能够避免该后果的心理状态。[①] 可见，我国民法理论中对过失的定义，基本上与刑法对过失的规定是一致的。一般认为，民事领域对过失的认定采取客观说，对此无争议。但是对于何谓客观存在两种观点：一是通说，即标准客观说。即认为行为人的注意义务，应以善良管理人的注意为标准，其认定过程是将加害人的"现实行为"，衡诸善良管理人在同一情况的"当为行为"，若认定其有差距，即加害人的行为低于其注意标准时，即属有过失。[②] 二是结果客观说。结果客观说认为标准客观说没有达到真正的客观，因为标准客观说在仍将过失视为一种心理状态，只不过在判断行为人是否应该知道结果发生时，并非以行为人个人的注意能力为标准，而是以"作为普通人的标准的注意"为标准进行判断而已，而"普通人标准的注意"也不是

---

① 郭明瑞：《民法学》，高等教育出版社2005年版，第656页。
② 王泽鉴：《侵权行为法》，中国政法大学出版社2001年版，第259页。

一个纯客观的标准。有学者认为，无论以加害者个人的注意能力为标准还是以普通人的注意能力为标准，在通说中，对结果发生的预见可能性构成过失概念的中心要素，逻辑上对于预见可能的结果有防止结果发生的义务，所以预见可能性的存在就构成注意义务的当然前提，但是，过失并不是意味着行为者心理状态的概念，而是违反客观的结果回避义务的行为。[①] 笔者认为，"结果回避义务"的观点才是真正的过失客观说。"结果回避义务"使行为人在加害行为时需要对结果进行预见，而过失的构成则是对可能预见的结果应当预见但却没有采取应该采取的措施防止该结果的出现，而对加害者在法律上进行责难，即承担相应的民事责任。

笔者认为，过失在民法中是作为违法性判断的根据而存在的，其目的在于合理地分担行为所造成的损害，因而在民法中过失的认定应当采用客观标准，以实现在共同理性人之间公平的承担相应民事责任。"结果回避义务"作为民事领域的过失认定原则，完全符合客观标准。即在民法中，判断一种行为是否构成过失，不仅要考虑行为人在行为时是否"应当预见或能够预见自己行为的后果而没有预见，或者预见到了行为的后果但轻信能够避免该后果"的心理状态，而且考察这种行为是否违反了"结果回避义务"。

三、因果关系与民事责任

（一）因果关系的内涵

传统的民法观点认为，因果关系是指违法行为与损害事实之间的因果联系。有学者认为："民法中的因果关系是指行为人的行为及其物件与损害事实之间的因果联系。"其主要理由是：（1）民事案件纷繁复杂，作为损害事实的原因多种多样，各种原因很难用"违法"的概念概括；（2）以违法行为作为原因，不符合现代民法的归责趋势，严格责任和公平责任在弥补过错责任的不足方面正发挥着越来越重要的作用，并且成为民事责任重要的归责方式，我国《民法通则》和《民法典》中先后也对这两种责任方式作了明确的规定，显然，这两种责任并不注重行为人的行为的违法性问题，但并不是说，这两种责任中不存在因果关系，在这两种责任中，事实上的因果关系是存在的，这就是行为人的行为和物件与受害人的损害之间的因果联系，这种事实上的因果关系是责任构成的重要条件，假如不存在这种因果关系，责任的成立就毫无根据了，进一步说，在严格责任和公平责任中，受害人并非不负任何举证责任，他只要证明损

[①] 于敏：《日本侵权法》，法律出版社1998年版，第116页。

害事实、损害事实与行为人的行为和物件之间的因果关系,而对违法行为和过错的举证责任在绝大多数情况下可以被免除。①

(二) 因果关系的功能

在民法领域,因果关系的功能有两种:一是在民事责任的构成中,因果关系是具有独立性的必要构成要件。行为人的行为和物件与受害人的损害之间必须存在因果联系,即行为人的行为和物件是因,受害人的损害是果,才能要求行为人承担民事责任,否则要求行为人承担民事责任就没有任何依据。二是因果关系还决定着损害赔偿的范围。行为人仅对其行为和物件与受害人的损害之间存在因果关联的损害范围承担责任,超出因果关系范围的损害,因和行为人的行为、物件不存在因果关系而不可能要求行为人承担责任。"前者之功能,乃原本所具有的功能,后者之功能,乃因决定损害赔偿范围时,经常借助因果关系所衍生之功能。"②

(三) 因果关系的认定

因果关系的认定是一个相当复杂的问题,我国民法学界对于因果关系的研究经历了一个必然因果关系通说地位的确定及动摇、相对因果关系确定的过程。③

相当因果关系说实际上是将对加害行为与损害结果因果关系的判断分为两个步骤:首先应判断导致结果发生的行为是否为损害发生的必要条件,这被称为"条件关系"的判断;其次判断该行为是否在极大程度上增加了损害结果发生的可能性,这被称为"相当性"的判断。

1. 关于条件关系

条件关系的认定,是通过"要不则无"(but-for)公式来判断的。即如果没有行为人的加害行为,仍会产生损害结果,那么条件关系不成立;如果不会产生此种损害结果,那么条件关系成立。我国台湾地区有学者将之概括为"无此行为,必不生此损害"。通过 but-for 公式来检验条件关系,可以运用剔除法与替代法相互检验,以确定加害行为与损害结果之间是否具有条件关系。条件关系判断过程中的举证责任原则上由受害人承担,但在特殊情况下,可以采取因果关系推定方式以减轻受害人的举证责任。即便如此,受害人还是应当证明

---

① 王利明:《民法·侵权行为法》,中国人民大学出版社1993年版,第143页。
② 曾世雄:《损害赔偿原理》,中国政法大学出版社2001年版,第96页。
③ 韩世远:《论合同责任成立上的因果关系》,载《法律科学》1998年第6期。

初步的因果关系存在，否则难以确定被告。

2. 关于相当性的认定

相当性的认定实际上就是法律上的价值判断，此种认定实际上就是在判断原因是否具有充分性，或者说被告的行为是否损害发生的充分原因。因此，相当因果关系说也称为充分原因说。相当因果关系理论可以从积极和消极两个方面来表述。从积极的方面看，如果被告的行为在通常情况下会导致已经发生的某个损害结果，或者至少它在相当程度上增加了某个结果发生的可能性，那么这一行为就是损害发生的相当原因。从消极的方面看，如果被告的行为造成了损害，但是这种损害的发生仅仅在非常特殊的情况下发生，或者按照事物发展的正常过程是非常不可能的，那么被告的行为就不构成损害发生的相当原因。[1]

【拓展适用】

一、表见代理的内涵及法律特征

所谓表见代理，是指行为人虽无代理权，但善意相对人客观上有充分的理由相信行为人有代理权，而与其为民事行为，该民事行为的后果直接由被代理人承担。[2]《德国民法典》首次以立法的形式规定了表见代理制度，德国民法学上一般认为，该法典第170条至第173条之规定已蕴含了"表见代理"的内容。此后的《瑞士民法典》和《日本民法典》等也均设有此种规定。英美法中亦有与大陆法表见代理制类似的"不容否认的代理说"。不容否认的代理说的主要特征是本人通过他的言行表明代理人已获得他的授权，也即表面授权（apparent authority），表面授权是产生代理权的原因之一，"假象的或表见的代理"通常发生在公认的贸易惯例和商业习惯中。而当代理人显示他有代理权时，如果在当时的情况下是正常现象，则本人应对代理人签订的合同负法律责任，不能免除本人履行由代理人签订的该项合同的义务。[3]《民法典》第172条规定了表见代理内容，从立法机关对立法目的解读来看，无权代理非经被代理人追认，不对被代理人发生法律效力，这是法律为了保护被代理人的合法权益，维护其意思自治，不让其承担不测损害。但是在某些情况下，相对人是善意且无过失的，如果完全尊重被代理人的意思，强令代理行为无效，置善意相对人的利益于不

---

[1] 王利明：《侵权行为法归责原则研究》，中国政法大学出版社2003年版，第419页。

[2] 佟柔：《中国民法学·民法总则》，中国人民公安大学出版社1995年版，第295页。

[3] ［英］阿蒂亚：《合同法概论》，程正康、周忠海、刘振民译，法律出版社1982年版，第270页。

顾，势必影响交易安全。要求相对人在任何情况下，都必须详细考察被代理人的真实意思，不仅要花费很大的成本，实际上也难以做到。因此，只要相对人对行为人有代理权形成合理信赖，即使实际情况相反，也应保护这种信赖利益，一定程度上牺牲被代理人的利益，而将无权代理的效果归属于被代理人，维持交易安全。[①]

基于表见代理的内涵，我们可将表见代理的法律特征归纳为以下几个方面：

（一）无权代理人从事了无权代理的行为

表见代理主要是因为无权代理行为而产生的，它是指行为人没有代理权、超越代理权或者代理权终止后所从事的无权代理行为，表见代理仍然属于广义上的无权代理。

（二）代理行为符合有权代理的全部要件

第一，代理人必须具有代理权。有权代理的代理人所具有的代理权是真实的、有效的，无权代理之代理人的代理权是不真实的、无效的，不仅被代理人和代理人明知，而且相对人也明知。表见代理的代理人虽然不具有相应的代理权，但由于本人的原因使相对人相信其具有代理权。第二，代理人须以本人的名义实施民事法律行为。如代理人以自己的名义与相对人实施民事法律行为，是代理人的行为，不构成代理。表见代理是代理人以本人的名义与相对人之间实施民事法律行为。第三，代理人须在代理权限内实施代理行为。超越代理权、无代理权等均不产生代理的法律后果。第四，代理人须具有向相对人实施意思表示和受领意思表示的能力。无民事行为能力人和限制民事行为能力人等不能成为代理人。要成立表见代理，代理人也必须具有民事行为能力。

（三）相对人相信行为人具有代理权

表见代理之代理人的代理权，是因本人的行为使相对人相信其客观存在，并且是有效的。因此表见代理的效力，无须要求本人予以追认，本人就应当承担由此引发的法律后果。这样规定的意义在于：狭义的无权代理是为了保护本人的利益，即当狭义的无权代理人所实施的代理行为对本人有利时，本人可能予以追认，否则，本人可以否认或者不进行追认，而表见代理之法律制度的设立是为了保护善意无过失相对人的合法利益。当表见代理行为所产生的法律效果对相对人有益时，该相对人可以请求本人承担民事责任，否则，相对人可以行使撤回权。

---

① 李适时主编：《中华人民共和国民法总则释义》，法律出版社2017年版，第536页。

（四）相对人善意且无过失

因相对人的过错而相信行为人具有代理权，则不能成立表见代理。例如，《日本民法典》第 112 条规定："代理权之消灭，不得以之对抗善意第三人。但第三人因过失而不知其者，不在此限。"我国《民法通则》第 66 条第 4 款也有类似规定："第三人知道行为人没有代理权、超越代理权或者代理权已终止，还与行为人实施民事行为给他人造成损害的，由第三人和行为人负连带责任。"《民法典》第 171 条第 4 款规定："相对人知道或者应当知道行为人无权代理的，相对人和行为人按照各自的过错承担责任。"所谓"相对人善意且无过失"，包括两个方面的含义：第一，相对人相信代理人所进行的代理行为属于代理权限内的行为。第二，相对人并无过错，即相对人已尽了充分的注意，仍无法否认行为人的代理权。

二、行为人持有、盗用、借用单位的公章、业务介绍信等签订合同行为性质的认定

我国现行立法至今未使用表见代理这一概念。《合同法》第 49 条规定："行为人没有代理权、超越代理权或者代理权终止后以被代理人名义订立合同，相对人有理由相信行为人有代理权的，该代理行为有效。"第 50 条规定："法人或者其他组织的法定代表人、负责人超越权限订立的合同，除相对人知道或者应当知道其超越权限的以外，该代表行为有效。"《民法典》第 172 条规定"行为人没有代理权、超越代理权或者代理权终止后，仍然实施代理行为，相对人有理由相信行为人有代理权的，代理行为有效。"上述规定从其内容看具备了表见代理的全部要件，属于表见代理不存疑问。《民法典合同编通则司法解释》第 21 条规定："法人、非法人组织的工作人员就超越其职权范围的事项以法人、非法人组织的名义订立合同，相对人主张该合同对法人、非法人组织发生效力并由其承担违约责任的，人民法院不予支持。但是，法人、非法人组织有过错的，人民法院可以参照民法典第一百五十七条的规定判决其承担相应的赔偿责任。前述情形，构成表见代理的，人民法院应当依据民法典第一百七十二条的规定处理。合同所涉事项有下列情形之一的，人民法院应当认定法人、非法人组织的工作人员在订立合同时超越其职权范围：（一）依法应当由法人、非法人组织的权力机构或者决策机构决议的事项；（二）依法应当由法人、非法人组织的执行机构决定的事项；（三）依法应当由法定代表人、负责人代表法人、非法人组织实施的事项；（四）不属于通常情形下依其职权可以处理的事项。合同所涉事项未超越依据前款确定的职权范围，但是超越法人、非法人

组织对工作人员职权范围的限制,相对人主张该合同对法人、非法人组织发生效力并由其承担违约责任的,人民法院应予支持。但是,法人、非法人组织举证证明相对人知道或者应当知道该限制的除外。法人、非法人组织承担民事责任后,向故意或者有重大过失的工作人员追偿的,人民法院依法予以支持。"但是,关于行为人持有、盗用、借用单位的公章、业务介绍信、盖有公章的空白合同书或私刻单位公章签订经济合同的行为如何定性,最高人民法院分别于1987年、1998年作出两个司法解释,其是否属于表见代理,理论上也有争议。

最高人民法院《具体适用〈经济合同法〉的解答》(法经发〔1987〕第20号)规定,对于有些单位授权本单位的业务人员或者委托外单位的人员签订合同,但未给予正式的授权委托书的,合同签订人的代理资格和代理权限应如何认定,须作具体分析:(1)合同签订人用委托单位的合同专用章或者加盖公章的空白合同书签订的合同,应当承担责任。(2)合同签订人持有委托单位出具的介绍信签订合同的,应视为委托单位授予代理权。介绍信中对代理事项、授权范围表达不明的,委托单位对该项合同应当承担责任,合同签订人应负连带责任。(3)合同签订人未持委托单位出具的任何授权委托证明签订合同的,如果委托单位未予盖章,合同不能成立,责任由签订人自负,如果委托单位已经开始履行,应视为对合同签订人的行为已予追认,因而对该项合同应当承担责任,需要继续履行的应当补办盖章等手续。因为,单位的业务介绍信、合同专用章和合同书是单位对外进行活动的重要凭证,不得借用,更不得借此非法牟利。对借用其他单位的业务介绍信、合同专用章或者盖有公章的空白合同书签订的经济合同,应当确认为无效合同。出借单位收取的"手续费""管理费",应作为非法所得予以追缴,上交国库。借用人与出借单位有隶属关系或者承包关系,且借用人签订合同是进行正当的经营活动,则可不作为无效合同对待。但出借单位应当与借用人对合同的不履行或不完全履行负连带赔偿责任。最高人民法院《经济犯罪嫌疑规定》(法释〔1998〕7号)第4条规定,个人借用单位的业务介绍信、合同专用章或者盖有公章的空白合同书,以出借单位名义签订经济合同,骗取财物归个人占有、使用、处分或者进行其他犯罪活动,给对方造成经济损失构成犯罪的,除依法追究借用人的刑事责任外,出借业务介绍信、合同专用章或者盖有公章的空白合同书的单位,依法应当承担赔偿责任。但是,有证据证明被害人明知签订合同对方当事人是借用行为,仍与之签订合同的除外。第5条规定,行为人盗窃、盗用单位的公章、业务介绍信、盖有公章的空白合同书,或者私刻单位的公章签订经济合同,骗取财物归个人占有、使用、处分或者进行其他犯罪活动构成犯罪的，单位对行为人该犯罪行为所造成的经济损失不承担民事责任。行为人私刻单位公章或者擅自使用单位公章、业务介绍信、盖有公章的空白合同书以签订经济合同的方法进行的犯罪行为，单位有明显过错，且该过错行为与被害人的经济损失之间有因果关系的，单位对该犯罪行为所造成的经济损失，依法应当承担赔偿责任。根据上述解释，借用行为具有表见代理的一些特征，借用并以出借单位或被代理人的名义签订合同，说明出借人（单位）在一定程度上是知道的，由此所造成的法律后果，由出借单位或被代理人承担责任，并未提高其利益；盗窃、盗用、私刻行为不视为表见代理。

（一）行为人持有单位的公章、业务介绍信等签订合同行为的性质

对持有（不包括以盗窃、私刻、借用行为获得的）本人业务介绍信、合同专用章、盖有公章的空白合同书而签订合同的，依1987年的司法解释，视为本人授予代理权，本人应对持有人签订的合同承担责任。这实际上是对表见代理的肯定。因为介绍信、合同专用章、盖有公章的空白合同书虽然名义上不是授权委托书，但这些凭证是其所有人对外进行活动的重要依据，实际上与授权委托书承担了同等效力证明作用。虽然本人没有对持有人赋予具体授权，但将业务介绍信、合同专用章、盖有公章的空白合同书交与他人持有（如保管），从外观主义的表象来看足以使相对人确信其有代理权进而与之签订合同，产生外表授权的效果，一定程度上而言，本人存有过错，因此，在这种情形下，原则上认定表见代理成立，基于维护公平正常的交易秩序，保护善意相对人的利益，本人必须履行他人持有其凭证与相对人签订的合同或承担民事赔偿责任。《民法典合同编通则司法解释》第22条规定："法定代表人、负责人或者工作人员以法人、非法人组织的名义订立合同且未超越权限，法人、非法人组织仅以合同加盖的印章不是备案印章或者系伪造的印章为由主张该合同对其不发生效力的，人民法院不予支持。合同系以法人、非法人组织的名义订立，但是仅有法定代表人、负责人或者工作人员签名或者按指印而未加盖法人、非法人组织的印章，相对人能够证明法定代表人、负责人或者工作人员在订立合同时未超越权限的，人民法院应当认定合同对法人、非法人组织发生效力。但是，当事人约定以加盖印章作为合同成立条件的除外。合同仅加盖法人、非法人组织的印章而无人员签名或者按指印，相对人能够证明合同系法定代表人、负责人或者工作人员在其权限范围内订立的，人民法院应当认定该合同对法人、非法人组织发生效力。在前三款规定的情形下，法定代表人、负责人或者工作人员在订

立合同时虽然超越代表或者代理权限,但是依据民法典第五百零四条的规定构成表见代表,或者依据民法典第一百七十二条的规定构成表见代理的,人民法院应当认定合同对法人、非法人组织发生效力。"

(二) 行为人盗用单位的公章、业务介绍信等签订合同行为的性质

对于盗用业务介绍信、合同专有章、盖有公章的空白合同书签订合同的,其客观上虽使相对人足以相信其代理权存在,但这不构成表见代理意义上的外表授权,因"盗用"多是本人无法预见的、无法防止的,此时本人对"盗用"所产生的授权表象自己主观上无过错。如果在此情况下,从保护善意第三人利益的目的出发,就让本人承担表见代理的后果,这将使民事责任承担与刑事责任承担人被人为地分开,可能助长犯罪分子的不法行为,不利于维护正常的社会经济秩序;更加难以衡平本人与第三人之间利益冲突的可能,一方面代理人(盗用人)具有严重恶意却不承担相应责任;而另一方面由主观与客观上均无过错的本人代主观上具有恶意的代理人(盗用人)承担责任,以致设立表见代理制度的功能最终落空。因此,当代理人违法行为与民法所应倡导的社会公序良俗发生严重冲突时,从建立诚信社会、维持交易安全、促进社会发展的角度,这将牺牲善意相对人的利益,将其善意相对人的利益应让位于社会正义,对这种行为不认定为表见代理。《具体适用〈经济合同法〉的解答》规定:"合同签订人盗用单位的介绍信、合同专用章或者盖有公章的空白合同书签订经济合同的,应当确认为无效合同,一切责任应由盗用人自负;构成犯罪的,应及时移送公安、检察机关处理。"该规定将责任明确归由盗用人承担,但一律确认该类合同无效的规定并无益于第三人利益的保护,也无益于社会交易秩序维护,从有利于社会公平交易秩序发展的角度,严格根据《合同法》的相关规定,如果刑事与民事责任进一步区分的情况下,可就此情况下合同是否无效作进一步的界定。

(三) 行为人借用单位的公章、业务介绍信等签订合同行为的性质

对于借用业务介绍信、盖有公章的空白合同书、合同专用章签订的经济合同,最高人民法院《具体适用〈经济合同法〉的解答》中规定为无效合同,出借单位与借用人对无效合同的法律后果负连带责任,因前一规定已失效,实践中已不适用。而法释〔1998〕7号未确认为无效合同,只规定了出借单位的赔偿责任。这两个司法解释均否认此时成立表见代理。法释〔1998〕7号规定出借人(本人)仅承担赔偿责任,这与表见代理下本人承担履行或赔偿或两者兼而有之的法律后果相违背,因此不符合表见代理的规定。那么,在借用情况下

的代理性质究竟如何呢？可以理解为，本人（出借人）对此授权表象存在过错，应意识到该出借行为可能导致的不良后果，也就是说，出借行为实际上成就了表见代理的构成前提——外表授权，如果同时也具备表见代理的其他构成要件，即可构成表见代理。此时确立表见代理，还可控制借用行为的源头，进而避免出借人因随意出借上述凭证而扰乱社会经济秩序。但当借用人利用借用的上述凭证对外进行民事活动构成犯罪的，刑事责任应当由借用人承担，而民事责任如何承担呢？可将"借用"作为表见代理对待，依"表见代理的法律后果为本人对第三人承担民事责任""表见代理成立时，善意第三人可选择狭义无权代理或表见代理，代理人可对第三人承担补充连带责任"的理论，与"当事人对民事权利义务责任的依法处分性"的民事原则，对上述矛盾予以协调。借用业务介绍信、盖有公章的空白合同书、合同专用章签订合同的行为在符合表见代理机构成要件时，可以认定为表见代理，那么此时的合同就不能认定为"合同无效"。如果确认借用人与相对人签订的合同为无效，则由出借单位与借用人承担无效合同的法律后果，即返还原物、赔偿损失，但这只能使相对人的既有利益得到保护，而相对人之所以签订合同，其目的是实现合同所带来的利益，因此，确认合同无效，出借人与借用人仅仅承担合同无效的法律后果在很大程度上剥夺了相对人基于合同所产生的期待的履行利益。反之，若确认并承担表见代理的法律后果，不仅利于保护相对人基于合同所产生的履行利益，更利于保护交易安全。

对私刻单位公章签订合同的，其性质如盗用情形，公章所属单位不承担表见代理的后果，且不承担任何民事责任（法释〔1998〕7号有规定）。只是在单位有过错时，才有承担赔偿责任的可能，即有承担表见代理后果的可能。

三、表面授权的认定①

善意相对人有充分理由相信代理人有代理权是表见代理的显著特征，大陆法系将这一特征称为表面授权。"根据日本的判例和学说，对正当理由的判断通常要考虑基本权限与实际行为的关联性。如果代理人从事代理行为时，一般人在此情况下都会相信其有代理权，或者该行为具有足以推定代理人有权限之事实，可认定为具有正当理由。"② 表面授权一般有以下几种情况：

---

① 王文霞：《表见代理的认定问题研究》，郑州大学2004年硕士学位论文。
② 王利明：《表见代理构成要件之我见》，载《民商法纵论》，中国法制出版社2000年版，第191~195页。

(一) 代理人的自身授权表示

根据表见代理的本质，使相对人看起来有代理权的授权表示应起源于本人，本人才应承担责任。"所有表面权力都牵涉委托人的声明，说明代理人的权力范围。任何代理人本身权力的声明也不构成委托人的声明。"① 从本质上说，代理人的自身授权对本人无从产生任何约束，如果认定代理人的自身授权行为要求本人承担责任，不但违背代理制度的意思自治原则，也不利于社会经济秩序的稳定和发展。

因此，表面授权应由本人作出或由能实际代表本人的代理人作出。严格来说，无权代理人自己声称有代理权不能构成表见代理。当然，如果本人默许甚至唆使无权代理人声称有代理权，或将无权代理人置于某一职位使其看上去有权作出此项意思表示，本人就应对这一表示承担相应的责任。例如，某建筑公司承建一基建项目，为此特意成立项目部并任命了项目部经理，建筑公司虽然未授权项目经理在与业主方或者建材供应方洽谈的过程中的决定权，但该建筑公司一直认可项目经理的签字，使相对人对项目经理的特殊职位产生信任。因此，只要是该建筑公司的项目经理签字，可以认为建筑公司项目经理的行为已构成表见代理，通常相对人可以要求建筑公司承担责任。以此类推，如果代理人越权对自己作出自身授权，他的越权代理行为与他的有权代理行为在逻辑上没有什么区别，因此也构成表见代理，应当由本人承担责任。

(二) 对其他人作出的授权表示

授权的意思表示应向对此产生依赖的相对人作出。如果是向某一个或某一些特定的相对人作出的，这个或这些相对人对此产生依赖，才可要求本人承担责任。以对其他特定的相对人的授权为依据主张表见代理，理由不成立，因为这种情况下往往是一种特定授权，只对特定相对人有效，其他人不应对其产生依赖，从而不应当成立表见代理。然而，如果这种授权不是向某一特定人作出的，而是一种公开的声明，相对人知晓并依其行事，以上的原则就不能适用。所有人都可依其主张表见代理，要求本人承担责任。如前述中将某人置于某一职位使其在通常授权内产生的表见代理就可对所有相对人产生效力。

(三) 另一代理人的授权表示

另一代理人作出的授权表示可否构成表见代理，是否由本人来承担责任？可分为两种情况进行讨论：一是实际有权作出授权的代理人可对其他代理人作

---

① 何美欢：《香港代理法》，北京大学出版社 1996 年版，第 76 页。

出授权，特别是在以公司为本人的情况下，公司往往是通过代理人作出授权表示，实际具有这种权力的代理人应能代表公司对另一代理人作出授权，如公司的法定代表人或其他依据公司章程有权作出声明的人。二是没有实际权力的代理人对其他代理人作出的授权对本人不产生约束，尽管这一不具有实际授权的代理人在相对人看来有表面授权。例如，公司的副总经理是否有权代理公司对另一代理人作出授权表示，根据我国《民法典》和《公司法》的规定，只有公司的法定代表人才有权代表公司实施民事法律行为，其他人只有获得授权后才有权这么做。副总经理显然不是公司的法定代表人。即如没有充分证据证明对其进行专门授权，通常该副总经理不应有这样的授权，因而也就不具备实际授权或表面授权。因而，无论是否属于公司的副总经理授权，因该副总经理不具有授权的权力，亦不产生对本人（公司）约束的效力。

（四）本人的授权象征或者符号

公司的印章称为公司象征或者符号，公司印章具有身份专属性、行为明示性、公示简易性、形态非资产性和结果排他性等法律属性。签署合同使用本人的代理专用章或者业务公章、财务公章等应视作本人作出了授权表示，相对人相信无权代理人具有代理权是依据本人作出的表示，本人的表示构成相对人相信代理人有代理权的表面授权。

（五）本人事后不作否认表示的行为

事后的行为也可能构成一种表示，使相对人确认代理人先前的无权代理行为有代理权。由于这种表示在事后作出，相对人并不是依赖这一表示与代理人为民事法律行为。因此，只有那些对无权代理行为产生追认效果的行为才可视作事后的授权表示。如果本人事后的行为不能说明本人已知悉无权代理行为已发生，并对无权代理行为作出追认，不应认定属于事后的授权表示。例如，乙在没有获得甲授权的情况下以甲的名义向丙出售货物。事后甲认可乙的这种行为，并将付款方式告知丙，甲的上述行为可构成事后行为表示或追认。在货物涨价时，甲不得以当初乙未获得授权，属于无代理权来拒绝履约。如果乙以甲的名义签约后并带着丙去甲的仓库看货，受到甲热情接待，这不能视作甲对乙的代理权的追认，也不能看作事后授权表示，因甲热情接待的行为不能说明甲已经知道乙以其名义实施代理行为，也不能说明甲有作出追认的意向。因此，本人事后的行为表示也可以成为本人承担代理后果的依据。但这种事后的行为表示须同时具备两个条件：第一，本人的事后行为应是一种积极的作为而不是消极的默认；第二，以一定行为明确地表示本人对行为人的代理行为是明知的，并对该代理权进行了追认。

四、相对人善意和无过失的认定

从表见代理的构成要件来看，不但要形成表面上的授权，而且要求相对人善意和无过失，并且二者缺一不可。因此，相对人善意和无过失也是认定表见代理成立时应当考虑的一个重要因素。

（一）相对人善意的认定

确定相对人是否善意，一方面是指相对人不知无权代理人未获得授权，即在当时的情形下，相对人根本不可能怀疑其未获得授权。如果相对人知道代理人无代理权，甚至是相对人与代理人串通行事，旨在让本人承担责任，就不能称其为善意。另一方面，如果相对人虽主观上不知道代理人无代理权，但本人已经采取了法律认可的方式通知相对人，代理人的代理权受到限制或已终止，则可以推定相对人知道代理人无代理权。① 在这两种情况下，相对人不应受到法律的保护，应自己承担无权代理的后果。

对于相对人而言，只要有充分的证据证明存在足以使其相信代理人有代理权的客观情形，法律即推定其为善意。对相对人不是善意的情况，否定表见代理的本人负举证责任。但这并不是说相对人有理由相信无权代理人具有代理权就表明了其主观上是善意的。客观上的表面授权的形成与主观上的善意是构成表见代理的不同要件。例如，本人作出了使一般正常理性人认为行为人具有代理权的授权表示，但相对人对于无权代理人的情况非常了解，知道本人并未对其实际授权，或者对通常授权进行了一定的限制或原先的授权已经终止或到期，仍与其发生民事法律行为，则不能认定相对人为或者善意。

（二）相对人无过失的认定

无过失是指相对人不知道代理人没有代理权并非因疏忽大意或懈怠造成的。实际上是指对不知代理人没有代理权这一状况，相对人主观上没有过错，尽到了应尽的谨慎义务。如果相对人知道或应当知道行为人无代理权却因过失而尽到注意义务，则他对无权代理行为亦负有责任，因此在法律上没有必要对其进行保护。

五、表见代理与有权代理、狭义无权代理

（一）表见代理与有权代理的区别

表见代理与有权代理的区别主要体现在两个方面：一是实质内涵不同。有

---

① 王利明：《表见代理构成要件之我见》，载《民商法纵论》，中国法制出版社2000年版，第191~195页。

权代理中，本人与行为人之间具有实质授权的内在依据，其代理行为符合法定的授权要件。而表见代理，本人与行为人之间根本没有实质授权的内在依据，其所谓的"代理行为"只是行为人的个人行为。二是表现形式不同。有权代理的内在授权和外部表象是统一的，代理人基于该授权而与相对人进行民事法律行为或者具有法律意义的行为，其行为的效力当然由本人承担。而表见代理的内在条件与外部表象不一致，行为人与本人根本不存在"内部委托关系"，也不存在"实际授权行为"，只是具有"已获授权"的外部表象。

（二）表见代理与狭义无权代理的区别

表见代理与狭义无权代理，关系着本人、代理人、相对人各自利益，举证责任负担等方面利益。表见代理与狭义无权代理主要有以下区别：一是构成要件不同。在表见代理中，实质上虽无实际授权，但形式上有授权，在狭义无权代理中实质上与表面上均无授权，既无实际授权又无表面授权。在主观上，第三人为善意且无过失就构成表见代理；狭义无权代理的成立，则不考虑第三人的主观过错问题，即第三人主观上是否具有过错，都不妨碍狭义无权代理的成立。二是法律后果不同。表见代理的法律效果与有权代理一样，直接归属于本人，由本人对第三人承担民事责任。而狭义无权代理的法律效果并不必然归属于本人，而是处于效力未定状态，未经本人追认则对本人不发生任何效力。表见代理一旦成立，本人不享有追认权，即本人不能以代理人无代理权或超越代理权为由而否定表见代理的效力。但对狭义的无权代理，本人享有追认权和否认权，即代理人可以通过追认狭义的无权代理，使其发生与有权代理相同的法律效果，也可以通过行使否认权，使之不对自己发生效力；第三人享有催告权和撤回权，所谓催告权，是指第三人享有的请求本人对是否追认狭义无权代理作出明确意思表示的权利；所谓撤回权，是指第三人享有的，只有在本人追认狭义无权代理之前，撤回其与代理人所谓的民事法律行为的权利。在本人拒绝或消灭追认权或相对人行使撤回权情形下，可能出现无权代理不发生有效代理的效力；而在相对人善意时，应产生一定的救济权利。在表见代理中，本人因承担授权责任所受的损失，可以而且只能要求代理人予以赔偿。狭义无权代理中，如果因本人的追认承担了授权责任，应作为有权代理处理。如《民法通则》第66条及相关司法解释规定，本人不予追认而因此受有损失，可以要求赔偿，如代理人与第三人串通，损害本人的利益，则应由代理人和第三人承担连带责任。应当注意《民法典》第171条第4款规定的"相对人知道或者应当知道行为人无权代理的，相对人和行为人按照各自的过错承担责任"与《民法通则》第 66 条及相关司法解释规定不尽相同。三是目的不同。在表见代理中，因类似于当事人有权代理，依据法律规定从而使被代理人承受与有权代理相同的法律后果，目的是保护社会交易安全，保护善意相对人的利益。而狭义无权代理，除非有被代理人的事后追认，被代理人不承担无权代理的法律后果，法律如此规定，是以保护被代理人利益为本位。

【典型案例】

某银行广州分行与 S 公司借款合同纠纷案[①]

[①] 同本书规则 13 案例内容。

第三章 合同履行

> **规则17：**（情势变更原则）合同履行中发生了当事人无法预见和防止的情势变更，如要求当事人仍按原合同履行则显失公平，应适用情势变更原则
> ——煤气公司诉检测仪表厂煤气表装配线技术转让合同、煤气表散件购销合同纠纷案①

【裁判规则】

在合同履行过程中，由于发生了当事人无法预见和防止的情势变更，如要求当事人仍按原合同约定继续履行合同，则显失公平。对于双方由此发生的纠纷，应依照《民法通则》第4条规定的公平和诚实信用原则，适用情势变更原则公平合理地予以处理。

【规则理解】

一、情势变更原则的域外考察

所谓情势变更，是指合同有效成立后，因不可归责于双方当事人的原因发生情势变更，致合同之基础动摇或丧失，若继续维持合同原有效力将显失公平，允许变更合同内容或者解除合同。情势变更原则是现代商事法律中的重要制度，对于维护交易公平具有重要价值，已成为国际商事法律所普遍接受的法律准则。

德国在第一次世界大战后，国内的经济陷入危机，货币贬值，物价暴涨，巨大的合同风险增加了合同履行的难度。德国法院进行了一些突破，第一，把《德国民法典》第275条关于当事人可因债的履行不能解除合同的规定，扩大解释为经济上履行不能也可以解除合同；第二，采纳了"法律行为基础学说"，以"实质合同的概念"，注重合同履行的直接效益以及履行结果公正性的做法

---

① 《中华人民共和国最高人民法院公报》1996年第2期。

取代了死守"观念合同"的做法。① 并且对于第二种方式,德国的新债法在第313条中作出了交易基础丧失的规定。但该条只是以概括的方式规定了由判例所发展的交易基础丧失制度的主旨,并未对此作一个详尽的列举规定。② 由于它是适用诚实信用原则的结果,其内涵与外延都是不确定的,所以只能由法官来解释,而且适用时有严格的条件限制。

英美法解决情势变更问题的法律原则称为合同落空。英国法认为:合同落空是指在合同成立之后,并非由于当事人自身的过失,而是由于事后发生的意外情况而使当事人在订约时所谋求的商业目标受到挫折。在这种情况下,对于未履行的合同义务,当事人得予免除责任。合同落空最初见于1863年的"租用音乐厅判例":被告同意将音乐厅租赁给原告,用以举行演奏会,租期为4天,每天租金为100英镑。但在租期尚未开始之时,音乐厅就被大火焚毁,对此,双方都没有过错。原告向被告提出诉讼,要求赔偿因不能提供音乐厅而造成的损失。法院裁定,被告胜诉。③ 但这一判例显然是"严守契约原则"的一种例外,是将特定物因意外事故损毁灭失作为免责事由规定的,也被学者们认为是现代履行不能理论的根源。现在英美法系的学者一般认为合同落空是指合同的目的落空(Frustration of purpose)。

二、情势变更原则的适用条件

在我国,情势变更原则一直未被升格为法律条款而只是停留在法学理论和少数"吃螃蟹"的案例中,随着金融危机对实体经济的巨大冲击日益显现,为避免当事人利益因经济的激烈动荡而导致不公正结果,引入情势变更原则已成为共识。2009年5月13日《合同法司法解释二》正式确立了情势变更原则。《合同法司法解释二》第26条规定,"合同成立以后客观情况发生了当事人在订立合同时无法预见的、非不可抗力造成的不属于商业风险的重大变化,继续履行合同对于一方当事人明显不公平或者不能实现合同目的,当事人请求人民法院变更或者解除合同的,人民法院应当根据公平原则,并结合案件的实际情况确定是否变更或者解除"。《民法典》第533条规定:"合同成立后,合同的基础条件发生了当事人在订立合同时无法预见的、不属于商业风险的重大变化,继续履行合同对于当事人一方明显不公平的,受不利影响的当事人可以与对方

---

① 邱鹭凤等:《合同法学》,南京大学出版社2000年版,第429页。
② 朱岩译:《〈德国新债法〉条文及官方解释》,法律出版社2003年版,第77页。
③ 何美欢:《香港合同法》(下),北京大学出版社1995年版,第580页。

重新协商；在合理期限内协商不成的，当事人可以请求人民法院或者仲裁机构变更或者解除合同。人民法院或者仲裁机构应当结合案件的实际情况，根据公平原则变更或者解除合同。"《民法典合同编通则司法解释》第 32 条规定："合同成立后，因政策调整或者市场供求关系异常变动等原因导致价格发生当事人在订立合同时无法预见的、不属于商业风险的涨跌，继续履行合同对于当事人一方明显不公平的，人民法院应当认定合同的基础条件发生了民法典第五百三十三条第一款规定的'重大变化'。但是，合同涉及市场属性活跃、长期以来价格波动较大的大宗商品以及股票、期货等风险投资型金融产品的除外。合同的基础条件发生了民法典第五百三十三条第一款规定的重大变化，当事人请求变更合同的，人民法院不得解除合同；当事人一方请求变更合同，对方请求解除合同的，或者当事人一方请求解除合同，对方请求变更合同的，人民法院应当结合案件的实际情况，根据公平原则判决变更或者解除合同。人民法院依据民法典第五百三十三条的规定判决变更或者解除合同的，应当综合考虑合同基础条件发生重大变化的时间、当事人重新协商的情况以及因合同变更或者解除给当事人造成的损失等因素，在判项中明确合同变更或者解除的时间。当事人事先约定排除民法典第五百三十三条适用的，人民法院应当认定该约定无效。"设立情势变更的目的在于，当发生重大影响合同当事人权益实现的情形时，以司法权力强行介入双方当事人所达成的协议条款，调整双方当事人的利益分配和风险负担约定，实现利益的大体平衡，该原则所追求的价值目标以公平为核心，其适用条件为：

（一）须有情势变更之事实

发生情势变更的事实是适用该原则的前提条件。所谓"情势"，系指作为合同法律行为基础或环境的一切客观事实①。它包括政治、经济、法律及商业上的种种客观状况，如国家政策、行政措施、现行法律规定、物价、币值、国内和国际市场运行状况等，《合同法司法解释二》确立情势变更原则是在国际金融危机爆发的大背景下，国际金融危机即是情势。所谓"变更"，是指这种情势在客观上发生异常变动。这种变更可以是经济因素的变动，如通货膨胀、汇率变动；也可以是非经济因素的变动，如传染病的暴发、流行等。对该原则中情势的认定，核心是把握好情势的客观性，通常基于外部社会环境客观的状态或事件，而非当事人主观之判断或自身状况的异动。

---

① 崔建远：《新合同法原理与案例评释》，吉林大学出版社 1999 年版，第 267 页。

(二) 须发生在合同成立之后

情势变更的事实发生在合同成立之后，这是适用情势变更原则的时间要件。只有情势的变更发生在合同成立之后，合同关系消灭之前，才能适用情势变更原则。在订约时，如发生情势的变更，当事人完全可依据意思自治决定是否订立合同，不存在借助司法权力予以调整之必要；即使发生基于合同而发生的利益损害，亦可通过追索缔约过失责任实现救济。若情势的变更发生在合同履行期间，又在履行过程中归于消灭，一般也不得适用情势变更原则，因为履行合同的基础已恢复至原状。若债务人迟延履行合同债务，在迟延期间发生了情势变更，则债务人不得主张适用情势变更原则，因为债务人如按合同规定的时间履行不会发生情势变更，也就不需要适用情势变更原则。

有所争议的是情势变更原则是否可以适用在合同履行完毕之后，学界一般认为情势变更原则不适用于合同履行完毕之后，但实践中确实发生了在合同履行完毕后适用情势变更原则恢复原状的案例，对此，笔者认为，合同履行完毕后，双方当事人间的合同目的业已实现，即使发生较合同成立后的重大情势变更，亦不应改变原合同，否则交易之安定性将受到重大影响，导致交易行为无时不陷于效力不确定的状态之中，与维护交易安定的基本立法精神相背离。

(三) 须具有不可预见之性质

不可预见性是适用情势变更原则的主观要件。情势变更是否属于不可预见，应根据发生时的客观实际情况及商业习惯等作综合判断，该判断应侧重于事件的客观性，集中于该变化应具有一般社会受众所无法预测或特定合同当事人依其专业技能所不能预料之特性，而不以当事人之主观状态为标准，即使当事人事实上没有预见，但基于客观事件的性质认为，当事人应当预见或可以预见，亦不能适用情势变更原则，这种考虑既是从社会经济环境下对交易安定性的维护，亦是从法律精神之层面对双方当事人面对合同风险行使自主权的高度尊重。情势变更原则的不可预见性还要求情势变更发生须因不可归责于双方当事人之事由，如情势变更可归责于一方当事人或第三人的事由而发生，则应根据过错责任原则，由有过错的一方当事人或第三人应承担责任，不适用情势变更原则。

(四) 须使原合同履行基础丧失

发生情势变更后，原合同履行的基础失去，这是适用情势变更原则的实质要件。所谓使原合同的履行丧失基础，是指在导致情势变更的事件发生后，如继续按原合同的约定履行，可能使合同产生严重偏离对价的结果，呈现显失公平的状态，或合同目的不能实现。适用情势变更原则之目的是矫正合同因情势变更所发生的严重失衡，重新调整当事人之间的利益分配，赋予一方当事人变更或解除合同的权利。此种情形下的显失公平应依一般人看法，包括债务人履行困难和债权人受领不足及其履行对债权人无利益。[①] 具体可以借助以下几点进行判断：一是要符合诚实信用和公平合理原则；二是显失公平的事实须存在于合同双方当事人或其中一方当事人；三是显失公平的结果使双方利益关系发生重大变动，严重影响交易公平；四是主张适用的一方因不适用而遭受的损失，一般要远大于适用时对方所遭受的损失；五是要符合适用情势变更原则的程序要求。情势变更原则具有双刃剑性质，正确适用对于维护交易公平具有重要意义，如果适用标准宽泛可能导致危害交易安定，英美法系国家一般以判例的形式严格适用的条件，国际商会和投资争端解决中心认为情势变更制度是"契约神圣不可侵犯原则"的"危险的例外"，要求作严格和狭义的解释。[②] 我国不实行判例制度，为加强对情势变更原则适用的控制，最高人民法院在《关于正确适用〈中华人民共和国合同法〉若干问题的解释（二）服务党和国家的工作大局的通知》中要求各级人民法院正确理解、慎重适用，确需在个案中适用的，要层报高级人民法院审查批准，必要时应提请最高人民法院审核。

三、适用情势变更原则的法律效力

情势变更原则的目的，在于排除因客观情况的变化而发生的不公平的结果，使合同在公平的基础上得到履行或解除合同。其法律效力通常表现在以下两个方面：

第一，重新协商，又称"再交涉义务"，即一方当事人可以要求对方就合同的内容重新协商，在协商一致的基础上重新确定合同权利义务或终止原合同。从支持社会主体自由权利、鼓励市场经济主体平等交易、维护交易安定性的层面，应当首先以重新协商的方式对发生情势变更的合同进行调整，避免司法权力介入过深。

第二，诉请人民法院或仲裁机构变更或解除合同，变更合同是在原合同的基础上，仅就合同不公正之点予以变更，使其双方的权利义务趋于平衡，如调整合同对价、延期或分期履行、拒绝先为履行、变更标的物等；解除合同即对合同关系予以终止。但通过何种步骤和方式适用情势变更原则的效力，

[①] 梁慧星：《中国民法经济法诸问题》，中国法制出版社1999年版，第192页。
[②] 朱广东：《情势变更原则国际法渊源辨析》，载《齐齐哈尔大学学报》2003年第5期。

各国立法和判例一般基于这样的考虑：从契约严守的立场出发，法律首先倾向于最大限度地维持既有的法律关系。对于不公平的后果首先应着眼于在维持原有法律关系的基础上调整当事人双方的权利义务，使之趋于平衡。只有在通过变更合同仍不足以排除不公平的后果时，扩张采取终止或消灭原合同关系的措施。

【拓展适用】

司法实践中，由于市场因素的难以预测性，往往使情势变更与商业风险、不可抗力的界限难以划清，为正确甄别情势变更，统一裁判的尺度，宜应对相关概念予以明确。

一、情势变更与商业风险

（一）商业风险的定义与特征

商业风险与现代商事行为相伴而生，基于社会信息无限性与个人决策信息有限性在两者之间产生严重的不对称，基于社会要素变动频繁与个人行为僵缓，产生两者之间的不对应，商业风险的存在本身具有客观性，在进行商事活动时人们只能对风险程度进行适当预判与控制，不可能完全实现风险的规避。

经济学将商业风险定义为：在商业活动中，由于各种难以或无法预料、控制的因素的作用，使主体的预期收益与实际收益发生背离，因而有蒙受经济损失的机会或可能性。[1] 国内合同法学者将其定义为："商业风险是指商人或商业组织在商业活动中因经营活动所应承担的正常损失。"[2] 根据上述定义，我们可以将其特征归纳为以下几个方面：

1. 商业风险具有不确定性

商业风险是否发生、作用力大小是不可以确定的，这是因为商业风险的发生，源于经济主体对社会经济形势的判断，社会经济形势的变化与社会经济主体的判断可能出现判断一致，也可能出现判断不一致的情形，由于预判的不确定性，从而造成其结果的不确定。

2. 商业风险具有部分可预见性

对商业风险的存在，社会经济主体是有一定认知程度的，基于这种认知，在进行商事活动时，社会经济主体对所面临的商业风险必然进行相应的预测与判断，这种预测和判断使得商业风险存在一定的可预见性，可以对一般的商业

---

[1] 朱新华：《正确把握商业风险》，载《商业经济研究》1993年第3期。
[2] 王利明、崔新远：《合同新论·总则》，中国政法大学出版社1996年版，第116页。

风险预判准确。因为，一是从较长时间看，经济发展变化具有一定的规律性，特别是价值规律的作用，社会经济主体可以根据过去已有的经验、信息、技能，对未来经济形势的变动发展趋势作出概率的分析。同时，随着社会的发展，如社会分工的细化、专业化，有专业机构对特定风险进行预测。二是对所进行的社会经济活动本身所暗含的风险因素，社会经济主体可以进行粗略之判断，如股票、期货等投机行为，其风险程度一般为人所熟悉。因此，人们可以根据已有的知识结构、社会经验和技能等，对商业风险进行一定的预判。

3. 商业风险具有部分可控性

基于商业风险的部分可预见性，社会经济主体可以根据自己已有的预判，选择适当之方式控制风险范围与影响。社会经济主体可以实现风险控制的方法多样，如外汇交易中使用一篮子货币，一般交易中担保的运用、资信的调查以及常用的投保等均是实现风险控制的重要及常用手段。

（二）商业风险的种类

根据商业风险的作用范围，商业风险大致可以划分为两类，即系统性商业风险与非系统性商业风险。

系统性商业风险指对所有从事该行业的企业都有影响的风险因素，商业企业本身对该风险无法控制，也不能完全予以避免。这种类型的商业风险通常是因商业企业的整体经营环境，包括政治、经济、自然变化等因素所形成的风险。常见的系统性商业风险有：（1）经济周期波动风险；（2）利率、汇率、税率变动风险；（3）经济宏观政策调整风险；（4）气象风险。以上风险因素的发生与作用是企业在进行商事活动时所无法预见也不可避免的。因此，系统性商业风险的发生既可能导致所有的企业都面临巨大的损失，也可能引起企业利益的严重失衡。

非系统性商业风险，又称公司特别风险，是指对特定商事主体有影响的风险因素。非系统性商业风险，通常是企业的一些内部因素，包括组织、管理、经营、财务所造成的风险。这些风险是企业内部的自身因素，完全可以通过加强企业内部自身素质提升，提高经营管理水平、提高人才素质等一系列措施，从而将风险降到最低限度，避免或减少损失的发生。非系统性商业风险主要有：（1）经营对象风险；（2）经营方式风险；（3）信用销售风险；（4）财务风险。非系统性商业风险的发生通常是基于企业自身的因素造成的，企业本身可以预见并可以避免。如果企业未能预见而造成损失，也只能由企业自己承担。

(三) 商业风险与情势变更之区分

风险自负是现代市场主体从事经济活动时应当遵循的基本准则，而情势变更则免除了商事主体对风险的负担，因而二者之间在效力上有本质区别，但在实践中，商业风险与情势变更又是难以区别的。

对商业风险与情势变更的区别，有人认为"商业风险与情势变更只是存在量的差别"，但笔者认为，商业风险与情势变更具有诸多差别：

第一，量的差别。商业风险与情势变更在造成的影响程度上存在着明显的量的差别，而客观情况的发生是否导致合同履行显失公平，亦是界定情势变更与商业风险的核心所在。如价格的变化，价格的正常上下浮动属商业风险；若价格的剧烈变化，完全脱离价值规律，则可能构成情势变更。当然，在对此进行判断时，不仅要对价格变动是否超出正常范围进行认定，同时亦应结合当事人对后果能否预见、利益关系的变动程度、是否损及交易安全、是否符合交易习惯、市场变化的既定态势等方面综合考虑。英国的一个法庭的判决认为价格上涨20%～30%是普遍商业风险，假如上涨一百倍或天文数字则可成为不可抗力，导致合同落空。依《国际商事合同通则》对艰难情形的解释为："如果履行能够以金钱等方式准确计算，则履行费用和价格的改变超过50%便可构成根本性的改变。"[1]

第二，事由的差别。出现情势变更，一般是无法预见亦无法控制，通常情形包括国家经济政策、重大的经济变动、禁运、贸易摩擦等，也包括自然灾害及意外事故。而引起商业风险的因素，既包括企业的自身因素，如决策失误、管理不善等，也包括重大且无法预见和控制的形势变化。对此史尚宽先生认为："情势变更原则的适用，应以绝对的事变为限。盖此原则唯于其不适用则生不公平之效果，即法律上无何等救济之方法时，始发挥其作用也。"[2]

第三，主观预见的差别。情势变更是当事人不可预见，发生后也不可避免的事项，即便当事人已尽到充分的注意义务亦不能预见。而商业风险具有一定的可预见性，商事主体可以采取相应措施进行控制和规避。

(四) 商业风险与情势变更之竞合

情势变更与商业风险之间虽然存在着上述差别，但现实的复杂性仍然决定

---

[1] 商务部条约法律司编译：《国际统一私法协会国际商事合同通则》（2004年修订版），法律出版社2004版，第333页。

[2] 史尚宽：《债法总论》，中国政法大学出版社1998年版，第454页。

了二者之间存在着交叉与混同。在发生情势变更与商业风险竞合时，需要对其进行取舍。

关于如何取舍实际是司法在处理此类问题时所做出的价值取向，笔者认为，以保守的态度对待情势变更与商业风险更为符合市场经济条件下的价值追求。理由是：第一，严守契约是合同法的基本原则，是维护市场秩序的基石，英国合同法认为"与合同所规定的完全不同的履行，仍然是根本没有履行的合同。因此，卖马的合同不能以交付母牛来履行，卖豌豆的合同不能以交付蚕豆来履行"。[①] 对合同的履行，要求当事人谨慎对待，不得随意变更或解除，有利于维护合同之债关系的稳定性。第二，在市场经济条件下，风险自负是商品经济交换繁荣和资源配置效率的根本动力，促进市场主体对风险的担当有利于提高整个社会经济的效益。日本判例一般不轻易承认情势变更原则，如在买卖契约中价格上涨了6倍，但最高裁判所仍然不承认是情势变更，认为在市场经济中，这些都是合理的，是当事人应该预见或必须承担的风险。

综上，对情势变更与商业风险的取舍，笔者认为，应当认识到情势变更作为一种以国家力量为依凭的利益平衡手段，旨在排除非商业风险所引起显失公平的结果，平衡当事人间基于合同履行所导致的失衡利益关系，但并非对严守契约和风险自负原则的否认。情势变更原则作为严守契约原则的例外应限制使用，以保障市场交易的安全和市场秩序的稳定。

二、情势变更与不可抗力

不可抗力是法律规定的一项免责条款，是指合同签订后，不是合同当事人的过失或疏忽，而是发生了合同当事人无法预见、无法预防、无法避免和无法控制的事件，以致不能履行或不能如期履行合同，发生意外事件的一方可以免除履行合同的责任或者推迟履行合同。不可抗力在我国《民法典》上是指"不能预见、不能避免和不能克服的客观情况"。

（一）不可抗力的主要特点

1. 具有不可预见性

法律要求构成不可抗力的事件必须是有关当事人在订立合同时，对于事件的发生不可预见。关于判断是否可以预见，在正常情况下，就一般合同当事人而言，有两个不同的标准：一是客观标准，对于特定的具体情况，理性人即社会一般通

[①] [英] 阿蒂亚：《合同法概论》，程正康、周忠海、刘振民译，法律出版社1982年版，第141页。

常知识水平、正常智力水平的人能够预见到的，则推定合同当事人亦应预见或已预见；二是主观标准，指根据当事人及合同所约定事项的具体情况，结合行为人的特定状况如年龄、智力发育状况、知识水平，教育和技术能力等综合来判断合同当事人是否足以预见。如投保地震保险，则发生地震就不成为不可抗力。又如火山爆发、风灾、暴雨特殊气象变化，对一般人而言不可预见；但对特定人群，如气象学家或特定区域内的人群而言，则并非完全不可预见。以上两种标准，在进行判断时可以单独运用亦可综合使用，但在多数情况下应结合使用。

2. 具有不可抗拒性

所谓不可抗拒，是指事件的发生不可归责于当事人，并且当事人尽其合理谨慎和努力亦不能避免该事件的发生。反言之，若证明通过当事人尽到合理谨慎和勤勉义务，则"可以避免"该事件的发生，应认定该事件就不构成不可抗力。

3. 具有不可克服性

不可克服性是指合同的当事人对于意外发生的某一个事件所造成的损失不能克服。如果某一事件造成的后果可以通过当事人的合理努力而得到克服，那么这个事件就不是不可抗力事件。而对合理努力的判断，类似于不可抗力不可预见性的判断，应根据个案具体事实和当事人的实际情况加以认定，并依一般社会观念加以裁量。如一般而言，种类物不存在给付不能的问题，债务人可从市场上获得同种类物予以交付，故在约定给付种类物的情况，债务人原有种类物的灭失不构成不可抗力。

(二) 不可抗力的典型情形

1. 自然灾害

自然灾害是不可抗力的典型情形。自然灾害是指造成大范围影响和严重损害后果的自然力，如地震、洪水、山崩、雪崩、泥石流、海啸、火山爆发、风灾、暴雨、森林火灾、雷击、陨石、太阳磁暴、病虫灾害等。但是，并非自然灾害必然构成不可抗力，仍须依不可抗力的构成要件加以整体审查。例如，建筑物外设广告牌应当符合一定的抗风标准，在该抗风标准内的飓风对于广告牌的毁损不视为不可抗力，除非能够证明即使达到了抗风标准也不可能免于毁损。

2. 社会事变

社会事变是指偶发的、异常的社会状态，如战争、暴动、内战、叛乱、罢工、政变、恐怖主义行为等。由于这些社会状态的存在，具有阻碍性、暴力性及混乱性，使得债务的履行不可能，或者履行行为将对债务人的人身、财产带来极度危险，甚至造成更大的损害，此时债务人可主张不可抗力。

3. 政府行为

政府行为包括强制行为和禁令两种。强制行为是指政府基于社会公共利益的需要，依其社会管理职能而采取的强制性措施，如强制征用、征收、强制命令（如动员令）等；禁令是指国家的立法机关、司法机关或行政机关制定、颁布、实施的禁止特定行为的法律、命令或规范。政府行为是否构成不可抗力，有肯定与否定两说。肯定说认为政府行为满足不可抗力的要件，从诚实信用理念出发，亦不应要求债务人以违反法律为代价承担履行义务，特别是作为私法行为的当事人，与国家机关相比总是处于劣势，即使这些强制行为和禁令是错误的，如要求当事人与国家行为对抗实属强人所难；否定说认为政府行为不属于不可抗力，这些行为大部分是可以预见和可以克服的，比如可以通过行政审查或司法审查否定行政行为的有效性，所以如果政府行为造成了合同不能履行，不应归属于不可抗力的范畴，而应由情势变更或合同落空制度予以调整。否定说多见于英美判例。

4. 第三人行为

依法律规定，不可抗力之所以可以免除责任，并不仅是因为不可抗力导致债务履行不能无法归责于债务人；还因为在这种情况下，如果要求债务人承担了责任，而债务人无从向任何人追偿，使得债务人纯受损害而无任何救济。这一点使得不可抗力有别于第三人因素，如因第三人的行为导致债务履行不能，债务人在承担合同责任以后，可以向第三人追偿，以实现责任的合理分配。因此，第三人的行为原则上不构成不可抗力。比如，债务人待交付的标的物被第三人毁损，债务人不能因此而获得不可抗力免责；债务人的债务人拒绝履行其相应义务，也不是债务人主张不可抗力免责的理由。债务人应当先承担合同所规定的责任或义务，再依据其与第三人之间的合同或侵权法律关系进行追偿。但是，也应当注意到，除了一些"纯粹的"自然灾害以外，大部分意外事件中存在着第三人行为的因素。如因第三人的故意或过失导致溃堤、溃坝，造成大范围水灾，都应当作为自然灾害或社会事件进行审查，而不能仅因为存在第三人行为的因素而认为其不构成不可抗力。

（三）不可抗力的法律效力

《民法典》第590条规定，当事人一方因不可抗力不能履行合同的，根据不可抗力的影响，部分或者全部免除责任，但是法律另有规定的除外。因不可抗力不能履行合同的，应当及时通知对方，以减轻可能给对方造成的损失，并应当在合理期限内提供证明。当事人迟延履行后发生不可抗力的，不免除其违约责任。基于上述规定,不可抗力事件发生后对合同产生实质影响的情况可以分为三种:其一,造成合同完全不能履行;其二,造成合同部分不能履行;其三,区分情况。

1. 不可抗力造成合同完全不能履行的

如标的物全部灭失或毁损,导致合同履行的客观不能,当事人免予承担违约责任;如不可抗力发生后,合同履行在客观上仍为可能,但合同目的已根本不能实现,则合同当事人有权解除合同。对此,《民法典》第563条在规定法定解约权的情形时也作了明确,即将因不可抗力致使不能实现合同目的作为法定解约权的第一种情形。

2. 不可抗力造成合同部分不能履行的

当事人可以免除部分不能履行的责任,对于仍可履行的部分,双方可以协商解除,如果对方认为仍有履行之必要,则也可以实际履行尚存部分的义务。

3. 区分情况

合同履行期限内发生不可抗力造成当事人履行迟延的,当事人可以免除迟延履行的责任,合同是否继续履行依当事人自由协商决定,可以继续履行,也可以解除。当事人迟延履行后才发生不可抗力的,当事人不能将不可抗力作为免责事由,因为当事人陷入履行迟延,即已构成违约,自不得对自己违约后发生的任何事由援引为免责的抗辩事由,此正体现了对违约行为的制裁。

(四)不可抗力与情势变更之区分

不可抗力与情势变更是一对相近的概念,体现在:(1)制度基础和法理原则相同。不可抗力与情势变更均建立在民法公平原则及下位的诚实信用原则基础之上,是诚实信用原则的具体体现与落实,目的在于对因外部事件的异动所引起的当事人利益失衡加以调整,维护合同履行的公平性。(2)制度构成要件相似。引起不可抗力和情势变更的事件都非当事人可预见,具有客观性,并因该事件的发生,对合同的履行或当事人利益的实现造成严重障碍,导致明显的权利义务不对等。(3)法律免责效果相近。不可抗力与情势变更都具有免责性,在不可抗力或情势变更事件发生后,当事人未按合同履行的违约责任得以免除,同时根据事件的性质及影响程度,可变更或解除原合同。

不可抗力与情势变更概念的确定是法律理性精神的产物,体现着立法设计者的精巧心思,二者之间亦存在着明显的区别,主要体现在:

1. 二者的表现不同

不可抗力是不可预见、不可避免、不可克服之事件,此种事件一般为重大的灾难性事件，包括自然灾害事件和异常社会事件，一般大众凭直觉便可感知；而情势变更主要为因不能预见的事由，引起合同基础发生重大变化，侧重于依原合同履行将造成严重利益失衡结果发生的角度，二者在视角上存在着较大的差别，不可抗力是事件本身所具有的重大性，而情势变更则为针对合同所具有的重大性，不可抗力事件通常可以引起情势变更事件，但情势变更事件并不一定可以成为不可抗力事件。

2. 二者的性质不同

不可抗力是法定免责事由，当事人在不可抗力事件发生后，只要证明该事件的发生并履行了必要的附随通知、保护等义务，即产生法律上的免责效力；不可抗力导致合同无法履行的，可以对合同予以解除；不可抗力导致合同的履行受到暂时性阻碍的，可以采取延期履行或分期履行的方式，免除迟延履行的责任；对于因不可抗力发生所导致的违约责任可以依法予以免除。而基于情势变更原则，虽也可产生变更、解除合同的效力，但其并非法定的免责事由，须由当事人向仲裁或司法机关申请，且在有权机关作出变更或解除合同决定之前，首先由当事人对合同的履行进行协商，最大限度维护合同的安定性。

3. 二者的适用范围不同

不可抗力为民法的法定免责事由，不仅适用于合同领域，而且还适用于侵权责任法领域，而情势变更原则系合同履行中的指导原则，仅适用于合同领域。

【典型案例】

煤气公司诉检测仪表厂煤气表装配线技术转让合同、煤气表散件购销合同纠纷案

原告（反诉被告）：煤气公司。

法定代表人：陈某满，该公司经理。

被告（反诉原告）：检测仪表厂。

法定代表人：张某炎，该厂厂长。

〔**基本案情**〕

原告煤气公司因与被告检测仪表厂煤气表装配线技术转让合同、煤气表散件购销合同纠纷案，向湖北省武汉市中级人民法院提起诉讼。

原告煤气公司诉称：原告与被告于1987年9月分别签订了《关于J2.5煤气表装配线技术转让协作合同》和《关于J2.5煤气表散件供应合同》及补充协议，协议签订后，被告未全面履行技术转让合同，未向原告提供J2.5煤气表反向表的图纸及工模夹具等，未帮助原告装配出合格的500只反向表，未向原告提供足够数量的J2.5煤气表散件和配件，导致J2.5煤气表生产线无法投入使用；同时，被告未按照煤气表散件供应合同的约定,向原告足额供应散件。故请求法院判令:(1)退回被告转让给原告的 J2.5 煤气表装配线,赔偿原告在 J2.5 煤气表装配线工程中的投资损失;(2)由原告支付不能交货的违约金 103.14 万元,承担逾期交货违约金 25.785 万元。

被告仪表厂答辩称:双方签订的装配线技术转让合同已基本履行,原告提出退还装配线和赔偿其投资损失的诉讼请求是不能成立的;被告未能完全履行煤气表散件供应合同,是由于发生了无法预料和无法防止的客观情势变更,使被告丧失了继续履行合同的能力,对此情势变更,被告主观上无过错,故不应承担违约责任。被告曾多次与原告协商变更合同,但原告不予协作而酿成纠纷。同时提出反诉:要求原告承担逾期支付技术资料费、设备费的违约金 117501.28 元。

武汉市中级人民法院经审理查明:1987 年 9 月,原告煤气公司与被告仪表厂在武汉签订了一份《关于 J2.5 煤气表装配线技术转让协作合同》及补充协议,约定:仪表厂向煤气公司转让 J2.5 煤气表装配线技术,提供装配线上全部工模夹具、专用设备和全套技术图纸资料,为煤气公司建立一条年生产 5 万只 J2.5 煤气表装配线,并从技术上指导煤气公司装配出 1000 只合格正向表和 500 只反向表;仪表厂应优先满足煤气公司装配线的生产需要,提供足够数量的 J2.5 煤气表散件和配件(不包括原辅材料),确保散件质量,并负责培训煤气公司装配维修检验人员 10~15 名。煤气公司应付给仪表厂全部图纸资料费 50 万元,工模夹具、专用设备及检验设备费 20 万元(不含运费),技术协作费 10 万元,合计 80 万元。在合同生产后 2 个月内,煤气公司向仪表厂支付技术资料费的 90%,即 45 万元,款到后 10 天内仪表厂向煤气公司提供全部资料,在试生产和煤气公司核实全部资料齐全后,再支付 10% 的余款。合同的有效期为 3 年。同年 10 月 29 日,双方又签订了《会议纪要》,对装配合同中的未尽事宜进一步作了约定,随后双方开始履行合同。仪表厂于 1987 年 11 月至 1988 年 6 月,先后向煤气公司移交了图纸和技术资料,并提供了工模夹具及有关零配件;煤气公司先后支付了图纸资料费的 90%,即 45 万元,工模夹具设备费的 70%,即 14 万元。1988 年 4 月,煤气公司支付了技术协作费 10 万元后,仪表厂在重庆对煤气公司选派的 22 名人员进行了技术培训。同年 6 月,双方进行验收并签订了有关 J2.5 煤气表装配线技术转让合同的 4 个验收协议和报告。随即,煤气公司向仪表厂支付了图纸资料费的 10% 余款,即 5 万元,工模夹具费等的 30% 余款中的 5 万元(余款 1 万元在合同期满后再一次性支付)。至此,煤气公司已向仪表厂支付了全部技术转让费 80 万元中的 79 万元。《技术转让协作合同》及其补充协议中规定的正向表技术转让基本履行完毕,反向表技术转让未能履行。1989 年 5 月 6 日,煤气公司致函仪表厂,要求全面履行合同书及补充协议,仪表厂认为已按合同履行完毕,反向表技术不属其约定义务。

双方在签订上述技术转让协作合同及其补充协议的同时,还签订了一份《关于 J2.5 煤气表散件供应合同》及补充协议,约定:由仪表厂供给煤气公司国产 J2.5 煤气表散件 7 万套。其中 1988 年供 3 万套（60%正向表散件，从当年 4 月 25 日起每月平均供货；40%反向表散件，从当年 9 月 25 日起每月平均供货）；1989 年供 4 万套（40%为反向表散件），按月平均供货，每套散件单价 57.3 元（含包装费），总价款为 401.1 万元，货到经煤气公司验收后 10 日内由银行托收承付。合同还对产品质量、运输方式、产品包装及违约责任等作了约定。此后，仪表厂于 1988 年 5 月 6 日、6 月 23 日、8 月 19 日三次向煤气公司发运正向表散件 1 万套，煤气公司实际承付货款及运费 525364.35 元后，以仪表厂供货数量不足、质量不合格为由拒付 50287.14 元，另欠仪表厂购材料款 3597.84 元。同年 11 月 23 日，煤气公司向仪表厂发函要求仪表厂履行散件供应合同。仪表厂于同年 12 月 20 日复函煤气公司，以市场变化过快，物价上涨为由要求散件价格上调。1989 年 3 月 25 日，仪表厂向煤气公司发出《关于再次磋商 J2.5 煤气表散件价格的联系函》，提出在散件的成本上涨到每套 79.22 元，物价部门核实的价格为每套 83 元的情况下，愿意不计利润并尽可能承担一定的经济损失，以 J2.5 煤气表散件每套 75.50 元作为变更或解除双方签订的煤气表散件供应合同的最后报价。煤气公司仍要求仪表厂按原合同价格履行，仪表厂则停止向煤气公司供应煤气表散件，双方因此发生纠纷。

[一审裁判理由与结果]

武汉市中级人民法院认为：原告煤气公司与被告仪表厂所订立的《煤气表装配线技术转让协作合同》和补充协议，《关于 J2.5 煤气表散件供应合同》和补充协议，是建立在平等互利、等价有偿、协商一致的基础上的，其合同内容并不违反国家政策的有关规定，合同有效，应受法律保护。仪表厂在履行《关于 J2.5 煤气表散件供应合同》和补充协议中，以经济改革中价格变化，要求变更价格为由，拒不履行合同义务，酿成纠纷，依照《工矿产品购销合同条例》① 第三十四条规定，应负全部责任。仪表厂在履行《关于 J2.5 煤气表装配线技术转让协作合同》和补充协议中，未按合同规定向煤气公司提供反向表技术的行为构成违约，依照《中华人民共和国经济合同法》第三十二条第一款和第三十五条规定，亦应承担全部责任。仪表厂实际支付培训煤气公司人员的费用，应由煤气公司负担。仪表厂供给煤气公司散件系仪表厂引进的专有技术生产的，其散件必须运用仪表厂所供装配线及技术进行组装，其散件应为专用产品；装配线必须依赖仪表厂所供散件而发生效益，仪表厂拒不供给煤气公司散件而造成装配线没有继续存在的物质基础，应予返还。据此，该院判决：一、双方签订的《关于 J2.5 煤气表散件供应合同》和补充协议未履行部分终止履行。二、仪表厂偿付煤气公司不能交货部分的违约金 688231.89 元。三、煤气公司退还仪表厂不合格散件计价 47868.28 元，仪表厂负担煤气公司不合格散件拆表的原辅材料损失 1847.74 元，错发站所造成的运费损失 571.12 元（煤气公司已拒付）。

---

① 已被《国务院关于废止 2000 年底以前发布的部分行政法规的决定》废止。

四、煤气公司付给仪表厂购材料款 3597.84 元。五、双方签订的《关于 J2.5 煤气表装配线技术转让协作合同》和补充协议予以解除。六、仪表厂在本判决生效之日起，30 日内到煤气公司领取所供全部技术资料，拆除 J2.5 煤气表装配线，费用自理，煤气公司提供拆除装配线所必需的工作条件。如逾期，煤气公司概不负责，仪表厂应支付该装配线的实际保管等费用。七、仪表厂退还煤气公司图纸及资料费 50 万元，工模夹具、专用设备及检测设备费 19 万元，部分技术协作费 5 万元，计 74 万元整。八、仪表厂赔偿煤气公司 J2.5 煤气表装配线损失 184478 元。上述二、四、七、八项合计仪表厂应付煤气公司 1609112.5 元，由仪表厂在本判决生效时起 30 日内付清。

〔当事人上诉及答辩意见〕

被告仪表厂不服一审判决，向湖北省高级人民法院提出上诉，其理由是：原审判决认定事实不清，适用法律不当；解除装配线技术转让协作合同没有法律依据；煤气表装配线技术转让协作合同与散件供应合同，虽有一定联系，但绝不应因此而导致装配线技术转让协作合同的解除；让上诉人仪表厂赔偿煤气公司装配线损失缺乏事实和理由；技术转让合同已经履行完毕，不应该退还技术转让费。散件供应合同未能按约定继续履行，暂时中止提供散件，是由于客观情势发生重大变迁，而非上诉人主观上有过错，故不应承担违约金；一审判决对上诉人提出反诉未予表态。请求二审法院撤销原判，依法作出公证的裁决。

被上诉人煤气公司认为一审判决正确，请求二审法院予以维持。

〔二审裁判理由与结果〕

湖北省高级人民法院审理认为：本案由两个独立合同组成。被上诉人煤气公司与上诉人仪表厂签订的《关于 J2.5 煤气表装配线技术转让协作合同》及其补充协议合法有效，应受法律保护。仪表厂在履行该合同中，既未帮助煤气公司装配出合格的 500 只反向表，也未把装配反向表的实际操作技术传授给煤气公司的技术人员，属违约行为。但一审判决在本案双方当事人签订的技术转让协作合同已基本履行，煤气公司派员接受技术培训，掌握了图纸资料和正向表装配技术，煤气表生产线已投入生产并产生了经济效益的情况下，一方面确认装配线技术转让协作合同有效；另一方面又用处理无效合同的方式来处理有效合同，责令仪表厂返还技术转让费用，煤气公司返还装配线（由仪表厂拆除）及全部技术资料，不符合法律的规定。关于煤气表散件供应合同，在合同履行过程中，由于发生了当事人无法预见和防止的情势变更，即生产煤气表散件的主要原材料铝锭的价格，由签订合同时国家定价为每吨 4400 元至 4600 元，上调到每吨 1.6 万元，铝外壳的售价亦相应由每吨 23.085 元上调到 41 元，如要求仪表厂仍按原合同约定的价格供给煤气表散件，则显失公平。对于双方由此发生的纠纷，应依照《中华人民共和国民法通则》第四条规定的公平和诚实信用原则及《中华人民共和国经济合同法》第二十七条第一款第四项的规定，适用情势变更原则公平合理地予以处理。一审判决适用《中华人民共和国经济合同法》和《工矿产品购销合同条例》中的有关违约责任条款,判令仪表厂承担违约责任显系不当。此外,仪表厂在一审中明确提出了反诉请求,但一审判决对反诉是否成立,能否与本诉合并审理等均未作出说明。据此,湖北省高级人民法院依照《中华人民共和国民事诉讼法》第一百五十三条第一款第三项、第四项的规定裁定:撤销一审判决,发回原审法院重新审理。

〔重审结果〕

武汉市中级人民法院依法重新组成合议庭,将本案本诉与反诉合并进行了重审。经该院主持调解,双方当事人自愿达成如下调解协议:一、《关于J2.5煤气表装配线技术转让协作合同》《关于J2.5煤气表散件供应合同》终止执行;二、煤气公司退还仪表厂价值48080.3元的散件,仪表厂用于购买材料的3597.84元,其损失自行承担;三、仪表厂一次性补偿煤气公司21万元,在调解书生效后30日内支付。

规则18:(不可抗力)当事人置政府发出台风即将登陆的通告于不顾,造成损害后以不可抗力进行免责抗辩,不予支持

——罗某诉工贸公司人身损害赔偿纠纷案[①]

【裁判规则】

台风作为一种严重的自然灾害,确实是难以避免的。但是,在气象等相关科学高度发展的今天,台风是可以预见的,通过采取适当的措施,台风过境造成的影响也是能够减小到最低程度的。政府已经对台风即将登陆发出了通告,当事人对于受台风袭击致损害事故发生并非不能预见、不能避免,但为了自身利益而致使他人利益受损,以不可抗力进行抗辩免责,人民法院不予支持。

【规则理解】

一、不可抗力的内涵

不可抗力作为跨越合同责任和侵权责任的重要概念,是各国合同法的共有制度,但很少立法明定其含义,在不同法律传统下,不可抗力的内涵及外延都有所不同且具有弹性,其原因在于不可抗力种类繁杂,富于变动和弹性,难以抽象出完整的共性。就语义而言,不可抗力是指不可抗拒的力量,即人力所无法抗拒的强制力;可将之界定为"不可抗力是当事人在订立合同时不能预见,

---

[①] 《中华人民共和国最高人民法院公报》2007年第7期。

对其发生和后果不能避免并不能克服的事件"。《民法总则》第180条第2款规定"不可抗力是指不能预见、不能避免且不能克服的客观情况",与《民法通则》第153条、《合同法》第117条第2款的规定相同。《民法典》第180条第2款沿用了上述规定。

由于该种立法概括、抽象,导致适用时易生偏差,民法学者更倾向于采取列举方式,详细列举不可抗力的诸多情形,但是学术列举至多提供一张认知不可抗力范围的"不完整清单",却无法穷尽不可抗力的各种情形,因此,有必要阐释不可抗力的法律特征。

(一)必须是社会公认的客观现象

不可抗力是必须凭借人类经验确定其存在的客观现象。洪水、战争和罢工等,都是人类已认知并能够对交易产生重大影响的社会现象。然而,大千世界始终存在着未为人知的疾病和现象。随着科技、社会的发展和进步,人类必会深化对各种自然和社会现象的了解,公认的客观现象也会随之增多。但受人类认知能力限制,将永远存在对未知世界探寻中。不为社会公认的情势和现象,即使对债务履行产生影响,也不能纳入不可抗力。

(二)必须来自行为人的外部

自然现象的外部性较容易认定,但认定社会现象的外部性却时常非常困难。不可抗力的外部性,是为了澄清行为人自己行为及他人或者社会行为之间的界限。行为人自己行为不具有外部性,不可归入不可抗力。如对作者患病而延误写作而迟延向出版商交付书稿,雇员因工资福利待遇而举行罢工,公众因对政府强制兑换私人外汇政策不满而引起社会骚动等,是否属于不可抗力,学术界有不同观点。司法实践中,裁判者唯有求助于生活常理才能作出合理恰当判断。作者患病原因复杂,作者主动患病而拖延交稿的现象不是不可能的,但却违背生活常理。企业雇员罢工若因不满雇用条件,自可通过内部劳资谈判加以解决,也不适于归入不可抗力;但地区性、行业性或者社会性罢工却无法通过企业内部谈判加以解决,适宜于归入不可抗力。债务人本应安排更多供货商,以保持供货稳定,但某一供货商拒绝供货,则不能纳入不可抗力。可见,认定不可抗力的外部性,有一定的主观性,可通过生活经验综合判断。

(三)必须是行为人不可预见的现象

某种现象是否可预见,需要根据债务人的注意义务程度加以判断。以时间作为判断标准,须是行为人建立民事关系时未能预见的现象。如果行为人预见某种现象的发生并据此建立民事关系,即使履行债务时遇到该现象,债务人也不得主张解除合同或者免除责任。如投保人向保险公司购买火灾险，在保险期内发生保险事故的，保险公司即不得以火灾事故无法预见而拒绝支付赔偿金。投机的风险是可预见的，投机者不得以未能预见为由而主张不可抗力的免责利益。预见标准作为判断，认定某种现象是否为不可抗力，应考虑当事人对该事件或现象的发生负有何种程度的注意义务，还要考虑当事人是否已尽到注意义务，从而决定是否应予免责。对不可预见性的判定存在抽象标准和具体标准：抽象标准是一般谨慎稳妥的理性人所应具有的预见能力的标准，具体标准依照债务人的具体情形确定。在不可抗力中，可预见标准应与过错认定和损害赔偿中"可预见性"的理念相同，即遵循"普通理性人标准"。如果债务人是专业机构或人员，即应按"专业人员"标准判定行为人应否预见，而不能适用"普通人理性标准"。

（四）必须是后果不能抗拒的现象

我国法律称"不可抗力"为"不能避免、不能克服"的客观情况，一般认为，"避免"是使得事件不发生，"克服"是指消除损害后果。笔者认为，不可抗力本属于不可预见的现象，也就很难要求当事人避免意外事故的发生，唯有要求行为人避免、减轻意外事故对既存民事关系的影响。

二、不可抗力的外延

不可抗力内涵的丰富性决定其外延的变化性，人们不能穷尽人类和自然界可能发生的种种偶然事件，也就不可能列举出它的全部外延。所以，尽管世界各国都承认不可抗力可以免责，但是没有一个国家立法能够确切地规定不可抗力的范围，而且由于习惯和法律意识不同，各国对不可抗力的范围理解也不同。

根据我国实践、国际贸易惯例和多数国家有关法律的解释，不可抗力事件的范围主要由两部分构成：一是由自然原因引起的自然现象，例如，火灾、旱灾、地震、风灾、大雪、山崩等；二是由社会原因引起的社会现象，例如，战争、动乱、政府干预、罢工、禁运、市场行情等。一般来说，把自然现象及战争、严重的动乱看成不可抗力事件各国是一致的，而对上述事件以外的人为障碍，如政府干预、不颁发许可证、罢工、市场行情的剧烈波动，以及政府禁令、禁运及政府行为等归入不可抗力事件常常引起争议。

事实上，各国都允许当事人在签订合同时自行约定不可抗力的范围，实际上等于自订免责条款。当事人订立这类条款的方法一般有三种：第一种是概括式。即在合同中只概括地规定不可抗力事件的含义，并不具体罗列可能发生的事件。如果合同签订后，客观情况发生了变化，双方对其含义发生争执，则由受理案件的仲裁机关或法院根据合同的含义以及相应的规则解释发生的客观情况是否构成成不可抗力。第二种是列举式。即在合同中把属于不可抗力的事件罗列出来，凡是发生了所罗列的事件即构成不可抗力事件，凡是发生了合同中未列举的事件即不构成不可抗力事件。第三种是综合式，即在合同中既概括不可抗力的具体含义，又列举属于不可抗力范围的事件。具体是否构成不可抗力事件或现象则应根据当事人订立合同时的约定和法律的规定，以发生的事件或现象本身综合判断。

三、不可抗力的判断标准

一个事件是否属于不可抗力，对于合同当事人来说具有非常重要的意义，直接关系到合同义务的履行及违约责任的承担，因此，准确具体识别不可抗力，具有非常重要的意义。

（一）不可抗力的一般判断标准

一般而言，认定一个事件是否属于不可抗力，应当根据以下标准判断：一是不可预见的偶然性。不可抗力所指的事件必须是当事人在订立合同时不可预见的事件，它在合同订立后的发生纯属偶然。当然，这种预料之外的偶然事件，并非当事人完全不能想象的事件，有些偶然事件并非当事人完全不能预见。但是由于它出现的概率极小，而被当事人所忽略，把它排除在正常情况之外，但这种偶然事件却真实发生了，这类事件仍然属于不可预见的事件。二是不可控制的客观性。不可抗力事件必须是该事件的发生是债务人不可控制的客观原因所致，债务人对事件的发生在主观上既无故意，也无过失，主观上也不能阻止该事件的发生。债务人对于非因可归责于自身原因而产生的事件，如果能够通过主观努力克服它，就必须努力去做，否则就不足以免除其债务。

（二）不能预见的判断标准

预见是人的主观心理活动的一种。在正常情况下，判断民事主体能否预见到某一事件的发生有两个层次的标准：一是普通标准，即在某种具体情况下，一般理智正常的人能够预见到的，该合同当事人就应当预见到。如果对该种事件的预见需要一定的专门知识，那么只要具有这种专业知识的一般正常水平的人所能预见到的事件，则该合同当事人就应当预见。二是特别标准，就是在某种具体情况下，根据行为人的主观条件，如当事人的年龄、发育状况、知识水平、职业状况、受教育程度以及综合能力等因素来判断合同当事人是否应该预见到。对客观现象的预见能力与预见程度是随着人类智慧和科技水平的不断发展而提高的，但迄今为止自然界仍有许多客观现象是人类无法预见的。不仅如此，人文与政治社会中的某些事件也是一般民事主体所难以预测的。恰如法谚所云"不知者不为罪",不可抗力的第一个特征与构成要件便是基于人类对客观现象的认知能力的有限性。但不能预见到底是指某些客观现象对整个人类都是不能预见的,还是指某一具体事件对具体的当事人是不能预见的?因为每一个人的认知能力与预见能力是不同的,这就需要确立一个从主体上判断不能预见性的一般性标准,即明确"不能预见"到底是指谁不能预见。依据民法原理,不可抗力作为法定免责事由,在违约之诉中可为各方当事人援引抗辩,在侵权之诉中可为被告援引抗辩。在合同关系中,按照权利义务一致性的原则,合同双方都要承担预知和合理趋避的义务,如果以当事人一方的认知能力与预见能力作为标准来判断不可抗力,显为不公。因此,笔者认为不可抗力的预见主体应为一般公众,即善意理性一般人。即不能预见是指善意理性一般人都无法预见,而不是有的人能预见而有的人却不能预见。

主观上的"预见"亦可分为两类:一类是完全无法预见的客观现象,如突发紧急疫情、火山爆发、山体滑坡、雪崩、泥石流、海啸、绝大部分的地震、突发的战争与罢工等;另一类是可以预见但不能准确预见的客观现象,如台风、海浪、洪水、少部分地震、有预先告示的战争与罢工等。后一类是人类可以在一定程度上进行预见但不能准确、及时地预见其发生的确切时间、地点、延续期间、影响范围等的客观现象。随着科学技术的发展,属于第一类完全不能预见的客观现象有所减少,但这种完全不能预见的客观现象仍将在很长时间继续存在。然而对于不可抗力的主观构成要件来说,完全不能预见与不能准确预见并无实质差异,因为即使对某一客观现象能够提前预知甚至准确预见(如人们可以通过气象台发布的海啸预报、台风预报或国家地震局发布的地震预报而提前知晓),也无法对其发生本身进行避免与克服。但是,在因不可抗力带来的损害后果与责任量化问题上,完全不能预见与不能准确预见仍具一定意义。

(三) 不能避免与不能克服的判断标准

如果不能预见是构成不可抗力的主观要件,那么不能避免和不能克服则说明了不可抗力的客观性与必然性。必然性是由客观规律所决定的,不以人的意志为转移而确定不移的趋势。不能避免是指对于不可抗力事件的发生,当事人虽然尽了合理的注意,仍不能阻止这一事件的发生;不能克服则指当事人对于不可抗力事件虽已尽了最大努力,仍不能克服,并因此而导致合同不能履行或发生侵权损害。

【拓展适用】

一、不可抗力制度的历史沿革

(一) 大陆法系国家的相关规定

一般认为,不可抗力制度源于罗马法。① 罗马法将因不可归责于债务人的事由而发生损害的情形称为事变(casus),即不是由于债务人故意或过失的情况而发生债不履行的结果。事变有自然灾害、战争、交通阻断、法令改废等。事变分为轻微事变和不可抗力两种,不可抗力是指行为人通常不能预见或虽能预见也无法抗拒的外部事实,如地震、海啸、海盗、敌人入侵等。② 若因此而发生债务人给付不能的后果,债务人可以据此免责。罗马法的这一制度为大陆法系各国民商立法所承继,如《法国民法典》第1147条规定,凡债务人不能证明其不履行债务系由于不能归咎于其本人的外来原因时,即使在其本人方面并无任何恶意,如有必要,均因其债务不履行,或者迟延履行而受判支付损害赔偿。第1148条规定,如债务人系由于不可抗力或事变而不履行其给付或作为的债务,或违反约定从事禁止的行为时,不发生损害赔偿责任。《德国民法典》对于"不可抗力"这个概念有明确的规定,该法典第206条规定,在时效期间的最后6个月内权利人因不可抗力无法实施权利的,则该请求权时效中止。虽然《德国民法典》未直接规定不可抗力作为免责事由,但其给付不能制度的规定具备了类似的法律功能,第285条规定"因不可归责于债务人的事由致未给付的,债务人不负迟延责任"。《意大利民法典》文本中没有不可抗力文字的出现,但类似的规定却是以"不可归责于债务人的突然发生的不能"为标题作专节规制,第125条规定:"当由于不可归责于债务人的原因致使给付变为不能时,债务消灭。"

(二) 英美法系国家的相关规定

英美法曾长期不承认不可抗力作为免责事由,而坚守绝对责任原则。根据英美法,当事人在合同关系中是基于对价关系所作出允诺的,一旦作出允诺就要受允诺的拘束,允诺本身含有对合同所预期的结果加以"保证"的意义,一旦违反,就应当承担责任。突破绝对责任原则的第一个著名的判例应属1863年的泰勒诉考德威尔(Taylor v. Caldwell)案,此案的法官拒绝适用绝对责任原

---

① [日] 半田吉信:《买卖契约上的危险负担之研究》,信山社1999年版,第19页,转引自韩世远:《合同法总论》,法律出版社2004年版,第423~424页。

② 周枏:《罗马法原论》(下册),商务印书馆2009年版,第700页。

则,而确立了合同因履行不能而免责的规则,此规则也很快被适用于其他的案件。事实上,这也是英美法中契约受挫制度的起点。英国上诉法院在 1903 年的克雷尔诉亨利(Krell v. Henry)案的著名判例中确立了合同目的落空的原则,使得契约受挫制度有了重大突破。英国的目的落空制度得到《合同法重述》的认可,为美国法院所接受。

可以说,英美契约法所确立的合同落空(或合同挫折)制度事实上已将不可抗力包括在内。

(三) 我国法律规定的历史演变

我国古代《唐律·杂律》规定:"雨水过常,非人力所防者","行船卒遇风浪,损失财物及杀伤人者,不坐不偿"。[①] 这是我国历史上较早的关于非人力所能防的自然灾害造成损害不罚罪、不赔偿的法律规定,可谓是不可抗力作为法定免责事由在我国最早的成文法记载。

从新中国立法实践来看,民事立法对不可抗力的规定是逐步予以明确的。1981 年颁布的《经济合同法》第 27 条第 1 款第 4 项规定:"由于不可抗力或由于一方当事人虽无过失但无法防止的外因,致使经济合同无法履行"的,允许变更或解除经济合同,但未将其作为法定免责事由加以规定,也未明确其范围。1985 年颁布的《涉外经济合同法》第一次对不可抗力的概念、效力作出了规定,该法第 24 条第 3 款规定,不可抗力事件是指当事人在订立合同时不能预见、对其发生和后果不能避免并不能克服的事件。第 1 款规定,当事人因不可抗力事件不能履行合同的全部或者部分义务的,免除其全部或者部分责任。值得注意的是,该条规定不可抗力的范围可以由当事人在合同中加以约定,从而确立了不可抗力的范围由法定范围和约定范围两部分组成的立法模式。这种模式的优势在于:它既规定不可抗力以其具有"不能预见,对其发生和后果不能避免并不能克服"的特征而区别于其他事件,在一定程度上确立了不可抗力的法定范围;同时,鉴于世界各国法律对不可抗力范围认识不一,允许当事人在合同中约定不可抗力的范围。这是一种灵活的立法选择。《民法通则》第 153 条规定,不可抗力是指不能预见、不能避免并不能克服的客观情况。该条款对不可抗力的表述比《涉外经济合同法》的规定用词更为严谨、科学,但它没有对不可抗力的约定范围作出规定。1989 年颁布的《技术合同法实施条例》第 24 条第 1 款规定,不可抗力为"当事人不能预见、不能避免和不能克服的自然

[①] 李志敏:《中国古代民法》,法律出版社 1988 年版,第 194 页。

因素或者社会因素引起的客观情况。当事人可以在合同中约定不可抗力的范围"。再次规定了不可抗力的范围由法定范围和约定范围两部分组成，并进一步将法定范围界定为自然因素和社会因素引起的客观情况。《合同法》对不可抗力的定义沿用了《民法通则》的表述，其第117条第2款规定："本法所称不可抗力，是指不能预见、不能避免并不能克服的客观情况。"《民法总则》仍然沿用了《民法通则》的表述。既未列举不可抗力事件的类型，也未规定当事人可以在合同中约定不可抗力的范围。《民法典》第180条第2款沿用了上述规定。

二、不可抗力与关联概念

不可抗力的英文为"Force Majeure""irresistible force""the act of God"，意指"上帝的力量"或者"神的力量"，即非芸芸众生能够阻挡，自可成为合同履行之障碍，然而，承认不可抗力的法律效力，并非旨在否认其他事件亦可能发生类似效果，与此相关者主要是意外事件、情势变更和合同目的落空。

（一）不可抗力与意外事件

有学者建议将意外事件作为一般免责条件，再划分为不可抗力和其他意外事件，即意外事件为种概念，其他意外事件为属概念。这种建议来源于法国法和德国法的相关立法及理论，《法国民法典》第1147条将"不可抗力"与"事变"并列为债务人的免责事由，所以法国民法学界一般将不可抗力和通常事变放在一起讨论，不作区分。德国一般将意外事件与不可抗力统称为事变，而通常事变一般指事实上非完全不能抗拒，但法律上无此义务，如保管者无特别防范义务。而不可抗力一般指事实上完全不能抗拒之情形，如天灾或兵变。我国已失效的《经济合同法》第27条曾将不可抗力与"一方当事人虽无过失但无法防止的外因"并列规定，允许变更或者解除经济合同。"一方当事人虽无过失但无法防止的外因"，相当于法国民法典上的"事变"、德国学术界所称"通常事变"。我国1999年的《合同法》没有延续上述立法模式，而是统一采用"不可抗力"的表述。《民法典》对此立法改变，存在两种逻辑解释：一是将意外事件纳入不可抗力，从而扩张不可抗力的内涵和外延；二是立法者废弃当事人基于意外事件而请求变更或者解除合同，或者否认意外事件的免责效果，即认为不可抗力与意外事件不具有同一性，不能完全等同起来。笔者同意第二种解释。有学者认为意外事件的构成有三个要件：一是不可预见；二是归因于行为人自身以外的原因；三是偶然发生的事件，且不包括第三人的过错行为。[1]

---

[1] 王利明：《侵权行为法归责原则研究》，中国政法大学出版社2004年版，第245页。

笔者认为，不可抗力属意外事件的一种，两者共同点在于"不能预见性"，区别在于"不能避免和不能克服"的程度。因此，区分不可抗力和意外事件，可以从以下几个方面入手：第一，不可抗力和意外事件在根本上有一致性，即都是当事人不能预见的。但不可抗力是由客观现象引起的，是自然和社会运动规律导致的结果，而意外事件则与特定个体的行为有关，同时也可能是由偶然事由引起的。第二，不可抗力导致的损害是当事人无能为力的，是人力所不能抗拒和避免的，具有必然性或不可避免性。而在意外事件中，损害并不是完全无法避免的，不管事先还是事后，当事人都有可能采取补救措施。第三，不可抗力相对于意外事件更加难以预见。不可抗力的预见标准是以一般人的预见能力为参考的，更为客观。而意外事件能否预见则必须是考量特定当事人的预见能力。只有在特定当事人在特定环境下尽到合理注意仍不可预见的情形下，才可称为意外事件。而在一般人尽到高度注意和十分谨慎的注意义务也仍不可预见的情形下，则是不可抗力。因此，不可抗力是意外事件中更为不可预见、不能避免、不可克服的事件，不可抗力对合同责任存在的影响要远远大于意外事件，因而对于不可抗力而导致的合同不能履行原则上得以免责，而意外事件却不能简单一概而论作为免责事由。

（二）不可抗力与情势变更

情势变更是大陆法系的称谓，即合同签订后，如果出现了双方当事人事先无法预料的意外情况，致使合同成立时的基础丧失，则合同当事人可以解除或者变更合同并免于承担责任。情势是指合同成立当时的社会环境或者作为合同基础的一切客观情况，一个地方或合同当事人双方或一方的情势，如果能以客观事实的形式出现即可认定。在不可预见的情势发生后，继续履行合同将会导致实质的不公平，不可抗力在某种程度上也同样是出于这种价值衡量而建立的，因不可归责于债务人的原因而要求债务人承担违约责任，显然不符合公平原则。

不可抗力与情势变更具有如下共性：一是均发生于合同之后，债务履行完毕之前来自外界影响债务履行的重大障碍；二是均为受阻碍方当事人不能合理预见之事件；三是均为受阻碍方当事人所不能避免、不能控制的；四是体现了法律的公平原则，均为处于不利地位的一方当事人的法律救济制度。

关于不可抗力与情势变更的区别，有学者认为，不可抗力不一定导致情势变更的发生，而且两者的差别主要在于其功能以及发生作用的阶段不同。[1] 笔

---

[1] 王利明：《侵权行为法归责原则研究》，中国政法大学出版社2004年版，第245页。

者认为，不可抗力与情势变更存在如下区别：一是表现形式和范围各不相同。不可抗力既可以表现为自然灾害，如地震、洪水、风暴；也可以表现为社会异常行为，如罢工、战争导致封城等。而情势变更一般表现为物价暴涨或暴跌，货币贬值，国家经济政策、社会经济形势客观情势发生巨大变化等。二是存在的持续状态不同。不可抗力一般具有突发性与暂时性，而情势变更则具有慢发性与延续性，并自变更时起，影响一直持续，有的甚至达到几年、十几年。三是不能履行的程度不同。不可抗力是已经造成他人人身和财产的损害，或合同的完全不能履行，而情势变更一般只是造成合同履行困难或者显失公平，即一方必须付出相对高昂代价才能按原合同履行，即按原合同履行会出现订立合同时所不能预见的明显不公平的结果。四是法律效力不同。不可抗力既影响绝对法律关系（物权关系、人身权关系、知识产权关系、继承权关系等），又影响相对法律关系即债权关系，不可抗力的法律效力还在于，它的出现可以解除合同，如《民法典》第563条第1款之规定；可以中止诉讼时效，如《民法典》第194条第1款之规定；可以部分或者全部免除责任，如《民法典》第590条之规定；可以免除侵权责任，如《民法典》第1239条、第1240条之规定；而情势变更中情势的出现只能引起合同的变更和解除，如《民法典》第533条之规定。五是履行的程序不同。出现不可抗力以后，当事人只要有确切的证据，履行了法定的义务（如通知义务，防止损害扩大的义务），则可以直接免予违约责任或者侵权责任。但在当事人主张适用情势变更的情况，必须通过法院或者仲裁机构裁判支持的方式才能达到免除责任的法律效果。

（三）不可抗力与合同目的落空

合同目的落空（Frustration of Contract）又称合同挫败，指合同签订后，不是由于当事人的过失，而是发生了当事人不能预见的与订约时的情况根本不同的意外事件，使当事人订约时所谋求的商业目标受到挫折，造成合同的履行为非法或不可能的，在这种情况下，可以免除债务人的履约责任。《美国合同法重述》（第二版）规定，如果意外事件实质性地破坏了权利人订立合同的主要目的，即可适用合同目的落空规则。在法律效果上，合同目的落空与不可抗力、意外事件和情势变更均可能导致合同解除和免除责任。我国《合同法》第94条规定，因不可抗力致使不能实现合同目的，当事人可以解除合同。根据上述规定，不可抗力也是导致合同目的不能实现的一种事由，当然也存在其他原因可导致合同目的不能实现。

不可抗力和合同目的落空的主要区别在于：一是表现形式不同。不可抗力将导致合同的履行不能,但合同落空导致合同的履行艰难或者履行没意义。合同目的落空并不等同于合同履行不能,而是合同仍可继续履行,只是履行的结果对当事人来讲已经丧失了原来的价值,这是另一种意义上的双方利益关系严重失衡。在这种情况下,原合同的履行仍可继续但已经没有必要或者说履行没有意义,它与不可抗力导致合同履行不能的情况显然有所不同。二是法律后果不同。不可抗力的法律后果是使得合同迟延履行、部分或全部履行不能、不适当履行、解除合同而不承担合同责任,合同落空的法律后果则是请求变更或者解除合同,并不是直接不承担合同责任。

【典型案例】

罗某诉工贸公司人身损害赔偿纠纷案

原告:罗某,学生。

被告:工贸公司。

法定代表人:汪某富,该公司董事长。

〔基本案情〕

原告罗某因与被告工贸公司发生人身损害赔偿纠纷,向浙江省台州市黄岩区人民法院提起诉讼。

原告罗某诉称:原告的母亲吴某荷是被告工贸公司的职工。被告因外销业务紧张,一直雇用临时人员从事产品包装工作。自2001年开始,原告就利用学校放寒、暑假时间在被告处从事包装工作。2004年8月11日起,14号(云娜)台风开始影响黄岩市。被告为了外贸合约能按时履行,无视台风过境的危险,在8月12日仍组织全公司职工上班。受台风的影响,当日下午4时许,原告所在的工棚在风雨中突然倒塌,原告和母亲吴某荷、妹妹罗某素等人被压在钢架工棚下。该事故造成一人死亡、六人受伤的结果。原告因此次事故受伤后住院治疗71天,住院期间连续二人陪护。经台州市劳动鉴定委员会鉴定,原告的伤情构成八级伤残。故请求判令被告赔偿原告医疗费8872.50元、误工费6346.93元、护理费1420元、交通费100元、住院伙食补助费1065元、营养费1000元、残疾赔偿金79080元、后续治疗费30000元、精神损害抚慰金25000元。以上合计152884.43元。

原告罗某提交以下证据:

(1)台州市黄岩区人事劳动社会保障局函文一份,用以证明原告已经先行向劳动部门申请工伤认定,劳动部门经审查认为认定工伤的依据不足,建议原告向法院起诉;(2)调解协议书和仲裁调解书各一份,用以证明和原告同时受伤的原告母亲吴某荷及在此次事故中死亡的原告妹妹罗某素的民事赔偿事宜已处理结案;(3)台州市第一人民医院住院收据一份(复印件)、输血押金收据二份、剃头费领条一份,用以证明原告受伤后住院发生医疗费59721.59元、输血费2300元、剃头费120元;

（4）14号（云娜）台风受灾住院特困医疗补助申请表一份，用以证明人民政府向原告补助住院医疗费53269.09元；（5）医疗诊断证明书四份，用以证明原告病情以及原告住院期间需要一人护理，出院后应休息4个月的事实；（6）台州市劳动鉴定委员会伤残职工劳动能力鉴定结论一份，用以证明经鉴定，原告伤情构成八级伤残；（7）台州市黄岩区人事劳动社会保障局对汪某富、张某梅、黄某海所作调查笔录各一份，汪某富笔录的主要内容是证明原告在被告厂房内因厂房倒塌致伤；张某梅、黄某海笔录的主要内容是证明原告在节假日期间在被告工贸公司从事包装工作。

一审期间，2005年7月25日，原告罗某因拆除右踝骨钢板再次在台州市第一人民医院住院治疗（共住院8天），用去医疗费4011.61元。原告向法院申请增加诉讼请求，其中医疗费增加为12884.11元，误工费增加为8505.95元，并要求被告工贸公司赔偿假肢安装费58850元。残疾赔偿金增加为87276元，总赔偿额增加至226401.06元。

原告罗某申请增加诉讼请求后补充提交以下证据：

（8）医疗费收据二份、出院记录一份、医疗费清单一份，用以证明原告因拆除钢板用去医疗费4011.61元；（9）医疗诊断证明书一份，用以证明原告拆除钢板后需要休息二个月；（10）医疗诊断说明书一份、假肢矫形器公司证明一份、交通费发票四张、住宿费发票二张，用以证明原告因本案事故受伤导致右小指坏死，需要安装假肢。原告到上海安装美容手指，用去车费580元、住宿费220元，安装的美容手指价格为1100元，使用寿命为1至2年。

被告工贸公司辩称：原告罗某与被告之间不存在劳动关系，造成原告受伤的是百年不遇的台风，属于不可抗力，不应由被告承担赔偿责任。请求驳回原告的诉讼请求。

被告工贸公司提交以下证据：

（1）黄岩南城街道办事处工作人员蔡某出具的情况说明一份，用以证明原告罗某的妹妹罗某素在本案事故中死亡后，经有关部门调解，被告对死者亲属给予了一定补助；（2）母某君、郑某兵证言，用以证明原、被告之间不存在劳动关系。

经质证，被告工贸公司对原告罗某提供的证据3有异议，认为原告仅提供住院收据复印件，未提供正式发票，真实性不足；对原告提供的证据7有异议，认为张某梅、黄某海的证言真实性不足；对原告提供的证据8、9、10均有异议，认为上述证据系在举证期限届满后提出，不应认定。法院认为，原告提供的证据3中，虽然住院收据确系复印件，但该收据复印件和证据4能互相印证，故应予确认。被告对原告提供的证据7中张某梅、黄某海的证言有异议，但未能提交充分证据予以反驳，故对原告提供的证据7予以确认。原告提供的证据8、9虽系在举证期限届满后提出，但系举证期限届满后新发现的证据，属于新证据，且符合真实性、合法性、关联性的要求，故应予确认。原告提供的证据10未在举证期限内提交，被告不同意质证，故不予认定。

原告罗某对被告工贸公司提供的证据均有异议，认为被告提供的证据1涉及的证人未到庭作证，被告提供的证据2涉及的证人均系被告单位职工，与被告有利害关系。法院认为，被告提供的证据1涉及的证人未到庭作证，证据形式要件不足，被告提供的证据2涉及的证人系被告单位职工，与被告有利害关系，且上述证据内容与本案争议事实关联性不足，故均不予认定。

台州市黄岩区人民法院审理查明：

原告罗某之母吴某荷系被告工贸公司职工，从事产品包装工作。原告及其妹妹罗某素经常利用寒、暑假及休息日到被告单位和吴某荷一起从事产品包装工作。因被告单位实行产品包装按件计酬，原告及罗某素所完成的工作量均记录在吴某荷的工账单上。14号（云娜）台风于2004年8月11日影响台州市，同月12日下午4时许，14号（云娜）台风登陆台州市，原告及吴某荷、罗某素等人正在被告单位工棚内从事包装工作，因受台风袭击，该工棚突然倒塌，造成罗某素死亡、原告及其母亲受伤。原告伤后到台州市第一人民医院住院治疗，被诊断为脑挫裂伤、右内外踝骨骨折、右小指末节坏死、全身多处挫伤等。原告住院期间，共发生医疗费59721.59元（该费用已由人民政府以特困医疗补助方式向原告补助53269.09元）、输血费2300元、剃头费120元。2005年5月22日、23日，台州市第一人民医院先后出具二份医疗诊断证明书，载明原告在住院期间需要一人陪护护理。2005年3月9日，台州市劳动鉴定委员会对原告的伤情作出台劳鉴（2005）2-212号台州市伤残职工劳动能力鉴定，结论为：原告的伤情为八级伤残。2005年7月25日，原告因拆除右踝骨钢板再次在台州市第一人民医院住院治疗（共住院8天），发生医疗费4011.61元。2005年8月25日，台州市黄岩区人事劳动社会保障局致函原告，称由于原告与被告之间的劳动关系不清，认定工伤依据不足，建议原告就赔偿事宜向法院起诉。

〔一审裁判理由与结果〕

台州市黄岩区人民法院认为，本案的争议焦点是：（1）原告罗某与被告工贸公司之间是否形成劳动法律关系；（2）原、被告之间如果不存在劳动法律关系，被告是否应当就原告受伤一事承担民事责任。

关于第一个争议焦点。劳动关系是指在劳动力和生产资料分别归属于不同所有人的情况下，劳动力所有者按生产资料所有者的指示工作，劳动产品归生产资料的所有者所有，由生产资料所有者向劳动力所有者支付报酬，从而形成的社会关系。劳动法律关系是指相关法律规范在调整劳动关系过程中形成的法律上的劳动权利和劳动义务关系，是劳动关系在法律上的表现，是当事人之间发生的符合劳动法律规范、具有权利义务内容的关系。劳动法律关系中的用人单位一方，依法享有接受劳动者参加工作、分配任务和要求劳动者遵照单位内部劳动规则进行劳动的权利，同时，必须承担支付职工劳动报酬、提供劳动条件和实现劳动保护的义务。而劳动法律关系中的劳动者一方，依法享有按劳取酬、享受劳动保护的权利，同时负有必须遵守劳动纪律的义务。本案中，原、被告双方没有订立正式的劳动合同。罗某以及罗某素的工作，在客观上提高了被告正式职工吴某荷的工作量，在一定程度上增加了被告的利益,因此被告对于罗某以及罗某素进厂帮助其母工作的行为,没有加以制止,而实际采取了默许的态度。但是,被告并不直接给罗某及罗某素分配工作任务,也不直接给其发放报酬。罗某及罗某素是在其母吴某荷的指示下进行劳动的,其劳动成果的价值,是通过将其完成的工作量计入其母吴某荷的工账单,算作吴某荷完成的工作量,最终由被告向吴某荷发放报酬而实现的。罗某及罗某素并不受被告单位工作时间的约束,只是利用寒、暑假及休息日等时间临时到被告处工作,能够自由支配自己到被告处工作的时间。综上,虽然原告的工作在客观上增加了被告的利益,被告也默许了原告的行为,但是原、被告双方没有订立正式的劳动合同,同时,双方权利义务的内容也不符合劳动法律关系的特征,故原告与被告之间并未形成劳动法律关系。

关于第二个争议焦点。原告罗某与被告工贸公司之间虽未形成劳动法律关系,但是,对于原告在本案事故中受伤这一事实,被告仍然需要承担民事责任。

《中华人民共和国民法通则》第一百零六条规定:"公民、法人违反合同或者不履行其他义务的,应当承担民事责任。公民、法人由于过错侵害国家的、集体的财产,侵害他人财产、人身的,应当承担民事责任。没有过错,但法律规定应当承担民事责任的,应当承担民事责任。"从事一定社会活动的民事主体,如果其从事的活动具有损害他人的危险,那么该民事主体就负有在合理限度内防止他人遭受损害的义务,这个义务即属于《中华人民共和国民法通则》上述规定中的"其他义务",如果行为人不履行这项义务,就应当承担相应的民事责任。《最高人民法院关于审理人身损害赔偿案件适用法律若干问题的解释》第六条第一款规定:"从事住宿、餐饮、娱乐等经营活动或者其他社会活动的自然人、法人、其他组织,未尽合理限度范围内的安全保障义务致使他人遭受人身损害,赔偿权利人请求其承担相应赔偿责任的,人民法院应予支持。"被告工贸公司是从事生产经营性活动的法人,有义务在合理限度内为在其生产经营场所内的人员提供安全保障。根据本案事实,被告对于原告罗某及妹妹罗某素利用寒、暑假及休息日到被告工厂和其母、被告正式职工吴某荷一起从事产品包装工作这一事实是明知的,但由于原告等人的行为客观上增加了被告的利益,故被告对原告的行为采取了默许的态度,否则作为工作区域的实际控制人,被告完全有权、也完全能够拒绝原告的行为。因此,被告与原告之间虽然没有形成正式的劳动法律关系,但被告对原告仍然负有合理限度内的安全保障义务。被告在台风来临之际,不但没有停止工作,疏散工作场所内的人员,反而为了单纯追求自己利益的最大化,不顾安全问题,仍然组织工人到工棚这一相对危险的工作场所进行劳动。无论是对吴某荷等正式职工,还是对原告等进入被告工作场所的临时人员,被告都没有尽到其应尽的安全保障义务。被告虽以造成原告受伤的原因是百年不遇的台风,属于不可抗力为由进行抗辩,但其抗辩不能成立。《中华人民共和国民法通则》第一百五十三条规定:"本法所称的'不可抗力',是指不能预见、不能避免并不能克服的客观情况。"台风作为一种严重的自然灾害,确实是难以避免的。但是,在气象等相关科学高度发展的今天,台风是可以预见的,通过采取适当的措施,台风过境造成的影响也是能够减小到最低程度的。本案中,政府已经对14号(云娜)台风即将登陆发出了通告,且台风在登陆前就已经对台州市产生影响,工贸公司对台风即将登陆这一事实是明知的。因此,被告对于受台风袭击致工棚倒塌,造成一死六伤这一恶性事故,并非不能预见、不能避免,被告完全有条件在台风登陆前停止生产,疏散人员,或者安排工人到相对安全的地点工作。但是在台风登陆的当日,被告为了自己的利益还组织工人到工棚工作,致使在工棚这个在台风过境时相当危险的工作场所内的所有人员身处险境,最终导致工棚倒塌一死六伤惨剧的发生。因此,被告关于本案事故发生系因不可抗力的抗辩理由,没有事实根据和法律依据,不予支持。

《中华人民共和国民法通则》第一百一十九条规定:"侵害公民身体造成伤害的,应当赔偿医疗费、因误工减少的收入、残废者生活补助费等费用;造成死亡的,并应当支付丧葬费、死者生前扶养的人必要的生活费等费用。"原告罗某因此次事故遭受的实际损失为:第一次住院费用59721.59元加第二次住院费用4011.61元加输血费用2300元加剃头费用120元,减去政府补助费用53269.09元,以上合计医疗费用12884.11元;护理费按照每天20元计算71天,为1420元;交通费100元;住院伙食补助费按照每天15元计算71天,为1065元;营养费1000元;残疾赔偿金按照城镇居民人均可支配收入14546元计算6年,为87276元。以上各项损失共计103745.11元。《中华人民共和国民法通则》第一百三十一条规定:"受害人对于损害的发生也有过错的,可以减轻侵害人的民事责任。"原告没有和被告工贸公司建立劳动合同关系,不受被告单位劳动纪律(如上下班制度)的约束,但其缺乏自我防范意识,在台风过境之时,仍到被告单位工棚中从事产品包装工作,自身亦有一定过错。综合以上因素酌定由被告承担80%的赔偿责任,原告自负20%,被告应支付原告赔偿款82996.01元。

《最高人民法院关于确定民事侵权精神损害赔偿责任若干问题的解释》第八条第二款规定:"因侵权致人精神损害,造成严重后果的,人民法院除判令侵权人承担停止侵害、恢复名誉、消除影响、赔礼道歉等民事责任外,可以根据受害人一方的请求判令其赔偿相应的精神损害抚慰金。"该解释第十一条规定:"受害人对损害事实和损害后果的发生有过错的,可以根据其过错程度减轻或者免除侵权人的精神损害赔偿责任。"综上,原告罗某主张被告工贸公司赔偿精神损害抚慰金应予支持,但根据损害事实和后果,并综合考虑双方的过错程度等多种因素,酌定由被告赔偿原告精神损害抚慰金15000元。

原告罗某主张的后续治疗费没有实际发生,原告可待实际发生后另行起诉;原告主张的误工费,因原告系在校学生,主张误工损失依据不足;原告主张的假肢安装费,依据不足。对原告上述主张均不予采纳。

据此，台州市黄岩区人民法院于 2006 年 5 月 25 日判决：一、被告工贸公司于判决生效之日起十日内赔偿原告罗某因事故造成的经济损失 82996.01 元、精神损害抚慰金 15000 元，以上共计 97996.01 元；二、驳回原告罗某其他诉讼请求。

> **规则 19：**（不可抗力）虽然国家海洋预报台发出预报，但在目前的科学技术条件下，海洋风暴仍然属于不能避免的不可抗力
> ——进出口公司诉港务公司港口作业合同纠纷案①

【裁判规则】

法律上所称的"不可抗力"，是指不能预见、不能避免并不能克服的客观情况。虽然国家海洋预报台发出预报，但在目前的科学技术条件下，从发出预报至所有人货物受损时，港口经营人已经无能力保障应当由其保管的全部货物安全，该货损仍属于不能避免的不可抗力所致。

【规则理解】

一、不可抗力学说综述

我国《民法总则》第 180 条第 2 款、《民法通则》第 153 条、《合同法》第 117 条第 2 款、《民法典》第 180 条均将不可抗力界定为：不能预见、不能避免并不能克服的客观情况。但法学理论与实践中对不可抗力的认识存在多种观点。概括起来主要有以下三种：

（一）主观说

该观点以当事人的预见能力为衡量标准，认为只要当事人已经尽了最大注意，并使用了当时所拥有的一切手段，但仍不能防止有损于合同事件的发生，该事件就构成不可抗力。

（二）客观说

该观点以事件性质和外部特征为衡量标准，认为不可抗力是当事人不可能预见和避免的。该学说具有以下两个核心：一是不可抗力与当事人主观意志无关，发生在当事人意志以外；二是不可抗力为非经常发生的事件。

（三）折中说

该观点以主观和客观相结合为标准，认为不可抗力是发生于当事人外部的

---

① 《中华人民共和国最高人民法院公报》2000 年第 5 期。

事件，同时还须审视当事人是否尽其主观注意，即主观过错。折中说比起单纯的主观说和单纯的客观说具有更多的合理性，被许多大陆法系国家的民法所采用。《民法典》对不可抗力的界定既强调了不可抗力在主观上的不可预见性，又指出了它在客观上的不可抗拒性，其立法精神基本体现出折中说的思想。

二、不可抗力的构成要件

认定一个事件系法律意义上的不可抗力，则可能发生免除违约责任的法律后果。因此，不可抗力的构成非常重要。一般认为，不可抗力的构成要件包括客观要件和主观要件两方面。

（一）客观要件

客观要件包括"不能避免""不能克服"两层含义。"不能避免"强调不可抗力独立存在于人的行为之外，当事人的意志是无法控制的，无可回避的。"不能克服"强调该事件无法抗拒，就算当事人尽了最大努力仍无法对这种客观现象的发生与否、发生程度等做出安排和处置，从某种程度上说，当事人是无能为力的。"不能避免并不能克服"均是强调客观情况的发生，但是，合同履行是一种法律行为，如果事件发生与合同履行无关，也就不涉及不可抗力免责的层面。

（二）主观要件

预见是人的心理活动的一种，是人对未来情况的一种判断。一个事件要成为不可抗力，则强调在主观上不具有预见性，即不以人的意志为转移，不在人们能预见到的范围之内。主观要件是一个很复杂的判断因素，包括"预见的主体""预见的程度""预见的始末时间"等方面。前文已对此进行阐述，在此不再赘述。

在目前的科学技术条件下，从发出预报至所有人货物受损时，港口经营人可以采取一定措施尽可能地减少损失，但台风的破坏力是难以预测的，当超过港口经营人的能力范围时，其已经无能力保障应当保管的全部货物安全，该货损应当属于不能避免的不可抗力造成。

（三）主客观要件的关系

在合同法领域确定不可抗力的构成，客观方面，必须符合不能避免和不能克服这两大特点；主观方面，要求当事人能否预见、预见程度、预见的时间先后等因素达到某种标准。对于一些典型的不可抗力事件来说，如地震、海啸等自然灾害的发生，一般理性人都认为属于无法抗拒的自然现象，于是可凭其是否具备不可抗力的客观要件来认定它应否属于不可抗力，对于当事人的主观心态方面即能否预见地震的到来，就无须考察。但在判断那些仅阻碍合同当事人履约的事件是否构成不可抗力时，就须结合当事人的主观心态进行考察。此外，不可抗力的判断过程中还需特别注意时间因素，只有那些在合同生效后、合同义务完全履行完毕前发生的不可抗拒事件才能构成不可抗力；而那些发生在合同生效前的不可抗拒事件只能引起缔约过失，而不能归入不可抗力作为免责事由。

三、不可抗力的分类

不可抗力事件的偶然性和不可预见性决定了人们不可能列举出它的全部外延，不能穷尽人类社会可能发生的所有偶然事件。根据我国实践、国际贸易惯例和多数国家有关法律的解释，不可抗力事件可分为如下几种：

（一）自然灾害

自然灾害也称天灾，是指"独立于人们意志以外发生的事件，它是人类的预见力和防范力在合乎情理的条件下所不能及的，或至少是防止或避免不了的"[1]。具体而言，它包括地震、海啸、台风、海浪、洪水、蝗灾、风暴、冰雹、沙尘暴、火山爆发、山体滑坡、雪崩、泥石流等。但是，这并不意味着所有的自然灾害都属于不可抗力并成为免责事由，那些未对当事人履行义务造成重大困难的自然灾害，就不构成不可抗力。如在一个仓储合同中，保管人已经通过预报得知台风即将来临，可保管人无正当理由不转移货物，最终货物毁损。此时，尽管台风是一种自然灾害，但保管人完全可以通过转移货物的方式保存好货物，保管人也就不能以台风为不可抗力进行抗辩。

（二）社会异常事件

如战争、武装冲突、骚乱、暴动、罢工等，对于战争、武装冲突、骚乱、暴动等事件，一般认定为不可抗力不存在问题。因罢工属于一种基本上可以预见的现象，多数国家的法律有对罢工进行相关规定，其法律要求只有当有关部门批准后，罢工方可进行，而公众一般都能从政府随后发布的告示中获知此事件的消息。对于罢工是否可以作为不可抗力的一种现象，存在争议，如有学者认为"战争、武装冲突可以作为一般社会原因的不可抗力，而罢工、劳动力缺乏只能有条件地作为社会原因的不可抗力，因为后二者在大多数情况下是可以预见的"[2]。笔者以为，应当以合同签订时能否预见到罢工作为判断罢工是否可以作为不可抗力的时间点来确定，对于在罢工发生前订立的合同，应当将罢工作为不可抗力事件对待。因为罢工公告往往于罢工发生的前几日发出，合同当事人如果在签订合同时还没有发生罢工事件，此时合同当事人就不可能预见该事件的

---

[1] 《牛津法律大辞典》，光明日报出版社1988年版，第10页。
[2] 张新宝：《中国侵权行为法》，中国社会科学出版社1998年版，第59页。

发生，此种罢工就应当是不可抗力。如果当事人根据政府发布的公告已知将发生罢工，但却轻信罢工短时间就会结束，而仍然订立合同，当罢工长时间未结束时，导致合同不能履行，当事人以此作为不可抗力要求负责任是不可以的。

（三）政府行为

狭义上的政府行为仅指行政机关的行政行为，罗马法对公法行为致债务不履行的处理依债务人有无过错而加以区别对待：若公法行为是因债务人有过错所致，则其不能免责，应赔偿债权人因公法行为所遭受的一切损失。如果公法行为不因为债务人有过错所致，则属于事变之列，债务人有权以此为免责理由，免除其债务及赔偿责任，但也无权要求对方当事人为对待给付。[①] 可见，罗马法是以债务人的过错为标准来相应确定政府行为是否构成不可抗力的。虽然政府行为具有一定的频繁性和规律性，但一些政府行为对合同当事人的影响也是巨大的，如双方之间刚刚订立一个房屋买卖合同，当地政府即发布了该地段发现了重大文物，必须对该房屋进行征收以保护文物。这种情况下，购房合同一方的合同目的便因政府行为的强制性无法实现，这种情况下，政府行为将深刻地影响到合同关系和当事人的权利，法律上就应设置一定的免责制度，或者对合同变更或解除，以平衡各方利益。因此，法律的颁布实施、政策的出台与贯彻实施、司法机关对标的物采取的强制措施、国家征用等政府行为，只要符合不可预见性、不可避免并不能克服的特征，均可以成为不可抗力事件。

【拓展适用】

一、合同法上不可抗力免责的理论基础

各国法律之所以设置了不可抗力免责机制，允许合同当事人一方在出现不可抗力事件的情况下免除其责任，这不仅是鉴于不可抗力的客观存在性，还因其有深厚的理论基础，支持不可抗力免责的主要理论有以下几种：

（一）罗马法谚：偶然事件由被击中者承担

罗马法谚云："对偶然事件谁也不能负责""偶然事件由被击中者承担"。由于损害产生了，但当事人双方都没有过错，损害的承担就不能依据过错原则来确定责任人，即无法确定承担者。在此情景下，罗马法选择遵从"天意"的安排——"由被击中者承担"。该法谚的产生和延续自然有着其特有的社会风俗和价值选择的历史背景。

[①] 张礼洪：《罗马法中的合同责任及其在现代中国的发展》，载梁慧星主编：《民商法论丛》（第5卷），法律出版社1996年版，第652页。

(二) 过错责任原则

过错责任原则作为一种民事责任的归责原则，起源于古罗马法，后被大陆法系国家的制定法，诸如《法国民法典》《德国民法典》采纳。因此，在民事责任归责原则中，过错责任原则是最为基本的归责原则，被广泛适用于民法的各个领域。该原则的核心价值是指当事人只有在有过错的情况下，才需要承担责任。过错责任原则要求民事责任承担的基本条件是行为人有过错，这种责任归属的方式是将行为人的主观意志加以考虑作为依据。有学者认为，过错责任原则是现行不可抗力免责的理论依据之一。在不可抗力导致违约的情况下，当事人没有过错，所以法律应当免除其违约责任。[1] 值得注意的是，在双方都无过错的情况下，损失在违约发生时就已经确定，如果在此情况下允许违约方以不可抗力为免责事由对损失不承担责任，那非违约方的损失应当由谁来承担，如果无人承担，那么对非违约方就不公平，因为相较违约方，非违约方更没有任何过错。在双方都无过错而出现不可抗力情形下，过错责任原则就无法解释违约方免责的原因。

(三) 因果关系说

因果关系是指自然界和社会中，客观现象之间存在的一种内在的必然的联系。任何现象都是在一定条件下由另一种现象引起的，引起后一种现象出现的就是原因，后出现的现象就是结果。在民法领域，如果某一损害事实是由某一违法行为引起的，某一违法行为就是某一损害事实发生的原因，则可以认定违法行为与损害事实之间就存在着因果关系。之所以合同的违约方可依不可抗力为由免除责任，就在于当事人的行为和损害结果的出现两者之间没有因果关系，纯粹是由于外来原因导致了损害结果的发生。但此理论也存在缺陷，即在某些情况下，合同的损害结果并不总是单单由不可抗力所造成的，也可以是由债务人的自身行为和不可抗力事件共同造成的。因果关系理论很难解决损害是由于不可抗力与债务人的过错行为共同造成之场合的赔偿责任问题。[2]

(四) 利益共同体说

不可抗力作为一种风险存在于任何合同之中，使合同的预期目标受挫，使当事人的利益减损乃至丧失，不可抗力不论其落在哪一方之上，都会通过某种利益纽带传导至共同体的另一方，使另一方也遭受损失。由此可以看出，不可抗力对合同的影响不会也不可能只集中在一端，它导致利益的损失必然存在于

---

[1] 罗万里：《论不可抗力的风险分配与公平原则》，载《河北法学》2000年第1期。
[2] 韩世远：《合同法总论》，法律出版社2004年版，第426页。

当事人双方。从合同履行的角度看，合同的双方确实是一个利益共同体，双方利益的实现都需要对方按约履行义务。但是这种理论对不可抗力免责的解释力不大，因为在不可抗力发生之后，损失已经存在，不可抗力规则的目的在于如何承担或者分担该损失，这时双方的利益共同体已不复存在，一方少承担损失就意味着对方要多承担，双方在此时并不存在所谓的共同利益。

（五）公平原则说

公平原则在民法基本原则体系中居于核心地位，民法上的主要制度都贯彻了这一原则。公平是实现当事人之间利益平衡的要求。以利益均衡作为价值判断标准来调整民事主体之间的物质利益关系，确立其民事权利和民事责任的要求，谓之公平。[1] 公平原则要求民事主体应本着公平的观念从事民事活动，在民事活动中要兼顾其他民事主体利益和社会公共利益。不可抗力的免责规则"有利于保护无过错的当事人的利益，维护公平原则的实现"。[2] 不可抗力导致合同履行受阻，一方面使得债权人受到损失，另一方面债务人也可能遭受两种损失：一是债务人拥有的合同标的物有可能遭到部分甚至全部毁损灭失；二是债务人因其不能履行或不能完全履行而难以或不能获得债权人的对待给付，显然又丧失了全部或部分的履行利益。如果债务人既无迟延履行的过错，又积极采取补救措施以减少不可抗力造成的损失，那么令债务人承担违约责任，就使不可抗力造成的绝大部分损失落在了债务人身上，而债权人只是丧失了履行利益，这有违公平原则。"公平责任原则旨在使意外不幸事件造成的双方当事人利益失去的平衡得以恢复，是对过错责任原则及无过错责任原则僵硬性的补救。"[3]

二、国际公约中的不可抗力规定

在国际贸易法领域，不可抗力概念则更为广泛，乃指非基于当事人之意志，且非当事人所能控制之意外事故，履行契约之义务因而将告解除，如战争（War）、洪水（Inundations）、传染病（Epidemic），甚至罢工（Strike），皆属于不可抗力事故。早期国际贸易中的不可抗力依然遵循不可抗力的严格概念，仅指当事人无法预料、无法控制、无法避免，且将导致履行合同的义务解除的意外事件。但是，由于大陆法系和英美法系对于不可抗力学说各有不同，冲突在所难免。《联合国国际货物销售合同公约》和《国际商事合同通则》作为统

---

[1] 佟柔主编：《中国民法》，法律出版社1990年版，第24页。
[2] 王利明、杨立新：《侵权行为法》，法律出版社1996年版，第93页。
[3] 徐国栋：《民法基本原则解释》，中国政法大学出版社1992年版，第73~74页。

一规范国际货物买卖合同的规则,综合了大陆法系和英美法系的有关学说,就不可抗力的免责情形作出了独特的规定。

(一)《联合国国际货物销售合同公约》中的不可抗力规定

《联合国国际货物销售合同公约》是国际货物销售领域内最有代表性的统一法规范,并得到了多数国家的承认和适用。因各国之间在立法、学说上对不可抗力规则的定义及适用存在冲突,《联合国国际货物销售合同公约》第79条并未采用"不可抗力""情势变更"或者"商业不能"等两大法系的专用法律术语,而是使用"障碍"(impediment)一词对不履行合同义务情形下的免责事由进行归纳。该条款全文如下:(1)当事人对其不履行义务不负责任,如果他能证明此种不履行义务,是由于某种非他所能控制的障碍,而对于这种障碍,没有理由预期他在订立合同时能考虑到或能避免或克服它或它的后果。(2)如果当事人不履行义务是由于他所雇用履行合同的全部或一部分规定的第三方不履行义务所致,该当事人只有在以下情况下才能免除责任:(a)他按照上一款的规定应免除责任;和(b)假如该款的规定也适用于他所雇用的人,这个人也同样会免除责任。(3)本条所规定的免责对障碍存在的期间有效。(4)不履行义务的一方必须将障碍及其他对履行义务能力的影响通知另一方。如果该项通知在不履行义务的一方已知道或理应知道此一障碍后一段合理时间内仍未被另一方收到,则他对由于另一方未收到通知所造成的损害应负赔偿责任。(5)本条规定不妨碍任一方行使本公约规定的要求损害赔偿以外的任何权利。[1]

---

[1] 该条款英文原文:(1) A party is not liable for a failure to perform any of his obligations if he proves that the failure was due to an impediment beyond his control and that he could not reasonably be expected to have taken the impediment into account at the time of the conclusion of the contract or to have avoided or overcome it or its consequences.

(2) If the party's failure is due to the failure by a third of the contract, that party is exempt from liability only person whom he has engaged to perform the whole or a part if:

(a) he is exempt under the preceding paragraph; and

(b) the person whom he has so engaged would be so exempt if the provisions of that paragraph were applied to him.

(3) The exemption provided by this article has effect for the period during which the impediment exists.

(4) The party who fails to perform must give notice to the other party of the impediment and its effect on his ability to perform. If the notice is not received by the other party who fails to perform knew or ought to have known of the impediment, he is liable for damages resulting from such non-receipt.

(5) Nothing in this article prevents either party from exercising any right other than to claim damages under this Convention.

从《联合国国际货物销售合同公约》的上述规定来看，未能履行合同而可以免责的事由是一种"障碍"。这种障碍必须满足三个要件：(1) 该障碍导致合同无法履行；(2) 该障碍在订立合同时无法合理预期；(3) 这种障碍本身或其后果是当事人无法控制和克服的。

(二)《国际商事合同通则》中的不可抗力规定

《国际商事合同通则》第 7.1.7 条规定："(1) 若不履行的一方当事人证明，其不履行是由于非他所能控制的障碍所致，而在订立合同之时该方当事人无法合理地预见，或不能合理地避免、克服该障碍及其影响，则不履行一方当事人应予免责。(2) 若障碍只是暂时的，则在考虑到这种障碍对合同履行影响的情况下，免责只在一个合理的期间内具有效力。(3) 未能履行义务的一方当事人必须将障碍及对其履约能力的影响通知另一方当事人。若另一方当事人在未履行义务方当事人知道或理应知道该障碍的一段合理时间内没有接到通知，则未履行义务方当事人应对另一方当事人因未收到通知而导致的损害负赔偿责任。(4) 本条并不妨碍一方当事人行使终止合同、拒绝履行或对到期应付款项要求支付利息的权利。"[①]

《国际商事合同通则》与《联合国国际货物销售合同公约》存在着相似性，两者都采用了"障碍"一词来形容不履行合同的免责事由。但是，《国际商事合同通则》中该条款的条目中使用了"不可抗力"(force majeure) 作为该条款的总括，对此《国际商事合同通则》中解释为："本条涵盖了普通法系中的履行落空，履行不能以及大陆法系中的不可抗力、不可抗性等原则，它和这些概念没有太大区别。之所以选择'不可抗力'这个术语，是因为该术语在国际贸易实践中得到了广泛的认可，许多国际合同中都包含了一条所谓的'不可抗

---

① 该条款英文原文如下：Article 7.1.7 (Force majeure)

(1) Non-performance by a party is excused if that party proves that the beyond its control and that it could not reasonably be expected o have time of the conclusion of the contract or to have avoided or overcome non-performance was due to an impediment taken he impediment into account at the it or its consequences.

(2) When regard to impediment is only temporary, the excuse shall have effect for such period as is reasonable having effect of the impediment on the performance of the contract.

(3) The party who fails to perform must give notice to the other party of the impediment and its effect on its ability to perform. If the notice is not received by the other party within a reasonable time after the party within a reasonable time after the party who fails to perform knew or ought to have known of the impediment, it is liable for damages resulting from such non-receipt.

(4) Nothing in this article prevents a party from exercising a right to terminate the contract or to withhold performance or request interest on money due.

力'条款对此予以确认。"①

（三）《联合国国际货物销售合同公约》和《国际商事合同通则》中不可抗力免责的排除事由

1. 当事人约定排除

规范国际货物买卖合同的相关公约并不具有国内法意义上普遍的法律强制力，可由当事人自行选择适用，而其在适用上也比国内法的规定更加灵活。当事人可根据实际需要对条款作出修改和排除，如《国际商事合同通则》第1.5条对适用《国际商事合同通则》的当事人的排除或修改作出了规定："除通则另有规定外，当事人可以排除通则的适用，或者减损或改变通则任何条款的效力。"② 在之后的每个章节中，《国际商事合同通则》对于本章中的强制性规定一般都会作为例外另行标明。但因为公平和诚信原则是《国际商事合同通则》的基础，有关免责条款不能违背公平原则的规定，如《国际商事合同通则》第7.1.6条规定："若一项条款限制或排除一方当事人对不履行合同的责任，或者允许一方当事人的履行可与另一方当事人的合理期待有实质差异，在考虑到合同目的的情况下，如援引该条款明显不公平，则不得援引该条款。"③ 根据上述规定，适用《国际商事合同通则》的当事人可以就不可抗力条款的具体内容自行约定免责的情形，从而排除《国际商事合同通则》中规定的不可抗力的免责事由，但如果发生纠纷的双方引用此条款排除《国际商事合同通则》中规定的事由，法院认为此条款对于另一方明显不公平的，则不可抗力条款可以被排除。

《联合国国际货物销售合同公约》对于当事人意思自治范围的规定则更为广泛，《联合国国际货物销售合同公约》第6条规定"双方当事人可以不适用本公约，或者在第十二条的条件下，减损本公约的任何规定或者改变其效力"，《联合国国际货物销售合同公约》第79条有关免责事由的规定并不在第12条规定范围之内，因此，当事人可以根据实际需要，对《联合国国际货物销售合同公约》第79条的免责事由作出排除。

---

① 张玉卿主编：《国际统一私法协会UNIDROIT国际商事合同通则2004》，中国商务出版社2005年版，第477页。
② 张玉卿主编：《国际统一私法协会UNIDROIT国际商事合同通则2004》，中国商务出版社2005年版，第91页。
③ 张玉卿主编：《国际统一私法协会UNIDROIT国际商事合同通则2004》，中国商务出版社2005年版，第469页。

2. 法定排除

根据合同的性质或者法定原因，不能因为不可抗力而对其免责，这也是《联合国国际货物销售合同公约》和《国际商事合同通则》中有明确规定的，主要有货币之债和种类物之债不免责。在经济交往中，债务人应该始终对自己的支付能力负责，而支付能力就体现在货币所代表的价值上。若因不可抗力导致应给付之货币之债给付不能，则债务人亦必须承担因给付不能而产生的责任。对此，《联合国国际货物销售合同公约》第78条规定："如果一方当事人没有支付价款或任何其他拖欠金额，另一方当事人有权对这些价款收取利息，但不妨碍要求按照第七十四条规定可以取得的损害赔偿。"就条文内容来看，该条即暗含着价款的支付无论何种情形下均为可能，否则卖方获得孳息就失去了基础。在《国际商事合同通则》中，这一排除事由则更为明确，该通则第7章第2节规定了"要求履行的权利"，区分金钱债务的履行和非金钱债务的履行。第7.2.1条规定："如果有义务付款的一方当事人未履行其付款义务，则另一方当事人可以要求付款。"在种类之债的一般情形下，只有当所有该种类物全部不存在时，才会出现给付不能的情况。否则，即使债务人不拥有该种类物，他也应承担置办的风险，继续负有给付义务。

【典型案例】

进出口公司诉港务公司港口作业合同纠纷案

原告：进出口公司。

法定代表人：袁某平，该公司总经理。

被告：港务公司。

法定代表人：刘某恩，该公司总经理。

〔基本案情〕

原告进出口公司因与被告港务公司发生港口作业合同纠纷，向天津海事法院提起诉讼。

原告进出口公司诉称：1997年8月19日，原告按照被告的通知，将原告的出口货物运抵被告的码头，准备按港口作业合同的约定于8月20日装船，被告出具了收到原告全部货物的收据。8月20日，9711号风暴登陆。被告在事先接到预报的情况下，对原告的货物不采取任何防范措施，致使原告的货物被海潮浸泡，无法继续使用，给原告造成损失5622840元。事后，被告以"损失是不可抗力造成的"为由拒绝赔偿。原告认为，在科技发达的今天，已经预报的恶劣气候，不再构成不能预见的不可抗力，被告不能以此免除责任。请求判令被告港务公司承担赔偿损失的责任。

被告港务公司辩称：（1）原告所称货物受损的事实存在，但这批货物是被告根据与案外人天津市开发区贸易公司签订的港口作业合同，为贸易公司进行的港口作业。原告与被告之间不存在任何合同关系。假如被告在此次港口作业合同中有过错，也应当由合同的另一方贸易公司向被告提起诉讼，他人无权起诉被告。（2）被告只能根据国家海洋局预报中心的预报采取应急措施，并且事实上已经采取了防范措施。只是由于到来的海潮超出预报的高度并伴有雨，尽管被告尽了最大的努力，仍然无法避免这批货物受损。这种损失确属由不能预见、不能克服、不能避免的不可抗力造成，被告依法不应该承担赔偿责任。

天津海事法院经审理查明：

原告进出口公司为了出口三聚磷钠和乙炔黑，与案外人贸易公司签订货运代理合同，约定委托贸易公司以贸易公司的名义向被告港务公司申报集港计划，办理货物交接，支付港杂费等。贸易公司向港务公司申报货物集港计划后，港务公司通知贸易公司于1997年8月18日集港。当日，贸易公司通知进出口公司将三聚磷钠2498吨集港，次日上午又将三聚磷钠94吨、乙炔黑150吨集港。这些货物被港务公司分别安排在其所属的标高为5.1～5.3米的二场、三场、七场等场地存放，准备装船。8月20日15：54时，受9711号风暴的影响，有1074吨三聚磷钠和43.3吨乙炔黑被海水浸泡受损。16：30时，港务公司将货物被海水浸泡的情况通知了贸易公司，并于8月22日出具货损证明。

关于9711号风暴，国家海洋局预报中心于1997年8月19日8时发出第一次预报，预报受9711号风暴的影响，8月19日16：00时潮高将达5.10米，而实际到8月19日16：30时，潮高为4.82米。8月19日16：00时，国家海洋局预报中心发出第二次预报，预报8月20日4：00时，潮高将达5.20米，而实际到8月20日4：04时，潮高为4.96米。8月20日8时，国家海洋局预报中心发出第三次预报，预报8月20日16：50时潮高将达5.30米，而实际到8月20日15：54时，潮高为5.59米。另据天津市塘沽区气象局的气象技术咨询报告证实，9711号风暴来临过程中，天津塘沽新港在8月20日1：28时至1：35时、4：17时至18：06时有雨，同时伴有短时8级以上大风。

被告港务公司于1997年8月19日上午10时左右收到关于9711号风暴的警报后，对库存的39612.078吨货物采取了如下措施：装火车疏运1500余吨，搬倒1200余吨，货物的种类是机械设备、卷铁、大麦、鱼粉等。海潮来临前，港务公司没有对原告进出口公司所属的货物采取措施。除进出口公司的货物受损外，存放于港务公司库场内的他人货物也有被海水不同程度浸泡的现象。

原告进出口公司的货物受损后，曾请求三聚磷钠的生产厂家进行技术化验，证明经海水浸泡过的三聚磷钠已无法正常使用。对受损的乙炔黑，进出口公司没有出具检验报告。

上述事实，在原告进出口公司与案外人贸易公司签订的委托代理合同，贸易公司与被告港务公司签订的港口作业合同，港务公司出具的货损证明，三聚磷钠生产厂家的技术化验证明，国家海洋局预报中心关于9711号风暴潮的预报记录，港务公司搬倒、疏运货物的工作单，天津市塘沽区气象局的气象技术咨询报告以及当事人的陈述证实。

〔一审裁判理由与结果〕

天津海事法院认为：交通部颁发的《水路货物运输规则》第四条第二项规定："港口作业合同，是指港口经营人收取港口费用，负责将作业委托人委托的运输货物在港口进行装卸、储存、驳运等作业的合同。"本案受损的货物，是基于港口作业合同存放在港口货场的，因此当事人应该是作为港口经营人的被告港务公司和作业委托人。《水路货物运输规则》第四条第七项规定："作业委托人，是指本人或者委托他人以本人名义或者委托他人为本人与港口经营人订立作业合同的人。"原告进出口公司与案外人贸易公司之间为更好地完成货物集港等港口作业，签订了委托代理合同。作为代理人的贸易公司虽然是以自己的名义向港务公司申报货物集港计划，进行货物交接，但本案受损货物的所有权人是进出口公司，贸易公司与本案货损无利害关系。所以，进出口公司虽未与港务公司直接订立港口作业合同，但确实是以贸易公司名义与港务公司签订港口作业合同的实际作业委托人，因此是本案的适格原告。

原告进出口公司所属的货物在交由被告港务公司掌管期间，因9711号风暴的侵袭遭受损失，事实俱在，双方当事人对此无疑义。通常情况下，港务公司对运抵该公司货场准备装船的货物，负有妥善保管的责任，这是港口经营人的一项法定义务。

此次9711号风暴来临前，国家海洋局预报中心发出了预报，而且预报的前两次潮位都比实际潮位高。如果情况一直如此发展，则"此次风暴潮是不能预见的"理由就不能成立。问题在于，9711号风暴到达天津塘沽新港时，正值该港的天文大潮期。潮位比往年正常潮位增高160~193厘米，并且风向为东北、风速14~15米/秒（7级），使港池内的浪高达1米，港池外部浪高达2米，均已超过安全警戒水位。进出口公司的货物被海水浸泡的8月20日下午，国家海洋局预报中心预报16：50时的潮高将达5.30米，而实际到15：54时，潮高就已经是5.59米，超出预报水位29厘米。正是由于风暴潮、天文大潮和海浪三种自然力量的结合，使潮灾加重，海水涌上了码头，以致进出口公司的货物被浸湿。这种灾情，连专业的国家海洋局预报中心都没有预见，港务公司更无法预见。

另外，在9711号风暴即将来临的情况下，被告港务公司对其货场内堆存的所有货物采取了适当的保护措施。这里所指的适当保护措施，是对应当受港务公司妥善保管的所有货物而言。港务公司接到风暴预报后，根据自己的力量，在8月19日至20日一天多的时间内，除坚持正常的装船作业外，还采取临时防范措施，有重点地搬倒货物1200余吨、疏运货物1500余吨，有效地降低了整体货物的损失。港务公司根据进出口公司的货物存放场地相对其他货物的存放场地标高较高，预报的较高潮位尚未到来等情况，没有对进出口公司的货物采取防潮措施，以致后来在发生预见不到的高潮位时，进出口公司的货物被海水浸泡，这是不能避免的自然灾害。作为港务公司货场内整体货物其中之一的进出口公司货物受损，不能说港务公司对货物的安全弃之不顾。港务公司已经对由其保管货物的安全尽到了努力，进出口公司的货损确实发生在港务公司无法抗拒的情况下，港务公司对此货损没有主观过错。

《水路货物运输规则》第七十三条第一款第九项规定："在港口经营人的责任期间内，货物发生污染、损坏等非港口经营人造成的损失，属于不可抗力造成的，港口经营人不负责赔偿。"港务公司关于其不应承担此次货损责任的辩解，能够成立。

综上，天津海事法院判决：驳回原告进出口公司的诉讼请求。

本案诉讼费 38124 元，由原告进出口公司承担。

〔当事人上诉及答辩意见〕

进出口公司不服一审判决，向天津市高级人民法院提起上诉称：9711 号风暴已经被预报，被上诉人港务公司应当预见，在此情况下港务公司还不对上诉人的货物采取相应的预防措施以致货物受损，不符合构成不可抗力的法定条件。另外，港务公司在接到预报后，明知预报的潮位远远超过警戒水位，明知预报的潮位已经超过存放上诉人货物的码头平面，潮水肯定会上岸，但没有采取任何措施履行保护货物免受损害的法律义务，港务公司对此货损有主观过错，应当承担过错责任。请求二审撤销一审判决发回重审，或依法改判。

港务公司答辩称：被上诉人在 1997 年 8 月 19 日上午 10 时左右接到风暴预报后，立即召开了紧急会议，通知作业委托人停止集港，紧急动员所有可以动用的港机突击装船，并将存放在标高较低的货物，搬倒至标高较高的库房中去。上诉人的货物存放在标高为 5.1~5.3 米的货场，加上货盘的铺垫，标高达到 5.4~5.6 米，高于其他存放在标高 4.7 米货场的货物。在风暴潮来临的情况下，被上诉人应当首先考虑搬倒存放在标高为 4.7 米货场的货物。由于时间短，加上当时降雨并伴有 7~8 级大风，许多货物怕淋（包括进出口公司的货物）无法作业等原因，此时若强行搬倒，可能会造成更大的损失。上诉人是被上诉人的客户之一，被上诉人对上诉人的货物并无偏见。若先搬倒上诉人的货物，却置存放于标高较低场地的货物于不顾，不符合港口经营者的职业习惯，同时对其他货主也是不公平的。上诉人的货物遭受损失，确系不可抗力造成，被上诉人对此货损没有过错。一审判决正确，应当维持。

〔二审裁判理由与结果〕

天津市高级人民法院审理后认为：法律上所称的"不可抗力"，是指不能预见、不能避免并不能克服的客观情况。9711 号风暴来临后，虽然国家海洋预报台发出预报，但在目前的科学技术条件下，从发出预报至上诉人进出口公司的货物受损时，被上诉人港务公司已经无能力保障应当由自己保管的全部货物的安全。因此进出口公司的货损，仍然属于不能避免的不可抗力造成。进出口公司以 9711 号风暴已经有预报，不属于不能预见，因此认为其货损不是不可抗力造成的上诉理由，缺乏法律依据，不予支持。港务公司作为港口经营人，在收到 9711 号风暴潮预报后，已经组织了大量人力和机械设备加快装船和搬倒、疏运货物，尽到了港口经营人的职责。由于受降雨并伴有大风天气以及时间、机械设备、货物性质等因素的限制，对包括进出口公司货物在内的一些怕遭雨淋或存放场地标高较高的货物未进行搬倒，是合理的不作为，故港务公司对进出口公司的货损依法不承担责任。港务公司的答辩意见，应予采纳。一审判决认定事实清楚，适用法律正确，应予维持。据此，天津市高级人民法院依照《中华人民共和国民事诉讼法》第一百五十三条第一款第一项的规定，于 2000 年 2 月 13 日判决：

驳回上诉，维持原判。

> **规则 20：（预约合同）预约合同一方未履行合同义务构成违约的，应承担相应的违约责任**
> ——仲某清诉房地产公司合同纠纷案[①]

【裁判规则】

预约合同，一般指双方当事人为将来订立确定性本合同而达成的合意。预约合同生效后，双方当事人均应当按照约定履行自己的义务。一方当事人未尽义务导致本合同的谈判、磋商不能进行，构成违约的，应当承担相应的违约责任。

【规则理解】

一、预约合同的内涵及法律特征

（一）预约合同的内涵

预约合同，又称预约，指当事人之间约定将来订立一定合同的合同。[②] 与预约合同相对应的概念是本约合同，即将来应当订立的合同。预约合同本身也是一种合同，它的目的是约定与相对人在将来订立的特定合同。

1804 年的《法国民法典》通过立法的形式确立了预约合同，该法典第

[①] 《中华人民共和国最高人民法院公报》2008 年第 4 期。
[②] 王利明、崔建远：《合同法新论·总则》（修订版），中国政法大学出版社 2000 年版，第 43 页。

1589 条对买卖预约作出了规定："双方当事人就标的物及其价金相互同意时，买卖预约即转化为买卖。"《德国民法典》对消费借贷预约作出了规定，该法典第 610 条规定："合同另一方的财产状况明显受损害而危及返还请求权的，在产生疑问时，约定贷款的人可以撤回其约定。"《日本民法典》则吸收了法、德两国民法典的经验，既规定了买卖预约，又规定了消费借贷预约。我国《合同法》未规定预约合同，但实践中预约合同大量存在。比如，《海商法》第 232 条规定，应被保险人要求，保险人应当对依据预约保险合同分批装运的货物分别签发保险单证。保险人分别签发的保险单证的内容与预约保险单证的内容不一致的，以分别签发的保险单证为准。虽然该条款系规定保险单证应分别签发，分别签发的保险单证与预约保险单证内容不一致时的效力如何认定的问题，但其中亦规定了"预约保险合同"这一概念。明确规定预约合同效力的司法解释中，有《商品房买卖合同案件司法解释》第 5 条规定，商品房的认购、订购、预订等协议具备《商品房销售管理办法》第十六条规定的商品房买卖合同的主要内容，并且出卖人已经按照约定收受购房款的，该协议应当认定为商品房买卖合同。《民法典》第 495 条规定，当事人约定在将来一定期限内订立合同的认购书、订购书、预订书等，构成预约合同。当事人一方不履行预约合同约定的订立合同义务的，对方可以请求其承担预约合同的违约责任。该新增条款吸收了上述法律和司法解释中对于预约合同的规定，从立法层面上认可了预约合同是一种独立合同，并扩大适用范围，不再限于买卖合同或者商品房买卖合同。

（二）预约合同的法律特征

预约合同具有如下法律特征：第一，预约合同是非典型、无名合同。预约不是一种典型交易形式，预约合同的本质仍是合同，应适用关于一般合同的规定。"预约合同不能作为典型合同规定在债法分论中，因为所有的典型合同，都是人类的类型化的交易形式，而预约合同不具有类型化交易形式的性质，它是与所有的典型合同相关的订约程序"。① 第二，预约合同主要是诺成合同，有些表现为实践合同，如交付定金以担保将来订立本约。既然是一种合同，法律上应尊重当事人之间的合意，赋予其相当于法律一样的效力。预约合同强调当事人主观意志在合同成立中的决定作用，而对要物与否并未有刻意的要求。但是，基于契约自由原则，当事人间可自由约定。第三，预约应当具有确定的内

---

① 徐国栋：《民法典草案的基本结构——以民法的调整对象理论为中心》，载《法学研究》2000 年第 1 期。

容。预约合同应当为将来订立本约合同达成了明确、具体的合意，意思表示清楚确定，包含订立本约合同的基本条件和主要内容。预约合同的主要条款应当达到足以使本约合同成立的条款，如果预约合同约定的内容模糊或者过于原则，则就难以为本约合同的订立提供依据，也就不能称为预约合同。内容是否清楚明确，应当以双方当事人能否就本约合同的订立提供依据为标准。因为预约合同的成立就是为了本约合同的订立，预约合同本身就是一种合同，双层因素决定了预约合同必须清楚明确，具有权利义务内容。比如，甲乙双方约定"甲将明年借钱给乙"，这就不能成为一种预约合同，因为该合同的内容不明确，双方的权利义务不清楚，双方当事人也无法通过上述约定来订立本约合同。第四，预约合同的标的物是一种行为。预约合同约定的权利义务是将来双方应当如何订立本约合同，因此，预约合同的标的物是一种行为。订立本约合同的作为与不作为，是违反预约合同、承担预约合同责任的主要依据。

二、预约合同的成立与效力

（一）预约合同的成立

《民法典合同编通则司法解释》第6条规定："事人以认购书、订购书、预订书等形式约定在将来一定期限内订立合同，或者为担保在将来一定期限内订立合同交付了定金，能够确定将来所要订立合同的主体、标的等内容的，人民法院应当认定预约合同成立。当事人通过签订意向书或者备忘录等方式，仅表达交易的意向，未约定在将来一定期限内订立合同，或者虽然有约定但是难以确定将来所要订立合同的主体、标的等内容，一方主张预约合同成立的，人民法院不予支持。当事人订立的认购书、订购书、预订书等已就合同标的、数量、价款或者报酬等主要内容达成合意，符合本解释第三条第一款规定的合同成立条件，未明确约定在将来一定期限内另行订立合同，或者虽然有约定但是当事人一方已实施履行行为且对方接受的，人民法院应当认定本约合同成立。"可见，预约合同的成立应当遵守合同成立的一般要件，如合同的主体是利益不同的双方或者多方当事人、订约主体必须具有行为能力、各方就主要条款达成合意、通过要约和承诺阶段等。除了一般规定之外，预约合同的成立还具有如下特性：一是预约合同的当事人与将来订立的本约合同当事人一致。因为预约合同的标的物是将来特定时间订立本约合同的行为，从某种意义上说，预约合同就包含在本约合同订立或者磋商过程中，预约合同本身就是订立本约合同的过程，因此，预约合同与本约合同的当事人应当是一致的。二是预约合同必须由合同各方达成订立预约合同的合意，应当做到概念明确。预约合同既不是本约合同，也不是附期限的本约合同，也不是具有约束力的本约合同磋商阶段。

关于预约合同的形式，原则上与一般合同一样，可以采取口头、书面或其他形式订立。如果本约合同系要式合同，则一般预约合同也应当采取要式合同的形式，尤其是本约合同之所以采取要式合同的理由是法律所规定的，则预约合同也应当采取要式合同的形式。

(二) 预约合同的效力

根据不同的价值倾向，关于预约合同的效力，理论上主要有"必须磋商说"和"必须缔约说"两种观点，两种观点的主要区别非常明显。"必须磋商"意味着预约合同的标的物是订立预约合同各方必须根据预约合同的约定在将来的某一时间就本约合同的订立进行实质性的磋商，至于是否能达成本约合同，在所不问。而"必须缔约"意味着双方除了必须进行实质性的磋商之外，还必须就本约合同达成一致，如果没有就本约合同达成一致，则可以根据预约合同追究违约方的责任。"必须磋商说"强调磋商谈判的过程，双方仅仅就负有在未来某个时候为达成本约合同而进行磋商的义务，只要当事人为缔结本约合同进行磋商就履行了预约合同的义务，就不存在违反预约合同的责任。如果当事人未履行预约合同约定的义务，导致本约合同的谈判、磋商不能进行，则构成违约，应承担相应的违约责任。而"必须缔约说"则强调磋商谈判的结果，当事人仅仅负有在未来某个时候为达成本约合同而进行磋商的义务是不够的，还必须达成本约合同，否则预约合同毫无意义。

笔者赞成"必须缔约说"，因为"必须缔约说"注重磋商谈判的结果，双方之所以订立预约合同，其目的就是明确双方"在将来的某一时间订立本约合同"，而不是"在将来的某一时间就订立本约合同进行磋商"，它可以有效地起到了固定双方交易机会的作用，同时也能使当事人在对方违约失信时得到赔偿损失的法律救济。当然，"必须缔约说"也存在一个市场风险问题，因为预约合同与本约合同之间存在一个时间段，在这个时段中如果市场发生了变化，仍要当事人按照预约合同的约定订立本约合同，则可能会导致不公平的出现，似乎有违民法意思自治的原则。但是，这种不公平应当归结于预约合同的风险范畴，当事人应当对市场的风险作出合理的估计再订立预约合同。如果因当事人对市场的风险估计不足而出现不利局面，则应当由其自行承担风险。当然，"必须缔约说"仅是认定一方当事人是否违约的一种判断标准，即不能仅以"磋商与否"作为是否完全履行预约合同的标准，而应当以"缔约与否"作为是否完全履行预约合同的标准。但值得注意的是，"必须缔约"不能成为判决违约方承担违约责任的一种方式。《民法典合同编通则司法解释》第 7 条规定："预约合同生效后,当事人一方拒绝订立本约合同或者在磋商订立本约合同时违背诚信原则导致未能订立本约合同的,人民法院应当认定该当事人不履行预约合同约定的义务。人民法院认定当事人一方在磋商订立本约合同时是否违背诚信原则,应当综合考虑该当事人在磋商时提出的条件是否明显背离预约合同约定的内容以及是否已尽合理努力进行协商等因素。"

三、预约合同的违约责任

违约责任又称违反合同的民事责任,是指合同当事人因违反合同义务所承担的责任。[1] 预约合同一方违反预约合同的责任,属于普通的违约责任,承担责任的方式主要包括继续履行和损害赔偿。

(一) 继续履行

继续履行又称实际履行,是指合同一方不履行合同义务或者不完全履行合同义务,另一方当事人可以要求其在合同履行期届满后继续按照原合同所约定的主要条件完成合同义务的行为。继续履行能使债权人的权利得到有效地保障的补救措施,一旦继续履行,债权人的合同目的一般不会落空。需要注意的是,预约合同的标的物是一种行为,即订立本约合同的行为。一方不履行预约合同也就意味着其不愿意订立本约合同,预约合同的实际履行意味着要求预约合同当事人按照预约合同的约定订立本约合同。问题在于,强制实际履行预约合同是否违反了当事人订立本约合同的自愿原则,即当事人订立本约合同是在违反自己真实意思表示的情况下订立的。

在这一点上,不同立法对实际履行的态度是不尽相同的,有的国家法院就拒绝作出实际履行的判决,认为这有违公平原则。如《法国民法典》第 1590 条规定:"买卖预约以定金为之者,缔约当事人任何一方均得以下列方式自主解除之:支付定金者,抛弃定金;收受定金者,双倍返还其收受的定金。"《联合国国际货物销售合同公约》也对此有所体现。在承认实际履行为违约责任方式的国家,预约合同当事人可请求法院判令预约债务人履行订立本约合同的义务。如《俄罗斯民法典》第 429 条、第 445 条规定,当签订预约合同的一方当事人拒绝订立本约合同时,另一方当事人有权向法院提出强制签订合同的请求。

继续履行是我国《合同法》和《民法典》明文规定的一种承担违约责任的

---

[1] 王利明、崔建远:《合同法新论·总则》(修订版),中国政法大学出版社 2000 年版,第 571 页。

方式，且强调继续履行原则，即按合同约定实际履行权利义务，而不能以其他方式替代合同的实际履行。合同履行的过程中，完全履行应当是一种常态，在一方不履行或者不完全履行的情况下，合同目的不能得到正常实现时，强制实际履行则成为不履行或者不完全履行的一种补充。

值得注意的是，《民法典》仅规定预约合同违约方应当承担违约责任，并没有规定应当如何承担违约责任或者承担违约责任的方式。这里的承担违约责任是否包括继续履行，虽然继续履行有强制磋商还有强制订立本约合同之区分，《民法典》并没有作进一步的详细规定。笔者认为，对于预约合同，法律不宜将继续履行作为一种违约责任形式，主要理由如下：第一，预约合同的标的物是订立本约合同的行为，预约合同一方不履行义务，则意味着其不愿意或者不完全愿意按照预约合同的约定订立本约合同，因本约合同与预约合同不是同一合同，因此强制要求一方订立本约合同有违《合同法》的合同自愿原则，通过司法的方式强制当事人订立一个特定的合同也是不合理的，即使存在当事人之间的预约合同。第二，在一方当事人不愿意或者不完全愿意按照预约合同订立本约合同之时，如果法律强制其订立本约合同，则意味着其在订立本约合同时，已经不愿意按照本约合同履行义务。这种强制只会增加当事人的抵触情绪，同时也在一定程度上促成了违约行为，引发更多、更大的合同纠纷。第三，预约合同义务是订立本约合同的行为，作为一种非金钱债务，继续履行也存在一些限制性条件，如法律上或者事实上不能履行、债务的标的物不适于强制履行或者履行费用过高、债权人在合理的期限内未要求履行等。因此不宜将继续履行作为违反预约合同的一种责任形式。

（二）损害赔偿

所谓违约损害赔偿，是指违约方因不履行或者不完全履行合同义务而给对方造成损失，依法或者根据合同规定应承担损害赔偿责任。[①]《民法典合同编通则司法解释》第8条规定："预约合同生效后，当事人一方不履行订立本约合同的义务，对方请求其赔偿因此造成的损失的，人民法院依法予以支持。前款规定的损失赔偿，当事人有约定的，按照约定；没有约定的，人民法院应当综合考虑预约合同在内容上的完备程度以及订立本约合同的条件的成就程度等因素酌定。"对于不履行或者不完全履行预约合同的违约行为，应当给对方造成

[①] 王利明、崔建远：《合同法新论·总则》（修订版），中国政法大学出版社2000年版，第571页。

的损害予以赔偿，这一点自然不存疑。但是如何确定损害赔偿的范围，则是一个需要重点讨论的问题。

1. 约定损害赔偿

该种损害赔偿是指当事人在订立合同时，预先约定一方违约时，应向对方支付一定的金钱或约定损害赔偿额的计算方法。① 约定损害赔偿系由当事人在订立合同时事先约定，从属于主合同，约定损害赔偿应当充分尊重当事人的意思自治，也是合同自由原则的重要体现。约定损害赔偿的重要作用不仅在于促使当事人完全履行合同，使当事人意识到如果违约则可能要承担相应的合同责任的后果，更能使当事人和裁判机构在违约之后迅速地确定损害赔偿的范围，以便快速解决纠纷，同时也免去了守约方所证明损害赔偿数额之举证责任。《民法典合同编通则司法解释》第8条第2款规定，对于损失赔偿，当事人有约定的，按照约定。

但是，正如没有绝对的合同自由一样，约定损害赔偿也没有绝对的自由，法律对其也存在一定的限制。例如，法院可以根据当事人的请求对实际损害赔偿与约定损害赔偿之间的差距进行相应调整，约定的损害赔偿不能违反诚实信用原则、公序良俗原则等。如《民法典》第585条第2款规定，约定的违约金低于造成的损失的，人民法院或者仲裁机构可以根据当事人的请求予以增加；约定的违约金过分高于造成的损失的，人民法院或者仲裁机构可以根据当事人的请求予以适当减少。

2. 法定损害赔偿

所谓法定损害赔偿是指由法律规定的，因违约方的违约使受害人遭受全部损失应当由违约方承担的赔偿责任。② 我国《民法典》第584条规定，当事人一方不履行合同义务或者履行合同义务不符合约定，造成对方损失的，损失赔偿额应当相当于因违约所造成的损失，包括合同履行后可以获得的利益；但是，不得超过违约一方订立合同时预见到或者应当预见到的因违约可能造成的损失。一般而言，约定损害赔偿应当优先于法定损害赔偿，在当事人有约定损害赔偿数额且双方对约定的数额未提出增加或者减少请求的前提下，法院没有必要去审查约定的损害赔偿数额是否与实际的损害赔偿数额一致，仅需要审查违约的

---

① 王利明、崔建远：《合同法新论·总则》（修订版），中国政法大学出版社2000年版，第646页。

② 王利明、崔建远：《合同法新论·总则》（修订版），中国政法大学出版社2000年版，第652页。

事实是否存在和约定的损害赔偿是否违反了法律的强制性规定即可。如果当事人之间未对损害赔偿数额进行预先的约定，则法院就有必要根据当事人的请求和法律的规定确定损害赔偿的范围。

违反预约合同的损害赔偿应当遵循如下原则：一是完全赔偿原则。我国《民法典》第584条规定的损失赔偿额应当相当于因违约所造成的损失，包括合同履行后可以获得的利益，这就是一种典型的完全赔偿原则，预约合同也应当遵循完全赔偿原则。二是可预见性原则。可预见性原则要求当事人提出的损害赔偿应当是违约方在订立合同时可预见到的对方的损失，只有这样才能认定损害后果与违约行为之间存在因果关系，违约方才应当对此负损害赔偿之责任。预约合同责任的可预见性原则，在于将违约当事人的责任限制在可预见的范围之内，使之对未来的风险和责任可以预测。三是补偿性原则。补偿性原则是相对于惩罚性原则而言的，补偿性原则要求必须是实际发生的损害，对于尚未发生的损害，或者超出预约合同履行后可预见之外的其他损失，则不予赔偿。预约合同违约责任认定中必须注意的一点是，预约合同的损害赔偿范围应当与本约合同的损害赔偿范围予以区分。毕竟预约合同的标的物不是履行本约合同，而是根据预约合同的约定订立本约合同的行为，不能依据双方所要订立的本约合同的权利义务而约束预约合同双方。因此，预约合同的守约方只能请求对方赔偿因违反预约合同而遭受的损害，而不能按照预定的本约合同内容，请求赔偿其可预期的利益。

【拓展适用】

预约合同的违约责任，作为一种较为独特的违约责任方式，有其自身的特殊性，应当与其他相关的概念予以区分。

一、违反预约合同的违约责任与定金责任

定金罚则，即出现定金合同中约定的一方不能履行主合同债务时，给付定金一方无权要求返还定金，接受定金一方需双倍返还定金的一种法律规则。预约合同违约责任与定金责任之间存在一定的相似性，如定金合同必须由合同双方事先约定，预约合同的违约责任也可以由合同双方事先约定；主张违反预约合同的违约责任与主张定金罚则都必须存在不履行合同中主债务的事实；法律对违反预约合同的违约责任与定金罚则都可以进行干预等。但是违反预约合同的违约责任与定金罚则之间存在的区别也是明显的，主要体现在：

第一，主张定金罚则的前提是合同双方有明确的定金合同的约定，定金合

同有要式性、明示性、预先给付性的特征。约定，是指双方当事人之间意思表示一致。因定金具有预先给付性的特征，定金合同必须对预先给付的金钱或替代物约定为"定金"，或者对预先给付的金钱或替代物的性质作出明确适用定金罚则的约定，才能认定为该预付的金钱或替代物为定金和适用定金罚则。这种约定必须是明示的，主要有两种方式：一是在定金合同或者定金条款中明确以"定金"对转移所有权之金钱或替代物的性质进行确定；二是在合同中虽然未以"定金"二字进行约定，而双方在合同中作出了"如不履行债务，给付定金一方则丧失定金的返还请求权，接受定金一方则双倍返还定金"等约定。而预约合同的违约责任不但可以通过事先约定的方式，在双方对违约责任没有明确约定的情况下，也可以依据法律的相关规定来确定违约责任的大小。即便预约合同的违约责任通过事先约定的方式来确定，具有一定的要式性、明示性，但其具有不预先给付性的特征。

第二，定金罚则具有惩罚性。适用定金罚则，给付定金方不履行债务，则不能要求返还定金；接受定金方如不履行债务，则需双倍返还定金。这就是定金罚则的惩罚性所在。而违反预约合同的违约责任不具有惩罚性，它仅仅是对守约方损失的一种补偿。因此，定金罚则的适用不要求违约行为给对方造成了损失，只要存在违约的行为就可以适用；违反预约合同的违约责任不但要有违约行为，还要求违约行为给对方造成了损失。

第三，法律对定金罚则与违反预约合同的违约责任的干预方式不一样。《民法典》第586条规定，定金的数额由当事人约定；但是，不得超过主合同标的额的百分之二十，超过部分不产生定金的效力。法律对合同双方约定的损害赔偿数额干预体现为应当事人的请求，在双方约定的违约金数额低于或者过分高于造成损失的情况下，由人民法院或者仲裁机构增加或者适当减少。

二、商品房买卖合同中的预售合同与预约合同

（一）商品房预售合同的内涵

根据《城市商品房预售管理办法》第2条的规定，商品房预售是指房地产开发经营企业将符合国家规定条件的、正在建设中的房屋先出售给买受人，由买受人支付定金或者房价款的行为。由于预售商品房的标的物系还未建成的房屋，买受人在履行买卖合同后在实际上并不能必然取得预售商品房的所有权及其占用范围内的土地使用权，因此，买受人对预售商品房只是根据买卖合同享有取得其财产所有权及其占用范围内的土地使用权的期待权。

（二）商品房预售合同与预约合同的区分

商品房预售合同与预约合同存在一定的相似性，也容易在概念上混淆。因此，有必要予以区分。

第一，两种合同签订的阶段不同。商品房预售合同签订的阶段必须是"按提供预售的商品房计算，投入开发建设的资金达到工程建设总投资的25%以上，并已经确定施工进度和竣工交付日期"的情况，即指商品房已经建到一定程度，但尚未建成的情况。如果尚未达到上述投资情况，则无法取得预售许可证，更无从签订商品房预售合同；如果商品房已经建成，则是一种一般的商品房买卖，所签合同也不称为商品房预售合同。而商品房预约合同没有上述条件限制，因为它是一种一般的合同。商品房预约合同既可以在取得预售许可证之后签订，也可以在商品房建成之后签订，还可以在取得预售许可证之前甚至可以在规划设计的时候签订。

第二，商品房预售合同系一种特殊的商品房买卖方式。一般商品房买卖合同的标的物应当是建成的商品房，即现房。但商品房的开发建设是资金密集型经营，开发商的自有资金一般很难单独完成整个商品房的开发建设，为了解决开发商的资金周转问题、加快商品房的建设进度，国家允许商品房开发商在得到政府相关部门许可的情况下，将符合条件的正在建设中的商品房向消费者进行销售。因此，商品房预售行为实际上就是一种商品房买卖行为，其标的物是商品房，只是该种行为必须受到法律、行政法规的相关限制，如《城市商品房预售管理办法》第5条对商品房预售应当具备的条件进行了明确规定，只有符合条件的商品房才能进行预售，同时还必须办理商品房预售许可证等。商品房买卖预约合同的标的物是合同双方于将来的某一时间签订商品买卖合同（本约合同）的行为，并不是商品房。

第三，商品房预售合同是一种典型的交易形式，而商品房预约合同不是一种典型的交易形式，其合同的生效要件不同。商品房预售作为一种典型的交易形式，实行许可证制度，开发商进行商品房预售，应当向房地产管理部门办理预售登记，取得商品房预售许可证。《商品房买卖合同案件司法解释》第2条之规定，出卖人未取得商品房预售许可证明，与买受人订立的商品房预售合同，应当认定无效，但是在起诉前取得商品房预售许可证明的，可以认定有效。因此，法律对商品房预售合同的生效作出了比一般合同更加严格的限制性规定。但商品房预约合同的本质仍是一般合同，适用一般合同的效力规则。

三、预约合同责任与缔约过失责任

（一）缔约过失责任的内涵

缔约过失责任产生于合同订立的过程中，是因合同一方违反诚实信用原则的过失行为，致使合同不能成立，或者合同被确认无效，或者合同被撤销，造成确信该合同能够有效成立的当事人受到损害时，应当承担损害赔偿责任。1861年，德国法学家耶林在其所主编的《耶林法学年报》第四卷发表了"缔约上过失，契约无效与不成立时之损害赔偿"一文，认为："从事契约缔结的人，是从契约交易外的消极义务范畴，进入契约上的积极义务范畴，其因此而承担的首要义务，系于缔约时须善尽必要的注意。法律所保护的，并非仅是一个业已存在的契约关系，正在发生中的契约关系亦应包括在内，否则，契约交易将暴露于外，不受保护，缔约一方当事人不免成为他方疏忽或不注意的牺牲品！契约的缔约产生了一种履行义务，若此种效力因法律上的障碍而被排除时，则会产生一种损害赔偿义务，因此，所谓契约无效者，仅指不发生履行效力，非谓不发生任何效力。简言之，当事人因自己过失致使契约不成立者，对信其契约为有效成立的相对人，应赔偿基于此项信赖而生的损害。"此即耶林氏有名的缔约过失理论的精义，被誉为"法学上的发现"。[1]

（二）预约合同责任与缔约过失责任的区分

预约合同责任与缔约过失责任都产生于（本约）合同效力之外，从表面上看功能相似，都是为了保护（本约）合同当事人的信赖利益，都可以归属于"先合同义务"的范畴。但是这两种责任存在本质上的区别。

第一，缔约过失责任是一种法定责任。缔约过失责任是基于诚实信用原则，因一方当事人违反了先契约阶段中所应承担的义务而导致的一种责任。在德国法上，缔约过失责任的理论根据经历了"侵权行为说""法律行为说""法律规定说"等阶段，通说认为缔约过失责任在实体法上的基础，系《德国民法典》第242条所规定之诚实信用原则。[2] 相对于缔约过失责任，违反预约合同的违约责任虽然也产生于合同订立的过程中，是对缔约过程当事人利益的保护，但它是一种意定责任，基于当事人约定而产生，是一种完全不同的责任形式。预

---

[1] 王泽鉴：《民法学说与判例研究·第一册》（修订版），中国政法大学出版社2005年版，第84页。

[2] 王泽鉴：《民法学说与判例研究·第一册》（修订版），中国政法大学出版社2005年版，第86~88页。

约合同责任的确立体现了尊重当事人意志的法律要求。合同法是一部充分体现当事人意志自由的法律，当事人自然有权利自主决定缔结本约合同的方式、程序，决定违反预约合同应当承担的责任。法律如果不规定预约合同及违反预约合同的责任，则不能充分体现合同自由的原则。

第二，预约合同责任更具有独立性。预约合同也是一个合同，只是该合同的标的物为订立本约合同的行为，违反预约合同的责任是因违反预约合同义务而引起的，其与本约合同的义务是完全不一致的。违反预约合同的行为应当承担相应责任，系为保护预约合同当事人的合同利益，至于本约合同的利益，则不是预约合同责任所保护的范围。因此，违反预约合同的责任更具有独立性。缔约过失责任是在缔约过程中因违反诚实信用原则而使信赖方的利益受到损害，亦与合同利益无关，但缔约过失责任的产生与信赖方利益的损失关系更加密切，具有不可分割性。

第三，缔约过失责任形式相对单一。承担缔约过失责任的方式一般以赔偿金钱损失为原则，不存在比如继续履行、支付违约金、适用定金罚则、采取补救措施等责任形式。而违反预约合同的违约责任则可以相对灵活。如双方预约合同约定："甲将于某日与乙签订商品房买卖合同，如延期1个月，则甲应当支付迟延履行违约金1万元，预约合同继续履行；如延期2个月，则甲应当再支付迟延履行违约金3万元，乙可以选择终止预约合同。"双方在预约合同中的这种约定只要不违反法律的禁止规定，则应当认定为有效。从上述预约合同所约定的违约责任的多样性可以看出，缔约过失责任相对预约合同的违约责任而言具有责任形式的单一性。

【典型案例】

仲某清诉房地产公司合同纠纷案

原告：仲某清。

被告：房地产公司。

法定代表人：朱某轩，该公司董事长。

〔基本案情〕

原告仲某清因与被告房地产公司发生商品房预售合同纠纷，向上海市虹口区人民法院提起诉讼。

原告仲某清诉称：2002年7月12日，原告与被告房地产公司签订了《J商铺认购意向书》，约定原告向被告支付2000元意向金后即取得被告所开发的小区J商铺的优先认购权，被告负责在正式对外认购时通知原告前来认购。该意向书同时确定该商铺的销售均价为每平方米7000元，可能有1500元左右的浮动。此后，原告按照约定支付了意向金，但被告对外发售商铺时未通知原告前来认购。原告得知被告已经对外发售商铺立即同被告交涉，被告以楼价上涨为由拒绝与原告签订正式买卖合同。被告的行为违反了双方的约定，请求人民法院判令被告按 105 万元的销售价格向原告出售涉案商铺，如果被告不能履行，请求判令被告赔偿原告经济损失 100 万元。

原告仲某清提交以下证据：

（1）《J 商铺认购意向书》一份，用以证明原告与被告房地产公司就购买 J 商铺事宜签订认购意向书的事实。（2）被告向原告开具的 2000 元意向金收据，用以证明原告按照约定向被告支付了意向金。

被告房地产公司辩称：被告与原告仲某清签订《J 商铺认购意向书》的时间为 2002 年 7 月 12 日，被告在 2002 年 11 月 4 日取得房屋拆迁许可证，2003 年 5 月 29 日取得建设工程规划许可证，双方签订意向书的时间在取得上述许可之前。根据有关法律规定，未取得上述许可前，被告不能对外预售房屋，故双方签订的意向书属无效合同。另外，双方签订的意向书只明确了原告有优先认购商铺的权利，而对商铺的总面积、位置、户型、朝向等具体事项未加明确，故该意向书属于预约合同，被告收取的 2000 元意向金相当于定金。即使预约合同有效，因一方原因未能最终正式订立商品房买卖合同的，应按定金规定处理。由于地价、工程费等费用上涨，导致成本提高，涉案商铺正式预售时的价格较原、被告在意向书中约定的价格上涨很多，因此，被告不愿与原告正式签订买卖合同，愿意按定金罚则处理。原告要求被告赔偿其合同预期利益损失的诉讼请求没有法律依据，其诉讼请求应当驳回。

被告房地产公司提交以下证据：被告开发楼盘的房屋拆迁许可证、建设工程规划许可证、商品房预售许可证各一份，用以证明被告与原告仲某清签订意向书的时间在取得上述许可之前，因此，签订意向书之时被告尚不能对外预售涉案商铺。

上海市虹口区人民法院一审查明：2002 年 7 月 12 日，原告仲某清与被告房地产公司签订《J 商铺认购意向书》一份，约定原告向被告支付购房意向金 2000 元，原告随后取得小区商铺优先认购权，被告负责在小区正式认购时优先通知原告前来选择认购中意商铺，预购面积为 150 平方米，并明确小区商铺的均价为每平方米 7000 元（可能有 1500 元的浮动）。如原告未在约定期限内认购，则视同放弃优先认购权，已支付的购房意向金将无息退还。如原告按约前来认购，则购房意向金自行转为认购金的一部分。意向书对楼号、房型未作具体明确约定。上述意向书签订之后，原告向被告支付了 2000 元意向金。2002 年 11 月 4 日被告取得房屋拆迁许可证，2003 年 5 月 29 日取得建设工程规划许可证，2003 年 6 月 30 日被告取得预售许可证。但被告在销售涉案商铺时未通知原告前来认购。2006 年初原告至售楼处与被告交涉，要求被告按意向书签订正式买卖合同。被告称商铺价格飞涨，对原约定价格不予认可，并称意向书涉及的商铺已全部销售一空，无法履行合同，原告所交 2000 元意向金可全数退还。双方因此发生争议，原告遂诉至法院。

〔一审裁判理由与结果〕

本案一审的争议焦点是：（1）原告仲某清与被告房地产公司签订的《J 商铺认购意向书》的法律性质；（2）涉案意向书是否有效；（3）如果涉案意向书有效，原告缴纳的 2000 元意向金是否属于定金。

上海市虹口区人民法院认为：关于涉案意向书的法律性质问题。原告仲某清与被告房地产公司签订《J 商铺认购意向书》，约定原告向被告交付购房意向金，双方初步确认交易 J 商铺的有关事宜，从而对双方在 J 商铺正式认购时签订商品房预售合同达成了合意。对于意向书的签订及其内容双方均无异议，应予以认定。涉案意向书中虽对意欲交易的商铺的楼号、房型、价格没有作明确约定，但其主要内容是对将来进行房屋买卖的预先约定，主要预约事项内容是完整的，而商铺的楼号、房型、价格等内容均可由双方最终签订正式商品房预售合同时予以确认。因此，涉案意向书不是通常意义的"意向书"，而具有预约合同的性质。

关于涉案意向书是否有效的问题。被告房地产公司辩称在其未取得相关许可之前，依法不能对外预售房屋，因此其同原告仲某清签订的意向书应属无效。根据本案事实，涉案意向书是在原、被告双方均对被告能够合法取得相关许可证书有合理的预期的情形下，对原、被告将来签订房屋预售合同的预先约定，涉案意向书并非预售合同，法律对商品房预售合同的强制性规定并不适用于预约合同。即使房地产公司出于种种原因最终没有取得相关许可，也不因此导致对预约合同本身效力的否定。此外，本案的事实是被告最终取得了相关开发及销售房产的许可，也进行了对涉案商铺的实际销售，因此，被告的该项抗辩理由没有事实根据和法律依据，不能成立，应认定原告与被告签订的涉案意向书合法有效。

关于原告仲某清向被告房地产公司缴付的 2000 元意向金是否属于定金的问题。《中华人民共和国合同法》第一百一十五条规定："当事人可以依照《中华人民共和国担保法》约定一方向对方给付定金作为债权的担保。债务人履行债务后，定金应当抵作价款或者收回。给付定金的一方不履行约定的债务的，无权要求返还定金；收受定金的一方不履行约定的债务的，应当双倍返还定金。"本案中房地产公司虽然实际收取了仲某清的 2000 元意向金，但双方在涉案意向书中约定的是"仲某清未在约定期限内认购的，则视同放弃优先认购权，已支付的购房意向金将无息退还。如仲某清前来认购的，则购房意向金自行转为认购金的一部分。"从原、被告双方的上述约定看，涉案意向金显然不符合定金的表现形式，因此，被告关于涉案意向金相当于定金的抗辩理由不能成立。

被告房地产公司没有按照涉案意向书的约定，未在正式出售房屋时通知原告仲某清前来认购，造成双方无法进一步磋商签订正式商品房预售合同，构成违约。由于目前被告已经将商铺全部售出，原、被告双方签订的涉案意向书已无法继续履行，应予解除，被告应承担违反预约合同的违约责任。综上，根据涉案意向书的预约合同性质，结合被告的过错程度、原告履约的支出及其信赖利益的损失等因素，酌定被告赔偿原告损失10000元并返还意向金2000元。

据此，上海市虹口区人民法院于2007年3月22日判决：一、解除原告仲某清与被告房地产公司签订的《J商铺认购意向书》；二、被告返还原告意向金2000元；三、被告赔偿原告经济损失10000元；四、驳回原告的其他诉讼请求。

〔当事人上诉及答辩意见〕

仲某清不服一审判决，向上海市第二中级人民法院提起上诉，主要理由是：涉案意向书合法有效，且完全可以实际履行。虽然涉案商铺的价格有所波动，但是意向书已经明确作出了相应的约定，价格波动不能成为房地产公司毁约的理由。房地产公司为了能高价出售涉案商铺，在实际出售商铺时，违反双方约定，故意不通知仲某清，存在过错，并实际导致仲某清基于该意向书预期可得到的收益完全丧失。另外，房地产公司称商铺已经全部售出没有事实根据。综上，请求二审法院撤销原判，依法改判支持仲某清一审提出的诉讼请求。

仲某清申请二审法院向上海市城市建设档案馆调取以下证据：（1）2001年6月15日，房地产公司向上海市虹口区计划委员会递交的《上海市建设项目选址意见书申请表》；（2）2001年11月26日，上海市虹口区计划委员会作出的《关于四平路新港路地块商品住宅项目建议书的批复》〔虹计投字（2001）第108号〕；（3）2001年12月18日，房地产公司向上海市虹口区计划委员会递交的《上海市建设用地规划许可证申请表》及所附建设工程计划批准文件、国有土地使用权出让合同文本、地形图等材料；（4）2002年4月2日，上海市虹口区城市规划管理局向房地产公司发出的《关于核发新港路164街坊旧住房改造工程建设用地规划许可证的通知》〔虹规建（2002）第054号〕。

上述证据用以证明在双方自愿签订涉案意向书之前，房地产公司已取得"金轩大邸"项目的立项批复、建设用地规划许可证，意向书具备了商铺买卖合同的主要条款，因此具有预约合同的法律性质，且合法有效。仲某清按约支付了意向金，该行为使其取得了届时正式与房地产公司订立买卖合同的权利。

仲某清申请二审法院向上海市虹口区房地产交易中心调取以下证据：（5）房地产公司开发的商铺对应的《上海市房地产登记册房屋状况及产权人信息》；（6）房地产公司就商铺分别与案外人签订的三份《上海市商品房出售合同》，涉及的商铺每平方米房屋建筑面积的单价分别为15000元、17000元、20500元。上述证据用以证明至本案涉讼时，仍有部分商铺未出售，从有关预售合同的情况看，上述商铺每平方米房屋建筑面积的单价在15000元至20500元之间，房地产公司未按约定通知仲某清前来订立正式的商铺买卖合同，构成违约，应承担违约责任。如不履行意向书，就应根据上述已出售商铺的价格赔偿仲某清的经济损失。

房地产公司亦不服一审判决，向上海市第二中级人民法院提起上诉，称：按照房屋买卖交易习惯，届时不能签订认购书的，意向书自然失效，一审法院认定涉案意向书具有预约合同性质，没有事实根据和法律依据。一审判决解除双方合同，由房地产公司向仲某清返还意向金等，违反了"不告不理"的原则。房地产公司因为房地产开发实际成本大幅增加，有权依据情势变更原则不与仲某清正式签订房屋买卖合同，对此，房地产公司主观上不存在过错，客观上也未给仲某清造成任何损失，一审法院以信赖利益损失为由，判决房地产公司赔偿10000元法律依据不足。综上，请求二审法院撤销原判，依法改判。

房地产公司没有提交新的证据。

上海市第二中级人民法院依法组织了质证。房地产公司认为：仲某清申请调取的证据均已超过了举证期限，不属于新证据。证据1、2、3、4均系房地产公司开发、立项的相关事宜，与本案无关。涉案意向书不属于预约合同，仅仅是约定了双方可以签订认购书，没有就不签署认购合同的情形约定任何法律责任，支付的意向金对双方均无约束力。证据5、6中涉及的商铺是分期开发、分批销售的，不能证明仲某清所称的部分商铺尚未出售等内容。故上述证据均与本案没有关联性。上海市第二中级人民法院认为，证据1、2、3、4与本案讼争焦点关系密切，不审理该批证据材料可能导致裁判失当，因此，对房地产公司以该批证据已超过举证时限、不属于新证据的抗辩意见，不予采纳。证据1、2、3、4证明：双方签订意向书之前，房地产公司已经申请取得了有关政府部门的立项核准和建设用地规划许可证，即该意向书签订的时间在房地产公司办理有关项目的立项、规划等主要手续之后，取得房产预售许可证之前。双方在意向书中所指向的商铺并非虚构，其交易意向存在现实履行的基础。因此，前述证据与本案关键事实存在关联性，其证明效力可予确认。证据5、6仅表明目前有关房地产开发情况，尚不能完全证明该意向书所指商铺的确切情况，与本案关联性不足，因此不予确认。

〔二审查明的事实〕

上海市第二中级人民法院经审理，确认了一审查明的事实。

〔二审裁判理由与结果〕

本案二审的争议焦点是：（1）《J商铺认购意向书》的法律性质是否属于预约合同；（2）房地产公司是否构成违约；如果构成违约，应如何承担违约责任。

上海市第二中级人民法院二审认为：预约合同，一般指当事人双方为将来订立确定性本合同而达成的合意。根据本案查明的事实，房地产公司与仲某清签订的《J商铺认购意向书》是双方当事人的真实意思表示，不违背法律、行政法规的强制性规定，其效力应予认定。在双方签订意向书之前，房地产公司已经申请取得了有关政府部门的立项核准和建设用地规划许可证，该意向书签订的时间在房地产公司办理有关项目的立项、规划等主要手续之后、取得房产预售许可证之前。双方在涉案意向书中所指向的商铺并非虚构,所约定的房屋买卖意向存在现实履行的基础。同时,该意向书明确了双方当事人的基本情况,对拟购商铺的面积、价款计算、认购时间等均作了较为清晰且适于操作的约定。这表明双方当事人经过磋商,就条件成就时实际进行商铺买卖的主要内容达成了合意,对将来正式签署房屋买卖合同进行了预先安排,并以书面形式明确将来商铺正式预售时房地产公司优先同仲某清订立正式的商品房预售合同。综上,涉案意向书是具有法律约束力的预约合同。一审法院关于涉案意向书是有效的预约合同的认定正确。

涉案意向书约定:房地产公司应在其开发的房地产项目对外认购时,优先通知仲某清在约定的期限内前来认购。房地产公司辩称由于房地产开发中动拆迁及工程造价等成本增加,基于情势变更的原因,没有通知仲某清认购商铺,但未就成本增加的问题提供足够的证据予以证明,故对其上述抗辩理由不予采信。涉案意向书是合法有效的预约合同,双方当事人均应依法履行意向书的约定。《中华人民共和国合同法》第六条规定:"当事人行使权利、履行义务应当遵循诚实信用原则。"合同当事人不仅应依照诚实信用的原则行使合同权利,而且在履行合同义务中也应以善意的方式,依照诚实信用的原则履行,不得规避合同约定的义务。房地产公司未按约履行其通知义务,并将商铺销售一空,导致涉案意向书中双方约定将来正式签订商铺买卖合同的根本目的无法实现,甚至在争议发生时主张双方签订的意向书无效,其行为违背了民事活动中应遵循的诚实信用原则,应认定为违约。《中华人民共和国合同法》第一百零七条规定:"当事人一方不履行合同义务或者履行合同义务不符合约定的,应当承担继续履行、采取补救措施或者赔偿损失等违约责任。"第一百一十三条规定:"当事人一方不履行合同义务或者履行合同义务不符合约定,给对方造成损失的,损失赔偿额应当相当于因违约所造成的损失,包括合同履行后可以获得的利益,但不得超过违反合同一方订立合同时预见到或者应当预见到的因违反合同可能造成的损失。"房地产公司的违约行为导致守约方仲某清丧失了优先认购涉案商铺的机会,使合同的根本目的不能实现,房地产公司也承认双方现已无法按照涉案意向书的约定继续履行。因此,房地产公司应当承担相应的违约责任。一审法院认为房地产公司违反预约合同约定的义务,应当赔偿上诉人仲某清相应的损失,并无不妥,但一审判决确定的10000元赔偿金额,难以补偿守约方的实际损失。为促使民事主体以善意方式履行其民事义务,维护交易的安全和秩序,充分保护守约方的民事权益,在综合考虑上海市近年来房地产市场发展的趋势以及双方当事人实际情况的基础上,酌定房地产公司赔偿仲某清150000元。仲某清要求房地产公司按照商铺每平方米建筑面积15000元至20500元的价格赔偿其经济损失,但由于其提交的证据不能完全证明涉案意向书所指商铺的确切情况,且根据房地产公司将有关商铺出售给案外人的多个预售合同,商铺的价格存在因时而异、因人而异的情形。另外，虽然仲某清按约支付了意向金，但是双方签订的预约合同毕竟同正式的买卖合同存在法律性质上的差异。故仲某清主张的赔偿金额，不能完全支持。

据此，上海市第二中级人民法院依照《中华人民共和国民事诉讼法》第一百五十三条之规定，于2007年10月19日判决：一、维持上海市虹口区人民法院（2007）虹民三（民）初字第14号民事判决第一、二、四项；二、撤销上海市虹口区人民法院（2007）虹民三（民）初字第14号民事判决第三项；三、房地产公司赔偿仲某清人民币150000元。

规则21：（侵害债权制度在审判实践中的适用）侵权人应对合同当事人因支付第三人违约金所受损失负赔偿责任

——技术协作公司诉日本国运输公司预借提单侵权损害赔偿纠纷案[1]

【裁判规则】

合同一方当事人对第三人违约行为是因合同相对方的侵权行为所导致的，基于该行为是损害发生的事实原因，合同相对方（侵权方）对合同一方当事人因支付第三人违约金而蒙受的损失应负赔偿责任。

【规则理解】

一、侵害债权制度的概念及具体形态

（一）侵害债权制度的概念

侵害债权制度滥觞于英美法系国家，1853年英国法官在判例中首次突破合同相对性原则，造就了侵害债权制度，随后该制度向大陆法系国家渗透，并成为当今世界主要国家司法所认可的一项法律制度。《世界大百科事典》（第12卷）对侵害债权给出了定义："妨碍债权实现的，称为侵害债权，它既包括债务人之侵害，即不履行债务；又包括债务人以外第三人对债权之侵害，一般说来债权之侵害指此后者。"[2]《美国侵权行为法重述》则较为明确地界定了侵害债权行为的含义，即"无论是明示还是默示的商事关系一般都可落实到合同上。缔结合同并从合同的履行中获取利润是受法律保护的财产权利。不正当干

---

[1] 《中华人民共和国最高人民法院公报》1989年第3期。
[2] 王利明：《违约责任论》，中国人民大学出版社1996年版，第502页。

涉该权利,无论是阻止合同的订立或是干涉合同的履行的行为一般称为干涉预期经济利益的侵权行为",从而也就确立了"故意、不当干扰他人合同的履行应对他人负责"的规则,承认了债权是侵权行为的客体。

(二) 侵害债权制度的具体形态

侵害债权制度,在我国民法中并无相应的规定,但面对伴随经济发展而迅速增长的恶意竞争,司法走在了立法的前面,适用侵害债权制度保护债权人利益已有具体案例,其中较有影响的案例是城市演出公司诉晚报社承担侵权责任案。对债权的侵害,实践中客观形态多样化,德国学者主张将侵害债权的行为划分为"侵害债权归属"与"侵害债权给付"两类。① 侵害债权归属是指第三人处分或行使债权直接使债权消失或因第三人的侵权行为导致债权归属遭受侵害,侵害债权给付是指侵权行为未使债权消灭,但造成一定的给付困难或给付障碍,或债务人不能履行、不合格或不愿履行给付义务。我国学者则大多采用了史尚宽先生的观点,根据作用于债权的程度为标准,将第三人侵害债权行为划分为直接侵害和间接侵害两大类。②

第一类为直接侵害。所谓直接侵害是指第三人的侵害行为直接作用于债权人的债权,导致债权消灭,或使债权的实现受到影响。③ 直接侵害是直接针对债权本身,造成给付不能而导致债的不能履行。

第二类为间接侵害。所谓间接侵害是指第三人的侵害行为通过直接作用于债权关系当事人,使得债务人无法完成给付或债权人无法完成受领等。④ 其又大致存在以下几种情形:

第一,侵害债务人人身,造成债务人受到损害而对债务不能履行或迟延履行等阻碍债权实现的后果,如第三人侵害基于人身信任关系的合同的债务人,导致债务不能履行。

第二,第三人侵害债务人的财产,导致债务人履行能力丧失或降低,妨碍债权的实现。需要注意的是,侵害债务人财产构成侵害债权的,其主观心理状态应是故意,如果是过失则不构成侵害债权。

第三,引诱违约。引诱违约是间接侵害的典型形态,是第三人以虚假信息或诱惑的手段,使合同一方当事人违反合同约定,对此,英国法认为"第三人

---

① 王利明:《违约责任论》,中国政法大学出版社2003年版,第750页。
② 史尚宽:《债法总论》,中国政法大学出版社2005年版,第141~142页。
③ 王泽鉴:《侵权行为法》,中国政法大学出版社2001年版,第174~177页。
④ 王泽鉴:《侵权行为法》,中国政法大学出版社2001年版,第174~177页。

游说、蛊惑他人违约的言辞必须达到劝说有效,以不法行为使他人信从,而导致损害的发生,即使他人也施加了加害行为,引诱人仍应负侵权行为责任"。①

第四,资产评估、会计师(审计师)事务所等中介服务机构提供不实的验资报告等侵害债权。主要是债权人基于对第三方中介机构所作出的验资报告或会计、审计报告的信任而与债务人订立合同,从事业务,上述机构出具不实验资报告、会计、审计报告等导致其债权无法实现,则上述机构应在虚假验资的范围内承担相应责任。

二、侵害债权的构成要件

侵害债权制度作为合同相对性之例外,主要是遏制市场经济下恶意竞争之需要,但其亦是一柄双刃剑,侵害债权的问责将加重债权债务关系之外第三人的责任负担,使原本仅存在于合同当事人之间的"法锁"成为整个社会活动的枷锁,约束社会自由意志与行动,因而侵害债权制度之构成应当严格把握,避免适之过宽,影响社会主体的经济生活。其构成要件有:

(一)侵害债权的行为必须由第三人实施

侵害债权的行为应为合同当事人以外的第三人实施,债权债务关系的当事人不能成为侵权行为人。债权债务关系的当事人之间受合同法调整,债务人违反约定的给付义务造成债权不能实现,无论债务人是否具有侵害债权的故意,该行为都只能由债务人承担债务不履行的责任而不是侵权责任。应当注意的是,债务人的代理人在代理权限内实施的行为,因其在法律上相当于债务人自身的行为,而非债权人与债务人以外的第三人,亦不构成侵害债权,而只产生债务不履行的责任。

第三人实施侵权行为才构成侵害债权,但债的当事人与第三人串通实施侵害债权的行为时,是构成共同侵害债权还是只构成违约?出现这种情况的主要情形是债务人与第三人串通转移财产以逃避债务,对此,有学者认为"如果债务人与第三人恶意串通,以转移债务为手段旨在侵害债权,仍可成立第三人侵害债权"。②

但笔者认为,债务人与第三人串通的行为是债务人违约行为的一部分,目的在于逃避债务,第三人在其中之作用更接近于债务人实现逃避债务的"工

---

① 王利明:《违约责任论》,中国政法大学出版社2003年版,第751页。
② 李绍章:《第三人侵害债权若干问题研究》,载中国私法网,http://www.privatelaw.com.cn/Web_P/N_Show/?PID=3118,最后访问时间:2014年11月15日。

具",故应区别于第三人恶意侵害债权。我国《民法典》对此亦有相应之规定,根据《民法典》第538条、第639条和第540条的规定,因债务人放弃其到期债权或者无偿转让财产,对债权人造成损害的,债权人可以请求人民法院撤销债务人的行为;债务人以明显不合理的低价转让财产,对债权人造成损害,并且受让人知道该情形的,债权人也可以请求人民法院撤销债务人的行为;撤销权的行使范围以债权人的债权为限;债权人行使撤销权的必要费用,由债务人负担。上述情形符合违约责任之特征,一是责任的承担方式是撤销债务人的行为,而侵权一般以赔偿损失为责任的承担方式;二是撤销权的行使范围以债权人的债权为限,而侵权一般以所造成的损失为限;三是债权人行使撤销权的必要费用,由债务人负担,而侵权中受害人为追偿所花费必要费用,由侵权人承担。

(二)必须造成损害的后果

侵害债权的损害后果是合法债权因受到损害而不能得到实现。合法债权不能实现,首先要求受侵害的合同必须是客观存在、成立并合法有效的。"以合同债权为例,合同之债要受到侵权行为法的保护,其自身必须首先是受到法律正面评价的。因此,得为损害客体的合同必须是有效存在的合同,包括效力未定的合同被追认之后以及可撤销合同被撤销之前的情形。对于附延缓条件以及附始期的合同,虽然在条件未成就或始期未届时合同并不生效,但只要依法有效,同样得为损害客体。"[1] 该有效成立的合同即使缺乏强制执行力亦可成为侵害债权之客体。其次,即使侵害债权的行为只是导致部分债权不能得到实现,亦构成侵害债权。因侵害债权制度之目的在于遏制恶意阻碍债之履行,以债权不能全部实现为标准来判断侵害债权之构成,显然与该制度设计的目的不一,故不能以债权不能全部实现作为标准。

(三)违法行为与债权损害事实之间具有因果关系

因果关系是归责的前提和基础。任何人对自己的行为所造成的损害后果应当承担责任,与行为无关的人对该后果不承担责任,这是民事责任自负规则的本质要求。这就必然要求探究损害后果发生的真正原因,明确真正的行为主体和责任主体。缺乏对因果关系的判断和明确,就不能确立行为主体和责任主体。同时,因果关系也是明确责任范围的基础。在过错归责中,若不能依过错程度决定责任范围,或依过错程度决定责任范围将有失公平,则应当根据因果关系程度决定责任范围。此种因果关系与侵权法中的因果关系并无二致,可参照侵

---

[1] 李开国主编:《中国民法学教程》,法律出版社1997年版,第174页。

权法中有关因果关系构成的规定。

（四）第三人的主观状态须为故意

第三人的过失行为不能成立侵害债权，必须以主观意志为要件。由于债权所具有的意定性和秘密性，其本身不如物权、人身权那样具有典型的"社会公开性"，如果第三人的行为客观上妨碍了债务的履行，都要承担侵害债权的责任，则不仅将使侵害债权的纠纷大量发生，而且使第三人承担了其根本不应承担的责任。尤其是，如果以过失作为侵害债权的责任构成要件，第三人实施任何妨碍债务人履行债务的行为都要负侵害债权的责任，将会课以当事人过于严苛的注意义务和行为准则，严重限制人们的行为自由，妨碍自由竞争的展开。

三、阻却责任承担的抗辩事由

因侵害债权规则产生了合同相对性的扩张，在这一扩大的权利保护下，允许以抗辩事由阻却责任的承担。一般认为足以抗辩的事由有正当竞争、忠告和职责所在三类。①

（一）正当竞争

商业竞争中，争夺履约机会是其必然的行为模式，正当竞争不仅为法律所认可，亦为社会所鼓励。但正当竞争行为可能与第三人侵害债权交叉，如第三人以更为优越的条件诱使债务人违约而与其订立合同，这种情形对于债务人而言，具有对其更加有利的回报；对于社会而言，更加符合价值规律之要求，因而需要赋予其抗辩权以阻却不法性。按照美国经济分析法学家的观点，如果合同一方从违约中获得的利益大于其实际履行的收益或其违约损失，则该行为因能促进实现更大的利益而受到法律的鼓励。② 对于是否成为不正当竞争，则可以参照反不正当竞争法的相关规定予以认定。

（二）忠告

忠告是第三人以其知识、经验向合同当事人提供的建议，忠告之所以具有阻却违法性，一是忠告行为符合民法的帝王原则即诚实信用原则的精神；二是忠告行为是对合同本身已存在的事实所作出的分析判断。对此，英国学者概括为"引诱违约是发生违反合同的理由，忠告违约则是指出已经存在的理由。前者得成立诉因，后者极有可能无须承担责任"。③

---

① 孔祥俊：《民商法热点、难点及前沿问题》，人民法院出版社1996年版，第77页。
② 李家军：《关于第三人侵害债权制度的思考》，载《人民司法》2008年第3期。
③ 李家军：《关于第三人侵害债权制度的思考》，载《人民司法》2008年第3期。

（三）职责所在

《美国侵权行为法重述》中明确，当第三人基于法律或者道义上的职责，劝诱他人违约，如未使用不正当手段，且实系为保护他人利益着想时，则在其职责范围内的劝诱行为得以免责。如医生、律师对其当事人提供的意见、建议等。

综合以上这些抗辩因素，我们可以总结，对于第三人侵害债权，由于其是合同相对性的扩张，对社会而言是一种潜在的威胁，因此，在适用第三人侵害债权规则时，应充分考虑并适用民法诚实信用原则，厘清第三人诱使债务人违约是否具有不法性，在合同相对性基础上严格把握这一制度的适用。

四、侵害债权的赔偿（责任）范围

对侵害债权行为所提供的最主要救济方式是赔偿损失，就侵害债权的赔偿范围，首先应当明确的是侵害债权责任的地位，其是独立的责任抑或是违约责任的补充责任。对此，有观点认为，因为第三人侵害债权制度是作为违约责任的补充责任出现的，即在发生第三人侵害债权的情况下，对受损害一方的救济首先是违约责任，只有在违约责任不足以弥补损失时，才适用侵权责任作为补充。笔者认为，侵害债权责任是一种独立的责任形式，理由是：第一，侵害债权人与违约人之间并非共同侵权人或共同违约人，因而不存在以侵害债权责任作为违约责任之补充；第二，是侵害债权责任的认定与违约责任的认定应分别进行，二者之间不存在主次之分，也不存在先后之分。

笔者认为，侵害债权之行为所造成的损失，一般包括预期利润损失、违约损失等与债权履行相关的经济损失，但不包括精神损害。

（一）预期利润损失及违约损失应列入侵害债权损失范围

因侵权行为所产生的直接损失当然属于侵害债权的责任范围，直接损失一般包括：（1）为合同履行而支出的费用，该费用限于为履行合同而支出的必要费用；（2）价值损失，即依合同履行应取得的价值与实际履行取得价值的差价；（3）其他损失，如为防止损失扩大而采取补救措施。

对于可得利益损失，《民法典》第584条规定："当事人一方不履行合同义务或者履行合同义务不符合约定，造成对方损失的，损失赔偿额应当相当于因违约所造成的损失，包括合同履行后可以获得的利益，但是，不得超过违约一方订立合同时预见到或者应当预见到的因违约可能造成的损失。"可见，可得利益损失亦是我国合同法违约损失的构成之一，侵害债权制度针对违约所造成的损失而提供的救济应当包括可得利益损失。当然，在计算可得利益损失时，仍应遵循一定之规则，如可预见规则、减轻损害规则、损益相抵规则和过失相抵规则。

（二）精神损害不应列入侵害债权损失范围

精神损害赔偿是针对遭受精神痛苦或精神受到损害而给予赔偿的一种民事责任，我国对于精神损害赔偿的范围是有所限制的，根据《最高人民法院关于确定民事侵权精神损害赔偿责任若干问题的解释》的相关规定，可以主张精神损害赔偿的情形主要包括如下三种情况：一是因人身权益或者具有人身意义的特定物受到侵害；二是非法使被监护人脱离监护，导致亲子关系或者近亲属间的亲属关系遭受严重损害；三是死者的姓名、肖像、名誉、荣誉、隐私、遗体、遗骨等受到侵害。而侵害债权之侵害对象是债权，故精神损害不应列入侵害债权损失范围。笔者赞同有关学者的论述，"第三人如果侵害债务人或债权人的人身权，造成人身伤害和精神损害，尽管也造成了债权损害的后果，但不能说侵害债权也造成了人身伤害和精神损害的后果，而是产生了两个侵权损害赔偿法律关系；一是侵害债权的财产损害赔偿；二是侵害人身权的人身损害赔偿或精神损害赔偿"。[①]

【拓展适用】

一、第三人侵害债权理论基础及学说

（一）债权的不可侵性

侵害债权制度将债权的效力扩展至合同当事人以外，要求合同之外的第三人不得损害合同方因业已订立的合同而取得的利益。这种扩张的效力，一般认为，是基于债权所具有的不可侵性。所谓债的不可侵性，是指债权虽然不能对债权关系以外的第三人发生权利义务关系，但是债的不可侵性使债权关系以外的其他所有的人都负有不得侵犯债权的义务。违反了对债权的不可侵义务，就构成行为的违法性，造成损害，就构成侵害债权的侵权行为。[②] "众所周知，债权不是绝对权，而是相对权，债权人只能向与其相对的债务人请求履行债务，而不能向其他第三人提出这种请求。债权人作为权利主体，既然享有这种债权，就可以基于债权的不可侵犯性，对抗其他第三人侵害其债权的行为。法律在一方面赋予所有的民事权利包括债权在内具有不可侵性，在另一方面又特别强调对其予以

[①] 杨立新：《侵权法论》，人民法院出版社2004年版，第349页。
[②] 杨立新：《新类型侵权行为系列之四：侵害债权的侵权行为》，载中国民商法律网，http://www.civillaw.com.cn/article/default.asp?id=43910，最后访问时间：2019年4月7日。

保护，实际上就赋予了债权关系以外的第三人都对债权负有不可侵的义务。"①

侵害债权源于债的不可侵性，而债的不可侵性又基于权利的平等性。权利天然属性是平等，权利均为法律所创设且要求国家强制力对其给予同等的保护，不应存在地位的差异，债权作为权利的一种，亦不例外。但人们常常忽略债权所内在的与其他权利的平等性，往往是受债权与物权分类理论的影响，认为物权是绝对权而债权是相对权。相对权是只能对抗特定人的权利，债权自然被认为不具有约束当事人以外不特定人的效力。但绝对权与相对权之区分已受到质疑，"法国的人格主义法学家 Planiol 在批评对人权与对物权的区分时多持的重要论点之一：'……如果对人权与对物权是一种主要的区分，那么就应该适用于一切权利；然而，事实却绝非如此……在人格权或非财产权之中，有些权利……不能针对某个人行使，不具有消极主体：如姓名权、荣誉权、自由权、生命权；仅在这一点上——即对抗一切世人、没有使任何债务人负有债务，也没有包含任何消极主体——这些权利类似于对物权；但它们与对物权之不同之处在于，它们并不指向某物，而是指向无形的权能：姓名、荣誉、生命；因此，它们就构成了性质特殊的权利，不能容身于对人权与对物权的区分之中……知识产权本身也构成了一种外在于对人权与对物权之区分的特殊权利。'"② 绝对权与相对权的区分所存在的涵盖不彻底的缺陷，说明物权与债权之区分并非绝对，二者之间界限是模糊的，提示人们不可囿于该分类方法之中而忽视权利的平等性，更不可轻视对债权所应予以提供的法律救济。

（二）债权的物权化

债权与物权本是相互独立的权利体系，各自适用相异的规则，但"现在各国民事立法的一个显著特点，就是物权和债权有相互借鉴各自的保护手段以保障自身权利实现的趋势，因而形成物权的债权化和债权的物权化趋势"。③ 一方面是物权的债权化，在特定情况下物权亦可能丧失对世效力，例如，"在采行登记对抗主义的法制下，因未登记而不具备对抗要件的物权没有排他性和对抗力，与债权几乎没有实质的差异"。④ 另一方面则是债权的物权化，债权在某种程度上取得对抗之效力，较为典型的债权物权化的情形是租赁权，租赁权内容

---

① 杨立新：《债法总则研究》，中国人民大学出版社2006年版，第285页。
② 转引自金可可：《论绝对权与相对权——以德国民法学为中心》，载《山东社会科学》2008年第11期。
③ 杨立新：《债法总则研究》，中国人民大学出版社2006年版，第285页。
④ 梁慧星、陈华彬：《物权法》，法律出版社2005年版，第18页。

中的"买卖不破租赁"规则、优先购买权规则都具有对抗之效力。

债权与物权之间界限存在一定的模糊性,看似是民法针对社会变化所进行的相应调整,但其实是民法进行理论研究时,抽象思维与社会现实状态之间的差异所导致的不完全对应之反映。对物权与债权进行区分与独立是法律抽象思维的结果,正如前述,两者之间本身具有一定的重合性,人为的划分,仅仅能够反映一般的规律;对于特殊的现象,采用一刀切的区分方法确实存在不恰当之处,因为在逻辑上不仅仍然存在兼具物权和债权特性的权利类型,而且在事物的发展过程中仍然存在物权与债权之间互相转化的情形。因此,全面衡量人为制造出的债权与物权的隔绝,当然应当意识到对债权之保护不应局限于合同当事人的违约,而应考虑为之提供侵权责任式的保护。

债权与物权之间界限的模糊性,亦是现代社会债权地位提高的反映,债权代表的是交换价值,这种交换价值与现代社会扩张、竞争的行为方式所契合,因而"在近现代以来尤其是今日的市场经济社会中,日益增多地出现了相反的经济现象,即以物权为工具和手段而获得债权"。社会要求为债权提供更好的保护,从而形成了债权之物权化的趋势,而"债权物权化的趋势不断发展,就使债权的不可侵性这一特征更加强化,使债权对抗第三人侵害其债权的行为的效力更接近物权的对世性、绝对性的性质,几乎具有相同的内容"。[①]

(三) 债权的利益性

债权以财产利益为特点,尽管在内部性质上没有物权绝对的排他效力,但在现代社会,财产利益已成为现代社会民事主体的重要权益内容,"一个人的财产是由这个人所有的具有金钱价值的各种权利的总体构成"[②]。通过债权的实现,民事主体可以实现其财产利益或取得物权,发挥出超越物权的特殊价值,应当得到相应的尊重与保护。这种尊重不仅来自债权所代表的社会财产利益,而且是对债权这一财产利益所肩负的开拓价值的认同,正如日本学者我妻荣先生所言,"债权是在人与人之间相互信用的基础上产生的。在人类文化史上,它后于物权而发展。由于认许了债权,人类经济生活更加丰富,人类在仅依物权形成财产关系、仅以物权作为财产客体时代,可以说只能生活在过去和现在。但是,承认了债权制度,就可以使将来的给付预约,变为现在的给付对价价值。人类在经济生活中,除了过去和现在的财产之外,还可以增加将来的财产。用

---

① 杨立新:《债法总则研究》,中国人民大学出版社2006年版,第285页。
② [德] 卡尔·拉伦茨:《德国民法通论》,王晓晔等译,法律出版社2003年版,第410页。

柯拉的话说，就是信用（即债权的发生），过去可为将来服务，将来可为过去服务，时间障碍被打破，人类可以自由地征服时间与空间"。① 债权所代表的财产利益的地位与价值，已经为实务界和理论界所广泛认可，《民法典》第1165条第1款规定，行为人因过错侵害他人民事权益造成损害的，应当承担侵权责任。因而，债权作为民事权益的一种，在其受到侵害时应当给予救济和保护自然也是顺理成章的事情。

二、侵害债权与债的相对性

（一）债的相对性的内涵

债的相对性是指"合同主要在特定的当事人之间发生法律约束力，只有合同当事人一方能基于合同向对方提出请求或提起诉讼，而不能向与其无合同关系的第三人提出合同上的请求，也不能擅自为第三人设定合同上的义务，合同债权也主要受合同法的保护"。② 债的相对性，表面是合同对其当事人的相互约束，但内在的是债的约束力的特定化，即对债的利益保护应主要限于债之当事人内部，过分超脱这一范围，虽有利于债的当事人利益之保护，但将对一般社会相对人产生过度的风险。毕竟就债的内容而言，当事人之间债的关系具有隐秘性，要求一般社会相对人在不知情的状况下承担债的利益损失未免过于严苛，故侵害债权制度与债的相对性间仍须维持一定的平衡。债的相对性可以包含以下三个方面的内容：

1. 主体的相对性

债的相对性中，主体的相对性是指合同关系发生在特定的主体之间，基于合同关系只有合同一方当事人能够向合同的另一方当事人提出给付请求或追究违约责任。基于主体的相对性，债的当事人为债这一"法锁"所约束，债务人在客观上导致债的不能履行的行为均构成违约行为。

2. 内容的相对性

除法律、合同另有规定以外，只有合同当事人才能享有合同规定的权利，并承担该合同规定的义务，当事人以外的任何第三人既不能主张合同上的权利，也不能要求合同当事人之外的第三人负担合同中约定的义务。在双务合同中，还表现为一方的权利就是另一方的义务，权利义务是相互对应的，互为因果，呈现出

---

① ［日］我妻荣：《债权在近代法中的优越地位》，王书江、张雷译，中国大百科全书出版社1999年版，序言。

② 穆昌亮：《合同相对性原则刍议》，载《贵州大学学报（社会科学版）》2003年第5期。

"对流状态",权利人的权利须依赖于义务人履行义务的行为才能得以实现。

从合同内容的相对性可以引申出几个具体规则:一是合同权利义务一般限于合同当事人之间,合同当事人无权为第三人设定义务;二是合同权利义务主要对合同当事人产生约束力,合同相对性原则的例外情形须有法律的特别规定。

3. 责任的相对性

违约责任只能在特定的合同关系当事人之间发生,合同关系以外的人不承担违约责任。违反合同责任的相对性的内容包含三个方面:第一,违约当事人应对因自己造成的违约后果承担违约责任,而不能将责任推卸给他人。第二,在因第三人的行为造成债务不能履行的情况下,债务人仍应向债权人承担违约责任。债务人在承担违约责任后,有权向第三人追偿,债务人对第三人的行为负责,既是合同相对性原则的体现,也是保护债权人利益所必需的。第三,债务人只能向债权人承担违约责任,而不应向国家或第三人承担违约责任。

(二)侵害债权与债的相对性的关系

现代侵害债权制度是根据社会需要特别是为遏制市场经济下的恶意竞争而建立起的救济制度,虽然这一制度突破了合同的相对性,但不足以颠覆债的相对性原理,这是侵害债权与债的相对性之间关系的核心。

其一,基于债的相对性,债务人不成立侵害债权。债务人是否可以成为侵害债权的主体,学界莫衷一是。笔者认为,基于债的相对性,当事人可依合同向相对方追究无因违约责任。债务人与第三人共同实施针对债权的侵权行为,导致债的不能履行,则债务人的行为仍构成违约行为,而不与第三人成立共同侵权,即使债务人与第三人之间存在着恶意通谋,亦只说明债务人的主观故意,而对于其行为的违约性无碍。否则,对债务人行为性质的认定不仅将违反债的相对性,且造成责任的竞合,导致侵权法与债法的混乱。

其二,债的相对性引申出的规则要求,合同权利与义务主要对合同当事人产生约束力,而侵害债权则出于价值判断,将其权利义务扩张至一般社会第三人,从而形成了两者间的冲突。对此,我国理论界有三种主张:第一种是否定说,认为侵权行为以绝对权为侵害对象,债权是相对权,不能成为侵权行为的对象,我国《合同法》以及《民法典》并没有明确规定侵害债权制度,因此,第三人侵害债权的处理,合同一方对第三方不享有诉权,违约方仍需向对方履行,之后再向第三人行使追偿权。第二种是肯定说,认为第三人虽然处于债的关系之外,但亦可构成对债权人的侵害,因为债权具有不可侵犯性,债权作为民事权利,这种不可侵犯性是法律赋予的,而不是人们主观臆断的。第三种是折中说，认为第三人的行为虽然从理论上可以构成对债权的侵害，但债权不具有公示性，让第三人承担侵权责任未免过于苛刻，应谨慎为之。笔者认为，侵害债权构成的是一种对债权的侵害。如上所述，侵害债权制度的建立是对价值判断的顺应，旨在为合同当事人提供更为全面的救济渠道，因此，其保护的对象是合同当事人基于合同履行所取得或可取得的利益，而违约责任则是对合同义务的违反，二者之间存在着性质上的根本不同。否定说将对侵害债权行为的追诉方式限定为合同义务人在承担违约责任后的侵权责任追究，这与侵害债权制度所建立的价值判断基础相悖：一是不能有效实现遏制第三人恶意竞争之行为，如引诱违约行为；二是增加了当事人之诉累，违约责任与侵权责任的分别追究增多了诉讼次数；三是对债权人利益保护不足，在合同义务人因侵害债权行为造成履行能力丧失的情形下，债权人依违约责任实际难以获得有效的救济，使得侵害债权的制度价值不能得到体现。折中说承认侵害债权但认为应谨慎为之，该观点根本是认为对侵害债权构成要件加以严格之限定以避免适用的泛滥，但并未否定侵害债权的性质，此与肯定说其实是一致的。

其三，侵害债权不影响违约责任的承担。根据债的相对性原理，责任亦具有相对性，即违约责任只能在特定的合同关系当事人之间发生，合同关系以外的人不负违约责任，合同当事人也不对其承担违约责任。侵害债权既独立于合同违约责任之外，也不应影响债的相对性的适用。在发生侵害债权时，债务人因第三人的原因违约，债务人对此仍应向债权人承担违约责任。侵害债权的侵权责任与违约责任之间则构成责任竞合，债权人对适用侵权责任还是违约责任可以进行选择，人民法院应当尊重当事人的选择。

【典型案例】
技术协作公司诉日本国运输公司预借提单侵权损害赔偿纠纷案
原告（被上诉人）：技术协作公司。
法定代表人：金某，经理。
被告（上诉人）：日本国运输公司。
法定代表人：宫某敬，董事长。
原审第三人：供销公司。
法定代表人：王某生，经理。

〔基本案情〕
1985年3月29日，被上诉人技术协作公司作为买方，通过工业进出口公司，与日本某株式会社签订了进口日产东芝牌RAC-30JE型窗式空调机3000台的买卖合同。

合同约定：价格条件为成本加运费，到达港为福州，总计 16950 万日元；卖方应于 1985 年 6 月 30 日前和 7 月 30 日前各交货 1500 台；付款条件是买方于接到卖方出口许可证号码和装船的电报通知后，在货物装船前 30 天期间，由中国银行福州分行开立不可撤销的、以卖方为受益人的即期信用证。卖方凭合同规定的各项单据，按信用证规定转开证行议付货款，信用证有效期延至装船后 15 天。付款单据中包括已装船的空白背书，空白抬头、清洁无疵的提单。

依据上述合同，日本某株式会社与上诉人办理搬运事宜。上诉人日本国运输公司于 1985 年 6 月 30 日向托运人日本某株式会社签发了 WO15CO90 号联运提单。该提单项下的 1496 台空调机，于同年 7 月 1 日晨日本横滨港装船。被上诉人收货后与先期收到的 4 台样机一并进行销售。

1985 年 7 月 22 日、23 日，上诉人在日本横滨大黑码头的集装箱堆集场地收取了日本某株式会社托运的 1500 台空调机。上诉人在办理封箱、通关手续后，于 7 月 25 日在日本东京向托运人签发了 WO15CO97 号联运提单，该提单载明承运人为运输公司，承运船舶为福建省轮船公司所属的"大仓山"轮，启运港为日本横滨的集装箱堆集场地。到达港为中国福州的集装箱堆集场地。上诉人在该提单"PLACEA. D DATE OF ISSUE"（签署的时间和地点）栏内签署了"日本东京 1985 年 7 月 25 日"，又在"THIS IS SHIPPED O. BOARDB/L WHE. VALIDATED"（本提单生效后为装船提单）栏内签署了"1985 年 7 月 25 日"。1985 年 8 月 20 日，"大仓山"轮在日本横滨大黑码头装载 WO15CO97 号提单项下的货物，并于次日由福建省轮船公司在日本的代理人物流株式会社签发了海运提单。该轮于 8 月 28 日抵达福州。

在第二批空调机启运前，被上诉人对收到的样机只能制冷，不能制热持有异议，多次向日本某株式会社提出停止进口第二批空调机 1500 台的要求，但未被接受。1985 年 7 月 27 日，福建省工业进出口公司接到日本某株式会社的电传通知称，WO15CO97 号提单项下的 1500 台空调机已于 1985 年 7 月 25 日付运"大仓山"轮。被上诉人获悉后，即于同月 29 日与原审第三人供销公司签订购销合同，将 WO15CO97 号提单项下的 1500 台空调机以每台价格人民币 2000 元售与原审第三人。该合同规定：交货期限为同年 8 月 20 日前；逾期交货，供方须承担不能交货部分的货物总值 20% 的违约金，并且需方有权解除合同。被上诉人由于没有收到空调机而未能如期交货。原审第三人遂于 1985 年 8 月 26 日通知被上诉人解除合同，并要求上诉人按约支付违约金。事后，被上诉人即向国内数十家单位联系此批货物的销售，因市场滞销，均未成交。为减少损失，被上诉人于 1987 年 2 月 10 日以每台 1700 港元福州的离岸价格条件，将该批货物向影音公司复出口。

1986 年 3 月 17 日，被上诉人向上海海事法院起诉，请求判令上诉人赔偿因预借提单行为而造成的经济损失，包括货款损失及利息共计 4846.06 万日元，应支付给第三人的违约金人民币 60 万元，营业利润损失人民币 75 万元，律师、会计师咨询费人民币 17000 元，以及邮电、差旅费人民币 5 万元。同年 6 月 30 日，上诉人在答辩中提起反诉，要求被上诉人赔偿租箱费 14728 美元和搬运费 576 美元。

1987 年 11 月 20 日，原审法院认为第三人与原、被告之间有直接利害关系，通知第三人参加诉讼。

〔一审裁判理由与结果〕

上海海事法院经审理认为：集装箱运输中的承运人在集装箱堆集场地只能签发待运提单，被告运输公司却在货物装船前即签发已装船提单，是对原告技术协作公司的侵权行为，应对同此产生的后果承担责任。同时，由于第三人在合同规定期限内未收到空调机，在依照合同规定解除了合同后，该批货物业已发生堆存、保管费用，因此，被告要求原告赔偿因拒收货物而发生的租箱费、搬运费的反诉请求理由不足。据此，原审判决出被告向原告赔偿 WO15CO97 号提单项下的货款及因复出口的垫支费用损失 3972.32 万日元，货款利息损失人民币 340401 元、原告应支付第三人的违约金及利息人民币 158550 元、营业利润损失 6133.87 万日元；原告的其他诉讼请求不予支持、驳回被告的反诉。本诉诉讼费人民币 16700.17 元，由原告负担人民币 2881 元，被告负担人民币 13819.17 元；其他诉讼费人民币 3950 元，反诉诉讼费 150 美元，由被告负担。

〔当事人上诉及答辩意见〕

上诉人运输公司于 1989 年 1 月 6 日上诉称：被上诉人技术协作公司与日本某株式会社因空调机买卖合同发生纠纷而造成的损失，不能转嫁于运输承运人；上诉人收货后签发的提单，依照国际集装箱运输业务的惯例及日本和中国对集装箱收货的惯常做法，是"待动提单"；上诉人在提单两个栏目内分别签署了日期，并不能说明该提单是"已装船提单"，只有自货物实际装载、上诉人履行了承运人装船的应尽职责后，该提单才成为"已装船提单"；对于台风、压港等不可抗拒和不可预见的原因而造成装运迟延的后果，上诉人不能承担责任；托运人持待运提单向银行结汇所引起被上诉人的货款损失与上诉人无关；被上诉人明知货物已运抵目的港而拒不提货，责任在被上诉人，因而无权提出"营业利润损失"的要求；被上诉人擅自削价出售货物，其损失应自负。被上诉人的各项损失与上诉人的行为缺乏因果关系，不应向上诉人追索，原审第三人在本案中无独立请求权，也未依附于一方当事人承担任何义务，不具有诉讼资格；而与本案有利害关系的恰是应承担连带责任的实际承运人福建省轮船公司。此外，上诉人还对其反诉被驳回表示不服。

被上诉人技术协作公司答辩称：上诉人签发的 WO15CO97 号提单是已装船提单，构成预借提单的侵权行为，应赔偿由此造成被上诉人的一切损失。

原审第三人供销公司答辩称：原审法院已对被上诉人和原审第三人签订的合同无法履行所承担的责任作了判决，故第三人依法享有独立请求权。

〔二审裁判理由与结果〕

上海市高级人民法院经审理认为：当事人双方的民事法律关系是由海上货物运输合同所引起的。上诉人所签发的 WO15CO97 号提单的性质，参照 1924 年《统一提单的若干法律规定的国际公约》第三条第七款的规定，并注意到日本国 1957 年《国际海上货物运输法》第六条、第七条的规定，应确认为已装船提单，银行据此予以结汇，符合《跟单信用证统一惯例》的规定，上诉人在货物尚未装船前签发已装船提单，是预借提单的侵权行为。这一侵权行为的结果地在福州，根据《中华人民共和国民事诉讼法（试行）》第二十二条和中华人民共和国最高人民法院《关于设立海事法院的几个问题的规定》① 第四条第二款之规定，原审法院对本案有管辖权，该批货物由"大仓山"轮装运是由上诉人与福建省轮船公司在日本的代理人物流株式会社所确定的，且上诉人并未受"大仓山"轮船东或其代理人的指示签发 WO15CO97 号提单，故"大仓山"轮在 1985 年第 12、13 航次中虽遇有台风、压港以致发生迟期的情况，但不能作为上诉人实施预借提单行为的理由。因此，对上诉人提出追加福建省轮船公司为本案第三人的上诉请求不予采纳，被上诉人要求日本某株式会社终止合同未被同意并得悉上诉人已签发 WO15CO97 号提单后，与原审第三人签订合同，但因上诉人早在货物实际装船前 20 余天就签发了提单，使被上诉人无法依照约定的日期向原审第三人交货，从而导致原审第三人按约解除合同。其后，被上诉人在空调机已逾销售季节、内地市场难以销售的情况下，才不得已向影音公司复出口。由于当时市场行情的变化，被上诉人复出口的价格不仅未能取得与原审第三人签订合同所应得的利润，且低于买入价。上诉人实施预借提单的行为，造成了被上诉人的经营损失，其中包括可得利润损失、进口货价与复出口货价之间差额的损失，以及向原审第三人支付违约金的损失。对此，上诉人应承担赔偿责任。被上诉人与日本某株式会社在履行合同过程中，一方虽曾有解除合同的要求，但双方最终均依合同履行，各自亦未使对方造成经济损失，因而不存在被上诉人将损失转嫁于上诉人的事实。对于本案诉讼结果，供销公司有法律上的利害关系；原审法院依照《中华人民共和国民事诉讼法（试行）》第四十八条的规定，将其列为本案第三人并无不当。唯原审判决在核算上诉人的赔偿货款损失中，将被上诉人进口 WO15CO97 号提单项下货物所产生的代办进口手续费、进口港务费、进口银行手续费和拆箱费合计人民币 41955.46 元，既纳入成本又作为垫支费用，重复计算，是不合理的，应予剔除。被上诉人与原审第三人交易中的利润应按双方约定的货款以人民币计算，原审判决以被上诉人应向原审第三人交付货物之日的日元兑换率折算成日元赔付不当，应予纠正。原审判决对被上诉人利润损失的利息未予计算不妥，应按中国人民银行规定的企业活期存款利率计算。鉴于在原审法院判决后，被上诉人

---

① 已被 2016 年《最高人民法院关于海事法院受理案件范围的规定》替代。

货款损失的银行贷款利息继续孳生,上诉人对此项的赔偿金额应相应增加。依照《中华人民共和国经济合同法》的有关规定,被上诉人应向原审第三人支付违约金。由于被上诉人对原审第三人违约行为是上诉人预借提单的侵权行为所导致的,故上诉人对被上诉人因支付原审第三人的违约金而蒙受的损失应负赔偿责任。本案标的物为通用产品,依照《中华人民共和国工矿产品购销合同条例》①的规定,被上诉人与原审第三人所订购销合同的违约金的幅度应是货款总值的1%到5%,原审判定违约金为5%偏高,应改为货款总值的3%;同时,原审法院既已对当事人一方的违约行为判令支付违约金,对该项违约金再行计息则属不当。此外,上诉人预借提单的行为,并不必然引起集装箱的长期堆放,上诉人就租箱费提出的反诉请求合理,应予支持。至于上诉人反诉请求由被上诉人承担搬运费一节,因未能申请反诉理由并提供证据,故不予支持。据此,依照《中华人民共和国经济合同法》第三十八条第一款第一项、《中华人民共和国工矿产品购销合同条例》第三十五条第一项、《中华人民共和国民事诉讼法(试行)》第一百四十九条、第一百五十一条第一款第三项规定,并参照国际惯例,判决如下:

一、撤销上海海事法院(86)沪海法商字第13号民事判决;二、上诉人应赔偿被上诉人在WO15CO97号提单中所载货物的货款损失38019618.5日元;三、上诉人应赔偿被上诉人货款损失的银行贷款利息计人民币362671.1元;四、被上诉人应支付原审第三人违约金人民币9万元;五、上诉人应赔偿被上诉人所须支付原审第三人违约金人民币9万元;六、上诉人应赔偿被上诉人的营业利润及其利息损失计人民币810538.36元;七、被上诉人应支付上诉人集装箱租箱费14728美元;上述第二、三、四、五、六、七项,上诉人和被上诉人须在接到本判决书的次日起十日内履行。逾期按照《中国人民银行结算办法》②处理。八、本案一、二两审案件受理费共计人民币13555.5元,由上诉人负担人民币10166.63元,被上诉人负担人民币3388.87元;本案一、二两审案件反诉受理费320美元,由上诉人负担20美元,被上诉人负担300美元;本案其他诉讼费人民币6000元由上诉人负担。

---

① 已被《国务院关于废止2000年底以前发布的部分行政法规的决定》废止。
② 已被《中国人民银行关于公布废止金融规章目录(第一批)的通知》废止。

> **规则 22：**（债务承担）债权债务关系以外的第三人出具承诺书表示完全承担债务，判断该行为是属于保证，还是属于债务承担，应根据行为人承担债务的意思表示确定
>
> ——资产管理公司石家庄办事处与化肥公司及玻璃钢厂借款担保合同纠纷案①

【裁判规则】

债权债务关系以外的第三人出具承诺书表示愿意承担债务，债权人在接受的同时，并无明确的意思表示同意债务人由原债务人变更为第三人，因而第三人的承诺行为不能构成债务转移，即不能构成债务人的变更。至于第三人的行为应当定性为保证人增加，还是债务人的增加，在案件的实质处理上并无不同，只是在性质上有所不同：保证系从合同，保证人是从债务人，是为他人债务负责；并存的债务承担系独立的合同，承担人是主债务人之一，是为自己的债务负责，也使单一债务人增加为二人以上的共同债务人。判断一个行为究竟是保证，还是并存的债务承担，应根据具体情况确定。如承担人承担债务的意思表示中有较为明显的保证含义，可以认定为保证；如果没有，则不影响其依据承诺文件请求第三人履行约定的义务或者承担相应的民事责任。

【规则理解】

《民法典》第118条第2款规定："债权是因合同、侵权行为、无因管理、不当得利以及法律的其他规定，权利人请求特定义务人为或者不为一定行为的权利。"从上述规定我们可以得知，债只能来源于合同或法律的规定，因合同而产生的债称为合同之债，因法律而产生的债称为法定之债。债虽为特定人之间的特定权利义务关系，但在现代民法中，已成立之债并非不容当事人变更其内容，债权债务在民事主体间的可转移性亦为各国民法所确认。《民法典》第六章就"合同的变更和转让"作了相应的规定，根据《民法典》第六章的相关规定，合同之债的变更包括内容变更和主体变更两种情形。由于当事人对合同的内容和主体可以协议进行改变，基于不同的约定，进而将产生不同的法律后果。因债务承担、债务转让及保证债务等存在许多相同之处，理论上和实务

---

① 《中华人民共和国最高人民法院公报》2006年第3期。

中很容易混淆,在审判实践中也对此认识不一,因此,有必要予以厘清。

一、关于债务承担的内涵

所谓债务承担,是指在不改变债的内容的前提下,债权人、债务人通过与第三人订立转让债务的协议,将债务全部或部分转给第三人承担的现象。按照债务人是否免责为标准,可以将债务承担分为免责的债务承担和并存的债务承担两类。

(一)免责的债务承担

所谓免责的债务承担(债务转让)是以第三人取代原债务人,成为新债务人,由第三人取代原债务人而承担全部债务,直接向债权人承担债务,原债务人脱离债务关系。《民法典》第551条规定,债务人将债务的全部或者部分转移给第三人的,应当经债权人同意。债务人或者第三人可以催告债权人在合理期限内予以同意,债权人未作表示的,视为不同意。在债务人将债务全部转移给第三人并经债权人同意的情况下,第三人取代原债务人,成为新的债务人,原债务人脱离债务关系,就属于原债务人免责的债务承担。免责的债务承担在性质上并不消灭债务,而是第三人代替原债务人履行债务。当第三人(新债务人)不履行债的义务时,债权人不得再请求原债务人承担债务,只能请求第三人承担债务不履行的损害赔偿责任或者请求人民法院向第三人强制执行,原债务人对第三人的偿还能力并不负担保义务。免责的债务承担有两种方法:一是第三人与债权人订立协议,承担债务人的债务,其债务于协议生效时移转于第三人;二是债务人与第三人订立协议,由第三人承担债务。债务人与第三人订立的债务承担协议,须经债权人同意方为有效。免责的债务承担必须具备三个条件:第一,被转移的债务是已经存在并合法有效的债务,债务自始无效或者承担时已不存在,即使当事人之间订有债务转移合同,也不发生效力。第二,被转移的债务具有可移转性,依规定或者约定此债务不专属于债务人本人。不具有可移转性的债务不能成为合同的标的,如与特定债务人的人身具有密切关联的债务,或当事人特别约定不能移转的债务以及不作为义务等,需要债务人亲自履行,不得转让。第三,债务的承担须由第三人与债权人或者债务人就债务的转移达成合意,且经债权人同意。合意既可以是书面的,也可以是口头的,只要当事人意思表示达成一致,债务转移即成立。

(二)并存的债务承担

所谓债务加入,又称并存的债务承担,是指第三人加入债的关系中来,成为新的债务人,同原债务人一起对债权人连带承担债务,第三人不履行债务的,债权人可以请求人民法院强制执行,也可以请求原债务人履行债务。[1] 债务的加入行为,在性质上属于利他性契约,并不免除债务人偿还债务的义务,形成与原债务并存的关系。对此,《民法典》第 552 条有明确规定,第三人与债务人约定加入债务并通知债权人,或者第三人向债权人表示愿意加入债务,债权人未在合理期限内明确拒绝的,债权人可以请求第三人在其愿意承担的债务范围内和债务人承担连带债务。债务加入有两种形式:一是由债权人与第三人之间特别约定,由第三人承担债务人的部分债务,或者由债务人将部分债务转移给第三人承担;二是由债权人与第三人或债务人与第三人,或债权人、债务人与第三人之间共同约定,由第三人加入原合同关系之中,与债务人成立连带关系,共同对债权人负责。并存的债务承担具有以下几个法律特征:首先,在并存的债务承担中,第三人因加入债务而成为主债务人之一,依连带之债的规定,债权人可直接向第三人请求履行全部债务;其次,并存的债务承担,以原已存在有效的债务为前提,第三人所承担的债务应与承担时的原债务具有同一内容和范围,不得超过原债务的限度;再次,第三人加入债务后,得以属于原债务人对抗债权人的事由对抗债权人,但不得以可对抗原债务人的事由对抗债权人,因为并存的债务承担也具有无因性;最后,并存的债务承担成立后,债务因原债务人或第三人的全部清偿而消灭。债务的消灭系由第三人的清偿或其他方式引起时,则在第三人与债务人之间发生求偿关系。按照通常的理解,由于第三人加入债的关系有利于加强对债权人利益的保护,增强债权实现的可能,因此,由债务人和第三人订立的债务承担协议可以无须债权人的同意,但应当告知债权人。

(三)免责的债务承担与并存的债务承担的区别

基于上述分析,免责的债务承担与并存的债务承担存在以下主要区别:

1. 生效条件不同

并存的债务承担中,是第三人和债权人达成协议或者单方作出承诺,偿还债权人的债务,第三人加入债在性质上属于利他性契约,并不免除债务人偿还债务的义务,故债务人只需通知债权人即可,并不以债权人同意为前提。债权人未在合理期限内明确拒绝的,债权人可以请求第三人在其愿意承担的债务范围内和债务人承担连带债务。在免责的债务承担中,因原债务人脱离债务关系,故债务人转让债务须征得债权人的同意,以债权人同意为前提。且经债务人或者第三人催告,债权人在合理期限内予以同意,债权人未作表示的,视为不同意。

---

[1] 魏振瀛:《民法》,北京大学出版社 2000 年版,第 364 页。

2. 合同主体不同

并存的债务承担中，债权人、债务人、第三人均为合同主体。免责的债务承担中，债务人不再是合同的主体，仅有债权人和第三人（新债务人）为合同的主体。

3. 法律关系不同

并存的债务承担中，第三人和债务人就债权人的同一债务形成连带的债务关系。免责的债务承担中，仅第三人和债权人之间形成债的法律关系。

4. 承担责任主体不同

在免责的债务承担中，债务人不再是其所转让的债务的债务人，不再对其转让的债务承担责任，承担债的主体由债务人变更为第三人。而在并存的债务承担中，债务人并没有脱离债务的关系，仍然要向债权人承担责任，承担债的主体由债务人变更为债务人和第三人。

二、关于保证合同与债务承担的区别

（一）保证合同的内涵

所谓保证合同，指保证人和债权人约定，当债务人不履行债务时，保证人按照约定履行债务或者承担责任的协议。保证合同可以在主债务合同成立前后订立，保证人对被保证人债务有愿意承担保证责任的意思表示，是保证合同成立的前提。保证人的保证债务虽与主债务之间形成主从关系，依主债务的存在而存在，但保证债务并不是主债务的一部分，而是相对独立于主债务的单独债务，当债务人不履行债务或者不能履行债务时，保证人代为履行债务或者承担保证责任。保证合同的当事人是主合同债权人和保证人，主合同债务人不是保证合同的当事人。而免责的债务承担的成立需要债权人同意，原债务人将债务转移给第三人后，原债务人退出债的关系，第三人代替原债务人的地位，成为债务人，债权人只能要求第三人（新债务人）承担债务。免责的债务承担与保证的重大区别在于：保证人代债务人承担保证责任之后，有权向债务人追偿，而免责的债务承担中的第三人已成为新的债务人，故只能由自己承担债务，无权向原债务人追偿。

保证可以分为一般保证和连带责任保证。对于一般保证而言，保证人享有先诉抗辩权，只有当主债务人不能履行债务时，债权人才能要求保证人承担保证责任，与并存的债务承担存在明显差别。而对于连带责任的保证，保证人没有先诉抗辩权，债权人可以直接请求保证人履行债务。

（二）并存的债务承担与连带责任保证的区分

由于并存的债务承担与连带责任保证均以保证债务履行为目的，特别是两者在设立目的、承担的标的额、偿债顺序、与原债务人承担连带责任等诸多的相同点，在实践中往往难以区分，故而有必要进行梳理。笔者认为，连带责任保证与并存债务承担的主要区别：

1. 两者的性质不同

保证债务与主债务为主从债务关系，保证人是从债务人，是对他人债务负责；并存的债务承担是独立的合同，债务承担者承担的债务与原债务具有同一性，并非主从债务关系，是债务人之一，是为自己债务负责。

2. 两者在是否受原因行为影响上不同

保证合同的成立与生效，受主合同的影响，债务人与保证人关系不影响保证合同成立与生效。并存的债务承担合同成立和生效不受原因行为的影响。

3. 是否享有抵销权不同

在债务承担的情况下，第三人成为新的债务人，如果第三人对原债权人享有相同性质的债权，因债权性质相同且数额确定，则第三人可以直接主张抵销。在保证合同的情况下，因债权债务的数额是不确定的，且保证合同的保证人是否承担保证责任也不确定，故不宜直接行使抵销权。

4. 主体地位不同

并存的债务承担的债务主体是两个以上债务人，即原债务人和新加入债务的第三人，而在连带责任保证中原债务人的地位不变，保证人不具有原合同债务人的地位，其性质为从债务人。

5. 所受保护的期间不同

并存的债务承担中，新加入债务的第三人与原债务人都受诉讼时效的约束，但没有单独的保护期间，不适用保证期间制度；而连带责任保证中，保证人既受保证期间的保护，也受诉讼时效的约束。

6. 承担责任的范围不同

并存的债务承担中债务人承担范围依当事人之间的约定，一般而言应为原债务，并存的债务承担是对确定的债务承担清偿责任；而连带责任保证中，保证人承担的范围有约定的从约定，无约定的依法应包括主债权及利息、违约金、损害赔偿金和实现债权的费用。保证人是对将来可能发生的债务人不或不能履行债务时的或有债务承担清偿责任，该债务在保证行为成立时处于不确定的状态。

7. 协商的主体不同

并存的债务承担中，债务人与第三人达成并存债务承担协议，也可以直接与债权人达成债务承担协议，而连带责任保证由保证人和债权人达成保证合同。

8. 享有追偿权不同

并存的债务承担中债务承担人是否享有追偿权，法律没有明确规定，理论界存在争论；而连带责任保证使得保证人享有追偿权，是法律明确规定的。

三、关于债务加入的认定标准问题

有观点认为，在目前没有法律明确规定的情形下，判断一个行为的性质时应将其向法律已有规定最为接近的行为进行推断，因此，第三人与债权人未明确约定免除债务人义务的，除协议中的文字和履行行为可以推断出不免除债务人义务的，视为免除债务人的义务。另有观点认为，由于权利的放弃必须明示，因此，第三人与债权人未明确约定免除债务人义务的，除协议中的文字和履行行为可以推断出免除债务人义务的，视为不免除债务人义务。[①] 笔者认为，判断一个行为究竟是保证，还是并存的债务承担，应根据具体情况确定。两者在性质上有所不同：保证系从合同，保证人是从债务人，是为他人债务负责；并存的债务承担系独立的合同，承担人是主债务人之一，是为自己的债务负责，也是单一债务人增加为二人以上的共同债务人。如承担人承担债务的意思表示中有较为明显的保证含义，可以认定为保证；如果没有，则不影响其依据承诺文件请求第三人履行约定的义务或者承担相应的民事责任。因为民事权利的放弃必须采取明示的意思表示才能发生法律效力，默示的意思表示只有在法律、法规有明确的规定，以及交易习惯或者当事人有特别约定的情况下才能发生法律效力。同时，从保护债权人的价值取向出发，不免除债务人的债务增加了债权人债权的保障，更能充分保护债权人的利益。正如有观点认为，最高人民法院以裁判文书的方式明确肯定地提出了两者的判断标准，与主观抑或为客观的判断方式判然有别：主观方面的判断方式是以参与人当时或为保证或为并存的债务承担之主观愿望为标准，而最高人民法院却肯定地认为保证应有明确的意思表示，若无则不能认定为保证，其实质是对前述之保证的意思表示应明示而不得推定的再次重申；客观方面的判断方式是承担人或为原债务人利益或为自身利益作为判断标准，而最高人民法院则认为应以保护债权人的利益出发而为判断标准，因此，保证合同是当事人之间意思表示一致的结果，保证人的变更必须经债权人同意。债权人和保证人之间没有形成消灭保证责任的合意，即使债务人或第三人为债权人另外提供了相应的担保，债权人亦表示接受，也不能

---

① 宋晓明、朱海年、王闯、张雪楳：《民商事审判若干疑难问题》，载中国法院网，https：//www.chinacourt.org/article/detail/2006/10/id/222801.shtml，最后访问时间：2023年5月1日。

因此免除保证人的保证责任。

承诺文件作为增信措施，对于作出承诺文件的主体应当承担何种责任，《民法典有关担保司法解释》第36条作出了明确规定，一是第三人向债权人提供差额补足、流动性支持等类似承诺文件作为增信措施，具有提供担保的意思表示，债权人请求第三人承担保证责任的，人民法院应当依照保证的有关规定处理。二是第三人向债权人提供的承诺文件，具有加入债务或者与债务人共同承担债务等意思表示的，人民法院应当认定为《民法典》第552条规定的债务加入。三是前两款中第三人提供的承诺文件难以确定是保证还是债务加入的，人民法院应当将其认定为保证。四是第三人向债权人提供的承诺文件不符合前三款规定的情形，债权人请求第三人承担保证责任或者连带责任的，人民法院不予支持，但是不影响其依据承诺文件请求第三人履行约定的义务或者承担相应的民事责任。

因此，对于第三人向债权人提供差额补足、流动性支持等类似承诺文件作为增信措施，在有明确的保证含义情况下，依照保证的有关规定处理；具有加入债务或者与债务人共同承担债务等意思表示的，应当认定为《民法典》第552条规定的债务加入；第三人提供的承诺文件难以确定是保证还是债务加入的，应当将其认定为保证。

【拓展适用】

一、共同保证的基本含义及法律特征

（一）共同保证的基本含义

对于共同保证的基本含义，目前无论是理论上还是立法上都存在不同的观点，大致可分为广义、狭义与最狭义三种观点。广义的观点认为，数人对同一债务的履行所提供的保证，即为共同保证。根据各保证人的保证份额及其相互关系不同，共同保证又分为按份共同保证与连带共同保证两种基本形态。狭义的观点认为，数人对同一债务所提供的保证称为"数人保证"，其中，各保证人依照约定的份额对债权人承担保证责任的，为按份保证；而各保证人对所保证之债务的履行向债权人承担连带责任的，方为共同保证。即共同保证仅指有连带责任的数人保证。最狭义上的共同保证，则是数人共同提出保证，于无特约时对债权人负连带责任的，为共同保证。[①]《民法典》第699条规定，同一债务有两个以上保证人的，保证人应当按照保证合同约定的保证份额，承担保证责任；

---

① 邹海林、常敏：《债权担保的方式和应用》，法律出版社1998年版，第39页。

没有约定保证份额的，债权人可以请求任何一个保证人在其保证范围内承担保证责任。这说明我国学界普遍接受广义上的共同保证概念并被立法所采用。

(二) 共同保证的法律特征

依据我国担保法理论通说及立法规定，在广义上界定共同保证时，它的基本特点有:①

1. 保证人为二人或二人以上

除《民法典》第683条规定的不得担任保证人的主体范围外②，至于两个以上的保证人是自然人、法人抑或其他组织，在所不问；数个保证人是与债权人共同订立保证合同还是分别订立保证合同，各保证人之间有无共同提供保证的意思联系，甚至是否知晓另有其他保证人，均不影响共同保证的成立。但如果两个保证人所提供的保证一为有效、另一为无效的，不能成立共同保证；两个保证人发生合并，或者债权人于不损害其他保证人利益的前提下放弃对某一按份保证人的权利的，原来的共同保证也相应地转化为单独保证。

2. 两个以上的保证人所担保的债务须为同一债务

至于其为同一债务的全部或部分，是相同部分还是不同部分，均不影响共同保证的成立。一个保证人为同一债务人的数个债务分别提供保证以及对数个债务人的同一债务提供保证，或者多个保证人分别对一个或数个债务人的不同债务提供保证的，均不符合共同保证的特征。

二、关于共同保证的基本类型

关于共同保证的基本类型，可以依据不同的标准作出不同的划分:③

(一) 以共同保证人有无分别利益④为标准，可将共同保证分为按份共同保证与连带共同保证

我们可将共同保证区分为按份共同保证与连带共同保证两种类型。

---

① 刘保玉:《共同保证的结构形态与保证责任的承担》，载《中国法学》2003年第2期。
② 《民法典》第683条规定：机关法人不得为保证人，但是经国务院批准为使用外国政府或者国际经济组织贷款进行转贷的除外。以公益为目的的非营利法人、非法人组织不得为保证人。
③ 转引自刘保玉:《共同保证的结构形态与保证责任的承担》，载《中国法学》2003年第2期。
④ 共同保证人的分别利益，即承认共同保证人有所谓的分割抗辩权，被保证之债到期未获清偿的，由生存的保证人按比例分担责任，各保证人仅须就自己的份额承担责任，其相互之间并不负连带责任，即使有人无力清偿，其应负担部分亦不得分摊给其他保证人。参见周枏:《罗马法原论》(下)，商务印书馆1996年版，第818页。

在按份共同保证中，按份共同保证人有分别之利益，各保证人是以其与债权人约定的份额承担保证责任，各保证人得以保证份额之约定对抗债权人要求其清偿全部债务的请求，各保证人之间不再有求偿关系。共同保证人与债权人事先未约定其保证份额的，即须对全部债务承担连带保证责任，保证人内部之间纵使约定有各自承担的份额，也仅限于解决其内部的责任分担问题，不得以此对抗债权人。《民法典有关担保司法解释》第13条第1款之规定，同一债务有两个以上第三人提供担保，担保人之间约定相互追偿及分担份额，承担了担保责任的担保人请求其他担保人按照约定分担份额的，人民法院应予支持。可见，按份共同保证的各保证人之间无牵连关系，各个保证人所承担的保证责任是在缔结保证合同时预先约定的，承担保证责任后，其只能向债务人行使追偿权。如保证人不能从债务人处得到求偿，该保证人不能向其他保证人求偿。

连带共同保证中，债权人可向其中一个、数个或全部债务人（保证人）同时或先后为全部或一部之给付请求，在全部债务未获清偿前，全体债务人（保证人）仍负连带责任。也就是各保证人均对全部主债务负保证责任，各保证人在履行上没有先后顺序，均有向债权人履行保证债务义务。当任何一个保证人履行全部保证责任后，均有权向其他共同保证追偿。根据《民法典有关担保司法解释》第13条第2款之规定，担保人之间约定承担连带共同担保，或者约定相互追偿但是未约定分担份额的，各担保人按照比例分担向债务人不能追偿的部分。

（二）以共同保证人是否共同缔结保证合同为标准，可以将共同保证划分为共同缔约的共同保证与分别缔约的共同保证

根据《民法典有关担保司法解释》第13条第1款之规定，担保人之间约定承担连带共同担保，或者约定相互追偿但是未约定分担份额的，各担保人按照比例分担向债务人不能追偿的部分。同一债务有两个以上第三人提供担保，担保人之间未对相互追偿作出约定且未约定承担连带共同担保，但是各担保人在同一份合同书上签字、盖章或者按指印，承担了担保责任的担保人请求其他担保人按照比例分担向债务人不能追偿部分的，人民法院应予支持。

故数个保证人为担保同一债务，可以共同与债权人缔结保证合同，也可以分别缔结保证合同。分别缔结保证合同，既可以分别约定各保证人的保证限额，也可以分别约定为全额保证，或者于未约定保证份额时依法推定为全额保证；共同缔结保证合同，虽多为全额共同保证，但也不妨碍数保证人与债权人约定仅在同一债务份额内提供连带共同保证，或者约定各保证人分别担保不同的债务份额。故此，共同缔约与分别缔约所成立的共同保证，均可以是限额共同保

证或全额共同保证,也均可为按份共同保证或连带共同保证。

(三)以共同保证人有无成立共同保证意思为标准,可以将共同保证划分为意定共同保证与法定共同保证

数个保证人共同缔结保证合同的,可以确定有成立共同保证的意思,故为意定共同保证。数个保证人分别缔结保证合同的,其相互之间有成立共同保证的意思联系的,属于意定共同保证。数个保证人分别缔结保证合同且无共同成立保证的意思联系的,依法确认其为共同保证关系的,属于法定共同保证。但在审判实务中应注意的是,由于保证份额的约定情况可能不同,因此法定共同保证并不等同于全额共同保证,也不等同于连带共同保证。意定共同保证与法定共同保证,均可以是按份共同保证或者连带共同保证。

(四)以共同保证人的保证份额为标准,可以将共同保证划分为限额共同保证与全额共同保证

数个保证人于共同订立或分别订立的保证合同中,均可以约定担保同一债务的全部而成立全额共同保证,也可以于未约定保证限额时依法推定为全额共同保证。全额共同保证中各保证人无分别利益,债权人可以要求任何一个保证人清偿全部债务,而任何一个保证人也均有此义务,因而无论数个保证人对其连带关系有无约定,均构成连带共同保证。如果各保证人仅对同一债务的某一份额或不同份额提供保证的,则成立限额共同保证。这里所谓的限额共同保证与按份共同保证既有联系也有一定的差别:在限额共同保证中,如果数个保证人分别担保债务的不同部分,保证人之间无连带关系的,成立的是"限额按份共同保证";而如果数个保证人共同保证主债务的相同部分,则于此限额内发生数保证人之间的连带关系,所成立的应是"限额的连带共同保证"。

(五)以各个保证人承担保证的方式或与债务人之间清偿债务的顺序为标准,可以将共同保证划分为一般保证方式的共同保证、连带责任保证方式的共同保证和混合保证方式的共同保证

无论是在按份共同保证中还是在连带共同保证中,各保证人的保证方式可以都是一般保证,也可以都是连带责任保证,还可能有的为一般保证,有的为连带责任保证。不同的结构形态中,当事人之间的权利义务关系也有差异,在混合保证方式的共同保证中,有的保证人享有先诉抗辩权,有的不享有该项权利,因而当事人之间的权利义务关系最为复杂。应当特别注意的是,连带共同保证中的连带,是指各保证人之间有连带关系(通常称为"保证连带"),而非指保证人与债务人之间的连带关系(通常称为"连带保证")。在连带共同

保证成立后，可能发生双重连带关系（一是共同保证人之间的连带关系，二是连带共同保证人与债务人之间的连带关系），但并不必然发生双重连带关系，因为连带共同保证中各保证人与债务人之间是否也存在连带关系，仍应各依其关于保证方式的约定及法律的规定来确定。

【典型案例】

资产管理公司石家庄办事处与化肥公司及玻璃钢厂借款担保合同纠纷案

原告（上诉人）：资产管理公司石家庄办事处。

负责人：张某英，该办事处主任。

被告（被上诉人）：化肥公司。

法定代表人：陈某华，该公司董事长。

原审被告：玻璃钢厂。

法定代表人：王某虎，该厂厂长。

〔基本案情〕

河北省高级人民法院经审理查明：1993年10月20日，玻璃钢厂与某银行河北省分行签订外汇借款合同，约定：借款金额182万美元，借款用途为玻璃钢公司项目投入，借款期限自1993年10月20日至1997年6月30日，借款利率为浮动利率，自1995年12月31日开始还款，共分三次还清。化肥公司为该笔贷款向某银行河北省分行出具《不可撤销现汇担保书》，其中载明："本保证书保证归还借款方在93008号借款合同项下不按期偿还的全部或部分到期借款本息，并同意在接到贵行书面通知后十四天内代为偿还借款方所欠借款本息和费用。本保证书自签发之日生效，至还清借款方所欠的全部借款本息和费用时自动失效。"借款担保合同签订后，某银行河北省分行依约发放了贷款。该笔贷款作为玻璃钢厂的出资投入玻璃钢公司。

1995年11月25日，玻璃钢公司向某银行河北省分行出具《承诺书》，内容为："河北省玻璃钢厂1993年10月20日根据93008号《外汇借款合同》从贵行借款182万美元，为此我公司郑重承诺：我公司对归还该笔贷款本息承担连带还款责任，并放弃一切抗辩权。本承诺书为93008号《外汇借款合同》的补充，具有同等的法律效力。"

借款到期后，借款人和担保人均未偿还。某银行河北省分行进行了催收。1998年7月8日，玻璃钢厂的法定代表人岳某军在某银行河北省分行的催还逾期贷款通知书上签字确认。1999年11月16日，某银行河北省分行向玻璃钢厂发出债权转让通知，玻璃钢厂在通知回执上加盖了公章，法定代表人岳某军签字。1999年12月3日，某银行河北省分行与资产管理公司石家庄办事处签订了《债权转让协议》约定：某银行河北省分行将借款人玻璃钢厂截至1999年9月20日贷款债权本金182万美元，表内应收利息375110.75美元，催收利息366274.01美元转让给资产管理公司石家庄办事处。某银行河北省分行于 1999 年 12 月 21 日向玻璃钢公司发出《担保权利转让通知》（冀建外第 4 号），玻璃钢公司在回执上签字盖章。2000 年 12 月 1 日，资产管理公司石家庄办事处向借款人玻璃钢厂和玻璃钢公司进行了催收。2002 年 10 月 22 日，资产管理公司石家庄办事处以公证方式对化肥公司进行了催收。2004 年 11 月 19 日，资产管理公司石家庄办事处在《河北经济日报》发布债权转让、催收及出售公告，其中包括玻璃钢厂和化肥公司。2004 年 11 月 23 日，资产管理公司石家庄办事处和某银行河北省分行共同在《河北经济日报》发布债权转让、催收公告，其中包括玻璃钢厂和化肥公司。2004 年 11 月 30 日，资产管理公司石家庄办事处提起诉讼，请求判令玻璃钢厂归还借款本息，化肥公司承担担保责任。

另查明：1992 年 3 月，玻璃钢公司（甲方）和县财政局（乙方）签订《玻璃钢公司租赁县玻璃钢厂协议》，约定：由甲方对乙方的玻璃钢厂实行租赁。乙方不承担任何经营管理亏损及风险。租赁期为 10 年（从合营公司批准之日算起）。甲方拥有玻璃钢厂的债权，同时承担原玻璃钢厂合资前的全部债务。

玻璃钢公司出具的《玻璃钢公司现状》载明：玻璃钢公司于 1992 年 9 月 3 日签约于石家庄，由三方投资建立，即经贸发展公司（甲方）、玻璃钢厂（乙方）和意大利 S 集团（丙方）。注册资金为 1000 万美元。玻璃钢厂所贷 182 万美元，经某银行河北省分行向玻璃钢厂要求还本付息未果后，某银行河北省分行想让玻璃钢公司接起这笔 182 万美元的贷款，即更改贷款人。经几次协调，化肥公司不仅不想改变担保主体，而且想退掉为玻璃钢厂的担保责任，从而未能使该笔贷款转移。为此，在某银行河北省分行的强烈建议下，玻璃钢公司于 1995 年承诺玻璃钢公司对该笔贷款的本息承担无条件还款责任，并放弃一切抗辩权。玻璃钢公司《关于将 182 万美元贷款调至石市玻璃钢公司的说明》，其内容为：在你厂账上登记的某银行河北省分行 182 万美元贷款，系租赁你厂初期由石市玻璃钢公司代为办理的，是以你厂名义贷入的，因此登记在你厂账上。但根据贷款时石市玻璃钢公司对某银行河北省分行的书面承诺，该笔贷款和利息的归还不由你厂承担，而是由石市玻璃钢公司负责。该笔贷款已与你厂无任何关系，因此请将该笔贷款及相应利息调回。

〔一审裁判理由与结果〕

河北省高级人民法院审理认为，某银行河北省分行与被告玻璃钢厂签订的借款合同意思表示真实，形式完备，内容不违反我国法律法规的强制规定，是合法有效的。被告化肥公司出具的《不可撤销现汇担保书》是其真实意思表示，且其担保主体资格合法，根据有关司法解释规定，应认定保证合同是成立并且生效的。担保书中未明确约定担保责任方式，但根据担保书的承诺，担保人承担责任的条件是被担保人"不按期偿还"时，应当认定保证人化肥公司承担的是连带保证责任。

在借款合同履行过程中，玻璃钢公司与某银行河北省分行、化肥公司曾就变更借款人事宜进行协商，但因化肥公司拒绝担保未果。在此情况下，玻璃钢公司向某银行河北省分行承诺，对归还该笔贷款本息承担连带还款责任，并放弃一切抗辩权。根据承诺书的内容，玻璃钢公司为玻璃钢厂向某银行河北省分行贷款提供了担保，某银行河北省分行业已接受。玻璃钢厂和化肥公司以玻璃钢公司持有的内容不同的另一承诺书为依据主张该债务已转移给玻璃钢公司不能成立，应以债权人某银行河北省分行所接受的承诺书内容确定双方法律行为的性质。玻璃钢公司所承担的应为担保责任。化肥公司拒绝为转移后的债务提供担保，某银行河北省分行和资产管理公司石家庄办事处在玻璃钢公司出具承诺书后仅对玻璃钢公司主张了权利，据此可以认定该笔贷款的担保人已经变更为玻璃钢公司，某银行河北省分行和资产管理公司石家庄办事处已经放弃了对化肥公司的担保债权，化肥公司不应再承担本案的担保责任。因原告资产管理公司石家庄办事处不同意追加玻璃钢公司为被告，对于玻璃钢公司是否承担责任，该院不予审理。同时驳回化肥公司提出的鉴定申请。

某银行河北省分行与资产管理公司石家庄办事处签订的债权转让合同合法有效，资产管理公司石家庄办事处具备原告主体资格。自1998年至2004年某银行河北省分行和资产管理公司石家庄办事处进行了多次催收，本案自原告起诉时未超过诉讼时效。

该借款是以玻璃钢厂的名义借出并用于玻璃钢公司的项目股本投入，玻璃钢厂享有因该投资而形成的股东权益。该笔贷款并非承租方用于租赁期间产生的贷款，因此应由使用人和受益人玻璃钢厂承担还款义务。还款责任不受玻璃钢厂和玻璃钢公司之间项目调整的影响。

综上所述，资产管理公司石家庄办事处关于玻璃钢厂的诉讼请求及理由成立，予以支持。其请求化肥公司承担民事责任的理由不成立，不予支持。该院依照上述相关法律以及《中华人民共和国民法通则》第一百一十一条，《中华人民共和国合同法》第七十九条，《中华人民共和国民事诉讼法》第一百二十八条之规定，判决：一、玻璃钢厂于判决生效后十日内偿还资产管理公司石家庄办事处借款本金182万美元，利息2172656.50美元（利息计算至2004年9月21日，之后的利息按中国人民银行规定的同期逾期罚息标准计算至付清之日止）；二、驳回原告资产管理公司石家庄办事处的其他诉讼请求。

〔当事人上诉及答辩意见〕

资产管理公司石家庄办事处不服河北省高级人民法院的上述民事判决，向最高人民法院提起上诉称：一审判决以"该笔贷款的担保人已经变更为玻璃钢公司，某银行河北省分行和资产管理公司石家庄办事处已经放弃了对化肥公司的担保债权"为由免除了被上诉人化肥公司的担保责任，没有任何事实和法律依据，违反了最高人民法院有关司法解释规定，是完全错误的。第一，一审判决认定"在借款合同履行过程中，玻璃钢公司与某银行河北省分行、化肥公司曾就变更借款人事宜进行过协商，但因化肥公司拒绝担保未果"没有法律依据。作出上述认定的唯一证据《玻璃钢公司现状》是孤证，且存在瑕疵，而且出具人玻璃钢公司与原审被告玻璃钢厂存在利害关系。某银行河北省分行从未与任何单位协商过变更借款人事宜,只是为增加保险系数,增加玻璃钢公司为担保人。并不意味着放弃了对被上诉人化肥公司的担保债权。第二,一审判决认定"该笔贷款的担保人已经变更为玻璃钢公司,某银行河北省分行和资产管理公司石家庄办事处已经放弃了对化肥公司的担保债权"没有任何事实依据。作出上述认定没有一份由某银行河北省分行同意变更或解除被上诉人担保责任的明确的意思表示,没有任何直接证据。而且,原审被告玻璃钢厂和被上诉人化肥公司在原审中主张的均是"债务转移",而从未提出过担保人变更的抗辩,一审法院也未将其列为法庭调查的重点,未进行质证。一审法院擅自以未经法庭调查和充分质证的理由来认定案件的关键事实,显然是违反法定程序的行为。第三,一审判决以某银行河北省分行和上诉人未向被上诉人化肥公司主张权利为由认定某银行河北省分行和上诉人"已经放弃了对化肥公司的担保债权"严重违反了最高人民法院法(2002)144号通知的规定。第四,玻璃钢公司出具《承诺书》后,无论是某银行河北省分行还是资产管理公司石家庄办事处,都没有放弃过对被上诉人化肥公司的担保债权。请求二审法院在查明事实的基础上,依法改判被上诉人化肥公司对玻璃钢厂的182万美元借款本金和利息承担连带清偿责任,维护上诉人的合法权益。

被上诉人化肥公司答辩称:(1)上诉人称"一审判决认定某银行河北省分行和资产管理公司石家庄办事处已经放弃了对化肥公司的担保债权,没有任何事实和法律依据"的说法,没有根据是不成立的。某银行河北省分行从未向答辩人主张过任何权利,一审判决关于"某银行河北省分行和资产管理公司石家庄办事处已经放弃了对化肥公司的担保债权"的认定是依据充分且直接的证据作出的。但是,答辩人坚持的玻璃钢公司向某银行河北省分行出具的《承诺书》是债权转让的观点,鉴于一审判决结果,不再持异议。(2)上诉人称一审判决"严重违反了最高人民法院(2002)144号通知的规定"的说法是错误的。更何况,被答辩人所谓的公证催收根本未到达答辩人。本案对答辩人不具备适用最高人民法院(2002)144号通知所规定的条件。因为适用通知的前提是:债权人与相对人存在债的法律关系。一审判决认定:某银行河北省分行和资产管理公司石家庄办事处已经放弃了对化肥公司的担保债权。也就是说,被答辩人从某银行河北省分行受让的是对玻璃钢厂和玻璃钢公司的债权,答辩人与其不存在对应的债务关系。因此,上诉人依据最高人民法院〔2002〕144号通知及法释〔2001〕12号中的有关规定是不当的,不能作为对答辩人主张权利的依据。更何况答辩人从未收到过所谓公证送达的催收通知单。有公证书为证,化肥公司财务部从未有:"韩某建"(签收人)。至于上诉人称:"某银行河北省分行曾多次向被上诉人化肥公司进行过催收",是没有根据的。综上所述,一审判决认定某银行河北省分行和资产管理公司石家庄办事处已经放弃了对化肥公司的担保债权,认定事实清楚证据充分,是正确的。被答辩人与答辩人不存在对应的债权债务关系,请求判决驳回资产管理公司石家庄办事处对化肥公司的诉讼请求。

原审被告玻璃钢厂陈述称：（1）对原审判决并不认可，但因为收到一审判决时玻璃钢厂已经破产，无力上诉。（2）我方认为182万美元，因为债务已经转移，真正的债务人应该是玻璃钢公司，玻璃钢公司提出的无条件还款协议是最有效的，而资产管理公司石家庄办事处提供的承诺书是对玻璃钢公司承诺的一个反悔。（3）刚收到的资产管理公司石家庄办事处的新证据，说明玻璃钢厂不需要再承担这笔债务。

〔最高人民法院查明的事实〕

最高人民法院经二审审理，除对原审查明的事实予以确认外，另查明：

资产管理公司石家庄办事处向最高人民法院提交的2002年11月19日由河北省秦皇岛市公证处为其出具的（2002）秦证经字第3791号公证书复印件与原件核对无异，其内容为：根据债权转让通知建冀外第4号，应资产管理公司石家庄办事处的申请，本公证员与公证员王某铭、资产管理公司石家庄办事处业务经理巩某峰于2002年11月19日向担保方的财务部负责人韩某建送达了《债权担保催收通知书》，并要求上述被送达方在通知书上签字、盖章，均遭拒绝。据此，本公证书证实，该《债权担保催收通知书》确实送达担保方。

化肥公司所提交的（2005）秦三证民字第969号《公证书》，其内容为：2005年6月2日，秦皇岛市第三公证处对化肥公司2001—2003年度职工在册资料予以公证，化肥公司财务部从未有"韩某建"（签收人）。

〔最高人民法院裁判理由与结果〕

最高人民法院经审理认为：本案系借款担保合同纠纷。某银行河北省分行与玻璃钢厂签订的借款合同以及化肥公司出具的不可撤销担保书系各方当事人的真实意思表示，且形式完备，内容不违反我国法律、法规的强制性规定，应认定为合法有效。该担保书中未明确约定担保责任方式，但根据该担保书的内容，担保人承担保证责任的条件是借款人"不按期偿还"时。根据《最高人民法院关于涉及担保纠纷案件的司法解释的适用和保证责任方式认定问题的批复》（法释〔2002〕38号）第二条规定，"保证合同中明确约定保证人在被保证人不履行债务时承担保证责任，且根据当事人订立的合同的本意推定不出为一般保证责任的，视为连带责任保证"。因此，原审判决认定保证人承担的是连带责任保证，并无不当。

本案中，玻璃钢公司在某银行河北省分行出具的《承诺书》中承诺，对归还该笔贷款本息承担连带还款责任，并放弃一切抗辩权，该承诺书与93008号《外汇借款合同》具有同等的法律效力。一审判决基于该承诺书，认定该笔贷款的担保人已经变更为玻璃钢公司，某银行河北省分行和资产管理公司石家庄办事处已经放弃了对化肥公司的担保债权，化肥公司不应再承担本案的担保责任。但是，根据《中华人民共和国民法通则》第八十五条与第九十一条的规定，保证合同是当事人之间合意的结果，保证人的变更需要建立在债权人同意的基础上，即使债务人或第三人为债权人另为提供相应的担保,而债权人表示接受担保的,除债权人和保证人之间有消灭保证责任的意思表示外,保证责任并不免除。而本案并无债权人某银行河北省分行或资产管理公司石家庄办事处同意变更或解除化肥公司保证责任的明确意思表示,因此,一审判决的这一认定显属认定事实不当,适用法律错误,应予纠正。并且,双方当事人均未主张保证人变更,一审法院也未将保证人是否变更列为法庭调查的重点,双方在庭审时均未就此问题进行举证和质证,一审法院以此作为认定案件事实的关键,显属不妥。对于上诉人的该项上诉理由,最高人民法院予以支持。

根据该承诺书的内容,玻璃钢公司愿意承担债务并无疑问,问题的关键在于:玻璃钢公司出具该承诺书的行为是被上诉人化肥公司主张的债务人变更,还是上诉人资产管理公司石家庄办事处主张的增加保证人,抑或是新债务人的加入。根据《中华人民共和国合同法》第八十四条的规定:"债务人将合同的义务全部或部分转移给第三人的,必须经债权人同意。"在本案中,玻璃钢公司表示愿意承担连带还款责任,债权人某银行河北省分行在接受的同时,并无明确的意思表示同意债务人由玻璃钢厂变更为玻璃钢公司,因而玻璃钢公司的承诺行为不能构成债务转移,即不能构成债务人的变更。对被上诉人化肥公司以债务转移未经其同意为由拒绝承担保证责任的抗辩理由,最高人民法院不予支持。至于玻璃钢公司的行为应当定性为上诉人资产管理公司石家庄办事处所主张的保证人增加,还是定性为债务人的增加,最高人民法院认为,二者在案件的实质处理上并无不同,只是在性质上有所不同:保证系从合同,保证人是从债务人,是为他人债务负责;并存的债务承担系独立的合同,承担人是主债务人之一,是为自己的债务负责,也是单一债务人增加为二人以上的共同债务人。判断一个行为究竟是保证,还是并存的债务承担,应根据具体情况确定。如承担人承担债务的意思表示中有较为明显的保证含义,可以认定为保证;如果没有,则应当从保护债权人利益的立法目的出发,认定为并存的债务承担。因此本案中,根据承诺书的具体内容以及向玻璃钢公司的催收通知中的担保人身份的注明,对玻璃钢公司的保证人身份有较为明确的表示与认可,上诉人资产管理公司石家庄办事处主张的此行为系保证人增加的上诉理由,于法有据,最高人民法院予以支持。

根据《最高人民法院关于审理涉及金融资产管理公司收购、管理、处置国有银行不良贷款形成的资产的案件适用法律若干问题的规定》(法释〔2001〕12号)第6条之规定,"金融资产管理公司受让国有银行债权后,原债权银行在全国或省级有影响的报纸上公布债权转让公告或通知的,人民法院可以认定债权人履行了《中华人民共和国合同法》第八十条第一款规定的通知义务。在案件审理中,债务人以原债权银行转让债权未履行通知义务为由进行抗辩的,人民法院可以将原债权银行传唤到庭调查债权转让事实,并责令原债权银行告知债务人债权转让的事实"。某银行河北省分行和上诉人资产管理公司石家庄办事处分别于2002年以公证催收的方式,2004年以报纸公告催收的方式向被上诉人化肥公司主张过权利。按照该规定,即使某银行河北省分行和上诉人资产管理公司石家庄办事处没有向其通知债权转让事宜，法庭也可传唤原债权银行并责令其当庭向被上诉人化肥公司告知债权转让事实。因此，被上诉人化肥公司以债权转让通知未送达为由拒绝承担保证责任的主张不能成立。对于上诉人有关其没有放弃过对被上诉人化肥公司担保债权的上诉理由，最高人民法院予以支持。

对于被上诉人化肥公司质疑的催收方式问题，根据《中华人民共和国民事诉讼法》第六十七条规定和《最高人民法院关于民事诉讼证据的若干规定》第九条第一款第六项的规定，公证催收方式具有法律效力，能够产生法律规定的效力。上诉人资产管理公司石家庄办事处提交的（2002）秦证经字第3791号《公证书》复印件，经与原件核对，其公证送达债权催收文书的内容真实，意思表示明确，最高人民法院对其效力予以认定。化肥公司主张的关于为本公司员工办理社保时不包括"韩某建"其人，因属事后提供，且该公司是否确有"韩某建"此人，并不影响公证处公证送达的真实性和有效性，故化肥公司所提交的社保名单之证据，不能对抗2002年11月19日由河北省秦皇岛市公证处出具的（2002）秦证经字第3791号《公证书》的证明效力，对于化肥公司的抗辩理由，最高人民法院不予采信。

本案借款合同签订在《中华人民共和国担保法》生效之前，如果当时的法律法规没有规定的可以参照《中华人民共和国担保法》的规定，但在《中华人民共和国担保法》的规定与当时的法律法规规定不一致的地方，应该适用本案合同签订履行时的法律法规的规定。因此，本案应当适用最高人民法院1994年颁布的《关于审理经济合同纠纷案件有关保证的若干问题的规定》，同时，最高人民法院（2002）144号通知也应作为处理本案的法律依据之一。依据最高人民法院1994年颁布的《关于审理经济合同纠纷案件有关保证的若干问题的规定》第11条和第29条规定，没有约定保证责任期间或约定不明确的保证合同，保证人应当在被保证人承担责任的期限内承担保证责任，主债务的诉讼时效中断，保证债务的诉讼时效亦中断。某银行河北省分行在1998年7月8日对玻璃钢厂进行催收，既产生了对主债务人玻璃钢厂诉讼时效中断的法律效力，也产生了对担保人化肥公司保证债务诉讼时效中断的法律效力。其后，根据最高人民法院（2002）144号通知的规定，即"对于当事人在《中华人民共和国担保法》生效前签订的保证合同中没有约定保证期限或约定不明确的，如果债权人已经在法定诉讼时效期间内向主债务人主张了权利，使主债务没有超过诉讼时效期间，但未向保证人主张权利的，债权人可以自本通知发布之日起6个月内，向保证人主张权利，逾期不主张的，保证人不再承担责任"，上诉人资产管理公司石家庄办事处在该通知发布之日起6个月内，即自2002年8月1日起至2003年1月31日止的六个月内，于2002年11月以公证方式向化肥公司进行了催收，从而中断了对担保债权的诉讼时效。其后，上诉人资产管理公司石家庄办事处于2004年4月2日在《河北经济日报》对玻璃钢厂和化肥公司进行了公告催收，再次中断担保债权的诉讼时效。至上诉人起诉时，对被上诉人的担保债权尚在诉讼时效之内。因此某银行河北省分行和上诉人并未放弃对化肥公司的担保债权，对其上诉请求最高人民法院予以支持。

综上，上诉人资产管理公司石家庄办事处要求被上诉人化肥公司对玻璃钢厂的182万美元借款本金和利息承担连带清偿责任的请求合理，最高人民法院予以支持。被上诉人化肥公司提出的由于债务转移，某银行河北省分行和资产管理公司石家庄办事处已经放弃了对化肥公司的担保债权，化肥公司不再承担保证责任的抗辩理由和上诉人主张权利已过诉讼时效的抗辩理由不能成立，最高人民法院予以驳回。原判决以"该笔贷款的担保人已经变更为玻璃钢公司，某银行河北省分行和资产管理公司石家庄办事处已经放弃了对化肥公司的担保债权"为由，认定被上诉人化肥公司不承担担保责任，属认定事实不当，适用法律错误，应依法予以纠正。

最高人民法院依照《中华人民共和国民法通则》第八十五条、第九十一条，最高人民法院《关于审理经济合同纠纷案件有关保证的若干问题的规定》第十一条、第二十九条，《最高人民法院关于民事诉讼证据的若干规定》第九条第一款第六项的规定，以及《中华人民共和国民事诉讼法》第一百五十三条第一款第一项、第二项及第一百五十八条的规定，判决如下：一、维持河北省高级人民法院（2005）冀民二初字第2号民事判决主文第一项；二、撤销河北省高级人民法院（2005）冀民二初字第2号民事判决主文第二项；三、化肥公司对原审被告玻璃钢厂的182万美元借款本金及其利息承担连带清偿责任。

> **规则23：**（因客观原因致使合同不能履行）因国家法律、法规及政策出台导致当事人签订的合同不能履行，以致一方当事人缔约目的不能实现，当事人请求法院判决解除合同的，人民法院应予支持
>
> ——房屋开发公司诉C市规划和自然资源局国有土地使用权出让合同纠纷案[1]

【裁判规则】

1. 因国家法律、法规及政策出台导致当事人签订的合同不能履行，以致一方当事人缔约目的不能实现，该方当事人请求法院判决解除合同的，人民法院

---

[1] 《中华人民共和国最高人民法院公报》2020年第6期。

应予支持；

2. 鉴于双方当事人对于合同不能履行及一方当事人缔约目的不能实现均无过错，故可依据《民法典》第 566 条的规定，仅判决返还已支付的价款及相应孳息，对一方当事人请求对方当事人赔偿损失的诉讼请求不予支持；

3. 对于一方当事人为履行合同而支付的契税损失，在双方当事人对于案涉合同的解除均无过错的情况下，可由双方当事人基于公平原则平均分担。

【规则理解】

一、合同解除权的内涵及法律属性

（一）合同解除权的内涵

合同解除，是指在合同成立以后，当解除的条件具备时，因一方或双方当事人的意思表示，使合同关系自始或仅向将来消灭的行为，也是一种法律制度。[①] 合同解除权则是指在合同成立生效以后，履行完毕之前，在满足一定条件时，当事人所享有的解除合同使合同效力归于消灭的权利。上述所提到的"满足一定条件"主要是指以下两种情形：

其一，订立合同时所设定的解除权条件实现。在订立合同时约定解除合同的条件，是契约制度在合同解除制度中的重要体现，这种依当事人合意发生的解除权，被称为约定解除权。

其二，法定解除条件的出现。在法定条件出现时赋予当事人单方解除合同的权利是为建立有效的合同秩序而对合同本身进行的必要干预。因其发生原因的不同大致可以分为因违约所致及因客观事件所致的合同解除权、因违约所致的合同解除权；又可根据违约情形的不同分为拒绝履行合同、迟延履行、不完全履行合同所致的合同解除权等，因客观事件所致的合同解除权又可以分为不可抗力和情势变更所致的合同解除权。

（二）合同解除权的法律属性

首先，合同解除权是形成权。形成权即"依权利者一方之意思表示，得使权利发生、变更、消灭或生法律上效果之权利也"。[②] 从法律效果上看，合同解除权即是一种使权利义务归于消灭的形成权。

其次，合同解除权是一种财产性的请求权。但至于该权利是一种物权性请求权还是一种债权性请求权，各国立法不一。不认可物权行为的国家或地区，

[①] 崔建远：《合同法》（第七版），北京大学出版社 2021 年版，第 288 页。

[②] 史尚宽：《民法总论》，中国政法大学出版社 2000 年版，第 25 页。

无债权契约与物权契约之区分，因此在合同解除时，二者同时解除；而承认物权行为的国家或地区，一般认为合同解除权是一种典型的债权请求权。

二、合同解除权的行使

在合同履行过程中，当解除合同所需具备的条件成就时，当事人即享有合同解除权，但享有合同解除权并不意味着合同当然解除，需要当事人行使该权利，合同效力才会归于消灭。因此，法律赋予当事人合同解除权是保护当事人合法权益的手段，当事人有权决定其是否行使、如何行使以及何时行使合同解除权。由于合同解除权的行使会导致合同关系发生重大变化，严重影响合同当事人享有权利和履行义务，因此，法律在赋予当事人解除权的同时，还需要对该权利加以限制，这也是合同法从形式自由向实质自由转变的历史必然。

合同解除权的行使内涵应当包括行使事由、行使程序、行使后果三个层面。之所以将合同解除权的行使事由置于该分析框架的首位，是因为对解除权事由设置的宽与严会发生截然不同的后果：当行使事由被控制得较为严格时，当事人解除合同的概率就会降低，从而维护交易安全；当行使事由被控制得较为宽松时，当事人解除合同的概率就会增加，将会影响合同主体预期的合同利益。因此，合同解除权的行使事由相当于整个合同解除权制度中的"控制阀"。合同解除的行使程序为解除权人提供了有效的方式和途径，解除权人只有按照规定的程序行使该权利才能获得法律上的保障性和结果上的确定性，因此，合同解除的行使程序即是对解除权人的有效约束，也是对合同相对人的有效保护。合同解除权的行使后果则是合同解除制度基本功能的具体体现，法律制度对合同当事人的利益调整最终还是要通过实现的效果体现出来，它主要涉及对合同效力的影响、解除后的损害赔偿等方面。

三、关于法定解除权

《民法典》第 563 条为合同法定解除权的一般规定。法律规定解除制度的根本目的，在于使当事人从严重的合同履行障碍中解放出来。[1] 合同解除作为一项重要的合同救济手段，其目的并非仅为对合同违约方进行惩罚，主要是为了保护守约方利益，关注合同各方当事人的利益平衡。以下将对《民法典》第 563 条规定的法定解除事由进行分析。

（一）不可抗力解除

《民法典》第 180 条第 2 款规定，"不可抗力是不能预见、不能避免且不能

---

[1] 陆青：《合同解除论》，法律出版社 2022 年版，第 116 页。

克服的客观情况"。在学理中，通常对不可抗力进行类型化区分，如自然灾害、社会异常事件、政策调整等行为通常被认定为构成不可抗力。但在司法实践中，是否构成不可抗力需要始终结合法律关于不可抗力的定义进行审慎判断。例如，关于所涉案件中政府政策的调整产生的合同履行障碍，法院在认定是否构成不可抗力时往往持有不同意见，尤其是对"不能预见"的理解往往需要结合具体的情形进行综合判断。

根据《合同法司法解释二》第 26 条的规定，情势变更属于非不可抗力造成的履行障碍范畴，因此审判实践中对于一些因政策原因等导致的履行障碍，也可能策略性地排除在不可抗力之外，进而适用情势变更的规则加以调整。①《民法典合同编通则司法解释》第 32 条第 1 款规定："合同成立后，因政策调整或者市场供求关系异常变动等原因导致价格发生当事人在订立合同时无法预见的、不属于商业风险的涨跌，继续履行合同对于当事人一方明显不公平的，人民法院应当认定合同的基础条件发生了民法典第五百三十三条第一款规定的'重大变化'。但是，合同涉及市场属性活跃、长期以来价格波动较大的大宗商品以及股票、期货等风险投资型金融产品的除外。"但随着《民法典》第 533 条对情势变更原则进行规定，主流观点认为，在发生不可抗力时，是适用合同解除规则还是适用情势变更原则，取决于该不可抗力的发生对合同履行造成的影响。可以考虑在发生不可抗力时，继续履行合同对当事人一方明显不公平的，适用情势变更原则；导致合同目的无法实现时，可以适用法定解除制度。

(二) 期限届满前拒绝履行

《民法典》第 563 条第 1 款第 2 项规定，"在履行期限届满前，当事人一方明确表示或者以自己的行为表明不履行主要债务"时，当事人可以解除合同。在履行期限届满前，赋予一方当事人解除权的正当理由是违约方对忠实义务的违反，违约方的该行为会破坏守约方的合理期待，此时不能要求守约方坚守合同。需要注意的是，该条款强调"不履行主要债务"，主要债务原则上是指主给付义务，而不包括从给付义务或附随义务。② 当然，当一方当事人违反从给付义务或附随义务致使不能实现合同目的时，对方当事人仍然享有合同解除权。

---

① 陆青：《合同解除论》，法律出版社 2022 年版，第 129~130 页。

② 赵文杰：《〈合同法〉第 94 条（法定解除）评注》，载《法学家》2019 年第 4 期。该文提到"一般只有主给付义务之间有牵连关系，原则上也只有拒绝履行主给付义务才可以引发解除权"。

拒绝履行包括两种情形，一种是明示拒绝履行，另一种是以自己的行为表明届期也不会履行，即默示拒绝履行。① 明示拒绝履行是指债务人明确表示不履行，一般满足以下三点条件，分别是拒绝履行主要债务；明确、终局地表示拒绝履行；拒绝履行无正当理由。学理中，理论争议较大的是默示拒绝履行与给付不能的适用关系。给付不能是独立于拒绝履行的给付障碍类型，当给付不能时，合同目的就确定难以实现，此时可赋予债权人解除权，而债务人的履行意愿就显得无足轻重；而拒绝履行是以给付可能为前提，是能为而不为，主要评价的是当事人的履行意愿。

（三）迟延给付，经催告后在合理期限内未履行

适用本条需满足迟延给付的绝大多数条件，即债务有效且可执行、债务清偿期届满、给付尚有可能、债务人未履行。实践中，催告多以书面形式且一般在履行期限届满后发出。在履行期限届满前发出的催告原则上不发生催告的效力，因为债务人在履行期限届满前并无给付义务，此时无法发生催告的效力，至多是延展履行期的意思通知。②

在催告解除情形下，宽限期的设置必须合理。所谓合理，需要根据债务履行的难易程度和履行时间加以确定。合理的判断就是应当首先考虑当事人之间的约定，若无约定或当事人此后就此达成的合意，则应当按照客观标准判断个案中宽限期的合理性。通常可参考的因素包括合同类型、交易习惯等。一般而言，履行期限越短，合理的宽限期越短，债权人的权益与按时履行的关系越密切的，合理宽限期越短。③

（四）其他违约行为导致合同目的无法实现

《民法典》第563条规定，当事人有其他违约行为致使不能实现合同目的的，当事人可以解除合同。其他行为包括给付不能、瑕疵给付、违反从给付义务和违反附随义务。

关于给付不能，若给付全部不能，则合同解除权当然发生，在部分给付不能时，判断解除权能否发生的标准应该是部分履行对债权人是否有利益，若无利益，则可以全部解除；若尚有利益，则不可全部解除。就瑕疵给付中的解除，一般认为需要满足两项条件：一是瑕疵的程度严重，二是不可期待通过补正给

---

① 韩世远：《合同法总论》（第四版），法律出版社2018年版，第650~652页。
② 孙森焱：《民法债编总论》，法律出版社2006年版，第622页。
③ 赵文杰：《〈合同法〉第94条（法定解除）评注》，载《法学家》2019年第4期。

付消除。① 瑕疵严重程度是指当事人违反了合同明确约定的重要条款或该类合同的一般质量条款，导致债权人的期待利益无法实现。不可期待通过补正给付消除分为三种情况，分别为拒绝补正给付、补正给付不能、在合理宽限期内未能通过补正消除瑕疵。第三种情况简言之，就是瑕疵严重到无补正可能的情况下，债权人可解除合同；若瑕疵严重，有补正可能但债务人拒绝补正的，债权人仍可解除合同。关于给付义务和附随义务违反致合同目的无法实现，因该两项义务均非主给付义务，和债权人的对待给付义务之间不具备牵连性，故一般情况下附随义务的违反不会产生解除权，只有当违反附随义务达到不可期待债权人会继续领受主给付义务的程度，才能构成影响合同履行的重大障碍，进而引发合同解除权。在学说上，有学者主张以不可合理期待性作为判断因违反义务发生解除权的要件，具体的考量因素有：义务违反的严重程度、侵害结果所涉及的范围、侵害持续的时间、侵害的反复性、合同类型、债务的过错程度。②

（五）不定期继续性合同的随时解除

《民法典》第 563 条第 2 款规定了不定期继续性合同的随时解除，该规定旨在避免当事人无限期地受到合同约束。该条款的适用前提在于"不定期合同"，且必须履行"在合理期限之前通知对方"。此处的通知属于附始期的解除通知，即合同的解除时间并非通知到达之时，而是在合理期限届满之时。之所以要提前通知，目的就是保护合同相对方对合同关系存续的信赖，并为合同相对方从该合同关系中退出，寻求新的交易机会提供必要的准备时间。尽管在继续性合同关系中，合同双方可能会随着时间的推移产生对彼此的信赖，但不能忽略的是，在不定期继续性合同语境下，合同能否继续存续本就处于不确定的状态，因此，只要将解除通知延长到合理期限后，相对人有足够的时间退出交易，其实也就足以保护对方当事人的信赖利益。

【拓展适用】

一、情势变更之制度要件

（一）情势变更的客观事实

《民法典》第 533 条规定："合同成立后，合同的基础条件发生了当事人在

---

① 胡康生主编：《中华人民共和国合同法释义》（第三版），法律出版社 2013 年版，第 178 页。

② 刘毅强：《附随义务侵害与合同解除问题研究——以德国民法典第 324 条为参照》，载《华东政法大学学报》2012 年第 3 期。

订立合同时无法预见的、不属于商业风险的重大变化，继续履行合同对于当事人一方明显不公平的，受不利影响的当事人可以与对方重新协商；在合同期限内协商不成的，当事人可以请求人民法院或仲裁机构变更或解除合同。"该条在《合同法司法解释二》第26条的基础上进行了修改完善，将"客观情况"改为"合同的基础条件"，删除了"非不可抗力造成的"作为适用情势变更制度的前提，并删除了"不能实现合同目的的表述"，增加了当事人的协商机制等。情势变更原则实为契约严守原则的例外，但在合同履行过程中往往会出现超出当事人可以预见和承受范围的动荡，此时若仍然要求受此不利影响的当事人按照原合同约定履行义务将难谓公平。但实际上，人民法院在适用情势变更原则时较为谨慎，上述立法调整对正确理解和适用情势变更原则具有重要意义，但仍有必要对一些解释适用上出现的新问题进一步解释说明。

1. "订立合同时无法预见"之情势要求

在适用不可抗力及情势变更之时，最重要的一点在于判定该合同是否有履行的可能。[1] 当合同全部或部分已无继续履行可能时，对于该部分而言，双方可以就此解除合同免责；只要当合同具备履行可能性，即使面临着履行成本过巨，仍然不能将该情形视为无法克服的困难，此时应当被认定为情势变更。司法实践中，遇到更多的是由于遇到某种无法预见的客观情况而造成当事人无法继续履行合同的情形，如所涉案件中政府出台的政策对于合同履行产生的影响就可以被认定为属于情势变更的范畴，此时应当归属于法律上的不能。

2. "不属于商业风险"之情势要求

商业风险是指在商业活动中，由于各种不确定因素引起的、给商业主体带来获利或损失的机会或可能性的一种客观经济现象。[2] 区别商业风险和情势变更应当考虑以下几点因素：情势是否无法预见、风险程度是否超出正常人预期、风险是否可防范和控制以及交易性质等，同时还要结合市场情况作具体分析。

（二）情势变更的时间要件

1. 情势变更需发生在合同成立后法律效果消灭前

首先，若情势变更在合同成立之前或成立之时即已发生，而当事人并不知道，该情势的变更导致继续履行合同对一方当事人明显不公平的，则可以援用

---

[1] 王洪、张伟：《论比较法研究域下的情势变更规则及其适用》，载《东南学术》2013年第3期。

[2] 万方：《我国情势变更制度要件及定位模式之反思》，载《法学评论》2018年第6期。

关于重大误解的规定，可以请求人民法院或仲裁机构撤销合同；但若当事人在订立合同时知晓该情形，则意味着当事人愿意承担由此造成的风险，那么法律将没有保护的必要。

其次，情势变更原则需发生在合同履行完毕之前。有学者认为"如果这种重大变化发生在履行完毕后，合同权利义务因履行完毕而终止，自然没有调整合同权利义务的必要和可能"。[①] 但合同已经履行完毕，则无再解除合同之必要，此时若出现情势变更情形，当事人可自行协商或法官依职权对原定的给付义务进行适当调整。

（三）情势变更的适用结果

关于情势变更的法律效果，《民法典》第533条进行了规定，但对于该条规定的"重新协商"的性质、变更或解除的适用前提以及适用情势变更时是否存在损害赔偿等问题需要进一步说明。

1. 重新协商

《民法典》第533条规定"受不利影响的当事人可以与对方重新协商"，但该条并未使用有权或应当之类的表述。当出现当事人拒绝协商、拖延协商等情形时，可以通过解释"合理期限"来控制协商前置程序的时间长短，也可以在法院或仲裁机构根据公平原则判断解除合同时，将上述当事人的不当行为引入"结合案件的实际情况"中进行考量。对于司法实践中，法院有时会以当事人未及时进行协商或未及时提出诉讼为由限制情势变更制度的适用，对该意见应当持否定意见。

2. 关于变更或解除的处理

《民法典》第533条仅规定人民法院或仲裁机构应当结合案件的实际情况，根据公平原则变更或解除合同。但关于何时采取变更或解除合同，法律并未给出具体标准。有的学者认为，在判断该问题时，应当根据合同目的能否实现来进行区分，若合同目的无法实现，此时已无变更合同之必要，应当解除合同；如果合同目的并非无法实现，通常可以变更合同，在变更无法解决时方可解除合同。[②] 还有观点认为，变更或解除都在于消除情势变更所造成的不公平结果，当事人可以选择变更或解除合同，对此没有先后次序要求。[③]《民法典》并未规

---

① 黄薇主编：《中华人民共和国民法典合同编释义》，法律出版社2020年版，第160页。
② 韩世远：《合同法总论》（第四版），法律出版社2018年版，第512、515页。
③ 柳经纬主编：《债法总论》（第二版），北京师范大学出版社2017年版，第142页。

定当事人选择变更或解除合同的次序，无论当事人如何选择，最终的裁量权依然在裁判机构，裁判机构应当根据公平原则来判断变更或解除合同。

3. 损害赔偿

在认定情势变更成立的情况下，当事人是否还有权主张损害赔偿，司法实务中对此存在不同见解，有不少判决认为，应当将情势变更与违约行为导致的解除予以区分，对于因情势变更导致合同解除发生的损失，应当根据公平原则予以处理，而不存在损害赔偿的问题。

二、合同解除权行使制度的正当性基础

（一）公平原则是合同解除权制度的价值基础

公平原则是合同制度存在的价值基础，合同解除权作为赋予当事人的一种退出合同约束的权利，正是建立在公平原则的价值基础上。

约定解除权行使的前提条件是当事人之间达成合意，至于当事人如何行使、在什么条件下行使则是当事人自主决定合同内容的应有之义。正如契约自由应当受到限制一样，约定解除权的行使应当有一定限度，如果任由合同一方当事人行使约定解除权而不作任何限制，市场经济中的平等自由价值将会处于不安状态，交易风险将会增大，将会对当事人及整个社会产生新的不公平的问题。因此，公平价值应是判断合同解除权行使正当性的考量因素。法定解除权行使的实质是基于一方当事人不能完全履行合同致使其损害时的一种救济措施。在当事人一方违约导致合同无法继续履行时，因一方当事人的违约而导致另一方无端遭受损害时，显然违背法律规定的公平原则。此时，赋予一方当事人法定解除权的目的就是恢复因一方当事人违约所导致的合同关系的扭曲，使受损害一方恢复公平的法律地位，是对当事人所处不公平状态的一种纠正。可以说，在一方当事人严重违约的情况下，单方行使合同解除权正是基于公平价值的考虑。

当然，合同解除权制度的行使也体现了追求效率和交易安全的价值目标。一般情况下，只有在违约方已严重违约的情况下，才能赋予另一方当事人合同解除权。合同解除权的行使必须"保护双方的合理预期，要维护交易安全，既不能纵容当事人无视合同义务、随意不履行合同义务，也不能容许一方以一点小小的违约就避开合同义务，使另一方的权益被剥夺"。[①] 否则，不仅维护当事人交易安全的基本秩序将被破坏，另一方当事人希望通过合同实现的重大利益也将覆灭，与交易效率和目的背道而驰。

---

① 徐罡：《美国合同案例法》，法律出版社2003年版，第149页。

(二) 诚实信用原则是合同解除权制度的理论基础

确立诚实信用原则的目的就是谋求各方利益的平衡，具有行为准则的功能。合同解除权的行使是合同自由原则的体现，而合同自由原则与诚实信用原则的结合，适应了现代民法从个人本位迈向个人本位和社会本位相结合的趋势。具体到合同解除权制度的行使中，法官在确定合同解除权制度的行使是否正当时，基本上就是以诚实信用原则作为其自有裁量基础的。当法官在法律与合同缺乏规定或规定不明时，应当根据诚信、公平的原则，正确理解法律和合同，实现当事人间的利益衡平。如果说公平原则是合同解除权行使制度的价值基础，诚实信用原则就是从微观层面为解除权的适当行使设立了标准，其不仅为权利主体设定了行为准则，也为法官的自由裁量权设立了实践标准，为合同解除权的适当行使提供了可能。

在合同解除权制度中，公平原则是从结果上对是否符合公平进行评价，为该制度的价值基础；而诚实信用原则侧重于对当事人过程、行为的控制，为权利主体和法官的自由裁量提供理论基础和实践标准。

【典型案例】

房屋开发公司诉C市规划和自然资源局国有土地使用权出让合同纠纷案

〔基本案情〕

再审申请人（一审原告、二审上诉人）：房屋开发公司。

法定代表人：胡某东，该公司总经理。

被申请人（一审被告、二审被上诉人）：C市规划和自然资源局。

法定代表人：曲某辉，该局局长。

再审申请人房屋开发公司因与被申请人C市规划和自然资源局国有土地使用权出让合同纠纷一案，不服吉林省高级人民法院（2018）吉民终264号民事判决，向本院申请再审。本院于2019年5月30日作出（2019）最高法民申1425号民事裁定，提审本案。本院依法组成合议庭，于2019年11月11日公开开庭审理了本案，房屋开发公司的委托诉讼代理人马某艳、于某娜，C市规划和自然资源局的委托诉讼代理人滕某力、姜某伯到庭参加诉讼。本案现已审理终结。

房屋开发公司向一审法院起诉称，2010年11月25日，房屋开发公司与C市国土资源局（以下简称C市国土局）签订《国有建设用地使用权出让合同》，案涉《国有建设用地使用权出让合同》履行期间，由于国务院出台了《国有土地上房屋征收与补偿条例》，导致合同约定的由房屋开发公司自行拆除地上物及补偿工作已不可能履行，基于情势变更原则，房屋开发公司要求解除案涉合同。综上，请求：（1）解除案涉《国有建设用地使用权出让合同》；（2）判令C市国土局返还土地出让金2630

万元；(3) 判令 C 市国土局赔偿房屋开发公司已缴纳契税 1315000 元；(4) 判令 C 市国土局给付利息 9836491.34 元（此利息计算至 2016 年 12 月 31 日，从 2017 年 1 月 1 日至土地出让金全部返还之日按中国人民银行同期贷款利率标准计算）。

C 市国土局辩称：第一，本案不存在适用情势变更原则的事实基础及条件，房屋开发公司依据情势变更原则要求解除合同的目的在于转嫁投资风险，逃避违约责任。第二，《国有土地上房屋征收与补偿条例》的实施，并未导致案涉合同赖以存在的客观情况发生重大变化，且不影响房屋开发公司合同目的的实现，本案不符合情势变更原则的适用条件。第三，房屋开发公司怠于办理拆迁许可手续，导致其在《国有土地上房屋征收与补偿条例》实施后无法自行拆迁，其对合同履行障碍具有过错。

一审法院经审理查明：2010 年 10 月 18 日，C 市国土局发布宽城区已建住宅以东、第二十五中学以南、长农公路以西、空地以北范围内的 B 地块，宗地编号 57-130-5，出让面积 21632 平方米土地的挂牌出让公告。公告载明：案涉出让地块为现状土地条件，包括规划用地界线及现状土地整理界线内已拆迁完毕的土地和未拆迁的土地。对于未拆迁的土地由竞得人在竞得土地后自行负责拆迁整理，所发生相关费用自行承担。

2010 年 11 月 22 日，房屋开发公司向 C 市国土局提交《竞买报价单》，申请参加案涉地块的挂牌出让，并承诺完全接受并遵守挂牌文件的规定和要求。同日，房屋开发公司向 C 市国土局缴纳了参与竞拍保证金 600 万元。2010 年 11 月 25 日，C 市国土局与房屋开发公司签订《成交确认书》，确认房屋开发公司竞得案涉出让地块。

2010 年 11 月 25 日，C 市国土局作为出让人与受让人房屋开发公司签订《国有建设用地使用权出让合同》，主要约定：(1) 出让宗地编号为 57-130-5，宗地面积 21632 平方米。出让人同意在 2010 年 11 月 25 日前将出让宗地交付给受让人，出让宗地为现状交付，即土地及地上建筑物未拆迁部分由该地块竞得人负责，土地及地上物由竞得单位自行拆迁补偿整理。(2) 出让价款为 2630 万元，合同签订之日起 30 日内，一次性付清国有建设用地出让价款。(3) 受让人同意本合同项下宗地建设项目在 2011 年 11 月 25 日之前开工，在 2013 年 11 月 25 日之前竣工。受让人因自身原因终止该项目投资建设，向出让人提出终止履行合同并请求退还土地的，出让人报经原批准土地出让方案的人民政府批准后，退还除合同约定的定金以外的全部或部分国有建设用地使用权出让价款（不计利息），收回国有建设用地使用权，该宗地范围内已建的建筑物、构筑物及其附属设施可不予补偿，出让人还可要求受让人清除已建建筑物、构筑物及其附属设施，恢复场地平整；但出让人愿意继续利用该宗地范围内已建的建筑物、构筑物及其附属设施的，应给予受让人一定补偿。

2010 年 12 月 24 日，房屋开发公司向 C 市国土局缴纳了土地出让金 2030 万元。

2011 年 1 月 21 日，国务院出台《国有土地上房屋征收与补偿条例》，该条例第四条规定，市、县级人民政府负责本行政区域的房屋征收与补偿工作。市、县级人民政府确定的房屋征收部门组织实施本行政区域的房屋征收与补偿工作。市、县级人民政府有关部门应当依照本条例的规定和本级人民政府规定的职责分工，互相配合，保障房屋征收与补偿工作的顺利进行。

2012年9月26日房屋开发公司缴纳契税1315000元。

〔一审裁判〕

一审法院认为，案涉《国有建设用地使用权出让合同》系双方当事人真实意思表示，未违反法律、行政法规的强制性规定，合法有效。双方在2010年11月25日签订合同时，房屋开发公司对其自行进行土地及地上物拆迁整理是明知的，签订合同后应自行承担由其拆迁的商业风险；双方之间继续履行《国有建设用地使用权出让合同》并不存在明显不公平的情形；房屋开发公司如在2010年11月25日取得土地后积极履行办理拆迁许可证义务，其现作为拆迁主体符合法规规定；如其怠于办理房屋拆迁许可证导致的现阶段拆迁不能，后果应自行承担。综上，一审法院判决：驳回房屋开发公司的诉讼请求。

房屋开发公司上诉称，第一，案涉《国有建设用地使用权出让合同》约定C市国土局以"毛地"方式将土地出让给房屋开发公司。《国有土地上房屋征收与补偿条例》的出台导致合同无法继续履行，致使房屋开发公司签订合同的目的无法实现。第二，《国有土地上房屋征收与补偿条例》的出台和实施不可归责于双方当事人，一审法院判决政策的改变系房屋开发公司应承担的商业风险错误。第三，根据《国有建设用地使用权出让合同》的约定，房屋开发公司进行拆迁工作的时间为一年，房屋开发公司不存在怠于履行合同义务的情形。国土资源部、住房和城乡建设部于2010年9月21日联合下发《国土资源部、住房和城乡建设部关于进一步加强房地产用地和建设管理调控的通知》，明确要求不得以"毛地"方式出让土地，在此情况下，C市国土局仍以"毛地"方式出让案涉土地导致合同无法履行，C市国土局存在过错。综上，请求撤销一审判决，改判支持房屋开发公司的诉讼请求。

C市国土局辩称，第一，本案不存在适用情势变更的事实基础及条件。案涉《国有建设用地使用权出让合同》合法有效，《国有土地上房屋征收与补偿条例》的实施不影响房屋开发公司取得涉案土地使用权。第二，国家调整土地拆迁整理政策不属于当事人不能预见的事实，房屋开发公司作为专业的房地产开发企业，对土地拆迁整理政策倾向已有充分认识，故因政策改变导致其无法自行对土地进行拆迁整理属于商业风险范畴。第三，继续履行《国有建设用地使用权出让合同》不会导致显失公平，房屋开发公司合同目的并未落空。综上，请求驳回房屋开发公司的上诉请求。

〔二审裁判〕

二审法院认为，房屋开发公司签订《国有建设用地使用权出让合同》的目的是取得土地使用权，C市国土局已依约将案涉土地交付给房屋开发公司，且在交付土地时符合当时法律和政策规定，不存在不利于合同目的实现的障碍。国土资源部、住房和城乡建设部于2010年9月21日联合下发的《国土资源部、住房和城乡建设部关于进一步加强房地产用地和建设管理调控的通知》明确要求不得以"毛地"方式出让土地，房屋开发公司作为专门从事房地产开发的企业，在签订合同时应当能够预见其在履行合同的过程可能存在致使合同目的不能全部实现的商业风险。《国有土地上房屋征收与补偿条例》于双方签订合同近两个月后出台，在此期间，房屋开发公司申请办理拆迁许可证并不存在障碍。即便在条例出台后，房屋开发公司仍然可就拆迁整理事宜与C市国土局进行协商解决，《国有土地上房屋征收与补偿条例》仅影响案涉出让合同中关于拆迁整理的具体履行方式，土地使用权出让及土地开发等合同赖以存在的客观情况并未发生变化，并不必然使房屋开发公司的合同目的落空。房屋开发公司虽然主张曾多次要求政府部门进行拆迁整理，但未能提供证据予以证明，故不予认可。综上，二审法院判决：驳回上诉，维持原判。

[当事人申请再审]

房屋开发公司申请再审称，第一，原审法院认定本案不构成情势变更，适用法律错误。案涉《国有建设用地使用权出让合同》约定C市国土局以"毛地"方式出让土地，后因国务院出台的《国有土地上房屋征收及补偿条例》明确规定市、县级人民政府负责本行政区域内的房屋征收与补偿工作，政策变化导致房屋开发公司无法按照合同约定自行对案涉土地进行拆迁整理。房屋开发公司无法预见政策的变化，因不可归责于双方当事人的原因导致案涉合同无法继续履行以致合同目的无法实现。第二，案涉合同约定的拆迁时间自2010年11月25日至2011年11月25日，因2011年1月21日国务院出台《国有土地上房屋征收与补偿条例》，案涉合同签订后两个月即发生了政策变化，房屋开发公司已无法申请办理拆迁许可证。原审法院以房屋开发公司未积极办理拆迁许可证而导致拆迁不能为由，认定由房屋开发公司承担拆迁不能的责任错误。第三，C市国土局对于合同的签订及无法履行存在过错。C市国土局作为土地出让部门，对相关政策文件应有充分的了解和掌握。国土资源部及住房和城乡建设部于2010年9月21日下发的《关于进一步加强房地产用地和建设管理调控的通知》中明确规定，不得以"毛地"方式出让土地。在该文件下发后，C市国土局仍以"毛地"方式出让土地并与房屋开发公司签订案涉合同，C市国土局对案涉合同无法履行具有过错。综上，请求：撤销一、二审判决，改判支持房屋开发公司的全部诉讼请求；诉讼费用由C市国土局承担。

C市国土局答辩称，本案不存在适用情势变更原则的事实基础和适用条件，房屋开发公司依据情势变更原则要求解除案涉合同，缺乏事实和法律依据。第一，案涉合同赖以存在的客观情况并未发生重大变化，房屋开发公司签订案涉合同的目的在于取得土地使用权，而关于土地及地上物由房屋开发公司自行拆迁的约定，仅是双方就土地出让后拆迁事宜的约定,并不影响房屋开发公司取得土地使用权的目的。第二,房屋开发公司作为专业的房地产开发企业,国家对土地拆迁政策的调整,房屋开发公司应当知晓。政策的变化属于房屋开发公司应承担的商业风险。案涉合同签订后,房屋开发公司怠于办理拆迁许可手续,导致其无法自行实施拆迁,应承担不利后果。第三,《国有土地上房屋征收与补偿条例》于2011年1月21日实施。房屋开发公司直至2017年才起诉要求解除合同,房屋开发公司解除权的期限早已届满。综上,请求驳回房屋开发公司的再审申请,维持原判。

〔再审查明事实〕

本院再审期间查明:C市国土局于2019年5月10日更名为C市规划和自然资源局。

一、二审法院查明的事实,双方当事人均无异议,本院予以确认。

〔最高法院再审裁判〕

本院认为,根据双方当事人的诉辩主张,本案的争议焦点为:(1)案涉《国有建设用地使用权出让合同》应否解除;(2)如应解除,解除后的责任承担问题。针对上述争议问题,本院分析认定如下:

一、关于案涉《国有建设用地使用权出让合同》应否解除的问题

C市国土局与房屋开发公司于2010年11月25日签订的《国有建设用地使用权出让合同》,系双方当事人的真实意思表示,不违反法律、行政法规的效力性强制性规定,合同依法有效。案涉《国有建设用地使用权出让合同》约定,案涉国有建设用地使用权以"毛地"方式出让,地上建筑物未拆迁部分由房屋开发公司负责。上述合同签订后的两个月内,国务院于2011年1月21日出台《国有土地上房屋征收与补偿条例》,明确规定市、县级人民政府负责本行政区域的房屋征收与补偿工作。据此,因上述法规的出台,使得房屋开发公司无法取得拆迁主体资格,无法按照《国有建设用地使用权出让合同》的约定完成案涉土地的拆迁整理工作。房屋开发公司经过逾七年与C市规划和自然资源局的协调,始终无法解决案涉土地的拆迁问题,就此而言,房屋开发公司向人民法院起诉解除合同,并未超过解除合同的期限要求。C市规划和自然资源局关于房屋开发公司解除合同已经超过期限的抗辩,与本案事实不符,本院不予采信。房屋开发公司受让案涉国有土地使用权的目的系对该土地进行房地产开发,而土地完成拆迁工作是房屋开发公司开发案涉土地的必经环节。由于上述法规变化导致房屋开发公司无法完成案涉土地的拆迁整理工作,进而无法实现对案涉土地进行开发的合同目的,故房屋开发公司请求解除案涉《国有建设用地使用权出让合同》,符合本案其合同目的无法实现的客观实际,原审判决认定本案不存在不利于合同目的实现的障碍,与事实不符,应予纠正。

二、关于案涉《国有建设用地使用权出让合同》解除的法律后果问题

《中华人民共和国合同法》第九十七条规定,合同解除后,尚未履行的,终止履

行;已经履行的,根据履行情况和合同性质,当事人可以要求恢复原状、采取其他补救措施,并有权要求赔偿损失。因此,合同解除后,包括恢复原状、采取其他补救措施、赔偿损失的法律后果。而本案房屋开发公司请求中包括恢复原状和赔偿损失两项诉讼请求。对此,本院分析如下:1.关于土地出让金的返还问题。根据《中华人民共和国合同法》第九十七条的规定,合同解除后,已经履行的,根据履行情况和合同性质,当事人可以要求恢复原状。据此,房屋开发公司在本院判决解除合同的情况下,请求C市规划和自然资源局返还其已经支付的国有土地使用权土地出让金,符合上述法律规定,故C市规划和自然资源局应向房屋开发公司返还土地出让金以及占用资金期间的法定孳息。鉴于案涉土地使用权出让金2630万元系分两笔支付,支付时间分别为2010年11月26日和2010年12月25日,故C市规划和自然资源局应向房屋开发公司返还土地使用权出让金2630万元及相应法定孳息(其中600万元自2010年11月26日起至实际支付之日,2030万元自2010年12月25日起至实际支付之日,均按照中国人民银行同期同类活期存款利率计算)。2.关于赔偿损失的问题。案涉《国有建设用地使用权出让合同》第十六条约定,房屋开发公司对于案涉土地的建设项目应于2011年11月25日之前开工,即从2010年12月25日双方签订合同至合同约定的开工日期2011年11月25日之间的期限,系房屋开发公司对案涉土地进行拆迁整理的期限。而2011年1月21日国务院出台了《国有土地上房屋征收与补偿条例》,导致拆迁制度发生改变,房屋开发公司在合同约定的拆迁期限内,因该拆迁制度变化而无法办理拆迁许可证,亦无法完成对案涉土地进行拆迁整理工作。据此,房屋开发公司未能在合同约定的期限内对案涉土地进行拆迁整理工作非因房屋开发公司的过错造成,原审判决认定房屋开发公司怠于履行合同义务导致无法办理拆迁,与本案事实不符。同样,虽然《国土资源部、住房和城乡建设部关于进一步加强房地产用地和建设管理调控的通知》于2010年9月21日下发,规定不得以"毛地"方式出让土地,且2011年1月21日国务院出台《国有土地上房屋征收与补偿条例》规定市、县级人民政府负责本行政区域的房屋征收与补偿工作,但是《国有土地上房屋征收与补偿条例》第三十五条亦规定,该条例实施前已依法取得房屋拆迁许可证的项目,继续沿用原有的规定办理许可证。故如果房屋开发公司在《国有土地上房屋征收与补偿条例》出台前即已取得拆迁许可证,其仍可自行继续对案涉土地进行拆迁整理;而房屋开发公司在近两个月的时间内未申请拆迁许可证,进而导致其在上述条例施行后无法继续取得拆迁许可证,对此C市规划和自然资源局亦无过错。在C市规划和自然资源局与房屋开发公司对于案涉合同不能履行及房屋开发公司合同目的无法实现均无过错的情况下,房屋开发公司请求C市规划和自然资源局赔偿损失的诉讼请求,理据不足,本院不予支持。至于房屋开发公司为取得案涉国有土地使用权而支付的1315000元契税,在双方当事人对于案涉合同的解除均无过错的情况下,该部分契税可由双方当事人基于公平原则予以平均分担,

C 市规划和自然资源局应补偿房屋开发公司 657500 元。

综上,对由于国家法律、法规及政策出台导致当事人签订的合同不能履行,以致一方当事人缔约目的不能实现的,该方当事人请求法院判决解除合同的,本院予以支持;在此情况下,鉴于双方当事人对于合同不能履行及一方当事人缔约目的不能实现均无过错,故本院依据《中华人民共和国合同法》第九十七条关于合同解除后当事人可以要求恢复原状的规定,仅判决 C 市规划和自然资源局返还房屋开发公司所支付的土地出让金及法定孳息;对房屋开发公司关于 C 市规划和自然资源局赔偿损失的诉讼请求,本院不予支持。故一、二审法院认定事实及适用法律均错误,应予纠正。本院依照《中华人民共和国民事诉讼法》第一百七十条第一款第二项以及《最高人民法院关于适用〈中华人民共和国民事诉讼法〉的解释》第四百零七条第二款之规定,判决如下:

一、撤销吉林省高级人民法院(2018)吉民终 264 号民事判决及长春市中级人民法院(2017)吉 01 民初 227 号民事判决;二、自本判决生效之日起解除 C 市国土资源局(后更名为 C 市规划和自然资源局)与房屋开发公司于 2010 年 11 月 25 日签订的《国有建设用地使用权出让合同》;三、C 市规划和自然资源局于本判决生效之日起三十日内向房屋开发公司返还 2630 万元及利息(其中 600 万元自 2010 年 11 月 26 日、2030 万元自 2010 年 12 月 25 日起,均按照中国人民银行同期活期存款利率计算至实际支付之日止);四、C 市规划和自然资源局于本判决生效之日起三十日内补偿房屋开发公司 657500 元;五、驳回房屋开发公司的其他诉讼请求。

如果未按本判决指定的期间履行给付金钱义务,应当依照《中华人民共和国民事诉讼法》第二百五十三条之规定,加倍支付迟延履行期间的债务利息。

规则 24:(合同解除权)处于违约状态的当事人不享有基于催告对方履行,而对方仍不履行所产生的合同解除权

——W 房地产公司诉实业公司、Y 房地产公司合作开发协议纠纷案①

【*裁判规则*】

合同解除制度之意旨在于将解除权赋予守约方,催告对方履行的当事人应该是守约方,处于违约状态的当事人不享有基于催告对方履行,而对方仍不履行所产生的合同解除权。

---

① 《中华人民共和国最高人民法院公报》2005 年 3 期。

【规则理解】

一、合同解除权的法律属性

民法中的"契约自由"理念使得各国立法及司法实践中均强调合同严守原则，即合同一经有效成立，缔约主体必须严格按照合同的约定履行合同义务，不得擅自变更或解除合同。除非双方当事人约定或法律规定的合同解除条件成就时，当事人一方或双方通过行使解除权可使合同的效力予以消灭。因此，合同解除权是在合同有效成立后、未履行完毕前，合同当事人基于约定或法律规定的事由，而享有使合同效力归于消灭的一种权利。

《民法典》第565条第1款规定，当事人一方依法主张解除合同的，应当通知对方。合同自通知到达对方时解除；通知载明债务人在一定期限内不履行债务则合同自动解除，债务人在该期限内未履行债务的，合同自通知载明的期限届满时解除。相对方对合同解除提起异议之诉，一旦被人民法院或仲裁机构确认合同解除有效，则合同解除的时间为解除权人发出解除通知之日，并不因为司法机关的介入而改变合同解除的时间。《民法典》第565条第2款规定，当事人一方未通知对方，直接以提起诉讼或者申请仲裁的方式依法主张解除合同，人民法院或者仲裁机构确认该主张的，合同自起诉状副本或者仲裁申请书副本送达对方时解除。《民法典合同编通则司法解释》第53条规定："当事人一方以通知方式解除合同，并以对方未在约定的异议期限或者其他合理期限内提出异议为由主张合同已经解除的，人民法院应当对其是否享有法律规定或者合同约定的解除权进行审查。经审查，享有解除权的，合同自通知到达对方时解除；不享有解除权的，不发生合同解除的效力。"第54条规定："当事人一方未通知对方，直接以提起诉讼的方式主张解除合同，撤诉后再次起诉主张解除合同，人民法院经审理支持该主张的，合同自再次起诉的起诉状副本送达对方时解除。但是，当事人一方撤诉后又通知对方解除合同且该通知已经到达对方的除外。"据此可见，合同解除权属于形成权。形成权是依权利人单方面的意志即可使法律关系发生变化的权利。由于协议解除合同，必须通过双方的协商一致，才能发生合同解除的效力，并不因一方通知解除而当然发生合同解除的效力。因此，从严格意义上讲，合同解除权仅限于单方解除。

二、合同解除权的行使

（一）合同解除权行使的条件及主体

除当事人约定的条件成就，当事人可行使合同解除权外，根据《民法典》

第 563 条的规定，基于以下法律规定的情形，当事人也可行使解除权：（1）因不可抗力致使不能实现合同目的；（2）在履行期限届满前，当事人一方明确表示或者以自己的行为表明不履行主要债务；（3）当事人一方迟延履行主要债务，经催告后在合理期限内仍未履行；（4）当事人一方迟延履行债务或者有其他违约行为致使不能实现合同目的；（5）法律规定的其他情形。《民法典合同编通则司法解释》第 52 条规定："当事人就解除合同协商一致时未对合同解除后的违约责任、结算和清理等问题作出处理，一方主张合同已经解除的，人民法院应予支持。但是，当事人另有约定的除外。有下列情形之一的，除当事人一方另有意思表示外，人民法院可以认定合同解除：（一）当事人一方主张行使法律规定或者合同约定的解除权，经审理认为不符合解除权行使条件但是对方同意解除；（二）双方当事人均不符合解除权行使的条件但是均主张解除合同。前两款情形下的违约责任、结算和清理等问题，人民法院应当依据民法典第五百六十六条、第五百六十七条和有关违约责任的规定处理。"除不可抗力的情况下可由双方当事人行使合同解除权外，在一方当事人违约的情况下，通常认为合同解除权系由守约方享有。但是，当违约方继续履约所需的财力、物力超过合同双方基于合同履行所能获得的利益，合同已不具备继续履行的条件时，为衡平双方当事人利益，可以允许违约方解除合同，但必须由违约方向对方承担赔偿责任，以保证对方当事人的现实既得利益不因合同解除而减少。①

需要注意的是，第三种情况下，违约方的迟延履行并不能构成解除权人当即解除合同的理由，解除权人还应履行催告债务人履行的义务，在债务人仍不履行的情况下，解除权人才能发通知解除合同。

（二）合同解除权行使的方式

在合同履行过程中，当合同解除所需具备的条件成就后，并不意味着合同当然解除，还需要解除权人行使解除权之行为，合同效力才会归于消灭。国外关于合同解除权的行使方法，主要有三种立法例：第一种是以法国为代表，通过法院裁判解除合同，当事人无权自行解除合同，合同是否解除依法院裁判确定。《法国民法典》第 1184 条规定："债权人解除契约，必须向法院提起之。"第二种是以日本为代表，符合法律规定时，合同自然解除。《日本商法典》第 525 条规定："当符合法律规定时，合同自然解除，无须由法院裁判或者当事人作出意思表示。"第三种是以德国为代表，解除合同应向相对方表达。《德国民

---

① 参见规则 24 "违约方解除合同的认定"。

法典》第 349 条规定："解除合同应向对方当事人以意思表示为之。"[①] 我国《民法典》第 565 条第 1 款规定，在出现约定事由或者法律规定的情形时，只要享有解除权的当事人将解除合同的决定通知对方，如果相对方对解除合同没有异议，那么合同解除权就生效，无须通过法院裁判或仲裁机构确认合同解除效力。值得注意的是，法律并没有规定通知的方式，这意味着当事人可以自由选择通知的方式。为维护非解除方的权益，防止解除权人滥用解除权，衡平当事人之间的权利，《民法典》第 565 条同时规定了非解除方的异议权。即对方对解除合同有异议的，任何一方当事人均可以请求人民法院或者仲裁机构确认解除行为的效力。也就是说，当非解除方对解除权人解除合同持相反意见或者有其他抗辩理由时，可以请求人民法院或者仲裁机构确认合同解除效力，以保护自己的合法利益，限制解除权人滥用解除权现象的发生。

（三）合同解除权的行使期限

为了督促解除权的及时行使，使合同关系得到尽快的确定和稳定，法律为解除权设立期间限制，规定当事人的合同解除权必须在合理期间内行使，否则将可能面临合同解除权失效的情形。何为"合理期限"，应视合同的性质和履行期的长短来定。当事人行使合同解除权的期间有两种：一种是根据法律规定和合同履行时间确定的合同效力期间，为当事人行使合同解除权的期间，如果合同已失效或履行完毕，则无必要行使合同解除权；另一种是当事人在合同中约定解除权行使的期限，期限届满当事人怠于行使的，解除权消灭。当事人没有约定或法律也没有规定解除权行使期限的，非受不可抗力影响的当事人或者违约一方的当事人，为明确自己的义务是否还需要继续履行，可以催告对方当事人行使解除权。对方即享有解除权的当事人在催告后的合理期限内不行使解除权的，该权利消灭，合同关系继续存在，当事人仍然要按合同履行义务。《民法典》关于合同解除权的行使期限的规定主要体现在第 564 条，即法律规定或者当事人约定解除权行使期限，期限届满当事人不行使的，该权利消灭。法律没有规定或者当事人没有约定解除权行使期限，自解除权人知道或者应当知道解除事由之日起一年内不行使，或者经对方催告后在合理期限内不行使的，该权利消灭。应该说，《民法典》充分尊重当事人的意思自治，赋予其自行约定解除权行使的期限之权利，并且对当事人没有约定解除行使期限的，作出了"自解除权人知道或者应当知道解除事由之日起一年内"行使的期限规定。至

[①] 汪张林、杜凯：《论合同解除权的行使》，载《西南政法大学学报》2005 年第 7 期。

于何为"合理期限",《商品房买卖合同案件司法解释》第 11 条规定:"根据民法典第五百六十三条的规定,出卖人迟延交付房屋或者买受人迟延支付购房款,经催告后在三个月的合理期限内仍未履行,解除权人请求解除合同的,应予支持,但当事人另有约定的除外。法律没有规定或者当事人没有约定,经对方当事人催告后,解除权行使的合理期限为三个月。对方当事人没有催告的,解除权人自知道或者应当知道解除事由之日起一年内行使。逾期不行使的,解除权消灭。"虽然规定仅适用于商品房买卖纠纷领域,其他纠纷能否参照此适用,司法解释没有作出明确规定,但其反映了最高人民法院处理此类情形的态度。

三、合同解除权消灭的情形

合同解除权制度实质上是赋予合同当事人"逃离"合同关系的一种制度,法律之所以赋予一方当事人合同解除权,目的在于恢复当事人一方违约所致的扭曲的法律关系,是对"当事人所处的不公平状态"的一种"矫正"。合同解除权并非当事人终身享有,当出现下列情形时,该权利归于消灭。

(一) 合同被确认无效的

有学者认为,"合同解除是指合同有效成立以后,当具备合同解除条件时,因当事人一方或双方的意思表示而使合同关系自始消灭或向将来消灭的一种行为"。[①] 笔者赞同上述观点,因此,合同解除权依附的基础是合同成立并处于生效状态,当合同被确认无效,自然无合同解除之说。

(二) 合同约定解除权条款被确认无效的

当事人可以在订立合同时约定合同解除的条款,虽然解除条款是当事人的意思自治,但是必须在法定的范围和社会公共秩序所能承受认可的范围内进行约定。如果当事人约定解除权是以损害另一方当事人的利益或损害第三方利益的情况出现为条件,则不利于体现合同法公平原则,该种约定应为无效,当事人据此行使的合同解除权也归于无效。

(三) 合同效力期间当事人怠于行使合同解除权的

当事人行使合同解除权的期间必须在合同成立并生效后至合同终止之前。通常在合同中,当事人会约定合同的效力存续期间,如果在合同履行过程中,享有合同解除权的当事人怠于行使合同解除权,则当合同效力期间届满时,当事人的合同解除权当然归于消灭。

[①] 王利明:《违约责任论》,中国政法大学出版社 1996 年版,第 520 页。

（四）法律规定合同解除权行使期间届满的

合同解除权期间系一种除斥期间，解除权人在法律规定或当事人约定解除权行使期限内未行使解除权的，该权利消灭；法律没有规定或当事人没有约定解除权行使期限，享有解除权的一方当事人经对方催告后在合理期限内不行使的，该权利消灭。对方当事人没有催告的，解除权人自知道或者应当知道解除事由之日起一年内行使。逾期不行使的，解除权消灭。

（五）出现当事人约定合同解除权消灭情形的

合同体现了当事人的意思自治，对于合同中权利的赋予以及分配，当事人完全可以在不违背法律和公序良俗的情况下自由约定。因此，法律即使赋予了守约方享有合同解除权，当事人也可以在合同中约定合同解除权行使的方式、期间、消失等事项。如当事人约定的合同解除权消灭情形出现时，遵照合同约定，合同解除权自然归于消灭。

【拓展适用】

一、合同解除的催告制度

（一）一般违约中解除权人的债务履行催告

解除权是合同解除制度的核心，在维护当事人的合法利益、保障交易秩序的稳定中具有举足轻重的地位。"权利无制衡则为暴虐"，从衡平双方当事人之力量考量，法律对解除权的行使作了严格的程序限制。《民法典》第563条第1款第3项规定一方当事人迟延履行主要债务，经催告后在合理期限内仍未履行，解除权人可以解除合同。由此可知，在迟延履行的场合，解除权人行使解除权须满足三项要件：第一，迟延履行的债务为主要债务，而不是随附义务；主要债务应结合合同的性质、标的、当事人约定等综合判断。第二，解除权人须对相对人履行催告之义务，否则不产生合同解除权。催告的形式没有限制，但须使相对人知悉。第三，催告后必须给相对方留有足够的履行期限，只有履行期限届满而仍未履行时，解除权人方能行使解除权。因此债务履行催告是解除权人在迟延履行场合行使解除权的必经程序。笔者认为，全面理解债务履行催告需要明确两方面的内容：一是催告主体；二是债务催告行使的期限限制。

1. 催告主体

从《民法典》第563条第1款第3项的规定可以推断，一般情况下催告的主体只能是守约方，而不包括违约方。但结合我国《民法典》第580条的规定，当债务为非金钱给付时，并符合该条所称的法律上或者事实上不能履行、债务的标的不适于强制履行或者履行费用过高、债权人在合理期限内未要求履行的情形时，违约方才可以解除合同。有学者认为，《民法典》第580条规定的解除权主体应包括守约方与违约方，只有如此扩大解释才符合合同自由原则。理由在于违约方具有解除权不仅有利于及时结束合同关系的不稳定状态，而且对实现双方当事人的权益有积极之处。[①] 按照此种思路，违约方当然成为催告的主体。笔者认为，该观点未能准确理解立法宗旨，法律之所以规定一般情况下由守约方享有合同解除权，是为了避免合同双方为了达到自己的一己私利而任意违约和解除合同，而对实际不能履行的合同或履行不经济的合同允许违约方解除，是为了在确保合同公平的情况下兼顾效率之立法目的，违约方解除合同的权利不能任意扩大适用，导致其与守约方解除合同权具有相同的法律地位。催告义务的更深层次原因在于保持解除权人权利义务的制衡，防范权利人滥用解除权。当守约方在合同解除条件成就而未行使解除权时，为防止解除权人怠于行使权利而使合同相对方遭受更大的损害，违约方只可能催告守约方行使解除权，但不能催告守约方履行合同。因为在违约方违约后，解除权人享有先履行抗辩权，可以不履行合同义务，违约方不能据此反而享有催告守约方履行合同的权利。

2. 债务催告行使的期限限制

《民法典》关于合同解除权的行使期限的规定主要体现在第564条，即法律规定或者当事人约定解除权行使期限，期限届满当事人不行使的，该权利消灭。法律没有规定或者当事人没有约定解除权行使期限，自解除权人知道或者应当知道解除事由之日起一年内不行使，或者经对方催告后在合理期限内不行使的，该权利消灭。因此，债务催告行使的期限应该受到除斥期间与诉讼时效的限制。解除权为形成权，其应受到除斥期间之限制，否则在一方违约后，若允许解除权人长时间享有解除权而不行使，无异于鼓励权利人消极维护权利，对于相对人而言是不公平的，且合同的不稳定将影响交易秩序之正常。就守约方履行"债务催告"这一行为的期限，《民法典》虽然没有明确规定，但因债务履行催告为产生解除权之前奏，同样应受到除斥期间的影响。另外，解除权为民事权利之特殊类型，同样受制于诉讼时效，因而债务催告行使的时限不应超出民法关于普通诉讼时效的规定，否则可能出现日本星野一先生所言的"解

[①] 雷春裕：《合同解除权行使的若干问题研究》，载《学术论坛》2007年第5期。

除权原本是债务不履行的效果之一,所以,在原债务遭到因时效而消灭时还剩下一个解除权,颇显滑稽"。鉴于合同的标的、履行情况因个案而异,债务催告行使的期间不宜统一由法律规定,而宜由当事人协商确定。鉴于债务履行催告系解除权人行使解除权的必经程序,债务履行催告必须在解除权行使的期间之内行使,但不能超过诉讼时效。

(二) 相对人的解除权行使催告

合同解除权是法律赋予当事人维护合法利益的手段,行使合同解除权,一则会导致合同关系发生实质性的改变,二则可能出现权利人滥用该权利以期获得不正当利益的风险。因此,从衡平合同当事人权利义务的目的出发,鼓励正常的交易行为,法律对合同解除权的行使进行必要的规制,防范滥用解除权的行为,这就是《民法典》第564条所规定的相对人的催告权,即第1款"法律规定或者当事人约定解除权行使期限,期限届满当事人不行使的,该权利消灭"。第2款"法律没有规定或者当事人没有约定解除权行使期限,自解除权人知道或者应当知道解除事由之日起一年内不行使,或者经对方催告后在合理期限内不行使的,该权利消灭"。从文义解释角度看,上述条款实质上是规定了合同解除权消灭的原因,即解除权存续期限届满而权利人没有行使的情形,只是两个条款所规定侧重点略有不同:第1款所明确的是法律规定或当事人约定的期限届满,权利人不行使权利而当然消灭;第2款所明确的是没有当事人约定期限也没有法律规定的情况下解除权消灭的一种情形,即相对人经催告后权利人在合理期限内不行使权利而消灭。

燕树棠在《公道、自由与法》中论述,法律之所以赋予非解除权人催告权,根本原因在于平衡私法的意思自治与社会经济秩序的稳定。从本质上说,合同解除权属于私权,是合同当事人在平等协商基础上享有的权利。因此,权利人是否行使权利以及如何行使权利纯属合同当事人的自由,任何人不能强迫权利人放弃权利或者行使权利。但是,一个人在法律上享有了权利,就含有他人的自由受了限制——这一个人自由活动的范围之增加,即是他人自由活动范围之减少。于相对人而言,合同之解除或者继续履行之决定权掌握在解除权人之手,倘若权利人怠于行使解除权,则将导致合同关系长期处于不稳定状态,不仅可能致使相对人遭受损害远大于违约赔偿金额,而且还破坏交易秩序的平稳运转。解除权多产生于一方违约行为,非违约方可通过如主张违约责任等其他法律手段救济权利,因此法律为衡平当事人之间的权益,保持权利义务相一致,敦促权利人及时行使权利,对合同解除权的行使作出必要限制,赋予非解除权人的催告权。

笔者认为,《民法典》第 564 条第 2 款虽然规定了非解除权人(对方)之催告权,但条文规定的简洁性致使对该条款内容的理解存在争议,因此准确理解该条文需要注意以下两个问题。

1. 关于"合理期限"的理解

《民法典》第 564 条第 2 款规定:"法律没有规定或者当事人没有约定解除权行使期限,……或者经对方催告后在合理期限内不行使的,该权利消灭。"但何为"合理期限",条文没有明确,而是充分尊重当事人的意思自治,由法官或者当事人根据合同、交易习惯等具体情况来确定。同时,由于交易纷繁复杂,合同标的、履行等情况千差万别,法律不确定期限有利于法官行使自由裁量权,实现个案正义。对于"合理期限"的确定,应结合具体的案情,根据合同的标的、交易习惯、交通通信等情况加以判断。学界主流的观点认为,合同解除权为形成权,自然受除斥期间的限制。在我国,民法对于除斥期间的规定一般较短,因此催告后解除权行使的"合理期限"不宜过长,可以参照《商品房买卖合同案件司法解释》第 11 条第 2 款关于"法律没有规定或者当事人没有约定,经对方当事人催告后,解除权行使的合理期限为三个月"的规定。[①] 但是,该司法解释只是针对房地产领域,具体而言是商品房销售所产生的法律问题,其适用的范围具有特殊性,不应被无限制地扩大。在商品房销售合同中,由于合同标的的特殊性及重要性,不仅合同标的所涉及的金额较大,而且关系到民生。对于合同中的权利义务,双方当事人大多都了然于胸,因此三个月的解除权行使期限已经足够当事人作出合理的判断。由此推而广之,将所有合同的解除权行使期限规定为三个月是不周延和不现实的。笔者主张,原则上以三个月为合理期限,但双方当事人在催告中对行使期限达成一致及合同关系复杂的除外。合同关系的复杂性由人民法院根据合同的标的、履行的难易、交易习惯、交通通信等情形综合认定。

2. 非解除权人催告权与解除权人债务履行催告的区别

《民法典》第 563 条第 1 款第 3 项与第 564 条第 2 款分别规定了解除权人债务履行之催告与非解除权人行使解除权之催告,两者是不同的催告制度,应正确加以区分:第一,前者是解除权人向非解除权人要求履行主要债务之意思表示,其后果是导致解除权产生;而后者是非解除权人向解除权人要求其决定继

---

① 崔建远、吴光荣:《我国合同法上解除权的行使规则》,载《法律适用》2009 年第 11 期。

续履行合同或行使解除合同权利之意思表示，其后果则是导致解除权消灭。第二，前者是解除权人为义务催告，即一方迟延履行主要债务时，解除权人负有催促相对方履行合同债务之责任，否则不产生合同解除权；而后者是非解除权人为权利催告，即非解除权人可以选择催告解除权人是否行使解除权，也可以不作为，等待在期限内解除权人作出选择。第三，前者是解除权人主动行使解除权；而后者是解除权人在非解除权人消极履行合同后而被动作出选择。

二、无催告情形下解除权的消灭

（一）无催告情形下解除权的存续期限

在没有法律规定或者当事人未约定行使期限，非解除权人也未行使催告权的情形下，合同解除权的行使期限如何确定？我国《合同法》对于上述问题并没有作出明确的规定，学界对此存在较大争议，主要有两种代表性观点：第一种观点认为，从鼓励交易原则与合同自由原则出发，《合同法》对解除权的行使作了严格的限制，规定解除权的行使期限是为了防止解除权人滥用解除权，维护当事人的合法权益，从而保障交易安全。既然《合同法》赋予当事人自行确立解除权行使期限的自由，而且解除权的行使期限的法律适用既不是对债权人不及时行使权利的惩罚，也不是对债务人不履行义务的保护，而是为了更好地维护双方当事人的合法权益，因此合同双方当事人都有平等决定行使期限的权利与机会，即解除权的行使期限由解除权人自由选择，而非解除权人享有抗辩权。[①] 第二种观点认为，解除权为形成权，应受除斥期间的限制，不能长时间由解除权人保留，否则不仅与民法关于除斥期间的规定不符合，而且致合同长期处于不稳定状态，影响交易秩序的正常运转。因此，在没有相对人催告的情形下，可以类推适用最高人民法院《商品房买卖合同案件司法解释》第11条第2款的规定，即"法律没有规定或者当事人没有约定……对方当事人没有催告的，解除权人自知道或者应当知道解除事由之日起一年内行使。逾期不行使的，解除权消灭"。理由为解除权多由违约行为引致，违约行为产生之日即为解除权发生之时，解除权人至少已了解解除权发生，一年时间足够其权衡利弊。[②]

笔者认为，第一种观点实难接受。解除权的行使期限完全由解除权人自行决定，不仅不符合鼓励交易的原则，相反在解除权人怠于行使权利时可能会使

---

① 周大力：《对合同解除权行使期限立法依据的思考》，载《吉林广播电视大学学报》2004年第4期。

② 崔建远、吴光荣：《我国合同法上解除权的行使规则》，载《法律适用》2009年第11期。

合同的不稳定状态长期存在，影响交易的安全与秩序，而且非解除权人拥有抗辩权，表面上符合合同自由与合同平等的原则，但实质上却与自由平等之立法精神背道而驰。合同自由所体现的是合同双方当事人在自由协商的基础上达成相关事项，而解除权的行使期限完全由解除权人决定，相对方享有抗辩权，并不符合双方自由协商的宗旨。同时，该解决模式不仅不利于达成共识，而且易引发诉讼，增加诉累。笔者倾向于赞同第二种观点，但亦认为第二种观点仍存在不周延之处。民法对于一般情形下的除斥期间的期限并没有作出统一的规定，所谓一年的除斥期间是相对于特殊情形如撤销权等而设计的，而《民法典》第152条第2款规定，"当事人自民事法律行为发生之日起五年内没有行使撤销权的，撤销权消灭。"对于该特殊情况而言，一年的除斥期间内已能够作出周全之判断。但是这并不意味着，合同解除权的情形也应类推适用一年的行使期限。"法无规定即为允许"，法律并没有对除斥期间作出明确而统一的期限规定，也没有禁止当事人自由协商达成一致期限，因此根据意思自治的原则，在目前法律未作出明确规定情形下，在没有对方催告之情形下合同解除权的行使期限原则上应根据合同具体情况由当事人自由协商确定，可参照《商品房买卖合同案件司法解释》第11条第2款关于"一年期限"的规定。但最长不得超过诉讼时效，否则将可能出现诉讼时效已过而空有解除权之滑稽局面。《民法典》第564条第2款规定，即没有法定或约定的解除权行使期限的，自解除权人知道或者应当知道解除事由之日起一年内不行使，或者经对方催告后在合理期限内不行使的，解除权归于消灭。一年期间为除斥期间，不适用中止、中断或延长的规定。将解除权行使的期间定为一年，与撤销权等形成权的除斥期间相同，符合相同性质的权利适用相同失权规则的价值取向。且规定解除权除斥期间的起算点，从解除权人知道或者应当知道解除事由之日起算。比如，一方当事人在履行期限届满前，当事人一方明确表示或者以自己的行为表明不履行主要债务，即以一方明确表示或者以自己的行为表明不履行主要债务之日作为解除权产生之日。知道或者应当知道解除事由的时点是除斥期间起算的前提和基础，有证据表明或者根据交易习惯、生活经验可以推定解除权人知道解除事由发生的日期，即可以作为确定除斥期间的起算点。

（二）无催告情形下解除权消灭之判断

在没有法律规定或者当事人未约定解除权行使期限，且相对方未进行催告之情形下，解除权的消灭应综合当事人的意思表示及其行为加以判断。无催告情形下解除权消灭之判断主要依据以下几个方面。

1. 解除权人通知相对方放弃解除权

根据"权利可以放弃"法理，解除权人可以放弃行使解除权，这也意味着解除权的消灭，解除权人将承受合同价值变化的风险。根据《民法典》第137条的规定，以对话方式作出的意思表示，相对人知道其内容时生效。以非对话方式作出的意思表示，到达相对人时生效。解除权人作出放弃解除权的意思表示，应当以相对人知道其内容或者放弃解除权的意思表示到达相对方时始生效，因此解除权人须以通知等方式告知相对方，或者使相对方知悉通知内容。通知的方式既可以是口头形式，也可以是书面形式。

2. 解除权人要求或者接受相对方继续履行

在不完全履行导致违约的情形下，享有解除权的一方当事人，可以选择解除合同或者继续履行合同。解除合同与继续履行合同是法律规定的两种性质相异的权利救济方式，两者不能同时主张，只能择其一而行使。这也是大陆法系与英美法系通行的观点[1]。解除权人在对方违约后，要求或者接受合同履行的，表明其默示放弃解除权。这种情形也符合《民法典》关于默示的意思表示的立法本意，《民法典》第140条规定，行为人可以明示或者默示作出意思表示。沉默只有在有法律规定、当事人约定或者符合当事人之间的交易习惯时，才可以视为意思表示。理由在于违约一方继续履行合同已表明其不愿解除合同，而解除权人在利益受损风险下没有选择结束合同，也表明其不愿放弃履行合同的价值。在这种情形下，如果允许解除权人依然享有解除权，对于相对人而言是极其不公平的。

3. 解除权人在对方未继续履行合同的合理期限内未作解除合同的意思表示

《民法典》第564条第2款规定，法律没有规定或者当事人没有约定解除权行使期限，自解除权人知道或者应当知道解除事由之日起一年内不行使，……该权利消灭。在非解除权方消极履行合同义务时，解除权人应在合理期限内作出解除合同的意思表示，逾期将导致该项权利消灭。法律不保护"权利沉睡者"，权利人怠于行使权利的，将自行承担利益受损的风险。每个人都是自己利益的最佳判断者，在出现双方约定的合同解除事由或者法律规定的不可抗力致使不能实现合同目的、明确表示或者以自己的行为表明不履行主要债务、迟延履行债务或者有其他违约行为致使不能实现合同目的等合同解除事由时，解除权人至少已知道享有合同解除权，在合法权益受到侵害的情形下，不积极采取行动追偿损失，而是选择消极行使权利，法律对此已无保护的必要。

---

[1] 李显波、易纯洁：《无催告情形下合同解除权的消灭》，载《法学杂志》2010年第2期。

【典型案例】

W 房地产公司诉实业公司、Y 房地产公司合作开发协议纠纷案

上诉人（原审原告）：W 房地产公司。

法定代表人：王某阳，总经理。

被上诉人（原审被告）：实业公司。

法定代表人：曹某东，董事。

原审第三人：Y 房地产公司。

法定代表人：何某强，总经理。

〔基本案情〕

浙江省高级人民法院一审查明，1993 年 2 月 7 日，实业公司（其前身为 Y 技术开发公司及 Y 投资贸易公司，1996 年 1 月 4 日变更名称为实业公司，以下一并简称为实业公司）与义乌市政府签订了《关于经济技术合作意向书实施问题的协商备忘录》，主要内容：（1）关于义乌造纸厂搬迁改造及房地产开发问题。义乌方面赞成实业公司提出的关于"将义乌造纸厂现有大部分厂区按城市总体规划要求，建成一座类似于香港的太古城那样的，具有显著地方特色和现代化城市气息的园区，对外公开招商、拍卖，并以土地使用权招商出让的大部分资金用于扶植义乌造纸厂实现产品结构调整，上其他工业项目，同时以小部分资金用于房地产开发的启动资金，把二者结合起来，综合考虑"的思路。（2）义乌方面对实业公司所提的彩印、包装及真空镀铝项目都表示有极大的兴趣，并将尽快组成专门班子就上述三个项目的产品方向、规模深度、市场前景等进行必要的调研分析，然后根据市场状况及资金实力等选择其中的 1~2 项，采用双方合资的方式共同进行开发，实业公司对上述选中的项目负责技术及设备引进，合资方式及出资比例等届时再进一步协商。（3）实业公司建议义乌方面以一家综合性的实业公司直接与实业公司接洽实施，并请市政府在政策上给予大力支持，义乌方面答应回去研究后尽快予以落实。3 月 31 日，绍兴轻纺账号 115014906288 汇入绒毛化工总厂 1000 万元。4 月 12 日，义乌绒毛化工总厂汇给 W 房地产公司 1000 万元。4 月 14 日，W 房地产公司汇入实业公司北京办事处 1000 万元。4 月 23 日，南汇农行汇给义乌农行 1000 万元。4 月 26 日，义乌农行汇给义乌绒毛化工总厂 1000 万元。4 月 27 日，义乌绒毛化工总厂汇给 W 房地产公司 1000 万元。4 月 28 日，义乌市政府（甲方）与实业公司（乙方）签订协议书一份，约定：（1）原无偿拨给义乌造纸厂的约 8 万平方米的国有土地使用权（具体位置和准确面积，根据规划图纸确定）由甲方负责收回，并以优惠的出让方式协议出让给乙方，供乙方开发商服、住宅楼，出让土地使用权年限，按国家规定确定。（2）出让地块为每亩 65 万元，签订协议时，乙方付定金 1000 万元，签订合同之日起三个月内再付 2000 万元，其余地价款在签订之日起七个月内全部付清。（3）乙方应自负受让地块内的三通一平、绿化、小区道路建设费。工人路段的建设配套由乙方全负；

化工路、义东路在原造纸厂相关路段的建设费乙方负担一半，小区内水电增容费由乙方自负。（4）甲方应保证在正式签订土地出让合同后五个月内负责将出让土地内的建筑物、构筑物及设备拆除、搬迁完毕。（5）乙方应根据甲方提供的小区规划要点及有关指标，编制小区高层的详细规划，由甲方审核批准后方可实施。（6）双方共同出资创办国内第一流的印刷企业，总投资在4000万元以上，投资比例暂定为甲方70%，乙方30%，双方共同努力争取二年内建成投产；由于乙方的责任，如合资项目未能办成，土地出让地价款按每亩85万元计算，且据此计算全部地价款付给甲方后，甲方才给予乙方办理转让房地产的有关发证手续；由于甲方责任给乙方造成损失，甲方应给予补偿。（7）新办合资企业所需工人，应优先从原造纸厂职工中选择，新置印刷设备所需美元由乙方负责调剂。同年5月4日，实业公司（甲方）与W房地产公司（乙方）签订协议书一份，约定：（1）甲方负责与义乌市土地管理局根据义乌市《城镇国有土地使用权有偿出让和转让试行办法》和国家有关法律、法规订立原义乌造纸厂约8万平方米的国有土地使用权转让合同，并以甲方名义在义乌市成立本项目的房地产开发公司。（2）甲方负责在本项目的房地产开发中，办妥与义乌市有关的一切前期手续及协调有关出现的问题。（3）乙方负责筹措资金，并根据甲方与义乌市土地管理局签订的合同及有关协议规定，支付全部地价款（支付办法按有关合同规定时间）。（4）乙方应根据有关规定，自负受让地块内的三通一平、绿化、小区道路建设费及水电增容费。（5）乙方应根据义乌市土地管理局提出的小区规划要求及有关指标，编制小区高层的详细规划，由义乌市有关当局批准后方可实施。（6）根据甲方与市政府的协议，甲方在新建的印刷企业（总投资4000万元以上）占股30%，投资约1500万元，该项资金加入房地产项目内的土地成本。（7）在甲方注册的房地产公司内，乙方派员参与管理，并全面负责财务工作。（8）甲、乙双方在开发房地产项目中的利润分成，甲方60%，乙方40%。协议最后载明该协议双方签字后，具有法律效力，双方不得违约。同一天，实业公司支付义乌市土地管理局定金1000万元。此后，W房地产公司指派楼某耀、张某镇参与Y房地产公司[1994年6月23日，经浙江省人民政府外经贸资浙府字（1993）5595号批准书批准设立，1993年12月15日，领取了企业法人营业执照，其中载明企业类型为外商独资经营，注册资本300万美元，总经理何某强，副总经理贾某弟。该公司设立前成立了义乌香港城房地产开发公司筹备处，以下一并简称为义乌实业公司]的日常管理工作。楼某耀、张某镇被义乌实业公司聘为顾问，张某镇任销售部经理，向义乌实业公司领取工资。副总经理余某军，主管办公室、财务部并兼任办公室主任、财务部经理。义乌实业公司于同年5月开始预收房款。同年6月10日，实业公司与W房地产公司又签订补充协议一份，约定：（1）主协议第6条修改为：甲方在新建的印刷企业（总投资4000万元以上）占股30%，按30%的实际投资计算，但最高不超过1500万元，列入土地成本。（2）主协议第8条利润分成修改为甲方55%，乙方45%。

补充协议同时载明该补充协议与主协议同样具有法律效力。同年 8 月 2 日，义乌市土地管理局（甲方）与义乌实业公司（乙方）签订了义地合字（1993）第 34 号出让国有土地使用权合同，载明：（1）出让地块坐落于化工路 10 号（原义乌造纸厂厂址），面积 121.5 亩，土地用途为商服、住宅综合开发，居住用地 70 年，商服综合用地 50 年，1996 年 12 月底前建成完工。（2）土地使用权出让金为每亩 65 万元，总额为 7897.5 万元，签订合同时，乙方必须向甲方交纳定金 1000 万元，签订合同之日起二个月内再付 2000 万元，其余地价款在签订合同之日起六个月内全部付清，逾期未全部支付，甲方有权解除合同，定金不予退还，并有请求违约赔偿的权利。（3）乙方应自负受让地块内的通信、供电、供水、排水、绿化、道路各类公共设施配套费；工人路穿越原造纸厂厂区地段的道路建设按城建规划要求由乙方负责实施，费用由乙方全负（包括给排水、排污、电缆通信、道路照明及绿化费等），并需按建设程序验收；化工路、义东路、规划 10 米路（未定名）与出让地块界临地段的筑路费乙方负担一半，出让地块内的水电增容费由乙方自负。（4）甲方应保证在正式签订合同后五个月负责将出让地块内的建筑物及其附属物拆迁完毕。1993 年 8 月 4 日，W 房地产公司汇入义乌实业公司 11.28 万元。8 月 7 日，义乌实业公司按 W 房地产公司的指令支付给义乌农行 1000 万元及利息 10.56 万元，余额 7200 元退回 W 房地产公司，1994 年 6 月 28 日，W 房地产公司出具了收到该 7200 元的收据一份。1993 年 8 月 12 日、11 月 8 日，义乌实业公司分别支付土地出让金 540 万元、1260 万元。同年 11 月 18 日，义乌实业公司通过 W 房地产公司向 Y 房地产公司借款 600 万元。同年 12 月 18 日、24 日、28 日、31 日，义乌实业公司分别支付给 Y 房地产公司、金华市农行国际业务部、义乌服装公司 71 万元、29 万元、200 万元、300 万元，合计 600 万元，付清了欠 Y 房地产公司的债务。1994 年 1 月 13 日，义乌实业公司支付 W 房地产公司利息 20 万元。1994 年 1 月 28 日，义乌市审计师事务所出具了关于义乌实业公司的验资报告，其中载明投资方于 1993 年 4 月 22 日从实业公司北京办事处汇入中国建设银行义乌市支行 1000 万元，系经营资金，该验资报告认为，义乌实业公司实际到位资金为 1000 万元。1994 年 4 月 1 日，实业公司代表何某强发函给 W 房地产公司（该函以下简称为"4.1 函"），主要内容为：（1）根据 1993 年 5 月 4 日协议书第三条，W 房地产公司应在 6 个月内（1993 年 8 月 2 日—1994 年 2 月 1 日）付清全部土地出让金 7897.5 万元和三通一平等各类费用 800 万元以上。（2）W 房地产公司未按协议书执行，带来极大的困难，在信誉上造成不良影响，义乌市政府多次催促，必须加快工作进程，广大购房户迫切要求早日动工，实业公司多次催促 W 房地产公司早日汇款，但始终未能履行协议；协议内容为："请你公司在本月 15 日前，把以上应支付的资金汇入义乌实业公司，如不能按时把资金汇入指定的银行，则作为你公司自动解除协议。"1994 年 4 月 5 日、5 月 20 日、6 月 3 日、9 月 26 日，1998 年 7 月 7 日，义乌实业公司分别支付土地出让金 1000 万元、1000 万元、2000 万元、

922 万元、31.8133 万元。1999 年 9 月 6 日，义乌市土地管理局原局长证实：义乌实业公司支付了土地出让金定金 1000 万元，第二期出让金基本上按时支付；此后，义乌实业公司提出出让面积中，部分土地被公共建筑占用，要求重新丈量面积后付清全部出让金；后经土地管理局核实面积后，确有此事，故对其延交出让金，没有追究违约责任。

W 房地产公司起诉称：双方合作协议合法有效，一经签订，均应严格履行。W 房地产公司投入了首期资金 1000 万元并派出销售主管、会计、出纳人员。整个地块进入开发建设后，由于预售房屋收入较多，资金有余，足以支付地价款并开发建设。实业公司在 W 房地产公司依约支付投资款，双方共同合作开发取得成果的时候，企图撕毁合同单方侵吞利润，其行为已违反了法律并侵害了 W 房地产公司的合法权益。故请求一审法院判令实业公司按照约定比例支付合作开发利润 1625 万元（庭审中变更为 2617 万元）并负担本案案件受理费。

实业公司答辩称：(1) 双方于 1993 年 5 月 4 日、6 月 10 日签订的合作开发协议及补充协议系真实意思表示，内容合法，应确认为有效。协议签订后，实业公司依约履行了全部义务，而 W 房地产公司除在合作前汇入实业公司北京办事处 1000 万元外，未依约支付土地出让金，也没有承担开发项目中的三通一平费和水电增容费等，已构成根本违约。(2) 1994 年 4 月 1 日，实业公司发函告知 W 房地产公司在 4 月 15 日前，将应付款项汇入义乌实业公司，否则作为 W 房地产公司自动解除协议。W 房地产公司仍未履行相应义务，故合作协议已经解除。(3) 1998 年 12 月，W 房地产公司才提起诉讼，已过诉讼时效，不再享有胜诉权。W 房地产公司 1993 年 4 月 22 日汇入实业公司北京办事处的 1000 万元已于同年 8 月 7 日通过义乌农行转走，W 房地产公司已不存在任何资金投入，根据协议享受利润分成的法律基础业已丧失。故请求判令驳回 W 房地产公司诉讼请求，并由其负担案件受理费。

义乌实业公司答辩称：义乌实业公司是实业公司设立的外商独资企业。按照 W 房地产公司与实业公司的协议，W 房地产公司负有筹措资金的义务，故义乌实业公司的注册资金应由 W 房地产公司筹措。但 W 房地产公司除了 1993 年 4 月 14 日汇入的 1000 万元外，一直未有其他资金投入。1993 年 8 月 7 日，W 房地产公司已要求义乌实业公司将 1000 万元及利息 10.56 万元汇入其指定账户。这 1000 万元仅在项目公司中存在三个月。从此，W 房地产公司再无任何资金投入，所有原协议约定的支付土地出让金等义务均由实业公司和义乌实业公司履行。据此，W 房地产公司擅自收回 1000 万元及利息的行为对于实业公司来说，只能视作收回投资或者先行收回投资。就整个项目而言，W 房地产公司不应再享有约定的投资权益。故请求驳回 W 房地产公司的诉讼请求。

一审审理过程中，一审法院根据 W 房地产公司申请并征得另外两方当事人同意后于 2001 年 5 月 15 日委托浙江江南会计师事务所（以下简称江南所）对 W 房地产公司与实业公司合作开发的原义乌造纸厂约8万平方米地块的投入、支出及利润进行了审计。江南所于9月18日出具了审计报告的征求意见稿。一审法院于同日及次日将上述审计报告征求意见稿送达W房地产公司、义乌实业公司和实业公司。9月25日,在一审法院主持下,江南所和三方当事人对争议事项逐项进行了核对。12月7日,江南所出具了正式报告,确认净利润为5817.04万元。该报告书同时载明,根据W房地产公司与实业公司1993年6月10日的补充协议约定,投资印刷企业的1200万元列入土地成本,此约定的成本开支与税务政策规定相悖,故审计时未按成本予以扣除;是否应在净利润中扣除,由法院裁定。

一审法院另查明,义乌市工商行政管理局出具的义乌实业公司1995年、1996年两年的年检材料表明:所有者权益均为1000万元。上海黄埔公瑞会计师事务所审计报告载明,W房地产公司系义乌绒毛化工总厂的全资子公司,W房地产公司无义乌房地产的投资项目。1994年5月11日,义乌实业公司向义乌工行贷款2000万元。

〔一审裁判理由与结果〕

一审法院经审理认为,根据诉辩双方的主张,本案的争议焦点是:(1)1000万元款项的性质问题;(2)合作协议是否已解除问题;(3)本案诉讼请求是否已过诉讼时效问题;(4)利润该如何分割。1000万元款项的性质问题。从1993年4月14日汇款凭证,同年5月4日、6月10日双方签订的协议书,补充协议内容及同年12月W房地产公司从Y房地产公司融资情况来看,该1000万元属投资款的事实是清楚的。现亦没有证据证明实业公司和W房地产公司已达成协议将该款项变更为借款。W房地产公司的该点起诉理由成立,实业公司、义乌实业公司对此的异议不能成立。合作协议是否已解除问题。根据原《中华人民共和国经济合同法》第二十六条第一款、第二款之规定,凡发生下列情况之一者,允许变更或解除经济合同:一、当事人双方经协商同意,并且不因此损害国家利益和社会公共利益;二、由于不可抗力致使经济合同的全部义务不能履行;三、由于另一方在合同约定的期限内没有履行合同。属于前款第二项或第三项规定的情况的,当事人一方有权通知另一方解除合同。因变更或解除经济合同使一方遭受损失的,除依法可以免除责任的以外,应由责任方负责赔偿。问题的关键是:W房地产公司是否存在在合同约定期限内没有履行合同的情形。1993年5月4日协议书第三条规定:"乙方(W房地产公司)负责筹措资金,并根据甲方(实业公司)与义乌市土地管理局签订的合同及有关协议规定,支付全部地价款(支付办法按有关合同规定时间)。"第四条规定:"乙方应根据有关规定,自负受让地块内的三通一平、绿化、小区道路建设费及水电增容费。"根据这两条规定,土地出让金及三通一平等费用,应由W房地产公司负责交纳。而依据1993年8月2日《出让国有土地使用权合同》第二条第七项之规定"双方签订《出让国有土地使用权合同》时,乙方(义乌实业公司)必须向甲方(义乌市土地管理局)交付定金,共计金额1000万元,签订土地使用权出让合同之日起二个月内再付 2000 万元，其余地价款在签订合同之日起六个月内全部付清……逾期未全部支付，甲方有权解除合同，定金不予退还，并有请求违约赔偿的权利"。据此，W 房地产公司应在 1994 年 2 月 1 日前付清土地出让金、三通一平费等，W 房地产公司未在上述期限内支付款项，已构成违约。虽然义乌市土地管理局原局长证实：义乌实业公司支付了土地出让金定金 1000 万元，第二期出让金基本上按时支付；此后，义乌实业公司提出出让面积中，部分土地被公共建筑占用，要求重新丈量面积后付清全部出让金；后经土地管理局核实面积后，确有此事，故对其延交出让金，没有追究违约责任。但这只说明义乌实业公司与义乌市土地管理局之间不存在违约问题，并不能说明 W 房地产公司不支付款项，不构成违约；且此后 W 房地产公司仍未履行协议义务，一直未支付土地出让金和三通一平等费用，构成根本性违约。实业公司依据上述经济合同法的规定，有权解除合同且 1994 年 4 月 1 日，实业公司已书面通知了 W 房地产公司并给予十五天延缓期，W 房地产公司在该时间内仍未履行义务，双方之间的合作开发协议已解除。实业公司辩称 1993 年 5 月 4 日协议书已解除的理由成立。

本案诉讼请求是否已过诉讼时效问题。1993 年 5 月 4 日协议书已解除，但整个开发项目至今尚未结束，就利润问题的诉讼请求，未过诉讼时效。至于能否分得利润，属实体处理问题。实业公司和义乌实业公司认为本案的诉讼请求已过诉讼时效的理由不能成立。

利润该如何分割。1993 年 5 月 4 日协议书及 1993 年 6 月 10 日补充协议已解除，而解除具有溯及于协议成立时消灭其协议的效力，即因解除协议如同该协议自始不存在，从而未履行之债务归于消灭，既已给付者，发生恢复原状请求权。而 W 房地产公司的 1000 万元只在实业公司存在三个多月，其恢复原状只能是支付利息，而 1994 年 1 月 13 日，义乌实业公司支付 W 房地产公司利息 20 万元，按照银行贷款利率计算，既包含了 600 万元一个月，也包含了 1000 万元三个多月的利息。因此，W 房地产公司的权益已得到保护。

综上所述，W 房地产公司、实业公司于 1993 年 5 月 4 日签订的协议书，鉴于 W 房地产公司系房地产开发公司，符合《最高人民法院关于审理房地产管理法施行前房地产开发经营案件若干问题的解答》① 第一条"从事房地产的开发经营者，应当是具备企业法人条件、经工商行政管理部门登记并发给营业执照的房地产开发企业"的资格条件。此后，双方依协议成立了义乌实业公司，土地使用权亦登记在义乌实业公司名下，协议已基本履行完，房屋已建成，故协议书应确认有效。W 房地产公司未按协议约定支付土地出让金、三通一平费等，已构成根本性违约，根据原《中华人民共和国经济合同法》第二十六条之规定，实业公司享有解除权。1994 年 4 月 1 日，实业

---

① 已被《最高人民法院关于废止 1980 年 1 月 1 日至 1997 年 6 月 30 日期间发布的部分司法解释和司法解释性质文件（第九批）的决定》废止。

公司已行使了解除权，故 W 房地产公司与实业公司之间的协议已解除，而解除具有溯及的效力，如同该协议自始不存在，现 W 房地产公司要求分割利润，缺乏合同和法律依据，该诉讼请求依法不能成立。据此判决驳回 W 房地产公司的诉讼请求。

〔当事人上诉及答辩意见〕

W 房地产公司不服一审判决，上诉称：第一，一审法院认定 1993 年 5 月 4 日签订的协议书已经解除不当。双方一直履行该合作协议至起诉前，并未解除。第二，一审判决以合作协议已经解除为由，驳回 W 房地产公司分配利润的诉讼请求错误。W 房地产公司有权根据合作协议的约定，按照 45% 的比例分割 5817.04 万元的利润共计 2617 万元。故请求最高人民法院撤销一审判决，判令实业公司向 W 房地产公司支付合作开发房地产的利润 2617 万元并承担本案一、二审诉讼费用。

实业公司答辩称：第一，W 房地产公司汇给答辩人的 1000 万元款项属于借款，该款项已于义乌实业公司成立之前由 W 房地产公司连本带息收回，W 房地产公司无权就该借款分享投资利润。第二，即便该 1000 万元是投资款，该款也已由 W 房地产公司收回，W 房地产公司未履行双方合作协议所确定的义务，使义乌实业公司在财务及业务正常运转方面造成极大困难，丧失了合作基础，其行为已构成根本违约，答辩人依法行使了解约权，双方合作关系于 1994 年 4 月 16 日终止，W 房地产公司仍无权要求按协议分取利润。第三，合作协议解除后，W 房地产公司从未履行合作协议规定的义务，从未行使股东权利，对义乌实业公司不具有股东权益。故请求最高人民法院驳回 W 房地产公司的上诉请求，维持原判。

义乌实业公司答辩称：第一，W 房地产公司 1993 年 4 月 14 日汇入的 1000 万元属于借款，即使认定该款为投资款，W 房地产公司也已经在 1993 年 8 月 7 日收回了该笔资金。第二，W 房地产公司未履行出资义务，应当承担违反合同的责任，其所述项目资金充裕，靠预售资金即能滚动发展不是事实。第三，双方合作协议在 1994 年 4 月 16 日已经依法解除。故请求驳回上诉，维持原判。

〔最高人民法院查明的事实〕

最高人民法院二审查明，1993 年 8 月 2 日，义乌市土地管理局与实业公司签订了日期、文号及内容均与其同义乌实业公司所签订的出让国有土地使用权合同相同的出让合同。根据二审庭审调查，义乌实业公司与义乌市土地管理局签订的出让国有土地使用权合同系双方倒签，倒签合同时，义乌实业公司尚未成立。浙江省外经贸主管部门关于义乌实业公司设立的批准证书及义乌实业公司企业法人营业执照均载明：义乌实业公司的投资者为实业公司，投资总额 600 万美元，注册资本 300 万美元，投资者出资额为 300 万美元。江南所出具的审计报告载明，双方合作项目中香港城大厦、A 幢后车库、幼儿园房（待建）、居委会增加房及北 5 幢因尚未出售，故收入和成本不计入利润表，成本挂开发成本。该审计报告同时载明，1993 年 4 月 22 日，实业公司北京办事处以投资用途汇入义乌市地产管理所人民币 1000 万元，该所于同年 5 月 4 日开具给实业公司"预交出让金"1000 万元收据一张。1994 年 1 月 28 日义乌市审计师事务所根据上述资料，出具了义审综字（1994）第 10 号验资报告，确认义乌实业公司实际到位资金为 1000 万元人民币。除上述情况外，在义乌实业公司会计记录中未发现其他资金投入记录。营业执照注册资金 300 万美元外币资金未到位。实业公司亦未投入浙江省外经贸主管部门关于义乌实业公司设立的批准证书以及义乌实业公司企业法人营业执照载明的投资总额 600 万美元。最高人民法院查明的其他事实与一审相同。

〔最高人民法院裁判理由与结果〕

最高人民法院认为，本案的争议焦点有四个：（1）W 房地产公司与实业公司所签订的合作协议的性质和效力问题。（2）W 房地产公司投入 1000 万元款项的性质问题。（3）合作协议是否已经解除的问题。（4）合作项目利润的分配问题。

关于双方合作协议的性质及效力。从双方签订于 1993 年 5 月 4 日及 6 月 10 日的协议书及补充协议的内容来看，实业公司的合同义务是：争取合作项目和出让土地使用权、办理开发项目所需的前期手续、以己方名义设立项目公司等。W 房地产公司的义务是：筹措资金支付该地块出让合同约定的全部地价款及三通一平、绿化、小区道路建设费及水电增容费，派员参与项目公司的管理并全面负责财务工作等。合作协议约定的双方利润分配比例系针对整个房地产开发项目。义乌实业公司虽系实业公司设立的外商独资企业，但该公司是为运作双方的合作项目设立的。所以，双方的关系应为项目合作关系，双方签订的合作协议应当定性为项目合作协议。因双方合作并非在结果层面表现为设立中外合资或者中外合作经营企业，故双方签订的合作协议不属于法律、行政法规规定的须经批准方可成立或者生效的合资或者合作经营企业合同。该合作协议不存在违反法律、行政法规的禁止性规定的情形，应当认定为有效。

关于 W 房地产公司投入 1000 万元款项的性质。虽然义乌实业公司在 1993 年 10 月 31 日会计记账凭证上将该款记载为"短期借款"，但此会计账为该企业内部所记，实业公司据此主张该 1000 万元系借款性质依据不充分。如果 W 房地产公司投入的 1000 万元是借款而非投资款，那么 1993 年 8 月 7 日从义乌实业公司汇出 1000 万元时即应定性为归还借款。借出款项一方提供借款的目的应为获取借款利息，而该 1000 万元的利息事实上是 W 房地产公司提前汇至义乌实业公司账上，这一行为过程表明 W 房地产公司投入的 1000 万元并非借款。结合双方合作协议的内容、W 房地产公司派员参与义乌实业公司的管理，以及实业公司于 1994 年 4 月 1 日发函要求 W 房地产公司履行合作协议约定的资金投入义务的事实看，将该款认定为投资款既符合现有证据所证明的事实，也符合当事人一系列行为所体现出来的真实意思表示。因此，W 房地产公司投入的 1000 万元应当定性为投资款。

关于双方合作协议是否已经解除。根据《最高人民法院关于适用〈涉外经济合同法〉若干问题的解答》① 第一条第二款的规定，中国（内地）企业法人与港澳企业法人之间所订合同产生的争议，除非当事人明确选择适用原《中华人民共和国经济合同法》，否则应当适用原《中华人民共和国涉外经济合同法》。双方合作协议并未明确选择适用原《中华人民共和国经济合同法》，故一审判决以原《中华人民共和国经济合同法》作为认定合作协议是否解除的依据属于适用法律错误，应予纠正。实业公司发给W房地产公司的"4.1函"的内容有二：（1）请W房地产公司在4月15日前将土地出让金7897.5万元及三通一平等各类费用计800余万元汇入义乌实业公司；（2）如果不能按时把资金汇入指定的银行，则作为W房地产公司自动解除协议。原《中华人民共和国涉外经济合同法》第二十九条第二项及第三十二条规定，另一方在合同约定的期限内没有履行合同，在被允许推迟履行的合理期限内仍未履行的，当事人一方有权通知另一方解除合同。解除合同的通知，应当采用书面形式。结合"4.1函"的内容以及上述法律条款的规定看，实业公司只有在W房地产公司被允许推迟履行的合理期限内仍未履行合同义务时才能享有合同解除权。实业公司在发出"4.1函"时，宽限期并未届至，故其还不享有合同解除权。在W房地产公司已逾宽限期仍未履行合作义务的情况下，实业公司又不能举证证明解除合同的电报到达W房地产公司，其合同解除权行使的法律事实难以证明。此外，根据双方合作协议约定，实业公司有义务以其名义在义乌设立合作项目的房地产开发公司。在履行该协议时，实业公司虽设立了房地产开发公司，但没有向该公司交付注册资本金，亦未按投资总额进行投资。根据《中华人民共和国外资企业法》第九条以及《中华人民共和国外资企业法实施细则》第十八条、第十九条、第二十条的规定，实业公司没有履行上述法律、行政法规规定的义务，其设立的公司不能视为对合作协议的全部履行。从合作协议项下己方义务的履行角度看，应当认定实业公司已经构成违约。由于合同解除制度之意旨在将解除权赋予守约方，而实业公司发出"4.1"函时仍处于违约状态，故实业公司不能享有合同解除权。鉴于双方合作协议解除的法律事实尚未成就，一审判决关于合作协议已经解除的认定错误，应予纠正。

关于合作项目利润的分配问题。W房地产公司与实业公司之间属于项目合作关系。由于双方合作协议并未对分阶段分利作出约定，合作项目的利润分配应当在整个合作项目全部完成并通过结算后进行。在本案中，一审法院委托鉴定机构作出的审计报告载明，双方合作项目中香港城大厦、A幢后车库、幼儿园房（待建）、居委会增加房及北5幢尚未出售，未计入利润表。双方合作项目尚未全部完成，整个合作项目的最终盈亏结论无法得出。在此情况下，W房地产公司主张分配合作利润没有合同依据。在W房地产公司坚持双方合作协议未解除且未提出解除合同之诉讼请

---

① 已被《最高人民法院予以废止的1999年底以前发布的有关司法解释目录（第三批）》废止。

求的情况下，最高人民法院判决双方进行分阶段分利没有法律依据。

根据上述事实和理由，最高人民法院认为，虽然 W 房地产公司与实业公司签订的项目合作协议是有效协议，其投入的 1000 万元属于投资款而非借款，双方合作协议至今仍然对双方具有约束力，但由于双方合作项目尚未全部完成，其提出的分阶段分配利润的诉讼请求没有合同依据和法律依据，应予驳回。一审判决虽亦为驳回 W 房地产公司之诉讼请求，但其所基于的事实、理由及适用法律均存在错误，应予撤销。根据《中华人民共和国民事诉讼法》第一百五十三条第一款第二项、第三项以及最高人民法院《人民法院诉讼收费办法》① 第十九条之规定，判决如下：撤销原判，驳回 W 房地产公司的诉讼请求。

> **规则 25：（合同解除）合同一方当事人未与对方协商一致而单方终止合同，由此造成的损失，应自行负担**
> ——孟某诉 G 旅行社旅游合同纠纷案②

【裁判规则】

合同生效后，双方当事人应按照合同的约定认真履行义务。一方提出解除合同的，应积极与对方协商，未与对方协商一致即单方面终止合同，由此造成的经济损失，应自行负责。

【规则理解】

一、合同解除的法律特征

所谓合同解除是指合同具备法律规定成立及生效条件后，在合同或法律规定的效力期间，当出现法律规定或当事人在不违反法律规定情形下约定合同解除条件时，因当事人一方或者双方意思表示，使双方的合同关系归于消灭的行为。合同解除具有如下特征。

（一）合同解除的前提条件是合同有效成立

尚未成立的合同、已经成立尚未生效的合同及无效合同，均不对合同当事人具有拘束力，无提出解除的必要。可撤销的合同被撤销，不发生合同解除；在撤销权人放弃撤销权时，或过了撤销权行使的除斥期间时，转化为合法有效

---

① 已被 2007 年《诉讼费用交纳办法》替代。
② 《中华人民共和国最高人民法院公报》2005 年第 2 期。

合同，符合合同解除适用条件。同样，效力待定合同，一经权利人追认，则自始有效，应属于合同解除的适用范围。

(二) 合同解除应具备一定条件

合同是当事人意思自治的体现，一经成立并生效，即产生法定效力，非经合法条件不得解除。合同解除制度设立的目的就是要保障合同解除的合法性。合同解除的条件可分为约定条件和法定条件。约定条件是当事人在合同中约定，当出现某种既定情况时，当事人一方或双方即可解除合同。当事人对合同是否解除、何时解除的约定是合同自由原则在合同解除制度中的体现。法定解除是法律规定在何种情况下当事人享有解除合同的权利，它体现了国家对维护稳定的合同秩序而对合同进行的必要干预。

(三) 合同解除必须有解除行为

"我国合同法并不采纳当然解除主义，具备合同解除的条件不过是具备了合同解除的前提，要想使合同解除，须有解除行为。"[1] 所谓当然解除主义，是指只要符合解除条件，合同自动解除，而不以当事人意思表示为必要。[2] 当然解除虽具有高效的优势，但并未考虑当事人的意志，当合同继续履行比解除更有利时，却一概自动解除，既违背了当事人的意志，也不利于正常经济秩序的发展。因此，我国未采取自动解除主义，要求当事人有一定的表意行为，既可以是双方当事人协商一致而解除合同，也可以是享有解除权的一方作出解除合同的意思表示并通知对方。

(四) 合同解除的效力是使合同关系消灭

关于合同解除的效力，是自成立时消灭还是在将来消灭，学界主要有三种见解，包括直接效力说、间接效力说和折中说。其中，第一种学说为通说，即溯及既往地发生消灭合同的效力。然而，有学者认为合同解除后的溯及力不能一概而论，应当区分不同情况具体而论，"合同解除的效力问题应尊重当事人的意思表示。在当事人有约定的情况下，只要这种约定没有损害国家利益和社会公共利益，就应尊重当事人的这种约定；当事人若没有特别约定，那么合同解除的效力应依据《民法典》第566条的规定而具体确定。如依据合同关系的性质是继续性合同还是非继续性合同，具体斟酌各种情况，确定其是否发生溯

---

[1] 韩世远：《合同法总论》，法律出版社2004年版，第600页。
[2] 转引自王利明：《合同法新问题研究》，中国社会科学出版社2003年版，第524页。

及既往的效力。"① 笔者赞同上述观点，合同解除应当区分不同情况，相关问题将在后文中进行阐述。

二、合同解除的类型

根据合同解除的事由不同，合同解除可分为约定解除与法定解除；根据合同解除的主体不同，合同解除可分为单方解除与协议解除。我国《民法典》第562条和第563条分别规定了"约定解除"和"法定解除"两种合同解除的类型，约定解除的发生是基于当事人意思表示，而法定解除是基于法律的直接规定。

（一）约定解除与法定解除

1. 约定解除

我国《民法典》第562条规定："当事人协商一致，可以解除合同。当事人可以约定一方解除合同的事由。解除合同的事由发生时，解除权人可以解除合同。"此条系约定解除的规定。约定解除的特征在于合同解除系双方当事人之间的意思表示，无论这种合同解除的意思表示是基于事前的约定事由还是事后协议都是如此，这一点与"法定解除"系因法律规定的客观情况发生进而赋予一方当事人选择行使的解除权不同。②《民法典》第562条将约定解除分为协议解除（双方解除）与约定解除条件解除（单方解除），该条前半部分关于"当事人协商一致，可以解除合同"是我国对协议解除（双方解除）的立法规定。所谓协议解除是指在合同成立生效以后而尚未履行或全部履行之前，当事人双方通过协商订立另一合同来消灭合同效力的行为。协议解除是与单方解除相对应而言的，此种方式是在合同成立后，通过双方协商达成协议而解除合同，而不是在合同订立时约定解除权，它不以单方解除权存在为必要，其实质是以新的合同解除原有的合同，从而达到消灭原有合同的效力之目的。《民法典》第562条第2款关于"当事人可以约定一方解除合同的事由。解除合同的事由发生时，解除权人可以解除合同"是我国关于约定条件解除的规定，它是指当事人双方在合同中约定，在合同成立以后，没有履行或没有完全履行之前，当事人一方在合同解除条件成就时享有解除权，并可以通过行使合同解除权而使该合同关系消灭的合同解除。约定的解除条件，它与《民法典》第158条规定的附解除条件的民事法律行为不一样。附解除条件的民事法律行为，当解除条件

---

① 王利明：《合同法新问题研究》，中国社会科学出版社2003年版，第524页。
② 钟奇江：《合同法责任问题研究》，经济管理出版社2006年版，第121页。

成就时，该民事法律行为自动向将来消灭其效力，无须当事人行使解除权。因此，如果双方约定一旦条件成就则合同自动解除，此种情况属于附解除条件的合同；如果双方约定条件成就时，一方享有解除权，而合同并不是自动解除，则属于约定解除合同条件的解除。

2. 法定解除

所谓法定解除是指在合同成立以后，没有履行或没有履行完毕前，当法律直接规定的解除权条件具备时，当事人一方通过行使解除权而使合同效力消灭的行为。《民法典》第563条第1款规定，有下列情形之一的，当事人可以解除合同：（一）因不可抗力致使不能实现合同目的；（二）在履行期限届满前，当事人一方明确表示或者以自己的行为表明不履行主要债务；（三）当事人一方迟延履行主要债务，经催告后在合理期限内仍未履行；（四）当事人一方迟延履行债务或者有其他违约行为致使不能实现合同目的；（五）法律规定的其他情形。以持续履行的债务为内容的不定期合同，当事人可以随时解除合同，但是应当在合理期限之前通知对方。因此，法定解除是解除权人单方行使法律规定解除权的结果，解除权人只需将解除合同通知送达给相对方，不必取得相对方的同意。约定解除权是当事人意思自治的体现，其可以对法定解除权作出具体补充，也可以对法定解除权予以变更，比如规定只要一方有违约行为，不论是否构成根本违约，当事人一方均可解除合同。

（二）单方解除与双方解除

所谓单方解除，是解除权人行使解除权将合同解除的行为。它不经过相对人的同意，只要解除权人将解除合同的意思表示直接通知对方，或经过人民法院或仲裁机构向对方主张，即可发生合同解除的效果。在德国民法上，其合同解除就是指单方解除，以一方违约发生合同解除的效果。单方解除则包括单方约定解除和单方法定解除。单方约定解除是指当事人双方在合同中约定了某种解除情形，当这种情形出现时，享有解除权的一方以单方意思表示即可使合同消灭，不必征得对方同意。单方法定解除是指法律上有明确规定，当某种情形出现时，享有解除权的一方可依据法律规定直接行使解除权，以达到消灭合同的目的。关于单方法定解除，我国《民法典》第563条第1款第2、3、4项作了较详细的规定。

所谓双方解除，又称为协议解除，是指当事人双方意在解除有效合同而达成意思表示一致的行为，它不以解除权的存在为必要，解除行为也无须行使解除权。在大陆法系中协议解除称为合意解除、解除契约或反对契约①，是以第二契约解除第一契约，使契约的效力溯及消灭。"买卖契约因合意而缔结，同样，在契约开始履行之前，它也因相反的合意而解除。"②

（三）约定解除与协议解除

在我国法律上，合同解除不仅包括单方解除，也包括双方解除（协议解除）。《民法典》第562条规定的约定解除（约定解除条件的解除）与协议解除虽然都体现了当事人的一种合意，但它们是两个不同的概念，具有本质上的区别，应在审判实践中注意区分二者：

第一，约定解除是在合同订立时或在特殊情况出现之前当事人事先约定将来发生约定事由时，一方行使约定解除权，该解除权的行使是单方行为；协议解除是双方当事人于某种情况出现后进行的事后约定或协商，是双方行为，且不以解除权的存在为前提。

第二，约定解除往往是一方当事人违约，有解除权的一方行使合同约定的解除权使得合同产生解除的后果；协议解除不以一方违约为前提，当双方协商一致后便产生原有合同效力的变更。在没有违约的情形下，双方当事人亦可协商解除合同。

第三，约定解除的效力由法律直接规定，约定解除权的行使可能直接导致合同的消灭；而协议解除的效力完全由当事人的意愿决定，法律不干预也没有必要干预，它是以一个新的合同关系代替原来旧的合同关系，是对相互权利义务的重新安排、调整和分配。

三、单方法定解除合同的条件及后果

合同一旦成立、生效，双方当事人必须按约履行，不得任意变更或解除，必须具有约定条件或法定条件，当事人才可解除合同以免除其对缔约双方的法律约束。约定条件由双方事先在合同中通过意思自治予以明示，法定条件则必须符合法律规定的情形。我国《民法典》第563条规定的法定解除条件有以下几种。

（一）因不可抗力致使不能实现合同目的

不可抗力是指不能预见、不能避免并不可克服的现象，包括某些自然现象，如地震、台风等；也包括某些社会现象，如战争等。③ 不可抗力致使不能实现

---

① 史尚宽：《债法总论》，中国政法大学出版社2000年版，第530页。
② 转引自崔建远主编：《合同法》，法律出版社2007年版，第237页。
③ 魏振瀛主编：《民法》，北京大学出版社、高等教育出版社2000年版，第732页。

合同目的，该合同消灭。对因不可抗力导致合同消灭的方式，各国立法并不一致。德国法系采取合同当然且自动消灭的原则，不通过合同解除的方式。英美法系采取合同落空原则解决不可抗力及其他意外事故致使合同不能履行的问题，但不是通过当事人的解除行为，而是由法官裁决。①《民法典》规定了在出现不可抗力致使不能实现合同目的的事由下，允许当事人通过行使解除权的途径解除合同。

（二）预期违约

因预期违约而解除合同，我国《民法典》规定了两种情况。一是根据《民法典》第 563 条第 2 项的规定，在履行期限届满前，当事人一方明确表示或者以自己的行为表明不履行主要债务，对方当事人取得法定解除权。二是根据《民法典》第 527 条、第 528 条规定，应当先履行债务的当事人，有确切证据证明对方存在经营状况严重恶化；转移财产、抽逃资金，以逃避债务；丧失商业信誉；有丧失或者可能丧失债务履行能力的其他情形的，可以中止履行，并及时通知对方。对方在合理期限内未恢复履行能力并且未提供适当担保的，视为以自己的行为表明不履行主要债务，中止履行的一方有权解除合同并可以请求对方承担违约责任。在合同一方当事人明示或默示表明不履行主要债务时，合同目的很难实现，允许当事人从合同的约束中解脱出来，有利于维护其经济利益。

（三）迟延履行主要债务，经催告后在合理期限内仍未履行

迟延履行是指债务人能够履行，但在履行期限届满时尚未履行债务的现象。迟延履行能否作为合同解除的条件，要视合同的性质而定。如迟延履行的并非主要债务，则不宜解除合同。如迟延履行的是主要债务，但履行期限在合同内容上不特别重要时，即使债务人在履行期限届满后履行，也不至于使合同目的落空的情况下，原则上不允许债权人立即解除合同，而是由债权人向债务人发出履行催告，给予其一定宽限期。债务人在该宽限期届满时仍未履行的，则可视为履行成为不必要，债权人有权解除合同。

（四）当事人一方迟延履行债务或者有其他违约行为致使不能实现合同目的

根据合同的性质和当事人的意思表示，履行期限在合同的内容上特别重要，债务人在超过了履行期限所作的履行，对债权人已无必要，或已达不到合同的目的，债权人可以不经催告而径直解除合同。《买卖合同案件司法解释》第 19

---

① 崔建远主编：《合同法》，法律出版社 2007 年版，第 240~241 页。

条规定:"出卖人没有履行或者不当履行从给付义务,致使买受人不能实现合同目的,买受人主张解除合同的,人民法院应当根据民法典第五百六十三条第一款第四项的规定,予以支持。"如债务人应于阴历八月十五日向债权人提供月饼,而过了阴历八月十五日,仍未提供。除迟延履行之外,不完全履行的违约行为也可导致合同解除的发生,不完全履行包括标的物在数量上有所短缺,或标的物在品种、规格、型号等质量方面不符合法律的规定或合同的约定,或者提供的劳务达不到合同规定的水平,属于债的不完全履行,如果债务人在一定宽限期内仍未能消除缺陷或另行给付,致使不能实现合同目的,当事人即可行使解除权。

综上所述,一方在不具备解除权的情况下,要解除合同,必须与对方协商,经过要约、承诺达成新的合意,以新合同解除原合同,否则单方终止合同就是违约,不但其损失要自行承担,还要向对方承担相应的违约责任。

【拓展适用】

一、合同解除与合同终止之区分

合同终止是指合同的债权债务关系归于消灭,合同关系客观上不复存在。合同终止与合同解除有着相似的关系,二者均能引起合同权利义务关系的终结。我国《民法典》第557条规定了7种合同终止的情况,将合同解除列为合同终止的原因之一,可见我国将合同终止视为合同解除的上位概念,但是,由于未将合同终止的概念予以明确,在实践中经常出现将两者混为一谈、不加区分的情况。对于是否应该区分合同解除与合同终止,各国立法存在不同做法。大陆法系国家认为,合同解除与合同终止有区别,二者无论在适用范围还是在法律效力方面均存在不同。如在19世纪末期,德国在起草民法第一草案时,曾把合同终止作为合同解除的一种形式。但在制定第二草案时,认为终止与解除在性质上存有不同,进而将二者进行了区分,并明确了其不同的名称和法律效果。[①]日本民法没有规定合同的终止,但在规定合同解除时,将其分为两类:一是解除的效力能溯及既往,二是解除的效力不能溯及既往。英美法系国家没有对合同解除和合同终止作出明确区分,《美国统一商法典》所规定的合同终止并不是与合同解除相区别的概念。但美国学者认为存在合同解除与合同终止的区分,前者使原来订立的合同不复存在,双方在经济上应恢复到合同订立之前的状态;

---

① 王家福主编:《民法债权》,法律出版社1991年版,第362页。

后者则确认了已经履行的债务仍然有效,另一方面也使合同自终止之日起不再有效。大陆法系学者大多认为二者的性质、发生结果有一定的共同点,如都是形成权,都可能引起合同债权债务关系的消灭,都可以发生损害赔偿请求权。[1] 如我国台湾地区有学者认为,"契约因解除而溯及地失其效力,终止则仅使契约对将来失其效力"。综合分析大陆法系与英美法系中合同解除与合同终止的区别与联系,可以看出两者存在如下差异。

(一) 目的不同

合同解除目的在于完全解除当事人之间无法实现目的的合同权利义务。如大陆法系常将解除视为对违约的一种补救措施,合同终止解决的是合同未履行部分有无存在的必要,目的在于消灭已无法实现部分合同关系的同时,保护已经履行的部分合同内容。[2]

(二) 适用范围不同

合同解除通常被视为对违约的一种补救措施,是对违约方的制裁,因此,合同解除主要适用于一方当事人有违约的情形,法定终止不仅是因为合同解除导致终止,其导致合同终止的原因有多种。在大陆法系,有些合同只能适用合同终止,不能适用合同解除。例如,根据租赁合同,承租人租用房屋达一定期限,或根据劳务合同,当事人一方已付出了一定劳务等,如果发生一方当事人违约,也无法恢复原状……"最重要的是合同终止一般适用于继续性合同,而合同解除一般适用于非继续性合同。"[3] 在我国,根据《民法典》第 557 条的规定,合同的终止主要适用于非违约的情形,或者说主要适用于债务因履行或免除而消灭的情形,如合同债务已经按约定履行、债务相互抵销、债务人依法将标的物提存、债权人免除债务、债权债务混同即同归于一人、双方协商一致等而终止。可见,合同终止的适用范围要比合同解除的适用范围广。

(三) 溯及力不同

通常认为,合同终止仅向将来发生履行的效力,即不具有溯及既往的效力,而合同解除则不然。我国《民法典》第 566 条第 1 款规定:"合同解除后,尚未履行的,终止履行;已经履行的,根据履行情况和合同性质,当事人可以请求恢复原状或者采取其他补救措施,并有权请求赔偿损失。"由此可见,我国合

---

[1] 汪张、杜凯:《论合同解除权的行使》,载《西南政法大学学报》2005 年第 7 卷。
[2] 参见崔建远、陈国柱在《关于完善经济合同法定解除制度的思考》中的论述。
[3] 王利明:《合同法新问题研究》,中国社会科学出版社 2003 年版,第 527 页。

同解除的法律效力包含两个方面的内容：一是尚未履行的，合同终止履行，解除向将来发生终止履行的效力；二是已经履行的，则可以视合同的性质与履行情况，对已经履行的合同内容产生恢复原状或者赔偿损失的效力，即合同解除和合同终止都具有向将来发生终止履行的法律效力之特点，但合同解除还会根据合同类别、合同性质以及合同履行等情况综合确定是否产生溯及既往的效力。

二、合同解除与合同无效之区分

按照许多学者的看法，合同解除与合同无效并没有实质性区别，由于我国是《联合国国际货物销售合同公约》的缔约国，而公约对合同解除与合同无效并未作出明确的区分。因此，在司法实践中，合同解除与合同无效经常容易被混淆。[1] 合同无效与合同解除都存在如下共同点：两者都是将合同当事人的关系归于消灭；两者都存在溯及既往的效力。但是，合同解除与合同无效是有区别的，主要表现在以下几方面。

（一）发生事由不同

合同解除是指合同关系已经有效成立，合同效力期间，双方当事人在履行合同过程中出现了法定的或者约定的解除事由时，一方或双方解除合同而使合同关系提前消灭。合同无效是指合同根本不符合法律规定的合同生效条件，从而自始不能产生法律效力。合同的无效是由于合同自身存在严重的缺陷，合同自始、绝对、当然无效，无须当事人主张。合同的解除只有依法享有解除权的人依照法律规定的条件、程序行使解除权后，才能发生解除合同的后果，即使产生法定的解除事由，而当事人不去行使解除权，合同仍然有效。

（二）行使权利的主体不同

无效合同的确认权由人民法院或仲裁机构行使。在诉讼或仲裁中，对于故意违反法律，损害国家、社会公共利益的合同，法律规定当然无效，即使当事人不主张无效，人民法院、仲裁机关亦应予以主动干预。对于合同解除，权利由当事人享有，国家不能干预，人民法院或仲裁机关不能主动确定合同解除。人民法院和仲裁机关只有在一方行使法定解除权而对方提出异议，或当事人一方请求确认其行使解除权有效时，根据案件情况确认解除权的法律效果。

（三）产生的法律效力不同

无效合同，自始不发生法律效力，因此，毋庸置疑地具有恢复原状、溯及既往的法律效力；而合同解除不一定会发生溯及既往的法律效力，在审判实践

---

[1] 杜晨妍：《合同解除权行使制度研究》，吉林大学2009年博士学位论文。

中,一般认为对于合同双方已经正常履行部分,不再产生溯及既往的法律效力,也就不必恢复原状。

(四)两者依附基础和救济方式不同

合同解除是以合同成立生效为前提条件,即解除权人只能解除有效成立的合同。而合同无效,自始不发生法律效力,如果在履行阶段发现合同无效,那么当事人不能行使合同解除权,只能主张合同无效。

三、合同解除与合同撤销之区分

合同撤销权,即可撤销合同的撤销权,是指撤销权人因合同欠缺一定生效要件,而享有以其单方意思表示撤销已成立合同的权利。相对于绝对无效合同而言,可撤销合同属于相对无效合同,有撤销权的一方在行使撤销权之前,合同对当事人仍然有效力;在行使撤销权之后,合同无效溯及合同成立之时,自始不发生效力。合同撤销权是不同于债权人的撤销权、合同解除权的民事制度,其与合同解除都可以使已经生效的合同溯及既往地消灭。但两者存在以下区别。

(一)发生原因不同

合同撤销的原因由法律明确规定,《民法典》规定的可撤销的民事法律行为主要包括重大误解、显失公平,以及因欺诈、第三人欺诈、受胁迫等意思表示不真实的行为。合同解除则既可以由法律规定也可以由当事人约定,主要是当事人一方在履行合同的过程中,出现违约行为,导致法定和约定的解除情形出现。

(二)适用范围不同

合同解除仅适用于有效成立的合同。合同撤销主要适用于合同成立时意思表示有瑕疵或效力待定的合同,如限制民事行为能力人订立的合同,其法定代理人可以行使撤销权。

(三)行使方式不同

合同的撤销必须由撤销权人提出,由仲裁机构或人民法院确认。合同的解除则一般由权利人直接行使解除的意思表示即可发生解除的后果,如果对方提出异议,经过仲裁机关或法院裁决,只是对解除合同的效力的确认,并不影响合同解除的时间。《民法典》第565条第2款规定,当事人一方未通知对方,直接以提起诉讼或者申请仲裁的方式依法主张解除合同,人民法院或者仲裁机构确认该主张的,合同自起诉状副本或者仲裁申请书副本送达对方时解除。

(四)溯及力不同

合同撤销自始不发生法律效力,因此具有溯及既往的效力。《民法典》第155条规定,无效的或者被撤销的民事法律行为自始没有法律约束力。而合同解除权的溯及力根据合同履行等情况,综合予以确定。《民法典》第 566 条第 1 款规定,合同解除后,尚未履行的,终止履行;已经履行的,根据履行情况和合同性质,当事人可以请求恢复原状或者采取其他补救措施,并有权请求赔偿损失。

四、合同解除与合同变更之区分

《民法典》第 543 条规定,当事人协商一致,可以变更合同。合同解除与合同变更均改变了原合同关系,两者有许多相似之处,但仍存在以下区别。

(一)原合同是否消灭不同

合同解除是消灭原合同关系,且不建立新的合同关系;合同变更只是在原合同基础上使合同部分内容发生变化,合同关系并没有消灭。

(二)权利行使不同

合同解除是享有解除权的当事人行使解除权的结果,而合同变更主要是双方当事人协商的结果。

(三)与违约关系不同

合同解除主要是一种违约的补救方式,而合同变更与补救无关。

(四)溯及力不同

合同解除导致合同关系消灭,发生溯及既往的效力,而合同变更则没有溯及既往的效力。

五、情势变更与合同解除之区分

所谓情势变更原则,是指合同有效成立以后,因当事人不可预见的事情发生,导致合同的基础动摇或丧失,若继续维持合同原有效力有悖于诚实信用原则(显失公平)时,应允许变更合同内容或者解除合同。[①] 情势变更发生以后,如继续按原合同规定履行义务,将会对一方当事人产生显失公平的结果或不能实现合同目的。适用情势变更原则是为了平衡当事人之间的利益,消除合同因情势变更所产生的显失公平,赋予一方当事人变更或解除合同的权利。《民法典》施行之前,我国法律一直未对情势变更作出明确规定,但是因各种社会经济纠纷的复杂化,对情势变更的需求应用越大,对此,《合同法司法解释二》第 26 条规定:"合同成立以后客观情况发生了当事人在订立合同时无法预见的、非不可抗力造成的不属于商业风险的重大变化,继续履行合同对于一方当事人明显不公平或者不能实现合同目的,当事人请求人民法院变更或者解除合同的,

---

[①] 梁慧星:《民法学说判例与立法研究(二)》,国家行政学院出版社 1999 年版,第 189 页。

人民法院应当根据公平原则,并结合案件的实际情况确定是否变更或者解除。"该条可看作是我国法律在不断完善的过程中,对情势变更的一个初步的肯定。《民法典》在总结司法实践经验的基础上增加规定了情势变更制度,该法第533条规定,合同成立后,合同的基础条件发生了当事人在订立合同时无法预见的、不属于商业风险的重大变化,继续履行合同对于当事人一方明显不公平的,受不利影响的当事人可以与对方重新协商;在合理期限内协商不成的,当事人可以请求人民法院或者仲裁机构变更或者解除合同。人民法院或者仲裁机构应当结合案件的实际情况,根据公平原则变更或者解除合同。《民法典合同编通则司法解释》第32条对情势变更制度的适用作出明确规定,即"合同成立后,因政策调整或者市场供求关系异常变动等原因导致价格发生当事人在订立合同时无法预见的、不属于商业风险的涨跌,继续履行合同对于当事人一方明显不公平的,人民法院应当认定合同的基础条件发生了民法典第五百三十三条第一款规定的'重大变化'。但是,合同涉及市场属性活跃、长期以来价格波动较大的大宗商品以及股票、期货等风险投资型金融产品的除外。合同的基础条件发生了民法典第五百三十三条第一款规定的重大变化,当事人请求变更合同的,人民法院不得解除合同;当事人一方请求变更合同,对方请求解除合同的,或者当事人一方请求解除合同,对方请求变更合同的,人民法院应当结合案件的实际情况,根据公平原则判决变更或者解除合同。人民法院依据民法典第五百三十三条的规定判决变更或者解除合同的,应当综合考虑合同基础条件发生重大变化的时间、当事人重新协商的情况以及因合同变更或者解除给当事人造成的损失等因素,在判项中明确合同变更或者解除的时间。当事人事先约定排除民法典第五百三十三条适用的,人民法院应当认定该约定无效"。值得注意的是,情势变更并不必然引起合同的解除,有可能引起合同的变更,因情势变更对合同产生影响的程度不同,当事人对合同享有的权利也不同。只有当情势变更的事实已严重影响到合同目的的实现或合同出现严重的显失公平时,当事人才可选择采取解除合同的方式,结束双方的合同关系。通常情况下,只会发生合同条款的变更。

六、当事人能否在合同标的存在权利瑕疵时行使合同解除权

我国《民法典》中关于物的瑕疵与权利瑕疵的规定主要体现在第610条和第614条。前者规定,当标的物质量不符合要求,致使合同目的不能实现的,买受人可以拒绝接受标的物或者解除合同。买受人拒绝接受标的物或者解除合同的,标的物毁损、灭失的风险由出卖人负担。而后者规定,买受人有确切证据证明第三人可能就标的物主张权利的，可以中止支付相应的价款，但出卖人提供担保的除外。可见，我国仅在物本身存在瑕疵的情况下赋予当事人合同解除权，而没有赋予当事人在权利瑕疵时解除合同的权利，这与公约所采取的不区分各种"合同不履行"、一体规定适用合同解除权的做法有所不同，也和德国法中统一规定了出现瑕疵（包括物的瑕疵和权利瑕疵）时当事人可以行使合同解除权，并可得适用合同解除权一般条款的立法模式不同。

笔者认为，我国立法之所以这样作出规定，主要有以下原因：第一，由于《民法典》将无权处分的情况作为合同效力待定的状态处理，在权利人未追认或者取得处分权的情况下，合同是没有确定效力的，因而无法直接适用合同解除权。第二，为了缩减交易成本，提高交易的经济效率。第三，善意第三人制度的存在。法律规定，善意第三人按照物的价值购买该物时，取得该物的所有权。第四，权利救济制度的存在。当物的无权处分人将物转让给善意第三方后，对物的所有权人须负赔偿责任；当物存在权利归属纠纷时，无权处分人将物转让给善意第三人后，第三人对物要求行使权利时存在权利瑕疵的，可以向转让物的无权处分人行使权利。

【典型案例】

孟某诉 G 旅行社旅游合同纠纷案

原告：孟某。

被告：G 旅行社。

法定代表人：贾某生，该旅行社总经理。

〔基本案情〕

原告孟某因与被告 G 旅行社发生旅游合同纠纷，于 2004 年 5 月 26 日向北京市宣武区人民法院提起诉讼。

原告诉称：2004 年 4 月 21 日我与被告签订了旅游协议，委托被告代订机票和酒店服务，并向被告交纳 21480 元。由于客观原因，4 月 24 日，我向被告提出退团、返还费用，遭对方拒绝。4 月 28 日，我向被告发出书面退团通知，但始终没有得到满意的答复。我与被告签订的旅游合同是委托性质的合同，双方签订的协议是格式合同，被告未告知我机票和房款不能退还，因此协议显失公平。请求：撤销该协议，由被告退还 21480 元并承担诉讼费。

原告提供的证据有：

（1）《G 旅行社三亚协议》和 G 旅行社开具的 21480 元收据，用以证明已根据协议向 G 旅行社付费。（2）原告 2004 年 4 月 28 日以传真形式发给 G 旅行社的通知，用以证明其已书面通知 G 旅行社退出旅游团。

被告辩称：我社与原告签订旅游协议后，即向有关航空公司和酒店支付了全款。原告在 4 月 24 日咨询退出旅游团时，我社明确表示可以解除合同，但支付的费用已不能退还。考虑原告可能因此遭受损失，建议其授权我社代为转让，但被拒绝。由于原告未接受我社转让名额的建议，耽误了减少损失的时机。4 月 28 日 16 时，我社接到原告的书面退团申请后，当即用传真方式通知原告：4 月 30 日是出发日期，无法全额退款；如在 4 月 29 日 10 时前告知名单，我社继续安排原告等人的行程。此后，再没有接到原告的电话。原告以不因自己的原因为由提出退团要求时，我社已经开始履行协议，有关费用无法退还原告。原告没有正式办理退团手续，我社只能继续按协议执行，由此产生的经济损失，不应由我社承担。

被告提供的主要证据有：（1）三亚椰林滩大酒店 2004 年"五一"期间房间报价表及三亚椰林滩大酒店的说明。用以证明已根据协议为原告预定了酒店，并支付了房款，且"五一"黄金周期间该酒店不退预付款。（2）赛特旅行社与 G 旅行社的飞机座位包销协议书、赛特旅行社出具的机票费收据及说明。用以证明已根据协议为原告预定了机票，并支付了机票款，机票为不得退款的包机机票。（3）孟某名下南方航空公司 CZ3112 航班机票一张。用以证明航空公司已经为原告出票。（4）G 旅行社于 2004 年 4 月 28 日向原告传真的回复通知，用以证明已及时对原告退出旅行团的要求进行了详细答复。（5）《G 旅行社三亚协议》，用以证明双方在协议中已经明确约定了权利和义务。

在法庭调查中，被告对原告提供的证据无异议；原告认为，酒店的房间报价表不是原件，缺乏效力；现有证据不能证明被告已代付了房款；被告与其他旅行社的协议书的效力有问题，并对没有提供其他人名字的情况下，被告能否买飞机票提出异议；否认曾接到被告的答复传真。

北京市宣武区人民法院应原告的申请，就本案争议的事实向中国南方航空公司进行了调查。调查结果为：该公司 4 月 30 日 CZ3112 航班有 198 个座位，实际登机者为 192 人。原、被告双方对此调查结果均无异议。

北京市宣武区人民法院认定的本案事实如下：2004 年"五一"期间，被告 G 旅行社组织了"三亚自由人旅游团"，旅行社为该旅行团提供的具体服务为：为游客提供往返机票和入住酒店，游客到达后自由活动。

4 月 21 日，原告孟某为参加该旅行团，与 G 旅行社签订了《G 旅行社三亚协议》。协议约定：旅行社为孟某及其余 5 人提供 4 月 30 日北京去海南三亚和 5 月 4 日返回北京的机票，并提供 6 人入住三亚椰林滩大酒店的 3 间花园房，每人为此支付的费用是 3580 元。协议还约定：旅行社提供的机票为团队折扣票，不得签转、退换、更改。协议签订后，原告当即交付了 6 人的全部费用共计 21480 元。4 月 22 日，G 旅行社向三亚椰林滩大酒店交付旅游团全部预订房费，共计 43804 元，其中原告及其余 5 人的预订房费为 5460 元，人均 910 元；并向赛特国际旅行社交付了往返包机票费用 106680 元，预订 42 位包机的往返机位，每位往返机票为 2540 元，其中为原告及其余 5 人预订的往返机票交款 15240 元。

4 月 24 日，原告以不因自己的原因为由，口头提出退团，并要求 G 旅行社退还全款。G 旅行社表示，可以代为转让机位和酒店，但不同意全部退款，双方未能达成一致意见。4 月 26 日，原告到北京市旅游局反映情况，该局调解未果。4 月 28 日，原告传真通知 G 旅行社退团，G 旅行社以原告未正式办理退团手续为由，拒绝解除合同。4 月 30 日，原告及其余 5 人未参团旅游，G 旅行社预订的 CZ3112 航班空余 6 个座位；原告及其余 5 人亦未入住被告预订的椰林滩大酒店客房。关于 G 旅行社已预付的机票和住店费用，赛特旅行社表示，该机票费用属包机票款，按约定不能退款；椰林滩大酒店表示，"五一"黄金周期间的订房有专门约定，客人未入住亦不退款。

〔一审裁判理由与结果〕

北京市宣武区人民法院认为：本案双方的主要争议焦点是：（1）原告要求免责解除合同是否成立。（2）合同未履行的责任应如何确定。

一、原告要求免责解除合同是否成立

原告孟某和被告 G 旅行社签订的"三亚自由人旅行团"旅游合同，是双方真实意思的表示，合同的内容不违背法律的禁止性规定，应认定有效，双方都应遵守合同约定的权利和义务。在合同签订后，孟某交付了 6 人的全部旅游费用，G 旅行社为孟某预订了 6 人机票和酒店客房，并支付了费用。至此，双方已经按照合同的约定履行了各自的义务。在 G 旅行社履行了自己义务后，孟某以客观非因自身原因为由，要求与 G 旅行社解除合同并全部退款，其免责解除合同请求权的行使，应符合《中华人民共和国合同法》的规定。当时该客观原因不构成对普通公众的日常生活形成危害，即原告不能以客观非因自身原因的出现作为免责解除合同的依据。且根据《中华人民共和国合同法》第一百一十七条的规定，不可抗力因素亦不是当事人不承担解除合同责任的必然条件，故原告以此为由，单方面要求解除合同并由对方承担全部责任的主张，缺乏事实和法律依据。G 旅行社表示可以解除合同，但要求原告自己承担因解除合同造成的经济损失，理由正当。本案中，根据双方协议的内容，G 旅行社的义务是负责为原告代购机票和代订酒店，确具有委托的性质。G 旅行社根据原告的要求，为其代购机票和代订酒店后，有权利按协议收取必要的费用。原告称与旅行社签订的旅游合同具有委托合同的性质，委托人可随时解除合同，G 旅行社作为被委托人应无条件退款，没有法律依据。原告在距旅游出发日期 50 小时以传真形式发出解除合同的通知，但因未办理退团手续，应视为合同继续有效。

二、合同未履行的责任应如何确定

《中华人民共和国合同法》第九十三条第一款规定："当事人协商一致，可以解除合同。"本案中，原告虽提出解除合同，但同时附加了全部退款的条件，原告与被告G旅行社并未就如何解除合同达成一致意见，应认定原告单方违约。原告称已通知G旅行社中止合同，但原告提出中止合同时，G旅行社的代购机票和代订酒店行为已经发生，其法律后果应由原告承担。原告称双方签订的协议是G旅行社提供的格式合同，G旅行社在签订合同时没有告知其机票和房款不能退还，双方的协议显失公平，故合同无效，并由G旅行社承担一切责任。经查，双方协议中已载明"机票为团队折扣票，不得签转、退换、更改"，这说明双方在签订合同时，已就有关事宜作出了约定，该约定不属于合同法规定的格式合同禁止条件，原告根据协议享受的权利与G旅行社提供的服务相当，主张其显失公平没有法律依据。由于原告未向G旅行社提供登机人名单，亦没有委托其转让机票，造成G旅行社既无法拿到其他5人已支付票款的机票，又无法对机票予以转让，应承担由此产生的经济损失。原告以未享受旅行社提供的服务为由，要求G旅行社按协议退还21480元，依法不予支持。

据此，北京市宣武区人民法院于2004年8月18日判决：一、终止原、被告签订的《G旅行社三亚协议》；二、驳回原告要求撤销《G旅行社三亚协议》、退还21480元的诉讼请求。

〔当事人上诉及答辩意见〕

判决后，孟某不服，向北京市第一中级人民法院提出上诉。

孟某的主要上诉理由是：与G旅行社签订的旅行协议，没有其他参加旅行人员的具体姓名等准确情况，应认定协议无效；G旅行社并没有实际受到经济损失。

〔二审查明的事实〕

北京市第一中级人民法院经审理查明的事实与原审认定的事实一致。

〔二审裁判理由与结果〕

北京市第一中级人民法院认为：上诉人关于"合同上没有其他五人的姓名等情况不能生效"的主张，缺乏法律依据。通常情况下，由一个人代表他人签订国内旅游服务合同是完全正常的。合同签订时，参加旅游一方明确人数即可，游客的具体姓名，可以在以后进一步明确，旅行社根据对方提供的人数即可以履行预定机票和酒店客房的义务。本案中，当事人已在合同上签字，并当场交足了六人的全部费用，应认定合同已经生效。

上诉人关于"G旅行社的损失并没有实际存在"的主张，虽然G旅行社付款订房、订机票时，没有具体游客的姓名，但考虑到旅行社是根据商业惯例在保证其经济效益的前提下履行预定机票和酒店客房义务的，G旅行社关于4月22日已为上诉人预订了机票和酒店客房的说明合乎常理，且有相应的证据，认定其主张成立，并无不当。

上诉人关于"4月24日就提出终止合同，但对方没有及时采取措施，导致损失的产生与扩大"的主张，旅行社在双方解除合同的具体后果上存在争议，对方又没有明确授权的情况下，没有向他人转让上诉人预定的机票和房间，并无不当。一方当事人提出解除合同时，有权要求对方当事人采取合理措施，尽可能减少因解除合同所造成的损失，但无权在未与对方协商一致的情况下，即单方面强行解除合同，并要求对方承担解除合同的全部损失。本案中，上诉人提出解除合同和要求退款是可以理解的，但 G 旅行社亦有权提出异议。在双方没有达成一致时，仍应继续履行合同所规定的权利和义务，违反合同约定的一方，应承担合同违约的责任。上诉人在双方未对是否解除合同达成一致意见时，拒绝对方减少损失的建议，坚持要求对方承担解除合同全部损失，并放弃履行合同，致使损害结果发生，故应承担全部责任。

综上所述，合同生效后，双方当事人按照合同的约定认真履行义务。一方提出解除合同的，应积极与对方协商，而不能强行要求解除合同，并要求对方承担全部损失。上诉人未与对方协商一致即单方面终止合同，由此造成的经济损失，应自行负责。

据此，北京市第一中级人民法院于 2004 年 11 月 20 日判决：驳回上诉，维持原判。

> **规则 26：（违约方解除合同的认定）** 当违约方继续履约所需成本超过合同目的时，可以允许违约方解除合同，用赔偿损失代替继续履行
> ——Y 公司诉冯某梅商铺买卖合同纠纷案[①]

【裁判规则】

有违约行为的一方当事人请求解除合同，没有违约行为的另一方当事人要求继续履行合同，当违约方继续履约所需的财力、物力超过合同双方基于合同履行所能获得的利益，合同已不具备继续履行的条件时，为衡平双方当事人利益，可以允许违约方解除合同，但必须由违约方向对方承担赔偿责任，以保证对方当事人的现实既得利益不因合同解除而减少。

【规则理解】

一、违约方解除合同观点综述

我国《民法典》将合同解除分为协议解除、约定解除与法定解除[②]，并将

---

① 《中华人民共和国最高人民法院公报》2006 年第 6 期。
② 相关协议解除、约定解除、法定解除的区别参见规则 22。

合同解除权赋予"当事人",但是未对具体由哪一方当事人行使作出规定。从《民法典》第 562 条的条款内容,可以推知协议解除主体是双方当事人;约定解除体现了当事人的意思自治,只要解除权行使主体的约定不违反法律的强制性规定,在解除权行使时遵循其约定即可。而法定解除权行使主体的确定,却会因合同解除权行使事由的不同而有所区别。[1] 从各国立法来看,在违约致合同解除权发生场合,一般非违约方可以解除;在不可抗力场合双方均有权解除合同;在继续性合同中,双方都可因重大事由的发生而解除合同。[2] 对于法定解除,我国《民法典》第 563 条第 1 款规定:"有下列情形之一的,当事人可以解除合同:(一)因不可抗力致使不能实现合同目的;(二)在履行期限届满之前,当事人一方明确表示或者以自己的行为表明不履行主要债务;(三)当事人一方迟延履行主要债务,经催告后在合理期限内仍未履行;(四)当事人一方迟延履行债务或者有其他违约行为致使不能实现合同目的;(五)法律规定的其他情形。"从合同的条款内容来看,第一种情形下,合同双方均具有合同解除权是没有疑问的,值得讨论的是第二种至第五种情形下,解除合同的主体究竟是双方当事人还是一方当事人,违约方有无合同解除权,法律并没有作出明确的规定。

传统观念为否定说,认为只有守约方才能单方面解除合同,违约方没有解约权利,理由是权利可以放弃,但是义务却不能抛弃,毁约方拒绝履行合同的违约行为使守约方利益受到了损害,因此承担违约责任的毁约方不应该拥有优先于守约方解除合同的权利,否则将不利于保护守约方的利益,同时也会鼓励当事人为了追求更多利益而恶意违约,侵犯合同严守的原则。肯定说则认为,在合同目的不能实现时,若将违约方束缚在合同的"法锁"之中,则对双方来说都是不经济的,赋予双方当事人合同法定解除权,是市场经济下的理性选择。[3] 笔者认为,结合合同解除制度的价值基础及立法本意予以分析,合同解除的主体应包括双方当事人,即违约方有解除合同的权利。

二、违约方解除合同的价值

(一)社会公平的体现

从法哲学的角度审视,法的目的在于抑制人性中的恶的一面,其基本价值

---

[1] 杜晨妍:《合同解除权行使制度研究》,经济科学出版社 2011 年版,第 113~114 页。
[2] 参见郝磊:《合同解除权制度研究》,中国政法大学 2005 年博士论文。
[3] 宋长琳:《论合同法定解除权行使主体——兼论〈合同法〉第 94 条》,华东政法大学 2011 年硕士学位论文。

取向是维护社会公平。① 合同正义要求合同当事人应本着公平的观念从事订约和履约行为。所谓公平观念，是指以利益均衡作为判断标准来确定当事人之间的利益关系。公平多以双务合同为主要适用对象，强调在一方的给付与他方的对待给付之间应具有等值性。在合同一方当事人违约致使合同无法履行或继续履行已无意义的情况下，若允许合同继续履行并由守约方支付相应的对价，将会破坏这种等值性，导致守约方利益因此而受损害，显然不符合法律的公平原则。当合同一方当事人因违约而对缔约之初的权利义务之公平进行破坏时，赋予守约方法定解除权是对合同无法正常履行时的一种很好的救济手段，也是基于维护合同法公平价值的考虑。因此，在一般情况下，合同法定解除权应赋予守约方。但是，如果只允许守约方独享解除权，有可能会出现守约方滥用解除权的情况：当合同已不具备履行条件时，守约方为了自己的利益或者惩罚违约方，以放弃行使解除权、选择继续履行的方式来惩罚相对方。即使违约人可以催告解除权人行使权利，但是对催告后的"合理期限不行使"的"合理期限"仍存在争议，最后解除权人可以使违约方在解除事由发生后到解除权实际行使的期间处于履行与不履行的两难选择中，结果有可能导致违约方在此期间所受的损失远远超过合同不履行的赔偿。这与合同法的公平、正义之价值背道而驰，因为每个合同主体都是自己利益的最大维护者，即使一方当事人违约，在某些情况下，其仍有在确保守约方履约利益不减少的条件下承担责任的方式。从这个角度而言，只允许守约人享有解除权也存在不公平之处。

（二）效率的体现

从法经济学的角度审视，合同法解除制度是效率的体现。在现代商品经济高速发展的今天，合同是有效利用资源、实现资源优化配置的调整手段，当事人订立合同的目的，是为了获取合同履行的经济利益。合同法作为商品经济活动的重要规范之一，其主要功能在于保障当事人合法履行利益的实现。履行利益是指合同当事人在履行合同后获得的收益。合同利益结构分为成本与收益，一方当事人履行合同付出成本，意在获得对方的履行，增加己方的收益②，合同履行利益丧失时，其经济动因已不复存在，履行合同也就失去了实际意义。立法设立合同解除制度的目的在于当正常履行合同已不可能时，赋予当事人解除合同的权利，尽快结束合同关系的不稳定状态，使交易秩序归于正常，保证

---

① 杨恺钧等：《法经济学教程》，高等教育出版社2006年版，第189~190页。
② 李政辉：《合同法定解除原因研究》，中国检察出版社2006年版，第112页。

财产秩序的正常运转，减少社会资源浪费，促进经济的发展。正如部分学者所言，"在市场经济下应当鼓励、引导当事人注重效益，重视社会整体的利益。特别是当事人的利益在市场上可以找到替代的时候，不应该鼓励其忽视效益，负气式等待违约方来满足自己的利益，它不会增加社会的整体利益，而只会带来利益的冲突，甚至引发新的诉讼"。① 因此赋予双方合同解除权在市场经济下具有重要意义。

（三）意思自治的体现

从契约自由的角度审视，合同存在的基础在于双方当事人的意思一致，意思自治是合同的核心价值，是合同法的基本原则。既然允许当事人自由协商订立契约，从自由的统一性与连贯性来说，也应该允许当事人双方在没有违反法律规定或损害社会公共利益的前提下都拥有解约的自由。

三、违约方解除合同的立法分析

（一）对合同相关规定的理解

我国《民法典》第577条规定："当事人一方不履行合同义务或者履行合同义务不符合约定的，应当承担继续履行、采取补救措施或者赔偿损失等违约责任。"因此，继续履行成为守约方在违约方违反合同义务时可以主张的权利。在合同履行符合效益、公平的前提下，法院会要求当事人继续履行合同义务，维护守约方的合法权益。但是，在市场经济发展愈加迅速与复杂的时代，继续履行在一些情况下存在着局限性，因此，《民法典》第580条规定："当事人一方不履行非金钱债务或者履行非金钱债务不符合约定的，对方可以要求履行，但是有下列情形之一的除外：（一）法律上或者事实上不能履行；（二）债务的标的不适于强制履行或者履行费用过高；（三）债权人在合理期限内未请求履行。有前款规定的除外情形之一，致使不能实现合同目的的，人民法院或者仲裁机构可以根据当事人的请求终止合同权利义务关系，但是不影响违约责任的承担。"该立法规定弥补了合同继续履行不能时的漏洞，明确了即使一方当事人不履行非金钱债务或者履行非金钱债务不符合约定，但如果合同存在履行不能或履行不经济的情况下，守约方不得要求继续履行。在守约方不提起解除合同的情况下，合同的效力处于一种悬而未决的状态，这对双方当事人及社会经济秩序都是不利的。因此，该条实际隐含了违约方可解除合同之意，这对于促进交易秩序的安全运转、资源的优化配置具有积极意义。

---

① 郑小川、雷光明：《对"继续履行"的再思考》，载《河北法学》2003年第5期。

(二) 合同解除主体之确定

结合《民法典》第563条及第580条的规定，笔者认为，我国《民法典》根据不履行的合同债务是否为金钱债务等因素综合考虑合同解除的主体。

1. 金钱债务不履行情况下的合同解除权主体

由于金钱债务的标的物具有可替代性，债务人不存在履行不能的情况，若允许违约方任意解除合同以达到自己的利益，进而损害守约方的利益是对公平原则的破坏。因此，当不履行的债务为金钱给付时，合同解除权宜由守约方行使，违约方不是合同解除权的主体。

2. 非金钱债务不履行情况下的合同解除权主体

当合同履行的标的为非金钱债务时，可能会出现因一方的违约行为导致法律上或事实上履行不能，债务标的不适于强制执行，导致债权人的履行利益受阻，合同目的无法实现；或是履行费用较高明显不符合同的效益原则；或是履行会对第三人利益、公共利益造成一定损害等情形，此时若债权人不愿意解除合同，又不允许违约方解除合同，则双方的损失均会扩大，并可能会影响第三人及社会整体利益。所以当债务为非金钱给付时，鉴于会存在事实上的履行不能或履行不效益的情况，为减轻双方当事人的损失，违约方也可解除合同。我国《民法典》第580条规定如下几种情形的非金钱债务违约方可不予履行：

（1）法律上或者事实上不能履行。事实上的不能履行是指基于自然规则而发生的不能履行，如作为合同标的物的特定物灭失而构成不能履行；法律上的不能履行是指基于法律规定而构成不能履行，如出卖禁止流通物。如果合同不能履行不是由于当事人的过错所致（如不可抗力），则当事人不需要承担违约责任，双方当事人均可解除合同。若合同不能履行系一方原因所致，如出卖人转产，标的物因经济纠纷被查封、拍卖，一房二卖（其中一方买房者已办理过户登记）等而导致交付不能，若守约方不解除合同，则不能有效解决合同事实上不能履行之状态下的双方法律关系，故允许违约方解除合同，但违约方应承担守约方因合同履行而受到的可得利益损失或参照合同承担违约责任，守约方可选择对其有利的一种责任方式。

（2）债务的标的不适于强制履行或者履行费用过高。债务的标的不适于强制执行，主要是针对委托合同、演出合同、合伙合同、出版合同等具有人身依附性的合同，若强制执行则与保护人身自由的民法基本原则不符。基于此，当非金钱债务给付的一方当事人违约时，允许解除合同。违约方履行费用过高时，是否适用"效率违约规则"，赋予违约人解除权呢？效率违约是一个经济分析法学的概念，指违约方从违约中获得的利益大于他向非违约方作出履行的期待利益，他可以选择违约，法院判断当事人是继续履行还是解除合同，取决于合同履行成本与收益之间的成本收益率。经济分析法学的代表人物波斯纳认为："违约的补救应以效率为其追求的主要目标。如果从违约中获得的利益将超出他向另一方作出履行的期待利益，如果损害赔偿被限制在对期待利益的赔偿方面，则此种情况将形成对违约的一种刺激，当事人应该违约。"[1] 当违约收益大于合同的期待利益时，如果违约方继续履行合同，使其负担严重的责任，丧失获取更高利益的机会，不仅对违约方不公平，而且会造成资源的浪费。这种情形下，人民法院判决以损害赔偿代替继续履约能使有限的社会资源得到最佳配置，因此我国《民法典》第580条第2项中关于履行费用过高，违约方可不予继续履行的规定有一定合理之处。但是，何为"履行费用过高"，其判断标准又如何，法律未予明确。对此，宜借鉴效率违约论，可明确：当违约方的履约成本超过合同双方履约所得的收益属于履约费用过高。需要注意的是，效率违约的放开可能会使债务人违约概率增加，因此对违约方因履行费用过高而解除合同要慎用。只有在债权人无特别需求作为缔结合同的目的，同时不因合同的解除而减少守约方的履约利益时，才能允许违约方以解除合同、赔偿损失替代继续履行。若存在履行利益无法实际衡量、履行不具有可替代性和有违约方先前的故意或重大过失行为，导致履行成本增加等情形都将排除违约方解除合同的适用。

（3）债权人在合理期限内未要求履行。如果债权人在债务人的违约行为发生后的较长一段时间内，未要求债务人继续履行合同，使债务人长期处于责任承担方式不明确之状态下，之后再要求债务人履行，对债务人是不公平的。因此，从利益衡量的角度考虑，允许违约方解除合同。此外，如果债权人在债务人违约之后，明确提出赔偿损失或要求支付违约金，而未要求违约方继续履行的，即为以其行为表明无须违约方继续履行，可以视为未在合理期限内要求履行。但是，所谓合理期限并非诉讼时效，我国法律并无明文规定，在审判中人民法院宜根据案件的具体情况，综合考量。

【拓展适用】

合同是双方当事人意思自由的体现，合同解除也是在合同履行利益受阻时赋予当事人"逃离"合同关系的一种制度。因此，为维护合同当事人的法律地

---

[1] 转引自刘浩宇：《效率违约的价值评析——对我国合同法第110条的再思考》，载《河北法学》2000年第2期。

位，合同解除权也只能由合同当事人所享有，其他任何个人、单位以及司法机关均不享有合同解除权。司法实践中，可能会出现当事人解除权行使不当的情况，人民法院作为审判机关，应在合同解除之诉中如何定位，对纠纷的解决尤为重要。

一、人民法院在解除合同之诉中的释明权行使

司法机关在当事人纠纷的解决中充当的是中立主体，其不能对当事人一方有任何的偏向与倾移，而应保持在纠纷之外，认真听取当事人的陈述、审查证据，保证不主动干预法律赋予当事人自由决定的权利。正如前文所述，合同解除权属于合同当事人的权利，司法机关不享有此权，也不能干预此权。但是，合同解除之诉却既涉及所解除合同本身的有关情况，即合同是否成立、有效，又涉及解除条件是否成就，即合同违约方的违约行为是否构成根本违约等问题，当事人对此认识可能会与法院不一致，往往会导致当事人行使权利不当，其诉讼请求不被法院所支持。为发挥法院对诉讼的引导功能，减少当事人的讼累，直入问题之根本，彻底解决纠纷，人民法院有必要对诉讼中相关事宜予以释明。

释明在现代民事诉讼法理论上的含义较为广泛，它主要针对的对象既可以是民事诉讼中当事人的主张或陈述的意思不明确、不充分，也可以针对当事人不当的诉讼主张和陈述，还可以针对当事人所举的证据材料不充分而误认为已足够充分。基于上述情形，人民法院可对当事人进行发问、提醒、启发当事人把不明确的予以澄清，把不充足的予以补充，把不当的予以排除、修正。对下列两种情形，人民法院就合同解除可予以释明。

（一）对诉请解除合同之效力进行释明

当事人所签订的合同一般应当经历成立和生效两个环节。成立是事实部分，说明当事人意思表达一致；生效是法律部分，合同的订立符合法律的规定，则具有法律效力。当事人所订立的合同，虽体现当事人的自由意旨，但这种意旨不是无度的，必须在法律的框架内才能自由发挥。如果当事人所订立的合同整体本身违背了法律、法规效力性强制性规定，则合同无效。合同解除权所依附的基础是合同有效成立，当合同无效时，则合同解除权也不复存在，在这种情况下，当事人一方坚持要求解除合同，法院应当予以释明，告知当事人变更诉讼请求为请求确认合同无效，要求对方承担缔约过失责任，如果当事人坚持不变更诉讼请求时，法院则可驳回当事人的诉讼请求，也可以直接确定合同无效。同理，当事人在合同中可以约定合同解除权行使的情形、方式等，但当事人对合同解除权的相关约定条款违反了法律、法规效力性强制性规定，而守约方又依据这种违反规定的条款要求解除合同，法院可予以释明，告知当事人变更诉讼请求，否则，可驳回当事人的诉讼请求，或直接确定相应的条款无效。

（二）对解除合同条件是否成就进行释明

当事人诉请法院确认解除合同或者诉请法院要求违约方承担违约责任是当事人自身的意旨，并不一定为法律所认可。比如，守约一方当事人在对方违约的情况下，诉请法院要求对方承担违约责任，或在要求对方承担违约责任的同时，要求对方继续履行。法院经过审查，确定违约方只是实施了《民法典》第563条第1款第2、3项的行为，即在履行期限届满之前，明确表示或者以自己的行为表明不履行主要债务，或是迟延履行主要债务，经催告后在合理期限内仍未履行。在这种情况下，虽当事人可以解除合同，但未构成根本违约，合同尚可履行，当事人既可选择要求违约方承担违约责任、合同继续履行，也可要求解除合同，法院应尊重当事人自己的选择。但是，法院通过审查，对方当事人的违约行为已达到《民法典》第563条第1款第4项之根本违约，合同的目的已不能实现，则法院是直接作出判决予以支持其违约责任的诉请，还是以当事人主张的法律性质与法院审查的事实不符为由驳回其诉讼请求？笔者认为，由于违约方的行为已构成根本违约，其诉请的法律关系的性质已与实际不符，合同宜予以解除，法院若支持其要求对方承担违约责任的诉请，合同不予解除，则守约方仍要履行合同并支付对价，一是不利于守约一方当事人权益的切实维护，二是其判决的基础事实不正确，若是直接驳回其诉讼请求则损害了守约方的利益，即使由其另行起诉也会导致守约方的诉累。在这种情况下，法院宜根据《证据规定》第53条第1款关于"诉讼过程中，当事人主张的法律关系的性质或者民事行为的效力与人民法院根据案件事实作出的认定不一致的，人民法院应当将法律关系性质或者民事行为效力作为焦点问题进行审理。但法律关系性质对裁判理由及结果没有影响，或者有关问题已经当事人充分辩论的除外。存在前款情形，当事人根据法庭审理情况变更诉讼请求的，人民法院应当准许并可以根据案件的具体情况重新指定举证期限"的规定，向当事人释明其诉请的法律关系与法院审查确定的事实不一致，如果当事人变更诉讼请求，人民法院应当准许。如果合同只能解除时，而当事人坚持不变更诉讼请求，比如坚持要求对方承担继续履行的违约责任等，法院只能驳回当事人的诉讼请求。比较典型的情形，如开发商"一房二卖"，两个买卖合同都有效的情况下，而后一买受人已到房地产管理部门办理了过户登记并取得房产证，如果前一合同的买受人坚持要求取得房屋所有权，经过法院释明后，仍然不同意变更诉讼请求的，法院只能驳回该当事人的诉讼请求。同理，如当事人提起解除合同之诉，但合同未出现根本违约或其他合同解除之情形，法院也宜予以释明，告知当事人可变更诉讼请求，如果当事人坚持不变更，法院则可驳回当事人的诉讼请求。

二、人民法院和仲裁机构对当事人解除合同的确认

（一）解除合同通知的效力确定

当事人一方认为合同相对方没有很好履行或未履行合同义务，向对方发出解除合同的通知，这只是当事人一方认为其具有合同解除权，未必是最终确定无疑的法律后果。合同解除是强制性地终止双方当事人协议所确定的合同法律关系，对双方当事人利益影响巨大，不仅涉及当事人履行合同的收益，而且合同一旦解除，其法律后果既存在返还财产，也存在恢复原状等情形。如不能恢复原状的，则要进行损害赔偿。因此，赋予当事人合同解除权的同时，还必须对该权利行使进行一定的限制。我国《民法典》第565条第1款规定："当事人一方依法主张解除合同的，应当通知对方。合同自通知到达对方时解除；通知载明债务人在一定期限内不履行债务则合同自动解除，债务人在该期限内未履行债务的，合同自通知载明的期限届满时解除。对方对解除合同有异议的，任何一方当事人均可以请求人民法院或者仲裁机构确认解除行为的效力。"由此可见，解除权人主张解除合同，应当向对方当事人发出通知，相对方有异议的，可以起诉到法院、仲裁机构行使其异议权，由法院、仲裁机构最终对合同是否解除予以确认。《民法典》第564条规定："法律规定或者当事人约定解除权行使期限，期限届满当事人不行使的，该权利消灭。法律没有规定或者当事人没有约定解除权行使期限，自解除权人知道或者应当知道解除事由之日起一年内不行使，或者经对方催告后在合理期限内不行使的，该权利消灭。"上述两条文内容，形式上发挥了既避免解除方滥用解除权而保护相对方的权益，又防止相对方不行使异议权而使解除权人不能摆脱因相对方违约的合同约束之作用，但也忽视了一个问题，即如果相对方在异议期内怠于行使异议权，除非到异议期的最后一日，相对方对解除权人的解除合同通知不置可否，不作反应，或虽提出了异议，但不请求人民法院、仲裁机构确认解除合同的效力时，双方的法律关系将较长时间处于不确定状态，尤其是"自解除权人知道或者应当知道解除事由之日起一年内不行使"，或者参照《商品房买卖合同案件司法解释》第11条第2款规定的"法律没有规定或者当事人没有约定，经对方当事人催告后，解除权行使的合理期限为三个月"情形，也将使解除权人在异议期内因对方当事人违约还不得不继续履行合同，否则有面临单方终止合同的违约责任之

风险，而不能使解除权方尽早摆脱不利合同的束缚，对守约方显然不公平。基于此，笔者认为，确认合同解除效力的诉权也应当同样赋予解除权人，即解除权人在发出解除权通知后，必要时也可以起诉要求法院确认解除行为的效力。对此，《民法典》第565条已有明确规定，即对方对解除合同有异议的，任何一方当事人均可以请求人民法院或者仲裁机构确认解除行为的效力。

（二）起诉能否成为解除合同的方式

解除权人能否通过起诉的方式向对方发出解除合同的意思，在司法实践中，有当事人认为自己具备了合同约定或者法律规定的合同解除权，未履行通知程序，直接起诉至法院，要求解除合同。对于该解除合同的诉讼请求是否予以支持，存在不同的认识。否定说认为，解除权是形成权，解除合同应当由解除权人以向相对方发出通知的方式进行，只有相对方可提起合同解除异议之诉，解除权人不得以起诉的方式，直接要求法院判决解除合同。肯定说认为，只要当事人具备了合同解除权，合同解除权人可以起诉要求解除合同，或起诉请求确认解除合同的效力。笔者认为，如前所述，在合同继续履行对违约方有利的情况下，违约方会怠于行使合同解除异议之诉的权利，尤其是在建设工程施工领域，当合同双方因纠纷停工后，施工方对好不容易承包到的一项工程难以轻易放弃，其不会撤场也不会主动提起解除权异议之诉，如果此时不赋予解除权方通过起诉的方式解除合同的权利，则会导致双方的停工损失不断扩大。对此，《合同法》第96条未作明确规定。该法第96条之规定将合同解除权行使的步骤分解为二：第一步是守约方通知违约方解除合同，第二步是违约方收到解约通知后行使异议权。通常守约方的解除通知行为应发生在诉讼之外，违约方异议权的行使须通过诉讼或仲裁的方式得以实现。在审判实践中，法院通常将解除合同的通知作宽泛理解，通知行为的目的是让对方知晓，如果当事人直接通过诉讼的途径要求解除合同，尽管当事人不是采用独立直接传达的方式向对方解除合同，但是通过诉讼的方式亦充分传达了向对方当事人要求解除合同的意思，只要该意思表示是明确且真实的，应视为当事人履行了解除合同的通知行为，即当事人既可以在诉讼之外将通知以直接方式送达对方，也可以起诉的方式，将解除合同的意思间接地送达相对方。司法实践中的普遍做法已被《民法典》所吸收，成为了正式的法律，《民法典》第565条第2款规定，当事人一方未通知对方，直接以提起诉讼或者申请仲裁的方式依法主张解除合同，人民法院或者仲裁机构确认该主张的，合同自起诉状副本或者仲裁申请书副本送达对方时解除。《民法典合同编通则司法解释》第54条规定："当事人一方未通知对方，直接以提起诉讼的方式主张解除合同，撤诉后再次起诉主张解除合同，人民法院经审理支持该主张的，合同自再次起诉的起诉状副本送达对方时解除。但是，当事人一方撤诉后又通知对方解除合同且该通知已经到达对方的除外。"需要注意的是，通过向法院提起诉讼的方式行使解除权须严格遵守的是：第一，法院在审判时，审查的不仅是当事人的意思表示是否真实，而且要从实体上查明当事人一方是否确实享有合同解除权。第二，起诉解除合同表明原告确有解除合同的真意，不具有任何意思表示的瑕疵。第三，解除权人知道法院将以送达方式传达其解除合同的意思而以起诉方式行使解除权又表明其确有将解除合同的意思表示传达给对方的主观动机，而且希望法院将解除合同的意思传达给对方当事人。第四，法院以传票方式告知对方当事人解除权人解除合同的意思，解除合同的通知确实已经到达对方当事人。被告在送达回执上的签名以及向法院、原告及担保人发出的《合同解除的承认函》均是解除合同的意思为被告所知的证明。① 因此，解除权人以起诉的方式解除合同的，法院送达起诉状副本给相对方时，宜视为解除方将解除合同的意思表示同时送达了当事人，该行为的效力也体现在合同解除的时间，即人民法院或者仲裁机构确认原告解除合同主张的，合同自起诉状副本或者仲裁申请书副本送达对方时解除。对于第二步，如果合同相对方对解除行为提出了异议，为避免违约方恶意拖延诉讼，保护守约方的合法权益，无须因其未提出异议之（反）诉而驳回解除权人的起诉，而任何一方均可就解除行为的效力请求人民法院予以确认，人民法院应对解除方是否享有合同解除权进行实体审查、对解除方行使解除权是否符合相关的程序（解除通知是否送达）予以审查。由于我国不存在法国的诉讼解除合同之方式，在法院将起诉状副本送达相对方后，法院可向原告释明，其宜提出确认之诉，即要求法院，以确认一方当事人行使解除权行为之效力。如若经审查，解除方的解除权成立，则宜作出"确认一方当事人某某与另一方当事人某某之间合同解除"或"当事人某某解除合同的行为有效"之判决，不宜直接判决"解除一方当事人某某与另一方当事人某某合同"，合同解除的时间应以解除方通知送达相对方的时间为准。在主张解除方起诉的情况下，如果相对方在答辩中对合同解除无异议，则人民法院亦应尊重当事人的意思表示一致，可直接作出确认合同解除的判决。

---

① 郑倩：《解除权行使的疑难问题思考》，载《司法论坛》2009 年第 1 期。

【典型案例】

Y公司诉冯某梅商铺买卖合同纠纷案

原告：Y公司。

法定代表人：周某隆，该公司总经理。

被告：冯某梅。

〔基本案情〕

原告Y公司因与被告冯某梅发生商铺买卖合同纠纷，向江苏省南京市玄武区人民法院提起诉讼。

原告诉称：被告与原告签订商铺买卖合同一份，购买原告开发建设的时代广场第二层一间商铺。被告付清了购房款，原告也已将该商铺交付被告使用。1999年6月18日，在时代广场租房的百货公司因经营不善，遭到哄抢后倒闭，各小业主经营的商铺也随之关门停业。当年12月，购物中心又在时代广场开业。由于经营成本过高，各小业主不服从物业管理，不交纳物业管理费，购物中心也于2002年1月停业。时代广场的两度停业，引起大部分业主不满，纷纷要求退掉购买的商铺，还与原百货公司的债权人一起到处集体上访。为维护社会稳定，政府出面协调，要求原告回收已售出的商铺。其间，原告的股权经历二次调整。新的股东认为，前两次停业，是经营者选择的经营方向与方式不对造成的，因此决定将原经营衣帽箱包等项目，改变为经营高档消闲娱乐等综合性项目；将原来的市场铺位式经营，改变为统一经营。为此，原告开始回收已售出的商铺，对时代广场重新布局。目前时代广场中150余家商铺，回收得只剩下被告和另一户邵姓业主，时代广场开始按重新布局施工，原小业主经营的精品商铺区不复存在，今后也不可能恢复。由于这两家业主不退商铺，时代广场不能全面竣工。上述情形构成情势变更。请求判令解除被告与原告签订的商铺买卖合同，被告将所购商铺返还给原告，以便原告能够完成对时代广场的重新调整。原告除向被告退还购房款外，愿意给予合理的经济补偿。

原告提交以下证据：（1）商铺买卖合同，用以证明双方当事人之间存在着商铺买卖关系。（2）物业交接记录，用以证明原告已将商铺交付给被告。（3）新街口公安派出所告示，用以证明时代广场前两次开业后秩序混乱，无法正常经营。（4）Y公司会议纪要，用以证明原告始终在努力处理各位业主反映的问题。（5）情况说明及统计，用以证明大部分业主因不满时代广场的混乱经营状况，提出退商铺的要求。（6）玄武区人民政府会议纪要，用以证明时代广场存在的问题已经引起当地政府重视，政府部门参与协调。（7）关于商铺商业氛围的改善意见和建议，用以证明时代广场内商铺经营状况不佳的原因，以及进行重新调整的必要性。（8）南京市外经委通知，用以证明原告的股东已作过调整。（9）原告致被告的函件，用以证明原告向被告提出过解除合同的请求及理由。（10）时代广场现状照片，用以证明时代广场已全面停业，原分割各商铺的幕墙均已拆除，正在对全面布局重新调整。（11）物品清单及公证书,用以证明原告将被告商铺内的物品进行清点后,拆除了该商铺的玻璃幕墙。

被告辩称:被告与原告签订的商铺买卖合同合法有效,应当对双方当事人具有法律约束力。合同签订后,被告按约交清全部购商铺款,原告也向被告交付了商铺。原告的股东变更,不应影响被告行使自己的合法权益;时代广场经营不善,也不能成为原告不履行合同的理由。原告请求解除商铺买卖合同,没有法律依据,该诉讼请求应当驳回。

被告未提交证据。

南京市玄武区人民法院经审理查明:

新街口地区是南京市最繁华、最集中的商业区域。位于新街口东北角中山路18号以南的时代广场,是原告Y公司开发建设的商业用房。该建筑物为地下一层、地上六层,总面积6万余平方米。地上第一、二、三层约6000平方米的部分区域,被分割成商铺对外销售给150余家业主,其他建筑面积归Y公司自有。1998年10月19日,Y公司与被告冯某梅签订了一份商铺买卖合同,约定:Y公司向冯某梅出售时代广场第二层编号为2B050的商铺,建筑面积22.50平方米,每平方米售价16363.73元,总价款368184元,10月22日前交付,交付后三个月内双方共同办理商铺权属过户手续。1998年10月26日,上述合同在南京市房地产市场管理处登记。合同签订后,冯某梅按约支付了全部价款。1998年11月3日,Y公司将2B050号商铺交付冯某梅使用,但一直未办理产权过户手续。

1998年,原告Y公司将时代广场内的自有建筑面积租赁给百货公司经营。1999年6月,百货公司因经营不善停业。同年12月,购物中心又在时代广场原址开业。2002年1月,购物中心也停业。这两次停业,使购买商铺的小业主无法在时代广场内正常经营,部分小业主以及百货公司的债权人集体上访,要求退房及偿还债务。在此期间,Y公司也两次变更出资股东。Y公司的新股东为盘活资产、重新开业,拟对时代广场的全部经营面积进行调整,重新规划布局,为此陆续与大部分小业主解除了商铺买卖合同,并开始在时代广场内施工。2003年3月17日,Y公司致函被告冯某梅,通知其解除双方签订的商铺买卖合同。3月27日,Y公司拆除了冯某梅所购商铺的玻璃幕墙及部分管线设施。6月30日,Y公司再次向冯某梅致函,冯某梅不同意解除合同。由于冯某梅与另一户购买商铺的邵姓业主坚持不退商铺,Y公司不能继续施工,6万平方米建筑闲置,同时冯、邵两家业主也不能在他们约70平方米的商铺内经营。Y公司为此提起诉讼。

根据原告Y公司的申请,法院委托房地产估价师事务所对被告冯某梅所购商铺的现行市场价值进行评估。评估报告确认,该商铺在2004年3月3日的价值为531700元。

审理中,法院主持了调解。原告Y公司认为,为使时代广场真正发挥效益,经营方向和方式必须改变，不可能保留商铺式经营。如果被告冯某梅与案外人邵家再在时代广场内经营商铺，将影响时代广场内新格局下的整体经营。为此，Y公司不仅愿意给冯某梅退还全额购商铺款，还愿意以承担逾期办理产权登记过户手续违约金的名义，给冯某梅补款48万元，用于补偿冯某梅的经济损失。冯某梅认为，时代广场走到今天这一步，责任全在Y公司，与己无关；Y公司愿意给付的款项，不够弥补自己的损失；Y公司如果真愿意解除商铺买卖合同，应当按每平方米30万元的价格给予赔偿。Y公司认为，全南京市任何一处房产均无30万元一平方米的价格，冯某梅提出难以令Y公司接受的赔偿价格，表明其根本不想解决纠纷；这个纠纷不解决，时代广场固然不能竣工，冯某梅也别想经营。由于双方当事人各执己见，调解未果。

本案应解决的争议焦点是：商铺买卖合同应当继续履行还是应当解除？如果解除，应当在什么条件下解除？

〔一审裁判理由与结果〕

南京市玄武区人民法院认为：《中华人民共和国合同法》第八条规定："依法成立的合同，对当事人具有法律约束力。当事人应当按照约定履行自己的义务，不得擅自变更或者解除合同。依法成立的合同，受法律保护。"原告Y公司与被告冯某梅签订的商铺买卖合同，是双方当事人的真实意思表示，该合同合法有效，依法对双方当事人都有约束力。合同签订后，冯某梅履行了给付价款的义务，Y公司也将商铺交付给冯某梅使用。后由于他人经营不善，致使时代广场两次停业，该广场内的整体经营秩序一直不能建立，双方当事人通过签订合同想达到的营利目的无法实现，这是在签订合同时双方当事人没有预料也不希望出现的结局。

《中华人民共和国合同法》第五条规定："当事人应当遵循公平原则确定各方的权利和义务。"第六条规定："当事人行使权利、履行义务应当遵循诚实信用原则。"原告Y公司在回收了大部分业主的商铺后，拟对时代广场重新进行规划布局，争取再次开业。被告冯某梅坚持Y公司必须按每平方米30万元的高价回收其商铺，否则就要求继续履行商铺买卖合同。虽经调解，由于双方当事人互不信任，不能达成调解协议，以致Y公司的6万余平方米建筑和冯某梅的22.50平方米商铺均处于闲置状态。考虑到冯某梅所购商铺，只是Y公司在时代广场里分割出售的150余间商铺中的一间。在以分割商铺为标的物的买卖合同中，买方对商铺享有的权利，不能等同于独立商铺。为有利于物业整体功能的发挥，买方行使权利必须符合其他商铺业主的整体意志。现在时代广场的大部分业主已经退回商铺，支持Y公司对时代广场重新规划布局的工作，今后的时代广场内不再具有商铺经营的氛围条件。冯某梅以其在时代广场中只占很小比例的商铺，要求Y公司继续履行本案合同，不仅违背大多数商铺业主的意愿，影响时代广场物业整体功能的发挥，且由于时代广场内失去了精品商铺的经营条件，再难以通过经营商铺营利，继续履行实非其本意。考虑到时代广场位于闹市区，现在仅因双方当事人之间的互不信任而被闲置，这种状况不仅使双方当事人的利益受损,且造成社会财富的极大浪费,不利于社会经济发展。从衡平双方当事人目前利益受损状况和今后长远利益出发,依照公平和诚实信用原则,尽管双方当事人之间存在的商铺买卖合同关系合法有效,尽管冯某梅在履行合同过程中没有任何违约行为,本案的商铺买卖合同也应当解除。

鉴于被告冯某梅在履行商铺买卖合同中没有任何过错,在商铺买卖合同解除后,其因商铺买卖合同而获得的利益必须得到合理充分的补偿,补偿标准是保证冯某梅能在与时代广场同类的地区购得面积相同的类似商铺。原告Y公司同意在商铺买卖合同解除后,除返还冯某梅原付的购房价款、赔偿该商铺的增值款外,还给冯某梅补款48万元,这一数额足以使冯某梅的现实既得利益不因合同解除而减少,应予确认。

据此,南京市玄武区人民法院于2004年4月30日判决:

一、原告Y公司与被告冯某梅签订的商铺买卖合同予以解除;二、被告冯某梅返还原告Y公司时代广场内编号2B050的商铺,于本判决生效之日起10日内交付;三、原告Y公司返还被告冯某梅的商铺价款368184元,赔偿冯某梅商铺的增值额163516元,合计531700元,于本判决生效之日起10日内付清;四、原告Y公司赔偿被告冯某梅逾期办理房屋权属登记过户手续的违约金及其他经济损失48万元,于本判决生效之日起10日内付清。

〔当事人上诉及答辩意见〕

一审宣判后,冯某梅不服,向南京市中级人民法院提起上诉。理由是:(1)一审已经认定双方之间的商铺买卖合同合法有效,但却在既不是当事人协商一致解除,也不存在法定解除条件的情况下,仅凭被上诉人提出的履行合同会对其重新规划布局造成影响为由,就判决解除合法有效的合同,于法无据。(2)情势变更原则是指合同依法成立后,因不可归责于双方当事人的原因发生了不可预见的情况变更,致使合同的基础丧失或动摇,或继续维持合同原有效力则显失公平,从而允许变更或解除合同。本案不存在这种情况。首先,时代广场整体长期歇业、巨额资金闲置,是被上诉人经营、管理不善,经营策略错误等自身过错造成的。其次,在开发、销售和出租商铺时,对因经营管理不善而导致资产闲置的风险,被上诉人应当预见,不属于情势变更原则所指的情势。如果将这种商业风险归类于变更的情势,那么购房后房价下跌,上诉人也就可以以房价下跌、情势变更为由要求被上诉人退房,那么契约的稳定性及合同的诚实信用则无从谈起。最后,即使继续履行合同会给被上诉人带来不利,这也是经济交往中的正常损失,是被上诉人在订约时应当预见的且应当由其自己承担的商业风险。继续履行合同,不会出现显失公平的后果。因此,本案不适用情势变更原则。(3)因被上诉人经营不善造成的后果,与上诉人之间没有任何关系。即使为了维护被上诉人的利益,使其避免损失,也应当由被上诉人与上诉人自愿协商,通过公平买卖的办法来解决,不能借助国家强制力来实现。一审为维护被上诉人的商业利益、公司利益，通过司法程序强制解除合同，是错误的。（4）商铺是上诉人的私有财产，不经上诉人许可，被上诉人无权对上诉人的私有财产进行估价。一审根据被上诉人的申请，委托估价师事务所对上诉人的商铺进行估价，估价的结果令上诉人无法接受。被上诉人的 48 万元，不能补偿上诉人因此蒙受的损失。况且上诉人并未对一审法院提出退还房款、赔偿增值款、追究违约责任等请求，一审法院在没有当事人请求的情况下作出的判决，违背了法律规定。综上，一审判决适用法律不当，请求撤销一审判决，改判被上诉人实际履行合同，为上诉人办理产权过户手续，并负担本案全部诉讼费用。

被上诉人 Y 公司答辩称：一审依照《中华人民共和国合同法》第五条、第六条作出解除双方合同的判决是正确的。本案讼争房屋已被拆除，事实上无法继续履行合同。一审并未适用情势变更原则，也未维护被上诉人的商业风险和公司利益。在本案中，被上诉人同意向上诉人支付的违约金和赔偿金，足以保证上诉人的利益不受侵害。二审应当维持原判。

〔二审查明的事实〕

南京市中级人民法院经审理，确认一审查明的事实属实。另查明，被上诉人 Y 公司已取得本市中山路 18 号的土地使用权证及房屋所有权证，现正在对时代广场进行整体布局调整的施工。

二审审理中，南京市中级人民法院主持双方当事人进行调解。被上诉人 Y 公司表示，可以在本市同类地区为上诉人冯某梅购买同等面积的门面房；冯某梅要求，Y 公司应当在原地点给其安置同等面积的门面房，并给予经济补偿，或者在本市同类地区给其补偿 80 平方米的门面房。因双方各执己见，致调解不成。后 Y 公司表示，愿意在一审基础上再给冯某梅补偿各种经济损失 20 万元。

二审应解决的争议焦点是：（1）一审判决解除合同是否正确。（2）在权利人没有提出请求的情况下，一审在解除合同的判决中一并判决义务人给权利人赔偿，是否符合程序？

〔二审裁判理由与结果〕

南京市中级人民法院认为：上诉人冯某梅与被上诉人 Y 公司签订的商铺买卖合同合法有效。Y 公司在合同约定的期限内未办理产权过户手续，已构成违约，又在合同未依法解除的情况下，将 2B050 商铺的玻璃幕墙及部分管线设施拆除，亦属不当。《中华人民共和国合同法》第一百零七条规定："当事人一方不履行合同义务或者履行合同义务不符合约定的，应当承担继续履行、采取补救措施或者赔偿损失等违约责任。"从这条规定看，当违约情况发生时，继续履行是令违约方承担责任的首选方式。法律之所以这样规定，是由于继续履行比采取补救措施、赔偿损失或者支付违约金，更有利于实现合同目的。但是，当继续履行也不能实现合同目的时，就不应再将其作为判令违约方承担责任的方式。《中华人民共和国合同法》第一百一十条规定：

"当事人一方不履行非金钱债务或者履行非金钱债务不符合约定的,对方可以要求履行,但有下列情形之一的除外:(一)法律上或者事实上不能履行;(二)债务的标的不适于强制履行或者履行费用过高;(三)债权人在合理期限内未要求履行。"此条规定了不适用继续履行的几种情形,其中第(二)项规定的"履行费用过高",可以根据履约成本是否超过各方所获利益来进行判断。当违约方继续履约所需的财力、物力超过合同双方基于合同履行所能获得的利益时,应该允许违约方解除合同,用赔偿损失来代替继续履行。在本案中,如果让Y公司继续履行合同,则Y公司必须以其6万余平方米的建筑面积来为冯某梅的22.50平方米商铺提供服务,支付的履行费用过高;而在6万余平方米已失去经商环境和氛围的建筑中经营22.50平方米的商铺,事实上也达不到冯某梅要求继续履行合同的目的。一审衡平双方当事人利益,判决解除商铺买卖合同,符合法律规定,是正确的。冯某梅关于继续履行合同的上诉理由,不能成立。

考虑到上诉人冯某梅在商铺买卖合同的履行过程中没有任何违约行为,一审在判决解除商铺买卖合同后,一并判决被上诉人Y公司向冯某梅返还商铺价款、赔偿商铺增值款,并向冯某梅给付违约金及赔偿其他经济损失。这虽然不是应冯某梅请求作出的判决,但此举有利于公平合理地解决纠纷,也使当事人避免了讼累,并无不当。在二审中,Y公司表示其愿给冯某梅增加20万元赔偿款,应当允许。

据此,南京市中级人民法院依照《中华人民共和国民事诉讼法》第一百五十三条第一款第一项的规定,于2004年9月6日判决:

一、维持南京市玄武区人民法院的一审民事判决第一、二、三项;二、变更南京市玄武区人民法院的一审民事判决第四项为:被上诉人Y公司赔偿上诉人冯某梅逾期办理房屋权属登记过户手续的违约金及其他经济损失68万元,于本判决生效之日起10日内付清。

规则27:(合同解除的法律后果) 合同解除的法律后果不表现为违约责任,而是返还不当得利、赔偿损失等形式的民事责任

——电力公司与房地产公司房屋买卖合同纠纷案[①]

【裁判规则】

《民法典》第566条第1款规定:"合同解除后,尚未履行的,终止履行;已经履行的,根据履行情况和合同性质,当事人可以要求恢复原状或者采取其

---

① 《中华人民共和国最高人民法院公报》2010年第5期。

他补救措施,并有权要求赔偿损失。"合同解除导致合同关系归于消灭,故合同解除的法律后果不表现为违约责任,而是返还不当得利、赔偿损失等形式的民事责任。

【规则理解】

一、合同解除的溯及力

(一)合同解除溯及力的不同学说

合同解除是指合同有效成立后,基于双方当事人的合意,或当法定或约定的条件发生时依一方当事人的意思表示,而使合同权利义务关系消灭的行为。合同解除的直接后果是使合同关系消灭,合同不再履行。合同解除后,应如何处理解除以前的权利义务关系,涉及合同解除是否有溯及力的问题。如果合同解除有溯及力,则合同自始不成立,合同解除前已履行的部分,发生恢复原状的后果;如果合同解除不具有溯及力,则合同解除的效力仅使合同向将来消灭,解除之前的合同权利义务仍然有效存在,当事人无须恢复原状。由此可见,合同解除的溯及力问题是合同解除制度中一项非常重要的问题,对此国内学界大致存在三种学说:直接效果说、间接效果说和折中说。直接效果说认为,"契约之效力,因解除而溯及地消灭,故未履行债务,因解除而不存在,已履行之债务则因给付欠缺法律上之原因,得依不当得利,请求返还,唯其得请求返还之范围,不以现存利益为限,而以恢复原状为原则"。[1] 直接效果说为我国学者关于合同解除法律后果的主流观点,如有学者认为"合同经解除则视为自始没有发生过,尚未履行的债务免于履行,已经履行的部分因为没有法律上的原因发生返还请求权"[2]。该观点体现了合同解除具有溯及既往之效力。间接效果说认为,合同并不因解除而归于消灭,解除合同仅使合同拘束力受到阻止,对尚未履行的债务产生履行拒绝的抗辩权,对已经履行的债务发生新的返还债务。[3] 该观点的要义在于合同解除对已履行、未履行部分均不会产生消灭合同之效力,仅使合同效力受到阻止。折中说认为,合同解除对于尚未履行的债务自解除时归于消灭,对于已经履行的债务并不消灭,而是发生新的返还债务。该观点认为合同解除仅对将来产生终止履行的效力,对已经履行的不产生溯及力。从《民法典》第566条规定来看,我国合同解除的法律效力包含两个方面的内容:

---

[1] 林诚二:《民法债编总论——体系化解说》,中国人民大学出版社2003年版,第454页。
[2] 崔建远主编:《合同法》,法律出版社2003年版,第198页。
[3] 林诚二:《民法债编总论——体系化解说》,中国人民大学出版社2003年版,第454页。

一是尚未履行的,合同义务终止履行,解除向将来发生终止履行的效力;二是已经履行的,则可以视合同的性质与履行情况,对已经履行的合同内容产生恢复原状和赔偿损失的效力。基于此可以认为《民法典》对合同解除的溯及力采取的是一种比较灵活的态度,合同解除一般可以产生溯及力,但不是必然产生溯及既往的效果。

(二) 合同解除后有无溯及力应考虑的因素

司法实践中,可以根据当事人的意志、合同种类、合同的履行状况等,视具体情况综合判断合同是否产生溯及力,以利于保护合同当事人的合法利益。具体而言,合同解除后有无溯及力应综合考虑以下因素。

1. 当事人的意志

在合同系归因于一方当事人的事由而导致解除的情况下,比如一方当事人发生《民法典》第 563 条规定的根本违约、预期违约、迟延履行等违约行为时,合同解除是否溯及既往宜充分尊重非违约方的意见。合同系不可归责于双方当事人中的任何一方的事由引起的解除,包括不可抗力、情势变更等,则鉴于非违约的合同解除双方均没有责任,对非违约的合同解除有无溯及力认定宜综合权衡当事人双方的利益。

2. 合同的种类

(1) 从合同关系的存续状态角度考察,合同可以分为非继续性合同和继续性合同两种。非继续性合同是指履行一次性行为的合同,由于这类合同被解除后一般能够恢复原状,故合同解除一般具有溯及力,双方的债权债务关系可溯及合同成立时消灭。否则,如果这类合同向将来消灭其效力,则已经履行的给付不能取回,只能请求对方赔偿损失,而赔偿损失通过请求对方承担违约责任即可实现,且违约责任的承担方式显然不只限于损害赔偿,远比解除合同的选择范围大,因此对当事人来说解除合同实际意义不大。继续性合同是指履行在一定的持续时间内完成,而不是一时或一次完成的合同,这类合同解除一般无溯及力。如租赁合同、借用合同等,以使用、收益标的物为目的,已经受领的标的物效益很难返还,也就不能恢复原状,而在仓储、保管、服务等合同中,以提供劳务为标的,已经提供的劳务无法恢复,合同解除的效力只能及于将来。(2) 在委托合同中,受托人以委托人的名义和费用与第三人发生关系,如果委托合同的解除溯及合同成立时,则受托人基于委托人之委托而与第三人之间发生的各种法律关系失去基础,会给善意第三人造成损害,也影响到交易秩序的稳定,因此委托合同的解除不应具有溯及力。

3. 合同的履行状况

认定合同解除有无溯及力时，合同的履行情况也是考虑因素之一。在双方合同均未履行而合同效力提前终结的情况下，合同解除是否溯及既往意义不大。标的物不可分的长期购销合同虽属于继续性合同，但鉴于标的物不能分割，这种合同解除一般可产生溯及力。如果一方在接受履行以后，将标的物转移给了第三人，而当事人又迫切需要解除合同，在这种情况下，合同解除不应发生溯及既往的效力，以避免对第三人造成损害。

以上只是认定合同有无溯及力的一般原则，司法实践中应综合上述各种因素确定合同解除是否具有溯及力，便于适用合同解除的具体法律后果。

二、合同解除的法律后果形态

（一）恢复原状

恢复原状是合同解除之溯及力的直接法律后果。合同解除意味着当事人受领的给付失去法律依据，因而应当返还给付人，这就使受领人负有恢复原状的义务。恢复原状具有不当得利返还的性质，因为合同一经解除即溯及于合同成立之时，和自始未缔结合同相同，各当事人所负担的本来给付消灭，因对方当事人为履行债务所受领的给付，即为无合法依据而受益，这和不当得利在本质上无任何差异。[1] 在合同尚未履行时，合同解除后当事人之间当然恢复原状，从而无从产生恢复原状的义务。恢复原状义务只发生在合同部分履行或一方全部履行的情况之下。恢复原状的范围为，在原给付物存在时返还原物。在原物不存在时，如果原物是可代替物，由于物品的个体性并不重要，解除权人可以要求返还同一种类物；原物为不可代替物时，可按当时该物的价款返还。返还的是能产生孳息的物，则除应返还原物之外，还应当返还孳息。

（二）赔偿损失

解除合同与损害赔偿均为对非违约方的救济方式，合同一经解除，非违约方能否请求损害赔偿，各国立法例有不同规定。以德国旧法为代表的选择主义认为，债务不履行时，债权人只可以在解除合同与损害赔偿之间择其一主张权利，支持该观点的理论基础在于合同解除是使当事人的合同关系恢复到合同订立前的状态，而损害赔偿赖以存在的基础是承认合同继续有效，由于合同解除后其效力溯及既往的消灭，损害赔偿也就失去了存在的前提与基础。以法国、瑞士、日本为代表的并存主义则认为合同解除与损害赔偿可以并存，合同的解

---

[1] 郑玉波：《民法债编总论》，中国政法大学出版社2004年版，第329页。

除并不影响当事人要求损害赔偿的权利。《民法通则》第 115 条规定："合同的变更或解除，不影响当事人要求赔偿损失的权利。"《民法典》第 566 条第 1 款规定："合同解除后，尚未履行的，终止履行；已经履行的，根据履行情况和合同性质，当事人可以请求恢复原状或者采取其他补救措施，并有权请求赔偿损失。"《民法典合同编通则司法解释》第 52 条规定："当事人就解除合同协商一致时未对合同解除后的违约责任、结算和清理等问题作出处理，一方主张合同已经解除的，人民法院应予支持。但是，当事人另有约定的除外。有下列情形之一的，除当事人一方另有意思表示外，人民法院可以认定合同解除：（一）当事人一方主张行使法律规定或者合同约定的解除权，经审理认为不符合解除权行使条件但是对方同意解除；（二）双方当事人均不符合解除权行使的条件但是均主张解除合同。前两款情形下的违约责任、结算和清理等问题，人民法院应当依据民法典第五百六十六条、第五百六十七条和有关违约责任的规定处理。"由此可见，《民法典》及其司法解释已明确合同解除与损害赔偿可以并存。这主要是考虑到，合同解除作为一种救济手段，只是使受害人摆脱了合同关系的束缚，从而使其可以选择新的订约伙伴，但其因对方的违约造成的损失并没有得到补救。[①] 尤其在合同一方所为的给付已发生毁损灭失的情况下，只有损害赔偿才能弥补一方的损失，以尽可能达到与恢复原状相同的效果。

　　《民法典》第 566 条第 1 款确定合同解除可与损害赔偿并存是针对一般情况，鉴于合同解除的原因具有多样性和复杂性，合同解除与损害赔偿能否并存还应考虑一些特殊情况。首先，协议解除在一定条件下可以和赔偿损失并存。协议解除乃是双方协商一致以解除协议的合同代替旧合同，合同解除是否可和损害赔偿同时并行，应取决于当事人的意志自治。解除协议中如果约定了损害赔偿，自然应予支持；如果解除协议约定不予赔偿损失，也应当尊重当事人的选择。假如当事人仅就合同的解除达成协议，而未具体约定损害赔偿，当事人向法院起诉要求损害赔偿的，法院应当允许，不能以默示的方式排除当事人对损害赔偿的请求权。其次，合同因不可抗力造成不能履行而解除，当事人一般可以免责，但根据《民法典》第 590 条、第 591 条、第 592 条、第 593 条的规定，在下述情况下仍存在赔偿责任：第一，在当事人迟延履行期间发生不可抗力，造成合同不能履行；第二，当事人应尽量减少不可抗力造成的损失，否则责任方应对扩大的损失负责赔偿；第三，因第三人的行为造成合同不能履行而

[①] 王利明：《合同法新问题研究》，中国社会科学出版社 2003 年版，第 565 页。

导致合同解除时,根据合同相对性原理,债务人应承担赔偿责任。债务人因此受到的损失应视为由第三人的过错所致,该债务人取得向第三人追偿的权利。第四,违约解除合同可和赔偿损失并存。违约方不履行合同给对方造成损失的,非违约方要求解除合同并要求赔偿损失时,违约方不能以对方已解除合同为由,拒绝赔偿损失。司法实践中,守约方根据法定或约定解除权解除合同并要求赔偿损失时,应符合以下构成要件:(1)当事人一方有违约行为。(2)非违约方行使解除权解除合同。合同若未被解除,则不发生合同解除的损害赔偿责任,而是发生违约责任。(3)解除权人利益受损失。如果当事人无损失,也不发生赔偿责任。(4)解除权人受损失与一方违约有因果关系。这里的因果关系,是指一方违约与合同解除、另一方利益受损与合同解除有因果关系。所以此时的因果关系具有间接性,与违约行为直接致对方履行利益受损不同。(5)解除权人主观上无过错。

【拓展适用】

一、合同解除后果与违约责任

在合同成立后双方非基于一方违约而协议解除合同,或者行使约定解除权并非一方当事人违约所致,以及《民法典》第563条规定的"因不可抗力致使不能实现合同目的"的法定解除等非违约情形下,并无探讨合同解除与违约责任关系之必要。在当事人一方出现法定解除中的预期违约、迟延履行主要债务经催告仍未履行、迟延履行债务或其他违约行为致使不能实现合同目的而解除合同时,会发生合同解除权与违约责任请求权的竞合。在此情况下,合同解除的后果是否表现为违约责任,也就是说守约方能否在合同解除后以之主张违约责任,司法实践中颇有争议。

有学者认为,"当事人违约而产生的违约金责任是客观存在,不能因合同解除而化为乌有,对此,不论什么性质的违约金均应一样。为了照顾违约金需要以合同关系存在为前提的理论,在合同解除有溯及力时,可以拟制合同关系在违约金存在的范围内继续存在"[1]。也有学者认为,违约金条款是以合同有效存在为前提的,依合同解除的"直接效果说",即合同因解除而溯及既往地消灭,皮之不存,毛将焉附?所以违约金条款也丧失所依附的基础,违约金请求权自当归于消灭,不得再行请求。而《买卖合同案件司法解释》第19条明确

---

[1] 崔建远:《合同责任研究》,吉林大学出版社1992年版,第257页。

规定："出卖人没有履行或者不当履行从给付义务，致使买受人不能实现合同目的，买受人主张解除合同的，人民法院应当根据民法典第五百六十三条第一款第四项的规定，予以支持。"笔者认为我国合同解除后可否要求违约方承担违约责任可从以下几方面考虑：

第一，从违约责任与合同解除两种制度设立的目的来看。违约责任是在合同有效成立的情况下，合同一方当事人不履行合同义务或者履行合同义务不符合约定时，对方当事人要求违约方所承担的法律责任，而合同解除则是无法实现合同订立目的时，当事人选择终止合同效力的一种救济制度，合同解除与违约责任是合同法中两项各自独立的法律救济制度。

第二，从合同法的体系来看。合同解除及解除后的法律效果规定于《民法典》合同编第七章"合同的权利义务终止"，而不规定于第八章即"违约责任"。这表明，合同解除虽系基于违约事实而产生的法律后果，但不属于违约责任方式，而属于一方违约后对方采取的独立于违约责任的一种救济方式。

第三，从违约责任的承担基础来看。违约责任以合同有效存在为前提，而合同解除后相关责任的承担并不以合同为基础。依合同解除的"直接效果说"，合同效力因解除而溯及既往地消灭，即合同解除将导致合同关系自始不存在。如此情况下，作为违约责任之基础的"合同关系"不复存在，则违约责任无从谈起。

第四，从违约责任的形态来看。违约责任有继续履行的、违约金、违约损失赔偿。在合同解除具有溯及力时，合同关系消灭，合同无继续履行之可能，因此合同解除后的法律后果不可能表现为继续履行。我国《民法典》第566条中所涉及的合同解除后果亦排除了违约金、定金的适用，而赔偿损失下文将分析到并非基于违约而承担的后果。基于上述分析，合同解除后，在合同具有溯及力的情况下，守约方要求对方承担的并非违约责任。但是，需要说明的是，这一结论并非毫无例外地适用于所有合同。因为是否承认合同解除的溯及力会导致守约方能否要求对方承担违约责任的不同结果。而前文已谈及合同是否具有溯及力应综合考虑当事人的意思自治、合同解除的原因及履行情况等因素。如果合同明确约定违约金及损害赔偿的计算方式适用于合同解除，则法院应充分尊重当事人意思自治。

二、合同解除损害赔偿之性质及赔偿范围

赔偿损失为合同解除的法律后果之一，但由此引发合同解除的损失赔偿是违约责任的一种表现方式，还是其他民事责任的表现方式之争论，而合同解除损害赔偿的性质直接影响到赔偿范围。

(一) 合同解除损害赔偿的性质

理论界对损害赔偿的性质存在信赖利益损害赔偿说与债务不履行损害赔偿说。信赖利益损害赔偿说的基本观点是：合同因解除而消灭，并不存在因债务不履行而产生损害赔偿。因为此种赔偿责任以合同有效成立为前提，既然合同已自始消灭，赔偿责任亦丧失了存在的基础。但是，在合同解除情况下，非违约方可能会遭受因信赖合同会完全履行却实际未能完全履行所产生的损害。这种损害赔偿，不是依据债务不履行的事实，也不是基于债权，而是基于法律的直接规定。此种学说被瑞士债务法所采用。债务不履行损害赔偿说的基本观点是：合同有效存在是前提，损害赔偿的请求权于违约行为发生时，在合同解除之前就已经存在，并不因合同解除而消灭。合同解除的溯及力其实仅及于合同之履行效力，合同履行效力溯及既往地消灭，合同不再履行，但损害赔偿请求权不受影响。此种学说为法国、意大利、日本所采纳。[①] 根据债务不履行损害赔偿说可知，在一方不履行合同时，债权人除了能解除合同外，还可以请求对方当事人赔偿基于未履行所造成的利益损失，目的是使当事人达到如同债务被履行一样的状态，包括当事人能够证明的可得利润，但不包括当事人的订约费用、准备履约费用等前期投入，因为这些交易成本当事人会从履行利益的实现中得到补偿，也是当事人能够得到履行利益的正常必要成本支出。[②] 以上争议反映出的正是因对合同解除之效力的不同理解，而导致的对合同解除与违约责任两大制度之关系的认识差异，并使得法官们在司法裁判的过程中对救济方式的选择各执己见。倘若认为合同解除旨在溯及既往地消灭合同的全部效力，使合同双方恢复至合同未成立的状态，则合同解除必不能与债务不履行之损害赔偿请求权并存，最多只能以缔约过失为由请求信赖利益之损害赔偿；倘若认为合同解除只是终止双方当事人原始的权利义务关系，对于已履行的部分重新建立返还性债务关系，而不发生概括溯及既往的效果，则合同解除必定不会影响合同解除前便已经存在的债务不履行之损害赔偿。[③]

笔者认为，债务不履行损害赔偿说在逻辑及事实上均与合同解除制度相矛盾。首先，从法理上说，合同解除的损害赔偿是否为违约责任，债务不履行损

[①] 史尚宽：《债法总论》，中国政法大学出版社2000年版，第561页，转引自梁彤、黄渝景：《合同解除与违约责任——从概念逻辑到司法逻辑》，载《求索》2007年第2期。

[②] 王爱琳：《合同解除与损害赔偿》，载《学术交流》2007年第4期。

[③] 梁彤、黄渝景：《合同解除与违约责任——从概念逻辑到司法逻辑》，载《求索》2007年第2期。

害赔偿，与合同解除的溯及力有关。违约损害赔偿的承担须以合同关系有效存在为前提，当合同解除具有溯及力时，合同自始不存在，则基于合同履行而产生的违约损失（债务不履行损害赔偿）亦如无源之水，故合同解除损害赔偿并非违约责任之表现形式，以上已详述，不再重复。其次，从合同解除的目的来看。在合同因一方违约时，对方有两种救济途径选择，一是为了实现合同目的而继续履行，并要求对方承担违约责任，包括要求对方赔偿损失。如《民法典》第583条规定："当事人一方不履行合同义务或履行合同义务不符合约定的，在履行义务或者采取补救措施后，对方还有其他损失的，应当赔偿损失。"可见违约损失的赔偿可以选择继续履行为前提。二是不追求实现合同目的而解除合同，未履行的不再履行，已履行的要求对方返还，即《民法典》第565条规定的解除权的行使。守约方一般会选择对自己最有利的救济方式，如果其选择解除合同时，意味着当事人免除了自己的履行义务，相应地放弃了履行利益的实现，而此时如果解除权人要求相对人赔偿因其不履行自身的义务而造成的损失，则存在逻辑矛盾，故原则上守约方在选择合同解除的情况下不能要求对方赔偿违约损失，守约方因合同解除而造成的信赖利益损失应由对方来负责赔偿。最后，从损害赔偿范围来看，债务不履行损害赔偿为使当事人达到如同债务被履行一样的状态，非违约方可要求赔偿能够证明的可得利润。可是，因债务不履行而产生的可得利益损失是一种虚拟的利益损失，因为这种利益需要当事人进一步履约，既然未履约则其利益究竟能否实现难以确定，因此其损失就未必存在，让债务人对是否存在尚不确定的所谓损失进行赔偿，显然有失公平。而且，合同的解除本身也体现了对违约方的制裁，因为违约方在合同解除时也会遭受损失，假如再让其承担赔偿非违约方不该得到的也未必能得到的利益，便是加重制裁，这和淡化制裁功能的合同法发展方向是不协调的。

(二) 合同解除损害赔偿之范围

前已述及，既然合同已经解除，合同因解除而消灭，就不再有基于合同债务不履行的损害赔偿责任。但在一方违约的情况下，非违约方会遭到因相信对方当事人诚信履约，却因对方未诚信履约而受的信赖利益损失。对于信赖利益，有学者认为："信赖利益者，指当事人相信法律行为有效成立，而因某种事实发生，该法律行为（尤其是契约）不成立或无效而生之损失，又称为消极利益之损害。"[1] 笔者认为，合同解除的信赖利益损失包括两方面：一是客观的费用

---

[1] 王泽鉴：《民法学说与判例研究（五）》，中国政法大学出版社1998年版，第212页。

支出损失，包括当事人的缔约费用，准备履约及接受对方履行支出的费用损失，因对方未诚信履约而多花费的费用，如返还给付物的费用。这些费用支出是客观事实，应以实际损失为准。二是机会损失，因信赖对方而致丧失的与第三人另行订立合同机会的损失，包括两种情况。第一种情况是受害人与第三人缔约的机会曾经是客观存在的，且在诉讼时已确定不存在。第二种情况是受害人与第三人缔约的机会曾经是客观存在的，且在诉讼时也客观存在，但第三人却比以前提出了更为苛刻的条件，那么前后两种条件下的差额，也应是信赖人的机会损失，应予赔偿。为确定交易风险，鼓励当事人从事交易活动，合同解除时的信赖利益赔偿范围应受可预见性规则限制，即赔偿范围不应超过责任人在缔约时预见到或应当预见到的因违约致合同解除所可能造成的损失。值得注意的是，信赖合同履行的机会损失与合同履行的可得利润之机会损失是不同的。我国《民法典》第584条规定："当事人一方不履行合同义务或者履行合同义务不符合约定，造成对方损失的，损失赔偿额应当相当于因违约所造成的损失，包括合同履行后可以获得的利益；但是，不得超过违约一方订立合同时预见到或者应当预见到的因违约可能造成的损失。"该条所规定的可得利润的赔偿内容均是排列在违约责任一章之中，明确了守约方在采取继续履行及其他违约救济方式仍不足弥补损失的，还可主张违约损害赔偿，而违约损害赔偿的范围包括合同履行后可以获得的利益。由此可见，我国合同法规定的可得利益系在一方违约，而合同并未解除的情况下守约方要求损害赔偿的范围，不属于解除的损害赔偿范围。

司法实践中，合同解除应尊重当事人意思自治，如果在合同中双方明确约定的违约金及违约损失适用于合同解除时，意味着双方排除了合同解除的溯及力，则可适用约定的违约金或损失赔偿方法，或者主张合同解除的损害赔偿，守约方只能选择其中的一种方式，如果合同没有明确规定的，则以信赖利益为合同解除的赔偿范围。

【典型案例】

电力公司与房地产公司房屋买卖合同纠纷案

上诉人（原审被告）：房地产公司。

法定代表人：程某裕，该公司董事长。

被上诉人（原审原告）：电力公司。

法定代表人：杨某，该公司董事长。

[**基本案情**]

广西壮族自治区高级人民法院经审理查明：2003 年 3 月 12 日，电力公司（甲方）与房地产公司（乙方）签订《基地定向开发建设协议书》（以下简称《定向开发协议》），委托房地产公司在广西南宁市琅东凤岭段为电力公司建设办公综合楼和商品住宅小区。协议约定：办公楼主楼初定 21 层，占地面积约 30 亩，建筑面积约 3 万平方米，办公楼总投资包括：土地每亩按 53 万元（含土地平整费）计算；开发建设费造价暂按建筑面积每平方米 2500 元计算。商品住宅小区为 6 层框架式结构，占地面积约 30 亩，单价按每平方米 1500 元计算。同时双方就设立共管账户、付款方式、合同工期、担保义务、双方其他权利义务以及违约责任等方面进行了约定。协议签订后，电力公司分别于 2003 年 4 月 16 日、10 月 17 日，2004 年 11 月 15 日向房地产公司支付 50 万元、1950 万元、590 万元，共计 2590 万元。2003 年 7 月 8 日，房地产公司取得了南宁市规划管理局颁发的《建设用地规划许可证》。2005 年 2 月 5 日，房地产公司完成凤岭商住小区财富国际广场 A 区 1-3#综合楼土方开挖、桩基础、基坑支护的招标工作。2005 年 3 月 28 日，房地产公司取得凤岭商住小区财富国际广场 A 区 1-3#综合楼基础的《建筑工程施工许可证》。

2005 年 3 月 30 日，电力公司（甲方）与房地产公司（乙方）签订《电力公司基地定向开发建设补充协议书》（以下简称《补充协议》），约定将办公楼主楼初定为 26 层，建筑面积为 45955 平方米。办公楼土地补偿费每亩 95 万元，土地补偿费共计 2850 万元，土地平整费 200 万元。基本开发建设费每平方米 4350 元，合计 19990.425 万元；在付款方式上双方约定，电力公司在 2005 年 3 月 30 日前支付的费用作为已付部分土地补偿费，《补充协议》签订后 5 个工作日内再支付其余土地补偿费。平整场地工程完工后 10 个工作日内电力公司向房地产公司支付 200 万元。房地产公司取得办公楼开工许可证后 7 日内，电力公司支付基本开发建设费的 25%，合计约 5000 万元，扣除首期付款 2000 万元，实付工程预付款为 3000 万元。工程形象进度款的拨付办法：办公楼桩基础工程完工后 7 日内，电力公司支付基本开发建设费的 5%，即 1000 万元给房地产公司；办公楼地下室工程完工后 7 日内，电力公司支付基本开发建设费的 10%，即 2000 万元给房地产公司；办公楼四层楼面结构完工后 7 日内，电力公司支付基本开发建设费的 10%，即 2000 万元给房地产公司；办公楼八层楼面结构完工后 7 日内，电力公司支付基本开发建设费的 10%，即 2000 万元给房地产公司。双方对工作周期约定：本协议生效后，房地产公司在 15 个工作日内提供规划定点图和《建设用地规划许可证》，在 30 个工作日内取得《国有土地使用权证》；施工图设计通过审批后在 2005 年 6 月内完成监理、施工招标；施工招投标结束后在 2005 年 7 月内取得办公楼开工许可证；2005 年 8 月办公楼桩基础工程完工；2005 年 12 月办公楼地下室工程完工；2006 年 2 月办公楼四层楼面结构完工；办公楼主体工程开工 6 个月内取得办公楼《商品房预售许可证》，与电力公司签订《商品房预售合同》并到房产局备案；办公楼主体工程开工28个月内竣工验收，通过验收合格后2个月内交付电力公司使用。在权利义务方面，双方约定：电力公司有权监督工程进展，在工程形象进度未达到计划要求时，有权拒绝支付任何款项。在交付方面约定：当房地产公司无法按期交付时，则电力公司可以选择通知房地产公司解除协议或继续等待。如果电力公司选择继续等待，则等待时间由电力公司决定，等待后仍然可以解除协议。房地产公司保证在电力公司取得《南宁市房屋所有权证》前，未经电力公司同意，不得以任何形式抵押土地使用权给第三方。在违约责任方面，双方约定：电力公司须按本协议规定的时间及工程建设进度向房地产公司支付工程款，逾期未付的，电力公司每天应向房地产公司支付应付价款万分之二的违约金。如逾期30天未支付视为电力公司无力继续履行协议，房地产公司有权单方终止协议。因房地产公司开发手续等原因造成本协议无效、无法履行或抵押土地使用权给第三方的，房地产公司必须承担违约责任，向电力公司退回全部开发资金本息，双倍返还定金，并赔偿因此给电力公司造成的经济损失。房地产公司不能按《补充协议》工作周期规定的时间完成有关工作的，视为违约，对每一笔付款逾期的违约，房地产公司每天应向电力公司支付已收价款万分之二的违约金。如逾期30天则视为房地产公司无力继续履行协议，电力公司有权单方面终止协议。如房地产公司无法按协议约定的时间交付工程，电力公司有权要求房地产公司按日支付违约金，每日违约金为基本建设开发费的万分之三。房地产公司违反土地抵押约定，则应当按日支付违约金，每日违约金标准为基本建设开发费的万分之三，并且赔偿电力公司因此而产生的一切损失。如果房地产公司无法按时取得定向开发建设房产的《南宁市房屋所有权证》及他项权利证书，则应当按日支付违约金，每日违约金为基本建设开发费的万分之三，并且赔偿电力公司因此而产生的一切损失，包括银行的贷款利息、银行的罚息、诉讼费用、律师费用、装修费用、误工费用、交通费用、因重新购建而产生价格上涨的损失等。双方约定《补充协议》签订后，原协议仍然有效，《补充协议》与原协议有冲突的，以《补充协议》为准。

《补充协议》签订后，电力公司分别于2005年4月12日、2006年8月9日、2006年9月7日向房地产公司支付5460万元、1000万元、2000万元。至此，电力公司向房地产公司总共支付11050万元用于办公楼建设。2006年1月4日，房地产公司完成对土建（含桩基）、水电防雷、空调通风、通风、消防人防的招标工作。2006年4月6日，办公楼工程完成桩基础工程。2006年5月25日，房地产公司取得了南宁市规划管理局颁发的A区1#办公楼的《建设工程规划许可证》及附件。2006年6月21日，房地产公司取得南宁市建设委员会颁发的凤岭商住小区（二期）财富国际广场A、B、C区工程的《建筑工程施工许可证》。2006年8月16日，房地产公司完成了办公楼地下室工程。2006年12月5日，房地产公司完成办公楼四层楼面结构工程。2006年12月9日，承建财富国际广场工程的中国建筑总公司致函房地产公司，称因房地产公司长期欠付工程进度款造成材料供应中断,生产陷入半瘫痪,决定于 2006 年 12 月 10 日全部停工。2007 年 3 月 21 日,南宁市建筑工程质量检测中心组织对凤岭商住小区(二期)财富国际广场 A 区一号综合楼进行综合检测。2007 年 5 月 23 日,南宁市建设主管部门在财富国际广场工程质量事故处理工作协调会议纪要上明确:财富国际广场工程存在的安全和质量问题,属重大工程质量事故。该工程至今处于停工状态。

诉讼期间,电力公司委托评估公司对电力公司综合办公楼房地产重新购置而产生价格上涨的损失价格评估。该评估机构于 2008 年 3 月 2 日作出的评估结论为:综合办公楼需重新购置而产生价格上涨的损失为 13123.3 万元。房地产公司在质证中认为该评估报告是电力公司单方委托评估,内容不客观公正,并且以重置价主张损失没有合同约定和法律根据,不存在重置的理由和事实。经一审法院庭审及庭后询问意见,房地产公司均表示不申请法院委托重新评估。

一审法院另查明,2003 年 9 月 29 日,房地产公司取得了南宁市民族大道凤岭段北面地号分别为 0419239、0419211、0419210、0419117 号的四块土地的国有土地使用权。2003 年 10 月 9 日,房地产公司以 0419211、0419210、0419117 号三块土地使用权作为担保与商业银行签订了 1 亿元的《最高额抵押合同》,并于 2003 年 11 月 5 日办理抵押登记,其中地号 0419210 地块为电力公司办公楼用地。

2008 年 3 月 28 日,根据电力公司提出的诉讼保全申请,一审法院以(2007)桂民一初字第 2-1 号民事裁定书依法查封了房地产公司位于南宁市民族大道凤岭段北面地号为 0419239、0419211 的土地使用权及位于该两块土地上的在建工程。

2007 年 7 月 30 日,电力公司起诉称,2003 年 3 月 12 日,其(甲方)与房地产公司(乙方)签订《定向开发协议》,委托乙方在南宁市琅东凤岭段为甲方建设办公楼和商品住宅小区。协议约定:办公楼建筑面积约 3 万平方米,占地面积约 30 亩;按每亩 53 万元的土地费和每平方米 2500 元的开发建设费计算;住宅小区占地面积约 30 亩,单价按每平方米 1500 元计算;同时双方就设立共管账户、付款方式、合同工期、担保义务、双方其他权利义务以及违约责任等方面进行了约定。协议签订后,电力公司积极履行合同,但房地产公司却怠于履行合同义务,实际工期大大拖延。2005 年 3 月 30 日,双方又签订了《补充协议》,将土地补偿费由每亩 53 万元调整到 95 万元,土地补偿费总额由 1590 万元调整到 2850 万元,基本开发建设费由每平方米 2500 元调高至 4350 元;办公楼由 21 层调整到 26 层,建筑面积由 30000 平方米调整为 45955 平方米。同时,双方对《定向开发协议》中约定的合同工期、付款方式、违约责任等条款进行了补充和修改。签约后由于房地产公司存在工期延误、质量不合格以及违反抵押禁止义务等多处严重违约行为,已经构成根本违约,合同目的根本无法实现,电力公司有权依法解除合同。请求法院判令:(1)解除《定向开发协议》以及《补充协议》。(2)房地产公司返还电力公司已付投资款 11050 万元及利息

1476.04万元（暂算至2007年7月30日，应算至判决作出之日）。（3）房地产公司返还电力公司定金100万元。（4）由房地产公司承担本案全部诉讼费用。2008年2月29日，电力公司增加以下诉讼请求：（1）判令房地产公司支付工期逾期违约金5187万元（暂算至2007年7月30日，应算至判决生效之日）；（2）判令房地产公司支付办公楼抵押违约金5037.59万元（暂算至2007年7月30日，应算至判决生效之日）；（3）判令房地产公司赔偿电力公司办公楼项目损失13123.3万元（暂算至2008年2月29日，应算至判决生效之日）。

房地产公司答辩称：第一，本案应该定性为商品房买卖合同纠纷。定向经营行为的实质是房地产公司按照电力公司的要求建成商品房交付给电力公司，而电力公司通过预付房款获得低价的商品房。根据法律规定，双方签订的合同应该认定为商品房买卖合同。第二，电力公司迟延付款违约在先，无权要求工程如期完成。工程进度延误虽然是事实，但是延误的原因有电力公司的行为造成的，有承建人中国建筑总公司的行为造成的，不能完全归责于房地产公司。第三，工程不存在无法修复的质量问题。第四，办公楼项目土地当时已经去国土局办理了抵押，但是国土局认为没有债务关系，所以没有给办理抵押。房地产公司在抵押土地方面没有违反禁止土地抵押义务的行为。综上，请求人民法院依法驳回电力公司的诉讼请求。

〔一审裁判理由与结果〕

广西壮族自治区高级人民法院认为，根据当事人的诉辩意见，案件的争议焦点归纳为：（1）本案合同的性质及效力问题。（2）履行合同中哪方当事人违约，违约方如何承担责任问题以及合同应否解除问题。

关于本案合同的性质及效力问题。一审法院认为，双方当事人签订的《定向开发协议》和《补充协议》既有合作开发房地产的内容，也有建筑工程承包合同的条款，但双方当事人最终目的是由电力公司向房地产公司支付购房对价款，房地产公司交付预定的办公综合楼所有权给电力公司的一种交易。该交易行为中双方当事人权利义务关系的实质符合房屋买卖合同的本质特征。因此，本案合同应认定为名为基地定向开发，实为房屋买卖合同纠纷。房地产公司主张本案合同应认定为商品房买卖合同。对此，一审法院认为，商品房应是由房地产开发企业开发建设并向社会不特定公众公开出售的房屋。出售行为的社会化、公开化是商品房买卖的特征之一。本案中，当事人签订的合同名称冠有"定向开发"字样，合同内容约定由房地产公司为电力公司建设办公综合楼，电力公司负责房地产开发全部建设资金，所建成的房屋全部由电力公司购买，因而本案房地产公司所开发的该办公楼出售对象是特定的而非向社会公众出售。因此，一审法院对房地产公司主张的商品房买卖合同性质不予支持。一审认定本案当事人所签订的《定向开发协议》和《补充协议》是双方当事人真实意思表示，没有违反法律和行政法规的禁止性规定，属合法有效合同。

关于履行合同中哪方当事人违约、违约方如何承担责任、合同应否解除的问题。

一审法院认为,电力公司与房地产公司于 2003 年 3 月 12 日签订《定向开发协议》后,电力公司依约支付了 2590 万元购房款,房地产公司虽履行了部分合同义务,但未能在约定的时间交付房屋,对电力公司构成违约。在此情况下,电力公司没有按该合同的约定主张解除合同或要求房地产公司承担违约责任,继而于 2005 年 3 月 30 日又与房地产公司签订《补充协议》,并在《补充协议》中就办公楼开发的面积、价款、付款方式、合同工期、担保义务、双方其他权利义务以及违约责任等合同的条款方面进行了重新约定并实际履行了部分《补充协议》的义务。据此可以认定电力公司与房地产公司以自己的行为表明,双方对《定向开发协议》进行了实质性的合同变更,并履行变更后的《补充协议》,不再履行《定向开发协议》。因此,电力公司仍起诉要求房地产公司承担 2003 年签订的《定向开发协议》中的违约责任,一审法院不予支持。

《补充协议》签订后,电力公司依约向房地产公司累计支付购房款共达 11050 万元,房地产公司未能按协议约定的进度完成电力公司的办公综合楼工程,且房地产公司在建设电力公司的办公楼过程中,整个财富国际广场工程被南宁市建设主管部门认定存在安全和质量问题,属重大工程质量事故,该工程自 2006 年 12 月 10 日全面停工。房地产公司在建设过程中每期工期均有迟延,至合同约定交付之日 2008 年 2 月 29 日已根本无法实际交付,且该工程至今因质量事故仍未能复工,致使电力公司购买办公综合楼的合同目的不能实现,房地产公司构成履行合同中的根本违约。根据《中华人民共和国合同法》第九十四条第一款规定:"有下列情形之一的,当事人可以解除合同:……(四)当事人一方迟延履行债务或者有其他违约行为致使不能实现合同目的……"因此,本案符合法定解除合同的条件,对于电力公司解除合同的主张,一审法院予以支持。房地产公司主张电力公司不支付进度款违约在先,并且本案合同仍可继续履行不同意解除合同。对此,一审法院认为,本案合同标的物不能按约定竣工交付的责任在于房地产公司所开发的国际财富广场工程存在重大质量事故,而非电力公司不支付工程进度款。房地产公司在 2006 年 12 月 5 日完成了四层楼面施工,按《补充协议》约定电力公司最迟应于完工后 7 日内,即 2006 年 12 月 13 日前支付 2000 万元,但该工程承建商中国建筑总公司于 2006 年 12 月 10 日全面停工,电力公司中止履行义务是行使不安抗辩权,不构成违约。由于该项目按约定应于 2008 年 2 月 29 日交付,但至今仍因质量原因未能复工,对房地产公司提出可继续履行合同的主张,一审法院不予支持。

对合同解除后的责任承担问题,电力公司诉请房地产公司返还购房款、双倍返还定金、支付违约金并且赔偿购房款利息损失、办公楼重置费损失。一审法院认为,本案合同解除是基于房地产公司的违约事实而产生的法律后果,解除合同不属于违约责任方式,而属于合同违约后的一种补救措施;合同解除后的法律后果不表现为违约责任,而是主要表现为包括不当得利返还和损害赔偿的民事责任。《中华人民共和国合同法》第九十七条对合同解除后的法律后果明确规定："合同解除后，尚未履行的，终止履行；已经履行的，根据履行情况和合同性质，当事人可以要求恢复原状、采取其他补救措施，并有权要求赔偿损失。"因此，合同解除后，应由房地产公司返还电力公司的购房款11050万元及赔偿电力公司重置办公综合楼的损失13123.3万元。因重置费损失的赔偿足以弥补电力公司的损失，因而不再支持电力公司要求赔偿购房款利息的损失。对于双倍返还定金问题，一审法院认为，《补充协议》第2.3.4条约定，"电力公司在2005年3月30日前支付的费用作为已付部分土地补偿费"，因此，电力公司于2003年4月16日支付的具有履约定金性质的50万元因《补充协议》重新约定为预付土地款而不再具有定金性质，双方当事人也不再履行《定向开发协议》而是实际履行《补充协议》，且《补充协议》已没有关于定金条款的约定。因此，对电力公司主张双倍返还定金一审法院不予支持。关于电力公司要求房地产公司支付工期逾期违约金和房地产公司擅自抵押土地的违约金的诉请。一审法院认为，由于本案合同本质上属于房屋买卖合同，合同中关于施工工期和抵押土地的内容约定不符合房屋买卖合同的特征，并且根据《中华人民共和国合同法》第九十七条的规定，合同解除的法律效果是使合同关系归于消灭，解除合同的后果，违约方的责任承担方式也不表现为支付违约金。因此，对电力公司要求支付违约金的主张，一审法院亦不予支持。至于房地产公司认为电力公司没有重新购买办公楼并未造成实际损失，其提出的重置费损失并不存在，损失的评估报告系电力公司单方委托评估不能作为损失的证据使用，不应为赔偿的抗辩。一审法院认为，电力公司未实际购买办公楼是事实，其未购买办公楼是由于购房款有11050万元已投入本案的项目中。在房地产公司根本违约的情况下要求电力公司另行投入大笔资金购买同样一栋办公楼才能赔偿损失，这对电力公司的要求过于苛刻，也是不公平的。经一审法院两次庭审质证及庭后询问，房地产公司仅对评估报告结果不予认可，但未能提出相反证据，反而明确表示不申请法院委托重新评估，是对自己诉讼权利的放弃，即使该评估报告所评估的损失结论与实际损失有出入，也应由房地产公司承担对自己不利的法律后果。因此，对房地产公司不予赔偿损失的抗辩，一审法院不予采纳。

综上所述，一审法院认定，本案合同名为基地定向开发，实为房屋买卖合同纠纷，房地产公司在履行合同中构成根本违约，电力公司主张解除合同、返还购房款及赔偿重置办公楼损失有理，一审法院予以支持；房地产公司主张电力公司违约在先、合同可继续履行与事实不符，一审法院不予采信。依照《中华人民共和国合同法》第九十四条、第九十七条和《中华人民共和国民事诉讼法》第一百二十八条的规定，经一审法院审判委员会讨论决定，作出如下判决：一、解除电力公司与房地产公司签订的《定向开发协议》及《补充协议》；二、房地产公司返还电力公司购房款11050万元；三、房地产公司赔偿电力公司损失13123.3万元；四、驳回电力公司的其他诉讼请求。

〔当事人上诉及答辩意见〕

房地产公司对一审判决不服,向最高人民法院上诉称,一审判决认定事实错误,双方所签的《定向开发协议》及《补充协议》不属于《商品房买卖合同》;涉案合同无效,电力公司在签订合同前明知房地产公司未取得《房屋预售许可证》;房地产公司未支付工程进度款为行使不安抗辩权,一审判决认定房地产公司根本违约属于认定事实错误;一审判决认定房地产公司赔偿电力公司13123.3万元没有事实根据;一审判决遗漏当事人,违反法定程序。

电力公司答辩称,一审判决认定事实清楚,适用法律正确,应予维持。

〔最高人民法院查明的事实〕

最高人民法院二审查明,涉案工程至今未取得《商品房预售许可证》。

二审查明的其他事实与一审法院查明的事实相同。

〔最高人民法院裁判理由与结果〕

最高人民法院认为,双方当事人争议的焦点为:涉案合同的效力以及合同是否应当解除,如果合同解除该如何处理。

关于涉案合同的效力。依据本案事实,2003年3月12日,电力公司(甲方)与房地产公司(乙方)签订《定向开发协议》,委托房地产公司在广西南宁市琅东凤岭段为电力公司建设办公综合楼和商品住宅小区。协议约定:办公楼主楼初定21层,占地面积约30亩,建筑面积约3万平方米,办公楼总投资包括:土地每亩按53万元(含土地平整费)计算;开发建设费造价暂按建筑面积每平方米2500元计算。商品住宅小区为6层框架式结构,占地面积约30亩,单价按每平方米1500元计算。同时双方就设立共管账户、付款方式、合同工期、担保义务、双方其他权利义务以及违约责任等方面进行了约定。从双方当事人的约定来看,双方所签订的《定向开发协议》,是双方当事人真实意思表示,且不违反法律的禁止性规定,应为有效合同。

关于合同是否应当解除以及合同解除后如何处理的问题。关于工程工期及交付问题,双方作出如下规定:主体工程开工28个月内竣工验收,通过验收合格后2个月内交付电力公司使用。在权利义务方面双方约定:电力公司有权监督工程进展,在工程形象进度未达到计划要求时,有权拒绝支付任何款项。在交付方面约定:当房地产公司无法按期交付时,则电力公司可以选择通知房地产公司解除协议或继续等待。如果电力公司选择继续等待,则等待时间由电力公司决定,等待后仍然可以解除协议。依据本案事实,现房地产公司并未按期交工,依据双方合同约定,电力公司有权解除合同。

对合同解除后的责任承担问题,电力公司诉请房地产公司返还购房款、双倍返还定金、支付违约金,并且赔偿购房款利息损失、办公楼重置费损失。最高人民法院认为,依照《中华人民共和国合同法》第九十七条的规定:"合同解除后,尚未履行的,终止履行;已经履行的,根据履行情况和合同性质,当事人可以要求恢复原状、采取其他补救措施,并有权要求赔偿损失。"因此,合同解除后,应由房地产公司返还电力公司的购房款和利息。关于电力公司主张的双倍返还定金问题,《补充协议》第2.3.4条约定,"电力公司在2005年3月30日前支付的费用作为已付部分土地补偿费",因此,电力公司于2003年4月16日支付的具有履约定金性质的50万元因《补充协议》重新约定为预付土地款而不再具有定金性质。因此,不应予以返还。关于电力公司要求房地产公司支付工期逾期违约金和房地产公司擅自抵押土地的违约金的诉讼请求。最高人民法院认为,合同解除的法律效果是使合同关系归于消灭,解除合同的后果,违约方的责任承担方式也不表现为支付违约金。因此,对电力公司要求支付违约金的主张,最高人民法院亦不予支持。鉴于本案合同解除后电力公司另行购买办公楼等需要支付费用,而房地产公司专门按照电力公司的要求定向建设的住宅楼和商品住宅小区,合同不履行后也会给房地产公司造成一定损失。综合考虑本案的实际情况,最高人民法院酌定房地产公司赔偿电力公司损失1000万元。依照《中华人民共和国民事诉讼法》第一百五十三条第一款第三项之规定,判决如下:一、维持广西壮族自治区高级人民法院(2007)桂民一初字第2号民事判决第一项、第四项;二、变更广西壮族自治区高级人民法院(2007)桂民一初字第2号民事判决第二项为:房地产公司在本判决生效后三个月内返还电力公司11050万元,并按中国人民银行同期同类贷款利率支付每笔款项自收到之次日起至实际给付之日止的利息;三、变更广西壮族自治区高级人民法院(2007)桂民一初字第2号民事判决第三项为:房地产公司赔偿电力公司损失1000万元。

如果未按照本判决确定的期间履行给付金钱义务,应当按照《中华人民共和国民事诉讼法》第二百二十九条的规定,加倍支付迟延履行期间的债务利息。

> **规则28:(合同解除与合同解除权)客观原因影响范围很小,不构成对普通公众日常生活的危害,不能以此作为免责解除合同的依据**
> ——孟某诉G旅行社旅游合同纠纷案①

【裁判规则】

旅游合同的旅游经营者一方履行了自己义务后,旅游者以出现客观非因自身原因为由,要求与之解除合同并全部退款,其免责解除合同请求权的行使,必须符合法律的规定。虽然该客观原因不构成对普通公众日常生活的危害,不能以当时小范围原因的出现作为免责解除合同的依据。

---

① 《中华人民共和国最高人民法院公报》2005年第2期。

【规则理解】

一、合同解除与合同解除权的内涵

（一）合同解除

合同解除有广义合同解除和狭义合同解除之分。广义的合同解除是指合同有效成立后，当具备合同解除条件时，因当事人一方或双方的意思表示而使合同关系自始消灭或者向将来消灭的一种行为。① 根据解除事由的不同，合同解除分为法定解除或约定解除；根据解除的主体不同，合同解除分为单方解除和双方解除。狭义的合同解除是指合同有效成立后，在没有履行或者完全履行前，当事人一方行使法定或约定的解除权，使合同的效力归于消灭。它具体包括法定解除和约定解除两大类。② 我国台湾地区学者郑玉波亦认为"契约之解除者，乃当事人一方行使解除权，使契约效力溯及的消灭之意思表示也"③。狭义合同解除理论认为在合同有效成立后，在没有履行或者完全履行前，双方约定解除的情形不属于严格意义上的约定解除，而属于当事人之间的协议解除。协议解除不以解除权的存在为必要，而是双方当事人之间用一个新的合同代替了原来的合同，当然这种协议解除完全可能导致原来合同解除的效果，即和约定解除产生同样的法律效力。

笔者同意狭义合同解除的观点。因为，合同的约定解除和协议解除存在以下区别：一是约定解除是一种单方行为，须以约定解除权的存在为前提；而协议解除是双方协商的结果，是一种双方行为，它不以解除权的存在为前提。二是约定解除一般是一方当事人违约、出现约定解除事由的结果；而协议解除不以一方违约为提前，在没有违约和出现约定解除事由的情况下，双方亦可协商解除合同。三是约定解除的效力由法律直接规定；而协议解除的效力完全遵循当事人之间的意思自治。四是约定解除权的行使将导致合同关系自始消灭；而协议解除是以一个新的合同关系代替了原来旧的合同关系，是对权利义务的重新安排、调整和分配。五是约定解除一般是事先约定，而协议解除是一种事后约定。④

---

① 王利明、崔建远：《合同法新论·总则》（修订版），中国政法大学出版社2000年版，第438页。
② 黄建中：《合同法总则重点疑点难点问题判解研究》，人民法院出版社2005年版，第505页。
③ 郑玉波：《民法债权总论》，中国政法大学出版社2004年版，第324页。
④ 黄建中：《合同法总则重点疑点难点问题判解研究》，人民法院出版社2005年版，第506页。

(二) 合同解除权

合同解除权在英文中称为 Rescission Right of Contract，是指在合同成立并生效后，履行完毕前，当满足特定条件时，当事人所享有的解除合同，使合同效力归于消灭的权利。按照导致合同解除权发生的原因不同，可以分为约定解除权和法定解除权。约定解除权是指当事人可以约定一方解除合同的条件，解除合同的条件成就时，解除权人可以解除合同。这种依当事人的合意发生的解除权，称为约定解除权。法定解除权是指根据法律规定发生的解除权，也称为法定解除权。其特点是由法律直接规定行使解除权的条件，当此种条件具备时，当事人可以行使解除权，无须双方事先约定。

二、合同解除权的法律属性

(一) 合同解除权是一种权利

有关合同解除的法律属性的观点主要有两种：一是责任说。认为合同解除是一种违约责任形式，是对不履行合同或不适当履行合同违约方的一种制裁措施。二是权利说。认为合同解除是一种权利，是非违约方享有的一种救济权利。

笔者同意权利说的观点，主要理由如下：第一，出现了约定或者法定的解除合同的事由，合同解除权一方可直接向对方发出解除合同的通知，仅凭其单方的意思表示，即可发生合同解除的法律效果。第二，即使出现了约定或者法定的解除合同的事由，合同解除权一方可以选择是否行使解除权而导致合同的解除，其实是非违约方享有的一种权利。

(二) 合同解除权是一种形成权

史尚宽先生认为："权利因其作用，可分为支配权、请求权、形成权及抗辩权。自己正当得为某行为或不为某行为，或依特定行为使生法律上之效果之权利者，支配权、抗辩权、形成权也，正当要求他人为某行为者，请求权也。"① 合同解除系仅凭单方意思表示就可发生预期的法律后果，因此合同解除权是一种形成权。合同解除权行使的结果是使合同法律关系归于消灭，因此合同解除权又属于消极的形成权。

三、合同解除权行使的事由

有效成立的合同，对双方当事人而言具有法律的效力，任何一方均应遵守自己制定的法律而不得任意变更或解除。但是，在某些特定事由出现时，法律例外地允许当事人解除合同以免除其对自己的约束，即从合同的约束中"跳出

---

① 史尚宽：《民法总论》，中国政法大学出版社2000年版，第25页。

来"。一般认为合同解除的事由有两种：一是约定事由；二是法定事由。

（一）约定事由

约定解除权是依据当事人的事先约定而产生的解除权。双方当事人在订立合同时，即对合同解除权的行使事由进行约定，这不仅是合同自由原则在合同解除权行使制度中的体现，而且这种约定产生的是与合同主要条款一样的法律效力。通过签订合同实现其预期利益，是双方当事人订立合同的根本动因。根据经济人假设，当事人完全依靠自己的意愿安排自身行为，一切交易活动均依赖当事人的自我决定与协商一致。当事人既然可以依照合同自由的原则订立合同，当然也就可以依照合同自由的原则解除合同。因此，当事人完全可以在合同中约定解除合同的事由，一旦出现约定的事由，则可以行使合同解除权，产生解除合同的法律效果。

约定事由具有如下特点：一是双方的事先约定性。它是双方在合同中事先约定，如果将来发生约定的事由，则一方享有合同解除权。如前所述，如果双方未在合同中事先约定，而是出现了相关事由之后双方再协商，即使产生了解除合同的法律效果，也不能认为是因约定事由产生的解除权，而只是发生了解除合同的法律效果。二是约定的事由并不必然发生。双方在合同中事先约定的解除事由，可能发生，也可能不发生。三是双方的约定不得违反法律的强制性规定。任何法律都为个人自治划定了界限，个人的意思自治自由在这一界限的框架内才能发生效力，任何违反或者超越这一界限的，法律要对其进行否定性的评价。个体利益的追求不应当以违反法律强制性规定为条件，也不应当以损害社会公共利益、国家利益和他人利益为代价。

（二）法定事由

我国《民法典》第563条第1款规定："有下列情形之一的，当事人可以解除合同：（一）因不可抗力致使不能实现合同目的；（二）在履行期限届满之前，当事人一方明确表示或者以自己的行为表明不履行主要债务；（三）当事人一方迟延履行主要债务，经催告后在合理期限内仍未履行；（四）当事人一方迟延履行债务或者有其他违约行为致使不能实现合同目的；（五）法律规定的其他情形。"

1. 因不可抗力致使不能实现合同目的

不可抗力，是指不能预见、不能避免并不能克服的客观情况。不可抗力的出现并不当然地导致合同的解除，要使合同解除还要具备相应的条件，即不能实现合同目的。合同目的是当事人订立合同所期望获得的利益，不可抗力并不必然产生合同目的不能实现的结果。不可抗力可能导致合同义务全部不能履行、部分不能履行、合同迟延履行、不影响合同履行等不同的后果。不同的后果对合同目的的实现将产生不同的影响，具体而言：（1）当不可抗力导致合同义务全部不能履行时，合同目的不能实现，对方当事人可以行使合同解除权解除合同。（2）当不可抗力导致合同部分义务不能履行时，则要考察部分不能履行对合同目的的影响，是否会影响到合同目的的实现。只有在合同的部分履行对债权人无意义，影响到其合同目的的实现时，才可能发生合同解除的效果。（3）当不可抗力致使合同迟延履行时，也同样要考察迟延履行对合同目的的影响。如果合同约定的履行时间对债权人来说具有不可替代性，迟延履行对债权人无意义，那么迟延履行将使债权人的合同目的无法实现，债权人可以解除合同。相反，如果迟延履行对债权人有意义，并不影响债权人合同目的的实现，那么债权人不能因此而解除合同，而只能要求对方承担相应的违约责任。（4）当不可抗力不影响合同的履行时，合同目的不受影响，合同不发生解除的问题。比如，旅游合同的旅游经营者一方履行了自己义务后，旅游者以出现客观非因自身原因为由，要求与之解除合同并全部退款，旅游者以不可抗力作为解除合同的事由，必须同时考察以下几个因素：一是客观非因自身原因是否属于不可抗力；二是如果属于不可抗力，这种不可抗力对当事人之间的旅游合同的影响，是否达到了"不能实现合同目的"的程度。且如果该客观非因自身原因影响范围很小，不构成对普通公众日常生活的危害，即不会影响当事人的旅游合同目的的实现，则当然不能以该原因的出现作为解除合同的依据。

2. 在履行期限届满之前，当事人一方明确表示或者以自己的行为表明不履行主要债务

预期违约，是指在合同有效成立后履行期到来之前，一方当事人肯定地、明确地表示他将不履行合同或一方当事人根据客观事实预见到另一方当事人到期将不履行合同。预期违约可以分为明示的预期违约和默示的预期违约。在预期违约情况下，虽然尚未实际违约，但其行为已经实质地危害了另一方享有的合同权利，如果仍然要求另一方当事人在履行期限届满之后才能主张请求权，则既不经济，也不符合法律的公平原则。

因预期违约而发生的解除权，其构成要件包括：一是有合法的债务存在，债务人能为履行而不为，且必须是债务人不履行主要债务；二是债务人须有明确的拒绝履行的表示，这种表示可以是明示的，也可以是默示的；三是债务人不履行主要债务无正当理由。

3. 当事人一方迟延履行主要债务，经催告后在合理期限内仍未履行

迟延履行又称给付迟延，指履行期限届满的债务，债务人能履行而未履行。根据文义解释，因债务人迟延履行而解除合同应当符合如下条件：一是一方当事人迟延履行；二是迟延履行的内容是合同的主要债务；三是相对方进行了催告；四是相对方给了对方合理的履行期限；五是对方在合理期限内仍未履行。符合以上几个条件，相对方才能行使合同解除权解除合同。

4. 当事人一方迟延履行债务或者有其他违约行为致使不能实现合同目的

这就是有关根本违约而解除合同的规定，根本违约是一种典型的、严重的违约行为，它的发生将导致当事人的合同目的不能实现。当事人一方迟延履行债务，根据合同的性质和当事人的约定，如履行期限显得特别重要，债务人不在这个期限内履行，债权人就不能实现合同的目的。如有些节日用品或者特定节日的食品超过了特定的时间，则完全失去了商机，从而合同的迟延履行使对方的目的完全不能实现，在这种情况下，债务人在超过了履行期限后所作的履行，对债权人来说已无必要。"其他违约行为"，则包括不完全履行、履行不能、瑕疵履行等。不完全履行，是指债务人虽然以适当履行的意思进行了履行，但不符合法律的规定或者合同的约定，在这种情况下，如债务人不补充履行或另行给付，则不能实现合同目的，或者补充履行、另行给付也不能达到合同目的时，合同的履行对债权人变得不必要，债权人有权主张解除合同。《买卖合同案件司法解释》第19条规定："出卖人没有履行或者不当履行从给付义务，致使买受人不能实现合同目的，买受人主张解除合同的，人民法院应当根据民法典第五百六十三条第一款第四项的规定，予以支持。"

5. 法律规定的其他情形

该规定是一项兜底条款，但必须是法律的直接规定，如根据我国《民法典》第527条、第528条之规定，在双务合同中应当先履行债务的当事人在行使不安抗辩权时享有的合同解除权，也可以认为是与法定解除权相同的情形。

【拓展适用】

一、法国民法中的合同解除及解除权行使程序

（一）法国民法中的合同解除

《法国民法典》第1183条、第1184条对合同解除权作出了一般性的规定。第1183条规定："解除条件是指，在条件成就时，即可撤销债之关系并使标的

物恢复至如同此前并不存在的债之关系的状态。"第 1184 条规定："双务契约中，凡当事人一方不履行其义务之情形，均视为订有解除条件。在此场合，契约并不当然解除，债权人在他方当事人承担的义务未得到履行时有权选择：或者在仍有可能履行契约时，强制他方履行，或者请求解除契约并请求损害赔偿。"根据上述规定，只要当事人一方不履行债务，均视为订有解除条件，并没有就其不履行义务须达到何种程度方可解除合同进行规范和限制。除了上述一般性规定，《法国民法典》还分别规定了不履行、迟延履行和不完全履行时的合同解除权。关于不履行，第 1654 条规定："如买受人不支付价金，出卖人得解除买卖。"关于迟延履行，第 1610 条规定："如出卖人在当事人约定时间内没有交付标的物，在迟延交付完全出于出卖人单方面造成时，买受人得选择：或者取消买卖，或者占有标的物。"关于不完全履行，第 1729 条规定："如承租人将租赁物用于租约目的以外的其他目的，或者给出租人造成损失，出租人得视情况，请求解除契约。"此外，《法国民法典》对一些合同中一方当事人解除合同的权利作了有针对性的特别规定。如第 1096 条规定："夫妻之间在婚姻关系存续期间所为的一切赠与，即使是生前赠与，均得随时予以解除。"

（二）法国民法中的合同解除权行使程序

《法国民法典》第 1184 条规定："债权人解除合同，必须通过法院和通过诉讼的方式进行。"因此，合同解除权的行使被视为一种司法行为，当事人不能自动解除合同。

二、德国民法中的合同解除及解除权行使程序

（一）德国民法中的合同解除

《德国民法典》在历史上第一次正式赋予当事人合同解除权，使解除合同成为当事人之间处理合同关系的一种法律行为或一种法律制度。《德国民法典》对合同解除事由的规定做到了明确化、具体化，在法定解除方式上明文规定"可以由有解除权的人直接行使"，不再需要通过法院和诉讼的方式。2002 年 1 月 1 日，《德国债法现代化法》正式生效，该法对合同解除权制度产生的重大影响在于，原《德国民法典》主要针对保留解除权设计了一般性规范，法定解除权则是准用约定或称保留解除权规范，而《德国债法现代化法》则将二者的法律效力问题合并在一起作出了统一规范。德国法还以类型化的方式将法定解除权的行使事由作出了详细的规范。《德国民法典》规定合同法定解除权的事由主要有不履行或不依约履行、违反附随义务、履行不能、情势变更、法律规定的消费者撤回权等。

1. 不履行或不依约履行

根据德国新债法的规定，在双务合同的条件下，债务人不履行或不依约履行是合同解除权行使的最为普遍的事由。在整个合同解除权行使制度中居中心位置，大部分解除权缘于此。同时《德国债法现代化法》还明确：合同解除权并不意味着一旦出现不履行或不依约履行的情况，对方当事人就可立即行使解除权，而是必须给予一定的宽限期，即在债务人不履行或不依约履行到期给付时，债权人应向债务人制定适当的给付或后续履行期间，届满未果时，方可行使合同解除权。这种规范模式既保障债权人可得自由行使其解除权，又给予债务人补救的机会和利益的照顾。

2. 违反附随义务

《德国债法现代化法》第312条将附随义务的违反作为合同解除权的一种情形专门作了规定：债务人在双务合同中违反附随义务的，以不再能苛求债权人坚持履行合同为限，债权人可以解除合同。可见，仅违反附随义务的场合，德国新债法也是认许合同解除权存在的。

3. 履行不能

德国新债法第275条涵盖了除一时给付不能外的一切给付不能的情形，包括法律不能与自然不能、事实上履行不能、具有高度人身属性债务的履行不能，三者又被称为"拒绝给付"。所谓法律不能与自然不能，即是指给付对于债务人或对于任何人为不能的情形；所谓事实上的履行不能则主要指的是，在考虑债务关系的内容和诚实信用原则的情况下，履行给付需要支出的费用与债权人的给付利益严重不成比例的情形；具有高度人身属性债务的履行不能，主要适用于劳动合同或者雇佣人的给付利益进行权衡时，不能苛求债务人给付的情形。在上述情况下，不需要履行的，债权人可以准用因不履行或不依约履行解除的规定解除合同。同时，这种情况下合同解除权的产生无须确定一个新的履行期间。

4. 情势变更

在《德国债法现代化法》中，情势变更以"交易基础的干扰"为题列入《德国民法典》第313条中。其基本内容包括：当成为合同基础的情势在合同订立之后严重发生变化，并且如果合同当事人预见到此种变化则将不再订立该合同或将以另外的内容订立该合同时，照顾到所有具体的情况，特别是合同的或法定的风险划分的情况，而不可期待合同另一方当事人信守该不发生变化的合同的，可以请求变更合同；如果已经成为合同基础的重要假定，后来发现是错误的，视为情势发生变化；如果合同调整不可能，或者不能合理地期待一方当事人接受这种调整的,不利方当事人可以解除合同。

5. 法律规定的消费者撤回权

撤回权主要指为了保护消费者,防止其在特殊的合同如房屋交易、远程交易等合同中成立未经考虑的、增加自己负担的债务关系,而允许其享有在特定期限内可以撤回自己订约的意思表示的权利。

(二)德国民法中的合同解除权行使程序

关于合同解除权的行使程序,《德国债法现代化法》规定,合同解除权的行使主体应该是因违反合同而受到损害的一方,仅在情势变更的情况下例外。德国法还坚持合同解除权主体不可分原则,即合同一方为数人时,只能由全体或者对其全体行使解除权。解除合同权对解除权人中的一人消灭时,对其他解除权人也随之消灭。

根据《德国债法现代化法》第350条之规定,没有约定合同解除权的行使期间的,合同另外一方可以为权利人确定一个适当的解除权行使期间。该期间届满前仍未宣布解除合同的,该合同解除权消灭。《德国债法现代化法》第314条规定,权利人在知悉终止事由之后,只能够在适当的期间终止。

三、英美法中的合同解除及解除权行使程序

(一)英美法中的合同解除

英美法系由于没有同大陆法系完全对应的合同解除制度,其合同解除权依靠合同解除制度和合同受挫制度共同完成,在合同受挫的情况下,合同自动失效,无所谓合同解除。

英美法系承认合同的约定解除权。在英美法中,约定解除权是合同得以解除的重要原因。合同本身即可包括其自行解除的规定,即以明确或隐含的形式作出对合同解除的约定。合同订立时,当事人一方或者双方都可以明确保留解除合同的权利。

合同的法定解除权,英美法则要求有一方当事人的根本违约行为(美国法称为严重违约行为)。英美法系将违约行为分为实际违约与预期违约。一般只有在构成根本违约或严重违约的情况下,对方才有解除合同的权利。

1. 根本违约或严重违约

《英国合同法》根据合同条款的重要性,将合同条款分为条件条款和保证条款。对条件条款的违反构成了合同解除权得以产生的原因。这种原因被称作"根本违约"。而《美国统一商法典》回避了"根本违约"的概念,没有明确区分条件条款和担保条款。在美国,违约情况下合同是否可得解除,其基本的

条件在于当事人是否已"严重违约",判定是否构成"严重违约"的主要考虑因素包括:受损害一方在多大程度上失去了他所合理预期的从合同中应得的利益;受损害一方的损失在多大程度上是可以适当弥补的;如果受损害一方终止履行,有过失一方在多大程度还是会遭受损害;有过失一方弥补过失的可信度;以及有过失一方的行为在多大程度上符合"善意"与"公平交易"的准则。美国法一般要求给予违约当事人一方弥补过失的必要时间,只有严重违约持久到一定的程度才可以行使解除合同的权利。

2. 预期违约

预期违约是英美法系中独有的制度,包括明示毁约和默示毁约两种情况。明示毁约是指在合同履行期限到来之前,一方当事人无正当理由而明确肯定地向对方表示将来不履行合同;默示毁约则是在履行期限到来之前,一方当事人有确切证据证明另一方当事人在履行期限到来时,将不履行或不能履行合同,而另一方当事人又不愿意提供必要的履行担保。预期违约所致的合同解除权的构成,必须以违约本身的严重为条件,如果当事人一方仅有十分轻微的违反合同义务的行为,不得主张合同解除。预期违约的情况下,并不意味着解除结果的当然发生。受预期违约影响的当事人一方有选择权:既可以主张解除合同,也可以静候履行期到来而观望违约方是否履行。

(二) 英美法系中的合同解除权行使程序

在英美法中,合同解除权行使的程序因违约的种类不同而有所差别。在预期违约中,当事人接受预期违约而解除合同,必须告知对方当事人。但是,如果受对方预期违约影响的当事人不履行,足以造成使一名合理人士认为其已接受了合同终止的,则可以认为当事人的行为本身足以构成解除权的行使。和一般违约不同,由于在美国预期违约可能随着当事人撤回预期违约的行为而使非违约方不得再主张合同解除权,所以合同解除权的行使必须在对方撤回预期违约之前作出,否则解除权消失。所以《美国第二次合同法重述》第256条规定,只有在弃约人收回弃约前,受害人可以通过通知或者起诉解除合同。

四、国际立法中的合同解除及解除权行使程序

(一) 国际公约中的合同解除

伴随着作为交易共同规制的合同规范的区域化与国际化,合同解除权不可避免地出现在一些区际和国际商事法律文件中,其中影响最大的是《联合国国际货物销售合同公约》和《国际商事合同通则》。

《联合国国际货物销售合同公约》和《国际商事合同通则》中关于合同法

定解除事由的规定基本相同，大体可以分为以下三种情形：一是根本违约；二是尚不构成根本违约时逾额外期限不履行；三是预期违约。《联合国国际货物销售合同公约》明确规定了根本违约的标准界定，即一方当事人违反合同的结果，如使另一方当事人蒙受损害，以至于实际上剥夺了他根据合同规定有权期待得到的东西，即为根本违反合同，除非违反合同一方并不预知，而且一个同等资格、通情达理的人处于相同情况中也没有理由预知会发生这种结果。《国际商事合同通则》第7.3.1条（a）也作了类似的定义，但没有规定判断根本违约的标准。这一条款实际上规定根本违约构成包括两个基本要件，即违约后果的严重程度和违约方的可预见性。

当违约方的违约尚不构成根本违约时，受害方可以确定一段合理的额外期限令对方履行，逾此期限对方不履约或者声明将不在此期限内履行时，受害方可以解除合同。《联合国国际货物销售合同公约》第47条（1）款规定：买方可以规定一段合理的时间的额外期限，让卖方履行其义务。《联合国国际货物销售合同公约》第49条（1）款 b 规定：如果发生不交货的情况，卖方不在买方按照公约第47条（1）款规定的额外时间内交付货物，或卖方声明他将不在所规定的时间内交付货物，买方可以解除合同。上述规定表面上看起来是授权买方给予卖方一段额外的期限去履行义务，实际上其更为重要的意义是为买方在额外期限届满后解除合同提供一个先决条件。这种规定的意义也是不言而喻的：从鼓励交易的原则出发，反对受害方轻易解除合同，而主张给予违约方一个补救的机会而使合同关系得以维持。如果违约方在此额外期间内还没有履行合同，那么他履行合同的诚意或者履行合同的能力就应该受到质疑，此时应对受害方的权利给予更多的关注，赋予其解除合同的权利。

《联合国国际货物销售合同公约》借鉴了英美法系的预期违约制度。在第71条和第72条中规定了对预期违约的救济。《联合国国际货物销售合同公约》第71条规定：（1）如果订立合同后，另一方当事人由于下列原因显然将不履行其大部分重要义务，一方当事人可以中止履行义务：a. 他履行义务的能力或其信用有严重缺陷；或 b. 他不准备履行合同或履行合同中的行为；（2）如果卖方在上一款所述的理由明显化以前已将货物发运，他可以阻止将货物交给买方，即使买方持有其有权获得货物的单据；（3）中止履行义务的一方当事人不论是在货物发运前还是在发运后，都必须立即通知另一方当事人，如经另一方当事人对履行义务提供充分的保证，则其必须继续履行义务。第72条除在第3款规定预期拒绝履行外，第1、2款规定了预期履行不能及救济。该两款规定：

如果在履行合同日期之前,明显看出一方当事人将根本违反合同,另一方当事人可以宣告合同无效;如果时间许可,打算宣告合同无效的一方当事人必须向另一方当事人发出合理的通知,使他可以对履行义务提供充分的保证。

(二) 国际公约中的合同解除权行使程序

关于合同解除权的行使程序,《联合国国际货物销售合同公约》第49条和第64条两个条文中规定,对卖方交货后以及买方付款后,合同解除权应在交货或者付款的合理时间内行使。分期交货的情况下,如果一方当事人不履行任一批货物,使对方断定对今后各批货物将构成根本违约时,合同解除权的行使也应在一段合理时间内行使,至于何为合理时间,需要根据具体情况具体判断。在预期违约场合,要求合同解除权人在时间允许的情况下,必须向对方发出合理的通知,但对方声明将不履行义务时除外。

《国际商事合同通则》规定一方当事人解除合同的权利通过向另一方当事人发出通知来行使。若属于迟延履行或履行与合同不符合,受损害方将丧失解除合同的权利,除非他在已经知道或理应知道该迟延履行或该不符履行后的一段合理时间内通知另一方当事人。①

【典型案例】

孟某诉G旅行社旅游合同纠纷案②

> **规则29:**(格式条款提供方的提示说明义务) 订立合同时未向消费者告知某项服务设定了有效期限限制,履行中又以该项服务超过有效期限为由限制或停止对消费者服务的,构成违约
> ——刘某捷诉通信公司徐州分公司电信服务合同纠纷案③

【裁判规则】

1. 经营者在格式合同中未明确规定对某项商品或服务的限制条件,且未能证明在订立合同时已将该限制条件明确告知消费者并获得消费者同意的,该限制条件对消费者不产生效力。

---

① 商务部条约法规司编译:《国际商事合同通则》,法律出版社2004年版,第405页。
② 同本书规则25案例内容。
③ 最高人民法院指导案例64号。

2. 电信服务企业在订立合同时未向消费者告知某项服务设定了有效期限制，在合同履行中又以该项服务超过有效期限为由限制或停止对消费者服务的，构成违约，应当承担违约责任。

【规则理解】

一、提示说明义务的概念及理论基础

（一）提示说明义务的概念

1993年10月通过的《消费者权益保护法》（已修订）对格式条款提供者的提示说明义务并未涉及，只是解决了格式条款提供者不得以格式合同等方式作出对消费者不公平、不合理的规定或者减轻、免除其责任，以及上述行为的法律后果。真正规定格式条款提示说明义务的法律是1993年通过的《合同法》，该法第39条第1款规定："采用格式条款订立合同的，提供格式条款的一方应当遵循公平原则确定当事人之间的权利和义务，并采取合理的方式提请对方注意免除或者限制其责任的条款，按照对方的要求，对该条款予以说明。"《合同法司法解释二》第6条第1款对于《合同法》第39条"采取合理的方式"作出了进一步的明确："……采用足以引起对方注意的文字、符号、字体等特别标识，并按照对方的要求对该格式条款予以说明的，人民法院应当认定符合合同法第三十九条所称'采取合理的方式'。"《民法典》第496条第2款规定，采用格式条款订立合同的，提供格式条款的一方应当遵循公平原则确定当事人之间的权利和义务，并采取合理的方式提示对方注意免除或者减轻其责任等与对方有重大利害关系的条款，按照对方的要求，对该条款予以说明。《民法典合同编通则司法解释》第10条规定："提供格式条款的一方在合同订立时采用通常足以引起对方注意的文字、符号、字体等明显标识，提示对方注意免除或者减轻其责任、排除或者限制对方权利等与对方有重大利害关系的异常条款的，人民法院可以认定其已经履行民法典第四百九十六条第二款规定的提示义务。提供格式条款的一方按照对方的要求，就与对方有重大利害关系的异常条款的概念、内容及其法律后果以书面或者口头形式向对方作出通常能够理解的解释说明的，人民法院可以认定其已经履行民法典第四百九十六条第二款规定的说明义务。提供格式条款的一方对其已经尽到提示义务或者说明义务承担举证责任。对于通过互联网等信息网络订立的电子合同，提供格式条款的一方仅以采取了设置勾选、弹窗等方式为由主张其已经履行提示义务或者说明义务的，人民法院不予支持，但是其举证符合前两款规定的除外。"

因此，格式条款提示说明义务是指提供格式条款一方，在订立合同时应当采取合理的方式提示对方注意免除或者减轻其责任等与对方有重大利害关系的条款，并按照对方的要求，对该条款予以说明。

（二）提示义务与说明义务的区别

提示义务是指格式条款提供方，要采取合理的方式使意欲与其订立合同的相对人注意到与其有重大利害关系的格式条款的存在。这是提供方必须履行的法定义务，不管相对方是否提出了需要提示的要求。说明义务是指格式条款提供方，在相对方对格式条款的相关约定存在疑义或者产生认知理解困难时，提供方要进一步履行说明义务，对特定格式条款约定的权利义务进行详尽说明。

根据履行义务是否具有主动性，提示义务与说明义务存在主动与被动履行之区别，即提示具有主动性，是提供方的主动义务；而说明具有被动性，是提供方的被动义务。在判断履行义务的程度上，提示义务的适当履行判断标准为"采用合理的方式"进行提示，只要提请相对方注意到相关条款的存在即可；而说明义务的适当履行判断标准为"予以说明"，即要达到相对方对有疑义或者产生认知理解困难的条款内容充分理解的程度，故说明义务虽然是被动义务，但其履行义务的程度要求更高。以履行义务的相对方是否具有普适性为判断标准，提示义务具有普适性，即要对所有的相对方履行该义务；而说明义务则具有特定性，只需要针对提出疑义或者有认知理解困难的相对方履行。

（三）提示说明义务的理论基础

法律之所以规定格式条款提供者的提示说明义务，一是基于诚实信用原则；二是基于公平原则；三是基于保护合同自由原则。

诚实信用原则，作为从市民生活中的道德规范，上升到近现代民法的基本原则，要求人们在民事活动中公正待人，诚实守信。[1] 诚信原则是私法领域的最高准则，高于民法中的平等原则、自愿原则及其他原则，是民法中的"帝王条款"。[2] 现代各国民法中一般都确立了诚实信用原则。《德国民法典》第242条规定："债务人有义务依诚实信用，并参照交易习惯，履行给付。"《瑞士民法典》第2条规定："行使权利，履行义务，应依诚信及信用为之，显属滥用权力者，不受法律保护。"《日本民法典》第1条第2款规定："行使权利及履行义务时，

---

[1] 林刚、冯跃芳：《论诚实信用原则》，载《现代法学》，2000年第4期。
[2] 王泽鉴：《民法总则》（增订版），中国政法大学出版社2001年版，第37页。

应恪守信义，诚实实行。"我国将诚实信用规定为基本原则，《民法典》第7条规定："民事主体从事民事活动，应当遵循诚信原则，秉持诚实，恪守承诺。"

因格式条款的"预先拟定性""不可协商性"法律特征，格式条款提供方为了自身利益，可能作出一些限制其自身责任或者限制对方权利的内容，在这些内容的表述方式上，可能隐藏在其他不易发现的条款之中，也可能用一些普通公众难以理解或者存在歧义的语言予以表述。而作为相对方，鉴于自身认知能力的有限或者受提供方的误导等原因，在订立合同时很难发现格式条款提供方所设定的权利陷阱，导致合同权利义务失衡。为此，法律规定格式条款提供方具有提示说明义务，就是避免在合同订立和履行过程中出现有违诚实信用原则的行为。

公平原则已经成为国际社会普遍认可的法律基本原则[①]。《法国民法典》第1135条规定，契约不仅仅依明示发生义务，根据契约的性质，发生公平原则、习惯或法律施加的义务。《德国民法典》第315条规定，由合同当事人一方确定给付的，有疑义时，必须认为该项确定是依照公平裁量作出的，且所作出的确定只有合乎公平时，才对另一方有约束力。我国确立了公平原则，并将公平原则单独作为一项基本原则，《民法典》第6条规定："民事主体从事民事活动，应当遵循公平原则，合理确定各方的权利和义务。"

在经济法领域，《信托法》第5条规定，信托当事人进行信托活动，必须遵守法律、行政法规，遵循自愿、公平和诚实信用原则，不得损害国家利益和社会公共利益。《反不正当竞争法》第2条第1款规定，经营者在市场经营活动中应当遵循自愿、平等、公平、诚信的原则。《消费者权益保护法》第4条规定，经营者与消费者进行交易，应当遵循自愿、平等、公平、诚实信用的原则。《劳动合同法》第3条第1款规定，订立劳动合同，应当遵循合法、公平、平等自愿、协商一致、诚实信用的原则。

作为格式条款的提供方，在交易信息方面具有天然的优势，形式上的公平后面往往隐藏着实质上的不公平。在格式条款订立过程中，相对方没有就合同条款内容与提供方进行磋商的过程，对合同内容、限制提供方责任和限制自身权利等重大利益的条款可能也是订立后才仔细阅读，或者根本就"一签了之"，这当然也包含了相对方对其自身权利不重视等原因。因此，法律必须对这种有损交易公平的情形作出否定的评价，否则不仅容易产生纠纷，还有损市场经济秩序，使交易成本增加，最终会损害到每一个市场主体。格式条款提供方的提

[①] 参见《法国民法典》，罗结珍译，中国法制出版社1999年版，第16页。

示说明义务，可以避免格式条款签订过程中有违公平原则的行为发生。

民法中的自愿原则，是指民事主体在民事活动中，应当按照其真实意愿设立、变更或终止民事法律关系，并自觉承受相应的法律后果。合同自由原则是自愿原则在合同法领域的具体体现。合同自由原则主要包括以下含义：（1）是否签订合同以及与谁签订合同，由当事人自愿进行，任何人不得干预和强迫；（2）合同内容由当事人自愿设立，任何人不得强加和干涉。合同自由还可以引申为变更合同权利义务的内容应当遵守自愿原则，自愿设定双方不履行合同义务的法律后果等。《法国民法典》第1134条规定："依法成立的契约，在当事人之间具有相当于法律的效力。"我国《民法典》第465条规定："依法成立的合同，受法律保护。依法成立的合同，仅对当事人具有法律约束力，但是法律另有规定的除外。"合同订立与否由合同各方决定，与谁订立合同由当事人选择，双方当事人自愿确定相关权利和义务，双方达成一致即可成立有效的合同。只有在合同一方不履行合同义务、违反法律规定并拒不承担法律责任时，司法才有可能介入。

格式条款的"预先拟定性""不能协商性"特征，对合同自由的冲击是明显的。至少在合同内容的确定方面，由提供方拟定，双方不能再就合同内容进行协商，是"要么同意、要么离开"的关系，尤其在一些供水、供电、供气领域，可能还没有选择签订主体的自由。因此，法律对格式条款进行特别规制尤为必要。我国台湾地区学者王泽鉴指出，如何在契约自由体制下，规律不合理交易条款，维护契约正义，使经济上的强者，不能假借契约自由之名，压榨弱者，是现代法律所应担负的任务[①]。

二、提示义务的履行

（一）提示方式

提示义务可以分为两种履行方式，一是个别提示的履行方式，二是公告提示的履行方式。个别履行方式一般履行方式，也是常规的履行方式。即在格式条款签订过程中，需要提供方或者其授权人与相对方一对一地进行提示格式条款的存在，尤其是免除或者减轻其责任等与对方有重大利害关系的条款。公告履行方式适合于特定的交易场合，比如无人值守的收费停车场、自动售货机、银行自助柜员机等借助机器完成交易的场合。本来借助机器完成交易就是为了节省人力成本，方便相对方24小时进行交易，如果还需要进行人对人的个别提示，则不能实现该类交易模式节省人力成本、24小时交易的目的。

[①] 王泽鉴：《民法学说与判例研究》（修订版），中国政法大学出版社2005年版，第32页。

（二）提示时间

提示义务的目的在于提请相对方注意影响其重大利益条款的存在，相对方知道了格式条款的存在仍然愿意与之订约，对于保证相对方的合同自由具有重大意义。因此，提供方履行提示义务的时间要在合同订立之前或者订立合同当时，否则就失去了保证合同自由之目的。

格式条款提供者在格式条款中未明确规定对某项商品或服务的限制条件，且未能证明在订立合同时已将该限制条件明确告知消费者并获得消费者同意的，该限制条件对消费者不产生效力。比如，电信服务企业在订立合同时未向消费者告知某项服务设定了有效期限限制，即使在签订合同之后的使用期内告知，该有效期限制不应当成为合同的内容，如果经营者在合同履行中又以该项服务超过有效期限为由限制或停止对消费者服务的，构成违约，应当承担违约责任。再比如，酒店住店客人在开房入住后才发现"本酒店一律不提供早餐，如需要就餐请另行缴费"的提示牌，显然属于合同订立后才履行的通知义务，不能成为约束消费者的合同条款。如果酒店在客人开房时进行提示，则客人有可能选择不入住该家酒店。

（三）履行标准

《合同法》第39条第1款、《民法典》第496条第2款对于格式条款提示义务的履行标准均表述为"以合理的方式提示对方注意"，何谓以"合理的方式"，《合同法司法解释二》进一步细化为"足以引起注意的文字、符号、字体等特别标识"值得借鉴。《民法典合同编通则司法解释》进一步明确"采用通常足以引起对方注意的文字、符号、字体等明显标识"。如对免除或者减轻其责任、排除或者限制对方权利等与对方有重大利害关系的异常条款的采取"加黑加粗、扩大字体""对照抄写"等特别标识或者提示的方式，在文字表述上，应当做到清晰易懂，不使用晦涩、专业等常人难以理解的语言。

在履行标准的判断上，有学者提出采用一般理性人判断标准，即从一般理性人的角度判断格式条款使用方是否履行了提示注意的义务[①]。也有学者提出要兼顾特定相对人的标准，即原则上采用一般理性人判断标准，同时兼顾相对人存在明显认知障碍的情形[②]。虽然特定合同相对人的注意标准有利于维护特定相对人的特殊利益，以严谨著称的《德国民法典》也采用了这一标准，但笔者认为，要求提供人履行提示义务的追求的法律效果是使相对人注意到特定格

---

① 王利明：《合同法研究》，中国人民大学出版社2002年版，第415页。
② 韩世远：《合同法总论》，法律出版社2018年版，第926页。

式条款的存在，在提示义务的基础上不应再附加过于严格的程度要求，应当采取一般理性人的标准来判断。当然，对于明显有身体缺陷的人等群体，基于诚实信用原则，提供方应当予以区别于一般理性人的特别提示。

三、说明义务的履行

（一）说明方式

说明义务系因相对方对格式条款内容产生疑义或者产生认知理解困难时，需要提供方就条款的内容进行说明。因此，与提示义务可以分为个别提示和公告提示两种履行方式不同，说明义务则不存在公告说明。同时，说明的目的是使相对方消除疑义和认知理解困难，故公告说明不可能达到上述目的。

（二）说明时间

因说明义务不是普适义务，提供人履行该项义务具有被动性，即在相对人提出要求后提供方才有此项义务，故在说明时间上，应当在相对人提出要求之后。如果相对人在合同签订前或者签订之时提出要求，提供人当然要即时予以说明。但是，如果在签订合同之后甚至履行过程中，提供人是否还有说明的义务，或者说提供方不履行说明义务是否会导致格式条款不成为合同内容的法律后果，值得探讨。笔者认为，基于诚实信用原则，在合同签订后和履行过程中，相对方如果提出了说明的要求，提供方应当本着对订立合同时的本意，向相对方进行说明，以达到消除相对方疑义、准确履行合同义务的目的。

（三）说明标准

说明标准有形式标准和实质标准之分。形式判断标准，是指使用方只要履行了说明义务，至于能否达到相对人理解特定条款的真实含义，在所不问。实质判断标准则要求提供人的说明行为，达到使特定相对人对条款真实含义充分理解的效果。

从《民法典》第496条的规定可以看出，我国立法采取了实质判断标准，即要求了使用方说明义务的履行要使对方理解重大利害关系条款，否则对方可以主张其不成为合同的内容。

【拓展适用】

一、格式条款的立法规制

格式条款的立法规制是指通过立法的层面，对格式条款从立法层面作出制度安排，以达到"有法可依"的目的。

（一）我国关于格式条款立法的沿革

我国关于格式条款的立法，最早见于1993年10月通过的《消费者权益保护法》（已修订）第 24 条规定："经营者不得以格式合同、通知、声明、店堂告示等方式作出对消费者不公平、不合理的规定，或者减轻、免除其损害消费者合法权益应当承担的民事责任。格式合同、通知、声明、店堂告示等含有前款所列内容的，其内容无效。"

1992 年 11 月通过的《海商法》第 126 条规定："海上旅客运输合同中含有下列内容之一的条款无效：（一）免除承运人对旅客应当承担的法定责任；（二）降低本章规定的承运人责任限额；（三）对本章规定的举证责任作出相反的约定；（四）限制旅客提出赔偿请求的权利。前款规定的合同条款的无效，不影响合同其他条款的效力。"《海商法》虽然没有用"格式条款"的表述，但其条文基本是用法律对格式条款的规定模式。

1995 年 6 月通过的《保险法》（已修订）第 17 条规定："保险合同中规定有关于保险人责任免除条款的，保险人在订立保险合同时应当向投保人明确说明，未明确说明的，该条款不产生效力。"《保险法》2002 年修订时，仍未用"格式条款"表述方式，直至 2009 年修订时，首次采用了"格式条款"的表述方式。

1999 年通过的《合同法》（已失效）第 39 条、第 40 条、第 41 条即对格式条款的定义、原则、说明义务、无效情形和解释规则作了规定。2009 年《合同法司法解释二》第 6 条对于"采取合理的方式"的方式等进行了细化，并规定格式条款提供者对履行提示及说明义务应当承担举证责任。第 9 条规定了格式条款提供者如有违反合同法第 39 条第 1 款规定，人民法院应当支持相对方申请撤销的请求。第 10 条规定了认定格式条款无效的情形。

《民法典》第 496 条、第 497 条、第 498 条三个条文规定了格式概念、原则、提供方义务、效力、理解等方面的内容。《民法典合同编通则司法解释》第 9 条、第 10 条对格式条款入订合同、格式条款的认定等作了明确规定。

地方性法规层面，自 2001 年 1 月上海市出台《上海市合同格式条款监督条例》起，黑龙江省、重庆市、内蒙古自治区、新疆维吾尔自治区、深圳经济特区、广西壮族自治区等地方立法机关先后出台相关合同格式条款监督条例。

（二）格式条款立法存在的问题

我国是成文法国家，立法对于制度设计至关重要，目前立法层面对格式条款的规制已逐步完善。《民法典》采用三个条文对格式条款进行了专门规定，同时《民法典》总则编第六章有关民事法律行为的效力和合同编第一分编通则中有关合同的效力、违约责任等同样适用于格式条款。《消费者权益保护法》《海商法》《保险法》等部门法也分别对各自领域的格式条款进行调整。地方性法规也在各自的区域内发挥着重要的作用。但问题也是明显的：

一是有关格式条款的立法较为零乱，缺乏完整的体系。根据法律位阶，我国关于格式条款的立法规制有法律和地方性法规，民法典施行前还有最高法院的司法解释；根据学理上的法律部门，《民法典》属于民法，《海商法》属于商法，《消费者权益保护法》《保险法》则属于经济法。

二是有关格式条款的立法规定内容不一，法律适用存在困难。比如《民法典》第496条第2款关于格式条款提供者不履行提示说明义务的情形，规定了法律后果，即"对方可以主张该条款不成为合同的内容"，《消费者权益保护法》第26条第1款只规定了经营者的提示说明义务，而没有规定法律后果。在审理消费合同纠纷时，如果经营者未履行提示说明义务，对方主张该格式条款不能成为合同内容时，因《消费者权益保护法》相对于《民法典》系特别法，应当优先适用，但《消费者权益保护法》又没有相关行为的法律后果，则法官需要同时适用《民法典》第496条第2款之规定，方可判决格式条款不能成为合同的内容，这就给法官适用法律带来了一定的难度。

三是法律条文较为简单，需要法官进行解释。主要是对于格式条款提供人"采取合理的方式"进行提示的理解，即何为"采取合理的方式"。在《民法典》施行前，《合同法司法解释二》对于何为"采取合理的方式"进行了细化，即采用足以引起对方注意的文字、符号、字体等特别标识，并按照对方的要求对该格式条款予以说明的，人民法院应当认定符合合同法第三十九条所称"采取合理的方式"。但《民法典》施行后，合同法及其司法解释被废止。但《民法典》第496条第2款又没有吸收司法解释中的上述规定，导致法官在判断是否"采取合理的方式"时又出现了法律适用难题，需要法官对此进行解释。《民法典合同编通则司法解释》第10条规定："提供格式条款的一方在合同订立时采用通常足以引起对方注意的文字、符号、字体等明显标识，提示对方注意免除或者减轻其责任、排除或者限制对方权利等与对方有重大利害关系的异常条款的，人民法院可以认定其已经履行民法典第四百九十六条第二款规定的提示义务。提供格式条款的一方按照对方的要求，就与对方有重大利害关系的异常条款的概念、内容及其法律后果以书面或者口头形式向对方作出通常能够理解的解释说明的，人民法院可以认定其已经履行民法典第四百九十六条第二款规定的说明义务。提供格式条款的一方对其已经尽到提示义务或者说明义务承担举证责任。对于通过互联网等信息网络订立的电子合同，提供格式条款的一方仅以采取了设置勾选、弹窗等方式为由主张其已经履行提示义务或者说明义务的，人民法院不予支持，但是其举证符合前两款规定的除外。"可见，在具体的案件审理中，法官依然应当运用司法解释所确立的规则对何为"提示义务或者说明义务"进行说理。

（三）格式条款立法的完善

我国目前关于格式条款的立法模式整体上是可行的，但为了避免出现上述存在的几个问题，可以从以下几个方面进行探究：

一是加强法律体系的统一。《民法典》作为一般法，应当引领各部门法进行修订，使整个法律体系更加完整。比如修订《消费者权益保护法》第26条内容，增加经营者未履行提示说明义务的法律后果。修订《海商法》第126条内容，采用格式条款的表述方式。

二是加大对地方性法规的审查力度。在《民法典》施行后，有权机关应对于已出台和即将出台的关于格式条款的地方性法规进行审查，避免出现与《民法典》的规定不一致的情形，无论是对格式条款提供者过分的保护或者对其过分的严苛，均应当促使其进行修订或者废止。

三是对法律条文进行适当的细化。应当吸收司法实践或者已废止的司法解释中的易于适用的规则，比如已经废止的《合同法司法解释二》对于何为"采取合理的方式"的界定就是比较成熟的规则，应当在今后的法律或者司法解释中予以吸收，根据《民法典合同编通则司法解释》第10条的规定，提供格式条款的一方在合同订立时采用通常足以引起对方注意的文字、符号、字体等明显标识，提示对方注意免除或者减轻其责任、排除或者限制对方权利等与对方有重大利害关系的异常条款的，人民法院可以认定其已经履行《民法典》第496条第2款规定的提示义务，从而避免出现需要法官在一个个案中进行法条解释的现象。

二、格式条款的司法规制

法律条文的生命力在于适用，再好的立法设计，如果在司法实践中不能或者很少适用，也无法实现立法的初衷。因此，司法对于格式条款的规制与立法规制一样重要。我国台湾地区学者王泽鉴认为，定型化契约的司法控制，系由法院认定定型化条款是否经由当事人的合意纳入契约；由法院解释定型化契约条款，有疑义时，应作有利于相对人的解释；由法院审查定型化契约是否违反强行规定或悖于公共秩序或善良风俗而无效[①]。

---

① 王泽鉴：《民法学说与判例研究》（修订版），中国政法大学出版社2005年版，第40页。

(一) 司法规制相关问题

在有关格式条款的司法实践中，存在如下几个问题：

一是对格式条款的认定问题。目前，《民法典》和《消费者权益保护法》等法律均对何为格式条款进行了界定，《民法典合同编通则司法解释》第9条规定："合同条款符合民法典第四百九十六条第一款规定的情形，当事人仅以合同系依据合同示范文本制作或者双方已经明确约定合同条款不属于格式条款为由主张该条款不是格式条款的，人民法院不予支持。从事经营活动的当事人一方仅以未实际重复使用为由主张其预先拟定且未与对方协商的合同条款不是格式条款的，人民法院不予支持。但是，有证据证明该条款不是为了重复使用而预先拟定的除外。"但在具体的司法实践中，法律工作者、司法人员对于法律条文存在理解不一的情况。对于商品房买卖合同的附件《补充协议》，如果符合格式条款的特征，则应当认定为格式条款而不是合同示范文本。

二是对格式条款疑义的解释问题。主要是如何判断提供方是否遵循公平原则确定权利义务。如前所述，法律应对有损交易公平的情形作出否定的评价，否则不仅容易产生纠纷，还有损市场经济秩序，使交易成本增加，最终会损害到每一个市场主体。但是，公平原则本身就是一个非常原则的概念，每一位民事主体在涉及自身重大利益时，对公平原则的理解肯定都不一样。很多时候，形式上的公平后面往往还隐藏着实质上的不公平。司法人员对于双方有争议的条款的解释，虽然法律规定应当作出有利于相对人的解释，但这种认定不仅限于当事人的请求，甚至有时还需要运用公平原则、诚实信用原则等抽象的原则对双方签订合同时的权利义务进行探究，且合同签订时与进入司法程序后的时空、情势等均可能已经发生变化，给法官如何公平确定双方的权利义务增加了难度。

三是格式条款的效力审查的逻辑问题。双方因格式条款争议进入司法程序，法官在裁判过程中，应当主动审查格式条款的效力，因为格式条款作为合同的一种类型，法官必须先行确定其效力，方能进一步确定合同双方的权利和义务。很多合同争议不仅仅是格式条款之争，格式条款争议可能只是合同争议的一部分。比如商品房买卖合同，双方不仅对于《补充协议》条款是否属于格式条款存在争议，还对于示范文本的履行是否适当产生争议。法官在评价合同时，难免会出现"双方当事人之间的商品房买卖合同系其真实意思表示，不违反法律的强制性规定，合法有效"，但在对合同中的《补充协议》条款中关于提供方免责等内容，又因提供方未履行提示说明义务等原因而认定为无效或者不成为合同内容等结果，很容易导致出现裁判说理的逻辑混乱。

（二）完善格式条款司法规制的建议

一是准确认定格式条款。对格式条款的准确认定不仅是准确适用法律的问题，也是进一步认定该条款的效力以及合同双方的权利的前提。对格式条款的认定，可以根据《民法典》和《消费者权益保护法》等法律对于格式条款的界定，参照格式条款的"预先拟定性""重复使用性"和"不可协商性"三个重要法律特征进行认定。尤其要引起注意的是合同示范文本这类容易引起混淆的合同形式，既不能一律认定为格式条款，也不能不对其中的附件《补充协议》内容不予审查而一律不认定为格式条款。

二是审慎解释双方有争议的格式条款。对于双方理解有争议的条款，不仅要根据法律的规定作出有利于相对方的解释，同时要考虑合同签订之时的市场情势与当事人的认知能力，以尽量探究合同签订当时双方的内心真实意思表示，作出符合公平原则和诚信原则的判断。以商品房买卖合同附件中的补充协议为例，如果在合同签订时，房屋所在地段为学区房，房源紧俏且出租出售方便，房屋的市场价格一直处于上涨的势头，双方在合同中签订的补充协议虽然作出了对消费者相关权力限制的约定，在当时的市场行情下，相对方是可以理解并自愿接受的。但由于政府调控、经济形势下滑、取消学区房指标等原因，相对方因此反悔而导致的纠纷中，就应当根据公平原则和诚信原则对格式条款进行解释，以探究合同签订时双方的内心真实意思。

三是注意裁判文书中的说理。在合同中存在格式条款的情况下，应当先行对格式条款的效力或者该条款是否成为合同内容进行认定，再对整体合同的效力进行审查认定。避免出现裁判说理的逻辑混乱问题。另外，因《合同法司法解释二》不能直接适用，但该司法解释第6条对提供方"采取合理的方式"提示说明的方式等进行了细化，《民法典合同编通则司法解释》第10条对提示义务或者说明义务等进行了细化，规定格式条款提供者对履行提示及说明义务应当承担有举证责任。这一规则在司法实践中被广泛适用，很多格式条款提供方也根据上述法律规定规范了自己的行为。因此在裁判文书说理过程中，既不能以该司法解释已经废止为由不考虑司法实践中的成熟经验，也不能生搬硬套，直接适用该条规则进行评判，而是应当结合具体的案件事实，根据现行法律规定进行说理。

三、格式条款的行政规制

（一）行政规制的现状

目前，我国对于格式条款的行政规制在部门规章的层面，原国家工商总局①于2014年7月30日发布的《网络交易平台合同格式条款规范指引》（工商市字〔2014〕144号），教育部办公厅 市场监管总局办公厅于2020年10月13日发布的《教育部办公厅 市场监管总局办公厅关于对校外培训机构利用不公平格式条款侵害消费者权益违法行为开展集中整治的通知》（教基厅函〔2020〕28号）。很多省、自治区、直辖市以地方政府规章或者规范性文件的形式对格式条款进行行政规制，并取得一定的经验和成效。比如吉林省政府发布的《吉林省合同格式条款监督办法》，江西省政府发布的《江西省合同格式条款监督办法》。上述行政规章和地方政府规章对于维护市场交易秩序、规范格式条款、防止滥用格式条款损害消费者的合法权益、促使经营者诚实守信方面发挥了积极作用②。

（二）行政规制存在的问题

对格式条款进行行政规制相对于司法审查而言，具有预先性、专业性、普适性等优点。但问题也是明显的，主要有以下几个方面：

一是行政规制的主体存在多元性。目前法律框架和行政权力设置下，对于格式条款进行规制的行政机关存在多元性。工商行政管理部门、各行业主管部门、各省级、市级政府出台相应的规定各自管辖范围内关于格式条款签订行为进行规制，这就不可避免地导致了各自为政的现象。而且很多地方政府规章中规定融入了行业主管部门甚至是行业协会的意志，反而有可能将不公平的格式条款以地方政府规章的名义确定下来，不利于行业的良性发展。

二是行政规制的效果存在局限性。一方面，行政规制不可能对所有的经济活动进行规制，可能存在监管的空余地带。虽然各地方政府的合同格式条款监督办法均列举了一些合同类型作为规则的范围，难免挂一漏万。这从各地方政府规章对于格式条款的类型列举就可以看出，无一例外地采用了最后的"兜底条款"。《吉林省合同格式条款监督办法》第5条第1款第12项表述为："省工

---

① 2018年3月，根据第十三届全国人民代表大会第一次会议批准的国务院机构改革方案，将国家工商行政管理总局的职责整合，组建中华人民共和国国家市场监督管理总局；将国家工商行政管理总局的商标管理职责整合，重新组建中华人民共和国国家知识产权局；不再保留国家工商行政管理总局。

② 参见《吉林省合同格式条款监督办法》等地方政府规章。

商行政管理部门为维护国家利益和社会公共利益，依据有关法律、法规要求备案的含有格式条款的其他合同文本"等。另一方面，行政规制的手段有限。行政规制一般采取合同备案、监督检查、责令限期改正、罚款、追责问责等方式。并不能解决因格式条款产生的所有争议问题。此外，行政规制的效力还有可能需要司法进行认定，比如对行政机关的罚款等具体行政行为不服的，行政相对人可申请行政复议或者提起行政诉讼。

三是行政规制的透明度有待提高。虽然政府信息公开制度已逐步完善，但对于格式条款行政规制的范围、程序、方式等方面，还很少进行主动公开。同时因行政机关的行政自由裁量权不易控制，难免出现行业行政主管部门为了维护行业发展而对本行业过度保护或者暗箱操作的现象。例如，几大通信运营商的《客户入网服务协议》对于暂停或限制客户的通信服务方面的约定，行业行政主管部门可能视而不见，可能会损害广大消费者的合法权益。

（三）行政规制的建议

对格式条款的行政规制要想达到理想的效果，要从以下三个方面入手：

一是加强工商行政管理部门的监管职能。相对于各行业行政主管部门，工商行政管理部门的监管权力相对超脱。但在事实上，工商行政管理部门对格式条款的监管权力较弱，没有达到理想的效果。因此，建议加强工商行政管理部门对格式条款的审查权。针对一些专业性很强的行业，可以邀请专业人士或者消费者协会人员参与，确保维护法律的统一，消除部门保护现象。同时要行业行政主管部门的权力进行弱化，在行业行政主管部门对各自行业的格式条款进行审查时，要求其必须征求工商行政管理局消费者权益保护局的意见，以达到行政权力之间相互制约，最大限度维护市场公平之目的。

二是完善格式条款的审查制度。行政上对定型化契约条款的规律，除规定文件格式以供采用外，尚有审查制度①。一方面要加大推行合同示范文本的力度，更好地保障相关格式合同符合公平及诚信原则，维护正常交易秩序。另一方面要加强事前格式合同的审查，确保重点行业领域的格式合同不出现损害交易公平的普遍情况发生。同时要加强日常监督检查，对消费者投诉反映较多和重点民生领域的经营情况，加大检查整治力度，要求整改并依法依规进行处罚。

---

① 王泽鉴：《民法学说与判例研究》（修订版），中国政法大学出版社2005年版，第39页。

【典型案例】

刘某捷诉通信公司徐州分公司电信服务合同纠纷案

〔基本案情〕

2009年11月24日，原告刘某捷在被告通信公司徐州分公司（以下简称徐州分公司）营业厅申请办理"标准卡"，手机号码为1590520××××，付费方式为预付费。原告当场预付话费50元，并参与移动徐州分公司充50元送50元的活动。在业务受理单所附《通信客户入网服务协议》中，双方对各自的权利和义务进行了约定，其中第四项特殊情况的承担中的第1条为：在下列情况下，乙方有权暂停或限制甲方的通信服务，由此给甲方造成的损失，乙方不承担责任：（1）甲方银行账户被查封、冻结或余额不足等非乙方原因造成的结算时扣划不成功的；（2）甲方预付费使用完毕而未及时补交款项（包括预付费账户余额不足以扣划下一笔预付费用）的。

2010年7月5日，原告在官方网站网上营业厅通过银联卡网上充值50元。2010年11月7日，原告在使用该手机号码时发现该手机号码已被停机，原告到被告的营业厅查询，得知被告于2010年10月23日因话费有效期到期而暂停移动通信服务，此时账户余额为11.70元。原告认为被告单方终止服务构成合同违约，遂诉至法院。

〔裁判结果〕

徐州市泉山区人民法院于2011年6月16日作出（2011）泉商初字第240号民事判决：被告通信公司徐州分公司于本判决生效之日起十日内取消对原告刘某捷的手机号码为1590520××××的话费有效期的限制，恢复该号码的移动通信服务。一审宣判后，被告提出上诉，二审期间申请撤回上诉，一审判决已发生法律效力。

〔裁判理由〕

法院生效裁判认为：电信用户的知情权是电信用户在接受电信服务时的一项基本权利，用户在办理电信业务时，电信业务的经营者必须向其明确说明该电信业务的内容，包括业务功能、费用收取办法及交费时间、障碍申告等。如果用户在不知悉该电信业务的真实情况下进行消费，就会剥夺用户对电信业务的选择权，达不到真正追求的电信消费目的。

依据《中华人民共和国合同法》第三十九条第一款的规定，采用格式条款订立合同的，提供格式条款的一方应当遵循公平原则确定当事人之间的权利和义务，并采取合理的方式提请对方注意免除或者限制其责任的条款，按照对方的要求，对该条款予以说明。电信业务的经营者作为提供电信服务合同格式条款的一方，应当遵循公平原则确定与电信用户的权利义务内容，权利义务的内容必须符合维护电信用户和电信业务经营者的合法权益、促进电信业的健康发展的立法目的，并有效告知对方注意免除或者限制其责任的条款并向其释明。业务受理单、入网服务协议是电信服务合同的主要内容，确定了原被告双方的权利义务内容，入网服务协议第四项约定有权暂停或限制移动通信服务的情形，第五项约定有权解除协议、收回号码、终止提供服务的情形，均没有因有效期到期而中止、解除、终止合同的约定。而话费有效期限制直接影响到原告手机号码的正常使用，一旦有效期到期，将导致停机、号码被收回的后果，因此被告对此负有明确如实告知的义务，且在订立电信服务合同之前就应如实告知原告。如果在订立合同之前未告知，即使在缴费阶段告知，亦剥夺了当事人的选择权，有违公平和诚实信用原则。被告主张"通过单联发票、宣传册和短信的方式向原告告知了有效期"，但未能提供有效的证据予以证明。综上，本案被告既未在电信服务合同中约定有效期内容，亦未提供有效证据证实已将有效期限制明确告知原告，被告暂停服务、收回号码的行为构成违约，应当承担继续履行等违约责任，故对原告主张"取消被告对原告的话费有效期的限制，继续履行合同"的诉讼请求依法予以支持。

> **规则30：（责任限制型格式条款）因恶意隐瞒重大风险最终导致违约情形发生，经营者不得主张因免责格式条款而排除其违约责任**
> ——张甲、张乙诉投资公司商品房预售合同纠纷案[①]

【裁判规则】

责任限制型格式条款本质上是一种风险转移约定，根据诚实信用原则，在签约时，经营者除了需要对条款内容进行重点提示，还应当对免责范围内已经显露的重大风险进行如实告知，以保护相对人的期待利益。经营者故意隐瞒重大风险，造成相对人在信息不对称的情况下达成免责合意，应当认定相对人的真实意思表示中不包括承担被隐瞒的重大风险，免责合意的范围仅限于签约后发生的不确定风险。在后续履约中，因恶意隐瞒重大风险最终导致违约情形发生，经营者主张适用免责条款排除自身违约责任的，人民法院不予支持。

【规则理解】

一、格式条款概述

（一）格式条款的概念

关于格式条款的名称，不同的国家、地区的提法不同，如英国采用标准合

[①]《中华人民共和国最高人民法院公报》2019年第5期。

同（standard form contract）名称，德国法上称为一般交易条件，而法国法、美国法、日本法称为附合合同、附意合同，葡萄牙法使用加入合同的概念。[①]

我国法律对格式条款的规定始于1993年10月通过的《消费者权益保护法》（已修订）第24条规定："经营者不得以格式合同、通知、声明、店堂告示等方式作出对消费者不公平、不合理的规定，或者减轻、免除其损害消费者合法权益应当承担的民事责任。格式合同、通知、声明、店堂告示等含有前款所列内容的，其内容无效。"1999年通过的《合同法》第39条、第40条、第41条即对格式条款的定义、原则、说明义务、无效情形和解释规则作了规定。《民法典》第496条第1款规定："格式条款是当事人为了重复使用而预先拟定，并在订立合同时未与对方协商的条款。"《民法典合同编通则司法解释》第9条规定："合同条款符合民法典第四百九十六条第一款规定的情形，当事人仅以合同系依据合同示范文本制作或者双方已经明确约定合同条款不属于格式条款为由主张该条款不是格式条款的，人民法院不予支持。从事经营活动的当事人一方仅以未实际重复使用为由主张其预先拟定且未与对方协商的合同条款不是格式条款的，人民法院不予支持。但是，有证据证明该条款不是为了重复使用而预先拟定的除外。"

（二）格式条款的法律特征

根据格式条款的概念，格式条款具有预先拟定性、重复使用性、不能协商性等法律特征。

一是预先拟定性。传统合同的订立，一般要经过要约和承诺两个阶段，而且在要约和承诺过程中，双方可就合同权利义务、履行期限、违约责任等进行充分的磋商。格式条款改变了这种传统的缔约模式，即由一方预先拟定所有的合同条款，另一方不需要就合同内容进行磋商，格式条款的内容都是定型的，相对方只需要签字确认即可。当然一方预先拟定应当理解为提供一方确定采用的拟定条款，现实中存在提供方委托第三方拟定、主管部门、行业协会指导拟定等情况。

二是重复使用性。格式条款提供一方一般是提供标准化的产品或者服务，签约方系不特定的民事主体。重复使用性也是格式条款之所以在特定领域迅速被采纳的原因之一，因为可以节约交易成本。这里的交易成本不仅是经济成本，还包括了反复磋商花费的时间成本、机会成本等。重复使用性还有一个信息相

[①] 王利明：《合同法研究》（第一卷），中国人民大学出版社2015年版，第403页。

对透明的优势。传统的合同磋商过程中，不同的合同主体对交易信息的知晓程度是不一致的，同一商品或者服务的价格也自然会不一致。格式条款的重复使用，会让提供一方考虑到商品或者服务签约方的整体交易信息知晓水平，促使其提供相对公平合理的条款。

三是不能协商性。"要么签约、要么离开"，合同签订一方对格式条款的内容只能概括地表示接受或不接受，没有任何协商余地，即使对交易信息非常清楚的相对方，提供方也不会因此而对格式条款的内容进行变更，这是格式条款重要的法律特征。如果可以就部分内容进行协商或者补充，就不构成格式条款，而是普通合同。即使出现需要对部分条款进行变更的情况，一般也不会在已有格式条款中进行变更，而会采取另行签订补充格式条款或者补充合同的方式，且该补充条款或者补充合同应与每一个情况类似的交易对象进行签订。

(三) 格式条款的积极和消极影响

随着社会经济发展，格式合同已经渗透了生产生活的各个领域，比如水、电、交通、煤气、通信、保险、商品房交易等，具有交易对象数量大且不特定、价格和计量方式相对固定、多次交易重复等特征，如果按照传统的缔约方式采取个别合意订立合同并就合同的内容逐条进行商谈，交易成本会大幅增加，不能体现集约化产品的优势和满足高速发展的经济发展需求。但是，由于格式条款与生俱来的一方拟定性、不能协商性等法律特征，使得格式条款很容易被使用人利用其强势地位而滥用，因而具有侵害合同自由、损害交易公平的消极影响。

格式条款的积极作用，主要有以下几个方面：一是提高交易的经济效率。市场经济在一定程度上是效率经济，降低单一交易的交易成本，可以提升交易的效率，高效率的交易主体可以获得更多的交易机会。格式条款的应用，大大减少了要约、承诺等磋商成本，可以避免商家内部多余的管理环节和沟通成本，提升了交易的效率。一个公平合理的格式条款，能让所有不确定的交易主体同等对待，符合普通公众的"从众心理"，大大提升交易机会和效率。同时，定型化的条款对于风险控制、权责明确、减少纠纷也具有积极的作用，可以避免传统合同内容不全面、理解不一致、条款之间相互矛盾导致的争议和纠纷。格式条款对于降低单一产品的市场价格，提升社会整体经济效率具有积极的意义。二是提升经营的规范化水平。格式条款拟定后，需要统一面向不特定的交易主体，考虑到不特定交易主体的集体智慧，格式条款的提供方必定会慎之又慎。

很多行业的格式条款由熟悉本行业的专家、法律专家等进行反复论证，或者经过数年或者数十年的行业积累形成的文本。这种条款一旦成型，可以促使商家提升经营效率和管理水平，定型化的条款可以促使商家在经营管理更加细致和有针对性，对于促进整体行业的规范化经营具有反向指引作用。三是弥补法律规定的不足。法律具有一定的滞后性，对于一些新类型经济活动，法律规定难免滞后。比如网络服务合同、网购合同、数据和网络虚拟财产交易合同等经济行为出现时，法律规范一般是滞后的。且这类合同提供的都是标准化的商品或者服务，提供者不无例外地优先选择格式条款进行交易。因合同是当事人之间的法律，格式条款的出现，在一定程度上弥补了法律规定的不足，起到了规范交易、明确权利义务、减少法律纠纷的作用。

格式条款的消极作用也是明显的，主要有以下几个方面：一是限制合同自由。不能协商的格式条款，对合同自由的限制是明显的。尤其是水、电、气行业等领域，普通民事主体只能接受格式条款，甚至做不到"要么离开"的自由。即使商品房买卖、车辆保险等领域，虽然普通消费者有选择商家的自由，不是"别无他店"，但也没有协商合同条款的自由，每一个商品或者服务提供者用的都是格式条款。二是损害交易公平。作为格式条款的提供方，一般是商品或者服务的提供者，对应的是普通的民事主体。虽然所有的民事主体在法律意义上地位平等，但"店大欺客"的现象时有发生。格式条款提供方往往在经济实力、信息掌握、法律服务、经营经验方面具有绝对的优势，往往利用格式条款的不可协商性等特征，达到免除自身责任、转嫁风险、获取不当利益、损害交易公平之目的。

格式条款在经济生活中被广泛使用的事实，足以证明格式条款的积极作用大于其消极作用。因此，司法需要做的就是充分发挥格式条款的积极作用，尽量规制其消极影响。

二、格式条款的司法审查规则

格式条款在社会经济生活中的大量使用，导致了大量因格式条款产生的纠纷进入司法程序。人民法院根据现行法律原则和具体规定，在诉讼程序中对格式条款进行司法审查和认定，是解决此类纠纷的必经程序。

（一）一般审查规则

格式合同或者格式条款虽然有其制度的特殊性，但毕竟还属于民事合同的一种类型，因此在对格式条款进行司法审查或者认定时，首先应当适用合同审查认定的一般规则。包括平等原则、合同自由原则、公平原则、诚信原则、合法原则、全面履行合同义务原则等,在此不一一展开论述。

(二) 特别审查规则

格式条款作为一种特殊的民事合同,《合同法》用三个条文对此进行了规定,《民法典》第496条、第497条、第498条延续了合同法的相关规定精神。具体而言,司法对格式条款的审查有如下规则:

一是格式条款的识别认定。只有被认定为格式条款,才能适用《民法典》第496条、第497条、第498条的规定,因此,准确识别格式条款是正确适用法律规定的前提。鉴于法律对格式条款的提示说明义务、不利于提供方的解释、无效认定进行规定等原因,双方会对合同中某些条款内容是否属于格式条款产生争议。以合同中的免责条款为例,提供方一般主张免责条款不属于格式条款,而相对方则坚持认为属于格式条款。笔者认为,还是要根据《民法典》第496条以及《民法典合同编通则司法解释》第9条的规定予以认定。即满足"预先拟定、重复使用、不能协商"三个条件的条款,就可认定为格式条款。

二是格式条款的效力认定。《民法典》第497条规定了三种格式条款无效的情形:第一种情形是普通的合同无效情形,因格式条款属于合同的一种类型,故适用普通合同无效的情形同样适用于格式条款。比如,无民事行为能力人实施的、以虚假意思表示实施的、违反法律行政法规的强制性规定、违背公序良俗、恶意串通损害他人合法权益等情形下签订的格式条款当然无效。格式条款中关于造成对方人身损害的、因故意或者重大过失造成对方财产损失的免责条款也是无效条款。第二种情形是"提供格式条款一方不合理地免除或者减轻其责任、加重对方责任、限制对方主要权利"的无效。需要引起注意的是,根据合同中的免责条款一般以格式条款的形式出现,免责条款作为一种风险分配方式,对于控制经营风险、明确权利义务具有积极的作用。故法律对免责条款的效力,并不是一律否认,出于双方自愿、不违反法律强制性规定的免责条款,法律是认可其效力的。故《民法典》第497条第1款第2项使用了"不合理地"作为认定格式条款无效的标准。具体什么情况属于"不合理地免除或者减轻其责任、加重对方责任、限制对方主要权利"的情形,需要法官在司法实践中根据案件的具体情况予以认定。第三种情形是提供格式条款一方排除对方主要权利的无效。本条第3项对于排除对方主要权利的条款没有作"不合理"的限制,说明对方的主要权利不容排除,排除对方主要权利的条款自然不可能"合理",当然无效。比如,格式条款中有"出现争议不得向人民法院提起诉讼""余款一概不退""商品一经售出,概不退换"等条款，排除了对方主要权利的条款，属于无效条款。如孙某静诉上海美容公司服务合同纠纷案①，在消费者预先支付全部费用、经营者分期分次提供商品或服务的预付式消费模式中，如果经营者提供的格式条款载明"若消费者单方终止消费，则经营者对已经收费但尚未提供商品或服务部分的价款不予退还"的，该类格式条款违反我国《民法典》合同编《消费者权益保护法》的相关规定，应属无效。需要注意的是，格式条款是否有效，属于法院依职权审查的范围，即使当事人不主张，法院也应当依法予以审查。

三是格式条款的提示说明义务。《民法典》第 496 条第 2 款规定："采用格式条款订立合同的，提供格式条款的一方应当遵循公平原则确定当事人之间的权利和义务，并采取合理的方式提示对方注意免除或者减轻其责任等与对方有重大利害关系的条款，按照对方的要求，对该条款予以说明。提供格式条款的一方未履行提示或者说明义务，致使对方没有注意或者理解与其有重大利害关系的条款的，对方可以主张该条款不成为合同的内容。"从该条款前半部分看，提供格式条款一方有主动提示和被动说明的义务，首先应当对"免除或者减轻其责任等与对方有重大利害关系的条款"以合理的方式进行提示，在对方要求的情况下，还需对该条款予以说明。否则将产生该款后半部分的法律后果，即"对方可以主张该条款不成为合同的内容"。同时，《民法典合同编通则司法解释》第 10 条对提示义务和说明义务作了进一步明确，即"提供格式条款的一方在合同订立时采用通常足以引起对方注意的文字、符号、字体等明显标识，提示对方注意免除或者减轻其责任、排除或者限制对方权利等与对方有重大利害关系的异常条款的，人民法院可以认定其已经履行民法典第四百九十六条第二款规定的提示义务。提供格式条款的一方按照对方的要求，就与对方有重大利害关系的异常条款的概念、内容及其法律后果以书面或者口头形式向对方作出通常能够理解的解释说明的，人民法院可以认定其已经履行民法典第四百九十六条第二款规定的说明义务。提供格式条款的一方对其已经尽到提示义务或者说明义务承担举证责任。对于通过互联网等信息网络订立的电子合同，提供格式条款的一方仅以采取了设置勾选、弹窗等方式为由主张其已经履行提示义务或者说明义务的，人民法院不予支持，但是其举证符合前两款规定的除外"。

作为格式条款的提供者，签订限制或者免除自身责任的合同内容，除了在合同签订时需要履行提示和说明义务之外，还应当本着诚实信用的原则，对免

---

① 《中华人民共和国最高人民法院公报》2014 年第 11 期。

责范围内已经显露的重大风险进行如实告知,以保护相对人的合法期待利益。经营者故意隐瞒重大风险,造成相对人在信息不对称的情况下达成免责合意,应当认定相对人的真实意思表示中不包括承担被隐瞒的重大风险,免责合意的范围仅限于签约后发生的不确定风险。在后续履约中,因恶意隐瞒重大风险最终导致违约情形发生,经营者主张适用免责条款排除自身违约责任的,人民法院不予支持。

四是格式条款的解释规定。《民法典》第498条规定:"对格式条款的理解发生争议的,应当按照通常理解予以解释。对格式条款有两种以上解释的,应当作出不利于提供格式条款一方的解释。格式条款和非格式条款不一致的,应当采用非格式条款。"因此,在对格式条款的理解发生争议的情形下,解释应采取"通常理解、不利提供方、非格式条款优先"的原则进行。

【拓展适用】

一、格式条款的域外法考察

格式条款法律制度的产生和发展是20世纪合同法发展的重要标志之一[①]。20世纪40年代以后,西方各国几乎所有的商业领域都采用格式合同。格式条款对于我国法律而言系舶来品,我国自1993年《消费者权益保护法》才正式出现"格式合同"的概念,1999年的《合同法》正式使用"格式条款"的概念。

(一) 立法模式

就立法模式而言,对格式条款的立法主要有以下几种:一是直接在民法典中规定,1942年《意大利民法典》第1341条第1款规定,只有在订约时,顾客知晓格式条款或以一般性注意即可知晓格式条款,这些格式条款才能构成合同的一部分,第1341条第2款还列出的某些值得特别怀疑的条款类型,规定必须获得顾客书面形式的特别同意才有效力。二是以民法修正案的方式进行规范,如荷兰。三是制定专门的格式条款立法,如以色列1964年《标准合同法》、瑞典1971年《不当合同条款法》、德国1976年《一般交易条款法》[②]。四是综合

[①] 王利明:《合同法新问题研究》,中国社会科学出版社2011年版,第210页。

[②] 2002年德国废止了《一般交易条款法》,在2002年1月1日颁布了《德国债法现代法》,这部法律整合了《一般交易条款法》中的实体法部分,它的主要内容在其他法律中得到了保留,在一定程度上补充并且细化某些条款。在新整理的《德国民法典》中,把有关一般交易条款的法律规定单独列为一章,具体是第二编第二章第305条到第310条。

利用民法典和其他民事单行法进行规范,如日本,《日本民法典》《登门拜访推销法》《保险业法》《关于贷款业务规则法律》等法律中对格式条款进行了规范。五是在《消费者权益保护法》中规定格式条款,侧重于对消费者利益的保护。国际统一私法协会(UNDROIT)于1994年制定的《国际商事合同通则》对格式条款作出了较为详细的规定,虽然该通则不具有强制性,但它是在总结各国国内立法的基础上,对格式条款的基本内容作出了较为全面的规定,其影响力正在逐步扩大。[1]

(二)解释规则

鉴于格式条款具有的单方拟定性、不能协商性等法律特征,在对格式条款理解发生争议的情形下,需要对合同条款所规定的权利义务进行解释。不同国家、地区、国际组织对格式条款发生争议时的解释规则大同小异,基本在"通常理解、不利提供方、非格式条款优先"范围之内,主要目的是防止出现格式条款损害交易公平的情况出现。

德国法律有关格式条款的解释规则为:非格式条款优先、不利提供方。《德国民法典》中的格式条款表述为"一般交易条款",该法第305b条规定:"个别的合同约定,优于一般交易条款",即非格式条款优先规则;第305c条(2)规定:"解释一般交易条款时有疑义的,作对使用人不利的解释",即对一般交易条款提供人不利解释规则。

意大利法律有关格式条款的解释规则为不利提供方。1942年《意大利民法典》规定了对歧义的格式条款进行不利提供方的解释原则,该法第1370条规定:"在对添加于契约一般条件内的条款或者对由缔约一方准备的格式化契约中条款有疑问的情况下,对这些条款要作有利于非条款提供方利益的解释。"但《意大利民法典》根据合同有偿无偿对格式条款的解释规则作出了区分,强调实质公平。该法第1371条规定:"尽管适用了本节的规范,但当契约依然处于模糊不清的状态时,如果契约是无偿的,则应当作出使债务方负担较轻的解释,而如果是有偿的,则应当作出使双方当事人的利益得到公平实现的解释。"

英美法系国家系判例法,对于格式条款解释的规则主要是法官通过遵循在前判例而逐渐形成一种规则,其中主要的规则为不利提供方的解释规则。在英国的司法实践中,除一般的合同解释规则即"通常理解"外,格式条款应适用

---

[1] 参见[德]海因·克茨:《欧洲合同法》(下卷),周忠海、李居迁、宫立云译,法律出版社2001年版,第56页。

"不利于条款使用人"的解释规则。美国司法实践中,发展出众多丰富且灵活的合同解释规则体系,其中就包括"显失公平原则"。而关于格式条款的解释,应当首先适用《合同法重述》第 206 条"对起草者应作不利的解释"的规则。

国际统一私法协会发布的《国际商事合同通则》虽然不具有法律的效力,但作为对国际商事实践惯例的总结性文件,其对国际商事活动的影响及重要地位不可忽视。该通则第 2.21 条规定了"非标准条款优先、不利提供方"的解释规则。规定:"在一份利用当事人一方准备的标准条款的合同中,如果该合同条款含义不清,则应作出对该方当事人不利的解释。"

(三) 免责规则

对格式条款中的免责条款进行规范,是各国格式条款立法的重要内容,也是司法审查的重点之一。免责条款包括完全免除当事人责任部分免除或者限制当事人责任的条款。鉴于免责条款对合同双方权利义务的重大影响以及损害交易公平的可能性,各国法律对于免责条款的效力一般都采取了特别规定的方式,对其司法审查的标准也更加严格,借以区别于普通的合同免责条款。

德国法律关于格式条款中的免责规则。《德国民法典》采取了列举加概括的立法模式规定格式条款的免责规则。概括性的规定以抽象原则作为法院审查格式条款的依据,如诚实信用原则。该法第 307 条第 1 款规定:"一般交易条款中违反诚实信用原则,不适当地使合同相对人受不利益的,不生效力。不适当的损害,也可以基于条款不明白易懂这一情况发生。"列举式的规定包括两种,一种是绝对无效条款,比如该法第 309 条规定的某些格式条款绝对无效,称为"无评价可能性的禁止条款",即因法律规定其绝对无效而无须考虑特殊情况,对于这类条款法院无须评价,可直接认定为无效条款。另一种是须经司法审查方可认定无效的条款。该法第 308 条列举了某些格式条款须经法院判断才能确定其有效性,称为"有评价可能性的禁止条款",即这类条款可能有效,也可能无效,取决于法院的评价或者认定。例如,该法第 308 条第 1 项规定,如果一般交易条款的使用人通过某一条款不适当地延长使用人承诺或拒绝要约的时间,该条款无效。关于何为"不适当延长",则需要法院根据该法第 147 条的规定进行审查,该法第 147 条规定:"(1) 对向在场人发出的要约,应立即作出承诺。一方用电话向另一方发出要约的,亦同。(2) 对向非在场人发出的要约,只能在通常情况下可预期到达的时间内作出承诺。"

《英国不公平合同条款法》关于格式条款的免责规则。1978 年生效的《英国不公平合同条款法》既包括了消费合同中的格式条款免责规则,对商业性合同中的格式条款免责规则也有规定。因英国系判例法系国家，故仅规定了一般无效的情形。一是直接认定某些免除或者限制一方责任的条款无效，比如"免除或限制当事人因过失行为使他人死亡或受伤而因承担之责任的条款"。二是规定某些须经法院对其"合理性"审查方能认定的条款，比如"限制或免除一方因其过失行为造成财产损失或毁坏所应承担责任的条款"。

（四）提示和说明义务

这里的提示和说明义务主要是指格式条款提供方的提示说明义务。格式条款提供方不可能将对方的免责条款列入合同之中，格式条款中的免责条款系对提供方免责，达到免除自身责任、加重或者排除交易对方权利的目的。所以法律对此作了特别规定，即格式条款提供方在订立合同的时候，应该以合理的方式请相对方注意相关免责条款，或者在书面合同中要求对该免责条款作区别于其他条款的醒目标示。在相对人提要求时，还应对该免责条款的含义加以说明，一旦提供人不作通知或者提示的，对方可主张该免责条款无效或者不能成为合同的一部分。

德国法中的提示说明义务。根据《德国民法典》中第305条第2款（原《一般交易条款法》第2条第1款）的相关规定："一般交易条件能够写入合同的条件是，一般交易条件的使用方在制定合同时需要满足下列条件：第一，使用方必须就一般交易条件向相对方清楚明确地作出通知，或依据合同的性质对相对方作出通知确实有困难的，使用方可在签订合同处以我们都能看到看懂的布告方式作出明确的说明；第二使用方要提供相对方明白一般交易条件的可能性，也要合理地考虑一些相对人的明显的生理缺陷，让他们也能够清楚一般交易条件的内容。相对方必须同意一般交易条件。"

因此，德国法律对格式条款提供方的提示说明义务要求是比较严格的。从时间上来说，格式条款的提供方必须在合同签订前或者签订时履行通知或者说明义务；从程度上来说，必须达到向相对方"清楚明确地作出通知""看到看懂的布告方式"的效果；从范围来看，不仅要考虑到普通民事主体，还要"合理地考虑一些相对人的明显的生理缺陷"，让他们也能够清楚一般交易条件的内容。如果格式条款提供者不履行通知说明义务或者履行义务不符合法律规定，则该格式条款不生效。

日本法中的提示说明义务。对于格式条款提供方的通知说明义务，日本采取民法典和各种特别法结合起来的立法模式，与我国目前的立法模式很相似。《日本民法典》《登门拜访推销法》《保险业法》《关于贷款业务规则法律》等法律中对格式条款提供方的通知说明义务作了规定。根据日本法律规定,格式条款中的免责条款,提供方的通知说明义务如下:一是当面讲清楚,让相对方知悉免责条款的内容;二是在订立合同过程中,格式条款提供方不能有不当行为。如《登门拜访推销法》规定,不能有"不通知相对方、威胁或者提供虚假信息"等行为,否则不但格式条款无效,还有可能产生损害赔偿。日本法关于格式条款提供方不履行通知说明义务或者履行不当的后果更为严重,不但不产生合同效力,还有可能导致损害赔偿。

英美法系中的提示说明义务。在英美法系中,按照判例法的规定,在一份有免责条款的格式合同中,如果格式合同中的免责条款被提出来了,在订立合同的时候,我们就已经知道了免责条款的存在,只要合同一方当事人尽到合理的清楚的通知义务时,免责条款才能够订入合同中来。① 英国普通法对免责条款通知的实际时间、程度、方法、方式形成了一套详细的立法规范。《欧洲合同法原则》规定了格式合同中免责条款的通知义务,在订立合同前,提供方必须通知相对方注意免责条款,如果没有通知或者提示,这些免责条款就不能生效。《欧洲合同法原则》还规定,即使格式条款相对方签订了合同,但是提供方没有合情合理地解释免责条款,也无效。

二、格式条款相关法律问题

(一) 格式条款与示范文本

合同的示范文本即示范合同,是由主管业务的行政机关或者行业协会根据长期实践,经过优选、评审和一定的审批程序而形成的,普遍适用于特定行业领域文书格式。目前,房屋买卖、房屋租赁、保险等行业正在逐渐推行各类示范合同。以商品房买卖合同示范文本为例,2014年4月9日,建设部和工商总局出台《商品房买卖合同(预售)示范文本》和《商品房买卖合同(销售)示范文本》,并要求各地充分认识推行本合同示范文本的意义,积极提倡和引导商品房交易当事人使用本合同示范文本,做好示范文本使用事项和市场交易风险提示等宣贯工作。从效力层级来看,该通知属于部门规范性文件;从出台背景来看,该示范文本以2000年的示范文本为基础,经两次向社会公开征求意见,邀请专家、学者、律师等参加研讨,听取中国消费者协会、社会公众代表意见建议后修订而成。

示范合同的推广对于完善合同条款,明确当事人的权利义务,减少因当事

---

① 王军:《美国合同法》,对外经济贸易大学出版社2011年版,第308页。

人欠缺合同法律知识而产生各类纠纷具有重要作用。示范合同与格式条款在"预先拟定、重复使用"等方面具有极度的相似性，司法实践中很多人一遇到商品房买卖合同就称属于格式条款，要求按格式条款处理。但由于示范合同只是当事人双方签约时的参考文件，对当事人无强制的约束力，双方可以修改其条款形式和格式，也可以增减条款，因而它不是格式条款。[①]

正是因为示范文本不是格式条款，当事人在订立合同时可对合同内容进行协商。从示范文本内容来看，共有11个附件，其中值得注意的是"附件十一补充协议"，就给格式条款写入合同留下了空间。从整体上评价示范文本，肯定不是格式条款而是示范文本，因为该合同不具有格式条款所具备的"不能协商性"特征。但提供方完全可能在"补充协议"中作出免除自身责任的约定并不加以说明，这就给格式条款写入商品房买卖合同预留了空间。补充协议如果符合格式条款的法律特征，则可以认定为格式条款，并按格式条款的相关规定予以评价。

（二）商业合同和消费合同中的格式条款

根据我国《消费者权益保护法》第2条、第3条的规定，消费者系为"生活消费需要购买、使用商品或者接受服务"的民事主体，经营者系为"消费者提供其生产、销售的商品或者提供服务"的民事主体。根据交易主体和交易目的，合同可以分为商业合同和消费合同，企业与消费者之间因日常商品或服务为消费目的而订立的合同称为消费合同。企业经营者之间订立的合同为商业合同，其订立的主要目的是开展生产、经营所需。

区分商业合同和消费合同的主要目的在于法律保护的力度。在消费合同中，消费者与经营者之间的交易能力差距是非常明显的，消费者往往处于弱势地位。与商业合同相比，各国（地区）立法对采用格式条款订立的消费合同都采用了严格态度，都作出一些侧重于保护消费者利益的倾斜性规定。例如《德国民法典》第305条对于一般交易条款纳入消费合同要求清晰的指示；相对方能够合理地知悉一般交易条款的内容；最后相对方表示同意才能订入合同。我国《消费者权益保护法》对《合同法》规定的关于格式条款提供方的义务进行了细化，强化了经营者的责任。《消费者权益保护法》第26条第1款对于经营者的提示说明义务细化为："……应当以显著方式提请消费者注意商品或者服务的数量和质量、价款或者费用、履行期限和方式、安全注意事项和风险警示、售后服务、民事责任等与消费者有重大利害关系的内容……"何谓"显著方式"，

[①] 王利明：《合同法研究》（第一卷），中国人民大学出版社2015年版，第408页。

笔者认为应当指非常明显、足以引起消费者注意和重视的方式，例如，以更大的字号和更粗的字体标示出来、在格式条款的显著位置单独标示出来、请消费者对相关免责条款手写并签名等方式。第 26 条第 2 款则是规定了经营者不得写入格式条款的内容和不得采取的方式，即经营者不得以格式条款、通知、声明、店堂告示等方式，作出排除或者限制消费者权利、减轻或者免除经营者责任、加重消费者责任等对消费者不公平、不合理的规定，不得利用格式条款并借助技术手段强制交易。第 26 条第 3 款规定，如果格式条款中规定了该条第 2 款的内容，该内容无效。

【典型案例】

张甲、张乙诉投资公司商品房预售合同纠纷案

原告：张甲。

原告：张乙。

被告：投资公司。

法定代表人：李某，该公司董事长。

〔基本案情〕

原告张甲、张乙因与被告投资公司发生商品房预售合同纠纷，向上海市奉贤区人民法院提起诉讼。

原告张甲、张乙诉称：双方于 2015 年签订购买位于奉贤区 102 室房产的《上海市商品房预售合同》。合同约定总房价 1616228 元，并约定被告投资公司需于 2015 年 12 月 31 日前交付房产。之后张甲、张乙按约定支付首付款并按照实际情况办理按揭贷款。但投资公司未按约定交付房产而是迟延至 2016 年 7 月 1 日才交付给原告。张甲、张乙交接时要求投资公司履行迟延交房支付义务，投资公司告知再协商，但至今未予答复。请求法院判令投资公司支付逾期交房违约金人民币（以下币种同）58185 元。

被告投资公司辩称：实际的交房日期确实是 2016 年 7 月 1 日，延期交房虽然存在，但是合同约定如遇不可抗力，交房、大产证取得及小产证申领约定的时间相应顺延。在该房屋实际施工中，发生小区沿河道路和煤气配套公共管道安装和对接的不可抗力情形，有关部门也为此出具了相应的证明，投资公司在情形消除后积极履行交房义务，投资公司不存在违约，不应承担违约责任。

上海市奉贤区人民法院一审查明：2015 年 8 月 15 日，原告张甲、张乙与被告投资公司签订系争预售合同，约定：张甲、张乙向投资公司购买坐落于上海市奉贤区 5 号 1 层 102 室的房屋（以下简称系争房屋），暂定购房款总价为 1616228 元；投资公司于 2015 年 12 月 31 日前交付房屋，除不可抗力外；如违约未按期交房，投资公司支付已付购房款每日 0.02% 的违约金。合同补充条款一中，关于合同十一条修改、补充如下：甲方（投资公司）定于 2015 年 12 月 31 日前将该房屋交付给乙方（张甲、张乙），除不可抗力及其他甲方难以预计的客观情况外，客观情况包括但不限于非因甲方原因导致的以下情况：供水、供电、煤气、排水、通信、网络、道路等公共配套设施的延误、规划调整导致的工程推延、政府政策变化等。还约定，如遇不可抗力，本合同对于交房、大产证取得及小产证申领约定的时间相应顺延；本合同所指不可抗力的范围包括自然灾害、动乱、恶劣天气、政府行为、因市政配套的批准与安装、重大工程技术难题以及其他无法预见、无法避免或控制、无法克服的事件和情况等。嗣后，张甲、张乙陆续支付了购房款。2016年6月，投资公司发出入住通知书，确认：实测购房款总价为1604177.84元，应退款12050.16元；要求张甲、张乙于2016年7月1日办理入住手续。2016年7月1日，张甲、张乙与投资公司双方办理了交房手续。张甲、张乙认为投资公司逾期交房，以致涉讼。

系争房屋所在小区的燃气管道外管工程于2015年3月23日由上海市奉贤区金汇镇人民政府与燃气公司签订合同，施工期限为90天，由于属地村民为管道建设用地和该小区配套道路建设等要求办理镇保，阻挠施工，该工程不能如期完成。2016年2月16日，上海市奉贤区金汇镇人民政府召开协调会进行协调，工程得以顺利进行。2016年4月20日，燃气管道外管工程竣工验收。2016年5月9日，燃气公司出具合格证明。2016年6月2日，被告投资公司取得上海市建设工程规划验收合格证。2016年7月1日，投资公司取得上海市新建住宅交付使用许可证。

一审期间，被告投资公司坚持认为不应承担违约责任，考虑具体情况同意自愿补偿原告张甲、张乙11757元。

上海市奉贤区人民法院一审认为：依法成立的合同，对当事人具有法律约束力。本案中原告张甲、张乙与被告投资公司签订的系争预售合同系双方真实意思表示，合法有效，双方均应恪守。本案实际交房时间为2016年7月1日，已经超过了合同约定的交付期限，但本案系争房屋迟延交付的原因主要是市政配套工程等因素造成，合同补充条款一第十五条约定由于政府行为、市政配套工程等原因造成逾期交房，交房时间作相应顺延。张甲、张乙主张，配套工程迟延，不属于不可抗力。一审法院认为，市政配套工程迟延虽不属法律意义上不可抗力的范畴，但是确系开发商自身不能左右之情形。合同补充条款一第八条、第十五条约定除不可抗力，还包括投资公司难以预计的客观情况，并进行了列举，包括市政配套工程迟延，而本案中正是该情形导致交房迟延，交房时间可予以顺延，且投资公司在取得相关许可证当日就履行了交房义务，故张甲、张乙要求投资公司承担逾期交房的违约责任无依据，不予采纳。张甲、张乙还主张合同系格式合同，但张甲、张乙与投资公司签订的系争预售合同补充条款并非在签订时不可协商，不属于格式条款。退一步而言，即使构成格式条款，也不属于法律规定的格式条款无效的情形。现投资公司自愿对张甲、张乙损失进行补偿，于法无悖，一审法院予以支持。

据此，上海市奉贤区人民法院依据《中华人民共和国合同法》第八条，《中华人民共和国民事诉讼法》第六十四条第一款、第二百五十三条之规定，于 2017 年 5 月 12 日作出判决：

一、驳回原告张甲、张乙的诉讼请求；二、被告投资公司于判决生效之日起十日内补偿原告张甲、张乙人民币 11757 元。

张甲、张乙不服一审判决，向上海市第一中级人民法院提起上诉称：第一，双方于 2015 年 8 月 15 日签订《上海市商品房预售合同》（以下简称系争预售合同）。该合同的补充条款中对"不可抗力"作了扩大化表述，将市政配套工程延误列为被上诉人投资公司的免责范围，该部分免责条款明显对其不公平，投资公司在签约时也没有尽到提醒义务，故该部分免责条款应当属于无效格式条款。第二，投资公司提供的 2015 年 3 月 27 日的函件表明，其在发函当天就已经清楚认知到配套工程的实际延误风险，投资公司没有在签约时将这一情况告知购房者，依然承诺于 2015 年 12 月 31 日交房，即使免责条款有效，也不能适用于本案的情况。请求二审法院：撤销一审判决，改判由投资公司对其支付逾期交房违约金人民币 58185 元。

2017 年 8 月 22 日，上诉人张甲、张乙向二审法院出具书面意见称，请求二审法院按照其上诉请求 55% 的比例认定违约金数额，剩余 45% 不再主张。

被上诉人投资公司辩称，系争房屋迟延交付的原因完全是在于市政配套施工的延误，该部分工程地点不在投资公司受让地块的范围之内，是由于当地政府未能及时协调好居民矛盾，导致工程拖延，不能归责于投资公司，属于投资公司发包施工的范围在 2015 年就已经全部完成。补充条款中的免责约定是有效的，本案的情况符合适用该条款的条件，投资公司不应支付违约金。一审判决正确，请求二审法院维持原判。

上海市第一中级人民法院确认了一审查明的事实，另查明：

被上诉人投资公司于 2014 年取得系争房屋所在小区的预售许可证。2015 年 3 月 27 日，投资公司向上海市奉贤区金汇镇人民政府发送函件，载明：地块红线外至今没有燃气外管接口及自来水外管接口，小区红线外配套理应由镇政府落实解决，否则将影响投资公司按期交房。2015 年 8 月，投资公司完成了系争房屋所在小区范围内的工程量施工。

二审法院又查明，系争预售合同补充条款第八条第二项为：发生上述情况不属于甲方逾期交付房屋，但甲方应及时通知乙方，通报这些客观情况。

还查明，被上诉人投资公司提交的 2015 年 12 月 30 日《会议纪要》中记载：燃气公司原定计划于元旦过后 4 日开始准备进场施工，从小区西侧开始排管。2016 年 2 月 16 日《会议纪要》中记载的议题是：解决住宅项目红线外土地未征，村民阻止红线外道路、管道施工事宜。

二审审理中，被上诉人投资公司陈述：（1）其提供给购房者的合同文本中确实存在两种交房期限，一种是 2015 年 9 月，另一种是 2015 年 12 月。（2）2015 年 3 月 27 日，投资公司已得知居民阻止燃气配套施工的情况，故向政府部门发函催促，但其当时并不确定会造成竣工延误,因为还有可能后续追赶进度。

上海市第一中级人民法院二审认为:上诉人张甲、张乙与被上诉人投资公司签订的系争预售合同系双方真实意思表示,不违反法律的效力性禁止性规定,投资公司在签约时亦已经取得了预售许可证,故系争预售合同并不存在整体无效的情形。

系争预售合同约定,被上诉人投资公司应于2015年12月31日之前交房,而其实际交房时间为2016年7月1日,超出了合同约定期限。根据法院查明的事实,投资公司在2015年8月完成了系争房屋所在小区范围内的工程量施工,而市政燃气、道路配套工程(以下简称配套工程)由政府部门负责实施,且施工地点不在投资公司的受让地块范围之内。配套施工障碍直至2016年2月16日才消除,从该节点至实际交房的期限为136天。如果扣除配套工程的受阻停滞期限,则投资公司的实际交房期限并未超出合同约定。因此,造成系争房屋逾期交付的原因在于配套工程的延误。

在此前提下,上诉人张甲、张乙主张被上诉人投资公司应承担逾期交房违约金,投资公司则以系争预售合同存在相应责任限制条款为由主张抗辩权。因此,本案二审争议焦点在于:一、系争责任限制条款是否具有法律效力;二、系争责任限制条款是否应当适用于本案。

一、关于系争责任限制条款是否具有法律效力问题

系争预售合同补充条款第八条约定,导致不能按期交房的"其他难以预计的客观情况"包括供水、供电、煤气、排水、通信、网络、道路等公共配套设施的延误,发生上述情况不属于被上诉人投资公司逾期交房。第十五条约定,"因市政配套的批准与安装"等"无法预计、无法避免或控制、无法克服的事件和情况",投资公司可以顺延约定的交房日期。上述条款(简称系争责任限制条款)是对交房期限条款的补充约定。上诉人张甲、张乙主张系争责任限制条款属于无效格式条款,投资公司则主张该条款有效。

对此,法院认为,系争责任限制条款属于被上诉人投资公司事先拟定,并在房屋销售中重复使用的条款,属于格式条款的范畴。系争责任限制条款使用了小号字体,而且根据当事人陈述的签约过程分析,投资公司并未采取足以引起注意的方式对该条款予以说明。根据《最高人民法院关于适用〈中华人民共和国合同法〉若干问题的解释(二)》第九条的规定,提供格式条款的一方当事人违反合同法第三十九条第一款关于提示和说明义务的规定,导致对方没有注意免除或者限制其责任的条款,对方当事人申请撤销该格式条款的,人民法院应当支持。系争责任限制条款虽然以列举免责事项的方式限制了逾期交房违约责任的范围,但并未绝对免除投资公司的违约责任。根据上述法律规定,系争责任限制条款属于可撤销的格式条款,并非绝对无效之格式条款,因张甲、张乙在法定的一年除斥期间内并未申请撤销该条款,故该条款仍属有效。张甲、张乙主张系争责任限制条款无效,无法律依据,法院不予采纳;投资公司主张系争责任限制条款有效,法院予以采纳。

二、关于系争责任限制条款是否应当适用于本案的问题

上诉人张甲、张乙主张,配套工程延误并不属于"不可预见"的"不可抗力",而且被上诉人投资公司在签约时已经知晓配套工程出现延误,但没有对其及时告知,即使系争责任限制条款有效,亦不能在本案中适用。投资公司则主张,配套工程延误属于明确约定的免责事由,而且延误障碍可能在签约后消除,应当适用系争责任限制条款。双方对该条款是否应当适用的争议具体可分为三个层次:第一,该条款将免责事项描述为"不可抗力"是否影响其适用;第二,投资公司是否在签约时对配套工程延误风险负有告知义务;第三,投资公司的风险隐瞒行为是否导致排除该条款适用。

法院对此分述如下:第一,关于系争责任限制条款中的概括描述是否影响其适用的问题。系争责任限制条款所列举的事项中包括"煤气、道路公共配套设施",但在对此类事项的概括性定义中使用了甲方(投资公司)"难以预计""无法预见"的表述。对此,法院认为,配套工程施工虽然不在被上诉人投资公司的受让地块范围之内,但作为一家专业的房地产开发企业,配套工程出现延误的理论可能性是其在建造之初就能够预见的,其制定责任限制条款的目的也正是在于防范此类风险。因此,"难以预计""无法预见"的表述是对列举事项所作的错误描述,此类事项不属于法定可免责的"不可抗力"范畴。但在列举事项已经具体明确的前提下,该表述并不影响双方就责任限制所达成的基础合意,不构成完全排除该条款适用的事由。上诉人张甲、张乙主张系争责任限制条款的性质表述存在错误,故应当整体排除其适用,缺乏事实依据,法院不予采纳。

第二,关于被上诉人投资公司是否在签约时对配套工程延误风险负有告知义务的问题。根据系争预售合同约定,投资公司应及时将免责事项的发生情况告知购房者。本案中,上诉人张甲、张乙主张投资公司在签约时隐瞒了配套工程延误的情况,违反了合同约定。投资公司未提供证据证明其履行了风险告知程序,但称其虽然在2015年3月27日知晓了配套施工受阻的情况,但在签约时还并不确定会造成实际延误,有可能在后续履行中追赶进度,故其并不存在恶意隐瞒行为。

对此,法院认为,首先,被上诉人投资公司明知配套工程完成是整体竣工验收的前提条件,应当对配套工程的具体进展保持关注,据此预判实际可交房的时间。政府部门与配套施工单位的签约日期为2015年3月23日,根据投资公司的陈述及相关证据显示,由于施工地块未完成土地征收,当地居民与政府部门存在争议,阻挠施工,导致配套工程无法开工,陷入停滞状态。同年3月27日,投资公司得知该情况后便向政府部门发函催促,但在2015年8月时,尚不存在能够消除居民阻挠因素的迹象。直至2015年12月30日,配套施工单位在协调会议中仍然不能确定实际进场的施工日期。如果停滞状态保持延续,将势必造成整体工程竣工延误。因此,"配套工程延误导致逾期交付房屋"在2015年3月27日虽然还不是确定发生的事实,但

也已经不再是抽象的理论可能性,而是投资公司已知的现实存在的显著风险。其次,交房期限是购房者选择购房的重要考量因素,在没有收到风险告知的情况下,购房者无法对交房期限的实际可行性进行有效评估,在签约时陷入了信息不对称的意思状态。被上诉人投资公司虽然期望障碍因素能够在后续履行中消除,但土地征收问题导致的施工停滞是根本性的延误因素,该因素并非投资公司可以主观控制的范围,而且依照常理判断,土地征收需要履行法律规定的程序,无法于短期内得到快速解决。在交房期限事实上存在重大不确定性的前提下,投资公司的风险隐瞒行为可能对购房者的信赖利益造成实际损失。因此,投资公司不能以后续可能追赶进度为由免除自身的告知义务,法院认定,投资公司对自2015年3月27日起签约的购房者均负有对配套工程延误风险的告知义务。系争预售合同的签约日期为2015年8月15日,投资公司未对上诉人张甲、张乙告知相应风险,违反了合同约定的告知义务。

第三,关于被上诉人投资公司的风险隐瞒行为是否导致排除系争责任限制条款适用的问题。

系争责任限制条款中并未明文记载免责事项的产生时间限制。上诉人张甲、张乙主张,在被上诉人投资公司隐瞒延误风险的情况下,约定的免责事项仅能适用于签约后新发生的情形,不应适用于本案,是对合同条款的限制解释;投资公司主张风险事项的产生时间不应对免责范围构成影响,系争责任限制条款应当适用于本案,是基于合同文义的基本理解。

双方当事人对该问题争议的本质是在被上诉人投资公司隐瞒已知风险的背景下,对合同条款的不同解释。《中华人民共和国合同法》第四十一条规定,对格式条款的理解发生争议的,应当按照通常理解予以解释。对格式条款有两种以上解释的,应当作出不利于提供格式条款一方的解释。第一百二十五条第一款规定,当事人对合同条款的理解有争议的,应当按照合同所使用的词句、合同的有关条款、合同的目的、交易习惯以及诚实信用原则,确定该条款的真实意思。基于上述格式条款的解释规则,法院对该问题分析如下:

第一,商品房预售合同是在建商品房的销售合同,不同购房者的签约时间对应着不同的建设进度,购房者不知晓具体进度情况,不具备对交房期限可行性的判断能力。而交房期限条款也是由被上诉人投资公司单方拟定的格式条款,其可以根据实际建设进度在签约时调整交房期限。本案中,投资公司亦认可其在预售合同中设置的交房期限分为2015年9月与12月两种,说明其已经在后续销售中根据配套工程进度对交房期限进行了重新规划。因此,在没有被告知已存在现实风险的情况下,购房者与投资公司所达成的责任限制合意,是建立在购房者对交房期限具有现实合理性的信赖基础上。

第二,由于被上诉人投资公司单方隐瞒了现实延误风险,并且有能力重新规划交房期限,购房者有理由相信投资公司对交房期限的现实可行性作出了承诺;该期限充分吸收了投资公司已知的实际进度条件，原有的风险事项能够及时消除，如果没有在后续履行中出现新的免责事项，则在该期限内能够实现交房。因此，上诉人张甲、张乙主张双方约定的风险转移范围是针对后续履行中出现的风险事项，不应包括已纳入交房期限考量因素的现实条件，符合《中华人民共和国合同法》第一百二十五条的诚实信用解释原则。

第三，双方当事人对于格式合同条款的理解存在冲突，根据《中华人民共和国合同法》第四十一条所规定的有利于相对人的解释规则，法院认为，诚实信用原则下的购房者信赖利益价值高于格式条款提供者被上诉人投资公司的责任风险限定利益。交房期限条款与系争责任限制条款之间的互补逻辑关系应解释为：系争责任限制条款的适用范围限于签约后发生的不确定风险事项，不能适用于签约时被隐瞒的现实风险事项。投资公司主张其风险隐瞒行为不影响系争责任限制条款的适用，法院不予采纳。

第四，本案中，被上诉人投资公司在2015年3月27日就已明知配套工程受阻停滞，产生了现实的延误风险，但其在2015年8月15日签约时并未向上诉人张甲、张乙告知该风险事项，而是承诺于2015年12月31日交房。配套工程受阻停滞的现实风险产生于系争预售合同签订之前，在后续没有出现新的风险事项的情况下，原有的风险状态持续延展，最终导致系争房屋于2016年7月1日才完成交付。投资公司的上述行为违背了对交房期限具有现实可行性的承诺，无权就配套工程延误主张适用系争责任限制条款。

基于上述理由，被上诉人投资公司以配套工程延误为由，主张在本案中适用系争责任限制条款，抗辩上诉人张甲、张乙的逾期交房违约金请求权，无事实与法律依据，法院不予支持。张甲、张乙主张投资公司承担逾期交房违约金，符合合同约定，法院予以支持。根据系争预售合同约定，投资公司总计逾期达183日，按照实测面积总房款1604177.84元的每日0.02%比例计算，违约金总计为58713元。二审中，张甲、张乙表示自愿按照合同约定标准的55%比例主张违约金，系当事人对自身权利的处分，于法不悖，也与投资公司的实际过错相适应，法院予以准许。因此，法院认定投资公司应向张甲、张乙支付逾期交房违约金32292.15元。

综上所述，上海市第一中级人民法院依照《中华人民共和国合同法》第四十一条、第一百二十五条第一款，《最高人民法院关于适用〈中华人民共和国合同法〉若干问题的解释（二）》第九条，《中华人民共和国民事诉讼法》第一百七十条第一款第二项之规定，于2017年8月28日判决如下：

一、撤销上海市奉贤区人民法院（2017）沪0120民初4598号民事判决；二、被上诉人投资公司于本判决生效之日起十日内向上诉人张甲、张乙支付逾期交房违约金人民币32292.15元。

本判决为终审判决。

> 规则 31：（预期违约）合同一方当事人已履行了主要义务，不构成预期违约
> ——投资公司诉金属工具公司中外合资合同纠纷案①

【裁判规则】

合资合同一方已将作为出资的设备和房产交合资公司实际使用，只有少部分房产未办理过户手续，其履行了主要义务而不是不履行主要义务，因此，不符合《民法典》第 578 条关于预期违约的规定。另一方当事人在依约投入前期投资后，不再按约投入后期资金，不属行使不安抗辩权，其主张可以免责的理由不能成立。

【规则理解】

一、预期违约的内涵及法律特征

（一）预期违约的内涵

预期违约，也称先期违约，是指在履行期限到来之前一方无正当理由而明确表示其在履行期到来后将不履行合同，或者其行为表明其在履行期到来后将不可能履行合同。② 预期违约制度源于英美合同法，最早来源于英国 1846 年索特诉斯通案的判例。③ 英美法合同法上的预期违约理论包括明示的预期违约和默示的预期违约两种表现形式。明示预期违约，是指在合同成立后至合同履行期限届满之前，一方当事人无正当理由而明确地向另一方当事人表示将不履行合同。默示预期违约，是指在合同成立后至履行期限届满之前，合同一方当事人的自身行为或客观事实预示将不履行或不能履行合同。

（二）预期违约的法律特征

预期违约具有如下法律特征：一是预期违约是在合同生效后、履行期限届满之前的违约。在合同履行期限届满前，债务人明确表示不履行合同或者其行为表明将来不可能履行合同，因债权还未到期，债权人并不能向债务人请求实现债权，对于债权人来说，这种情况的出现只是一种违约的可能或者危险。因

---

① 《中华人民共和国最高人民法院公报》2003 年第 4 期。
② 王利明、崔建远：《合同法新论·总则》（修订版），中国政法大学出版社 2000 年版，第 589 页。
③ 吴志忠：《买卖合同法研究》，武汉大学出版社 2007 年版，第 182 页。

此,预期违约并不同于实际或者现实违约,是一种可能的违约或者履行期限届满之前的违约。合同生效之前,因合同对双方没有约束力,不可能产生预期违约。合同履行期限届满后,债权人可以向债务人主张债权,如果债务人不履行债务,则可以追究债务人的违约责任,也不存在预期违约的问题。二是预期违约侵害的是债权人的期待债权。合同对双方债权债务的约定,使合同双方可以准确地预见自己将来可能承担的义务和享有的权利,但合同履行期到来之前的债权只是一种期待的债权而不是一种现实的债权。虽然有法谚云"未到期限之债务等于无债务",但在合同合法有效的前提下,债权人对债务人将来履行债务的期待是一种正当的权利,应当受到法律的有效保护,否则只会导致现实违约的增加和因违约导致的损失的扩大,最终会危害经济秩序和交易安全。三是预期违约损害的不是合同利益而是信赖利益。合同履行期尚未届满,非预期违约方在得知对方存在预期违约的行为或者事实后,可以采取一定的预防措施或者减少损失的措施,或者解除合同。因此,非预期违约方损失的不是合同利益,而是因信赖对方会履行合同而支付的准备履行合同的费用。四是预期违约的救济方式具有多层次性。对于预期违约行为,理论上可以采取多层次的权利救济方式,可以先要求对方提供相应的履约担保;可以直接解除合同;可以直接在履行期限届满前要求预期违约方承担违约责任;甚至可以对于对方的预期违约的行为或者事实不予理睬,在合同履行期限届满时再追究违约方的违约责任。

二、预期违约构成要件

预期违约的构成要件,是指认定预期违约行为必须具备的条件或者要素。因预期违约可分为明示预期违约和默示预期违约两种形式,下文分而述之。

(一)明示预期违约的构成要件

1. 预期违约方必须明确地向对方提出不履行合同的意思表示

认定预期违约的一个要件是一方的毁约意图是明确无误和不附有任何条件的,比如不付款或者不交货等。如果仅表示缺乏支付能力、暂时经济困难或者不情愿履行,则不构成明示的预期违约。

2. 预期违约方必须在合同生效后、履行期限届满前提出不履行合同义务的意思表示

预期违约方必须在合同履行期限到来之前向对方提出不履行合同义务的表示,如果合同履行期限已届满,则属实际违约。

3. 预期违约方必须作出不履行合同主要义务的意思表示

只有不履行主要义务,导致合同不能履行和合同目的不能实现的,才构成

预期违约。如果被拒绝履行的仅是合同的部分内容，并且不妨碍债权人所追求的根本目的，这种拒绝履行并没有使债权期待成为不能，就不构成预期违约。①

4. 不履行合同主要义务无正当理由

如果一方提出的不履行债务的理由是正当的，在法律上能够得到支持则不构成预期违约。所谓正当理由，是指债务人享有法定的合同解除权、债务人享有撤销权、合同具有无效或者不成立的因素、因不可抗力等因素而导致债务人义务的免除等。

(二) 默示预期违约的构成要件

1. 预期违约方以自己的行为或者客观事实预示其将不履行或不能履行合同

默示预期违约方并没有明确表示其将违约，只是对方根据违约方的行为和客观事实等情况来推断其将不能履行合同。如果一方明确表示其将在履行期届满时不履行合同，则构成明示的预期违约。默示预期违约的表现形式有：资金困难、支付能力欠缺、信誉下降、经营危机、合同标的物已经灭失或处理、履行合同的其他条件丧失等。

2. 非违约方必须有确凿的证据来证明上述情况

在一方没有明确表示其将不履行合同的情况下，要认定其预期违约，必须由非违约方出具确凿的证据予以证明。认定默示预期违约的标准应当客观，应当由法院予以认定，否则就可能出现主观标准认定预期违约、滥用合同解除权的现象。这种客观标准可以参照《民法典》第527条规定的情形予以认定，包括：经营状况严重恶化、转移财产、抽逃资金以逃避债务、丧失商业信誉、有丧失或者可能丧失履行债务能力的其他情形。

3. 预期违约方不愿意提供适当的履约担保

在债权人以自己的判断对债务人的履约能力提出怀疑时，如果债务人能够提供相应的履约担保，则可以消除债权人的担心。只有在非违约方有确凿的证据证明违约方不能履行到期债务而又不能提供相应的担保时，方可认定为默示的预期违约。

三、不安抗辩权制度

(一) 不安抗辩权的概念

不安抗辩权是指在有先后履行顺序的合同中，应当先履行合同的一方有确切的证据证明对方在合同履行期限到来之后不履行合同，应当先履行合同的一

---

① 韩世远、崔建远：《先期违约与中国合同法》，载《法学研究》1993年第3期。

方有权在后履行方履行或者提供担保前中止债务的履行。不安抗辩权是大陆法系的特色制度，其目的在于预防合同订立后履行前情况发生变化从而使先履行一方利益受到损害，避免强制履行，维护交易公平。在双务合同中的两项债务在履行期限上往往不一致，如何保护先履行一方的合法权益，大陆法系一般以不安抗辩权制度予以救济或者预防。

（二）有关大陆法系国家的不安抗辩权制度

不安抗辩权制度源于德国，修订后的《德国民法典》第312条规定：（1）因双务合同而负有先为给付义务的一方，如果订约后得知其对待给付因为对方欠缺履行能力而面临障碍，有权拒绝履行其负担的给付。对方进行了对待给付或者为其提供担保的，拒绝给付的权利消灭。（2）先给付义务人可以确定一个合理的期限，作为其给付的交换，另一方须在该期限内选择为对待给付或者提供担保。期限届满而无效果的，先给付义务人方可以解除合同。《法国民法典》第1613条规定了买卖合同下的不安抗辩权：如买卖成立时，买受人陷于破产或处于无偿还能力致使出卖人有丧失价金之虞时，即使出卖人曾同意延期给付，出卖人也不负交付标的物的义务，但买受人提出到期给付的保证者，不在此限。《瑞士民法典》第38条规定：双务合同一方当事人丧失清偿债务的能力而破产或无可执行之财产，另一方债权因而受到危险的，则其可以在丧失清偿能力的一方提供担保之前推迟履行其债务。另一方当事人于其担保请求在合理时间内没有得到满足时，可以解除合同。

（三）不安抗辩权的适用条件

第一，不安抗辩权只适用于合法有效的双务合同。无效合同不能适用不安抗辩权，无效合同自始无效，不具有法律约束力也不具有履行效力，合同双方未履行都不能被追究违约责任，在这种情况下只可能发生不当得利或者缔约过失责任等问题。在单务合同下也不存在先履行抗辩权的问题，单务合同是指一方只享有权利另一方只负担义务的合同，双方不具有对应义务，不存在先后履行问题，因此也不适用不安抗辩权制度。在双务合同中双方互负义务，一方所应负担的义务也是对方的权利，只有在双务合同的情况下才有可能存在一方履行义务而对方不履行义务致使一方的合法权益受到侵害的情况，才有可能适用不安抗辩权。

第二，不安抗辩权只适用于双方履行义务有先后顺序的情形。在有先后履行顺序的合同中，先履行义务的一方在履行义务后才能要求对方履行其义务。只有在一方先履行义务后，因为对方的原因可能使后履行一方不能相应履行时，才可能行使不安抗辩权。因此，不安抗辩权是先履行义务人独有的权利。《法国民法典》对此规定得更加明确，不安抗辩权仅适用于买卖合同的卖方，即先交货义务的一方。我国《民法典》规定应当先履行债务的当事人，有确切证据证明对方有下列情形之一的，可以中止履行，也是规定的负有先履行义务一方才可以行使不安抗辩权。

第三，合同签订后对方财产状况恶化或者财产明显减少，有难为对待给付之虞。如果在合同签订之时先履行一方已经发现对方存在可能丧失履行能力的情形，一个平等、理智的主体应该在订约时就意识到对方不能履行对待给付义务的可能。如先履行义务一方因自己的原因对这种风险不加防范，则风险应当由他自己来承担，不应该赋予其先履行抗辩权。对于在订立合同后，履行义务一方财产显著减少的这种情况，先履行义务一方在订立合同时往往是无法预料的，为保护后履行义务一方的利益，才有必要赋予后履行义务一方不安抗辩权。在有先后履行顺序的双务合同中，在先履行一方履行以前发现对方财产状况显著恶化不能为对待给付，才有可能行使不安抗辩权。至于履行能力丧失或者财产减少的程度，一般以履行债务不能为限。例如，《法国民法典》第1613条限定为"买受人陷于破产或处于无偿还能力致使出卖人有丧失价金之虞时"。我国《民法典》第527条规定在以下几种情况下先履行义务一方可以中止履行："经营状况严重恶化；转移财产、抽逃资金，以逃避债务；丧失商业信誉；有丧失或者可能丧失履行债务能力的其他情形。"

第四，先履行一方有证明对方丧失履行能力或者财产减少的义务。根据"谁主张、谁举证"的诉讼法原理，先履行义务一方要主张对方存在丧失履行债务能力或者财产减少不能履行债务的情形，必须提供证据予以证明，也即证明后履行义务一方财产显著减少有不能为对待给付可能的责任。

【拓展适用】

一、预期违约的救济方式

（一）英美合同法对预期违约的救济方式

英美法中的预期违约制度立法以《美国统一商法典》较为典型和完善。该法典在第2-610条对明示预期违约规定：任何一方当事人表示拒不履行尚未到期的合同义务，而这种毁约表示对于另一方而言会发生重大合同价值损害，受害方则可以：（a）在商业合理时间内等待毁约方履约；或（b）根据第2-703条或第2-711条请求任何违约救济，即使他已通知毁约方等待其履约和催其撤回毁约行为；并且（c）在上述任何一种情况下，均可停止自己对合同履行，或根据本篇第 2~704 条关于卖方权利的规定，将货物特定于合同项下或对半成品货物作救助处理。因此，商法典不仅肯定了英国判例所确立的明示预期违约的两种救济方法，而且还赋予受害方在明示预期违约情况下，可以中止履行合同义务，并享有提起违约之诉的权利。对于默示预期违约，商法典第 2~609 条作出了规定。

对于明示预期违约，英美合同法确定的非预期违约方的救济方法有两种：一是接受明示预期违约，立即解除合同并请求损害赔偿；二是不接受明示预期违约，坚持合同原有效力，等待明示预期违约方撤回毁约表示，以便从合同履行行为中获得更大利益。对于默示预期违约，非预期违约方有三种救济方式：一是请求对方提供能够全面履行合同的充分保证；二是中止履行与他尚未得到约定给付相应的那部分合同义务；三是若默示预期违约方拒绝提供履约担保，非预期违约方可将默示预期违约视为明示预期违约，选择明示预期违约的救济方法进行救济。

（二）国际货物销售合同公约对预期违约的救济方式

1980 年签订的《联合国国际货物销售合同公约》将预期违约分为"预期非根本违约"和"预期根本违约"。所谓"根本违约"，《联合国国际货物销售合同公约》第 25 条规定："一方当事人违反合同的结果，如使另一方当事人蒙受损害，以至于实际上剥夺了他根据合同规定有权期待得到的东西，即为根本违反合同，除非违反合同一方并不预知而且一个同等资格、通情达理的人处于相同情况中也没有理由预知会发生这种结果。"《联合国国际货物销售合同公约》第 71 条规定："（1）如果订立合同后，另一方当事人由于下列原因显然将不履行其大部分重要义务，一方当事人可以中止履行义务：（a）他履行义务的能力或他的信用有严重缺陷；或（b）他在准备履行合同或履行合同中的行为。（2）如果卖方在上一款所述的理由明显化以前已将货物发运，他可以阻止将货物交付给买方，即使买方持有其有权获得货物的单据。本款规定只与买方和卖方间对货物的权利有关。（3）中止履行义务的一方当事人不论是在货物发运前还是发运后，都必须立即通知另一方当事人，如经另一方当事人对履行义务提供充分保证，则他必须继续履行义务。"《联合国国际货物销售合同公约》第 72 条规定："（1）如果在履行合同日期之前，明显看出一方当事人将根本违反合同，另一方当事人可以宣告合同无效。（2）如果时间许可，打算宣告合同无效的一方当事人必须向另一方当事人发出合理的通知，使他可以对履行义务提供充分保证。

(3) 如果另一方当事人已声明他将不履行其义务，则上一款的规定不适用。"

《联合国国际货物销售合同公约》"预期非根本违约"的救济措施规定了三种：第一，中止履行义务并通知对方当事人。第二，要求对方提供充分的履约担保。在被通知人及时提供充分履约担保的情况下，中止履行一方应恢复履行。第三，卖方阻止交货权。如果卖方在买方预期非根本违约理由明显化以前已将货物发运，他可以阻止将货物交付给买方，即使买方持有其有权获得货物的单据。对于"预期根本违约"，《联合国国际货物销售合同公约》规定的救济措施是解除合同，具体包括以下两种：第一，解除合同并请求损害赔偿；第二，在时间许可的情况下，通知对方提供担保。

（三）我国《民法典》规定的预期违约救济措施

《民法典》对预期违约制度主要规定在第 563 条第 2 项和第 578 条，对预期违约的救济措施主要有以下两种：一是第 563 条第 2 项规定，在履行期限届满前，当事人一方明确表示或者以自己的行为表示不履行主要债务，对方可以解除合同。二是第 578 条规定，当事人一方明确表示或者以自己的行为表明不履行合同义务的，对方可以在履行期限届满前请求其承担违约责任。

二、预期违约与不安抗辩权之比较分析

预期违约与不安抗辩权在救济合同履行前违约方面有异曲同工之妙，立法目的均是为了保护当事人对于合同履行的期待权，维护交易安全和交易秩序，但两者的不同之处也是明显的。

（一）预期违约与不安抗辩权的相同之处

一是立法目的相同，均是为了保护当事人的合同利益期待权，不安抗辩权制度和预期违约制度所保护或者救济的，并非履行期限届满后的实际违约，而是对方履行期限届满前已经履行不能或者丧失履行能力。二是立法宗旨相同，都是为了维护交易安全和交易秩序。因为如果合同利益期待权不能得到有效和及时的保护，必然导致合同违约的增加，最终受到损害的则是交易安全和交易秩序。

（二）预期违约与不安抗辩权的不同之处

第一，两者的适用主体不同。不安抗辩权行使者只能是双务合同中的应当先履行义务一方，先履行义务一方预计自己在履行之后得不到对方的对待给付，才可能行使不安抗辩权，履行时间具有同一性，则属于同时履行抗辩权的范畴。同时，不安抗辩权只有先履行义务一方才可能行使，后履行义务一方不存在不安抗辩权。而预期违约则没有这种限制，无论有无合同履行时间的先后，无论是先履行方还是后履行方，都可以在对方出现预期违约事实时行使法律赋予的权利。

第二，两者的适用条件不同。不安抗辩权适用的条件是先履行一方有确切的证据证明对方在履行期届满时将不履行或者不能履行债务，包括经营状况严重恶化、转移财产、抽逃资金，以逃避债务，丧失商业信誉、有丧失或者可能丧失履行债务能力的其他情形。而预期违约是一方在合同履行期限届满前明确表示将不履行合同或者以自己的行为表明将不履行合同。

第三，过错是否为构成要件。不安抗辩权只要对方出现财产减少并有难为给付之虞即可行使，不以对方主观上有过错为要件。预期违约一般以预期违约方主观上有过错为要件，明示预期违约方主观上的过错是明显的，违约方主动表明将不履行债务，积极主动地侵害了对方对合同的期待权益。默示预期违约方只有在对方要求其提供履约担保的情况下如果不能提供担保则构成预期违约，因此默示预期违约方如果不提供适当的担保也可视其主观上有过错。

第四，两者的法律后果不同。行使不安抗辩权的法律后果是中止履行并及时通知对方，要求对方提供相应的担保，如果对方在合理的期限内未恢复履行能力且未提供适用的担保，中止履行一方可以解除合同。在中止履行并通知对方后，如果对方提供相应的担保，则应当继续先履行义务。明示预期违约的情况下，守约方可以解除合同并要求对方承担违约责任，也可以选择在合同履行期限届满时再要求对方履行合同，如不履行则要求其承担违约责任。在默示预期违约的情况下，守约方也可以要求对方提供充分的履约保证，否则可以按照明示预期违约处理。

三、《民法典》中预期违约制度与不安抗辩权制度的冲突与协调

从立法逻辑上，不安抗辩权规定于"合同的履行"一章，而预期违约则规定于"违约责任"一章。

根据《民法典》第563条第2项的规定，当事人以自己的行为表明不履行主要义务的，对方可以解除合同；而依据第527条和第528条的规定，对方当事人在此种情况下只是有条件地享有解除合同的权利，即可以先中止履行并通知对方提供担保，只有对方未在合理期限内恢复履行能力并且未提供适当担保时，方可解除合同并请求对方承担违约责任。应当履行债务的当事人转移财产、抽逃资金，以逃避债务的行为也属于以自己的行为表明不履行主要债务，经营状况严重恶化和丧失商业信誉的情形也可以视为以自己的行为表明不履行主要债务。出现上述情况，如果选择通过不安抗辩权来救济，不能直接解除合同，必须先中止履行并通知对方,要求对方提供适当的担保,只有在对方既未恢复履行能力又未提供适当担保的情况下,才可以解除合同,请求承担违约责任。如果选择通过预期违约来救济,则只要对方出现上述情况,则可直接解除合同,并追究对方的违约责任。

明示预期违约,由于预期违约方不履行合同的主要义务导致合同目的落空,守约方当然可解除合同,并请求损害赔偿。默示预期违约,违约方以自己的行为表明不履行合同主要义务这一事实,系守约方根据对方的行为或客观情况作出的推断,虽然要求守约方提供充分的证据予以证明,毕竟其中含有守约方主观判断因素,容易被守约方滥用,故应谨慎采取救济措施。在守约方有充分的证据证明默示预期违约的事实存在的情况下,守约方可先行中止履行合同,请求对方提供履约的充分保证,在得不到充分保证的情况下,方可行使解除合同的权利。

四、预期违约制度的完善

我国民法引进英美法系的预期违约制度,不但有利于合同当事人从其自身利益出发自由选择更有利的救济方式,也体现了民法对于合同利益的重视与关心,同时也体现了我国民事立法对英美法系的成功经验的吸收与借鉴,具有非常重要的理论与现实意义。但现行法律中的预期违约制度与 CISG 公约和英美合同法的相关规定比较,存在着制度体系不合理、内容简单、适用条件不严格、标准不统一、救济不充分等缺陷。笔者认为,在今后的立法中,应当对预期违约制度作出如下完善:

(一)只有一方不履行合同的"主要债务"才能构成预期违约

根据《民法典》第578条的规定,当事人一方明确表示或者以自己的行为表明不履行合同义务的,就构成预期违约,而第563条第2项又规定"在履行期限届满之前,当事人一方明确表示或以自己的行为表明不履行主要债务的,另一方当事人可以解除合同"。上述规定对认定预期违约的标准认定不一,不便操作。对此,立法应当统一规定当事人明示或默示不履行主要债务才能构成预期违约。合同的主要义务的履行与否决定着当事人能否得到他期待从合同中所得的利益。只有不履行主要债务,才可能影响合同目的的实现,才有可能使合同一方丧失对合同利益的期待。如果不履行的仅是合同的部分内容,并且不妨碍债权人的根本目的,并没有使债权期待成为不能,就不构成预期违约。CISG 公约对预期违约的认定标准是一方必须"显然将不履行其大部分重要义务"或"明显看出一方当事人将根本违反合同"。因此,应当将《民法典》第

578条规定的"当事人一方不履行合同义务"明确为"主要债务",与第563条第2项规定统一。

(二)关于明示预期违约方撤回权

在预期违约方作出预期违约表示后,在合同履行期届满之前是否可以撤回违约表示,我国《合同法》和《民法典》均没有规定,从保护合同利益和鼓励交易的角度,这种制度应予以设计。因此,在今后《民法典》修正时,应规定预期违约方在作出预期违约的表示后、合同履行期限届满之前可以撤回违约表示。当然应受到相应的限制,即必须在守约方没有解除合同之前,如守约方作出了解除合同的表示,并已经解除了合同,则预期违约方的预期违约表示不能撤回。

(三)关于滥用默示预期违约的法律责任

为了避免守约方滥用默示预期违约权,保持合同双方的权利义务平衡,应当规定滥用默示预期违约的法律责任。规定守约方未有另一方不能履行合同主要债务的确切证据时,中止或解除合同的,应当按照违约责任处理。

【典型案例】

投资公司诉金属工具公司中外合资合同纠纷案

原告(被上诉人):工具公司。

法定代表人:徐某起,该公司经理。

被告(上诉人):投资公司。

法定代表人:张某娥,该公司董事。

〔基本案情〕

天津市高级人民法院审理查明:1994年1月12日,投资公司与工具公司签订了合资经营N工具公司合同。合同约定:合资公司的投资总额为人民币25188万元,注册资本为人民币15091.2万元;出资比例为投资公司51%,即人民币7696.5万元,工具公司49%,即人民币7394.7万元;投资公司以现金分五次投入,在取得营业执照第一个月内投入25%,第六个月内投入15%,第十二个月内投入15%,第十八个月内投入20%,第二十四个月内公司注册资本全部到位;工具公司以现有固定资产、分厂、门市部及其他第三产业等作价投入,其中房屋68708.79平方米,作价人民币2610.94万元,设备2102台,作价人民币4783.76万元,在取得营业执照一个月内一次性缴清;双方应按合同约定期限缴清各自的出资额,逾期欠缴者,应按月支付欠亏额的2%的迟延利息,并按《天津市关于外商投资企业按期缴清注册资本的暂行规定》办理;合资公司期限为50年,从合资公司营业执照签发之日起算;合资公司采用董事会领导下的总经理负责制,董事会董事长由投资公司派人担任,总经理由工具公司推荐。合同还约定，由于一方不履行合同、章程规定的义务或严重违反合同、章程规定，致使合资公司无法经营或者无法达到合同规定的经营目的，视为违约方片面中止合同，对方除有权向违约方索赔外，并有权报原审批机关批准终止合同。任何一方在发生不能履约行为时，应及时通知对方，并对其行为和相应后果负责。

1994年1月19日，天津市人民政府为合资公司下发《批准证书》。同年2月7日，合资公司领取了《企业法人营业执照》。同年2月27日，天津协通会计师事务所对合资公司投入资本情况出具报告书，证明出资双方已按约定投入注册资本人民币9294.7万元，其中投资公司投入现金2211622美元，占应投入注册资本的25%。1995年1月3日和4月5日，该会计师事务所又先后出具两份报告书，证明投资公司按约定投入第二次、第三次注册资本，尚欠人民币34635840.67元未投入。工具公司投入相当于人民币7394.7万元价值的房屋和设备，占应投入注册资本的100%。

1996年3月6日，工具公司向天津市河北区工商局发出了《关于港方后两期注册资金未到位情况的函》，要求投资公司资金及早到位，否则要承担注册资金迟延到位所造成的损失，并希望工商部门协助催缴后两期注册资金。同年3月15日，河北区工商局向合资公司发出限期出资通知书，要求合资公司自收到通知一个月内缴付注册资本，逾期将予以处理。1998年3月27日，工具公司向投资公司发函，催告投资公司资金应全部到位，否则造成的一切后果应由投资公司负责。但投资公司一直未再缴付合资合同规定应缴付的资金。

工具公司所投固定资产自合资公司成立时起，即由合资公司使用。但有部分房产未办理过户登记，未办理过户登记的房产折算投资额为人民币530.3万元。

合资公司成立后，自1995年至1999年，天津市滨海会计师事务所负责对合资公司进行年度审计。

原审法院另查明：1998年6月24日，工具公司在天津市第二中级人民法院提起诉讼，要求判令投资公司给付第四期未到位资金的迟延利息。天津市第二中级人民法院以（1998）二中经一初字第167号民事判决判令投资公司支付给工具公司第四期投资款人民币1539.3万元的迟延利息。投资公司不服该判决，提起上诉。天津市高级人民法院以（1999）高经终字第100号民事判决驳回上诉，维持原判。依据该生效判决，天津市第二中级人民法院委托天津利成会计师事务所对合资公司的资产状况进行了审计，并裁定投资公司在合资公司内拥有的净资产股权15784854.54元人民币赔偿（转让）给权利人工具公司所有。天津市对外经济贸易委员会以津经贸资管〔2001〕16号文件，原则同意合资公司的企业性质由中外合资企业变更为内资企业。

工具公司起诉认为，按合资合同规定，投资公司应以现金分五期投入人民币7696.5万元，占注册资本的51%。但其仅投入三期资金合人民币4233万元，第四期和第五期资金3463.4万元至今仍未到位，违反了合同、章程规定，不仅侵犯了工具公司的合法权益，给合资公司也造成了损失。为此，诉至天津市高级人民法院请求判令投资公司按合资合同规定追缴第五期未到位的1924万元资金的迟延利息1346.9万元（截至1998年底）；终止执行N工具公司合同。

〔一审裁判理由与结果〕

天津市高级人民法院认为，双方当事人签订的合资合同，其签订及内容均未违反法律规定，应确认有效。根据合资合同的规定，投资公司以现金分五次投资。投资公司承诺的出资，仅按合同规定投入前三期，第四、五期未投入，显系违约。工具公司以现有固定资产、分厂、门市部及其他第三产业等作价投入，在取得营业执照一个月内一次性缴清。工具公司投入的资产，已按约定交付给合资公司实际使用，经投资公司委派的合资公司董事长吴鸿生及工具公司委派的合资公司副董事长徐某起签字确认后向工商行政管理部门申请变更登记，并将绝大部分固定资产办理了产权变更登记。工具公司将部分固定资产实际投入使用后虽未办理过户手续，并不影响合资公司的正常经营。而投资公司投资不足，直接影响了合资公司经营和预期效益，导致合资公司亏损。对此，投资公司应承担违约责任。由于投资公司对于工具公司的部分固定资产未办理产权变更登记在双方发生诉讼前未提出异议，且根据投资公司出具的有关信函，其不按约投资的原因是"公司的经营情况很不理想并出现亏损"及"希望政府在政策上予以协助与支持"等，因此，工具公司部分固定资产过户手续没有办理完毕，不是投资公司不继续出资的原因。

合资公司采用董事会领导下的总经理负责制，根据本案双方提供的有关证据材料，董事会作为合资公司的最高权力机构，一直行使其职能，且投资公司作为控股方，享有决策权，直到双方产生纠纷，董事会罢免工具公司委派的总经理。在合资公司的日常经营管理中，投资公司派驻合资公司董事、副总经理及财务人员，定期取得财务报告，参与合资公司经营管理。故投资公司提出"由于原告的干预，被告无法参与合资公司的经营。由于原告经营不善，合资公司一直处于亏损状态"的诉讼理由，没有事实根据，不予支持。

由于对合资公司进行年度审计的会计师事务所的选定，投资公司是认可的，且在双方发生纠纷前，投资公司对历年的审计报告均没有异议，审计报告至今仍然有效，故投资公司提出重新审计没有法律依据。

投资公司没有正当理由和根据可以违反合资合同不继续投资，本应继续投入规定的出资并承担违约责任，但由于本案双方当事人在诉讼中均提出终止执行合资合同的请求，该请求应予支持，故合资合同规定的出资不再履行，工具公司提出的追缴第五期未到位资金迟延利息的请求应予以支持。原审法院依照《中华人民共和国民事诉讼法》第七条、《中华人民共和国民法通则》第八十四条、第八十五条的规定，判决：一、N工具公司合资合同终止履行；二、投资公司给付金属工具公司第五期未到位资金人民币1924万元的迟延利息（自1996年2月8日起到本判决生效之日止,按月 2% 计付)。

〔当事人上诉及答辩意见〕

投资公司不服原审判决,提起上诉称:第一,原判严重违反法定程序,导致案件错误判决。天津市高级人民法院对由其采取证据保全的合资公司会计档案没有在法庭出示和质证,尤其是会计档案中的原始凭证和记账凭证未经出示和质证,严重违反了我国实体法和程序法的有关规定。第二,原判认定事实不清、证据不足。原判认定工具公司已将绝大部分固定资产办理了产权变更登记手续,而事实是作为假合资的价值 4783 万元的设备始终没有在工商行政管理部门依法办理产权转移过户手续,违反了国家工商局 1995 年公布的《公司注册资本登记管理暂行规定》① 第八条、第二十四条的规定;工具公司下属 18 个分厂合资后没有依法在工商局办理注册登记手续;工具公司总经理徐某起自合资公司领取营业执照时起长达 7 年时间始终兼任合资公司总经理和董事,违反了《中外合资经营企业法实施条例》第四十条第四款和《中华人民共和国公司法》第六十一条的规定,合资公司的财务机构用的是工具公司的财务机构,合资公司的各种原始凭证和财务账簿对我公司严格保密,剥夺了投资公司对合资公司的经营管理权。第三,原判适用法律错误。本案一审时合同法已实施,该法第六十八条和第六十九条确立了不安抗辩制度,第一百零八条和第九十四条第二款确立了预期违约制度。我公司在投入前三期资金后,仍被排斥在合资公司之外,工具公司以其行为表明不履行合资合同义务,我公司在此情况下不再投资,属行使不安抗辩权,并不违约。法律规定合资各方向合资公司认缴出资额是要式法律行为,可原判却认为非货币出资只要合资公司实际使用了就不必办理过户手续,公然对抗法律规定。为此请求二审法院查清事实后依法改判。

工具公司答辩认为:投资公司提出的"不安抗辩"和"预期违约"不存在事实和法律依据。工具公司的投资已按合同约定全部到位,所投入的固定资产从合资公司开业起就实际投入使用,投资公司曾从香港聘请审计师,多次对合资公司进行审计,但在起诉前从未对工具公司投资问题提出过任何异议,未履行过通知义务,也未对工具公司投资问题提出过任何主张。工具公司更不存在违约在先问题,因为合资合同规定,工具公司的投资在取得营业执照一个月内缴清,并未规定在一个月内办完固定资产的过户手续,个别厂房没有及时办理过户手续,没有对合资公司的生产经营造成任何影响。合资公司高级管理人员的任命是由董事会作出的,合资公司管理机构的设置由董事会决定,对合资公司总经理和分公司经理的授权也是由董事会一致同意的,合资公司还将经营情况向董事会报告并接受董事会的监督,并且合资双方选定的审计机构每年要对合资公司进行审计,因此,投资公司上诉提出工具公司将投资公司排斥在合资公司之外是违背客观事实的。而上诉人投资公司提出合

---

① 已被废止。

资公司总经理同时兼任工具公司总经理违反了国家法律的有关规定,则是犯了常识性错误。兼任这样一个公司的经理,只是为履行股东职责,未对合资公司造成损失,不属于"同业禁止"的情形。因此原审判决所认定的事实正确,投资公司的上诉理由缺乏事实和法律依据,应予驳回。

〔最高人民法院查明的事实〕

对于原审法院认定的事实,双方当事人在二审时没有异议,最高人民法院予以确认。

〔最高人民法院裁判理由与结果〕

最高人民法院认为,本案属于中外合资经营企业合同纠纷,根据《中华人民共和国民事诉讼法》第二百四十六条的规定,应由中华人民共和国人民法院管辖。天津市高级人民法院作为中外合资经营企业合同履行地的人民法院,对本案具有管辖权。根据当时有效的《中华人民共和国涉外经济合同法》第五条第二款的规定,在中华人民共和国境内履行的中外合资经营企业合同,适用中华人民共和国法律。因此,处理本案适用中华人民共和国的法律。

投资公司与工具公司签订的合资经营 N 工具公司合同,是双方当事人自愿协商签订的,内容并不违反法律的规定,且按规定已报经当地人民政府批准,因而是有效的。当事人双方在一、二审期间对该合资合同的效力并无争议。

根据合资合同规定,投资公司的出资比例为51%,即人民币7696.5万元,以现金分五次投入。前三期共4233万元人民币已按约投入合资公司,这有天津协通会计师事务所所出具的三份报告书分别确认。尚欠后二期共34635840.67元人民币未投入。工具公司的出资比例为49%,即人民币7394.7万元,以其固定资产、分厂、门市部及其他第三产业等作价投入。工具公司已按约将上述设备和房产投入合资公司实际使用。双方当事人对上述注册资金的投入情况也并无争议。

双方当事人在本案中的争议焦点是:(1) 投资公司在依约投入前三期资金后,不再投入合资合同规定的第四期、第五期资金,是否构成违约并承担违约责任?(2) 工具公司是否剥夺了投资公司在合资公司中的经营管理权?

合资合同第二十三条规定投资公司的责任和义务之一为"按本合同第五章第十三条(关于出资比例)、第十四条(关于出资的资本构成)、第十六条(关于逾期欠缴者的责任)各款提供现金"。其中第四期投资占注册资本的20%,合同规定要在取得营业执照第十八个月内投入,第五期投资占注册资本的25%,要在取得营业执照第二十四个月内投入。从本案查明的事实看,投资公司不按约投入第四期、第五期资金的原因是"公司的经营情况很不理想并出现亏损"及"希望政府在政策上予以协助与支持"。这有投资公司董事张某娥写给天津市有关领导和有关部门的信函予以证实。对上述信函内容的真实性,投资公司在二审期间没有提出异议。工具公司作为合资一方,合资合同规定以其现有固定资产、分厂、门市部及其他第三产业等作价投入,在取得营业执照一个月内一次性缴清。工具公司投入的资产，已按约交付给合资公司实际使用。根据我国民法通则第七十二条"财产所有权以财产交付时起转移，法律另有规定除外"的规定，对作为出资的设备而言，交付即为转移；但对房产而言，依法应以过户作为财产权转移的要件。工具公司少部分房产在实际投入合资公司使用后未办理过户手续，虽已构成违约，但并不影响合资公司的正常经营，并且投资公司在双方发生诉讼前并未提出异议，不是投资公司不按约投入第四期、第五期资金的原因。

作为当时有效的我国涉外经济合同法并没有关于不安抗辩和预期违约的规定。《最高人民法院关于适用〈中华人民共和国合同法〉若干问题的解释（一）》第一条规定，"合同法实施以前成立的合同发生纠纷起诉到人民法院的，除本解释另有规定的以外，适用当时的法律规定，当时没有法律规定的，可以适用合同法的有关规定"。据此本案可以适用我国合同法中有关不安抗辩和预期违约的规定。根据《中华人民共和国合同法》第六十八条、第六十九条有关不安抗辩的规定，应当先履行债务的当事人行使不安抗辩权首先要有确切证据证明对方存在法定的几种有丧失或者可能丧失履行债务能力的情形，其次要及时通知对方的义务。而本案中投资公司与工具公司并不存在谁先履行债务的问题，投资公司也没有通知工具公司要中止履行合资合同，因此不符合《中华人民共和国合同法》有关不安抗辩的规定。同时，工具公司已将作为出资的设备和房产交给合资公司实际使用，只有少部分房产未办理过户手续，其履行了主要债务而不是不履行主要债务，因此，也不符合《中华人民共和国合同法》第九十四条对预期违约的规定。故投资公司上诉提出其不按约投入第四期、第五期资金是一种预期违约，属行使不安抗辩，因而可以免责的理由不能成立，最高人民法院不予支持。

合资合同第三十一条规定合资公司采用董事会领导下的总经理负责制。根据双方当事人提供的合资公司董事会记录，合资公司董事会在公司开业之初即已成立，董事会的九名董事分别由工具公司委派四名、投资公司委派五名组成，董事长由投资公司委派担任，副董事长由工具公司委派担任。董事会履行了正常职责，包括聘任徐某起为合资公司总经理，讨论同意公司的会计制度，决定公司的经营方针和决策，等等。合资合同第三十三条规定"除了得到董事会同意，总经理、副总经理不得兼任其他经济组织的总经理或副总经理，不得参与其他经济组织对本合营公司的商业竞争"。本案中，徐某起是工具公司委派到合资公司担任总经理的，第一次合资公司董事会记录载明合资公司董事会聘任徐某起为公司总经理。工具公司属于全行业与投资公司合资，根据工商规定，"鉴于中方企业全额投资中外合资经营企业后，中方企业仍需作为独立法人履行合同、章程，分享利润，承担风险，故仍然应保留独立法人地位"。我国公司法及中外合资经营企业法实施条例中规定总经理或者副总经理不得兼任其他经济组织的总经理或副总经理，不得参与其他经济组织对本企业的商业竞争，这里的其他经济组织显然不包括全额投资中外合资经营企业中的中方企业，只保留中方企业的独立法人地位不可能形成同业竞争，投资公司也没有提供证据证明工具公司参与了同业竞争。同时，在实行董事会领导下的总经理负责制的情况下，合资公司使用什么样的财务机构，对合资公司财务如何监督管理等，都属于合资公司内部管理问题，与合资的股东一方的行为无关。即便投资公司认为合资公司的某项管理行为侵害了其合法权益，也只能向合资公司而不是合资公司的一方股东主张权利。因此，上诉人投资公司提出合资公司总经理长期兼任工具公司的法人代表违反了国家法律规定，合资公司使用工具公司的同一套财务机构，工具公司剥夺了其对合资公司的经营管理权等上诉理由，没有事实和法律依据，最高人民法院不予支持。

上诉人投资公司在一审和二审期间均认为天津滨海会计师事务所所作的年度审计报告没有效力，要求重新审计，理由是审计报告没有也不可能对原始凭证、记账凭证等进行核对，而恰恰这些原始凭证、记账凭证是不真实的，因而无法证实审计报告的真实性。在本案中，天津滨海会计师事务所是由投资公司推荐作为审计人的，投资公司在天津设立的另外二家合资公司J公司、服装公司也均委托滨海会计师事务所承办审计及会计咨询业务，投资公司对该所出具的1995年至1999年的年度审计报告在诉讼前均无异议。投资公司在没有提供相反证据证明上述审计报告效力的情况下，原审法院不准予其提出的重新审计申请并无不妥。

一审期间，天津高级人民法院根据投资公司的申请对合资公司的原始财务凭证、记账凭证进行了证据保全。上诉人投资公司在一审和二审期间均要求对上述保全的证据材料进行庭审质证，认为只有通过法庭质证，才能查明投资公司前三期4233万元现金投资的真实用途和去向，查清导致合资公司亏损的真正原因。本案是中外合资合同纠纷，最终要确定当事人一方或者双方是否违反了中外合资经营合同的规定。至于合资一方前三期4233万元现金投资的真实用途和去向，以及合资公司是否存在亏损、什么原因导致亏损、亏损额有多少等，并不是本案应解决的问题。这些问题依法应当在合资合同终止履行后组成清算委员会，由该委员会对合资企业的财产、债权、债务进行全面清查后予以解决。本案中，合资公司的原始财务凭证、记账凭证虽然原审法院采取了证据保全措施，但并没有作为认定本案事实的证据。因此，原审法院对已采取证据保全的上述材料不进行庭审质证并无不妥。

合资合同有效，本应继续履行。但双方当事人在诉讼中均提出终止执行合资合同的请求，该请求应予支持，原审法院决定双方对合资合同不再继续履行是正确的。

综上，最高人民法院认为，一审判决认定的事实清楚，适用法律正确。依照《中华人民共和国民事诉讼法》第一百五十三条第一款第一项的规定，判决如下：驳回上诉，维持原判。

> 规则 32：（可预见性原则）确认合同纠纷违约方的赔偿责任应当遵循可预见性原则
> ——商贸公司与棉花加工公司买卖合同纠纷案[1]

【裁判规则】

在审理合同纠纷案件中，确认违约方的赔偿责任应当遵循"可预见性原则"，即违约方仅就其违约行为给对方造成的损失承担赔偿责任。对由于市场风险等因素造成的、双方当事人均不能预见的损失，非因违约方过错所致，与违约行为之间亦没有因果关系，违约方对此不承担赔偿责任。

【规则理解】

一、可预见性规则的内涵

可预见性规则，又称为应当预见规则，是指违约方承担赔偿责任，其范围不得超过他订立合同时所预见到或者应当预见到的损失的规则。可预见性规则是英美法和大陆法两大法系在限定合同违约责任上所共同使用的规则，英美法称为"合理预见规则"，法国法中称为"可能预见规则"。[2]

二、可预见性规则的基本构成

因可预见性规则本身具有伸缩性和不确定性，该规则本身需要由其他标准加以限定，因而需要对其基本构成进行分析和界定，方可准确地适用。可预见性规则的基本构成包括预见主体、预见时间、预见内容和预见标准等。

（一）预见的主体

预见主体解决的是应当以哪一方预见损失为标准的问题。理论上有三种观点：一是违约方预见；二是双方当事人同时预见，缺一不可；三是根据合理标准来考虑当事人一方或双方是否应当预见。[3]《法国民法典》第 1150 条规定预见的主体为债务人，即违约方。英美法中的预见主体经历了一个从双方预见到违约方预见的过程，1854 年英国法院审理了著名的哈德来诉巴克森戴尔案（Hadley v. Baxendale，以下简称哈案），法官认为："他们可合理地预见到的违

---

[1] 《中华人民共和国最高人民法院公报》2006 年第 11 期。
[2] 范在峰、张斌：《两大法系违约损害赔偿可预见性规则比较研究》，载《比较法研究》2003 年第 3 期。
[3] 赵金龙：《损害赔偿的限制规则探析》，载《法商研究》1997 年第 2 期。

约所生损害赔偿,就应该是按照已知的和已被告知的情势,违约会正常发生的损害数额。"由此,预见主体应当是合同双方。在维多利亚洗衣公司案中,阿斯奎思法官(Justice Asquith)认为:"何为当时所可合理地预见到的,取决于当事人双方,或至少是后来违约的一方当时所了解的情况。"[①] 由此可以看出,阿斯奎思法官已开始突显违约方预见的重要性。美国法以法典的形式确立了违约方为可预见性规则的主体,《美国统一商法典》第2~715条表述为"卖方订立合同时有理由知道此种要求和需要",卖方即违约方。《合同法重述》第351条规定:"对违约方于缔约时没有理由预见为违约之可能结果的损失,不可获取损害赔偿。"在国际立法上,《联合国国际货物销售合同公约》(CISG)、《欧洲合同法原则》(PECL),均规定预见主体为"违反合同一方"或"不履行方"。我国《民法典》第584条"不得超过违约一方订立合同时预见到或者应当预见到的因违约可能造成的损失"的规定,说明我国对预见主体的限定是违约方。目前,预见主体为违约方已经被广泛接受。

(二)预见的时间

对于可预见性规则预见的时间,有"合同缔结时说""债务不履行时说"和"折中说"三种观点。"合同缔结时说"认为预见的时间应当为合同缔约时。理由是根据合同的意思自治原则,合同是基于当事人合意而产生的,当事人之间确定的相应的权利义务范围和内容也是双方的合意,那么不履行合同的后果的确定也是基于当事人的意愿,当事人在订立合同时,是在对合同承担的风险作出的判断后进行的,如果风险过大,双方可以达成有关限制条款来限制责任。"合同的缔结是以当事人当时了解的情况对日后的风险所作的一种分配,而且是在这种分配的基础上讨价还价形成了合同的对价关系,如果以日后的情况加之于违约人且又未使之有机会通过提升价格或者作其他适当安排防范风险,对他来说则是不公平的。至于日后出现的为双方了解到的新的情况,双方本可以通过合同变更之方式加以解决,而在合同变更之前,随意地确立规则使违约人单方承受不利之风险,则是法律的武断!"[②] "债务不履行时说"认为应以当事人不履行债务时即违约时为判断当事人是否预见的时间。如英国学者丹齐格认为:"由哈德莱诉巴克森戴尔一案定式化出来的远隔性规则在当时的历史背景下是可以支持的,但时至今日却并不能予以支持;工业化社会要求信息易于获

[①] 韩世远:《违约损害赔偿研究》,法律出版社1999年版,第242页。
[②] 韩世远:《违约损害赔偿研究》,法律出版社1999年版,第337~338页。

取,这表明了一种不同的定式化:它关注的知晓情势时间是违约时而不是订约时。"①"折中说"认为原则上应以订约时的预见情况为标准,在某些特殊情况中也可以违约时预见的情况为准。②

立法上,对于可预见性规则的预见时间,大陆法系、英美法系和国际间统一立法均采取"合同缔结时说",只是英国在判例法的发展中,突破了"缔约时"这一僵化的时间限制,趋向于"折中说",认为应当根据合同订立和履行的动态过程来判断当事人预见的范围。③ 笔者认为,"折中说"充分体现了当事人的意思自治,又兼顾了实质的公正,不至于过分的生硬。"折中说"原则上应以订约时的预见情况为标准,因为只有在订立合同时当事人预见的可能损失为违约损害赔偿范围,才能充分体现其自由意志。但是,这种意思自治也不是绝对的,预见时间在某些情况下应以案件是否公平判决为标准,可能为合同订立时,也可能为合同订立以后,如违约时。

(三) 预见的内容

预见的内容是指应预见到怎样的损失。一种观点认为,仅需要预见到损失的类型或种类,无须预见到损失的程度或损失额;另一种观点则认为,还要进一步预见到损失的程度。英美法只要求预见到损失的种类或类型,而不要求预见到损失的程度或范围。有学者认为,如果仅要求违约预见损害类型,而不论是否预见到损害的程度,则可能增加违约方的责任;但如果不仅要求预见到损害类型,还需预见到损害的程度,违约方才承担责任,因在现实中要预见到损害的具体程度或范围是相当困难的,违约方可以轻易地主张损害是其无法预见的,而免于承担责任,则过分减轻了违约方的责任。因此,如何协调双方当事人的风险,国际统一私法协会的解释具有一定的合理性。它首先说明,可预见性与损害的性质或类型有关,但与损害的程度无关。同时又指出,除非这种程度使损害转化为另一不同种类的损害。意思是说,如果损害程度没有发生质的变化,则不再深究;如果损害程度发生质的变化,则按是否预见到另一类型的损害处理。④

---

① 刘云升、刘娟:《合理预见规则理论构成分析》,载《河北法学》2002年第5期。
② 王利明:《违约责任论》,中国政法大学出版社2003年版,第543页。
③ 在斯潘工业公司案中,法官认为合同的订立和履行是一个动态过程而非静态的过程,应从合同订立到合同履行整个过程来判断当事人预见的内容。
④ 范在峰、张斌:《两大法系违约损害赔偿可预见性规则比较研究》,载《比较法研究》2003年第3期。

(四) 预见的标准

在一定程度上,预见标准的确定是决定可预见性规则的核心,因为预见标准不但是考察违约方是否要承担责任的依据,而且也是诉讼过程中双方举证责任分担的依据。如果任由违约方承担举证责任,违约方就会设法证明自己不能预见,竭力缩小自己的赔偿范围,从而使守约方的请求难以实现。而如果由守约方举证,则又会竭力证明较高的预见能力,竭力扩大赔偿范围。因此,确定预见标准是整个可预见性规则的核心,需要对其着重阐述。但确定这一标准又是十分困难的事,不但涉及认识问题,也涉及权利保护的边界及法官的自由裁量权等问题。

1. 大陆法系的预见标准

以法国为例,法国学者更多地从理论上论述这一问题,他们对债务人能否预见进行判断,通过抽象的标准或依据案件的具体情况,提出了三种学说,即抽象说、具体说和折中说。抽象说认为,判断债务人预见与否,不是考察债务人实际预见,而是考察处在与债务人相同的情况下,合理的一般人能否预见。[1]例如一个"常人""理性人""善良家父"等社会一般人能够预见到,则为可预见的损失,无论当事人是否实际预见到。具体说则认为,判断当事人是否可预见,不考虑当事人是否"应当"预见,而考虑是否"实际"预见到。因此,应当根据债务人的具体情况来判断是否实际预见到。折中说吸收了抽象说和具体说,一方面依据的标准是抽象的,只有"通常"情况下不能预见的损害,才不能被列入赔偿的范围;另一方面,对于"通常"的标准,不同性质的合同、不同职业的债务人会有不同的尺度,债权人和债务人的不同地位会导致他们对"通常"标准的不同看法。[2]

2. 英美法上的预见标准

英国判例法所确定的标准有两层:一是法律推定一个"通情达理之人"在不了解任何特殊情况下能够预见到按照事件通常进程产生的损失;二是"通情达理之人"了解特殊情势后应当能够预见到由特殊情势可能造成的损失。英国法上将损失分为"通常损失"和"特殊损失",对于"通常损失","通情达理之人"都应预见并对此负责,对于"特殊损失",只有在违约方知道或应当知

---

[1] 范在峰、张斌:《两大法系违约损害赔偿可预见性规则比较研究》,载《比较法研究》2003年第3期。

[2] 尹田:《法国现代合同法》,法律出版社2009年版,第353页。

道特殊情势时,方应预见并对此负责。美国判例法在承认预见标准应当采纳一种客观标准的同时,更加注重参考三个方面的因素:合同当事人、合同的内容以及合同对价。(1)合同当事人的身份。当事人的身份包括被告的身份和原告的身份。被告的专业程度和对交易的熟稔程度越高,法院越易判定被告在缔约时可以合理预见到损失的发生。如被告将商品出售给零售商,其应当能够合理预见到违约可能导致商品转卖的利润损失,但如果被告直接将商品出售给消费者则不会产生这样的损失。(2)合同的内容。包括合同标的物的性质和用途、合同的交付地点、时间等,也是影响当事人预见能力的一个重要因素。如果进入汽车维修店的是一辆运营的车辆(的士或公交车),则如果迟延交付,汽车维修店应当预见到运营车辆可能的运营损失,但如果是一辆私家车,迟延交付耽误了车主与他人签订另外的合同的机会,则汽车维修店无法预见到车主的这项损失。(3)合同的对价。在运输或者快递违约案件中,一份没有特别要求保价的普通信件丢失导致了巨额损失,要求承运人承担这一损失是明显不公平的。因为运输价格与损失之间不成正比,承运人缔约时无法预见到会有如此大的损失。

3.《联合国国际货物销售合同公约》规定的标准

《联合国国际货物销售合同公约》第74条规定:"损害赔偿额不得超过违反合同一方在订立合同时,依照他当时已知道或理应知道的事实和情况,对违反合同预见到或理应预见到的可能损失。"该条规定了可预见性规则的适用标准:(1)预见主体为违约方。(2)预见时间为订立合同时。(3)预见的事实基础是违约方订立合同时知道或理应知道的事实和情况。(4)要求预见到或理应预见到违反合同的可能损失。因此,受害方无须举证证明违约方实际上"知道"订约时的事实和情况,只要证明"理应知道"即可,这是一种推断的知道。同样,受害方无须证明违约方实际"预见"到了所能造成的损失,只要证明违约方"理应预见"到可能的损失即可。

【拓展适用】

一、可预见性规则的历史沿革

可预见性规则萌芽于古罗马时期,古罗马五大法学家之一保罗在其《论问题》第五编中以一个案例表述了这个规则:"(在发生追夺的情况下)买方应当赔偿的不仅是购买奴隶的价金,还应当包括买方因奴隶被追夺而丧失的一切利益。当然,如果买方主张的数额巨大以致超出了卖方在订立契约时可能预见的程度,例如:买方称尽管他是以很低的价格购买了被追夺的奴隶,但是,他已将该奴隶训练成了一名驾驶战车者或总管（并以此为由请求赔偿）。在这种情况下，判处卖方支付如此高的赔偿金显然是不公平的。"① 可见，在古罗马时期即意识到违约方应当赔偿的不仅是直接损失（购买奴隶的价金），还包括可得利益的损失（因奴隶被追夺而丧失的一切利益），但又对赔偿的数额作出了相应的限制，即不得超过"卖方在订立契约时可能预见的程度"。这就是可预见性规则的萌芽。

18世纪法国学者波蒂埃（Robert Pothier）在1761年发表的《论债法》中指出："负有履行义务的当事人仅就他在合同订立时可以预见到的、接受履行方当事人将遭受的损害承担责任。"② 波蒂埃的这一学说被1804年《法国民法典》采纳，该法典第1150条规定："在债务不履行完全不是由于债务人有欺诈行为时，债务人仅对订立契约时已预见到的或可以预见到的损害与利益负赔偿责任。"第1151条规定："即便在契约不履行是由于债务人欺诈所引起的情况下，对债权人受到的损失以及被剥夺的可得利益应给予的损害赔偿，仅是以契约不履行立即发生的直接结果为限。"③ 根据违约方的过错程度，《法国民法典》将违约损害赔偿范围作出区别：违约方无欺诈，违约损害赔偿受可预见性规则限制；违约方有欺诈，对守约方所受损失的赔偿不受可预见性规则的限制，但仅对因违约所导致的直接结果赔偿。

受法国相关预见性规则理论与判例的影响，1854年，首次在英国法中确定了可预见性规则。在哈案中，原告经营磨坊生意，其蒸汽机上的机轴断裂致磨坊停工，原告派雇员去被告处（一个有名的运输业主），想让其将机轴运给制造商。原告雇员告知被告职员磨坊已停工，机轴须立即送去，问及何时能将机轴送到，被告职员答复：如果能在中午十二点前送来，第二天就可送给制造商。第二天中午前被告收到了机轴，但由于被告疏忽延误了机轴的运送，致原告由于没有新的机轴而数日无法开工，并由此损失了本可赚取的利润，对此损失，原告起诉要求赔偿。被告则反驳认为该项损失"过分远隔"而不予承担。法院经审理认为，在绝大多数情况下，当磨坊主把断裂的机轴通过承运人送走的时候，这样的结果（停工致利润损失），就其最大可能性来说，通常也是不会发生的。而这里发生的特殊情况原告没有告知被告。因此，这里的利润损失不能被合理地认为当事人双方在订立合同时可以预料到，此类损害结果不会因违约

---

① 丁玫：《罗马法契约责任》，中国政法大学出版社1998年版，第104页。
② ［美］詹姆斯·戈德雷：《私法的基础：财产、侵权、合同和不当得利》，张家勇译，法律出版社2007年版，第659页。
③ 参见《法国民法典》，罗结珍译，中国法制出版社2002年版，第290页。

被自然地引起,故驳回了原告的诉讼请求。哈案从此确立了违约损害赔偿的两条规则:第一,一般情况下,这一范围是指按照事物发展的通常过程产生于违约本身的损害赔偿。法律推定任何通情达理的人都能够而且应当了解事物的通常发展过程,并能够预见到此进程中产生的违约后果。第二,受损方已将合同订立的特殊情势告诉了违约方,则对合同的违约赔偿就是他们在知晓这一特殊情势时所能合理预见到的特殊损失,被称为特殊(special)或超常(abnormal)损失。① 该案首次以判例的形式确立了违约损害赔偿的可预见性规则,并对后面的案件产生了深远的影响。1949年维多利亚洗衣公司案[Victoria Laundry (Windsor) Ltd v. Newman Industries Ltd]②、1969年鹭巢二号船案(C. Czarnikow Ltd v. Koufos:The Heron Ⅱ)、1978年帕森斯养殖公司案[H. Parsons (Livestock) Ltd v. Uttley Ingham Co.]等具有代表性的判例进一步充实了哈案所确立的可预见性规则,使其更加丰富和完善。

在美国,可预见性规则通过《美国统一商法典》和《美国合同法重述》(第二版)进一步得到确定。《美国统一商法典》第2~715条规定:因卖方违约造成的间接损害包括:(1)因未能满足买方一般的或特殊的要求和需要而造成的任何损害,只要卖方订立合同时有理由知道此种要求和需要,且买方无法以补进货物或其他方法合理地避免此种损失。(2)对人身或财产造成的损害,只要卖方违反担保是造成此种损害的近因。③《美国合同法重述》(第二版)第351条规定:"(1)对违约方于缔约时没有理由预见为违约之可能结果的损失,不可获取损害赔偿。(2)于下列场合,损失得作为违约之可能结果而被预见到:(a)该违约系在事物的通常进程中发生的;或(b)该违约虽非在事物的通常进程中发生而为特别情势之结果,但违约方有理由知道该特别情势。(3)于特定情势中为避免不成比例之赔偿以符合正义之要求,法院得通过排除对利润损失的赔偿、通过仅允许对信赖损失获取赔偿或其他方式,将损害赔偿限制于可预见的损失。"④ 该条直接规定了违约赔偿的可预见性规则,将损害分为"一般

---

① 参见解琳、张净:《英国合同法案例选评》,对外经济贸易大学出版社2004年版,第353页。

② 该案基本案情是:原告开了一家洗衣公司,想扩大经营规模,故需要大锅炉。被告同意在6月份制造并送交这种锅炉。但被告直到11月才将该锅炉送到,致原告损失了本可扩大经营规模获取的利润,并丧失了与军方订立利润丰厚的洗染合同的机会。原告诉请被告赔偿这两部分的利润损失,法院判决支持了前项损失,但没有支持后项损失。

③ 李永军:《合同法》,法律出版社2004年版,第638页。

④ 韩世远:《违约损害赔偿研究》,法律出版社1999年版,第252页。

的损害"（general damage）和"特殊的损害"（special damage），"特殊的损害"只有在违约方于缔约时有理由知道可能造成该损害的情势，方可得到赔偿。

可预见性规则在国际统一立法上也得到了承认，《联合国国际货物销售合同公约》（CISG 公约）第 74 条规定："一方当事人违反合同应负的损害赔偿额，应与另一方当事人因他违反合同而遭受的包括利润在内的损失额相等。这种损害赔偿不得超过违反合同一方在订立合同时，依照他当时已知道或理应知道的事实和情况，对违反合同时预料到或理应（ought to）预料到的可能（possible）损失。"欧洲合同法委员会（The Commission on European Contract Law）于 1996 年 5 月通过的《欧洲合同法原则》（PECL）第 9：503 规定："不履行方仅对其在合同缔结时预见到或能够合理地预见到的、因其不履行较可能产生的损失承担责任，除非不履行是故意的（intentional）或重大过失的（grossly negligent）。"上述国际统一立法均确立了可预见性规则。

二、我国可预见性规则立法沿革

我国立法上对可预见性规则的规定，最早见于《涉外经济合同法》，该法第 19 条规定："当事人一方违反合同的赔偿责任，应当相当于另一方因此所受到的损失，但是不得超过违反合同一方订立合同时应当预见到的因违反合同可能造成的损失。"《技术合同法》第 17 条规定："当事人一方违反合同的赔偿责任，应当相当于另一方因此所受到的损失，但是不得超过违反合同一方订立合同时应当预见到的损失。"上述规定基本精神一致，只是后者预见的范围有所扩大。

《铁路法》第 17 条规定："铁路运输企业应当对承运的货物、包裹、行李自接受承运时起到交付时止发生的灭失、短少、变质、污染或者损坏，承担赔偿责任：（一）托运人或者旅客根据自愿申请办理保价运输的，按照实际损失赔偿，但最高不超过保价额。（二）未按保价运输承运的，按照实际损失赔偿，但最高不超过国务院铁路主管部门规定的赔偿限额；如果损失是由于铁路运输企业的故意或者重大过失造成的，不适用赔偿限额的规定，按照实际损失赔偿……"

《邮政法》第 47 条规定："邮政企业对给据邮件的损失依照下列规定赔偿：（一）保价的给据邮件丢失或者全部损毁的，按照保价额赔偿；部分损毁或者内件短少的，按照保价额与邮件全部价值的比例对邮件的实际损失予以赔偿。（二）未保价的给据邮件丢失、损毁或者内件短少的，按照实际损失赔偿，但最高赔偿额不超过所收取资费的三倍；挂号信件丢失、损毁的，按照所收取资费的三倍予以赔偿。邮政企业应当在营业场所的告示中和提供给用户的给据邮件单据上，以足以引起用户注意的方式载明前款规定。邮政企业因故意或者重大过失造成给据邮件损失，或者未履行前款规定义务的，无权援用本条第一款的规定限制赔偿责任。"

《合同法》第113条规定："当事人一方不履行合同义务或者履行合同义务不符合约定，给对方造成损失的，损失赔偿额应当相当于因违约所造成的损失，包括合同履行后可以获得的利益，但不得超过违反合同一方订立合同时预见到或者应当预见到的因违反合同可能造成的损失。经营者对消费者提供商品或者服务有欺诈行为的，依照《中华人民共和国消费者权益保护法》的规定承担损害赔偿责任。"

《民法典》第584条规定："当事人一方不履行合同义务或者履行合同义务不符合约定，造成对方损失的，损失赔偿额应当相当于因违约所造成的损失，包括合同履行后可以获得的利益；但是，不得超过违约一方订立合同时预见到或者应当预见到的因违约可能造成的损失。"

三、司法实践中可预见性规则的适用

经过数百年的发展，可预见性规则逐步形成了一个大陆法系和英美法系共同的规则，但是可预见性规则的理论研究还存在一定分歧，立法上也比较原则，且普通民众对可预见性规则也知之甚少，很少有人运用可预见性规则进行抗辩，导致司法实践中法官很少适用、不善于适用该规则。因此，有必要对司法实践中如何适用该条规则对违约损失范围进行认定予以阐明。

一般而言，司法实践中法官认定违约损失的范围要经历以下步骤：一是判断是否存在违约行为和免责事由；二是认定违约行为与损失之间是否存在因果关系；三是确定损失的有无和赔偿的范围。因可预见性规则是对损失赔偿的一种限制，所以要适用可预见性规则必须先有前面的程序。

（一）违约行为和免责事由

违约行为是指违反合同义务的行为，包括对各种法定、约定义务的违反，形式包括作为和不作为。没有违约行为，违约责任便无从谈起。免责事由包括法定的免责条件和约定的免责条款。法定的免责事由指法律特别规定的可以作为免除违约责任的事由或情况，我国《民法典》第180条规定了因不可抗力不能履行民事义务的，不承担民事责任。法律另有规定的，依照其规定。故不可抗力可以作为免除责任的法定事由，《邮政法》第46条明确规定，邮政企业对平常邮件的损失不承担赔偿责任。约定的免责条款系出于当事人之间的约定，只要这种约定不违反法律和公序良俗，则应当认定有效，可以作为免除违约责任的事由。当事人有违约行为和不存在免责事由是承担违约责任的前提。

(二) 违约行为与损害后果之间存在因果关系

因果关系是判断违约方是否承担损害赔偿责任的关键，也是适用可预见性规则的前提条件。法官在案件中要先将与违约行为没有因果关系的损害剔除，然后再确定违约方应承担的赔偿范围。因果关系在法学理论研究上相当复杂，有事实上的因果关系、法律上的因果关系等区分。但在司法实践中，检验两个事实之间是否存在因果关系，最基本的方法是必要条件规则，指"如若没有义务违反，损害就不会发生，则义务之违反就是损害的发生原因"。具体操作上有剔除法和代换法两种具体方法。① 剔除法主要适用于作为，检验方法是如果没有被告的行为，原告的损害是否还会发生。如肯定，则被告的行为并非造成损害的原因。而不作为可以用代换法检验，假设在其他条件不变的情况下，被告合理地作为，损害是否还会发生。若肯定，则不作为就不是损害的原因。②

(三) 确定损害的有无和范围

损害的有无和范围是确定违约责任的关键。《民法典》第 584 条规定，当事人一方不履行合同义务或者履行合同义务不符合约定，造成对方损失的，损失赔偿额应当相当于因违约所造成的损失，包括合同履行后可以获得的利益；但是，不得超过违约一方订立合同时预见到或者应当预见到的因违约可能造成的损失。因此，违约行为只有给对方造成了损失，才应当承担相应的违约责任。损害有无的范围由损害方提出证据予以证明，损失不但包括直接损失，也包括可得利益损失。直接损失又称积极损失，是一种相对确定的客观损失，比如守约方为履行合同购买了一次性使用的原材料、支付了第三方的劳务费用等，这均属于直接损失。消极损害则带有不确定性，如甲是批发商，明知乙方与丙方签订了长期连续的供货合同，因甲的违约行为导致乙方不能向丙供货，乙方如果向丙方供货，就可以赚取差价，但由于甲方的违约行为导致乙方无法赚取该笔利润甚至还需要向丙方承担违约责任，这笔利润损失和向丙方承担的违约责任应当是一种可得利益损失、消极损失。因直接损失的赔偿范围是相对确定的，可预见性规则究其实质，乃为限制履行利益中可得利益损失的赔偿范围所创设。

司法实践中适用可预见性规则，可以借鉴英美法系认定违约损害赔偿的方

---

① 崔建远：《合同法》，法律出版社 2007 年版，第 314 页。
② 当然，这只是一种理想的二分化的模式，但司法实践中的因果关系远比这种"非此即彼"的情况复杂，本文的重点不在因果关系，因此不作过多探讨。

法，将损失分为"一般损失"和"特殊损失"，一般损失是以一个合理的社会一般人标准判断其对于该损失是否预见，即"抽象的理性人"的预见能力为标准；特殊损失是因特殊情势产生的损失，此时应当以违约方的实际预见能力为准，即以"具体的当事人"预见能力为标准。同时可以参考合同主体的特殊性、合同的履行地、合同的履行情况、合同的标的、合同的对价等相关因素来确定违约方是否应当预见到。

(四) 对适用可预见性规则的限制

可预见性规则本身就是对违约损害的限制，目的在于使违约方免于承担过度的风险责任。但是可预见性规则保护的对象应该是善意的当事人，规则考虑的是违约方的利益不至于因违约而失去公平保护的待遇。如果一项违约是因当事人的故意，而此时仍按可预见的原则保护其利益，则是增长其违约的冒险性，对受害方很不公平，因而将违约方的责任限制于预见性范围内的合理性就大打折扣。[1] 对可预见性规则的限制主要是违约方故意或者重大过失违约或者存在欺诈的情况。

1. 故意违约或者重大过失

我国《民法典》第584条规定的可预见性规则没有特别规定故意违约与过失违约，这意味着故意违约和重大过失违约，同样可适用可预见性规则。但我国《铁路法》第17条规定，如果损失是由于铁路运输企业的故意或者重大过失造成的，不适用赔偿限额的规定，按照实际损失赔偿。我国立法精神似乎也支持赔偿责任限制的除外适用。

笔者认为，违约方因故意或重大过失的违约行为，不应当得到责任限制的利益，因为他明知违约会给自己带来不利，而故意违约，根据理性经济人的假设，显然违约方已另有所图。因此，对故意或者重大过失的违约行为，应当以完全赔偿为原则，不应当通过预见规则来减轻其责任。这不但有利于坚守民事领域的诚实信用原则，也有利于保护守约方的利益。同时，由于故意违约是由于违约方的意志，破坏了合同当事人订立合同时的意思表示一致，基于合同意思所产生的合理预见的限制便失去了存在的理由。

2. 欺诈

《法国民法典》明确排除一方欺诈时对可预见性规则的适用。

---

[1] 范在峰、张斌：《两大法系违约损害赔偿可预见性规则比较研究》，载《比较法研究》2003年第3期。

【典型案例】

商贸公司与棉花加工公司买卖合同纠纷案

原告（上诉人）：商贸公司。

法定代表人：乔某金，该公司执行董事。

被告（上诉人）：棉花加工公司。

法定代表人：李某才，该公司董事长。

〔基本案情〕

新疆维吾尔自治区高级人民法院经审理查明：2004年1月2日，商贸公司与棉花加工公司签订了一份《棉花购销合同》，约定棉花加工公司向商贸公司提供229级（二级）皮棉1370吨，单价每吨16900元，皮棉质量按国家棉花质量标准GB1103-1999执行，棉花加工公司对质量、重量负责到底，质量、重量出现重大问题，以公证检验为准。付款方式：商贸公司先预付1000万元定金，并在2004年1月15日前将余额打入棉花加工公司账户。违约责任：当事人一方不履行合同约定的义务，另一方有权单方终止合同，同时违约方应按未履行合同金额的10%向另一方偿付违约金。合同签订后，商贸公司于当日即向棉花加工公司支付预付货款650万元。棉花加工公司收到预付货款即开始发货。在商贸公司提货过程中，棉花加工公司通知商贸公司，仓库皮棉数量只有1147.535吨，请商贸公司暂按此数量支付货款。2004年1月7日，棉花加工公司按照合同约定向商贸公司发运52批次（260包为一批次）13518包皮棉，重量合计1173.947吨。（其中一级棉3900包，计337.109吨；二级棉9620包，计836.838吨），运至商贸公司指定仓储地，并向商贸公司提交了全部皮棉批次的出厂检验报告单。商贸公司在2004年1月12日前将余额12893348.4元货款转入棉花加工公司账户。

2004年6月12日，商贸公司与布业公司签订800吨纯棉纱购销合同，之后又与新疆纺织公司分别签订了200吨32支纱与200吨40支纱两份委托加工合同。为履行该二份委托加工合同，2004年6月中旬，商贸公司又将棉花加工公司交付皮棉中的10批次2600包（一级皮棉89.955吨；二级皮棉135.224吨），重量合计225.179吨皮棉，调运至纺织公司纺纱。2004年7月2日，经博州纤维检验所公证检验，该10批次皮棉的质量等级与棉花加工公司出厂检验单上表明的质量等级不符。公证检验结论为：二级皮棉1.618吨；三级皮棉172.008吨；四级皮棉35.676吨，合计重量为209.302吨。与原出厂皮棉检验单重量差为-15.877吨。

商贸公司将棉花加工公司交付皮棉中的八个批次计2080包（其中一级皮棉1560包，合计135.022吨；二级皮棉520包，合计45.704吨）重量合计180.726吨皮棉售给四川棉麻公司。2004年7月19日，经四川省纤维检验局检验，结论为：三级皮棉166.439吨，四级皮棉4.944吨，合计重量171.383吨。与原出厂皮棉检验单重量差为-9.343吨。2004年10月25日，四川棉麻公司对商贸公司销售给其的171.383

吨皮棉按每吨单价13660.99元向商贸公司结算货款共计2391479.3元。

2004年5月21日，商贸公司与湖北省纺织实业公司签订棉花买卖合同，商贸公司将棉花加工公司交付皮棉中的二个批次计520包皮棉（二级皮棉）、合计重量为45.556吨，销售并发运给湖北省纺织实业公司。2004年6月10日，经湖北省黄冈市纤维检验所对该两批次皮棉进行公证检验，其公证检验结论为：三级皮棉33.782吨，四级皮棉8.924吨，合计重量为42.706吨，与原出厂皮棉检验单重量差为-2.85吨。因等级不符，纺织实业公司要求退货。

为此，商贸公司诉至原审法院，请求判令：解除双方签订的棉花购销合同，棉花加工公司退还商贸公司货款19393348.4元，返还定金460万元并承担诉讼费用。

一审诉讼中，经原审法院同意：①2004年11月初，商贸公司将棉花加工公司交付皮棉中的三十二批次计8318包（其中一级皮棉1300包，合计重量112.132吨；二级皮棉7020包，合计重量610.354吨）重量合计722.486吨皮棉售给新疆纺织股份公司。2004年11月24日，经新疆维吾尔自治区纤维检验局公证检验，结论为：三级皮棉151.187吨，四级皮棉514.981吨，五级皮棉21.643吨，合计687.811吨。与原出厂皮棉检验单重量差为-34.675吨。2004年12月7日，商贸公司与新疆纺织股份公司签订买卖棉花合同，双方以三级棉每吨单价1.1万元，四级棉每吨单价1.04万元，五级棉每吨单价1.02万元交易，新疆纺织股份公司向商贸公司结算货款共计2237922.28元。②2005年2月2日，商贸公司与乌鲁木齐市商贸公司签订棉花买卖合同，将运往纺织公司纺纱的该209.302吨皮棉卖给了乌鲁木齐市商贸公司，每吨单价为1.1万元，销售金额合计为2302322元。

以上，依据皮棉公证检验证书、棉检证书，棉花加工公司向商贸公司所供皮棉总计：二级皮棉1.618吨；三级皮棉523.416吨；四级皮棉564.525吨；五级皮棉21.643吨，合计重量为1111.202吨，销售货款合计12733990.29元，商贸公司货款本金损失为6659358.11元。

〔一审裁判理由与结果〕

原审法院经审理认为：商贸公司、棉花加工公司于2004年1月2日签订的棉花购销合同系双方当事人真实意思表示，且符合有关法律规定，合法有效，应受法律保护，双方当事人均应严格按照合同约定履行各自义务。商贸公司依约履行了支付价款的义务，棉花加工公司应按合同约定的质量和数量标准向商贸公司履行交付货物的义务。根据双方签订的棉花购销合同第四条约定：供方对质量、重量负责到底，质量、重量出现问题，以公证检验为准。故此，棉花加工公司对提供给商贸公司的棉花，在其转让时仍应对质量、重量问题负责到底。在本案双方合同的实际履行过程中，棉花加工公司向商贸公司交付的皮棉存在严重的质量和数量问题，导致商贸公司与新疆纺织公司加工32支纱、40支纱的委托加工合同不能履行，商贸公司买卖合同的目的不能实现，棉花加工公司的行为构成根本违约，故商贸公司要求解除合同的诉讼请求符合法律规定和双方当事人的约定，该院予以支持。在商贸公司提取此棉花后，棉花市场价格发生重大变化，棉花价格开始逐月下滑。为防止该批棉花发生因价格下滑造成的损失，截至 2005 年 2 月 7 日，商贸公司已将棉花加工公司交付的棉花全部出售，相互返还已不可能。针对棉花市场价格波动，虽经采取措施补救，但仍造成商贸公司一定资金的损失。对商贸公司因此所蒙受的货款本金损失，棉花加工公司理应承担主要赔偿责任。商贸公司在棉花价格显著下滑情况下，未及时采取措施，怠于出售，失去棉花销售最佳时机，对造成该批棉花本金损失也有一定过错，商贸公司亦应承担相应的责任。关于定金问题，定金系实践性合同，定金合同从实际交付定金之日起生效。商贸公司于 2004 年 1 月 2 日向棉花加工公司支付的 650 万元，在汇款用途上标明该款系预付购货款，而并非支付的定金，根据《最高人民法院关于适用〈中华人民共和国担保法〉若干问题的解释》第一百一十八条，"当事人交付留置金、担保金、保证金、订约金、押金或者订金等，但没有约定定金性质的，当事人主张定金权利的，人民法院不予支持"，因此商贸公司要求棉花加工公司按定金罚则给付人民币 460 万元的诉讼请求，无事实及法律依据，该院不予支持。综上所述，该院根据《中华人民共和国合同法》第九十四条第四项和《中华人民共和国担保法》第九十条之规定，判决：一、解除商贸公司、棉花加工公司于 2004 年 1 月 2 日签订的棉花购销合同。二、棉花加工公司赔偿商贸公司棉花本金损失 6659358.11 元的 70%即 4661550.67 元。于该判决生效后十五日内一次性支付。余额损失由商贸公司自负。三、驳回商贸公司要求棉花加工公司返还定金 460 万元的诉讼请求。

〔当事人上诉及答辩意见〕

商贸公司、棉花加工公司均不服新疆维吾尔自治区高级人民法院的上述民事判决，向最高人民法院提起上诉。商贸公司上诉称：第一，关于定金问题。本案双方不仅签订了明确的书面定金合同，而且已经实际履行。原审法院因商贸公司在汇款用途上标明该款系预付购货款而否认其所支付的是定金不当。定金是双方约定的，不能仅凭一个汇款标明的用途就改变定金合同的性质。故棉花加工公司应全面承担根本违约责任和定金责任，即弥补本金损失至 19393348.4 元，另加运输费和利息共计 1087678.99 元、待结算的亏重利息（即上诉人购货款加运输费和待结算亏重利息），同时双倍返还定金 460 万元。第二，关于赔偿损失。原审判决既然认定了根本违约的事实和性质，棉花加工公司就应当承担根本违约的责任和适用定金罚则，即在弥补全部损失的基础上，适用定金罚则。即使按照原审法院的判决逻辑，否定定金罚则，改为赔偿商贸公司的损失，那么由于棉花加工公司违约给商贸公司导致的损失也决不仅仅是法院认定的本金损失。商贸公司的直接损失至少包括：货款差价损失 6152857.22 元；棉花短重损失 1060233.67 元及待结算的利息损失；银行贷款利息 83806.8 元；借款利息 712745.97 元；货物运费 291126.22 元；诉讼费 129976.74

元；诉讼保全费 50520 元。第三，商贸公司购买棉花的目的并不是出售，而是用于加工。面对多年来没有过的棉花价格急剧下降的市场情况，商贸公司及时销售棉花，以免损失进一步扩大。商贸公司主观上没有任何过错，客观上采取了积极的应对措施。因此原审法院认定商贸公司怠于销售是没有事实根据的，原审法院划定双方所谓三七开的责任，也是没有法律依据的。请求二审法院依法改判：棉花加工公司向商贸公司弥补本金损失至 19393348.4 元，另加运输费和利息共计 1087678.99 元和待结利息（即上诉人购货款加运输费和待结算利息），同时双倍返还定金 460 万元，或者赔偿因根本违约导致的全部损失，共 8481266.62 元加待结算利息，并由棉花加工公司承担本案的上诉费。

棉花加工公司上诉称：第一，原审判决依据《公证检验证书》认定棉花加工公司供货质量不合格证据不足，该检验证书对棉花加工公司无约束力。国务院发布的《棉花质量监督管理条例》和中国纤维检验局发布的《中国纤维局经营性棉花国家公证检验工作程序和检验规程》规定，棉花交易的任何一方应在棉花交易结算之前提出公证检验。而判决依据的这些检验证书均是在棉花加工公司与商贸公司交易后 6 个月或 12 个月做出的检验。这些检验只是证明了商贸公司再次交易时棉花的质量情况，而不是棉花加工公司与商贸公司交易时棉花的质量情况。因棉花是有保质期的，就是在无瑕疵的保存环境下，质量和重量的衰减也是必然的；如果保存环境不好，还将会出现加速衰减。所以国家有关规定特别要求检验要在交易结算前提出。本案所涉棉花，如果真是棉花加工公司提供的，在这么长时间后出现等级下降、失吨都是正常的自然现象。第二，原审判决认定本案合同目的谬误，适用解除合同的法律规定错误。商贸公司与棉花加工公司之间签订《棉花购销合同》的目的就是按合同约定从棉花加工公司手中购到棉花，至于他要以什么价格卖给谁是另一合同的目的。本案合同签订后，商贸公司未提出数量、质量问题，钱货两清，买卖交易已实际履行完毕，棉花加工公司与商贸公司合同目的已实现，不存在解除合同的法定条件。综上，原审判决认定事实、适用法律错误，原审将商贸公司的经营风险转嫁给棉花加工公司，于法无据。请求撤销原判，驳回商贸公司的诉讼请求，一、二审诉讼费由商贸公司承担。

商贸公司针对棉花加工公司的上诉理由答辩称：根据《棉花质量监督管理条例》第十四条规定：棉花经营者向用棉企业销售棉花，交易任何一方在棉花交易结算前，可以委托专业纤维检验机构对所交易的棉花进行公证检验；经公证检验后，由专业纤维检验机构出具棉花质量公证检验证书，作为棉花质量、数量的依据。该条明确规定的是"可以"而不是"应当"。关于时间间隔对棉花质量的影响，商贸公司认为，棉花产品没有规定保质期，商贸公司在交易 6 个月后做的检验报告，检验鉴定的质量结论都是一致的，并没有因为有时间间隔，导致棉花质量的差异。关于合同目的的实现问题。原审判决书认定商贸公司合同目的没有实现，棉花加工公司的行为构成根本违约。这里的合同目的是指商贸公司签订合同的目的,而不是什么钱货两清。钱货是否两清与合同目的是否实现根本没有任何关系。关于是否错过销售时机问题,商贸公司在加工和销售过程中都发现棉花加工公司的货物存在严重的质量和亏重问题。而当时的价格是不错的,并非棉花加工公司所称未能在市场价格高时售出。《中华人民共和国合同法》第九十四条规定的解除合同的法定条件从来就没有要求棉花不能销售。同时《中华人民共和国合同法》第九十七条还进一步规定:合同解除后,尚未履行的,终止履行;已经履行的,根据履行情况和合同性质,当事人可以要求恢复原状、采取其他补救措施,并有权要求赔偿损失。根据该条的明确规定,此时可以在"要求恢复原状、采取其他补救措施,并有权要求赔偿损失"三种情形中选择其一。综上,请求二审法院支持商贸公司的上诉主张。

棉花加工公司针对商贸公司的上诉理由答辩称:第一,商贸公司关于适用定金罚则的主张与事实不符,与双方约定不符,于法无据。商贸公司未实际履行交付定金的义务。棉花加工公司与商贸公司的《棉花购销合同》中约定了商贸公司应"预付1000万元定金",但签订合同当日,商贸公司只支付了650万元的货款(银行汇款凭据上明确标明"预付货款")。该付款在性质与数额上都与合同约定不符,商贸公司强辩该款为定金无事实依据,不能采信。棉花加工公司已全部履行合同义务,商贸公司主张适用定金罚则于法无据。数量、质量问题应属违约责任范畴,不适用定金罚则。第二,商贸公司提交到法院的公证检验证书,均是在本案合同履行完毕半年、一年后其单方送交公证检验的证书,在程序上不合法,在实体上也不能证明棉花加工公司与商贸公司交易时的棉花数量、质量,该检验结果对棉花加工公司无约束力。棉花加工公司与商贸公司交易完成后,商贸公司长达半年之久从未找过棉花加工公司,更未提出过质量问题。6月,在市场行情急剧下滑后,商贸公司找棉花加工公司也只是谈分担损失。本案中商贸公司提供的公证检验证书在进行公证检验之时从未通知过棉花加工公司。商贸公司出具的最早的公证检验证书,是在2004年7月,这已到了一个生产年度棉花减等的最后时间,此时检验棉花较交易时降低1~2个等级是必然的也是正常的,但并不表明棉花加工公司与商贸公司交易时的棉花质量等级。商贸公司在与棉花加工公司结算半年之后以质量问题要求解除合同,不符合棉花交易的有关规定和惯例,无法律依据。第三,合同约定"对质量、重量负责到底",应以合同履行完毕为限。第四,商贸公司将该批棉花已全部售出,判决认定本案合同目的谬误,适用解除合同的法律规定错误。综上所述,一审判决认定事实、适用法律错误,将商贸公司的经营风险转嫁给棉花加工公司,于法无据,请求二审法院依法驳回商贸公司的诉讼主张。

〔最高人民法院查明的事实〕

最高人民法院经二审审理,除认定原审法院查明的事实以外,还查明:2005年11月15日,原审法院就2004年的棉花交易价格等问题向新疆棉麻公司进行调查。

该公司总经理徐延毅称，2004年1月，一等棉为1.75万元/吨，至5月、6月间，降到1.25万元/吨，8月降至1.1万元/吨，至2005年4月，价格回升至1.3万元/吨左右。棉花每个等级间的差价为200元左右。从每年的9月至次年的8月31日为棉花的"年度"，在该年度中应当保证棉花不变质，但到了次年的10月左右，公证检验的棉花也要降1~2级。

2006年7月31日，最高人民法院就棉花每个等级间的差价问题电话询问商贸公司、棉花加工公司。商贸公司及棉花加工公司的委托代理人均称，在棉花市场行情好时，棉花每级差价为200元左右。

另自互联网上摘录的源于2004年12月28日《期货日报》刊载的题为《2004年棉花市场回顾及2005年市场展望》一文载明：由于2003年棉花减产，国内棉花销售价格一度冲高至1.75万元/吨的水平。价格如此飙升，既有产需缺口扩大的因素的影响，也有"买涨不买跌"的恐慌心理在起作用。而在国家分两次共增发150万吨配额和紧缩银根等宏观调控政策引导下，国内棉价出现了回落，棉花销售价格在今年6月下降到了1.5万元/吨，随后受2004年棉花大丰收心理预期影响，国内棉花价格跌速加快并冲破了数道心理防线。目前，国内棉花销售价格已经下降到了1.13万元/吨，比年初下降了35%。

〔最高人民法院裁判理由与结果〕

最高人民法院认为，本案双方当事人于2004年1月2日签订的《棉花购销合同》系各方当事人真实的意思表示，且不违反国家的法律、行政法规，应认定为有效。本案为棉花买卖合同纠纷，根据双方的上诉理由，本案棉花的质量、数量是否符合合同约定、商贸公司是否存在损失以及损失如何计算是本案争议的主要焦点问题。同时，对于定金的认定以及合同应否解除的问题，双方当事人亦存在争议。

一、关于供货数量与质量的认定

依据棉花加工公司于2004年1月7日向商贸公司提交的棉花出厂《检验证书》，棉花加工公司应向商贸公司交付1173.947吨棉花，其中一级棉为337.109吨，二级棉为836.838吨。商贸公司收到该批货物后并未提出任何异议，即于同年1月12日与棉花加工公司结算完毕。在2004年6月以后，商贸公司陆续将该批棉花销给广东、四川、湖北等地的客户，各当地纤维检验所对这批棉花重新出具了公证检验证书。截止到2004年底，各公证检验证书载明，棉花加工公司向商贸公司交付的该批棉花合计为1111.202吨，其中二级棉为1.618吨，三级棉为523.416吨，四级棉为564.525吨，五级棉为21.643吨。因公证检验证书是认定棉花质量、数量的依据，棉花加工公司在合同中承诺对质量、重量负责到底，质量、重量出现问题，以公证检验为准。同时依据《国家标准GB1103-1999棉花细绒棉》第8.4条关于"棉花检验证书的有效期为一年，从鉴证之日起计算。超过证书有效期的棉花应当重新进行检验，按重新检验结果出证"之规定，棉花加工公司应当按照其在2004年1月7日向商贸公司出具的《检验证书》中载明的标准,在一年之内对所售出棉花的质量、重量信守承诺。依此,将本案《棉花购销合同》、《检验证书》与《公证检验证书》相对照,棉花加工公司向商贸公司少交付皮棉62.745吨;棉花等级由《棉花购销合同》《检验证书》承诺的二级降为三级、四级。该质量减等、重量亏吨的情形不仅构成违约,而且给商贸公司造成了实际损失,对此,棉花加工公司应当依据合同价格及双方交易时的市场行情向商贸公司作出赔偿。

二、关于棉花亏吨损失的赔偿问题

棉花加工公司与商贸公司在合同中约定:"质量要求按国家质量标准GB1103-1999执行""质量、重量出现重大问题,以公证检验为准"。如前所述,棉花加工公司向商贸公司少交付皮棉62.745吨,按照合同价1.69万元/吨计,棉花加工公司应向商贸公司退还货款本金1060390元,并赔偿自2004年1月12日起至实际给付之日止按照中国人民银行同期活期存款利率计算的利息损失。原审判决未对亏吨损失予以认定不当,最高人民法院予以纠正。上诉人商贸公司关于棉花加工公司应向其补偿棉花亏吨损失本金及利息的上诉理由成立,最高人民法院予以支持。

三、关于质量减等损失的赔偿问题

本案《棉花购销合同》约定,棉花加工公司向商贸公司提供单价为1.69万元/吨的229级(二级)皮棉。根据《公证检验证书》认定的棉花普遍下降1~2个等级以及棉花加工公司向商贸公司实际交付1111.202吨棉花的客观事实,参照原审法院向新疆棉麻公司的咨询情况以及二审承办人向双方委托代理人的询问情况,应认定本案合同签订时的棉花等级差价为200元左右。在平衡双方利益的基础上,最高人民法院认定棉花减等的差价损失为400元×1111.202吨=444480.8元,应由棉花加工公司向商贸公司作出赔偿。原审判决认定商贸公司存在资金损失是正确的,但确认赔偿范围的标准不当。本案合同签订的2004年1月,恰逢国内棉花市场价格飞涨,但到了2004年5、6月以后,棉花市场价格回落,此期间每吨相差5000~6000元。商贸公司在2004年6月以后转售的棉花,即使质量等级不变,也必然出现因市场行情所致的收益损失。原审判决认定的商贸公司本金损失6659358.11元不仅包括了棉花减等的差价损失,也包括在此期间因市场行情下跌所造成的收益损失。该部分收益损失显属市场风险造成的,非为双方当事人所能预见,亦非棉花加工公司过错所致。因棉花加工公司与该部分损失之间不存在因果关系,故棉花加工公司不应承担市场行情变化导致的商贸公司的收益损失。原审判决将商贸公司在市场行情低迷时基于转售关系所形成的销售价格与本案行情高涨时形成的购买价格之差作为商贸公司的损失由双方分担显属不当,既合同关系各不相同,也有违公平原则及过错责任原则,最高人民法院予以纠正。上诉人商贸公司关于棉花加工公司应补偿其棉花收益损失6152857.22元的上诉理由不能成立。最高人民法院对商贸公司在购买棉花时所发生的实际损失,即棉花重量亏吨损失及质量减等的差价损失予以确认,对于其他损失部分,即市场风险所致的收益损失、转售期间发生的运输费用、与案外人发生的借贷利息损失均因缺乏合同依据及法律依据而不予支持。

四、关于本案合同是否应予解除问题

在本案的买卖合同中,因棉花加工公司少交货及与合同约定质量不符部分货物的价值合计为1504870.8元,约占合同总金额19393348.4元的8%,不仅违约部分价值不高,而且并未因此实质剥夺商贸公司再次转售从而获取利润的机会,并不影响商贸公司合同目的的实现。商贸公司主张其购买棉花的目的不是转售,而是用于加工,显与事实不符。商贸公司共实际购得棉花1111.202吨,在收到货物长达5个月之后才将225.179吨棉花调运至新疆纺织公司用于纺纱加工,在此之前,商贸公司已将大量棉花用于转售。鉴于商贸公司未能提交其所购棉花将全部用于加工的相应证据,故其关于合同目的不能实现的上诉理由不能成立。对于棉花因质量减等所造成的违约损失,是可以依据双方签订合同时的棉花等级差价、通过棉花加工公司以现金补偿的方式予以救济的。在棉花加工公司与商贸公司之间的买卖合同已经履行完毕,商贸公司已将棉花全部售出的事实基础上,最高人民法院认为棉花加工公司不适当履行合同的行为仅构成一般违约,并不构成根本违约,并不影响商贸公司合同目的的实现,不构成《中华人民共和国合同法》第九十四条关于解除合同的法定条件。故原审判令解除本案合同已无必要,最高人民法院予以纠正。

五、关于定金的认定问题

原审判决以商贸公司支付650万元时仅写明是货款、未写明定金为由,依据《中华人民共和国担保法》第一百一十八条之规定,认定商贸公司并未向棉花加工公司交付定金,属认定事实清楚,适用法律正确,最高人民法院予以维持。

综合商贸公司在与棉花加工公司结算6个月之后才提出质量异议、《公证检验证书》未能通知棉花加工公司到场、棉花品质在次年10月以后会随着时间推移而发生变异、减等等客观情况,在兼顾平衡各方责任的基础上,最高人民法院将商贸公司的损失确认为重量亏吨损失1060390元本金及利息(自2004年1月12日起至实际给付之日止按照中国人民银行同期活期存款利息计付),质量减等损失444480.8元。对于商贸公司的其他诉讼请求,最高人民法院予以驳回。

综上,原审判决认定事实清楚,除损失的计算方法有误以及亏吨损失漏判以外,其余部分适用法律正确。商贸公司关于补偿亏吨损失的上诉理由成立,棉花加工公司关于不应分担市场风险损失的上诉理由成立,最高人民法院予以支持。对于商贸公司关于棉花加工公司应承担全部损失以及棉花加工公司不承担任何损失的上诉理由,最高人民法院均不予支持。最高人民法院依照《中华人民共和国民事诉讼法》第一百五十三条第一款第一、二项之规定,判决如下:一、维持新疆维吾尔自治区高级人民法院(2004)新民二初字第114号民事判决主文第三项及一审案件受理费、保全费承担部分;二、撤销该民事判决主文第一项;三、变更该民事判决主文第二项为：棉花加工公司向商贸公司赔偿棉花本金损失 444480.8 元、本金损失 1060390 元及利息（自 2004 年 1 月 12 日起至实际给付之日止按照中国人民银行同期活期存款利息计付）。上述应付款项于本判决送达之日起十日内给付，逾期给付则按照《中华人民共和国民事诉讼法》第二百三十二条之规定处理。

规则 33：（违约金）合同中对违约金的重复约定，只能认定其中一种约定有效

——H 总工会诉 A 市卫生防疫站房地产转让合同纠纷案①

【裁判规则】

双方当事人在合同中对同一行为约定两项违约赔偿条款，一种是违约按合同总标的的一定比例向对方交纳赔偿金（实为违约金），另一种是每逾期一日按已付款数的一定比例交纳赔偿金（实为违约金），上述约定实为对违约金的重复约定，只能认定其中一种约定为有效。

【规则理解】

一、违约金的内涵及性质

违约金是民法中一种常见的违约救济方式，其真正的源头可追溯到罗马法。1804 年颁布的《法国民法典》第 1226 条规定："违约金条款为契约一方当事人为担保契约的履行而承诺于不履行契约时支付违约金的条款。"除上述形式定义外，该法典第 1229 条还明确了违约金的性质，该条规定："违约金条款是对债权人因主债务不履行所受到的损害赔偿的补偿。"1890 年生效的《德国民法典》第 339 条规定："债务人对债权人约定在不履行债务或不以适当方式履行债务时，应支付一定金额作为违约金者，于债务人迟延时，罚其支付违约金。"我国《民法通则》第 112 条规定："当事人可以在合同中约定，一方违反合同时，向另一方支付一定数额的违约金；也可以在合同中约定违反合同而产生的损失赔偿额的计算方法。"《合同法》第 114 条规定："当事人可以约定一方违约时应当根据违约情况向对方支付一定数额的违约金，也可以约定因违约产生的损失赔偿额的计算方法。约定的违约金低于造成的损失的，当事人可以请求

---

① 《中华人民共和国最高人民法院公报》1993 年第 4 期。

人民法院或者仲裁机构予以增加；约定的违约金过分高于造成的损失的，当事人可以请求人民法院或者仲裁机构予以适当减少。当事人就迟延履行约定违约金的，违约方支付违约金后，还应当履行债务。"《民法典》第585条与《合同法》第114条作出完全相同的规定。《买卖合同案件司法解释》第20条规定："买卖合同因违约而解除后，守约方主张继续适用违约金条款的，人民法院应予支持；但约定的违约金过分高于造成的损失的，人民法院可以参照民法典第五百八十五条第二款的规定处理。"

违约金，是指根据当事人之间的事先约定，不履行或者不完全履行合同义务的违约方支付给对方的一定数额的金钱。违约金具有如下法律特征：

（一）违约金系当事人在合同中预先约定

在私法领域，意思自治和合同自由的原则是应当得到充分体现，违约金作为一种对违约行为的救济方式，应当充分体现当事人的意思自治，法律没有必要对其作出统一的规定。一方面社会生活复杂多变，法律不可能对所有的违约行为都作出统一的规定，难免挂一漏万；另一方面当事人对自己的利益也最为清楚，不同的人对同一法律事实或者法律后果的感受不是完全相同的。因此，法律不对违约金作出统一规定，而是充分尊重当事人的意思自治，由当事人自己在合同中对违约金进行约定。作为合同自由的充分体现，违约金的数额也完全由当事人在合同中预先确定。预先确定违约金数额有如下优势：一是能迅速简单地确定违约之后的赔偿范围，容易促成双方在违约纠纷的解决过程中达成共识，以达成调解或者和解协议，迅速解决纠纷。即便诉至法院或者仲裁机构，违约金的预先确定，不但免去了守约方就实际损失所负的举证责任，也免去了双方当事人和裁判机构在计算实际损失方面之烦。二是违约金的预先确定也即违约后的法律责任范围的预先确定，可以在当事人违约之前对是否违约作出权衡，具有一定的担保合同履行作用。当事人在违约之前，对违约所造成的后果或者责任是非常清楚和明确的，违约金数额预先确定也在一定程度上对合同的完全履行起到担保作用。三是违约金的预先确定还可以起到风险防范和控制的作用。当事人签订合同，不但要考虑到合同的主要条款，同时也会考虑到合同中的违约金条款，违约金甚至可以被纳入当事人的成本范围，对于明确可期待利益、计算成本、防范风险均具有积极的意义。

（二）违约金条款具有相对从属的性质

相对于合同的主要权利义务而言，违约金的约定具有从属的性质，以主合同的有效成立为前提，主合同消灭，违约金条款亦消灭，主合同无效或者被撤销，则违约金条款亦不具有法律效力。但是，违约金的约定并非绝对从属，如双方约定一方违约，对方可以解除合同并支付一定数额的违约金，则合同解除后，守约方还可以依据合同中的违约金条款来主张违约金。

(三) 违约金条款的适用取决于是否存在违约事实

违约金是一种事后才适用的补救措施，在绝大部分的合同履行中，违约金条款完全没有适用的必要，只有存在违约的事实或者行为，才适用违约金条款。

(四) 违约金是一种民事责任承担方式

违约金系违约方在违约后向对方支付的一定数额的金钱，违约金的目的是对违约行为造成的损失进行救济，因此是一种民事责任的承担方式。我国《民法总则》《民法通则》《合同法》和《民法典》均将支付违约金作为一种民事责任承担方式，并对违约金适用条件和调整作出了规定。

二、违约金的分类

根据不同的标准，可以将违约金作不同的分类。

(一) 约定违约金和法定违约金

根据违约金是由当事人自由约定还是由法律直接规定为标准，可以将违约金分为约定违约金和法定违约金。合同双方在合同中约定的违约金，系约定违约金；由法律直接规定的违约金，系法定违约金。我国合同立法遵循大陆法系传统，确立了违约金由当事人自由约定的原则，《民法典》没有直接规定法定违约金，违约金可由当事人自己约定。但《民法典》第179条第2款规定，法律规定惩罚性赔偿的，依照其规定，即《民法典》对于其他法律规定的惩罚性违约金，也是认可的。苏联民法直接规定了债务人支付违约金的比例，甚至明确规定了违约金的数额，因而对违约金主要采取法定的形式。[①]

(二) 惩罚性违约金和赔偿性违约金

根据违约金是对违约行为的惩罚还是对违约造成的损失的补偿，违约金可以分为惩罚性违约金和赔偿性违约金。《民法典》第179条第2款规定，法律规定惩罚性赔偿的，依照其规定。区分惩罚性违约金与赔偿性违约金的意义在于，如果是惩罚性违约金，则债权人除请求违约金外，还可以请求履行主债务或请求赔偿损失，如《民法典》第585条第3款规定，当事人就迟延履行约定违约金的，违约方支付违约金后，还应当履行债务。这是一种广义的惩罚

---

① 王利明、崔建远：《合同法新论·总则》（修订版），中国政法大学出版社2000年版，第686页。

性违约金，即对迟延履行行为的惩罚性违约金；如果是赔偿性违约金，则债权人在请求违约金之后不可能再请求履行主债务，或者请求履行主债务后不能再主张违约金。

三、我国法律对违约金的干预

（一）法律对违约金进行干预的正当性分析

根据合同自由和意思自治原则，法律对于当事人之间约定的违约金本不应当予以干预。但是，这种约定的自由也不是绝对的。首先，它必须符合法律设立违约金制度的目的，不能与法律设立违约金制度的目的背道而驰，同时当事人之间的民事行为不能违反公平和诚实信用原则。其次，违约金是一种对违约造成损失的预先约定，这种预先约定与造成的损失不完全一致，使得法律对其调整成为必要。如果约定的违约金低于造成的损失而法律不予调整，则不利于对守约方的损失进行补偿，也不利于对违约行为进行制裁，不利于培养人们信守约定的习惯。如果约定的违约金过分地高于违约行为造成的损失而法律不予调整，则不但会使违约方负担过重，同时也会使守约方获得过高的利益，甚至不排除守约方滥用违约金制度，不去追求对方履行合同转而追求追究对方违约责任的主观倾向，与法律设定的违约金制度的初衷背道而驰。最后，支付违约金虽然是出于当事人的约定，但也是法律规定的一种合同责任形式，所以对当事人约定的违约金条款保留司法审查也成为一种必要。如果当事人约定的违约金条款不具有法律效力或者显失公正，则应当在争议发生后将最终认定、调整权交给司法机关。

（二）我国法律对违约金的干预范围

法律对违约金的干预成为可能与必要之后，还必须确定法律的干预范围或者程度。所谓合同法对违约金的狭义的干预，就是在出现了约定的违约金与违约行为造成的损失不一致的情况下，法律如何对其进行调整的问题。

1. 违约金数额的增加

《民法典》第585条第2款规定："约定的违约金低于造成的损失的，人民法院或者仲裁机构可以根据当事人的请求予以增加……"。因此，如果约定的违约金低于造成的损失，人民法院或者仲裁机构可以在当事人的请求下予以增加。但必须注意以下几点：第一，对违约金进行调整的主动权在于当事人，人民法院或者仲裁机构在当事人未提出增加违约金请求的情况下不能依职权主动增加。第二，增加的上限是违约行为造成的损失。第三，请求增加方对违约行为造成的损失负有举证责任。第四，还必须考虑双方对造成的损失的过错程度。

如《民法典》第 591 条第 1 款规定，当事人一方违约后，对方应当采取适当措施防止损失的扩大；没有采取适当措施致使损失扩大的，不得就扩大的损失要求赔偿。很明显，如果守约方没有采取适当的措施防止损失扩大，则不得就扩大的损失要求违约方承担责任。

2. 违约金数额的适当减少

《民法典》第 585 条第 2 款同时规定："……约定的违约金过分高于造成的损失的，人民法院或者仲裁机构可以根据当事人的请求予以适当减少"。《买卖合同案件司法解释》第 20 条规定："买卖合同因违约而解除后，守约方主张继续适用违约金条款的，人民法院应予支持；但约定的违约金过分高于造成的损失的，人民法院可以参照民法典第五百八十五条第二款的规定处理。"《民法典合同编通则司法解释》第 65 条规定："当事人主张约定的违约金过分高于违约造成的损失，请求予以适当减少的，人民法院应当以民法典第五百八十四条规定的损失为基础，兼顾合同主体、交易类型、合同的履行情况、当事人的过错程度、履约背景等因素，遵循公平原则和诚信原则进行衡量，并作出裁判。约定的违约金超过造成损失的百分之三十的，人民法院一般可以认定为过分高于造成的损失。恶意违约的当事人一方请求减少违约金的，人民法院一般不予支持。"如果约定的违约金过分高于造成的损失，人民法院或者仲裁机构可以在当事人的请求下予以适当减少。但也必须注意以下几点：第一，对违约金进行调整的主动权在于当事人，人民法院或者仲裁机构在当事人未提出减少违约金请求的情况下不能依职权主动减少。第二，只有在"过分高于"的情况下，人民法院或者仲裁机构才能"适当减少"。何谓合同中约定的违约金"过分高于"造成损失，笔者建议参考《民法典合同编通则司法解释》第 65 条和《商品房买卖合同案件司法解释》第 12 条之规定，以违约金超过造成的损失的 30% 为标准。第三，请求方对违约行为造成的损失负有举证责任。第四，必须考虑到双方对造成损失的过错程度。

3. 部分违约金条款无效的认定

当双方当事人在合同中约定两项或者多项违约赔偿条款，每一项违约赔偿条款均足以弥补因违约行为造成的损失时，应当以当事人约定的违约金条款明显高于法律规定的违约责任为由，只认定其中一项约定为有效。如：当事人在合同中约定了两项违约赔偿条款，一种是违约按合同总标的的一定比例向对方交纳赔偿金（实为违约金），另一种是每逾期一日按已付款数的一定比例交纳赔偿金（实为违约金），上述约定实为对违约金的重复约定，只认定其中一种约定为有效。但是，在司法实践中，不能简单地认定只要是同一合同中约定了两项违约金条款，就只能认定其中的一项有效，还必须考虑到如下情况：第一，每一项违约金条款是否均可以弥补当事人的损失。如果单独适用每一项违约条款均不足以弥补守约方的损失，根据违约金赔偿性的特征，则不宜简单地只适用其中一项。第二，是否存在不同的违约金条款针对不同的违约行为。如果当事人约定的多项违约金条款针对不同的违约行为，则不能简单地以重复规定而认定无效。如：当事人在合同中约定，一方迟延履行，则按100元/日支付迟延履行违约金；一方不适当履行，则按合同价款的1%承担违约责任。如果一方当事人既存在迟延履行的行为，又存在不适当履行的行为，则不但可以请求支付迟延履行违约金，也可以因不适当履行而请求对方按合同价款的1%承担违约责任。因为当事人约定的违约金是针对不同的违约行为，因此并不存在重复约定的问题。当然，这种约定不能超过因违约行为造成的整体损失。

（三）我国法律对违约金的干预方式

《民法典》规定的违约金低于或者过分高于造成的损失时，当事人可以请求人民法院予以增加或者适当减少。这意味着法律将请求增加或者适当减少的请求权交给了当事人，只有在当事人请求的前提下，人民法院或者仲裁机构才能对当事人约定的违约金数额作出调整。之前的《民法通则》似乎并没有规定如果违约金高于或低于违约损失时应当如何处理这一问题。正是基于民法通则没有对此作出规定，并不必然排除在当事人约定的违约金与造成的损失不一致时，如果涉及国家利益或社会公共利益时，即便没有当事人的请求，人民法院或者仲裁机构也可以依据"当事人一方违反合同的赔偿责任，应当相当于另一方因此所受到的损失"这一规定主动进行适当调整。

【拓展适用】

一、两大法系违约金的性质比较分析

总的看来，英美法系国家只承认赔偿性的违约金，而大陆法系则认为违约金以赔偿性为原则，以惩罚性为例外。

（一）英美法系国家的违约金性质

英美合同法不认可惩罚性违约金的效力。英美合同法认为，所谓赔偿性违约金是指合同当事人之间预先一致同意的、如一方违约他方应得到的对违约所造成损失的补偿。其数额应当是公正的、恰如其分和合情合理的，是对违约可能造成损失的一种诚实的或真正的预测；而惩罚性违约金则是合同双方为保证主债务履行而设定的，与可能预见损失不相称的赔偿。这种赔偿旨在惩罚威慑当事人使其不得违约。①英国法将惩罚性的违约定义为"罚金"，以此区别于"预约赔偿金"，并通过判例指出："罚金的本质在于制订的目的是恐吓违约的一方；而预约赔偿金的本质则在于它是一种对违约所造成损害的预先估算。"因此，英国法判断违约金属于罚金还是预约赔偿金的主要根据是当事人在订立合同时的真正意图（Intention）；如果当事人的意图在于惩戒和预防违约的发生，违约金即为"罚金"，是无效的；如果当事人是为减少将来计算违约损害的麻烦而规定违约金，则属于预约赔偿金，是有效的。②《美国统一商法典》第2-718（1）条规定：如果鉴于"违约引起的预计的或实际的损害"，违约金条款规定的赔偿额是合理的，该条款就是可强制执行的。美国《合同法重述》（第二版）第355条指出："合同救济制度的核心目的是补偿而不是惩罚。对违约者实施惩罚无论从经济上或是其他角度都难以证明是正确的，规定惩罚的合同条款是违反公共政策的，因而是无效的。"③

综上，英美合同法认为惩罚性违约金是当事人之间的一种私的惩罚，并认为这种私的惩罚是违反公共政策和不合理的，因而也是无效的。

(二) 大陆法系国家立法中违约金性质

在大多数大陆法系国家的立法中，违约金原则上被视为预约的赔偿金，如果当事人在合同中没有明确的特别约定，违约金条款通常被认为是赔偿金的预定。如《法国民法典》第1229条明确规定："违约金条款是对债权人因主债务不履行所受到的损害赔偿的补偿。"根据《德国民法典》第340条第1款之规定，对于全部不履行债务而约定的违约金，除当事人另有约定外，违约金请求权与实际履行请求权只能择一行使。因此，如果违约金为完全不履行而设定，则非违约方只能取得违约金。另外，当违约金的数额低于实际损失时，《德国民法典》第340条第2款、第341条第2款允许债权人在数额之外另行请求损害赔偿，可以看出，德国民法承认违约金的赔偿性质。

与英美法系国家对惩罚性违约金的效力不予认可不同，大陆法系国家对惩罚性违约金的效力一般持较为宽容的态度。如《德国民法典》第339条规定：

---

① 郭丹云：《各国立法上违约金性质比较研究》，载《河北法学》2005年第6期。
② 郭丹云：《各国立法上违约金性质比较研究》，载《河北法学》2005年第6期。
③ 郭丹云：《各国立法上违约金性质比较研究》，载《河北法学》2005年第6期。

"债务人对债权人约定在不履行债务或不以适当方式履行债务时,应支付一定金额作为违约金者,于债务人迟延时,罚其支付违约金。"再如《法国民法典》第 1152 条,除非例外,法院一般不得改变合同当事人所约定的违约金,尽管数额高于实际损失甚至没有实际损失。在特殊情况下,可以同时请求履行主债务和给付违约金。根据第 1129 条第 2 款的规定,对单纯债之迟延履行规定的违约金,债权人可以同时请求履行主债务和给付违约金。

大陆法系国家虽然确认了违约金的性质在原则上属于损害赔偿额的预定,但出于意思自治和合同自由原则的神圣地位,并不禁止当事人订立带有惩罚性质的违约金。

二、我国民法中违约金的性质

(一) 关于违约金制度的法条考察

《经济合同法》第 31 条规定:"当事人一方违反经济合同时,应向对方支付违约金。如果由于违约已给对方造成的损失超过违约金的,还应进行赔偿,补偿违约金不足的部分。对方要求继续履行合同的,应继续履行。"《涉外经济合同法》第 20 条规定:"当事人可以在合同中约定,一方违反合同时,向另一方支付一定数额的违约金;也可以约定对于违反合同而产生的损失赔偿额的计算方法。合同中约定的违约金,视为违反合同的损失赔偿。但是,约定的违约金过分高于或者低于违反合同所造成的损失的,当事人可以请求仲裁机构或者法院予以适当减少或者增加。"《民法通则》第 121 条规定:"当事人一方违反合同的赔偿责任,应当相当于另一方因此所受到的损失。当事人可以在合同中约定,一方违反合同时,向另一方支付一定数额的违约金;也可以在合同中约定对于违反合同而产生的损失赔偿额的计算方法。"《技术合同法》第 17 条规定:"……当事人一方违反合同的赔偿责任,应当相当于另一方因此所受到的损失,但是不得超过违反合同一方订立合同时应当预见到的损失。当事人可以在合同中约定,一方违反合同时,向另一方支付一定数额的违约金;也可以约定因违反合同而产生的损失赔偿额的计算方法。因另一方违反合同受到损失的当事人,应当及时采取适当措施防止损失的扩大;没有及时采取适当措施致使损失扩大的,无权就扩大的损失要求赔偿。"《合同法》第 114 条规定:"当事人可以约定一方违约时应当根据违约情况向对方支付一定数额的违约金,也可以约定因违约产生的损失赔偿额的计算方法。约定的违约金低于造成的损失的,当事人可以请求人民法院或者仲裁机构予以增加;约定的违约金过分高于造成的损失的,当事人可以请求人民法院或者仲裁机构予以适当减少。当事人就迟延履行约定违约金的,违约方支付违约金后,还应当履行债务。"《民法典》第585条第2款规定,约定的违约金低于造成的损失的,人民法院或者仲裁机构可以根据当事人的请求予以增加;约定的违约金过分高于造成的损失的,人民法院或者仲裁机构可以根据当事人的请求予以适当减少。《民法典合同编通则司法解释》第65条规定:"当事人主张约定的违约金过分高于违约造成的损失,请求予以适当减少的,人民法院应当以民法典第五百八十四条规定的损失为基础,兼顾合同主体、交易类型、合同的履行情况、当事人的过错程度、履约背景等因素,遵循公平原则和诚信原则进行衡量,并作出裁判。约定的违约金超过造成损失的百分之三十的,人民法院一般可以认定为过分高于造成的损失。恶意违约的当事人一方请求减少违约金的,人民法院一般不予支持。"

(二)关于我国法律规定的违约金性质分析

从对我国法律中违约金制度的法条历史考察可以得出如下结论:

1. 违约金是违约方因违约行为给对方所造成损失的一种赔偿

首先,法律中对违约金的性质有明确规定。如《涉外经济合同法》中甚至明确规定"合同中约定的违约金,视为违反合同的损失赔偿";《民法通则》也规定"当事人一方违反合同的赔偿责任,应当相当于另一方因此所受到的损失";《技术合同法》规定,"当事人一方违反合同的赔偿责任,应当相当于另一方因此所受到的损失"。其次,从法律对违约金的调整而言,也是以"造成的损失"这一标准来作为参照物的。《经济合同法》规定"如果由于违约已给对方造成的损失超过违约金的,还应进行赔偿,补偿违约金不足的部分";《涉外经济合同法》规定"约定的违约金过分高于或者低于违反合同所造成的损失的,当事人可以请求仲裁机构或者法院予以适当减少或者增加";《合同法》《民法典》则规定,约定的违约金低于造成的损失的,当事人可以请求人民法院或者仲裁机构予以增加;约定的违约金过分高于造成的损失的,当事人可以请求人民法院或者仲裁机构予以适当减少。最后,立法将违约金与损害赔偿的计算方法并行规定,互为替代,明确了违约金是对违约造成损失的赔偿。如《涉外经济合同法》、《民法通则》、《技术合同法》、《合同法》、《民法典》均规定合同中既可以约定"违约金"条款,也可以约定"因违约产生的损失赔偿额的计算方法",这种将"违约金条款"与"损失赔偿条款"并行规定的立法技术表明,违约金条款与损失赔偿是可以相互替代的。因违约金在合同中的约定是基本明确的,甚至是非常明确的,这就节省了计算麻烦,实际上违约金就是一种快捷的损失赔偿预定。

2. 我国立法和司法实践对惩罚性违约金持一种较为宽容的态度

首先，法律对支付违约金后，还应当继续履行这一规定体现了违约金的惩罚性。如《经济合同法》规定"对方要求继续履行合同的，应继续履行"；《合同法》以及《民法典》第 585 条第 3 款规定"当事人就迟延履行约定违约金的，违约方支付违约金后，还应当履行债务"。其次，只要违约金数额不过分超出造成的损失额，法律便允许违约金在一定程度上大于损失，而超过的部分显然不再是补偿性的，带有对违约方的惩罚性质。如《涉外经济合同法》规定约定的违约金"过分高于或者低于"违反合同所造成的损失的，当事人可以请求仲裁机构或者法院予以适当减少或者增加。《合同法》《民法典》也规定约定的违约金"过分高于造成的损失"的，当事人可以请求人民法院或者仲裁机构予以适当减少。至于何谓"过分高于"，《商品房买卖合同案件司法解释》第 12 条规定："当事人以约定的违约金过高为由请求减少的，应当以违约金超过造成的损失 30% 为标准适当减少；当事人以约定的违约金低于造成的损失为由请求增加的，应当以违约造成的损失确定违约金数额。"《民法典合同编通则司法解释》第 65 条规定："当事人主张约定的违约金过分高于违约造成的损失，请求予以适当减少的，人民法院应当以民法典第五百八十四条规定的损失为基础，兼顾合同主体、交易类型、合同的履行情况、当事人的过错程度、履约背景等因素，遵循公平原则和诚信原则进行衡量，并作出裁判。约定的违约金超过造成损失的百分之三十的，人民法院一般可以认定为过分高于造成的损失。恶意违约的当事人一方请求减少违约金的，人民法院一般不予支持。"上述司法解释的意义不但在于明确了何为"过分高于"，即约定的违约金不超过造成损失的 130%，则司法实践中可以不予干预，也可以证明我国目前的司法实践承认了违约金可以具有一定程度的惩罚性。最后，从立法技术层面，也可以得出这一结论。如《民法典》对"约定的违约金低于造成的损失的，人民法院或者仲裁机构可以根据当事人的请求予以增加"，而对于"约定的违约金过分高于造成的损失的，人民法院或者仲裁机构可以根据当事人的请求予以适当减少"，仔细比较我们会发现，当约定的违约金低于造成的损失时，法律后果是"增加"，即增加到与造成损失相当的程度；而当约定的违约金过分高于造成的损失时，法律后果是"适当减少"而不是"减少"，正是因为多了"适当"两字，意味着法律并不要求一定要减少到与损失相当的程度，即法律给惩罚性违约金的适用留了余地。

三、违约金与相关民事责任的关系

支付违约金作为合同责任形式的一种,违约金与其他民事责任是否可以并存适用的规定也可以认为是法律对违约金的一种广义的干预。与支付违约金相关联的有赔偿损失、实际履行、合同解除、定金罚则等。

(一) 违约金与赔偿损失

一般来说,合同中约定的违约金应当视为约定的损害赔偿,但是在约定的违约金明显低于造成损害的情况下,当事人是否可以既请求支付违约金,不足部分再另行请求损害赔偿。根据《民法典》第 179 条第 1 款的规定,支付违约金与赔偿损失均属于承担民事责任的方式;该条第 3 款规定,本条规定的承担民事责任的方式,可以单独适用,也可以合并适用。因此,我国现行法律并不完全排斥支付违约金与赔偿损失并存适用。当然,根据《民法典》第 585 条第 2 款的规定,在违约金低于因违约行为造成的损失的情况下,人民法院或者仲裁机构可以根据当事人的请求予以增加。因此,如果约定的违约金低于造成的损失,当事人没有必要既请求支付违约金,再另行请求赔偿损失,可以直接请求人民法院或者仲裁机构予以增加。

(二) 违约金与实际履行

在一定意义上,支付违约金不但是一种承担合同责任的方式,也是一种履行债务的担保。支付违约金虽然可以弥补守约方的损失,但这毕竟是一种补偿,并不能代替当事人通过履行合同所得到的合同利益。在实践中,违约金的支付也可以独立于履行行为之外。如:双方合同约定,合同履行期到来后,一方每迟延交付货物一天,应按 100 元每天支付违约金。再如:银行贷款的逾期利息,逾期利息其实就是逾期还贷的违约金,不能说支付了逾期利息就可以免除主债务。因此,在当事人没有特别约定的情况下,违约方不能在支付了违约金之后免除主合同义务,因为支付违约金并不是法律赋予当事人违约的权利,支付违约金不能完全代替实际履行。对此,我国《民法典》第 585 条第 3 款规定,当事人就迟延履行约定违约金的,违约方支付违约金后,还应当履行债务。即《民法典》以立法的形式确定支付违约金与实际履行可以并存。

(三) 支付违约金与合同解除

解除合同并不是法律规定的一种违约责任承担方式,尤其是在协议解除的情况下,当事人在合同签订后至履行完毕前,通过协商一致解除合同,基于合同自由原则,法律并不干涉。

在双方约定解除合同时,在因一方违约导致双方协商解除合同的情况下,可以约定由一方向另一方支付一定数额的违约金。双方协商一致时，即以新的合同代替了原来的合同，如双方约定了解除合同的违约金，则该约定系一个新的合同，与原合同已无关系，双方按约定的违约金履行即可。

在合同履行过程中，守约方以《民法典》第563条第1款第4项"迟延履行债务或者有其他违约行为致使不能实现合同目的"的事由行使解除权的情况下，双方可能因解除行为是否生效产生争议，即使经法院或者仲裁机构确认合同解除行为的效力，也可能无法就因违约行为产生的损失或者支付违约金的数额达成一致。因此，在一方违约导致合同被解除的情况下，应当支持无过错方追究有过错方支付违约金的权利，解除合同并不影响守约方依据违约金条款追究对方违约责任的权利。对此，《民法典》第566条第2款规定，合同因违约解除的，解除权人可以请求违约方承担违约责任，但是当事人另有约定的除外。

（四）支付违约金与定金罚则

《民法典》第588条规定，当事人既约定违约金，又约定定金的，一方违约时，对方可以选择适用违约金或者定金条款。根据上述规定，违约金和定金不能并用，守约方只能在违约金和定金之间选择一种来追究对方的合同责任。法律规定不能并用，当事人当然会选择较高的一种来主张权利。在当事人选择定金或者违约金较高者主张权利时，如果发现较高者仍不能弥补其损失，是否还可以主张赔偿损失呢？《合同法》第116条只是规定了违约金与定金只能择一主张，禁止当事人在主张违约责任的同时又主张定金罚则。但《合同法》对定金和赔偿损失之间的关系未作规定，导致审判实践中裁判尺度不一。为完善定金制度，解决实践中存在争议的问题，《买卖合同案件司法解释》第28条关于定金与赔偿损失之间关系的规定。即买卖合同约定的定金不足以弥补一方违约造成的损失，对方请求赔偿超过定金部分的损失的，人民法院可以并处，但定金和损失赔偿的数额总和不应高于因违约造成的损失。《民法典》第588条第2款吸纳了上述司法解释的规定。正是因为司法解释确立的规则已被《民法典》吸纳，再在司法解释中规定上述条款已无必要，故该司法解释在2020年修正时删除了上述关于定金和支付违约金并用的条款。对于实践中双方具有致使不能实现合同目的的违约行为、轻微违约方以及部分履行合同的定金运用法则，最高人民法院司法解释进行了明确，《民法典合同编通则司法解释》第68条规定："双方当事人均具有致使不能实现合同目的的违约行为，其中一方请求适用定金罚则的，人民法院不予支持。当事人一方仅有轻微违约，对方具有致使不能实现合同目的的违约行为，轻微违约方主张适用定金罚则，对方以轻微违约方也构成违约为由抗辩的，人民法院对该抗辩不予支持。当事人一方已经部分履行合同，对方接受并主张按照未履行部分所占比例适用定金罚则的，人民法院应予支持。对方主张按照合同整体适用定金罚则的，人民法院不予支持，但是部分未履行致使不能实现合同目的的除外。因不可抗力致使合同不能履行，非违约方主张适用定金罚则的，人民法院不予支持。"

【典型案例】

H总工会诉A市卫生防疫站房地产转让合同纠纷案

上诉人（原审被告）：湖南省A市卫生防疫站。

法定代表人：莫某芳，站长。

被上诉人（原审原告）：H总工会。

法定代表人：刘某娥，总工会主席。

〔基本案情〕

H总工会（下称总工会）因与海南省A市卫生防疫站发生房地产转让合同纠纷，向湖南省高级人民法院提起诉讼。该院作出一审民事判决：一、双方当事人同意解除房地产转让合同，湖南省高级人民法院予以准许。二、防疫站退还总工会已付的转让费370万元及利息，利息按一般基建贷款月息7.5‰计算，自总工会付款之日起至收款之日止。三、A市卫生防疫站支付总工会赔偿金275万元。案件受理费51260元、财产保全费41770元全部由防疫站负担。以上应付款项，防疫站应在本判决生效后两个月内付清，逾期不付，拍卖该站在长沙市新站址的12.9亩土地及地上建筑物，以所得价款偿付总工会，多退少补。

〔当事人上诉及答辩意见〕

防疫站不服一审民事判决，向最高人民法院提起上诉。其上诉理由是：（1）双方签订的《房地产有偿划拨转让协议书》，因没有按双方的约定和法律的规定办理房产过户手续，尚未生效，法院不应保护。（2）对方在履行协议中也有过错，不应由上诉人承担275万元赔偿金和已付的370万元转让费的利息，以及全部案件受理费和财产保全费。（3）上诉人新站址的房地产是经长沙市人民政府规划的，法院无权将其拍卖。总工会辩称：双方签订的协议已经生效；上诉人违约给被上诉人造成了经济损失，应承担全部赔偿责任；上诉人新站址的房地产，是用被上诉人支付的转让费建设的，应将其作价抵偿给被上诉人。

〔最高人民法院查明的事实〕

最高人民法院审理查明：防疫站经上级批准，决定迁址新建，以适应卫生防疫事业的发展；总工会为解决直属单位住宿、办公用房决定征用防疫站的旧站址建房，得到全国总工会的批准。双方就旧站址的房地产划拨转让进行了多次协商，在经长沙市政府及其土地管理局、城建局等有关部门办了手续后，于1991年6月22日签订《房地产有偿划拨转让协议书》。双方约定，防疫站将长沙市民主西街8号6亩土地使用权及地上7259.9平方米房屋及其他附属设施的所有权，作价550万元划拨转让给总工会。协议生效后30天内，总工会付给防疫站转让费250万元，1992年5月31日前再付100万元。1993年2月底防疫站交付3栋住宅楼（3563平方米）后，总工会于同年3月10日前付给防疫站120万元；余下80万元待防疫站1994年3月底前将全部房地产交付总工会，经验收双方签字认可后半个月内，总工会一次付清。协议还约定两项违约赔偿条款，即双方不得以任何借口不履行协议，也不得提出协议以外的要求，不论哪方违约，不划拨转让或不接受划拨转让上述房地产，均按转让费总价格的50%向对方交纳赔偿金。如果总工会逾期付款，每逾一日，按已付款数的3%向防疫站交纳赔偿金；如防疫站逾期交房，亦按对等条件向总工会交纳赔偿金。

协议签订后，总工会按约定于1991年7月21日、22日分别付给防疫站150万元、100万元；1992年5月26日又付100万元；1993年1月8日应防疫站的请求，提前给付20万元，共付给转让费370万元。按协议的约定，防疫站向总工会移交了房屋档案材料，总工会于1992年12月26日向长沙市房屋产权监理处申请办理房屋产权证。在协议履行期间，防疫站于1991年11月5日经长沙市政府批准，在长沙市火星开发区征地12.9亩作为新站址，并于1992年4月开始动工建设。同年10月至1993年2月，防疫站以建筑材料价格上涨、建筑承包合同变更、资金严重短缺、工程难以继续、不能按期搬迁交房为由，先后6次致函总工会，要求增加转让费。总工会口头通知防疫站要严格执行协议，不同意增加转让费。防疫站未按约定在1993年2月底向总工会交付3栋住宅楼，总工会遂向法院起诉，要求法院判令防疫站全面履行合同，承担违约赔偿责任。在诉讼中，根据总工会的申请，湖南省高级人民法院裁定对防疫站新站址房地产进行财产保全，即未经法院许可，防疫站不得擅自转让新站址的房地产。在一审庭审中，总工会以防疫站违约使合同继续履行成为不必要为由，要求终止合同，防疫站亦表示同意。

[最高人民法院裁判理由与结果]

最高人民法院认为：双方当事人经过平等协商，并经各自上级主管部门批准，又在长沙市人民政府及其有关部门办理了房地产划拨转让手续，因此所签订《房地产有偿划拨转让协议书》是合法有效的。防疫站主张的未办理房产过户手续，即总工会未领取房屋产权证，协议尚未生效的上诉理由不能成立。协议约定的逾期付款一日，按3%交纳赔偿金的违约条款，参照有关合同违约责任的法律规定，显属过高。因此，原审法院撤销了协议中的这一条款，确认其余部分继续有效，是正确的。协议订立后，总工会按约定向防疫站交付了转让费。防疫站不能以建筑材料涨价，建筑承包合同变更，资金严重短缺为借口，不按期向总工会交付 3 栋住宅楼。防疫站违反协议，给总工会造成了经济损失，依据《中华人民共和国民法通则》第一百零六条的规定，以及双方当事人的约定，应承担违约赔偿责任。

最高人民法院还认为，原审法院认定事实清楚，但对本案的处理有不当之处。第一，总工会的经济损失应是双方协议转让的房地产原协议的价格与现行市场价格之间的差价。此差价已经包括了总工会付给防疫站 370 万元转让费的利息损失，原审法院判决防疫站赔偿总工会经济损失的同时，又判决支付转让费的利息，是不妥的。另外，原审法院判决认定总工会的经济损失（即原协议价格与现行市场价格之间的差价）为 275 万元，与现行房地产市场价格比较，此差价偏低，应予适当提高。第二，法院判决应当是依法对双方当事人讼争的实体问题，以及诉讼费用作出处理。总工会要求防疫站以转让其新址房地产的价款抵偿应付的款项，总工会的这一请求，只有在防疫站确实不能履行判决确定的给付义务，法院决定强制执行时才可考虑予以实施。原审法院将可能采取的强制执行措施写入判决书内，也是不妥的。

最高人民法院依照《中华人民共和国民法通则》第五十七条、第一百一十二条、第一百一十五条和《中华人民共和国民事诉讼法》第一百五十三条第一款第二项，于 1993 年 10 月 30 日作出判决：一、维持原审判决第一项；二、撤销原审判决第二、三项；三、防疫站退还总工会转让费 370 万元；四、防疫站支付总工会赔偿金 300 万元。

> **规则 34：（违约金的国家干预）当事人约定的违约金数额，人民法院不宜主动调整，只有当合同约定的违约金数额确实低于或者过分高于违约行为给当事人造成的损失且当事人请求调整时，人民法院才能予以调整**
>
> ——房地产公司与机械公司土地使用权转让合同纠纷案①

【裁判规则】

对于当事人在合同中约定的违约金数额，当事人请求调整，且合同约定的违约金数额确实低于或者过分高于违约行为给当事人造成的损失时，人民法院应予调整。

---

① 《中华人民共和国最高人民法院公报》2008 年第 3 期。

【规则理解】

一、法律对违约金进行调整的正当性分析

当事人自由约定违约金是合同自由的具体体现，但违约金的数额与当事人实际遭受的损害往往并不相同。在这种情况下，法院是否有权对违约金的数额予以增减？目前，不论是大陆法系国家还是英美法系国家，都对违约金条款采取了可以干预的原则。但是，基于合同自由原则，违约金条款一般由合同双方约定，法律对这种约定进行干预，就必须有正当性的理由。

（一）合同自由不是绝对的

意思自治原则是民法的基本原则之一，而合同又是实现意思自治的重要途径。立法与司法应当尊重合同当事人对违约金的约定。但是，它必须符合于法律设立违约金制度的目的，更不能与法律设立违约金制度的目的背道而驰，同时当事人之间的民事行为不能违反公平和诚实信用原则。客观的社会现实表明，拘泥于绝对的意思自治原则将会导致合同当事人意思的不自由与不真实。违约金条款被滥用的现象普遍存在，这些条款表面上是合同当事人意思自治的体现，而实际上却是当事人尤其是弱势当事人无奈选择的结果。合同当事人缔约地位的不平等决定了意思自治的结果并不公平。我国《民法典》第4条规定，民事主体在民事活动中的法律地位一律平等。但这种平等只是一种法律上的抽象平等，在实际的缔约过程中双方当事人因经济能力的不对称而无法拥有对等的话语权。一般来说，经济实力雄厚或掌握优势资源的合同当事人决定合同条款的内容，而作为弱势的合同相对人在大多数情况只能被迫接受而无选择的余地，尤其是格式合同在经济生活中的大量使用以及垄断集团的出现进一步加剧了这种状况。因此，立法与司法有必要对现实中这种扭曲了的缔约地位作出一定的矫正，而违约金调整规则正是这种背景下的产物。违约金变更规则并不是要削弱或否认当事人的意思自治，相反是为了更好地贯彻当事人的意思自治。

（二）法律对违约金干预的可能性

根据违约金是对违约行为的惩罚还是对违约造成的损失予以补偿，违约金可以分为惩罚性违约金和赔偿性违约金。赔偿性违约金的主要功能是为了弥补一方违约后给另一方所造成的损失，双方预先估计到违约可能发生的损失数额，并且在一方违约后，另一方可直接获得预先约定的违约金数额，以弥补其遭受的实际损害。赔偿性违约金的功能重在补偿违约相对方的损失。当事人一方违约，造成了违约相对方的损失，按照约定向对方支付违约金。惩罚性违约金是指对债务人的违约行为实行惩罚，以确保合同债务得以履行的违约金。惩罚性违约金一般与实际损失无必然联系,可以相比具体损失偏高。

一般认为,在违约造成的损失数额高于违约金的数额时,违约金属于赔偿性的;在违约未造成损失或造成的损失低于违约金的数额时,违约金属于惩罚性的。[1] 惩罚性违约金的适用对于有效减少违约事实具有重要作用,起到保证合同履行和促成交易的作用。

无论是赔偿性质的违约金还是惩罚性质的违约金,最终还是以违约行为造成的实际损失为标准来衡量。对违约行为进行确定,对违约行为造成的损失进行补偿,预防和制止违约行为始终是违约金制度的初衷。虽然违约金的数额一般由当事人约定,但是这种约定发生在违约的事实之前,在当事人约定的违约金与违约行为造成的损失出现相应差距时,如果法律不设定一种调节机制,则不利于实现违约金制度的目的。因此,违约金的性质和功能决定了法律对其进行干预的必要和可能。

二、违约金调整的域外立法

不论是大陆法系国家还是英美法系国家,都对违约金条款采取可以干预的原则。但是干预的程度与制度设计是不一样的。

(一)大陆法系国家立法重干预

在大陆法系,合同的稳定性更被人们所追求,所以大陆法系注重合同的实际履行,反映到违约金中就是强调惩罚性违约金的制裁手段。在德国法中,司法实践中对于违约金数额干预的力度大。《德国民法典》第343条规定:"处罚的违约金过高,经债务人申请,可以判决减至适当的金额。"第340条第2款还规定:"债权人因不履行而享有损害赔偿请求权时,可以要求以已取得的违约金代替最低数额的损害赔偿。不排除主张其它损害赔偿。"第341条第2款还规定:"债权人因不以适当方式履行给付而享有损害赔偿请求权时,适用第340条第2款的规定。"因此,德国立法直接规定了惩罚性违约金过高,经当事人申请,法院可以将其调整至适用数额;而当违约金的数额低于实际损失时,在违约金数额之外可以另行请求损害赔偿。1975年前的《法国民法典》第1152条规定,法官原则上不能对违约金的约定进行调整。但于1975年对此做了增补,加入了1152条的第1款,1985年时,又做了进一步的修改,规定:"如果已约定的罚金的数额明显过高或过于荒谬,法院可以依其意志增加或减少该数额。一切相反的约定应视为不适用。"也明显地体现出了法官对违约金数额进行调

---

[1] 王利明:《合同法研究》(第一卷),中国人民大学出版社2003年版,第693页。

整的权力。

（二）英美法系国家立法少干预

《美国统一商法典》规定了合同"意思自治"原则，法官对违约金的干预很慎重，其目的是防止法官代替当事人订立合同和改变当事人订立的合同条款。违约金被判定为预定损害赔偿时，违约人即应按照约定的金额向对方给付，法官不得变更该金额；当违约金被判定为罚金，则该条款无效。债权人不能请求给付约定的金额，法官也不能对该金额进行调整。在这种情况下，债权人只能选择请求损害赔偿的救济手段。

三、我国立法对违约金进行调整的规定

我国立法沿袭了大陆法系的传统，对违约金条款采取了干预的原则。

（一）干预的前提

合同关系是当事人之间的利益关系，即使违约金数额过高或过低而当事人自愿接受，只要不涉及社会公共利益、国家利益和他人利益，司法机关没有必要对此主动干预。《德国民法典》第343条规定需"经债务人申请"，也就是说，经当事人的请求法院才能对违约金予以减少。我国《合同法》第114条第2款的规定："约定的违约金低于造成的损失的，当事人可以请求人民法院或者仲裁机构予以增加；约定的违约金过分高于造成的损失的，当事人可以请求人民法院或者仲裁机构予以适当减少。"《民法典》第585条第2款延续了上述规定，只是在表述上有细微改变。因此，司法对当事人约定的违约金进行干预的前提是当事人提出请求。在没有当事人请求的情况下，法院不宜主动对其予以干预。审判实践中有一种情形，对于违约金过高，但当事人始终坚持自己没有违约，在此种情形下，人民法院能否进行调整？笔者认为，当事人固守自己没有违约的主张，其目的是抵销、动摇或者吞并对方的违约金请求，无论法院判决其承担多少违约金都会认为过高，如果机械地认定当事人没有对违约金过高提出调整主张，而依据一方当事人的请求进行判决，可能会造成实质上的不公平。《民商事合同纠纷案件指导意见》第5条规定："现阶段由于国内宏观经济环境的变化和影响，民商事合同履行过程中违约现象比较突出。对于双方当事人在合同中所约定的过分高于违约造成损失的违约金或者极具惩罚性的违约金条款，人民法院应根据合同法第一百一十四条第二款和《合同法司法解释二》第二十九条等关于调整过高违约金的规定内容和精神，合理调整违约金数额，公平解决违约责任问题。"第6条规定："在当前企业经营状况普遍较为困难的情况下，对于违约金数额过分高于违约造成损失的，应当根据合同法规定的诚

实信用原则、公平原则,坚持以补偿性为主、以惩罚性为辅的违约金性质,合理调整裁量幅度,切实防止以意思自治为由而完全放任当事人约定过高的违约金。"第7条规定:"人民法院根据合同法第一百一十四条第二款调整过高违约金时,应当根据案件的具体情形,以违约造成的损失为基准,综合衡量合同履行程度、当事人的过错、预期利益、当事人缔约地位强弱、是否适用格式合同或条款等多项因素,根据公平原则和诚实信用原则予以综合权衡,避免简单地采用固定比例等'一刀切'的做法,防止机械司法而可能造成的实质不公平。"第8条规定:"为减轻当事人诉累,妥当解决违约金纠纷,违约方以合同不成立、合同未生效、合同无效或者不构成违约进行免责抗辩而未提出违约金调整请求的,人民法院可以就当事人是否需要主张违约金过高问题进行释明。人民法院要正确确定举证责任,违约方对于违约金约定过高的主张承担举证责任,非违约方主张违约金约定合理的,亦应提供相应的证据。合同解除后,当事人主张违约金条款继续有效的,人民法院可以根据合同法第九十八条的规定进行处理。"《民法典合同编通则司法解释》第62条规定:"非违约方在合同履行后可以获得的利益难以根据本解释第六十条、第六十一条的规定予以确定的,人民法院可以综合考虑违约方因违约获得的利益、违约方的过错程度、其他违约情节等因素,遵循公平原则和诚信原则确定。"第63条规定:"在认定民法典第五百八十四条规定的'违约一方订立合同时预见到或者应当预见到的因违约可能造成的损失'时,人民法院应当根据当事人订立合同的目的,综合考虑合同主体、合同内容、交易类型、交易习惯、磋商过程等因素,按照与违约方处于相同或者类似情况的民事主体在订立合同时预见到或者应当预见到的损失予以确定。除合同履行后可以获得的利益外,非违约方主张还有其向第三人承担违约责任应当支出的额外费用等其他因违约所造成的损失,并请求违约方赔偿,经审理认为该损失系违约一方订立合同时预见到或者应当预见到的,人民法院应予支持。在确定违约损失赔偿额时,违约方主张扣除非违约方未采取适当措施导致的扩大损失、非违约方也有过错造成的相应损失、非违约方因违约获得的额外利益或者减少的必要支出的,人民法院依法予以支持。"第64条规定:"当事人一方通过反诉或者抗辩的方式,请求调整违约金的,人民法院依法予以支持。违约方主张约定的违约金过分高于违约造成的损失,请求予以适当减少的,应当承担举证责任。非违约方主张约定的违约金合理的,也应当提供相应的证据。当事人仅以合同约定不得对违约金进行调整为由主张不予调整违约金的,人民法院不予支持。"第65条规定:"当事人主张约定的违约金过分高于违约造成的损失，请求予以适当减少的，人民法院应当以民法典第五百八十四条规定的损失为基础，兼顾合同主体、交易类型、合同的履行情况、当事人的过错程度、履约背景等因素，遵循公平原则和诚信原则进行衡量，并作出裁判。约定的违约金超过造成损失的百分之三十的，人民法院一般可以认定为过分高于造成的损失。恶意违约的当事人一方请求减少违约金的，人民法院一般不予支持。"第 66 条规定："当事人一方请求对方支付违约金，对方以合同不成立、无效、被撤销、确定不发生效力、不构成违约或者非违约方不存在损失等为由抗辩，未主张调整过高的违约金的，人民法院应当就若不支持该抗辩，当事人是否请求调整违约金进行释明。第一审人民法院认为抗辩成立且未予释明，第二审人民法院认为应当判决支付违约金的，可以直接释明，并根据当事人的请求，在当事人就是否应当调整违约金充分举证、质证、辩论后，依法判决适当减少违约金。被告因客观原因在第一审程序中未到庭参加诉讼，但是在第二审程序中到庭参加诉讼并请求减少违约金的，第二审人民法院可以在当事人就是否应当调整违约金充分举证、质证、辩论后，依法判决适当减少违约金。"根据上述规定对此，人民法院在具体案件审理过程中可以根据实际情况进行释明，如提出"假设对方存在违约行为，对违约金的数额是否有异议"等设问方式。

（二）干预的范围

法律对违约金的干预体现为两个方面：一是将违约金条款或者约定作为一种独立的合同，如果出现了法律规定的无效或者可撤销的情形，则依据合同无效或者可撤销制度对其予以干预。二是当违约金条款或者约定不存在无效、可撤销的情况，但当事人约定的违约金数额与违约行为造成的损失存在差距，导致当事人之间约定的违约金不能弥补违约行为造成的损失或者过分地高于造成的损失的情形，则法院可以依据当事人的请求进行调整。需要提及的是，我国对数额过低的违约金的调整规定独树一帜，作出了与两大法系不同的规定。我国《民法典》第 585 条第 2 款规定："约定的违约金低于造成的损失的，当事人可以请求人民法院或仲裁机构予以增加……"，无论是大陆法系还是英美法系均无此规定。究其理由，笔者认为，我国立法强调违约金是违约责任，依据我国《民法典》第 577 条规定："当事人一方不履行合同义务或者履行合同义务不符合约定的，应当承担继续履行、采取补救措施或者赔偿损失等违约责任。"此处虽然没有提及违约金可与损害赔偿同时并用，但并不意味着我国法律否定损害赔偿与违约金的同时并用，而是可以通过对双方约定的违约金数额进行调整来解决约定的违约金数额低于造成损失的问题。因此，因约定的违约金低于造成的损失，当事人请求人民法院增加违约金的，增加后的违约金数额以不超过实际损失额为限。增加违约金以后，当事人又请求对方赔偿损失的，人民法院应当不予支持。

(三) 干预的标准

违约金的过高过低，必须有一个相对确定的标准，否则司法实践中将会无法确定，这种干预规定也就成了一纸空文。在我国法律中，判断约定的违约金高低的标准是违约行为造成的损失，当事人必须证明违约金数额过高或过低。但是，违约行为造成的损失如何界定，是仅指直接损失还是可以包括可得利益损失，这是司法实践中必须注意的一个问题。

从德国的立法来看，这种损失不仅包括直接损失，也包括可得利益损失。《德国民法典》第342条第2款规定："法官必须考虑到债权人的一切正常利益，而不仅仅是财产上的利益。"这里不仅要求司法机关考虑到"债权人的一切正常利益"，这种规定意味着法官在判断违约金数额是否过高时，应根据合同的具体规定以及合同履行的具体情况，考虑到如果债务人能够完全履行合同义务，债权人所可能得到的一切利益，这种利益还不局限于财产上的利益。

我国《民法典》对于人民法院依据当事人请求调整违约金的参照标准只有因违约造成的损失，没有其他参照因素。笔者认为，在当事人提出证据予以证明的情况下，应以违约造成的实际损失为标准，不应当局限于直接损失的赔偿。

【拓展适用】

一、违约金调整中法官释明的限度

在违约金调整的启动模式上，我国目前采用以当事人申请调整的立法模式，以当事人申请为调整的前提条件，法院不能直接依职权对当事人约定的违约金进行调整。但司法实践中存在疑问的是，在违约金高低的问题上，法官是否有释明的适用空间。即：在当事人纠结于是否违约的焦点问题而忽略了违约金是否过低或者过高这一问题时，法官是否可以引导当事人思考另一个问题：假如违约成立，你方是否考虑违约金过高或者过低的问题。如果法官不提出这样的引导或者释明，严格依据当事人的诉辩来进行审理，则可能出现当事人一旦在一审中着重考虑的"是否违约"这一问题解决后，在二审上诉时又提出"违约金低于或者过分高于造成损失"这一请求。二审法院完全可能依据当事人的上诉请求对违约金的数额进行调整,即二审改判。一审法官为了避免二审在违约金的数额上进行改判,会想方设法地引导当事人在一审过程中提出违约金调整的请求,然后再依据当事人的申请进行判决。反之,如果一审法官在审理过程中提出这样的问题,相应的当事人肯定会接受法官的建议,提出请求增加或者减少的申请。这又会引起另一方当事人的不满,法官凭什么在对方没有提出违约金数额低于或者过分高于造成损失的情况下诱引对方当事人提出增加或者减少的申请。面对这些在司法实践中常常遇到的问题,必须有一个统一的裁判或者释明标准,才能既达到实体公正的结果,又不引起当事人对程序公正的怀疑。对此,《买卖合同案件司法解释》第 21 条规定:"买卖合同当事人一方以对方违约为由主张支付违约金,对方以合同不成立、合同未生效、合同无效或者不构成违约等为由进行免责抗辩而未主张调整过高的违约金的,人民法院应当就法院若不支持免责抗辩,当事人是否需要主张调整违约金进行释明。一审法院认为免责抗辩成立且未予释明,二审法院认为应当判决支付违约金的,可以直接释明并改判。"《民法典合同编通则司法解释》第 66 条规定:"当事人一方请求对方支付违约金,对方以合同不成立、无效、被撤销、确定不发生效力、不构成违约或者非违约方不存在损失等为由抗辩,未主张调整过高的违约金的,人民法院应当就若不支持该抗辩,当事人是否请求调整违约金进行释明。第一审人民法院认为抗辩成立且未予释明,第二审人民法院认为应当判决支付违约金的,可以直接释明,并根据当事人的请求,在当事人就是否应当调整违约金充分举证、质证、辩论后,依法判决适当减少违约金。被告因客观原因在第一审程序中未到庭参加诉讼,但是在第二审程序中到庭参加诉讼并请求减少违约金的,第二审人民法院可以在当事人就是否应当调整违约金充分举证、质证、辩论后,依法判决适当减少违约金。"笔者认为,根据上述司法解释的规定,以合同不成立、合同未生效、合同无效、被撤销、确定不发生效力或者不构成违约、非违约方不存在损失等为由进行免责抗辩而未主张调整过高的违约金的,人民法院应当就法院若不支持免责抗辩,当事人是否需要主张调整违约金进行释明。同时还有注意释明期限不限于一审,当一审法院认为免责抗辩成立且未予释明,二审法院认为应当判决支付违约金的,可以直接释明并改判。在违约金是否过高的问题上,法官行使释明应非常谨慎,只有在特殊情况下才可进行释明,而且应对特殊情况予以严格限制。如不存在上述免责抗辩情形时,在当事人未明确主张调整违约金数额或者没有线索表明当事人认为违约金过高的场合下,法官主动行使释明来调整违约金的做法并不合适。

（一）法官居中裁判之原则

如果法官主动向当事人进行释明,询问一方当事人约定的违约金是否过低或者过高,当事人得到法官的提示后,绝大多数人都会要求调整。这其实也是法官给一方当事人以提醒、提示,不符合居中裁判的原则。以违约方为例,如果违约方在原来的举证期限内没有提出对方损失的证据,而是仅仅对是否违约进行抗辩。这时,法官已经明确地提示违约方"约定的违约金是否过高"这一问题,违约方一方面会及时提出请求法院对过高的违约金进行调整的请求,另一方面也有举证证明约定的违约金过分高于损失的证明责任。在举证期限已过的情形下,法官应当如何对待违约方的这一举证义务以及证据材料,是宽限时间,还是重新指定举证期限,还是以证据超过规定的举证期限不予认定？无论怎么选择都会使法官的审理陷入两难的境地。

（二）法官不能代替当事人作出选择

根据理性人假设,合同双方对于自己的利益,应当比法官这个局外人更加清楚,只要当事人之间不存在胁迫、重大误解,从他们自己的角度考虑他们自己做出的选择应当是最佳、最符合其自身利益的。法官在询问一方当事人约定的违约金过高或者过低时,法官可能会先入为主,已经认为双方约定的违约金过高或者过低。当事人之所以选择很高的违约金,很有可能是已获得相应的交易机会的条件,也可能是因为冒有相当的信用风险,而法官作为事外之人,根本无法完全清楚双方签订违约金条款之时的心理或者实际情况。因此,只有在一定的情形下,法官才能向当事人进行释明,否则,作为裁判者,法官如果选择向一方当事人释明则有代替当事人作出选择之嫌。

（三）行使释明的限制性原则

一般认为,释明只能在特定情形下行使,这些情形主要是当事人提出的诉讼主张或陈述不清楚、不充分或自相矛盾,应提出的证据材料没有提出等。法官应当以当事人的请求或陈述中是否有线索可循,是否包含了相应的意思等角度出发来判断是否应进行释明。如当事人陈述中包含了某种对诉讼有意义的意思表示,但仅因法律知识、诉讼技巧或表达能力等方面的欠缺而无法明确表达出来,法官则应当行使释明加以指导。但这种释明仍应受处分权主义和辩论原则的限制,当事人没有声明的事项,法官不得发问。就行为规范而言,基于对当事人处分权和真实意思的尊重,法官应在当事人主义模式内与当事人进行交流,不得对诸如诉讼时效抗辩、调整违约金这样的实体事项向根本没有该意思表示的当事人释明。①

因此，法官在违约金调整时进行释明应当采取慎之又慎的原则，即不轻易就是否调整违约金向当事人询问或者释明。法官释明时也应注意语言的表达方式和语态，尽可能使用假设或如果出现何种情形时，用征求意见或设问的方式进行，防止引起当事人的猜疑。笔者认为，下列情况，法官方可释明：一是当事人一方以对方违约为由主张支付违约金，对方以合同不成立、无效、被撤销、确定不发生效力、不构成违约或者非违约方不存在损失等为由进行免责抗辩而未主张调整过高的违约金的，人民法院应当就法院若不支持免责抗辩，当事人是否需要主张调整违约金进行释明。二是当事人在诉讼请求或抗辩理由中表达了对违约金数额进行调整的请求。例如在违约金低于损失时，当事人在主张违约金的同时又主张对方赔偿损失，这就已经很明显地表明其认为约定的违约金数额太低，虽然形式上没有申请增加违约金，但实质和请求人民法院增加违约金是一致的，仅是选择了不正确的表达方式。三是违约方虽未主动申请法院对违约金进行调整，但其抗辩理由或者反诉请求中不但包括了其不构成违约，而且包括了即使其构成违约，因违约行为所造成的损失也很小或者没有任何损失，这其实也是当事人对约定的违约金过高的另一种表述方式，只是其诉讼的策略重点在于抗辩是否构成违约而非违约造成的损失上。四是在当事人的法律知识极度匮乏，法官不释明不足以使诉讼顺利进行的情况。

二、法官对违约金调整的自由裁量权限度

我国《民法典》第585条第2款规定的约定的违约金低于造成的损失的或者过分高于造成的损失的，人民法院或者仲裁机构可以根据当事人的请求予以增加或者予以适当减少。《民法典合同编通则司法解释》第64条规定："当事人一方通过反诉或者抗辩的方式，请求调整违约金的，人民法院依法予以支持。违约方主张约定的违约金过分高于违约造成的损失，请求予以适当减少的，应当承担举证责任。非违约方主张约定的违约金合理的，也应当提供相应的证据。当事人仅以合同约定不得对违约金进行调整为由主张不予调整违约金的，人民法院不予支持。"严格来说，这种规定只是为法官提供了一个方向，至于何谓"低于"，又何谓"过分高于"则必须由法官在司法实践中根据案件的实际情况进行判断，即法官的自由裁量权问题。法官的自由裁量权不是漫无边际的，必

---

① 靳学军、李颖：《违约金调整的司法难题及解决》，载《人民司法·应用》2008年第19期。

须要在一定的范围内行使自由裁量权,否则就会出现裁判的标准因时、因人、因事而变,既不利于法律的统一性,更不利于社会经济的可持续发展。

在对违约金进行调整时,法官的自由裁量权受到实体和程序方面的限制。主要表现在以下方面:

(一)实体方面的限制

第一,要尊重当事人的意思自治,法官不得代替当事人订立合同。原则上,违约金必须是当事人事先约定的,这是《民法典》第585条关于违约金的规定所决定的,明确违约金应由当事人事先约定,是尊重当事人合同自由原则的体现。如果当事人在合同中约定违约金不允许调整,那么基于理性人的考虑,原则上尊重当事人的约定,法官不得任意地行使自由裁量权。这也是基于民法意思自治原则的神圣地位,约定的违约金条款具有不可触犯性,即使该条款似乎不公正。当然这种约定不能逾越法律的界限。

第二,在当事人约定的违约金不明确且没有法律特别规定时,法官应当如何来确定最后的违约金数额。因当事人之间的约定不明又没有法律的特别规定,法官对合同进行解释来确定违约金的数额成为必要。这其实也是法官行使自由裁量权的重要方面,这时法官应当根据违约金的性质进行判断,即遵循违约金主要为补偿性,特别情况下才为惩罚性的原则进行判断。同时,也要考察双方订立合同的目的,毕竟双方当事人订立合同之初是抱着对方积极履行的态度,违约金条款的拟定只是为了在发生违约、有损害时方便高效获得赔偿,没有人是抱着合同被对方违反的心态去订立合同。因此,在当事人对于违约金性质约定不明或者没有约定的时候,应解释为赔偿性违约金,而不能任意地解释为惩罚性,进而支持过高的违约金。

第三,法官的自由裁量权只能在违约金的约定低于或"过分"高于损失,会带来明显的不公正时才能启动。在一般的高于损失时,法官是不具有调整权力的。

(二)程序方面的限制

程序方面意味着法官对违约金的调整还必须遵循一定的程序,不是说出现了可以调整的情形,法官可以主动依职权进行调整或者不调整,而必须有一定的程序限制法官自由裁量权的行使,以避免法官自由裁量权的滥用。对违约金进行调整程序的启动应采用抗辩权发生说,法院一般不主动审查违约金条款,即法院对违约金的调整得依当事人的请求。因为违约金条款是当事人自愿达成的约定,对违约金约定"过高"或者"低于"而请求人民法院调整是当事人的一项抗辩权，法院一般不应代权利人行使权利，主动审查违约金条款。当然这种限制也不是绝对的，例如当事人之间的约定一致，但该约定损害了国家、社会或第三者利益时，法官这时就不能做一个"不告不理"的消极者，不能坐视不理，而应当根据相关法律原则对过高的违约金进行调整。只有在这种情况下，违约金过高时的调整才不考虑当事人的意思自治，因为这时的当事人意思自治已经触及了法律的底线。

【典型案例】

房地产公司与机械公司土地使用权转让合同纠纷案

上诉人（原审被告）：房地产公司。

法定代表人：范某明，该公司董事长。

上诉人（原审原告）：机械公司。

法定代表人：高某俊，该公司董事长。

〔基本案情〕

山西省高级人民法院经审理查明：2002年3月26日，机械公司（甲方）与房地产公司（乙方）签订《协议书》。其主要内容如下：……（二）开发地段：位于太原市并州南路西一巷48号，并规选字（2001）第0068号规选中，南北约232米，东西约221米，除去其中西南角锅炉房、西北角已有建筑物，并留出变电室位置0.5亩左右，占地约64.5亩。（三）双方权利义务：（1）机械公司负责上述地段的旧屋拆除及安置；（2）机械公司负责三通一平，具体时间为2002年6月10日前为主干道以西地段，2002年11月30日前为剩余地段；（3）在土地转让手续办理完毕之前，机械公司协助房地产公司办理项目的建设手续；（4）机械公司负责房地产公司施工中的水、电供应，费用由房地产公司按月支付，房屋建成后的水电增容及设施费用由房地产公司承担；（5）机械公司现有锅炉房、变电室可与房地产公司共同使用，由此产生的增容费由房地产公司承担（产权归机械公司）；（6）房地产公司负责开发项目所需规划、设计、报建等工作及费用；（7）房地产公司负责工程费用筹措、支付、施工及房屋建成后的销售；（8）机械公司负责办理土地出让手续，土地出让金及相关出让费用由房地产公司按机械公司与土地管理部门签署的《国有土地出让合同》约定的付款方式及付款时间支付给机械公司，再由机械公司向政府相关部门缴纳；（9）机械公司土地出让手续办理完毕且房地产公司向机械公司支付全部土地补偿金后，机械公司即为房地产公司办理土地使用权转让手续，转让费用由房地产公司承担；（10）房地产公司为取得土地使用权，向机械公司支付土地补偿金每亩94万元（不含土地出让金及相关税费）；（11）建成后的商铺和住宅，机械公司可按房地产公司确定的价格优先购买；（12）如机械公司需在本小区内建设职工住宅，其占地面积从总面积中扣除；（13）房地产公司在售房过程中发生的各类税、费均由房地产公司承担。(四) 付款方式：(1) 协议签订后两日内，房地产公司向机械公司支付土地补偿金 500 万元，十日内支付 1500 万元；(2) 机械公司与土地部门签订土地出让合同后十日内，房地产公司按该合同确定的土地出让金比例和数额向机械公司支付该笔款项；(3) 机械公司土地出让完毕，且已取得国有土地使用权后，机械公司与房地产公司签订该土地使用权转让合同，此合同一经土地局批准十日内，房地产公司支付剩余的土地补偿金，机械公司收到土地补偿金后，将土地证及已批准的土地使用权转让协议交由房地产公司办理过户手续。(五) 违约责任：(1) 在土地转让手续办理完毕前，机械公司如未按本协议第三条第二项约定时间实现三通一平，应按房地产公司已付款额，以每日万分之四计息赔偿待工损失，超过三个月仍无法实现约定条款，房地产公司有权解除协议，机械公司须退还所收款项。(2) 房地产公司未按本协议第四条约定时间向机械公司支付该条约定款项，按该条应支付款项，每超过一日按万分之四计息补偿给机械公司，如超过约定时间三个月后仍不能支付，机械公司有权终止协议，除留下已付款的 10% 作为对机械公司补偿外，其余款项退回房地产公司。(3) 施工期间，如因机械公司原因不能保证用水、用电，机械公司应赔偿房地产公司因此所遭受的直接损失；房地产公司未按本协议约定支付水、电及增容费用，机械公司免除责任。(4) 在土地转让手续办理完毕之前，因机械公司原因，房地产公司未能及时办理工程项目审批手续，影响施工，机械公司须赔偿因此给房地产公司造成的直接损失，但由于房地产公司未按通知如期支付相关费用，机械公司免除责任。

2002 年 4 月 2 日，机械公司 (甲方) 与房地产公司 (乙方) 签订《补充协议》。其主要内容如下：(1) 按原订协议的期限，房地产公司按每亩 94 万元向机械公司支付土地补偿金，94 万元/亩中的流转税按机械公司 76%，房地产公司 24% 的比例承担。房地产公司承担的 24% 流转税款按原《协议书》约定在房地产公司支付每期土地补偿金的同时一并支付，最终以实际交付的税款按双方约定的比例多退少补。(2) 除以上 1 条以外，原协议履行过程中的所有各项税费 (包括土地增值税、交易税等，但不限于此) 均由房地产公司承担。(3) 以上各项税费凡以机械公司名义缴纳的，须由房地产公司如数支付给机械公司。

2002 年 9 月 24 日，机械公司与太原市国土资源局签订《国有土地使用权出让合同》(以下简称《出让合同》)，机械公司取得了该宗土地的使用权。确认出让土地面积为 42968.75 平方米 (约 64.45 亩)。

2002 年 12 月，机械公司与房地产公司签订《太原市出让土地使用权转让合同书》(以下简称《转让合同》)。该合同主要内容如下：第 7 条土地使用权转让价格为每平方米 1223 元，总额为 5255.08 万元。第 8 条机械公司同意按原出让合同规定向国家交纳转让时的土地增值税。第 10 条双方在本合同签订十五日内，由房地产公司按太原市地产交易管理所审批意见，办理有关手续，交纳有关税费。第 11 条双方在本合同签订后三十日内到太原市国土资源局申请土地使用权变更登记。

根据《协议书》第四条 1 约定：本协议签订后两日内，房地产公司支付土地补偿金 500 万元，十日内支付土地补偿金 1500 万元。2002 年 4 月 2 日，房地产公司以承兑汇票方式向机械公司支付土地补偿金 2000 万元（该承兑汇票 2002 年 9 月到期）。

2002 年 10 月 30 日，房地产公司以支票方式向机械公司支付土地补偿金 250 万元。

根据《协议书》第四条 3 约定：机械公司取得国有出让土地使用权后，由机械公司与房地产公司签订该土地使用权转让合同（按土地局规定文本），此合同一经土地局批准十日内，房地产公司即支付剩余的土地补偿金。2002 年 12 月，机械公司与房地产公司签订《转让合同》，2003 年 1 月 20 日，房地产公司以承兑汇票方式向机械公司支付土地补偿金 2000 万元。

2005 年 1 月 5 日、8 月 19 日、8 月 29 日、9 月 22 日，房地产公司以支票、现金方式，四次向机械公司支付土地补偿金 330 万元。

综上，房地产公司以承兑汇票、支票、现金方式共支付土地补偿金 4580 万元，余款未付。

根据《协议书》第三条 8 约定：机械公司负责办理土地出让手续，土地出让金及相关出让费用由房地产公司按机械公司与土地管理部门签署的《出让合同》约定的付款方式及付款时间支付给机械公司。《协议书》第四条 2 约定：机械公司与土地管理部门签订土地出让合同十日内，房地产公司应按该合同确定的土地出让金比例和数额向机械公司支付该笔款项。2002 年 9 月 24 日机械公司和太原市国土资源局签订《出让合同》。2002 年 8 月 12 日房地产公司以承兑汇票方式向机械公司支付土地出让金 1000 万元（该承兑汇票 2003 年 2 月到期）。2002 年 9 月 23 日房地产公司以电汇方式向机械公司支付土地出让金 50 万元。房地产公司合计向机械公司支付土地出让金 1050 万元。

2003 年 1 月 15 日，机械公司与房地产公司取得国有土地使用权转让鉴证单。双方通过办理权属变更登记手续，房地产公司于 2003 年 1 月取得该宗土地的国有土地使用证。

按照《协议书》和《补充协议》有关税费承担的约定，房地产公司尚欠机械公司各种税金。

一审法院还查明，2002 年 12 月 31 日，房地产公司向太原市国土资源局支付土地出让金 386.72 万元。

一审法院另查明，机械公司已缴纳契税 41.25 万元；已申报营业税 281.25 万元，实际缴纳营业税 242.526 万元。

一审法院再查明，房地产公司住所地由原太原市并州南路×号变更为太原市并州南路××号。

2006 年 1 月 16 日，机械公司向一审法院起诉称，2002 年 3 月 16 日机械公司与房地产公司签订《协议书》，就机械公司向房地产公司转让太原市并州南路××号土地拆迁补偿事宜进行了明确约定。2002年4月2日又签订《补充协议》，就《协议书》中有关税费承担问题进一步明确。合同签订后，机械公司按约履行了合同，而房地产公司只支付了土地补偿金4559.7万元，尚欠机械公司土地补偿金、相关税费等合计3548.6271万元。房地产公司应支付欠款并对其违约行为按照合同约定承担违约责任。请求依法判令：房地产公司立即支付土地补偿金、相关税费合计3548.6271万元及违约金755.86256万元（截至2006年1月12日）及至全部清偿之日止的违约金；房地产公司承担全部诉讼费用及律师费用。

2006年8月7日，机械公司向一审法院递交补充诉状，称根据机械公司与房地产公司签订的《转让合同》，房地产公司还另外拖欠机械公司土地转让金5255.08万元没有支付。因此增加诉讼请求，请求依法判令房地产公司立即支付土地出让金5255.08万元并承担全部诉讼费用。

房地产公司辩称，房地产公司不欠机械公司任何款项，机械公司的诉讼请求应被驳回。（1）机械公司主张的"土地补偿金"与"土地转让金"是转让同一地块的不同阶段的称谓，其实质是土地转让价。2002年3月26日，双方签订《协议书》时土地性质为划拨土地，且协议的名义是合作开发，故使用"补偿金"这一名词，实质是土地使用权转让合同。2002年12月，双方就该地块重新签订了《转让合同》，并经政府批准。该合同是最终确定土地使用权转让法律关系的合法文件，转让价格为5255.08万元。房地产公司已超额支付土地转让款，不存在欠款一说。（2）房地产公司不欠机械公司任何税费。《转让合同》中没有约定由房地产公司负担相关税费，且在该合同第八条明确约定增值税由机械公司负担。（3）房地产公司不欠机械公司任何款，机械公司无权主张所谓的违约金。

〔一审裁判理由与结果〕

山西省高级人民法院认为，双方当事人争议的主要焦点是：（1）《协议书》的效力问题；（2）《补充协议》的效力问题；（3）《转让合同》的效力问题；（4）房地产公司已付价款数额的确定问题、税金问题及违约金问题。

一、关于《协议书》的效力问题

一审法院从三个方面分析《协议书》的效力：（1）《协议书》的性质。机械公司认为《协议书》约定的土地补偿金，系用于地上房屋拆迁、职工安置、工厂搬迁及地上建筑物补偿等，与《转让合同》约定的土地转让金，是两个概念，无法替代。房地产公司认为《协议书》名为合作开发，实际是不同时期转让土地使用权的同一称谓，《协议书》的实质为土地使用权转让合同。一审法院认为，《协议书》的性质是土地使用权转让合同。就《协议书》内容看，主要是约定房地产公司为取得该宗土地使用权，向机械公司支付94万元/亩的补偿金。并非以提供土地使用权、资金等作为共同投资，以共同经营，共享利润、共担风险合作开发为基本内容。根据《最高人民法院关于审理涉及国有土地使用权合同纠纷案件适用法律问题的解释》第二十四条之规定，应当认定为土地使用权转让合同。

（2）《协议书》、《补充协议》和《转让合同》的关系。机械公司认为《协议书》涉及土地的拆迁、安置、办理出让手续等内容；《补充协议》涉及税费承担问题；《转让合同》仅是土地使用权的转让。三者之间不存在矛盾，《转让合同》不能取代《协议书》和《补充协议》。房地产公司认为《协议书》和《补充协议》实质是不具合同效力的土地使用权转让合同，最终被《转让合同》取代。一审法院认为，从形式上讲，《协议书》和《补充协议》是未经备案登记、仅由双方持有的合同。《转让合同》是经过备案登记的合同。从内容上讲，《协议书》和《补充协议》约定转让土地补偿金94万元/亩，共6058.3万元，土地增值税及相关税费由房地产公司承担。《转让合同》约定土地转让金为每平方米1223元，共5255.08万元，土地增值税由机械公司承担。《协议书》约定的权利、义务，付款方式、违约责任、争议解决方式等条款，在《转让合同》中没有条款约定或者说明。二者是针对同一标的所签订的形式不同、内容也不尽相同的两份合同。虽然都有转让的真实意思表示，但《协议书》是真实履行的合同，而《转让合同》只是用于办理过户之用。

（3）《协议书》的效力问题。机械公司认为《协议书》是双方真实意思表示，不违反国家法律法规，是合法有效的合同。房地产公司认为《协议书》是转让划拨土地，违反《中华人民共和国城市房地产管理法》第三十九条①规定，是效力瑕疵合同，被《转让合同》取代。一审法院认为，《协议书》是双方当事人真实的意思表示，也是实际真正履行的合同。《协议书》和《转让合同》是对同一标的所签的先后两份合同，但后签订的《转让合同》并不当然取代《协议书》。因为：一是《转让合同》未废止《协议书》及《协议书》中约定的补偿金条款，也未约定《协议书》与《转让合同》相抵触的部分无效。二是《协议书》和《补充协议》约定了包括拆迁、安置、履行期限、履行方式、违约责任承担、纠纷解决方式等内容，《转让合同》不具备该类交易行为所签合同的必要条款。依照《中华人民共和国合同法》第七十八条规定，应推定为未变更。三是《协议书》不违反国家法律、法规。机械公司与房地产公司签订《协议书》时，该土地为划拨用地，但双方在履行合同过程中，在经政府管理部门批准后，该划拨用地使用权已转化为出让土地使用权，不存在《中华人民共和国合同法》第五十二条规定的合同无效的任何一种情形。根据《最高人民法院关于审理涉及国有土地使用权合同纠纷案件适用法律问题的解释》第十一条规定，《协议书》应认定为合法有效。

二、关于《补充协议》的效力问题

机械公司认为《补充协议》合法有效。房地产公司认为《补充协议》同样是效力瑕疵合同，已被《转让合同》取代。一审法院认为，双方在《协议书》的基础上，

---

① 对应2019年《城市房地产管理法》第40条。

签订《补充协议》，对土地增值税、流转税的金额及履行方式等进行了明确约定，其内容与《协议书》内容并不冲突，与《协议书》的内容共同构成完整的合同内容，二者是同一的关系。根据《中华人民共和国合同法》第六十一条规定，该《补充协议》的内容是对《协议书》内容的补充。可以确认《补充协议》与《协议书》具有相同的法律效力。

三、关于《转让合同》的效力问题

机械公司认为《转让合同》也是合法有效的。房地产公司认为《转让合同》是唯一有效合同。一审法院认为，（1）《转让合同》第7条约定的土地转让价格5255.08万元，是国土局的评估价格，是国家土地管理部门对土地交易双方成交价格进行间接调控和引导的最低限价，并非双方达成合意的表示。（2）《转让合同》约定的价格不符合客观事实，按照《转让合同》约定，该宗土地价格为5255.08万元，土地增值税由机械公司承担，相关税费没有约定，按规定由机械公司承担。则机械公司在取得5255.08万元收入时，需向国家交纳土地出让金1417.97万元，需向国家交纳土地增值税及其他相关税费，还要负责拆迁、安置，且该宗土地上建筑物评估价为1041.2171万元。显然，机械公司以5255.08万元转让该宗土地与客观事实和真实合意不符。（3）按照《转让合同》约定的价款5255.08万元，房地产公司的支付有悖常理。房地产公司在已支付3300万元前提下，只应向机械公司支付1955.08万元。但房地产公司于2003年1月20日支付了2000万元，在取得土地使用证，认为已超额支付的情况下，又于2005年1月5日、8月19日、8月29日、9月22日四次向机械公司共付款330万元，显然与常理不符。（4）《转让合同》约定的重要条款形同虚设。《转让合同》第8条约定：机械公司同意按原出让合同规定向国家交纳土地增值税。但原出让合同中并无交纳土地增值税的约定。（5）《转让合同》没有约定土地交付、价款支付、违约责任、纠纷解决方式等内容，不具备土地使用权转让合同的必要条款，不符合一般的交易习惯。（6）按照《协议书》第四条3约定：机械公司土地出让完毕，且已取得国有出让土地使用权后，与房地产公司签订该土地使用权转让合同（按土地局规定文本），此合同一经土地局批准十日内，房地产公司向机械公司支付剩余的土地补偿金，机械公司收到土地补偿金后，将土地证及已批准的土地使用权转让协议交由房地产公司办理过户手续。《协议书》第三条8约定：出让费标准为机械公司在政策中能享受到的最优惠的价格标准。显然双方存在合理减少土地转让费的合意。由此可以推断，《转让合同》是按照土地局规定文本，为履行土地局的批准手续而作出的。双方将转让价格约定为5255.08万元，是为了少报纳税金额，而非变更原约定的转让价格。因此，《转让合同》中关于转让价格及土地增值税的约定并非双方当事人真实意思表示，该类条款只会使国家税款减少，因此该类条款应认定无效。其余条款与以前协议内容基本竞合，是双方当事人的真实意思表示，且经土地管理部门审查，并作了土地权属变更登记，双方已实际履行，为有效条款。

四、关于房地产公司已付价款数额的确定问题、税金问题及违约金问题

（1）房地产公司已付土地补偿金数额的问题。机械公司和房地产公司对已付款有两个问题意见不同：一是承兑汇票。机械公司认为2002年4月2日2000万元和8月12日1000万元承兑汇票应当扣除贴现利息；房地产公司认为应以收款金额和收据金额为准。一审法院认为，在双方未就付款方式作出明确约定情况下，房地产公司以承兑汇票方式付款并无不妥，机械公司收取承兑汇票后也没有提出异议。对机械公司扣除贴现利息的主张不予支持。二是国土资源局收取的386.72万元土地出让金。房地产公司认为其向国土资源局交纳的386.72万元出让金应计入机械公司收取的土地补偿金数额。一审法院认为，机械公司出售该地，实际就是要取得94万元/亩，合计6058.3万元的土地补偿金收益，其他一切费用均由房地产公司支付。《协议书》第三条9约定：机械公司土地出让手续办理完毕且房地产公司已支付全部土地补偿金后，机械公司即为房地产公司办理土地使用权转让手续，转让费由房地产公司承担。因此，该笔出让金不应算在机械公司收取的补偿金中。

故按照《协议书》约定，房地产公司应支付机械公司土地补偿金6058.3万元，已支付4580万元，欠付机械公司土地补偿金1478.3万元。

（2）税金问题。双方在《补充协议》中约定：除流转税按76%和24%的比例由机械公司和房地产公司承担外，其余所有税费均由房地产公司承担。房地产公司认为，各项税金的纳税主体是明确的，双方的约定是规避法律的行为，应属无效。一审法院认为双方当事人对税金的约定并不违反法律、法规强制性规定。房地产公司向机械公司支付的补偿金是双方约定的不含税价格，双方约定各种税金由房地产公司承担合法有效。但是土地增值税和印花税机械公司并未交纳，营业税部分交纳部分未发生，对于未交纳的税费机械公司没有权利向房地产公司主张，在各税费实际发生后，机械公司可依据《协议书》及《补充协议》向房地产公司主张或另行起诉。对机械公司已缴付的41.25万元契税，予以支持。

（3）违约金问题。一审法院认为房地产公司没有完全履行其付款义务，是基于双方签订了两份合同，双方都有过错，因此对机械公司主张按照日万分之四计算违约金的请求，不予支持。但由于房地产公司迟延付款的责任显然大过机械公司，其迟延付款的行为客观上给机械公司造成了利息损失。依照《中华人民共和国合同法》第一百零七条的规定，利息损失也属违约责任的一种，机械公司虽然未提出利息损失的请求，但提出了违约金请求。因此房地产公司应负担迟延付款的利息。

综上，山西省高级人民法院依照《中华人民共和国民事诉讼法》第六十四条第一款，《中华人民共和国合同法》第五十六条、第七十八条、第一百零七条、第一百零九条之规定，判决：一、房地产公司于判决生效后三十日内向机械公司支付土地补偿金1478.3万元及利息（自2005年9月23日起至判决确定的支付之日，以1478.3万元为基数，按照中国人民银行同期贷款利率计算）。二、房地产公司于判决

生效后三十日内，向机械公司支付契税41.25万元。三、驳回机械公司的其他诉讼请求。

[当事人上诉及答辩意见]

房地产公司不服一审判决，向最高人民法院提起上诉，请求：第一，撤销一审判决，依法改判驳回机械公司的诉讼请求。第二，一、二审诉讼费用由机械公司承担。事实和理由如下：（1）关于《转让合同》的效力。《转让合同》是双方当事人真实意思表示，符合法律规定，并经政府批准，是最终确定双方土地使用权转让法律关系的合法文件，土地价格应以《转让合同》的约定为准。房地产公司已按约定履行完毕自己的义务，不存在拖欠款项的行为，一审判决房地产公司承担责任是错误的。（2）关于《协议书》和《补充协议》的效力。《协议书》和《补充协议》签订时，该宗土地为行政划拨地。根据法律规定，机械公司无权转让该宗土地，应属无效协议。在办理出让手续后，《协议书》的效力才得到补正，才发生法律效力。虽然该协议有效了，但它先天不足是事实，需要在履行过程中逐步合法化。《协议书》是《转让合同》的准备，并最终被《转让合同》取代。（3）一审判决认定"《协议书》和《转让合同》是针对同一标的所签订的新旧两份合同"。既然如此，根据合同法的一般原理，后合同（《转让合同》）的效力应当优于前合同（《协议书》），政府批准的合同效力当然优于未经批准的合同。（4）《转让合同》和《协议书》相冲突的约定，应以《转让合同》为准。与《协议书》相比，《转让合同》在转让范围、面积、价格、增值税负担等方面都发生了变化，当然应以《转让合同》为准。（5）《补充协议》就税费负担所作的约定，违反了税法的强制性规定。即使有效，增值税的负担约定也显失公平。增值税的纳税主体是转让人而非受让人，所以《转让合同》变更增值税由机械公司承担。（6）一审判决认定房地产公司已付价款数额有误，房地产公司代机械公司支付的386.72万元出让金，应计入已付款数额。（7）2005年以后所付330万元是为了促使机械公司履行全面交付土地义务，被迫多付的。（8）假如一审判决结果是正确的，其对诉讼费的分担违背了人民法院诉讼收费办法，超过房地产公司应负担的比例。

针对房地产公司的上诉，机械公司答辩称，（1）房地产公司主张《转让合同》取代《协议书》和《补充协议》毫无根据且严重歪曲事实。（2）房地产公司对协议约定的出让金和税金提出异议目的是歪曲协议、赖账。（3）房地产公司认为386.72万元出让金应由机械公司承担，没有根据。

机械公司不服一审判决，向最高人民法院提起上诉，请求：（1）撤销一审判决，依法改判支持机械公司一审的全部诉讼请求。（2）一、二审诉讼费用均由房地产公司承担。

事实和理由是：（1）一审判决对房地产公司欠付土地转让金的事实没有认定是错误的。《协议书》约定房地产公司支付土地补偿金每亩94万元，是对机械公司进行土地拆迁、安置、三通一平等工作的补偿,而非土地转让价格。《转让合同》约定的是土地转让金,是土地本身的转让价格。两份合同的约定并不矛盾,更不重复,房地产公司应当分别履行相应的合同付款义务。《协议书》与《转让合同》的内容相互独立,没有重复,均有双方当事人的盖章签字。根据《合同法》规定,两份合同均成立并生效。在两份合同中,并没有任何相互否定或者变更的条款,分别构成双方不同的权利义务。(2)一审判决为房地产公司减免大部分违约责任,没有依据,也不公平。一审判决已认定房地产公司拖欠土地补偿金的事实存在,应当履行付款义务,但是将机械公司根据合同约定诉请的违约金改为支付同期贷款利息,并且违约金的起算时间也被推迟了两年零八个月之多,显然不符合约定,对机械公司是不公平的。根据《协议书》第四条约定,协议签订后两日内,房地产公司支付土地补偿金500万元,十日内支付1500万元;机械公司取得国有土地使用权后,双方签订土地使用权转让合同,此合同经土地局批准十日内,房地产公司支付剩余的土地补偿金。第五条约定,房地产公司未按本协议第四条约定的时间支付该条约定款项,则按该条应支付的款项,每超过一日按万分之四计息补偿给机械公司。以上约定清楚明确,对双方均有法律约束力,人民法院应当尊重当事人的意思自治。按《协议书》约定,房地产公司应在《转让合同》经批准十日内付清土地补偿金。而《转让合同》经批准的时间双方均认可为2003年1月15日,则房地产公司付清土地补偿金的时间应为2003年1月25日。机械公司正是据此计算违约金,并且对房地产公司中间几次还款均相应予以核减,分段计算。截至2006年1月12日,房地产公司应当支付违约金755.86256万元。这一计算结果既符合合同约定,也符合客观事实,应当得到法院的支持。(3)一审判决驳回机械公司对税金的诉讼请求是错误的。依法纳税是企业应承担的义务,税金对于机械公司是必然发生的费用,机械公司当然有权主张,是否已经发生并不影响房地产公司承担合同义务。而且应纳税款的计算均有国家相关法律法规的规定,机械公司起诉税费金额是依法计算的结果,有充分的法律依据,应当得到支持。(4)一审判决对房地产公司已付款数额认定也存在错误。房地产公司支付的款项中有2002年4月2日2000万元承兑汇票应扣除贴现利息30.3万元;8月12日1000万元的承兑汇票应扣除贴现利息15.6万元。

针对机械公司的上诉,房地产公司答辩称,房地产公司不欠机械公司任何款项,机械公司的上诉请求应被驳回。(1)《协议书》和《补充协议》已被《转让合同》取代。房地产公司已按《转让合同》确定的价格履行完毕付款义务,并无任何拖欠。(2)房地产公司按约履行了全部付款义务,不拖欠机械公司的任何款项,机械公司无权主张所谓的违约金。(3)机械公司主张的各种税费包括营业税、契税、印花税、土地增值税由房地产公司承担不能成立。因为《转让合同》取代《协议书》及《补充协议》后,《转让合同》并没有约定上述税费由房地产公司承担,《转让合同》第8条还明确约定增值税由机械公司承担。(4)机械公司认为已付款中应扣除贴现利息,没有依据。房地产公司支付承兑汇票时,机械公司按票面金额开具了收据,已认可不扣除贴现利息,现在无权主张扣除。

〔最高人民法院查明事实〕

最高人民法院二审查明的事实与一审法院查明的事实相同。

〔最高人民法院裁判理由与结果〕

最高人民法院认为,房地产公司和机械公司对于《协议书》、《补充协议》及《转让合同》的真实性均无异议。综合双方当事人的上诉请求及事实和理由,本案二审争议的焦点问题是:(1)《协议书》、《补充协议》和《转让合同》的效力及相互关系问题;(2)房地产公司已付土地补偿金的数额问题;(3)机械公司关于税金的请求是否成立问题;(4)机械公司关于违约金的请求是否成立问题。

一、关于《协议书》、《补充协议》和《转让合同》的效力及相互关系问题

首先,关于《协议书》、《补充协议》的效力,机械公司认为《协议书》、《补充协议》是双方的真实意思表示,不违反国家法律法规,是合法有效的合同。房地产公司认为《协议书》签订时,该宗土地为行政划拨地,根据法律规定,机械公司无权转让该宗土地,应属无效协议。而《补充协议》就税费负担的约定,违反了税法的强制性规定。最高人民法院认为,《协议书》、《补充协议》是双方在平等的基础上,自愿协商达成的协议,是双方真实的意思表示。《协议书》不仅详细地约定了所转让土地的面积、价格、付款方式、违约责任,还具体约定了双方权利义务及履行程序。《协议书》签订时,房地产公司及机械公司均知道该宗土地属于划拨用地,所以在《协议书》第三条约定:由机械公司负责办理土地出让手续;第三条还约定:机械公司土地出让手续办理完毕且房地产公司向机械公司支付全部土地补偿金后,即为房地产公司办理土地使用权转让手续。这一缔约行为并没有规避法律损害国家利益,事实上,机械公司和房地产公司正是按照上述约定完成该宗土地转让的。2002年9月24日机械公司与太原市国土资源局签订《出让合同》,取得该宗土地的使用权,房地产公司支付土地出让金;同年12月机械公司与房地产公司签订《转让合同》,房地产公司依据《协议书》向太原市国土资源局支付土地转让款,随后完成土地使用权变更登记;均是双方履行《协议书》的真实行为。根据《最高人民法院关于审理涉及国有土地使用权合同纠纷案件适用法律问题的解释》第九条规定:"转让方未取得出让土地使用权证书与受让方订立合同转让土地使用权,起诉前转让方已经取得出让土地使用权证书或者有批准权的人民政府同意转让的,应当认定合同有效。"因此,《协议书》合法有效。《补充协议》是对《协议书》约定转让土地使用权的税费承担所作的补充约定,明确了转让土地使用权的税费如何承担及由谁承担的问题。虽然我国税收管理方面的法律法规对于各种税收的征收均明确规定了纳税义务人,但是并未禁止纳税义务人与合同相对人约定由合同相对人或第三人缴纳税款。税法对于税种、税率、税额的规定是强制性的,而对于实际由谁缴纳税款没

有作出强制性或禁止性规定。故《补充协议》关于税费负担的约定并不违反税收管理方面的法律法规的规定，属合法有效协议。房地产公司关于《协议书》签订时，所转让的土地属划拨地，机械公司无权转让及《补充协议》就税费负担的约定违反税法的强制性规定，均属无效协议的主张，没有法律依据，不予支持。一审法院关于《协议书》合法有效及《补充协议》与《协议书》具有相同的法律效力的认定是正确的，应予维持。

其次，关于《转让合同》的效力问题，房地产公司认为，《转让合同》是双方当事人的真实意思表示，符合法律规定，并经政府批准，是最终确定双方土地使用权转让关系的合法文件，土地使用权转让价格应以《转让合同》约定为准。机械公司认为，《转让合同》有效，房地产公司应承担《转让合同》约定的支付土地转让金义务。最高人民法院认为，机械公司与房地产公司之所以在《协议书》之外又签订《转让合同》，是因为签订《协议书》时，双方当事人均知道所转让的土地属划拨用地，不能直接转让。只有在机械公司办完土地出让手续，取得国有出让土地使用权后，再与房地产公司签订国有出让土地使用权转让合同，并由双方共同到土地管理部门办理登记备案，才能完成该土地使用权转让。因此，《转让合同》对于机械公司及房地产公司来讲就是到土地管理部门办理登记备案手续，以完成《协议书》约定的转让土地使用权行为，而并非为了变更《协议书》的约定条款或者构成双方新的权利义务关系；对于土地管理部门来讲，以《转让合同》登记备案，则表明土地管理部门认可《转让合同》中的价格并据此征收转让税费，办理相关手续。虽然《转让合同》中的价格比双方当事人实际约定的价格低，但土地管理部门给予登记备案的事实表明，土地管理部门认可双方当事人可以此最低价格办理土地使用权转让手续，也表明双方当事人这一做法并不违反土地管理部门的相关规定。事实上，土地管理部门也正是依据该《转让合同》办理了土地权属变更手续。由此可以认定，在本案中《转让合同》仅是双方办理登记备案之用，别无他用，其效力仅及于登记备案。《转让合同》对于合同双方既没有变更《协议书》约定条款，也不构成新的权利义务关系。从房地产公司支付土地补偿金的过程和数额看，也可证明房地产公司在签订《转让合同》后，仍是按《协议书》约定的土地补偿金数额支付的。故房地产公司关于应以《转让合同》中的价格作为本案土地使用权转让价格及机械公司关于以《转让合同》请求另外支付土地转让金的主张，均不符合本案实际情况，没有事实依据，不能成立。

再次，关于《协议书》、《补充协议》与《转让合同》的关系，对于《补充协议》是《协议书》的补充约定双方均无异议，但对于《协议书》与《转让合同》双方争议较大。房地产公司认为，《协议书》已被《转让合同》所取代，《转让合同》是本案唯一有效的合同。机械公司则认为，《协议书》约定的土地补偿金是对拆迁、安置的补偿。《转让合同》约定的土地转让金是土地本身的转让价格，两份合同的约定并不矛盾，也不重复，相互独立，均成立并有效。最高人民法院认为，双方当事人签订《转让合同》的目的是办理土地使用权转让登记备案手续。《转让合同》没有约定变更或取代《协议书》的条款，并未在双方当事人之间成立新的权利义务关系。从双方当事人实际履行合同的情况看，机械公司转让土地使用权收取土地补偿金、出让金、转让金、机械公司与太原市国土资源局签订《出让合同》及其与房地产公司签订《转让合同》到土地管理部门登记等行为都是在履行《协议书》约定的权利义务。而房地产公司支付土地补偿金、出让金、转让金，取得土地使用权等也是履行《协议书》约定的权利义务。因此，本案中的《转让合同》是双方在土地管理部门办理土地使用权转让手续的备案合同；《协议书》才是双方实际履行的合同。房地产公司关于《转让合同》取代《协议书》，《转让合同》是本案唯一有效合同的主张不能成立。机械公司关于《协议书》和《转让合同》相互独立，均成立有效，并据此要求房地产公司分别支付土地补偿金及土地转让金的主张也不能成立。

综上，最高人民法院认为，《协议书》及《补充协议》是合法有效的协议，是确定双方当事人权利义务及违约责任的合同依据。

二、房地产公司已付土地补偿金的数额问题

机械公司对于已收到房地产公司以承兑汇票、支票、现金形式支付的土地补偿金总额4580万元人民币并无异议。但认为其中2002年4月2日2000万元承兑汇票应扣除贴现利息30.3万元及2002年8月12日1000万元承兑汇票应扣除贴现利息15.6万元。最高人民法院认为，根据2002年3月26日机械公司与房地产公司签订的《协议书》第四条1约定，房地产公司在《协议书》签订十日内，应支付土地补偿金2000万元。房地产公司应按约定时间履行付款义务。但房地产公司以2002年9月到期的2000万元承兑汇票支付该笔土地补偿金，导致机械公司不能在约定时间实际收到该款项。机械公司只有支付贴现利息，才能在约定时间取得上述款项。房地产公司这种以远期承兑汇票履行到期付款义务的行为，实际是迟延付款，属于不当履行合同义务的行为。由于房地产公司不当履行合同义务，造成机械公司为此支付30.3万元的贴现利息损失，应由房地产公司承担。机械公司关于扣除该贴现利息的上诉请求成立，应予支持。一审判决对此处理不当，应予纠正。关于2002年8月12日1000万元承兑汇票，是房地产公司依据《协议书》第三条8的约定支付的土地出让金。而机械公司在一审中并未对土地出让金提出诉讼请求，因此机械公司关于该1000万元承兑汇票的贴现利息的上诉请求不属于最高人民法院二审的审理范围。

房地产公司认为其2002年12月31日向太原市国土资源局支付的386.72万元土地出让金应计入已付土地补偿金数额。最高人民法院认为，该笔款项是2002年12月机械公司与房地产公司签订《转让合同》后，由房地产公司直接支付给太原市国土资源局的。依据《协议书》第三条9约定，机械公司土地出让手续办理完毕且房地产公司支付全部土地补偿金后，机械公司即为房地产公司办理土地使用权转让手续，转让费用由房地产公司承担。故该笔款项属于房地产公司应承担的土地转让款,不应计入其已付的土地补偿金数额。一审判决处理适当,应予维持。

综上,一审判决认定房地产公司已付土地补偿金 4580 万元,尚欠机械公司土地补偿金 1478.3 万元有误,应予纠正。房地产公司实欠机械公司土地补偿金 1508.6 万元。

三、机械公司的税金请求是否成立问题

根据《补充协议》的约定,除流转税按 76% 和 24% 的比例由机械公司和房地产公司分别承担外,其余所有税费均由房地产公司承担。如前所述,《补充协议》关于税费负担的约定并不违反税收管理法律法规的规定,是合法有效协议,双方当事人应按约定履行自己的义务。关于机械公司在没有缴纳税金的情况下是否有权请求房地产公司支付其所承担的税金的问题,最高人民法院认为,《补充协议》约定转让土地使用权税费的承担,只是明确了转让土地使用权过程中所发生的相关税费由谁负担的问题。而对于何时缴纳何种税费及缴纳多少税费,《补充协议》没有约定,也无法约定。只有在相关主管部门确定税费种类及额度,机械公司缴纳后,房地产公司才能支付。机械公司在未缴纳税金,也没有相关部门确定纳税数额的情况下,请求房地产公司支付转让土地税金,没有事实依据。一审判决对于机械公司要求房地产公司支付其尚未缴纳的税费的请求不予支持,但提示其在实际缴纳税费后可以向房地产公司另行主张权利的处理,并无不当,应予维持。对机械公司已缴纳的营业税和契税,一审判决只支持机械公司的契税请求而没有支持其关于营业税的请求不当,应予纠正。对于机械公司已缴纳的 242.526 万元营业税,房地产公司应按 24% 比例负担 58.20624 万元。

四、关于机械公司的违约金请求是否成立问题

最高人民法院认为,《协议书》对于双方当事人具体的权利义务中包括房地产公司付款时间、数额及违约责任均作出了明确约定。机械公司及房地产公司都应按照诚实、信用原则,实际履行合同义务。机械公司按约定办理了土地出让、转让手续并将涉案地块实际交付给房地产公司。房地产公司应按约定履行付款义务,但房地产公司在取得土地使用权后,未按约定时间及数额支付土地补偿金。房地产公司迟延向机械公司支付土地补偿金是引起本案诉讼的主要原因。因此,房地产公司的行为已构成违约,应按合同约定承担违约责任。一审判决认定房地产公司迟延付款构成违约,但对机械公司按照合同约定的日万分之四的比例计算违约金的请求却未予支持,并将双方当事人按照日万分之四的比例计算违约金的约定调整为按银行利率计算利息。根据《中华人民共和国合同法》第一百一十四之规定,人民法院对于当事人在合同中约定的违约金的数额,只有在当事人请求调整,并确实低于或过分高于违约行为给当事人造成的损失时,才能进行调整。一审判决对违约金的调整既违背当事人双方的约定,也缺少法律依据,应予纠正。机械公司关于房地产公司应按合同约定承担违约责任,支付违约金的上诉请求理据充分,应予支持。因为房地产

公司最后支付土地补偿金的时间是2005年9月23日,机械公司此前并未要求房地产公司支付违约金。故房地产公司应从2005年9月23日起承担违约责任。

综上所述,房地产公司的上诉请求没有事实和法律依据,应予驳回。机械公司的上诉请求,部分有事实和法律依据,应予支持;部分没有事实和法律依据,应予驳回。一审判决认定事实清楚,但适用法律部分有误,应予纠正。根据《中华人民共和国民事诉讼法》第一百五十三条第一款第(二)项之规定,判决如下:一、维持山西省高级人民法院(2006)晋民初字第20号民事判决第三项;二、变更山西省高级人民法院(2006)晋民初字第20号民事判决第一项为:房地产公司于判决生效后三十日内向机械公司支付土地补偿金1508.6万元人民币,并从2005年9月23日起按实际迟延付款天数以日万分之四的比例计算违约金支付给机械公司直至还清之日止;三、变更山西省高级人民法院(2006)晋民初字第20号民事判决第二项为:房地产公司于判决生效后三十日内,向机械公司支付营业税58.20624万元人民币,支付契税41.25万元人民币。如逾期不履行本判决确定之金钱给付义务,应当依照《中华人民共和国民事诉讼法》第二百三十二条之规定,加倍支付迟延履行期间的债务利息。

规则35:(恶意违约所致违约金的调整规制)恶意违约方不能证明违约金过分高于违约所造成损失的,其减少违约金的请求人民法院不予支持

——H酿造公司与史某培、H商贸公司互易合同纠纷案①

【裁判规则】

违约金具有"补偿和惩罚"双重性质,只有当约定的违约金过分高于违约造成的损失,当事人请求调整时,人民法院或者仲裁机构才可予以适当减少,对于一般高于违约造成的损失的情形并无必要调整。因此,在当事人恶意违约的情况下,如果没有证据证明合同约定的违约金过分高于造成的损失,当事人请求减少违约金的,人民法院不予支持。

【规则理解】

一、违约金的性质

一般认为,违约金可分为赔偿性违约金和惩罚性违约金。所谓赔偿性违约

---

① 《中华人民共和国最高人民法院公报》2008年第7期。

金，是指违约金在功能上主要是为了弥补一方违约后另一方所遭受的损失。所谓惩罚性违约金又称为固有意义上的违约金，是指对债务人的过错违约行为实行惩罚，以确保合同债务得以履行的违约金。①

二、过高违约金调整的参照标准

世界各国对于过高的违约金的调整都没有规定特定的参照标准，法国学者通常主张以实际损失为参照标准。德国、瑞士学者主张决定违约金是否过高，须依客观事实，社会经济状况及如果债务人如期依约履行债权人所得享受之一切利益为标准，始符合约定惩罚性质之违约金之本质，不得仅以债权人因债务人迟延履行所可能发生之损失为唯一衡量标准。我国学者也指出："损失不是调整违约金的唯一考量因素，还应当考虑债权人的其他合法权益，比如寻求替代交易的难易程度，是否信赖该合同会依约履行而签订连环合同等。"② 在很多违约场合，实际违约损失的数额并不能够确定，有时因举证的困难而无法计算，有时违约损失又极为轻微甚至根本没有违约损失，因此，笔者赞同确定多个参照标准的观点。当事人主张约定的违约金过高请求予以适当减少的，人民法院应当以实际损失为基础，兼顾合同的履行情况、当事人的过错程度以及预期利益等综合因素，根据公平原则和诚实信用原则予以衡量，并作出裁决。当事人约定的违约金超过造成损失的130%的，一般可以认定为"过分高于造成的损失"。具体而言，可以考虑以违约行为造成非违约方的损失为主、综合考虑合同总的标的额、违约方过错等标准。

（一）非违约方的损失

根据《民法典》第585条的规定，判断违约金过高的标准是因违约所"造成的损失"。我国多数学者也认为应以违约造成的损失为标准。因此，非违约一方的损失应当是主要的参照标准。《民法典》上述规定给违约金的调整提供了一个可衡量的客观标准，避免了主观判断的不确定性。但标准本身的内涵实际上并不确定，有必要进行界定。

对"因违约行为造成的损失"中的损失的界定，理论界和司法实践上有直接损失和间接损失之分，直接损失是实际上造成的财物的减少、灭失或毁损，以及因此增加的支出；间接损失就是可得利益的损失或其他可能造成的损失，但我国现行法律并没有采用这样的概念。笔者认为，此处的损失可以适用《民

---

① 王利明：《违约责任论》，中国政法大学出版社2002年版，第625页。
② 韩世远：《合同法总论》，法律出版社2004年版，第779页。

法典》第584条的规定,即当事人一方不履行合同义务或者履行合同义务不符合约定,造成对方损失的,损失赔偿额应当相当于因违约所造成的损失,包括合同履行后可以获得的利益;但是,不得超过违约一方订立合同时预见到或者应当预见到的因违约可能造成的损失。也就是说,损失应当包括实际损失和可预见性的损失。实际损失是非违约方在违约方违约时遭受的现实的损失。可预见性的损失是指守约方因合同的实际履行所能获得的利益的损失以及因合同的实际履行后所能避免的不必要的损失。①

(二) 合同总的标的额

参考合同总的标的额这种做法在我国立法上具有一脉相承性,如我国已经废止的《技术合同法实施条例》第22条规定"当事人在合同中约定的违约金不得超过合同价款、报酬或者使用费的总额。"因此,将合同总的标的额作为调整基数确定为计算守约方损失的另一种参照标准是可取的。许多学者也认为,"调整违约金时,还要考虑合同的标的额,如果当事人约定的违约金超过了合同的总价款、报酬或使用费的总额,可以考虑将其降到合同的标的额以内"。②

(三) 违约方过错程度

违约人的过错是指违约人在违约中主观上存在严重过失,甚至是故意。笔者认为,法院在调整违约金时应当考虑双方当事人的主观过错性质,要对不同的违约情形加以区分对待,特别是,对于当事人的善意违约和恶意违约调整尺度应当是不同的。善意违约是指在履行合同的过程中,因为履行人的履约能力不足而引起违约的事实。实践中,很多当事人完全有履约能力,也具备履约条件,但是为了达到其他目的而故意违约,这就属于恶意违约。因重大过失或故意造成的恶意违约,违约方应当承担较高的违约金。"从原则上,补偿性违约金不应当根据过错来调整数额,而主要根据实际的损失来增减数额,即使是对惩罚性违约金数额的调整,也要以实际的损失为依据。不过,在例外情况下,对于惩罚性违约金也可以过错程度作为减轻违约金数额的依据。例如,如果违约方仅具有轻微过失,则不应对其实施过重的惩罚,因而适当减轻其违约金责任。"③ 可见,虽然合同责任不以过错为前提,而以严格责任为原则,但过错不能完全排除在违约金之外。因为,它虽然不构成违约金的成立要件,即不构成

---

① 王利明:《民商法研究》(第1辑),法律出版社2001年版,第590页。
② 马强:《合同法新问题判解研究》,人民法院出版社2005年版,第327页。
③ 王利明:《违约责任论》(修订版),中国政法大学出版社2003年版,第642页。

违约责任的承担的前提，但可以作为违约金怎样调整的重要参考因素。尽管在只承认赔偿性违约金的美国，也有类似的看法。19世纪美国法官处理"原告过错"的案件时认为："一个在契约履行方面故意拖延或实际上不负责任的原告人永远不能获得法律上的各种救济；即使原告已经部分履行契约，并可使被告从中获利或被告实际已经获利，原告也同样不能得到救济。"① 这样的观点虽然有些偏激，但对于故意违约者要求减少约定的过高违约金的场合，仍然有现实意义。

【拓展适用】

一、法官对违约金调整的具体界限

法律对违约金进行调整，有一个相对确定的标准即因违约行为所造成的损失，且这种损失不但包括直接损失也包括可得利益损失，现在的问题是，法官对违约金调整的具体上下限如何？

（一）"过高"标准的具体认定

判断违约金是否过高，可以从以下三个方面入手分析：一是约定违约金是否远远超出合同未履行部分的价金总额；二是是否远远高于守约方大体上的损失；三是违约方是否存在恶意违约，以至于其因违约所得利益超过违约成本。司法实践中亦存在数种判断约定的违约金是否过分高于造成损失的做法或者观点。② 有一种观点认为，过高违约金的判断标准可以参照适用《商品房买卖合同案件司法解释》第12条，即若约定的违约金超过造成的损失的130%，则属于"约定的违约金过分高于造成的损失"，债务人有权要求法院予以适当减少。理由如下：第一，《商品房买卖合同案件司法解释》第12条是对商品房买卖中"约定违约金过分高于造成的损失"之判断标准的直接规定，且该规定是合同法实施之后颁布的，反映了最高人民法院判定"约定的违约金过分高于造成的损失"的意见倾向。第二，《商品房买卖合同案件司法解释》第12条的规定具体明确，易于操作，可以适用于针对所有违约情形而约定的违约金。该条规定："当事人以约定的违约金过高为由请求减少的，应当以违约金超过造成的损失

---

① [美]格兰特·吉尔莫：《契约的死亡》，载曹士兵、姚建宗、吴巍译，载梁慧星主编：《为权利而斗争》，中国法制出版社2000年版，第100页。
② 参见韦国猛：《违约金的调整问题》，载《人民司法·应用》2007年第5期；姚蔚薇：《对违约金约定过高如何认定和调整问题探析——〈合同法〉第114条第2款的理解与适用》，载《法律适用》2004年第4期。

30%为标准适当减少……"据此，如果违约方给守约方造成的损失是100万元，合同约定的违约金数额为130万元以上，就属于超过了造成的损失30%以上，违约方因此可以请求法院对违约金的过高部分进行调整。第三，尽管《商品房买卖合同案件司法解释》第12条的调整对象只是商品房买卖合同中的约定违约金，但是在目前对约定违约金判断标准并无明文规定情况下，《商品房买卖合同案件司法解释》第12条属最类似于约定违约金判断标准的法律规定，完全可参照适用。[①] 笔者认为，虽然《商品房买卖合同案件司法解释》第12条所规定的30%易于操作，但应当了解制定《商品房买卖合同案件司法解释》的特殊背景。在我国房地产市场特定阶段，卖方主导市场情形下通常作出不利于买方的法律规则，《商品房买卖合同案件司法解释》充分体现了保护消费者的精神，对于违约金所适用的规则也无疑是向消费者倾斜。并且《商品房买卖合同案件司法解释》第12条所调整对象只是针对商品房买卖合同中的约定违约金，而《民法典》第585条所规定的内容普遍适用于全部有名合同及其他大量的无名合同，而不只是商品房买卖一种合同。因为不同合同的性质、特点、履行、交易习惯等诸多方面存在较大差异，不宜采用"一刀切"的办法，确定一个硬性指标，否则容易出现不公平的情形。需要综合诸多因素来权衡，结合案件的具体实际情况综合考量，一是"违约造成的损失"，这是《民法典》第585条第2款所规定的最为明确、最为重要的衡量违约金高低基础标准。二是合同的履行情况，只有在违约情况下，当事人才承担违约责任，合同已经履行完或尚未履行，违约行为所导致的后果是不相同的。三是当事人的过错程度，因为违约方的主观态度，是恶意还是过失，都决定了违约金的补偿性和惩罚性功能。四是违约金超过造成损失的30%。因此，在判断违约金过高时，可以采取以下方式，当事人主张约定的违约金过高请求予以适当减少的，人民法院应当以实际损失为基础，兼顾合同的履行情况、当事人的过错程度以及预期利益等综合因素，根据公平原则和诚实信用原则予以衡量，并作出裁决。当事人约定的违约金超过造成损失的30%的，一般可以认定为民法典第585条第2款规定的"过分高于造成的损失"。同时，《民法典合同编通则司法解释》第65条规定："当事人主张约定的违约金过分高于违约造成的损失，请求予以适当减少的，人民法院应当以民法典第五百八十四条规定的损失为基础，兼顾合同主体、交易类型、合同的履行情况、当事人的过错程度、履约背景等因素，遵循公平原则和

---

① 韦国猛：《违约金的调整问题》，载《人民司法·应用》2007年第5期。

诚信原则进行衡量，并作出裁判。约定的违约金超过造成损失的百分之三十的，人民法院一般可以认定为过分高于造成的损失。恶意违约的当事人一方请求减少违约金的，人民法院一般不予支持。"可见，应当将弹性和刚性的内容结合起来综合判断。

（二）"低于"标准的具体认定

我国《民法典》第585条第2款前半段规定："约定的违约金低于造成的损失的，人民法院或者仲裁机构可以根据当事人的请求予以增加。"此处"低于"的判断标准实际就是违约造成的损失，只要赔偿性违约金低于造成的损失，当事人即可请求法院进行调整。至于调整的标准就是将违约金调整到与造成的损失相一致的水平。同时，根据《民法典》第584条，造成的损失包括全部实际损失和可得利益损失。值得注意的是，合同解除或终止后所产生的损害，并非履行利益损害的范围，不应当计入造成的损失之内。在计算造成的损失时，应当充分考虑损害赔偿范围限定规则的约束，这些规则包括《民法典》第584条的可预见性规则、第591条的减损规则、第592条的过错相抵规则以及司法实践中常用的损益相抵规则。由于《民法典》第585条第2款规定的赔偿性违约金采用完全赔偿原则，只要违约金低于造成的损失，就应当补齐，没有回旋的余地。有学者担心法院的自由裁量权无法受到节制，最终导致违约金规范目的落空，因此试图对"低于"一词作限制性解释，即主张只有在违约金明显低于造成的损失时，法院才能对违约金进行调整。其实这种担心大可不必，《民法典》第585条之所以允许债权人在违约金一旦低于造成的损失时即可申请调整，其目的在于保护守约方。况且该条将启动违约金调整程序的权利赋予守约方，法院并没有依职权主动调整违约金的权限。从法经济学的角度来看，作为经济人，实在难以想象守约方会为了违约金与造成的损失之间的微小差额而愿意付出巨大的诉讼成本。① 因此，对于约定违约金低于违约造成的损失，当事人请求人民法院增加违约金的，人民法院应当以增加后的违约金数额以不超过实际损失数额作为增加违约金的标准。

二、过高违约金调整的程序

对于过高的违约金的调整，还涉及法院如何去调整、遵循怎样的程序去调整的问题。这包括程序如何启动、认定违约金过高的程序要求等一系列内容，笔者从以下两方面谈谈对过高的违约金调整的程序问题：

---

① 韦国猛：《违约金的调整问题》，载《人民司法·应用》2007年第5期。

(一) 程序的启动方式

关于违约金调整启动方式的规定多有不同,归纳起来大致有:当事人协商一致、法官依照职权调整、一方当事人提出请求等启动方式。

合同是当事人合意的产物,当事人可以在不妨碍对方利益的前提下自由地处分自己的权利,当双方当事人协商一致时,可以对彼此的权利和义务进行一定的变更和调整。在合同履行的过程中,只要双方当事人对于违约金数额的调整取得了一致的意见,这就是当事人意思自治的正当体现,当然应当受到法律的保护。

有些国家或者地区的法律规定法官可以依职权直接对违约金数额进行调整。王泽鉴先生认为:"该规定属于强行性的规定,使法院得依职权为之介入契约,当事人不得特约加以排除。违约金是否相当,符合比例原则,应就债务人若能如期履行债务,债权人所能享受的利益,及依一般客观事实、社会经济状况及当事人所受损害情形,以为衡量标准。"①

由当事人请求的启动方式,是基于合同自由的理论,因为合同是当事人之间的法律,合同被违反后,由于违约而产生的债权请求权作为当事人的一项私权利,应当由当事人行使,人民法院的民事审理活动应受到当事人请求范围的限制。

(二) 我国违约金调整的启动方式

我国法律规定对于违约金数额的调整应当基于当事人的请求,即违约金的调整由当事人启动。《民法典》第585条第2款规定:"约定的违约金低于造成的损失的,人民法院或者仲裁机构可以根据当事人的请求予以增加;约定的违约金过分高于造成的损失的,人民法院或者仲裁机构可以根据当事人的请求予以适当减少。"《民法典合同编通则司法解释》第64条规定:"当事人一方通过反诉或者抗辩的方式,请求调整违约金的,人民法院依法予以支持。违约方主张约定的违约金过分高于违约造成的损失,请求予以适当减少的,应当承担举证责任。非违约方主张约定的违约金合理的,也应当提供相应的证据。当事人仅以合同约定不得对违约金进行调整为由主张不予调整违约金的,人民法院不予支持。"第65条规定:"当事人主张约定的违约金过分高于违约造成的损失,请求予以适当减少的,人民法院应当以民法典第五百八十四条规定的损失为基础,兼顾合同主体、交易类型、合同的履行情况、当事人的过错程度、履约背景等因素,遵循公平原则和诚信原则进行衡量,并作出裁判。约定的违约金超过造成损失的百分之三十的,人民法院一般可以认定为过分高于造成的损失。

---

① 王泽鉴:《民法概要》,中国政法大学出版社2003年版,第273页。

恶意违约的当事人一方请求减少违约金的,人民法院一般不予支持。"也就是说,约定的违约金过高的,基于当事人请求,人民法院或者仲裁机构才能对其予以适当减少。

1. 请求行使的期限问题

我国现行法律只是对过高违约金的调整作了原则性的规定,并没有规定请求调整违约金的期限。然而,请求变更权的行使与否直接影响人民法院对合同纠纷案件的裁判结果,如果允许当事人在任意时间内均可行使,则恶意诉讼的当事人有可能一审不行使请求变更权而在二审中行使,甚至以请求变更权为由申请再审,申请抗诉,这显然会对人民法院裁判结果的公信度、严肃性、权威性产生不合理的负面影响,也是司法资源的严重浪费,同时又是对相对方当事人权益的变相损害,也不符合司法效率原则。另外,在当事人享有变更权而不行使变更权时,人民法院做出对其不利的否定评价,依照实体法的法律规定是正确的裁判结果。而在二审、再审程序中,如果当事人仍然享有变更权而不受限制,人民法院对原审正确的裁判结果进行否定时显然缺少必要的法律要件,因为二审、再审程序中变更权人提出的是新主张而非新证据,人民法院改变原来的裁判结果无任何法律依据。这就出现了实体法与程序法的根本冲突,依照实体法,当事人享有变更权的主张应当给予支持,而依照程序法原审裁判结果并无错误,不应给予改变,这样的结果当然不是司法活动追求的目标。所以,对《民法典》第585条请求变更权的行使期限很有必要做出限制,以防止人民法院的裁判出现无所适从的局面。基于上述考虑,笔者认为,请求变更违约金的权利应当在违约行为发生后一年内行使,可以防止当事人滥用权利,建议在民法典修正时给予重视。如果当事人不主动提出请求,就意味着他们自愿接受了这些条款,这些条款也就自然生效。

2. 请求的行使方式

行使方式涉及的主要内容是请求是否必须以书面形式提出。笔者认为,请求以不是必须以书面形式提出为原则,只要当事人表达了类似的意思表示,包括答辩、辩论、反诉等方式,均可以认为当事人提出了违约金调整的请求。

(三) 举证责任的分配

在合同一方当事人提出了违约金调整的请求之后,人民法院或者仲裁机构应该立即基于当事人的请求及其相应的证据材料进行相应的裁判。这就必然要求我们首先要弄清楚举证责任的分配问题。

民事举证责任的一般原则是谁主张谁举证,根据这一原则,主张违约金过分高于造成损失的,举证责任如何分配呢？根据《民法典》第585条第2款的规定,对违约金"过高"进行调整的判断依据是损失,并且要看是否过分高于损失。那么对于应当由谁举证证明损失的大小,实践中有不同的观点。一种观点认为,违约金过高的举证责任在提出调整请求的一方,通常为将承担责任的违约方。主要理由是：根据谁主张谁举证的原则,既然违约方提出合同约定的违约金过分高于造成的损失,则应当由其承担起对违约损失的证明责任,即提出证据证明违约所造成的实际损失是多少,并与约定的违约金数额进行比较,从而证明其请求符合《民法典》第585条第2款的规定。另一种观点认为,应当由守约方举证证明损失的大小。因为对违约所造成的损失在计算和举证上十分困难,违约金制度本身的一个重要功能就是以事先约定的方式免去守约方事后举证的困难,如果反而由违约方来对对方的损失加以证明,不言而喻难度将更大,在很大程度上可以说是根本不可能的。[1] 因此,让违约方承担举证责任与设立违约金的立法本意相矛盾,且有违公平原则。笔者认为,违约方和守约方都有举证责任,《民法典合同编通则司法解释》第64条也作出明确规定,违约方主张约定的违约金过分高于违约造成的损失,请求予以适当减少的,应当承担举证责任。非违约方主张约定的违约金合理的,也应当提供相应的证据。当事人仅以合同约定不得对违约金进行调整为由主张不予调整违约金的,人民法院不予支持。原因如下：

1. 守约方的举证责任

应由守约方对损失作大致的陈述和证明。由于违约金"过高"认定的参照点是违约造成的损失,因此违约金"过高"的举证证明实际上就落脚于对违约损失的举证证明上。虽然对违约金"过高"提出抗辩并要求调整的是违约方,但要违约方承担证明守约方损失的任务显然是勉为其难。并且如果违约方承担了实际损失的举证责任,那么法院和仲裁机构必然要对这些证据进行质证、认证,最后确定实际损失。当然,我们没有必要要求守约方准确地证明损失的金额,只要守约方就损失的范围、大小作出陈述,并进行适当举证即可,以对法官的判断提供一定的依据。也就是说,守约方可以证明违约方在订立合同时应当预见到的因其违约而造成的损失的范围及数额,但不要求做唯一性证明,也不需要证明损失的实际发生,其只需做出概然性证明,证明在订立合同时如发生违约,则此种损失即有发生的可能性即可。人民法院或仲裁机构可根据守约方所做的概

---

[1] 崔建远：《合同责任研究》,吉林人民出版社1992年版,第227页。

然性证明的损失的数额及范围来确定违约方在订立合同时应当预见到的因其违约而造成的损失的范围及数额，进而判定约定的违约金数额是否过高。

2. 违约方的举证责任

守约方承担自己所受损失的举证责任，而违约金"过分高于"违约所造成的损失的举证责任应当由违约方承担。实践中瑞士债务法有类似规定，虽然该法未规定须依当事人的申请，解释上得由法院依职权为之。但违约金过高之事实，应由债务人主张及证明。[①] 因此，在司法实践中可以借鉴这一规定，由违约方承担违约金过高的举证责任是可行的，也是可能的。并且，违约方还应举证证明自己的这项请求未超过法定期间。

【典型案例】

H酿造公司与史某培、H商贸公司互易合同纠纷案

上诉人（原审被告）：H酿造公司。

法定代表人：张某发，该公司董事长。

被上诉人（原审原告）：史某培。

原审被告：H商贸公司。

法定代表人：王某义，该公司董事长。

〔基本案情〕

甘肃省高级人民法院审理查明：2002年7月6日，H酿造公司作为甲方与作为乙方的实业公司签订了一份《易货协议》称："甲乙双方于1998年签订一份《协议书》，乙方向甲方购买价值700万元的'金皇台'、'银皇台'白酒。甲方已向乙方交付全部货物，乙方已付清货款。现乙方提供以本协议签署时尚未售出的前述白酒向甲方易取甲方销售的食用酒精及葡萄酒。甲方考虑到与乙方长期的合作关系，同意乙方的易货要求。双方就此事宜，经协商一致，达成如下协议：（1）用于向甲方易取食用酒精及葡萄酒的白酒必须是乙方依上述白酒购销合同向甲方购买的在本协议签订时尚未售出的'金皇台'、'银皇台'白酒，且该部分白酒必须内、外包装完好。经甲乙双方共同到乙方仓库清点库存，确定易货白酒价值为6499500元人民币。甲方同意按本协议约定为乙方易取等值于该金额的食用酒精及葡萄酒。（2）双方同意，甲方于本协议签订当日将上述价值的白酒从乙方仓库转至甲方仓库，转库时由双方签署货物（白酒）交接记录，记载甲方接收货物的内容及数量。（3）甲方易货给乙方的食用酒精及葡萄酒的品种及价格为：优级食用酒精4500元人民币/吨；皇台干红葡萄酒20元/瓶。双方同意换取食用酒精及葡萄酒的数量分别为：皇台干红葡萄酒

---

① 韩世远：《违约金的理论问题》，载《法学研究》2003年第4期。

75000瓶，合150万元人民币，优级食用酒精1111吨，合4999500元人民币。（4）甲方在白酒转库当日交付全部葡萄酒，食用酒精在2003年12月31日前付清。甲方未能在此期限内交付酒精的，按迟交货价值每日万分之四承担违约金。（5）除按本协议约定方式易货食用酒精外，未经甲方认可，乙方不得要求甲方以货币形式或其他方式支付其所退还给甲方的白酒的价值。"2002年9月13日至9月20日，H商贸公司接收了"金皇台"白酒并向实业公司出具了收条。2003年5月12日，实业公司向H酿造公司发函称："我方已做好接收酒精的准备工作，请贵方尽快联系发货事宜。"加盖的是实业公司印章。2003年5月16日，H酿造公司向实业公司（集团）公司复函称：鉴于目前对食用品的运输受到限制，加之铁路专用运输罐调配有难度，不能如期向贵方发货，待缓和后，将货物如数运抵贵公司。2003年6月7日，H酿造公司向实业公司（集团）公司复函称：贵公司6月2日《关于酒精交付问题再致酒业的函》收悉。由于铁路规章规定不能办理易燃易爆品货物发送业务，我公司无法满足贵公司提出的铁路运输方式交付酒精的要求。2004年5月31日，H酿造公司给实业公司的函称：我公司与贵公司签订易货协议之后，我公司即按协议约定履行合同义务，但传闻袁某璟涉嫌刑事案件，已被限制人身自由，与此同时，先后有贵公司的高层职员、法定代表人亲属以及其他人员以贵公司名义向我公司就易货协议的履行提出了不同的要求。因我公司对袁某璟是否仍履行贵公司法定代表人职责及贵公司是否进行公司权力调整的情况不详，致使我公司不能贸然接受上述人员的要求，当然也使我公司无法继续履行合同义务。近日，又接到以贵公司委托就易货协议履行事宜的律师函，我公司特致贵公司：（1）贵公司如已授权有关人员就易货协议的履行与我公司进行商洽，请贵公司函告我公司，以便我公司确认被授权人。（2）贵公司对有关人员的授权是否合法，被授权人的行为能否代表贵公司，由贵公司和有关人员负责并承担由此引发的法律后果，我公司概不负责。2004年6月3日，投资公司给H酿造公司"关于易货协议的函"称：贵司发来的函业已收悉，我们对贵司的几点担心作如下答复：（1）我司原法人代表袁某璟暂时不担任法人代表，目前法人代表已变更为唐泽英女士。即使我司不做法人代表的变更也并不影响本协议的履行。（2）实业公司已经北京市工商行政管理局核准，更名为投资公司集团有限公司。（3）应贵司的要求，我司现已经正式授权委托副总经理廖延贤先生全权处理与贵司签订的易货协议之相关事宜。为方便工作，请贵司指定相关部门及人员尽快与我司接洽，请贵司予以配合。贵司如不能履行易货协议所规定的履约责任和义务，按照我司律师的建议，我们将保留采用其他途径解决问题的权利，以维护我司的合法权益。2004年6月4日，H酿造公司给投资公司的函称：易货协议是我公司与实业公司订立，且在此后与我公司就易货协议要求商洽的人员也是以实业公司的名义。从易货协议签订至今长达2年的时间内，我公司才首次得知公司更名一事，希望贵司能提供监督管理部门对公司更名的证明，在确证后，我公司将尽快与贵公司接洽。7

月17日，H酿造公司给投资公司的函称：贵公司函告我公司实业公司已更名，并要求我公司向贵公司履行易货协议。但根据贵公司提供的企业名称变更材料，在我公司与实业公司签订易货协议时，该公司已更名，在企业已更名的情况下仍用旧名称与他人签订合同，让人难以理解。而贵公司高管人员"因时间紧迫，手续不全，无法启用新印章"的解释与贵公司提供的材料所证实的更名已长达半年的情况不符。同时，近期我公司相继接到了分别受"实业公司"和贵公司委托的律师函，是否贵公司仍沿用旧名，还是有其他原因。易货协议是我公司法定代表人与袁某璟亲自签订，我公司期盼与袁某璟面谈，友好协商。

2005年9月20日，投资公司（甲方）与原告史某培（乙方）签订了"债权转让协议书"，内容为：（1）甲方同意将H酿造公司的价值500万元人民币金额的优质食用酒精及其利息的债权转让给乙方，甲方与H酿造公司签订的《协议书》《易货协议》中所享有的权利义务全部转让给乙方。（2）乙方接受甲方的上述债权。（3）甲方不经乙方同意不得收回上述债权。9月21日，投资公司向H酿造公司送达了"债权转让通知书"，内容为："H酿造公司，我司享有的对你司的价值4999500元的食用酒精及其应得利息的债权现已转让给史某培。史某培将享有我司对你司的此项全部债权。"落款处是"投资公司（原实业公司）"。9月30日，H酿造公司给投资公司的函称：贵公司9月21日"债权转让通知书"已收悉，现函复如下：（1）贵公司先前来函称贵公司系实业公司更名而来，但贵公司提供的证明文件证实，我司与实业公司签订的易货协议是在贵公司更名之后。因此，协议的一方当事人仍然是实业公司，因易货协议形成的债权债务关系及数额只能由我司与实业公司确认，贵公司无权宣称对我公司享有4999500元的债权。（2）基于前述事实，贵公司现将所谓对我公司享有的债权转让史某培的行为，将对我司造成不良影响，损害我司形象，我司希望贵公司立即采取措施，防止不良影响的进一步扩大。

另查明，实业公司成立于1992年10月，由中国人民建设银行金建劳动服务公司组建，怀柔县计委批准，为集体所有制企业，注册资金100万元，法定代表人为袁某民。2001年11月21日，实业公司变更名称为投资公司，企业类型为有限责任公司，改制方式为整体改制。2001年12月7日，投资公司的营业执照颁发，注册资金为1亿元，法定代表人是袁某民，占20%股份，股东袁某璟，占80%股份。2002年4月15日，投资公司召开的股东大会决议上加盖的是投资公司的印章。次日，办理企业变更登记的委托书上加盖的也是投资公司的印章。

又查明，H商贸公司注册资金为36200万元，除北京盛世恒昌商贸有限公司出资386万元，北京盛世瑞龙广告有限公司出资400万元外，其余为H酿造公司以资产、股权的投资。

2006年11月21日，史某培向甘肃省高级人民法院提起诉讼，请求判令H酿造公司和H商贸公司偿付所欠食用酒精1111吨（价值人民币4999500元），并承担违约责任和损失共计人民币1100万元整以及承担全部诉讼费用。

[一审裁判理由与结果]

甘肃省高级人民法院经审理认为：易货协议是H酿造公司和实业公司于2002年7月6日签订的，该合同内容是双方当事人真实的意思表示，且不违反法律规定，因此应认定是有效合同。该合同签订时虽然投资公司已经成立，鉴于合同已实际履行，且H酿造公司在合同履行过程的来往函件中也将实业公司称为实业公司（集团）公司，应认定其知道实业公司更名的事实而未提出异议。H酿造公司因实业公司更名及法定代表人更换事由与投资公司就合同的适格当事人一事产生分歧，但不影响合同的效力。因投资公司是由实业公司改制而产生，有法律上的承继关系，且袁某璟始终未担任过实业公司或投资公司的法定代表人，其只是该公司的股东。因此，H酿造公司应向投资公司履行义务。投资公司将债权转让原告史某培并通知了债务人H酿造公司，该转让行为不违反法律规定，应属有效，史某培是本案适格的当事人。虽然转让合同中转让债权是价值500万元的酒精及相应利息，但给H酿造公司的通知中明确告知的是4999500元的债权，且在转让合同中并没有转让义务。H酿造公司的抗辩理由因缺乏事实和法律依据而不能成立，该院不予采纳。因H酿造公司未在合同约定的交货时间内交付酒精，造成违约，其应承担违约责任及继续履行合同的义务。原告按照合同约定的酒精数量及价值以及违约责任的承担主张权利，于法有据，该院应予支持。关于原告提出的损失部分，因只提供了北京市怀柔区龙山东路4号金石山大酒店的评估及北京市第二中级人民法院拍卖该酒店的部分材料，不能证明是因本案易货合同未履行而造成的损失，故其主张的损失部分因证据不足而不予支持。关于H商贸公司与本案的关系，因《易货协议》是H酿造公司和实业公司双方签订的，H商贸公司收货及向实业公司出具收条的行为只是代H酿造公司行使权利，且在合同履行过程及往来函件中H商贸公司始终未参与，并在债权转让通知中也没有出现H商贸公司，足以证明H商贸公司不是合同的当事人，H商贸公司的抗辩理由成立，该院予以采纳。依照《中华人民共和国民法通则》第八十五条、《中华人民共和国合同法》第七十九条、第八十条、第一百一十四条第一款、第三款及第一百七十五条之规定，判决：一、H酿造公司向史某培继续履行易货协议约定的1111吨酒精的供货义务或偿付等价货款人民币4999500元；二、H酿造公司向史某培支付违约金合计人民币2099790元；三、驳回史某培对H商贸公司的诉讼请求。上述一、二项给付义务在本判决生效后15日内履行，逾期履行，依照《中华人民共和国民事诉讼法》第二百三十二条之规定，加倍支付迟延履行期间的债务利息。

[当事人上诉及答辩意见]

H酿造公司不服甘肃省高级人民法院上述民事判决，向最高人民法院提起上诉称：第一，一审判决关于因投资公司由实业公司改制而产生，故有法律上承继关系的认定难以成立。实业公司为集体所有制企业，系中国人民建设银行金建服务公司组建。投资公司系2001年12月7日登记设立的有限责任公司，其股东为袁某民、袁某璟，原开办人金建服务公司并非该公司股东。投资公司完全是按《中华人民共和国公司法》规定的新设公司的程序和条件设立，投资公司形式上是变更登记，而实质上是新设登记。所谓的改制，不过是袁某璟、袁某民购买了实业公司的资产，又以其作为个人出资设立了投资公司。这两个企业既无关联，也无承继关系，所谓的关系，仅仅是监督管理机关的不规范登记，将其记载为改制，并予以了名称变更登记。一审判决不依据公司法审查两个企业间的关系，凭错误的工商登记，武断地认定改制，继而认定有法律的承继关系，是难以成立的。第二，实业公司没有易货合同当事人的资格，不能享有该合同权利义务。即使投资公司是由实业公司改制而产生，有法律上的承继关系，袁某璟以实业公司名义与上诉人签订的贸易协议，也系袁某璟冒用已依法终止的实业公司的名义设立，根据《最高人民法院关于适用〈中华人民共和国民事诉讼法〉若干问题的意见》第四十九条之规定，袁某璟以实业公司名义与上诉人签订的易货协议，合同乙方应为袁某璟个人，合同的权利义务也应归于袁某璟个人，实业公司并不具有该易货合同的当事人资格，投资公司当然也不能因在法律上承继了实业公司而承继易货合同的权利义务，投资公司对易货合同的催告履行及权利义务转让，均为无权处分，应据《中华人民共和国合同法》第五十一条规定认定无效。第三，一审判决认定H酿造公司违约，没有事实依据。在易货协议中，双方未对H酿造公司交付葡萄酒的履行地点、履行方式作明确约定，由于H酿造公司委托H商贸公司保管了部分葡萄酒，因此在合同履行中，H酿造公司本着有利于实现合同目的的原则，在H商贸公司的库房交付了葡萄酒。但食用酒精签约时，袁某璟即明知标的物在甘肃武威，据《中华人民共和国合同法》第六十二条第一款第三项规定，应在H酿造公司所在地即甘肃武威交付。履行中，有利于合同目的实现的方式应当是袁某璟到武威接受交付。在履行中，H酿造公司出于尽力协助的考虑，多方联系了铁路运输，但因铁路不办理易燃易爆业务，故未果。H酿造公司将此情况如实告知了袁某璟，并请其至武威接受交付。袁某璟一直未来接货。后因投资公司主张权利，因其主张双方存在争议，投资公司一直未能提供权利人袁某璟的证明，投资公司的权利处于待依据确认的状态，袁某璟被羁押，H酿造公司无法联系及催告接货，致使未能交付，而其间投资公司对延期交付并无异议。一审判决对合同履行地点、方式约定不明不做审查，当然地认为H酿造公司应在北京交货并构成违约，是没有事实依据的。第四，即使H商贸公司收到投资公司交付的白酒，可根据史某培提供的16份收条以及1998年投资公司与H酿造公司签订的《协议书》中所约定的白酒价格，投资公司交付的白酒价格仅为4328340元，而非《易货协议》约定的6499500元。此外，H酿造公司不能证明其存在实际损失，《易货协议》约定违约明显过高，假如H酿造公司应承担违约金，违约金的比例应当根据《中华人民共和国合同法》第一百一十四条之规定予以减少。因此，史某培要求H酿造公司给付其4999500元以及违约金的主张不能成立。综上，请求二审法院撤销一审判决，驳回史某培的诉讼请求。

被上诉人史某培辩称：一审法院认定事实清楚、证据充分。首先，关于投资公司由实业公司改制而产生，有法律上的承继关系问题。既有企业注册改制登记书、企业名称预先核准通知书证明，又有北京市工商行政管理局出具的证明予以印证。无论从企业工商登记的设权性还是宣示性都证明了其承继关系。H酿造公司提出登记不规范或是错误登记的结论毫无根据。企业改制是否合法、是否规范，不应由H酿造公司做出结论。如果H酿造公司认为工商管理部门侵害其权益，可以起诉监督管理部门。其次，H酿造公司的上诉理由仅仅从现象上看问题，并未提供任何有效的证据。众所周知，企业的设立、变更是以工商登记（或变更登记）作为其对外享有权利和承担义务的基准，而H酿造公司所谓投资公司是按照公司法重新设立的公司的根据何在？再次，关于H酿造公司提出的袁某璟冒用实业公司名义问题。无论从协议的签订到协议的履行一直到催要剩余酒精的往来函件都一直是在实业公司或变更后的投资公司与H酿造公司之间进行的。其间从来没有袁某璟以个人名义来要求履行合同问题，H酿造公司也从来没有提出合同履行主体不适格问题，之所以H酿造公司进入诉讼阶段突然提出主体问题，只能解释为赖账。从合同的签订到实际履行一直是以实业公司名义进行，怎能说实业公司不具有易货合同当事人的资格？投资公司曾向H酿造公司主张权利，也是因为其从实业公司变更而来。由于法律上有承继关系，自然有权向H酿造公司主张。互易合同主体是企业而非个人，只要能够证明其相互关系，就没有必要提供袁某璟个人证明。而且在往来函件中答辩人也知道是公司行为而非个人行为，其往来函件中也始终是针对公司所作承诺从来没有针对袁某璟个人。最后，关于合同违约问题。实业公司从开始向H酿造公司催要酒精开始，H酿造公司就一直以各种理由诸如不宜铁路运输、准备外购汽车专用设备发货、铁路运输不办理易燃易爆业务等进行推诿，但一直没有实际提出要实业公司提货，既没有具体时间，也没有具体地点，其违约事实存在，自应承担违约责任。综上，H酿造公司的主张违背诚信原则，有违事实，于法无据，故请求二审法院依法驳回其上诉请求，维持原判。

〔最高人民法院查明的事实〕

最高人民法院经过二审质证，对原审法院查明的主要事实予以确认。另查明：2002年《易货协议》第四条第二款约定："甲方完成食用酒精的备货后，应当书面通知乙方提货，乙方应在甲方通知后30日内提取货物，乙方延迟提货的，甲方有权另行处置所备货物，由此造成的交货延误，甲方不承担责任。"第五条约定："易货给乙方的食用酒精由乙方自行到酒精生产厂仓库（甘肃省武威市新建路）提货，甲方提供协助，运输费用及运输过程中的货损风险由乙方承担。"

在二审庭审中，H酿造公司向法庭提供两份新的证据：（1）2002年H商贸公司库存明细账,意在证明 H 商贸公司并未收到投资公司交付的白酒。(2) 1998 年 H 酿造公司(甲方)和实业公司(乙方)签订《协议书》,实业公司根据该协议购买 H 酿造公司白酒的发票存根,以及张某峰和苏某收条明细表。《协议书》约定:"一、乙方同意拆借给甲方 712 万元作为上市费用。其中,1998 年借给 200 万元;1999 年借给 240 万元;2000 年借给 272 万元。三份借条属本协议合同部分。二、乙方同意甲方以皇台系列酒(每斤 60 元的 20 吨 139 金皇台价值 240 万元;每斤 30 元的 60 吨 59 金皇台价值 360 万元;每斤 28 元的银皇台 20 吨价值 112 万元,共计 712 万元)归还乙方借款,或者上市后一次性还本付息(利息按银行同期贷款利率计算)归还乙方借款。"根据该协议书中约定的价格和《协议书》及发票规定的白酒价格以及张某峰、苏某出具的收条中的白酒品种数量,旨在证明收条中投资公司交付皇台系列白酒的价值仅为 4328340 元。

对于上述新证据,史某培对证据(1)即 2002 年 H 商贸公司库存明细账的真实性不予认可,理由在于该明细是 H 商贸公司自己公司的明细,H 酿造公司与 H 商贸公司有关联关系,没有第三方可以证明该明细的客观真实性。史某培对于证据(2)即《协议书》的真实性无异议,认为当时双方可能签订过该协议。但对证据相关发票规定的白酒价格以及收条中的白酒品种数量计算不予认可,理由在于《易货协议》是以《协议书》为背景而签订的,其中的价格是双方清点后确定的,一审质证过的证据以及双方往来函件均显示,H 酿造公司和 H 商贸公司对该问题并未提出异议。

最高人民法院认为,关于 H 酿造公司提交的证据(1)即 2002 年 H 商贸公司库存明细账,由于该明细账是与 H 酿造公司有关联关系的 H 商贸公司自己的库存明细账,没有第三方能够证明该明细账客观真实性。尤其是一审经过质证已经认定 2002 年 9 月 13 日至 9 月 20 日,H 商贸公司接收了"金皇台"白酒并向实业公司出具了收条,因此,H 商贸公司自己出具的明细账不足以反证上述证据事实,故最高人民法院对该证据不予采信。关于证据(2)中的《协议书》,因史某培对其真实性并无异议,而且作为本案双方债权债务关系基本根据的《易货协议》的开头已经明确表述:"甲乙双方 1998 年签订一份《协议书》,乙方向甲方购买价值 700 万元的'金皇台''银皇台'白酒。甲方已向乙方交付全部货物,乙方已付清货款……",因此最高人民法院对该《协议书》的真实性予以采信。关于证据(2)中的相关发票规定的白酒价格以及收条中的白酒品种数量真实性,由于史某培并未提出反证证明该发票为虚假,且张某峰、苏某收条明细与史某培据以主张继续履行易货协议时所举出的 16 张收条所载白酒品种和数量内容完全一致,尽管史某培对该证据中的计算方法存在异议,但不能否定该证据自身的真实性,故最高人民法院对证据(2)的真实性予以采信。

〔最高人民法院裁判理由与结果〕

最高人民法院认为,本案争议焦点有三:其一,投资公司与实业公司之间是否存在承继关系以及史某培是否为本案适格的诉讼主体。其二，投资公司是否已经履行易货义务，其履行的易货白酒价值是 6499500 元还是 4328340 元。其三，H 酿造公司是否违约以及违约金是否过高。

关于投资公司与实业公司之间是否存在承继关系以及史某培是否为本案适格的诉讼主体的问题。最高人民法院认为，在本案一审已经质证并被认定的证据中，2001 年北京市工商行政管理局出具的《证明》载明："实业公司于 2001 年 12 月经我局核准，名称变更为投资公司。"北京市工商行政管理局制作的《企业改制登记注册书》明确载明：实业公司是整体改制更名为投资公司。鉴于 H 酿造公司仅是对该更名行为的性质提出并非改制而是新设的理论看法，并未有证据证明北京市工商行政管理局的登记是不规范或错误的，因此，无论从企业工商登记的设权性还是宣示性，均可以认定投资公司与实业公司之间存在法律上的承继关系。因此，投资公司有权向 H 酿造公司主张履行《易货协议》中的义务。同时，投资公司将其上述债权转让给史某培，向 H 酿造公司履行了通知义务，符合《中华人民共和国合同法》第八十条的规定，所以史某培自然有权向 H 酿造公司主张权利。故一审关于"投资公司与实业公司之间存在承继关系，史某培是本案适格当事人"的认定正确，最高人民法院予以维持。

关于投资公司是否已经履行易货义务以及其所履行的易货白酒价值是 6499500 元还是 4328340 元的问题。最高人民法院认为，鉴于 H 酿造公司出具的意在证明 H 商贸公司并未收到投资公司交付白酒的《2002 年 H 商贸公司库存明细账》并未被最高人民法院所采信，而且在 H 酿造公司与投资公司之间的往来函件对投资公司履行易货白酒并未产生异议，特别是 H 商贸公司的张某峰和苏某向投资公司出具了 16 张收到白酒的收条，故应当认定投资公司已经履行了易货义务。H 酿造公司关于投资公司并未履行易货义务的主张没有事实根据，最高人民法院予以驳回。进而，投资公司已经履行的易货白酒价值是 4999500 元还是 4328340 元，遂成为本案诉争双方争议较大的问题。最高人民法院认为，对于投资公司已经履行的易货白酒的价值数额的确定，应当考虑到 2002《易货协议》与 1998 年《协议书》之间的内在联系、协议约定以及双方履行的过程。根据《协议书》和《易货协议》的基本内容可以认定，H 酿造公司与实业公司之间曾经存在 712 万元的资金拆借关系，H 酿造公司以价值 700 万元的皇台系列白酒向实业公司清偿借款，并以买卖皇台系列白酒为表现形式，这已为《易货协议》开头中关于"甲乙双方于 1998 年签订一份《协议书》，乙方向甲方购买价值 700 万元的'金皇台'、'银皇台'白酒。甲方已向乙方交付全部货物，乙方已付清货款"的表述所认证。双方以此为背景和前提，基于友好合作关系，又就实业公司尚未售出的前述皇台系列白酒向 H 酿造公司换取食用酒精和葡萄酒达成新的易货合意，从而产生了本案中的《易货协议》。在二审期间，虽然 H 酿造公司举出张某峰、苏某 16 张皇台系列白酒的收条明细（该收条明细与一审已经质证的 16

张收条中的白酒数量一致），并根据1998年《协议书》中的皇台系列白酒价格计算出16张收条中投资公司交付皇台系列白酒的价值为4328340元；但应当看到，1998年《协议书》中约定的皇台系列白酒价格是针对H酿造公司通过以白酒归还其欠实业公司的712万元借款而确定的，并非针对2002年双方已经结清借款关系后再次签订的新的2002年《易货协议》而专门约定的。2002年《易货协议》并未就互易白酒的单位价格作出约定，而是在第一条和第三条对互易白酒的总体价值作出明确约定："经甲乙双方共同到乙方仓库清点库存，确定易货白酒价值为6499500元人民币"，"双方同意换取食用酒精及葡萄酒的数量分别为：皇台干红葡萄酒75000瓶，合150万元人民币；优级食用酒精1111吨，合4999500元。"该约定应当被解释为双方并不关注互易白酒的单位价格，而是重在确定互易白酒的总体价值。尽管同样是皇台系列白酒，但由于双方缔结1998年《协议书》和2002年《易货协议》的目的不同，加之随着时间的推移，白酒的价格会随着市场供求关系而发生变化，因此H酿造公司静态机械地依据1998年以还款为目的的《协议书》所约定的单位白酒价格来计算2002年以易货为目的的《易货协议》中易货白酒的价值，不仅违反市场价值规律，而且有违上述两个协议的缔约目的，更明确违反2002年《易货协议》第一条和第三条关于易货白酒价值的明确约定。故最高人民法院认定双方已经明确确认易货白酒的价值为6499500元，H酿造公司关于投资公司支付的白酒价值仅为4328340元而非《易货协议》约定的6499500元的主张无理，最高人民法院不予支持。

关于H酿造公司是否违约以及违约金是否过高的问题。最高人民法院认为，虽然2002年《易货协议》第四条第二款明确约定"甲方完成食用酒精的备货后，应当书面通知乙方提货，乙方应在甲方通知后30日内提取货物，乙方延迟提货的，甲方有权另行处置所备货物，由此造成的交货延误，甲方不承担责任"，而且该《易货协议》第五条已经就食用酒精易货的方式做出明确约定，即"易货给乙方的食用酒精由乙方自行到酒精生产厂仓库（甘肃省武威市新建路55号）提货，甲方提供协助，运输费用及运输过程中的货损风险由乙方承担"，但是从2003年5月12日实业公司向H酿造公司发函所称"我方已做好接收酒精的准备工作，请贵方尽快联系发货事宜"以及2003年5月16日和2003年6月7日H酿造公司两次向实业公司复函中关于"鉴于目前对食用品的运输受到限制，加之铁路专用运输罐调配有难度，不能如期向贵方发货，待可以发货后，将货物如数运抵贵公司"以及"贵公司6月2日《关于酒精交付问题再致酒业的函》收悉。由于铁路规章规定不能办理易燃易爆品货物发送业务，我公司无法满足贵公司提出的铁路运输方式交付酒精的要求"的表述上看，应当认定双方已经变更了食用酒精易货履行方式，H酿造公司负有向投资公司发货的义务。特别要看到2002年《易货协议》第四条第一款明确约定："甲方在白酒转库当日交付全部葡萄酒，食用酒精在2003年12月31日前付清。甲方未能在此期限内交付酒精的，按迟交货价值每日万分之四承担违约金"，而从H酿造公司自

2004年5月31日至7月17日间对投资公司的系列复函的表述中，H酿造公司存在拖延乃至拒绝履行食用酒精易货义务之嫌疑。因此，最高人民法院认为，鉴于H酿造公司迄今为止仍未交付食用酒精，根据《易货协议》第四条第一款关于"H酿造公司在2003年12月31日前付清食用酒精"之约定，应当认定H酿造公司构成违约，并应依约支付违约金。至于约定的违约金是否过高问题，《中华人民共和国合同法》第一百一十四条规定的违约金制度已经确定违约金具有"补偿和惩罚"双重性质，该条第二款明确规定，"约定的违约金过分高于造成损失的，当事人可以请求人民法院或者仲裁机构予以适当减少"，据此应当解释为只有在"过分高于造成损失"的情形下方能适当调整违约金，而一般高于的情形并无必要调整。鉴于H酿造公司在本案中已经构成违约，且存在恶意拖延乃至拒绝履约的嫌疑，加之没有证据能够证明日万分之四的违约金属于过高情形，因此《易货协议》约定的日万分之四的违约金不能被认为过高，H酿造公司关于其不构成违约不应支付违约金以及违约金过高而应予减少的主张无理，最高人民法院予以驳回。一审法院关于H酿造公司应向史某培支付违约金2099790元的判决正确，最高人民法院予以维持。

综上，最高人民法院认为，原审认定事实基本清楚，适用法律正确。最高人民法院根据《中华人民共和国民事诉讼法》第一百五十三条第一款第一项之规定，判决如下：

驳回上诉，维持原判。

> **规则36：**（刑民交叉问题）在处理涉及民事纠纷与刑事犯罪交叉的问题上，刑事判决中所认定的基本事实在处理民事纠纷案件事实认定中应当予以充分考虑
> ——基金管理中心诉某银行新疆分行、旅游公司存单纠纷案[1]

【裁判规则】

在处理涉及民事纠纷与刑事犯罪交叉的问题上，处理民事纠纷应当考虑刑事判决中所认定的基本事实。有过错就应当承担民事责任，商业银行对所属工作人员作出除名处理后，未收缴其工作证件，致使其继续使用该证件并利用原单位加盖业务专用章的存款票证骗取他人存款，造成他人经济损失的，商业银行应承担相应的民事责任。

---

[1]《中华人民共和国最高人民法院公报》2004年第11期。

【规则理解】

一、刑民交叉案件的内涵

所谓刑民交叉案件，是指不同的行为分别侵犯了刑事法律关系和民事法律关系，但行为之间具有一定的牵连关系，以及同一行为同时侵犯了刑事法律关系和民事法律关系，或者对某一行为究竟用刑事法律还是民事法律调整难以确定的现象，从而引起在诉讼程序上或法律关系的性质认定上发生冲突的案件。这种交叉，实质上不是法律关系客观上的交叉，而是指认识主体主观判断上的交叉。它还可以分为两种情形：第一种情形，因同一法律事实涉及的法律关系一时难以确定是民事法律关系还是刑事法律关系而造成的刑民交叉案件；第二种情形，因同一法律事实同时侵犯了民事法律关系和刑事法律关系，从而构成刑民交叉案件。

因刑民交叉案件由刑民复合法律事实引起，刑民多重法律关系交叉并存，同时由于违反民事和刑事相应的法律规定而产生刑民两种责任。因此，刑民交叉案件中始终贯穿着三个带有线索性的因素：复合法律事实、双重法律关系、刑民两种法律责任。

（一）刑民法律事实客观存在

刑民法律事实是刑民法律关系和刑民法律责任存在的前提和事实依据。同一法律事实因调整它的法律规范不同，而成为不同的法律关系，比如民事法律关系和刑事法律关系。刑民交叉案件之所以产生，其实就是民事法律与刑事法律对不同法律事实或同一法律事实的调整，使得形成的民事法律关系与刑事法律关系出现牵连、关联和交叉，两种法律关系本来不相干或者说平行的，由于法律事实的同一或相关联，二者就产生了一定的交叉。

（二）调整性与保护性法律关系并存

法律关系层面上，刑民交叉案件既存在调整性法律关系，也存在保护性法律关系。刑事法律关系是犯罪人因其犯罪行为侵害国家、集体或第三人利益而应向国家承担刑事责任而形成的法律关系。同时，在由犯罪事实引起或与犯罪事实有关联的民事法律关系中，犯罪人与被害人之间可能存在民事合同关系，犯罪人与被害人之间也可能存在民事赔偿法律关系，犯罪人以外的与其有一定关联的主体也可能与被害人之间形成民事赔偿法律关系。例如，商业银行对所属工作人员作出除名处理后，未收缴其工作证件，致使其继续使用该证件并利用原单位加盖业务专用章的存款票证骗取他人存款，造成他人经济损失的，商业银行应承担相应的民事责任。对于犯罪行为人来说，其构成了刑事犯罪，依法应当受到刑法的制裁；对于商业银行来说，其虽然没有参与刑事犯罪，无刑事责任可言，但因其对原工作人员的工作证件、业务公章的管理存在过错，应当承担相应的民事责任。犯罪行为人的同一行为，不但侵害了受害人的财产权，同时也侵犯了社会的经济秩序和金融秩序，同一行为同时产生民事法律关系和刑事法律关系。

（三）刑事与民事责任相互交织

法律责任层面上，刑民交叉案件的出发点和落脚点均在于两种法律责任的确认。法律责任是行为人由于违反法律规定的义务和约定的义务应承担的后果，承担法律责任的前提是行为人在先负有法定或约定的义务。行为人基于法律的规定或者相互间的约定使其有可能同时负有多种义务，且各种义务之间不会发生冲突。行为人实施一个犯罪行为既违反了刑事法律规定的义务而应承担刑事责任，同时因为其行为也违反了民事法律规定的义务而应承担民事责任，由于两种互不冲突的义务同时存在，行为人应同时承担刑事责任和民事责任。在刑法领域，明确刑事责任的重点在于罪与非罪、此罪与彼罪的界分；而在民法视角下，犯罪引起的民事责任的认定重点则在于探讨与犯罪人相关的主体对犯罪造成的损害结果是否应承担民事责任以及责任形态和范围。

二、刑民交叉案件的事实认定

刑民交叉案件审理过程中，无论是根据案件实际需要采用"先刑后民"方式还是"先民后刑"方式，都存在在先作出的判决所认定的事实对随后进行的诉讼是否具有约束力的问题，这其实也就是判决的既判力问题。主要表现为以下两大问题：一是实行"先刑后民"方式处理的案件中，刑事判决作出后，被害人在对被起诉的刑事行为要求民事赔偿时，刑事判决是否具有拘束性的效力；二是在民事判决作出后，再进入刑事程序或者受害人又针对该民事违法行为提起刑事自诉的，该刑事诉讼是否受到已有民事判决的约束。① 而一个在先的生效判决对后来的不同类型的判决的既判力，主要体现在在先判决中所认定的事实是否可以被后来的判决直接认定，以及后来的判决能否作出与此前的判决不同的事实认定的问题。

（一）刑事裁判中认定的事实对其后的民事诉讼的影响

根据刑事裁判是否做出有罪判决的不同，该判决对其后进行的民事诉讼的既判力所产生的影响不同：

---

① 李哲：《刑民交叉案件中的既判力问题探析》，载《当代法学》2008年第4期。

1. 刑事有罪判决

在刑事已作出有罪判决的情形下，对于刑事案件和民事案件分开审理的案件，根据《民事诉讼法解释》第 93 条第 5 项的规定，已为人民法院发生法律效力的裁判所确定的事实，当事人无须举证。因此，刑事判决中认定的事实对随后的民事判决有既判力，也就是说民事判决可以直接认定刑事判决中认定的事实。尤其是对于刑事附带民事诉讼的案件，由于刑事部分和民事部分一般由同一审判组织审理，刑事部分和民事部分的事实认定也是同一的，法庭就刑事部分作出有罪判决后，必然会依据该被认定有罪的事实，对民事部分作出相应的判决，刑事部分的判决对民事部分自然具有既判力。

2. 刑事无罪判决

我国的无罪判决有两种情形：（1）依据法律认定被告人无罪的，对于该种情形，原则上应当抛开对被告人的刑事审判中的事实，依据民事证据规则审查被告人的行为是否违反了民事法律之规定，应否承担民事责任。因为被告人虽然被宣告无罪，只是说明其行为不构成刑法上的犯罪，但并不能说明其完全不需要承担民事责任，只要其行为依照民事法律规定应当承担民事责任，就应当支持被害人要求其承担民事责任的请求。但是，在先的刑事判决查明的事实当然可作为随后的民事诉讼的证据使用，当然也仅能作为证据使用，是否采信，应当依据民事证据规则进行认定。（2）确定无罪的原因是证据不足，指控的犯罪不能成立，对于该种情形，在附带民事诉讼的案件审理过程中，也应对刑事部分和民事部分适用不同的证明标准，虽然刑事部分查明的事实不能达到刑事法律要求的"事实清楚、证据充分"的证明标准，因而犯罪嫌疑人被宣告无罪，但如果民事部分查明的事实符合《民事诉讼法解释》第 108 条、《证据规定》第 85 条规定的"高度盖然性标准"，即形成优势证据，法庭可以在附带民事部分的判决中判令被告人承担民事责任。在刑事案件和民事案件分开审理的情形下，如果刑事部分查明的事实足以证明被告人应承担民事责任，虽然刑事部分最终宣告被告人无罪，但是刑事判决查明的事实仍然可以作为随后的民事诉讼中的证据来使用。

（二）民事裁判中认定的事实对其后的刑事诉讼的影响

刑事诉讼案件分为公诉案件与自诉案件两种，所以在先的民事诉讼的裁判结果对其后发生的不同种类的刑事诉讼的既判力影响是不同的。

1. 公诉案件

在公诉案件中，因证明被告人有罪的责任在公诉机关，因此在先的民事诉讼的裁判结果只能作为证据材料在刑事公诉程序中使用，但民事裁判中认定的事实对刑事程序没有约束力。

2. 自诉案件

如果自诉人在民事诉讼程序中胜诉，那么其在随后的自诉程序中可将民事诉讼裁判结果作为请求支持其主张的理由向法庭提出，由于民事诉讼程序的证明标准要低于刑事诉讼程序的证明标准，所以民事裁判结果能否对自诉程序产生决定性的影响还需要法庭根据案件的具体情况决定是否采纳。如果自诉人在先前的民事诉讼程序中败诉，由于民事诉讼案件的证明标准低于刑事案件的证明标准，自诉人的请求肯定不能得到支持，在一般情况下，自诉案件被告人可以将民事裁判结果作为请求法庭驳回自诉人诉求的证据。如果自诉人在先前的民事诉讼程序中胜诉，自诉人的请求是否能得到支持，法庭要适用刑事证据的规则来认定。

（三）刑事裁判中认定的事实对已经生效的民事裁判的影响

对于适用"刑民并行"方式处理的刑民交叉案件，如果民事判决在先，而其后的刑事诉讼作出的生效判决认定的事实与民事判决不同，在先的民事判决就被在后的刑事判决所推翻，在先的错误民事判决应当通过民事审判监督程序予以纠正。①

三、刑民交叉案件中的民事责任

法律责任在本质上，是居于统治地位的阶级或社会集团运用法律标准对行为给予的否定性评价；是自由意志支配下的行为所引起的合乎逻辑的不利法律后果；是社会为了维护自身的生存条件而强制性地分配给某些社会成员的一种负担。② 刑民交叉案件中，在确定刑事、民事法律事实后，还必须进行刑事、民事法律关系判断，分析行为人的行为在刑法上是否构成犯罪，构成何罪；在民法上是否构成违约、侵权，以及当事人的民事行为是否具有法律效力等问题，也就是刑民交叉案件的法律责任问题。③

（一）民事责任与刑事责任之区别

民事责任与刑事责任相比，具有如下区别：第一，责任产生的根据不同，

---

① 笔者认为，进入审判监督程序并非当然，而应根据事实对案件的影响程度和相应的启动程序，由人民法院有权判定机关决定后才能进入审判监督程序。
② 参见张文显：《法理学》，高等教育出版社、北京大学出版社1999年版，第122~124页。
③ 笔者重点是讨论民事责任方面的问题。

民事责任是违反民事义务所产生的法律责任，刑事责任则是违反了刑法上的强制性规定而发生的法律责任。第二，适用的对象不同，侵害公民和法人的合法权益的行为，只有在情节严重并构成犯罪的情况下，才需要承担刑事责任；而民事责任作为规定侵权行为及违约行为民事责任的法律制度，主要调整私法上民事责任关系，更注重补偿而不是惩罚和制裁。第三，适用的目的不同，民事责任规范适用的目的主要是补偿受害人因民事违约行为所受的损害，通过赔偿的办法使已经遭受侵害的财产关系和人身关系得到恢复和补救；而刑事责任所适用的主要目的是惩罚犯罪行为人，并预防防范。第四，责任性质不同，民事责任具有一定的任意性，而刑事责任具有明显的强制性。①

（二）民事责任代替刑事责任之趋势

随着社会的文明进步，人们对刑事责任的性质和功能有了新的认识，传统的刑事责任的弊端越来越明显。此外，民法、行政法的发展和相应责任体系的完善，使得越来越多的社会矛盾被纳入了民事、行政法律规范的调整范围之内，与之相应的是一些刑事责任逐渐地转化成了民事责任和行政责任。甚至有学者预言"刑法发展的极为遥远的目标……是没有刑罚的刑法典"。②

1. 刑事和解制度体现了刑事责任民事化的发展

刑事和解的基本含义是指在犯罪行为发生后，经由调停人的帮助，使被害人与加害人直接商谈、解决刑事纠纷；对于和解协议，由司法机关予以认可并作为对加害人刑事处分的依据。③虽然目前学界对如何构建刑事和解制度，包括适用范围、适用条件、适用阶段等还存在争议，但绝大多数的学者对于刑事和解都是持肯定的态度，司法实践中也肯定了刑事和解的做法。《最高人民法院关于贯彻宽严相济刑事政策的若干意见》第40条规定，"对于刑事自诉案件，要尽可能多做化解矛盾的调解工作，促进双方自行和解。对于经过司法机关做工作，被告人认罪悔过，愿意赔偿被害人损失，取得被害人谅解，从而达成和解协议的，可以由自诉人撤回起诉，或者对被告人依法从轻或免予刑事处罚……"刑事和解的实质就是一种通过被害人与加害人的充分协商，最大限度地恢复犯罪行为对社会和受害人所造成伤害的制度。从责任的角度，刑事和解制度其实就是一种

---

① 王利明等：《民法学》（第二版），法律出版社2008年版，第165~166页。
② [德]拉德布鲁赫：《法学导论》，米健、朱林译，中国大百科全书出版社1997年版，第95页。
③ 马静华：《刑事和解的理论基础及其在我国的制度构想》，载《法律科学》2003年第4期。

在特定的阶段、针对一定类型的案件、在满足一定条件的情况下刑事责任的民事化。

2. 民事责任承担后刑事责任的免除

《最高人民法院关于审理交通肇事刑事案件具体应用法律若干问题的解释》（法释〔2000〕33号）第2条规定："交通肇事具有下列情形之一的，处3年以下有期徒刑或者拘役……（三）造成公共财产或者他人财产直接损失，负事故全部或者主要责任，无能力赔偿数额在30万元以上的。"一方面它符合宽严相济的刑事政策和我国《刑法》第13条的规定，即依照法律应当受刑罚处罚的，都是犯罪，但是情节显著轻微危害不大的，不认为是犯罪。另一方面，该解释鼓励被告人积极赔付被害人损失，有利于受害人得到实际的补偿。同时，将一种过失犯罪在特定的阶段、在满足一定条件的情况下不予追究其刑事责任，也符合现代刑法的谦抑精神。

3. 民事责任承担对刑事量刑的影响

在司法实践中，行为人归案后主动对受害人进行补偿、取得受害人及其家属的谅解或者承担相应的民事责任对定罪之后的量刑存在直接的影响；反之，如果行为人将犯罪所得的财物挥霍一空、无法返还的，可以加重处罚。行为人的相关行为影响量刑的理由在于：行为人归案后对民事责任的承担情况，直接影响其行为社会危害性的大小，影响其罪行的轻重，再根据罪刑相适应原则，其刑罚之酌情轻重当属正当。①

四、刑民交叉案件的审理模式

刑民交叉案件的审理主要有三种模式：先刑后民；刑民并行；先民后刑。"先刑后民"是指在处理刑民交叉案件的过程中，采用先进行刑事诉讼后进行民事诉讼或者刑事优先于民事的做法；"刑民并行"是指在处理刑民交叉案件的过程中，同时进行刑事诉讼和民事诉讼，不需要停止一个诉讼而优先进行另一个诉讼的做法；"先民后刑"是指在处理刑民交叉案件的过程中，采用先进行民事诉讼，待民事诉讼的结果出来后再进行刑事诉讼的做法。

（一）先刑后民模式

先刑后民是目前司法实践对刑民交叉案件的主要审理模式。在同一案件中，当民事法律规范和刑事法律规范发生竞合、民事诉讼程序与刑事诉讼程序发生交叉、冲突时，刑事诉讼在适用的位序和位阶上均优先于民事诉讼。具体包括

---

① 傅国方：《诈骗犯罪刑民交错的责任竞合与承担》，载《法治研究》2007年第9期。

以下两方面的内容：一方面是在刑事诉讼与民事诉讼发生冲突时，刑事判决的效力要高于民事判决，生效民事判决的内容不能对刑事判决产生约束力；但是，刑事判决的内容要对民事判决的内容发生拘束力，即使民事判决已经先于刑事判决作出并已经发生法律效力，后作出的刑事判决仍然可以将在先的民事判决推翻。例如，甲与乙发生一起合同纠纷，甲将乙以合同纠纷起诉至法院，要求乙承担违约责任，法院经审理认为乙不存在违约事实，判决驳回甲的诉讼请求。判决生效后，甲发现乙的行为已经构成合同诈骗罪，遂向公安机关经侦部门报案，虽然此前法院已经对此案作出了民事判决并已发生法律效力，但是公安机关仍然可以就该案立案侦查，并经公诉机关提起公诉，而法院刑事审判部门在审理后认为公诉机关起诉指控乙罪名成立的，可以不受在先作出的生效民事判决的约束，直接判决被告人乙的行为构成合同诈骗罪。另外，对于刑民交叉案件，如果在民事诉讼过程中又启动刑事诉讼程序的，应在程序上优先解决刑事案件，优先适用刑事诉讼程序对被告人是否应当承担刑事责任作出判定，民事诉讼程序应当中止，待刑事诉讼的结果作出后再根据案件具体情况恢复审理。如果继续审理民事案件不影响刑事责任的确定和实现，也可以在刑事诉讼程序中附带处理民事诉讼，在进行刑事诉讼的同时附带审理民事诉讼。

该审理模式主要依据是公法优先和刑事优先理论，即刑法为公法，民商法为私法，当公法与私法冲突时，应公法优先；刑事责任与民事责任发生重合时，应先追究刑事责任。同时，先刑后民模式在程序上优先适用刑事诉讼程序，使民事诉讼程序后置或者附带于刑事诉讼程序之中，可以合理解决刑事诉讼程序和民事诉讼程序的冲突问题。刑事诉讼与民事诉讼之间产生程序冲突的主要原因是刑事责任与民事责任的竞合，由于刑法和民法的调整对象存在部分重合，在一些情形下，刑法和民法之间可能发生交叉适用。刑法与民法调整对象的部分重合，会导致行为人的同一个违法行为既触犯了刑法规定，又触犯了民法规定，从而应同时承担刑事责任和民事责任，发生责任竞合。由于刑事诉讼中追诉机关拥有民事诉讼当事人所不具备的侦查和取证手段，同时拥有专业的侦查及辅助人员，其收集证据的能力要远远大于民事诉讼的当事人，比较容易查明案情；另外，刑事诉讼的证明标准要高于民事诉讼的要求，由于刑事诉讼的结果对被告人的人身和财产权利影响巨大，因此刑事诉讼的证明标准要求很高。无论是英美法系、大陆法系还是我国，刑事诉讼的证明标准都要高于民事诉讼的证明标准，较高的证明标准决定了刑事诉讼证明的结果可能更接近于案件事实真相，以此为基础的刑事判决在效力上高于并约束民事判决就显得更加合理。

由于刑事诉讼在技术上更能有效揭示案件真相的特点，决定了刑事诉讼应当优先于民事诉讼。

(二) 刑民并行模式

刑民并行模式是指人民法院在审理民商事纠纷时，认为涉嫌刑事犯罪，但民商事纠纷审理与刑事处理可以分别进行，或者将有关的犯罪线索、材料移送公安、检察机关，民商事纠纷继续审理。刑民并用模式的适用主要包括以下两种情形：

第一种情形：刑事案件和民事案件涉及的事实为同一事实，但承担责任的主体不发生竞合，而且民事纠纷的处理不需要以刑事案件的处理结果作为前提，这种情况下，民事诉讼和刑事诉讼可以同时进行。比如某单位的业务员以该单位名义同他人签订购销合同，然后将依据合同取得的财物占为己有，该业务员个人构成犯罪被追究刑事责任，该单位对签订、履行合同的后果应当承担民事责任，被害人既可以选择通过刑事诉讼程序向犯罪人追缴赃款赃物，也可以提起民事诉讼要求犯罪人所在单位承担民事责任，如果被害人提起民事诉讼，由于某单位的民事责任非常明确，不需要等待刑事诉讼的结果来确定其是否承担民事责任，此时应同时进行刑事诉讼和民事诉讼。

第二种情形：刑事案件和民事纠纷基于不同的事实，该不同事实间虽有关联，但民事纠纷中案件事实的查清和被告人是否应承担责任不需要等到刑事案件的判决结果即可确定的，民事纠纷和刑事案件可同时进行。比如某银行职员向储户揽储，向储户提供了真实的存单，但实际上该银行职员没有向单位交回该款，将该款私吞，储户起诉该银行职员所在银行要求其承担还款责任。此种情况下，虽然银行职员构成刑事犯罪，但案件的基本事实和单位还款责任的确定都不需要刑事案件的审理结果作为依据，因此刑事诉讼和民事诉讼可以同时进行。

刑民并用模式源于公法与私法、民法与刑法平等的理论，即对社会关系的调整，公法与私法各有自己的调整范围，民法与刑法不分先后，平等适用；民事责任的确定，不妨碍刑事责任的追究。司法的作用在于法院居中裁判，依法界定当事人之间的权利义务关系。"边民边刑"体现出司法为民，保护原告诉权的司法理念。

(三) 先民后刑模式

先民后刑，是指人民法院在审理民商事纠纷时，虽认为涉嫌刑事犯罪，但继续审理民事纠纷，刑事处理待民商事纠纷审理后再进行。典型的就是知识产权纠纷和知识产权犯罪交叉的案件。知识产权犯罪案件的显著特点是对知识产权权利归属、侵权行为是否成立等问题的判断是处理该类案件的前提，而对权利归属和侵权行为成立的判断必须通过民事诉讼程序来确定，另外对侵权的证据的发现和固定需要在民事诉讼程序中通过诉前证据保全来进行，这些措施是刑事诉讼程序中无法做到的。因此，对知识产权类刑民交叉案件必须先进行民事诉讼程序，待民事诉讼对是否构成侵权行为和知识产权权利归属作出判断后，刑事诉讼才能依据民事诉讼的结果得以进行。另外，对涉及产权、股权确认的刑民交叉案件也应实行"先民后刑"，在存在产权纠纷的情况下，应先通过民事诉讼程序对产权权属作出确认，然后根据民事诉讼的结果启动刑事诉讼程序对被告人是否构成犯罪作出判断。

五、责任财产优先承担民事责任

（一）民事责任、行政责任和刑事责任的竞合

根据法律的不同标准，可将法律责任划分为民事责任、行政责任和刑事责任。民事责任是指自然人、法人或者非法人组织，因违反民事法律、违约或者因法律规定的其他事由而依法承担的不利后果，包括侵权责任、违约责任等。行政责任是指因为反行政法律或行政法规而应承担的法定的不利后果。刑事责任是指因违反刑事法律而应承担的法定不利后果。通常情况下，民事责任、行政责任和刑事责任独立存在，并行不悖。但在一定条件下，这三种责任可能出现竞合。所谓法律责任的竞合，是指行为人的同一行为符合两个或两个以上不同性质的法律责任的构成要件，依法应当承担多种不同性质的法律责任的制度。虽然民事责任、行政责任和刑事责任是三种性质不同的法律责任，却可能因为同一法律行为而同时产生，这个行为既违反了民法，又违反了行政法或者刑法，由此同时产生民事责任、行政责任或者刑事责任，这就发生责任竞合情形。

（二）责任财产优先承担民事责任的原因

通常情况下，责任主体按照其应当承担的民事责任、行政责任和刑事责任来承担责任，但在特定情况下，如责任主体的财产不足以同时满足民事赔偿责任和承担罚款、罚金以及没收财产等行政责任和刑事责任时，这时三种责任就发生了冲突，不能同时承担时，就产生了哪一种责任优先适用的问题。实践中存在不同的观点和做法，有的是民事责任优先，有的是行政责任优先，有的是刑事责任优先，对此问题有必要进行统一。《民法典》第187条对此进行了统一，该条规定："民事主体因同一行为应当承担民事责任、行政责任

和刑事责任的，承担行政责任或者刑事责任不影响承担民事责任；民事主体的财产不足以支付的，优先用于承担民事责任。"可见，上述规定确定了民事责任优先适用的原则。其主要理由是：① 第一，民事责任优先适用原则是实现法的公平正义价值需要。人道和正义是法的社会功能的体现，这也是法所追求的主要价值所在。虽然民法、行政法、刑法属于三个不同的部门法，各自有其不同的调整范围，但保护自然人、法人和非法人组织的合法权益是其共同的目标和任务，当同一责任主体的财产不足以同时承担民事赔偿责任和交纳罚款、罚金或者没收财产等行政、刑事责任时，如果优先执行罚款、罚金或者没收财产，那么权利人的合法权益就难以得到有效的保护。国家和个体承受财产损失的能力差别很大，在不足以同时承担两种以上责任时，不履行罚款、罚金等行政、刑事责任，不会使国家发生经济上的困难，但如果不履行民事赔偿责任，却可能使个体陷入极大的困难乃至绝境，民事责任优先原则体现了三个部门法在保护自然人、法人和非法人组织合法权益方面的一致性，在这些责任无法兼顾时，民事责任优先适用，可以取得良好的社会效果，更能体现法律的人道和正义。第二，民事责任优先适用原则是维护社会主义市场经济秩序和交易安全的需要。民事主体在民事活动中取得的权利，应当具有法律保障。如果一方当事人对另一方当事人依法享有的损害赔偿请求权，因另一方当事人财产承担行政、刑事责任后丧失赔偿能力而无法实现，必然造成当事人在以后的民事活动中投入一定的注意力审核对该当事人是否存在违法或者犯罪行为，否则可能影响自己权利的实现，这必然影响当事人之间交易的信心和速度，也不符合市场经济秩序和交易安全应具有法律保障性的要求，民事责任优先这一原则可以克服这一弊端。第三，罚款、罚金等行政责任、刑事责任体现的是国家对行为人的处罚，民事责任是对受害者的补偿。民事责任主要是平等主体之间发生的一方依法向另一方承担的责任，目的是在弥补权利人因他人的民事违法行为而给其造成的经济损失，补偿性是民事责任的显著特征，这种补偿性的责任一旦不能承担，权利人的权利就难以实现。第四，民事责任、行政责任、刑事责任的目的和功能不同，行政和刑事责任可在人身制裁和财产制裁之间选择。民事责任的主要目的是对受害人补偿损失、恢复其权利。行政责任和刑事责任的目的主要是惩罚行为人，维护社会秩序。在责任人的财产不足以承担两种以上责任时，不承担民事责任，民事责任的目的就无法实现。行政责

---

① 李适时主编：《中华人民共和国民法总则释义》，法律出版社2017年版，第585~586页。

任和刑事责任的责任形式涉及人身和财产，除了财产性的罚款、罚金外，还可以对责任主体进行人身制裁，与民事责任单一的财产性赔偿特征相比，行政责任和刑事责任具有人身性和财产性双重性特征。在发生责任竞合时，即使民事责任优先适用，结果可能造成财产性的罚款、罚金等行政制裁或者刑事制裁难以实现，但不影响责任人承担人身方面的行政责任或刑事责任。在一定程度上行政责任和刑事责任还可以在对责任人人身制裁和财产制裁之间进行选择，以达到制裁责任人的最终目的。

（三）责任财产优先承担民事责任的适用条件

只有民事责任、行政责任、刑事责任发生冲突时，才会出现民事责任优先适用的问题。适用民事责任是有条件的，并非任何情况下都能适用。其适用的条件为：第一，责任主体所承担的民事责任必须是合法有效的，其依据既可以是法律规定，也可以是当事人约定。其民事责任应当已为相关法律文书所确定。第二，责任主体的财产不足以同时满足民事责任、行政责任和刑事责任，如果能够满足这三种责任则并行不悖，责任人同时承担三种责任。只是在财产不足以同时满足民事责任、行政责任和刑事责任，或者民事责任、行政责任，或者民事责任、刑事责任时，才能适用民事责任优先。

【拓展适用】

一、我国刑民交叉案件程序处理的相关规定

对刑民交叉案件的审理，我国现行的法律规定包括：《刑事诉讼法》第七章刑事附带民事诉讼的规定及相关的司法解释和《民事诉讼法》第153条第1款第5项关于中止诉讼情形的规定："本案必须以另一案的审理结果为依据，而另一案尚未审结的。"另外，最高人民法院针对审理民商事纠纷，涉嫌刑事犯罪制定的一系列司法解释，具体有：

一是最高人民法院、最高人民检察院、公安部于1985年8月19日联合发布的《关于及时查处在经济纠纷案件中发现的经济犯罪的通知》[①]。该通知强调"将经济犯罪的有关材料"向公安机关和检察机关移送。

二是两高和公安部于1987年3月11日联合下发的《关于在审理经济案件中发现经济犯罪必须及时移送的通知》[②]。该通知强调了当经济纠纷与经济犯罪发生交叉时，一般应当将经济犯罪与经济纠纷全案移送，只有在"经济纠纷与

[①②] 已被《最高人民法院、最高人民检察院关于废止1980年1月1日至1997年6月30日期间制发的部分司法解释和司法解释性质文件的决定》废止。

经济犯罪必须分案处理"和经济纠纷已经审理后才发现经济犯罪的情况下,才可以只移送经济犯罪部分。

三是最高人民法院于1997年12月13日发布的《关于审理存单纠纷案件的若干规定》(法释〔1997〕8号)。该司法解释虽系专门针对法院受理的存单纠纷案件制定的,但纠正了以往对于刑民交叉案件实行"全案移送"的处理方式,明确规定只有"确须待刑事案件结案后才能审理的案件",才可以中止审理,其他存单纠纷案件继续审理。

四是1998年4月29日,最高人民法院公布的《关于在审理经济纠纷案件中涉及经济犯罪嫌疑若干问题的规定》(法释〔1998〕7号),该司法解释在总结原有法律规范基础上,对刑民交叉问题作出较全面的规定,并正式提出经济纠纷与经济犯罪可以分开审理的基本原则。同时赋予了人民法院对于刑民交叉案件的主动审查权。

五是2000年12月19日最高人民法院公布的《关于刑事附带民事诉讼范围问题的规定》①(法释〔2000〕47号),该司法解释规定,对犯罪行为引起的损害赔偿问题不得直接提起刑事附带民事诉讼,而须经过刑事追缴或者退赔程序后,被害人才可以另行提起民事诉讼。

二、域外刑民交叉案件的处理模式

源于古罗马法的西方法律思想强调私权的重要性,体现在法律上即私法的发达。"罗马人也完全是根据私人权利的准则来看待君主权利的,换句话说,他们把私人权利看成国家权利的最高准则。"② 这种重视私权的法律思想使得在西方早期的法律中,刑法淹没于具有私法性质的侵权法中。由于历史、文化、经济、法律制度、价值取向等差异,各个国家在具体的法律程序上又存在较大的不同,有些国家则基于刑民诉讼的巨大差异,为了保障刑事诉讼中被告人的权利,实行了刑民彻底分离的诉讼模式;而有些国家则基于对民事私权的全面保护,规定了刑事附带民事诉讼制度,在刑事诉讼中一并解决民事私权利的救济问题。

(一)平行式诉讼模式

平行式诉讼模式是指被害人因犯罪行为所遭受的损失,一般只能在刑事诉讼程序终结后,通过单独的民事诉讼的方式维护自己的合法权益,这种模式不

---

① 该司法解释于2015年1月19日被最高人民法院审委会废止。
② 《马克思恩格斯全集》(第1卷),人民出版社1979年版,第379页。

允许在刑事诉讼的过程中提起民事诉讼，即刑事诉讼和民事诉讼是相互独立的两个诉讼，它强调了民事诉讼的独立地位，以美国和日本两国为代表，韩国、印尼、新加坡、马来西亚等国家或多或少地受到影响也采用这种模式。

1. 美国

在美国，由同一事实引起的刑事诉讼与民事诉讼是相互独立的两个诉讼，刑事案件的被害人要想获得因犯罪行为遭受的损失，主要是按照民事诉讼程序，提起独立的损害赔偿之诉。刑事判决中已经得到确定的内容并不会对民事诉讼产生预决的效力。此外，为了弥补被害人难以获得实际赔偿的不足，美国还通过私人保险、公共资助、国家赔偿等形式对被害人进行救助。美国法律特别强调民事诉讼的独立地位，他们认为，刑事诉讼解决的是侵犯社会公权力的犯罪行为，而民事诉讼解决的是侵犯个人私权益的行为，属于私法调整的范畴，他们各自具有独特的诉讼性质，适用不同的诉讼规则，因此二者之间并不存在必然的依附关系，应当是纯粹的平行关系。[①] 如美国著名的"辛普森"案，就充分说明了这一点。在辛普森被认定为无罪，刑事诉讼程序结束后，该案两名被害人的亲属又分别向法院提起了非法致人死亡而要求损害赔偿的民事诉讼，并在民事诉讼中胜诉。

20世纪60年代以后，美国一些州相继修改法律，允许刑事被害人直接向刑事法官申请赔款，在司法实践中刑事法官有时也对这种赔偿请求表示认可，如果这种赔偿得以承认并且被告人也实际履行这种赔偿，法官可以将赔偿作为刑罚的替代品，相应地减轻对被告人的刑罚。1982年立法还改变了传统刑民完全分立的做法，规定联邦法院对被认定有罪的人，可以在法定刑罚外加处赔偿或者以命令赔偿来代替刑罚。之所以有这种变化，主要是考虑到以往单纯通过民事诉讼的方式解决损害赔偿不仅浪费时间和费用，而且效果也不理想。而在刑事程序中解决损害赔偿，有利于改善因犯罪而遭受破坏的犯罪人和被害人之间的社会关系，有利于犯罪人回归社会。

2. 日本

"二战"前的日本在立法上由于受到了法国法的影响，沿袭了大陆法系的立法模式，采取了"附带公诉之私诉"。但是在"二战"后，由于在司法实践中诸多弊病的显现，以及受到了美国刑事诉讼法的影响，日本于1948年公布的

[①] 郑鲁宁、何乃刚：《合并与分离：刑事附带民事诉讼制度的反思与重构》，载《政法论坛》2003年第4期。

《刑事诉讼法》"完全抛弃可公诉附带私诉制度"。① 在日本，刑事损害赔偿的诉讼，刑事诉讼法不再规定，而是按民事诉讼程序解决。据此，日本新刑事诉讼法实行了彻底分立的立法模式，即刑事犯罪行为引起的损害赔偿问题按照民事程序进行解决。

（二）附带式诉讼模式

附带式诉讼模式一般都规定因犯罪行为造成的损失可在刑事诉讼中提出民事损害赔偿要求，也即由法院在处理刑事案件的同时对这种附带民事诉讼一并裁决。采取这种模式的国家有法国、德国、俄罗斯、泰国等，主要以法国、德国两个大陆法系国家为代表。

1. 法国

法国是实行刑事附带民事诉讼制度较为完善，也是最为典型的国家。1808年《法国刑事诉讼法》在世界上第一次以法典的形式规定了刑事附带民事诉讼，称为"公诉附带私诉"。有如下特征：一是刑事诉讼程序充分考虑了附带民事诉讼的独立性，《法国刑事诉讼法》在卷首就以"公诉和民事诉讼"为名规定了二者的关系以及民事诉讼的独立性，同时各卷各编又都对附带私诉作了特别规定。二是受害人有程序选择权。受害人既可以选择刑事附带民事诉讼的方式进行，也可以向民事审判庭单独提起民事诉讼。但是，受害人一经选定民事诉讼，则这种选择就是不可撤销的。三是刑事诉讼对于民事诉讼具有优先地位。民事诉讼尚未作出判决之前，案件已经进入刑事诉讼程序，那么在刑事法院本身尚未对公诉作出审理裁判时，民事诉讼均应暂缓判决。另，在刑事法院就公诉作出判决之后，对民事诉讼进行审理裁判的民事法院，在一定的程度上应当遵守刑事法官已经作出的裁判决定。这种服从主要体现为"刑事致民事原状等待规则""刑事既判事由对民事具有权威效力的法院判例原则"。② 四是附带民事诉讼，无须预先缴纳诉讼费用。该费用一律先由国家支出，待原告人获得胜诉再向被告人收取。

2. 德国

1943年和1950年的刑事诉讼法修改时增加了刑事附带民事诉讼这一程序，德国的附带民事诉讼与法国有相似之处，如：被害人程序上的选择权；附带民

---

① 武延平：《论刑事附带民事诉讼》，中国政法大学出版社1994年版，第15页。
② [法] 卡斯东·斯特法尼等：《法国刑事诉讼法精义》（上），罗结珍译，中国政法大学出版社1999年版，第260~261页。

事请求可以向刑事法院提起,也可以单独提起;附带民事请求要交纳诉讼费用等。除此之外,德国的刑事附带民事诉讼有如下特征:第一,受害人或他的继承人只能对犯罪行为产生的财产损失享有请求权;第二,刑事被害人向地方法院的刑事法院提起的附带民事请求赔偿额最高不得超过 3000 马克;第三,刑事法庭不能作出不利于附带民事诉讼民事原告的决定;第四,附带民事请求的审判可以因拖延程序、不合适在刑事诉讼程序中处理、不准许等理由而"免予裁定"。①

德国的附带民事诉讼制度是一种受到严格限制的附带民事诉讼模式,除了在立法上规定了诸多的限制性事由外,还同时赋予法官极大的自由裁量权,只要法官认为民事赔偿问题不宜在刑事诉讼过程中"附带"解决,就随时可以作出对民事请求不作裁判的裁定。这种法律规定上的严格限制使得刑事被害人的民事赔偿几乎很难通过附带民事诉讼程序得以实现,而只能通过另行提起民事诉讼来解决。

(三) 折中式诉讼模式

折中式诉讼模式以英国为代表,英国因为没有成文的刑事诉讼法典,所以采取了较为灵活的态度。英国 1870 年的《没收法》中规定,被害人对因犯罪行为造成的损害,可以通过三种方式提起赔偿之诉:一是向损害赔偿委员会请求赔偿;二是对犯罪人提起民事诉讼;三是刑事法庭依职权或根据被害人的请求,在对被告人判刑时以赔偿令的形式责令犯罪人赔偿受害人的损失。上述三种方式,前两种诉讼只能在刑事案件审理终结后提起,因而不能说是附带民事诉讼。仅第三种情况,而且是在被害人提起民事请求时,才是刑事附带民事诉讼,这种制度被称为"折中式诉讼模式"。

折中式诉讼模式的优点在于,被害人获得损害赔偿的渠道相对广泛,在理念追求上体现了对刑事被害人民事权益的充分尊重和保护。被害人既可以通过诉讼的方式,也可以通过赔偿请求的方式,前者由法院受理,后者由专门设立的刑事赔偿委员会来受理。既可以在刑事诉讼进行过程中提出,也可以在刑事案件审理终结后提起,前者属于真正意义上的刑事附带民事诉讼,后者则为独立的民事诉讼或者单纯的赔偿请求。从处理的程序上看,既可选择适用民事诉讼程序进行审理,也可在刑事诉讼程序中一并处理。

---

① 参见《德国刑事诉讼法典》第 405 条:"如果对申请不合适在刑事诉讼程序中处理,特别是如果审查申请将会拖延程序或者申请为不准许的时候,法院也可以免予裁定;可以在程序的任何阶段以裁定免予对申请作裁判。"

【典型案例】

基金管理中心与某银行新疆分行、旅游公司存单纠纷案

原告（上诉人）：基金管理中心。

负责人：李某中，该中心主任。

被告（被上诉人）：某银行新疆分行。

负责人：仇某强，该行行长。

原审第三人：侨旅公司。

法定代表人：蒋某树，该公司总经理。

〔基本案情〕

新疆维吾尔自治区高级人民法院重审查明：1998年4月3日，张某钧收社保中心一张编号为07537401的转账支票。张某钧在该转账支票存根上签字并出具一张收条。该收条载明：今收到民政厅社保处存款8170200元。同日，社保中心向张某钧出具一张编号为9503526的收款收据。该收据载明：缴费单位名称：某银行市支行天山区办事处；事由：利息收入；金额：829800元。同日，张某钧交给社保中心一张某银行进账单。该进账单载明：付款人：社保中心；收款人：本单位；金额：900万元。同年4月13日，张某钧交给社保中心一份单位定期存款开户证实书。该证实书载明：民政厅社保处：你单位已在我行开立单位定期整存整取存款账户；金额900万元；期限一年；利率5.22%；出纳李某；复核王某。同年4月3日，旅游公司向社保中心出具一份证明称：今收到某银行天办张某钧同志转来社保中心现款900万元，扣除利息829800元；我单位于1998年10月13日前还清，尽量提前。

1999年2月9日，原审法院经二庭委托该院技术室作出新高法技鉴字（99）第10号笔迹鉴定，结论是：开户证实书上"某银行乌鲁木齐市黑龙江路分理处业务专用章"印文与某银行乌鲁木齐市黑龙江路分理处业务专用章部分特征相符；开户证实书上字迹系张某钧所写；1998年4月3日的某银行进账单上"票据交换"印文与某银行天山区办事处提供的"票据交换"印文不是同一印章所盖。2000年9月18日，新疆维吾尔自治区人民检察院委托公安部作出（2000）公物证鉴字第88号物证检验意见书，结论是：检材上的"某银行乌鲁木齐市黑龙江路分理处业务专用章"中维文印文与样本上相同内容的印文倾向是同一印章盖印的。本案原审期间，原审承办人就上述两份鉴定中"部分特征相符"和"倾向于是同一印章所盖"能否作出同一认定，咨询了原审鉴定人。原审鉴定人称：专用章部分特征相符认为是同一印章所盖是不行的；能看见的部分相同，不能看见的不好认定；倾向性意见主要是供侦察参考用的，不能作为证据。

原审法院于2003年9月17日作出的（2003）新刑终字第279号刑事附带民事判决中查明：1. 张某钧供称：1998年3月28日，蒋某树打电话叫我到五星大厦，告诉

我说社保中心的副处长陈某华是他老乡，正在主持工作，他已与陈某华商量好，把社保中心的 900 万元给蒋某树用，但不好直接给，需要有银行工作人员身份的人出面把这笔款办过来。当时因我在工作中违规操作，银行停了我的职，3 月 2-3 日我就离开银行了，后来下了文件把我开除了，这些蒋某树都知道。蒋某树从隔壁房子把陈某华叫出来，给我们介绍了身份，并让我到民政厅以办事处主任的身份揽储，把这笔钱拿上后直接交给蒋某树就行了。当时我当着陈某华的面说，我已经调走不在银行了，蒋某树说没事，民政厅那边只是要一张单子作账就可以了。陈某华听我们说话，他什么也没有说。3 月 30 日上午，蒋某树打电话让我去民政厅，我就到了社保中心以某银行天办主任的身份去揽储，并向社保中心的人出示了我的工作证（某银行工作证）。4 月 3 日，蒋某树说陈某华已经安排好让我去拿支票，并说他与陈某华已商量好支票上不要填抬头单位。到社保处，其工作人员扣除利息后，将填有 800 多万元的支票交给我，支票上没有填收款单位。我给他们打了一张收条，说过两天再送进账单来，然后我就按蒋某树的安排直接坐车到旅游公司把支票交给韩某。韩某当时一个人到银行存去了。蒋某树让韩某到办事处拿进账单，还让韩某按以前进账单上盖的章再刻一个转账收讫的方章。过了两小时，韩某就拿着空白进账单和刻好的方章回来了。我按蒋某树的安排填写了进账单，后韩某在进账单上盖的刻好的方章。此伪造的进账单送给社保中心后，过了 4~5 天，蒋某树对我说，社保中心还要存款证实书。韩某按照蒋某树的指示拿来一张空白的单位存款证实书交给我，我填写了单位存款证实书，我对韩某说最起码证实书上应该有两个经办人的私章才像是真的，韩某就给我两枚刻好的私章。证实书是韩某拿来的，内容是我填写的，上面的公章是某银行黑龙江路分理处的，这个公章是真的，是我拿到黑龙江路分理处盖的，证实书上的两个私章是韩某刻的。4 月 6 日这笔款进账后，蒋某树让我将这个伪造的进账单交给社保中心。2. 证人阮某新证实，存款开户证实书上的私章王某、李某（二人）不是该行职工；证人张某新证实，该办事处无王某、李某二人。3. 某银行乌鲁木齐市支行（以下简称乌市中行）下发的（1998）13 号文件，证实张某钧已于 1998 年 3 月 27 日被某银行开除公职。乌市中行会议纪要记载：开除张某钧公职，扣除天办主任三个月岗贴，扣除天办副主任六个月岗贴。该纪要内容与上述 13 号文件的内容相同。4. 社保中心的报案材料证实：1998 年 3 月下旬，犯罪嫌疑人张某钧自称是乌市该行天山办事处副主任，到社保中心吸纳存款，并称如将款项存入他们银行，可以适当提高存款利息。同年 4 月 3 日，张某钧拿走支票，扣除高利部分，实开支票数为 8170200 元。4 月 6 日送来一张进账单，4 月 13 日又送来某银行乌鲁木齐市黑龙江路分理处开立的单位定期整存整取存款证实书。5. 同年 7 月上旬，社保中心在查询该笔存款时，某银行告知该存款没有存入银行，而是直接填上旅游公司的名称，将支票交给了蒋某树，致使社保中心 900 万元被骗。

原审法院在该刑事附带民事判决中认定：张某钧以非法占有为目的，利用伪造的金融凭证骗取社保中心 8170200 元,其行为已构成金融凭证诈骗罪。社保中心于 1999 年 1 月 11 日向原审法院提起诉讼,诉请判令新疆某银行支付存款本金 900 万元及利息、旅游公司承担连带责任。

〔一审裁判理由与结果〕

原审法院重审认为:社保中心与新疆某银行之间不存在真实的存款关系。因为从鉴定结果看,社保中心所持开户证实书、进账单均是伪造的;从款项走向看,载明 8170200 元的转账支票并未进入新疆某银行的账户,而是直接进入了旅游公司的账户,旅游公司亦于当日给社保中心出具收到该款的证明。张某钧原系新疆某银行的员工,由于其违规操作,被新疆某银行于 1998 年 3 月 27 日予以开除。张某钧在明知其已被开除的情况下,仍以新疆某银行员工的名义去揽储,并伪造进账单和开户证实书,其行为被原审法院 (2003) 新刑终字第 279 号刑事附带民事判决认定构成金融凭证诈骗罪,张某钧被判处有期徒刑。张某钧实施的行为引起的后果应当由其自行承担。《最高人民法院关于审理存单纠纷案件的若干规定》第五条第一款第二项第 4 目规定:存单纠纷案件的审理中,如有充足证据证明存单、进账单、对账单、存款合同等凭证系伪造、变造,人民法院应在查明事实的基础上,依法确认上述凭证无效,并可驳回持上述凭证起诉的原告的诉讼请求。社保中心对新疆某银行的诉讼请求无法律依据,应不予支持。旅游公司在原一审中认可其收到社保中心的 8170200 元款项,属于本案有直接利害关系的第三人。旅游公司占有、使用该笔款项无合法依据,应当承担返还该笔款项的民事责任。该院根据《中华人民共和国民事诉讼法》第一百零八条、第一百八十四条第一款之规定,判决:维持该院 (1999) 新经初字第 10 号民事判决,即:一、旅游公司向社保中心返还 8170200 元及利息(按中国人民银行同期贷款利率计算利息);二、驳回社保中心对新疆某银行的诉讼请求。

〔当事人上诉及答辩意见〕

社保中心不服原审法院的上述民事判决,向最高人民法院提起上诉称:原审判决认定进账单、开户证实书是伪造的与事实不符。社保中心在与新疆某银行签订、履行存款合同过程中做到了注意谨慎,在办理合同过程中派工作人员前往新疆某银行核实了张某钧的身份。张某钧代表银行来社保中心办理存款合同业务时持有单位工作证。开户证实书上的乌市某银行黑龙江路分理处业务专用章是真实的。张某钧将社保中心交付的 8170200 元款项存入旅游公司时,其系银行工作人员,属于职务行为。由于张某钧系乌市某银行天山办事处副主任,故社保中心向张某钧交付 8170200元转账支票,应视为社保中心已将该转账支票交付新疆某银行。至于张某钧将上述款项自行转给旅游公司,该行为与社保中心无关。原审判决认定旅游公司于当日给社保中心出具收到该款的证明有误。原审判决认定新疆某银行于 1998 年 3 月 27 日将张某钧予以开除,张某钧在明知其已被开除的情况下,仍以新疆某银行的名义揽储,该认定于法无据,违反了《企业职工奖惩条例》①第 20 条和《金融违法行为处罚办法》第 2 条的规定。张某钧属于银行管理人员。根据国务院有关法规规定,对银行管理人员的开除处分,须在所在单位宣布开除决定,进行社会公示,向同级人民银行备案,书面通知本人。由于新疆某银行至今仍不履行法定义务,致使张某钧到乌市某银行天山办事处黑龙江分理处在存款证实书上加盖公章畅通无阻,应认定张某钧的身份至今仍为新疆某银行的银行管理人员。新疆某银行对张某钧有两份不同文号的开除决定,即乌中银字(1998)6 号和乌中银字(1998)13 号。这两份文件不是同一时期打印,且主题词是停职检查,但内容又为何变成了开除决定。原审法院作出的(2003)新刑终字第 279 号刑事附带民事判决在程序、事实认定、定罪上存在诸多问题,但该判决书认定正确的事实有:张某钧代表新疆某银行与社保中心办理存款合同期间,银行仍在为其发工资;开户证实书上加盖的乌市某银行黑龙江路分理处业务专用章是真实的;张某钧前往社保中心揽储时持有银行的工作证;开除决定并未向张某钧送达和所在单位宣布,也未向社会公布;本案款项进入了旅游公司的账户。本案系存款合同纠纷,而非一般存单纠纷。张某钧的行为即使构成犯罪,因本案 8170200 元农民养老金的损失,与新疆某银行的过错存在直接的因果关系,新疆某银行也应当承担全部民事赔偿责任。即无论从合同的角度,还是从侵权的角度,新疆某银行都应当承担民事责任。故请求撤销原判,改判新疆某银行向社保中心给付存款本金 8170200 元及利息;由旅游公司承担连带清偿责任。

被上诉人新疆某银行未提交书面答辩状,其于二审质证时称:原审判决认定事实清楚,适用法律正确,故请求驳回上诉,维持原判。

原审第三人旅游公司未作陈述。

[**最高人民法院查明的事实**]

最高人民法院二审除基本上认定一审查明的事实外,还补充查明以下事实:原审法院于 2003 年 9 月 17 日作出的(2003)新刑终字第 279 号刑事附带民事判决,根据原旅游公司总经理蒋某树、韩某、原乌市某银行天山办事处副主任张某钧的口供以及其他证据认定本案的基本事实为:1998 年 3 月间,蒋某树得知社保中心有 900 万元资金,即与社保中心财务处副处长陈某华联系洽谈使用此款。因社保中心其他领导和民政厅主管领导坚持此款需存入银行,蒋某树便找到乌市某银行天山办事处副主任张某钧(1998 年 3 月 20 日申请辞职,同年 3 月 27 日被银行开除),让其仍以原银行工作人员的虚假身份到社保中心联系吸纳存款事宜。张某钧遂以该单位所给利率 9.22%,高出银行同期利率 4 个百分点为由提出揽储,社保中心经过考察同意将 900 万元款项存入天山办事处。同年 4 月 3 日,社保中心按照张某钧的要求,扣除 829800 元利息,将未填写收款单位、票面金额为 8170200 元的转账支票

---

① 已被 2008 年《国务院关于废止部分行政法规的决定》废止。

交给张某钧。张某钧按照蒋某树的要求将该转账支票交给被告人韩某。在蒋某树的安排下，韩某当即在乌鲁木齐市以旅游公司的名义设立账户，将8170200元款项存入该账户。后蒋某树伙同张某钧、韩某伪造某银行900万元进账单、定期存款证实书各一张，由张某钧交给社保中心，据此将8170200元款项据为己有。案发后，从韩某处追缴现金70万元、海南马自达轿车一辆。乌市某银行开除张某钧的决定未送达张某钧本人，也未向社会公告。原审法院刑事附带民事判决据此认定蒋某树、张某钧、韩某的行为构成金融凭证诈骗罪，并判处蒋某树无期徒刑、判处张某钧有期徒刑15年、判处韩某有期徒刑6年，追缴赃款70万元、海南马自达轿车一辆，发还社保中心。

〔最高人民法院裁判理由与结果〕

最高人民法院认为：本案涉及民事纠纷与刑事犯罪交叉的问题。最高人民法院将本案发回重审时，原审法院尚未作出刑事判决。重审期间，原审法院查清了本案的有关事实并已作出刑事附带民事判决。根据该判决所认定的基本事实，蒋某树伙同张某钧、韩某采取伪造进账单和定期存款证实书的办法，骗取社保中心的款项，其行为构成金融凭证诈骗罪。原审法院在判处上述张某钧等人无期徒刑或有期徒刑的同时，还判决将追缴的赃款70万元以及一辆海南马自达轿车发还给社保中心。处理本案民事纠纷应当考虑刑事判决中所认定的基本事实。原审判决认定社保中心与新疆某银行之间不存在真实的存款关系并无不当。但是，社保中心与新疆某银行之间不存在真实的存款关系，只能说明双方之间不存在合同关系以及新疆某银行不存在应当承担合同责任的问题，凭此并不能必然得出新疆某银行对本案不应当承担任何民事责任的结论。

基于蒋某树、张某钧、韩某的犯罪行为，旅游公司占有本案8170200元款项，没有合法依据，其应当将该款项返还给社保中心。原审判决旅游公司向社保中心返还8170200元及利息并无不当，且旅游公司亦未提起上诉，故对该判项应予维持。至于新疆某银行是否应当对本案承担民事责任，涉及新疆某银行对于张某钧等人的诈骗得逞是否存在过错问题。有过错就应当承担民事责任，这是民法中过错责任原则的基本内涵。从本案基本事实看，在本案行为发生以前，张某钧虽于1998年3月27日被乌市某银行予以开除，但新疆某银行并未收缴张某钧的工作证，以致张某钧仍以乌市某银行天山办事处副主任的身份并持该行工作证到社保中心揽储；特别是张某钧交给社保中心一张加盖有乌市某银行黑龙江路分理处业务专用章的定期存款证实书，对于该证实书上加盖的公章的真伪问题，原审法院委托该院技术室所作的鉴定结论以及新疆维吾尔自治区人民检察院委托公安部物证鉴定中心所作的鉴定结论是基本吻合的，上述两次鉴定结论与张某钧的供述也基本一致，故应当认定定期存款证实书上加盖的乌市某银行黑龙江分理处业务专用章是真实的。既然张某钧在被乌市某银行开除公职以后还能够使用加盖单位公章的定期存款证实书，这说明乌市某银行在管理上存在过错，而且这种过错是导致张某钧等人诈骗得逞的重要原因。故新疆某银行应对其过错承担相应的民事责任。社保中心未到银行柜台办理存款手续，其轻信张某钧等人的所为，也说明其有过错，应当自行承担相应的民事责任。

综上，原审判决认定事实基本清楚，在适用法律方面，除判令旅游公司向社保中心返还 8170200 元及利息外，判决驳回社保中心对新疆某银行的诉讼请求不当，最高人民法院应予纠正。社保中心关于新疆某银行应当对本案承担民事责任的上诉理由成立，最高人民法院应予支持。最高人民法院依照《中华人民共和国民法通则》第一百零六条第二款、《中华人民共和国民事诉讼法》第一百五十三条第一款第一项、第二项之规定，判决如下：

一、维持新疆维吾尔自治区高级人民法院（2002）新民二初字第 48 号民事判决主文第一项，即乌鲁木齐旅游公司向基金管理中心返还人民币 8170200 元及利息（利息按中国人民银行同期贷款利率分段计算）；二、撤销新疆维吾尔自治区高级人民法院（2002）新民二初字第 48 号民事判决主文第二项；三、某银行新疆分行对上述判决第一项，即在乌鲁木齐旅游公司不能偿还本息时在 50% 的范围内向基金管理中心承担赔偿责任。

规则 37：（诉讼欺诈行为的认定）双方当事人恶意串通，隐瞒事实、编造理由进行诉讼，企图通过人民法院的确权来对抗另案其他人民法院的查封，属于诉讼欺诈行为，应承担相应的法律责任

——发展公司诉贸易公司财产权属纠纷案①

【裁判规则】

双方当事人属关联企业，不存在利益冲突，根本无须诉讼，却恶意串通，隐瞒事实、编造理由进行诉讼，企图通过人民法院的确权来对抗另案其他人民法院的查封，属于诉讼欺诈行为，违反了《民法典》第 7 条关于民事活动应当遵循诚实信用原则的规定。正是由于当事人不诚信的表现，引起和加重了人民法院对当事人诉称事实的合理怀疑。双方当事人应当为其恶意串通进行诉讼欺诈的行为承担不利的后果。

---

① 《中华人民共和国最高人民法院公报》2004 年第 3 期。

【规则理解】

一、诉讼欺诈的概念

欺诈通常是大陆法系民法中的概念。"当普遍物被特殊贬低于单纯假象的东西，即某种特殊意志无视法的尊严，以自己的不法冒充合法，对他人造成一种假象，将不法视为合法，这就发生了欺诈。"①

我国法学理论界对诉讼欺诈的定义尚没有达成共识，归纳起来主要有以下几种代表性观点：（1）有学者认为，诉讼欺诈指诉讼参加人恶意串通，虚构民事法律关系和法律事实，通过符合程序的诉讼形式，使法院作出错误裁判，从而达到损害他人利益，谋取非法利益的目的的违法行为。②（2）有学者认为，所谓诉讼欺诈是指行为人以提起民事诉讼为手段，作虚假的陈述、提出虚假的证据，或者串通证人提供伪造的证据，使法院作出有利于自己的判决，从而获得财物或财产上不法利益的行为。③（3）还有观点认为，诉讼欺诈是行为人利用虚假证据提起民事或者行政诉讼，破坏法院的正常审判活动，促使法院作出错误判决或裁定，以使自己或者他人达到获得财产或财产性利益的目的的行为④。

以上各位学者都对诉讼欺诈的基本特征进行了描述，但在具体的手段、目的、客体等方面还存在分歧，且上述观点只针对某些方面进行了阐述，并不能全面地概括诉讼欺诈的特征。诸如有的学者将诉讼欺诈仅限定在民事诉讼中，有的学者将诉讼欺诈的目的限定为获取财产。笔者以为，诉讼欺诈（虚假诉讼）包括广义和狭义之分：广义的诉讼欺诈（虚假诉讼），是指行为人采取串通他人、伪造证据、捏造案件事实、虚构民事法律关系等方式提起诉讼，或利用虚假仲裁裁决、公证文书申请执行，误导人民法院作出错误裁判或执行，以获取非法利益或实现非法目的的诉讼行为⑤；狭义的诉讼欺诈（虚假诉讼）是指行为人恶意串通，在民事诉讼中采取虚构事实、隐瞒真相、伪造证据等非法方式，破坏裁判机关的正常审判活动，进而使法院据此作出有利于行为人的错误裁决和调解书，以达到其非法获取财物或财产性权利的诉讼行为。

---

① ［德］黑格尔：《法哲学原理》，贺麟艾译，商务印书馆1997年版，第87页。
② 陈桂明、李仕春：《诉讼欺诈及其法律控制》，载《法学研究》1998年第6期。
③ 刘明祥：《财产罪比较研究》，中国政法大学出版社2001年版，第251页。
④ 李永生、邢菲菲：《刑事法视野中的诉讼欺诈行为研究》，载《江西公安专科学校学报》2006年第1期。
⑤ 唐东楚：《诉讼主体诚信论——以民事诉讼诚信原则立法为中心》，光明日报出版社2011年版，第49页。

二、诉讼欺诈①（虚假诉讼）的构成要件

《最高人民法院关于防范和制裁虚假诉讼的指导意见》（法发〔2016〕13号）指出，当前民事商事审判领域存在的虚假诉讼现象，不仅严重侵害案外人合法权益，破坏社会诚信，也扰乱了正常的诉讼秩序，损害司法权威和司法公信力。人民法院要努力探索通过多种有效措施防范和制裁虚假诉讼行为。该意见第1条规定："虚假诉讼一般包含以下要素：（1）以规避法律、法规或国家政策谋取非法利益为目的；（2）双方当事人存在恶意串通；（3）虚构事实；（4）借用合法的民事程序；（5）侵害国家利益、社会公共利益或者案外人的合法权益。"

（一）行为人实施了欺诈（虚假）性的诉讼行为

诉讼欺诈（虚假诉讼）是原被告双方当事人恶意串通而实施的行为，表现在行为人恶意串通，通过采取虚构事实、隐瞒真相、伪造证据等非法方式来欺骗法院，使法院陷入错误认识并进而作出有利于行为人的判决。虚构事实是指行为人虚构本来不存在的法律关系和法律事实；隐瞒真相是指行为人隐瞒事实上存在的法律关系和法律事实；伪造证据是指行为人伪造证明其所虚构的法律事实和法律关系的证据。行为的主体是在诉讼中处于对立地位的当事人，如原告与被告的恶意串通，或者原告与被告的诉讼代理人恶意串通。诉讼欺诈肯定是存在于诉讼之中，以诉讼为依托和手段，如果行为人仅仅是虚构事实、隐瞒真相、伪造证据等，而没有向法院起诉，或者法院没有受理，则不是诉讼欺诈。

（二）行为人实施诉讼欺诈（虚假诉讼）行为时主观是恶意的

恶意是指不良的居心、坏的用意，在民事行为中的恶意相当于刑法中的直接故意，即相互串通的行为人明知自己的行为会给他人带来损害，并且希望这种结果发生。在诉讼过程中，双方当事人都有提出证据证明其所主张事实的义务，双方当事人对自己所主张的法律事实和法律关系的真伪都是明知的，对提交证据的真伪也是心知肚明的，而且对其行为会造成法院的误判和损害他人利益的后果知晓的，但相互串通的行为人明知自己提供的是虚假的陈述、虚假的证据或证人证言，但为了达到其获取他人非法利益的目的，仍然积极地提起诉讼，在诉讼中积极地提起虚假陈述和证据。

（三）行为人实施诉讼欺诈（虚假诉讼）行为造成了损害结果

诉讼欺诈（虚假诉讼）行为侵犯的客体是复杂的客体，不仅侵犯了法院正

---

① 文中若无特别指明，所指的诉讼欺诈均为狭义的诉讼欺诈。

常的审判秩序，也侵犯了第三人（国家利益、公共利益或者案外人利益）的权益。对于诉讼欺诈（虚假诉讼）造成了损害结果也可以从两方面来论述：从法院正常的审判秩序方面来讲，行为人提起了诉讼欺诈行为，就会导致法院花费人力、物力、财力审理该案件，因此无论行为人诉讼欺诈行为的目的是否达到，都会对法院正常的审判秩序造成侵害。从相对人方面来讲，诉讼的直接结果是获得法院的生效判决，并通过判决所产生的既判力和执行力来达到侵害相对人财产或财产性权利的目的。是否对相对人造成侵害要看行为人通过法院作出的判决是否对相对人的财产或财产性权利造成侵害。可以明确的是，诉讼欺诈行为产生损害的时间界限应为判决生效之日。

（四）行为人实施的诉讼欺诈行为与相对人的损害之间须有因果关系

诉讼欺诈行为人承担侵权责任的前提，是诉讼欺诈行为与相对人的损害之间存在因果关系，而因果关系是指各种现象之间引起与被引起的关系，也即行为人的诉讼欺诈行为引起了相对人的损害。诉讼欺诈是通过直接欺骗法院而间接地获取相对人的财产或财产性权利，而对相对人的财产权利产生损害则决定于法院是否作出了有利于行为人的判决，因此，诉讼欺诈行为与相对人的损害之间的因果关系可以认定为行为人实施的诉讼欺诈行为与法院的判决之间存在因果关系。如果法院作出的有利于行为人判决的基础是因为行为人实施的虚构事实、隐瞒真相、伪造证据等非法行为，并且虚构事实、隐瞒真相、伪造证据在程度上应当达到两个标准：一是应当符合民事诉讼法规定的起诉条件和证据要求；二是虚构事实、隐瞒真相、伪造证据足以使法院相信并最终获得胜诉。

三、诉讼欺诈（虚假诉讼）的主要类型及表现形式

《最高人民法院关于防范和制裁虚假诉讼的指导意见》第2条规定："实践中，要特别注意以下情形：（1）当事人为夫妻、朋友等亲近关系或者关联企业等共同利益关系；（2）原告诉请司法保护的标的额与其自身经济状况严重不符；（3）原告起诉所依据的事实和理由明显不符合常理；（4）当事人双方无实质性民事权益争议；（5）案件证据不足，但双方仍然主动迅速达成调解协议，并请求人民法院出具调解书。"由于诉讼欺诈（虚假诉讼）发生的原因是多方面的，在实践中的类型和表现形式也不甚相同。

（一）诉讼欺诈（虚假诉讼）的主要类型

1. 原告和被告串通损害案外第三人利益，具体情形有：原被告之间根本不存在任何的民事纠纷，但为了达到获取案外第三人财产或财产性权益的目的，而故意虚构法律关系，提起诉讼。

2. 在有第三人参加的诉讼中，原告与第三人恶意串通来诈害被告的利益，或被告与第三人恶意串通来诈害原告的利益，或原告与被告恶意串通来诈害第三人的利益。

3. 复数主体诉讼中，诉讼参加人恶意串通损害其他成员的利益，具体情形有：原告与多数被告中的一人或几人恶意串通损害其他被告的利益；被告与多数原告中的一人或几人恶意串通损害其他原告的利益；诉讼代表人与对方当事人恶意串通，诈害被代表的其他多数当事人的利益。

4. 非实体权利主体的代理人、法定代理人与对方当事人恶意串通损害被代理人的利益。

5. 一方当事人与证人、鉴定人、检验人或评估人恶意串通，利用虚假的证明、鉴定结论、评估报告等证据损害对方当事人利益的诉讼欺诈行为。

（二）表现形式

1. 规避义务型

诉讼欺诈行为人与第三人之间原本存在某种法律关系，并且负有向该案外人交付特定标的物的义务，但为了规避该义务，而与他人串通进行诉讼，并且在诉讼中配合默契，对另一方诉请的事实与理由自认，迅速达成调解协议或经人民法院判决并自觉地履行交付标的物的义务，损害第三人的利益。如陈某因欠款而被债权人李某起诉并且被法院查封扣押了其工厂里的原材料，陈某于是跟刘某串通，伪造了转让合同，让刘某以有独立请求权第三人的身份参加该诉讼，在诉讼中刘某称该原材料陈某已经转给他了，并且双方约定原材料继续存放于陈某的仓库中，而陈某对刘某的说法也予以承认，法院判决该原材料归刘某所有，但最后李某的判决因陈某没有其他的财产而得不到落实，损害了李某的权利。再如，张某因涉嫌进行走私活动而被公安机关查封了其个人的财物，于是跟吴某恶意串通，伪造了转让合同，让吴某起诉到法院，要求张某归还该财物，并称公安机关查封的财物是吴某所有，是吴某暂时存放在张某家的。而张某对此也予以承认，法院也据此判决该财物归吴某所有，吴某拿着该判决书到公安机关提取了该财物。

2. 虚构共同债务型

（1）在离婚诉讼中，夫妻一方与第三人恶意串通，虚构夫妻共同债务，通过诉讼来转移或获取更多的共同财产。一是在离婚诉讼前，一方与第三人恶意串通，虚构夫妻共同债务向法院起诉，并且在诉讼中达成调解，以夫妻共同财产履行调解书的义务，使另一方利益受损；二是在离婚诉讼过程中，一方与第三人恶意串通，虚构夫妻关系存续期间的债务，向法院起诉，并且在诉讼中快速达成调解，以减少夫妻共同财产的总量，达到多得共同财产的目的。（2）在合伙企业（个人合伙）中，有的合伙人与第三人恶意串通，虚构了合伙期间的共同债务，伪造了证据，向法院提起诉讼要求合伙企业（个人合伙）还款，在诉讼中该合伙人对此予以认可，于是在法院的主持调解下达成协议，从而达到侵占合伙共同财产，损害合伙人的利益的目的。（3）在继承案件中，其中一个继承人或多个继承人跟第三人恶意串通，虚构了被继承人生前的债务，向法院提起诉讼，并且在诉讼中迅速达成调解协议，从而达到多占财产的目的。

3. 恶意逃债型

（1）陷入困境的个别民营企业，在公司资产不足偿还债务时，与第三人恶意串通，出具虚假借据，起诉到法院，在诉讼中迅速达成和解协议或者在法院作出判决后，主动自觉地履行该协议或判决，从而达到转移公司资产、损害其他债权人的利益。（2）在公司破产案件中，债权人中的一方或多方与债务人伪造虚假的优先受偿债务，向法院提起诉讼，并通过法院调解或判决，以逃避其他债务，损害其他债权人的利益。

【拓展适用】

一、诉讼欺诈（虚假诉讼）形成的制度分析

（一）民事诉讼法律制度的不健全，为诉讼欺诈（虚假诉讼）提供了生存空间

1. 民事活动所遵循的意思自治、权利自主处分原则及民事审判权的被动性为诉讼欺诈的产生提供了条件

"现代程序的公正与否，其首要考虑的应是对立面的设置"[1] 民事诉讼程序的设计是以当事人一对一的对立格局为前提和基础的。然而随着纠纷的多极化和利益主体的多元化，部分利益主体可能由对立走向统一，共同对抗其他利益主体。这就使得建立在一对一诉讼格局之上的当事人主义和辩论主义不仅目的落空，而且被用来作为牟取私利的工具，由此发生了诉讼欺诈。[2] 由于民事诉讼所要解决的纠纷是私法性质的，所以民事诉讼中的当事人对民事纠纷本身就享有自主解决的权利，并对案件享有实体上和程序上的自由处分权。民事诉

---

[1] 季卫东：《程序比较论》，载《比较法研究》1993年第1期。
[2] 卞海霞、何海军：《论诉讼欺诈立体规制网络的构建》，载《时代经贸》2010年3月中旬刊。

的目的不是为了发现事情的绝对真实,而是为了解决纠纷,法院在诉讼中要充分尊重当事人的处分权,只能在当事人请求的范围和提交的证据内进行审理。①自从庭审改革以来,抗辩式的庭审模式加强了对法官权力的限制和对当事人权利的尊重。虽然《民事诉讼法》第 67 条第 2 款规定了:"当事人及其诉讼代理人因客观原因不能自行收集的证据,或者人民法院认为审理案件需要的证据,人民法院应当调查收集。"在实践中,由于法律对依职权调查证据范围的限制,加之法官面临众多需要处理的案件,法官一般不会依职权调查证据。而当事人的自认系一种自主处分行为,因此,在诉讼欺诈的当事人事前做了大量的串通、准备工作,各种所谓的证据材料也做得滴水不漏的情况下,法官只能在当事人所提交的证据内进行事实的认定,不可能完全做到洞察当事人相互串通的欺诈行为,这就为谋害他人利益的行为人进行诉讼欺诈行为留下了缺口。尤其是法院作出的判决有对世效力,并对给付判决还具有强制执行力,受到欺诈的第三人只能通过再审程序来救济,而这种事后救济手段难以有效地保护受到欺诈人的利益,因此容易滋生诉讼欺诈。

2. 必要共同诉讼的缺陷为诉讼欺诈的产生埋下了隐患

必要共同诉讼,是指当事人一方或者双方为二人以上,其诉讼标的是共同的,人民法院必须合并审理的诉讼。② 必要共同诉讼人由于具有共同的权利或义务,因而是不可分之诉,法院必须要合并审理,共同诉讼人中一人有中断或中止诉讼的原因发生时,其中断或中止对全体共同诉讼人发生效力。同时我国《民事诉讼法》第 55 条第 2 款规定了"共同诉讼的一方当事人对诉讼标的有共同权利义务的,其中一人的诉讼行为经其他共同诉讼人承认,对其他共同诉讼人发生效力……",即必要共同诉讼人中一人所为诉讼行为,只有经全体同意才对全体发生效力。该条款的立法本意是避免共同诉讼人的意志不一致,延误诉讼时间,在诉讼上视共同诉讼人为一整体,其中一人的诉讼行为或接受对方的诉讼行为,经全体共同诉讼人承认后,对全体发生效力。因此,只要必要共同诉讼人中的一人不承认,就使诉讼行为无法生效,这样会被当事人一方所利用。而诉讼标的的共同,并不能说明必要共同诉讼人彼此间的诉讼主张必然是一致的,他们只是同一法律关系中的主体,相互之间都会有各自的利益,虽然在对付对方当事人的基本方向上是一致的,但在全体诉讼人内部可能会有不同

---

① 陈桂明:《诉讼欺诈及其法律控制》,载《法学研究》1998 年第 6 期。
② 江伟主编:《民事诉讼法》,中国人民大学出版社 2000 年版,第 121 页。

的诉讼要求,如果对方当事人采取收买必要共同诉讼人中的其中一人,即可以达到拖延诉讼的目的。① 而我国的司法实践之中不仅把"诉讼标的共同"的诉讼作为必要共同诉讼,而且还把与诉讼标的有密切联系的诉讼也作为诉讼标的共同的诉讼处理。把所有的必要共同诉讼都看作是不可分的共同诉讼,只要有某一共同诉讼人未参加诉讼,就必然采取让当事人申请追加或由人民法院通知追加的方式让其参加诉讼,这就扩大了必要共同诉讼的范围。

3. 第三人之诉的缺陷为虚假诉讼提供了可乘之机

所谓第三人,是指对于已经开始的诉讼,以该诉讼的原、被告为被告提出独立的诉讼请求,或者由该诉讼中的原告或被告引进后主张独立的利益,或者为了自己的利益,辅助该诉讼一方当事人进行辩论的诉讼参加人。② 据此,我国现行民事诉讼法将第三人之诉分为有独立请求权的第三人之诉和无独立请求权的第三人之诉,有独立请求权的第三人有权向法律提出诉讼请求,无独立请求权的第三人可以申请或由人民法院通知参加诉讼。但是,在案外人对原被告所争议的标的有利害关系,但又不具备独立的诉讼请求权,其身份又不辅助于任何一方当事人的情况下,案外人能否参加诉讼,我国《民事诉讼法》并没有明确,即我国《民事诉讼法》并没有将受虚假诉讼诈害的案外人作为第三人参加诉讼的依据。例如:张某欠吴某30万元已届清偿期,而张某手头上没有现钱,只有一套价格40万元的生产设备,为了隐匿财产,与王某恶意串通,签订了一份赠与合同,将该设备赠与给了王某,并让王某向法院起诉,要求张某立即交付该设备,法院最终支持了王某的诉讼请求。吴某对本案的诉讼标的该生产设备没有独立的请求权,也不能适用无独立请求权第三人之诉来参加该案的诉讼。所以当诉讼欺诈行为正在进行时,合法权益被侵害的第三人没有《民事诉讼法》上的依据能正当地进入诉讼程序,并主张自己的权利,阻止他人的侵害。因此,目前对第三人参加之诉的范围确定过于狭窄,导致法院不易察觉,容易导致诉讼欺诈的发生。

(二) 刑事制裁与民事制裁

我国现行的法律对诉讼欺诈行为的规制是不完善的。在2015年《刑法修正案(九)》之前,《刑法》分论第六章"妨害社会管理秩序罪"中的第二节"妨害司法罪"中将伪证罪限定在刑事诉讼中,妨害作证罪也仅把贿买、胁迫

---

① 陈桂明等:《诉讼欺诈及其法律控制》,载《法学研究》1998年第6期。
② 何文燕、廖永安主编:《民事诉讼法学》,湖南人民出版社2008年版,第151页。

证人作伪证的行为列入其中进行规定，而不包括其他的伪造证据等行为。因此可以说在刑法中找不到规定诉讼欺诈的条文。根据《民事诉讼法》第114条规定："诉讼参与人或者其他人有下列行为之一的，人民法院可以根据情节轻重予以罚款、拘留；构成犯罪的，依法追究刑事责任：（一）伪造、毁灭重要证据，妨碍人民法院审理案件的；（二）以暴力、威胁、贿买方法阻止证人作证或者指使、贿买、胁迫他人作伪证的……"此规定是针对妨碍民事诉讼行为的规定，是为了保障民事诉讼的顺利进行，主要目的并不是惩罚。该条文中虽有构成犯罪的，依法追究刑事责任的规定，但在《刑法修正案（九）》颁布之前我国《刑法》中却无针对诉讼欺诈的相应处罚规定，因而根据罪刑法定原则，对诉讼欺诈行为只能认定其无罪，对行为人予以罚款或拘留。实践中发生的诉讼欺诈行为即使被法官发现，也只是承担败诉的后果并交纳诉讼费，却并不会承担其他责任。这种惩治力度与诉讼欺诈成功后所得到的巨额不当得利相比微乎其微，过低的欺诈成本和过高的收益客观上纵容了诉讼欺诈行为的发生。2015年《刑法修正案（九）》第35条规定："……以捏造的事实提起民事诉讼，妨害司法秩序或者严重侵害他人合法权益的，处三年以下有期徒刑、拘役或者管制，并处或者单处罚金；情节严重的，处三年以上七年以下有期徒刑，并处罚金。单位犯前款罪的，对单位判处罚金，并对其直接负责的主管人员和其他直接责任人员，依照前款的规定处罚。有第一款行为，非法占有他人财产或者逃避合法债务，又构成其他犯罪的，依照处罚较重的规定定罪从重处罚。司法工作人员利用职权，与他人共同实施前三款行为的，从重处罚；同时构成其他犯罪的，依照处罚较重的规定定罪从重处罚。"将捏造事实提起民事诉讼，妨害司法程序或严重侵害他人合法权益的，构成犯罪的，予以刑事处罚，改变了过去诉讼欺诈无法入罪的困境。

二、诉讼欺诈的规制

（一）诉讼法上的规制

1. 适当保留或强化法院的职权

在诉讼欺诈中，只要虚假诉讼双方当事人互相串通，虚构事实与证据，从表面上达到事实清楚、证据充分，诉辩双方对事实和证据没有异议，法院就不大可能去审查双方证据和民事法律关系的真实性。正因为如此，虚假诉讼者往往比较容易得逞。① 笔者认为，在诉讼中法官仍居主导地位，当事人处于程序

---

① 毕慧：《论民事虚假诉讼的法律规制》，载《浙江学刊》2010年第3期。

的支配地位,在民事审判制度转向当事人主义的同时,应当适当保留法院的职权,并在一定范围内对当事人的处分权进行限制。对涉及公益性诉讼的案件,原、被告配合默契,一方对另一方诉请的事实与理由不合常理地自认,双方之间不存在实质性诉辩对抗的案件,迅速达成调解协议或和解协议的案件,法官应依据职权行使调查核实权,发现当事人有诉讼欺诈行为时,法官应及时行使审判职能予以制止和制裁。

2. 扩大妨害民事诉讼行为的范围

2012年之前的《民事诉讼法》并没有将当事人之间恶意串通逃避债务、侵占他人财产的诉讼欺诈行为作为妨害民事诉讼行为予以规制,但其不法行为通过国家公权的确认,妨害司法秩序,损害法律的权威,的确是一种严重妨害民事诉讼行为,有必要加以规制。因此,有学者提出可以规定:当事人之间恶意串通、虚构法律关系和法律事实,企图通过诉讼、调解等方式逃避债务、侵占他人财产的,人民法院应当驳回其请求,并根据情节轻重予以罚款、拘留;构成犯罪的,依法追究刑事责任。①《民事诉讼法》对此作出了明确规定,即第115条规定:"当事人之间恶意串通,企图通过诉讼、调解等方式侵害他人合法权益的,人民法院应当驳回其请求,并根据情节轻重予以罚款、拘留;构成犯罪的,依法追究刑事责任。"第116条规定:"被执行人与他人恶意串通,通过诉讼、仲裁、调解等方式逃避履行法律文书确定的义务的,人民法院应当根据情节轻重予以罚款、拘留;构成犯罪的,依法追究刑事责任。"

3. 设立诈害防止第三人参加之诉

就保护受诈害人利益的及时性、程序性、经济性、维护裁判的稳定性而言,②赋予受诈害人申请再审撤销已生效判决或调解书的权利,显然不如诉讼欺诈案件还在法院审理过程中就允许受诈害人参加到诉讼过程中来得有力。如《日本民事诉讼法》第71条就规定了"主张因诉讼结果,权利被侵害之第三人,或主张诉讼标的全部或一部分为自己权利之第三人,可以当事人参加诉讼"。③ 在判决尚未确定之前,就让受诈害人参加到该诉讼中来,以防止对

---

① 马柳颖:《诉讼调解中恶意串通行为的法律规制》,载《贵州警官职业学院学报》2009年第4期。

② 杨翠萍:《论我国民事诉讼第三人制度之完善》,载《辽宁公安司法管理干部学院学报》2008年第3期。

③ [日]兼子一、竹下守夫:《日本民事诉讼法》,白绿铉译,法律出版社1995年版,第275页。

自己不利的诉讼欺诈案件判决的确定。

4. 赋予受诈害人申请再审撤销已生效判决或调解书的权利

在判决或调解书生效后，为了纠正该裁判的错误而对案件现行审理即再审，我国民事诉讼法规定的提起再审的方式有两种：一种是基于法定机关、组织的人员行使监督权引起再审程序的发生，另一种是当事人申请引起再审程序的发生。在诉讼欺诈案件中，处于对立地位的原、被告双方当事人恶意串通，共同侵害受诈害人的利益，因此，诉讼欺诈行为人不会去申请再审，而人民法院审判监督机制也因为行为人配合默契而难以发觉。此时诉讼欺诈行为人通过法院的审理形成的判决，在未经正当程序撤销之前，其仍是合法的，对法院、行为人、受诈害方都是具有约束力的。因此，受诈害人仍然不能向法院起诉要求恶意串通的行为人赔偿其所受的损失。虽然，案外人对驳回其执行异议的裁定不服，认为原判决、裁定、调解书内容错误损害其民事权益的，可以自执行异议裁定送达之日起六个月内，向作出原判决、裁定、调解书的人民法院申请再审。但这仅限于在执行过程中，案外人对执行标的提出书面异议并被驳回的情况下，才能申请再审。故现行的民事诉讼法没有规定受诈害人有权不经执行异议之诉直接向法院申请再审撤销判决或调解书的程序。为了实现对诉讼欺诈的受诈害人的权利保护，首先应当从诉讼法入手，赋予案外人在诉讼欺诈终结后，享有申请法院撤销已生效判决或调解书的程序权利。[①]

（二）实体法上的规制

1. 民事债权法上的规制

我国学者对于"可救济的损害"的理解是："其一，法律是否将这一损害列入可以补救的范围；其二，补救方法的可能性；其三，从法律的价值观上来看，是否有必要对该损害进行补救。符合上述实施方面的要件，并被法律认可的损害，为之可救济的损害。"[②] 行为人实施的诉讼欺诈行为，严重侵害了法院正常的审判秩序，具有行为的不法性和结果的不法性。很显然，诉讼欺诈必然以侵害相对人的民事权利为目的，诉讼欺诈的目的一旦实现，必然损害相对人的合法权利，符合常理上"可救济的损害"的构成要件。而我国的民事法律对于受诈害人是否可以对诉讼欺诈造成的侵权提起赔偿之诉，以及赔偿的数额及范围规定得均不明确，正因为此，实践中对诉讼欺诈是否构成侵权行为存有疑

---

① 于海生：《诉讼欺诈的侵权责任》，载《中国法学》2008年第5期。
② 张新宝：《侵权责任构成要件研究》，法律出版社2007年版，第123页。

义，故实践中受害的利害关系人即使向法院提起赔偿之诉，往往难以获得法院的支持。① 只有从侵权责任法上对诉讼欺诈的民事责任进行规范，才能有效地保护受诈害人的合法权益，控制诉讼欺诈行为的泛滥。②

2. 刑法上的规制

诉讼欺诈使得诉讼成为一种损人利己的"工具"，法院成了他人获取非法利益的"场所"，法官成了他人获取非法利益的"帮凶"，这无疑会破坏审判机关在人们心目中维护公平正义的形象，极大地损害了法院和法律的权威性，是对法制的极大破坏。虽然，诉讼欺诈发生在民事诉讼领域，但其危害性较之刑事诉讼领域的伪证罪等犯罪行为有过之而无不及，因此完全有必要对此实施刑事制裁，但2015年8月29日之前我国刑法却并没有将诉讼欺诈纳入其中进行规制（前文已述），故此，曾建议在《刑法》第6章第2节妨害司法罪之中设立诉讼欺诈罪进行规制。2015年8月29日第十二届全国人民代表大会常务委员会第十六次会议通过的《中华人民共和国刑法修正案（九）》专门增设"虚假诉讼罪"，加强对该类行为的打击力度，即第三百零七条之一，构成虚假诉讼罪需要具备妨害司法秩序或者严重侵犯他人合法权益的后果，虚假诉讼罪是结果犯，不是行为犯。虚假诉讼罪的构成要件有：（1）本罪的主体为特殊主体，即在民事诉讼中处于对立地位的当事人。（2）本案的客体为复杂客体，既侵犯了法院正常的审判秩序，又侵犯了相对人财产权利，其中主要的客体是法院正常的审判秩序（因为在诉讼欺诈行为中，只要进入法院的程序就会扰乱法院正常的审判秩序，而是否侵犯相对人的财产权利则要看法院的判决是否作出）。（3）本罪的主观方面应为故意，而且是直接故意，行为人因过失而导致提供的事实证据失实而引起误判的，不宜认定为诉讼欺诈。（4）本罪的客观方面表现为行为人实施了虚构事实、隐瞒真相、伪造证据且情节严重的行为。在法定刑配置上，综合考虑犯罪的社会危害性以及行为人主观恶性和人身危险性。《刑法》第三百零七条之一明确规定：以捏造的事实提起民事诉讼妨害司法秩序或严重侵害他人合法权益的，处三年以下有期徒刑、拘役或者管制，并处或单处罚金；情节严重的，处三年以上七年以下有期徒刑，并处罚金。诉讼欺诈侵犯的是复杂客体，因此，在量刑上既要考虑其对法院正常活动审判秩序的侵犯程度，又要考虑其对相对人合法权益的侵犯情况。对于诉讼欺诈（虚假欺

---

① 毕慧：《论民事虚假诉讼的法律规制》，载《浙江学刊》2010年第3期。
② 于海生：《诉讼欺诈的侵权责任》，载《中国法学》2008年第5期。

诈）行为未造成严重后果的，其法定刑不应低于妨害作证罪；因诉讼欺诈（虚假欺诈）导致法院作出错误判决而给相对人的权利造成严重后果的，其法定刑不应低于普通诈骗罪。①

【典型案例】

发展公司诉贸易公司财产权属纠纷案

原告：发展公司。

法定代表人：樊某龙，该公司董事长。

被告：贸易公司。

法定代表人：陈某凌，该公司董事长。

〔基本案情〕

原告发展公司诉被告贸易公司财产权属纠纷一案，由上海市第二中级人民法院受理。

原告诉称：原告与被告有常年的业务合作，由于委托加工和买卖，双方之间经常会出现货物存放地点不变但所有权已易主的情况，因此对一部分钢材的归属发生争议。现存放在宝山区F仓库内的341.37吨不锈钢坯和钢锭，是原告于2002年2至3月间向被告购得，此笔买卖的合同、发票俱全，已完成货物所有权的转移；现存放在钢制品公司的1400吨160方钢坯，原本是原告进口后委托被告到钢制品公司加工用的，当然也归原告所有。请求确认这两笔货物的所有权归原告。

原告提交以下证据：

（1）购销合同3份，用以证明发展公司于2002年3月20日向贸易公司购买钢材623.851吨，其中有SUS316L不锈钢锭295.059吨，SUS316L不锈圆棒215.558吨，SUS321不锈圆棒113.234吨。（2）介绍信、出库单、进库单，用以证明发展公司购买贸易公司的钢材中，有454.999吨已于2002年2月7日办理了交割手续，其中113.129吨SUS321不锈圆棒已于2002年4月5日从F仓库提取。（3）介绍信、出库单，用以证明合同项下另外167.399吨钢材，贸易公司已于2002年3月21日交货。（4）增值税发票9张，用以证明就合同项下的货物，贸易公司已于2002年3月25日给发展公司开具发票。（5）贸易公司的应付款明细账和发展公司的应收款明细账，用以证明截止到2001年12月底，贸易公司欠发展公司款11788070元，贸易公司用3份购销合同中所得的销售款抵偿了此款。（6）委托代理进口协议1份、增值税发票9张、付款凭证3张，用以证明发展公司委托进出口公司进口钢坯5000吨，进口货物已由进出口公司于2001年12月25日开具发票，发展公司也付了款。（7）委托

---

① 马柳颖：《诉讼调解中恶意串通行为的法律规制》，载《贵州警官职业学院学报》2009年第4期。

书、加工合同、货权转让协议书，用以证明存放在钢制品公司的 1400 吨 160 方钢坯，是 2002 年 2 月 8 日通过签订货权转让协议书，贸易公司转让给发展公司的，应属发展公司所有。贸易公司是受发展公司委托，代理发展公司在钢制品公司加工这批钢材。

被告辩称：关于货物的归属，可通过查账确认，但原告所诉基本属实。由于 2001 年初原告供给被告的 1 万吨钢坯存在质量问题，给被告造成很大损失，被告经多次交涉也未果，遂将这两笔货物扣留。

上海市第二中级人民法院经审理查明：

存放在 F 仓库的 341.37 吨不锈钢和存放在钢制品公司的 1400 吨 160 方钢坯，是在另外一起票据纠纷案中，被上海市宝山区人民法院（以下简称宝山法院）查封的财产。在票据纠纷案中，原告某银行上海分行宝山支行申请查封被告贸易公司的财产时，为证明申请查封的财产为贸易公司所有，曾向宝山法院提交以下证据：

（1）工商行政登记材料，用以证明发展公司和贸易公司是产权关系紧密的关联企业。（2）接受案件回执单、扣押物品清单、发还物品清单，主要内容是：2002 年 2 月 10 日，上海宝立金属制品有限公司向上海市公安局宝江分局（以下简称宝江分局）报案称，贸易公司有合同诈骗嫌疑。接到报案后，宝江分局于 2 月 11 日立案侦查，2 月 22 日在 F 仓库扣押了 621.898 吨不锈钢，扣押物品清单由贸易公司职员彭某耀、金某琪签字；同日还在钢制品公司扣押了 2845.14 吨 160 方钢坯、1453.22 吨管坯，扣押物品清单由贸易公司职员吕某南与钢制品公司业务员姬某华签字。宝江分局在查实贸易公司未取得赃款后，于 2002 年 3 月 19 日将扣押钢材发还。（3）情况说明 1 份、询问笔录 5 份，主要内容是：2002 年 2 月 12 日至 22 日，宝江分局分别询问了贸易公司职员彭某耀、金某琪、高某弟、王某赞等人。彭某耀、金某琪、王某赞均承认，存放在 F 仓库的 621.898 吨不锈钢和存放在钢制品公司的 2845.14 吨 160 方钢坯、1453.22 吨管坯，均为贸易公司所有；彭某耀、金某琪还承认，贸易公司在得知公安机关要调查后，为逃避调查而转移资产。2002 年 2 月 11 日，贸易公司将存放在 F 仓库的不锈钢转给发展公司，并将介绍信、出库单、进库单的日期均提前到 2002 年 2 月 7 日。

宝山法院受理了票据纠纷案后，依法移送到上海市第二中级人民法院审理。2002 年 9 月，上海市第二中级人民法院作出（2002）沪二中民三（商）初字第 311 号民事判决，判决票据背书人、被告贸易公司向持票人、原告宝山支行承担付款责任。判决后，贸易公司提起上诉。2003 年 1 月 9 日，上海市高级人民法院作出（2002）沪高民二（商）终字第 195 号民事判决，判决驳回上诉，维持原判。

从票据纠纷案的证据以及本案原告发展公司提交的证据中，可以确认以下事实：

一、发展公司与贸易公司的关系

工商登记材料证明，原告发展公司是 1998 年 1 月 15 日设立的有限责任公司，注册资金为 3000 万元，其中樊某龙投资 1850 万元，沈燧投资 150 万元，沈永春投资 1000 万元，樊某龙是法定代表人。被告贸易公司是 2000 年 9 月 1 日设立的有限责任公司，注册资金为 1000 万元，其中南京瑞华实业有限公司投资 425 万元，樊某投资 425 万元，彭某耀投资 150 万元，陈某凌是法定代表人，彭某耀为总经理，樊某、吕某南、王某杰、金某琪、高某弟、王某赞等人为贸易公司职员。樊某龙与樊某是父子关系。

在原告发展公司与进出口公司签订的委托代理进口协议上，代表发展公司签字的人，是被告贸易公司的总经理彭某耀。

在原告发展公司与被告贸易公司签订的货权转让协议和 3 份不锈钢购销合同上，代表发展公司签字的人，是贸易公司的股东樊某；代表贸易公司签字的人，是贸易公司职员吕某南。

以上证据证明，原告发展公司与被告贸易公司不仅存在着股东之间的亲属关系，业务活动上也可以交叉进行，两公司是关联企业。

二、341.37 吨不锈钢的权属

在宝江分局决定立案侦查被告贸易公司的 2002 年 2 月 11 日，贸易公司将存放在 F 仓库的不锈钢转让给原告发展公司，同时将与此笔业务有关的介绍信、出库单、进库单的日期均倒签为 2002 年 2 月 7 日，其转移资产、逃避侦查的意图十分明显。对此，彭某耀、金某琪在宝江分局均有相应陈述，二人还在扣押物品清单上签字，确认该批钢材系贸易公司所有。因此至 2002 年 2 月 22 日宝江分局扣押时，存放在 F 仓库的 621.898 吨不锈钢的实际所有人仍为贸易公司。2002 年 3 月 19 日宝江分局发还上述扣押钢材后，贸易公司通过签订 3 份购销合同，向发展公司转让上述钢材。3 月 21 日，贸易公司向发展公司交付了 SUS316L 不锈钢锭 167.399 吨，4 月 5 日又交付 SUS321 不锈圆棒 113.129 吨，故在 F 仓库尚存不锈钢 341.37 吨。2002 年 4 月 18 日，宝山法院前往 F 仓库保全贸易公司财产的过程中，F 仓库工作人员张某英没有提出任何异议，而且主动向法院提供了贸易公司的财产清单，还在财产保全的笔录上签字盖章。因此该财产被保全时未交割转移，仍在贸易公司名下。

三、关于 1400 吨 160 方钢坯的权属

宝江分局于 2002 年 2 月 12 日至 22 日制作的询问笔录证实，被告贸易公司的总经理彭某耀承认，存放在钢制品公司的 2845.14 吨 160 方钢坯和 1453.22 吨管坯属贸易公司所有。对此，金某琪、王某赞的询问笔录也能印证。2 月 22 日宝江分局在钢制品公司扣押上述钢材时，贸易公司职员吕某南在扣押物品清单上签字，钢制品公司的业务员姬某华也签字见证。这一事实证明，截至 2002 年 2 月 22 日，贸易公司还承认存放在钢制品公司的钢材为其所有，钢制品公司对此也无异议。2002 年 3 月 19 日，宝江分局发还了扣押钢材。2002 年 4 月 18 日，宝山法院保全贸易公司的财产时，钢制品公司库内尚存 1400 吨 160 方钢坯。

原告发展公司称：160 方钢坯 5000 吨是其进口的，曾拟全部卖给被告贸易公

司。由于贸易公司付款能力不佳，最终只实现销售约900吨。根据双方在2002年2月8日签订的货权转让协议书，贸易公司已将存放在钢制品公司的160方钢坯2900吨和已经加工好的管坯1400吨之货权转让给发展公司，发展公司是这些钢材的所有权人。

对宝江分局制作的询问笔录、扣押财产清单与货权转让协议书之间的矛盾，原告发展公司和被告贸易公司均不能作出合理的解释并提供相应的证据。

〔一审裁判理由与结果〕

上海市第二中级人民法院认为：《中华人民共和国民事诉讼法》第六十四条第二款规定："当事人及其诉讼代理人因客观原因不能自行收集的证据，或者人民法院认为审理案件需要的证据，人民法院应当调查收集。"

从人民法院依法收集的证据看，原告发展公司与被告贸易公司是关联企业。在发展公司以发生财产权属争议为由提起的诉讼中，贸易公司承认发展公司所诉属实。双方均隐瞒了涉案财产在票据纠纷案中已被查封的事实，又对自己主张的理由和依据的事实进行了不实陈述。双方当事人的行为，使本案失去了诉讼通常应有的对抗特点，表明当事人的本意并不在于解决财产权属争议，事实上也不存在财产权属争议，只是要通过诉讼，使他们所主张的财产权属在法律上得到确认。

从现有证据看，2002年2月11日被告贸易公司给原告发展公司转让钢材，是为了逃避公安机关的调查而转移资产，该行为因违法而不具有法律效力，因此至2002年2月22日宝江分局扣押时，存放在F仓库的不锈钢仍应属贸易公司所有。2002年3月19日，扣押的钢材发还后，贸易公司虽与发展公司签订了购销合同，但至宝山法院查封时，仍有341.37吨不锈钢未办理交割手续，还属贸易公司所有，F仓库也确认此事。

从现有证据看，2002年2月22日，宝江分局扣押存放在钢制品公司的钢材时，被告贸易公司和钢制品公司均确认被扣押的钢材为贸易公司所有。原告发展公司虽称这批钢材是贸易公司于2002年2月8日返还给发展公司的，但对贸易公司和钢制品公司为什么到2月22日还确认被扣押的钢材为贸易公司所有，不能作出合理解释并提供相应证据。故发展公司要求确认存放在钢制品公司的1400吨160方钢坯为其所有，证据不足。

《中华人民共和国民事诉讼法》第六十四条第一款规定："当事人对自己提出的主张，有责任提供证据。"《最高人民法院关于民事诉讼证据的若干规定》第二条规定："当事人对自己提出的诉讼请求所依据的事实或者反驳对方诉讼请求所依据的事实有责任提供证据加以证明。""没有证据或者证据不足以证明当事人的事实主张的，由负有举证责任的当事人承担不利后果。"原告发展公司诉请确认存放在F仓库的341.37吨不锈钢和存放在钢制品公司的1400吨160方钢坯为其所有，证据不足，该诉讼请求不予支持。

据此,上海市第二中级人民法院于 2003 年 4 月 16 日判决:原告发展公司的诉讼请求不予支持。

〔当事人上诉及答辩意见〕

第一审宣判后,发展公司不服提出上诉。理由是:(1)原审判决诉讼程序不当。原审主要是依据案外人宝山支行在票据纠纷案件中提交的证据进行判决。既然证据是案外人提交的,判决结果也与案外人存在法律上的利害关系,原审就应当追加案外人为本案诉讼当事人一并参加诉讼,却遗漏了这个重要当事人。(2)原审查明事实有误。上诉人与被上诉人曾于 2002 年 2 月 7 日、3 月 21 日在 F 仓库办理了交割手续,F 仓库确认该仓库的钢材属上诉人所有。宝山法院查封时,F 仓库的职员张某英曾向法院陈述过这一事实,只是张某英的陈述没有被记入笔录。(3)原审对涉案钢材权属的认定错误。宝江分局调查时,被上诉人的职员是在受到逼迫的情况下作出不实陈述,被上诉人并不存在逃避追查、转移资产的行为。宝江分局发还了扣押钢材后,被上诉人于 2002 年 2 月 7 日、3 月 21 日实施的交割行为就有了法律效力。所以,至宝山法院 4 月 18 日查封时,存放在 F 仓库的钢材,其所有权已属于上诉人。至于被上诉人的职员吕某南和钢制品公司业务员姬某华在宝江分局 2002 年 2 月 22 日的扣押财产清单上签字,只是该二人对强制扣押行为的见证,不表明该二人没有异议。宝江分局发还了扣押钢材后,上诉人与被上诉人继续履行 2002 年 2 月 8 日的货权转让协议,是合法有效的。宝山法院查封这批钢材时,钢制品公司已经当场提出钢材属于上诉人所有。因此,原审判决在诉讼程序和事实认定方面都存在错误,请求二审改判或发回重审。

发展公司为支持自己的上诉理由,补充提交了以下证据:

(1)函件 1 份,用以证明钢材被扣押后,发展公司曾于 2002 年 2 月 25 日致函宝江分局,提出过书面异议,并非原审认定的没有异议;(2)《仓储保管合同》和仓储发票,用以证明在发展公司与贸易公司完成交割手续后,发展公司又于 2002 年 3 月 16 日与 F 仓库建立了仓储保管关系并支付了仓储费用,F 仓库还于 2002 年 5 月 28 日给发展公司开具了仓储发票;(3)函件 2 份,用以证明钢制品公司知悉发展公司与贸易公司于 2002 年 2 月 8 日签订了货权转让协议;宝山法院查封时,钢制品公司已经向法院明确提出存放在该公司的钢材属发展公司所有。

被上诉人贸易公司同意上诉人发展公司的上诉意见。

〔二审法院查明的事实〕

上海市高级人民法院经审理,除确认了一审查明的全部事实,还查明:

在宝江分局询问被上诉人贸易公司的职员王某赞、高某弟、彭某耀、金某琪等人的笔录中,当问及贸易公司向上诉人发展公司转移存放在 F 仓库的不锈钢一节时,王某赞于 2002 年 2 月 11 日陈述:贸易公司的总经理彭某耀曾召集其和金某琪、高某弟、王某杰等人,在贸易公司讨论了"抛库存"和转移流动资金等事宜;高某弟于 2

月 13 日陈述：其曾于 2 月 11 日下午陪同财务主管金某琪到 F 仓库办理不锈钢的出库与入库手续，将钢材转给发展公司；总经理彭某耀于同日陈述：11 日下午经其同意，金某琪将 F 仓库的钢材转给了发展公司；金某琪于 2 月 22 日陈述：11 日下午，其与彭某耀、高某弟、王某赞、周某华等人在公司商议转移资金和库存的事宜，当日还根据彭某耀的要求，到 F 仓库办理了将钢材转移给发展公司所需的出库、入库手续，并且特意要求 F 仓库在填写出库、入库日期时提前 3 日。

〔二审裁判理由与结果〕

上海市高级人民法院认为：

一、原审对本案证据材料的分析认定是合理的

上诉人发展公司认为，被上诉人贸易公司的职员是在受到逼迫的情况下，向公安机关作了不实陈述，同时也是迫于司法机关的压力，才不得已在公安机关的扣押清单和法院的查封笔录上签字。原审不能以这些不实陈述和不反映真实意思的签字为依据，来确定涉案钢材的权属。发展公司没有提交宝江分局在询问中实施逼迫行为的证据，也未提交宝江分局和宝山法院在扣押、查封过程中对贸易公司职员施加压力的证据。

从被上诉人贸易公司职员的陈述中，可以认定以下基本事实：一是 2002 年 2 月 11 日下午，彭某耀、王某赞、金某琪等人在贸易公司讨论了转移资金和库存；二是 2 月 11 日下午，金某琪等人到 F 仓库办理了将钢材转让给上诉人发展公司的手续，并有意提前了出库单、入库单上的日期；三是存放在钢制品公司的钢坯，也属于贸易公司库存资产。对这些基本事实所涉的时间、地点、人物与情节，四人的分别陈述非常吻合。在无证据证明受公安机关逼迫的情况下，这四人的分别陈述由于能相互印证，因此具有很高的可信度。这四人的分别陈述已经明确指出，转移资金和库存就是为了逃避公安机关的侦查和逃避应承担的债务。原审据此认定，贸易公司转移库存钢材的行为无效，是有充分依据的。

上诉人发展公司在本案一、二审中提交的证据可分为两类：一类是反映双方当事人之间交易情况和货物所有权情况的，包括货权转让协议，委托加工协议和出库、入库手续等证据；一类是第三人从旁印证双方当事人之间的交易和货物所有权关系的，包括仓储协议、仓储发票和钢制品公司致发展公司的函件等证据。第二类证据的作用，在于进一步证明第一类证据要证明的事实，可以视为对第一类证据的补强。将发展公司提交的证据与原审采信的证据作一比较，可以看出：发展公司提交的第一类证据，主要是在发展公司与被上诉人贸易公司之间形成的对发展公司有利的证据。发展公司与贸易公司关系密切，属关联企业。从出证人与当事人的利害关系看，此类证据当然不及贸易公司职员所作的陈述可信。其次从证据内容看，发展公司的第一、二类证据，只反映双方当事人之间的交易和对货物所有权的安排，却不谈这些交易和安排产生的背景；而贸易公司职员的陈述，既承认这些交易和安排的存在，

更进一步揭示出这些交易和安排的背景以及当事人的动机,由此增加了证据的可信度。发展公司提交的第一、二类证据,不能反驳贸易公司职员的陈述。原审将贸易公司职员的陈述认定为本案证据,是合理的。

二、原审对钢材所有权的认定具有事实根据和法律依据

关于存放在 F 仓库的钢材。上诉人发展公司认为,这批钢材既然被公安机关扣押后又发还,发展公司与被上诉人贸易公司在钢材被扣押前完成的交易与交割行为就具有法律效力。

《中华人民共和国民法通则》第五十八条规定,"恶意串通,损害国家、集体或者第三人利益"和"以合法形式掩盖非法目的"的民事行为,自始不具有法律效力。双方当事人是为逃避司法侦查、逃避债务,才在钢材被扣押前以交易和单证交割行为转移财产,这种行为因违法而无效,而且是自始无效。解除扣押是公安机关的行为,公安机关这一在后的行为,既无法决定,也无法否定当事人在先行为的违法性质,解除扣押不会使当事人在先的违法行为自然成为合法有效的民事法律行为。因此至宝山法院查封时,存放在 F 仓库的钢材不会因双方当事人的违法交易行为而改变所有权,仍应属被上诉人贸易公司所有。

关于委托钢制品公司加工的钢材。上诉人发展公司认为,发展公司与被上诉人贸易公司就这批钢材签订过货权转让协议。公安机关发还这批钢材后,货权转让协议应该继续履行,这批钢材的货权应属发展公司所有。

本案虽没有直接证据指证货权转让协议也是当事人为逃避侦查而签订的,但是被上诉人贸易公司的总经理彭某耀 2002 年 2 月 13 日在回答宝江分局的询问时承认,存放在钢制品公司的 2845.14 吨 160 方钢坯和 1453.22 吨管坯属贸易公司所有。对此,金某琪、王某赞的询问笔录也能印证。还有,在落款日期为 2002 年 2 月 8 日的货权转让协议上,代表转让方贸易公司签字的,是贸易公司职员吕某南;而 2 月 22 日宝江分局扣押贸易公司财产时,在扣押物品清单上签字的,还是贸易公司的吕某南。货权转让协议与贸易公司职员的行为存在着的种种矛盾,上诉人发展公司都没有作出合理解释,原审采信贸易公司职员在公安机关的陈述,确认存放在钢制品公司的钢材归贸易公司所有,是合理的。

三、原审不存在遗漏当事人的程序错误

原审作为定案依据的证据,确实是案外人宝山支行在票据纠纷案中提交给法院的。但就本案而言,这些证据是人民法院依照民事诉讼法第六十四条赋予的职权,到其他案件中收集的证据。依照《中华人民共和国民事诉讼法》第六十六条的规定,这些证据在法庭上出示并由当事人质证后,法院有权作出认定,没必要让宝山支行到庭。

《中华人民共和国民事诉讼法》第五十六条第一、二款分别规定:"对当事人双方的诉讼标的,第三人认为有独立请求权的,有权提起诉讼。""对当事人双方的诉讼标的,第三人虽然没有独立请求权,但案件处理结果同他有法律上的利害关系的,

可以申请参加诉讼,或者由人民法院通知他参加诉讼……"从此条规定可以看出,第三人进入诉讼,是经自己提起、申请,或者由人民法院通知。通知谁为第三人参加诉讼,属于人民法院酌情决定的权力。通常只有在认为诉讼结果可能会让案外人承担民事责任的情况下,人民法院才会通知其为第三人参加诉讼。就本案而言,无论判决结果如何,均不会由案外人宝山支行承担民事责任,故原审不通知宝山支行为第三人参加诉讼,不是遗漏重要当事人的程序错误。

四、本案当事人应当为其恶意串通进行诉讼欺诈的行为承担不利后果

本案一审时,对上诉人发展公司的诉请,被上诉人贸易公司起初还宣称要通过查账解决,继而就确认发展公司的诉请,表现出双方当事人不存在利益冲突,根本无须诉讼。在一审法院主持证据交换和庭审时,双方当事人都未提及涉案财产已被宝山法院查封的事实。直至原审法院得知查封情况后,双方当事人才不得不承认。双方当事人恶意串通,隐瞒事实、编织理由进行诉讼,企图通过法院的确权来对抗法院的查封,是诉讼欺诈行为,违反了《中华人民共和国民法通则》第四条关于民事活动应当遵循诚实信用原则的规定。正是由于当事人不诚信的表现,引起和加重了原审法院对当事人诉称事实的合理怀疑。双方当事人应当为其恶意串通进行诉讼欺诈的行为承担不利的后果。

综上所述,一审认定事实和法律适用正确,也不存在程序错误。上诉人发展公司的上诉理由不能成立,应当驳回。

据此,上海市高级人民法院依照《中华人民共和国民事诉讼法》第一百五十三条第一款第一项的规定,于 2003 年 8 月 29 日判决:驳回上诉,维持原判。

图书在版编目（CIP）数据

最高人民法院指导性案例裁判规则理解与适用. 合同卷. 一 / 江必新等著. —北京：中国法制出版社，2024.1

ISBN 978-7-5216-3814-1

Ⅰ. ①最… Ⅱ. ①江… Ⅲ. ①最高法院-审判-案例-中国②最高法院-合同纠纷-民事诉讼-审判-案例-中国 Ⅳ. ①D925.05②D923.65

中国国家版本馆CIP数据核字（2023）第151903号

策划编辑：李小草　韩璐玮（hanluwei666@163.com）
责任编辑：孙　静　　　　　　　　　　　　封面设计：蒋怡

最高人民法院指导性案例裁判规则理解与适用．合同卷．一
ZUIGAO RENMIN FAYUAN ZHIDAOXING ANLI CAIPAN GUIZE LIJIE YU SHIYONG. HETONGJUAN. YI

著者／江必新　何东宁等
经销／新华书店
印刷／保定市中画美凯印刷有限公司
开本／730毫米×1030毫米　16开　　　　印张／44.25　字数／735千
版次／2024年1月第1版　　　　　　　　　2024年1月第1次印刷

中国法制出版社出版
书号 ISBN 978-7-5216-3814-1　　　　　　　　　定价：149.00元

北京市西城区西便门西里甲16号西便门办公区
邮政编码：100053　　　　　　　　　　　　传真：010-63141600
网址：http：//www.zgfzs.com　　　　　　编辑部电话：010-63141787
市场营销部电话：010-63141612　　　　　　印务部电话：010-63141606

（如有印装质量问题，请与本社印务部联系。）